让法律被信仰

证券法新论

NEW STUDY ON
SECURITIES LAW

周友苏 主编

撰稿人

周友苏　钟洪明　李君临　蓝　冰

钟　凯　李红军　方　芸　肖　宇

法律出版社

LAW PRESS·CHINA

前　言

2020年是我国公司、证券法治建设具有里程碑意义的一年:刚刚修订颁布的《证券法》于2020年3月1日正式实施;我国《公司法》新一轮修订也正紧锣密鼓进行,年内将提交立法机关审议并可望获得通过。在我国《证券法》即将实施之时,我和我的同事们完成了本书的写作。这是我继《新公司法论》《新证券法论》后又一本奉献给广大读者的新作,期望并相信它能够随着新春的到来对我国证券市场的发展发挥应有作用。

本书所以定名《证券法新论》,主要是基于两个方面的考虑:第一,2020年实施的我国《证券法》对原法作出较大修改,修改幅度达到85%左右,不仅涉及众多条文的变动,而且在立法理念上也有重大调整,需要我们对其作出新的解读和阐释,以促进新法的适用;第二,法律出版社2007年出版我主编的《新证券法论》后,受到读者欢迎,现将本书定名为《证券法新论》,意在承继基础上不断深化与创新,有助于读者更好地理解和把握这部重要的法律。

在我长期的学术生涯中,公司法和证券法已经成为研究的主要方向,已经出版过数本专著,除前述的《新公司法论》《新证券法论》外,还有《证券法通论》《上市公司法律规制论》等,这些前期成果为本书的研究奠定了坚实基础,也逐渐形成我将"两法"结合并由此及彼的研究风格和特点。我一直认为,一个以公司法研究为志向的学人,要想透彻全面地理解公司法的精髓并在此基础上有所成就,就不能不研究建基其上的证券法;同理,一个证券法研究者,要在这一领域做出更大的学术贡献,也不能不研究源自其出的公司法。

值得说明的是,证券法与公司法尽管关系密切,但二者也有很多差异。从我的体会来看,证券法的专业性和技术性更强,对其研究除常需跨界金融学等方面的专业术语和知识外,更重要的还在于必须关注和整理与我国《证券法》密切相关的证券法规。按照本书的定义,这些证券法规不仅涉及国务院有关行政法规、中国证监会和国务院有关部委出台的大量规章,还包括证券交易所和中国证券业协会制定的自律准则等规范性文件。证券法规的数量之众多,内容之庞杂,修订之频繁,远远超过我国《证券法》本身。本书在写作过程中不仅要汇集整理这些证券法规,而且必须理顺众多证券法规的内在联系,同时还得随时关注、跟踪有关部门尤其是中国证监会对证券法规的修订,本书依据和援引的相关证券法规均来自截至2020年2月底现行有效的文本。尽管这项工作相当浩繁,但我和我的同事们都努力做到认真严谨,力求将证券法领域发生的最新变化展示给读者。如本书结合近年证券市场实践中出现的存托凭证、"沪伦通"、"沪港通"、

“深港通”等跨境证券发行和交易的形式，特别增加了“跨境证券发行与交易”一章（第十七章）。

本书基本按照最新修订的《证券法》体例来设计章节，便于读者全面理解新法。全书由我设计基本架构并统一定稿。撰稿的具体分工：周友苏：第一章、第二章、第四章、第五章、第六章、第十五章；钟洪明：第七章、第十章、第十一章、第十二章、第十三章；李君临：第八章；蓝冰：第十六章；钟凯：第三章；李红军：第九章；方芸：第十七章；肖宇：第十四章。

本书是在2007年我主编的《新证券法论》基础上完成的，当时的撰稿人除本书部分作者外，还有郑泰安、郑鈜、沈柯、李正军、许前川、唐军、郑智杨，本书包含了他们曾经做出的贡献；本书在成书过程中，庄斌博士以及尹鑫鹏等几位在读研究生提供了资料和审校的支持，在此一并表示衷心的感谢。

参与本书撰写的作者除肖宇博士是华东政法大学的副教授外，其他均为四川省社会科学院法学研究所的博士后、博士等资深法学研究人员。四川省社会科学院法学研究所经过多年学术积淀，已在公司证券法学研究上逐渐形成群体优势和团队特色，近年来不仅承担过多项相关国家社科基金项目，还分别有《证券投资基金法律制度：立法前沿与理论争议》《多层次资本市场改革视域下证券法制重构论纲》《公司法实施中的关联交易法律问题研究》《控制人对公司大规模致害的赔偿责任》等专著问世，相信本书和这些专著将会共同为丰富公司证券法学研究库藏做出应有贡献。

法律出版社法治与经济分社沈小英社长、陈妮副编审、毛镜澄编辑和刘文科副编审一直对本书的出版给予了特别的关注和支持，并以认真严谨的工作态度对本书的设计和写作提出了很好的意见和建议。在此向他们致上深深的谢意。

谨以本书献给所有从事和关心公司证券法学研究的同仁和朋友。

2020年2月

目　录

NEW SURVEY ON SECURITIES LAW

Table of Content

第一章　总　　论

本书所称“我国新《证券法》”，是指第十三届全国人大常委会第十五次会议于2019年12月28日表决通过[①]并于2020年3月1日正式施行的《中华人民共和国证券法》。我国《证券法》自1998年12月制定以来，21年中已经进行了5次修改，其中3次是对个别条款的修正，[②]2005年10月作了较大修订。这次修改是在既往基础上再次作出的大幅度修订，修订面涉及原法的多个条款，除增加第五章“信息披露”和第六章“投资者保护”两章的内容外，对其他各章的内容也有很多改动。从条文来看，修订后的《证券法》在原法240条的基础上，新增29条、删除31条、修改144条（包括条文合并和文字修改），修订面达到85%，最终颁布的全部法条为226条。这次修订从2015年4月全国人大常委会一审到修订稿最后通过，经过4次审议，历时4年8个月，是一次真正意义上的“大修”。我国新《证券法》的出台和实施，对于全面深化我国资本市场改革，促进证券市场健康发展，加强投资者保护，规范证券领域执法行为，深入研究证券法理论，具有非常重要的现实意义。

第一节　证　　券

证券法是以证券和与证券相关的发行、交易、服务及监管等行为为调整对象，本章的讨论首先从对证券的认识入手。

一、证券的含义

证券（Security）的含义是一个较复杂的问题，可以从证券概念的内涵和外延两个方面来揭示，学者们对此见仁见智，莫衷一是。我们注意到，各国（地区）对证券的立法规定，往往没有概括的法律定义而只涉及对证券品种的列举，我国《证券法》也不例外。

在本次我国《证券法》修法讨论中，不少人士认为，法律对证券概念不仅应当有列举性规定，而且需要有概括性的定义，否则就难以从制度层面界定证券外延，规制以后出现的具有与法定证券相同内涵的新型证券，鼓励证券品种创新；不利于对所有具有证券性质的投资产品实行功能监管，适用统一的监管规则，防止逃避监管套利；也不利于

---

① 第十三届全国人大常委会第十五次会议以167票赞成、1票弃权表决通过。

② 分别是全国人大常委会于2004年8月、2013年6月、2014年8月3次对我国《证券法》的修正。

打击非法证券活动。立法机关一度接受了这种观点，在修订草案中曾对证券作出概括定义与列举结合的规定。① 但对此也有不同认识，主要是对股票、公司债券以外的其他相关金融产品性质上是否属于证券仍有争议，这个问题还可能涉及较复杂的现行监管体制的调整。② 立法机关最终出台的我国新《证券法》仍然没对证券进行概括定义，但增加列举了一些新的证券品种。③

为了侧重对证券概念内涵的揭示，需要对证券及相关概念作出辨析。

（一）证券与证书

"证券"从其字面的原意来看，含有"证明"和"书面凭证"的意思，或者说证券具有证书的功能。证券作为法律概念，与一般的证书是有所区别的：首先，证券所证明的对象并非所有的事实和行为，而是仅限于民事权利的范围，它是对持券人拥有民事权利的证明形式。其次，证券在具有证明功能的同时，还具有表彰功能。这里所谓表彰，是指对民事权利的一种代表和宣示，通过这种代表和宣示，能够使证券载明的民事权利为他人所识别，表明只有持券人才能拥有券面记载的证券权利，而且证券权利是与证券不可分的，证券权利随证券交付而发生转让。法律创设证券的意义，不仅在于对持券人拥有民事权利的证明，更在于通过对这种民事权利的宣示来表明持券人与特定义务人之间的权利义务关系。最后，一般证书通常都得以书面的形式表现出来，书面形式以纸质为载体，否则就难以具备"书证"的功能；证券在很长一段时期也采取了证书的表现形式。但随着电子技术的发展，逐渐出现了脱离以纸质为载体的"无纸化"证券，这种证券在当今证券市场已成为证券的主导形式，尽管它不采取纸质为载体的书面形式，但同样具备证券的证明和表彰的功能。

（二）证券与有价证券

从各国（地区）证券立法来看，对证券的称谓也有所不同。我国称为"证券"，而在日本、韩国则称为"有价证券"，德国甚至还将"有价证券"作为法律名称来使用。④ 有价证券的称谓主要旨在体现证券权利具有财产权的属性。从这一属性出发，与有价证券相对的概念便是无价证券。无价证券，是指证券券面载明的权利并不直接对应民法上的财产权，它只表明持券人拥有的某种资格。如我国在以前的"短缺"经济年代，社

---

① 参见我国《证券法（修订草案）》（一审稿）第 3 条，其中对证券的概括定义为："本法所称证券是指代表特定的财产权益，可均分且可转让或者交易的凭证或者投资性合同。"

② 参见全国人民代表大会法律委员会 2017 年 4 月 24 日《关于〈中华人民共和国证券法（修订草案）〉修改情况的汇报》，载中国人大网：http://www.npc.gov.cn/npc/c30834/202001/f80cb744b0964ab8aafd0e1a8142d99f.shtml，最后访问日期：2020 年 1 月 14 日。

③ 参见我国新《证券法》第 2 条规定，其中新增证券品种为存托凭证、资产支持证券和资产管理产品。

④ 德国证券市场的基本法律，包括《有价证券交易法》《有价证券保管与购买法》《有价证券收购法》《有价证券招股说明书法》《有价证券销售说明书法》等，参见中国证券监督管理委员会组织编译：《德国证券法律汇编》，法律出版社 2016 年版。

会上广泛流通的粮票、布票等票证,就属于表明持有人有资格购买粮食或布匹的无价证券。许多国家或地区之所以使用有价证券的概念,就在于法律调整的证券并不包括无价证券的形式。无论是采用"证券"称谓的我国,还是采用"有价证券"称谓的其他国家或地区,法律上关于证券种类的列举都大同小异,在这个意义上,我国《证券法》上的"证券"与"有价证券"应当是对同一概念的不同称谓,持券人拥有的证券权利代表特定的财产权益。

(三)证券与资本证券

根据证券体现财产权的属性,证券还可以按照不同的标准进行分类。但常见的是将其分为货币证券和资本证券两种不同形式。马克思在《资本论》中也曾有过类似的表述:"我们可以再把有价证券分成两部分:一部分是商业证券即汇票,它们是流动的,按时到期的,它们的贴现已经成为银行家的基本业务;另一部分是公共有价证券,如国债券、国库券、各种股票,总之,各种有息的而和汇票有本质差别的证券。"[①]所谓货币证券包括马克思所指的商业证券,它具有与货币相类似的支付、结算、流通、信用等主要功能,并在一定范围内可以代替货币使用。货币证券最典型的形式有汇票、本票和支票。我国《票据法》第2条将这3种形式统称为票据,并纳入该法调整的范围。[②] 所谓资本证券是指能在资本市场上流通和转让,持券人有权依券面额按期取得一定收益的证券。资本证券最典型的形式就是股票和债券。资本证券不同于货币证券的主要特点就在于它与资本市场密不可分,能够充分反映出资本增值和资本经营风险的属性。资本证券按照法律规定的财产权利的性质,可以进一步分为物权证券、股权证券和债权证券以及在此基础上衍生的其他证券品种。

二、证券的特征

我国《证券法》第2条规定:"在中华人民共和国境内,股票、公司债券、存托凭证和国务院依法认定的其他证券的发行和交易,适用本法;本法未规定的,适用《中华人民共和国公司法》和其他法律、行政法规的规定。政府债券、证券投资基金份额的上市交易,适用本法;其他法律、行政法规有特别规定的,适用其规定。资产支持证券、资产管理产品发行、交易的管理办法,由国务院依照本法的原则规定。"从我国《证券法》全文来看,该条应当是法律关于证券概念相对集中概括的表述,尽管从内容上并非是对证券定义的完整描述,甚至还可以说它主要是证券适用范围的规定,但结合前述分析,仍可从中解读出证券的若干特征。

(一)证券是表明持券人拥有证券权利的凭证

这里所说的持券人,并不与证券所有人完全等同。对于证券市场自由流通的证券

---

① [德]卡尔·海因里希·马克思:《资本论》(第3卷),人民出版社1986年版,第526页。

② 我国《票据法》第2条规定:"在中华人民共和国境内的票据活动,适用本法。本法所称票据,是指汇票、本票和支票。"

来说，法律推定持券人即为所有人，谁持有就意味着谁可能成为该证券的权利人，可以依照券面的记载来行使权利。证券的债务人“并不负调查该证券持有人是否为真正权利人之义务；而证券持有人则因持有证券，而有请求债务人履行债务之资格”。[①] 在这个意义上，有价证券亦有“免责证券”之称，即相对的债务人只需按照券面的规定对持券人履行义务就可以被认为免除了法律上的义务。由此可见，证券权利人欲行使权利必须以持有证券为前提。证券中的无记名证券如同货币一样的性质，占有即所有，不能挂失。如果证券所有人丧失证券凭证，也就标志着证券权利的丧失。

（二）证券是具有投资属性的凭证

这与我国证券法规定的证券品种都属于资本证券的范围是相联系的。就证券的持有人而言，无论其购买证券还是在市场上转让证券，几乎都是以追求投资回报最大化为目的的，或者说都把自己对证券的投入或回收的资金作为投资资本来看待。资本具有的增值和风险并存的属性，同样也从证券中体现出来。一方面，证券投资者的风险与利益往往成正比，选择的证券品种的风险越大，利益也可能越大，反之亦然；另一方面，证券投资者追求投资回报最大化的行为动机可能导致出现操纵市场、内幕交易、欺诈等违法违规行为，从而增大证券投资的风险，因此，证券市场的规范化运作显得尤为突出和重要。

（三）证券是可以进行流通的凭证

流通是证券的基本属性，是指当事人可以在证券市场自由转让和买卖证券。证券流通的意义可以从两个方面来说明。

首先，从经济学意义上来看，流通使证券潜在的经济价值变成现实。证券本身不具有价值，由于其对应的是财产权利，因而具有为持有人带来一定经济利益的可能性，但这仅仅是一种潜在的可能性，正是因为证券可以流通的属性，才使证券具有了交换价值，具有了市场价格，从而使其潜在的经济价值变成了现实的经济利益。流通是证券具有的经济功能得以充分释放的必要条件。证券的出现，使经济的运行逐渐脱离原有的实物经济模式，带有了虚拟的成分。虚拟经济的出现，尽管也伴随投机和泡沫的产生，但其带来的正效应大大地提高了经济运行的效率，促进了资源配置的优化，使社会财富能够得到最大限度的利用。而这些功能的发挥，都必须借助证券的流通来实现，离开证券流通，实物资产的虚拟化是不可想象的。

其次，从证券法意义上来看，流通使证券表彰的财产权性质得以凸显。以股票为例，股票属于资本证券中的股权证券。股权包括自益权和共益权两个方面的内容。其中自益权主要是指股东获取投资收益的权利，即财产权内容；共益权主要是指股东参与公司管理的权利。共益权具有较多的人身权性质，并不直接与财产权对应。股票的流通性使证券市场上的多数投资者购买证券的主要目的是通过“炒股”获利，往往并不意在通过持股来参与公司管理。因此，股票流通的特点淡化了其中内含的非财产权属性，

---

① 吴光明：《证券交易法论》，台北，三民书局股份有限公司2015年增订13版，第37页。

使财产权属性得以凸显。

（四）证券是载有券面面值的凭证

所谓券面面值，是指证券所标明的具体数额，它既是证券本身计量的依据，同时又直接体现证券对应的财产权利和潜在经济价值的多少。尽管券面面值与证券在流通过程中的现实价格不一定相同，而且往往在多数情况下可能是不相等的，但正是由于证券面值的确定，证券的市场价格才有了具体的参照系，证券流通的价值也才可能得到更直观的体现。目前一些国家（如美国）还存在“无面值”的股票形式，①根据我国《公司法》关于股票应当载明“票面金额及代表的股份数”，“股票发行价格可以按票面金额，也可以超过票面金额，但不得低于票面金额”的有关规定，②无面值股票在我国目前还不允许发行。

（五）证券是受法律严格规范的凭证

证券具有的投资和流通的属性，使它成为经济生活中广泛为大众采用的投资工具，从而也决定了它与社会公共利益密切相关。为了保护投资者利益和社会公共利益，证券和与证券相关的行为必须受到法律的严格规范。我国调整证券关系的法律，除《证券法》外，还包括《公司法》《证券投资基金法》《信托法》等。按照我国《证券法》规定的原则，股票、公司债券、存托凭证和国务院依法认定的其他证券的发行和交易，政府债券、证券投资基金份额的上市交易直接适用该法的规定；资产支持证券、资产管理产品种的发行和交易在适用国务院依照我国《证券法》基本原则制定的行政法规。法律规范证券及其相关行为的内容主要包括证券的形式、证券发行和证券交易行为。按照我国《证券法》的规定，无论发行或上市哪种形式的证券，都必须符合法律规定的条件，如对发行或交易的主体的要求，对发行或交易的范围、场所的要求，对发行或交易的程序的要求，对证券制作的要求等，还必须履行规定的注册程序。

值得指出的是，我国《证券法》第 2 条对证券种类作出的列举性规定，只涉及股票、公司债券、存托凭证、政府债券、证券投资基金份额、资产支持证券、资产管理产品的形式，与许多国家的法律规定相比，证券适用范围还显得相对狭窄。③

---

① 无面值股票也称“无面额股票”、“比例股票”或“份额股票”等，是在票面上不记载金额，只注明股份数量或占总股本比例的股票。20 世纪早期，美国纽约州最先通过法律，允许发行无面值股票，以后美国其他州和一些国家也相继效仿。参见李伟民主编：《金融大辞典》，黑龙江人民出版社 2002 年版，第 11 页。

② 参见我国《公司法》第 127 条、第 128 条。

③ 如美国《1933 年证券法》第 2 节列举证券品种为：“系指任何票据、股票、国库券、债券、无担保债券、任何利润分享协议的利息或参与证、从属信托证、公司设立前的证书或认股证、可转让股权、投资合同、表决权信托证、存股证、石油、天然气或其他矿藏权利的未分割的部分利益，任何证券、存款证、一组证券或指数（包括任何利益或基于价值所生利益）的任何卖出期权、买入期权、跨期买卖或优先权、在全国性证券交易所交易的与外汇相关的任何卖出期权、买入期权、买入卖出选择权或优先权，或者总而言之，通常称为‘证券’的任何利益或工具，或上述任何一种的利益证书或参与证书，或上述任何一种的暂时或临时证书，或接收、担保、认购或购买的授权或权利证书。”参见［美］托马斯·李·哈森：《证券法》，张学安等译，中国政法大学出版社 2003 年版，第 23 ~ 24 页。

三、证券权利与证券无纸化

(一)证券权利

早期研究证券法的学者们普遍认为,持券人对证券拥有两种权利:一种是对作为有体物的证券本身的物权,可以行使占有、使用、收益和处分的所有权;另一种是证券上记载和表彰的权利。这一划分在证券以纸质为主要形式时具有一定的意义,但在现今证券市场上以无纸化证券为主要形式的情况下,需要更多地关注持券人拥有的后一种权利,即证券权利。证券作为表彰持券人拥有证券权利的凭证,与证券权利互为表里、密不可分。证券权利体现证券的实质内容,证券则是表彰这一内容的外部形式。在这个意义上,证券与证券权利是同一事物的两个方面,证券权利是证券内涵的核心和实质部分的内容。"证券为权利的化体""权利即证券""证券即权利"的认识也成为学者对证券权利的经典分析。①

证券权利在民法意义上体现民事主体间的权利义务关系,权利人为证券持有人,义务人为证券发行人。证券权利与其他财产权相比,在体现的法律关系上具有如下鲜明特点:首先,从主体上来看,就持券人而言,谁持有证券谁就享有证券权利,也意味着他可以合法地向义务人提出履行义务的请求;就发行人而言,作为证券权利的义务人是相对确定而且不能随意变动的,无论证券发生多少次转让,持券人都不能向发行人以外的前手转让方请求履行证券载明的义务。其次,从权利取得方式来看,持券人作为投资者拥有证券权利是通过继受方式取得的,而且取得方式也相对简单,或是从发行人处购买证券而取得证券权利,或是从其他持券人处受让证券而取得证券权利。最后,从权利内容上来看,证券权利是单纯的民事权利,本身不附有民事义务。因此,证券权利的义务人在一般情况下不能像合同债务人那样享有抗辩权,"证券持有人行使权利,无须借助证券义务人的承诺、意思或者参与","证券权利人将证券转让给受让人后,证券发行人即应向合法受让取得证券的权利人承担证券义务"。②

证券权利作为财产权,在通常情况下是可以直接为权利人带来经济利益的民事权利。从权利的具体内容上来看,主要包括股权和债权,以及在此基础上衍生的相关权利(亦称衍生权)。

1. 股权。股权在公司法上是指股东基于持有股票而对股份有限公司享有的权利,体现了股东与公司的权利义务关系。证券权利意义上的股权尽管仍然具有公司法上的性质,但由于股票作为证券的属性,使股票体现的股权也有了一些变化:首先,股票在证券市场上自由转让(流通性)使股权包含的权利内容单一化,财产权性质得以强化。其次,股票的证券属性使股权的权利属性"单边化",即持有人只享有向公司主张收益的请求权,而这一权利并不需要以对公司承担相应的义务为前提。

---

① 参见叶林:《证券法》(第4版),中国人民大学出版社2013年版,第14页。

② 叶林主编:《证券法教程》,法律出版社2010年版,第6页。

2. 债权。证券权利中的债权是指因持有公司债券、政府债券、金融债券等合法债券而对发行人享有的按券面载明的内容还本付息的财产权。证券权利中的债权是一种单一的权利,即只包含了还本付息的债权内容,较之含有物权、债权、人身权等多种民事权利内容的股权相对简单。证券权利中的债权与民法上的一般债权相比,前者的标的仅为金钱,便于计量;后者则除金钱外,还可能有非金钱的财产或行为。前者的转让十分简单,债券交付即可发生转让的效力;后者的转让在不少情况下要受到相应的限制,如按照我国《合同法》第 80 条的规定,"债权人转让权利的,应当通知债务人。未经通知,该转让对债务人不发生效力。债权人转让权利的通知不得撤销,但经受让人同意的除外"。

3. 衍生权。衍生权即证券衍生品所表彰的证券权利。由于证券衍生品派生于股票和债券,因此,衍生权也是产生于股权和债权基础之上的。"随着社会进步,金融工具的不断创新和证券化技术的广泛运用,各种衍生类权利和中间性权利的种类不断增加,功能不断变化,地位不断增强,借助证券表彰的民事权利的种类趋向复杂化和多样化。"①

(二)证券的无纸化

在证券法意义上,无纸化是相对于证券的纸质外观而言的。证券作为表彰证券权利的凭证,本身还需要通过一定的载体作为外观,使证券能够为人们所识别。证券自产生以来,在很长一段时期内一直采取了"白纸黑字"的纸质外观形式,证券也被称为"有纸化证券"或"纸质化证券"。各国证券法关于证券发行和交易制度的规定,基本上都是以纸质化证券为基础来设计的。我国在 20 世纪 90 年代初期,证券市场发行的证券也采取了纸质化形式,当时的《公司法》关于记名股票和无记名股票的规定,也是基于这种纸质化来设计的分类。

随着证券市场的发展,尤其是计算机技术的广泛运用,使证券表现形式出现了很大的变化,证券的纸质化逐渐被无纸化替代,无纸化证券已成为当今证券的主导形式。我国公开发行和上市交易的股票、债券、基金目前已全部实现无纸化。无纸化并没有对证券权利这一实质性内容有任何改变,只是对证券权利的记载方式有了改变。在无纸化环境下,持券人并不持有具有实物形态的证券,其拥有的证券权利及其证券权利交易的量化数据(包括交易数据或者成交记录)往往也不直接掌握在持券人手中,而是记载于证券公司、证券交易所和证券登记结算机构的计算机系统中,只能通过电脑来读取或者通过电脑为媒介来为他人所识别。无纸化证券借助数据系统同样发挥着表彰证券权利的功能。持券人作为权利主体尽管没有任何改变,但"持券"(持有作为实物的"券")却不再具有原有的意义。

无纸化证券的出现,是证券发展的一次重大"革命",不仅可以节省证券发行和交

① 叶林主编:《证券法教程》,法律出版社 2010 年版,第 3 页。

易的成本，而且大大提升了证券交易的效率和安全性，促进了证券市场的发展。无纸化催生了“无纸化证券”[①]“不开具证书证券”[②]“无实体证券”[③]等概念，与之相适应的证券交易也成为“无实体交易制度”。无纸化使证券通过记录和记录变动来体现内含的证券权利，这种记录从早期的书面记录[④]发展到完全的电子记录，证券无纸化也主要表现为证券电子化，无纸化证券也因此被一些学者称为“电子证券”。[⑤] 由于无纸化证券需借助电脑为媒介来表现证券权利，会使证券所具有的识别功能受到影响，从而对证券权利的行使和保护带来一些障碍，由此也产生了对无纸化证券专门规制的相关法律问题。

（三）无纸化环境下证券权利的基本特点

虽然无纸化并未对证券权利的实质内容有所改变，但由于对证券权利采取了不同于纸质证券的表彰方式，因而呈现出如下显著特点。

1. 在证券权利的体现上，“证券权利依赖特定账户下的记录来证明”，[⑥]而记录的电子数据则储存于相关主体的计算机终端内，这使无纸化证券不再具有纸质证券那样的证券实物所有权与证券权利并存的二元结构，证券权利的性质和功能得以凸显，也必然会对证券市场各方主体之间法律关系的界定产生影响。

2. 在证券权利的持有与支配上，“相比传统的纸质化证券，证券持有人从对纸质证券的支配，演变为通过证券账户对其的电子记录或者电子数据的支配”，[⑦]由此产生从法律上确认证券账户的地位和性质的需求。

3. 在证券权利的确认上，证券持有人享有证券权利的多少、能否要求证券发行人履行相应的义务，往往要依赖第三人的证明。作为证明证券权利存在的“第三人”在证券市场上就有了特别的地位和作用。在现实生活中，证券公司、证券交易所和证券登记结

---

① 对于无纸化后的电子记录是否仍然可以称为证券还有不同看法。参见范中超：《证券之死——从权利证券化到权利电子化》，知识产权出版社 2007 年版，第 174 ~ 178 页。

② 德国《有价证券交易法》第 2 条列举的有价证券就包括了“不开具证书”的形式，其原文为“本法所指的有价证券——即使对其并不开具证书——为可以在市场上进行交易的……”

③ 我国台湾地区“证券交易法”第 8 条规定，所称发行，谓发行人于募集后制作并交付，或以账簿划拨方式交付有价证券之行为。前项以账簿划拨方式交付有价证券之发行，得不印制实体有价证券。我国台湾地区学者因此将这种证券形式称为“无实体证券”，认为所谓无实体化（Dematerialization），“系指发行公司不须印制及交付实体证券，而以电子媒体登录所有权及转移之记录”。参见林火灯：《从国际潮流看“我国”证券集中保管之发展方向》，台湾证券集中保管股份有限公司专案研究报告，载 http://www.tdcc.com.tw/tc_03pub.htm，最后访问日期：2011 年 3 月 20 日。

④ 如我国《股票发行与交易管理暂行条例》上规定的“簿记券式股票”形式，该形式是指发行人按照证监会规定的统一格式制作的、记载股东权益的书面名册。

⑤ 王静：《电子证券的基本法律问题》，载《首都师范大学学报》（社会科学版）2006 年第 5 期。

⑥ 参见高富平等：《证券登记结算数据电子化的法律问题》（中国证券登记结算有限责任公司重大法律课题摘要文章），载 https://www.jinchutou.com/p-36591018.html，最后访问日期：2020 年 1 月 20 日。

⑦ 黄炜：《无纸化证券民事法律关系研究》，载《社会科学研究》2008 年第 3 期。

算机构都可以发挥“第三人”的作用,其中证券登记结算机构作为法定的证明机构。依照我国有关法规规定,在无纸化发行和交易的条件下,证券登记结算机构提供的证券持有人名册是证明证券持有人权益的有效凭证,如无特别规定,证券持有人持有证券的事实依据电子登记簿记系统记录结果确认。① 证券登记结算机构从某种意义上来讲就是适应证券无纸化发展而产生的机构,它的存在和功能发挥使证券市场上公开发行和上市交易的证券几乎都成了“记名证券”,也使我国《公司法》上关于无记名股票的规定已没有多大的现实规范意义。

4. 在证券权属的变动上,纸质化背景下依托证券实物,关于无记名证券转让以交付为标志、记名证券以背书或记载于股东名册变动为标志的规则不再灵验,证券权属的变动须通过证券登记结算机构的清算、交收、过户等程序和对相关证券账户数据的记增、记减来实现,从而使证券交付也成为很有特色和研究价值的法律问题。

第二节 证 券 市 场

一、证券市场概论

证券是与证券市场联系在一起的。证券是现代市场经济的产物,从产生伊始就与市场结下了不解之缘。证券与证券市场是相互依存、密不可分的关系:证券的产生是证券市场兴起的基础和前提,证券市场又是证券存在发展的必要条件;证券的特征几乎都与证券市场有关;法律对证券关系的调整,也就是对证券市场的规范。我国证券市场是社会主义经济体制的重要构成部分,也是资本市场中最重要的组成内容。

现代证券市场作为证券发行和交易的场所,由三个基本要素构成:一是证券市场主体,主要是指证券发行主体、交易主体、证券监管主体和为证券市场服务的相关主体,包括上市公司、证券投资者(买方卖方)、交易中介者、证券监督管理机构;二是证券商品,包括股票、债券等证券品种;三是交易场所,即证券交易所和其他依法设立的证券交易场所,交易场所包括其依托的有形场所以及靠现代化信息手段联结的无形网络。

二、我国证券市场的历史演进

(一)中国历史上的证券市场

如果从历史上来看,我国证券市场的发展最早可以追溯至20世纪。证券市场兴起是与公司的发展密不可分的,随着西方兴起的工业革命向其他国家扩展,公司作为一种新的企业组织形式也于19世纪传入中国。鸦片战争后,华夏的门户被打开,西方人纷

---

① 参见《证券登记结算管理办法》(2006年7月1日施行,2018年8月最新修正)第27条、《中国证券登记结算有限责任公司证券登记规则》(2006年7月25日发布,修订后于2019年3月1日起重新公布并实施)第5条。

纷涌入中国经商，采用公司形式向中国人发售股票。金融市场上最早出现的是外商股票，后来才有华商股票。洋务运动时期，中国的一些买办和商人仿照西方建立了一批官办和官商合办的公司企业，1873 年成立的轮船招商局，发行了中国最早的股票。1898 年清政府为偿付《马关条约》规定向日本赔款 2 亿两白银，采纳了“造自强股票，筹借华款”的建议，曾发行过名为“昭信股票”的国家公债。

1914 年中国当时的北洋政府颁布了证券交易所法，北京、上海、天津、武汉也相继成立了证券交易所。从总体上来看，由于中国的商品经济不发达和长期战乱，证券和证券市场自产生后没能得到多大的发展，处于十分落后的状况。

（二）中华人民共和国成立初期的证券市场

中华人民共和国成立后，证券市场走过一段由允许存在到逐步消亡的历程。中华人民共和国成立初期，人民政府针对旧中国证券市场投机活动猖獗，导致物价飞涨的现状，对旧的证券市场进行整顿或关闭，当时从观念上是将证券市场与资本主义和旧社会的丑恶腐朽现象联系在一起的。由于刚刚解放时私营工商企业还占有很大比重，为了尽快恢复和发展经济，还有必要利用证券市场来引导社会游资投向国家的经济建设，因此，人民政府允许成立了天津市证券交易所和北京市证券交易所，在国家严格管理下开展营业，并明确规定两个证券交易所在经营目标上不以营利为目的，而为国家的政策方针服务；在业务方式上，只允许做现货交易，不允许做期货交易。随着全国经济的恢复，市场运行走上正轨，两家交易所的业务逐步萎缩，1952 年 7 月天津市证券交易所停止交易，同年 8 月北京市证券交易所也停止交易，证券市场从此退出了经济生活。以致在以后的几十年内，大多数的国人对证券市场基本没有认识，甚至根本不知道证券市场究竟为何物。

（三）改革开放后的证券市场

我国证券市场的真正发展是近 30 年的事，更准确地说，是党的十一届三中全会以后才重新走入我国经济生活的，证券市场是改革开放的产物。综观这一段历程不难发现，我国证券市场紧紧伴随改革开放的进程，伴随人们思想的不断解放而逐步发展，经历了一段不平坦但又十分辉煌的过程。具体而言，这一时期证券市场的发展大致可以分为几个阶段。

1. 证券市场的重新萌发和起步阶段。这一阶段的时间大致为 1980 ~ 1990 年。随着改革开放的进行，国家于 1981 年恢复发行国库券，以国家信用形式向社会筹措资金，标志着人们久违的证券以国家正式认可的形式重新回到经济生活中。在一些改革先行的地区，少数企业开始向社会发行了股票和债券。据考证，全国最早发行股票的公司是四川省成都市的“成都蜀都大厦股份有限公司”，该公司的前身系“成都市工业展销信托股份公司”，于 1980 年 6 月经成都市成府发（1980）69 号文批准设立，公司成立伊始即发行记名定额股票，每股 1 元人民币，该股票由中国人民银行东河造币公司印刷，票面图案漂亮、印刷精美,现有股票原样可资考证。① 1984 年北京天桥百货股份有限公司和上海飞乐音响股份有限公司发行股票,开辟了以公开发行股票方式筹集资金的新渠道。在证券市场发展的初期,由于国库券发行采取了行政派购方式,不允许转让,企业股票和债券也不允许流通,因此没有形成规范意义上的证券一、二级市场。1986 年沈阳、上海等地开始进行企业债券和股票转让的试验,中国工商银行上海信托投资公司静安证券部同年 9 月首次挂牌进行股票柜台交易,为建立证券二级市场积累了经验。1988 年国库券二级市场开放,经国务院批准,首先在哈尔滨、沈阳、上海、广州、深圳、武汉、重庆等地进行了国库券转让市场的试点。1988 年年底国库券转让业务迅速在全国大中城市铺开。这不仅带动了国债品种和发行量的大幅增长,而且改变了认购者的观念,使认购国债成为一种投资行为。与此同时,更多企业改变传统筹资方式,开始进入证券市场筹措资金。上海、深圳两市的股票交易市场有了长足的发展,股票柜台交易比较活跃。到 1990 年,两地共有 12 家股份有限公司的股票进行柜台交易。另外,证券经营机构也开始出现,1987 年我国第一家证券公司在深圳经济特区成立。

值得一提的是,证券市场尚处于起步阶段,当人们普遍对此还持怀疑、观望的态度甚至进行责难之时,改革开放的总设计师邓小平同志于 1987 年 12 月正式向来访中国的纽约证券交易所董事长约翰·布里奇赠送了一张上海"飞乐音响"股票,不仅肯定了正在试行的股份制,而且表明了我国要开放证券市场的意愿。这一举动无疑是为证券市场的存在和进一步发展注入了强大动力。

2. 证券市场正式建立和逐步规范化发展阶段。这一阶段的时间大致为 1990 ~ 1998 年。1990 年 11 月 26 日上海证券交易所成立和 1990 年 12 月 1 日深圳证券交易所成立,②标志着我国规范的证券市场的正式形成,日后不少人把两家证券交易所的成立当作我国证券市场的正式起点。证券交易所的成立不仅使交易手段日趋先进,实现了电脑配对、无纸化交易,而且提高了市场效率,使证券市场的规范化程度向前迈进了一大步。1991 年年底我国又开始发行境内上市外资股,即 B 股,开辟了吸引外资的新渠道,1992 年 10 月国务院证券委和中国证监会成立,确立了全国证券、期货市场统一的监管机构和监管体系的雏形。随着 1992 年 10 月党的十四大正式确立了社会主义市场经济理论,证券市场也成为我国社会主义市场经济不可缺少的重要组成部分。上海和深圳两家证券交易所建立后,证券市场出现了迅猛发展的势头,购股炒股一时成为国内最热门的话题,一些地方还设立了区域性的证券柜台交易市场。由于大量对股票、股市并不了解的人们的参与,证券市场一度出现异乎寻常的狂热,甚至产生某种程度的混乱状况。从 1993 年起,国家开始出台关于规范证券市场的法规性文件。1993 年 4 月国务

---

① 参见《成都蜀都大厦股份有限公司投资价值研究报告》,载《中国证券报》1995 年 11 月 27 日,第 16 版。

② 参见上海证券交易所网:http://www.sse.com.cn/aboutus/overview/,深圳证券交易所网:http://www.szse.cn/aboutus/sse/events/index.html,最后访问日期:2020 年 1 月 14 日。

院发布了《股票发行与交易管理暂行条例》,这是我国《证券法》颁布前的一部重要的行政法规,对规范证券市场发挥了重要作用。紧接着1993年年底又颁布了《公司法》,确认了证券市场的法律地位,为公司股票和债券的发行上市提供了直接的法律规范。为了防止市场风险,国务院于1995年对证券市场提出了"法制、监管、自律、规范"的八字方针,保障证券市场一直比较健康平稳地向前发展。从1993年我国开始境外上市外资股的试点起到目前为止,已在我国香港特别行政区、新加坡等地成功地发行股票并上市;1997年我国可转换债券的试点工作正式启动,1998年3月开元证券投资基金和金泰证券投资基金在证券交易所公开上网发行。1998年8月我国证券监管体制实行重大改革,撤销原国务院证券委,将其职能并入中国证监会,中国人民银行有关证券监管的职能也移交中国证监会,地方证券监管部门改为由中国证监会垂直领导,改变了以往多头管理和分散管理的局面,提高了证券市场监管的集中统一度。中国证监会作为证券期货市场主管部门的地位也因此正式确立。1998年年底我国《证券法》获得立法机关通过,标志着我国证券市场发展进入了一个新的发展阶段。

3. 证券市场法治化和逐步完善成熟阶段。这一阶段的时间主要是指进入21世纪之后。随着我国《证券法》的实施和证券监管体制的到位,国家加强了证券市场的监督管理,中国证监会出台了大量的监管法规,不断提高了证券市场的规范化程度。尽管我国股市在交易行情上还有"牛熊"转换的起伏波动,但证券市场总体上是朝着市场化、法治化、国际化的方向稳步发展。这一期间具有标志性的大事包括:一是2005年年初启动的"股权分置改革"①成功解决了A股上市公司中数量巨大的"国有股"和"法人股"不能上市自由流通这一困扰我国证券市场多年的重大难题。二是自2004年国务院《关于推进资本市场改革开放和稳定发展的若干意见》发布以来,经过多年探索努力,我国多层次证券市场的基本架构已逐步明晰,形成以证券交易所、国务院批准的其他全国性证券交易场所("新三板")和按照国务院规定设立的区域性股权市场三个层次的证券交易场所。三是我国《证券法》经过2005年和2019年两次较大幅度的修订,我国《公司法》经过2005年、2013年、2018年等5次修改,《证券投资基金法》于2003年出台

---

① "股权分置",是指当时我国A股上市公司的股份按能否上市自由流通被分为流通股和非流通股的状况,非流通股主要是指A股上市公司中的国有股(包括国家股和国有法人股)和社会法人股。按照中国证监会统计,非流通股在当时沪、深两家证券交易所上市公司的市价总值和上市公司的股份总额中占了2/3左右。"股权分置"主要是由于我国国有企业改制为上市公司的特殊情况所形成,尽管采取这一措施对于减小改制对证券市场扩容的压力,保持证券市场稳定起到积极的作用,但也存在扭曲股票市场正常的定价机制、流通股股东与非流通股股东的权利义务和责任风险不对等、证券市场资源配置功能不能有效发挥和存在系统性风险隐患等问题。"股权分置改革"就是针对这一状况进行的改革措施,其主要内容就是取消流通股与非流通股之分,使上市公司所有股份最终成为"全流通股"。2005年4月经国务院批准开始启动,中国证监会和国务院有关部门发布了一系列相关规章,沪、深两家证券交易所也发布了相应的操作规则,保证了"股权分置改革"的稳步顺利推进。至2006年年底,"股权分置改革"基本完成,改革启动后首次公开发行的公司也不再存在以前的流通股和非流通股的设置和区分。

并经2012年、2015年两次修改,国务院、中国证监会以及沪、深两家证券交易所发布的大量规范性文件,使证券市场的法律法规体系不断健全完善,法治化程度不断提升。四是自2002年以来,我国相继推出了境外合格投资者(QFII)和人民币合格境外机构投资者(RQFII)制度,国际投资者利用QFII和RQFII制度开展跨境投资已经具备了相当规模;2014年11月和2016年12月,沪、深证券交易所和香港联合交易所互联互通的“沪港通”和“深港通”相继启动,2019年6月上海证券交易所与伦敦证券交易所开展互联互通存托凭证业务的“沪伦通”又正式启动,华泰证券发行的首只全球存托凭证产品在伦敦证券交易所挂牌交易,①标志着我国证券市场在对外开放和提升国际化程度上迈向更高层次。从1990年上海证券交易所成立至今,我国证券市场在30年时间内,从无到有,从小到大,从地区性市场快速发展成为初具规模的全国性市场,走完了发达国家上百年的路程。截至2019年年底,沪、深两家证券交易所上市公司为3777家,②“新三板”挂牌公司为8953家,③区域性股权市场挂牌公司为83,000余家。④ 另有数据显示,我国证券市场体量已经跃居全球前列:截至2018年上半年,股市市值就为全球第二,债市规模居世界第三。⑤ 证券市场股票、基金、债券已全部实现无纸化发行与交易,主要技术手段已达世界先进水平。证券市场不仅已成为国民经济的重要组成部分,更是社会生活中不可忽视的一个层面,其作为国民经济“晴雨表”的功能已越来越明显。随着我国《证券法》的不断修订完善,我国证券市场必将获得新的发展。

三、我国证券市场的分类

证券市场可以按照不同的标准进行分类,较有意义的分类包括以下4种。

(一)发行市场和交易市场

这是根据证券流通的不同阶段作出的划分。发行市场亦称为证券一级市场,它是为需要资金的企业或政府提供募集平台的市场,企业或政府通过一级市场发行各种证券筹集资金,同时也为各种不同的投资者提供投资渠道,从而把社会闲散资金转化为生产资本。根据证券发行方式的不同,一级市场还可以划分为公开发行(公募)市场和非公开发行(私募)市场。交易市场亦称为证券二级市场,它是已发行的证券进行转让和

---

① “沪伦通”与“沪港通”的运作模式有所不同,前者是“证券产品”实现跨境互联互通,后者是“投资者”实现跨境互联互通。

② 资料来源:中国证监会《证券市场快报》,载中国证券监督管理委员会网:http://www.csrc.gov.cn/pub/newsite/,最后访问日期:2020年1月12日。

③ 资料来源:《全国中小企业股份转让系统2019年市场统计快报》,载全国中小企业股份转让系统网:http://www.neeq.com.cn/static/statisticdata.html,最后访问日期:2020年1月9日。

④ 资料来源:全国共有34个区域性股权市场,笔者逐一登录各区域性股权市场网站并加总其公布的挂牌公司数,合计为82,926家,由于吉林股权交易所股份有限公司网站不能打开,因此这里采用了“83,000余家”的表述。

⑤ 参见中国证监会副主席姜洋2018年6月1日在“新时代香港资本市场再出发”研讨会上的演讲,载中国证券监督管理委员会网:http://www.csrc.gov.cn,最后访问日期:2018年12月3日。

买卖的市场,一方面为持券者提供随时变现的场所,另一方面又为新的投资者提供投资机会。与发行市场的一次性行为不同,交易市场上的证券可以不断、反复地进行交易。

与证券发行市场和交易市场相对应的是证券的发行行为和交易行为。作为在两个不同阶段发生的发行行为和交易行为,既相互联系,又体现不同的法律关系,需要把握彼此联系,注意二者的区别。

(二)股票市场、债券市场和其他证券品种市场

这主要是根据我国《证券法》第 2 条列举的证券品种作出的划分。股票市场是股票发行和交易的市场,也是证券市场的主要构成部分。根据股票种类可以进一步划分为 A 股市场、B 股市场、H 股市场等。债券市场是债券发行和交易的市场,在证券市场中也占有十分重要的地位。根据债券种类可以进一步划分为政府债券市场、公司债券市场、金融债券市场等。其他证券品种市场,是指包括存托凭证、证券投资基金、资产支持证券、资产管理产品、权证等证券品种发行交易的市场,这些市场也可以根据每一证券品种的不同种类再作出进一步的细分。

(三)场内市场和场外市场

这是按照证券发行和交易的场所作出的划分。学界和业界普遍认同以证券交易所作为划分"场内"和"场外"的标准:通过证券交易所来实现证券发行和交易的为场内市场,通过证券交易所以外的其他场所来实行证券发行和交易的为场外市场。无论是场内市场还是场外市场都应当是具有合法地位的证券交易[1]场所。我国能够使用"证券交易所"法律名称的只有上海证券交易所和深圳证券交易所,[2]因此,场内市场显然是指沪、深两家证券交易所市场。场外市场按照我国《证券法》和有关法规的规定,主要是指国务院批准的其他全国性证券交易场所和按国务院规定设立的区域性股权市场,前者对应的场外市场为全国中小企业股份转让系统(也称"新三板"),后者对应的场外市场为各省、自治区、直辖市和计划单列市建立的区域性股权市场。此外,场外市场还包括银行间债券市场和商业银行柜台交易市场。

银行间债券市场是以我国的商业银行和政策性银行为主要成员,进行国债和金融债券发行、交易和银行间融通资金的场所。该市场成立于 1997 年 6 月,不对普通居民开放。可以在全国银行间债券市场交易的债券为政府债券、金融债券和中央银行债券等记账式债券,可以进入全国银行间债券市场进行债券交易的机构包括在中国境内具有法人资格的商业银行及其授权分行;在中国境内具有法人资格的非银行金融机构和非金融机构;经中国人民银行批准经营人民币业务的外国银行分行;经中国人民银行批

---

① 这里的证券交易中的"交易"应当作广义理解,即包含了发行和交易两种行为。从证券发行实际为发行人与投资者之间的买卖关系或借贷关系来看,也可将发行纳入广义的交易行为之中。

② 我国《证券法》第 100 条规定:"证券交易所必须在其名称中表明证券交易所字样。其他任何单位或者个人不得使用证券交易所或者近似的名称。"

准的其他金融机构。债券交易包括债券买卖和债券回购两种。银行间债券市场既是债券交易的市场,也是中央银行进行货币调控的重要场所,中国人民银行通过在银行间债券市场的公开市场操作,可以起到对金融机构的货币供应量进行适时微调,保持市场资金供求平衡,并间接调控市场利率的作用。

商业银行柜台交易市场,是指通过商业银行柜台进行证券交易的市场。目前我国商业银行柜台交易市场主要是为投资者提供记账式国债的交易。这种交易是由商业银行通过其营业网点与投资人进行国债买卖并办理托管与结算。在实践中除金融机构外,凡持有有效身份证件的个人以及企业或事业社团法人,均可在商业银行柜台开立国债托管账户并进行国债买卖。我国原有的柜台交易市场只发行不能流通的凭证式国债,只有国债一级市场而没有二级市场。随着记账式国债的发行和进行柜台交易,使商业银行柜台交易市场与银行间债券市场有机地联系起来。在实践中由于承办柜台交易的商业银行都是银行间债券市场成员,因而可以根据柜台市场销售情况,通过银行间市场买进国债,再卖给普通投资者;投资者根据商业银行挂出的国债买卖双边报价,从银行手中买进国债或将国债卖给银行,从而最大限度地满足投资者对国债的需求,并在一定程度上促进了银行间债券市场的流动性,增加了国债交易的容量。

(四)全国性市场和区域性市场

这是按照证券市场涵盖的区域作出的划分。从前述证券市场的种类来看,证券交易所和全国中小企业股份转让系统("新三板")属于典型的全国性证券市场;场外市场中的银行间债券市场、商业银行柜台交易市场从技术系统和监管情况来看,均是借助现有的设备或网点来实现全国联网,延伸至全国而非某一地区的证券交易,并且实行统一监管制度,具有统一的入市标准,因此具有全国性市场的特点。省级行政区域建立的区域性股权市场从名称、挂牌公司、监管部门等都具有鲜明的区域特点,因此属于区域性的证券市场。按照中国证监会 2017 年 4 月发布的《区域性股权市场监督管理试行办法》第 3 条关于"除区域性股权市场外,地方其他各类交易场所不得组织证券发行和转让活动"和第 7 条关于"各省、自治区、直辖市、计划单列市行政区域内设立的运营机构不得超过一家"的规定,目前国内一些地方建立的诸如"产权交易中心""技术产权交易所""股票托管中心"等机构,不具有证券市场的合法地位。

四、我国《证券法》上的多层次资本市场体系

建立多层次资本市场体系是我国证券市场发展中一个带有方向性和目标性的基础问题,2019 年修订颁布的《证券法》对此有了明确体现和具体规定,为证券市场的改革和发展提供了法律规范依据,被誉为是我国新《证券法》的一大特点和亮点。

(一)资本市场与证券市场

多层次资本市场是在证券市场的顶层设计、制度安排和学术研究中广泛使用的一个概念,资本市场与证券市场具有密切联系。根据学者的研究,资本市场作为资金融通的市场,融通的资金通常是一年以上的长期资金,故也称长期资金市场,与之对应的短

期资金市场则是指货币市场。由于在长期金融活动中涉及资金期限长、风险大，具有长期较稳定收入，类似于资本投入，故称为资本市场。证券市场是股票、债券、投资基金等有价证券发行和交易的场所，是资本市场的典型形态和核心构成部分。① 正是基于资本市场和证券市场的这种关系，学术研究中常常对两个概念不分彼此地交替使用；在党和国家出台的相关文件中，涉及资本市场的内容也主要指向证券市场；我国《证券法》修订中涉及证券市场的相关修改内容按照立法机关的说明，是“按照党的十八届三中全会提出的健全多层次资本市场体系的要求，增加了关于多层次资本市场的原则规定”，这里的“多层次资本市场的原则规定”也就是我国《证券法》上关于不同层级证券市场的相关规定。因此，我们有理由将多层次资本市场与证券法上意义上的多层次证券市场视为一体，如果没有特别说明，本书讨论的多层次资本市场与多层次证券市场应当是同一概念的不同称谓。

（二）我国多层次资本市场体系的形成

我国多层次资本市场体系是随着证券市场的发展逐步明晰的。自沪、深证券交易所成立以来，在很长一段时间内我国证券市场采取了以交易所市场（场内市场）为主导的单一结构，而交易所市场又基本是由主板市场一统天下，场外市场由于没有合法地位而处于几乎停滞的状态。② 2001 年建立的证券公司代办股份转让系统（也称“老三板”）也主要是为解决 STAQ 和 NET 系统③历史遗留问题公司的股份流通问题，尽管该系统从 2002 年开始接纳主板市场的退市公司，但由于对挂牌公司的定位范围过于狭窄，使这个唯一的场外市场交易十分清淡，一度被业界人士戏称为“垃圾股”市场，交易市值在整个证券市场的占比几乎可以忽略不计。

我国多层次资本市场首先是从交易所层次启动的。2003 年 10 月党的十六届三中全会通过的《关于完善社会主义市场经济体制若干问题的决定》首次明确提出了“要建立多层次资本市场”的要求，紧接着 2004 年 1 月国务院发布《关于推进资本市场改革开放和稳定发展的若干意见》（以下简称“国九条”）也指出，要在“统筹考虑资本市场合理布局和功能定位的基础上，逐步建立满足不同类型企业融资需求的多层次资本市场体系”。为了落实党中央国务院的要求，2004 年 5 月中国证监会批准在深圳证券交易所正式设立中小企业板股票交易系统。中小企业板的先行推出，是建立创业板的第一

---

① 参见钟洪明：《多层次资本市场改革视域下证券法制重构论纲》，中国法制出版社 2017 年版，第 2 页。

② 我国《证券法》2005 年修订前没有涉及场外市场的规定，也没有为场外交易发展留下法律空间。

③ STAQ 系统和 NET 系统于 1992 ~ 1993 年分别由中国证券市场研究中心和中国证券交易系统有限公司先后在北京开办，在两个系统内交易的公司均为定向募集公司的法人股，因此亦称“法人股流通市场”。1998 年随着国家整顿场外交易市场工作的开展，这两个系统也被列为清理整顿的对象，不久便相继宣告暂停交易。截至 1998 年 6 月，STAQ、NET 市场两家系统原挂牌公司共有 11 家，其中，在原 NET 系统挂牌的公司有 5 家：东方实业、中兴实业、建北集团、湛江供销、广东广建；在原 STAQ 系统挂牌的公司有 6 家：沈阳长白、海国实、华凯股份、恒通置业、五星三环、杭州大自然。

步。随着中小企业板平稳顺利的运行,2009 年 10 月我国在深圳证券交易所正式推出创业板,其功能定位于“促进自主创新企业及其他成长型创业企业的发展”,[①]中国证监会对创业板在发行上市及监管等方面作出了与主板、中小企业板差异化的制度安排。2019 年 6 月科创板在上海证券交易所正式开板,7 月科创板首批公司上市。至此,包括证券交易所主板、中小企业板、创业板和科创板在内的我国场内市场的多层次体系基本形成。

随着交易所市场的多层次体系建设,国家对场外市场的管制也逐步放松,2005 年修订颁布的我国《证券法》对原法关于证券上市只能在证券交易所进行交易的规定[②]作出修改,该法第 39 条规定:“依法公开发行的股票、公司债券及其他证券,应当在依法设立的证券交易所上市交易或者在国务院批准的其他证券交易场所转让。”这一修改意味着赋予了长期以来有争议的场外市场的合法地位。2006 年 1 月经国务院批准,中国证监会发出批复,同意中关村科技园区非上市股份有限公司进入证券公司代办股份转让系统进行股份转让试点。这一措施意味着证券公司代办股份转让系统作为合法场外市场的地位已进一步得到官方确认。2012 年 8 月经国务院批准,证券公司代办股份转让系统试点范围由北京的中关村科技园区扩大到上海张江、武汉东湖和天津滨海三大高新区。紧接着,全国中小企业股份转让系统于 2012 年 9 月经国务院批准设立,这一交易系统整体承接了证券公司代办股份转让系统挂牌的公司,人们也因此称为“新三板”。2013 年 12 月国务院发布了《全国中小企业股份转让系统有关问题的决定》,正式将全国中小企业股份转让系统定位为“经国务院批准,依据证券法设立的全国性证券交易场所”,其服务范围也扩展至全国。

区域性股权市场是我国场外市场的另一重要构成部分,在证券市场发展早期曾以自发的股权交易市场形式存在,[③]由于 1998 年我国《证券法》不允许场外交易,这种市场形式被禁止和取缔。2008 年以来,为了探索拓展中小微企业股本融资渠道,各地开始陆续批准设立了一批区域性股权市场,作为地方性的股权交易场所,地方政府对其冠以“股权交易中心”“股权交易所”等不同名称。尽管我国 2005 年修订的《证券法》为场外交易留下了发展空间,但区域性股权市场由于没有得到国务院及其证券监管部门的正式认可而缺乏合法的地位,从而形成发展过程中的一个奇特现象:区域性股权市场在地方政府支持和扶持其发展的同时,又可能成为证监会“打非”(打击非法证券活动)的对象。这一现象在国务院于 2014 年 5 月发布《关于进一步促进资本市场健康发展的若干意见》(以下简称“新国九条”)之后得以彻底改观。“新国九条”明确提出,“在清理

---

① 参见中国证监会《首次公开发行股票并在创业板上市管理办法》(2018 年修订)第 1 条。

② 我国 2004 年《证券法》第 32 条规定:“经依法核准的上市交易的股票、公司债券及其他证券,应当在证券交易所挂牌交易。”

③ 如四川省作为我国较早进行股份制改革的地区,成都市 1992 年曾自发形成了以未上市股票为交易对象的“红庙子市场”。

整顿的基础上，将区域性股权市场纳入多层次资本市场体系”，从而正式赋予了区域性股权市场的合法地位。随着2017年2月国务院办公厅印发《关于规范发展区域性股权市场的通知》和同年5月中国证监会发布《区域性股权市场监督管理试行办法》，区域性股权市场与“新三板”一起构成我国多层次资本市场中场外市场的重要板块。正是基于交易所市场的主板有“一板”的俗称，创业板有“二板”的俗称，场外市场的全国中小企业股份转让系统有“三板”的俗称，区域性股权市场也被称为“四板”。

（三）多层次资本市场体系的基本架构

经过多年探索和发展，我国资本市场发生了深刻变化，呈“金字塔形”的多层次市场体系已基本形成。从我国《证券法》第96条至第98条的规定中可以看出我国多层次资本市场清晰的基本架构：一是证券交易场所分为证券交易所、国务院批准的其他全国性证券交易场所（“新三板”）和按照国务院规定设立的区域性股权市场3个层次；二是证券交易所和“新三板”可以根据证券品种、行业特点、公司规模等因素设立不同的市场层次；三是“新三板”的组织机构、管理办法和区域性股权市场的管理办法由国务院规定（见图1－1）。

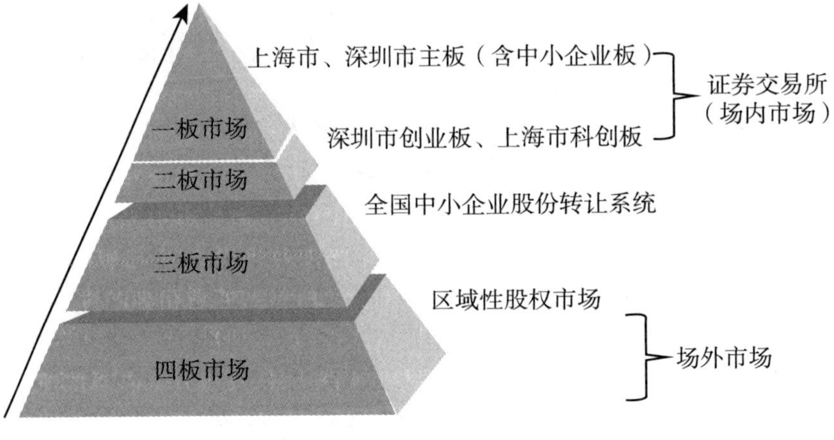

图1－1　我国多层次资本市场架构

金字塔形的多层次资本市场呈“下大上小”的结构，可以解读的蕴意包括：第一，不同层次的公司的数量和质量存在差异：层次越高，公司质量越高；层次越低，公司的数量越多。第二，不同层次对公司的准入标准和监管程度存在差异：层次越高，市场准入标准越高，监管程度越强；层次越低，市场准入标准和监管程度则越是宽松。第三，不同层次对投资者有不同的要求：层次越高，限制越少，投资者入市容易；层次越低，投资风险越高，对投资者则有适当性管理要求，不具备合格投资者标准不能入市。

（四）多层次资本市场的3个基本层次

1. 沪、深证券交易所

沪、深证券交易所是我国证券市场的最高层次，其内部还分为主板、中小企业板、创业板和科创板4个主要的层次，其中，上海证券交易所和深圳证券交易所都设有主板层次，中小企业板和创业板层次设在深圳证券交易所内，科创板设在上海证券交易所内。截至2019年年底，上海证券交易所共有主板上市公司1502家、科创板上市公司70家；[①]深圳证券交易所共有主板上市公司471家、中小企业板上市公司943家、创业板上市公司791家。[②] 在沪、深两家证券交易所上市的公司，无论属于哪个板块层次，其上市股票都实行集中交易，都执行严格的信息披露制度，都实行保荐辅导制度，都有券商、[③]会计师事务所、律师事务所审查见证企业的合规运行，都受到中国证监会和证券交易所的业务监管。

（1）主板。主板市场是一个国家证券发行、上市及交易的主要场所，也是重要的上市公司最集中的证券市场，所以称为"主板"，主要是针对股票市场的其他板块而言的。换言之，股票市场上其他板块相对于"主板"则处于次要地位。主板市场主要为资产规模较大、经营基础较好、盈利能力稳定的大型扩张期或成熟期企业提供融资和服务的平台。在我国，主板上市公司无疑占上市公司的多数，其质量也是上市公司中最高的部分，从而构成我国股票市场的主导，为主板上市公司提供发行和交易服务平台的沪、深证券交易所也当然构成场内市场的主要部分。

（2）中小企业板。如前所述，中小企业板是我国证券市场发展过程中为分步推进创业板市场而设立的，是建立创业板的第一步。根据深圳证券交易所制订的有关规则，中小企业板是为处于企业生命周期的成长期，主业突出、具有成长性和科技含量的中小企业提供融资和服务平台。中小企业板块在主板市场的制度框架下运行，同时又是主板市场中相对独立的板块；中小企业板块运行所遵循的法律、法规和部门规章，与主板市场相同；中小企业板块的上市公司应当符合主板市场的发行上市条件和信息披露要求。中小企业板块实行运行独立、监察独立、代码独立、指数独立。其中，运行独立是指中小企业板块的交易由独立于主板市场交易系统的第二交易系统承担；监察独立是指深圳证券交易所将建立独立的监察系统实施对中小企业板块的实时监控，该系统将针对中小企业板块的交易特点和风险特征设置独立的监控指标和报警阀值；代码独立是指将中小企业板块股票作为一个整体，使用与主板市场不同的股票编码；指数独立是指中小企业板发布该板块独立的指数。因此，中小企业板尽管在很多方面与主板相同，但

---

① 资料来源：载上海证券交易所网：http://www.sse.com.cn/assortment/stock/areatrade/area/，最后访问日期：2020年1月1日。

② 资料来源：载深圳证券交易所网：http://www.szse.cn/index/index.html，最后访问日期：2020年1月1日。

③ 证券公司在证券实践中常常被称作"券商"或"证券商"，一些证券法规也直接使用"券商"作为证券公司的代称，如中国证监会2013年1月发布的《全国中小企业股份转让系统有限责任公司管理暂行办法》第20条规定："在全国股份转让系统从事主办券商业务的证券公司称为主办券商。"本书使用的"券商"或"证券商"亦指证券公司。

仍然作为证券交易所的一个相对独立的板块而存在。

(3)创业板。创业板所以被称为“二板”，主要是相对于“主板”在证券市场上的地位而言的。创业板主要是为创新型企业和创业型企业提供融资和服务的平台，其市场功能定位于“促进自主创新企业及其他成长型创业企业的发展”。[①] 创业板与主板的差异主要在于交易系统、上市公司标准和合格投资者要求。创业板的上市标准要明显低于主板和中小企业板。

(4)科创板。科创板是为进一步落实创新驱动发展战略，增强资本市场对提高我国关键核心技术创新能力的服务水平，促进高新技术产业和战略性新兴产业发展，支持上海国际金融中心和科技创新中心建设，完善资本市场基础制度，推动高质量发展而在上海证券交易所建立的一个独立板块。科创板具有很高的定位：面向世界科技前沿、面向经济主战场、面向国家重大需求，主要服务于符合国家战略、突破关键核心技术、市场认可度高的科技创新企业，重点支持新一代信息技术、高端装备、新材料、新能源、节能环保以及生物医药等高新技术产业和战略性新兴产业，推动互联网、大数据、云计算、人工智能和制造业深度融合，引领中高端消费，推动质量变革、效率变革、动力变革。科创板是我国最先开始试行股票发行注册制的板块。沪、深两家证券交易所四个版块的特点和彼此间的差异如表1－1所示。

表1－1　沪、深两家证券交易所四个板块比较[②]

<table>
<tr><td colspan="2">版块</td><td>主板</td><td>中小企业板</td><td>创业板</td><td>科创板</td></tr>
<tr><td colspan="2">交易系统</td><td>主板系统</td><td>中小板系统</td><td>创业板系统</td><td>科创板系统</td></tr>
<tr><td>公司发行上市标准</td><td>经营要求</td><td colspan="2">发行人最近3年内主营业务和董事、高级管理人员没有发生重大变化，实际控制人没有发生变更。持续经营3年以上，但经国务院批准的除外</td><td>发行人应当主要经营一种业务，最近2年内主营业务和董事、高级管理人员没有发生重大变化，实际控制人没有发生变更。持续经营3年以上</td><td>发行人最近2年主营业务和董事、高级管理人员及核心技术人员均没有发生重大变化，实际控制人没有发生变更。持续经营3年以上</td></tr>
</table>

① 参见《首次公开发行股票并在创业板上市管理办法》(中国证监会2018年修正)第1条。

② 资料来源(参考法规)：《首次公开发行股票并在创业板上市管理办法》《首次公开发行股票并上市管理办法》《深圳证券交易所创业板市场投资者适当性管理实施办法》《科创板首次公开发行股票注册管理办法(试行)》《上海证券交易所科创板股票交易特别规定》。这些文件均于我国本次《证券法》修订前发布，随着新《证券法》出台和实施，有关内容也可能调整和修改。

续表

<table>
<tr><td colspan="2">版块</td><td>主板</td><td>中小企业板</td><td>创业板</td><td>科创板</td></tr>
<tr><td colspan="2">交易系统</td><td>主板系统</td><td>中小板系统</td><td>创业板系统</td><td>科创板系统</td></tr>
<tr><td rowspan="3">公司发行上市标准</td><td>营利和营业收入要求</td><td colspan="2">最近3个会计年度净利润均为正数且累计超过3000万元人民币，净利润以扣除非经常性损益前后较低者为计算依据；最近3个会计年度经营活动产生的现金流量净额累计超过5000万元人民币或者最近3个会计年度营业收入累计超过3亿元人民币</td><td>最近2年连续盈利，最近2年净利润累计不少于1000万元人民币或者最近1年盈利，最近1年营业收入不少于5000万元人民币，净利润以扣除非经常性损益前后孰低者为计算依据</td><td>符合5套“市值+”标准之一：5套标准具体为：(1)市值+净利润；(2)市值+营业收入+研发投入；(3)市值+营业收入+现金流；(4)市值+营业收入；(5)市值+技术优势。这里的“市值”即预计市值，数额为10亿元至40亿元人民币；除预计市值10亿元人民币的标准中有最近2年净利润均为正且累计净利润不低于5000万元人民币或营业收入不低于1亿元人民币的要求外，其余均没有利润的要求；预计市值越高，其他指标的要求则越灵活，如果预计市值达到40亿元人民币，其他则只有技术优势的要求了①</td></tr>
<tr><td>资产要求</td><td colspan="2">最近1期末无形资产(扣除土地使用权、水面养殖权和采矿权等后)占净资产的比例不高于20%；最近1期末不存在未弥补亏损</td><td>最近1期末净资产不少于2000万元人民币，且不存在未弥补亏损</td><td>无</td></tr>
<tr><td>股本总额</td><td colspan="2">发行前股本总额不少于3000万元人民币</td><td>发行后股本总额不少于3000万元人民币</td><td>发行后股本总额不少于3000万元人民币</td></tr>
<tr><td colspan="2">合格投资者要求</td><td colspan="2">无</td><td>具有2年以上(含2年)股票交易经验的自然人可以申请开通创业板市场交易；不具备者需现场签署风险揭示书，还应就自愿承担市场风险抄录“特别声明”</td><td>前20个交易日证券账户及资金账户内的资产日均不低于50万元人民币(不包括该投资者通过融资融券融入的资金和证券)，并且参与证券交易2年以上。50万元人民币以下投资者可以通过公募基金参与</td></tr>
</table>

① 具体标准见本书第五章中“科创板一般股票上市的条件”。

从目前证券交易所发展趋势来看,在发展既有板块的同时,还计划进一步推进交易所市场内部分层,上海证券交易所还筹备了战略新兴板和国际板,深圳证券交易所根据"新国九条"等政策文件明确要求深化创业板市场改革的要求,启动了创业板内部分层的研究,学界对此普遍持积极态度,认为创业板设立专门层次,有利于支持尚未盈利的互联网企业、科技创新等企业上市,进一步拓展了创业板对创新经济、新兴产业的覆盖面,更加符合创业板的功能定位和基本宗旨。①

2. 全国中小企业股份转让系统

全国中小企业股份转让系统("新三板")在多层次资本市场中处于中间层次,是主要为创新型、创业型、成长型中小微企业发展服务的证券市场。根据我国《证券法》和现行法规的有关规定,"新三板"具有如下显著特点。

(1)具有股份转让和证券融资等复合功能。境内符合条件的股份有限公司均可通过主办券商申请在该系统挂牌,公开转让股份,进行股权融资、债权融资、资产重组等。

(2)实行内部分层制度。根据我国《证券法》第 97 条关于"国务院批准的其他全国性证券交易场所可以根据证券品种、行业特点、公司规模等因素设立不同的市场层次"的规定,"新三板"目前已经设置基础层、创新层和精选层,将符合不同标准的挂牌公司分别纳入不同层级管理,每一层级有不同的进入条件、维持标准和退出要求,全国中小企业股份转让系统有限责任公司据此定期调整挂牌公司所属的市场层级。

(3)挂牌公司的准入门槛较低。没有交易所上市公司那样硬性的财务指标要求,只需要符合"业务明确、产权清晰、依法规范经营、公司治理健全"的条件,并且"可以尚未盈利"就提出挂牌申请;股票挂牌、定向发行等申请直接由全国中小企业股份转让系统公司审查批准,无须通过中国证监会的审核程序。

(4)挂牌公司依法纳入非上市公众公司监管,股东人数可以超过 200 人,接受中国证监会的统一监督管理,②须履行信息披露义务,所披露的信息应当真实、准确、完整,但不需要在指定的公共媒体上进行。

(5)挂牌股票转让可以采取做市方式、协议方式、竞价方式或证监会批准的其他转让方式。具体而言,在"新三板"中目前存在3 种交易方式:有2 家以上做市商为其提供做市报价服务的股票,可以采取做市转让方式;除采取做市转让方式的股票外,其他股票采取竞价转让方式;单笔申报数量或转让金额符合全国股份转让系统规定标准的股

① 参见钟洪明:《多层次资本市场改革视域下证券法制重构论纲》,中国法制出版社 2017 年版,第 107 页。

② 根据中国证监会 2019 年 12 月修正的《非上市公众公司监督管理办法》规定,非上市公众公司"公开转让股票应当在全国中小企业股份转让系统进行"。

票转让,可以进行协议转让。①

(6)实行主办券商制度。主办券商从事推荐股份公司股票挂牌,对挂牌公司进行持续督导,代理投资者买卖挂牌公司股票,为股票转让提供做市服务等业务。

(7)实行与投资者风险识别和承受能力相适应的投资者适当性管理制度。按照全国中小企业股转系统公司目前执行的标准,②申请参与挂牌公司股票公开转让的自然人投资者,本人名下最近10个转让日的日均金融资产须达到500万元人民币以上和具备2年以上的金融投资或工作的经历;机构投资者的实收资(股)本或实缴出资总额须达到500万元人民币以上。

3. 区域性股权市场

区域性股权市场在多层次资本市场中处于低端层次,是主要服务于所在省级行政区域内中小微企业的证券市场,也是地方人民政府扶持中小微企业政策措施的综合运用平台。尽管目前各地建立的区域性股权市场的名称不一,③但都必须按照国家有关文件的规定来设立和运作,遵循中国证监会制定的统一的业务和监管规则。④ 区域性股权市场的特点包括以下方面。

(1)兼具证券发行和转让的功能。国家对区域性股权市场的定位是"私募股权市场",具体为"非公开发行、转让中小微企业股票、可转换为股票的公司债券和国务院有关部门认可的其他证券"。

(2)以省级行政区为其区域性范围。这里的"省级",包括省、自治区、直辖市以及计划单列市,一个省级行政区只能设立一家区域性股权市场的运营机构,⑤区域性股权市场不得为所在省级行政区域外的企业私募证券或股权的融资、转让提供服务。

(3)企业准入门槛低。首先,对申请企业的企业形态没有如同证券交易所市场和"新三板"市场那样明确的要求,⑥包括股份有限公司、有限责任公司在内的中小微企业都可以申请非公开发行证券和挂牌转让证券;其次,市场准入条件十分宽松,如企业发

---

① 按照全国中小企业股份转让系统有限责任公司发布并于2018年1月实施的《全国中小企业股份转让系统股票转让细则》第73条规定,"单笔申报数量不低于10万股,或者转让金额不低于100万元人民币的股票转让,可以进行协议转让"。

② 参见全国中小企业股份转让系统有限责任公司2017年7月修订的《全国中小企业股份转让系统投资者适当性管理细则》。

③ 如天津市称之为"天津滨海柜台交易市场",重庆市称之为"重庆股份转让中心",四川省称之为"天府(四川)联合股权交易中心",深圳市称之为"深圳前海股权交易中心"。

④ 主要的规范性文件为国务院办公厅《关于规范发展区域性股权市场的通知》(国办发〔2017〕11号)和《区域性股权市场监督管理试行办法》(中国证监会发布,2017年7月1日施行)。

⑤ 国务院办公厅《关于规范发展区域性股权市场的通知》第3条规定:"省、自治区、直辖市、计划单列市行政区域内已设立运营机构的,不再设立;尚未设立运营机构的,可设立一家;已设立两家及以上运营机构的,省级人民政府要积极稳妥推动整合为一家。"

⑥ 根据我国《公司法》、《证券法》和《全国中小企业股份转让系统有限责任公司管理暂行办法》的有关规定,上市公司和"新三板"挂牌公司必须为股份有限公司。

行股票和挂牌转让证券的明确条件为：符合我国《公司法》规定的治理结构、最近 1 个会计年度的财务会计报告无虚假记载和没有处于持续状态的重大违法行为。[①]

(4)对证券的发行和转让有较多限制。发行证券只能是采取私募方式，不得采用广告、公开劝诱等公开或者变相公开方式；发行证券的品种限于股票和可转换为股票的公司债券，发行除此之外的其他品种，须经国务院有关部门认可；发行单只证券持有人数量累计不得超过 200 人；转让证券不得采取集中竞价、连续竞价、做市商等集中交易方式；投资者买入后卖出或卖出后买入同一证券的时间间隔不得少于 5 个交易日。

(5)市场监管由省级人民政府负责。省级人民政府制定区域性股权市场监管实施细则和操作办法并指定地方金融监管部门承担日常监管职责；中国证监会及其派出机构对地方金融监管部门监管工作进行指导、协调和监督。

(6)实行合格投资者制度。合格投资者应是依法设立且具备一定条件的法人机构、合伙企业，金融机构及其资产管理产品和投资性计划，依法设立的基金，金融资产不低于 50 万元人民币且具备 2 年以上的金融投资或工作的经验的自然人。

(7)可以结合实际为企业提供多样化、个性化的服务。根据《区域性股权市场监督管理试行办法》第 31 条规定，区域性股权市场在依法合规、风险可控前提下，开展业务、产品、运营模式和服务方式创新，可以按照规定为中小微企业信息展示提供服务。[②]

(五)我国多层次资本市场展望

建立多层次资本市场的目的是满足不同类型企业的融资需求，更好地服务实体经济，促进经济社会的发展。从这一目的出发，我国多层次资本市场的建设还任重道远，需要不断发展和完善。我国《证券法》对于多层次资本市场的原则规定，为未来的发展和完善提供了法律依据。从发展和国际比较的视野来看，我国多层次资本市场还存在一些需要研究的问题。

1. 目前建构的多层次侧重交易场所，局限于股权市场。资本市场的金字塔形的结构还只是从纵向角度主要反映入市公司的数量，分层也还主要着眼于股票市场，缺乏债券、资产证券化、金融衍生品等市场的建设和总体设计。[③] 从企业融资角度来看，除需

---

① 参见《区域性股权市场监督管理试行办法》第 10 条、第 16 条。

② 不少地方的区域性股权市场在此上进行积极探索创新，如四川省"天府(四川)联合股权交易中心"的主要业务项目就包括企业挂牌管理、挂牌路演、质押融资服务、可转债融资服务、股权融资服务、中介服务管理、证券发行与转让、证券登记托管、结算支付、股权估值定价、并购重组、财务顾问、改制挂牌上市培育、投资管理、资本运作培训咨询等。另外，该股权交易中心在"展示板""交易板""融资板"基础上推出了"科技金融板""一带一路板""军民融合板""创业创新板"四大特色板块，陆续开办了"经信展示专区""小贷行业展示专区""自贸展示专区"。

③ 郭锋、邢会强、李文莉：《多层次资本市场体系的法律问题与对策》，载郭锋主编：《证券法律评论》(2017 年卷)，中国法制出版社 2017 年版，第 8 页。

要根据不同的准入标准进入不同的市场融资外,还需要借助多种融资品种和融资工具。因此,多层次资本市场的建设不仅包括市场层次的纵向结构,还应当重视市场的横向结构,使每一层次都容纳更多不同类型的证券品种和证券融资工具,并且能够上下左右彼此衔接,充分满足各类企业尤其是中小微企业的融资需求。

2. 多层次资本市场中的现有板块还存在差异化不大,相互间功能定位不够准确清晰的情况。多层次资本市场的可持续发展,离不开充沛的交易资源和差异化的交易制度这两大要素,不同层次的市场板块在上市要求、交易方式、监管程度、投资者群体方面都存在一定的差异,否则就难以满足不同企业和不同投资者的偏好与需求。只有各层次市场间定位明确并且相互连接,才能形成多层次资本市场之间相互补充促进、相互连通协调的良性互动机制。① 我国多层次资本市场基本架构是近年来尤其是随着《证券法》修订才逐步清晰的,但这并不意味着各层次各板块彼此间的良性协调机制已经建立完善,还存在不少值得完善的方面:如深圳证券交易所中小企业板介乎于主板和创业板之间,与其他两个板块的界限并不十分明确;"新三板"中基础层和创新层之区分也有不到位和动态调整的空间;区域性股权市场的分层具有鲜明的探索性质,层次的界分上还存在模糊不清、交叉重叠的地方。这些都可能不同程度地影响不同层次市场功能的发挥,影响不同板块的设立初衷和预期目的的实现。

3. 场外市场的交投不活跃。我国"新三板"挂牌公司截至2019年年底已经达到8953家,成为全球挂牌公司数量最多的全国性证券市场,但在我国证券市场融资额中占比很小。数据显示,"新三板"2019年全年实现股票融资额为268.23亿元,②而沪、深两家证券交易所2019年全年实现股票融资额为12,784.62亿元,③前者仅为后者的2.1%左右,两个市场形成巨大反差。证券市场的实践表明,证券融资是以证券流通为基础的,投资者如果没有转让和退出的通道,必然会直接影响其投资行为。"新三板"的一级市场曾一度出现定增火爆的现象,但二级市场交投一直呈现出冷清状态,必然影响"新三板"的可持续发展。区域性股权市场尽管从统计上显示入市公司数量众多,但入市公司中更多是没有交投业务的展示企业,说明这一市场对区域内的企业吸引力还十分有限,而且现有的入市企业还有不少是地方采取政府奖励政策来增加的数量。区域性股权市场目前无论是融资的一级市场还是股权转让的二级市场都显得十分清淡,从而影响了市场应有功能的发挥。

---

① 参见钱康宁、蒋健蓉:《多层次资本市场的转板机制》,载《中国金融》2013年第7期。

② 资料来源:《全国中小企业股份转让系统2019年市场统计快报》,载全国中小企业股份转让系统网:http://www.neeq.com.cn/static/statisticdata.html,最后访问日期:2020年1月9日。

③ 资料来源:(1)根据上交所发布1~12月《上证统计月报》计算,载上海证券交易所网:http://www.sse.com.cn/aboutus/publication/monthly/documents/c/,最后访问日期:2020年1月8日;(2)《深交所新年致辞》,载深圳证券交易所网:http://www.szse.cn/aboutus/trends/news/t20191231_572984.html,最后访问日期:2020年1月8日。

我国《证券法》关于多层次资本市场的规定是基于当前和未来一段时期内企业的需求而设计的制度。我国证券市场尽管在许多方面成绩斐然,但毕竟只有不到30年的历史,与发达国家证券市场相比还带有很多不成熟和探索性的特点,这正是我国《证券法》包括对多层次资本市场在内的一些规定还十分原则的重要原因,从而也为进一步发展和完善留下足够的法律空间。当今世界,信息技术和经济全球化发展的趋势都决定了证券市场必然是一个国际化的市场,必须与国际资本市场发展趋势接轨,证券法治也不例外。学者研究表明,近年来,国际资本市场在总体上呈现出融合发展趋势,如场内市场与场外市场的融合,公开市场与私募市场的融合,这对于我国多层次资本市场,尤其是场外市场的建设不能不产生影响。① 就我国资本市场的未来发展而言,究竟是维持"三分天下"的多层次基本格局,还是建立更多的市场层次,都需要在市场实践中进一步探索,可以借鉴发达国家资本市场发展的经验,不断完善证券市场法治建设。

第三节 证 券 法

一、证券法概论

证券法是调整证券的发行、交易、服务、证券市场监管,以及其他相关活动而产生的社会关系的法律规范的总称。如同证券的含义可以从不同角度解读一样,人们往往也从广义和狭义的角度来使用证券法概念:广义上的证券法不仅包括规范证券和证券市场的一系列法律、行政法规和地方性法规,而且包括证券监督管理机构和国务院有关部门制定的规章,甚至还把证券交易所和证券业协会制定的有关规则纳入其中;狭义上的证券法则专指证券法法典。我国《证券法》是我国证券市场的基本法,是证券市场各主体必须遵守的基本规则和基本规范。

我国《证券法》调整的证券关系具体来说,主要包括以下几类。

1. 证券发行关系,主要是指证券发行人因发行证券与国家有关注册机关、保荐人、代销或包销证券的证券公司、购买证券的投资者之间发生的关系。

2. 证券交易关系,主要是指证券持有人在证券市场上因转让或买卖证券,与证券交易所、证券公司和相对当事人发生的关系。

3. 证券服务关系,主要是指为证券的发行或交易提供服务而产生的关系,包括证券登记结算机构、证券资信评估机构、证券投资咨询机构等与证券买卖的当事人之间发生的关系。

---

① 参见邢会强:《新三板市场的法律定位》,载郭锋主编:《证券法律评论》(2017年卷),中国法制出版社2017年版,第90~92页。

4. 证券监管关系，主要是指国家证券监督管理机构运用法律赋予的权力对证券市场进行规划、调控、监察和督导而与相关当事人产生的关系。

5. 证券其他相关活动而发生的关系，如证券公司参加证券业协会建立自律规则相互间产生的关系、司法机关处理证券违法犯罪行为与行为人发生的关系等。

证券、证券市场的发展与法律制度密不可分。证券产生之初只是作为一种经济现象存在的，孤立的经济现象并不对社会经济发展产生多大作用，正是由于法律范畴的进步，通过法律赋予了证券以普遍适用的规范性质，并以国家强制力加以保障，证券才能从经济现象跃升到制度的层次，从而作为证券制度来对社会经济的发展和进步产生重要的推动作用。

证券法律制度的建立完善与证券市场的发展是互为前提的，证券市场的发展提出了证券规范化的客观要求，证券法律制度的建立和完善为证券市场的发展提供了法律保障和新的动力。证券的规范化从法律上来说也就是证券的制度化、法律化，包括证券本身规范化和证券市场规范化两层含义：证券本身的规范化，是指法律明确界定证券的品种及其内涵；证券市场的规范化，是指法律对证券发行和交易以及与之相关的各类行为规则作出明确规定，使具体的行为人有法可依、有规可循。规范是证券市场建设与发展永恒的主题，规范是发展的保证，发展是规范的目的，二者不可偏废。

证券市场活动必须要用法律进行规范，这是历史和现实、外国和中国实践经验教训的总结。证券市场作为经济的“晴雨表”，对整个经济的运行发挥重要作用；由于其特殊的属性，又具有高收益、高风险、波动变化剧烈、投机性强等特点，直接影响国家金融安全、经济发展和社会秩序稳定。说明证券市场对社会发展既有积极作用，也有负面消极作用。这就尤其需要严密和严格的法律进行规范和保障，必须把证券的发行和交易活动纳入法制化轨道运行。离开法律的规范保障，不仅证券市场难以健康发展，甚至还可能引发全局性的灾难性后果。总而言之，没有完善的证券市场法律体系，就不可能有规范、健康的证券市场。证券市场法制环境的好坏决定证券市场的成败。

证券市场的规范化关系效率和公平的实现。证券市场主要面对的是广大的社会公众投资者，涉及成千上万中小投资者的切身利益。没有完善的证券法律体系，就不可能有规范、健康的证券市场；证券市场法制建设的好坏，决定证券市场的成败。实践证明，没有法律制度作保证的证券市场，只能处于盲目、低效状态，必将充满欺诈与操纵等不公平现象。证券交易市场上如果没有公平，那么这个市场必然是混乱的，侵害大多数投资者利益的。广大中小投资者由于利益无从得到可靠保护，很快会失去对证券市场的信心和投资于证券的兴趣，从而降低了证券市场的效率。

证券法作为法律的组成部分，具有一般法律的共性，即都是反映和调整一定社会关系、由国家制定和颁布并由国家强制力保障实施的行为规范。同时，它也具有自身的特点。

1. 证券法具有商法和经济法的属性。在立法渊源上，证券法与公司法有密切的联系,不少人认为证券法是公司法的特别法,①而公司法历来被视为典型的商法,自公司制度问世以来,公司就一直是主要的"商主体"与"商行为"的活动者,《德国商法典》《日本商法典》《美国商法典》等无不将公司作为其调整对象。因此,基于公司法属于商法的认识,证券法也自然成为商法的组成部分。从我国《证券法》的基本内容来看,其经济法属性也十分鲜明。

(1)我国《证券法》第1条明确规定其立法目的是"规范证券发行和交易行为,保护投资者的合法权益,维护社会经济秩序和社会公共利益,促进社会主义市场经济的发展",这与经济法以社会整体利益为本位,维护社会经济的稳定和有序,保护弱者,维护社会公平和促进社会的整体福利的法律属性是基本吻合的。

(2)我国《证券法》基本由强制性规范构成。证券法作为体现国家对证券市场的严格管理和规范的法律,在本质上是一部"管理法",其规范基本属于强制性规范。从具体内容来看,证券法对证券品种、发行方式和时间、发行注册和上市的程序、交易场所、交易原则和方式、上市公司收购、信息披露的内容和程序等规定都是十分确定的,基本上属于命令性规定或禁止性规定,当事人没有自由选择的余地,如果不按照这些确定性的规范操作,就可能承担相应的法律责任。由此可见,证券法体现出国家对证券市场的强力控制和干预,这一特征也恰恰符合了经济法的基本属性。

(3)我国《证券法》对证券违法行为设置民事、行政、刑事责任的做法,与经济法综合运用多种调整手段的特征也基本相同。

强调证券法的商法和经济法属性的意义如同有学者所言,在我国《证券法》修法和法律适用中"一味强调市场化导向可能会矫枉过正,应当在市场化改革的基础上注重适度监管和审慎监管,体现证券法的公私融合特性"。②

2. 证券法属于行为法的范畴。法律规范如果按照其主要调整对象为标准,可以分为组织法和行为法。组织法主要是规范法律主体的设立、组织机构及其运行规则的法律,如公司法、合伙企业法、乡镇企业法、农民专业合作社法、中小企业促进法、中外合资经营企业法等;行为法主要以法律主体在一定范围和一定领域的行为为主要规范对象。证券法是较典型的行为法,主要调整的是有关主体在证券发行和证券交易领域内的行为。与证券法具有同样性质的行为法还有诸如票据法、保险法、海商法、合同法、反不正当竞争法、消费者权益保护法等。

3. 证券法是实体规范与程序规范的结合。根据法律涉及的主要内容,法律上有实体法和程序法之别。宪法、刑法、民法为典型的实体法,刑事诉讼法、民事诉讼法、行政

---

① 该观点得到我国《证券法》的认可,第2条规定:"在中华人民共和国境内,股票、公司债券、存托凭证和国务院依法认定的其他证券的发行和交易,适用本法;本法未规定的,适用《中华人民共和国公司法》和其他法律、行政法规的规定。"

② 杨光:《我国证券投资者保护基金的界定及立法模式》,载郭锋主编:《证券法律评论》(2018年卷),中国法制出版社2018年版,第468页。

诉讼法为典型的程序法。其实,除此之外的不少法律,其内容中既包括了实体性规范,又包括了程序性规范,这些法律往往被认为是实体法(或实体规范)与程序法(或程序规范)的结合。我国在建立社会主义市场经济法律体系过程中,制定出台的包括《证券法》在内的许多法律都采取了实体规范与程序规范结合的法律架构。如我国《证券法》中关于基本原则、上市证券的基本条件、法律责任等属于实体规范的内容;而关于发行审核、证券交易所和证券公司的设立、交易规则等则属于程序规范的内容。我国《证券法》中实体规范与程序规范的结合,不仅反映出现代立法的一个重要特点,更重要的是,能够更好地保证证券和证券市场依法运作,进而纳入制度化和规范化的发展轨道。

4. 证券法具有较强的技术性和专业性。一些学者认为,法律规范按其设计的难度和性质,可以将其分为伦理性规范和技术性规范两大类。所谓伦理性规范,“其制定也,本诸恒清,基乎常理,如杀人者死,欠债者还,虽庸夫愚妇莫不知其然也”。所谓技术性规范,“其制定也,完全出乎立法专家的之一种设计,故其内容并非仅凭一般常识所能了解”。① 从证券法的具体内容来看,许多规范都具有较强的技术性,涉及不少与金融相关的专业内容,其法律原理也比较深奥,如果不具有相应的法律和其他相关专业知识,要真正理解和掌握其基本含义并不是一件轻而易举的事。

5. 证券法具有国际性。如同许多市场经济法律一样,证券法具有鲜明的国际性特点。证券市场本身就是一个开放性、国际性的市场。证券化使当今资本流动日益突破地理和人为限制,证券市场也获得了超越国界的广阔空间,国际化已经成为证券市场发展的一个重要趋势。证券市场的国际化主要表现在证券投资主体的国际化,证券发行与交易的国际化。作为规范其运作的证券法来说,也必然适应证券市场发展的客观需求,体现出国际认同的原则和规则。我们注意到,尽管各国政治经济文化存在差距,但在证券发行和交易方面却都遵循着基本一致的规则,尤其在电脑技术普遍运用于证券市场的今天,证券交易的报价、成交、交割、过户、清算都必须按照全球一致的规则来操作,否则交易就无法进行。各国为了加强在证券的管理、制度和法律方面的协调,成立了相应的国际组织,如 1983 年成立的国际证券委员会组织(International Organization of Securities Commissions, IOSCO),现已成为一个常设国际性组织,中国证监会也于 1995 年 7 月加入该国际组织。随着国际经济一体化的进程和信息技术的发展,证券市场国际化趋势加快,证券法具有的国际性因素也会越来越突出。

二、我国证券法制建设回顾

我国的证券法制建设如果作为一个完整的过程来研究,与证券市场的发展一样,也跨越了旧中国和新中国两个不同的历史阶段。

(一)中国历史上的证券立法

虽然我国证券市场的萌生最早可以追溯到 19 世纪,但有关证券方面的立法却是从

① 郑玉波:《票据法》,台北,三民书局股份有限公司 2001 年版,第 3 页。

20世纪才开始的。最早涉及证券方面的法律应当为1904年1月21日颁行的《公司律》,该法共131条,其中就有关于股份公司招股、股票可以任便转卖等规定。1914年颁布的《证券交易所法》是中国第一部专门规定证券内容的法律,该法的主要内容包括:证券交易所成立必须经政府有关主管机关批准;证券交易所采取股份有限公司的形式;外国人不得成为交易所的经纪人和职员;交易分为现货交易和期货交易两种;政府对证券交易所进行监督等。1915年又颁布了《证券交易所法施行细则》和有关附属法规,对证券交易活动作了进一步规定。1929年颁布了《交易所法》,以后由于管理交易所职能部门的变更,对《交易所法》又进行了修订,并于1935年正式公布了修正的《交易所法》。该法在北洋政府证券交易所法的基础上制定,是旧中国最完善的一部有关证券方面的法律,反映了证券交易需要加强管理和需要法律规范的客观要求。由于中国历史上证券市场不发达,相应的证券立法也比较落后,以至于到中华人民共和国成立之时,还没有一部全面调整证券活动的证券法问世。

(二)我国证券法制的早期建设

我国的证券法制严格来说应当是自改革开放后重新起步的,在此之前也仅是在解放初期为了配合对原有证券市场的利用,由中国人民银行有关机构制订过有关证券交易的规章制度,如《管理证券交易暂行办法》《证券交易所营业简则》《经纪人申请登记办法》《股票上市须知》《交割办法》等。随着北京和天津的证券交易所于1952年停止交易,证券法制也中断达40年之久。

我国证券法制建设重新起步于20世纪80年代,最先出台的证券法规是1981年国务院颁布的《国库券条例》,该条例开始把国库券这种证券的形式纳入法制规范的轨道,也规定了国库券不得当作货币流通和不得自由买卖的内容。随着股份制的试行,中央和地方于20世纪80年代中后期陆续出台一些有关股票和债券的法规。从全国统一性规定来看,比较有代表性的如国务院1987年颁布的《企业债券管理暂行条例》《国务院关于加强股票、债券管理的通知》等;从地方性规定来看,较有代表性的如1986年广东省人民政府颁布的《广东省股票债券管理暂行办法》、1987年上海市人民政府颁布的《上海市股票管理暂行办法》和《上海市企业债券管理暂行办法》、1989年福建省人民政府颁布的《福建省股票管理暂行规定》等。这一时期的证券立法中,相当一部分是地方性的规范。

进入20世纪90年代初期,随着上海、深圳两家证券交易所和国务院证券委、中国证监会的成立,我国证券法制建设进入了一个新的发展阶段,证券法制建设的发展较迅速,其中最明显的特点为以下三个方面。

1. 有关证券法律法规颁布的数量和密度大大增加,证券立法的速度可谓明显加快。据统计,到1998年年底我国《证券法》出台时,我国就已有各类证券法律、行政法规和规章达250余部。

2. 全国统一性的法律法规不断颁布,逐渐取代了早期主要由地方性法规来调整规范证券市场的局面，以1990年中国人民银行颁布的《证券公司管理暂行办法》为起点，以后重要的全国性法律法规包括《公司法》《股票发行与交易管理暂行条例》《禁止证券欺诈行为暂行办法》《公开发行股票公司信息披露实施细则》《证券交易所管理办法》等。

3. 法律法规调整的证券领域越来越宽泛，不仅涉及企业一般的股票债券，而且还涉及境内上市外资股和我国企业到境外上市的内容，如国务院《关于股份有限公司境内上市外资股的规定》《关于股份有限公司境外募集股份及上市的特别规定》等法规。

（三）1998年我国《证券法》

在我国证券法制建设中，1998年《证券法》占有十分重要的地位。该法作为中华人民共和国成立以来第一部证券法，经九届全国人大常委会第六次会议于1998年12月29日付诸表决并获得通过，自1999年7月1日起正式施行。

1998年我国《证券法》的出台与实施，对于促进我国证券市场的规范和发展发挥了重要作用：一是为证券市场的发展提供了最基本、最重要的法律保障；二是促进我国证券法律体系的完善；三是有效防范了金融风险，保证证券市场能够基本正常有序的运行；四是减少或杜绝了上市过程中的欺诈和其他不正当的行为发生，使上市公司的质量有明显提高。

1998年我国《证券法》毕竟是中华人民共和国成立后颁布的第一部证券法，由于受起草时各种条件的限制，立法上也不可避免地存在一些缺陷。随着经济和金融体制改革的不断深化和社会主义市场经济不断发展，证券市场发生了很大变化，在证券发行、交易和证券监管中出现许多新情况，该法已经不能完全适应新形势发展的客观需要：一是部分上市公司的治理结构不健全，质量不高，信息披露制度不完善，对董事、监事和高级管理人员缺乏诚信义务和法律责任的规定；二是一些证券公司内部控制机制不严、经营活动不规范、外部监管手段不足；三是对投资者特别是中小投资者的合法权益的保护机制不完善，对损害投资者权益的行为缺乏民事责任的规定；四是证券发行、交易、登记结算制度等不够完备，没有为建立多层次资本市场体系留下法律空间；五是对资本市场监管中出现的新情况、新问题缺乏有效的应对手段，有关法律责任的规定过于原则，难以操作，不利于打击违法、违规行为，维护资本市场的秩序；六是证券法调整范围和某些限制性规定已经不适应证券市场的发展，需要补充和完善。①

除此之外，1998年我国《证券法》从立法技术上也显得较粗疏简略，有的规定存在立法漏洞，②有的规定过于原则，缺乏必要的可操作性。中国证监会颁发的有关规章尽

---

① 参见《全国人大财政经济委员会副主任委员周正庆在2005年4月24日在十届全国人大常委会第十五次会议上关于〈中华人民共和国证券法（修订草案）〉的说明》，载中国人大网：http://www.npc.gov.cn/wxzl/gongbao/2005-10/27/content_5343116.htm，最后访问日期：2020年1月15日。

② 如1998年我国《证券法》第161条与第202条就出现明显的冲突。参见周友苏、罗华兰：《论证券民事责任》，载《中国法学》2000年第4期。

管可以起到一些弥补作用,但在一些内容上却又存在下位法对上位法作出实质性修改的问题。

1998年我国《证券法》之所以存在上述问题,有其特殊的主客观原因:首先,我国证券市场是从20世纪90年代才逐步发展起来,到1998年《证券法》出台时还不到10年时间,因此,立法之初的实践还不能为立法概括抽象提供应有的深度和广度,该法起草时不能、也不可能对涉及证券行为的所有规范都罗列无遗,而只能对可能出现的情况作出原则性规定。其次,与前述原因相对应,我国对证券法理论的研究也显得不足,一些条文之所以会出现明显的法律漏洞,其主要原因就在于立法者在制订该条文时缺乏必要的法理支撑,立法经验明显不足。再次,我国《证券法》起草过程中,立法者较多地考虑到国有企业改制上市的需要,对证券市场运作中的具体规范的设计则关注不够,对一些技术性较强的规范,或是力不从心缺乏必要的推敲,或是根本就没有考虑制订。最后,我国《证券法》制定时正好是亚洲金融危机发生期间,这就决定立法从防范风险、加强规范方面考虑得比较细,而对推动证券市场发展、促进证券市场制度创新方面则没有考虑或考虑得较少。

(四)2005年我国《证券法》

2005年我国《证券法》是指对1998年《证券法》作出较大修订后重新颁布的证券法典,修订草案经第十届全国人大常委会三审后于2005年10月27日获得立法机关通过并于2006年1月1日起正式施行。这次修订不仅涉及40%左右条款的变动,还涉及证券立法的一些基本理念、立法精神和立法价值取向的重大变革。从时间上来看,2005年我国《证券法》自实施至本次新《证券法》颁布,历时14年,因而在我国证券法制建设中也占有重要地位。从修订的内容来看,2005年我国《证券法》体现的特点包括以下几方面。

1. 突出了证券法加强管制的属性。通过修订,证券法对证券市场强力干预的公法性质得到进一步增强,如加强对信息披露行为的规制,增加了强制性规范的比重;加大证券监督管理机关的权力,强化了国家对证券市场的监管力度;大幅增加对违法行为的处罚条款,突出了保护社会公共利益的特点。

2. 在微观管理加强的同时,宏观管制有所放松。主要体现在:对原法关于证券交易方式和范围上所作的禁止性规定或严格限制有所松动,以"开口子"的方式作出了变通的规定,如在"分业经营、分业管理"上的放宽,对"场外市场"的允许,在"信用交易"上的解禁,在"银行资金入市"上的灵活规定和允许国有企业合法买卖上市交易的股票等。

3. 增加一些证券市场行之有效的新制度。如保荐制度、独立董事制度、董事会秘书制度、规范关联交易行为制度、保护中小投资者利益制度等。

4. 法律规定得更严谨和科学,增强了法律的实用性和可操作性。

5. 较好实现了与我国《公司法》的衔接。

三、我国新《证券法》的出台和特色

(一)证券市场的深刻变化与新的修法需求

2005年我国《证券法》实施以来,我国证券市场快速发展,改革创新的不断深入,发生了深刻的变化,主要表现在以下方面。

1. 股票发行注册制改革开始启动。2013年党的十八届三中全会通过了《中共中央关于全面深化改革若干重大问题的决定》,明确提出了"推进股票发行注册制改革"的要求。这是我国证券市场的一项重大改革措施,被认为是整个资本市场改革的"牛鼻子",涉及证券监管、信息披露、投资者保护、交易所体制、法律责任、退市制度等一系列制度的建立和完善。

为了实施这项改革,进一步发挥资本市场服务实体经济的基础功能,2015年12月第十二届全国人大常委会第十八次会议通过了《关于授权国务院在实施股票发行注册制改革中调整适用〈中华人民共和国证券法〉有关规定的决定》,授权国务院对拟在沪、深证券交易所上市交易的股票的公开发行,调整适用我国《证券法》关于股票公开发行核准制度的有关规定,实行注册制度,具体实施方案由国务院作出规定,报全国人民代表大会常务委员会备案。该决定的实施期限为两年。

2018年2月第十二届全国人民代表大会常务委员会第三十三次会议又通过了《关于延长授权国务院在实施股票发行注册制改革中调整适用〈中华人民共和国证券法〉有关规定期限的决定》,将实行注册制期限延长2年至2020年2月29日。要求国务院应当及时总结实践经验,于延长期满前,提出修改法律相关规定的意见;并要求国务院证券监督管理机构继续创造条件,积极推进股票发行注册制改革,并会同有关部门加强事前、事中、事后全过程监管,防范和化解风险,切实保护投资者合法权益。

2. 多层次资本市场架构已经基本清晰。如前所述,经过多年探索,我国多层次资本市场已经形成证券交易所市场、"新三板"市场和区域性股权市场3个基本层次,每个层次又包含若干不同板块和层次,这需要以法律形式加以固定,明确不同层次的法律地位和功能定位,将其纳入规范化发展轨道运行。

3. 证券市场风险与管控风险的能力都有所增加。2015年我国股市出现异常波动,上证指数从6月上旬的最高点5178点一度下跌到8月下旬的最低点2850点,跌幅达到45%左右,说明我国股市还有较强的新兴市场的特点;股市上信息不对称和非理性炒作的现象十分突出。另外,政府监管和应对控制风险的能力也存在不足。我国股市的稳健发展,既关系中国经济结构到转型,又支撑着创新创业和一系列国家战略,关系到经济安全和社会稳定,国家对证券市场的适度干预具有必要性和正当性。证券市场的高公众化、高技术性和高流转性,决定了投资者利益在很大程度上也是社会公共利益,政府对公共利益的维护不能只充当"守夜人"的角色,加强政府监管与市场创新应当如影相随。政府对证券市场风险的防范,其目的和动机都不同于市场主体,主要是保证公平交易的环境,减少市场失灵的负面影响,必须依法进行。自这次股市异常波动出现以来,保证资本市场的稳定运行和守住不发生重大风险和系统性风险的底线成为证券监管部门和社会各界的共识,全面从严监管和提升管控证券市场风险的能力,是证券市场稳定运行的重要保证。

4.国务院及其证券监管部门根据我国《证券法》提供的制度空间,推出一系列新的市场改革措施并在实践中取得积极效果。除前述的股票发行注册制改革和多层次资本市场建设外,还主要包括一系列的制度创新:如非上市公众公司的监督管理制度、①公司债券发行与交易制度、②完善上市公司治理结构、③并购重组制度、④上市公司退市制度、⑤证券公司监管制度、⑥登记结算管理制度⑦、完善投资者保护制度、⑧完善行政执法程序⑨等,正是这些措施和创新制度的实施,有中国特色的资本市场制度正在形成并逐步完善。

正是由于证券市场的快速发展,2005年我国《证券法》也逐步显现出不能完全适应证券市场发展的局限性:一是证券发行管制过多过严,发行方式单一,直接融资比重过

---

① 参见《非上市公众公司监督管理办法》(中国证监会2012年5月发布并于2019年12月修正)、《非上市公众公司收购管理办法》和《非上市公众公司重大资产重组管理办法》(中国证监会2014年6月发布)等。

② 参见《公司债券发行与交易管理办法》(中国证监会2015年1月发布)、《关于支持绿色债券发展的指导意见》(中国证监会2017年3月发布)。

③ 参见《上市公司监管指引第3号——上市公司现金分红》(中国证监会2013年11月发布)、《优先股试点管理办法》(中国证监会2014年3月发布)、《关于上市公司实施员工持股计划试点的指导意见》(中国证监会2014年6月发布)、《上市公司股东大会规则》(中国证监会2016年修订)和《上市公司章程指引》(中国证监会2019年修订)、《上市公司股权激励管理办法》(中国证监会2018年修正)、《上市公司股东、董监高减持股份的若干规定》(中国证监会2017年5月发布)等。

④ 参见《关于促进企业兼并重组的意见》(国务院2010年8月发布)、《关于进一步优化企业兼并重组市场环境的意见》(国务院2014年3月发布)、《关于外国投资者并购境内企业的规定》(商务部、国资委、国家税务总局、国家工商总局、中国证监会、国家外汇局2009年6月修改)、《上市公司非公开发行股票实施细则》(中国证监会2011年8月修订)、《上市公司收购管理办法》(中国证监会2017年12月修改)、《上市公司重大资产重组管理办法》(中国证监会2019年10月修正)等。

⑤ 参见《关于改革完善并严格实施上市公司退市制度的若干意见》(中国证监会2018年8月修正)

⑥ 参见《证券公司监督管理条例》(国务院2014年7月修订)、《证券公司风险处置条例》(国务院2016年2月修订)、《关于加强上市证券公司监管的规定》(中国证监会2010年6月修订)、《证券公司分类监管规定》(中国证监会2017年7月修订)、《证券公司治理准则》(中国证监会2012年12月发布)、《证券公司和证券投资基金管理公司合规管理办法》(中国证监会2017年6月发布)等。

⑦ 参见《证券登记结算管理办法》(中国证监会2018年8月修正)、《证券结算风险基金管理办法》(中国证监会、财政部2006年6月共同发布)等。

⑧ 参见《证券投资者保护基金管理办法》(中国证监会、财政部、中国人民银行2016年4月修订)、《证券期货投资者适当性管理办法》(中国证监会2016年12月发布)。

⑨ 参见《中国证券监督管理委员会行政处罚委员会组成办法》(中国证监会2008年2月发布)、《中国证券监督管理委员会行政复议办法》(中国证监会2010年5月发布)、《信息披露违法行为行政责任认定规则》(中国证监会2011年4月发布)、《行政和解试点实施办法》(中国证监会2015年2月发布)、《中国证券监督管理委员会行政处罚听证规则》(中国证监会2015年11月发布)、《行政和解金管理暂行办法》(中国证监会和财政部2015年2月共同发布)等。

低,资本市场服务实体经济的作用未能有效发挥;二是证券范围过窄,市场层次单一,证券跨境发行和交易活动缺乏必要的制度安排,不能适应市场创新发展和打击非法证券活动的需要;三是市场约束机制不健全,对投资者保护不力,信息披露质量不高,监管执法手段不足,欺诈发行、虚假陈述、内幕交易等损害投资者合法权益的行为时有发生;[①] 四是不少证券市场实践中的创新经验和成熟制度需要上升为法律予以固定并不断完善。

(二)修法启动及其出台过程

根据第十二届全国人大的立法规划,全国人大财经委从 2013 年启动了对 2005 年《证券法》的修订起草工作,2015 年 4 月《证券法》修订草案提交第十二届全国人大常委会第十四次会议一审。修订草案最大的亮点就是明确了股票发行注册制,拟取消股票发行审核委员会制度,取消发行人财务状况及持续盈利能力等营利性要求,规定公开发行股票,由证券交易所负责审核注册文件等新的内容。对此各界关注度高,市场反应较敏感。2015 年 6 月开始发生的股市异常波动,暴露出我国证券市场制度存在的一些不足,包括交易制度不完备、交易体系不完善、监管制度不适应等。2016 年年初基于防范股市风险推出的"熔断机制"很快被暂停的情况[②]让立法机关和相关部门认识到,资本市场的改革和立法细节需非常慎重,必须从我国市场实际出发,立法起草应当进一步深入调查研究,在修订没有完成之前授权国务院对注册制改革进行试点探索。

我国《证券法》草案一审后,针对 2015 年股市异常波动所暴露的问题,全国人大法律委员会和法制工作委员会在调研基础上形成共识,为适应资本市场的发展需要对证券法进行修改是必要的,但应充分考虑证券市场的实际情况,虽然社会各个方面对实行股票发行注册制的改革方向是一致赞同的,但是对何时推出这项改革有不同意见和看法。修法应当突出重点,聚焦深化资本市场改革急需的内容,着力解决资本市场运行中的突出问题。对于其他内容,可在充分论证后,作出繁简相当的安排,并为实践发展预

---

① 参见 2015 年 4 月 20 日第十二届全国人大常委会第十四次会议关于《证券法(修订草案)》的说明。

② 熔断机制(Circuit Breaker),也称自动停盘机制,是指当股指波幅达到规定的熔断点时,交易所为控制风险采取的暂停交易措施。2015 年 12 月 4 日中国证监会正式发布指数熔断相关规定,熔断机制于 2016 年 1 月 1 日起正式实施。2016 年 1 月 4 日早盘沪深两市双双低开,随后沪指一度跳水大跌,午后,沪深 300 指数在开盘之后继续下跌,并于 13 时 13 分超过 5%,引发熔断,暂停交易 15 分钟后恢复交易,沪深 300 指数继续下跌,13 时 34 分触及 7% 的熔断线关口,导致两市暂停交易至收市。2016 年 1 月 7 日早盘 9 时 42 分,沪深 300 指数跌幅扩大至 5%,触发熔断线,两市在 9 时 57 分恢复交易后,仅 3 分钟,沪深 300 指数再度快速探底,最大跌幅 7.21%,二度熔断触及阈值,创造了休市最快纪录。2016 年 1 月 7 日晚间上海证券交易所、深圳证券交易所、中国金融期货交易所发布通知,为维护市场稳定运行,经证监会同意,自 1 月 8 日起暂停实施指数熔断机制。

留空间;对其中认识尚不一致的问题,可暂不作修改。[①] 按照"稳中求进"的工作总基调,立法部门通过认真研究修改,形成修订草案并于 2017 年 4 月提交全国人大常委会二审。考虑到股票发行注册制改革的实际进展情况,修订草案没有对注册制内容作出具体规定,只作了衔接性规定,要求国务院应当按照全国人大常委会关于注册制改革授权决定逐步推进股票发行制度改革。二审后,立法部门在与有关部门沟通和征求意见的基础上,根据资本市场改革发展的新情况、新进展,对修订草案相关内容进行了研究修改,增加关于科创板注册制的相关规定,修订草案于 2019 年 4 月再次提交全国人大常委会进行三审,会后,立法部门将修订草案三审稿公开向全社会征求意见,同时,宪法和法律委员会、法制工作委员会还到上海、深圳进行调研并听取意见,并就修订草案的有关问题与有关部门交换意见,共同研究,在此基础上形成较成熟的修订草案四审稿,于 2019 年 12 月提交第十三届全国人大常委会第十次会议审议并获得通过,我国新《证券法》历经 4 年 4 次审议终于得以正式颁布。

(三)我国新《证券法》的特色

我国新《证券法》按照顶层制度设计要求,进一步完善了证券市场基础制度,体现了市场化、法治化、国际化方向,为证券市场全面深化改革落实落地,有效防控市场风险,提高上市公司质量,切实维护投资者合法权益,促进证券市场服务实体经济功能发挥,打造一个规范、透明、开放、有活力、有韧性的资本市场,提供了坚强的法治保障,具有非常重要而深远的意义。[②]

我国新《证券法》系统总结了多年来我国证券市场的实践经验,在深入分析证券市场运行规律和发展阶段性特点的基础上,作出了一系列新的制度安排,体现出鲜明的特色。

1. 全面实行证券公开发行注册制,不再规定核准制。我国新《证券法》对证券发行注册制作出了比较系统、完备的规定,同时为有关板块、有关证券品种分步实施注册制的进程安排,留出法律空间,明确了注册制的具体范围和实施步骤,由国务院统一规定,保证注册制改革有序协同、系统配套的推进。

2. 扩大证券法适用范围,增加新的证券品种。我国新《证券法》将存托凭证明确规定为法定证券;将资产支持证券和资产管理产品写入证券法,授权国务院按照证券法的原则统一规定二者的发行交易管理办法,同时不再就证券衍生品种授权国务院规定具体管理办法。这一规定的意义不仅是对新证券品种的确认,还标志着在分业经营和分业监管的总体框架下朝着机构监管和功能监管结合的方向迈出了一大步。考虑到证券

---

① 参见全国人民代表大会法律委员会 2017 年 4 月 24 日《关于〈中华人民共和国证券法(修订草案)〉修改情况的汇报》,载中国人大网:http://www.npc.gov.cn/npc/c30834/202001/f80cb744b0964ab8aafd0e1a8142d99f.shtml,最后访问日期:2020 年 1 月 14 日。

② 参见中国证监会:《完善证券市场基础制度保障资本市场改革发展》,载中国证券监督管理委员会网:http://www.csrc.gov.cn/pub/newsite/,最后访问日期:2019 年 12 月 29 日。

领域跨境监管的现实需要，我国新《证券法》明确在我国境外的证券发行和交易活动，扰乱我国境内市场秩序，损害境内投资者合法权益的，依照证券法追究法律责任。

3. 确立多层次证券市场体系框架，为资本市场深化改革发展提供制度保障。我国新《证券法》将证券交易场所划分为证券交易所、国务院批准的其他全国性证券交易场所、按照国务院规定设立的区域性股权市场3个层次；规定证券交易所、国务院批准的其他全国性证券交易场所可以依法设立不同的市场层次；明确非公开发行的证券，可以在上述证券交易场所转让；授权国务院制定有关全国性证券交易场所、区域性股权市场的管理办法等。

4. 新设信息披露制度专章，进一步强化信息披露要求。我国新《证券法》系统完善了信息披露制度。包括扩大信息披露义务人的范围；完善信息披露的内容；强调应当充分披露投资者作出价值判断和投资决策所必需的信息；规范信息披露义务人的自愿披露行为；明确上市公司收购人应当披露增持股份的资金来源；确立发行人及其控股股东、实际控制人、董事、监事、高级管理人员公开承诺的信息披露制度等。

5. 完善证券交易制度，维护正常交易秩序。我国新《证券法》不再规定上市条件，“申请证券上市交易，应当符合证券交易所上市规则规定的上市条件”；增加规制“高频交易”（程序化交易）的内容；取消暂停上市的规定，只要上市公司符合强制退市的条件，应当退市的就直接退市；强化证券交易实名制要求，任何单位和个人不得违反规定，出借证券账户或者借用他人证券账户从事证券交易；完善证券交易停复牌制度，规定不得滥用停牌或者复牌损害投资者的合法权益；细化内幕交易、操纵市场、欺诈等违法行为的具体表现形式，新增利用未公开信息交易的禁止交易行为（“老鼠仓”行为）；进一步完善上市公司股东减持制度等。

6. 新增投资者保护专章，完善投资者保护制度。我国新《证券法》在此作出了许多有特色的制度安排，包括区分普通投资者和专业投资者，有针对性地作出投资者权益保护安排；建立上市公司股东权利代为行使征集制度，允许特定主体公开请求上市公司股东委托其代为出席股东大会，并代为行使提案权、表决权等股东权利；规定债券持有人会议和债券受托管理人制度；建立普通投资者与证券公司纠纷的强制调解制度；完善上市公司现金分红制度；新建适应我国国情的证券民事诉讼制度，规定投资者保护机构可以作为诉讼代表人，按照“明示退出”“默示加入”的诉讼原则，依法为受害投资者提起民事损害赔偿诉讼。

7. 完善中介机构的相关制度，压实市场“看门人”的法律职责。我国新《证券法》体现“放管服”要求，取消相关行政许可，包括取消证券公司董事、监事、高级管理人员任职资格核准，调整会计师事务所等证券服务机构从事证券业务的监管方式，将资格审批改为备案；规定证券公司不得允许他人以其名义直接参与证券的集中交易；明确保荐人、承销的证券公司及其直接责任人员未履行职责时对受害投资者所应承担的过错推定、连带赔偿责任；提高证券服务机构未履行勤勉尽责义务的违法处罚幅度，由原来最高可处以业务收入 5 倍的罚款,提高到 10 倍,情节严重的,并处暂停或者禁止从事证券服务业务等。

8. 强化行政监管职责,提升防控风险能力。我国新《证券法》根据我国证券市场发展现状,结合国际证券监管体制的变化和发展趋势,加强了中国证监会的职责,增加一些授权中国证监会立法的规定;明确了中国证监会依法监测并防范、处置证券市场风险的职责;延长了中国证监会在执法中对违法资金、证券的冻结、查封期限;规定了证监会为防范市场风险、维护市场秩序采取监管措施的制度;增加了行政和解制度,证券市场诚信档案制度,举报奖励制度;完善了证券市场禁入制度,规定被市场禁入的主体,在一定期限内不得从事证券交易等。

9. 加大处罚证券违法行为力度,显著提高违法违规成本。我国新《证券法》大幅提高对证券违法行为的处罚力度。如对于欺诈发行行为,从原来最高可处募集资金1% ~ 5% 的罚款额度提高至募集资金的一倍;尚未发行证券的,从原来最高可处罚款 60 万元提高至 2000 万元;对于上市公司信息披露违法行为,从原来最高可处罚款 60 万元提高至 1000 万元;对于发行人的控股股东、实际控制人组织、指使从事虚假陈述行为,或者隐瞒相关事项导致虚假陈述的,规定最高可处罚款 1000 万元等。同时,我国新《证券法》对证券违法民事赔偿责任也进行了完善,如规定了发行人等不履行公开承诺的民事赔偿责任,明确了发行人的控股股东、实际控制人在欺诈发行、信息披露违法中的过错推定、连带赔偿责任等。

第四节　我国证券法律体系的基本架构和主要内容

从国际上来看,一国的证券法律制度应当是一个多层次的法律法规体系。随着证券市场的发展,无论制定或不制定单一证券(交易)法的国家,都制定了一些单行的法律法规来补充证券法或公司法的不足。证券法律体系不仅要有立法机关制定的法律,而且还离不开证券监管机构以及证券交易所制定的规范性文件作为补充,并辅之以自律组织的自律性规范,从而形成证券市场的基本法律架构。只有这样,才能全面严格地规范证券市场的各类主体及其行为,确保证券发行和交易的安全。我国新《证券法》的颁布,完善了我国证券法律体系,形成了以《证券法》为主干,包括相关法律和相关法规构成的法律体系。在实践中,证券发行和交易,证券市场主体的规范运作,纠纷的解决,都可能要涉及适用这些法律法规。我国证券法律体系大致由以下几个层次的内容组成。

一、证券基本法

我国证券基本法即《证券法》,是证券法律体系的核心和主干。新颁布的《证券法》由 14 章构成,分别为:第一章:总则;第二章:证券发行;第三章:证券交易;第四章:上市公司的收购;第五章:信息披露;第六章:投资者保护;第七章:证券交易场所;第八章:证券公司;第九章:证券登记结算机构;第十章:证券服务机构;第十一章:证券业协会;第十二章:证券监督管理机构;第十三章:法律责任;第十四章:附则。14 章共列法律条文 226 条。

需要说明的是,我国《证券法》的法律名称与许多国家称为“证券交易法”有所不同。我国在 1998 年《证券法》起草过程中曾经考虑过 3 种不同的方案:证券管理法、证券交易法、证券法。其中,主张第一种方案的理由主要是:证券市场是高风险的市场,政府必须加强管理,因此,证券基本法实际上就是证券管理法。主张第二种方案的理由主要是:证券交易法是不少国家和地区证券基本法的法律名称,从我国的情况来看,由于我国 1993 年《公司法》已经对股票和公司债券的发行有明确规定,为避免与公司法调整的范围相重复,法律调整范围只应及于证券交易行为,因此法律名称也宜定为“证券交易法”。尽管上述两种理由都有一定道理,但第一种方案似乎过分偏重政府对证券市场的管理,与法律主要旨在保护投资者合法利益和规范各主体行为的精神不太吻合,而且多少还带有计划经济条件下立法的色彩;第二种方案立足于证券品种只涉及股票和公司债券,实际上证券品种还应包括政府债券和国务院依法认定的其他证券等;1993 年我国《公司法》尽管规定了股票和公司债券的发行,但比较原则,且没有涵盖其他证券品种的发行。因此,证券的发行并不是公司法所能全部调整的。如果把证券基本法定位为调整证券发行和证券交易的法律,显然使用“证券法”名称比“证券交易法”更准确,也更符合汉语语法规则。正是基于这样的考虑,立法机关采用了第三种方案,即以“证券法”作为证券基本法的法律名称。我国 2005 年修订的《证券法》将原《公司法》中涉及股票和公司债券公开发行的内容纳入本法,更是彰显了“证券法”这一法律名称的本义。

还需要说明的是,由于我国《证券法》与《公司法》的密切联系,证券基本法除《证券法》外,还应包括《公司法》。尽管 2005 年对两部法律的修改为了实现了彼此间的协调与衔接,将原《公司法》有关股票和公司债券公开发行、上市交易和监管的规定移入《证券法》中,但并没有因此减弱二者的密切联系。按照我国新《证券法》第 2 条的规定,证券的发行和交易,适用本法;本法未规定的,适用《公司法》和其他法律、行政法规的规定。由此可见,我国《证券法》已明确了《公司法》作为调整证券法律关系的基本法地位。作为我国《证券法》调整的主要对象的股票和公司债券均产生于公司的基础之上,或者说,公司是股票和公司债券产生和存在的前提,因此,《公司法》对公司的规范必然要涉及证券的问题。另外,我国《公司法》关于股份有限公司的股份发行与转让、上市公司、公司债券和其他与证券有关的规定,也构成证券市场活动的基本准则。在这个意义上,公司法与证券法具有相同的法律地位。可以注意到,一些国家和地区建立的证券法律体系就有公司法规范证券的发行,证券专门法侧重规范证券交易的分工,于是也就有了公司法和证券交易法共同构成证券基本法律的做法。

二、相关法律

相关法律是指与我国《证券法》关系密切,并直接规范证券行为或与证券相关的行为的法律。其中,最主要的是我国《证券投资基金法》和《刑法》。

1. 我国《证券投资基金法》于2003年10月颁布并经2012年12月和2015年4月两次修改。按照我国《证券法》的规定,证券投资基金份额应当属于证券的一种形式,因此,《证券投资基金法》是规范我国证券法律关系的又一部重要法律。该法共15章,154条,除总则和附则外,对基金管理人,基金托管人,基金的运作方式和组织,基金的公开募集,公开募集基金的基金份额的交易、申购与赎回,公开募集基金的投资与信息披露,公开募集基金的基金合同的变更、终止与基金财产清算,公开募集基金的基金份额持有人权利行使,非公开募集基金,基金服务机构,基金行业协会,监督管理,法律责任分章作出规定。我国《证券投资基金法》出台后经过了两次修改,2015年修订仅为1条,[①]而2012年修订幅度较大,与原法相比,新增4章、删除1章;新增55条,删除3条,并对74个条款的内容和文字作了修改。修订的主要内容包括:在原法只规定公募基金的基础上,将非公开募集基金纳入调整范围;对公募基金的有关规定进行了完善;加强基金投资者权益保护;增加对基金服务机构的规定。根据我国《证券法》第2条的规定:"证券投资基金份额的上市交易,适用本法;其他法律、行政法规另有规定的,适用其规定。"由此可见,我国《证券投资基金法》是与《证券法》有不可分割联系的一部法律。

2. 我国1997年修订后重新颁布的《刑法》,其中专门增设了有关证券犯罪的条款,如对提供虚假招股说明书,提供虚假财务会计报告,内幕交易,操纵证券交易价格,编造并传播虚假信息,伪造、变造国库券或者国家发行的其他有价证券等涉及证券市场的犯罪行为都有犯罪构成和具体处罚的规定,为严厉打击证券犯罪提供了法律依据。

我国《刑法》自1997年修改实施以来,截至目前,全国人大常委会已颁布了10个《刑法修正案》,其中与证券犯罪相关的,一是1999年12月25日第九届全国人大常委会第十三次会议通过的《刑法修正案》,该修正案为适应1998年《证券法》出台的需要,对《刑法》第174条、第180条、第181条、第182条、第185条和第225条作出了相应修改。[②] 二是2006年6月29日第十届全国人大常委会第二十二次会议通过的《刑法修正案(六)》,该修正案的部分内容主要是为适应2005年修订的《证券法》和新《公司法》的颁布需要而专门对《刑法》相关条文作出的修改,其中涉及证券犯罪的内容有《刑法》

---

① 根据2015年4月24日第十二届全国人民代表大会常务委员会第十四次会议《关于修改〈中华人民共和国港口法〉等七部法律的决定》,对我国《证券投资基金法》的修改为:"删去第十七条",原法第17条规定为:"公开募集基金的基金管理人的法定代表人、经营管理主要负责人和从事合规监管的负责人的选任或者改任,应当报经国务院证券监督管理机构依照本法和其他有关法律、行政法规规定的任职条件进行审核"。

② 如将我国《刑法》第174条、第185条中的"商业银行或者其他金融机构"明确规定为"商业银行、证券交易所、期货交易所、证券公司、期货经纪公司、保险公司或者其他金融机构"。

第161条、第169条、第175条、第182条、第185条、第186条、第187条、第188条。[①]三是2009年2月28日第十一届全国人大常委会第七次会议通过的《刑法修正案（七）》，该修正案涉及证券犯罪的内容是对《刑法》第180条、第225条的修改。[②]

三、相关行政法规

相关行政法规即国务院颁布或批准的有关证券方面的法规。主要包括《股票发行与交易管理暂行条例》《企业债券管理条例》《关于股份有限公司境外募集股份及上市的特别规定》《关于股份有限公司境内上市外资股的规定》《证券公司监督管理条例》《证券公司风险处置条例》《期货交易管理条例》《金融资产管理公司条例》《企业国有资产监督管理暂行条例》《金融违法行为处罚办法》《非法金融机构和非法金融业务活动取缔办法》《关于进一步促进资本市场健康发展的若干意见》《关于全国中小企业股份转让系统有关问题的决定》《关于规范发展区域性股权市场的通知》《关于进一步加强资本市场中小投资者合法权益保护工作的意见》《关于进一步优化企业兼并重组市场环境的意见》《关于开展优先股试点的指导意见》等。

---

① 如将我国《刑法》第161条修改为："依法负有信息披露义务的公司、企业向股东和社会公众提供虚假的或者隐瞒重要事实的财务会计报告，或者对依法应当披露的其他重要信息不按照规定披露，严重损害股东或者其他人利益，或者有其他严重情节的，对其直接负责的主管人员和其他直接责任人员，处三年以下有期徒刑或者拘役，并处或者单处二万元以上二十万元以下罚金。"又如，在《刑法》第169条后增加一条，作为第169条之一，"上市公司的董事、监事、高级管理人员违背对公司的忠实义务，利用职务便利，操纵上市公司从事下列行为之一，致使上市公司利益遭受重大损失的，处三年以下有期徒刑或者拘役，并处或者单处罚金；致使上市公司利益遭受特别重大损失的，处三年以上七年以下有期徒刑，并处罚金：（一）无偿向其他单位或者个人提供资金、商品、服务或者其他资产的；（二）以明显不公平的条件，提供或者接受资金、商品、服务或者其他资产的；（三）向明显不具有清偿能力的单位或者个人提供资金、商品、服务或者其他资产的；（四）为明显不具有清偿能力的单位或者个人提供担保，或者无正当理由为其他单位或者个人提供担保的；（五）无正当理由放弃债权、承担债务的；（六）采用其他方式损害上市公司利益的"。再如，将《刑法》第182条修改为："有下列情形之一，操纵证券、期货市场，情节严重的，处五年以下有期徒刑或者拘役，并处或者单处罚金；情节特别严重的，处五年以上十年以下有期徒刑，并处罚金：（一）单独或者合谋，集中资金优势、持股或者持仓优势或者利用信息优势联合或者连续买卖，操纵证券、期货交易价格或者证券、期货交易量的；（二）与他人串通，以事先约定的时间、价格和方式相互进行证券、期货交易，影响证券、期货交易价格或者证券、期货交易量的；（三）在自己实际控制的账户之间进行证券交易，或者以自己为交易对象，自买自卖期货合约，影响证券、期货交易价格或者证券、期货交易量的；（四）以其他方法操纵证券、期货市场的。"

② 将我国《刑法》第180条第1款修改为："证券、期货交易内幕信息的知情人员或者非法获取证券、期货交易内幕信息的人员，在涉及证券的发行，证券、期货交易或者其他对证券、期货交易价格有重大影响的信息尚未公开前，买入或者卖出该证券，或者从事与该内幕信息有关的期货交易，或者泄露该信息，或者明示、暗示他人从事上述交易活动，情节严重的，处五年以下有期徒刑或者拘役，并处或者单处违法所得一倍以上五倍以下罚金；情节特别严重的，处五年以上十年以下有期徒刑，并处违法所得一倍以上五倍以下罚金。"增加一款作为第4款："证券交易所、期货交易所、证券公司、期货经纪公司、基金管理公司、商业银行、保险公司等金融机构的从业人员以及有关监管部门或者行业协会的工作人员，利用因职务便利获取的内幕信息以外的其他未公开的信息，违反规定，从事与该信息相关的证券、期货交易活动，或者明示、暗示他人从事相关交易活动，情节严重的，依照第一款的规定处罚。"将《刑法》第225条第3项修改为："未经国家有关主管部门批准非法经营证券、期货、保险业务的，或者非法从事资金支付结算业务的。"

四、相关部门规章

相关部门规章包括了国务院证券主管部门及其他有部门颁布的规范性文件。这一层次的法规数量是最多的,可以将其分为两个部分。①

(一)国务院证券监督管理机构颁发的规章

国务院证券监督管理机构原来包括国务院证券委,1998年证券监管体制改革后,证券委的职权移交给中国证监会。因此,目前我国的证券监督管理机构主要是指中国证监会。这部分法规包括中国证监会单独颁发的规章和中国证监会与国务院其他有关部门共同颁发的规章,其特点是调整面广、数量众多且修改变化相对频繁。在证券市场发展迅速而我国《证券法》规定相对原则、留有必要空间的情况下,这些规章发挥着调整证券法律关系、规范证券市场的重要作用。有业界人士认为,中国证监会根据我国《证券法》授权制定法规的职权属于证券授权立法,其依据源于我国《立法法》和《证券法》的规定。② 由于证券市场具有较强的技术性和专业性,基于立法弹性和适用灵活性的考虑,我国《证券法》上使用了大量的授权性法律条款,授权国务院证券监督管理部门制定有关规则。《证券法》是我国现行法律中使用授权立法条款最多、最频繁的部门法。③ 证券授权立法与具有法规制定权的部门的职权立法不同:"授权立法具有法律的效力,而职权立法的效力与制定规范性文件的单位的地位具有一致性,不具有法律的效力。"④尽管这一观点目前并未成为人们的普遍共识,但学界和业界都普遍认同中国证监会出台的大量规范性文件具有很强的可操作性,适应了证券市场对法律的巨大需求,弥补了我国《证券法》立法上的局限并实际成为证券法律体系的重要组成部分。

国务院证券监督管理机构颁发的规范性文件按照其调整对象和范围的不同,大致可以分为以下几类。

1. 多层次证券市场规范。主要包括《证券交易所管理办法》《全国中小企业股份转让系统有限责任公司管理暂行办法》《区域性股权市场监督管理试行办法》《内地与香港股票市场交易互联互通机制若干规定》等。

2. 证券品种规范。主要包括《优先股试点管理办法》《公司债券发行与交易管理办

---

① 该层次的法规数量多,我国新《证券法》实施后很多都作出了相应的修改调整,从实践运用和方便查找角度考虑,笔者将自己认为重要的法规名称列举到正文中,但也可能挂一漏万。

② 参见巩海滨:《论我国证券授权立法制度的完善》,载《山东大学学报》(哲学社会科学版)2016年第4期。

③ 我国《证券法》涉及授权立法的条款达到20余处,如第10条规定,"保荐人的管理办法由国务院证券监督管理机构规定";第11条规定,"设立股份有限公司公开发行股票,应当符合《中华人民共和国公司法》规定的条件和经国务院批准的国务院证券监督管理机构规定的其他条件";第12条规定,"上市公司发行新股,应当符合经国务院批准的国务院证券监督管理机构规定的条件,具体管理办法由国务院证券监督管理机构规定"。"公开发行存托凭证的,应当符合首次公开发行新股的条件以及国务院证券监督管理机构规定的其他条件。"

④ 巩海滨:《论我国证券授权立法制度的完善》,载《山东大学学报》(哲学社会科学版)2016年第4期。

法》《上市公司股东发行可交换公司债券试行规定》《证券公司次级债管理规定》《私募投资基金监督管理暂行办法》《货币市场基金监督管理办法》《证券公司及基金管理公司子公司资产证券化业务管理规定》《关于规范金融机构资产管理业务的指导意见》《存托凭证发行与交易管理办法(试行)》《股票期权交易试点管理办法》等。

3. 证券发行与交易规范。主要包括《首次公开发行股票并上市管理办法》《首次公开发行股票并在创业板上市管理办法》《上市公司证券发行管理办法》《上市公司非公开发行股票实施细则》《创业板上市公司证券发行管理暂行办法》《中国证券监督管理委员会发行审核委员会办法》《关于进一步推进新股发行体制改革的意见》《证券发行与承销管理办法》《证券发行上市保荐业务管理办法》等。

4. 上市公司规范。主要包括《上市公司治理准则》《上市公司章程指引》《关于在上市公司建立独立董事制度的指导意见》《企业内部控制基本规范》《上市公司股东大会规则》《上市公司股权激励管理办法》《关于上市公司实施员工持股计划试点的指导意见》《上市公司董事长谈话制度实施办法》《上市公司股东、董监高减持股份的若干规定》《上市公司收购管理办法》《上市公司重大资产重组管理办法》《上市公司回购社会公众股份管理办法(试行)》《上市公司信息披露管理办法》《公开发行证券的公司信息披露内容与格式准则》①《关于改革完善并严格实施上市公司退市制度的若干意见》等。

5. 投资者保护规范。主要包括《关于加强社会公众股股东权益保护的若干规定》《证券投资者保护基金管理办法》《上市公司与投资者关系工作指引》《创业板市场投资者适当性管理暂行规定》《关于建立金融期货投资者适当性制度的规定》《期货投资者保障基金管理暂行办法》等。

6. 证券监管规范。主要包括《中国证监会工作人员行为准则》《中国证监会派出机构监管职责规定》《中国证券监督管理委员会证券监管专员办事处暂行办法》《证券期货规章制定程序规定》《中国证券监督管理委员会行政许可实施程序规定》《上市公司现场检查办法》《证券公司检查办法》《证券投资基金监管职责分工协作指引》《证券市场禁入规定》《中国证券监督管理委员会限制证券买卖实施办法》《中国证券监督管理委员会冻结、查封实施办法》《信息披露违法行为行政责任认定规则》《中国证券监督管理委员会行政复议办法》《关于办理证券期货违法犯罪案件工作若干问题的意见》《中国证监会稽查办案十项禁令》《行政和解试点实施办法》等。

7. 证券公司规范。主要包括《证券公司分类监管规定》《证券公司设立子公司试行

① 《公开发行证券的公司信息披露内容与格式准则》由若干文件构成,如《第1号——招股说明书》《第2号——年度报告的内容与格式》《第3号——半年度报告的内容与格式》《第5号——公司股份变动报告的内容与格式》《第9号——首次公开发行股票并上市申请文件》《第10号——上市公司公开发行证券申请文件》《第11号——上市公司公开发行证券募集说明书》《第15号——权益变动报告书》《第16号——上市公司收购报告书》《第17号——要约收购报告书》《第18号——被收购公司董事会报告书》等,截至2019年3月已经发布到第42号。

规定》《证券公司治理准则》《证券公司内部控制指引》《证券经纪人管理暂行规定》《证券公司证券自营业务指引》《证券公司融资融券业务管理办法》《证券公司代销金融产品管理规定》《证券公司股票质押贷款管理办法》《证券公司董事、监事和高级管理人员任职资格监管办法》《证券公司风险控制指标管理办法》等。

8. 证券服务机构规范。主要包括《证券登记结算管理办法》《证券结算风险基金管理办法》《律师事务所从事证券法律业务管理办法》《证券投资顾问业务暂行规定》《证券市场资信评级业务管理暂行办法》等。

9. 期货交易规范。主要包括《期货交易所管理办法》《期货公司监督管理办法》《股票期权交易试点管理办法》《证券期货经营机构参与股票期权交易试点指引》《期货公司信息公示管理规定》《期货市场客户开户管理规定》《期货公司风险监管指标管理办法》《期货公司分类监管规定》等。

10. 涉外证券规范。主要包括《外国证券类机构驻华代表机构管理办法》《外国投资者对上市公司战略投资管理办法》《关于外国投资者并购境内企业的规定》《到境外上市公司章程必备条款》《股份有限公司境内上市外资股规定的实施细则》《外商投资证券公司管理办法》《境内及境外证券经营机构从事外资股业务资格管理暂行规定》《合格境内机构投资者境外证券投资管理试行办法》《合格境外机构投资者境内证券投资管理办法》《人民币合格境外机构投资者境内证券投资试点办法》《合格境外机构投资者参与股指期货交易指引》等。

(二)国务院其他部门规章

这一部分内容是指除中国证监会外的国务院其他有关部门颁发的规范证券法律关系的规章,例如,《企业境外投资管理办法》(国家发改委)、《地方政府一般债券发行管理暂行办法》(财政部)、《地方政府专项债券发行管理暂行办法》(财政部)、《全国银行间债券市场金融债券发行管理办法》(中国人民银行)、《全国银行间债券市场债券交易管理办法》(中国人民银行)、《商业银行次级债券发行管理办法》(中国人民银行、中国银监会)、《内地与香港债券市场互联互通合作管理暂行办法》(中国人民银行)、《信贷资产证券化试点管理办法》(中国人民银行、中国银监会)、《商业银行理财业务监督管理办法》(中国银保监会)、《金融机构信贷资产证券化试点监督管理办法》(中国银监会)、《关于境外上市外汇管理有关问题的通知》(国家外汇管理局)、《关于保险资金股票投资有关问题的通知》(中国保监会)、《保险公司股票资产托管指引(试行)》(中国保监会)等。

五、相关地方性法规和相关政府规章

相关地方性法规,是指省级人大或人大常委会制订的与证券相关的规范性文件;[①]

① 根据我国《立法法》(2015 年修正)第 72 条第 2 款的规定,设区的市的人民代表大会及其常务委员会"可以对城乡建设与管理、环境保护、历史文化保护等方面的事项制定地方性法规",因此,涉及证券类的地方性法规只能由省级人大及其常委会制定。

相关政府规章,是指省级人民政府和设区的市、自治州的人民政府制订的与证券相关的规范性文件。这一层次的法规多数是在证券市场发展初期出颁布,且基本为省级人民政府制定的规章。① 这些法规和规章由于大都是在缺乏全国性的统一法律法规的情况下适应当时需要制订的,随着20世纪90年代后期集中统一的全国证券监管体制的确立和我国《证券法》的颁布,多数已被宣布废止。

随着近年来区域性股权市场的兴起和发展,根据国务院办公厅《关于规范发展区域性股权市场的通知》关于"省级人民政府要根据相关金融政策法规,在职责范围内制定具体实施细则和操作办法,建立健全监管机制"的要求,各省正在制定或已经出台由省级人民政府制定的政府规章,如《云南省区域性股权市场监督管理实施细则(试行)》《福建省区域性股权市场监督管理实施细则》《安徽省区域性股权市场监督管理实施细则(试行)》《天津市区域性股权市场监督管理实施办法(试行)》等。

如前所述,中国证监会根据我国《证券法》授权制定的法规属于部门规章还是授权性立法目前还没有统一的认识。如果将其与中国证监会制定的其他规范性文件都视为部门规章,其与其他部门规章、地方性法规和政府规章出现对同一事项的规定不一致时,就应当依据我国《立法法》的有关规定来确定适用效力:"地方性法规的效力高于本级和下级地方政府规章"(第89条第1款);"部门规章之间、部门规章与地方政府规章之间具有同等效力,在各自的权限范围内施行"(第91条第1款);"地方性法规与部门规章之间对同一事项的规定不一致,不能确定如何适用时,由国务院提出意见,国务院认为应当适用地方性法规的,应当决定在该地方适用地方性法规的规定;认为应当适用部门规章的,应当提请全国人民代表大会常务委员会裁决(第95条第1款第2项);""部门规章之间、部门规章与地方政府规章之间对同一事项的规定不一致时,由国务院裁决(第95条第1款第3项)"。由此来看,中国证监会部门规章的适用效力,略低于地方性法规,与政府规章相等。如果将中国证监会根据我国《证券法》授权制定的法规视为授权性立法,根据我国《立法法》第95条第2款关于"根据授权制定的法规与法律规定不一致,不能确定如何适用时,由全国人民代表大会常务委员会裁决"的规定,中国证监会的此类法规具有与法律相当的效力,即高于其他部门规章、地方性法规和政府规章的适用效力。

六、证券交易所的规则、准则

如果从我国《立法法》的角度来看,证券交易所制定的规则、准则是不能纳入证券法律体系范围的。鉴于证券自律管理的历史传统和证券交易所的特殊地位,证券交易

① 我国《立法法》在2015年修改前,政府规章只能由省级人民政府和省级人民政府所在地的市,经济特区所在地的市和国务院已经批准的较大的市的人民政府制定。当时出台的政府规章如《上海市证券交易管理办法》《河南省期货市场管理条例》《广东省股票债券管理办法》《深圳市股票发行与交易管理暂行办法》《海南股份有限公司监督管理规定》《陕西省股票管理试行办法》《福建省股票管理暂行规定》《武汉市股票、债券发行管理暂行办法》等。

所制定的规则、准则对证券的发行和交易以及上市公司有很强的规范作用。本书因此将其纳入广义的证券法律体系的范围。[①] 我国《证券法》第115条规定:“证券交易所依照法律、行政法规和国务院证券监督管理机构的规定,制定上市规则、交易规则、会员管理规则和其他有关业务规则,并报国务院证券监督管理机构批准。在证券交易所从事证券交易,应当遵守证券交易所依法制定的业务规则。违反业务规则的,由证券交易所给予纪律处分或者采取其他自律管理措施。”需要说明的是,“新三板”的运营机构(如全国中小企业股份转让系统有限责任公司)制定的有关规范性文件对在本市场发行交易的证券和挂牌公司也有很强的规范作用,是否纳入广义的证券法律体系范围还有不同认识。[②]

沪、深两家证券交易所将规则分为综合类、组织类、发行上市类、交易类、上市公司类、会员类、服务类、股票期权类、基金债券类等,其中:两家证券交易所的规则名称相同或基本相同的,包括《交易所的章程》《交易规则》《股票上市规则》《公司债券上市规则》《证券投资基金上市规则》《证券交易所股票期权交易规则》《融资融券交易实施细则》《交易所会员管理规则》《证券上市审核实施细则》《首次公开发行股票网上发行实施细则》《首次公开发行股票网下发行实施细则》《证券发行上市业务指引》《试点创新企业股票或存托凭证上市交易实施办法》《上市公司可转换公司债券发行实施细则》《资产支持证券挂牌条件确认业务指引》《资产证券化业务指引》《自律监管听证程序细则》《纪律处分和监管措施实施办法》《交易异常情况处理实施细则》等。

两家证券交易所各有特色的规则,包括“沪港通”的有关规则和“深港通”的有关规则:《上海证券交易所投资者适当性管理办法》《上海证券交易所指定交易实施细则》;《深圳证券交易所创业板股票上市规则》《深圳证券交易所主板上市公司规范运作指引》《深圳证券交易所中小企业板上市公司规范运作指引》《深圳证券交易所创业板上市公司规范运作指引》《深圳证券交易所债券市场投资者适当性管理办法》《深圳证券交易所限制交易实施细则》等。

七、证券业自律性规章

证券业自律性规章,是指中国证券业协会制定的规范证券行为的文件。中国证券业协会是全国性证券业自律组织,在国家对证券业实行集中统一监督管理的前提下,进行证券业自律管理。证券业自律性规章从法理上可划归为自治法规的范畴,尽管人们对自治法规的性质还有一些不同认识,但都认同它具有规范的属性。根据我国《证券

---

① 关于证券交易所业务规则效力的讨论,详见本书第十章“证券交易场所”第六节的有关内容。

② 2019年4月提交全国人大常委会审议的《证券法(修订草案)》三审稿第125条就曾规定,国务院批准的其他全国性证券交易场所依照证券法律、行政法规和国务院证券监督管理机构的规定,制定业务规则,并报国务院证券监督管理机构批准。发行人、证券公司、证券服务机构等市场参与主体应当遵守其依法制定的业务规则,对于违反业务规则的,由国务院批准的其他全国性证券交易场所对有关责任人员给予纪律处分或者采取其他自律管理措施。我国新《证券法》删除了这一规定。

法》第166条的规定，证券业协会具有“制定和实施证券行业自律规则，监督、检查会员及其从业人员行为，对违反法律、行政法规、自律规则或者协会章程的，按照规定给予纪律处分或者实施其他自律管理措施”的职责。因此，本书亦将其纳入广义的证券法律体系范围。这一层次的规则，主要包括《中国证券业协会章程》《中国证券业协会会员管理办法》《中国证券业协会诚信管理办法》《证券业从业人员执业行为准则》《证券公司柜台市场管理办法（试行）》《首次公开发行股票配售细则》《首次公开发行股票网下投资者管理细则》《首次公开发行股票承销业务规范》《证券公司开展场外股权质押式回购交易业务试点办法》《证券公司合规管理实施指引》《私募投资基金募集与转让业务指引（试行）》《证券经营机构投资者适当性管理实施指引（试行）》《证券公司全面风险管理规范》《证券市场资信评级机构评级业务实施细则（试行）》《融资担保公司证券市场担保业务规范》《公司债券承销业务规范》《中国证券期货市场场外衍生品交易商品衍生品定义文件（2015年版）》《场外证券业务备案管理办法》《非公开发行公司债券备案管理办法》《中国证券业协会证券纠纷调解规则》《中国证券业协会自律管理措施和纪律处分实施办法》等。

第二章　证券品种

证券品种即证券的种类，涉及我国《证券法》的适用范围，是该法在本次修订过程中一个争议较大的问题。不少人士认为，与许多国家或地区相比，我国《证券法》列举的证券品种涵盖面还相对狭窄，应予拓展。[①] 修订过程中提交全国人大常委会的一审稿曾将证券品种范围作了较大扩充，[②]由于意见未能统一，二审稿仍然维持了原法的范围，三审稿则增加了存托凭证，最终通过的修订草案又增加了资产支持证券和资产管理产品，成为本次我国《证券法》修订的一大亮点。按照我国新《证券法》第 2 条的规定，法律列举的证券品种有股票、公司债券、存托凭证、政府债券、证券投资基金份额、资产支持证券和资产管理产品，并以“国务院依法认定的其他证券”这一具有较大弹性空间的兜底性规定为其他证券新品种留下了法律空间。据此，本章论及的证券品种，除我国《证券法》第 2 条列举的品种外，还包括我国证券市场实践中的其他证券品种。

第一节　股　　票

股票是证券中最重要的一种形式，股票市场构成证券市场的主要组成部分，人们目前所谈到的证券，在很大程度上也是指股票。因此，研究证券品种首先必须了解股票。

---

① 如第十一届全国人大常委、财经委副主任吴晓灵认为，法律列举的证券品种应当涵盖更广的范围。如果不能有效地拓展证券范围，经济生活中很多财富就不能流通，大量的证券活动就不能纳入法律规制轨道，也难以有效地打击非法证券活动。证券的定义应该是：“代表特定财产权益的，可均分且可转让或者可交易的凭证或者投资性合同。”参见吴晓灵：《中国金融业的法律框架及立法进程》，载新浪财经网（2015 年 11 月 24 日）：http://finance. sina. com. cn/roll/20151124/172223839308. shtml，最后访问日期：2018 年 1 月 15 日。又如，中国法学会证券法研究会会长郭锋教授认为，证券法应采取列举加定义方式，将具有证券功能的股票、债券或债务融资工具、投资基金、投资合同和集合投资计划纳入调整范围，证券的立法定义可表述为：证券是指具有收益性、风险性、标准化、可交易或可赎回的金融投资商品。参见郭锋：《加快证券法修改步伐为建设新时代资本市场体系奠定法治基础》，载中国金融服务法治微网（2017 年 12 月 25 日）：http://www. sohu. com/a/212675440_750296，最后访问日期：2018 年 1 月 15 日。

② 我国《证券法（修订草案）》（全国人大常委会一审稿）第 3 条对证券品种的规定是：（1）下列证券的发行和交易，适用本法；本法未规定的，适用《中华人民共和国公司法》和其他法律、行政法规的规定：普通股、优先股等股票；公司债券、企业债券、可转换为股票的公司债券等债券；股票、债券的存托凭证；国务院依法认定的其他证券。（2）资产支持证券等受益凭证、权证的发行和交易，政府债券、证券投资基金份额的上市交易，适用本法；其他法律、行政法规另有规定的，适用其规定。

一、股票的含义和法律特征

我国《公司法》第125条规定："公司的股份采取股票的形式。股票是公司签发的证明股东所持股份的凭证。"根据这一规定,股份有限公司的股份,无论公开发行还是非公开发行,都应当被称为股票。我国《证券法》对股票所作的有关规定也与《公司法》的立场相同。由此可见,我国法律规定的股票与有的学者关于只有股份有限公司"公开发行"的股份才能被称为股票的认识①是有差异的。按照我国《公司法》和《证券法》的规定,股票应当定义为:股份有限公司发行的证明股东持有公司股份的要式证券。根据这一定义,可以概括出股票的如下法律特征。

(一)股票是股份有限公司特有的股份表现形式

1. 股票是与股份有限公司联系在一起的。按照我国《公司法》第125条规定的含义,无论是采取发起设立还是募集设立的股份有限公司,也无论是上市公司还是非上市的股份有限公司,其股份都应当采取股票的形式。由此可见,股票是股份有限公司区别于有限责任公司的重要特征和主要标志之一。

2. 股票是与股份联系在一起的。股票和股份,如同前面分析的证券与证券权利一样,一个是形式,另一个是内容。前者是后者的外在表现形式,是股东享有股权的凭证和依据;后者是前者的具体内容,是股东权利义务指向的对象。股票不能脱离股份而存在。在公司法理上,股份和股票在很多情况下都可以作为同一概念来使用。

(二)股票是代表股东权利和股东行使权利的凭证

股票作为股份的表现形式,代表股东对股份有限公司拥有一定的权利,任何人持有公司股票(股份),便意味着对公司享有了股东权,即股权。股东对公司权利义务的大小与股东持有公司的股票多少成正比关系,在这个意义上,股票是表示股东法律地位的计量单位。股东与股票不可分离,股东地位和股权随着股票的转让而转移,股票是股东行使股权的凭证和依据。根据公司法理,股权包括共益权和自益权。共益权包括参加股东大会、投票表决、参与公司的重大决策、选择管理者等权利;自益权包括股息红利分配、转让股票等权利。

(三)股票是与证券市场相联系的证券形式

股票作为一种证券形式而存在,我国《公司法》规定股东持有的股票可以依法转让,这就决定股票与证券市场有不可分割的紧密联系。由于股票往往能够通过证券市场来买卖转让,使之不仅是股份的一种静态的表现方式,而且更是股份动态的一种表现方式,它代表股份财产的运动。通过在证券市场上的流动,股票从内容上和形式上又体现出相对独立于股份的性质。

---

① 如我国台湾地区有学者认为:证券交易法及公司法所欲规范之股票,具有下列特性:(1)须以书面为之;(2)须为公开发行者……参见吴光明:《证券交易法论》,台北,三民书局股份有限公司2015年增订13版,第42页。

1. 股票对应的实物具有不特定性。同一股份有限公司发行的股票在证券市场上是可以替代的，每一股票并不直接指向公司的某一特定财产，因此，股票的转让并不影响公司实物财产的整体性。

2. 股票的价格具有不确定性。股票在证券市场上交易时，其交易价格往往可能背离其面额。从理论上来讲，股票的价格应当主要取决于公司的业绩。事实上并不完全如此，股市行情往往要受进入股市的资金流量、银行利率、国内外政治经济形势、股票供求关系、股民心理等因素的影响，尤其在我国证券市场发展的初期，股市运作和股民心理都还不成熟，证券法制也还不健全，这些因素对股价的涨落还可能经常起到决定性作用。这既反映出股份财产运动的价值方式与实物运动方式相对独立的发展趋向，同时也说明股票投资所特有的利益性和风险性。

（四）股票是一种要式证券形式

所谓要式证券形式，是指股票的制作形式、记载事项、发行和交易，都必须依照法律规定的程序和内容来进行。我国《公司法》第128条规定，股票采用纸面形式或者国务院证券监督管理机构规定的其他形式。根据国务院《股票发行与交易管理暂行条例》的有关规定，国家证券管理部门认定的股票形式包括“簿记券式股票”和“实物券式股票”。所谓簿记券式股票，是指发行人按照证监会规定的统一格式制作的、记载股东权益的书面名册；所谓实物券式股票，是指发行人在证监会指定的印制机构统一印制的书面股票。随着“无纸化证券”的出现并成为当今证券的主导形式，证券市场上的“实物券式股票”形式也越来越少。尽管如此，股票之于股东权利的记载，无论采取何种媒介作为其表现形式，法律规定所记载的内容和格式都是固定的。按照我国《公司法》第128条第2款的规定，股票应当载明的事项包括：公司名称；公司成立日期；股票种类、票面金额及代表的股份数；股票的编号。股票由法定代表人签名，公司盖章后方具有法律效力。

另外，股票作为要式证券，其发行和交易也都需要依照我国《证券法》规定的程序进行，包括股票的公开发行和上市交易都必须符合法律规定的条件；需要经国务院证券监督管理机构的注册；股票发行价格可以按票面金额，也可以超过票面金额，但不得低于票面金额；股票的转让，必须在依法设立的证券交易场所进行；不同的股票转让应当遵循法律规定的相应条件和程序等。

二、股票的种类

股票可以按照不同的标准进行分类，较有意义的分类包括以下几方面。

（一）公开发行的股票与非公开发行的股票

这是按照股票发行的对象和方式作出的分类。在公司法意义上，股票发行，是指公司设立时及成立后为募集资本而出售股票的行为。由于股份有限公司股票发行可分为公司设立时的设立发行和公司成立后的新股发行，而且新股发行还可以进一步细分为上市公司的新股发行和未上市公司的新股发行，因此，公开发行的股票和非公开发行的股票都可能存在于设立发行和新股发行的各种情况之中。我国《证券法》对包括股票在内的证券的“公开发行”作出了明确界定,该法第9条规定,证券的公开发行包括3种情形:第一,向不特定对象发行证券;第二,向特定对象发行证券累计超过200人,但依法实施员工持股计划的员工人数不计算在内;第三,法律、行政法规规定的其他发行行为。按照这一规定,“公开发行的股票”不仅是向不特定社会公众发行的股票的情形,还应当包括“向特定对象发行证券累计超过200人”等情形。或者说,向不特定的社会公众和向符合法律规定数量的特定对象发行的股票都属于公开发行的股票的范围。从逻辑上推理,股份有限公司的股票如未采取公开发行的方式就应当划归为非公开发行股票的范围。值得说明的是,在实践中向特定对象发行证券又被称为定向发行或定向募集方式。有人认为,采取定向募集方式发行的股票应当划归为非公开发行的范围。按照我国《证券法》第9条的规定,定向募集可以跨越非公开发行和公开发行的界限。因此,定向募集发行的股票既可能是公开发行的股票,也可能是非公开发行的股票。

与我国《证券法》第9条规定的“公开发行”相对应,公开发行股票的公司被称为公众公司,股份有限公司也可据此划分为两种基本类型:公众公司和非公众公司。其中,公众公司还可以进一步划分为上市公司和非上市公众公司。①

从证券法意义上来看,区分公开发行的股票与非公开发行的股票具有十分重要的现实意义。

首先,公开发行股票是股份有限公司申请股票上市的前提条件。我国《证券法》第47条规定,申请股票上市交易,应当符合证券交易所上市规则规定的上市条件。而沪、深两家证券交易所制定的《股票上市规则》都规定股票上市应当符合的首要条件就是股票已公开发行。据此可以认为,上市公司是建立在公开发行股票的“公众公司”的基础之上。换言之,股份有限公司在没有成为“公众公司”之前,是不可能成为上市公司的。当然,“公众公司”的所有股票并非都必须向社会公开发行,按照沪、深两家证券交易所《股票上市规则》的规定,股票上市条件还包括公开发行的股份达到公司股份总数的25%以上;公司股本总额超过4亿元人民币的,公开发行股份的比例为10%以上。

其次,公开发行的股票较之非公开发行的股票在发行条件的要求上要严格得多。按照《证券法》和有关法规规定,公开发行股票在发行人的资格、经营状况;信息披露;发行注册程序;保荐人和中介服务机构等方面均有十分严格的要求,而非公开发行股票的条件则相对宽松。

最后,公开发行的股票与非公开发行的股票在流通转让上有较大差异。上市公司

---

① 根据《非上市公众公司监督管理办法》(2019年12月修正)第2条的规定,非上市公众公司是指,“有下列情形之一且其股票未在证券交易所上市交易的股份有限公司:(一)股票向特定对象发行或者转让导致股东累计超过200人;(二)股票公开转让”。

根据中国证监会的有关规定可以采取公开或非公开方式发行股票,①但非公开发行的股票要上市转让还须受到一定限制,②亦被称为"限售股票"。

(二)A股、B股、H股和红筹股

这是根据股票发行的对象和股票上市地作出的划分。

1. A股。A股也称人民币普通股,是指由我国的股份有限公司发行的,以人民币标明面值,供我国境内投资者、合格境外机构投资者(Qualified Foreign Institutional Investors, QFII)、③境内工作和生活的我国港、澳、台地区居民④和符合规定的外国人⑤用人民币购买的可上市交易的股票。截至2019年年底,我国发行A股(包括同时发行A股和B股)的公司已有3758家。⑥ 之所以称为A股,主要是相对于B股、H股的称谓而言的。

2. B股。B股亦称"人民币特种股票",还有一个规范的名称叫作"境内上市外资股"。它是以人民币标明股票面值,专供境内外投资者以外币认购和买卖,在中华人民共和国境内发行、承销,并在上海证券交易所和深圳证券交易所上市交易的股票。我国《公司法》第131条规定:"国务院可以对公司发行本法规定以外的其他种类的股份,另行作出规定。"我国《证券法》第225条也规定:"境内公司股票以外币认购和交易的,具体办法由国务院另行规定。"B股股票采取记名式,它的投资人在2001年2月21日前限于外国的自然人、法人和其他组织;我国香港、澳门、台湾地区的自然人、法人和其他组织;定居在国外的中国公民和中国证监会规定的其他投资人。2001年2月21日中国证监会和国家外汇管理局共同颁发了《关于境内居民个人投资境内上市外资股若干问题的通知》,允许我国境内居民个人用存入境内商业银行的现汇存款和外币现钞存款以及从境外汇入的外汇资金从事B股交易,标志着B股市场对国内投资者开放。

自1991年11月30日上海真空电子股份有限公司同上海中银证券公司签约,推出

---

① 《上市公司证券发行管理办法》第3条规定:"上市公司发行证券,可以向不特定对象公开发行,也可以向特定对象非公开发行。"

② 《上市公司证券发行管理办法》第38条第2项规定,非公开发行的股票,自本次发行结束之日起,12个月内不得转让;控股股东、实际控制人及其控制的企业认购的股份,36个月内不得转让。

③ 2006年8月中国证监会、中国人民银行、国家外汇管理局联合发布了《合格境外机构投资者境内证券投资管理办法》,合格境外机构投资者可以依法在我国境内购买A股股票。

④ 2013年3月经中国证监会批准,中国证券登记结算有限责任公司发布了修订后的《证券账户管理规则》(2014年8月修正)和《业务指南》(2018年10月修正),在境内工作和生活的我国港、澳、台地区居民可开立A股账户,参与A股交易。

⑤ 根据2005年12月中国证监会等部门发布的《外国投资者对上市公司战略投资管理办法》(2015年10月修正),2018年8月经国务院同意,中国证监会发布的《关于修改〈证券登记结算管理办法〉的决定》和《关于修改〈上市公司股权激励管理办法〉的决定》,外国战略投资者、取得我国永久居留身份证的外国人、境内工作的外国人和在境外工作的境内上市公司的外籍员工可开立A股账户,参与A股投资交易。

⑥ 资料来源:上海证券交易所网:http://www.sse.com.cn/assortment/stock/areatrade/area/;深圳证券交易所网:http://www.szse.cn/index/index.html,最后访问日期:2020年1月1日。

了中国第一只直接向境外投资者发行的B股股票以来，到2019年年底，我国有B股上市公司99家，其中仅发行B股的19家，同时发行A股和B股的80家。① 目前，法律法规对B股作出专门规定的除《公司法》和《证券法》外，主要还有1995年12月发布的国务院《关于股份有限公司境内上市外资股的规定》及中国证监会的有关规定。

3. H股。其规范名称为"境外上市外资股"。我国《证券法》第224条规定："境内企业直接或者间接到境外发行证券或者将其证券在境外上市交易，应当符合国务院的有关规定。"由此可见，境外上市外资股是指境内公司（企业）向境外投资人募集并在境外上市的股份。其中所说的境内公司是指在中华人民共和国境内依照《公司法》注册的公司；境外上市是指股份有限公司向境外投资人发行的股票，在境外证券交易所流通转让。境外上市外资股采取记名股票形式，以人民币标明面值，用外币认购；在境外上市可以采取境外存托凭证形式或者股票的其他派生形式。之所以称为H股，最初是依股票在境外上市的不同国家和地区的英文名称的字首来作为该种股票的名称，于是就有了H股（Hong Kong，在我国香港特别行政区挂牌上市的外资股）、N股（New York，在纽约挂牌上市的外资股）、S股（Singapore，在新加坡挂牌上市的外资股）、L股（London，在伦敦挂牌上市的外资股）和D股（在中欧国际交易所挂牌上市的外资股）之称，后来鉴于在中国香港特别行政区上市的H股占了境外上市外资股的绝大部分，为了统计方便，中国证监会决定将所有在境外上市的外资股统统简称为H股。

我国从1993年开始进行国有大中型企业到境外上市的试点，截至2019年6月底，我国共有境外上市外资股（H股）公司277家，其中，在香港联合交易所主板和创业板上市的274家，在新加坡交易所上市的1家，在中欧国际交易所D股市场上市的1家，在伦敦交易所上市的1家。② 法律对H股作出专门规定的除前述我国《证券法》外，我国《公司法》第131条"国务院可以对公司发行本法规定以外的其他种类的股份，另行作出规定"的内容中，"其他种类的股份"应当包括了H股。专门调整H股的法规主要有1994年8月发布的国务院《关于股份有限公司境外募集股份及上市的特别规定》及国务院证券委和国家体改委1994年9月联合发布的《到境外上市公司章程必备条款》等。

4. 红筹股。红筹股是指境外注册、中国内地资本控股的境外公司的股票。这里的境外公司包括上市公司和非上市公司。红筹股概念产生于香港证券市场。随着中国证券市场的兴起和发展，20世纪90年代初期，一些中国内地的公司收购香港中小型公司并将其改造成中资控股的香港公司，香港回归以后，内地一些省市纷纷在我国香港特别

---

① 资料来源：上海证券交易所网：http://www.sse.com.cn/assortment/stock/areatrade/area/；深圳证券交易所：http://www.szse.cn/market/stock/list/index.html，最后访问日期：2020年1月1日。

② 资料来源：中国证券监督管理委员会网：http://www.csrc.gov.cn/pub/newsite/gjb/jwss/jwssgsml/201906/t20190628_358359.html，最后访问日期：2020年1月21日。

行政区设立了窗口公司,其中一些公司也在我国香港特别行政区上市。我国香港特别行政区和国际投资者习惯把这些带有中国内地概念的股票通称为红筹股。根据香港证监会和联交所的看法,至少拥有35%中资股权的上市公司的股票,才可称为红筹股。这些公司依照我国香港特别行政区的法律运作,受香港证券监管机构的监管。随着我国对外开放不断扩大,境内公司通过并购重组等方式持有境外公司股份和成为境外公司控股股东的案例也越来越多,具有红筹股性质的红筹公司遍及全球许多国家,红筹公司和红筹股也成为我国除B股、H股外,内地公司进入国际资本市场筹资的一条重要渠道。从前述的我国《证券法》第224条的内容来看,H股是该条规定的"直接"在境外发行和上市交易的股份,而红筹股则是该条规定的"间接"在境外发行和交易的股份。目前,我国法律法规对红筹股作出专门规定的除《证券法》外,主要还有国务院1997年6月发布的《关于进一步加强在境外发行股票和上市管理的通知》及中国证监会的有关规定。

(三)国家股、法人股、非法人组织股、个人股

这是根据股票持有人作出的划分。

1. 国家股。国家股是国家以国有资产向股份有限公司投资而持有的股份(票)。根据我国《企业国有资产法》的有关规定,作为国家股出资人的股东应当为国务院和地方政府,而代表国务院和地方政府具体履行出资人职责或行使股东权利的则是各级政府的国资委或各级政府授权的其他机构、部门。[①] 这些机构、部门统称为履行出资人职责的机构,"代表本级人民政府对国家出资企业依法享有资产收益、参与重大决策和选择管理者等出资人权利",并委派股东代表"参加国有资本控股公司、国有资本参股公司召开的股东会会议、股东大会会议,应当按照委派机构的指示提出提案、发表意见、行使表决权,并将其履行职责的情况和结果及时报告委派机构"。[②] 国家股属于国有资产的重要构成部分,其股权的行使、交易转让等行为都必须严格遵循我国《企业国有资产法》《企业国有资产交易监督管理办法》等法律法规的规定进行。

2. 法人股。法人股是法人作为股东在股份有限公司持有的股份(票)。法人股包括国有法人股和普通法人股。国有法人股,是指具有法人资格的国有企业、事业及其他单位以其依法占用的法人资产向独立于自己的股份公司出资形成或依法定程序取得的股份,在股份公司股权登记上记名为该国有企业或事业及其他单位持有的股份。国有法人股和国家股可统称为国有股,都是国有资产的重要构成部分。普通法人股,是指除

---

① 我国《企业国有资产法》第4条第1款规定:"国务院和地方人民政府依照法律、行政法规的规定,分别代表国家对国家出资企业履行出资人职责,享有出资人权益。"该法第11条第1款和第2款规定:"国务院国有资产监督管理机构和地方人民政府按照国务院的规定设立的国有资产监督管理机构,根据本级人民政府的授权,代表本级人民政府对国家出资企业履行出资人职责。国务院和地方人民政府根据需要,可以授权其他部门、机构代表本级人民政府对国家出资企业履行出资人职责。"

② 我国《企业国有资产法》第12条、第13条。

国有股外的其他法人在股份有限公司持有的股份(票),还可进一步划分为境内法人股和境外法人股。

3. 非法人组织股。非法人组织股,是指非法人组织作为股东在股份有限公司持有的股份。根据我国《民法总则》第 102 条的规定,非法人组织包括个人独资企业、合伙企业、不具有法人资格的专业服务机构等,非法人组织不具有法人资格,但能依法以自己的名义从事民事活动的组织。作为公司股东时,可以确定 1 人或者数人代表该组织行使股权。

4. 个人股。个人股即自然人作为股东在股份有限公司持有的股份(票)。个人股包括普通个人股和公司内部股。普通个人股即社会公众个人持有公司的股份。公司内部股即公司内部人士持有,但在流通转让上受限制的股份。个人股主要包括以下几类。

(1)发起人股,是指股份有限公司的发起人持有的本公司股份。发起人在设立公司过程中起重要作用,不仅要订立设立公司协议,提出设立公司申请,认购公司股份,而且还需要对设立可能出现的风险承担相应的责任。公司成立后,发起人往往都是公司的大股东或董事会的成员,也居于十分重要的地位。因此,我国《公司法》对发起人持有的公司股份作了特别要求。该法第 128 条第 4 款规定:“发起人的股票,应当标明发起人股票字样。”该法第 141 条第 1 款规定:“发起人持有的本公司股份,自公司成立之日起一年内不得转让。”

(2)公司负责人股,是指股份有限公司的董事、监事、高级管理人员持有的本公司的股份。由于公司高级管理人员在公司的重要地位,我国《公司法》对其持有的公司股份的变动也有特别的要求。该法第 141 条第 2 款规定:“公司董事、监事、高级管理人员应当向公司申报所持有的本公司的股份及其变动情况,在任职期间每年转让的股份不得超过其所持有本公司股份总数的百分之二十五;所持本公司股份自公司股票上市交易之日起一年内不得转让。上述人员离职后半年内,不得转让其所持有的本公司股份。公司章程可以对公司董事、监事、高级管理人员转让其所持有的本公司股份作出其他限制性规定。”

(3)员工股,是指股份有限公司的内部员工持有的本公司股份。《中共中央关于全面深化改革若干重大问题的决定》和国务院有关部门发布的关于公司员工持股计划的相关文件,①为公司员工持股提供了明确的政策法规依据。根据这些文件的精神和制度安排,上市公司员工股的持股对象包括管理层在内的公司员工。如果是属于国有控股的公司,“参与持股人员应为在关键岗位工作并对公司经营业绩和持续发展有直接或较大影响的科研人员、经营管理人员和业务骨干,且与本公司签订了劳动合同”;不包括公司中由党中央、国务院和地方党委、政府及其部门、机构任命的领导人员和外部

---

① 包括中国证监会 2014 年 6 月发布的《关于上市公司实施员工持股计划试点的指导意见》,国务院国资委、财政部、中国证监会 2016 年 8 月发布的《关于国有控股混合所有制企业开展员工持股试点的意见》等。

董事监事(含职工代表监事)。上市公司“每期员工持股计划的持股期限不得低于12个月,以非公开发行方式实施员工持股计划的,持股期限不得低于36个月”;如果属于国有控股公司,员工持股“应设定不少于36个月的锁定期。在公司公开发行股份前已持股的员工,不得在公司首次公开发行时转让股份,并应承诺自上市之日起不少于36个月的锁定期”。

(四)记名股票与无记名股票

这是根据股份是否载明股东姓名作出的划分。按照我国《公司法》第129条第1款的规定:“公司发行的股票,可以为记名股票,也可以为无记名股票。”这表明了我国股份有限公司的股票有记名股票和无记名股票之分。

1. 记名股票。记名股票是指将股东的姓名或名称记载于股票和公司股东名册的股票。记名股票的权利只能由记名股东本人行使,除此以外的其他人不能凭此向公司主张权利。公司在发行记名股票时,应当置备股东名册,记载有关事项,根据我国《公司法》第130条第1款的规定,应记载的事项包括以下几个方面:(1)股东的姓名或者名称及住所;(2)各股东所持股份数;(3)各股东所持股票的编号;(4)各股东取得其股份的日期。

2. 无记名股票。无记名股票是指无须将股东姓名或名称记载于股票和公司股东名册的股票。按照我国《公司法》第130条第2款的规定,发行无记名股票,公司只需记载其股票数量,编号及发行日期即可。由于无记名股不在股票上记载股东姓名或名称,转让时也就无须背书或履行过户手续,任何合法持有股票的人就是股东,都可向公司主张股东权益。

记名股票的优点是有利于公司掌握股份的流通情况和股东的状况,而无记名股票的优点是转让极为方便,便于流通,但不易控制。因此,我国在1993年《公司法》颁布前的股份制试行中,股份有限公司的股份一律采用记名股票形式。考虑到与国际通行做法相衔接,我国《公司法》规定了无记名股票形式,但同时也作了必要限制,规定有的股份必须采用记名股的形式,如该法第129条第2款规定:“公司向发起人、法人发行的股票,应当为记名股票,并应当记载该发起人、法人的名称或者姓名,不得另立户名或者以代表人姓名记名。”

需要说明的是,由于我国上市公司的股票发行和交易都实行了无纸化,股票的买卖过程需要通过计算机网络连接的交易系统和证券登记结算机构来完成,这就使我国《公司法》当时规定记名股票和无记名股票的实践依据有了很大变化。股票的无纸化发行和交易使上市的股票都成为记名的形式,但同时又保留了无记名股票的转让简便的基本特征。

(五)有面额股票和无面额股票

这是根据股票票面上是否载明金额作出的划分。

1. 有面额股票,即票面上载明确定金额的股票。面额表示每一单位股份所代表的资本额。从我国证券市场实践来看,公开发行的股票的票面金额一般为1元人民币。

2. 无面额股票,即票面上不载明金额,只注明股份数量或占总股本比例的股票。一些国家法律允许发行无面额股票,但根据我国《公司法》和《证券法》的有关规定,[①]目前还不允许发行无面额票。

(六)普通股票与优先股票

这是根据股东享有股权的内容作出的划分。

1. 普通股票。顾名思义,普通股票是我国《公司法》上规定的普通种类的股票,对应于人们从一般意义上所说的公司股份。普通股票在代表财产权利上没有差别,是公司数量最多、最基本的一种股份,它构成公司资本的最主要部分。普通股票有如下两个特点。

(1)持有普通股票的股东承担的财产风险是全面的,或者说普通股票代表的是全风险型的股份。首先,普通股票的股利获取在顺序上必须排在公司债和优先股票之后,在数量上是不固定的。这也就意味着,只有当公司偿还债务和分配优先股票的股利后,普通股票才可能有分配股利的机会。普通股票的股利率完全取决于公司的盈利,盈利多,股利率就"水涨船高",反之则低,甚至可能连一分钱也分不到。其次,公司破产或解散时,如果尚有剩余财产可供分配,普通股票的分配顺序也是排在债权和优先股票之后的。持有普通股票的股东的利益与公司法人的利益联系最密切,如果公司获得巨利,持有普通股票的股东是主要的受益者;如果公司亏损,他们又是主要的受损者。

(2)普通股票所代表股权的内容是完全的,也就是说,普通股票的股权包括了自益权和共益权的全部内容。普通股票的股东既享有分配股利的权利,又享有参加投票表决,进而参与公司管理的权利。

2. 优先股票。优先股票是指公司在普通种类股票之外另行发行的其他种类股票,其股票持有人优先于普通股股东分配公司利润和剩余财产,但参与公司决策管理等权利受到限制。根据我国《公司法》第131条关于"国务院可以对公司发行本法规定以外的其他种类的股份,另行作出规定"的立法精神,国务院2013年11月颁布了《关于开展优先股试点的指导意见》,中国证监会2014年3月又发布了《优先股试点管理办法》,对优先股试点进行规制。按照两部法规的规定,优先股试点有利于为发行人提供灵活的直接融资工具,优化企业财务结构,推动企业兼并重组;有利于丰富证券品种,为投资者提供多元化的投资渠道,提高直接融资比重,促进资本市场稳定发展。目前试行的优先股的主要内容包括以下方面。

---

① 例如,我国《公司法》第128条关于股票应当载明"票面金额及代表的股份数"的规定;第127条关于"股票发行价格可以按票面金额,也可以超过票面金额,但不得低于票面金额"的规定;《证券法》第11条关于"设立股份有限公司公开发行股票,应当符合《中华人民共和国公司法》规定的条件"的规定。

(1)优先股每股票面金额为100元。

(2)优先股发行。上市公司可以采取公开和非公开方式发行优先股,非上市公众公司只能采取非公开方式发行优先股。公司已发行的优先股不得超过公司普通股股份总数的50%,且筹资金额不得超过发行前净资产的50%。

(3)优先股股东的权利义务。根据权利义务对等的法律原则,优先股股东享有优先权须以其股东权受到一定限制作为对价,这种限制也被视为优先股股东的义务。优先权的内容主要有:第一,优先分配利润。优先股股东按照约定的票面股息率,优先于普通股股东分配公司利润。公司应当以现金的形式向优先股股东支付股息,在完全支付约定的股息之前,不得向普通股股东分配利润。第二,优先分配剩余财产。公司因解散、破产等原因进行清算时,公司财产依法进行清偿后的剩余财产,应当优先向优先股股东支付未派发的股息和公司章程约定的清算金额。优先股股东对等的义务主要体现为对其表决权的限制。在一般情况下,优先股股东不出席股东大会会议,所持股份没有表决权;但修改公司章程中与优先股相关的内容,一次或累计减少公司注册资本超过10%,公司合并、分立、解散或变更公司形式、发行优先股等重大事项除外。如果出现"公司累计3个会计年度或连续2个会计年度未按约定支付优先股股息"等损害优先股东利益的情形时,优先股表决权恢复,"优先股股东有权出席股东大会与普通股股东共同表决,每股优先股股份享有公司章程规定的一定比例表决权"。

第二节 公司债券

我国《证券法》第2条将完全适用该法调整的证券品种,明确列举为股票、公司债券和存托凭证,而对其他证券品种,或是采取概括性的非列举方式,使用"国务院依法认定的其他证券"的术语;或是列举后又规定其发行和交易还需要适用其他法律和行政法规。这说明公司债券与股票和存托凭证一样,在证券品种中占有重要地位。

一、公司债券与企业债券辨析

公司债券是以证券的形式来表现的一种公司债,具体是指公司为了筹集资金,依照法定的条件和程序发行的、以公司债券表明的约定在一定期限内还本付息的公司债务。公司债以公司债券作为其表现形式,就如股份与股票的关系一样。因此,在一般情况下,可以视二者为互为表里的统一体。我国《公司法》第153条规定:"本法所称公司债券,是指公司依照法定程序发行、约定在一定期限还本付息的有价证券。"

公司债券与企业债券密切相关。在1993年我国《公司法》颁布前,我国法律和行政法规中没有公司债券而只有企业债券的概念。国务院1987年3月专门颁布了《企业债券管理暂行条例》,1993年8月又对其作了较大修改,将这一行政法规定名为《企业债券管理条例》,2011年1月对其进行了部分修改。该条例第2条规定:"本条例适用于中华人民共和国境内具有法人资格的企业(以下简称企业)在境内发行的债券。”说明包括公司企业在内的企业法人都可以成为发行企业债券的主体。1993 年我国《公司法》颁布后,公司债券从企业债券中分离出来,《公司法》和《证券法》对其都有专门的规定。中国证监会 2015 年 1 月发布的《公司债券发行与交易管理办法》对公司债券进行了较全面的规范。《企业债券管理条例》作为国务院行政法规至今并未废止,企业债券仍然作为债券的一种形式得以存续。

从企业概念外延大于公司来看,公司债券似乎为企业债券的一种形式,但从法律法规规定来看却并非如此,企业债券的特征不能完全包容公司债券,二者的区别主要在于:第一,适用的法律法规不同。公司债券是依照我国《公司法》和《证券法》来规范的债券形式,而企业债券则是依据《企业债券管理条例》来规范的债券形式,这就决定了二者在包括发行条件、信息披露在内的诸多方面还存在一些差异。第二,发行人不同。公司债券的发行主体只能是公司,包括股份有限公司和有限责任公司;企业债券的发行主体除公司外,还包括了非公司企业。① 第三,发行交易的监管机关不同。公司债券发行交易的监管机关为中国证监会,②企业债发行交易的监管机关主要是国家发改委,其与中国人民银行负责企业债券的发行审批。第四,发行和交易场地不同。公司债券可以在证券交易所和区域性股权市场发行和交易,企业债则除此之外还可在银行间债券市场发行交易。第五,发行条件不同。我国《证券法》及《公司债券发行与交易管理办法》对公司债券公开发行条件的规定较严格和明确具体,并且对非公开发行也有相应规定;《企业债券管理条例》对企业债券发行条件的规定较概括和原则,具有弹性,没有公开发行和非公开发行之分。

二、公司债券的种类

根据我国《证券法》《公司法》《公司债券发行与交易管理办法》的有关规定以及我国债券发行的实践,公司债券可以从不同角度进行分类。

(一)普通公司债券和特别公司债券

这是根据公司债券的性质作出的划分。

1. 普通公司债券。普通公司债券即内容上具有债券一般属性的债券,现行法律法规涉及公司债券的规定,如无特别说明,均是针对普通债券的规范。

2. 特别公司债券。特别公司债券即在债券的发行对象、募集资金使用、债券权利等内容上具有某些特殊属性的债券。特别公司债券的名称和形式随着经济社会发展不断推陈出新。目前,我国证券市场上的特别公司债券主要有以下几类。

---

① 如上海证券交易所上市企业债券“2018 年第十二期中国铁路建设债券(十年期)”(代码 127907),发行人为中国铁路总公司,发行总额为 100 亿元,发行日期为 2018 年 8 月 23 日,上市日期为 2018 年 8 月 27 日。

② 根据中国证监会 2015 年 1 月发布的《公司债券发行与交易管理办法》第 10 条的规定:“中国证监会依法对公司债券的公开发行、非公开发行及其交易或转让活动进行监督管理。”

（1）可转换公司债券。这是我国《公司法》和《证券法》都有特别规定的公司债券，也是我国实践中较普遍采用的一种公司债券，本节后面将对其进行专门讨论。

（2）绿色公司债券。绿色公司债券是指将募集资金用于支持绿色产业项目的公司债券。发行绿色公司债券除需要符合法律法规的相关规定外，还必须符合绿色产业项目的要求和认定标准。根据中国证监会 2017 年 3 月发布的《关于支持绿色债券发展的指导意见》第 2 条的规定，绿色公司债券募集资金投向的绿色产业项目，主要参考中国金融学会绿色金融专业委员会编制的《绿色债券支持项目目录》要求，重点支持节能、污染防治、资源节约与循环利用、清洁交通、清洁能源、生态保护和适应气候变化等绿色产业。绿色公司债券属于绿色债券的一种，绿色债券还包括绿色政府债券和绿色金融债券。近年来，我国绿色债券发展很快，发行的绿色债券中以绿色金融债券为主。① 随着我国生态文明建设的不断发展，绿色公司债券还有很大的发展空间。

（3）创新创业公司债券。创新创业公司债券是指符合条件的创新创业公司、创业投资公司依法定程序发行的公司债券。根据中国证监会 2017 年 7 月发布的《关于开展创新创业公司债券试点的指导意见》的规定，创新创业公司，是指从事高新技术产品研发、生产和服务，或者具有创新业态、创新商业模式的中小型公司。创业投资公司，是指符合有关规定，②向创新创业企业进行股权投资的公司制创业投资基金和创业投资基金管理机构。

（4）可续期公司债券。可续期公司债券是指公司依法定程序发行、附可续期选择权的公司债券。这里的附可续期选择权是指债券发行条款中设置的发行人到期可以选择续期的权利。可续期公司债券除需依法律法规关于公司债券的一般性规定来规范运作外，还需遵循沪、深两家证券交易所的有关规则。③ 2016 年 3 月浙江省交通投资集团有限公司公开发行的可续期公司债券在上海证券交易所上市交易，成为我国首支由中国证监会核准的可续期公司债券。在实践中的可续期公司债券一般都设置有续期选择权、利息递延支付、强制付息等特殊属性的条款。④ 基于这些特殊条款，可续期债券对

---

① 参见中国金融信息网绿色金融研究小组发布的《2017 年中国绿色债券市场发展与未来展望》，载中国金融信息网（2018 年 1 月 16 日）：http://www.financialnews.com.cn/，最后访问日期：2019 年 1 月 20 日。

② 主要是指中国证监会 2014 年 6 月发布的《私募投资基金监督管理暂行办法》和国家发改委 2005 年 11 月发布的《创业投资企业管理暂行办法》。

③ 主要有 2017 年 12 月上海证券交易所发布的《上海证券交易所公司债券预审核指南（四）特定品种——可续期公司债券》和深圳证券交易所发布的《深圳证券交易所公司债券业务办理指南第 3 号——可续期公司债券业务》。

④ 续期选择权，是指公司债券即将到期时，发行人有权延长债券期限而暂时不兑付本次债券本息，以获得中长期的资金支持；利息递延支付，是指发行人具备可以延迟支付利息的选择权；强制付息事件，是指公司向普通股东分红、发行人减资等情形。

发行人的信用资质有较高要求。①

(5)熊猫公司债券。熊猫公司债券是指由境外公司在中国境内发行的以人民币计价的公司债券,熊猫公司债券是熊猫债券的一种。熊猫债券还包括境外金融机构和国际多边金融机构在中国境内发行的以人民币计价的金融债券。② 熊猫债券在性质上属于具有涉外因素的债券。根据国际惯例,国外机构在一国发行债券时,一般以该国最具特征的吉祥物命名。据此,我国将境外机构在华发行的人民币债券命名为"熊猫债券"。熊猫公司债券是近年来才进入我国证券市场的熊猫债券,据报道,2018 年年初招商局港口控股有限公司③及普洛斯洛华中国海外控股(香港)有限公司"一带一路"公司债券在深圳证券交易所成功发行,成为市场首批公开发行的"一带一路"熊猫公司债券。④

(二)公开发行的公司债券和非公开发行的公司债券

这是按照公司债券发行对象和方式作出的划分。《公司债券发行与交易管理办法》第 3 条规定,公司债券可以公开发行,也可以非公开发行。在实践中,公开发行通常简称为公募,非公开发行通常简称为私募。

1. 公募公司债券。根据我国《证券法》第 9 条的规定,公募公司债券应当是指"向不特定对象"和"向特定对象发行证券累计超过二百人"发行的公司债券。法律法规对公募公司债券规定了较严格的发行条件。公开发行必须依法报经国务院证券监督管理机构或者国务院授权的部门注册,公募公司债券应当在证券交易所上市交易或在全国中小企业股份转让系统("新三板")或国务院批准的其他证券交易场所进行转让。

2. 私募公司债券。私募公司债券是指向不采取广告等公开发行方式并向不超过 200 人的合格投资者发行的公司债券。根据《公司债券发行与交易管理办法》的规定,私募公司债券可以申请在证券交易所、"新三板"、机构间私募产品报价与服务系统、证券公司柜台转让,仅限于合格投资者范围内转让,转让后持有同次发行债券的合格投资者合计不得超过 200 人。由于区域性股权交易市场定位为"私募股权市场",是为区域内中小微企业证券非公开发行、转让及相关活动提供设施与服务的场所,根据《区域性股权市场监督管理试行办法》的有关规定,在该市场非公开发行公司债券目前仅限于"可转换为股票的公司债券"。

---

① 按照沪、深两家证券交易所的规定,可续期公司债券的发行人的主体评级和债项评级均应达到 AA+ 及以上,浙江省交通投资集团有限公司在公开发行可续期公司债券时的两项评级均达到 AAA。

② 如 2005 年 10 月国际金融公司(IFC)和亚洲开发银行(ADB)分别获准在我国银行间债券市场分别发行人民币债券 11.3 亿元和 10 亿元,成为首批在我国境内发行的熊猫债券。

③ 招商局港口控股有限公司于 1992 年在香港联交所上市,是首家在香港上市之红筹公司。

④ 参见《首批"一带一路"公募熊猫债在深交所成功发行》,载证券时报网:http://www.stcn.com/2018/0208/13962782.shtml,最后访问日期:2020 年 1 月 16 日。

（三）记名公司债券和无记名公司债券

这是根据公司债券是否载明持有人姓名或名称作出的划分。

1. 记名公司债券。记名公司债券是指将债券持有人的姓名或名称记载于债券和公司债券存根簿的公司债券。记名公司债券的权利只能由记名持有人本人行使，除此以外的其他人不能凭此向公司主张债权。公司在发行记名公司债券时，应当置备公司债券存根簿，记载有关事项，根据我国《公司法》第157条第2款的规定，应记载的事项包括以下几个方面：(1)债券持有人的姓名或者名称及住所；(2)债券持有人取得债券的日期及债券的编号；(3)债券总额，债券的票面金额、利率、还本付息的期限和方式；(4)债券的发行日期。

2. 无记名公司债券。无记名公司债券是指无须将持有人姓名或名称记载于债券和公司债券存根簿的公司债券。按照我国《公司法》第157条第3款的规定，发行无记名公司债券的，公司只需在债券存根簿上载明债券总额、利率、偿还期限和方式、发行日期及债券的编号。由于无记名公司债券不在债券上记载持有人姓名或名称，转让时也就无须背书或履行过户手续，任何合法持有债券的人就是债权人，都可向公司主张债权。

（四）有担保公司债券和无担保公司债券

这是根据公司债券有无担保来作出划分。

1. 有担保公司债券。有担保公司债券即公司发行的对债权人提供了债务还本付息担保的公司债券。为公司债券提供担保，既可能是发行人，也可能是发行人以外的其他人（如公司股东），其担保资产既可能是担保人的实物形态财产，也可能是股票债券等证券，其中，证券还包括担保人持有发行公司的股票。与无担保的公司债券相比，有担保公司债券通过增强偿债保障，提高了对债权人的保护程度。根据中国证监会2006年5月发布的《上市公司证券发行管理办法》第20条的规定，公开发行可转换公司债券，除最近1期末经审计的净资产不低于15亿元人民币的公司外，应当为债券的发行提供全额担保，担保范围包括债券的本金及利息、违约金、损害赔偿金和实现债权的费用。担保可以采取保证、抵押和质押的方式。

2. 无担保公司债券。无担保公司债券是指没有采取担保措施而仅凭发行人信用发行的公司债券，无担保公司债券又称信用债券，主要适用于信用等级高的债券发行人。

三、可转换公司债券

可转换公司债券简称为“可转债”，顾名思义，是指在一定条件下可以转为公司股票的债券。除我国《公司法》第七章“公司债券”和我国《证券法》第二章“证券发行”各有两条专门规定外，还有若干证券法规的相关规定涉及。可转换公司债券作为结合股票和债券的特点来设计的证券形式，是我国发行的公司债券中法律规范较完备同时又备受投资者关注的一种形式，吸引了不少希望成为公司股东的投资者购买，目前学者和证券业界人士讨论的公司债券，不少内容都涉及可转换公司债券。

（一）可转换公司债券的含义

可转换公司债券，是指公众公司依照法定程序发行的，在一定时间内依据约定条件可以转换成股票的公司债券。根据我国《公司法》第 161 条和《公司债券发行与交易管理办法》的有关规定，可转换公司债券具有如下法律特征。

1. 可转换公司债券是由上市公司和部分非上市公众公司发行的债券形式。从我国《公司法》第 37 条第 8 项、第 99 条和《证券法》第 15 条第 1 款的规定来看，普通公司债券的发行主体既可以是上市公司，也可以是非上市的股份有限公司，还可以是有限责任公司；但依照我国《公司法》第 161 条和《证券法》第 15 条第 3 款的规定，可转换公司债券的发行主体为上市公司，《公司债券发行与交易管理办法》将发行主体扩大到股票公开转让的非上市公众公司。[①] 这里所称的"股票公开转让的非上市公众公司"，根据《非上市公众公司监督管理办法》的有关规定，也就是在全国中小企业股份转让系统（"新三板"）挂牌的股份有限公司。[②] 可转换公司债券作为上市公司和部分非上市公众公司发行的有价证券，与股票一样，可以依法转让、质押和继承。

2. 可转换公司债券兼有债券和股票的双重属性。在转换股票前具有债券的属性，其持有人处于公司债权人地位，不享有股东的权利和义务，但持有人依法享有在法律规定的期间内将其转为股票的权利，因此，它又是一种内含公司股票期权的债券形式；一旦转换，它就完全具备了股票的属性，持有人也就成为公司的正式股东。可转换公司债券是否转换成股份，取决于持有人的意愿，持有人要求将其转换为股票的，公司不得拒绝；持有人不愿转换的，公司应于期满后偿还本息。

3. 可转换公司债券的发行需要履行严格的法定程序。这一程序较普通公司债券更严格。由于可转换公司债券具有的"转股"属性，其发行就不仅是公司内部的一种集资行为，而是与上市交易和社会公共利益相联系的集资行为，因此，必须对其进行严格控制和管理。根据我国《公司法》《证券法》和有关法规的规定，公开发行可转换公司债券与公开发行股票一样，应当报中国证监会注册，应当采取承销方式，实行保荐人保荐，并且除应符合公司债券发行的一般条件外，还应当符合法律关于公开发行股票的条件。

4. 可转换公司债券具有确定的转换期。所谓转换期是指可转换公司债券转换为股票的起始日至结束日的期间。按照《上市公司证券发行管理办法》的规定，起始日为：上市公司为发行可转换公司债券结束之日起 6 个月后；由于转股期限由公司根据可转换公司债券的存续期限及公司财务状况予以确定，因此，结束日为公司在法定期限中确定的具体日期的最后 1 天。这里的法定期限即可转换公司债券的期限，依据《上

---

① 《公司债券发行与交易管理办法》第 12 条第 1 款规定："上市公司、股票公开转让的非上市公众公司发行的公司债券，可以附认股权、可转换成相关股票等条款。上市公司、股票公开转让的非上市公众公司股东可以发行附可交换成上市公司或非上市公众公司股票条款的公司债券。"

② 参见《非上市公众公司监督管理办法》第 2 条和第 4 条的规定。

市公司证券发行管理办法》第 15 条的规定,可转换公司债券的期限最短为 1 年,最长为 6 年。

5. 可转换公司债券约定的票面利率低于银行贷款利率和普通公司债券的利率。由于可转换公司债券到期可以转换为股票,投资者购买的主要动因是着眼于今后的转股获利而不是着眼于债券的票面利率,因此,投资者对发行公司的发展前景预期越高,可转换公司债券的票面利率就可能越低,尤其对那些极具发展潜力、高速成长的公司来说,发行可转换公司债券是一种低成本的融资方式。① 从实践的情况来看,2000 年由虹桥机场股份有限公司发行的 5 年期"虹桥转债",利率为 0.8%;2002 年由江苏阳光股份有限公司发行的 3 年期的"阳光转债",利率为 1%;2003 年由黑龙江电力股份有限公司发行的 5 年期"华电转债",利率为 1.5%。当时我国 5 年定期银行存款利率为 2.79%(扣除利息税后为 2.23%),3 年定期银行存款利率为 2.52%(扣除利息税后为 2.02%);而 2002 年由武汉钢铁(集团)公司发行的 3 年期的"02 武钢"企业债和中国移动通信公司发行的 5 年期"02 中移"企业债,其利率均为 3.5%。②

6. 可转换公司债券是一种利益与风险并存的投融资方式。首先,对发行公司来说,其好处在于公司融资成本较低,有利于公司改善股本结构,提高对募集资金的使用效率。与此同时也有相应的风险:如由于"债转股"对原有股份的稀释,有可能造成发行公司股价下跌,增加发行公司股利分派负担;如果转换股份失败,将增大公司财务还本付息的压力。其次,对投资者来说,购买可转换公司债券的好处主要在于其是一种可以"保本的股票",可以使投资者直接获得证券市场的资本收益;其不足主要在于投资者须付出比投资普通公司债券和投资同额股票更高的代价,承担转股可能失败而大于投资普通公司债券的风险。

(二)可转换公司债券的种类

我国《公司法》和《证券法》尽管都有对可转换公司债券的规定,但均未涉及种类的划分。《上市公司证券发行管理办法》和《公司债券发行与交易管理办法》对可转换公司债券则有分类的相关规定,涉及的种类包括以下几类。

1. 普通可转换公司债券,即内容上具备可转换公司债券一般属性的债券,法律法规对可转债的规定,如无特别说明,均是针对普通可转债的规范。

2. 可交换公司债券。可交换公司债券是指公司股东以质押其持有的股票为条件来发行的可转换公司债券,债券持有人在转换期内可按约定的条件用债券换取发行人质押的公司股票。《公司债券发行与交易管理办法》第 12 条规定,上市公司、股票公开转

---

① 1997 年 3 月国务院批准发布的《可转换公司债券管理暂行办法》第 9 条第 5 项规定:"可转换公司债券的利率不超过银行同期存款的利率水平。"鉴于《上市公司证券发行管理办法》的出台,《可转换公司债券管理暂行办法》于 2006 年 5 月废止。

② 参见上海证券交易所发布的关企业债、可转债的网上资料:http://www.sse.com.cn/sseportal/ps/zhs/home.shtml,最后访问日期:2006 年 11 月 7 日。

让的非上市公众公司股东可以发行附可交换成上市公司或非上市公众公司股票条款的公司债券。

可交换公司债券与普通可转换公司债券都具有“债转股”的性质,即在一定时间内依据约定条件可以将债券转换成公司的股票。二者的主要区别在于:第一,债券发行人不同。可转换公司债券的发行人是公司自身,可交换公司债券的发行人则为公司的股东,通常是公司持股较多的大股东或控股股东。第二,债券的担保不同。可转换公司债券可以采取保证、抵押和质押的担保形式,如果发行人最近1期末经审计的净资产不低于15亿元人民币,也可以不提供担保;如果提供担保的标的是股票,只能是发行人持有的其他公司的股票。可交换公司债券必须采取质押方式提供担保,而且质押的股票一定是发行人持有本公司的股票,否则债券持有人届时要转换为股票就可能没有保障。第三,可转换公司债券的“债转股”需要采取增发新股的方式来实现,并必须履行我国《公司法》上增资的相应程序;可交换公司债券的“债转股”则不采取增发新股的方式,而是通过公司现有股权的转让来实现。

3. 分离交易的可转换公司债券。可转换公司债券作为兼有债券和股票双重属性的债券,具有两种证券权利,一是债券权利,可以请求发行人还本付息;二是可以购买发行人股票的权利,持券人可按债券发行时约定的价格、认购比例和期间等条件,购买发行人的股票(包括购买新股和受让质押股票)。分离交易可转换公司债券正是基于两种证券权利并存的原理来设计的公司债券。《上市公司证券发行管理办法》第27条规定:“上市公司可以公开发行认股权和债券分离交易的可转换公司债券。”所谓“分离交易”,是指该债券的债权与认股权可以分别上市交易,其中认股权是作为可交易的权证形式存在,[①]而普通可转换公司债券中的认股权既非以权证形式存在,也不能独立成为买卖对象。由此可见,“分离交易”和“认股权证”是分离交易可转债与普通可转债的主要区别。在此基础上二者的差异还在于:第一,分离交易可转债中的认股权证的存续期短于债券期限,“认股权证的存续期间不超过公司债券的期限”,“行权期间为存续期限届满前的一段期间,或者是存续期限内的特定交易日”。由于两个时间并不同步和分离交易,完全可能出现分离交易可转债的持有人在出售认股权证后其债权依然存在的情形,持有人可到期请求归还本金并获得利息。普通可转债中的认股权与债权的存续期可以同步,也可以不同步,在实践中一般为同步,持有人一旦行使了认股权,则债权也不复存在。第二,分离交易可转债比普通可转债的发行条件更严格,发行分离交易可转债除需满足普通可转债的条件外,还须满足《上市公司证券发行管理办法》第27条规

① 《上市公司证券发行管理办法》第31条至第34条均是对分离交易的可转换公司债券的“认股权证”的规定。

定的条件。[①] 第三,分离交易可转债应当在证券交易所上市交易,[②]普通可转债则可以在证券交易所和区域性股权市场进行交易。[③]

（三）可转换公司债券基本术语解读

从法律上来看,可转换公司债券作为一种技术性的制度设计,涉及若干基本术语,了解这些具有较强专业性的基本术语,有助于准确运用法律,保证公司债券的发行和交易及其相关活动规范运作,从而达到可转换公司债券制度设计的目的。

1. 基准股票,又称基础股票或正股。基准股票是指持有人依据所持可转换公司债券可以转换的发行公司的普通股票。就中国的股份有限公司而言,发行公司的股票可能有 A 股、B 股及 H 股之分,发行人可以选择一种作为可转换公司债券的基准股票。在已经发行可转债的公司中,有的选择 A 股作为基准股票(如深宝安等),有的选择 B 股作为基准股票(如中纺机、深南玻等),有的则选择 H 股作为基准股票(如镇海炼化等)。当然,选择 B 股和 H 股作为基准股票的发行人应当具有 B 股、H 股的发行与上市资格。

2. 票面利率。根据《上市公司证券发行管理办法》第 16 条的规定,可转换公司债券每张面值 100 元。票面利率即可转换公司债券确定的利息率,由发行公司与主承销商协商确定,但必须符合国家的有关规定。票面利率主要依据发行时市场利率水平、公司债券资信等级和可转换公司债券的要素组合等情况综合确定。市场利率水平高,票面利率也高;而公司债券资信评级高,票面利率则相对较低;在同等条件下,设有回售条款的可转换公司债券利率较未设此条款的利率低。在国际市场上,通常设计的可转换公司债券的票面利率为同等风险情况下的市场利率的 2/3 左右。也有的可转换公司债券没有票面利率,即零息可转换公司债券,债券到期时不必支付利息,而是在发行时用发行折扣作为补偿。利率的支付一般每年一次,日本和欧美国家经常半年支付一次。根据我国有关法规的规定,在可转换公司债券到期时仍未转换股票的,发行人一次性支付本息,不计复利,并在到期日后 5 个工作日完成本息支付,在整个债券有效期间公司无须支付利息。但设置强制性转股条款的可转换公司债券必须每年付息一次。

3. 期限。又称存续期,与一般债券的期限内涵相同。不同点在于:可转换公司债券

---

① 这些条件是:(1)公司最近 1 期末经审计的净资产不低于 15 亿元人民币;(2)最近 3 个会计年度实现的年均可分配利润不少于公司债券 1 年的利息;(3)最近 3 个会计年度经营活动产生的现金流量净额平均不少于公司债券 1 年的利息,符合本办法第 14 条第(1)项规定的公司除外;(4)本次发行后累计公司债券余额不超过最近 1 期末净资产额的 40%,预计所附认股权全部行权后募集的资金总量不超过拟发行公司债券金额。

② 《上市公司证券发行管理办法》第 28 条规定,分离交易的可转换公司债券应当申请在上市公司股票上市的证券交易所上市交易。分离交易的可转换公司债券中的公司债券和认股权分别符合证券交易所上市条件的,应当分别上市交易。

③ 《区域性股权市场监督管理试行办法》第 2 条规定,区域性股权市场的业务范围包括“转让中小微企业股票、可转换为股票的公司债券和国务院有关部门认可的其他证券”。

的期限与投资价值呈正相关关系，期限越长，股票变动和升值的可能性越大，可转换公司债券的投资价值就越大，因而对投资人来说，可转换公司债券的期限越长越好。欧洲国家发行可转换公司债券一般期限较长，通常为 7～10 年。相比之下，我国发行的可转换公司债券的期限较短，为 1～6 年。

4. 转换期。转换期是指可转换公司债券转换为股票的起始日至结束日的期限。发行公司既可制定一个特定的转换期限，也可不限制转换的具体期限。不限制转换具体期限的可转换公司债券，其转换期为可转换公司债券上市日至到期停止交易日。

5. 转换价格。按照《上市公司证券发行管理办法》第 22 条第 2 款的规定："转股价格，是指募集说明书事先约定的可转换公司债券转换为每股股份所支付的价格。"这也就意味着，持券人如果将可转换公司债券转为股份，不仅在购买可转换公司债券时要按照发行价格支付，而且在转股时还得按照转股价格支付。换言之，持券人到转股时必须对公司有两次支付行为。

转股价格过高或过低都达不到可转换公司债券制度设计的目的。《上市公司证券发行管理办法》第 22 条第 1 款规定："转股价格应不低于募集说明书公告日前二十个交易日该公司股票交易均价和前一交易日的均价。"该办法第 25 条、第 26 条还就转股价格的调整作出规定："募集说明书应当约定转股价格调整的原则及方式。发行可转换公司债券后，因配股、增发、送股、派息、分立及其他原因引起上市公司股份变动的，应当同时调整转股价格。""募集说明书约定转股价格向下修正条款的，应当同时约定：(一)转股价格修正方案须提交公司股东大会表决，且须经出席会议的股东所持表决权的三分之二以上同意。股东大会进行表决时，持有公司可转换债券的股东应当回避；(二)修正后的转股价格不低于前项规定的股东大会召开日前二十个交易日该公司股票交易均价和前一交易日的均价。"

6. 赎回。赎回是指发行人在发行一段时期后，可以按照赎回条款生效的条件提前购回其未到期的发行在外的可转换公司债券。这有些类似于股票的回购。赎回行为通常发生在公司正股市场价持续一段时间高于转股价格达到某一幅度时(国际上通常把正股市场价达到或超过转股价格 100%～150% 作为涨幅界限，同时要求该涨幅持续 30 个交易日作为赎回条件)，公司按事先约定的价格买回未转换的债券。赎回价格一般规定为可转债面值的 103%～106%，越接近转债到期日，赎回价格越低。如中纺机 1992 年发行的瑞士可转换公司债券，期限为 5 年(1993～1998 年)，其赎回条款规定如下："如果股票价格上涨超过转股价的 150% 并持续 30 天，那么，1994 年 12 月 31 日赎回日的赎回价格为 104%，以后每年减一个百分点为赎回价格。"

赎回条款是由可转换公司债券发行人制订并在募集说明书中公布。从法律性质上来看，赎回权是一种选择权，发行人可以选择赎回，也可以选择不赎回。根据《上市公司证券发行管理办法》第 23 条的规定，募集说明书可以约定赎回条款，规定上市公司可按事先约定的条件和价格赎回尚未转股的可转换公司债券。

7. 回售。回售一般是指公司正股市价在一段时间内连续低于转股价格达到某一幅度时，可转换公司债券持有人按事先约定的价格将所持可转债债券卖回给发行人的行为。根据《上市公司证券发行管理办法》第24条的规定，募集说明书可以约定回售条款，规定债券持有人可按事先约定的条件和价格将所持债券回售给上市公司。募集说明书应当约定，上市公司改变公告的募集资金用途的，赋予债券持有人一次回售的权利。

回售的设计，有利于保护投资人利益，可增加可转换公司债券对投资者的吸引力，使可转换公司债券得以顺利发行。回售对持券人来说，是其享有的要求发行人购回债券的权利，这种权利从性质上来讲是持券人享有的一种卖出期权，它赋予持券人在发行公司股票价格持续低于转股价格时，可以将其债券回售给发行公司或继续持有债券，因而它是一种选择权。回售的规定可以减少持有人因不愿转换而产生的利益损失。

回售条款也是由可转换公司债券发行人制订并在募集说明书中公布的。如果订立回售条款，票面利率则可订得更低，使可转换公司债券对投资者更具吸引力。

（四）可转换公司债券涉及的投资者利益保护

可转换公司债券涉及投资者利益保护，包括发行人股东的利益保护和债券持有人的利益保护两个方面。

1. 对可转换公司债券发行人的股东利益的保护。可转换公司债券不仅会增加公司的负债，与股东的利益关系甚大；而在可转换公司债券转换为股份后，会对发行人的股东产生两个后果：一是发行人股份的价值会被稀释，可能致使股价下跌，直接影响发行人的股东的利益；二是发行人原有股东对公司的控制力将被削弱。因此，可转换公司债券发行中发行人股东的利益保护也非常重要。为保护可转换公司债券发行人的股东的利益，在实践中应当采取以下两个方面的措施。

第一，由股东大会对发行可转换公司债券作出决议。按照我国《公司法》有关股东大会的规定，上市公司申请发行可转换公司债券，应由股东大会作出决议。上市公司股东大会作出的决议应包括发行规模、转股价格的确定及调整原则、债券利率、转股期、还本付息的期限和方式、赎回条款及回售条款、向原股东配售的安排、募集资金用途等事项。

第二，由股东大会决定发行人的股东享有优先认购权。根据中国证监会2018年修订的《证券发行与承销管理办法》第19条第2款的规定，上市公司发行可转换公司债券，可以全部或者部分向原股东优先配售，优先配售比例应当在发行公告中披露。

2. 对可转换公司债券持有人利益的特殊保护。可转换公司债券具有债券与股票的双重属性，作为债券，它能够为投资者保证本金及利息的最低收益；转换后的股票则使持有人能够享受公司增值所产生的利润。但如前文所述，可转换公司债券的持有人也面临相当风险。为增强可转换公司债券的吸引力，需要设计一些保护持有人利益的规定。

(1)担保措施。根据现行法规的规定,可转换公司债券多为担保债券。《上市公司证券发行管理办法》第20条还规定,提供担保的,应当为全额担保,担保范围包括债券的本金及利息、违约金、损害赔偿金和实现债权的费用。以保证方式提供担保的,应当为连带责任担保,且保证人最近1期经审计的净资产额应不低于其累计对外担保的金额。

(2)反稀释措施。可转换公司债券发行时初始转股价格已确定,如果发行公司因发行人分立、增发新股、送配股等事项改变其股份的构成而使股份的价值下降,而可转换公司债券的持有人仍按原定初始转股价格将其债券转换为股份,其转换股份的价值就会大大降低,有可能损害可转换债券持有人的利益。一旦此种情形发生,对其采取相应的补救被称为反稀释措施。《上市公司证券发行管理办法》第25条对此有相应规定,即"募集说明书应当约定转股价格调整的原则及方式。发行可转换公司债券后,因配股、增发、送股、派息、分立及其他原因引起上市公司股份变动的,应当同时调整转股价格"。由此可见,我国立法对反稀释措施的规定是要求发行人在股份变动时应调整转股价格,但调整的原则及方式由当事人意思自治决定,既强调保护持有人利益的价值取向,同时也在一定程度上尊重当事人的意愿,具有一定的灵活性。

(3)回售权。前已论及,不再赘述。

第三节　存托凭证

存托凭证(Depository Receipts,DR)是国际上普遍采用的一种具有涉外融资功能的证券品种,也是我国《证券法》本次修订后规定的与股票、公司债券并列的证券新品种。按照我国《证券法》第2条的规定,我国存托凭证的"发行和交易,适用本法"。我国证券市场自20世纪90年代成立以来,我国企业进入国际证券市场融资主要通过H股、红筹股和境外存托凭证①的渠道来实现,随着中国存托凭证(Chinese Depository Receipt,CDR)②的推出,为境外企业进入我国证券市场融资提供新的渠道。采取存托凭证互挂的方式,可以实现我国与有关国家的证券市场的互联互通,还可以为境外注册的红筹股创新企业回归境内证券市场发行上市提供现实途径。由此可见,存托凭证对于进一步扩大我国资本市场双向开放,提升我国资本市场的国际化水平,具有非常现实的意义。我国在2018年年初就开始着手存托凭证的试点,③为规范存托凭证的发行与交易,中

---

①　如我国企业以发行ADR(美国存托凭证)的形式进入美国证券市场上市的就包括上海石化、中国人寿、阿里巴巴、百度、京东、网易等。

②　以下使用的存托凭证概念,如不作特别说明,均指中国存托凭证(CDR)。

③　2018年3月经国务院同意,国务院办公厅转发中国证监会《关于开展创新企业境内发行股票或存托凭证试点的若干意见》,标志着存托凭证正式成为我国证券品种之一。

国证监会和沪、深两家证券交易所发布了相应的法规和规则。①

一、存托凭证的含义

根据《存托凭证发行与交易管理办法(试行)》(以下简称《存托凭证管理办法》)第2条规定:“存托凭证是指由存托人签发、以境外证券为基础在中国境内发行、代表境外基础证券权益的证券。”据此,可以解读出存托凭证的如下基本含义。

1. 存托凭证是具有涉外性质的证券,是境外企业进入中国境内证券市场融资发行的证券。

2. 存托凭证是在境外证券基础上产生的证券,具有境外证券衍生品的属性,其境外基础证券主要是指股票和债券,我国目前推出的又主要是以股票为基础证券的存托凭证。

3. 存托凭证代表持有人对境外基础证券享有的证券权益,包括分红派息和投票表决权等,证券权益需要通过存托人来实现。

4. 存托凭证是由存托人签发并在中国境内发行上市的证券,其发行和交易应当遵循我国《证券法》和相关法律法规的规定,受我国证券监督管理机关的监管。

二、存托凭证的特殊构成

存托凭证作为具有涉外性质的新证券品种,除具有证券的一般属性外,还包括一些特殊的构成内容。

(一)存托凭证的主体

存托凭证作为境外企业在境内证券市场融资的工具,其参与主体虽然也有与一般证券相同的证券发行人和证券投资者,但也有一些不同:一是发行人和投资者均有各自的特殊性;二是增加了存托人和托管人作为参与主体。

1. 发行人

存托凭证发行人在《存托凭证管理办法》中被称为“境外基础证券发行人”,说明境内存托凭证与境外基础证券的发行人是同一主体。与其他证券发行人相比,存托凭证发行人的特殊性主要在于:第一,境外基础证券发行人在境内发行的存托凭证与在境外发行的基础证券并不一定完全对应,境外基础证券在数量上要大于境内存托凭证;②第二,证券发行中及发行后一些应当由发行人履行的职责,在存托凭证中则需由存托人履行,如存托凭证的签发与注销、存托凭证持有人的名册的建立、向存托凭证持有人发送有关通知等文件、向存托凭证持有人派发红利股息等权益。

---

① 主要包括中国证监会2018年6月发布的《存托凭证发行与交易管理办法(试行)》,沪、深两家证券交易所于2018年6月分别发布的《试点创新企业股票或存托凭证上市交易实施办法》并同步修改《股票上市规则》等相关规则,将存托凭证纳入现行上市交易规则体系。

② 从《存托凭证管理办法》第3条关于“保障存托凭证持有人实际享有的权益与境外基础证券持有人的权益相当”的规定可以看出,境外基础证券持有人并非与存托凭证持有人同一,说明境外基础证券持有人除与存托凭证相对应外,还包括其他持有人,境外基础证券从数量上肯定要大于存托凭证。

2. 投资者

存托凭证投资者即存托凭证的购买人，在《存托凭证管理办法》中也被称为“存托凭证持有人”。与其他证券持有人相比，存托凭证持有人最显著的特点就是不直接持有与存托凭证相对应的境外基础证券，而是通过存托人持有并行使其对境外基础证券享有的权利，存托凭证持有人在此上处于委托人的法律地位。

3. 存托人

存托人是存托凭证的特别参与主体，具体是指按照存托协议的约定持有境外基础证券，并相应签发代表境外基础证券权益的存托凭证的中国境内法人。① 存托人在存托凭证法律关系中具有举足轻重的地位和作用。存托凭证发行人与持有人之间的权利义务，很多都需要通过存托人这一主体来实现。以股票为基础证券的存托凭证为例，存托人作为中国境内有资质的法人，需要协助境外基础股票发行人在境内证券交易所完成存托凭证的发行上市并签发存托凭证；由于存托凭证的持有人不能直接作为境外基础股票发行人的在册股东，也不能对发行人直接行使股东权，而必须通过存托人代为持有境外基础股票，代为行使存托凭证代表的基础股票的权利，包括分红派息和投票表决等，并将基础股票的红利股息等收益派发给存托凭证持有人。

4. 托管人

托管人也是存托凭证的特别参与主体，具体是指受存托人委托，按照托管协议托管存托凭证所代表的基础证券的金融机构。托管人并非是存托凭证必需的参与主体，因为托管人管理存托凭证基础财产是基于存托人的委托，而《存托凭证管理办法》第 27 条第 2 项和第 29 条关于存托人委托的规定均使用了“可以委托”的表述，这就意味着，存托人也可以不委托托管人，而由自己承担管理存托凭证基础财产的职责。

根据《存托凭证管理办法》第 29 条的规定，存托人可以委托境外金融机构担任托管人。托管人为境外金融机构的，托管的职责不单纯是托管基础财产，而且还包括按照托管协议的约定，协助办理分红派息、投票等相关事项，向存托人提供基础证券的市场信息等职责。

需要说明的是，境外基础证券发行人、存托人和存托凭证持有人之间的法律关系是通过存托协议来联结的，存托协议的主要条款由《存托凭证管理办法》规定，由境外基础证券发行人和存托人签署，对存托凭证所代表权益和各方权利义务加以明确；投资者持有存托凭证即成为存托协议当事人，视为其同意并遵守存托协议约定。

（二）存托凭证的基础证券和基础资产

1. 基础证券

存托凭证具有证券衍生品的属性。之所以如此，是因为存托凭证与其他证券衍生

---

① 根据《存托凭证管理办法》第 26 条的规定，可以担任存托人的法人机构为：（1）中国证券登记结算有限责任公司及其子公司；（2）经国务院银行业监督管理机构批准的商业银行；（3）证券公司。

品一样,都有其代表的基础证券。基础证券可以是股票,也可以是债券或其他的证券形式。证券的实质内容就是证券权利,存托凭证所代表的实质内容也就是基础证券的权益。按照《存托凭证管理办法》的规定,存托凭证的基础证券是指其代表的由境外基础证券发行人在境外发行的证券。由此可见,存托凭证的基础证券的特点包括:第一,是“境外”公司在“境外”发行的证券;第二,存托人以此为基础在境内签发存托凭证。

存托凭证作为在中国境内证券市场发行和交易的证券,与其代表的境外基础证券在制度安排上的特殊之处就是境内存托凭证持有人应当与境外基础证券持有人享有同等的证券权益。对此,《存托凭证管理办法》的规定是:境外基础证券发行人应当保障存托凭证持有人实际享有的包括资产收益、参与重大决策、剩余财产分配在内的权益与境外基础证券持有人的权益相当,不得存在跨境歧视,不得作出任何损害存托凭证持有人合法权益的行为。

2. 基础资产

存托凭证的基础财产与基础证券密切相关。按照《存托凭证管理办法》的规定,基础财产是指基础证券及其衍生权益。基础证券本身就是财产权利的体现,基础财产是存托凭证发行和交易的财产保证,对应于基础证券的财产权利,包括基础证券的现实财产权利及其可能产生的收益。存托凭证的基础财产在制度安排上的特别之处主要在于必须对其存放和托管作出合法合规的安排。如果设立托管人的,存托人应当委托具有相应业务资质、能力和良好信誉的托管人管理存托凭证基础财产,并与其签订托管协议,督促其履行基础财产的托管职责。存托凭证基础财产因托管人过错受到损害的,存托人承担连带赔偿责任。

(三)存托凭证的信托关系构造

存托凭证的法律关系的构造包含信托原理,从而成为存托凭证的重要特点之一。在存托凭证的信托关系中,不仅有作为委托人与受益人的存托凭证持有人、作为受托人的存托人与托管人的主体构造,而且还有信托财产的构造:根据《存托凭证管理办法》的规定,存托人应当为存托凭证基础财产单独立户,将存托凭证基础财产与其自有财产有效隔离、分别管理、分别记账,不得将存托凭证基础财产归入其自有财产,不得侵占、挪用存托凭证基础财产。在设有托管人的情况下,基础财产不得作为托管人的破产财产或者清算财产。

(四)存托凭证的发行、上市与交易

存托凭证作为证券,必须受到法律严格规范并依法运行。以股票为基础证券的存托凭证为例,其发行、上市和交易的规则是基本依照我国境内A股的相关程序来设计的,由此保证了交易制度基本稳定,投资者交易习惯不发生重大改变,技术系统无须做大的调整。存托凭证公开发行的,须经中国证监会注册,由证券公司承销;公开发行并上市的,境外基础证券发行人应当聘请具有保荐资格的机构担任保荐人,保荐人对存托凭证发行上市履行推荐和持续督导的职责。公开发行的存托凭证应当在境内证券交易所上市交易,应当经证券交易所审核同意后,双方签订上市协议;在证券交易所的交易方式,除竞价交易外,还可以采取做市商交易的方式;存托凭证在中国证券登记结算有限责任公司集中登记、存管和结算。

(五)存托凭证的转换机制

存托凭证的转换机制,是指关于存托凭证与其境外基础证券相互转换的制度安排。从国际实践来看,存托凭证与基础证券之间通常都有这一制度安排,但各国实践也存在一定差异,其中,部分国家对存托凭证与基础证券之间的转换设定了一定的比例和时间限制。鉴于我国推出存托凭证还处于初始阶段的实际,《存托凭证管理办法》第 57 条对此只作出原则性规定,即"存托凭证与基础证券之间的转换应当符合国家有关规定"。

(六)存托凭证的法律适用

存托凭证作为境内证券品种,与其代表的境外基础证券在发行交易及其相应的公司运作上需要遵循不同国家或地区的法律,因而在法律适用上可能存在冲突。《存托凭证管理办法》对此规定了相应的准据法原则:第一,基础证券发行人对存托凭证的发行和交易及信息披露,适用我国《证券法》等法律法规和中国证监会的规定;第二,境外基础证券发行人的股权结构、公司治理、运行规范等事项适用境外注册地公司法等法律法规的规定的,应当保障对中国境内投资者权益的保护总体上不低于中国法律、行政法规以及中国证监会规定的要求;第三,境内证券交易所与境外证券交易所之间互联互通业务中涉及的存托凭证发行、交易、信息披露和投资者保护等事宜,中国证监会或者证券交易所另有规定的,从其规定;第四,存托协议应约定因存托凭证发生的纠纷适用中国法律法规的规定,并由境内法院管辖。

第四节 政府债券与证券投资基金份额

政府债券和证券投资基金份额都是我国《证券法》列举的证券品种。我国《证券法》第 2 条第 2 款将二者并列作出规定:"政府债券、证券投资基金份额的上市交易,适用本法。其他法律、行政法规有特别规定的,适用其规定。"由此可以说明:第一,政府债券、证券投资基金份额只是上市交易才适用我国《证券法》的规定,其发行则需适用其他法律法规的规定;第二,政府债券、证券投资基金份额的上市交易除适用我国《证券法》外,还可能适用其他法律、行政法规的特别规定。这一规定既考虑了政府债券和证券投资基金份额与其他证券品种的共性,同时也体现出两类证券品种在发行和交易上的特殊性。我国《证券法》和有关调整政府债券和证券投资基金份额的法律法规,共同成为我国证券法律体系的重要组成部分。

一、政府债券

(一)政府债券的含义和法律特征

政府债券又称公债券,是指中央和地方政府为筹措经济建设资金、弥补财政赤字或国库收支差额等特定目的而以债务人身份发行并承诺在一定期限内还本付息的证券。政府债券作为债券的品种之一,是我国改革开放以来最早出现的证券形式,1981年我国公开发行国库券和国务院制定发布的《国库券条例》被认为是我国证券市场和证券法制建设的起步和开端。1988年国库券二级市场开放,不仅带动了政府债券品种和发行量的大幅增长,而且开始了最初的证券交易,为以后证券市场的发展奠定了基础。随着政府债券的发行和交易,也逐渐改变了认购者的观念,使认购政府债券成为一种投资行为。到2018年,我国债券市场中政府债券占有1/3以上的份额,不仅是政府筹集财政资金、实施财政政策的重要载体,也是货币政策操作和各类投资者进行资产配置、流动性管理和风险管理的重要金融工具。①

目前,我国规范政府债券的法律法规主要有《证券法》、《预算法》、国务院《关于加强地方政府性债务管理的意见》(国发〔2014〕43号)以及财政部2015年发布的《地方政府一般债券发行管理暂行办法》和《地方政府专项债券发行管理暂行办法》等法规性文件。根据这些规定,政府债券具有如下法律特征。

1. 政府债券的债务人为中央政府或地方政府

顾名思义,政府债券即政府发行的债券,其发行主体和承担民事债务责任的主体都应当为政府,中央政府发行的债券被称为国债。政府债券的偿还是纳入国家和地方财政预算的活动,不会影响国民的实际收益与生活水平。政府债券是以国家和地方财政作为后盾的债务,发行政府债券从性质上来说是国家或地方政府的一种举债行为。由于政府债券以国家和地方政府信用作为偿债担保,它是所有债券形式中风险最小,也是最安全的一种,尤其是被称为"金边债券"的国债。

2. 政府债券是一种豁免证券

所谓豁免证券是指政府债券的发行和上市均无须履行一般证券发行那样复杂烦琐的程序,由于作为证券发行人的政府信誉度高,发行政府债券不需要证券监督管理机构的审查,也不受我国《证券法》发行规范的调整,而是按照《预算法》的有关规定执行。关于政府债券的上市,不少国家规定对其审查进行豁免。如德国《交易所法》规定,各种证券到正规市场上市,必须经上市所审查批准,但联邦政府债券、各州政府债券和欧共体成员国政府债券可免于上市审查。我国《证券法》第46条第2款对政府债券的上市审查豁免作出了明确规定,即"证券交易所根据国务院授权的部门的决定安排政府债券上市交易"。

① 参见王建勋:《政府债券发行及新时代政府债券管理展望》,载《债券》2018年第8期。

3. 政府债券具有特定目的且发行对象广泛

政府债券作为举债，总是为了达到特定的目的，如筹措基础设施投资或重点建设项目急需资金、国家调整产业结构、弥补财政赤字、进行生态环境保护和民生项目建设等。从发行对象上来看，早期政府债券的发行对象以面向社会普通居民和个人投资者为主，后来逐渐扩大到城镇企业及事业等单位；随着券种的不断增多，政府债券发行对象范围也更加广泛，投资者除个人外，众多的企业事业单位、国家专业银行和其他金融机构、专门的基金管理机构等机构投资者也参与其中。

4. 政府债券具有固定的利率且免缴个人利息所得税

政府债券国债的利率一般是通过政府或其财政部门通过发布条例或公告的形式来加以固定的。现阶段我国包括政府债券在内的债券的比较基准利率仍是银行利率，从多年发行的情况来看，政府债券的利率一般都高于银行的同期储蓄利率。[①] 根据我国《个人所得税法》[②]第 2 条的规定，包括利息、股息、红利所得在内的个人所得，均应纳个人所得税；但该法第 4 条又明确规定，国债和国家发行的金融债券利息，免纳个人所得税。根据财政部与国家税务总局的有关规定，对企业和个人购买地方政府债券的利息免征企业所得税和个人所得税。[③] 因此，投资者购买政府债券，较之投资于其他证券或存款于银行，基本没有风险或能够获得更多收益。

5. 政府债券可以依法在证券交易所和场外市场进行买卖

政府债券根据其不同种类，在发行和交易上具有不同于其他证券的特点：凭证式国债是通过各银行储蓄网点面向社会发行，不能上市交易；记账式国债可以通过证券交易所上市交易，也可以通过商业银行柜台进行交易，还可以通过全国银行间债券市场进行交易。

（二）政府债券的种类

政府债券可以从不同角度进行分类。

1. 中央政府债券和地方政府债券

按照发行主体来划分，政府债券分为中央政府债券和地方政府债券。

（1）中央政府债券也称“国债”，即“国家公债”，是中央政府为筹集财政资金而发行的债券，也是中央政府承诺在一定时期向投资者支付利息和到期偿还本金的债权债务凭证。国债具有信用等级最高、安全性最高的特点。我国自改革开放后重新发行国债以来，共发行国库券、国家重点建设债券、财政债券、特种债券、定向债券、保值债券、转换债券等多种国债，对于克服当时的财政困难和筹集重点建设资金发挥了重要作用。

---

① 如依据财政部公告，2018 年第一期和第二期储蓄国债（凭证式）发行总额为 300 亿元，其中，第一期为 150 亿元，期限 3 年期，年利率为 4.0%；第二期为 150 亿元，期限 5 年期，年利率为 4.27%。而同期的中国人民银行和四大商业银行（工商银行、农业银行、中国银行、建设银行）的定期储蓄存款利率 3 年期和 5 年期均为 2.75%。

② 指 2018 年 8 月 31 日由第十三届全国人大常委会第五次会议通过的《个人所得税法》（第七次修正）。

③ 参见财政部、国家税务总局《关于地方政府债券利息免征所得税问题的通知》（财税〔2013〕5 号）。

(2)地方政府债券即"地方公债",是指经国务院批准同意,以省、自治区、直辖市和计划单列市政府为发行和偿还主体的债券,也是地方政府承诺在一定时期向投资者支付利息和到期偿还本金的债权债务凭证。地方政府债券在一段时间曾被禁止发行,我国1995年1月实施的《预算法》第28条规定,"除法律和国务院另有规定外,地方政府不得发行地方政府债券"。2009年为了应对国际金融危机的不利影响,破解地方政府融资难题,地方政府发行债券的约束以国务院规定的形式得以放开,2009年全国"两会"的政府工作报告中就提出安排发行地方政府债券2000亿元。我国2014年修正的《预算法》对地方政府债券发行禁令作出修改,允许地方政府发行债券,①地方政府可以根据地方人大通过的发展规划,灵活筹集资金,随着修改后的《预算法》的实施和相关法规的不断完善,地方政府债券发行规模迅速扩大,②债券市场投资者对地方政府债券的认可度也逐步提升。发行地方政府债券必须受我国《预算法》和相关法规的严格制约,防止地方过度举债可能出现的问题。

地方政府债券还可按照不同的标准作出进一步划分,如按照偿债资金来源可分为一般债券和专项债券。一般债券是指地方政府为没有收益的公益性项目发行并主要以一般公共预算收入还本付息的债券;专项债券是指地方政府为有一定收益的公益性项目发行并以公益性项目对应的政府性基金或专项收入还本付息的债券。③ 又如,按资金用途可分为新增债券和再融资债券,新增债券必须按照财政部下达本地区新增债务限额来发行,不得超过发行规模;再融资债券主要用于偿还部分到期地方政府债券本金,可以有效缓解地方政府的偿债压力。

2. 凭证式政府债券和记账式政府债券

这是按照债券是否发放凭证作出的划分。凭证式政府债券和记账式政府债券是我国目前政府债券采取的两种基本形式,也是最主要的形式。

(1)凭证式政府债券。凭证式政府债券是指政府用填制"收款凭证"的方式发行的债券。由于地方政府债券均要求采取记账式债券的形式,④凭证式政府债券只能是国

---

① 修正后的我国《预算法》第35条规定:"经国务院批准的省、自治区、直辖市的预算中必需的建设投资的部分资金,可以在国务院确定的限额内,通过发行地方政府债券举借债务的方式筹措。举借债务的规模,由国务院报全国人民代表大会或者全国人民代表大会常务委员会批准。省、自治区、直辖市依照国务院下达的限额举借的债务,列入本级预算调整方案,报本级人民代表大会常务委员会批准。"

② 根据相关资料提供的数据,我国地方政府债券2015年为38,350亿元,2016年为60,458亿元,2017年为43,581亿元,2018年为41,652亿元,2019年1~11月达到43,244亿元。资料来源:中国债券信息网:https://www.chinabond.com.cn/jsp/include/EJB/documentNew.jsp? sId=0201&sBbly=201512&sMime Type=4&sType=2;中华人民共和国财政部网:http://www.mof.gov.cn/index.htm,最后访问日期:2020年1月1日。

③ 从各地发行的专项债券情况看,主要涉及土地储备、收费公路、轨道交通、乡村振兴、污水处理、供水、绿道等投资项目的专项债券品种。

④ 根据《地方政府一般债券发行管理暂行办法》第2条和《地方政府专项债券发行管理暂行办法》第3条的规定,地方政府一般债券和地方政府专项债券都是"采用记账式固定利率附息形式"。

债采用的形式之一，其前身就是国库券。我国从1994年开始发行凭证式国债，它具有以下几个明显的特点。

第一，凭证式国债主要通过各银行储蓄网点和财政部门国债服务部面向社会公众发行，以吸收个人储蓄资金为目的，是个人投资的一种选择方式。因而又被称为“储蓄国债”。

第二，凭证式国债的票面形式类似于银行定期存单，可以记名和挂失。

第三，凭证式国债不能上市流通，但可以提前兑取。在持有期内，持券人如遇特殊情况需要变现时，可到原购买网点提前兑取。提前兑取时，除偿还本金外，利息可按实际持有天数及相应的利率档次计付，经办机构按兑取本金收取手续费。对于提前兑取的凭证式国债，经办网点还可以二次卖出。

第四，凭证式国债的投资收益高于同期银行存款。随着国债发行的常态化，凭证式国债的利率通常比同期银行存款利率高，但也有与银行存款利率相当甚至还更低的情况，如2006年首期发行的凭证式国债，其利率就比同期银行存款利率低，由于其可以免缴利息所得税，计算下来其实际收益还高于同期银行存款，因而仍然受到投资者的热购。

凭证式国债按债权记录方式还可以进一步分为纸质凭证国债和电子凭证国债两种形式，二者的主要区别在于债权记录方式的不同：纸质凭证国债采取填制“收款凭证”的形式记录债权，纸质收款凭证由各承销银行和投资者分别保管；电子凭证国债以电子记账方式记录债权，需采取二级托管体制，电子凭证由各承办银行总行和中央国债登记结算有限责任公司统一管理，由此降低了投资者保管纸质债权凭证带来的风险。

（2）记账式政府债券。记账式政府债券又称无纸化债券，是指将投资者持有债券的品种和数量登记于证券账户中，以登记结算机构的证明或证券账户的记载来证明持有人债权的政府债券。记账式政府债券与凭证式政府债券的区别主要在于：第一，记账式债券是无实物形态的债券，应当遵循无纸化证券的相关规则运作，包括利用账户通过电脑系统完成债券发行和交易及其兑付的全过程，债券应当在中央国债登记结算有限责任公司办理总登记托管，在国家规定的证券登记结算机构办理分登记托管，购买债券必须要开立证券账户等；凭证式债券如果采取纸质凭证形式，则属于纸质实物证券形式，投资者无须开立证券账户就可以直接购买债券。第二，记账式债券适用于国债和地方政府债券，凭证式债券只适用于国债。第三，记账式债券可以上市流通，债券发行结束后，符合条件的应按有关规定及时在全国银行间债券市场、证券交易所债券市场等上市交易；凭证式债券作为储蓄国债，不能上市流通。

3. 短期政府债券、中期政府债券和长期政府债券

这是按照政府债券期限的长短作出的划分。所谓长期政府债券，是指偿还期限在10年以上的债券；所谓中期政府债券，是指偿还期限在3～10年的债券；所谓短期政府债券，是指偿还期限在3年以下的债券。我国最早发行的国库券的期限为10年，以后

发行的国债的期限逐渐多样化，除中期和短期外，还发行10年以上的长期债券。自2002年我国财政部首次发行30年期国债、2009年首次发行50年期国债以来，已经多次发行30年期和50年期的国债。地方政府债券的期限一般为1年、2年、3年、5年、7年和10年，2018年8月内蒙古自治区政府发行了20年期的地方政府一般债券，成为我国首支超长期限地方政府债券。

4. 保值政府债券和不保值政府债券

这是按照是否对政府债券利率实行保值贴补作出的划分。通常而言，政府债券是不保值的，按照固定的利率计息，利息在偿还本金时一次付给，不计复利。但也有对政府债券实行保值贴补的情况，以补偿投资者因物价上涨造成的损失。如1997年发布公告，规定对1992年向社会发行的5年期国库券实行保值贴补，该债券计息本金不变，利息分段计付：1993年7月1日至1997年3月31日，在年利率13.86%的基础上，加上中国人民银行公布的1997年4月保值贴补率计算利息。

5. 利随本清政府债券、附息政府债券和零息政府债券

这是按照政府债券利息支付的方式作出的划分。利随本清政府债券是指到期时一次还本付息的债券，如2006年发行的“06国债(8)”，面值为100元，期限为1年，票面利率为1.924%，到期一次还本付息。附息政府债券是指按年付息(或半年支付一次利息)，到期一次还本的债券，如2006年发行的“06国债(3)”，票面年利率为2.8%，期限为10年，利息每半年支付一次，该国债起息日为2006年3月27日，每年3月27日、9月27日支付利息，2016年3月27日偿还本金并支付最后一次利息。零息政府债券亦称为贴现国债，这种债券以低于面值的价格发行，到期按照债券面值偿还本金。如2006年发行的“06国债(11)”，国债面值为100元，期限为6个月，贴现发行，发行价格为98.941元，起息日为2006年7月25日，2007年1月25日按面值偿还。

二、证券投资基金份额

证券投资基金份额除受我国《证券法》调整外，还要受《证券投资基金法》的调整。我国《证券投资基金法》自2004年6月1日起正式实施以来，已经2012年12月和2015年4月两次修改，与《证券法》一起成为调整证券投资基金份额的基本法。我国《证券投资基金法》实施后，中国证监会根据这一法律颁布了一系列法规，[①]共同构成证券投资基金法律体系。

(一)证券投资基金的含义和法律特征

证券投资基金份额是证券投资基金的证券形式，和前述的股票和股份一样，证券投

---

① 主要有《公开募集证券投资基金运作管理办法》《私募投资基金监督管理暂行办法》《证券投资基金管理公司管理办法》《证券投资基金管理公司治理准则(试行)》《证券投资基金管理公司公平交易制度指导意见》《证券投资基金销售管理办法》《证券投资基金托管业务管理办法》《证券投资基金行业高级管理人员任职管理办法》《资产管理机构开展公募证券投资基金管理业务暂行规定》《公开募集证券投资基金风险准备金监督管理暂行办法》等。

资基金份额与证券投资基金是互为表里的关系,在很多情况下可以视为同一体。因此,本节对证券投资基金的讨论,从另一角度也就是对证券投资基金份额的论述。根据我国《证券投资基金法》第2条的规定,证券投资基金是指通过公开或者非公开发行基金份额来募集资金,然后由基金管理人管理,基金托管人托管、为基金份额持有人的利益,以资产组合方式进行证券投资的基金形式。从法律上来看,证券投资基金具有如下特征。

1. 证券投资基金是投资基金的一种形式

投资基金是一种通过募集资金进行投资的方式,包括募资、投资和分配收益3个主要环节,即主要以发行股份或受益凭证的方式来募集资金,然后将募集的资金委托专业投资机构管理并投资于不同的领域,其投资收益在扣除相关费用后分配给受益人。投资基金可以集众多的分散、小额资金为一个整体,通过委托专业机构和专业人士来管理基金并对外投资,可以节约交易成本、降低投资风险、提高投资收益。投资基金有多种形式,按投资的行业,可分为产业投资基金、风险投资基金、证券投资基金3种基本形式,其中,产业投资基金、风险投资基金又可合称为实业投资基金。实业投资基金与证券投资基金的区别在于:前者直接投资于生产性领域,后者则专门投资于证券市场,然后通过证券市场间接进入生产性领域。我国证券投资基金早期主要投资于上市交易的股票和债券,随着证券衍生品种的发展,2012年修订的《证券投资基金法》规定,公开募集基金还可以投资于中国证监会规定的其他证券及其衍生品种。对于非公开募集基金,其投向相较公开募集基金更宽泛,根据《证券投资基金法》第94条的规定:"非公开募集基金财产的证券投资,包括买卖公开发行的股份有限公司股票、债券、基金份额,以及国务院证券监督管理机构规定的其他证券及其衍生品种。"这里所称"公开发行的股份有限公司股票、债券",不只是上市公司上市交易的股票、债券,还包括了非上市公众公司公开发行的股票、债券。

投资基金作为一种投资工具在国外十分普遍,尤其在发达国家更是深入人心,银行业、保险业和基金业在不少国家已大体呈三分天下之势。我国自20世纪90年代以来,投资基金也开始出现并较快发展,立法机关曾一度考虑起草一部投资基金法来调整证券投资基金、产业投资基金、风险投资基金3种主要形式,后又考虑到产业投资基金和风险投资基金虽然也属投资基金,但与证券投资基金相比还不够成熟,最后决定暂时不出台投资基金法,而先制定《证券投资基金法》来调整实践中较成熟的证券投资基金。我国《证券投资基金法》的颁布和实施,不仅为证券投资基金提供了法律依据和保障,而且必将促进实践中其他投资基金的立法进程。

2. 证券投资基金是建立在信托基础上的投资方式

信托是一种以财产为核心、信用为基础、委托为方式的财产管理和投资的制度。我国《信托法》第2条规定,信托"是指委托人基于对受托人的信任,将其财产权委托给受托人,由受托人按委托人的意愿以自己的名义,为受益人的利益或者特定目的,进行管理或者处分的行为”。根据这一规定并结合我国《信托法》其他有关规定来看，信托法律关系在法律构造上最显著的特征包括两点：第一，信托法律关系的主体涉及委托人、受托人和受益人三方当事人，或者说信托法律关系必须要由三方当事人构成；第二，信托财产既独立于委托人的其他财产，也独立于受托人的财产，二者的债权人不得因债权请求权而对该信托财产主张权利。①

我国证券投资基金是按照信托原理来设计的基金形式。这与许多国家的投资基金的法律构造是基本相同的。② 我国《证券投资基金法》第 2 条规定，在中华人民共和国境内公开或者非公开募集资金设立证券投资基金，本法有规定的，适用本法规定；本法没有规定的，适用《信托法》《证券法》和其他有关法律、行政法规的规定。证券投资基金的信托属性主要从以下方面体现出来。

(1)证券投资基金法律关系由委托人、受托人和受益人三方当事人构成。其具体内容为：

第一，委托人与受益人是同一的，即都是基金份额的持有者。由于我国《证券投资基金法》并没有明确规定证券投资基金关系的委托人，因而也引出对委托人的一些不同认识，如认为证券投资基金中根本就不存在委托人的观点和认为委托人应当是证券投资基金自身的观点。笔者认为，首先，尽管我国《证券投资基金法》对委托人没有作出明确的规定，但结合该法第 3 条关于“基金管理人、基金托管人依照本法和基金合同的约定，履行受托职责”的规定来看，将基金份额持有人视为基金管理人和基金托管人“受托”的相对方更符合委托法律关系的基本构造原理；其次，证券投资基金本身作为委托人从基金具有财团法人的属性来看有一定道理，但从我国《证券投资基金法》第九章关于“公开募集基金份额持有人权利行使”的规定来看，将基金份额持有人视为委托人更符合法律设计的精神；最后，根据我国《信托法》第 43 条关于“委托人可以是受益人”的规定，加上人们对于基金份额持有人作为受益人没有分歧，委托人与受益人同一的观点不仅符合立法原意，而且有利于保护基金份额持有人的权益。

第二，受托人包括基金管理人和托管人。我国《证券投资基金法》明确了基金管理人和基金托管人作为共同受托人的地位。在这一共同受托人的法律构造中，基金管理人和基金托管人既共同处于受托人地位，同时二者之间又有明确分工：基金管理人是管

---

① 按照我国《信托法》第 15 条的规定，“信托财产与委托人未设立信托的其他财产相区别。设立信托后，委托人死亡或者依法解散、被依法撤销、被宣告破产时，委托人是唯一受益人的，信托终止，信托财产作为其遗产或者清算财产；委托人不是唯一受益人的，信托存续，信托财产不作为其遗产或者清算财产；但作为共同受益人的委托人死亡或者依法解散、被依法撤销、被宣告破产时，其信托受益权作为其遗产或者清算财产。”第 16 条规定：“信托财产与属于受托人所有的财产（以下简称固有财产）相区别，不得归入受托人的固有财产或者成为固有财产的一部分。受托人死亡或者依法解散、被依法撤销、被宣告破产而终止，信托财产不属于其遗产或者清算财产”。

② 有的国家在相关法律名称上就能直接体现出来，如日本《证券投资信托法》、韩国《投资信托业法》。

理受托人,行使经营管理职责;基金托管人是保管受托人,行使保管基金和监督基金使用的职责。法律之所以设计这一共同受托人的模式,主要是出于保护投资人(基金份额持有人)利益的考虑,鉴于基金数额巨大,由两个不同的主体进行管理,并在管理过程中建立一种相互监督制约的关系,有利于投资基金的安全。

(2)证券投资基金的财产具有鲜明的独立性。根据我国《证券投资基金法》的有关规定,基金财产的独立性可以通过以下几个方面体现出来:一是基金财产独立于基金管理人、基金托管人的固有财产,不得归入基金管理人、基金托管人的固有财产。基金管理人、基金托管人因基金财产的管理、运用或者其他情形而取得的财产和收益,归入基金财产。基金管理人、基金托管人因依法解散、被依法撤销或者被依法宣告破产等原因进行终止清算的,基金财产不属于其清算财产。二是基金财产的债权不得与基金管理人、基金托管人固有财产的债务相抵销,不同基金财产的债权债务不得相互抵销。三是非因基金本身承担的债务,债权人不得对基金财产主张强制执行。四是基金托管人对其托管的基金应当独立设置账户,确保基金的完整与独立。

由此可见,基金财产具有典型的信托财产属性,投资人作为基金财产的原始所有者和该基金财产投资收益的受益主体,并不参与对基金的实际管理,也不能决定基金的具体运用;托管人作为基金财产的保管人和控制者,既非该基金财产的所有人,又非实际经营人,但其却享有保管基金财产的权利,并负有对该基金财产的运用进行有效监督的职责;基金管理人则是基金财产的实际管理人和运用人,但又必须为基金份额持有人的利益来管理运用基金财产,并受托管人的监督制约。

证券投资基金正是运用了信托构造的法律机理,能够集合社会公众的小额投资资金,实行专业化管理,有效分散投资风险,并通过证券投资基金份额的证券形式来使之具有较强的流动性,因此成为现代市场经济的一种广泛运用的投资工具。

3. 证券投资基金以契约型基金为基本形式,也允许公司合伙型基金的存在

投资基金按照其组织形式可以分为公司合伙型基金和契约型基金。公司合伙型基金是由投资者组建公司或合伙企业来成立的基金,投资者直接作为基金管理人的股东或合伙人,相互之间是一种紧密的联系,重大事项由股东大会或合伙人来决定,公司合伙型基金的管理主要适用公司法或合伙企业法的基本原则和规定;契约型基金是通过投资者(基金份额持有人)、基金托管人、基金管理人 3 方订立信托合同来构建的基金类型,它无须先由投资者组建公司,而是一般由已经是公司或合伙企业的基金管理人直接发起,然后向投资者发行基金份额,募集投资者的资金,投资者相互之间是一种松散的关系,契约型基金的管理主要适用信托法的基本原则和规定。

按照我国《证券投资基金法》的规定,我国的证券投资基金采取契约型基金为基本形式。基金合同即信托合同,是维系证券投资基金信托关系的重要法律文件。基金管理人注册公开募集基金,必须向国务院证券监督管理机构提交基金合同草案等文件。我国《证券投资基金法》第 3 条规定:“基金管理人、基金托管人和基金份额持有人的权

利、义务,依照本法在基金合同中约定。”基金合同为格式合同,法律规定了合同必须载明的主要条款。基金合同在证券投资基金关系中占有非常重要的地位,不仅规定了证券投资基金各方当事人的基本法律地位,而且也是各当事人的行为准则:基金管理人根据基金合同运用基金财产,基金托管人根据基金合同负责保管基金财产和监督基金财产的运用;投资者依据基金合同分享基金收益。按照我国《证券投资基金法》第 60 条的规定,投资人缴纳认购的基金份额的款项时,基金合同成立;基金管理人依法向国务院证券监督管理机构办理基金备案手续,基金合同生效。

我国《证券投资基金法》2012 年修订后,对非公开募集证券投资基金提供了一种新的选择,该法第 93 条规定:“按照基金合同约定,非公开募集基金可以由部分基金份额持有人作为基金管理人负责基金的投资管理活动,并在基金财产不足以清偿其债务时对基金财产的债务承担无限连带责任。”从法律关系上来看,该条规定的基金形式仍然属于契约型基金,依照信托关系来构建和运作,只是在部分基金份额持有人同时又作为基金管理人的情况下,要对基金财产的债务承担无限连带责任。

非公开募集证券投资基金是修订后的我国《证券投资基金法》增加规定的形式。考虑到我国实践中的非公开募集基金主要以公司或有限合伙企业形式存在,为了促进非公开募集基金的规范发展,避免可能发生的监管套利行为,也考虑到公司合伙型基金是国际上一种比较普遍的基金形式,因此在“附则”中对公司合伙型基金也作出了原则性规定,即“公开或者非公开募集资金,以进行证券投资活动为目的设立的公司或者合伙企业,资产由基金管理人或者普通合伙人管理的,其证券投资活动适用本法”。(第 153 条)由此可见,公司合伙型基金的设立和日常运作并不要求其适用我国《证券投资基金法》,但其进行的证券投资活动则应当适用该法的相关规定。

4. 证券投资基金的投资者范围十分广泛

证券投资基金作为一种集合投资方式,其主要功能就是把众多的、分散的资金集中起来投入股票债券,以保持证券市场的相对稳定,因此,法律上对公开募集证券投资基金的投资者没有特别限制,只要是有一定的资金和投资意愿的自然人、法人和其他组织都可以成为基金投资人,不能买卖股票的证券从业人员也可以买卖基金。对于非公开募集证券投资基金则要求向合格投资者募集,合格投资者是指达到规定资产规模或者收入水平,并且具备相应的风险识别能力和风险承担能力、其基金份额认购金额不低于规定限额的单位和个人。① 投资者对证券投资基金享有证券资产所有权、收益分配权、剩余财产处置权和其他相关权利,并承担相应义务和投资风险。

---

① 根据中国证监会 2014 年 8 月公布的《私募投资基金监督管理暂行办法》第 12 条的规定,私募基金合格投资者的标准是:投资于单只私募基金的金额不低于 100 万元且符合以下条件的单位和个人:(1)净资产不低于 1000 万元的单位;(2)金融资产不低于 300 万元或者最近 3 年个人年均收入不低于 50 万元的个人。

5. 证券投资基金是一种风险较小的投资方式

国内外的实践都表明，投资证券投资基金所承担的风险相对于投资股票要小：首先，证券投资基金的重要特点之一就是专业人士理财。相对普通的个体投资者，专业人士具有专业知识和投资经验，掌握信息资料和对信息处理方面具备优势条件，可以通过有依据、有计划地进行证券买卖和注重中长期投资来保证投资行为理性。这些优点对于稳定增加投资者财富是十分有利的，也是普通个体投资者难以具备的。其次，证券投资基金管理人公司治理结构和内控制度相对完善，可以比较有效地规范投资操作行为，减少经营风险。最后，我国《证券投资基金法》对证券投资基金发行、上市、托管、管理、收益分配以及投资比例等都有比较具体的规定，对基金管理人和基金托管人有较严格的资格要求，而且对其有履行诚实信用、谨慎勤勉义务的要求，从法律上可以防止和减少可能出现的风险，保障投资者的利益。

6. 证券投资基金的运作受到较严格的监督

证券投资基金作为信托投资方式，基金管理人对基金财产具有相似于所有者的支配权，因此，保证基金的依法规范运作直接关系基金份额持有人的利益，需要加强对基金运作的监督。从我国《证券投资基金法》的规定来看，对证券投资基金运作的监督大致有以下 3 个层次。

(1)证券监管机构的监督。主要体现为国务院证券监督管理机构依法对证券投资基金活动实施监督管理，包括：依法行使注册权；办理基金备案；对基金管理人、基金托管人及其他机构从事证券投资基金活动进行监督管理，对违法行为进行查处，制定基金从业人员的资格标准和行为准则并监督实施；监督检查基金信息的披露情况；等等。

(2)基金托管人的监督。按照我国《证券投资基金法》的规定，基金托管人监督基金管理人的投资运作。如果发现基金管理人的投资指令违反法律、行政法规和其他有关规定，或者违反基金合同约定的，应当拒绝执行，立即通知基金管理人，并及时向国务院证券监督管理机构报告。如果发现基金管理人依据交易程序已经生效的投资指令违反法律、行政法规和其他有关规定，或者违反基金合同约定的，应当立即通知基金管理人，并及时向国务院证券监督管理机构报告。

(3)基金份额持有人的监督。基金份额持有人主要是通过基金份额持有人大会来行使监督的权利，包括提前终止基金合同、更换基金管理人等。另外，我国《证券投资基金法》第46 条还赋予基金份额持有人一项十分重要的权利，即该条第6 项规定的“对基金管理人、基金托管人、基金服务机构损害其合法权益的行为依法提起诉讼”。

7. 证券投资基金份额的转让有多种方式

根据我国《证券投资基金法》和有关法规的规定，证券投资基金份额的转让有多种方式：封闭式基金的基金份额的转让是通过在证券交易所上市来实现的；开放式基金的基金份额的转让是通过基金管理人赎回来实现的。

(二)证券投资基金的种类

1. 封闭式基金和开放式基金

这是按照证券投资基金自身运作方式作出的划分。我国《证券投资基金法》第45条规定:"基金运作方式可以采用封闭式、开放式。"封闭式基金是指基金份额总额在基金合同期限内固定不变,基金份额持有人不得申请赎回的基金;开放式基金是指基金份额总额不固定,基金份额可以在基金合同约定的时间和场所申购或者赎回的基金。从我国实践来看,在2001年以前所发行的证券投资基金均采取封闭式基金的运作方式。自2001年9月21日中国证监会批准发行了首支开放式基金"华安创新"以来,开放式基金发展得很快,目前从数量和规模上已大大超过了封闭式基金。这与发达国家证券投资基金的主流为开放式基金的情况基本相同。封闭式基金与开放式基金尽管都着眼于从基金管理人的专家理财中获取投资收益,但基于有无赎回机制的设计,前者由于不担心基金存续期内持有人的赎回,对基金管理人的约束较小,如果证券投资不当,持有人所承担市场风险相对较大;后者由于基金存续期内持有人可以赎回,对基金管理人必然构成约束,使其证券投资行为更稳健。另外,两种基金运作方式还可以互相转换。我国《证券投资基金法》第78条规定:"按照基金合同的约定或者基金份额持有人大会的决议,基金可以转换基金运作方式。"

2. 公募基金和私募基金

这是按照证券投资基金的募集方式作出的划分。

(1)公募是对公开募集的简称。公募基金是以公开募集方式建立的证券投资基金。根据我国《证券投资基金法》第50条的规定,公募基金是指向不特定对象募集资金、向特定对象募集资金累计超过200人,以及法律、行政法规规定的其他情形。由此可见,公募就是我国《证券法》第9条规定的"公开发行"。

(2)私募是对非公开募集的简称,即我国《证券法》上的"非公开发行"。私募基金即以非公开募集方式来建立的证券投资基金。按照我国《证券投资基金法》第87条的规定,私募基金是指向累计不得超过200人的合格投资者募集资金的情形。我国《证券投资基金法》2012年修订的重要内容之一就是新增私募基金的规定,专设第十章对非公开募集基金作出规定。

值得说明的是,我国经济生活中存在数量不少的民间私募基金形式,对经济社会的发展也起到了一定的促进作用,但由于长期缺乏法律规范,合法集资与非法集资之间的界限一直十分模糊,这些私募基金在提高社会闲散资金利用率的同时,也在一定程度上出现了乱集资的情况。我国修订后的《证券投资基金法》尽管新增了非公开募集基金的形式并将其纳入调整范围,但囿于证券投资基金框架的限制及相关规定的抽象概括(如该法第153条),难以将现实中的私募投资基金都纳入规制的对象,如近年来迅速兴起发展的包括创业投资基金(VC)在内的私募股权投资基金(PE)。① 基于此,中国证监会于2014年6月发布了《私募投资基金监督管理暂行办法》,明确将私募股权投资基金等私募基金产品纳入规制范围。比较而言,我国《证券投资基金法》规定的非公开募集证券投资基金与《私募投资基金监督管理暂行办法》规定的私募投资基金的主要差别在于:第一,前者是证券投资基金的一种形式,后者直接以基金冠名,其适用范围更宽泛,除私募证券投资基金外,还包括私募股权投资基金、私募资产管理产品等各类私募投资基金产品;第二,前者是以契约型基金为基本组织形式,后者尽管也包括契约型基金形式,但多以公司合伙型基金的形式存在,即以公司、合伙企业形式运作并从事基金投资业务,最典型的就是在实践中为数众多的私募股权投资基金;第三,前者的投资范围限于"证券投资",后者的投资范围则为"买卖股票、股权、债券、期货、期权、基金份额及投资合同约定的其他投资标的"。

3. 契约型基金与公司合伙型基金

这是按照证券投资基金的组织形式作出的划分。契约型基金是根据信托原理构建的基金形式;公司合伙型基金是根据公司和合伙原理构建的基金形式。如前所述,我国目前的证券投资基金以契约型基金为基本形式,但也允许公司合伙型基金的存在,我国《证券投资基金法》第153条对其作出了原则性规定。

4. 股票基金、债券基金、货币市场基金、基金中基金和混合基金

这是按照证券投资基金的投资方向来作出的划分。根据《公开募集证券投资基金运作管理办法》第30条的规定,80%以上的基金资产投资于股票的,为股票基金;80%以上的基金资产投资于债券的,为债券基金;仅投资于货币市场工具的,为货币市场基金;80%以上的基金资产投资于其他基金份额的,为基金中基金;投资于股票、债券和货币市场工具,并且股票投资、债券投资、基金投资的比例不符合前述股票基金、债券基金和基金中基金要求的,为混合基金。无论属于哪种基金形式,都应当在基金合同和基金招募说明书中加以载明。

第五节 资产支持证券与资产管理产品

资产支持证券与资产管理产品是本次我国《证券法》修订后新增的证券品种。两类品种具有明显的证券属性,但在实践中由不同部门监管,监管标准和监管规则不完全统一。为了规范其发行、交易活动,我国新《证券法》第2条第3款根据功能监管的原则

---

① 《私募投资基金监督管理暂行办法》第34条规定,创业投资基金是指主要投资于未上市创业企业普通股或者依法可转换为普通股的优先股、可转换债券等权益的股权投资基金。根据中国证监会关于该办法的起草说明,创业投资基金是股权投资基金的一个特别种类。

对其作了统一规定:"资产支持证券、资产管理产品发行、交易的管理办法,由国务院依照本法的原则规定。"

一、资产支持证券

资产支持证券是资产证券化的证券表现形式。资产证券化(Asset Backed Securitization,ABS)是一种较复杂的证券融资过程。学界对资产证券化的普遍定义是:把缺乏流动性、但具有未来稳定现金流收入的资产汇集起来,通过结构性重组和信用增级等措施,将其转变成可以在证券市场上发行和流通的证券,由此实现融资的过程。尽管这一描述可能多少还有些抽象,但也准确地揭示了资产证券化的几点要义:第一,它是利用证券工具来实现市场直接融资的方式;第二,它是将缺乏流动性,但在未来能够产生持续稳定收益的资产提前变现的方式;第三,它是一种激活存量资产和提高资金使用效率的资本运营方式。正是因为资产证券化具有将资产未来收益提前变现和提高资产运行效率的功能,它从20世纪70年代肇始于美国,很快就成为众多发达国家和新兴市场国家相继采用的金融创新技术。资产证券化提前变现资产未来收益的基础条件是该项资产具有持续稳定的现金流,美国华尔街有一句流行的名言:"只要有一个稳定的现金流,就能将它证券化。"目前,资产证券化已经成为许多国家资本市场最重要的融资工具之一。

资产证券化与传统的证券化最明显的区别在于:作为传统证券化表现形式的股票、债券的发行是依托于发行人(国家或企业)自身的信用,作为资产证券化表现形式的资产支持证券的发行是依托于某一有稳定现金流收入的资产。这一资产既可以是银行等金融机构的信贷资产,也可以是非金融企业的实物财产和财产权等资产,由此可以将资产证券化分为信贷资产证券化和企业资产证券化两种基本类型。上海证券交易所将在该所上市交易的资产支持证券归入债券的大类,①表明资产支持证券可以划归为债券的范围。

资产证券化从21世纪初开始在我国试行,早期主要是信贷资产证券化的类型,也有少量的企业资产证券化试点。由于受2008年国际金融危机的影响,第一轮资产证券化到期后暂停试点,2012年重启第二轮资产证券化试点。按照职责分工,信贷资产证券化主要由中国银监会实施监管,企业资产证券化主要由中国证监会实施监管。随着监管部门一系列法规②

---

① 参见上海证券交易所网:http://www.sse.com.cn/market/bonddata/overview/day/,最后访问日期:2020年1月17日。

② 包括《信贷资产证券化试点管理办法》(中国人民银行、中国银监会2005年4月发布)、《金融机构信贷资产证券化试点监督管理办法》(中国银监会2005年11月发布)、《关于进一步扩大信贷资产证券化试点有关事项的通知》(中国人民银行、银监会、财政部2012年5月发布)、《证券公司及基金管理公司子公司资产证券化业务管理规定》(中国证监会2014年11月发布)、《关于信贷资产证券化备案登记工作流程的通知》(中国银监会办公厅2014年11月发布)、《关于推进住房租赁资产证券化相关工作的通知》(中国证监会、住建部2018年4月发布)等。

和沪、深两家证券交易所有关资产证券化的规则①的发布，两类资产证券化都得到迅速发展，尤其是企业资产证券化的形式。截至2019年年底，上海证券交易所挂牌转让的资产支持证券达到7088只，其中主要为企业资产支持证券，信贷资产支持证券只有3支。②

资产支持证券作为一种较复杂而精巧的法律设计，其含义还需要依据相关法规作进一步解读和阐释。

（一）资产支持证券是以资产作为信用基础的证券

顾名思义，资产支持证券即"资产"来"支持"的证券，这里的"支持"实质上是指证券发行和偿债的信用基础。如前所述，传统债券是以发行人自身来作为信用基础，或者说，投资者之所以放心地购买债券是基于对作为发行人的国家、银行或公司自身的偿债能力的信任；而资产支持证券则是以"资产"来作为信用基础，或者说，投资者之所以放心地购买资产支持证券是基于对"支持"该证券的"资产"的信任，即该资产可以产生稳定的现金流来支付资产支持证券的收益。

资产证券化依托的资产称为基础资产。就信贷资产支持证券而言，《金融机构信贷资产证券化试点监督管理办法》（以下简称《信贷资产证券化监管办法》）第19条规定，拟证券化的信贷资产应当符合具有较高的同质性和能够产生可预测的现金流收入的基本条件。这里所谓"同质性"，在法律上体现为要求资产具有标准化的合约文件，以便进行汇集来组建"资产池"；③所谓"现金流"，是指基础资产所能产生的稳定的数量较大的现金。国家鼓励金融机构选择符合条件的国家重大基础设施项目贷款、涉农贷款、中小企业贷款、经清理合规的地方政府融资平台公司贷款、节能减排贷款、战略性新兴产业贷款、文化创意产业贷款、保障性安居工程贷款、汽车贷款等多元化信贷资产作为基础资产开展信贷资产证券化。④

就企业资产支持证券而言，根据《证券公司及基金管理公司子公司资产证券化业务管理规定》（以下简称《企业资产证券化管理规定》）第3条的规定，基础资产是指符合法律法规规定，权属明确，可以产生独立、可预测的现金流且可特定化的财产权利或者财产。基础资产可以是单项财产权利或者财产，也可以是多项财产权利或者财产构

---

① 包括《上海证券交易所资产证券化业务指引》（2014年11月发布）、《深圳证券交易所资产证券化业务指引》（2014年修订）。

② 资料来源：上海证券交易所网：http://www.sse.com.cn/market/bonddata/data/abs/，最后访问日期：2020年1月1日。信贷资产支持证券的交易除上海证券交易所外，主要在银行间债券市场进行。

③ 以现实中银行发放的住房抵押贷款为例：住房抵押贷款合同是确定银行作为贷款债权人和抵押权人的依据。资产证券化需要将不同银行对不同借款人的贷款合同标准化，以便将不同银行享有的住宅抵押贷款债权集合成资产池，从而可以产生稳定的现金流。参见李尚公、沈春晖：《资产证券化的法律问题分析》，载《法学研究》2000年第4期。

④ 参见中国人民银行、中国银行业监督管理委员会、财政部《关于进一步扩大信贷资产证券化试点有关事项的通知》（银发〔2012〕127号）。

成的资产组合。基础资产可以是企业应收款、租赁债权、信贷资产、信托受益权等财产权利,基础设施、商业物业等不动产财产或不动产收益权,以及中国证监会认可的其他财产或财产权利。

(二)资产支持证券分为信贷资产支持证券和企业资产支持证券两种基本类型

与资产证券化的两种基本类型相对应,资产支持证券以基础资产为标准也可以划分为企业资产支持证券和信贷资产支持证券两类。二者除基础资产和监管机构不同外,还有以下差异。

1. 信贷资产支持证券主要在全国银行间债券市场上发行和交易,企业资产支持证券则可以按照规定在证券交易所、"新三板"、机构间私募产品报价与服务系统、证券公司柜台市场以及中国证监会认可的其他证券交易场所进行挂牌交易和转让。

2. 信贷资产支持证券的投资者主要是投资机构和金融机构,企业资产支持证券的投资者则是符合《私募投资基金监督管理暂行办法》规定条件的合格投资者。

3. 信贷资产支持证券结构中的管理人按照《信贷资产证券化监管办法》为信托投资公司或者银监会批准的其他机构;企业资产支持证券结构中的管理人按照《企业资产证券化管理规定》为证券公司、基金管理公司子公司。

需要说明的是,从现实资产支持证券的实施情况来看,以基础资产作为区别资产支持证券不同类型的早期做法已逐渐淡化,主要体现为《企业资产证券化管理规定》规定的,信贷资产也可以成为企业资产支持证券的基础资产。两类资产支持证券的区别更多体现在上述其他差异上,尤其是监管部门的不同上。换言之,信贷资产按照《企业资产证券化管理规定》的有关要求操作,也可以此为基础资产发行企业资产支持证券。

(三)资产支持证券是参与主体多元化的证券

资产证券化是一个由多元主体参与的融资过程,作为其证券形式的资产支持证券也体现出这一特点。多元参与主体包括原始权益人、特殊目的载体、管理人、托管人、证券持有人和中介服务机构。在这些参与者中最具特色的主体就是特殊目的载体(Special Purpose Vehicle,SPV)。按照《企业资产证券化管理规定》第4条的规定,特殊目的载体是指管理人为开展资产证券化业务专门设立的资产支持专项计划或者中国证监会认可的其他特殊目的载体。如果说这一规定还多少有些让人费解,特殊目的载体也可以理解为资产支持证券所依托的专项计划资产及其管理人。这里的"专项计划资产"属于信托财产,具有财团法人和信托委托人的主体属性;它是由作为受托人的管理人设立并与之构成信托关系,因此,笔者将其与管理人纳入构成特殊目的载体(SPV)的共同主体。

(四)资产支持证券是具有复杂融资结构的证券

复杂融资结构包括资产支持证券中体现的信托原理和证券化操作过程中的几个必经环节。

1. 信托原理。同证券投资基金份额一样,资产支持证券也是按照信托原理来设计的证券形式。从《企业资产证券化管理规定》的有关规定可以清晰地看出企业资产证券化多元参与主体彼此间的信托法律关系：第一，原始权益人以获得提前变现的资金为对价，将自己合法拥有的基础资产转移（出售）给特殊目的载体（SPV）；第二，转移后的基础资产作为独立的信托财产具有类似财团法人或信托委托人的主体地位，将财产信托给设立特殊目的载体的管理人，管理人受托对信托财产进行管理及履行其他法定及约定职责；第三，托管人与管理人一样也为信托关系的受托人，依法或约定对信托资产进行安全保管，为证券持有人利益监督管理人运作信托资产的行为；第四，证券持有人作为购买资产支持证券的投资者，在信托关系中处于受益人的地位，分享资产支持证券的利益。

2. 必经环节。资产支持证券作为证券融资形式，无论采取何种类型，其操作过程都涉及这样一些环节：第一，基础资产的选择，即选择未来具有持续稳定现金流的财产作为资产支持证券的基础资产，如果基础资产是多项财产构成的资产组合，则需组建"资产池"；第二，资产转移，是指原始权益人将基础资产出售给特殊目的载体（SPV），由托管人保管并使之成为独立于原始权益人、管理人、托管人及其他业务参与人的固有财产的信托资产；第三，信用增级，通过内部增信措施和第三人提供担保等外部增信措施，提升资产支持证券的信用级别，使之符合发行证券要求的条件；第四，发行证券，按照证券发行的程序向合格投资者发行资产支持证券，获得融资；第五，支付对价，包括用融资支付原始权益人出售基础资产的对价和用信托资产产生的收益向证券投资者支付证券本息。

从资产支持证券设计原理和操作过程可以看出，资产证券化对基础资产一系列的结构性重组，实际上也就是对基础资产的收益和风险进行重新分配的过程：原始权益人通过出售将基础资产提前变现，也意味着将自身未来可能获得的收益和可能承担的风险一并转让；投资者通过购买资产支持证券，在可能获得证券收益的同时也承担了可能本息损失的投资风险；管理人、托管人以及中介服务机构在获得相应收益的同时，必须履行法定和约定的义务，承担证券操作可能失败的风险。在这个意义上，资产支持证券就是将资产经营利益让多元主体分享和将经营风险让多元主体分担的一种证券制度设计。

二、资产管理产品

资产管理产品（以下简称资管产品）是近年来迅速发展的资产管理业务的证券产品形式。资管产品在各国的称谓不同，美国将其称为共同基金，英国称为单位信托，国际证监会组织（IOSCO）将其称为"集合投资计划"。我国将其统一称为资产管理产品，具体是指银行等金融机构，向公众投资者或特定的合格投资者募集资金并受托担任其资产管理人，在托管人独立托管下，为资产委托人的利益，运用委托财产进行投资的一种标准化的证券产品。在实践中,民众最熟悉的资管产品就是银行的理财产品。[①]

(一)资管产品的主要特征

根据现行有关法规[②]的规定,资管产品具有如下特征。

1. 资管产品具有委托理财的属性,包括融资和投资两个重要环节。这里的委托理财是指金融机构接受投资者委托,对投资者资产进行投资和管理。投资者和金融机构构成委托法律关系的主体。其中,金融机构包括银行、证券公司、[③]证券公司子公司、基金管理公司、基金管理子公司、期货公司、期货公司子公司、保险资产管理机构、金融资产投资公司等;投资者包括不特定的社会公众和特定的合格投资者。委托理财过程主要由融资和投资两个环节构成,其中,融资环节是指金融机构采取公募或私募方式向投资者募集资金和投资者购买资管产品;投资环节是指金融机构作为募集资金的管理人,以募集资金对外投资并收取相应的管理费用,投资者自担投资风险并获得投资收益。[④]由此可见,资管产品在委托理财属性上与基金十分类似,这也是资管产品被称为"共同基金"的缘由所在。

2. 资管产品在融资对象和投资范围上都受到较严格的规制。就融资对象而言,根据《关于规范金融机构资产管理业务的指导意见》(以下简称《资管业务指导意见》)的有关规定,公募资管产品执行我国《证券法》公开发行的认定标准;私募资管产品只能向合格投资者发行,合格投资者必须是具备相应风险识别能力和风险承担能力并符合一定条件的自然人和法人。[⑤] 就投资范围而言,根据《资管业务指导意见》的有关规定,

---

① 据中国银保监会有关部门负责人介绍,2018 年 6 月末银行非保本理财产品余额为 21 万亿元,7 月末为 21.97 万亿元,8 月末为 22.32 万亿元。参见《中国银保监会有关部门负责人就〈商业银行理财业务监督管理办法〉答记者问》,载新华网:http://www.xinhuanet.com/fortune/2018-09/28/c_129962974.htm,最后访问日期:2018 年 10 月 5 日。

② 包括国务院批准并由中国人民银行、中国银保监会、中国证监会、国家外汇管理局 2018 年 4 月发布的《关于规范金融机构资产管理业务的指导意见》、中国银保监会 2018 年 9 月发布的《商业银行理财业务监督管理办法》、中国银监会 2009 年 2 月发布的《信托公司集合资金信托计划管理办法》、中国证监会 2018 年 10 月发布的《证券期货经营机构私募资产管理业务管理办法》等。

③ 我国《证券法》第 120 条第 3 款规定:"证券公司经营证券资产管理业务的,应当符合《中华人民共和国证券投资基金法》等法律、行政法规的规定。"

④ 《关于规范金融机构资产管理业务的指导意见》第 2 条规定:"资产管理业务是金融机构的表外业务,金融机构开展资产管理业务时不得承诺保本保收益。出现兑付困难时,金融机构不得以任何形式垫资兑付。金融机构不得在表内开展资产管理业务。"

⑤ 《关于规范金融机构资产管理业务的指导意见》第 5 条规定的合格投资者需要满足的条件是:第一,具有 2 年以上投资经历,且满足以下条件之一:家庭金融净资产不低于 300 万元,家庭金融资产不低于 500 万元,或者近 3 年本人年均收入不低于 40 万元。第二,最近 1 年末净资产不低于 1000 万元的法人单位。第三,金融管理部门视为合格投资者的其他情形。第四,合格投资者投资于单只固定收益类产品的金额不低于 30 万元,投资于单只混合类产品的金额不低于 40 万元,投资于单只权益类产品、单只商品及金融衍生品类产品的金额不低于 100 万元。

公募资管产品主要投资标准化债权类资产①以及上市交易的股票，也可以投资符合法律法规以及金融管理部门规定的商品及金融衍生品；私募资管产品的投资范围由合同约定，可以投资债权类资产、上市或挂牌交易的股票、未上市企业股权（含债转股）和受（收）益权以及符合法律法规规定的其他资产。

3. 资管产品具有信托产品的属性。资管产品与证券投资基金份额和资产支持证券一样，具有明显的信托原理构造，其设计和运作都受到信托法律关系的约束。信托产品按照资产性质可分为财产信托和资金信托。资管产品从其融资到投资的全过程来看，具有鲜明的资金信托性质。众多投资者将自己合法拥有的货币资产委托给金融机构进行集合投资管理，集合理财资金转化为信托财产，独立于作为管理人和托管人的金融机构的自有资产，集合投资的受益人和风险承担者均为投资者。集合资金信托既是信托产品，又具有证券属性，因为它是信托产品持有人（委托人）获取收益的凭证或合同，是按份额来募集和退出的。基于此，资管产品也被归为"集合投资计划"而纳入一些国家的证券范围。我国业界也有资深专家认为，资管产品的法律关系是信托，其金融产品性质是证券。②

4. 资管产品可以在证券交易场所流通。从目前实践的情况来看，受中国证监会监管的证券公司、基金公司的资管产品，不少已经在沪、深两家证券交易所转让交易。证券公司的资管产品在证券交易所进行证券交易的，应当通过专用交易单元进行；在交易所以外进行交易的，应当遵守相关管理规定。不在证券交易场所转让交易的资管产品，其发行申购在金融机构与投资者之间进行，产品到期后委托合同终止，投资者按照持有份额分配收益或承担亏损；一些理财产品在委托合同中也有关于赎回的约定，投资者可以在产品未到期之前通过赎回机制退出。

（二）资管产品与相关证券品种比较

资管产品与证券投资基金份额、资产支持证券和本章后面将论及的金融债券有相同和类似的特点，但也存在一些明显差异。

1. 资管产品与证券投资基金份额。二者都具有投资基金的属性，都可以采取公募和私募的形式，其设计运作都具有信托产品的性质。二者的主要区别在于：第一，证券投资基金份额作为我国《证券法》列举的证券品种，其设立运作及上市交易适用我国《证券投资基金法》和《证券法》的规定；资管产品的"发行、交易的管理办法，由国务院依照本法的原则规定"，目前是依照层级较低的有关法规来设立和运作的。第二，证券投资基金份额的基金财产对外投资只能投向证券领域，包括上市交易和公开发行股份有限公司的股票、债券、基金份额等证券及其衍生品种；而资管产品募集资金的对外投

① 标准化债权类资产应当同时符合等分化，可交易；信息披露充分；集中登记，独立托管；公允定价，流动性机制完善并在银行间市场、证券交易所市场等经国务院同意设立的交易市场交易的条件。

② 参见吴晓灵：《完善法律体系确保大资管市场健康发展》，载《清华金融评论》2018 年第 4 期。

资范围则比证券投资基金更宽泛,可以投资股票、债券、未上市企业股权、存款、商品及金融衍生品等。

2. 资管产品与资产支持证券。二者是我国《证券法》上并列的证券品种,都只受相关法规的规制,其设计和运作都体现了信托原理并受信托法律关系的约束,资产支持证券通过汇集同质化资产形成“资产池”的过程与集合资管产品信托关系成立的过程都具有集合资金信托的性质。二者的主要区别在于:第一,资产支持证券是以具有稳定现金流的基础资产作为信托财产,然后以此为信用向社会发行资产支持证券;资管产品是以募集资金作为信托财产,向社会发行资管产品在先,信托财产形成在后。第二,资产支持证券涉及多元主体和法律关系,包括原始权益人、特定目的载体、管理人、托管人、投资者,围绕基础资产构建起较复杂的法律关系;资管产品涉及的主体和法律关系相对简单,投资者与作为受托的金融机构形成委托理财的法律关系。第三,资产支持证券持有人的收益源于基础资产的稳定现金流;资管产品持有人的收益源于资管产品集合资产对外投资的收益。

3. 资管产品与金融债券。二者都是由金融机构发行并由个人或机构投资者购买的金融产品。二者的主要区别在于:第一,金融债券作为债券属于固定收益类的金融产品,到期时由金融机构负责还本付息,如果不发生金融机构倒闭破产的极端情况,金融债券的收益是有保证的,相应的投资风险也较小;资管产品属于非固定收益类金融产品,资管产品投资产生的收益和风险都由投资者自己承受,金融机构作为理财受托人不得对资管产品作出保本保收益的承诺,银行发行的理财产品只能是非保本的,到期不能刚性兑付,因此,资管产品的投资风险也要高于金融债券。第二,金融债券可以在证券交易场所发行和转让交易;资管产品中发行人属于银保监会监管的,目前多数还不能挂牌转让交易,其流通性明显低于金融债券。

第六节 其他证券品种

从我国证券市场实践来看,除本章前述的证券品种外,还存在一些我国《证券法》上没有列举但却具有鲜明证券属性的品种,如金融债券和具有证券衍生品种属性的权证和股票期权等。由于我国新《证券法》已经取消证券衍生产品的规定,这些品种有的可以直接纳入该法第 2 条规定的“国务院依法认定的其他证券”的范围,有的还可以随着新法的实施通过相关认定程序也纳入这一范围。

一、金融债券

(一)金融债券的含义和法律特征

金融债券,是指金融机构发行并承诺在一定期限内还本付息的证券。中国人民银行 2005 年 4 月发布的《全国银行间债券市场金融债券发行管理办法》(以下简称《金融债券发行管理办法》)第 2 条规定:“金融债券,是指依法在中华人民共和国境内设立的金融机构法人在全国银行间债券市场发行的、按约定还本付息的有价证券。”从实践中来看,我国从 20 世纪 80 年代以来,中国人民银行、专业银行和其他金融机构已多次发行过金融债券。金融债券不仅在国内发行,而且还在国外发行;①不仅面向机构发行,而且面向个人发行。1993 年国务院《关于金融体制改革的决定》对金融债券的发行有所涉及,中国人民银行就调整金融债券关系发布了相关规章,将其发行和交易纳入规范化发展的轨道。根据有关法律法规的规定,金融债券具有如下法律特征。

1. 金融债券的发行主体为金融机构法人。这里的金融机构法人,是指在境内设立的政策性银行、商业银行、企业集团财务公司及其他金融机构。其中,政策性银行是指国家开发银行、中国进出口银行和中国农业发展银行;企业集团财务公司是指服务于企业集团的金融机构;②其他金融机构主要是指金融资产管理公司、证券公司等。国务院 2000 年 11 月颁布的《金融资产管理公司条例》第 10 条第 5 项规定,金融资产管理公司可以发行金融债券;根据国务院 2014 年修订的《证券公司监督管理条例》第 5 条的规定:“证券公司按照国家规定,可以发行、交易、销售证券类金融产品。”这里的“证券类金融产品”,应当是指包括金融债券在内的证券品种。

值得说明的是,有法律还规定了“国家发行的金融债券”的形式。③ 根据相关法规的解释,这并不是指由国家名义发行的金融债券,而是指国务院批准发行的金融债券。④ 因此,其发行人仍然是金融机构法人。由于包括商业银行在内的银行金融机构和非银行金融机构都基本采取公司形式,⑤金融债券也可认为是公司债券的一种特殊形式。

根据《中国人民银行法》第 23 条和《金融债券发行管理办法》第 3 条的规定,中国人民银行是对金融债券实行监管的机关,对金融机构发行金融债券进行监督管理和审查核准,不作为金融债券的发行人,但为执行货币政策,可以在公开市场上买卖金融

---

① 如 1982 年中国国际信托投资公司率先在日本的东京证券市场发行 100 亿日元的外国金融债券,年限为 12 年,利率为 8.7%,按票面金额上市;其后,上海国际信托投资公司、广东国际信托投资公司、天津市国际信托投资公司等也在国外发行市场上先后发行过金融债券,使我国较早地进入了国际债券市场。

② 通过企业集团财务公司发行金融债券可以在一定程度上满足企业集团的资金需求,起到增加直接融资比重、优化金融资产结构的作用,是推动债券市场发展的一项有效措施。

③ 我国《个人所得税法》(2018 年第七次修正)第 4 条规定,“国债和国家发行的金融债券利息”免征所得税。

④ 《个人所得税法实施条例》(2018 年修订)第 9 条规定:“国家发行的金融债券利息,是指个人持有经国务院批准发行的金融债券而取得的利息。”

⑤ 我国《商业银行法》(2015 年修订)第 17 条规定:“商业银行的组织形式、组织机构适用《中华人民共和国公司法》的规定。”

债券。①

金融机构法人既是金融债券的发行人,也是这一债券的债务人,应当依约定还本付息。由于金融债券的发行人为金融机构法人,也就意味着金融债券的偿还不是以国家财政作为担保,而是以金融机构的全部财产作为担保。在我国,金融机构的信用程度大大高于其他工商企业,因此,投资金融债券的风险,较政府债券为大,较公司债券为小。也正是基于金融债券发行人的信用程度,《金融债券发行管理办法》要求发行金融债券的发行人必须具备公司治理机制、资本充足率、3 年连续盈利和没有重大违法违规行为等较严格的条件,而且对不同的金融机构有不同条件的要求。考虑到商业银行的信用程度较高,《金融债券发行管理办法》第 7 条第 2 款规定,根据商业银行的申请,中国人民银行可以豁免对其发行要求的个别条件。

2. 金融债券的发行必须报经中国人民银行注册。按照我国《证券法》第 9 条的规定,公开发行证券,必须依法报经国务院证券监督管理部门或国务院授权的部门注册。金融债券作为证券的品种之一,其发行应当由国务院授权部门注册。由于我国《证券法》本次修订后才确定全面推行注册制,因此,有关金融债券发行实施核准制或审批制的法规还需要随着我国新《证券法》的实施作出相应调整。②

3. 金融债券是主要通过全国银行间债券市场发行的证券。这里所谓银行间债券市场,是以我国的商业银行和政策性银行为主要成员,进行国债和金融债券发行、交易和银行间融通资金的场所。该市场不对普通居民开放。我国的银行间债券市场成立于 1997 年 6 月,是中国人民银行进行货币调控的重要场所。中国人民银行通过在银行间债券市场的公开市场操作,可以起到对金融机构的货币供应量进行适时微调,保持市场资金供求平衡,并间接调控市场利率的作用。金融债券主要通过银行间债券市场发行,但也有少数通过证券交易所发行。③

4. 金融债券的交易受到一定限制

金融债券作为主要在银行间债券市场发行的证券,其交易也主要在这一市场进行。按照全国银行间债券市场债券交易的有关规定,金融债券的交易受到一定限制:首先,

---

① 目前存在的中央银行债券是由中国人民银行发行的,鉴于中央银行债券是否属于金融债券在认识上还不尽一致(尽管本节后面也将其纳入金融债券的一种特殊形式),因此这里不将中国人民银行纳入金融债券的发行人中。

② 如《金融债券发行管理办法》第 3 条规定,未经中国人民银行核准,任何金融机构不得擅自发行金融债券;又如《金融资产管理公司条例》第 15 条规定,金融资产管理公司发行金融债券,由中国人民银行会同财政部审批。

③ 根据上海证券交易所金融债公告,国家开发银行近年来通过上海证券交易所发行并上市若干期金融债券,如根据《国家开发银行关于发行 2018 年跨市场第一、二、三期金融债券的发行办法》的规定,2018 年第一期债券为 2 年期固定利率债券,按年付(兑)息,发行量不超过 40 亿元;缴款日、起息日为 2018 年 8 月 1 日;上市日为 2018 年 8 月 2 日;债券兑付日为 2020 年 8 月 1 日;第一次付息日为 2019 年 8 月 1 日,以后每年 8 月 1 日为付息日。

从交易主体来看,可以在银行间债券市场交易的债券为政府债券、金融债券和中央银行债券等记账式债券。由于银行间债券市场只对其成员开放,因而可以进入这一市场进行债券交易的主要为金融机构,包括商业银行及其授权分行、非银行金融机构、经中国人民银行批准经营人民币业务的外国银行分行和其他金融机构。因此,金融债券交易也主要是在金融机构间进行,根据《金融债券发行管理办法》第23条的规定,定向发行的金融债券只能在认购人之间进行转让。其次,从交易的方式来看,在银行间债券市场进行的债券交易采取债券买卖和债券回购两种方式。

(二)金融债券的种类

金融债券可以从不同的角度进行分类。

1. 根据发行人的不同,可以将金融机构发行的金融债券分为银行金融债券和非银行金融机构金融债券。其中,银行金融债券包括国务院批准发行和中国人民银行注册发行的金融债券;非银行金融机构金融债券均是由中国人民银行注册发行的金融债券。银行金融债券可以进一步分为商业银行金融债券、政策性银行金融债券;非金融机构金融债券也可以进一步分为企业集团财务公司金融债券、金融资产管理公司金融债券、证券公司金融债券等。

2. 根据金融债券发行的币种的不同,可以分为人民币金融债券和外币金融债券。目前发行的绝大多数为人民币金融债券,但也有以美元为币种发行的金融债券,如国家开发银行2003年就发行了总量为5亿美元的5年期美元金融债券,其发行对象限于银行间市场具有外币业务经营资格的中资金融机构。

3. 根据金融债券发行采取的方式,可以分为公开发行的金融债券和定向发行的金融债券。公开发行是指向不特定的对象发行,定向发行是指向特定的对象发行,前述国家开发银行2003年发行的美元金融债券,就是定向发行金融债券。如前所述,定向发行的金融债券只能在认购人之间进行转让。

4. 按照有无担保还可以分为有担保的金融债券和无担保的金融债券。考虑到金融机构不同的信用程度,《金融债券发行管理办法》并没有强制规定发行金融债券必须提供担保,采用担保方式发行金融债券的,应向注册机关提供担保协议及担保人资信情况说明。

5. 与公司债券、政府债券一样,金融债券还可以按照其他标准进行分类。如根据发行的目的,可分为普通金融债券和特种金融债券;根据偿还的期限,可分为短期金融债券、中期金融债券和长期金融债券;根据是否可以提前赎回,可分为可提前赎回金融债券和不可提前赎回金融债券;根据票面利率是否变动,可分为固定利率金融债券和浮动利率金融债券;根据利息支付方式,可分为利随本清金融债券、附息金融债券和零息金融债券。

(三)金融债券的特殊形式

1. 中央银行债券。中央银行债券即中国人民银行发行的债券。目前,一些金融证券法规涉及有关中央银行债券的规定。① 按照财政部 1999 年 12 月发布的《中国人民银行财务制度》第 12 条的规定,中央银行债券是指人民银行为加强金融宏观调控向金融机构发行债券吸收资金形成的对金融机构的负债。从中央银行属于中央政府管理部门的角度来看,中国人民银行发行的债券似乎应当划归政府债券的范围,但从中央银行债券发行的对象和范围、交易场所等内容来看,中央银行债券又与一般政府债券有较大差异。根据《中国人民银行法》的规定,中国人民银行除具有政府管理职能外,为执行货币政策还可以从事金融业务活动。这说明中国人民银行又具有金融机构的功能。因此,中央银行债券又具有与其他金融机构发行的金融债券相同的性质。也正是基于此,本书将中央银行债券归为金融债券的一种特殊形式。

2. 商业银行次级债券。商业银行次级债券是指商业银行发行的、本金和利息的清偿顺序列于商业银行其他负债之后、先于商业银行股权资本的债券。中国人民银行和中国银监会 2004 年 6 月发布了《商业银行次级债券发行管理办法》,正式明确了商业银行次级债券的法律地位和性质。根据该规定并结合《全国银行间债券市场金融债券发行管理办法》第 42 条关于在全国银行间债券市场发行商业银行次级债券适用本办法的规定,商业银行次级债券从性质上应当属于金融债券的范围,或者说它是金融债券的一种特殊形式。

商业银行发行次级债券主要是为了提高商业银行的资本充足率。进入 21 世纪以来,我国先后采取了许多措施来加快商业银行改革,如通过设立资产管理公司剥离商业银行不良贷款,改善商业银行资产状况,通过建立内控机制提高银行贷款和风险管理水平。但从总体上来看,由于资本充足率偏低,我国商业银行抗风险能力难以进一步提高,既不利于银行体系的健康运行,也不利于国民经济的可持续性发展。商业银行的资本金包括核心资本和附属资本,附属资本包括长期次级债务。这就为商业银行发行次级债券来补充附属资本提供了重要的法律依据。由于国有商业银行筹集资本金的渠道较少,除增资扩股、利润留存和准备计提外,缺乏高效的补充附属资本的融资工具,这在相当程度上制约了银行体系的健康发展。从国际经验来看,发行次级债券补充附属资本,可以高效、快捷、灵活地提高商业银行资本充足率。《商业银行次级债券发行管理办法》的实施,对于推动国有商业银行通过发行次级债券补充附属资本,解决其资本金不足的问题,具有十分积极的意义。

1988 年《巴塞尔协议》为银行资本设立了国际通用的监管准则。目前,已有 100 多个国家采用了以 1988 年《巴塞尔协议》为基础的银行监管准则。《巴塞尔协议》规定,商业银行资本充足率不得低于 8%。《商业银行次级债券发行管理办法》第 2 条第 2 款

① 如《全国银行间债券市场债券交易管理办法》(中国人民银行 2000 年 4 月发布)、《全国银行间债券市场债券交易规则》(中国人民银行 2002 年 2 月发布)、《中国人民银行财务制度》(财政部 1999 年 12 月发布)等。

规定,经中国银行业监督管理委员会批准,次级债券可以计入附属资本。说明商业银行次级债券可以用于补充银行的附属资本。相对于发行股票补充资本的方式来说,发行次级债的程序相对简单、周期短,是一种快捷、可持续的补充资本金的方式。

根据《商业银行次级债券发行管理办法》的规定,商业银行次级债券具有如下特征。

(1)商业银行次级债券发行人为商业银行,即“依法在中国境内设立的商业银行法人”,而其他金融债券的发行则不限于此,除商业银行法人外,还包括其他的银行(如中央银行和政策性银行)和非银行的金融机构法人。

(2)商业银行次级债券在清偿顺序上处于“次级”地位。所谓“次级”即“劣后”的意思,按照《商业银行次级债券发行管理办法》第2条的规定,次级债券本金和利息的清偿顺序列于商业银行其他负债之后。反之,相对于次级债券的负债,商业银行其他负债则具有“优先”清偿的地位。可以注意到,前述的其他金融债券,在债券本金和利息的清偿顺序上,与其他负债并没有先后顺序的差异。还需指出的是,商业银行次级债券尽管在本金和利息的清偿顺序上“劣后”于商业银行的其他债权,但相较商业银行的股权资本而言,却具有“优先”清偿的地位。

(3)商业银行次级债券在全国银行间债券市场公开发行或非公开发行。

(4)商业银行次级债券受中国人民银行和中国银保监会的监督管理。具体而言,中国银保监会负责对商业银行发行次级债券的资格进行审查,并对次级债券计入附属资本的方式进行监督管理;中国人民银行对次级债券在银行间债券市场的发行和交易进行监督管理。申请发行次级债券的商业银行要将有关材料分别报送银监会和中国人民银行。

(5)商业银行次级债券与银行间债券市场密不可分。主要表现为:商业银行次级债券在银行间债券市场发行,其投资人范围为银行间债券市场的所有投资人,商业银行次级债券发行结束后,经中国人民银行批准可在银行间债券市场上市交易。

二、权证

权证是一种典型的证券衍生品种。证券衍生品种是2005年我国《证券法》列举的证券形式。衍生在汉语词义上即从母体得到或演变而生,在这个意义上,证券衍生品种就是指在传统证券形式的基础上派生、演变、创新而来的证券形式。目前,在实践中的证券衍生品种主要受中国证监会及其证券交易所发布的有关规章、规则的调整。

证券衍生品种是适应证券市场投资多元化需求而出现的证券形式,自20世纪70年代末在美国产生以来,20世纪80年代随着全球金融自由化的发展和金融创新获得了迅速发展。证券衍生品种对证券品种的创新主要通过组合创新和工具创新来体现。所谓组合创新,是指对传统证券的构成要素进行新的组合而产生的证券新品种,使传统证券品种的一种功能变成多种功能,为投资者提供更多选择。所谓工具创新,是指通过赋予证券新的功能来创设的新证券品种。证券衍生品种之所以被称为“证券衍生工具”,就在于强调它特有的工具功能。其工具功能主要在于满足投资投机[①]和投资避险的需要。从金融学上来看,证券衍生品种在证券市场上既是一种风险投机的工具,又是一种规避风险的工具。

证券衍生品种就一般而言,是建立在基础证券之上的证券形式。这里所谓基础证券,也称基准证券,主要是指传统的股票和债券。其之所以又被称为“基准”,就在于其不仅构成证券衍生品种的产生基础,而且是其发行和交易规范操作以及价格计算等的重要参照系。在我国现行的证券立法中,有的证券衍生品的基础证券也被称为标的证券,如果其基础证券为股票,股票就是该衍生品的标的股票,亦被称为“正股”。

证券衍生品种可以分为证券型和契约型两种类型,权证属于典型的证券型品种,按照本次我国《证券法》修订的思路,以后可作为国务院依法认定的其他证券,直接适用《证券法》。[②]

权证,顾名思义即权利凭证,作为证券衍生品种的权证有特别的含义。按照 2005 年 7 月深圳证券交易所发布的《深圳证券交易所权证管理暂行办法》(以下简称《权证管理暂行办法》)第 2 条的规定,权证是指标的证券发行人或其以外的第三人发行的,约定持有人在规定期间内或特定到期日,有权按约定价格向发行人购买或出售标的证券,或以现金结算方式收取结算差价的有价证券。根据这一定义并结合《权证管理暂行办法》的有关规定,可以对权证含义作出进一步解读。

(一)权证是以股票债券为基础证券的衍生品种

权证是在股票和债券基础上设计的衍生形式,股票和债券是权证的基础证券(标的证券)。我国实践中的权证,多数以股票为标的证券,也有以债券为标的证券的情况,如《上市公司证券发行管理办法》对分离交易的可转换公司债券的“认股权证”的规定。[③]

(二)权证体现了权证持有人与权证发行人之间的契约关系

就持有人与发行人二者的权利义务关系而言,权证最明显的特点在于:权证持有人享有选择权,即选择是否行权(行使权证规定的请求权)的权利;而发行人在权证发行后则负有相应义务,即应当根据权证持有人的请求而履行相应义务。之所以如此,就在于权证持有人购买权证时已经付出了一定代价,即向发行人支付一定的价金,因此,持有人购买权证后就只享有权利,而发行人出售权证后则负有相应义务。

---

① 这里的“投机”并非贬义,而是作为中性词来使用的,因为在证券市场上,证券交易本身就是一种合法的投机行为。

② 参见《全国人民代表大会宪法和法律委员会关于〈中华人民共和国证券法(修订草案)〉审议结果的报告》(2019 年 12 月 23 日),载中国人大网:http://www.npc.gov.cn/npc/c30834/202001/a0524c6d17784fa9a0bcc955f3d8170e.shtml,最后访问日期:2020 年 1 月 5 日。

③ 参见《上市公司证券发行管理办法》第 31 条至第 34 条。

(三)权证约定的权利从性质上来说是一种期权

权证所体现的期权尽管意味着风险,但权证设计的机理是将持有人的风险锁定在一定范围内。这里所谓的期权,是指持有人购买权证后需要经过一定时间才能行使权证约定的权利。按照美国股票交易所的定义,期权(option)是约定的一种在指定时间或指定时间内按指定价格买卖标的资产的权利。权证的风险在于:权证持有人能否获得预期利益取决于行权时标的证券的市价:如果持有人行权时标的证券的市价高于行权价,权证持有人的预期利益就能够实现,反之则不能实现。这里所谓将持有人的风险锁定在一定范围内,是指当出现标的证券市价低于行权价时,权证持有人可以选择不行权的方式,从而将自己的损失锁定在购买权证所支付的价金之内。举例而言:甲发行人发行的某标的股票的权证,权证发行价为 0.20 元,约定标的股票的行权价为 5 元;乙花 2000 元购买该权证 10,000 份,如果到期行权时该权证的标的股票市价为 7 元,乙按照约定的行权价 5 元购买 10,000 股就可以获利 1.8 万元(这里省略了行权费用的计算)。[①] 如果到期行权时该权证的标的股票市价为 5 元或 5 元以下,乙会因无利可图而选择不行权的方式,从而将自己的损失锁定在购买权证的 2000 元以内。需要说明的是,权证锁定持有人的风险并不意味着也锁定了发行人的风险。仍以该例来说明:如果标的股票市价等于或低于行权价而导致乙不行权时,甲发行人获得的收益就为出售权证的价金 2000 元;如果标的股票市价高于行权价而乙决定行权时,甲就必须按照行权价出售股票或将市价与行权价之间的差价支付给乙。由此可见,甲实际上是获取 2000 元来承担了可能比该收益大得多的市场风险。

值得指出的是,根据权证的期权机理,《权证管理暂行办法》将其设计为认购权证和认沽权证两种基本形式:所谓认购权证,前述例子就可完全说明,甲发行的权证就是典型的认购权证,《权证管理暂行办法》将其定义为:"发行人发行的,约定持有人在规定期间内或特定到期日,有权按约定价格向发行人购买标的证券的有价证券。"所谓认沽权证,即与认购权证恰好为反向操作的权证。"沽"在词源上有"卖、出售"的意思,"认沽"即"认卖",是"认购"的相对行为。在认沽权证中,其表彰的权利不是持有人有权向发行人购买标的证券(或发行人应当出卖标的证券)的选择权,而是持有人有权向发行人出卖标的证券(或发行人应当购买标的证券)的选择权。如果标的证券的市价低于权证约定的行权价时,持有人或是从市场上以低价购买标的证券而按行权价卖给发行人,从中获得差价收益;或是直接请求发行人将差价支付给自己。在这个意义上,认购权证又被称为看涨权证(标的证券市价上涨有利于持有人),认沽权证又被称为看跌权证(标的证券市价下跌有利于持有人)。从我国实践情况来看,认购权证与认沽权证的发行数量大体相当。如截至 2006 年 10 月在上海证券交易所交易的 18 只权证中,

① 具体计算公式如下:7 万元(1 万股的市价) - 5 万元(甲按照行权价购买 1 万股所作的支付) - 2000 元(甲购买权证支付的价金) = 1.8 万元。

采取认购权证形式的为8只,采取认沽权证形式的为10只。[①] 但我国香港特别行政区的情况却是认购权证大大多于认沽权证,如2006年8月招商银行在香港发行H股(招行H股),共有麦格理、比联、法兴等逾10家认股证发行商向港交所申请发行招商银行首批38只权证,其中37只为认购权证,只有1只为认沽权证。[②]

(四)权证是公开发行并在证券交易所上市的证券衍生品种

正是由于权证设计的机理是以标的证券的市价作为参照的,因此,标的证券的发行价和上市交易价格对于投资者是否购买权证均具有非常重要甚至是决定性意义,如果权证不公开发行或不能上市交易,权证的机理就难以体现,其功能也难以发挥。另外,权证作为证券的一种形式,本身也需要上市流通,投资者除利用权证的期权机理来获得收益外,还可以直接通过上市交易权证来获得收益。由于权证对于标的证券的依附性,如果上市,其标的证券必须符合一定条件。按照《权证管理暂行办法》第9条的规定,申请在本所上市的权证,其标的证券为股票的,标的股票在申请上市之日应符合以下条件:最近20个交易日流通股份市值不低于30亿元;最近60个交易日股票交易累计换手率在25%以上;流通股股本不低于3亿股。权证上市后,其交易盈利的空间往往要小于标的证券,为了活跃交易,按照《权证管理暂行办法》第21条的规定,权证的交易实行"T+0"制度,当日买进的权证,当日可以卖出。

(五)权证的发行人可以与标的证券的发行人同一,也可以是标的证券发行人以外的第三人

前述对权证风险机理的分析表明,权证既具有满足投资者投机的功能,同时又具有将投资者投资风险锁定在一定范围之内的功能,与此同时,权证发行人在权证契约关系中承担较大的风险和法律义务。因此,从交易安全来考虑,关于权证发行人的设计,主要应着眼于其是否具有相应的承担风险的能力。换言之,只要有足够的能力来承担发行权证的风险,就没有必要将权证发行人必须限定在标的证券发行人的范围。按照《权证管理暂行办法》的规定,权证发行人如果是标的证券发行人以外的第三人,应当提供履约担保,担保方式主要包括通过专用账户提供并维持足够数量的标的证券或现金和提供经证券交易所认可的机构作为履约的不可撤销的连带责任保证人两种形式。从实践来看,我国香港特别行政区的权证发行人除标的证券的发行人外,还包括券商、投行等金融机构。

(六)权证的存续期间是有限的

权证行权期满,无论持有人是选择行权还是不行权,权证都随之到期。行权期截止日就是权证的到期日。由于权证是在证券交易所上市交易的证券,因此,其存续期间往

---

① 参见上海证券交易所网有关权证的资料数据:http://www.sse.com.cn/sseportal/webapp/datapresent/,最后访问日期:2006年9月10日。

② 参见《证券时报》2006年9月29日,第3版。

往按照其上市后的时间来计算。按照《权证管理暂行办法》第 10 条的规定,权证“自上市之日起存续时间为 6 个月以上 24 个月以下”。

(七)权证持有人应当按照约定的时间、方式、行权价格和内容来行权

按照《权证管理暂行办法》的有关规定,持有人可以在约定时点或约定期间行权。

1. 根据行权的期日,可以将行权方式分为欧式、美式和百慕大式。欧式是指到期日才能行权;美式是指可在到期日前任何一个交易日行权;百慕大式介于欧式与美式之间,是指在到期日前的某一个(段)时间可以行权,其他时间都不能行权。从我国上海证券交易所上市交易的权证来看,绝大多数均采取欧式方式。

2. 行权价格是指发行人发行权证时所约定的,权证持有人向发行人购买或出售标的证券的价格。根据中国证监会 2006 年 5 月发布的《上市公司证券发行管理办法》关于认股权证的规定,认股权证的行权价格应不低于公告募集说明书日前 20 个交易日公司股票均价和前 1 个交易日的均价。

3. 行权的内容包括:第一,以行权价格购买标的证券;第二,以行权价格出售标的证券;第三,以现金方式收取结算差价。

值得说明的是,我国香港特别行政区的权证发行和交易在国际上占有非常重要的地位,权证于 1988 年在香港出现,在国际排名上,香港权证市场的规模已达全球第一,远远超过第二位的德国及第三位的意大利,截至 2019 年年底,香港联交所共发行权证 65, 534 只,其中认购权证 53, 821 只,认沽权证 11, 713 只。①

三、股票期权

(一)股票期权的含义

股票期权是以股票期权合约来体现的证券形式,是我国证券市场近年来推出的一种证券新品种,从性质上属于证券衍生品种,而且应当划归契约型证券衍生品种。按照我国本次《证券法》修订的思路,以后也可以纳入期货法予以调整。②

股票期权与股票期权合约,一个是证券权利,另一个是证券表现形式,二者互为表里、不可分割。根据中国证监会 2015 年 1 月发布《股票期权交易试点管理办法》(以下简称《试点管理办法》)的规定,股票期权合约是指由证券交易所统一制定的、规定买方有权在将来特定时间按照特定价格买入或者卖出约定股票、跟踪股票指数的交易型开放式指数基金等标的证券的标准化合约。据此,可以解读出的基本含义包括:第一,股票期权合约中的“股票”是指这一衍生品的基础股票,即期权合约的标的证券,包括单

---

① 资料来源:香港交易所网:https://sc. hkex. com. hk/gb/www. hkex. com. hk/chi/dwrc/download/dnfile_c. asp,最后访问日期:2020 年 1 月 1 日。

② 参见《全国人民代表大会宪法和法律委员会关于〈中华人民共和国证券法(修订草案)〉审议结果的报告》(2019 年 12 月 23 日),载中国人大网:http://www. npc. gov. cn/npc/c30834/202001/a0524c6d17784fa9a0bcc955f3d8170e. shtml,最后访问日期:2020 年 1 月 5 日。

一股票(个股)和多数股票组合的指数基金,我国在上海证券交易所推出的上市交易行权的股票期权,是以“跟踪股票指数的交易型开放式指数基金”(Exchange Traded Funds,ETF)为基础股票,目前采用的指数基金为上证50ETF;①第二,股票期权合约中的“期权”,是指未来的一种权利,即买方在将来特定时间按照特定价格买入或者卖出约定的基础股票的权利;第三,股票期权中的“合约”是指由证券交易所统一制定的格式合同样本,即“标准化合约”,合约是股票期权的证券表现形式,期权是合约的证券权利和实质内容。在这个意义上,股票期权合约就是以股票为基础证券的,体现买方未来权利的证券。具体而言,买方通过支付权利金为对价,获得了在未来以确定价格买入或卖出约定数量的基础股票的权利;卖方在收取买方所付的权利金后承担与买方相对应的卖出或买入约定数量的基础股票的义务。

(二)股票期权的特征

股票期权是与期货相联系的证券衍生品,体现了证券和期货的一些共同原理,目前规制股票期权的有关法规、规则,都须以我国《证券法》和国务院2017年修订的《期货交易管理条例》为依据来制订,从而使股票期权的制度设计具有更多的专业技术性。这就需要结合相关法规的规定②和证券交易所等机构的相应规则,③并结合市场实践,对股票期权的法律特征作出进一步的揭示。

1. 股票期权的交易关系较特殊,主要表现在以下几方面。

第一,交易主体与客体。股票期权不像其他证券品种那样,由发行人与投资者构成融资和投资关系,而是由买方与卖方构成期权买卖关系。股票期权没有特定的证券发行人,任何符合条件的合格投资者都可以在证券交易所提供的股票期权标准合约的基础上成为卖方和买方,并且可以在同一合约账户上同时建立权利仓和义务仓。卖方出卖股票期权,获得买方给付的权利金作为对价;买方买入股票期权,向卖方支付权利金作为对价。双方交易的不是特定的股票,而是买方未来以合约规定的价格买入或卖出特定股票的权利,因此,股票期权的买方和卖方之间没有作为发行人的融资方,双方都是针对股票期权进行买卖的投资者,更确切地说,双方都是针对特定股票未来价格可能的涨跌来进行买卖的交易者。

第二,交易利益。证券市场上的股票价格具有较大的不确定性和不可预测性,期权作为一种未来的权利,同样具有不确定性。不确定性就意味着利益和风险并存,期待利

---

① 上证50ETF是我国境内首只交易型开放式指数基金,其跟踪标的为上海证券交易所最具代表性50只大盘蓝筹股的指数。

② 中国证监会除发布《股票期权交易试点管理办法》外,还发布了《证券期货经营机构参与股票期权交易试点指引》。

③ 上海证券交易所2015年1月以来发布了《股票期权试点交易规则》《股票期权试点投资者适当性管理指引》《股票期权试点做市商业务指引》等规则,深圳证券交易所发布了《股票期权模拟交易规则》等规则,中国证券登记结算有限责任公司也发布了《股票期权试点结算规则》等规则。

益越大,风险可能也越大。股票期权就是利用股票价格和期权的不确定性来设计的证券产品。投资者意欲获得更多的投资收益,正是其购买股票期权的主要动因。股票期权交易对买卖双方的投资利益影响是:当股票市场价格在未来确定时间与合约规定的行权价格相等或低于买方期待的最低行权价的情况下,买方选择不行权造成的利益减损是已经给付的权利金,而卖方获得的利益则是已经收取的权利金;当股票价格在未来确定时间与合约规定的行权价格出现价差并符合买方行权要求时,买方选择行权就会获利,而卖方则需按照合约规定满足买方的行权要求,出售或买入标的股票或支付价差,也意味着卖方利益的减损。由此可见,股票期权在此上具有与期货买卖同样的功能,在满足投资者市场套利心理的同时,还可以利用期货套期保值原理来锁定特定股票的风险,对股票市场具有增强流动性和价格发现等积极作用。也正是基于这样的功能,股票期权成为国际资本市场成熟的证券衍生产品,被全球各大证券市场广泛采用。

第三,交易双方的权利义务。和其他交易一样,股票期权的买方和卖方处于权利义务相对方的地位,买方的权利即卖方的义务,反之亦然。买方买入股权期权后需要建立权利仓,权利仓是买方拥有期权和期权数量的象征;与此相对应,卖方则需建立义务仓,义务仓是卖方履行义务的保证,也是买方行权的保证。买卖成立后,买方和卖方承担的风险是不对称的:如果股票期权到期时出现有利于买方的市场情形,买方选择按合约规定的价格行权,则意味着买方获利而卖方利益的减损,由于股票市场价格的不确定,买方的获利没有上限,卖方的利益减损相应也没有下限,卖方承担的风险显然要高于买方。但需指出的是,买卖双方承担风险的差异并不意味着买方与卖方权利义务的不对等,从卖方收取买方权利金的价值以及一旦买方不行权则权利金成为卖方的净收益来看,卖方在买卖成立后承担较大风险正是股票期权制度设计体现的公平所在。

2. 股票期权须以标准化合约为交易基础。所谓标准化合约是指合约不由买卖双方自由创设或由其任何一方提供,而是由证券交易所按照确定的主要条款来统一制订,具有格式合同的性质,买卖双方一旦进行股票期权交易,就意味着对合约条款的承认并受其约束。由此可见,合约在股票期权中占有非常重要的地位。合约作为股票期权的载体和证券表现形式,其内容主要是明确买卖双方的权利义务,是买卖双方行使权利和履行义务的依据。也正是由于合约按照现行法规的规定必须由证券交易所提供,因此股票股权目前也只能在证券交易所进行上市交易并行权。

合约内容尽管较复杂,但都得包括股票期权的几个要素:一是合约标的,即买方有权在未来特定时间买入或卖出的基础股票(标的股票);二是权利金,即股票期权的价格,是买方购买股票期权而支付给卖方的价金;三是到期日,即买方可以行权的确定的有效期限;四是行权价格,即买方有权在行权时买入或卖出标的股票的特定价格。

3. 股票期权分为认购期权(Call Option)和认沽期权(Put Option)两种基本类型。这一制度设计与权证的机理相同,认购期权是指买方可以在特定日期按照特定价格买入约定数量合约标的股票的期权;认沽期权是指买方可以在特定日期按照特定价格卖出约定数量合约标的股票的期权。认购期权属于看涨期权,标的股票的市价上涨有利于买方;认沽期权属于股价看跌期权,标的股票市价下跌有利于买方,二者在获利操作上刚好是反向的。

4. 股票期权具有较复杂的风险防控的制度安排。股票期权是一种投资风险较高的证券衍生品,规范投资行为、防范投资风险、保护投资者利益是制度设计必需的内容。根据《试点管理办法》的规定,股票期权的风险防控措施主要体现在:第一,多元参与主体。除买卖双方外,还有证券交易所、证券登记结算机构、证券公司或期货公司等经营机构、做市商、保证金安全存管监控机构等,①这些机构对于股票期权交易都负有防控投资风险的职责要求。第二,实行较严格的投资者适当性制度,投资者适当性制度是防控投资风险的重要环节,包括合格投资者制度和投资者适当性管理制度,投资者适当性管理主要体现为相关参与机构的义务。② 第三,行权须遵守较严格的程序。行权是关系股票期权买卖双方利益的关键环节,是否选择行权属于买方权利,如果选择行权,买方应当严格按照合约规定的时间、方式、行权价格等内容来进行。第四,多种风险防控措施并用。如采用保证金、限仓、限购、大户报告、资金前端控制、熔断机制等措施来防范可能发行的风险。

(三)股票期权与权证比较

股票期权与权证都是证券衍生产品,都是按照期权原理来设计的证券形式,二者有不少相似之处,如都分为认购和认沽两种基本类型,都必须通过证券交易所市场进行交易,都有相同的行权机制等。二者的主要区别在于:第一,股票期权的法律关系建构中只有买方和卖方而没有发行人,任何符合条件的合格投资者都可以成为买方或卖方,都可以创设和卖出股票期权,买方和卖方构成权利义务关系的相对方,在实践中作为股票期权的卖方都不是基础证券的发行人;权证的发行人是法律关系中必需的主体,权证发行后无论在市场上转让多少次,发行人的地位都始终存在并不能改变,发行人与权证持有人(投资者)的权利义务关系也不能改变,在实践中权证发行人往往与基础证券发行人是同一主体。第二,股票期权是一种标准化合约,合约的行权价、行权价间距、到期日、合约数量等都由证券交易所统一制定,买方和卖方依据合约进行交易;权证是一种非标准化的合约,合约的相关内容由发行人自行决定,发行人不同,权证合约的相关内容也可能不同,投资者根据发行人提供的权证内容来决定是否购买。第三,股票期权的基础证券尽管可以包括单一股票和多数股票组合的指数基金,但在实践中目前均为指数基金;权证的基础证券在实践中目前均为单一股票。

---

① 《股票期权交易试点管理办法》第 9 条规定的保证金安全存管监控机构为中国证券投资者保护基金公司和中国期货保证金监控中心。

② 参见 2017 年修订的《上海证券交易所股票期权试点投资者适当性管理指引》。

第三章　证券法的基本原则

第一节　证券法原则概论

“原则”一词，在汉语中的基本含义是“说话或行事所依据的法则或标准”。在法学中，布莱克法律辞典将“原则”解释为：法律的基础性真理或原理，为其他规则提供基础性或本源的综合性规则或原理，是法律行为、法律程序、法律决定的决定性规则。① 按照这个定义，法律原则在整个法律体系和法秩序中具有支配地位，是法律其他要素（如法律规则、法律概念）的指导性思想。

由于法律原则涉及法律的基本结构、功能模式、对法的本体的追问等一系列法理学问题，同时，这些理论问题还在不同程度上涉及不同学科的理论假设、近似概念植入、方法论借鉴等跨学科层面的对话，因此，若要更深入地认识和把握与法律原则相关的某些问题，就需要加强各学科间的沟通。

一、假设、理念和原则

在法学界，关于法律原则与法律规则的区分以及法律原则的功能定位，早有较深入的讨论。② 但学者所论及的部门法基本原则，往往建立在不同语境下的概念基础上，诸如假设、理念、原则等。有时候，它们是约定俗成的通用性概念工具，但在更多时候属不同范畴或不同语境下的特定表述。总体来看，理论假设、法律理念与法律原则既有紧密联系，又有实质差异。

金融法和证券法都属于与经济学、管理学等社会科学联系紧密的部门法领域。其中，经济学被誉为“社会科学皇冠上的明珠”，主要是因为经济学与所谓“实证科学”（empirical science）方法论更吻合，后者的主旨是“要创立一些可能被事实推翻的句子或言论来作推测”，③或者说对经验事实作出解释。为了保证观点可能被事实推翻，科学理论往往需要通过某种假设去限定研究对象或行为。这类假设不一定是真实的，甚至可能是错误的，但其构成了理论验证的逻辑起点和约束条件。

---

① Joseph R. Nolan and M. J. Connolly, *Black's Law Dictionary*, St. Paul, West Publishing Co., 1983, p. 1074.

② 参见张文显：《规则 · 原则 · 概念》，载《现代法学》1989 年第 3 期。

③ 张五常：《科学说需求》（经济解释卷一），中信出版社 2010 年版，第 46 页。

在理论构建、推演、验证过程中,理论可能会被事实所推翻,但这并不意味理论绝对失效,毋宁说只体现某种待检验理论解释范围之变动。理论研究者可以修正原有假设,进一步验证理论并调适其现实解释力。例如,针对新古典经济学,新制度经济学把理性人假设加入了“机会主义”(opportunism)的内容,[①]如此一来,理解市场运行不得不考虑市场主体的投机因素,制定合同以外的约束规则就有了存在的必要。重要的是,新假设增加了理论解释力,而非完全取代既有理论分析框架。

经济学中的理性人假设主要归功于亚当·斯密在《国富论》开创的经济学说。中国私法学者,无论是否对个人主义方法论存在质疑,大多接受了这种理性人的假设。[②]不可否认的是,不乏金融法研究者批评理性人假设不够真实,修正理性人假设的主张大行其道。[③] 对这种学术观点背后所反映的理论脉络应作出两方面的理解。一方面,理论假设当然并非绝对不可修正,且一旦作出改变,如将经济人调整为社会人,法律学说也可能随之调整。按照社会人的假设,传统私法中的个人合同自由原则相应转向共同体合作原则。[④] 另一方面,“批评假设不够真实”的观点可能存在理论认知盲区,即误将理论假设等同于理念、观点和命题。事实上,理性人假设是一种无关真实的基础假定,正如“交易成本为零”“外力为零”等基本假设条件,本身就不可能在真实世界中存在。因此,理论假设与理论学说对应的法律理念或有联系,但非同一范畴。

还需要指出的是,法律理念和法律原则也不处于范畴的同一层面,尽管法理念和法原则都涉及法律的基本价值目标。按照价值法学的观点,法律规定具有储藏价值的功能,并由此相互交织构成严密而又具有开放性的法律体系。[⑤] 法解释学常以“法律原则”或“法伦理的原则”来指称那些储存于规定之中的价值,并将其描述为“在从事法律规范时指示方向的标准,依凭其固有的信服力,其可以正当化法律性的决定”。[⑥]

法律理念同样涉及法律价值目标。一般认为,它是“态度、价值、信仰、心理情感、习惯以及学说理论的复合有机体”。[⑦] 然而,单纯的法律价值不同于法律原则,前者可以作为学者对法律实施效果的一种理论期待和法治愿景,[⑧]却未必能够被法律规定所确认、表达或储存,从而成为规则适用的指导性原理。

---

① 所谓机会主义,是指不充分揭示有关信息,或者歪曲信息,特别是指那些精心策划的误导、歪曲、颠倒或其他种种混淆视听的行为。参见[美]奥利弗·E.威廉姆森:《资本主义经济制度》,段毅才、王伟译,商务印书馆2002年版,第72页。

② 参见易军:《个人主义方法论与私法》,载《法学研究》2006年第1期。

③ 参见许凌艳:《金融法基本理论研究》,上海财经大学出版社2018年版,第27页。

④ 参见熊丙万:《私法的基础:从个人主义走向合作主义》,中国法制出版社2018年版,第219~220页。

⑤ 参见黄茂荣:《法学方法与现代民法》,中国政法大学出版社2001年版,第453、454页。

⑥ [德]卡尔·拉伦茨:《法学方法论》,陈爱娥译,商务印书馆2005年版,第348页。

⑦ 参见王申:《法哲学三论》,上海交通大学出版社2006年版,第49页。

⑧ 参见刘辉:《金融禀赋结构理论下金融法基本理念和基本原则的革新》,载《法律科学》2018年第5期。

在金融法研究领域，有学者提出过金融法“三足定理”，具体是指金融法在传统的安全和效率价值之外，同位阶增加金融消费者保护或金融公平价值，由此形成等边三角形的3个支撑，作为金融立法、监管和改革的基本原则或价值目标。① “三足学说”虽冠以定理、原则之表述，且对于纠正金融市场的市场失灵和政府失灵具有重要的功能性价值，但它不是定理性或公理性的理论假设，也不构成金融法的基本原则，究其本质，不过是表征金融法域内的某种法律理念。

因此，相对于实定法规范体系，法律规则和法律原则是内生的，而理论假设和法律理念都是外生的，金融法或证券法自身没有能力直接影响外部理念的生成。相反，部门法中的基本原则通常建立在一定法律理念基础上，而此种理念的生成又包含了某种社科理论的基础假设。以证券法为例，正如我国《证券法》修订起草相关负责人所介绍的，本次修法的核心理念就是扩大投融资自主权。② 这一基本理念是对资本市场运行规律的高度凝练，这种理念在实定法层面的立法表达，最终会重塑证券交易公平、政府适度干预等基本原则的价值内涵。

二、证券法原则的识别

依据价值法学的一般原理，证券法基本原则是本部门法域最具权威性和价值正当性的指导标准，它在以下几个方面具有重大意义。

首先，证券法基本原则具有价值宣示（或称为价值储存）的功能，从而为证券法律关系各主体在从事证券活动时提供基本的价值判断准则，并为法律规则的运用和解释框定伸展范围。

其次，它为克服证券法的局限性提供必要的衡平手段。当证券法具体规则出现市场范围不清、行政权力过度扩张时，③证券法中偏向私法属性的某些原则便可直接作为平衡补充适用的依据。

最后，证券法的基本原则是指导证券法律制定、修改的基本准绳，同时也是从事证券法研究的基本出发点。在有关研究中，实证法是否确认和储存了立法者和学者所期望的法律理念，只有“借助法伦理性的原则，才能把握并且表达出法律规则与法律理念之间的意义关联”。④

关于证券法基本原则的识别，笔者总结了以下几条标准。

---

① 关于金融安全、金融效率和金融消费者保护“三足说”，参见邢会强：《金融危机治乱循环与金融法的改进路径——金融法中“三足定理”的提出》，载《法学评论》2010年第5期；金融安全、金融效率和金融公平“三足说”，参见冯果：《金融法的“三足定理”及中国金融法制的变革》，载《法学》2011年第9期。

② 有关立法介绍参见吴晓灵接受相关媒体的采访《证券法修订聚焦3大理念注册制改革方案年底推出》，载《每日经济新闻》2014年9月22日，第2版。

③ 对我国原《证券法》缺陷的批评，可参见陈甦、陈洁：《证券法的功效分析与重构思路》，载《环球法律评论》2012年第5期。

④ ［德］卡尔·拉伦茨：《法学方法论》，陈爱娥译，商务印书馆2005年版，第211页。

第一,原则与规则区分原则。法律原则有时候会以法律条文被明文宣示,但更多情况是隐藏在法律规则之中。因此,整理和发现一般性的法律原则,需要对原则与规则加以区分。依法学方法论,二者的主要区别在于:当法律规则发生冲突时,其适用常常是要么无效,要么有效,即“全无或全有”;法律原则不具有排他性,而且“相互间经由互相限制、补充才能使其特有之意旨的内容展现出来”。① 此外,法律原则具有“分量”向度,当原则间发生冲突时,有时需要通过“分量”大小来权衡其中代表的价值和利益。

第二,遵守“普遍性原则”。在阐释和发现部门法律原则的过程中,不能依赖处于历史孤立状态下的法律文本,而必须在广泛尊重传统正义原则的基础上,通过“整体类推”的方式确立与上位法律体系相适应的部门法原则。② 按照“普遍性原则”,法律基本原则与证券法基本原则可以有重合,那种认为二者绝对分离的观点,③在某种程度上割裂了一般与特殊的有机联系。

第三,法属性均衡原则。证券法既包含国家干预的经济法属性,也表现出调整平等主体间商事行为之私法属性。以学者偏好而言,“证券法是一个渗透着公法因素的私法领域”。④ 但于立法者来说,我国原《证券法》显然更偏重行政法律规范。我国新修订的《证券法》加大了民事规范的覆盖力度,可理解为理念上的均衡纠偏。在法原则的识别上,我国新《证券法》理应适度向私法原则倾斜。

第四,政治遵循原则。按照有关文件和国家领导人讲话精神,为实体经济服务是金融的天职。同时,为避免金融空转,防止需求刺激诱发金融风险,供给侧改革被着重提出。这一政治立场要求政府对资本市场进一步放松管制,优化营商环境,并强化对中小投资者的保护。执政党的系列政治理念和政治观点,必然会借由一定立法理念渗透于我国《证券法》原则之中。

当然,即便明确了前述识别标准,证券法具体应当包括哪些基本原则,人们的认识也未必统一。我国立法重要特点之一就是,大部分法律都会在总则部分对基本原则作出规定,如我国《证券法》第 3 条规定的内容。⑤ 从表面上来看,这似乎增加了证券法原则识别的便捷性,但应当指出的是,有的《证券法》条文虽然明文表述为“原则”,究其实却并非真正的“法律原则”。有学者将我国原《证券法》总则的若干规定一概笼统归之于“基本原则”,如“守法原则”“分业经营管理原则”“依法监督管理原则”等,其做法并不可取。具体分析有关规定,有的只是确立本法的某一具体制度,如证券管理体制,并不统领整个法域;有的缺乏价值储存功能,不能作为法律规则的本源性原理;有的则过于具体化,所以更像法律规则,如我国《证券法》第 5 条所规定的“禁止欺诈、内幕交易

---

① 黄茂荣:《法学方法与现代民法》,中国政法大学出版社 2001 年版,第 455 页。

② 参见[美]德沃金:《法律帝国》,李常青译,中国大百科全书出版社 1996 年版,第 14 页以下。

③ 参见郭俊秀、蒋进:《证券法》,厦门大学出版社 2004 年版,第 15 ~ 16 页。

④ 陈洁:《证券法》,社会科学出版社 2006 年版,第 28 页。

⑤ 我国《证券法》第 3 条对“三公”原则进行了明文宣示。

和操纵证券市场的行为”。

另外，法律原则的确定有时并不以立法者的自始认识和预见为必要，它还可以通过司法实践或由学者嗣后整理出来。这是因为，如果法律能够规定得很具体，相关原则往往就具有了规则的性质而不再属于原则；如果法律不能对问题作出具体规定，那么说明立法者对这个问题很可能缺乏认识，按照法治的一般原则，立法者当然不应将连自己都没有认识到的东西规定下来要求别人认识。①

综上所述，根据我国《证券法》总则的有关规定、前述法原则识别标准，结合我国证券市场实践，证券法基本原则应当包括：保护投资者合法权益原则；公开、公平、公正原则；政府适度干预原则；诚实信用原则。下文将具体展开阐述。

第二节　保护投资者合法权益原则

在证券法律关系的众多主体中，如证券投资者、证券交易所、证券公司、证券中介服务机构、证券监督管理机构等，投资者无疑居于主导地位。之所以如此，是因为证券发行和交易的对象是投资者，投资者因而成为证券市场的基础和源泉，也是实现证券市场宏观经济功能的主要力量。一旦投资者的合法权益得不到保障，就会极大打击其投资的信心；离开投资，证券市场就不能健康发展甚至崩塌。因此，保护投资者合法权益理所当然地成为证券立法的基本宗旨和核心内容。

保护投资者合法权益是各国证券法的立法目的和任务之一。我国《证券法》第1条也有相应规定，即“为了规范证券发行和交易行为，保护投资者的合法权益，维护社会经济秩序和社会公共利益，促进社会主义市场经济的发展，制定本法”。值得注意的是，域外金融立法将一部分投资者从投资群体中分化出来，使其作为金融消费者而受到特殊保护。例如，2000年英国《金融服务和市场法》和2001年加拿大《金融消费者管理局法》均将“消费者保护”作为法律目标。

一、从投资者到金融消费者

各国证券法将保护投资者利益作为立法的首要任务已无疑义，同时还应认识到，这一要求的核心其实在于保护中小投资者。在证券市场发达的国家和地区，中小投资者是资本市场的基本组成要素。在全球化背景下，金融消费者的概念应运而生。具体而言，它是指为满足非营业性的个体金融需要而购买或使用金融产品或者享受金融服务的自然人。② 在全球具有广泛影响力的世界银行营商环境评估排名中，“保护少数投资

---

① 参见葛洪义：《法律原则在法律推理中的地位和作用——一个比较的研究》，载《法学研究》2002年第6期。

② 陈洁：《投资者到金融消费者的角色嬗变》，载《法学研究》2011年第5期。

者”(Protecting Minority Investors)作为其中的十大一级指标,这足以反映中小投资者保护在商事法律制度中的重要地位。

特别保护作为“消费者”角色的中小投资者,具有坚实的法哲学基础。对弱者进行特别保护是现代法治发展的一个重要原则和特点。按照美国哲学家罗尔斯的正义第二原则即“差别原则”,当社会经济不平等时,应安排得尽可能地有利于弱势群体,并且权力和地位在机会均等基础上对每个人开放。[①] 随着证券市场的发展,高度复杂的产品结构、交易模式和交易场景造成机构与投资者信息的进一步不对称,才由此产生了对公众投资者更高的保护需求。

金融消费者概念的提出不只体现其学理意义,更重要的是,它与我国资本市场发展理念和证券市场发展历史呈高度相关。正如学者指出,我国金融体系承担了许多额外的政治功能。[②] 在证券市场上,类似的功能表现为其承担了转移国有银行风险、减轻国家财政压力、为国有企业筹资、充实资本金并为国企解困、解决就业问题等政治任务。[③] 传统资本市场立法理念支配下形成的市场发展逻辑,在很大程度上扭曲了投资选择和利益分配机制,使中小投资者深受其害,投资信心也由此受到重创,市场周期性地陷入低迷。

由于我国证券市场存在的结构性缺陷,在世界银行发布的全球营商环境 DB2018 排名中,我国少数投资者保护排名第 119 位,该指标得分低于亚太地区平均分;DB2019 排名虽然大幅上升至第 64 位,但少数投资者保护部分重要指标表现糟糕,如“董事责任”一项满分设置为 10 分,我国仅得 1 分。[④]

因此,无论是基于现实考虑,还是以法律“普遍性原则”加以衡量,对中小投资者进行重点保护,不应是在股市低迷时才需强调的短期策略,而应当牢固确立为规范证券市场的基本原则。我国新《证券法》第 1 条仍将保护投资者作为立法目的,清晰表明立法者在此问题上的价值立场。还要进一步明确,保护投资者特别是中小投资者权益,不仅是证券法的一项基本原则,更是其中的首要原则。从某种意义上来说,“规范证券发行和证券交易”,不过是实现“保护投资者权益”的手段。

总而言之,保护中小投资者权益原则是贯穿证券法律体系中发行、交易、服务机构各个环节的一根主线,它影响甚至决定了证券法其他原则的内容。

二、我国证券法中的投资者保护原则

虽然“金融消费者”的概念未被我国现行《证券法》所采用,但金融消费者保护理念

---

① 参见[美]约翰·罗尔斯:《正义论》,何怀宏等译,中国社会科学出版社 1988 年版,第 56~57 页。

② 参见钟凯:《中小企业融资问题的法经济学思考——兼论金融危机背景下的中国金融改革》,载《清华法学》2010 年第 1 期。

③ 张建伟:《法与金融学:路径依赖与金融法变革》,载《学术月刊》2005 年第 10 期。

④ 以上数据分析,参见罗培新:《世行营商环境评估之“保护少数投资者”指标解析——兼论我国公司法的修订》,载《清华法学》2019 年第 1 期。

在国务院办公厅2015年颁布的《关于加强金融消费者权益保护工作的指导意见》(国办发〔2015〕81号)中有直接体现。同时,我国《证券法》修订新增的“投资者保护”专章第88条规定了适当投资者规则,该法第89条明确区分普通投资者和专业投资者,该法第94条规定普通投资者的强制调解申请权,这些规定均是证券法确立中小投资者倾斜性保护的证据。除章节体例的调整外,我国新《证券法》在各章中还包含大量支撑保护中小投资者合法权益原则“分量”的规定。这些保护性规定涉及的内容是全方位的,不仅有立法目的宣示、类型化违法行为禁止、大幅提高违法行为处罚力度、新设投资者保护机构、完备民事救济和证券监管部门职责,还有各种关于特别保护的程序性和实体性规则。具体介绍如下所示。

1. 规定禁止交易的行为。我国新《证券法》不仅把禁止欺诈、内幕交易和操纵证券市场等行为保留在总则第5条作出宣示,同时于该法第三章第三节继续对内幕交易、操纵证券交易价格、欺诈行为等损害投资者利益的行为要件和具体类型进行了规定和列举,这体现了立法对投资者,尤其是对中小投资者利益的有力保护。

2. 规定相关市场主体法律义务。我国《证券法》在不同章节对证券交易的各个环节规定了证券公司、证券服务机构等市场主体的法律义务,以避免或减少对投资者造成损害的可能性。此次《证券法》修订对各类市场主体新增了不少法律义务内容。例如,该法第29条新增一款证券公司承销证券的禁止行为,第137条新增证券公司对证券投资者负有确保查询交易信息的义务,第160条新增会计师事务所、律师事务所以及其他服务机构的勤勉尽责和恪尽职守义务之规定。

3. 专设“投资者保护”一章。我国《证券法》本次修订的一大亮点之一就是设立了“投资者保护”专章,规定有适当投资者规则,普通投资者保护的举证倒置,证券公司、上市公司及其高管人员,债券发行人对投资者的赔偿责任,证券代表诉讼①等内容。特别是在该法第90条、第93条、第94条和第95条集中规定了投资者保护机构的各项法定职责,包括征集股东权利、代为提案和表决、先行赔付、调解纠纷、支持投资者或以自己名义起诉、提起证券代表诉讼等法定职责,具有较大的现实针对性。

4. 设立证券投资者保护基金。我国新《证券法》第126条规定:“国家设立证券投资者保护基金。证券投资者保护基金由证券公司缴纳的资金及其他依法筹集的资金组成,其规模以及筹集、管理和使用的具体办法由国务院规定。”这样做的目的在于,在证券公司破产、倒闭、清算且不能够清偿证券投资客户的情况下,由基金按比例进行清偿,以降低系统性市场风险。

5. 进一步完备民事赔偿责任。过于依赖行政监管部门对投资者的保护,是原证券

---

①　我国新《证券法》第95条规定的证券代表诉讼,借鉴了域外证券集团诉讼规则,法院可以发出公告,通知投资者在一定期间向法院登记,法院作出的有关判决、裁定,对参加登记的投资者发生效力。

法受到学界诟病的原因之一。① 我国新《证券法》对此作出回应,除保留原法“禁止的交易行为”一节规定的部分传统赔偿责任外,还新增相关从业人员、工作人员利用未公开信息(第54条)编造、传播虚假信息或者误导性信息(第56条),上市公司股东和高管违反自愿信息披露的承诺义务(第84条),给投资者造成损害的赔偿责任。我国新《证券法》在“投资者保护”专章增设的民事责任,包括证券公司违反适当投资者审查义务的赔偿责任(第88条第3款)、违反普通投资者保护义务的赔偿责任(第89条第2款),违法征集股东权利给上市公司及其股东造成损失的赔偿责任(第90条第4款),先行赔付后向发行人及其他连带责任人的追偿权(第93条)。

6. 规定民事责任优先。我国新《证券法》第220条进一步优化了原法第232条的表述,“违反本法规定,应当承担民事赔偿责任和缴纳罚款、罚金、违法所得,违法行为人的财产不足以支付的,优先用于承担民事赔偿责任”。缴纳罚款、罚金、违法所得作为行政责任和刑事责任形式,体现为国家对违法行为人的一种惩罚;而民事赔偿责任则是违法行为人对受损方遭受经济损失的填补。民事责任优先的立法选择,一方面,体现了证券法对保护投资者利益的注重;另一方面,与我国《民法总则》第187条的规定保持一致,从侧面展示出证券法蕴含的私法理念。

7. 行政保护机制创新。我国新《证券法》以多元化的纠纷解决方式加强投资者保护,新增行政和解制度。根据该法第171条的规定,如果被调查当事人承诺在证券监督管理机构认可的期限内纠正违法行为并赔偿投资者损失、消除损害或不良影响的,证券监督管理机构可以决定中止调查,且被调查当事人履行承诺的,还可以决定终止调查。虽然部分学者认为行政和解与披露原则存在冲突,②但从执法效果来看,和解机制对违法行为人有纠错激励,有助于投资者实际受偿。根据该条规定,行政和解也受公开原则的约束,证券监督管理机构终止调查的,应当公开相关信息。

第三节 公开、公平、公正原则

公开、公平、公正原则亦称“三公”原则,是证券法基本的、也是具有特色的一个重要原则。尽管在世界范围内,很少看到哪个国家(地区)在证券立法中明文宣示这几个原则,但几乎都在法律的具体规定中体现了公开、公平、公正的制度精神。我国《证券法》第3条规定:“证券的发行、交易活动,必须遵循公开、公平、公正的原则。”“三公”原则包括了公开原则、公平原则和公正原则,三者在证券发行和证券交易活动中究竟具有哪些内涵,以及它们之间的相互关系如何,这些问题都需要进一步辨明。

---

① 参见陈甦、陈洁:《证券法的功效分析与重构思路》,载《环球法律评论》2012年第5期。

② 参见朱伟一:《证券法》,中国政法大学出版社2018年版,第15页。

一、公开原则

证券法公开原则与信息公开联系紧密，因此也可称为信息公开原则。公开原则被认为是证券法思想的核心和精髓之一。对于证券违法行为来说，“阳光是最佳的防腐剂，电灯是最好的警察”。当一切公开于光天化日之下、接受社会公众的检查监督时，证券市场的种种舞弊行为便失去了赖以生存的土壤。在美国，之所以将早期证券法称为“蓝天法”，就有体现证券法公开原则的含义，随后制定的多部联邦制定法均有一个不变的主题，即披露、披露、再披露。①

美国证券法律制度倡导“公开原则”而非“自律原则”或“审查原则”，还有其他的内在原因：立法者认为，每个投资人都有其不同的投资偏好，只要有足够的、畅通的信息，每个投资人都会作出正确的投资决定；如果采用“审查原则”则会在投资人的投资偏好上加上其他组织或个人的投资偏好，这样自由市场经济的秩序就会受到干扰，最终将既损坏投资人的利益又导致资源配置的偏差；而“自律原则”无法律约束、透明度差，同样会对投资者的信息获取产生不利影响。②

“真实即自由”的认识有其深厚的经济学理论基础。在关于经济人的完全理性假设下，投资固然有风险，但无须额外的公开披露措施，因市场可以提供决策所需的一切信息。阿克勒夫在其著作《有隐患的市场》中阐发了市场中的信息不对称问题，在这样的市场中，投资者无法区分产品的真实质量，导致劣质高价横行。③ 新制度经济学进一步认为，完全理性假设所建立的约束条件可能过于宽松，要进一步预测人们面临不确定的、复杂的以及信息不完全的环境时如何行动，应以“有限理性”替代“完全理性”。④

证券市场是一个高度依赖信息的市场，信息不完全、有限理性以及信息供给的公共品属性，决定了信息公开必须考虑法律强制供给的可选方案。法律要保证投资者能够有效获取信息，有效途径之一就是规定相关当事人承担信息公开的义务。同时，证券市场又是一个高度分化的市场，哪些信息需要强制公开，哪些不需要，什么条件下才需要采取强制信息公开的手段，很难一概而论。随着研究的深入，芝加哥大学法码教授提出了“有效资本市场假设”（Efficient Capital Market Hypothesis）的理论模型。所谓有效市场，是指一种信息的充分利用状态，证券价格随机波动的状态与价格全面反映证券市场信息传播的状况相吻合。⑤ 按照有效市场理论，由于起始条件和运行机制不同，并非所有市场都是有效的，不同投资者在不同的市场环境下能够获取信息的成本都是不同的，其对于信息披露的范围、种类和依赖程度因而有差异。

---

① 参见[美]路易斯·罗思、乔尔·赛里格曼：《美国证券监管法基础》，张路译，法律出版社2008年版，第5页。

② 参见徐卫：《美国证券立法中的“公开原则”》，载《外国法译评》1993年第4期。

③ 参见李立新等：《证券市场监管研究》，立信会计出版社2014年版，第15页。

④ 关于经济人基础假设，参见卢现祥：《西方新制度经济学》，中国发展出版社1996年版，第11页。

⑤ 徐兆宏主编：《中国证券法学》，上海财经大学出版社2000年版，第116页。

而且,考虑到经济人的有限理性,即便市场主体主动披露了相关信息,也未必能达到有效市场的理想状态。以美国的"安然事件"为例,尽管特定目的机构已经向投资者做过一般性披露,但披露本身最终被认定为不充分,原因是披露的信息不足以反映安然证券产品复杂的交易结构。问题在于,在一些比安然模式更复杂的结构性融资交易中,许多机构投资者和证券分析师都无法完全理解交易细节。① 由此可以看出,在应对复杂交易结构的信息披露问题上,信息公开原则表现出一定的局限性。

信息不对称不仅出现在证券市场,市场经济本质上就有信息不对称的特征,即交易双方对交易品所拥有的信息数量不对等。② 例如,商家对商品有价值的信息往往比消费者知道得多。类似的问题未必都需要通过法律来解决。信息不对称源于社会分工,而这正是生产力进步的原因,市场价格制度能够促进有效率的信息不对称并使人们不去探求他们不应该知道的信息。③

根据以上讨论,公开原则不只是单纯的信息公开制度,还涉及证券法是否适用、市场主体相互关系等基本问题。针对依赖信息披露的证券公开发行和交易活动,我国新《证券法》增加"信息披露"一章,将信息披露义务人从传统的发行人和上市公司,扩张为"发行人及法律、行政法规和国务院证券监督管理机构规定的其他信息披露义务人",在真实、准确、完整基础上增加了"简明清晰,通俗易懂"的披露要求。同时,在证券发行、交易行为和证券服务机构不同章节中,我国《证券法》分别规定了证券公司、证券服务机构等市场主体的披露义务。

信息公开作为证券市场的一项基本原则,还可以扩及为证券市场管理与执法活动的公开。原因在于,这些管理和执法活动针对的是证券发行人、证券交易所、证券经营和服务机构等证券市场主体,其监督内容以及对违法行为的处理结果等信息将对投资者的投资信心产生重大影响。所以,我国《证券法》第 174 条规定:"国务院证券监督管理机构依法制定的规章、规则和监督管理工作制度应当依法公开。国务院证券监督管理机构依据调查结果,对证券违法行为作出的处罚决定,应当公开。"

由此可见,我国《证券法》在一定程度上吸收了域外证券立法披露至上的经验,把信息公开作为贯穿证券法的主线。

二、公平原则

从一般意义上来说,"公平"是一种道德观念,以人们公认的价值观作为判断标准,它强调的是地位、利益、责任在当事人之间的合理分配,即所谓的"损有余而补不足"。这个意义上的"公平"接近于分配正义或体制公平,其要旨是使有关当事人能够各得其

---

① 参见[美]史蒂文·西瓦兹:《金融创新与监管前沿文集》,高凌云等译,上海远东出版社 2015 年版,第 184~185 页。

② 卢现祥:《西方新制度经济学》,中国发展出版社 1996 年版,第 12 页。

③ 参见杨小凯:《微观经济学的新发展》,载汤敏、茅于轼主编:《现代经济学前沿专题第二集》,商务印书馆 1993 年版,第 253~255 页。

所,实现自身的利益。但不可否认,由于“公平”观念本身的高度伦理化,人们对公平原则的理解具有较大差异性,且可能随着时代和社会条件的变化而改变。中国传统社会普遍有“不患寡而患不均”的公平观念,到近代市场经济兴起,公平观念又逐渐分解出平等、自愿、等价有偿等价值维度的“契约正义”。

法学研究倾向认为,效率和公平存在一定冲突。法律经济分析学派曾提出效率违约理论,“如果(一方当事人)从违约中获得的利益将超出他向另一方作出履行的期待利益,并且对预期收益损失的损害赔偿是有限的,则此种情况将形成对违约的一种激励,当事人违约是应该的”。① 为实现效益最大化而鼓励不守信用,无论从传统公平还是现代公平观念来看,都不够公平。从另一个角度考量,如果“效率违约”并没有使无过错方的情况变得更糟(假设对其进行了有效的补偿和救济),违约方因此获得比履约更大的利益,其结果是使社会的总体福利增加。做到这一点,效率自然寓于公平之中。因此,公平与效率的冲突不过是由价值观测点的差异所引起的,只要相应调整观测视角,二者并非不可调和。

有学者指出,金融法上的公平包括以下几层含义:一是公平参与金融活动,确保不同参与者对金融资源的可得性和易得性;二是公平进行金融交易,确保金融活动合理有序;三是公平享受金融福利,突破经济利益的局限,更多地关注社会整体利益。② 笔者同意其中的第一点和第二点分析。对第三点意见的评析,详见后文阐述。

关于证券法的法律属性,究竟是经济法属性多一些还是民商法属性多一些,学术界长期存有不同看法,但我国现行《证券法》所调整的范围包含了平等主体之间的商事关系,这一点应无异议。因此,我国《证券法》中的公平原则本质上遵循了“契约公平”的内在要求。

在证券法上,公平原则首先应当是指参与证券发行和交易活动的当事人的法律地位和机会平等。它具体是指相关当事人都是作为独立的民事主体参与其中的,彼此之间的关系是通过自由契约来联结的,不存在不同主体相互之间因身份或经济实力的差异或交易量大小而在证券发行和交易中受到差别对待。

自愿原则是我国《证券法》公平原则的另一重要内涵。所谓自愿原则,是指证券活动的参与人在法律许可的范围内,可以根据自己的意志为或不为一定行为,并可依自己的意志选择交易对象和合作伙伴。我国《证券法》第 4 条虽有“自愿、有偿”的明确表述,但自愿原则不是独立的证券法原则。因为自愿是“契约正义”赖以实现的基础,包含在公平原则的基本内涵中。当事人之间达成的合意只要是出于自愿,无论客观上是否存在对价给付、是否符合市场价值规律,这种交易结果就被认为是公平、正当的。

---

① 参见[美]理查德·波斯纳:《法律的经济分析》(上),蒋兆康译,中国大百科全书出版社 1997 年版,第 152 页。

② 冯果:《金融法的“三足定理”及中国金融法制的变革》,载《法学》2011 年第 9 期。

契约公平不仅体现平等自愿等原则内容。契约正义的实质在于对价，即强调一方给付他方的与对待给付之间，应具有等值性。[①] 由于信息不完全、不对称以及经济实力的差别，证券市场一旦被那些具有身份、信息和资金优势的参与者操纵、从事欺诈和内幕交易等行为，就会造成市场主体实质上的不平等，破坏意思自由的基础，也削弱了交易的等值交换。为了避免这种结果的发生，公平原则要求使用一定的矫正性手段，按照等价、有偿原则对市场主体的利益和责任进行衡平分配，以防止当事人一方利用优势无偿占有、剥夺他方财产，损害他人利益，恢复当事人之间公平的利益状态。因为从事违法行为而承担相应的法律责任，实现等量补偿投资者遭受的损失，正是体现了这样一种特殊的交换关系。从这个意义上来说，等价有偿与平等、自愿互为实现手段。

回应前文，公平原则是否包含了金融福利公平的要求？笔者认为，福利公平更强调消除贫困、缩小贫富差距等社会目标，而证券法的商法属性决定了交易效率和交易安全是第一位的。证券法自身的经济法属性，也主要是为了弥补市场失灵，未脱离契约正义的范畴。尽管有研究表明，良好的金融政策对于帮助低收入群体、缩小贫富差距和加快整体经济增长是有利的。[②] 但作为以规范交易为主旨的证券法不同于宏观金融政策，在证券法中注入过多的价值目标，并不能真正促进这些目标的实现。

总而言之，证券法所要实现和维系的市场公平乃侧重机会公平，即创造一个公平竞争的市场环境，让每个符合条件的市场主体均有平等进入市场的机会，每个参与证券交易买卖的当事人在事实上都享有同等的获利机会，都可能取得与自己有效投入相称的收益和承担相应的市场风险。

三、公正原则

我国《证券法》将公平、公正原则并列表述，仅就汉语词汇来看，“公平”与“公正”在语义上似乎并无多大差别。不少学者认为，公正原则是“对立法者、司法者、管理者权利的赋予与约束”，或“针对证券管理层行为而言的”，这些观点的共同点在于都重视管理者在实现公正上的作用。[③] 对于“管理者”的范围，有学者认为，“不仅包括立法者、司法者和政府管理者，结合证券市场的特殊性，它还应当包括自律管理机构的公正，更可以扩张到证券中介机构行为的公正”。[④]

笔者认为，作为行使公权力的“管理者”与基于市场和合同行使管理权的市场主体有本质区别。按照权责一致的公法原理，行使公权力的管理者，一方面，要积极行使其管理职责；另一方面，其管理权力也应当受到监督和制约，防止其权力过度膨胀和滥用权力。证券中介机构显然属于后者，若扩张纳入公正原则的适用范围，不仅可能与公平

① 王泽鉴：《民法学说与判例研究》（第 7 册），中国政法大学出版社 1998 年版，第 21 页。

② 参见［美］詹姆斯·R. 巴斯等：《金融守护人：监管机构如何捍卫公众利益》，杨农等译，生活·读书·新知三联书店 2014 年版，第 15 页。

③ 参见叶林：《中国证券法》，中国审计出版社 1999 年版，第 70 页。

④ 叶林：《中国证券法》，中国审计出版社 1999 年版，第 70 页。

原则的制度内涵重叠,而且该原则的独立内涵也不复存在了。

公正原则之所以占据“三公”原则的一席之地,是因为监管机构被天然视作公共利益的代表者,但在实践中可能似是而非。[①] 监管机构偏离公众利益要求主要是“人性”使然。保罗·克鲁格曼针对2008年金融危机曾批评美国金融业的繁荣并非市场无形之手决定,而是由金融监管部门的政策选择推动。[②] 我国一些中介机构之所以乐于为那些不合条件的企业包装上市,损害股东和国家,其背后无一不是企业领导层、中介机构和证券监管机关联手的“杰作”。[③]

任何一国的监管机构并非生活在真空里。只要监管机构有权介入市场活动中,其自身就是市场活动的相关利益方,甚至成为市场博弈的一方利益主体。从根本上来说,公正原则是针对“监管活动”而提出的要求,要求监管者以合理监管为目标,正确地行使法律赋予的职权,充当好公正“裁判员”的角色,维护证券市场公开、公平、公正,并维护投资者合法权益。

我国《证券法》规定,国务院证券监督管理机构依法拥有制定管理规章、规则权;有权依法审批、核准或注册并办理备案;对证券活动进行监督管理、对信息披露依法监督检查;对证券违法行为进行查处;依法监测、防范和处置风险;依法开展投资者教育等。值得指出的是,我国《证券法》还赋予证券监督管理机构在必要时可采取的准司法权:(1)有权进行现场检查;(2)有权询问当事人、指定报送有关文件和材料;(3)查阅、复制与被调查事件有关的财产权登记、通信记录等文件和资料;(4)有权冻结、查封各类支付账户;(5)对于操纵证券市场、内幕交易等重大证券违法行为,有权在一定期限内限制当事人的证券买卖;(6)通知出入境管理部门限制被调查对象出境;(7)采取责令改正、监管谈话、出具警示函等措施。在法学视域内,公正监管对于监督管理机构的要求主要体现为合法性和合理性两方面。按照我国新《证券法》第179条的要求,从事监督管理活动的工作人员负有忠实、依法和廉洁的法定义务。

四、“三公”原则的相互关系

上文已经讨论了“三公”原则在证券法中各自的含义,对于它们相互关系如何,存在不同观点,须进一步辨明。有学者认为,公开原则是“三公”原则中的首要原则,“是证券发行和交易制度的核心”。[④] 有学者甚至反对将“公正”作为一条原则与公开、公平

---

① 尽管有学者提出,中国经济成功的关键是因为存在一个中性的中央政府。但必须承认,关于中性政府的经验判断不等于监管部门的行动中立。有关中性政府的观点,参见姚洋:《威权政府还是中性政府》,载《二十一世纪》,2010年十月号。

② See Paul Krugman, “Losing their immunity”, *The Global Edition of the New York Times*, 18, October, 2011, p. 7.

③ 参见腾兴才:《社科院报告指出:一些中介组织正在沦为腐败中介》,载《中国青年报》2009年2月2日,第6版。

④ 符启林主编:《中国证券交易法律制度研究》,法律出版社2000年版,第21页。

并列,理由是司法机关的执法公正和行政机关的公正管理是公法上(而非私法上)的一般规则,并不是特别针对证券管理机关的,不应该作为一条法律原则写入证券法。这种观点认为,如果仅仅从一般的民商法意义上去理解公平,并没有抓住证券法的本质特征,作为证券法的原则,公平有它的特定含义,那就是信息占有上的公平。因此,"三公"原则的实质是以"公开"为主,"公平"为辅。①

可以看到,这类观点受到了域外证券立法"披露为王"理念的影响。论者常以美国证券法为样板,强调该国证券市场运行的显性原则,即信息公开贯穿于其中,却容易忽略公平与公正早已成为内化于其中不言自明的核心价值。况且,纸面上的规定与真正的实践未必完全对应。金融监管与信息公开不仅是立法技术问题,还有来自其他方面的挑战,金融守护人在多大程度上是为了实现公众利益,这主要取决于体制因素,以及有多少机构官员愿意将个人利益与公众利益保持一致。②

从法理上分析,"公平"一词在不同的环境和领域是有不同含义的。在某种意义上,公开体现了程序公平的要求,信息披露就是为了保障市场主体获取信息的机会平等,因此,公开即公平。但一般意义上的体制公平或制度公平显然更具有决定意义,这个层次的"公平",解决的是基本游戏规则问题。③ 如果没有公平的游戏规则,不但执法机构和义务主体难以彻底贯彻信息公开的要求,即使做到完全的公开,也不过是"不公正游戏"的公开化而已。"三公"原则的相互关系及其实际运用,不应遮蔽甚或扭曲中国现实社会结构或中国现实问题,④应通过本国法治环境与市场实践的主动检视和积极互动,形成符合关于本国"法律图景"的价值体系。

将公开、公平、公正原则并列,这不仅是由证券法多元属性决定的,更重要的是,因为我国证券市场长期面临的问题。从表面上来看,这些"问题"在不同历史阶段有不同表现,如国有资产和法人股占据股市的主导地位、股权分置不流通、信息公开不充分、中小投资者不成熟、投机盛行、金融空转现象等,但这些现象背后有一脉相承的制度根源:一是监管机构的定位模糊。根据我国《证券法》的规定,国务院证券监督管理机构是国务院的内设部门,未取得法院、检察院和监察机关"依法独立行使权限"的类似地位,在具体执法中容易受到宏观政策和不同部门的影响。因此,我国证券市场被学界诟病为"政策市",即证券监管不是以保证交易公平、合理和稳定的公正监管,而是一种"邀功

---

① 参见朱锦清:《证券法的基本原理》,载《北京市政法管理干部学院学报》2002 年第 1 期。

② 参见[美]詹姆斯 · R. 巴斯等:《金融守护人:监管机构如何捍卫公众利益》,杨农等译,生活 · 读书 · 新知三联书店 2014 年版,第 47 页。

③ 所谓体制公平,也就是罗尔斯所说的社会基本结构的正义,为首要的正义。参见[美]罗尔斯:《正义论》,何怀宏等译,中国社会科学出版社 1988 年版,第 5 页。

④ 参见邓正来:《中国法学向何处去(中)——建构"中国法律理想图景"时代的论纲》,载《政法论坛》(中国政法大学学报)2005 年第 2 期。

型”监管。[1] 在这种体制下，国有资产保值增值和证券发行公平、公正，金融服务实体经济与中小投资者权益保护，扩大融资自由与金融风险防范等多重监管目标容易发生冲突。若监管部门仅偏向方便实体经济企业获取融资，就难免牺牲中小投资者的权益保护；监管者错误认知市场游戏规则，片面指责投资机构“恶意”收购，亦可能影响投资信心，引发市场剧烈波动。[2] 二是管理范围大而不当。尽管我国证券监管机构缺乏像美国证券交易委员会（Securities Exchange Commission，SEC）、英国金融服务管理局（Financial Service Authority，FSA）那样的独立性，但在市场影响力方面却举足轻重。与国外证券法律部门类似，我国证券法律体系的一大特点是细则为王；伴随大量细则的制定，证券监管机构也随之坐大。[3] 我国证券监管机构的影响力甚至渗透进入行业协会，对中国证券业协会进行“归口管理”。而在审批制和以核准为名的“变相”审批制为主导的监管体系下，对证券服务机构的约束从市场滑向了监管机构，后者将所有监督资源系于一身，自律监管和市场约束被行政主导所抑制。

对中国证券市场来说，公开、公平、公正原则事关市场规则的基础构建，将三者并列强调，具有很强的现实意义。“三公”原则各自的相互关系，可在以下两个层次加以讨论。在基本制度层面，三者统一于一般意义上的“体制公平”。在此层面，“公平”是第一原则，它应保证市场参与主体在信息获得上的机会均等，又为各市场主体平等参与证券活动提供制度保障，同时要求管理者公正行使职权。具体展开“三公”原则各自内涵，公开是契约公平、监管公正的手段和前提；当事人地位平等、意思自治等契约公平反过来促进信息公开；公正监管的目的是证券发行和交易的公开性和公平性，成为信息公开与市场公平的有力保障。

第四节 政府适度干预原则

我国《证券法》总则第 7 条明文宣示证券监督管理机构介入市场监管的合法性，但条文仅强调“依法”，而对于政府干预证券市场的广度和深度，没有更多阐释。这等于将这一事关证券立法和法律实施的基本理论问题留给了学理和实践。

关于政府与市场的关系，我国宋代王安石与司马光的政治辩论中曾有过系统阐述。代表变法一方的王安石认为，政府（指代政府官僚机构）与社会（代表民间经济）是统一的整体，为此应通过“抑兼并”打破私人财富的权威；代表保守势力的司马光则指出，政

① 参见郑彧：《证券市场有效监管的制度选择——以转轨时期我国证券监管制度为基础的研究》，法律出版社 2012 年版，第 126 页。

② 针对一段时间以来多起杠杆收购，中国证监会有官员启用“妖精”“害人精”这类情绪化的话语模式，高调指责市场主体，这与监管机构的中立形象并不相称。

③ 参见朱伟一：《证券法》，中国政法大学出版社 2018 年版，第 14～15 页。

府的职责在于维持社会秩序，而不在于"管理"财富，政府应该保证自己的政策不阻止人民致富。①

经过时代变迁，相关争论在今天仍在延续。近代以来，关于政府干预必要性和适度性分析的理论贡献主要来自西方经济学。经过不同学者的发展和演绎，关于政府干预市场的各类学说逐渐成为影响证券监管的理论基础。

一、从自由放任到政府干预

近代西方社会所秉持的自由放任理念及其政策来自完全市场假设。严格来讲，完全市场不是一种理论"假设"，而是由一系列假设条件下推导而出的市场均衡模型，它须满足完全信息、完全理性、没有外部性等苛刻条件。② 在资本市场，完全市场意味着一个违法行为或者一个上市公司的倒闭，不会引起当事人自身以外的负面反应。

事实上，完全市场理论模型并非源自亚当·斯密本人。由于存在分工和技术进步，信息不可能由单个市场主体全部占有。在斯密那里，不存在计算无所不能的市场主体；以《国富论》的观点作为极端自由放任政策的支持，在理论上并不成立。③ 满足前述苛刻条件的市场状态当然不会现实存在。值得反思的是，完全市场理论不但给予极端自由放任政策正面支持，同时，"误打误撞"从反面成为政府干预论的基本理由。

1. 不完全竞争。完全竞争是在完全市场的状态下被定义和阐释的。在现实生活中，不完全竞争是市场常态。不完全竞争有垄断竞争、寡头竞争和完全垄断 3 种形式。④ 垄断行为，也正是各国反垄断立法重点关注的对象。

2. 外部效应。外部效应又称外部性（externality），它是指行为个体的行动不是通过价格对其他个体产生的影响。外部效应的实质是经济主体将其自身运作成本转移给社会负担，或者其贡献无法得到社会认可，从而扭曲了资源配置，这成为主张政府干预的重要理由。

3. 公共物品。市场选择机制起作用的基础条件是行为对象必须是排他的、可分的和竞争性的，只有满足这个条件，市场调节才可能促进社会效益最大化。假使某种物品不具有排他性，每个人都可以不花费用就能加以利用，那么就会存在"搭便车"的激励。当公共物品提供者不能获得全部收益或消费者不承担全部成本，市场机制自然会出现失灵。

4. 贫富分化。主张政府干预的另一个重要理由是，市场机制会导致收入的过度悬殊。贫富分化带来的问题有两个方面：一是产生令人难以接受的社会不平等，而且这种

---

① 参见［美］田浩编：《宋代思想史》，社会科学文献出版社 2003 年版，第 154 页。

② 完全市场的均衡价格理论由马歇尔 1890 年出版的《经济学原理》一书所创立，并由瓦尔拉斯完善为完全市场的一般均衡模型。

③ 学者将市场万能论的"帽子"扣在斯密头上，其实是一种理论误解。有关观点参见李立新等：《证券市场监管研究》，立信会计出版社 2014 年版，第 1～3 页。

④ 参见王志平、唐建华：《市场经济与政府经济管理职能研究》，载《西南民族学院学报》（哲学社会科学版）2002 年第 1 期。

不平等具有传递效应,往往随着时间的流逝而不断加深。二是贫富分化也会带来效率问题,根据边际效用递减规律,一个人的收入越多,货币收入的边际效用越小,收入越少,货币收入的边际效用就越大。因此,贫富分化会降低整体的社会经济效益,这需要政府进行收入再分配的干预。

将这些理论对照证券市场活动,它们几乎可以条条被验证。

首先,证券市场不完全竞争普遍存在。信息垄断即为典型垄断形式,国有股和一股独大现象更是垄断竞争甚至寡头垄断的例证。

其次,证券市场的外部效应不言自明。其外部性不仅体现为证券市场上存在大量违法交易活动,损及投资者利益,同时还体现为市场的投机性和自身高风险性对市场系统的破坏。证券市场还具有内在的不稳定性,这种不稳定来自虚拟经济系统中的正反馈作用。① 参与的市场主体越多,出现单例危机而连累整个经济系统的可能性就越大,甚至可能引发经济危机。

再次,证券市场具有明显的公共物品特征。公共品属性最明显的是信息供给,一旦证券市场信息被少数人所掌握和使用,就很可能不能排除他人使用。此外,证券市场具有一定的均富功能。② 投资者只需投入很少资金便能从事证券投资,从而分享企业创造的利润。

最后,证券市场会加剧贫富分化。证券市场的投机性既使某些人一夜暴富,也会使一些人瞬间倾家荡产;市场选择机制既让大企业获得加速发展的宝贵资金,也让那些因达不到证券发行条件的中小企业望“市”兴叹,从而形成强者恒强、弱者恒弱的局面。

既然完全市场内含了这么多苛刻条件,于是许多人倾向认为,只有通过政府干预才能矫正市场失灵。假如承认这种推论大致没错,还需要进一步回答的问题是:政府的干预有无限度?如果有,它的界限在哪里?针对这些问题本节将继续予以讨论。

二、政府失灵及其干预限度

尽管均衡价格理论面临诸多批评,但因此推导出解决“市场失灵”只能要求政府采取行动的结论,在逻辑上难以完全证立。所有针对市场不完美的批评其实只能证明一件事,完全市场理论模型存在重大缺陷。外部性、信息不完全和垄断竞争,其实就是市场的本来面目。在这里,失灵的未必是市场,而是政府,以及政府干预支持者所批判的均衡价格理论。因此,我们需要从另一个角度,去理解政府的“能”与“不能”。

谈论“市场失灵”,很多时候是把真实的市场与纸面上的市场作为对照。理解“无形之手”和“有形之手”的关系,显然不能只着眼于这种简单对比。市场应对自身

① 成思危:《风险投资论丛》,民主与建设出版社2003年版,第221页。

② 参见李东方:《证券监管法律制度研究》,北京大学出版社2002年版,第36页。

"问题"可能存在其他"自发解",能够在不诉诸政府强制的条件下使市场运转得更好。①

新制度经济学的有关观点为我们寻找"自发解"提供了启示。在博弈论的"囚徒困境"模型中,行动主体为了追求自利的后果而拒绝合作,结果造成整体的非最优结果。"囚徒困境"反映了行动主体对"零和博弈"的恐惧,即一方参与者所得必然是另一方所失。只不过,上述局面往往是在静态、瞬时决策条件下完成的;在动态市场条件下,市场联盟会提供各种合作机会,使局内人与其他类似群体相互反馈信息并有效采取行动,"只要这些联盟超出某个最低规模,并且成本/收益比较有吸引力,合作解就会出现"。②在现实中,除自由市场外,网络技术、民间力量甚至是政府的间接引导而非直接强制,都可以促进合作的产生。③

另外,政府干预不是免费的。它包含了达成某一行政目标所要消耗的社会资源以及监控权力所产生的直接成本,"政府失灵"更是一种社会成本高昂的代价。由公共选择学派发展出的现代监管经济学提出了三大理论命题:监管俘获、监管寻租和监管时滞。所谓监管俘获,是指监管者为利益集团所支配,这导致监管并非为了公共利益,而是为特殊利益集团的利益需要而产生;所谓监管寻租,是指政府作为监管领域的垄断者具有庞大的寻租空间,寻租的存在决定了一项政策越是扭曲市场,监管租金就越多,就越难矫正这种监管政策;所谓监管时滞,是指监管者在从事监管活动时也面临信息不完全、不对称等问题,所以即使发现了市场风险问题,经过讨论并制定监管方案,也往往滞后于市场,该监管实施不能取得预期效果。这提醒人们,政府干预不是包治百病的灵丹妙药。

在寻求外部性解决方案的诸多努力中,科斯的交易成本考察是重要的理论视角。科斯在《社会成本问题》一文中指出,外部性问题具有相互性,在避免一方损害的同时也会造成另一方的损害,从总体或边际的角度来看,片面强调限制一方的做法并不是明智的。④ 为了符合社会总体效益,使当事人遭受的损失都尽可能小,就要清晰界定彼此的权利边界,在此基础上当事人就会利用市场机制,通过谈判达成彼此最有利的协议。只要双方交易的成本为零,无论产权具体如何安排,都对结果(效率)不产生影响。但交易成本为零不过是一种理论假设,这并非科斯要表达的最终结论。一旦考虑到进行市场交易的成本,产权的具体界定便会对经济制度的运行效率产生影响。

科斯所要讨论的核心问题,其实是对外部性问题解决方案的成本比较分析,对其理

---

① [美]乔·B.史蒂文斯:《集体选择经济学》,杨晓维等译,上海三联书店、上海人民出版社1999年版,第117页。

② 同上书,第127页。

③ 参见熊丙万:《私法的基础:从个人主义走向合作主义》,中国法制出版社2018年版,第256~264页。

④ 参见[美]科斯、阿尔钦、诺斯等:《财产权利与制度变迁——产权学派与新制度学派译文集》,刘守英等译,上海三联书店、上海人民出版社1994年版,第4~11页。

论进路总结如下：第一，如果没有交易成本，自由市场可以自行解决问题，无须任何政府干预（在资本市场这显然是不现实的）；第二，企业组织可以节约交易成本，成为某些领域的可选项（企业纵向一体化正是这种选择的例证）；第三，政府类似一个超级企业，有能力解决问题，但有明显的成本限制；第四，有些情况无须政府直接采取管制措施，代之以事后的法律（司法）调整效果更好。科斯认为，要对解决问题的不同方式的成本收益进行研究才能得出具体结论。①

新制度经济学关于集体行动、政府失灵和交易成本的有关讨论，大大深化了人们对政府干预适度性的认识，对于我们正确理解政府和市场的关系，有重要的理论和现实意义。

三、证券法视域下的政府适度干预

在现代金融法理念中，政府对市场干预的正当性已内化于各国成文法以及多如牛毛的金融监管规则中。但监管机构的行动边界究竟在哪里，尚缺乏统一的认识，实际的政策选择大多在强化监管与“去监管化”之间来回摇摆。

从我国证券市场发展历程来看，证券行政管制的色彩十分浓厚：如上市公司发行股票的行政审批（经历了配额指标、通道审批、核准等阶段），对证券二级交易市场的控制（证券上市交易须经行政核准、禁止柜台交易、透支买进股票、买进股票当日卖出等），对金融产品创新的抑制（证券交易类型仅限于公司股票和债券、交易方式仅限于现货交易），对金融混业经营、银行资金入市以及融资融券的管制等。

但是，哪怕是对我国监管机构对市场介入范围持批评态度的学者，都大多强调证券市场与一般市场的异质特征。许多观点认为，证券市场是一个投机盛行的非理性市场，体现了发行人与投资者和投资者与投资者之间的零和博弈，一切道德风险、违约风险及欺诈风险都源于这种市场特征。要避免前述风险，就必须借助政府等外部力量约束私利性和贪婪性，故监管的重点任务在于保证市场主体回归理性。② 监管需求与市场特征是有紧密关联的，一旦证券监管的制度选择建立在错误的市场认知基础上，可能会助推过度管制。

笔者认为，理解适度性干预原则，需要把握以下要领。

第一，必须充分尊重证券交易的市场逻辑。证券市场与一般市场比较有特殊性，但本质上仍要遵循投资自由和风险自负的基本理念。我国《证券法》第 25 条规定：“股票依法发行后，发行人经营与收益的变化，由发行人自行负责；由此变化引致的投资风险，由投资者自行负责。”这充分表明了证券市场的商品经济属性，这与其他市场无本质

---

① 参见[美]科斯、阿尔钦、诺斯等：《财产权利与制度变迁——产权学派与新制度学派译文集》，刘守英等译，上海三联书店、上海人民出版社 1994 年版，第 20～24 页。

② 参见郑彧：《证券市场有效监管的制度选择——以转轨时期我国证券监管制度为基础的研究》，法律出版社 2012 年版，第 13～17 页、第 25 页、第 34 页。

区别。

从理论和实践来看,前述论断也是成立的。首先,从市场准入的角度,党的十八届三中全会关于全面深化改革的决定提出推进股票发行注册制,我国新《证券法》第 9 条确立了证券公开发行注册制的法律地位,这与其他商事制度改革领域一样,放松管制是大势所趋。其次,自利、贪婪、投机只是理性人假设的组成部分,构成无形之手隐含的内在力量,不宜以道德化的标准对行为的“远因”进行评价。主观上看似带有恶意的收购行为,客观上可以促进上市公司治理结构完善,因此,简单以“动机”作为管制标准,显属过当。再次,政府能否干预以及干预效果如何,并不以市场是否理性为要件。在健康的市场秩序中,同样可能出现“羊群效应”等非理性行为。同时,许多研究表明,市场非理性行为常常是政府干预不当的结果。如果投资者认为经过监管者的严格管理,会确保那些证券机构或代理商的安全性,监管实际未达到如此效果,就降低了投资者的谨慎,额外增加了市场风险。[①] 最后,金融交易具有跨期性,体现价值的跨时空交易安排,[②]如果按照实物交易思维实施监管,则易陷入零和博弈陷阱,形成不当干预市场的管制政策。

第二,对于“市场失灵”,如果可以采取更缓和或间接的手段解决,则不必完全依靠政府强制性干预。可以注意到,关于代替政府直接干预的选项变化,在我国《证券法》各章节修订内容中有大幅度体现,具体包括:在规范和监督基础上,鼓励律师事务所、会计师事务所发挥专业性监督力量;赋予证券交易所以纪律处分等更大的自律管理权限(新增第 115 条第 2 款)和临时停市等处置权限(新增第 113 条);发挥政府资源优势,引导成立专门性的保护基金或保护机构;等等。

第三,要具体比较证券管理机构直接干预与其他解决方式所产生的社会成本,并对各自带来的收益综合计算衡量,合理选择同等效果前提下社会成本较小的方式或手段。以证券法律责任为例,我国原《证券法》采取了重行轻民、以行为主的责任结构,其成本与收益明显失衡:一是原证券法规定的处罚金额过低,不足以“内部化”违法行为人对投资者造成的外部成本;二是监管部门面对众多市场主体,取证执法成本较高;三是即便大幅增加处罚金额,由于处罚所得并不用于补偿投资者,罚金所导致的损失最终由投资者分摊。因此,以行政处罚遏制证券违法行为的社会成本较高,原法律责任结构所体现出的干预手段是超度和低效的。

但是,学界对于强化证券民事责任有一种顾虑,民事赔偿是由上市公司用投资者的钱赔偿,实际上最终损害的是投资者。[③] 笔者认为,证券民事责任在成本和收益方面基

---

① 参见李东方:《证券监管法律制度研究》,北京大学出版社 2002 年版,第 44 ~ 45 页。

② 例如,证券发行从当期价值来看,市场的投机性可能不过体现了发行人与投资者之间的财富转移;而一旦考虑价值的远期实现,则可能出现财富效应。

③ 参见王利明:《关于完善中国证券侵权民事责任制度的几点思考》,载《证券法苑》(第 6 卷),法律出版社 2012 年版,第 17 页。

本是平衡的。首先,在律师和专业机构的协助下,由投资者提起民事诉讼,是一种成本较低的规制方式。其次,与行政处罚比较,民事赔偿可以直接用于填补投资者损失。最后,民事赔偿的填补性质以及责任范围的司法限定,可以避免上市公司其他投资者承担诉讼引起的额外损失。

基于以上理由,我国新《证券法》对原有干预政策作了较大调整,一方面强化了民事责任,另一方面对重大证券违法行为大幅提高了处罚金额。例如,针对证券发行欺诈,尚未发行证券的,处罚金额由原来的30万元以上60万元以下,提高到200万元以上2000万元以下;已发行证券的,由处以非法所募资金金额1% ~5%的罚款,修订为10%以上1倍以下。[①]

第五节 诚实信用原则

诚实信用是一项重要的私法原则,已被奉为民法之"帝王条款","确立为君临全法域之基本原则"。[②] 由于证券发行和交易所产生的法律关系,很大部分受商法调整,而我国明确采取民商合一的立法体例,诚实信用原则在证券法领域也当然适用。号称为民法乃至私法的最高指导原则,诚实信用原则是否有必要同时作为证券法的一项基本原则?我国《证券法》第4条对诚实信用作了原则性规定。一如前文指出,明文宣示的"原则"不等同于真正的法原则,要在解释上确立为本部门法的基本原则,除法律规定外还需有进一步的理由。

我国《证券法》将诚实信用与平等、自愿、有偿并列表述,后者的具体含义已被涵盖于公平原则中,而且诚实信用与公平原则又可能存在内容交叉。如果将证券法与民法作同一理解,诚信原则有无独立在证券法中存在的必要,殊成疑问。因此,证券法中的诚实信用应当具备自己独特的法伦理内涵。

一、民法中的诚实信用原则

诚实信用原则最早源自罗马法的"恶意抗辩",字面上谓为"善意"或"良信"。在市场经济的历史发展中,诚信原则表现为以商业惯例形式存在的道德规范,它要求人们在市场活动中讲究信用、恪守诺言、诚实不欺。在大陆法系,民法中的诚实信用原则最初局限于债法领域,即契约的订立、履行和解释,后其适用范围不断扩大,而且最终扩及至一切权利行使和义务履行,成为民法的基本原则。[③] 随着司法实践和学说的发展,诚

① 对比我国原《证券法》第189条和新《证券法》第181条的规定。

② 王泽鉴:《民法学说与判例研究》(第5册),中国政法大学出版社1998年版,第29页。

③ 参见梁慧星:《诚实信用原则与漏洞补充》,载梁慧星主编:《民商法论丛》(第2卷),法律出版社1994年版,第62页。

实信用原则被赋予了更大的内涵,其主要功能不仅在于维持当事人之间的利益平衡,更是要平衡当事人与社会之间的利益,从而成为司法者根据公平正义进行创造性司法活动的手段。①

在诚信的演变脉络中,可以分别整理出诚实信用原则狭义、中义、广义3个不同层次的内涵:诚信原则第一个含义是指信守契约,即要求契约双方忠实履行合同义务,在追求自身利益的同时不损害对方利益;诚信原则第二层含义可扩展至契约以外的民事活动,要求当事人本着不损害他人和社会利益的最大善意行使权利或履行义务;诚信原则最高层次的含义侧重当事人之间、当事人与社会之间利益和负担的合理分配,使当事人行使权利或履行义务在客观上符合社会经济目的。在广义上,诚实信用的内涵接近于分配正义或体制公平。

实际上,诚实信用原则的地位在民法领域一再提高,与近代民法过度强调"契约自由""契约神圣"等观念有莫大关系。在近代资本主义社会初期,个人主义和权利本位的社会思潮泛滥,民法因此立足其中,形成了著名的4项基本原则:人格平等、私有财产神圣、契约自由和过失责任。随着市场经济的发展,社会关系日益复杂,各类新型案件层出不穷,传统四原则暴露出了一些不适应性,如在僵化的人格平等、契约自由的掩护下,弱者生存环境日益恶化、垄断力量日益强大等。在此背景下,现代民法开始在某种程度上修正上述传统原则,从极端尊重契约自由转而兼顾社会公平。

然而,各国在立法上并未对"社会公平"原则予以明文宣告,而是将其体现于各项具体制度中,如规定"所有权附有义务""权利不得滥用",建立各种旨在保护弱者的协调制度等。此外,还提升了诚实信用原则的地位并扩大其内涵,使其在一定程度上作为社会公平的"调节器"。诚信原则的"声名鹊起"不过是恰好迎合了现代民法由契约公平向社会公平的偏转潮流,根本上源于分配正义的要求。由此可见,公平原则的内容远比诚实信用更丰富,无论民法的各种规定千头万绪、复杂万端,若一言以蔽之,只有"公平"二字最能体现民法精神之精髓。②

二、金融法契约诚信的兴起

与传统民法强调契约自由、权利本位不同,证券法律部门在形成之初就糅合了国家干预、社会本位的因素。1929～1933年爆发了前所未有的经济危机,以美国为代表的国家纷纷放弃经济自由主义政策,转而推行"凯恩斯主义"的新经济政策,表现在法律上,就是大量国家直接干预经济活动的立法相继颁布。其中,美国国会通过的《1933年证券法》(the Securities Act of 1933)和《1934年证券交易法》(the Securities Exchange Act of 1934),建立起一个具有广泛权力(包括立案侦查权力)的新的联邦政府机

---

① 参见徐国栋:《民法基本原则解释——成文法局限性之克服》(增订本),中国政法大学出版社2001年版,第79页。

② 参见赵万一:《民法公平原则的伦理分析》,载《重庆社会科学》2004年第2期。

构——证券交易委员会(SEC),负责监督证券市场、调查违法事件、管理证券发行人和交易商,这堪称政府直接干预市场的典范之一。

当今证券市场产品越来越复杂、越来越专业化、信息偏在性越来越强,大多数产品公众参与程度高,交易者众,使交易具有很高的投机性和风险性。由于金融本质在于价值的跨时空配置,金融交易具有不完全合同的基本特征。不完全合同是建立在有限理性和不完全市场基础上的契约形式,不同于缔约时得以一次性谈判或者通过漏洞补充确定全部内容的传统合同。应对交易的长期性和市场环境的复杂性是不完全合同面临的主要挑战,这类合同最终会由一开始订立时的多数人交易演变成合同执行阶段的少数人交易。①

因此,不完全合同治理需要建立特殊机制。以公司契约这一典型的不完全合同为例,②公司法通过强行规则、赋权规则和任意规则提供公司长期性标准契约的治理框架,③并配置剩余控制权来填补公司契约的不完全性。④ 金融契约也具有这种共性特征。在政府管制面,金融契约的订立主体、交易流程和结算规则都具有明显的政府干预色彩。在商事交易面,金融契约也有不同于传统契约的法律特征。主要表现在以下方面。

第一,交易形式化进一步加强。金融交易更强调交易安全和公共利益,意思表示解释以形式主义为绝对主导。其中,证券属标准化交易,股票买卖直接由无纸化交易指令集中撮合,模糊了合同要约与承诺错综合致的过程。

第二,证券法律关系具有涉众性和复合性。证券交易不仅是特定当事人之间的交易,证券发行、证券交易都涉及不特定的交易对手乃至其他利益相关投资者。同时,证券法律关系是多个法律关系的结合,如证券发行结合了证券承销、中介服务和投资咨询等从属法律关系。因此,理解金融契约,不能局限于合同相对性原理。

第三,金融契约受信义义务调整。金融契约与一般契约的诚信义务不同,其义务水平高于一般的契约诚信。域外许多金融消费者保护法律,都是基于衡平法信义关系的立法。⑤

由此可见,金融法契约诚信是民法诚实信用原则在资本市场的进一步发展,并随着私法与公法的互动,逐渐衍生出相对独特的内涵。

---

① 参见[美]奥利弗·E. 威廉姆森:《市场与层级制:分析与反托拉斯的含义》,蔡晓月译,上海财经大学出版社 2011 年版,第 23 ~ 47 页。

② 在公司契约论的主张者看来,公司的本质为各种经济人为追求自身效力最大化而订立的“合约束”。参见罗培新:《公司法的法律经济学研究》,北京大学出版社 2008 年版,第 160 页。

③ 参见钟凯:《公司法实施中的关联交易法律问题研究》,中国政法大学出版社 2015 年版,第 91 ~ 92 页。

④ See Hart and Moore, “Property Rights and the Nature of the Firm”, *Journal of Political Economy* 98(6), 1990, pp. 1119 – 1158.

⑤ 参见许凌艳:《金融法基本理论研究》,上海财经大学出版社 2018 年版,第 16 ~ 17 页。

三、证券法诚实信用原则的解释功能

综合前文讨论,对诚实信用原则采民法之中义解释,较契合证券法的价值目标。金融契约诚信的独特内涵,才是其独立作为证券法基本原则的主要理由。证券法诚信原则的作用在于解决金融契约的不完全性,防止市场参与者在追求自身利益时违反市场道德,损害广大投资者和社会公共利益。证券法诚信原则所支撑起的治理框架,是对最大限度追逐利润的短视行为的一种理性超越。正如威廉姆森所指出的,经济合理地运用有限理性,保护人们免受投机行为之苦,使我们以更广阔的视野来看待各种经济问题。①

一如诚实信用原则在私法中的弹性解释功能,将诚实信用原则放置于金融契约的视角,不仅对证券法具体规则适用有重要的解释意义,甚至对证券法的某些重要制度也具有整体上的价值引导功能。举例如下。

1. 金融契约义务的分类解释。考虑到公司法和证券法的亲缘关系,金融契约信义义务与公司法上的信义义务有交叉重叠,例如,上市公司投资者与公司股东的身份一般是重合的。但公司法信义义务毕竟基于更“持久而复杂”的契约结构,并非所有证券当事人之间都存在股东与公司那种同命运共始终的紧密关系。证券公司对投资者的信义义务水平,显然低于大股东对公司及小股东所负义务。而且,会计师事务所、律师事务所等证券服务机构的合同义务水平,没有超出一般私法诚信范畴的必要性。

2. 投资者适当性规则漏洞填补。我国新《证券法》第 88 条借鉴域外保护投资者立法经验,规定证券公司负有充分了解投资者投资适当性以及投资风险告知义务。但有关规则没有明确,适当性义务履行究竟采取书面、口头或其他方式,在实践上只能依诚信原则根据产品和投资者等情况具体衡量,以投资者能充分了解的方式履行。本规定还存在一个可能的漏洞,当证券公司违反规定向不适合投资的投资者提供销售或服务时,仅依规定承担损失赔偿责任,而未明确其是否负有劝诱禁止义务,②以及违反适当性义务时销售、服务合同的效力应作何认定。以信义义务解释,违反适当性义务当属利益冲突交易,未来司法解释有必要按照利益冲突法理进行规则续造,进一步赋予投资者撤销权和利益归入请求权。

3. 证券交易意思表示的外观主义解释。在以交易安全为主导的解释导向下,证券交易意思表示解释遵循高度外观主义原则。光大证券“乌龙指”事件的有关争议部分

---

① 参见[美]奥利弗·E. 威廉姆森:《资本主义经济制度》,段毅才、王伟译,商务印书馆 2002 年版,第 51 页。

② 我国新《证券法》第 88 条第 2 款仅规定投资者不提供真实信息时证券公司负有不得提供销售和服务的义务。

彰显了不同的解释立场。[①] 在该事件中，因证券公司操作失误导致的巨量市价委托订单属于意思表示错误，由于已经在交易系统清算交收完毕，按照外观主义的意思表示解释原则，这些交易均视为公开有效且不可撤销。关于这一点并无争议。但对事后避险行为如何评价，有学者不赞同证监会关于内幕交易的定性，认为光大证券主观心态并非诱导投资者跟进，客观上不存在对与之同场逐利的投资者负有信息披露义务。[②] 但也有观点认为，光大证券既已明确对外作出买卖意思表示，投资者对此已形成合理信赖，其没有选择及时公开价格异常波动的真实信息，而是抢先利用价格上涨不具有持续性的内幕信息判断，购买其他公司的证券反向做空套利，与其外部意思明显背离，违背了金融契约诚信原则，应构成内幕交易。

4. 证券民事责任解释路径选择。关于证券民事责任的性质，一般认为，有关行为违反强行性法律规定，义务范围及至社会不特定之投资者，且没有固定的交易相对人，故学理上多以侵权责任定性。从比较法来看，各国对证券违法也多采侵权规制模式。但是，证券民事责任的学理解读并非只有一条路径。按照金融契约的视角，有关交易非普通契约，而是一系列法律关系的结合。以信义义务为核心的法律构造作为证券民事责任的基础，有利于破除传统侵权责任法在证券法领域的适用障碍。例如，传统侵权归责原则主要是过错责任，无过错责任一般对应人身损害的高度危险责任，赔偿范围限于损失填补。依信义解释，更多采用严格责任或过错推定，损失范围扩大至预期投资利益或参照行为人所得利益予以确定，对于投资者保护可能更有利。

---

① 因自营部门交易系统发生故障，多只权重股瞬间出现巨额买单，上证券指数瞬间上涨 5.96%；为弥补亏损，光大证券利用 ETF 卖出股票和股指期货进行对冲操作。中国证监会最终对光大证券采取锁定亏损的措施认定为内幕交易，没收光大证券股指期货内幕交易违法所得 7414 万余元，并处以违法所得 5 倍的罚款，另对相关人员终身市场禁入。此次事件还引发了投资者索赔的系列民事诉讼。参见《光大证券原高管杨建波“乌龙指”案件回顾》，载和讯网：http://stock.hexun.com/2014－12－26/171810021.html，最后访问日期：2019 年 7 月 13 日。

② 参见缪因知：《光大证券事件行政处罚与民事索赔之合法性质疑》，载《法学》2014 年第 1 期。

第四章　证 券 发 行

第一节　证券发行概论

一、证券发行的含义和法律特征

证券发行，是指发行人为了筹集资金或设立公司依照法定条件和程序向社会公众或特定对象销售并交付证券的行为。我国《公司法》和《证券法》均未对证券发行从法律上给予明确的定义，中国证监会发布的《上市公司证券发行管理办法》《首次公开发行股票并上市管理办法》《证券发行与承销管理办法》等主要规定证券发行的规章也搁置了这一问题。1993 年国务院颁布的《股票发行与交易管理暂行条例》曾将股票公开发行定义为发行人通过证券经营机构向发行人以外的社会公众就发行人的股票作出的要约邀请、要约或者销售行为。这一定义对界定证券发行的法律含义有指导作用，但该解释仅仅局限于作为证券的股票且不包含非公开发行的证券，我国此后颁布的《证券法》也未加以沿用。

1998 年我国《证券法》颁布之初，关于该法解读的若干论著中，一种被大家普遍接受的观点是：证券发行是指发行人以筹集资金为目的向投资者出售代表一定权利的有价证券的活动。① 然而，这种观点并不完全准确，最明显的缺陷是，不能很好地说明证券发行具有合同行为性质的特点，并且也难以解释我国《公司法》《证券法》规定的募集设立股份有限公司时发行股票的行为，因为此时发行股票的另一重要目的是设立公司，不可能仅仅定性为募集资金，我国《证券法》第 11 条就是专门对设立股份有限公司公开发行股票的规定。另外，随着证券衍生品种的出现，部分不以募集资金、设立公司为目的的证券衍生品种（如权证）的发行也应纳入证券发行的范畴。因此，尽管我们可以说证券发行在多数情况下是以募集资金为目的，但由此来定义证券发行从逻辑上来说并不严密。

许多国家或地区的立法都未对证券发行的含义进行解释。美国《1933 年证券法》《1934 年证券交易法》只对与证券发行有关的概念，诸如“发行人”“出售”“推销”“要约”“要约推销”等作了广义解释。如美国《1933 年证券法》第 2 条(a)款中规定，发行人(issuer)是指“任何一个发行或者准备发行证券的人”。美国《1934 年证券交易法》第

---

① 参见周正庆主编：《证券知识读本》，中国金融出版社 1998 年版，第 168 页。

3 条(a)款对发行人作出了大致相同的解释。日本《证券交易法》[①]也没有对证券发行直接定义,只是对“有价证券的募集和销售”作了相应解释,将有价证券的销售解释为发行。[②]

我国一些学者也将证券发行与证券募集进行了区分,认为证券募集主要为双方当事人的契约行为,以股份募集为例,包括发行人发出要约邀请(招股说明书)、认购人提出要约(如填写认股书)和发行人承诺(核定投资者的应得股份数量)的过程;证券发行则应当为单独行为,即发行人向投资者交付证券凭证。募集与发行在时间是连续的,募集资金必然引起证券发行。“证券发行和募集的法律性质不同,不是同等概念。”[③]但也有不少学者认为,证券发行可以有广义和狭义的解释,广义的证券发行包括“证券募集、证券分派、缴纳资金及交付证券等”。[④] 证券发行和证券募集从联系上来看,“募集行为是证券发行的前提,是整个发行过程的一个阶段或一个环节,从这个意义上说,募集包含在发行之内”。[⑤]

笔者认为,从我国《公司法》和《证券法》的有关规定来看,证券发行应当是一个包含从证券要约邀请到交付证券的整体过程。无论是我国《公司法》上关于“股份发行”的专节规定,还是《证券法》上关于“证券发行”的专章规定,均未对募集行为和发行行为作出区分。我国《公司法》关于股份有限公司设立的规定虽然也使用了“发起人向社会公开募集股份”的表述,[⑥]但在关于“股份发行”的专节规定中对公司设立时和成立后发行新股均使用了“发行”的表述;我国《证券法》第 11 条关于“设立股份有限公司公开发行股票”的规定,直接将公司设立过程中的募集股份表述为“发行”,说明我国法律是将发行作为从合同订立到证券交付的完整过程来规定的。在证券已经广泛采用“无纸化”的情况下,证券通过证券交易所和登记结算机构的网络系统公开发行,从投资者发出认购要约到发行人承诺再到公司完成交付都可能在瞬间完成,不仅让合同的订立和证券交付变得非常简捷,而且使双方当事人违约的可能性也几乎不存在,证券的制作和交付早已不再像纸质证券时代那样重要和具有独立地位。因此,尽管将证券募集与证券发行作出区分具有合理性,但将证券发行视为一个整体过程来把握,不仅符合我国法律的现行规定,而且更适合证券“无纸化”交易的实际。

我国《证券法》上的证券发行具有如下法律特征。

---

① 2007 年 9 月 30 日日本《金融商品交易法》正式实施,全面取代了日本《证券交易法》。

② 日本《证券交易法》第 2 条规定,有价证券募集是指以多数人为相对人而发出的要约取得新发行有价证券的劝导;有价证券的销售即证券发行,“指要约卖出或者买进已发行有价证券的劝导中,以均一条件,以多数人为相对人且符合政令所定情形者”。

③ 叶林:《证券法》(第 4 版),中国人民大学出版社 2013 年版,第 83 页。

④ 参见范健、王建文:《证券法》(第 2 版),法律出版社 2010 年版,第 69 页。

⑤ 陈洁:《证券法》,社会科学文献出版社 2006 年版,第 56 页。

⑥ 参见我国《公司法》第 85 条、第 88 条。

1. 证券发行包括公司设立时的发行和公司成立后的发行。公司设立时的发行即股份(股票)发行。我国《证券法》第 11 条规定,设立股份有限公司公开发行股票,应当符合《公司法》规定的条件和经国务院批准的国务院证券监督管理机构规定的其他条件。公司成立后的发行包括发行新股和其他证券。正是基于公司设立时发行股份的情形,本章将证券发行的主要目的界定为募集资金和设立公司。

2. 证券发行人是具有法定资格和符合法定条件的发行主体。根据发行的证券品种,发行人可以分为政府机构和经济组织;如果是公司设立时的发行,作为发行人的公司发起人还有自然人和法人之分。[①] 按照我国法律的规定,无论属于何种证券发行,发行人均需具有相应的资格和符合法定的条件。如我国《公司法》第 125 条规定,只有股份有限公司才能发行股票;该法第 84 条规定,以募集设立方式设立股份有限公司时,必须先由发起人认购不少于股份总数 35% 的公司股份,其后才能向社会公开募集股份。我国《证券法》第 12 条规定,只有具备健全且运行良好的组织机构,具有持续经营能力,最近 3 年财务会计文件被出具无保留意见审计报告等条件的公司才能公开发行新股。从我国实践情况来看,参与证券发行活动的证券发行人,包括发行政府债券的中央政府和地方政府;发行股票的股份有限公司;发行公司债券的股份有限公司和有限责任公司;发行企业债券的公司和非公司法人企业;发行存托凭证的境外基础证券发行人;发行证券投资基金份额的基金管理人;发行金融债券的政策性银行、商业银行、企业集团财务公司及其他金融机构以及发行证券衍生品种的发行人;等等。无论何种发行主体,法律上都有各自适用的法定资格和条件,只有符合这些资格和条件的发行人才能成为证券发行的适格主体。

3. 证券发行对象具有广泛性。证券发行对象即证券投资者,包括社会公众投资者和特定投资者。按照我国《证券法》第 9 条的规定,向累计不超过 200 人的特定投资者发行证券为非公开发行,向不特定的社会公众投资者发行证券或向特定对象发行证券累计超过 200 人为公开发行。这一界定也与我国《公司法》对股份有限公司发起人的上限为 200 人的规定对接,公开发行和非公开发行拓展了证券发行的对象范围,发行人可以依法向社会公众、特定股东、特定债权人、特定境外投资者发行证券。

需要指出的是,公司设立时发起人也应作为证券发行的对象,其原因是发起人在向公司缴纳出资的同时也将获得由公司签发的证明其所持股份的记名股票,这部分股票在满足一定条件后——如公司成立后经过一定期限——即可依法转让,没有理由认为这部分证券不是公司发行的证券。根据公司法理,发起人在公司设立过程中,彼此间构成合同(合伙)关系,其为设立公司产生的权利义务在公司成立后归于公司法人,发起人作为发行人交付股票的义务也应当转由公司履行,发起人的身份在公司成立后发生

---

① 根据我国《公司法》第 78 条的规定,设立股份有限公司发起人应当为 2 人以上 200 人以下,其中须有半数以上的发起人在中国境内有住所。

转变，由发行人变成公司的股东，公司也应对其投资交付股票。在这个意义上，募集设立公司的发起人具有发行人和发行对象的双重属性。

4. 证券发行作为一个完整过程，包括了发行人与投资者订立合同和合同成立后发行人履行交付证券义务的过程。证券发行是发行人销售证券和投资者购买证券的合同行为。根据我国《合同法》的规定，当事人订立合同，采取要约、承诺的方式，当事人双方合意，“承诺生效时合同成立”，“依法成立的合同，自成立时生效”。从我国《公司法》第 132 条关于“股份有限公司成立后，即向股东正式交付股票”的规定和《证券法》第 35 条关于“证券交易当事人依法买卖的证券，必须是依法发行并交付的证券”的规定来看，证券发行不应截止于合同成立，而应当延伸至证券交付，否则就不能进入法律规定的“证券交易”环节。证券交付应当属于合同成立后发行人对投资者履行的义务，但并非合同的全部义务。就发行人与投资者因证券发行所形成的合同义务而言，发行人不仅应当向投资者交付证券，还应当履行分配股利或支付利息等合同义务。因此，证券发行的完整过程应当始于订立合同并止于交付证券，交付证券即意味着证券发行的完成。

5. 证券发行必须符合特定的条件和程序。证券发行尤其是公开发行往往牵涉众多的利益相关人，蕴含了较大的投资风险，因此，各国（地区）的证券立法均要求整个证券发行活动须在法定程序下进行。按照我国《证券法》第二章“证券发行”的有关规定，公司公开发行证券必须依法报经国务院证券监督管理机构或者国务院授权的部门注册；未经依法注册，任何单位和个人不得公开发行证券；设立股份有限公司公开发行股票，应当向国务院证券监督管理机构报送募股申请、公司章程、发起人协议、发起人姓名或者名称，发起人认购的股份数、出资种类及验资证明、招股说明书、代收股款银行的名称及地址、承销机构名称及有关的协议、保荐人出具的发行保荐书等一系列法律文件；申请首次公开发行股票的发行人须履行预先披露义务；向不特定对象发行证券的发行人须依法同证券公司签订承销协议；承销期限届满，公开发行股票的发行人应在规定期限内将股票发行情况报国务院证券监督管理机构备案等。①

二、证券发行的分类

按照不同的标准，可以对证券发行作出多种分类。下面讨论几种有法律意义的分类。

（一）股票发行与其他证券品种的发行

这是按照证券品种作出的分类，所以将股票与其他证券并列，是因为股票发行是我国证券发行中最基本的类型和最重要的一种形式，也是我国《证券法》规制最详尽的内容。

1. 股票发行。股票发行是指股份有限公司以筹集资金或设立公司为目的，依照法定条件和程序向社会公众或特定对象出售并交付股票的行为。股票发行是股份有限公

① 参见我国《证券法》第 9 条、第 11 条、第 20 条、第 26 条、第 34 条。

司设立和增资的主要法律手段。

2. 其他证券品种发行。其他证券发行包括公司债券、存托凭证、政府债券、证券投资基金份额、资产支持证券、资产管理产品、金融债券、权证等证券品种的发行，是指符合条件的其他证券的发行人依照法定程序向投资者发售并交付证券的行为。

需要强调的是，从我国《证券法》第2条规定来看，在证券发行的法律适用上，股票、公司债券、存托凭证和国务院依法认定的其他证券的发行首先应适用《证券法》，如果《证券法》没有规定的，才适用《公司法》和其他法律、行政法规的规定；而政府债券、证券投资基金份额的发行则应当首先适用对其专门调整的法律法规（如《预算法》《证券投资基金法》）；资产支持证券和资产管理产品的发行，则首先适用由国务院根据《证券法》原则制定的有关行政法规。

（二）公开发行与非公开发行

这是按照发行对象不同作出的分类。

1. 证券公开发行又称证券公募，是指发行人向不特定社会公众和一定数量的特定对象①发行证券的行为。公开发行是证券发行中最基本、最常用的方式。在公开发行的情况下，证券发行的对象涉及社会公众投资者，在提高了证券发行成功率的同时，也可能因发行人失信给整个证券市场带来风险，因此，各国对证券公开发行都设有严格的条件和程序，我国《证券法》关于证券发行的规制也主要针对公开发行。公开发行的优点主要表现在：投资者的范围基本没有限制，发行人能够进行大规模的资金筹集；避免因发行对象受限而导致证券发行单位价格受到操纵；可以保证较高的发行成功率等。公募发行也存在一定缺点，如发行的条件和前置程序较复杂、发行过程耗时较长、发行活动的参与人较多、发行费用较高、信息披露较严格等。

我国《证券法》第9条第2款第2项规定了“向特定对象发行证券累计超过二百人的，依法实施员工持股计划的员工人数不计算在内”的情形。这是关于员工持股计划的员工人数豁免计算的规定。基于这一规定，在含有员工持股计划的发行中，即使发行对象超过200人，也可以不执行公开发行的条件和程序，因此，相当于对员工持股计划公开发行的豁免。

2. 证券非公开发行是指发行人向累计不超过200人的特定投资者发行证券的行为。非公开发行也称“私募”，与“公募”相对应。美国法语境下的证券私募（private placement）是指针对特定对象、采取特定方式、接受特定规范的证券发行方式，其发行对象主要是拥有相当资产或收入的机构或个人，具备足够投资知识经验的人，了解发行人有关信息、能够自我保护的人等。它与公开发行最核心的区别在于不必接受美国《1933年证券法》所规定的公开发行注册程序的约束。② 我国证券立法借鉴了美国私

---

① 即我国《证券法》第9条规定的“向特定对象发行证券累计超过二百人的”情形。

② 参见郭雳：《美国证券私募发行法律问题研究》，北京大学出版社2004年版，第3～4页。

募制度的相关内容,但并未直接使用私募的法律概念,只有个别官方文件有类似表述。如将区域性股权市场定位为“私募股权市场”。①

非公开发行是与证券公开发行并行的证券发行方式,它有效拓展了发行人和投资者的投融资渠道,不仅广泛适用于非上市公司在证券交易所之外的场外市场发行证券,而且也是上市公司发行证券的手段之一。② 非公开发行与公开发行不仅在人数上有200人界限的区别,而且在发行方式、发行对象、发行场所等方面也存在较大差异。如我国《证券法》第9条关于“非公开发行证券,不得采用广告、公开劝诱和变相公开方式”的规定;《上市公司证券发行管理办法》第37条关于非公开发行股票的“发行对象不超过10名”的规定等。尽管在非公开发行的情况下,证券发行的对象涉及面较窄,但由于其发行条件和程序有所简化或得以豁免,因此蕴含相应的市场投资风险。非公开发行对于投资者往往有适当性管理的要求,针对的发行对象是具有一定投资经验和承受市场风险能力的投资者。如投资基金、保险公司等专业机构投资者和符合相应条件的个人投资者。另外,发行人也可根据自身的现实需求,专门针对特定对象非公开发行证券,如针对战略投资者发行股票,实施公司员工持股计划等。

需要指出的是,随着证券市场的发展,一些国家的证券发行出现了公募与私募相融合的国际发展趋势。③

(三)直接发行与间接发行

这是按照证券发行是否通过承销商环节作出的分类。

1. 直接发行。顾名思义,是指无须通过券商的承销环节,由发行人独立自主办理证券发行事宜,直接与投资者订立证券发行合同并交付证券的发行方式。近年来,在实践中出现的众筹发行,就是借助互联网平台直接向投资者融资的发行方式。直接发行最大的好处就在于可以减少承销环节、节省发行成本;但也存在由于缺少券商在市场准入门槛的把关环节,可能增大投资风险的问题。因此,从保护投资者利益考虑,证券法律法规要对直接发行从发行方式、发行对象、发行额度等方面作出较多限制。

2. 间接发行。间接发行是指发行人通过委托证券公司作为承销商来办理证券销售事宜的发行方式。间接发行是证券发行采取的主要形式,也是在许多情况下必须采取的方式。根据我国《证券法》的有关规定,发行人向不特定对象发行的证券,法律、行政

---

① 国务院办公厅《关于规范发展区域性股权市场的通知》(国办发〔2017〕11号)第1条规定:“区域性股权市场是主要服务于所在省级行政区域内中小微企业的私募股权市场。”

② 中国证监会发布的《上市公司证券发行管理办法》第3条规定:“上市公司发行证券,可以向不特定对象公开发行,也可以向特定对象非公开发行。”2007年9月中国证监会又专门发布了《上市公司非公开发行股票实施细则》。

③ 邢会强教授认为,国际上公开市场与私募市场的融合发展的趋势呈现出几个方面的特点:第一,公开发行市场引入私募发行或非公开发行;第二,私募发行中引入公开发行的因素或做法;第三,私募发行的公开转售;第四,私募市场也逐步走向“阳光化”与公开化。参见邢会强:《新三板市场的法律定位》,载郭锋主编:《证券法律评论》(2017年卷),中国法制出版社2017年版,第90~91页。

法规规定应当由证券公司承销的,发行人应当同证券公司签订承销协议。间接发行的优劣与直接发行相对,其最大的好处就在于券商可以通过专业审查来发挥市场准入的把关作用,有利于保护公众投资者的利益。我国《证券法》要求证券公司承销证券,应当对公开发行募集文件的真实性、准确性、完整性进行核查,如果发现有虚假记载、误导性陈述或者重大遗漏的,不得进行销售活动;已经销售的,必须立即停止销售活动,并采取纠正措施。在间接发行方式下,由于承销是发行人和投资者之间设置的中间环节,发行人要向承销的证券公司支付承销费用(佣金),发行成本相较直接发行也会更高。

(四)上市公司发行与非上市公司发行

这是按照发行人是否为上市公司作出的分类。

1. 上市公司发行。上市公司是股票已经公开发行并在证券交易所上市交易的股份有限公司。基于其公众公司的属性,法律法规对上市公司发行证券在发行种类、发行条件、信息披露、发行审核、发行定价、发行数额、证券承销、募集资金使用等有不少特别的要求,如上市公司发行新股应当符合经国务院批准的国务院证券监督管理机构规定的条件。此外,中国证监会还专门发布《上市公司证券发行管理办法》《证券发行与承销管理办法》对上市公司的证券发行进行特别规制。这也是本章要将上市公司发行与非上市公司发行作为分类列示的主要考虑之所在。

2. 非上市公司发行。非上市公司发行与上市公司发行对应。非上市公司发行包括公开发行和非公开发行,需要根据发行的种类对应适用我国《证券法》《公司法》的相关规定和有关法规的规定。

(五)首次发行与再次发行

这是按照证券发行时间和次数作出的分类。

1. 首次发行。首次发行是指发行人第一次向投资者发行证券的方式。首次发行在证券市场上非常受人关注,在我国《公司法》和《证券法》上也具有十分重要的地位。首次发行证券还可以分为公司设立时的首次发行和存续公司的首次发行,后者又可进一步分为首次公开发行和首次非公开发行。从公司设立来看,采取募集设立方式的首次发行股票是否成功,可能决定着股份有限公司能否成立;从公开发行来看,存续股份有限公司的首次公开发行股票(IPO)意义重大,IPO成功意味着发行人可能因此取得上市资格,由一般的股份有限公司变成上市公司,不仅可以直接使公司资产大幅增值,而且还会带来一系列的市场附加效应,由此也成为众多存续公司追逐的发展目标。也正因如此,法律法规对IPO有较严格的准入门槛限制,包括发行条件、辅导与保荐、审核程序等要求。

2. 再次发行。再次发行是指首次发行证券后又发行证券的行为。再次发行证券也可分为再次公开发行和再次非公开发行,均应遵守法律法规的相关规定。以股票再次发行为例,在我国《公司法》和《证券法》意义上的再次发行股票即发行新股,需要遵循增资和发行的相关规定。上市公司再次发行股票还可分为"增发"和"配股"两种方式。

按照《上市公司证券发行管理办法》第 12 条和第 13 条的规定,“增发”是向不特定对象公开募集股份的方式;配股是向原股东配售股份的方式。无论属于哪种方式,发行对象都对其购买的股票支付了对价。在实践中还存在一种不支付对价的再次发行方式,即上市公司将其公积金、盈余及资产重估增值等转增资本,然后按照比例无偿分配给股东的发行方式,被称为“送股”。

除上述分类外,证券发行还可以有其他分类:依确定价方式不同可分为直接定价发行和询价发行;依发行价格是否高于票面价格可分为平价发行、溢价发行和折价发行;依是否符合法律法规的规定可分为合法发行和非法发行。

第二节 证券发行审核制度

证券发行审核,是指证券主管机关或证券交易所通过审理核查发行申请人提供的资料来依法管理证券发行活动的行为。证券发行审核是建立正常的证券市场秩序、维护证券市场稳定、保证证券市场健康发展的重要措施之一,也是发行人进入发行市场的准入门槛。世界各国(地区)的证券发行审核制度存在差异,尽管多数国家(地区)采用了注册制的证券发行审核体制,但注册制的内容也不尽统一。我国证券市场曾长期实行以核准制为基础的证券发行审核制度,2013 年《中共中央关于全面深化改革若干重大问题的决定》提出了“推进股票发行注册制改革”的要求,2019 年上海证券交易所科创板正式开始试点股票发行注册制。我国新《证券法》第 9 条规定:“公开发行证券依法报经国务院证券监督管理机构或者国务院授权的部门注册,未经依法注册,任何单位和个人不得公开发行证券。”这一规定表明,随着我国新《证券法》的实施,我国证券公开发行全面推行注册制。

一、证券发行核准制反思

我国《证券法》自 1998 年实施至本次修订前,核准制一直是我国证券发行审核的基础性制度,即证券发行申请人不仅要正确、真实地公开申请文件,还必须符合法定条件并通过证券主管机关审查后方能进行证券发行的制度。证券主管机关的审查除依法定条件进行形式审查外,还需对发行人是否具备这些条件进行实质审查,并根据审查结果作出发行人是否符合发行条件的判断以及是否核准申请的决定,从而也使证券发行带有明显的国家干预色彩。从我国本次修订前的《证券法》关于核准制的相关规定来看,核准制是以实质审查为特点的证券发行审查制度,其实质审查具有几个鲜明的法律特征:第一,实质审查以是否符合法定条件为证券发行的准入标准,法定条件包括发行人资格、股本结构、盈利能力、财务状况、公司治理等要求;第二,实质审查是政府主管机关通过专门审查机构采取专业手段并依照法定程序进行审查的过程,专门机构即中国证监会内设的发行审查委员会(以下简称发审委),专业手段包括运用专业知识审查、专家审查、行业专家咨询等；第三，实质审查的目的是保证证券发行申请和相关信息披露文件真实、准确、完整，不得有虚假记载、误导性陈述或者重大遗漏。

我国证券发行的核准制是由审批制的基础上发展而来。1998 年我国《证券法》出台前证券发行主要采取审批制，出台后规定股票发行采取核准制，公司债券发行仍然实行审批制。① 2005 年我国《证券法》规定股票和公司债券的发行一律实行核准制。

审批制与核准制的相同点在于：证券发行需要由证券主管部门批准，未经批准不得发行。二者的区别在于：审批制下的证券发行完全取决于主管机关的决定，其中体现出的行政干预和强制因素更重，发行人即使符合法定条件也可能因“发行额度控制”等理由而不被批准。核准制下的证券发行主要应取决于是否符合法定条件，主管机关对发行申请的审查也主要是判断其是否符合法定条件，如果发行人符合法定条件，主管机关就应当批准其发行。我国原《证券法》第 24 条规定，国务院证券监督管理机构应当自受理证券发行申请文件之日起 3 个月内，依照法定条件和法定程序作出予以核准或者不予核准的决定，不予核准的，应当说明理由。但也应看到，该规定在实践中却未能得到很好的执行，证券主管机关常常会出于稳定证券市场的考虑，用停止批准来控制证券（尤其是股票）发行入市的节奏，即便符合法定条件的发行申请也可以不予批准，出现 IPO 入口处大量公司长期“排队”等候进入的状况，从而使我国实践中的核准制与审批制并无实质上的差别。

我国《证券法》长期采取核准制的证券发行审核制度，其立法理念主要是通过国家公权力审查来为证券市场把好入口关。通过核准制的行政许可程序，证券主管部门可以排除部分质量不高和有违法行为的公司进入证券市场，从发行入口处减少和杜绝发行欺诈行为，以便有效地保护投资者利益。由此可见，我国《证券法》规定核准制的立法目的具有正当性。

核准制对促进我国证券市场的稳定规范发展和保护投资者利益发挥了重要作用，但与此同时，核准制存在的不足也十分明显：如审核批准申请的程序较复杂；发行成本较高而效率较低；容易使普通投资者滋生对证券主管机关的依赖；为审批者提供寻租空间等。从我国股票市场发行实践来看，核准制实施中还出现一些值得关注的问题：第一，核准制严格的实质审查使 IPO 和公司上市成为一道较高的市场准入门槛，IPO 与公司上市实行的“直通车”方式②意味着获准 IPO 的发行人就可能具备了上市公司资格，

---

① 审批制也称严格实质审查制，就是在实质审查的基础上赋予证券主管机关是否同意发行申请的最终决定权的制度。审批制通常与“额度管理”有着密切联系。如国务院 1993 年 8 月 2 日颁布的《企业债券管理条例》第 10 条规定，国家计划委员会会同中国人民银行、财政部、国务院证券委员会拟订全国企业债券发行的年度规模和规模内的各项指标，报国务院批准后，下达各省、自治区、直辖市、计划单列市人民政府和国务院有关部门执行。未经国务院同意，任何地方、部门不得擅自突破企业债券发行的年度规模，并不得擅自调整年度规模内的各项指标。

② 参见本书第五章第一节关于“证券上市的类型”的相关内容。

从而使上市公司成为一种含金量很高的“壳”资源，也使股票市场上“买壳上市”或“借壳上市”成为我国上市公司并购重组的一种重要方式。[①] 第二，核准制对市场准入的控制容易导致发行市场的供需失衡，使股票一级市场与二级市场的价格存在较大级差，投资者只要能够购买到一级市场发行的股票，二级市场上基本上可以稳赚不亏。级差的存在使投资者在一级市场只能通过“抽签”方式来购买股票，而且“中签”率极低。[②] 第三，核准制并不能完全避免发行人过度包装和弄虚作假现象。一方面，核准制容易助长投资者的依赖心理，将通过核准的发行人视为当然高质量和“潜力股”的公司，不仅放心购买而且还“争抢”其发行的股票，由此降低了市场对信息披露真实性的关切度，也削弱了投资者对发行信息披露的监督。另一方面，证券发行可能带来的巨大利益使核准过程成为中国证监会与发行人及其相关利益方的博弈，博弈的结果是证监会严格把关也不能确保每家上市公司都具备高质量的要求和完全避免发行欺诈等违法行为的存在。[③] 第四，核准制执行中的“变异”给监管机关带来难题：证监会控制股票市场扩容节奏过严会受到大量想入市的企业[④]和证券业界的批评责难；而开大股票入市的口子引起市场股价下跌，又可能受到来自投资者和社会公众的批评责难，从而使证监会往往处于“两难”境地。核准制在实践中面临的问题，更凸显出“推进股票发行注册制改革”的重要现实意义。[⑤]

二、证券发行注册制

（一）注册制的国际经验

注册制是当今世界各国（地区）普遍采用的证券发行审核制度。目前，全球几乎所有主要的交易所都在 IPO 上采取了注册制。[⑥] 尽管如此，但注册制并没有完全统一的

---

① 据统计，2018 年我国股市 A 股市场发生的“买壳上市”为 11 家，2019 年截至 4 月 A 股市场就披露了 9 家。参见吴鸣洲：《数量激增 A 股借壳上市看点多》，载《国际金融报》2019 年 4 月 29 日，第 13 版。

② 据统计，2019 年年初两个月沪、深两市发行的 21 支新股的平均中签率为 0.08%，其中：中签率最高的是青岛港，为 0.22%，最低的是威尔药业，为 0.02%，载东方财富网：http://caifuhao.eastmoney.com/news/20190310213339333922220，最后访问日期：2019 年 6 月 3 日。

③ 近年来，每年都有一些证券发行虚假陈述或欺诈上市的案例曝光，其中，受到中国证监会行政处罚或移送公安机关作为证券犯罪查处的案件如“金亚科技虚假陈述骗取首次公开发行核准案”“龙宝参茸报送虚假申请文件案”“五洋建设欺诈发行公司债券案”“欣泰电气欺诈发行股票案”“云南绿大地公司欺诈发行股票案”“万福生科欺诈发行股票案”等。参见中国证券监督管理委员会网：http://www.csrc.gov.cn/pub/，最后访问日期：2020 年 1 月 19 日。

④ 2019 年截至 5 月 16 日，中国证监会受理首发及发行正常排队企业 322 家，其中过会 19 家，未过会 303 家，说明大多数想上市的企业仍然处于排队等待状态。参见中国证券监督管理委员会网：http://www.csrc.gov.cn/pub/zjhpublic/G00306224/zggs/201611/t20161104_305453.htm，最后访问日期：2019 年 5 月 17 日。

⑤ 参见周友苏、杨照鑫：《注册制改革背景下我国股票发行信息披露制度的反思与重构》，载《经济体制改革》2015 年第 1 期。

⑥ 参见祁斌：《经济转型下的资本市场使命》，载新浪财经网：http://finance.sina.com.cn/stock/t/20130724/093016224905.shtml，最后访问日期：2015 年 5 月 23 日。

模式,各国(地区)的相关立法也存在差异。从总体上来看,注册制是一种国家干预较小和更加倾向市场化的证券发行审核制度,具有以下几个重要的特征。

1. 证券发行申请的审核注册一般由证券交易所负责,也有由政府主管机关负责的,但政府主管机关一般不对发行申请进行严格的实质性审核。

2. 注册制是依靠信息披露来支撑的一种制度,信息披露制度构成注册制的核心内容,信息披露包括申请人的经营业务、资产状况、财务资料、募资用途、股权分布、大股东、董事、其他高级管理人员等内容,这些信息应当完全、准确地公开披露并向注册机关呈报。

3. 发行审核不是通过闭门会议审查的方式而主要是采取对信息披露的内容提出问题和回答问题的方式来进行的,问与答的内容都应当向社会公开披露。以美国为例,美国是由证券交易委员会(SEC)负责对发行人申请进行审核和注册,具体方式大致为:根据美国《1933 年证券法》的规定,股票发行的相关信息等文件(主要是招股说明书等注册文件)都应予披露。发行人将相关文件报送 SEC 后必须披露在 SEC 的网站上,之后由 SEC 人员对主要文件进行审查,看其是否满足 SEC 制定的各项具体标准的要求。审查主要采取 SEC 人员与发行人进行沟通对话的方式,SEC 人员针对公开披露信息提出的书面意见,发行人必须进行答复,书面意见和发行人的答复也必须公开。SEC 人员对注册文件的审查通常会提出三、四轮或更多的书面意见,提出的书面意见从几十个到上百个都有,在收到发行人的回复和修改的披露后,对不满意的内容会继续提问,直至不再有新的意见为止。发行人及中介机构必须对 SEC 提出的问题作出真实、准确、完整的回复并相应修改注册说明书及相应文件,如果遇到复杂困难的会计问题,沟通与解决可能耗时数月,并导致注册文件内容的重大修改。发行审核往往涵盖了当前市场突出的热点、难点问题。SEC 人员对修改后的注册文件感到满意后,会在 SEC 的电子文档系统上发出生效通知,注册程序结束,注册文件具备法律效力。一般而言,审查的整个过程大概持续 3 ~5 个月。由此可见,美国股票发行注册制的审查实际上就是 SEC 与发行人就信息披露进行对话的过程。①

注册制的制度设计理念是基于证券市场信息不对称和降低发行市场准入门槛的考虑。根据"有效资本市场"的理论,在公平竞争的市场环境下,投资者个体都是理性的"经济人",只要保证每个市场主体有足够和畅通的信息,他们便会作出正确的投资决定。信息构成了证券市场存在的基础,也成为决定股票发行价格的主要因素,只要发行股票的所有公开信息是充分的,通过交易双方博弈形成的股票价格就应当是合理的。因此,政府无须通过直接的行政许可来为发行市场把关,而应当主要由市场投资者来判断发行证券的价值。从而使证券发行市场准入门槛较低,证券发行效率较高。当然,注册制要求的市场条件也比较高:一是证券市场投资者具备的证券投资识别能力和风险

① 参见刘君:《美国证券公开发行如何做到"注册制"》,载《中国证券报》2013 年 11 月 18 日,A17 版。

承受能力,要求投资者能够对证券的投资价值作出理性、正确的判断,如果市场化程度不高或投资者缺乏理性判断能力则可能使证券市场受到较大的负面冲击;二是参与证券发行活动的证券交易所及其券商等中介机构能够严格遵守法律、恪守职业道德,胜任社会"经济警察"的角色,否则将会损害正常的市场秩序;三是要有相应的配套制度作为保障,如严格的信息披露制度、严格的监管制度、严格的退市制度等。

(二)我国证券发行注册制的推进

我国证券发行注册制的推进经历了一个渐进曲折的过程。2013 年《中共中央关于全面深化改革若干重大问题的决定》提出"推进股票发行注册制改革"的要求后,2015 年 12 月全国人大常委会通过了《关于授权国务院在实施股票发行注册制改革中调整适用〈中华人民共和国证券法〉有关规定的决定》,2018 年 2 月又通过了将实行注册制期限延长 2 年的决定,到 2019 年才正式开始在科创板试点股票发行注册制。说明股票发行注册制的推进并不像其他改革那样容易和一帆风顺。① 这与我国证券市场几个特有的情况密切相关。

1. 我国证券市场是一个以散户为主的市场,散户作为公众个体投资者,由于不具有机构投资者的实力,对披露的信息辨识能力较差,与发行人相比更处于信息不对称的弱势地位,从而与注册制要求的投资者理性投资的环境还有较大差距。

2. 注册制对市场准入门槛的降低可能对上市公司"壳资源"构成较大影响,甚至可能将使之不复存在,从而对上市公司的既有利益形成冲击,会涉及对现有利益格局的打破和调整。

3. 我国证券市场退出机制没有很好形成,退市制度也因利益博弈而推进困难,证券交易所市场"只进不出"的现象较严重。②

从核准制到注册制的过渡并非一蹴而就,需要时间和筹划。我国台湾地区股票发行审核曾长时期采用核准制,1988 年修订"证券交易法"开始引入注册制,使股票发行审核兼有核准制和注册制,但直至 2006 年才全面采用注册制,过渡期为 16 年。

我国本次《证券法》修订伊始就在修订草案中规定了股票发行注册制,2015 年 4 月提交全国人大常委会审议的修订草案一审稿中就有"股票发行注册制"的专节规定。由于证券市场的非正常波动,2017 年 4 月审议的修订草案二审稿则取消了注册制的有关规定。2019 年年初科创板试点开始启动,同年 4 月审议的修订草案三审稿又专节作出"科创板注册制的特别规定",并向全社会公开征求意见。随着科创板试行的进展和社会对注册制认同度的不断提高,科创板注册制改革主要制度的安排基本经受住了市

---

① 如《中共中央关于全面深化改革若干重大问题的决定》提出,公司注册资本由"实缴制"向"认缴制"的改革很快就得到立法机关的响应,2013 年 12 月 28 日第十二届全国人大常委会第六次会议通过对我国《公司法》相关内容的修改,自 2014 年 3 月 1 日起施行。

② 我国上市公司退市的具体情况,可参见本书第五章第四节的内容。

场检验，为修法确立证券发行注册制奠定了实践基础。我国《证券法》修订草案四审稿对注册制的内容再次作出调整，将三审稿中证券发行核准制与股票发行注册制并行的方案改为证券公开发行全面推行注册制的方案，注册制的范围也从原定的科创板股票发行扩大到所有证券的公开发行。这一方案最终获得立法机关的通过。

我国新《证券法》确立证券公开发行注册制的重大意义在于：第一，为证券发行制度的改革目标预留了制度空间。实行注册制是党的十八届三中全会确定的股票发行改革目标，法律将这一目标固定下来，不再规定核准制，明确了改革目标，今后实现这一目标也不用再修改我国《证券法》。第二，我国《证券法》现行规定具有较大的灵活性。我国《证券法》第9条关于“证券发行注册制的具体范围、实施步骤，由国务院规定”的内容，有利于国务院根据证券市场的实际情况把控进度，作出规划安排，分步在有关板块、有关证券品种中实施注册制，将实施范围从逐步从目前的科创板扩大到创业板、中小企业板和所有板块。第三，将注册制范围从股票的公开发行扩大到所有证券的公开发行，不仅具有前瞻性，而且也是对证券市场现状的一种确认。我国《证券投资基金法》2012年12月修订时就已将证券投资基金份额这一证券品种的公开发行由原来的核准制改为注册制，[①]我国《证券法》本次修订既与《证券投资基金法》关于注册制的规定相衔接，又为其他证券品种实行注册制提供了制度空间。

（三）我国证券发行注册制的主要内容

我国新《证券法》对证券公开发行注册制作出了比较系统、完备的规定，通过这些规定，可以概括出注册制的主要内容。

1. 注册制适用于受我国《证券法》调整的公开发行的证券品种，既包括股票、公司债券、存托凭证和国务院依法认定的其他证券，又可以包括发行交易“由国务院依照本法原则规定”的资产支持证券和资产管理产品。[②] 政府债券和证券投资基金份额由于其发行不受我国《证券法》的调整，因此应按相关法律和行政法规的规定执行。从现行规定来看，政府债券的公开发行实行较严格的审批制，证券投资基金份额的公开发行则已经实行注册制。

2. 公开发行证券的注册机构为国务院证券监督管理机构或国务院授权的部门。根据现行的管理体制，国务院证券监督管理机构主要指向中国证监会，其监督管理的证券范围包括股票、公司债券、存托凭证、证券投资基金份额、资产支持证券等；国务院授权的部门包括银保监会、中国人民银行、财政部、发改委等部门，其监管管理的证券范围包政府债券、资产管理产品、部分公司债券和资产支持证券[③]等。

---

① 我国《证券投资基金法》第50条规定：“公开募集基金，应当经国务院证券监督管理机构注册。未经注册，不得公开或者变相公开募集基金。”

② 从我国《证券法》第2条第3款的规定来看，资产支持证券和资产管理产品的公开发行是否实行注册制，取决于国务院对其出台的管理办法的规定。

③ 如信贷资产支持证券。

3. 注册制仍然保留了对证券发行申请的审核程序,但与核准制下的审核有较大差别:第一,审核机构既可以是作为注册机构的国务院证券监督管理机构或国务院授权的部门,[①]也可以是“证券交易所等”;[②]第二,审核内容主要是“判断发行人是否符合发行条件、信息披露要求”;第三,完全取消核准制下的发行审核委员会制度,审核方式不再是严格的实质审查方式,而是要“督促发行人完善信息披露内容”,这意味着发行人可以在发行过程中不断调整和补充相关信息披露的内容,也标志着对科创板目前采取的“问询式”审查方式的肯定。

4. 证券发行条件得到优化和精简。我国新《证券法》将公开发行股票的条件由修改前的“具有持续盈利能力”改为“具有持续经营能力”,降低对财务标准的要求;同时还大幅简化公司债券的发行条件,不再对公开发行公司债券有净资产数额标准的要求。另外,对其他条件的规定也富有弹性,其宽松程度主要取决于“经国务院批准的国务院证券监督管理机构规定的其他条件”。

5. 突出体现注册制“以信息披露为核心”的要求。强化证券发行中的信息披露,明确要求发行人报送的证券发行申请文件,应当充分披露投资者作出价值判断和投资决策所必需的信息,内容应当真实、准确、完整、通俗易懂。我国新《证券法》专设一章,对信息披露作出系统规定。

(四)科创板试行注册制的实践

从我国目前证券市场的实践来看,尽管在科创板实施的注册制还带有试行的性质和特点,但其主要制度安排通过市场检验证明是基本可行的。这些制度安排的主要内容包括以下几方面。

1. 股票发行上市由证券交易所审核,通过后由中国证监会注册。证券交易所审核通过后,将审核意见及发行人注册申请文件报送国务院证券监督管理机构注册。

2. 股票发行审核与上市审核合二为一。证券交易所受理公开发行证券并上市申请,审核并判断发行人是否符合发行条件、上市条件和信息披露要求,发行审核与上市审核的合一,意味着证券发行既应当符合发行条件,还应当符合上市条件;证券交易所也应当按照两个方面的条件进行发行审查;发行人通过证券交易所的发行审查也意味着其符合证券交易所的上市条件,注册后就不再履行上市审核程序,即行上市挂牌交易。

3. 证券交易所的审核主要采取问询方式进行。这与前述美国证券发行审核方式有些类似。根据中国证监会 2019 年 3 月发布的《科创板首次公开发行股票注册管理办法(试行)》第 19 条的规定,交易所主要通过向发行人提出审核问询、发行人回答问题方

---

① 如根据我国《证券法》第 11 条的规定设立股份有限公司公开发行股票的情形。

② 我国《证券法》第 21 条第 2 款规定:“按照国务院和国务院证券监督管理机构的规定,证券交易所等可以审核公开发行证券申请。”

式开展审核工作,基于科创板定位,交易所的审核人员对发行人报送的相关材料和要披露的信息要合理怀疑、充分问询,而且要问很专业的问题。通过问询来判断发行人是否符合发行条件、上市条件和信息披露要求,并督促发行人完善信息披露内容,实行严格把关。证券交易所通过提出问题、回答问题等多种方式,督促发行人及其保荐人、证券服务机构完善信息披露,真实、准确、完整地披露信息,提高信息披露质量。受理和审核全流程实行电子化,全流程重要节点均对社会公开并接受社会监督,整个审核过程可以概括为“问询式 + 电子化 + 专业化”的模式。

4. 实行严格的信息披露制度。第一,发行人是信息披露的第一责任人,应当诚实守信;中介机构应勤勉尽责,切实发挥对信息披露的核查把关作用。发行人、中介机构应充分披露投资者作出价值判断和投资决策所必需的信息,确保信息披露真实、准确、完整,不得有虚假记载、误导性陈述或者重大遗漏。第二,信息披露内容应当简明易懂,语言应当浅白平实,以便投资者阅读、理解。第三,根据科创板企业特点,实行差异化的信息披露规则。

5. 中国证监会对股票发行申请的注册不再适用发审委的审核程序。交易所审核通过后,将审核意见及发行人注册申请文件报送中国证监会履行注册程序。证监会在 20 个工作日内作出是否同意注册的决定。如果证监会认为存在需要进一步说明或者落实事项的,可以要求交易所进一步问询;认为交易所对影响发行条件的重大事项未予关注或者交易所的审核意见依据明显不充分的,可以退回交易所补充审核。

6. 实行多元包容的发行上市条件。注册制同样有相应的条件要求,这些条件相比现行核准制的要求有所放宽且更多样化。注册制并不意味着大量企业可以没有限制地宽松上市,更不是说可以随便上市。发行上市条件是注册制审核的标准,包括法律法规规定的发行条件和上海证券交易所规定的上市条件。基于发行审核与上市审核的合一,发行审核的标准就是股票发行必须同时符合发行条件和上市条件。科创板的发行条件除我国《证券法》的规定外,还包括中国证监会《科创板首次公开发行股票注册管理办法(试行)》规定的条件,如 IPO 包括的公司持续经营时间(3 年)、管理内控、经营能力、合规情况等条件。

《上海证券交易所科创板股票上市规则》规定了科创板的上市条件,包括 5 套差异化的发行上市指标,设定了市值、营业收入、净利润、研发投入、现金流 5 套并列同行的发行上市标准,以满足各种业态创新企业的 IPO 通道选择。这 5 套标准是以市值为中心,包容不同类型企业上市需求,允许没有盈利的企业上市。具体内容将在本书第五章第二节“证券上市条件”中论及。

三、证券公开发行注册程序

(一)公开发行申请

我国《证券法》规定,需要履行证券公开发行申请程序的可分为公司设立时公开发行股票和公司成立后公开发行证券两类情形。

1. 发行申请文件

(1)设立股份有限公司公开发行股票报送的申请文件。按照我国《证券法》第11条的规定,申请文件包括募股申请;公司章程;发起人协议;发起人姓名或者名称,发起人认购的股份数、出资种类及验资证明;招股说明书;代收股款银行的名称及地址;承销机构名称及有关的协议;保荐人出具的发行保荐书;依法应当提交的批准文件。

(2)公司成立后公开发行新股和公开发行公司债券报送的申请文件。其中,公开发行新股报送的申请文件项目与设立公司公开发行股票的,在公司章程、招股说明书等项目上完全相同,不同的文件项目有:公司营业执照、股东大会决议、财务会计报告;公开发行公司债券报送的申请文件项目与公开发行新股的基本相同,不同的文件项目为体现公司债券特点的内容,如公司债券募集办法;国务院授权的部门或者国务院证券监督管理机构规定的其他文件。

2. 发行申请的申报

(1)按照我国《证券法》的规定,设立股份有限公司公开发行股票应当向中国证监会申报(第11条);公司成立后公开发行新股则没有明确向谁申报(第13条)。之所以如此,是基于该法第21条规定了"证券交易所等"可以审核公开发行证券申请。为了简化程序,如果由证券交易所等机构审核公开发行申请的,发行人可以直接向证券交易所等机构申报。如目前在科创板公开发行股票和存托凭证就是直接向上海证券交易所申报。

(2)公开发行公司债券向国务院授权的部门或中国证监会申报。

3. 申请人提交申请文件时应当履行的义务

(1)申请文件的格式、报送方式符合法律规定,申请文件的格式、报送方式由依法负责注册的机构或者部门规定。

(2)申请文件应当充分披露投资者作出价值判断和投资决策所必需的信息,内容应当真实、准确、完整。为证券发行出具有关文件的证券服务机构和人员也必须严格履行法定职责,保证其所出具文件的真实性、准确性和完整性。

(3)首次公开发行股票的申请人在提交申请文件后应按照中国证监会的规定预先披露有关申请文件。

(二)发行申请的审核

我国新《证券法》没有就审核的具体内容作出规定,但根据该法第21条关于"证券公开发行注册的具体办法由国务院规定"和"按照国务院的规定,证券交易所等可以审核公开发行证券申请"的规定来看,可以解读出以下内容:第一,审核是注册制必须履行的程序;第二,审核可以由注册机构自己进行,也可以由证券交易所等按照国务院的规定进行;第三,审核组织、审核人员、审核方式、审核程序等具体内容由国务院规定。

从科创板的实践来看,公开发行股票的申请由证券交易所进行审核。根据中国证监会和上海证券交易所发布的相关法规规则的规定,上海证券交易所设立科创板发行上市审核机构,对发行人的发行上市申请文件进行审核,出具审核报告;成立由相关领域科技专家、知名企业家、资深投资专家等组成的科技创新咨询委员会,为发行上市审核提供专业咨询和政策建议。

交易所应当自受理注册申请文件之日3个月内形成审核意见,按照规定的条件和程序,作出同意或者不同意发行人股票公开发行并上市的审核意见,不同意发行人股票公开发行并上市的,作出终止发行上市审核决定。

(三)注册

根据我国《证券法》第22条的规定,国务院证券监督管理机构或者国务院授权的部门应当自受理证券发行申请文件之日起3个月内,依照法定条件和法定程序作出予以注册或者不予注册的决定,发行人根据要求补充、修改发行申请文件的时间不计算在内。不予注册的,应当说明理由。

从科创板的实践来看,证券交易所审核同意发行人股票公开发行并上市的,将审核意见、发行人注册申请文件及相关审核资料报送中国证监会履行注册程序。中国证监会依照法定条件,在20个工作日内对发行人的注册申请作出同意注册或者不予注册的决定。

(四)发行人公告、公开发行文件

根据我国《证券法》第23条的规定,证券发行申请经注册后,发行人应当依照法律、行政法规的规定,在证券公开发行前公告公开发行募集文件,并将该文件置备于指定场所供公众查阅。发行证券的信息依法公开前,任何知情人不得公开或者泄露该信息。发行人不得在公告公开发行募集文件前发行证券。

四、证券发行注册的保障措施

为保证证券公开发行注册的有序运行,我国《证券法》设置了一些保障手段。

(一)对已注册的违法申请进行事后撤销

为补救注册中可能出现的失误,我国《证券法》第24条规定,国务院证券监督管理机构或者国务院授权的部门对已作出的证券发行注册的决定,发现不符合法定条件或者法定程序,尚未发行证券的,应当予以撤销,停止发行。已经发行尚未上市的,撤销发行注册决定,发行人应当按照发行价并加算银行同期存款利息返还证券持有人;发行人的控股股东、实际控制人以及保荐人,应当与发行人承担连带责任,但是能够证明自己没有过错的除外。股票的发行人在招股说明书等证券发行文件中隐瞒重要事实或者编造重大虚假内容,已经发行并上市的,国务院证券监督管理机构可以责令发行人回购证券,或者责令负有责任的控股股东、实际控制人买回证券。

(二)提示注册与经营、投资风险没有关联

注册的决定不意味对发行人的经营活动、收益以及投资者投资证券的未来收益作出保证。因此,我国《证券法》第25条规定,股票依法发行后,发行人经营与收益的变化,由发行人自行负责;由此变化引致的投资风险,由投资者自行负责。

《科创板首次公开发行股票注册管理办法(试行)》第8条规定,同意发行人首次公开发行股票注册,不表明中国证监会和交易所对该股票的投资价值或者投资者的收益作出实质性判断或者保证,也不表明中国证监会和交易所对注册申请文件的真实性、准确性、完整性作出保证。

(三)参与证券发行申请注册人员的行为禁止

根据我国《证券法》第21条的规定,参与证券发行申请注册的人员,无论是国务院证券监督管理机构或者国务院授权的部门负责发行申请注册的人员,还是证券交易所等机构负责发行申请审核的人员,均不得与发行申请人有利害关系,不得直接或者间接接受发行申请人的馈赠,不得持有所注册的发行申请的证券,不得私下与发行申请人进行接触。

第三节　保荐制度

一、保荐制度的含义和法律特征

(一)保荐制度的含义

保荐制度又称保荐人制度,是指在证券发行、上市期间由特定证券公司担任保荐人,推荐发行人证券发行上市,持续督导发行人履行相关义务的制度。保荐人的含义和职责在各个国家(地区)的证券立法中不尽相同,通常被作为防范非主板市场如创业板市场风险的手段。[①] "保荐人"(Sponsor)一词是从香港证券市场传入内地的。保荐,顾名思义,具有"保证和推荐"的意思。我国《证券法》上的保荐人是指依法对发行人进行辅导,履行法定程序推荐其上市,并在证券上市后一定期限内对发行人进行持续督导,勤勉尽责,并独立承担保荐风险和责任的证券公司。中国证监会2017年12月修订的《证券发行上市保荐业务管理办法》,详细规定了保荐机构和保荐代表人的资格管理、保荐职责、保荐业务规程、保荐业务协调、监管措施和法律责任等内容。保荐人制度废除了我国证券市场一度采取的证券发行通道制,[②]目前适用于沪、深两家证券交易所股

① 典型的如美国纳斯达克(National Association of Securities Dealers Automated Quotations,NASDAQ)市场的"什锦"保荐人,英国高增长市场(Alternative Investment Market,AIM)(另向投资市场)的"终身"保荐人,马来西亚证券交易和自动报价交易所(Malaysian Exchange of Securities Dealing and Automated Quotation Bhd,MESDAQ)的"接力"保荐人,香港创业板市场和主板市场的保荐人等。参见陈峥嵘:《部分国家和地区保荐人制度比较分析》,载《证券日报》2003年8月4日,第4版。

② 证券发行通道制也被称为"证券公司自行排队,限报家数",其具体内容是,为推行证券发行核准制,提高申请发行股票企业及申请文件的质量,规定券商每推荐1家企业发行上市,占用1个通道,只有当这家企业被核准发行上市,空出通道后,券商才能推荐另1家企业发行上市。通道制的实质是把上市指标作为"配额"交给券商,导致部分有拥有通道指标的券商可能推荐质量不佳的企业发行上市,而部分拥有质量较佳上市企业储备却缺乏通道指标的券商无法完成推荐行为,因此颇受质疑。从2005年1月1日起,证券公司推荐企业发行股票不再实行通道制。

市的所有板块。按照《证券发行上市保荐业务管理办法》第 2 条的规定，发行人首次公开发行股票并上市，上市公司发行新股、可转换公司债券，应当聘请具有保荐机构资格的证券公司履行保荐职责。我国新《证券法》第 10 条规定，发行人申请公开发行股票、可转换为股票的公司债券，依法采取承销方式的，或者公开发行法律、行政法规规定实行保荐制度的其他证券的，应当聘请证券公司担任保荐人。

讨论保荐制度，需要辨析与保荐制度既有联系又有区别的几个概念。

1. 辅导制度。辅导制度是在《证券发行上市保荐业务管理办法》出台前就实施的一项制度，按照当时中国证监会的有关规定，①辅导制度是一项相对独立的制度，凡拟在境内公开发行股票的股份有限公司，在向中国证监会提出股票发行申请前，均应聘请具有主承销商资格的证券公司进行为期至少 1 年的辅导。辅导工作既可以由保荐机构承担，也可以由其他具有资格的证券公司承担。《证券发行上市保荐业务管理办法》将辅导制度作为保荐制度的内容纳入其中，规定保荐机构应当建立健全辅导制度，要求保荐机构在推荐发行人首次公开发行股票并上市前，应当对发行人进行辅导，对发行人的董事、监事和高级管理人员、持有 5% 以上股份的股东和实际控制人（或者其法定代表人）进行系统的法规知识、证券市场知识培训，使其全面掌握发行上市、规范运作等方面的有关法律法规和规则，知悉信息披露和履行承诺等方面的责任和义务，树立进入证券市场的诚信意识、自律意识和法制意识。保荐机构辅导工作完成后，由发行人所在地的中国证监会派出机构进行辅导验收。由此可见，辅导制度作为保荐制度组成部分，是由保荐机构承担的一项重要工作，也是发行人首次公开发行股票并上市前的必经程序，辅导工作完毕并经验收合格后保荐机构方可向审核机构推荐，股票才能进入发行审核程序。辅导程序仅限于首次公开发行股票，不适用于首次发行其他证券品种和公司上市后的新股发行。辅导程序的总体目标是促进辅导对象建立良好的公司治理，形成独立运营和持续发展的能力，具备进入证券市场的基本条件。

2. 上市推荐人制度。我国证券市场曾在早期的证券发行中引入了上市推荐人制度。上市推荐人是申请上市人依据证券交易所上市规则的规定委任的、推荐其上市的证券经营机构。上市推荐人通常为证券交易所的会员或交易所认可的其他机构。② 上市推荐人履行的义务，包括确认发行人符合上市条件；确保发行人的董事了解法律、法规、本规则及股票上市协议规定的董事的义务与责任；协助发行人申请股票上市并办理与股票上市相关的事宜；提交股票上市推荐书；对股票上市文件所载的资料进行核实，保证股票上市文件内容真实、准确、完整，符合规定要求；协助发行人健全法人治理结

① 即中国证监会 2001 年 10 月发布的《首次公开发行股票辅导工作办法》（现已失效）。

② 早期制订的《上海证券交易所股票上市规则》规定，上市推荐人应当是交易所会员，从事股票承销工作或具有交易所认可的其他资格 1 年以上且信誉良好，最近 1 年内无重大违法违规行为，负责推荐工作的主要业务人员熟悉本所有关上市的业务规则。符合以上条件且未被中国证监会暂停或取消承销业务的才能经交易所审查确认后取得上市推荐人资格。

构;协助发行人制定严格的信息披露制度和保密制度;交易所规定的上市推荐人的其他义务。由此可见,我国保荐制度的建立实质上是将境外的保荐制度植入上市推荐人制度的结果。

3. 主承销商制度。承销商是指与发行人签订证券承销协议,依法协助证券发行人销售其所发行证券的证券公司。主承销商是指在证券发行中独家承销或牵头组织多个承销商成立承销团销售证券的证券公司。主承销商和保荐人都是证券发行重要的中介环节,但证券公司获得承销资格不一定就等同于它获得了保荐资格,承销商承担的法律责任也不同于保荐人承担的法律责任,因而二者存在一定差别。《证券发行上市保荐业务管理办法》第6条第3款规定,“证券发行的主承销商可以由该保荐机构担任,也可以由其他具有保荐机构资格的证券公司与该保荐机构共同担任”。由此可见,保荐人和主承销商原则上应当同为一人,即使其他具有保荐机构资格的证券公司可以参与承销,但也只能与保荐人共同担任主承销商。保荐制度之所以作出这一设计,是基于保荐人通过证券发行前的辅导等前期工作,已对发行人有较深了解,同时担任发行人的主承销商有利于保荐机构的持续履职。从我国境内证券发行市场的实际情况看,保荐人与主承销商二者合一的模式已成主流。

4. 保荐代表人。保荐代表人是由保荐人指定,代表保荐机构(保荐人)履行保荐职责,具体负责保荐工作的个人。如同法人和法定代表人的区别一样,保荐人名为“人”,实为具备保荐资格的证券经营机构,而保荐代表人才是具备相应资格、以自然人身份实际负责保荐工作的个人。

(二)保荐制度的法律特征

1. 保荐制度是由保荐人依法履行职责,促使发行人持续履行义务的证券发行上市制度。实施保荐制度主要是为了规范证券发行上市行为,提高上市公司质量和证券经营机构执业水平,保护投资者合法权益,促进证券市场健康发展。行使保荐人职责的专业证券公司通过促进和督导发行人持续履行相关义务,可以提高上市公司的质量,优化上市公司法人治理结构,监督上市公司的行为,帮助和推动证券发行人合法、正确地发行证券。

2. 保荐人的工作贯穿证券发行上市的整个过程。从《证券发行上市保荐业务管理办法》的规定来看,保荐人的保荐职责包括尽职推荐发行人证券发行上市和持续督导两项内容。其中,推荐证券发行上市的工作,包括按照辅导程序要求对首次公开发行股票的发行人进行辅导;结合尽职调查过程中获得的信息,对有关资料①进行全面核查验证,对发行人是否符合发行条件、上市条件独立作出专业判断,审慎作出推荐决定;主动配合发行上市审核机构的审核。持续督导是指保荐人在证券上市后还须对发行人进行的继续督察指导,包括督导发行人履行有关上市公司规范运作、信守承诺和信息披露等

① 包括发行人申请文件、证券发行募集文件中有证券服务机构及其签字人员出具专业意见的内容等。

义务,其期限截止到证券上市后的一定时间,[①]持续督导的期间自证券上市之日起计算。持续督导期届满,如有尚未完结的保荐工作,保荐机构应当继续完成。

3. 保荐制度实行严格的资格准入。保荐人和保荐代表人的资格及监管对于保荐制度的运行具有举足轻重的作用。《证券发行上市保荐业务管理办法》依据我国《证券法》第10条规定了保荐人和保荐代表人的资格条件。

(1)保荐人资格。只有经中国证监会核准并依法进行了注册登记的证券公司才能成为保荐人履行保荐职责,未经中国证监会核准,任何机构和个人不得从事保荐业务。核准保荐人的条件包括:注册资本不低于1亿元人民币,净资本不低于5000万元人民币;具有完善的公司治理和内部控制制度,风险控制指标符合相关规定;保荐业务部门具有健全的业务规程、内部风险评估和控制系统,内部机构设置合理,具备相应的研究能力、销售能力等后台支持;具有良好的保荐业务团队且专业结构合理,从业人员不少于35人,其中,最近3年从事保荐相关业务的人员不少于20人;符合保荐代表人资格条件的从业人员不少于4人;最近3年内未因重大违法违规行为受到行政处罚。

(2)保荐代表人资格。保荐代表人须经中国证监会核准并依法进行注册登记。个人申请保荐代表人资格,应当符合的条件包括:具备3年以上保荐相关业务经历;最近3年内在境内证券发行项目中担任过项目协办人;参加中国证监会认可的保荐代表人胜任能力考试且成绩合格有效;诚实守信,品行良好,无不良诚信记录,最近3年未受到中国证监会的行政处罚;未负有数额较大到期未清偿的债务。

同时,中国证监会建立保荐信用监管系统,对保荐机构和保荐代表人进行持续、动态的注册登记管理,记录其执业情况、违法违规行为、其他不良行为以及对其采取的监管措施等,必要时可以将记录予以公布。另外,保荐人和保荐代表人还有严格的备案登记和撤销资格制度。

二、保荐人的职责和义务

我国《证券法》第10条第2款规定:“保荐人应当遵守业务规则和行业规范,诚实守信,勤勉尽责,对发行人的申请文件和信息披露资料进行审慎核查,督导发行人规范运作。”结合《证券发行上市保荐业务管理办法》和相关法规,保荐人在证券发行和上市过程中的职责和义务包括以下内容。

(一)依法对首次公开发行股票的发行人进行辅导

保荐机构应当建立健全保荐业务的辅导制度,在推荐发行人首次公开发行股票并上市前,应当对发行人进行辅导,并在辅导工作完成后,接受发行人所在地的中国证监

① 首次公开发行股票并在主板上市的,持续督导的期间为证券上市当年剩余时间及其后2个完整会计年度;主板上市公司发行新股、可转换公司债券的,持续督导的期间为证券上市当年剩余时间及其后1个完整会计年度。首次公开发行股票并在创业板上市的,持续督导的期间为证券上市当年剩余时间及其后3个完整会计年度;创业板上市公司发行新股、可转换公司债券的,持续督导的期间为证券上市当年剩余时间及其后2个完整会计年度。

会派出机构的辅导验收。

（二）尽职调查和核查发行资料并出具推荐文件

保荐机构应当建立健全尽职调查制度和对发行上市申请文件的内部核查制度。遵循诚实守信、勤勉尽责的原则，按照中国证监会对保荐机构尽职调查工作的要求，对发行人进行全面调查，充分了解发行人的经营状况及其面临的风险和问题。保荐机构对发行人申请文件、证券发行募集文件中有证券服务机构及其签字人员出具专业意见的内容，保荐机构应当结合尽职调查过程中获得的信息对其进行审慎核查，对发行人提供的资料和披露的内容进行独立判断。保荐机构所作的判断与证券服务机构的专业意见存在重大差异的，应当对有关事项进行调查、复核，并可聘请其他证券服务机构提供专业服务。在确信发行人符合法律、行政法规和中国证监会的有关规定，方可推荐其证券发行上市。

《证券发行上市保荐业务管理办法》第 29 条规定了保荐机构在推荐发行上市的保荐书中应当承诺的事项：有充分理由确信发行人符合法律法规及中国证监会有关证券发行上市的相关规定；有充分理由确信发行人申请文件和信息披露资料不存在虚假记载、误导性陈述或者重大遗漏；有充分理由确信发行人及其董事在申请文件和信息披露资料中表达意见的依据充分合理；有充分理由确信申请文件和信息披露资料与证券服务机构发表的意见不存在实质性差异；保证所指定的保荐代表人及本保荐机构的相关人员已勤勉尽责，对发行人申请文件和信息披露资料进行了尽职调查、审慎核查；保证保荐书、与履行保荐职责有关的其他文件不存在虚假记载、误导性陈述或者重大遗漏；保证对发行人提供的专业服务和出具的专业意见符合法律、行政法规、中国证监会的规定和行业规范；自愿接受中国证监会依照本办法采取的监管措施。

（三）配合发行上市的审核工作

保荐机构提交保荐书后，应当主动配合中国证监会的发行上市审核工作，具体内容包括：组织发行人及证券服务机构对中国证监会的意见进行答复；按照中国证监会的要求对涉及本次证券发行上市的特定事项进行尽职调查或者核查；指定保荐代表人与中国证监会职能部门进行专业沟通，保荐代表人在发行审核委员会会议上接受委员质询；承担中国证监会规定的其他工作。

（四）开展公司上市后的持续督导

保荐机构应当针对发行人的具体情况，确定证券发行上市后持续督导的内容，督导发行人履行有关上市公司规范运作、信守承诺和信息披露等义务，审阅信息披露文件及向中国证监会、证券交易所提交的其他文件，并承担下列工作：督导发行人有效执行并完善防止控股股东、实际控制人、其他关联方违规占用发行人资源的制度；督导发行人有效执行并完善防止其董事、监事、高级管理人员利用职务之便损害发行人利益的内控制度；督导发行人有效执行并完善保障关联交易公允性和合规性的制度，并对关联交易发表意见；持续关注发行人募集资金的专户存储、投资项目的实施等承诺事项；持续关注发行人为他人提供担保等事项，并发表意见；中国证监会、证券交易所规定及保荐协议约定的其他工作。

第四节 证券承销

一、证券承销的含义和法律特征

证券承销，是指证券公司根据承销协议，依法协助证券发行人销售其所发行的证券的行为。证券发行往往涉及面广、程序复杂，有较强的专业性、技术性，因此存在较大风险，而发行人通常自身难以具备熟练处理发行事宜的能力，为保障证券成功发行，有必要对证券发行进行具体分工，引进专门的证券销售机构协助发行人完成证券发行。我国《公司法》第87条规定："发起人向社会公开募集股份，应当由依法设立的证券公司承销，签订承销协议。"我国《证券法》第26条也规定："发行人向不特定对象发行的证券，法律、行政法规规定应当由证券公司承销的，发行人应当同证券公司签订承销协议。"中国证监会2017年9月修订的《证券发行与承销管理办法》对证券承销作出了较详细的规定。从法律上来看，证券承销具有如下特征。

1. 证券承销是证券的间接发行方式。与直接由发行人面对投资者发行证券的直接发行方式不同，证券承销引入专门办理承销业务的证券公司具体办理证券发行事宜，承销商需要借助自己在证券市场上的信誉和营业渠道，在规定时间内完成证券销售工作，由此在发行人和投资者之间建立了中间环节。

2. 证券承销的主体必须是具有合法资格的证券公司。各个国家(地区)立法对作为证券承销商的证券公司的资格条件有不同要求，我国《公司法》和《证券法》规定，只有合法取得证券承销资格的证券公司才能进行证券承销活动。①

3. 证券承销的依据是发行人和承销商之间签订的证券承销协议。证券承销协议是证券发行人与作为证券承销商的证券公司明确双方在证券承销过程中的权利义务的协议。按照我国《证券法》第27条、第28条的规定，公开发行证券的发行人有权依法自主选择承销的证券公司；证券公司承销证券，应当同发行人签订代销或者包销协议。②《证券发行与承销管理办法》第22条规定，承销团成员应当按照承销团协议及承销协议的规定进行承销活动，不得进行虚假承销。

4. 证券承销须按严格的法律程序来运作。按照我国《证券法》和《证券发行与承销

---

① 按照我国《证券法》第121条规定，只有注册资本1亿元以上的证券公司才有可能获得经营证券承销业务的资格。

② 协议内容包括：(1)当事人的名称、住所及法定代表人姓名；(2)代销、包销证券的种类、数量、金额及发行价格；(3)代销、包销的期限及起止日期；(4)代销、包销的付款方式及日期；(5)代销、包销的费用和结算办法；(6)违约责任；(7)国务院证券监督管理机构规定的其他事项。

管理办法》的有关规定，证券公司应当在实施证券承销前向中国证监会报送发行与承销方案；公开发行股票承销期限届满，发行人应当在规定期限内将股票的发行情况报中国证监会备案。此外，法律法规还对证券承销方式、期限、协议、责任、承销团的组成、承销情况备案、承销商的禁止行为、承销期间的信息披露以及法律责任等作了详细规定。承销商和发行人在承销证券期间必须严格依照法定条件和程序完成证券发行。

二、证券承销的方式

（一）代销与包销

根据我国《证券法》第 26 条的规定，证券承销分为代销和包销两种方式。

证券代销，是指证券公司代发行人发售证券，在承销期结束时，将未售出的证券全部退还给发行人的承销方式。

证券包销，是指证券公司将发行人的证券按照协议全部购入或者在承销期结束时将售后剩余证券全部自行购入的承销方式。前者称为全额包销，后者称为余额包销。为防止承销商利用自己的优势地位优先购买证券，我国《证券法》第 31 条还特别规定，证券的承销期限最长不得超过 90 日，证券公司在代销、包销期内，对所代销、包销的证券应当保证先行出售给认购人，证券公司不得为本公司事先预留所代销的证券和预先购入并留存所包销的证券。

证券代销和证券包销的区别在于以下几方面。

1. 二者法律关系性质不同。代销和包销是两种不同的法律关系。在代销的情况下，发行人与承销商之间构成委托代理关系，发行人是委托人，承销商是代理人；在全额包销的情况下，发行人与承销商之间构成买卖关系，发行人居于卖方地位，承销商居于买方地位；在余额包销的情况下，在承销期内，发行人与承销商之间构成委托代理关系，承销期结束后，发行人与承销商则构成买卖关系。

2. 二者的风险承担主体不同。由于代销体现的是一种委托代理关系，因此，代销行为产生的风险和责任不是由代理人而是由委托人即发行人来承担；全额包销体现的是一种买卖关系，因此，全额包销使证券发行的风险发生转移，全额包销协议签订后证券发行的风险和责任由包销人即承销商承担；余额包销依据其是否处于承销期，其风险承担的主体也有所不同。

3. 二者导致的证券发行后果可能不同。在包销的情况下，证券发行的风险由包销人承担，可以保证证券发行的成功。而在代销的情况下，发行人仍需承担发行失败的风险。按照我国《证券法》第 33 条的规定，股票发行采用代销方式，代销期限届满，向投资者出售的股票数量未达到拟公开发行股票数量 70% 的，为发行失败。发行人应当按照发行价并加算银行同期存款利息返还股票认购人。

证券代销和证券包销二者各有优劣。相对而言，代销对于承销商来说承担的风险较小，因而报酬也相对有限，反观包销人要承担证券发行的风险，因此获取的报酬也相对较高；采用代销的情况，发行人须在承销期满之后才能获得募集资金，而在包销的情况下，一旦包销商确定包销，则发行人将获得出售全部包销证券所募集的资金；在市场状况较好时，尤其是证券发行市场较活跃或证券发行市场与证券交易市场之间存在明显的价差时，采取包销的风险较低而利润较高，反之，则采取代销的风险较低。由于我国证券市场申购新股的中签率一直保持很低水平，而新股上市之后的市场交易价格通常比发行价格高出一定比例，因此，在承销实践中很少采用代销方式发行证券。值得注意的是，《证券发行与承销管理办法》第 23 条关于“上市公司非公开发行股票未采用自行销售方式或上市公司配股的，应当采用代销方式”的规定，增加了证券代销的适用空间。

（二）承销团承销

承销团承销，是指由两家或两家以上的证券承销商签订协议组成承销团来承销所发行证券的承销方式。与单独承销相比，证券承销团具有满足大额证券发行需要、分散承销风险和加快发行速度等优点。承销团中一般存在牵头组织承销团各承销商销售证券的主承销商。我国《证券法》修订前要求向不特定对象发行的证券票面总值超过 5000 万元人民币的，应当由承销团承销。[①] 我国新《证券法》对此进行了修改，按照该法第 30 条的规定，向不特定对象发行证券，无论发行证券的票面总值多少，是否聘请承销团承销均由发行人自己选择。聘请承销团承销的，承销团应当由主承销和参与承销的证券公司组成。《证券发行与承销管理办法》对承销团承销有更详细的规定：组成承销团的承销商应当签订承销团协议，由主承销商负责组织承销工作；证券发行由两家以上证券公司联合主承销的，所有担任主承销商的证券公司应当共同承担主承销责任，履行相关义务；承销团由 3 家以上承销商组成的，可以设副主承销商，协助主承销商组织承销活动；承销团成员应当按照承销团协议及承销协议的规定进行承销活动，不得进行虚假承销。

三、承销商的职责和义务

依据我国《证券法》和《证券发行与承销管理办法》的规定，承销商在承销证券过程中的职责和义务包括以下几方面。

（一）依法依规开展承销活动

承销商应遵守法律，行政法规，中国证监会制定的部门规章，证券交易所、证券登记结算机构和中国证券业协会制定的相关业务规则，证券公司承销证券，应当依据中国证监会有关风险控制和内部控制等相关规定，制定严格的风险管理制度和内部控制制度，加强定价和配售过程管理，落实承销责任。

（二）确定发行价格

确定发行价格是证券发行的重要环节。《证券发行与承销管理办法》主要针对首次公开发行股票的发行定价作出规定，同时还规定上市公司发行证券的定价，应当符合

---

① 参见 2005 年我国《证券法》第 32 条。

中国证监会关于上市公司证券发行的有关规定。关于股票发行定价的内容，本章将在第五节"股票的发行"中讨论，故此从略。

（三）核查发行文件

为保证证券发行文件的真实性、准确性、完整性，防范市场风险，加强投资者利益保护，我国《证券法》第29条规定了承销商对公开发行募集文件的核查义务。证券公司承销证券，应当对公开发行募集文件的真实性、准确性、完整性进行核查；发现有虚假记载、误导性陈述或者重大遗漏的，不得进行销售活动；已经销售的，必须立即停止销售活动，并采取纠正措施。《证券发行与承销管理办法》第31条规定，承销商应当保留推介、定价、配售等承销过程中的相关资料至少3年并存档备查，包括推介宣传材料、路演现场录音等，如实、全面反映询价、定价和配售过程。我国《证券法》第85条规定，信息披露义务人未按照规定披露信息，或者公告的证券发行文件、定期报告、临时报告及其他信息披露资料存在虚假记载、误导性陈述或者重大遗漏，致使投资者在证券交易中遭受损失的，信息披露义务人应当承担赔偿责任；发行人的董事、监事、高级管理人员和其他直接责任人员以及保荐人、承销的证券公司及其直接责任人员，应当与发行人承担连带赔偿责任，但是能够证明自己没有过错的除外。

（四）进行信息披露

充分的信息披露是保证承销依法进行的重要手段。鉴于承销商与发行人的关系，证券法律法规对发行信息披露义务的要求，很多都是将发行人和主承销商作为一体来规定的，发行人的信息披露义务也是主承销商的应当履行的职责。《证券发行与承销管理办法》规定的信息披露义务，包括发行人与主承销商按照中国证监会规定的要求编制信息披露文件；披露的信息不得有虚假记载、误导性陈述或者重大遗漏；发行人和主承销商向公众投资者进行推介时，向公众投资者提供的发行人信息的内容及完整性应与向网下投资者提供的信息保持一致；应当将发行过程中披露的信息刊登在至少一种中国证监会指定的报刊，同时将其刊登在中国证监会指定的互联网网站，并置备于中国证监会指定的场所，供公众查阅。《证券发行与承销管理办法》第34条还对首次公开发行股票的发行人和主承销商应当在发行和承销过程中需要公开披露的信息作了较详尽的列举。

（五）履行报备义务

为加强证券监督管理机构对证券公司承销证券活动的监督，《证券发行与承销管理办法》规定了较详细的上报备案制度。该办法第25条规定，证券公司实施证券承销前，应当向中国证监会报送发行与承销方案。该办法第27条规定，证券上市后10日内，主承销商应当将验资报告、专项法律意见随同承销总结报告等文件一并报中国证监会。该办法第13条规定，如果发行人和主承销商决定中止发行，中止发行后，在注册文件有效期内，经向中国证监会备案，可重新启动发行。

（六）禁止从事的行为

鉴于承销商在证券发行过程中的特殊地位，根据我国《证券法》第29条第2款和第3款的规定，证券公司承销证券，不得有下列行为：(1)进行虚假的或者误导投资者的广告宣传或者其他宣传推介活动；(2)以不正当竞争手段招揽承销业务；(3)其他违反证券承销业务规定的行为。证券公司有前款所列行为，给其他证券承销机构或者投资者造成损失的，应当依法承担赔偿责任。

《证券发行与承销管理办法》对禁止承销商从事行为的规定更详细具体：在证券发行中，承销商及相关人员不得泄露询价和定价信息；不得以任何方式操纵发行定价；不得劝诱网下投资者抬高报价，不得干扰网下投资者正常报价和申购；不得以提供透支、回扣或者中国证监会认定的其他不正当手段诱使他人申购股票；不得以代持、信托持股等方式牟取不正当利益或向其他相关利益主体输送利益；不得直接或通过其利益相关方向参与认购的投资者提供财务资助或者补偿；不得以自有资金或者变相通过自有资金参与网下配售；不得与网下投资者互相串通，协商报价和配售；不得收取网下投资者回扣或其他相关利益。

第五节 股票的发行

一、股票发行概述

股票发行，是指发行人以筹集资金或设立股份有限公司为目的，依照法定条件和程序向社会公众或特定对象出售并交付股票的行为。股票是证券最主要的品种，股票发行是证券发行中最重要也是最复杂的一种形式，同时也是法律法规规制的重点内容。

（一）股票发行的基本准则

我国《公司法》《证券法》都对股票发行的基本准则有所涉及，其中，《证券法》在第一章“总则”的内容中规定了证券发行与交易须遵循保护投资者合法权益原则，“三公”原则、诚实信用原则等；《公司法》在第五章“股份有限公司的股份发行和转让”的内容中规定了较具体的股票发行的基本准则，主要有以下几方面。

1. 发行的同种股票应当具有同等权利。该规则也被称为“同股同权”原则。股票是股份的表现形式，不同的股票所表彰的权利不同。我国已经允许股份有限公司发行不同种类的股票，如普通股和优先股。① 无论股票种类的多少，都应当保证同种类的股票具有同等权利，允许不同种类的股票之间存在权利差异。

---

① 根据我国《公司法》第131条关于“国务院可以对公司发行本法规定以外的其他种类的股份，另行作出规定”的立法精神，国务院2013年11月颁布了《关于开展优先股试点的指导意见》，中国证监会2014年3月又发布了《优先股试点管理办法》，对优先股进行规制。

2. 同次发行的同种股票,每股的发行条件和价格应当相同。这一规则也常被称为"同股同价"原则,其含义是:在同次发行的同种股票,无论其发行对象是单位或者个人,其发行价格和条件应该保持一致,不能有所区别;而在先后进行的不同次发行中,发行条件和价格可以体现差异。如募集设立公司时,发起人认购股份的价格与公开发行时股东购买股票的价格不同,并不违反"同股同价"的原则。因为发起人必须在面向社会公众公开发行前完成不低于总股本35%的股份认购,否则就不能向社会公众发行股票,在这个意义上,公司对发起人发行的股票和对社会公众发行的股票分别属于非公开发行和公开发行,二者的性质明显不同,应当视为两次发行。如果强行要求发起人和社会公众适用相同的发行条件和价格,一方面损伤了发起人的积极性,另一方面却并不能避免发起人以先设立公司、再公开募集的方式进行二次发行,完全可能增大各方当事人的发行成本。

3. 股票不得采用折价发行的方式。股票价值的表现形式多种多样,根据发行价格和票面面额的关系,可以将证券发行分为溢价发行、平价发行和折价发行3种形式。平价发行也称为等额发行或按面额发行,是指发行人以票面金额作为发行价格的发行方式。这种发行方式通常在证券市场发展初期和证券市场不发达的国家或地区采用。溢价发行是指发行人按高于面额的价格发行股票,这是证券市场通行的方式,但须遵循法律法规的相关规定。我国《证券法》第32条规定:"股票发行采取溢价发行的,其发行价格由发行人与承销的证券公司协商确定。"折价发行是指以低于面额的价格发行新股的发行方式。我国《公司法》第127条规定,股票发行价格可以按票面金额,也可以超过票面金额,但不得低于票面金额。

(二)股票发行的主要形式

股票发行可以分为不同形式。根据股票的发行时间,可分为公司设立时发行和公司成立后发行;根据股票的发行对象,可以分为公开发行和非公开发行;根据股票公开发行是否为首次,可以分为首次公开发行和再次公开发行;在实践中,不同的股票发行形式往往会出现交叉重合的现象。例如,按照我国《公司法》的规定,公司设立时发行就可能包括公开发行和非公开发行两种形式;按照我国《证券法》的规定,发行新股既可能包括公开发行和非公开发行两种形式,还可能涉及首次公开发行和再次公开发行两种形式;按照中国证监会2015年12月修订的《首次公开发行股票并上市管理办法》的规定,首次公开发行股票也可能包括公司设立时发行和公司成立后发行两种形式。

本节根据我国《证券法》第二章规定的3种股票发行方式,即设立股份有限公司公开发行股票、公司首次公开发行股票、上市公司发行新股来进行讨论,同时也讨论与之密切相关的发行新股定价和配售的问题。

二、设立股份有限公司公开发行股票

设立股份有限公司公开发行股票,是指发起人在公司设立过程中向社会公开发行股票的行为。按照我国《公司法》第77条的规定,股份有限公司设立可以采取发起设立和募集设立的方式，募集设立是指由发起人认购公司应发行股份的一部分，其余股份向社会公开募集或者向特定对象募集而设立公司。如果从股票发行方式来看，募集设立属于我国《证券法》上的"公开发行证券"的情形，受《证券法》和《公司法》的规制。我国《证券法》第9条规定："公开发行证券，必须符合法律、行政法规规定的条件，并依法报经国务院证券监督管理机构或者国务院授权的部门注册；未经依法注册，任何单位和个人不得公开发行证券。"

由于法律法规对于公开发行股票的发行人有十分严格的资格条件限制以及要求公开发行股票必须履行辅导、保荐、审核、注册等复杂程序，对于股份有限公司尚处于设立阶段的发行人来讲，很难达到法律规定的要求，在这一阶段公开向社会发行股票很可能会给投资者造成较大风险，因此，尽管我国《公司法》规定了募集设立方式，但在实践中采取这一方式来设立股份有限公司的情况非常少。2005年全国人大常委会在审议我国《公司法》修订草案时，中国证监会曾一度主张取消股份有限公司募集设立方式，立法机关后来考虑到继续保留这一方式并无不妥，才没有采纳中国证监会的意见。①

我国《证券法》第11条规定："设立股份有限公司公开发行股票，应当符合《中华人民共和国公司法》规定的条件和经国务院批准的国务院证券监督管理机构规定的其他条件。"这一规定说明，采取募集设立方式公开发行股票必须符合两个方面条件，即《公司法》规定的条件和中国证监会规定的条件。

从我国《公司法》规定的条件来看，第76条关于设立股份有限公司一般条件的规定和第84条关于募集设立"发起人认购的股份不得少于公司股份总数的百分之三十五"的规定，可以视为设立股份有限公司公开发行股票的条件。

从中国证监会规定的条件来看，《首次公开发行股票并上市管理办法》第8条第2款规定："经国务院批准，有限责任公司在依法变更为股份有限公司时，可以采取募集设立方式公开发行股票。"这一规定表明，中国证监会对募集设立股份有限公司公开发行股票有较严格的条件限制：一是将范围限定在有限责任公司依法变更为股份有限公司的情形之内；二是从程序上必须经国务院批准。此外，中国证监会不允许设立股份有限公司公开发行股票。

三、公司首次公开发行股票

公司首次公开发行股票属于公开发行新股的一种形式，即我国《证券法》第12条规定的"公司首次公开发行新股"，简称首次公开发行股票（Initial Public Offering，IPO），是指公司成立后发行人初次面向社会投资者公开发行股票的行为。发行人通过

---

① 参见时任全国人大法律委员会副主任委员洪虎于2005年10月22日在第十届全国人大常委会第十八次会议上所作《全国人大法律委员会关于〈中华人民共和国公司法（修订草案）〉审议结果的报告》，载中国人大网：http://www.npc.gov.cn/wxzl/gongbao/2005-10/27/content_5343118.htm，最后访问日期：2020年1月18日。

首次公开发行股票的注册,就可以向证券交易所申请上市资格进而成为上市公司。因此,在公司发行股票的所有情形中,首次公开发行股票是条件最严格,程序最复杂,受到法律规制最多的一种形式。

(一)首次公开发行股票的条件

公司首次公开发行股票的主要目的就是在证券交易所上市,①因此,公司首次公开发行股票的条件与公司上市条件密切相关,二者也是审核机构是否通过和注册机构是否注册需要综合考量的指标。鉴于证券交易所分为主板、中小企业板、创业板、科创板等板块,不同板块的上市条件存在差异,因而首次公开发行股票的条件也需要结合不同板块来讨论。

根据我国《证券法》第12条第1款的规定,公司首次公开发行新股,应当符合的条件是:第一,具备健全且运行良好的组织机构;第二,具有持续经营能力;第三,最近3年财务会计报告被出具无保留意见审计报告;第四,发行人及其控股股东、实际控制人最近3年不存在贪污、贿赂、侵占财产、挪用财产或者破坏社会主义市场经济秩序的刑事犯罪;第五,经国务院批准的国务院证券监督管理机构规定的其他条件。这5项是拟在所有板块上市的公司首次公开发行股票都应当遵循的法定条件。与核准制下的法定条件相比,我国新《证券法》最突出的亮点就是将2005年《证券法》第13条规定的"具有持续盈利能力,财务状况良好"的财务条件改成"具有持续经营能力"的经营条件。这一修改使法定条件与注册制的内涵相吻合。

根据上述法定条件的第五项要求,中国证监会针对不同板块规定了相应条件。需要说明的是,随着我国新《证券法》的实施,这些条件完全可能有所变化并不断调整,本书囿于完成时间,只能列出中国证监会最近规定的条件。

1. 拟在主板和中小企业上市的发行人首次公开发行股票的条件

《首次公开发行股票并上市管理办法》(本节以下简称《管理办法》)是中国证监会出台的关于规制首次公开发行股票的重要法规,结合中国证监会还出台了创业板和科创板的相关法规的情况看,《管理办法》的适用范围主要针对主板和中小企业板,其中以专章较详细地规定了首次公开发行股票3个方面的条件。

(1)发行人主体资格条件

发行人应当是依法设立且合法存续的股份有限公司;发行人自股份有限公司成立后持续经营时间应当在3年以上;发行人的注册资本已足额缴纳,发起人或者股东用作出资的资产的财产权转移手续已办理完毕,发行人的主要资产不存在重大权属纠纷;发行人的生产经营符合法律、行政法规和公司章程的规定,符合国家产业政策;发行人最近3年内主营业务和董事、高级管理人员没有发生重大变化,实际控制人没有发生变

① 当然也有个别公司IPO后不追求上市,《首次公开发行股票并上市管理办法》第58条规定:"首次公开发行股票且不上市的管理办法,由中国证监会另行规定。"

更;发行人的股权清晰,控股股东和受控股股东、实际控制人支配的股东持有的发行人股份不存在重大权属纠纷。

(2)发行人规范运行条件

第一,发行人已经依法建立健全股东大会、董事会、监事会、独立董事、董事会秘书制度,相关机构和人员能够依法履行职责。

第二,发行人的董事、监事和高级管理人员已经了解与股票发行上市有关的法律法规,知悉上市公司及其董事、监事和高级管理人员的法定义务和责任。

第三,发行人的董事、监事和高级管理人员符合法律、行政法规和规章规定的任职资格,且不得有被中国证监会采取证券市场禁入措施尚在禁入期的情形,最近 36 个月内受到中国证监会行政处罚或者最近 12 个月内受到证券交易所公开谴责的情形,因涉嫌犯罪被司法机关立案侦查或者涉嫌违法违规被中国证监会立案调查,尚未有明确结论意见的情形。

第四,发行人的内部控制制度健全且被有效执行,能够合理保证财务报告的可靠性、生产经营的合法性、营运的效率与效果。

第五,发行人不得在最近 36 个月内未经法定机关核准擅自公开或者变相公开发行过证券,或者有关违法行为虽然发生在 36 个月前,但目前仍处于持续状态;不得在最近 36 个月内违反工商、税收、土地、环保、海关以及其他法律、行政法规,受到行政处罚,且情节严重;不得在最近 36 个月内向中国证监会提出发行申请,但报送的发行申请文件有虚假记载、误导性陈述或重大遗漏;或者不符合发行条件以欺骗手段骗取发行核准,或者以不正当手段干扰中国证监会及其发行审核委员会审核工作,或者伪造、变造发行人或其董事、监事、高级管理人员的签字、盖章等情形;不得在本次报送的发行申请文件有虚假记载、误导性陈述或者重大遗漏的情形;不得有涉嫌犯罪被司法机关立案侦查,尚未有明确结论意见的情形;不得有严重损害投资者合法权益和社会公共利益的其他情形。

第六,发行人的公司章程中已明确对外担保的审批权限和审议程序,不存在为控股股东、实际控制人及其控制的其他企业进行违规担保的情形。

第七,发行人有严格的资金管理制度,不得有资金被控股股东、实际控制人及其控制的其他企业以借款、代偿债务、代垫款项或者其他方式占用的情形。

(3)发行人财务会计条件

除资产状况和内控状况良好、财务会计工作规范合规、关联交易披露完整并公允、依法纳税等要求外,还应当符合以下具体的财务会计指标:

第一,最近 3 个会计年度净利润均为正数且累计超过 3000 万元人民币,净利润以扣除非经常性损益前后较低者为计算依据。

第二,最近 3 个会计年度经营活动产生的现金流量净额累计超过 5000 万元人民币,或者最近 3 个会计年度营业收入累计超过 3 亿元人民币。

第三,发行前股本总额不少于3000万元人民币。

第四,最近1期末无形资产(扣除土地使用权、水面养殖权和采矿权等后)占净资产的比例不高于20%。

第五,最近1期末不存在未弥补亏损等条件。

2. 拟在创业板上市的发行人首次公开发行股票条件

中国证监会2018年6月修订的《首次公开发行股票并在创业板上市管理办法》规定了拟在创业板上市的发行人申请首次公开发行股票应当符合的条件,这些条件与前述主板和中小企业板的条件在很多要求上是相同的,存在差异的内容主要有以下几方面。

(1)发行人是依法设立且持续经营3年以上的股份有限公司。有限责任公司按原账面净资产值折股整体变更为股份有限公司的,持续经营时间可以从有限责任公司成立之日起计算。

(2)发行人最近2年连续盈利,最近2年净利润累计不少于1000万元;或者最近1年盈利,最近1年营业收入不少于5000万元。净利润以扣除非经常性损益前后孰低者为计算依据,中国证监会根据《关于开展创新企业境内发行股票或存托凭证试点的若干意见》等规定认定的试点企业,可不适用本项规定。

(3)发行人最近1期末净资产不少于2000万元,且不存在未弥补亏损,中国证监会根据《关于开展创新企业境内发行股票或存托凭证试点的若干意见》等规定认定的试点企业,可不适用"不存在未弥补亏损"的规定。

(4)发行后股本总额不少于3000万元。

(5)发行人应当主要经营一种业务,最近2年内主营业务和董事、高级管理人员均没有发生重大变化,实际控制人没有发生变更。

3. 拟在科创板上市的发行人首次公开发行股票的条件

中国证监会2019年3月发布的《科创板首次公开发行股票注册管理办法(试行)》规定了拟在科创板上市的发行人首次公开发行股票的条件,要求发行人应当是符合科创板定位,面向世界科技前沿、面向经济主战场、面向国家重大需求。优先支持符合国家战略,拥有关键核心技术,科技创新能力突出,主要依靠核心技术开展生产经营,具有稳定的商业模式,市场认可度高,社会形象良好,具有较强成长性的企业。发行条件包括以下几方面。

(1)发行人是依法设立且持续经营3年以上的股份有限公司,具备健全且运行良好的组织机构,相关机构和人员能够依法履行职责。有限责任公司按原账面净资产值折股整体变更为股份有限公司的,持续经营时间可以从有限责任公司成立之日起计算。

(2)发行人会计基础工作规范,财务报表的编制和披露符合企业会计准则和相关信息披露规则的规定,在所有重大方面公允地反映了发行人的财务状况、经营成果和现金流量,并由注册会计师出具标准无保留意见的审计报告;发行人内部控制制度健全且被有效执行，能够合理保证公司运行效率、合法合规和财务报告的可靠性，并由注册会计师出具无保留结论的内部控制鉴证报告。

(3)发行人业务完整，具有直接面向市场独立持续经营的能力，具体内容包括以下几方面。

第一，资产完整，业务及人员、财务、机构独立，与控股股东、实际控制人及其控制的其他企业间不存在对发行人构成重大不利影响的同业竞争，不存在严重影响独立性或者显失公平的关联交易。

第二，发行人主营业务、控制权、管理团队和核心技术人员稳定，最近 2 年内主营业务和董事、高级管理人员及核心技术人员均没有发生重大不利变化；控股股东和受控股股东、实际控制人支配的股东所持发行人的股份权属清晰，最近 2 年实际控制人没有发生变更，不存在导致控制权可能变更的重大权属纠纷。

第三，发行人不存在主要资产、核心技术、商标等方面的重大权属纠纷，重大偿债风险，重大担保、诉讼、仲裁等或有事项，经营环境已经或者将要发生重大变化等对持续经营有重大不利影响的事项。

第四，发行人生产经营符合法律、行政法规的规定，符合国家产业政策。最近 3 年内，发行人及其控股股东、实际控制人不存在贪污、贿赂、侵占财产、挪用财产或者破坏社会主义市场经济秩序的刑事犯罪，不存在欺诈发行、重大信息披露违法或者其他涉及国家安全、公共安全、生态安全、生产安全、公众健康安全等领域的重大违法行为；董事、监事和高级管理人员不存在最近 3 年内受到中国证监会行政处罚，或者因涉嫌犯罪被司法机关立案侦查或者涉嫌违法违规被中国证监会立案调查，尚未有明确结论意见等情形。

根据科创板目前实行的首次公开发行股票发行审核与上市审核合一的做法，发行人在符合发行条件的同时，还应当符合科创板的上市条件。关于科创板上市条件，《上海证券交易所科创板股票上市规则》规定了以“市值为中心”的 5 套差异化标准，详见本书第五章第二节“证券上市条件”的相关内容。

(二)首次公开发行股票的程序

基于我国新《证券法》对公开发行证券全面实行注册制的规定，这里侧重介绍目前科创板首次公开发行股票的程序。

(1)公司机关作出决议。发行人董事会应当依法就本次股票发行的具体方案、本次募集资金使用的可行性及其他必须明确的事项作出决议，并提请股东大会批准。发行人股东大会就本次发行股票作出决议。

(2)申报与受理。发行人申请首次公开发行股票并在科创板上市，应当按照中国证监会的有关规定制作注册申请文件，由保荐人保荐并向交易所申报。交易所收到注册申请文件后 5 个工作日内作出是否受理的决定。自注册申请文件受理之日起，发行人及其控股股东、实际控制人、董事、监事、高级管理人员，以及与本次股票公开发行并上市相关的保荐人、证券服务机构及相关责任人员，即承担相应的法律责任。注册申请文件受理后，未经中国证监会或者交易所同意，不得改动。发生重大事项的，发行人、保荐人、证券服务机构应当及时向交易所报告，并按要求更新注册申请文件和信息披露资料。

(3)证券交易所审核并形成审核意见。交易所设立独立的审核部门，负责审核发行人公开发行并上市申请；设立科技创新咨询委员会，负责为科创板建设和发行上市审核提供专业咨询和政策建议；设立科创板股票上市委员会，负责对审核部门出具的审核报告和发行人的申请文件提出审议意见。交易所主要通过向发行人提出审核问询、发行人回答问题方式开展审核工作，基于科创板定位，判断发行人是否符合发行条件、上市条件和信息披露要求。交易所按照规定的条件和程序，作出同意或者不同意发行人股票公开发行并上市的审核意见。同意发行人股票公开发行并上市的，将审核意见、发行人注册申请文件及相关审核资料报送中国证监会履行发行注册程序。不同意发行人股票公开发行并上市的，作出终止发行上市审核决定。交易所应当自受理注册申请文件之日起3个月内形成审核意见。发行人根据要求补充、修改注册申请文件，以及交易所按照规定对发行人实施现场检查，或者要求保荐人、证券服务机构对有关事项进行专项核查的时间不计算在内。交易所因不同意发行人股票公开发行并上市，作出终止发行上市审核决定，自决定作出之日起6个月后，发行人可以再次提出公开发行股票并上市申请。

(4)中国证监会注册。中国证监会收到交易所报送的审核意见、发行人注册申请文件及相关审核资料后，履行发行注册程序。如果中国证监会认为存在需要进一步说明或者落实事项的，可以要求交易所进一步问询；如果认为交易所对影响发行条件的重大事项未予关注或者交易所的审核意见依据明显不充分的，可以退回交易所补充审核。中国证监会在20个工作日内对发行人的注册申请作出同意注册或者不予注册的决定。中国证监会作出不予注册决定的，自决定作出之日起6个月后，发行人可以再次提出公开发行股票并上市申请。

(5)发行股票。中国证监会同意注册的决定自作出之日起1年内有效，发行人应当在注册决定有效期内发行股票，发行时点由发行人自主选择。

四、上市公司发行新股

上市公司发行新股是公司取得上市资格后发行股票的行为，包括公开发行新股和非公开发行新股两种情形。我国《证券法》第12条第2款规定："上市公司发行新股，应当符合经国务院批准的国务院证券监督管理机构规定的条件，具体管理办法由国务院证券监督管理机构规定。"这一规定表明，上市公司发行新股，无论是公开发行还是非公开发行，都必须符合中国证监会规定的条件。与公开发行证券全面实行注册制的定位一致，该款规定删除了2005年《证券法》第13条关于上市公司发行新股必须经中国证监会核准的条件。

(一)上市公司公开发行新股的条件

上市公司公开发行新股分为配股和增发两种形式。其中,配股即向上市公司原股东配售股份;增发即向不特定对象公开募集股份。中国证监会《上市公司证券发行管理办法》规定了上市公司公开发行新股的一般条件和配股、增发应当具备的特别条件。

1. 上市公司发行新股的一般条件

按照《上市公司证券发行管理办法》第6条至第11条的规定,一般条件共有以下6项内容。

(1)上市公司的组织机构健全、运行良好。具体内容包括公司章程合法有效,公司组织机构制度、独立董事制度和公司内控制度健全;董事、监事和高级管理人员具备任职资格并能够忠实和勤勉地履行职务;公司机构、业务独立,能够自主经营管理;最近12个月内不存在违规对外提供担保的行为。

(2)上市公司的盈利能力具有可持续性。① 具体内容包括最近3个会计年度连续盈利;业务和盈利来源相对稳定,不存在严重依赖控股股东、实际控制人的情形;现有主营业务或投资方向能够可持续发展,经营模式和投资计划稳健,主要产品或服务的市场前景良好,行业经营环境和市场需求不存在现实或可预见的重大不利变化;高级管理人员和核心技术人员稳定,最近12个月内未发生重大不利变化;公司重要资产、核心技术或其他重大权益的取得合法,能够持续使用,不存在现实或可预见的重大不利变化;不存在可能严重影响公司持续经营的担保、诉讼、仲裁或其他重大事项;最近24个月内曾公开发行证券的,不存在发行当年营业利润比上年下降50%以上的情形。

(3)上市公司的财务状况良好。具体内容包括会计基础工作规范;最近3年及1期财务报表未被注册会计师出具保留意见、否定意见或无法表示意见的审计报告;被注册会计师出具带强调事项段的无保留意见审计报告的,所涉及的事项对发行人无重大不利影响或者在发行前重大不利影响已经消除;资产质量良好;经营成果真实,现金流量正常,不存在操纵经营业绩的情形;最近3年以现金方式累计分配的利润不少于最近3年实现的年均可分配利润的30%。

(4)上市公司最近36个月内财务会计文件无虚假记载,且不存在违反证券法律、行政法规或规章,受到中国证监会的行政处罚,或者受到刑事处罚的重大违法行为;不存在违反工商、税收、土地、环保、海关法律、行政法规或规章,受到行政处罚且情节严重,或者受到刑事处罚的重大违法行为;不存在违反国家其他法律、行政法规且情节严重的重大违法行为。

(5)上市公司募集资金的数额和使用符合法律法规的规定。

(6)上市公司不存在不得公开发行证券的如下情形:本次发行申请文件有虚假记

① 从我国新《证券法》第12条第1款对首次公开发行新股的法定条件修改的情况来看,该项条件也很可能作出相应的调整。

载、误导性陈述或重大遗漏;擅自改变前次公开发行证券募集资金的用途而未作纠正;上市公司最近12个月内受到过证券交易所的公开谴责;上市公司及其控股股东或实际控制人最近12个月内存在未履行向投资者作出的公开承诺的行为;上市公司或其现任董事、高级管理人员因涉嫌犯罪被司法机关立案侦查或涉嫌违法违规被中国证监会立案调查;严重损害投资者的合法权益和社会公共利益的其他情形。

2. 配股的特别条件

根据《上市公司证券发行管理办法》第12条的规定,向原股东配售股份,除符合上市公司发行证券的一般条件外,还应当符合的特别条件为:(1)拟配售股份数量不超过本次配售股份前股本总额的30%;(2)控股股东应当在股东大会召开前公开承诺认配股份的数量;(3)采用证券法规定的代销方式发行。

控股股东不履行认配股份的承诺,或者代销期限届满,原股东认购股票的数量未达到拟配售数量70%的,发行人应当按照发行价并加算银行同期存款利息返还已经认购的股东。

3. 增发的特别条件

根据《上市公司证券发行管理办法》第13条的规定,向不特定对象公开募集股份,除符合上市公司发行证券的一般条件外,还应当符合的特别条件为:(1)最近3个会计年度加权平均净资产收益率平均不低于6%。扣除非经常性损益后的净利润与扣除前的净利润相比,以低者作为加权平均净资产收益率的计算依据。(2)除金融类企业外,最近1期末不存在持有金额较大的交易性金融资产和可供出售的金融资产、借予他人款项、委托理财等财务性投资的情形。(3)发行价格应不低于公告招股意向书前20个交易日公司股票均价或前1个交易日的均价。

(二)上市公司非公开发行新股的条件

上市公司非公开发行新股,是指上市公司采用非公开方式向特定对象发行股票的行为。特定对象应当符合公司股东大会决议规定的条件且不超过10名。如果发行的特定对象为境外战略投资者的,应当经国务院相关部门事先批准。

根据《上市公司证券发行管理办法》第38条的规定,上市公司非公开发行股票应当符合的条件为:(1)发行价格不低于定价基准日前20个交易日公司股票均价的90%;(2)本次发行的股份自发行结束之日起,12个月内不得转让;控股股东、实际控制人及其控制的企业认购的股份,36个月内不得转让;(3)募集资金使用符合法律法规的规定;(4)本次发行将导致上市公司控制权发生变化的,还应当符合中国证监会的其他规定。

《上市公司证券发行管理办法》第39条还规定,如果上市公司存在本次发行申请文件有虚假记载、误导性陈述或重大遗漏的情形,公司的权益被控股股东或实际控制人严重损害且尚未消除的情形,公司及其附属公司违规对外提供担保且尚未解除的情形,现任董事、高级管理人员最近36个月内受到过中国证监会的行政处罚,或者最近12个月内受到过证券交易所公开谴责的情形，公司或其现任董事、高级管理人员因涉嫌犯罪正被司法机关立案侦查或涉嫌违法违规正被中国证监会立案调查的情形，公司最近1年及1期财务报表被注册会计师出具保留意见、否定意见或无法表示意见的审计报告的情形，严重损害投资者合法权益和社会公共利益的其他情形，不得非公开发行股票。

（三）上市公司发行新股的程序

上市公司发行新股的程序，包括公司机关作出决议、保荐人保荐并向中国证监会申报、中国证监会审核、上市公司发行股票。公开发行新股依照我国《证券法》的规定应当履行注册程序，非公开发行新股是否与公开发行新股相同，有待中国证监会随着我国《证券法》修订后的实施作出新规定。

五、发行新股的定价

定价是新股发行的重要环节。发行新股包括首次公开发行新股（股票）和上市公司发行新股（股票）的情形。定价是指发行人与发行承销商确定股票发行价格的过程和制度安排。我国《证券法》第32条规定："股票发行采取溢价发行的，其发行价格由发行人与承销的证券公司协商确定。"①从我国当前证券市场的实践来看，新股定价主要包括直接定价和询价两种方式。

1. 直接定价

直接定价，是指发行人与承销商自主协商后直接确定发行价格的定价方式。《证券发行与承销管理办法》第4条规定，公开发行股票数量在2000万股（含）以下且无老股转让②计划的，可以通过直接定价的方式确定发行价格。该办法第9条规定，首次公开发行股票采用直接定价方式的，全部向网上投资者发行，不进行网下询价和配售。③

2. 询价

询价，是指作为发行方的发行人与承销商通过向网下投资者征询购买股票价格意向来确定证券发行价格的定价方式。根据《证券发行与承销管理办法》的有关规定，询价方式具有如下的特征。

（1）询价是股票发行方（发行人及其承销商）与网下投资者的双向行为，包括投资者报价和发行方确定发行价格（或价格区间）的行为，通过双向互动，可以使股票发行定价更加市场化。

（2）发行方征询价格的对象（报价者）为网下投资者，网下投资者须具备丰富的投资经验和良好的定价能力，具体资格条件由发行方设置并预先公告，符合条件的机构和

① 1998年我国《证券法》还要求发行人与承销商确定的发行价格须报中国证监会核准，2005年《证券法》删除了核准的内容。

② "老股转让"是指首次公开发行股票时公司股东公开发售其所持股份。

③ 2016年2月16日中国证监会核准成都新易盛通信技术股份有限公司（以下简称新易盛，深交所创业板上市）采取直接定价方式首次公开发行股票。新易盛招股说明书表明，新易盛拟公开发行股份不超过1940万股，成为中国证监会2016年实施发行定价制度改革新政以来首个直接定价发行的企业。

个人投资者均可参与报价。报价包含每股价格和该价格对应的拟申购股数,且只能有一个报价。

(3)发行方在投资者报价基础上确定股票发行价格。网下投资者报价后,作为发行方的发行人和主承销商应当剔除拟申购总量中报价最高部分(不低于所有网下投资者拟申购总量的10%),然后根据剩余报价及拟申购数量按照一定的程序和方式来协商确定发行价格。首次公开发行股票价格确定后,提供有效报价的投资者方可参与申购。

(4)采取询价方式定价的,发行股票必须同时采取网上公开发行和网下发行的方式。网上公开发行对象是不特定的投资者,网下发行对象是特定的投资者。由于询价的征询对象是网下符合条件的特定投资者,网下投资者通过网下报价参与定价过程并进行了申购,股票发行应当考虑到这部分投资者的投资意愿和购买利益,因此,询价发行股票在采取网上公开发行方式的同时,都应采取网下配售方式来发行一定比例的股票。投资者选择参与网下发行的,不得同时参与网上发行。

采取询价方式要比直接定价方式复杂得多,为了保证公平公正,《证券发行与承销管理办法》关于定价的规定,主要是针对询价方式的程序和具体要求的内容,是询价定价应当遵循的准则。如该办法第7条第2款规定:"公开发行股票数量在4亿股(含)以下的,有效报价投资者的数量不少于10家;公开发行股票数量在4亿股以上的,有效报价投资者的数量不少于20家。剔除最高报价部分后有效报价投资者数量不足的,应当中止发行。"该办法第17条规定:"发行人和承销商及相关人员不得泄露询价和定价信息;不得以任何方式操纵发行定价;不得劝诱网下投资者抬高报价,不得干扰网下投资者正常报价和申购;不得以提供透支、回扣或者中国证监会认定的其他不正当手段诱使他人申购股票;不得以代持、信托持股等方式谋取不正当利益或向其他相关利益主体输送利益;不得直接或通过其利益相关方向参与认购的投资者提供财务资助或者补偿;不得以自有资金或者变相通过自有资金参与网下配售;不得与网下投资者互相串通,协商报价和配售;不得收取网下投资者回扣或其他相关利益。"

需要指出的是,中国证监会对发行市场的定价长期采取了相应的调控手段,自2014年7月以来,新股发行采用一级市场不超过23倍市盈率的价格调控,这一做法在调控市场的同时,也存在投资者盲目追涨、放大价格扭曲和新股长期回报率低下的问题。①

根据《证券发行与承销管理办法》第4条的规定:"上市公司发行证券的定价,应当符合中国证监会关于上市公司证券发行的有关规定。"如《上市公司证券发行管理办

---

①　参见中国证监会副主席方星海在"中国经济50人论坛2019年年会"上发言,载新浪财经网:https://finance.sina.com.cn/china/gncj/2019-02-17/doc-ihqfskcp6075868.shtml,最后访问日期:2019年6月12日。

法》第 13 条规定，上市公司向不特定对象公开募集股份，“发行价格应不低于公告招股意向书前 20 个交易日公司股票均价或前一个交易日的均价”；该办法第 38 条规定，上市公司非公开发行股票的“发行价格不低于定价基准日前 20 个交易日公司股票均价的 90%”。

中国证监会发布的《关于在上海证券交易所设立科创板并试点注册制的实施意见》明确要求，“科创板市场新股发行价格、规模、节奏主要通过市场化方式决定，强化市场约束。对新股发行定价不设限制，建立以机构投资者为参与主体的询价、定价、配售等机制，充分发挥机构投资者专业能力”。因此说明科创板的新股发行定价应当采取询价方式。

六、发行新股的配售

发行新股的配售简称新股配售，是指在发行新股过程中留出一定比例的股票向特定投资者发行的制度安排，包括首次开发行新股的配售和上市公司发行新股的配售。新股配售是新股发行制度的重要组成部分，涉及参与新股发行的各方利益。《证券发行与承销管理办法》对此作出了相应规定。

（一）向参与询价的网下投资者配售

采取询价方式定价的股票发行配售，配售范围为参与网下询价的投资者。按照《证券发行与承销管理办法》的有关规定，首次公开发行股票时，配售原则和配售方式都由发行人和主承销商自主协商确定，并且按照配售原则在有效申购的网下投资者中选择配售股票的对象；如果对网下投资者进行分类配售的，同类投资者获得配售的比例应当相同；网下投资者可与发行人和主承销商自主约定网下配售股票的持有期限并公开披露；首次公开发行股票网下配售时，发行人和主承销商不得向发行人及其股东和关联人、主承销商及其持股比例 5% 以上的股东和关联人、承销商及其控股股东和关联人等配售股票。

（二）向特定的基金配售

按照《证券发行与承销管理办法》（2018 年 6 月修订）第 9 条第 2 款、第 3 款的规定，首次公开发行股票采用询价方式的，公开发行股票后总股本 4 亿股（含）以下的，网下初始发行比例不低于本次公开发行股票数量的 60%；发行后总股本超过 4 亿股的，网下初始发行比例不低于本次公开发行股票数量的 70%。其中，应当安排不低于本次网下发行股票数量的 40% 优先向通过公开募集方式设立的证券投资基金（以下简称公募基金）、全国社会保障基金（以下简称社保基金）和基本养老保险基金（以下简称养老金）配售，安排一定比例的股票向根据《企业年金基金管理办法》设立的企业年金基金和符合《保险资金运用管理暂行办法》等相关规定的保险资金（以下简称保险资金）配售。公募基金、社保基金、养老金、企业年金基金和保险资金有效申购不足以安排数量的，发行人和主承销商可以向其他符合条件的网下投资者配售剩余部分。公募基金、社保基金、养老金、企业年金基金和保险资金的配售比例应当不低于其他投资者。

（三）向战略投资者配售

根据《证券发行与承销管理办法》第14条的规定，首次公开发行股票数量在4亿股以上的，可以向战略投资者配售股票。发行人应当与战略投资者事先签署配售协议。安排向战略投资者配售股票的，应当扣除向战略投资者配售部分后确定网下、网上发行比例。发行人和主承销商应当在发行公告中披露战略投资者的选择标准、向战略投资者配售的股票总量、占本次发行股票的比例以及持有期限等。战略投资者不参与网下询价，且应当承诺获得本次配售的股票持有期限不少于12个月，持有期自本次公开发行的股票上市之日起计算。

中国证监会《关于在上海证券交易所设立科创板并试点注册制的实施意见》规定，"支持科创板上市公司引入战略投资者，科技创新企业高管、员工可以参与战略配售"。

（四）上市公司发行新股配售

上市公司发行新股配售包括向原股东配售（配股）和增发配售。配股应当向股权登记日登记在册的股东配售，且配售比例应当相同。增发配售可以全部或者部分向原股东优先配售，优先配售比例应当在发行公告中披露。增发主承销商可以对参与网下配售的机构投资者进行分类，对不同类别的机构投资者设定不同的配售比例，对同一类别的机构投资者应当按相同比例进行配售；对同一类别的机构投资者应当按相同比例进行配售。

（五）超额配售选择权

超额配售选择权又称"绿鞋"制度。《证券发行与承销管理办法》第15条规定："首次公开发行股票数量在4亿股以上的，发行人和主承销商可以在发行方案中采用超额配售选择权。超额配售选择权的实施应当遵守中国证监会、证券交易所、证券登记结算机构和中国证券业协会的规定。"

超额配售选择权被称为"绿鞋"制度的得名，源于1963年首次公开发行股票时率先使用这种制度的美国波士顿绿鞋制造公司。该制度的主要内容，就是承销商和相关参与者可以通过超额配售选择权来获得超额收益，与此同时，投资者也要承担相应的市场风险。

根据2001年9月中国证监会发布的《超额配售选择权试点意见》，超额配售选择权是指发行人授予主承销商的一项选择权，获此授权的主承销商按同一发行价格超额发售不超过包销数额15%的股份，即主承销商按不超过包销数额115%的股份向投资者发售。在本次增发包销部分的股票上市之日起30日内，主承销商有权根据市场情况选择从集中竞价交易市场购买发行人股票，或者要求发行人增发股票，分配给对此超额发售部分提出认购申请的投资者。超额配售选择权的机理在于：当主承销商发行股票完毕后的股票上市30日内，如果发行人股票的市场交易价格高于发行价格，主承销商可以选择要求发行人增发股票，交付给提出认购申请的投资者，此时发行人获得发行此部分新股所募集的资金；主承销商则获得超额配售股票相应的承销费用；而提出认购申请的投资者也可因此获得股市发行价格与交易价格之间的差额利润。如果发行人股票的市场交易价格低于发行价格，主承销商就应当用超额发售股票获得的资金，按低于发行价的价格从集中竞价交易市场购买发行人的股票，交付给提出认购申请的投资者，此时发行人的利益则未受影响，主承销商获得发行价格与交易价格之间的差额利润，以发行价认购股票的投资者则承受了股价下跌的市场风险。但主承销商在股市的买入行为通常会对股价有一定的支撑或上推力，也可能促使股票交易价格恢复，不仅可以起到稳定股价的作用，而且可能使投资者也因股价上扬而减少损失或没有损失。由于超额配售选择权对于发行人、主承销商和投资者都有获益的可能，因而在国际股票发行市场较流行。

根据中国证监会《关于在上海证券交易所设立科创板并试点注册制的实施意见》关于"发挥好超额配售选择权制度作用，促进股价稳定"的要求，上海证券交易所和中国证券登记结算有限责任公司在2019年3月发布的科创板系列规则中，对超额配售选择权也有涉及。如《上海证券交易所科创板股票发行与承销实施办法》第21条规定，发行人和主承销商可以在发行方案中采用超额配售选择权。采用超额配售选择权发行股票数量不得超过首次公开发行股票数量的15%。主承销商采用超额配售选择权，应当与参与本次配售并同意作出延期交付股份安排的投资者达成协议。该办法第23条规定，主承销商应当在超额配售选择权行使期届满或者累计行使数额达到采用超额配售选择权发行股票数量限额的5个工作日内，根据超额配售选择权行使情况，向发行人支付超额配售股票募集的资金，向同意延期交付股票的投资者交付股票。

七、保荐跟投

保荐跟投是科创板首次公开发行股票的一项重要创新制度。中国证监会《关于在上海证券交易所设立科创板并试点注册制的实施意见》第12条规定，科创板试行保荐机构相关子公司"跟投"制度。"跟投"是创业投资或风险投资经常使用的专业术语，与之对应的概念是"领投"，二者都是指投资人在创业投资或风险投资中应当承担的一项投资义务。领投即承担"领先投资"的义务，"跟投"即承担"跟进投资"的义务。根据《上海证券交易所科创板股票发行与承销实施办法》第18条的规定，保荐跟投是科创板首次公开发行股票时，"发行人的保荐机构依法设立的相关子公司或者实际控制该保荐机构的证券公司依法设立的其他相关子公司，参与本次发行战略配售，并对获配股份设定限售期"。由此可见，保荐跟投是保荐机构在科创板IPO中应当履行的一项投资义务。

《上海证券交易所科创板股票发行与承销业务指引》对保荐跟投制度的有关内容作出了以下具体的规定。

1. 保荐跟投的主体。"保荐机构相关子公司"具体是指发行人的保荐机构通过依法设立的另类投资子公司或者实际控制该保荐机构的证券公司依法设立的另类投资子公司。从我国保荐机构的实际状况来看，目前绝大多数保荐机构都设立和已申请设立另类投资子公司,并且只有另类投资子公司投资的资金来源完全为自有资金,符合跟投主体应当使用自有资金作为跟投资金的要求。

2. 保荐跟投的比例。参与配售的保荐机构相关子公司应当事先与发行人签署配售协议,承诺按照股票发行价格认购发行人首次公开发行股票数量 2% ~5% 的股票,具体比例根据发行人首次公开发行股票的规模分档确定:

(1)发行规模不足 10 亿元的,跟投比例为 5%,但不超过 4000 万元人民币;

(2)发行规模 10 亿元以上、不足 20 亿元的,跟投比例为 4%,但不超过 6000 万元人民币;

(3)发行规模 20 亿元以上、不足 50 亿元的,跟投比例为 3%,但不超过 1 亿元人民币;

(4)发行规模 50 亿元以上的,跟投比例为 2%,但不超过 10 亿元人民币。

3. 保荐跟投的限售期。参与配售的保荐机构相关子公司应当承诺获得本次配售的股票持有期限为自发行人首次公开发行并上市之日起 24 个月。限售期届满后,参与配售的保荐机构相关子公司对获配股份的减持适用中国证监会和上海证券交易所关于股份减持的有关规定。参与配售的保荐机构相关子公司应当承诺,不得利用获配股份取得的股东地位影响发行人的正常生产经营,不得在获配股份限售期内谋求发行人控制权。

第六节　公司债券的发行

公司债券,是指公司依照法定程序发行的、约定在一定期限还本付息的有价证券。公司债券发行,是指发行人以借贷资金为目的,依照法定条件和程序向投资人出售代表一定债权和兑付条件的债券并交付债券的行为。根据我国《公司法》和有关法规的规定,股份有限公司和有限责任公司都可以发行公司债券。我国对公司债券发行进行规范的主要是《公司法》《证券法》和中国证监会 2015 年 1 月发布的《公司债券发行与交易管理办法》。

一、公司债券发行的条件

公司债券发行分为公开发行和非公开发行,二者有不同的发行条件。另外,可转换公司债券作为特殊的公司债券,与公开发行的公司债券和非公开发行的公司债券也有差异。

(一)公开发行公司债券的条件

我国《证券法》第 15 条第 1 款规定了公开发行债券的条件:(1)具备健全且运行良好的组织机构;(2)最近 3 年平均可分配利润足以支付公司债券 1 年的利息;(3)国务院规定的其他条件。

这一规定与2005年我国《证券法》第16条规定的6项条件相比，大幅简化了发行条件，而且不再规定财务指标的有关限额，①体现了证券发行注册制改革精神，从而成为我国《证券法》修订的又一亮点。

《公司债券发行与交易管理办法》在我国《证券法》发行公司债券的条件基础上规定了更高的资信状况标准，达标的公司债券可以向公众投资者公开发行，也可以自主选择仅面向合格投资者公开发行。这一资信状况标准包括：(1)发行人最近3年无债务违约或者迟延支付本息的事实；(2)发行人最近3个会计年度实现的年均可分配利润不少于债券1年利息的1.5倍；(3)债券信用评级达到AAA级；(4)中国证监会根据投资者保护的需要规定的其他条件。

我国《证券法》第17条规定的"不得再次公开发行公司债券的情形"，可以视为公司债券公开发行的消极条件，包括：(1)对已公开发行的公司债券或者其他债务有违约或者延迟支付本息的事实，仍处于继续状态；(2)违反我国《证券法》的规定，改变公开发行公司债券所募资金的用途。按照我国《证券法》第15条第2款的规定，公开发行公司债券筹集的资金，必须按照公司债券募集办法所列资金用途使用；改变公司债券募集办法所列资金用途，必须经债券持有人会议作出决议。公开发行公司债券筹集的资金，不得用于弥补亏损和非生产性支出。

《公司债券发行与交易管理办法》第17条对不得公开发行公司债券的情形规定得更具体，包括：(1)最近36个月内公司财务会计文件存在虚假记载，或公司存在其他重大违法行为；(2)本次发行申请文件存在虚假记载、误导性陈述或者重大遗漏；(3)对已发行的公司债券或者其他债务有违约或者迟延支付本息的事实，仍处于继续状态；(4)严重损害投资者合法权益和社会公共利益的其他情形。

(二)非公开发行公司债券的条件

根据《公司债券发行与交易管理办法》第26条的规定，非公开发行公司债券条件是：(1)面向合格投资者发行。根据该办法第32条的规定，发行人的董事、监事、高级管理人员及持股比例超过5%的股东，可以参与本公司非公开发行公司债券的认购，不受合格投资者资质条件的限制。(2)不得采用广告、公开劝诱和变相公开方式发行。(3)每次发行对象不得超过200人。

(三)发行可转换公司债券的条件

可转换公司债券是特殊的公司债券。根据我国《证券法》第15条第3款的规定，可转换公司债券的发行除符合前述公开发行债券的条件外，还应当遵守上市公司发行新股的规定。但是，按照公司债券募集办法，上市公司通过收购本公司股份用于转换的公

---

① 2005年我国《证券法》第16条规定的财务指标限额有：股份有限公司的净资产不低于3000万元人民币，有限责任公司的净资产不低于6000万元人民币；累计债券余额不超过公司净资产的40%；最近3年平均可分配利润足以支付公司债券1年的利息。

司债券除外。

二、公司债券发行的程序

（一）公司作出决议

《公司债券发行与交易管理办法》第11条规定，发行公司债券，发行人应当依照我国《公司法》或者公司章程的相关规定对发行债券的数量、发行方式、债券期限、募集资金的用途、决议的有效期、其他按照法律法规及公司章程规定需要明确的事项作出决议。如果对增信机制、偿债保障措施作出安排的，也应当在决议事项中载明。

（二）信用评级

按照《公司债券发行与交易管理办法》的要求，公开发行公司债券应当委托具有从事证业务资格的资信评级机构进行信用评级；非公开发行公司债券是否进行信用评级由发行人确定，并在债券募集说明书中披露。

（三）发行人申报发行文件

我国《证券法》第16条规定，申请公开发行公司债券，应当向国务院授权的部门或者国务院证券监督管理机构报送下列文件：公司营业执照；公司章程；公司债券募集办法；国务院授权的部门或者国务院证券监督管理机构规定的其他文件。依法规定聘请保荐人的，还应当报送保荐人出具的发行保荐书。

发行人应当按照由依法负责注册的机构或者部门规定的申请文件格式、报送方式报送申请文件。

（四）依法注册或由中国证券业协会备案

从我国《证券法》规定的公开发行公司债券的申报机构来看，公司发行公司债券申请文件应当由负责注册的机构进行审核，审核通过后依法进行注册。国务院授权的部门或者国务院证券监督管理机构应当自受理申请文件之日起3个月内，依照法定条件和法定程序作出予以注册或者不予注册的决定，发行人根据要求补充、修改发行申请文件的时间不计算在内。不予注册的，应当说明理由。

按照《公司债券发行与交易管理办法》的规定，非公开发行公司债券，承销机构或依法可以自行销售的发行人应当在每次发行完成后5个工作日内向中国证券业协会备案，中国证券业协会在材料齐备时应当及时予以备案。备案不代表中国证券业协会实行合规性审查，不构成市场准入，也不豁免相关主体的违规责任。

（五）公告募集办法

根据我国《证券法》第23条的规定，发行公司债券的申请经注册后，发行人应当依照法律、行政法规的规定，在公司债券公开发行前公告公开发行募集文件，并将该文件置备于指定场所供公众查阅。我国《公司法》第154条对公告公司债券募集办法应当载明的主要事项有详细的规定：（1）公司名称；（2）债券募集资金的用途；（3）债券总额和债券的票面金额；（4）债券利率的确定方式；（5）还本付息的期限和方式；（6）债券担保情况；（7）债券的发行价格、发行的起止日期；（8）公司净资产额；（9）已发行的尚未到期的公司债券总额；(10)公司债券的承销机构。

(六)发行公司债券

根据我国《证券法》第26条的规定，向不特定对象发行公司债券，法律、行政法规规定应当由证券公司承销的，发行人应当同证券公司签订承销协议。

第七节　存托凭证的发行

存托凭证(CDR)，是指由存托人签发、以境外证券为基础在中国境内发行、代表境外基础证券权益的证券。存托凭证发行，是指境外基础证券发行人通过存托人协助向中国境内投资者出售代表境外基础证券权益的证券并向存托人交付存托凭证的行为。我国目前推出的主要是以股票为基础证券的存托凭证，其发行和交易应当遵循我国《证券法》和相关法律法规的规定，受我国证券监督管理机关的监管。现阶段以股票为基础证券的存托凭证的发行规则是基本依照我国境内A股的相关程序来设计的。

一、存托凭证的发行条件

我国《证券法》第12条第3款规定，公开发行存托凭证的，应当符合首次公开发行新股的条件以及国务院证券监督管理机构规定的其他条件。根据中国证监会《存托凭证发行与交易管理办法(试行)》第5条的规定，公开发行以股票为基础证券的存托凭证的，境外基础证券发行人应当符合的条件包括以下内容。

1. 我国《证券法》关于股票公开发行的基本条件。

2. 为依法设立且持续经营3年以上的公司，公司的主要资产不存在重大权属纠纷。

3. 最近3年内实际控制人未发生变更，且控股股东和受控股股东、实际控制人支配的股东持有的境外基础证券发行人股份不存在重大权属纠纷。

4. 境外基础证券发行人及其控股股东、实际控制人最近3年内不存在损害投资者合法权益和社会公共利益的重大违法行为。

5. 会计基础工作规范、内部控制制度健全。

6. 董事、监事和高级管理人员应当信誉良好，符合公司注册地法律规定的任职要求，近期无重大违法失信记录。

7. 中国证监会规定的其他条件。国务院办公厅2018年3月转发中国证监会《关于开展创新企业境内发行股票或存托凭证试点的若干意见》规定了试点红筹企业发行存托凭证的基本条件，包括：

(1)试点企业是符合国家战略、掌握核心技术、市场认可度高，属于互联网、大数据、云计算、人工智能、软件和集成电路、高端装备制造、生物医药等高新技术产业和战略性新兴产业，且达到相当规模的创新企业。其中，已在境外上市的大型红筹企业，市值不低于2000亿元人民币；尚未在境外上市的红筹企业，最近1年营业收入不低于30

亿元人民币且估值不低于200亿元人民币，或者营业收入快速增长，拥有自主研发、国际领先技术，同行业竞争中处于相对优势地位。

（2）股权结构、公司治理、运行规范等事项可适用境外注册地公司法等法律法规的规定，但关于投资者权益保护的安排总体上应不低于境内法律要求。

（3）存在投票权差异、协议控制架构或类似特殊安排的，应于首次公开发行时，在招股说明书等公开发行文件显要位置充分、详细披露相关情况特别是风险、公司治理等信息，以及依法落实保护投资者合法权益规定的各项措施。

二、存托凭证的发行程序

存托凭证的发行程序与股票发行程序基本相同。按照《存托凭证发行与交易管理办法（试行）》的有关规定，公开发行以股票为基础证券的存托凭证的，境外基础证券发行人应当按照中国证监会规定的格式和内容，向中国证监会报送发行申请文件；中国证监会依照我国《证券法》以及中国证监会的规定，审核存托凭证发行申请，作出予以注册或者不予注册的决定。

申请存托凭证公开发行并上市的，境外基础证券发行人应当依照我国《证券法》的规定，聘请具有保荐资格的机构担任保荐人。保荐人应当依照法律、行政法规以及中国证监会的规定尽职履行存托凭证发行上市推荐和持续督导职责。公开发行存托凭证的，应当依照我国《证券法》，由证券公司承销，但投资者购买以非新增证券为基础证券的存托凭证以及中国证监会规定无须由证券公司承销的其他情形除外。

存托凭证在中国境内首次公开发行并上市后，拟发行以境外基础证券发行人新增证券为基础证券的存托凭证的，适用我国《证券法》以及中国证监会关于上市公司证券发行的有关规定。

第五章　证券上市

证券上市在我国《证券法》上是作为证券交易的内容来规定的。我国《证券法》第三章“证券交易”共有三节，其中“证券上市”作为第二节紧随证券交易的“一般规定”之后，似乎“证券上市”就是“证券交易”的构成部分，或者说证券交易包括了证券上市的内容。笔者认为，证券上市尽管与证券交易密切相关，但无论是从我国《证券法》有关规定的具体内容来分析，还是从证券市场的实际情况来观察，它都不属于证券交易的构成部分，而是具有相对独立的地位、应当与证券交易相并列的内容。因此，本书将“证券上市”列为独立的一章。

第一节　证券上市概论

一、证券上市的基本含义

证券上市，是指依法发行的证券通过一定程序进入证券交易所挂牌交易的过程以及表明发行人已经成为上市公司或证券已经具备了上市证券的资格。根据这一定义，可以概括出证券上市的以下几点特征。

1. 证券上市是与证券交易所相联系的制度。就证券交易而言，根据现行法律法规规定，既可以在证券交易所内进行交易（场内交易），也可以在证券交易所外的合法场所进行交易（场外交易）；如果属于场外交易的情形，就无须与证券交易所发生关系，也不会存在证券上市的问题，目前在“新三板”和区域性股权市场进行交易的证券，均不使用上市的概念，而是称为“挂牌”。从二者关系上来讲，证券上市与证券交易所互为前提和条件，没有证券交易所，证券上市就没有存在的必要；没有证券上市，证券交易所也就失去了设立的意义。可以注意到，不少国家或地区的证券立法没有采取与我国《证券法》相同的体例，如德国证券立法虽然没有直接使用证券上市的概念，但其与本章讨论的证券上市内容基本相同的“许可有价证券正式挂牌进行交易所交易”，并非由德国《有价证券交易法》来规定，而是由德国《交易所法》专列一章来规定；我国台湾地区“证券交易法”也是将“有价证券之上市及买卖”作为一节放到“证券交易所”一章中来规定的，这里的“上市”和“买卖”（交易）是并列的内容。因此，我国《证券法》关于证券上市的规定从立法体例上是值得进一步讨论和研究的。

2. 证券上市是联结证券发行和证券交易的环节。如果证券采取进入证券交易所交易(场内交易)的方式,证券上市就是联结证券发行和证券交易不可缺少的步骤。按照我国《证券法》第35条的规定,非依法发行的证券,不得买卖。这也就意味着,能够交易的证券必须是依法发行的证券。但是,依法发行的证券并不等于其必然都能够进入证券交易所进行挂牌交易。证券上市是证券进入证券交易所交易的必经环节,通过这一环节,发行证券的公司成为上市公司,发行的证券成为上市证券,可以依法通过证券交易所系统实现流通转让,从而使证券交易的范围大大扩充,效率也大大提高。证券上市虽然是联结证券发行和在证券交易所证券交易的必经环节,但三者却体现不同的法律关系:证券发行主要体现发行人与投资者的关系;证券交易主要体现交易双方当事人(投资者与投资者)的关系;证券上市则主要体现发行人(也包括投资者)与证券交易所的关系。

3. 证券上市是一个履行法定程序的过程。按照我国《证券法》关于证券上市的规定,证券上市是由一系列程序构成的时间过程。在符合证券交易所上市规则规定的上市条件的前提下,证券必须通过提出申请、审核同意、签订上市协议、信息披露等一系列程序才能进入证券交易所挂牌交易。由此可见,证券上市与证券交易在时间上,一个在前,另一个在后,证券上市的目的是交易,而证券交易则表明证券上市的目的已经实现。由此也可以进一步说明,证券上市与证券交易是两个既有联系,又有明显区别的制度。

4. 证券上市在很多情况下也是指证券发行人已经成为上市公司或证券成为上市证券的资格。从我国《证券法》关于证券上市的规定来看,虽然有不少关于证券交易前的程序性内容,但也并非完全如此,如在一些条款中使用"上市交易"的概念以及在"证券上市"一节中关于"终止上市"的规定。这里的"上市"显然不是指证券进入证券交易所之前的过程,而更多是指证券已经在证券交易所交易的一种事实状态,既是指发行人成为上市公司的资格,也是指证券成为上市证券的资格。由于这种资格并不是所有发行人都可以具备的,而是需要符合一定条件才能取得的,因此,证券上市交易也意味着发行人声誉和地位的提升;证券被终止上市则表明这种资格被取消,也意味着发行人地位和声誉的下降。但也需说明的是,证券上市的这层含义并不意味着证券上市就应当属于证券交易的构成部分,资格不等于行为,或者说发行人拥有上市公司的资格仅仅表明一种事实状态的存在,与证券交易行为相比还有质的区别。它所体现的仍然主要是上市公司与证券交易所的关系,而非证券交易行为主要体现的交易双方的关系。

5. 证券上市是与公司上市既有密切联系又有区别的制度。证券上市无论是指上市行为的过程,还是指具备上市资格的事实状态,都会涉及上市公司。在很多情况下,人们对证券上市的理解往往等同于公司上市,或者说证券上市就是公司上市,如果不具备上市公司资格,证券也就必然不能上市交易。其实,这一认识并不完全准确。证券由于品种的不同,证券上市在是否等于公司上市上并不统一。有的证券具有上市证券的资格不等于作为该证券发行人的公司也具备了上市公司资格,如根据我国《公司法》的规定,有限责任公司也可以作为公司债券的发行人,而有限责任公司却不会因其发行的公司债券上市而成为上市公司。同理,有的证券的上市资格的取消也并不必然导致上市公司资格的丧失。如某家上市公司既有股票上市,也有公司债券上市,其公司债券被终止上市并不必然产生该上市公司退市的结果。但是,股票上市与公司上市却是同一的。我国《公司法》第120条规定:“本法所称上市公司,是指其股票在证券交易所上市交易的股份有限公司。”由此可见,股票上市是上市公司最本质的特征,股票上市必然意味着作为股票发行人的股份有限公司成了上市公司;同理,股票被终止上市就必然会产生公司退市的后果。正是在这个意义上,上市公司与股票上市、上市公司退市与其股票被终止上市在很多情况下都是对同一事实的不同描述。因此,本章关于证券上市、终止上市的讨论,如果将上市证券与上市公司视为一体时,主要是指上市股票的情况。

二、证券上市的类型

证券上市具有多种类型。按照不同的标准,可以作出如下划分。

1.按照证券品种的不同,可以分为股票上市、债券上市、存托凭证上市、证券投资基金份额上市、国务院认定其他证券品种和证券衍生品种上市。其中,我国的股票上市在境内又可分为A股上市和B股上市,在境外还涉及H股上市和红筹股上市;债券上市又可分为企业债券上市、公司债券上市、政府债券上市等;其他证券品种上市可分为资产支持证券上市、资管产品上市、权证上市等。证券交易所对不同证券品种上市有不同条件和遵循不同交易规则的要求,如果不符合这些条件或不按照相应的规则进行交易,就不能进入证券交易所交易或在挂牌交易后会受到相应的处罚,甚至被取消交易的资格。

2.按照上市程序的不同,可以分为审核上市和安排上市。审核上市是指证券必须通过证券交易所的审核程序后才能挂牌交易的情况。按照我国《证券法》和有关法规的规定,目前我国除政府债券外,其余证券都应当向证券交易所提出申请,由证券交易所依法审核同意后再按有关法定程序进入证券交易所挂牌交易。安排上市是指无须通过审核程序就可直接进入证券交易所挂牌交易的情况。如同本书第二章第三节所述,政府债券基于政府信用,在各国都属于豁免审核程序的“金边债券”,我国也不例外。根据我国《证券法》第46条第2款的规定,“证券交易所根据国务院授权的部门的决定安排政府债券上市交易”。这里的“国务院授权的部门”,在实践中主要是指财政部。

3.按照证券首次公开发行后是否立即上市,可以分为“直通车”式上市与非“直通车”式上市。这里的“直通车”是对这一上市情况所作的形象化描述。所谓“直通车”式上市,主要是指股票首次公开发行与股票上市间隔的时间很短,往往是发行成功后就立即上市,发行与上市几乎是同步的。[①] 根据沪、深两家证券交易所《股票上市规则》的规

---

① 如工业富联(富士康,601138)2018年5月14日公开发布《首次公开发行A股股票招股意向书》,同年5月24日进行网上网下申购,6月7日发布《首次公开发行A股股票上市公告书》,该次发行的股票从6月8日起在上海证券交易所挂牌上市交易。由此可见,该公司的股票从发行完成到挂牌上市交易仅15天时间。

定,发行人首次公开发行股票的申请获得中国证监会注册发行后,应当及时向证券交易所提出股票上市申请。这就要求在证券首次公开发行的同时发行人就已经确定证券发行成功后上市的证券交易所和上市的日期,而且在招股说明书中就已对上市情况作出必要说明。鉴于我国证券目前主要是采取"直通车"式的上市,中国证监会2018年6月修正的《首次公开发行股票并上市管理办法》也涉及对这种方式的规范,如该办法第49条规定,首次公开发行股票并上市的发行人在公开刊登招股说明书时,应当将该招股说明书全文置于拟上市的证券交易所。说明发行人在准备发行证券时,上市工作也在同步进行,否则就不会将招股说明书置于"拟上市的证券交易所"了。

非"直通车"式上市是与"直通车"式上市相对的方式,主要是指发行人在股票发行后,另外选择日期申请上市。在这种上市方式中,发行人没有近期上市计划,招股说明书也并不对上市的具体情况作确定说明。股票发行成功后,发行人的股东大会或董事会另行决定证券的上市事宜。我国在20世纪90年代前期不少"公众公司"上市就采取了这种方式,有的发行人在公开发行股票后一两年,甚至更长时间才申请获准上市。《首次公开发行股票并上市管理办法》第58条对这种上市方式也有涉及,即"在中华人民共和国境内,首次公开发行股票且不上市的管理办法,由中国证监会另行规定"。

4. 按照证券上市后运行情况是否持续符合上市条件,可以分为持续上市和终止上市。证券运行情况持续符合上市条件的,其上市资格不受影响,否则就可能终止其上市资格。按照我国《证券法》第48条的规定,上市交易的证券,有证券交易所规定的终止上市情形的,由证券交易所按照业务规则终止其上市交易。①

5. 按照证券上市的地点,可分为第一上市和第二上市。第一上市是指发行人的证券仅在上海证券交易所或深圳证券交易所二者之一挂牌上市的情况,这种上市方式具有唯一性,即该发行人的证券在任何一家证券交易所上市后就不再到第二家证券交易所挂牌交易;第二上市是指发行人的证券获准第一上市后,又到其他的证券交易所再挂牌交易。"在发行A+H股票的我国上市公司中,就有第一上市和第二上市之分。"②其中,A股在境内证券交易所上市,H股则在境外的证券交易所上市。沪、深两家证券交易所都在其《股票上市规则》第16.1条中规定,在本所上市的公司同时有证券在境外证券交易所上市的,应当保证境外证券交易所要求其披露的信息,同时在中国证监会指定媒体上按照本规则和本所其他有关规定的要求对外披露。

三、证券上市的意义

证券上市对证券发行人、证券投资者和证券市场监管者都具有十分重要的意义。

1. 从上市公司来看,首先,由于证券上市必须满足一定的标准和条件,获准上市是对发行人业绩、管理水平等实力的肯定,因此,证券上市能大大提高发行公司的地位和

---

① 我国本次《证券法》修订,删除了旧法中暂停上市的规定。

② 叶林:《证券法》(第4版),中国人民大学出版社2013年版,第162页。

社会形象,是其发展的一个重要里程碑;其次,通过法定信息披露、证券交易所每日行情揭示、新闻媒体的行情揭示和股评等公开信息,能给上市公司带来巨大的广告效应;再次,证券上市扩大了上市公司的筹资渠道,上市公司可以通过增发新股、配股或发行可转换公司债券等方式筹集资金,为今后的发展提供了重要保障;最后,有利于上市公司法人治理结构的形成,使公司应有功能得以充分释放。公司的一些制度设计也必须通过上市才能实施,如认股期权制度,就是根据经营业绩带动公司股价在证券市场上扬来达到激励管理人员和经营骨干的目的。但也应看到,证券上市对上市公司也会带来一定压力,虽然这些压力对于证券市场建设和健康发展来说未必不利。比如,上市公司的信息披露使上市公司的经营业绩和财务状况等暴露在社会公众的审视和监督之下,上市公司时刻感受到来自社会公众股东"用脚"投票的压力;证券上市也为他人通过二级市场对其进行收购、兼并创造了条件;上市公司在申请和维持其证券上市资格的过程中,需支付一系列的法定费用,从而加大了上市公司的开支等。因此,公司是否要申请上市和维持上市资格,还应在权衡证券上市带来的利弊后再作决定。

2. 从证券投资者来看,证券上市对其利益有较大影响。证券上市前,尽管也可以进行转让,但由于转让的手段和空间都十分有限,远没有上市证券流通那样简便、快捷,证券价值难以得到充分挖掘,因此规模可能很小。证券上市使股票持有人具有了方便、简捷并以较合理价格转让证券的机会,随时可以变现,不仅可以通过证券投资分享上市公司的经营利益,更重要的是,还可以通过"炒股"来分享证券市场的利益,从而激发投资者的积极性;另外,上市公司信息的强制披露为投资者选择证券投资提供了参考依据,因此,证券上市对我国的证券投资者来说尤其重要。

3. 从证券市场监管者来看,证券上市可使其通过上市公司法定信息披露和二级市场交易情况对所有发行人、投资者、证券商进行监管,及时发现、解决市场问题和隐患,从而减少管理成本、提高管理效率。

第二节 证券上市条件

证券上市条件,是指证券进入证券交易所交易的具体要求,同时也是指股票发行人成为上市公司的条件。我国《证券法》本次修改的内容之一,就是不再具体规定上市条件。[①] 该法第47条规定:"申请证券上市交易,应当符合证券交易所上市规则规定的上市条件。"说明证券上市的条件主要由证券交易所规定。该条第2款还规定:"证券交

① 2005年我国《证券法》第50条就规定了股份有限公司申请股票上市应当符合的4项条件,并且在第2款规定:"证券交易所可以规定高于前款规定的上市条件,并报国务院证券监督管理机构批准。"修改后的《证券法》删除了这一规定。

易所上市规则规定的上市条件,应当对发行人的经营年限、财务状况、最低公开发行比例和公司治理、诚信记录等提出要求。”此外,中国证监会发布的一些规章也涉及不同证券品种的上市条件的规定。

一、股票上市条件

证券交易所的股票上市交易分为不同板块,我国目前的板块有主板、中小企业板、创业板和科创板,不同板块的上市条件有所区别。股票上市还可分为首次公开发行的股票上市和上市公司发行的新股上市两类情形。鉴于本章将证券上市定义为发行人取得上市公司资格的行为过程,因此,下面所列各板块的上市条件是针对首次公开发行的股票而言的。另外,从沪、深两家证券交易所的有关规则来看,股票上市条件还可以分为一般股票上市条件和特殊股票上市条件。一般股票上市条件是针对普通股票形式上市作出的规定,特殊股票上市条件主要是针对一些特殊形式的股票上市作出的规定。

(一)主板和中小企业板一般股票上市的条件

从沪、深两家证券交易所2019年4月修订的《股票上市规则》的有关规定来看,主板和中小企业板在上市条件上大体相同,首次公开发行的股票上市,应当符合以下条件。

1. 股票已公开发行。[①]
2. 公司股本总额不少于5000万元。
3. 公开发行的股份达到公司股份总数的25%以上;公司股本总额超过4亿元的,公开发行股份的比例为10%以上。
4. 公司最近3年无重大违法行为,财务会计报告无虚假记载。
5. 本所要求的其他条件。

两家证券交易所的《股票上市规则》在规定股票上市条件的同时,还都有这样的规定,即上述条件“为在本所上市的必备条件,本所并不保证发行人符合上述条件时,其上市申请一定能够获得本所同意”。

(二)创业板一般股票上市的条件

根据2019年4月修订的《深圳证券交易所创业板股票上市规则》第5.1.1条的规定,首次公开发行的股票在创业板上市,除两个条件与主板和中小企业板的不同外,其余则与之完全相同。不同的两个条件为:(1)公司股本总额不少于3000万元;(2)公司股东人数不少于200人。

由此可见,创业板股票上市的准入门槛比主板和中小企业板要低一些,主要体现在对公司股本总额和股东人数的要求上。

---

① 该项规定标志着上市股票已经符合公开发行的条件,包括对股票发行人的经营年限、财务状况等方面的要求。根据中国证监会2018年修订的《首次公开发行股票并上市管理办法》第3条的规定,“首次公开发行股票并上市,应当符合《证券法》《公司法》和本办法规定的发行条件”。

（三）科创板一般股票上市的条件

根据2019年3月发布的《上海证券交易所科创板股票上市规则》的规定，首次公开发行的股票在科创板上市，应当符合的条件与创业板在一些方面是完全相同的，如股本总额、股权分布，但也有一些明显差异，最大的不同就是增加了“市值及财务指标”的条件，设置了5套差异化的发行上市标准。5套标准均以市值为中心，在市值基础上，再增加净利润、营业收入、研发投入、现金流、技术优势等指标，符合5套标准之一的发行人，就可申请在科创板上市（见图5－1）。①

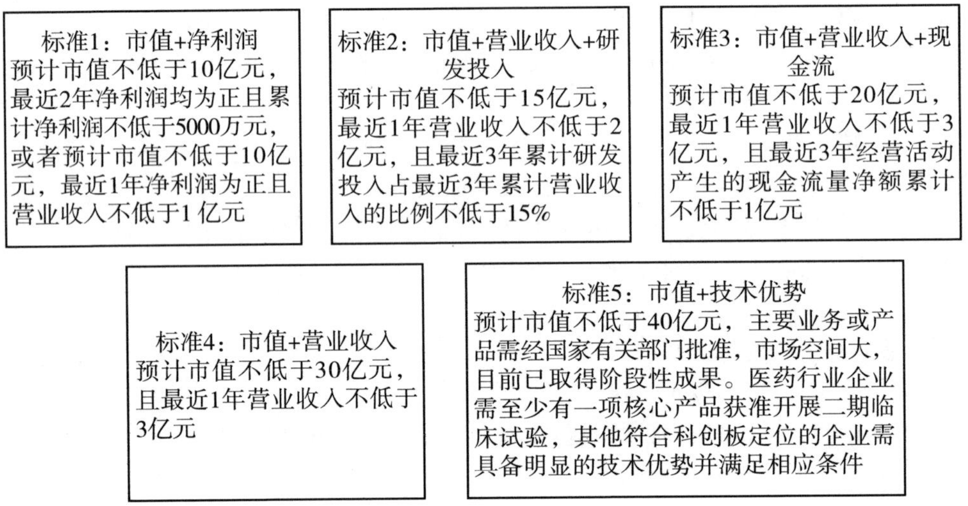

图5－1 科创板发行上市标准

从图5－1可见，“以市值为中心”的标准是立足市场的评价标准，更多体现市场对科创板公司的认可度，反映出投资者对科创板公司未来成长性的期待和想象空间，符合不同科创公司的差异化上市需求，即使没有盈利但预计市值高和技术优势明显的公司也可以上市，可以满足多种业态的创新公司不同的上市选择。

值得说明的是，《科创板上市规则》第2.1.1条第2款还规定：“本所可以根据市场情况，经中国证监会批准，对上市条件和具体标准进行调整。”

（四）特殊股票上市条件

按照沪、深两家证券交易所的《股票上市规则》的有关规定，具有不同于一般股票上市条件的特殊股票主要有B股、限售股、红筹股和特别表决权股。

1. B股上市条件。B股在法律上的规范名称为“境内上市外资股”，从这一名称本身来看，该股票在发行时就包含了“上市”的内容。从国务院《关于股份有限公司境内

① 科创板实行注册制，发行审核和上市审核均由上海证券交易所执行，上市条件也是其发行审核的条件。

上市外资股的规定》和《股份有限公司境内上市外资股规定的实施细则》来看，两部法规主要规定了B股的发行条件及相关内容，而对于B股的上市，除有“境内上市外资股，可以在证券交易所上市交易”①的概括性表述外，并没有其他具体的规定。由此可以确定，B股上市就条件而言，应当与B股的发行条件基本相当。基于此，本书概括出B股股票上市的条件为：

（1）具备前述一般股票的上市条件；

（2）发行B股的公司依法已取得外商投资股份有限公司的资格；

（3）所筹集资金用途符合国家产业政策和国家有关利用外资的规定；

（4）发起人对公司净资产的出资额不少于1.5亿元人民币，发起人持有的股份不少于公司总股本的35%。

2. 限售股的上市条件。限售股即有限售条件的股份。沪、深两家证券交易所的《股票上市规则》都有关于有限售条件的股份上市的规定，基于本章对股票上市的定位，限售股应当指向首次公开发行前已发行的股份，主要包括发起人股、公司负责人（董监高）股、员工股。这些股份上市需要具备的特别条件是：

（1）法律法规规定的限售期限届满；

（2）有关股东履行了限售承诺；

（3）股票已经托管。

3. 红筹股的上市条件。目前允许红筹股在我国境内上市的为科创板。根据《上海证券交易所科创板股票上市规则》的规定，可以在科创板申请发行股票并上市的红筹企业应当是中国证监会有关法规规定的企业，即“符合国家战略、掌握核心技术、市场认可度高，属于互联网、大数据、云计算、人工智能、软件和集成电路、高端装备制造、生物医药等高新技术产业和战略性新兴产业，且达到相当规模的创新企业”。② 红筹企业包括已在境外上市的红筹企业和未在境外上市的红筹企业。其股票在科创板发行并上市，按照《科创板股票上市规则》的规定，应当“适用中国证监会、本所关于发行上市审核注册程序的规定”。其中，对于已在境外上市的红筹企业，中国证监会规定其“市值不低于2000亿元人民币”。对于未在境外上市的红筹企业，如果属于“营业收入快速增长，拥有自主研发、国际领先技术，同行业竞争中处于相对优势地位”的，《科创板股票上市规则》第2.1.3条对其规定的上市特别条件为：

（1）预计市值不低于100亿元人民币；

（2）预计市值不低于50亿元人民币，且最近1年营业收入不低于5亿元人民币。

另外，《科创板股票上市规则》第13.1.3条还规定，“如果红筹企业的股权结构、公

---

①　参见《股份有限公司境内上市外资股规定的实施细则》第22条的规定。

②　参见国务院办公厅转发证监会《关于开展创新企业境内发行股票或存托凭证试点若干意见的通知》（国办发〔2018〕21号）。

司治理、运行规范等事项适用境外注册地公司法等法律法规的,其投资者权益保护水平,包括资产收益、参与重大决策、剩余财产分配等权益,总体上应不低于境内法律法规规定的要求”。

4. 特别表决权股的上市条件。特别表决权股又称表决权差异安排的股份,是指发行人依照我国《公司法》第131条的规定,在一般规定的普通股份之外,发行拥有特别表决权的股份。每一特别表决权股份拥有的表决权数量大于每一普通股份拥有的表决权数量,其他股东权利与普通股份相同。目前允许特别表决权股上市的也为科创板。《上海证券交易所科创板股票上市规则》第2.1.4条对特别表决权股在科创板上市的特殊条件规定为:

市值及财务指标应当至少符合下列标准中的一项:

(1)预计市值不低于100亿元人民币;

(2)预计市值不低于50亿元人民币,且最近1年营业收入不低于5亿元人民币。

二、债券上市条件

在证券交易所上市的债券包括公司债券、企业债券、政府债券等。其中,政府债券属于豁免证券,无须通过证券交易所审核,法律法规均不对其上市条件作出规定。因此,本节只讨论公司债券的上市条件。由于可转换公司债券兼具公司债券和股票的双重属性,其上市条件与其他公司债券还有所不同,需要单独列示。

(一)公司债券上市条件

沪、深两家证券交易所的《公司债券上市规则》对公司债券的上市条件规定得较原则,包括公司债券已经公开发行并依法完成发行;符合证券交易所投资者适当性管理相关规定。由此可见,公司债券上市必须首先满足公开发行的条件,我国《证券法》第15条规定的公开发行公司债券的条件也应当属于“《证券法》规定的上市条件”。

(二)可转换公司债券上市条件

可转换公司债券的上市条件是由沪、深两家证券交易所的《股票上市规则》来规定的,其内容为:

(1)可转换公司债券的期限为1年以上;

(2)可转换公司债券实际发行额不少于5000万元人民币;

(3)申请上市时仍符合法定的可转换公司债券发行条件。

上述第(3)项条件说明,可转换公司债券发行条件也是其上市条件,根据我国《证券法》第15条第3款的规定,上市公司发行可转换公司债券,除应当符合发行公司债券的一般条件外,还应当遵守本法关于上市公司发行新股的规定。但是,按照公司债券募集办法,上市公司通过收购本公司股份用于转换的公司债券除外。

三、存托凭证上市条件

根据中国证监会关于“依法公开发行的存托凭证应当在中国境内证券交易所上市交易。境外基础证券发行人申请存托凭证上市的,应当符合证券交易所业务规则规定的上市条件”的规定,①沪、深两家证券交易所目前有关存托凭证的上市条件:一是《试点创新企业股票或存托凭证上市交易实施办法》对红筹公司在境内首次公开发行存托凭证的相关规定;二是《上海证券交易所与伦敦证券交易所互联互通存托凭证上市交易暂行办法》对“沪伦通”中国存托凭证的相关规定。

(一)红筹公司在境内首次公开发行存托凭证的上市条件

1. 本次公开发行的存托凭证不少于1亿份或者上市时本次公开发行的存托凭证市值不低于50亿元人民币;

2. 公司最近3年无重大违法行为、财务会计报告无虚假记载;

3. 证券交易所要求的其他条件。

(二)“沪伦通”中国存托凭证的上市条件

1. 符合中国存托凭证公开发行条件并经中国证监会注册公开发行中国存托凭证;

2. 发行申请日前120个交易日按基础股票收盘价计算的境外发行人平均市值不低于200亿元人民币(根据发行申请日前1日中国人民银行公布的人民币汇率中间价计算);

3. 在伦敦证券交易所上市满3年且主板高级上市满1年;

4. 申请上市的中国存托凭证数量不少于5000万份且对应的基础股票市值不少于5亿元人民币(根据基础股票最近收盘价及上市申请日前1日中国人民银行公布的人民币汇率中间价计算);

5. 上海证券交易所要求的其他条件。

另外,上海证券交易所可以根据市场需要,对中国存托凭证的上市条件进行调整。

四、证券投资基金份额上市条件

我国《证券法》第2条规定:“证券投资基金份额的上市交易,适用本法。其他法律、行政法规有特别规定的,适用其规定。”这一规定表明,证券投资基金份额的上市应当适用我国《证券法》《证券投资基金法》等法律法规的规定。从我国《证券法》关于“证券上市”一节的内容来看,并没有对证券投资基金份额上市条件作出具体规定。因此,证券投资基金份额上市条件应当主要适用我国《证券投资基金法》的规定。此外,还应当适用沪、深两家证券交易所制订的《证券投资基金上市规则》。根据我国2015年4月修正的《证券投资基金法》第62条的规定并结合《证券投资基金上市规则》的有关规定,证券投资基金份额的上市条件是:

(1)基金的募集符合我国《证券投资基金法》的规定;

(2)基金经中国证监会注册发售且基金合同生效;

(3)基金合同期限为5年以上;

(4)基金募集金额不低于2亿元人民币;

---

① 《存托凭证发行与交易管理办法(试行)》(中国证监会2018年6月发布)第10条。

(5)基金份额持有人不少于1000人；

(6)证券交易所要求的其他条件。

五、资产支持证券上市条件

资产支持证券的上市条件由证券交易所的规则来规定。沪、深两家证券交易所在其发布的《资产证券化业务指引》中都有关于资产支持证券在交易所挂牌转让的条件规定，主要内容包括：

(1)基础资产符合相关法律法规的规定，权属明确，可以产生独立、可预测的现金流；

(2)资产支持证券的交易结构设置合理；

(3)资产支持证券已经发行完毕并且按照相关规定完成备案；

(4)资产支持证券的投资者符合本所投资者适当性管理的相关规定；

(5)资产支持证券采取的风险控制措施符合本指引要求；

(6)证券交易所规定的其他条件。

六、权证上市条件

权证是证券衍生品种的一种形式，其上市具有不同于其他证券品种的两个明显特点：第一，由于权证目前尚无法律和行政法规的直接规定，其上市目前主要适用证券交易所的有关规则。2005年7月沪、深两家证券交易所分别制订了《权证管理暂行办法》，①其中都涉及有关权证上市的规范。第二，权证作为证券衍生品种，其上市条件除对权证自身条件的要求外，还有对其标的证券的条件要求。

(一)权证标的证券上市条件

根据《深圳证券交易所权证管理暂行办法》第9条的规定，申请在该所上市的权证，其标的证券为股票的，标的股票在申请上市之日应符合以下条件：

(1)最近20个交易日流通股份市值不低于30亿元；

(2)最近60个交易日股票交易累计换手率在25%以上；

(3)流通股股本不低于3亿股；

(4)本所规定的其他条件。

标的证券为其他证券的，其资格条件由本所另行规定。

(二)权证上市条件

根据《深圳证券交易所权证管理暂行办法》第10条的规定，申请在该所上市的权证，应符合以下条件：

(1)约定权证类别、行权价格、存续期间、行权日期、行权结算方式、行权比例等要素；

(2)申请上市的权证不低于5000万份；

---

① 《上海证券交易所权证管理暂行办法》已经于2019年废止(参见上证公告〔2019〕11号)，但《深圳证券交易所权证管理暂行办法》仍然适用。

(3)持有1000份以上权证的投资者不得少于100人;

(4)自上市之日起存续时间为6个月以上24个月以下;

(5)发行人提供了符合本所规定的履约担保;

(6)本所规定的其他条件。

第三节　证券上市程序

证券上市是由一系列程序构成的时间过程。在符合证券交易所上市规则规定的上市条件的前提下,证券必须通过申请、保荐机构保荐、审查同意、签订上市协议、信息披露等一系列程序才能进入证券交易所挂牌交易。

一、上市申请

我国《证券法》第46条规定:"申请证券上市交易,应当向证券交易所提出申请。"提出上市申请,是证券上市的第一道程序。由于政府债券是由证券交易所根据国务院授权部门的决定直接安排上市,因此无须履行申请及其后的审核程序。根据沪、深两家证券交易所的有关上市规则,发行人提出上市申请的,应当向证券交易所提交相关材料。以股票在主板首次上市为例,需要提交的材料包括:

(1)上市申请书;

(2)中国证监会注册其股票首次公开发行的文件;

(3)有关本次发行上市事宜的董事会和股东大会决议;

(4)营业执照复印件;

(5)公司章程;

(6)经具有执行证券、期货相关业务资格的会计师事务所审计的发行人最近3年的财务会计报告;

(7)首次公开发行结束后发行人全部股票已经中国证券登记结算有限责任公司托管的证明文件;

(8)首次公开发行结束后具有执行证券、期货相关业务资格的会计师事务所出具的验资报告;

(9)关于董事、监事和高级管理人员持有本公司股份的情况说明和《董事(监事、高级管理人员)声明及承诺书》;

(10)发行人拟聘任或者已聘任的董事会秘书的有关资料;

(11)首次公开发行后至上市前按规定新增的财务资料和有关重大事项的说明(如适用);

(12)首次公开发行前已发行股份持有人,自发行人股票上市之日起1年内持股锁定证明;

(13)按照交易所有关规则作出的承诺函;①

(14)最近一次的招股说明书和经审核机构审核的全套发行申报材料;

(15)按照有关规定编制的上市公告书;

(16)保荐协议和保荐机构出具的上市保荐书;

(17)律师事务所出具的法律意见书;

(18)证券交易所要求的其他文件。

二、保荐机构保荐

中国证监会2017年12月修订的《证券发行上市保荐业务管理办法》第2条规定,首次公开发行股票并上市,上市公司发行新股、可转换公司债券,发行人都应当聘请具有保荐机构资格的证券公司履行保荐职责。同次发行的证券,其发行保荐和上市保荐应当由同一保荐机构承担。保荐机构推荐发行人发行和上市的证券主要是股票和可转换公司债券。

沪、深两家证券交易所制订的《股票上市规则》规定,保荐机构应当与发行人签订保荐协议,明确双方在发行人申请上市期间和持续督导期间的权利和义务。保荐机构保荐股票或者可转换公司债券上市时,应当向交易所提交上市保荐书、保荐协议、保荐机构和相关保荐代表人已经中国证监会注册登记并列入保荐机构和保荐代表人名单的证明文件、保荐机构向保荐代表人出具的由董事长或者总经理签名的授权书,以及与上市保荐工作有关的其他文件。保荐机构的上市保荐主要是督导发行人履行信息披露及其他相关义务,督导发行人及其董事、监事和高级管理人员遵守交易所规则并履行向交易所作出的承诺,审阅发行人信息披露文件和向交易所提交的其他文件,并保证向交易所提交的与保荐工作相关的文件真实、准确、完整。

根据《证券发行上市保荐业务管理办法》第29条的规定,保荐机构应当在上市保荐书中就下列事项作出承诺:

(1)有充分理由确信发行人符合法律法规及中国证监会有关证券发行上市的相关规定;

(2)有充分理由确信发行人申请文件不存在虚假记载、误导性陈述或者重大遗漏;

(3)有充分理由确信发行人及其董事在申请文件中表达意见的依据充分合理;

(4)有充分理由确信申请文件和信息披露资料与证券服务机构发表的意见不存在实质性差异;

(5)保证所指定的保荐代表人及本保荐机构的相关人员已勤勉尽责,对发行人申

---

① 如《上海证券交易所股票上市规则》(2019年4月第十三次修订)第5.1.5条规定:“发行人向本所申请其首次公开发行股票上市时,控股股东和实际控制人应当承诺:自发行人股票上市之日起36个月内,不转让或者委托他人管理其直接和间接持有的发行人首次公开发行股票前已发行股份,也不由发行人回购该部分股份。”

请文件进行了尽职调查、审慎核查；

(6)保证保荐文件、与履行保荐职责有关的其他文件不存在虚假记载、误导性陈述或者重大遗漏；

(7)保证对发行人提供的专业服务和出具的专业意见符合法律、行政法规、中国证监会的规定和行业规范；

(8)自愿接受中国证监会采取的监管措施；

(9)中国证监会规定的其他事项。

三、上市审核

尽管目前证券上市主要采取了"直通车"的方式，证券的公开发行与证券上市的间隔时间很短，但证券发行与证券上市作为两种不同性质的行为和两个不同的阶段是不能混淆的。或者说，公开发行证券的成功并不意味着该证券的必然上市，证券上市必须履行审核的程序。按照我国《证券法》第 46 条的规定，证券上市应当由证券交易所依法审核同意。根据上海证券交易所 2013 年 12 月发布的《上海证券交易所证券上市审核实施细则》的规定，交易所设立上市委员会，对股票、企业债券、公司债券、证券投资基金份额的首次上市等事项进行审核；上市委员会的委员是具备相应的任职条件的会计、法律及相关领域的专家、其他组织的专业人士；每次审核时，交易所在上市委员会委员中选定 7 名委员参加审核，实际参加审核的委员不得少于 5 人，其中，法律、会计专业人士至少各 1 人。委员们按照《证券上市审核实施细则》规定的程序和有关要求履行职责。上市委员会对上市申请进行审核后作出独立的专业判断并形成审核意见，交易所根据上市委员会的审核意见，在规定期限内①作出是否同意上市的审核决定。

根据我国《证券法》第 49 条的规定，申请人对证券交易所作出的不予上市交易决定不服的，可以向证券交易所设立的复核机构申请复核。《上海证券交易所股票上市规则》对该所复核的程序作出相应的规定：对不予上市决定不服的，可以在收到本所有关决定或本所公告有关决定之日后的 5 个交易日内，向本所申请复核。申请人申请复核，应当提交复核申请书、保荐机构就申请复核事项出具的意见书、律师事务所就申请复核事项出具的法律意见书等文件；交易所在收到申请人提交的复核申请文件后 5 个交易日内，作出是否受理的决定并通知申请人；对申请人的复核申请，由交易所设立复核机构进行审议，在受理复核申请后 30 个交易日内，决定是否维持不予上市的决定，该决定为终局决定。

四、签订上市协议

上市协议，是指上市公司与证券交易所签订的明确双方权利义务关系的书面协议。

---

① 如《上海证券交易所股票上市规则》第 5.1.6 条规定，交易所在收到发行人提交的全部上市申请文件后 7 个交易日内，作出是否同意上市的决定并通知发行人。出现特殊情况时，交易所可以暂缓作出是否同意上市的决定。

根据我国《证券法》第46条的规定,发行人提交的上市申请由证券交易所审核同意后,就应当“由双方签订上市协议”。根据沪、深两家证券交易所的有关规则,股票、公司债券、企业债券、证券投资基金份额的上市,发行人都必须与证券交易所签订上市协议。

中国证监会2017年11月发布的《证券交易所管理办法》第58条就上市协议的格式和内容作出了较具体的规定:上市协议的内容与格式应当符合国家有关法律、行政法规、部门规章的规定,应当包括的内容有:

(1)上市证券的品种、名称、代码、数量和上市时间;

(2)上市费用的收取;

(3)证券交易所对证券上市交易公司及相关主体进行自律管理的主要手段和方式,包括现场和非现场检查等内容;

(4)违反上市协议的处理,包括惩罚性违约金等内容;

(5)上市协议的终止情形;

(6)争议解决方式;

(7)券交易所认为需要在上市协议中明确的其他内容。

订立上市协议的主要目的是确保上市公司承诺遵守证券交易所的业务规则,尽管上市协议仍然是上市公司和证券交易所订立的合同形式,但与体现当事人意思自治原则的一般合同却有较大差异:首先,协议内容是预先确定的,而且基本不允许更改;其次,协议双方当事人权利义务并不完全对等,证券交易所可以在协议中增加其认为需要明确的其他内容,而上市公司却没有这一权利,作为订约当事人,上市公司似乎没有独立、平等的契约主体地位。上市协议与一般合同的上述差异,反映了国家对私法领域的干预,也体现出现代契约发展的一些特点:尽管契约是双方约定,但也不能忽视当事人以外的第三人的利益,尤其是社会公共利益的存在。由此可见,上市协议已不完全是私法意义上的契约,而是具有公法、私法双重属性的契约。

订立上市协议对于证券交易所加强对上市公司监管具有十分重要的作用:首先,上市协议将双方的权利义务具体化,特别是关于上市公司持续披露信息的义务,避免上市公司因不熟悉有关法律法规及证券交易所业务规则而造成的行为不规范和可能对投资者利益的损害。其次,上市协议为证券交易所监督查处上市公司违规行为提供了较充分的依据,上市公司如果违反证券交易所的规则,交易所对其查处就有了事先约定的依据。

五、上市信息披露

上市信息披露,是指将证券上市有关的文件以公告等形式向社会公开的程序,它是证券上市交易的最后一道程序,也是十分重要的一道程序。通过信息披露不仅将证券即将在证券交易所挂牌交易的情况公之于众,而且也意味着发行人将自己的上市行为及其以后的经营行为置于社会公众的监督之下。《证券交易所管理办法》和沪、深两家证券交易所的《股票上市规则》《公司债券上市规则》等有关法规都有对股票、公司债券上市的信息披露的明确要求,规定发行人应当披露上市公告书等文件,并将上市公告书及有关上市申请文件备置于指定场所以供公众查阅。上市公告书的内容和格式由证券交易所根据有关法律、行政法规的规定制定。如果是首次公开发行的股票上市,发行人应当在其股票上市交易前的5个交易日内,按规定在交易所指定的媒体或网站上披露上市公告书。

第四节 终止上市(上市公司退市)

我国《证券法》第48条规定:"上市交易的证券,有证券交易所规定的终止上市情形的,由证券交易所按照业务规则终止其上市交易。"由此可见,终止上市是指证券不再具有上市资格的情况。如同本章第一节所述,证券由于品种的不同,证券的上市资格与上市公司资格可能是同一的,也可能是不同一的。上市公司与股票上市在上市资格上是完全同一的。股票上市资格的终止,意味着上市公司的上市资格也必然终止,即退市。中国证监会2018年7月修改的《关于改革完善并严格实施上市公司退市制度的若干意见》(以下简称《上市公司退市制度意见》)明确规定:"上市公司退市是指公司股票在证券交易所终止上市交易。"本节关于证券终止上市的论述,虽然也可将各种证券纳入其中,但限于篇幅和考虑到当前我国证券市场最关注的是股票终止上市,即上市公司的退市问题,因此,因循股票上市资格与上市公司资格完全同一的逻辑,本节集中讨论上市公司的退市制度。

一、退市制度概说

(一)上市公司退市的含义和法律特征

上市公司退市,除我国《证券法》上"终止上市"的规范名称外,还被称为"撤回上市"、"摘牌"或"下市",具体是指上市公司股票因各种原因不再在证券交易所挂牌交易,从而退出证券交易所市场的一种法律行为。

英美国家根据退市发生情形的不同,一般将退市分为两类:一是上市公司的非自愿退市(Involuntary Delisting),是指上市公司因不符合上市最低要求或者因破产、财务重组或清算而被证券交易所或监管部门宣布退市的情形。二是上市公司的主动退市,也称为自愿退市(Voluntary Delisting)。自愿退市还可以根据公司在退市后股票是否继续交易分为两类:一是股票不再进行后续交易的情形,这类退市可能是非上市公司兼并上市公司的自然结果,也可能是公司被收购后股权集中在少数对其股票公开交易不感兴趣的投资者手中的情形,被称为下市(Going Private Transaction)。二是股票有后续交易的情形,这类退市是指上市公司退出监管程度较高的市场而在监管程度较低的市场上继续股票交易,其可以不受强制信息披露的约束(Going dark or Deregistration)。此外,还存在一种特殊的自愿退市类型,称为交叉退市(Cross-Delisting),是指上市公司停止在国外股票市场上交易而继续在国内股票市场上交易的情形。①

证券市场内在运行机制要求在给定的法律制度框架下,对上市公司实行优胜劣汰,只有这样才能有效实现证券市场的资源优化配置,保持证券市场旺盛的生命力和对投资者的吸引力,上市公司的功能也才能得以充分释放。实践证明,成熟的证券市场必然包括了上市公司退市制度,证券市场发达国家和地区均对上市公司退市给予的高度重视。在这个意义上,上市公司退市制度也是证券市场不断发展完善的重要内容之一。

上市公司退市制度作为证券市场重要的基础性制度,是由在上市公司股票退出证券交易所市场时发生作用的一系列法律法规共同构建,用以规范证券监督管理机构、证券交易所、上市公司、投资者等证券市场参与主体之间的活动以及它们之间的相互关系,其内容包括对上市公司退市的类型、事由、标准、程序等相关事项的规定。

从我国《证券法》第48条的规定来看,上市公司退市是基于出现了证券交易所规定终止上市的情形,结合《上市公司退市制度意见》和沪、深两家证券交易所的有关规定,终止上市的情形包括出现不能满足股本总额、股权分布、股票成交量、股票面值、股票市值等交易指标的情形,不能满足公司净利润、净资产、营业收入、审计意见类型等财务指标的情形。未在规定期限内改正信息披露或者规范运作等方面存在重大缺陷的情形,公司存在重大违法行为的情形,上市公司主动申请退市等情形。在各种情形中,除上市公司主动申请退市外,其余都可划归为强制退市或被迫退市的情形。

上市公司退市作为一项完整的法律制度,其法律特征包括以下5方面。

1. 退市是终止上市公司股票在证券交易所交易的资格,并不直接影响公司民事主体的存在和存续。它与我国《公司法》上公司的解散清算是迥然相异的两种制度,证券交易所并没取消公司具有的股份有限公司的身份,上市公司终止上市后仍然是一个依法存续的股份有限公司,此时其发行的股票还可以在其他层级的证券交易场所或通过其他合法途径进行交易。如珠海市博元投资股份有限公司(*ST博元,600656)是我国证券市场首家因触及重大信息披露违法情形被终止上市的公司,2016年3月上海证券交易所作出终止其股票上市的决定,退市后珠海市博元投资股份有限公司的股票转入全国中小企业股份转让系统挂牌转让。②

2. 退市的启动包括被动式和主动式两种情形。所谓被动和主动都是针对上市公司而言的。被动式启动即上市公司非自愿性的强制退市,是上市公司被迫接受终止上市的结果。上市公司一旦出现强制退市的情形,证券交易所为维护公开交易股票的总体质量与市场信心,或者出于保护投资者特别是中小投资者合法权益的目的,或者是对上

① Isabelle Martinez and Stéphanie Serve, "Reasons For Delisting and Consequences: A Literature Review and Research Agenda", *Journal of Economic Surveys* 31, 2017, p. 738.

② 上海证券交易所2016年3月21日发布的公告称:根据《上海证券交易所股票上市规则》第14.3.27条、第14.3.28条等的规定,珠海市博元投资股份有限公司应当立即准备股票转入全国中小企业股份转让系统挂牌转让的相关事宜,保证公司股票在摘牌之日起的45个交易日内可以挂牌转让。

市公司的违法违规行为进行惩戒，就会依照有关规则要求上市公司股票终止交易。主动式启动即上市公司自愿退市的情形。在这种情形下，上市公司通过对上市地位维持成本收益的理性分析，或者为充分利用不同证券交易场所的比较优势，或者为便捷、高效地对公司治理结构、股权结构、资产结构、人员结构等实施调整，或者为进一步实现公司股票的长期价值，基于意思自治原则主动作出退市决定，向证券交易所申请撤回其股票的上市交易并得到交易所的同意。主动退市是成熟证券市场普遍采用的方式，是完善退市制度的重要内容之一，有利于资本市场功能的充分发挥。主动退市也意味着退市并非是评判一家公司好坏的绝对标准。

3. 退市标志着上市协议和上市公司资格的终止。无论是被动式启动还是主动式启动的退市，都会导致上市公司与证券交易所订立的上市协议的解除与终止。按照中国证监会和证券交易所的相关规定，上市协议必须规定协议终止的情形。一旦出现符合终止协议的情形，作为协议当事人的上市公司或证券交易所都可以依照约定申请解除协议或直接解除协议，终止上市公司在证券交易所交易股票的资格。而且无论是申请解除协议或直接解除协议，证券交易所都占据主导地位。

4. 退市制度由实体规范与程序规范构成。在实体规范方面，不符合证券上市条件和违反上市规则是强制退市的基本依据。本章第二节对证券上市条件有较详细的阐述，就股票而言，在不同板块上市的股票，其上市条件也存在差异，一旦不再具备股票上市条件，即构成退市的实体性标准；中国证监会的有关法规和沪、深两家证券交易所有关规则中关于退市具体标准的规定，也是退市制度的实体性规范。在程序性规范方面，我国《证券法》第 48 条第 2 款关于“证券交易所决定终止证券上市交易的，应当及时公告，并报国务院证券监督管理机构备案”的规定以及中国证监会和沪、深两家证券交易所关于上市公司主动退市的申请、强制退市的公告等规定，均是退市应当遵循的程序性规范。

5. 退市涉及的主体具有多元性。通常而言，在上市公司退市这一法律关系中，参与主体包括中国证监会、证券交易所、证券登记结算机构、上市公司、投资者，如果是退市后到其他证券交易场所进行证券交易，还会涉及“新三板”、区域性股权交场以及证券业协会等证券交易场所和主体。按照中国证监会的有关规定，退市公司中的控股股东、实际控制人、董事、监事、高级管理人员等是退市过程中的相关责任主体。

（二）上市公司退市制度的演变

1. 国外上市公司退市制度的演变。上市公司退市法律制度发端于英国，发展于美国。在证券交易市场正式形成的 17 世纪，由于证券投机盛行，英国国会于 1697 年颁布了《抑制不正当证券买卖防止投机风潮》的法案。该法案被视为证券市场管理制度诞生的标志。① 根据这个法案，政府开始对证券交易进行管理，对上市公司欺诈投资者的

① 万猛、刘毅：《英美证券法律制度比较研究》，武汉工业大学出版社 1998 年版，第 47 页。

行为作出相关惩罚性的规定，其中之一便是强令上市公司退出市场、停止交易。1720年因为“南海事件”而颁布的“泡沫法案”，即是在1697年法案的基础上补充而成的。

美国证券市场在18世纪末以及19世纪得到了迅速发展，针对在实践中出现的股票发行“掺水”现象，国会通过了《克雷顿法案》，并在1902年建议所有的公众持股公司公布年度财务报表等重要资讯。这一时期的退市法律规定仅散见于公司法、破产法和交易所的规则中，还未形成系统的制度。美国《1934年证券交易法》规定，SEC授权交易所对违反规定以及从事违法行为的上市公司进行调查，并享有停止其证券的发行、交易甚至退出市场等权力。另外，各大交易所也在交易规则中制定了较详细的，且具有很强可操作性的退市规则。从此，美国退市法律制度得以正式确立。鉴于美国证券法律体系对国际证券市场的影响，许多国家也逐渐确立了上市公司退市制度，如德国1896年7月通过的德国《证券交易所法》、日本1948年制定的《证券交易法》等。

进入21世纪以来，全球证券市场出现的上市公司财务丑闻、股票价格操纵和内幕交易等一系列问题使投资者对证券市场产生了严重的怀疑，各国都努力修正证券市场的相关规则，采取一系列措施强化监管以恢复投资者信心。这种调整和改革的一项重要内容，就是严格退市标准和程序。从国外成熟市场的经验来看，每年上市和退市的公司数量总体是平衡的。世界证券交易所联合会（WFE）的数据显示，2007年至2018年10月，全球资本市场的退市公司数量累计达到21,280家，超过IPO数量累计16,299家。其中，纽约证券交易所、纳斯达克、伦敦证券交易所的退市率分别为6.6%、7.6%、9.5%。成熟资本市场的退市公司数量和退市率普遍高于新兴市场，美股市场是全球股票市值规模最大的资本市场，同时也是全球退市规模最大的资本市场。从退市类型来看，自愿退市与强制退市的情况都很普遍。在纽约证券交易所的退市公司中，约2/3为自愿退市，约1/3是强制退市。在纳斯达克的退市公司中，自愿退市与强制退市约各占一半。①

2. 我国上市公司退市制度的演变。在我国证券市场成立初期，并没有关于上市公司退市的规定。我国1993年颁布的《公司法》第157条、第158条关于暂停上市和终止上市的规定构建了退市法律制度的基本框架。我国1998年出台的《证券法》在退市问题上仅对1993年《公司法》的规定进行了简单重复。1999年7月中国证监会发布的《股票暂停上市相关事项的处理规则》推出了股票的特别转让制度（PT制度），对存在连续亏损而被暂停上市的上市公司，证券交易所指定其股票集中于每周五的开市时间

---

① 资料来源：上海证券交易所资本市场研究所2018年12月发布的《研究报告——全球主要资本市场退市情况研究及对科创板的启示》，载上海证券交易所网：http://www.sse.com.cn/aboutus/research/report/c/4727800.pdf，最后访问日期：2020年1月19日。

内以特定的方式进行交易。[①] 随着证券市场中亏损上市公司数量日渐增多,社会对启动上市公司退市机制的要求也日益强烈。中国证监会于 2001 年 2 月发布了《亏损上市公司暂停上市和终止上市实施办法》(以下简称《实施办法》),对连续亏损 3 年的上市公司在暂停上市后的恢复上市和终止上市作了具体的且有很强可操作性的规定。从 2002 年 1 月 1 日起,证券交易所对连续 3 年亏损的公司不再被继续提供特别转让服务,从而宣告了 PT 制度的终结。

2001 年 4 月 23 日上海证券交易所作出不同意上海水仙股份有限公司宽限期申请的决定,连续 4 年亏损的 PT 水仙成为首家依《实施办法》退市的上市公司,随后,PT 中浩、PT 粤金曼也相继退市,我国的上市公司退市制度进入了实践期。

2013 年《中共中央关于全面深化改革若干重大问题的决定》明确提出了"推进股票发行注册制改革"的要求。退市制度作为注册制改革的重要配套措施,必须进一步推进。如果说注册制意味着证券市场准入门槛上有所降低,那么在放宽"入口"的同时,退市制度作为证券市场的"出口"也应当畅通,否则大量公司的进入,难免泥沙俱下,鱼龙混杂,必须按照市场规律优胜劣汰。2014 年 10 月中国证监会发布了《关于改革完善并严格实施上市公司退市制度的若干意见》,启动了新一轮退市制度改革。2018 年为配合科创板的推出,中国证监会又对这个文件作出修订,沪、深两家证券交易所也相应修订了《股票上市规则》。上海证券交易所科创板的有关规则对上市公司的退市作出更严格的规定。经过这些改革,证券市场出现了首例央企退市(* ST 长油)、主动退市(* ST 二重)、重大违法强制退市(* ST 博元)等案例。2018 年上市不足 4 年的欣泰电气,IPO 申请文件中相关财务数据造假、上市后披露的定期报告亦存在虚假披露,成为因欺诈发行而强制退市的首例,也是创业板首起退市案例。* ST 烯碳成为在盈利情况下非标意见退市第一股,中弘股份因股票已连续 20 个交易日收盘价格均低于股票面值(1 元),成为面值退市第一股。[②] 截至 2019 年年底,我国沪、深两家证券交易所市场上市公司退市已经达到 121 家,其中上海证券交易所 53 家,深圳证券交易所 68 家。[③] 2019 年全年,沪、深两家证券交易所退市公司达到 18 家,创历史新高,其中,强制退市 9 家、主动退市 1 家、重组退市 8 家。[④]

---

① 在 PT 制度下,一家公司的退市必须要达到连续 6 年亏损,才能做到真正退市。因此,在当时的情况下,有的公司尽管已经连续 5 年亏损,甚至连续 6 年亏损,而且有的公司累计净亏损高达 10 亿元之巨,却反而大难不死、死里逃生,如上海的 PT 双鹿和 PT 农商社就是其中的典型例证。

② 参见刘慧:《最严退市新规威力初显除了"史上最严"还传递出哪些监管信号》,载中国证券报网:http://www.cs.com.cn/sylm/syzcj/201811/t20181123_5896472.html? from = timeline&isappinstalled = 0,最后访问日期:2020 年 1 月 19 日。

③ 资料来源:上海证券交易所网:http://www.sse.com.cn/assortment/stock/list/delisting/;深圳证券交易所网:http://www.szse.cn/market/companys/suspend/index.html,最后访问日期:2020 年 1 月 1 日。

④ 参见温济聪:《2019 年 A 股 18 家公司退市——退市数量创新高上市公司质量提升》,载《经济日报》2020 年 1 月 10 日,第 7 版。

我国《证券法》本次修订对退市制度作出进一步完善，删除了原法规定的暂停上市制度。暂停上市是与强制退市相联系的一种过渡性制度，也称为“预备退市”或退市前的“黄牌警告”。如果暂停上市的原因在限期内没有消除并进一步恶化，将会导致强制退市的结果。如果暂停上市原因在规定期限内消除，暂停上市则可以转化为恢复上市。本来，暂停上市作为强制退市前的缓冲阶段，其制度设计具有一定合理性，但由于在实践中取得上市公司资格需要具备相应的条件和履行审核等复杂程序，从而使上市公司成为一种有市场价值的“壳资源”。已经取得资格的上市公司当然不会轻易放弃这种“壳资源”，由此不仅导致上市公司主动退市的可能性几乎为零，而且还会使上市公司利用暂停上市这一缓冲期来与证券交易所和证券监管部门进行博弈。博弈的结果往往是拖延退市时间或不予退市，从而使退市制度难以有效执行，不能达到暂停上市制度设计的目的。基于此，我国本次《证券法》修改完全删除了暂停上市的原有规定，只要上市公司符合强制退市的条件，应当退市的就直接终止上市。中国证监会要求证券交易所对于应当退市的公司，必须按照“出现一家、退市一家”的原则，严格执行，坚决维护退市制度的严肃性和权威性。随着我国新《证券法》的实施，我国证券市场的退市制度必将进一步健全。

二、退市制度的主要内容

上市公司退市制度主要由我国《证券法》，中国证监会法规和沪、深两家证券交易所规则中的相关规定构成。对于不同板块的退市，相关规定在具体内容上还有所差异。限于篇幅，这里主要介绍沪、深两家证券交易所主板市场的退市制度。

（一）主动退市

主动退市，是指上市公司在履行必要的决策程序后，主动向证券交易所提出申请，撤回其股票在该交易所的交易，并决定不再在交易所交易。主动退市还可以进一步分为“撤回上市”和出现特定情形的“下市”。

1. 撤回上市，是指公司完全自主决定的退市。公司根据自身状况权衡后认为无须维持现有的上市资格，由股东大会作出决议，主动撤回其股票在证券交易所的交易，或是不再在交易所交易，或是转而申请在其他交易场所交易。

2. 下市，是指在公司在出现特定情形时依照法定程序主动向证券交易所申请退市。这里的特定情形包括：

（1）回购情形，即上市公司向所有股东发出回购全部股份或部分股份的要约，导致公司股本总额、股权分布等发生变化不再具备上市条件；

（2）收购情形，即上市公司股东或其他收购人向所有股东发出收购全部股份或部分股份的要约，导致公司股本总额、股权分布等发生变化不再具备上市条件；

（3）合并情形，即上市公司因新设合并或者吸收合并，不再具有独立主体资格并被注销；

（4）解散情形，即上市公司股东大会决议公司解散。

综上所述,撤回上市与下市虽然都是公司向证券交易所主动提出退市申请,但前者属于公司自主行使的一种权利,后者则属于公司在特定情形下依法应当履行的一种义务。

(二)强制退市

强制退市,是指证券交易所在出现交易规则规定情形时决定终止上市公司的股票交易。强制退市的情形主要为以下几类。

1. 存在重大违法行为的强制退市。重大违法行为是指上市公司存在欺诈发行、重大信息披露违法的行为和涉及国家安全、公共安全、生态安全、生产安全和公众健康安全等领域的违法行为。沪、深两家证券交易所2018年11月发布的《上市公司重大违法强制退市实施办法》,进一步细化了重大违法行为的认定标准,规定存在以下情形之一的,其股票应当被终止上市。

(1)上市公司首次公开发行股票申请或者披露文件存在虚假记载、误导性陈述或重大遗漏,被中国证监会依据我国《证券法》作出行政处罚决定,或者被人民法院依据我国《刑法》作出有罪生效判决;

(2)上市公司发行股份购买资产并构成重组上市,申请或者披露文件存在虚假记载、误导性陈述或者重大遗漏,被中国证监会依据我国《证券法》作出行政处罚决定,或者被人民法院依据我国《刑法》作出有罪生效判决;

(3)上市公司披露的年度报告存在虚假记载、误导性陈述或者重大遗漏,根据中国证监会行政处罚决定认定的事实,导致连续会计年度财务指标实际已触及《股票上市规则》规定的终止上市标准;

(4)上市公司或其主要子公司被依法吊销营业执照、责令关闭或者被撤销;

(5)上市公司或其主要子公司依法被吊销主营业务生产经营许可证,或者存在丧失继续生产经营法律资格的其他情形;

(6)交易所根据上市公司重大违法行为的性质、情节、损害程度等情形,认为公司股票应当终止上市的。

2. 交易状况不符合要求的强制退市。公司股票上市交易,法律法规对上市公司的股本总额、股权分布、股票成交量、股票面值、股票市值等都有相应的条件要求,如果不能满足这些要求,在证券交易所规定的期限内仍不能达到上市条件的,证券交易所应当终止其股票上市交易。

3. 财务状况不符合要求的强制退市。如果公司净利润、净资产、营业收入、审计意见类型等财务状况指标不能达到应有标准,在证券交易所规定的期限内仍不能满足这些条件,证券交易所应当终止其股票上市交易。

4. 未在规定期限内改正信息披露或者规范运作等方面存在重大缺陷的强制退市。

强制退市情形的认定标准主要由证券交易所规则来规定,随着证券市场的变化会不断作出相应的调整。①

(三)退市的程序

退市程序,是指证券交易所按照业务规则终止上市公司资格的过程。退市应当履行的主要程序如下所示。

1. 退市风险警示。上市公司出现财务状况异常情况或者其他异常情况,导致其股票存在被终止上市的风险的,由交易所对该公司股票实施退市风险警示。上市公司股票被实施退市风险警示的,在公司股票简称前冠以"*ST"字样,以区别于其他股票。②根据沪、深两家证券交易所《股票上市规则》的有关规定,上市公司出现以下情形之一的,交易所对其股票实施退市风险警示:

(1)最近2个会计年度经审计的净利润连续为负值或者被追溯重述后连续为负值;

(2)最近1个会计年度经审计的期末净资产为负值或者被追溯重述后为负值;

(3)最近1个会计年度经审计的营业收入低于1000万元或者被追溯重述后低于1000万元;

(4)最近1个会计年度的财务会计报告被会计师事务所出具无法表示意见或者否定意见的审计报告;

(5)因财务会计报告存在重大会计差错或者虚假记载,被中国证监会责令改正但未在规定期限内改正,且公司股票已停牌2个月;

(6)未在法定期限内披露年度报告或者中期报告,且公司股票已停牌2个月;

(7)因股权分布发生变化导致连续20个交易日不具备上市条件,公司在规定的1个月内向交易所提交解决股权分布问题的方案,并获得交易所同意;

(8)因欺诈发行、重大信息披露违法或者其他涉及国家安全、公共安全、生态安全、生产安全和公众健康安全等领域的重大违法行为,本所对其股票作出实施重大违法强制退市决定的;

(9)公司可能被依法强制解散;

(10)法院依法受理公司重整、和解或者破产清算申请;

(11)交易所认定的其他情形。

2. 证券交易所作出终止股票上市的决定。上市公司被实施"退市风险警示"后,如果出现证券交易所规定的退市情形,由交易所上市委员会对股票终止上市事宜进行审议,作出独立的专业判断并形成审核意见。交易所根据上市委员会的同意退市的审核

① 上述强制退市的情形主要依据沪、深两家证券交易所《股票上市规则》(2019年4月修订)中"强制终止上市"的有关规定来划分,2019年3月出台的《上海证券交易所科创板股票上市规则》第12章将科创板强制退市分为重大违法强制退市、交易类强制退市、财务类强制退市和规范类强制退市4种类型,各种类型中又包括了不同的情形。

② 按照沪、深两家证券交易所的有关规则,实施退市风险警示的股票价格的涨跌幅限制为5%。

意见,作出终止股票上市的决定。如果属于重大违法强制退市情形,上市委员会可不再进行审议,由交易所根据上市委员会对公司股票实施重大违法强制退市的审核意见,直接作出公司股票终止上市的决定。交易所在作出终止股票上市的决定之日后2个交易日内,通知公司并发布相关公告,同时报中国证监会备案。

3. 退市整理期。自交易所公告对上市公司股票作出终止上市的决定之日后的5个交易日届满的下一交易日起,公司股票进入退市整理期。退市整理期的交易期限为30个交易日。在退市整理期间,公司股票进入交易所特定的交易系统①进行交易。上市公司应当于其股票在特定交易系统交易的第一天,发布公司股票已被交易所作出终止上市决定的风险提示公告,说明公司股票在特定交易系统交易的起始日和终止日等事项。按照《上海证券交易所风险警示板股票交易管理办法》的规定,退市整理股票的简称前冠以"退市"标识;股票价格的涨跌幅限制为10%,但A股前收盘价格低于0.05元人民币的,其涨跌幅限制为0.01元人民币;不具备合格投资者条件②的个人投资者不能买入退市整理股票,仅可卖出已持有的退市整理股票。主动退市公司股票不进入退市整理期交易,在交易所公告公司股票终止上市决定之日后直接进入下一程序。

4. 摘牌。证券交易所在退市整理期届满后5个交易日内对其予以摘牌,公司股票终止上市。公司股票未进入退市整理期交易的(如主动退市),交易所在公告公司股票终止上市决定之日起5个交易日内对其予以摘牌,公司股票终止上市。

(四)退市公司的去向和交易安排

按照《上市公司退市制度意见》的要求,公司退市后的去向及交易安排是完善与退市相关配套制度的重要内容。主动退市公司可以选择在证券交易场所交易或者转让其股票,或者依法作出其他安排。这里的"证券交易场所"是指合法设立的场外市场,包括全国中小企业股份转让系统("新三板")和区域性股权市场。强制退市公司股票应当统一在"新三板"设立的专门层次挂牌转让。公司应当在交易所作出终止其股票上市决定后立即安排股票转入"新三板"挂牌转让的相关事宜,保证公司股票在摘牌之日起45个交易日内可以挂牌转让。

(五)退市公司的重新上市

上市公司的股票被终止上市后,其终止上市情形已消除,且同时符合上市条件的,可以再向交易所申请重新上市。退市公司拟申请重新上市的,应当召开股东大会,对申请重新上市事项作出决议,股东大会决议须经出席股东大会的股东所持表决权的2/3以上通过。交易所收到退市公司的重新上市申请后,由上市委员会对股票重新上市申

① 上海证券交易所称为"风险警示板",深圳证券交易所称为"退市整理板"。

② 《上海证券交易所风险警示板股票交易管理办法》规定的合格投资者条件为:"应当具备2年以上的股票交易经历,且以本人名义开立的证券账户和资金账户内资产在申请权限开通前20个交易日日均(不含通过融资融券交易融入的证券和资金)在人民币50万元以上。"

请进行审议,作出独立的专业判断并形成审核意见。交易所根据上市委员会的审核意见,作出是否同意公司股票重新上市的决定。

沪、深两家证券交易所《股票上市规则》对重新上市还有一些特别规定:

1. 公司股票被强制终止上市后,公司不配合退市相关工作的,交易所自其股票进入全国中小企业股份转让系统挂牌转让之日起36个月内不受理其重新上市的申请。

2. 上市公司因欺诈发行被实施重大违法强制退市,其股票被终止上市后,不得向本所申请重新上市。

3. 上市公司因欺诈发行之外的其他违法行为被实施重大违法强制退市,其股票被终止上市后,进入"新三板"挂牌转让之日起满5个完整会计年度,可以向交易所申请重新上市。如果公司未符合交易所规定的全面纠正重大违法行为、撤换与重大违法行为有关的责任人员,对相关民事赔偿承担作出妥善安排等条件,交易所将不受理其重新上市申请。

4.《上海证券交易所科创板股票上市规则》第12.1.5条规定:"上市公司股票被终止上市的,不得申请重新上市。"该条属于《科创板股票上市规则》"退市"一章中的一般规定,意味着适用于科创板所有情形的退市公司。

第六章　证 券 交 易

证券交易是我国《证券法》规定的主要内容之一。根据我国《证券法》第 2 条的规定,不同证券品种在交易上适用《证券法》上还有所区别。第一,股票、公司债券、存托凭证和国务院依法认定的其他证券的交易完全适用我国《证券法》的规定;第二,政府债券、证券投资基金份额的上市交易,完全适用我国《证券法》规定;第三,资产支持证券和资产管理产品交易适用国务院依照我国《证券法》原则规定的管理办法。值得注意的是,我国《证券法》第 2 条对 3 种不同适用情况所使用的"交易"表述也是有区别的:其中,第二种适用情况将交易限制在"上市交易"的范围内,而第一种、第三种适用情况则没有这样的限制。这就意味着,后者的交易包括了上市交易和非上市交易的情况。

第一节　证券交易概论

一、证券交易的基本含义

证券交易,是指当事人买卖依法发行并交付证券的合同行为。证券交易有广义和狭义之分。广义上的证券交易包括了证券发行行为,因为仅就证券买卖而言,投资者通过一级市场(发行市场)从发行人处购得证券也是一种交易行为。狭义的证券交易是指证券在二级市场(交易市场)上的买卖行为,不包括一级市场上创设证券权利的行为,①或者说,是投资者从一级市场取得证券权利成为证券持有人后发生的行为。本章讨论的证券交易,显然是指狭义上的证券交易。从我国《证券法》规定的证券交易来看,可以概括出如下主要特征。

1. 证券交易是当事人买卖证券的合同行为。交易即买卖,在民法上体现为买方和卖方之间发生的一种合同行为,因此,证券交易的基础法律关系应当是合同关系,证券交易必须遵循合同法的基本原理。例如,作为合同行为,仍然应当符合当事人意思表示一致的原则;购买证券一方负有支付证券对价的义务,出卖证券一方负有将证券交付的义务。至于在继承、人民法院强制执行等特殊情况发生时证券持有人的变更,属于特殊

① 有学者认为,证券发行是发行人旨在创设证券权利的行为,证券发行结束后,投资者合法取得了证券权利。参见叶林:《证券法》(第 4 版),中国人民大学出版社 2013 年版,第 137 页。

形式的股权转让,不应当纳入所讨论的证券交易行为之中。

2. 证券交易是转让证券权利的合同行为。证券权利是体现证券实质内容的财产权利,在现今证券市场上以"无纸化证券"为主的情况下,证券已经成为一种通过电子方式来记录证券权利的非实物凭证,传统意义上的"谁持有证券谁就享有证券权利"也变成了"谁是电子记载的持有人谁就享有证券权利",在这种情况下,证券交易也就没有必要进行实物交换,而是只需要通过改变电子记载上的证券持有人记录就可以完成。在这个意义上,证券交易作为证券权利转让的属性和特点就显得更突出。

3. 证券交易是一种特殊的合同行为。这主要是针对通过证券交易所进行集中交易而言的。尽管证券交易也包括了协议交易的形式,但典型意义上的证券交易是指通过证券交易所的集中交易。与一般的交易行为相比,证券交易所的集中交易有其自身的特殊性和复杂性:如交易不是当事人"一对一"的讨价还价,而是主要依照集中竞价的规则来进行;交易双方并不通过面对面来实现交易,而是要通过券商(证券公司)、证券交易所、登记结算公司一系列的机构和环节;交易不仅涉及交易双方当事人的关系,还涉及与证券交易所、证券公司等诸多的参与者和服务者的关系;证券交易的价格并不完全取决于证券本身内含的价值(上市公司的经营状况),还受制于国家经济政策、政治局势与证券市场的资金入市量(供求关系)等因素的影响,在有的情况下,后者可能还要对价格的形成和涨跌起决定性的作用。证券交易作为特殊的合同行为的意义在于:证券集中交易不能完全适用一般的合同法规则,而需要专门的证券法律来调整和规范。应当指出的是,尽管集中交易主要是证券交易所采取的交易形式,但其他证券交易场所也会采用这种形式作为交易方式,如"新三板";另外,证券交易所也还存在非集中交易的形式,如大宗交易、协议转让和质押式回购等,这类交易行为还要受到合同法规则的调整。

4. 证券交易的标的是依法发行的证券。我国《证券法》第35条规定:"证券交易当事人依法买卖的证券,必须是依法发行并交付的证券。非依法发行的证券,不得买卖。"证券的依法发行包括几个方面的内容:第一,证券形式合法。依法发行的证券应当是法定的证券品种,即我国《证券法》规定的证券品种,否则,无论其名称如何,均不得作为买卖标的。第二,证券发行符合法定的条件。对于不同证券品种的发行,法律规定了不同的条件,这些条件也被称为证券发行的实质性条件,如果不符合实质条件,证券发行就可能是非法的,不能进入证券市场进行交易。第三,证券发行的程序合法。发行证券包括公开发行和非公开发行的形式,无论采取哪种形式都必须符合法律规定的程序。如果采取公开发行的方式,发行人须依法定程序提出发行申请,由保荐人保荐,经国务院证券监管机构或国务院授权部门依法注册,采取承销方式,如果不按照法定程序发行,就可能得不到法律的应有保护。

5. 证券交易是受法律严格规范的行为。正是由于证券交易的特殊性,尤其当集中交易作为交易的主要方式时,就必须按照特殊的技术规程来操作,从而使交易规则基本上为强制性规范，不可能再因循传统意义上的协商一致来进行，证券交易更注重交易的外观形式，只要当事人履行了交易规则规定的全部交易程序，便视为当事人意思表示一致。证券交易行为须受法律的严格规范，否则，不仅可能损害交易双方当事人的利益，而且还可能损害社会公共利益。可以看到，我国《证券法》及其相关的法规，除规定证券交易的一般原则外，还规定了较严密的交易规则、信息披露要求和禁止交易行为等，使交易纳入规范程序操作。

二、证券交易的主体

证券交易主体，是指证券买卖的当事人，即合同法意义上的出卖人和买受人。其中出卖人可称为证券持有人，买受人亦可称为证券投资者。可以注意到，我国《证券法》也有将二者统称为投资者的情况。其之所以如此，是因为对证券市场大部分从事交易的社会公众来说，他们将资金投入证券市场的主要目的就是希望通过证券买卖来获取价差，这就使证券可能频繁易手，买方和卖方的地位也在随时不断地发生变换。证券交易的双方当事人既可以是自然人，也可以是法人。

证券交易的当事人还包括为证券交易提供服务的证券公司。证券公司从事的业务包括经纪业务、自营业务、做市业务和其他业务。除自营业务外，证券公司从事的业务都是为证券交易提供服务。在这个意义上，证券公司与为证券交易提供其他服务的机构，如证券交易所、证券登记结算机构、会计师事务所、律师事务所、资产评估事务所等中介服务机构是相同的，但其他服务机构却不能视为证券交易的主体。之所以如此，是因为证券公司就其经纪业务而言，在证券交易中属于受托从事证券买卖的经纪人，它作为出卖人或买受人的受托人，应当与投资者共同处于证券交易当事人的法律地位；就其自营业务和做市业务而言，证券公司更是直接作为买卖一方当事人在与投资者进行证券交易。而其他服务机构尽管在证券交易环节中也必不可少，但其并不具有证券公司经纪人、自营商和做市商的法律地位。因此，这些机构可以是证券市场的主体但并非是证券交易的主体。

三、证券交易的方式

证券交易可以按照不同的标准划分出若干方式。在实践中有意义的证券交易方式包括以下几类。

（一）股票交易、债券交易和其他证券品种交易

这是按照证券交易标的为标准进行的划分。其中，股票交易可以进一步分为A股交易、B股交易和H股交易；债券交易可以进一步分为普通公司债券交易、可转换公司债券交易、企业债券交易、政府债券交易、金融债券交易；其他证券品种交易可以进一步分为存托凭证交易、证券投资基金份额交易、资产支持证券交易、资产管理产品交易、权证交易等。由于股票和债券是证券中的主要形式，法律法规及证券交易场所的规则中有关证券交易的规范，多数都是针对这两种形式的内容。

（二）上市交易和非上市交易

这是根据证券是否上市作出的划分。上市交易即证券进入证券交易所挂牌交易，也称场内交易，目前我国的场内交易仅是指在上海和深圳两家证券交易所进行的证券交易。非上市交易即在证券交易所以外的合法场所进行的证券交易，也称场外交易。

（三）集中交易和非集中交易

这是根据交易价格形成方式作出的划分。我国《证券法》第 38 条规定："证券在证券交易所上市交易，应当采用公开的集中交易方式或者国务院证券监督管理机构批准的其他方式。"所谓集中交易，主要是指证券通过集中竞价方式来实现成交的方式。在集中竞价交易环境下，交易价格通过众多的买方和卖方的竞争而形成，证券交易按照"时间优先"和"价格优先"的原则来实现成交。非集中交易是指证券通过集中竞价以外的其他手段来实现成交的交易形式，我国目前非集中交易的价格形成方式主要采取做市商制和协议制。集中交易和非集中交易作为交易价格形成方式，场内交易和场外交易都可以采用。集中交易是证券交易所采用的最典型的交易方式，其交易规则设计得十分精细和复杂。证券交易所的非集中交易按照目前沪、深两家证券交易所的《交易规则》，主要包括协议方式、大宗交易方式；2019 年 3 月发布的《上海证券交易所科创板股票交易特别规定》规定，科创板可以采取做市商交易方式。[①] "新三板"可以采取做市商、协议和集中竞价等交易方式。另外，证券市场上较普遍采用的证券回购交易方式，既可以采取集中交易的方式，也可以采取非集中交易的方式。

（四）现货交易、期货交易、融资融券交易

这是根据证券买卖双方是否给予对方信用作出的划分。其中，期货交易、融资融券交易均是对应于现货交易以下两种含义而存在的概念。

1. 现货交易的第一种含义是指证券买卖成交后即时办理券款清算交收的交易。这里的"即时办理"也不是绝对的，如目前我国证券交易所的 A 股交易就实行的是"T + 1"制度，即在股票成交的次日办理清算交收。与这一含义的现货交易相对的概念是期货交易，即证券买卖双方成交后不是即时交收而是按契约规定的证券成交价格、买卖证券的数量，到约定的将来时日再履行交收手续的交易。证券期货交易意味着证券交易的买卖双方互相给予对方以信用。

2. 现货交易的第二种含义是指证券买卖双方必须持有现实货款和证券来进行的交易，成交后钱款和证券即时交收，属于"一手拿钱、一手交货，钱货两清"的情况。与这一含义的现货交易相对的概念是融资融券交易，即通常所称的"信用交易"，是指投资者按照法律规定，在买卖证券时只向有资格的券商交付一定的保证金，由券商提供购买

---

① 其第 12 条规定："科创板股票交易实行竞价交易，条件成熟时引入做市商机制，做市商可以为科创板股票提供双边报价服务。做市商应当根据本所业务规则和做市协议，承担为科创板股票提供双边持续报价、双边回应报价等义务。"

证券的资金或出卖的证券来进行的交易。由此可见，信用交易即投资者借钱买股票或借股票卖钱，可分为融资买进（买空）和融资卖出（卖空）两类情况。无论哪种情况，都意味着券商给予投资者以信用。信用交易可以扩大证券交易量，既能增加投资者和券商的获利程度，也增加二者买卖证券的风险。我国《证券法》第120条规定的证券公司可以经营的业务中就包括了"证券融资融券"。中国证监会2015年7月发布《证券公司融资融券业务管理办法》，沪、深两家证券交易所也相应出台《证券交易所融资融券交易实施细则》，融资融券交易已逐步成为我国证券交易的一种重要形式。

（五）纸面证券交易和无纸化证券交易

这是根据证券外部表现形式（外观）作出的划分。纸面证券交易是指实物证券的交易方式。我国《证券法》第39条规定："证券交易当事人买卖的证券可以采用纸面形式或者国务院证券监督管理机构规定的其他形式。"这里规定的"纸面证券"，即以"白纸黑字"来记载证券权利的形式，也被称为"实物券式证券"。我国《公司法》上关于记名股票和公司债券、无记名股票和公司债券的规定，就是基于这种"纸面证券"作出的设计。按照我国《公司法》的规定，无记名股票或公司债券的转让，由持券人将该证券交付给受让人后即发生转让的效力；记名股票或公司债券的转让，则要采取由持券人以背书方式或者法律、行政法规规定的其他方式转让。

无纸化证券交易是指非实物证券的交易方式。所谓无纸化证券，是指证券外观不再采取纸质的实物表现形式，而代之以电子为记载证券权利的形式。与纸面证券相比，它没有对证券权利这一实质性内容有任何改变，只是对证券权利的记载方式有了改变。由于无纸化证券不以实物形式表现出来，因此其交易方式和认定证券交付上①与纸面证券有了较大差异。

（六）一般交易和回购交易

这是根据证券出卖后是否购回来作出的划分。一般交易是指符合证券交易一般特征的交易形式，现实中多数证券交易都属于这种类型。回购交易是指证券出卖（包括发行或出质）后，根据约定在一定时间以一定的价格将原证券（也可以是与原证券同种类同数量的证券）购回的交易。回购交易是一种具有特殊功能的证券交易，往往是当事人为实现某种特定目的而采取的交易方式。现实中的回购交易或是作为一种融资的手段（如质押式回购交易），或是作为防御和减少证券投资风险的手段（如证券投资基金的回赎和回售），或是作为一种经营手段（如上市公司股份回购）。

四、证券交易的场所

证券交易场所是已发行证券进行流通转让的市场，主要由证券交易所市场（场内交易）和其他交易市场（场外交易）组成。我国《证券法》第37条规定："公开发行的证券，应当在依法设立的证券交易所上市交易或者在国务院批准的其他全国性证券交易

---

① 详见本章第七节关于证券交付的讨论。

场所交易。非公开发行的证券,可以在证券交易所、国务院批准的其他全国性证券交易场所、按照国务院规定设立的区域性股权市场转让。”

(一)证券交易所市场

证券交易所市场,是指由证券交易所来组织的以集中交易为主的证券市场。按照沪、深两家证券交易所的《交易规则》的规定,证券交易所为证券交易提供交易场所及设施。交易场所及设施由交易主机、交易大厅、参与者交易业务单元、报盘系统及相关的通信系统等组成。交易所会员可以通过其派驻交易大厅的交易员进行申报。除经交易所特许外,进入交易大厅的,仅限登记在册交易员和场内监管人员。

在电子网络技术没有引入之前,证券交易所是局限于交易大厅所在地的地理位置的概念,证券交易在交易大厅进行,投资者无法进入证券交易所,只能委托具有证券交易所会员资格并有交易席位的券商来进行交易。随着计算机和网络通信技术的广泛运用,证券交易发生了巨大变化,通过证券交易所的报盘系统及相关的通信系统,证券交易所的空间从原来的交易大厅延伸至交易主机连接的电子交易网络所能达到的位置。尽管投资者仍然要通过委托券商才能进行交易,但交易手段已完全不同于早期的证券交易所进行的交易,随着智能手机的出现,投资者可以在全球任何一处能够上网的地方通过智能手机就完成委托和交易的全部过程。当今的证券交易所是一个电子网络化的证券市场,其信息收集、处理和传递能力,远远超过了人工环境下能够达到的交易能力,极大地提高了交易效率。我国证券交易所是20世纪90年代才建立的,从建立伊始就利用了最新的电子技术,在交易手段上完全与国际先进水平同步。

(二)其他交易市场

其他交易市场,是指在证券交易所以外进行证券交易的市场。目前,我国《证券法》和有关法规认可的其他交易市场主要有全国中小企业股份转让系统(“新三板”),各省、自治区、直辖市和计划单列市建立的区域性股权市场,银行间债券市场和商业银行柜台交易市场。这些市场在交易手段上同样也利用了先进的电子技术。

1. 全国中小企业股份转让系统(“新三板”)。“新三板”是主要为创新型、创业型、成长型中小微企业发展服务的证券市场,具有股份转让和证券融资等复合功能。境内符合条件的股份有限公司均可通过主办券商申请在该系统挂牌,公开转让股份,进行股权融资、债权融资、资产重组等。挂牌公司依法纳入非上市公众公司监管,股东人数可以超过200人,接受中国证监会的统一监督管理。

2. 区域性股权市场。区域性股权市场是主要服务于所在省级行政区域内中小微企业的证券市场,国家对区域性股权市场的定位是“私募股权市场”,具体为“非公开发行、转让中小微企业股票、可转换为股票的公司债券和国务院有关部门认可的其他证券”。

3. 银行间债券市场是以我国的商业银行和政策性银行为主要成员,进行国债和金融债券发行、交易和银行间融通资金的场所。该市场成立于1997年6月,不对普通居民开放。可以在全国银行间债券市场交易的债券为政府债券、金融债券和中央银行债券等记账式债券,可以进入全国银行间债券市场进行债券交易的机构包括在中国境内具有法人资格的商业银行及其授权分行;在中国境内具有法人资格的非银行金融机构和非金融机构;经中国人民银行批准经营人民币业务的外国银行分行;经中国人民银行批准的其他金融机构。债券交易方式包括债券买卖和债券回购两种。

4. 商业银行柜台交易市场是指通过商业银行柜台进行证券交易的市场。目前,我国商业银行柜台交易市场主要是为投资者提供记账式国债的交易。这种交易是由商业银行通过其营业网点与投资人进行国债买卖并办理托管与结算。在实践中除金融机构外,凡持有有效身份证件的个人以及企业或事业社团法人,均可在商业银行柜台开立国债托管账户并进行国债买卖。

五、证券交易的限制

证券交易作为一种特殊的合同行为,也是一种风险投资行为,不仅涉及交易双方当事人,而且涉及相关主体的行为和利益。为了保证证券交易的公开、公平、公正,减少和避免证券交易风险引起的利益损失和社会动荡,各国法律都有关于证券交易限制性的规定。我国也不例外。从我国《证券法》《公司法》和有关法律法规来看,除前述《证券法》第35条关于证券交易标的的限制外,其他关于证券交易的限制还主要包括以下几方面。

(一)投资者准入限制

投资者准入限制属于投资者适当性管理制度的内容,法律法规要求符合一定条件的投资者才能进入证券交易所的特定板块从事证券买卖。从现行规定来看,沪、深两家证券交易所的创业板和科创板对投资者有相应的准入限制。

1. 创业板投资者准入限制。根据《深圳证券交易所创业板市场投资者适当性管理实施办法》的规定,具有2年以上(含2年)股票交易经验的自然人投资者可以申请开通创业板市场交易。交易经验的起算时点为投资者本人名下账户在深圳、上海证券交易所发生首笔股票交易之日。如果未具备2年交易经验的投资者申请参与创业板交易,需与证券公司现场签署《创业板市场投资风险揭示书》,同时还应就其自愿承担市场风险抄录"特别声明",文件签署5个交易日后,证券公司可为客户开通创业板市场交易。

2. 科创板投资者准入限制。根据《上海证券交易所科创板股票交易特别规定》,个人投资者参与科创板股票交易,应当符合的条件包括:(1)申请权限开通前20个交易日证券账户及资金账户内的资产日均不低于50万元人民币(不包括该投资者通过融资融券融入的资金和证券);(2)参与证券交易24个月以上。

(二)特定主体买卖证券的限制

这里的特定主体包括证券交易主体和为证券交易提供服务的其他主体。法律法规对一些机构或人员持有证券和买卖证券作出相应的限制。

1. 对证券交易负有监管职责的人员。从我国《证券法》规定来看，证券监督管理机构的工作人员负有依法行使政府监管权力的职责；证券交易场所、证券公司和证券登记结算机构的从业人员负有实施自律监管的职责，都具有证券市场监管者的地位和职能，在作为证券市场“裁判员”时，不能同时作为“运动员”直接参与竞赛，或者说他们在行使监管职权时，就不能参与证券交易。否则就会导致证券市场的不公。因此，我国《证券法》第40条规定，证券交易场所、证券公司和证券登记结算机构的从业人员、证券监督管理机构的工作人员以及法律、行政法规禁止参与股票交易的其他人员，在任期或者法定限期内，不得直接或者以化名、借他人名义持有、买卖股票或者其他具有股权性质的证券，也不得收受他人赠送的股票或者其他具有股权性质的证券。任何人在成为前述所列人员时，其原已持有的股票或者其他具有股权性质的证券，必须依法转让。这里规定的“其他具有股权性质的证券”包括可转换公司债券。

需要说明的是，我国《证券法》第40条第3款是对实施股权激励计划或者员工持股计划的证券公司从业人员的豁免内容，规定这类人员“可以按照国务院证券监督管理机构的规定持有、卖出本公司股票或者其他具有股权性质的证券”。

2. 为证券交易提供服务的中介机构和人员。为证券交易提供服务的中介机构和人员属于证券交易内幕信息的知情人员，为避免其利用服务机会获取的工作信息来从事证券交易，从而有损证券市场的公平，为维护交易安全和稳定的市场秩序，法律有必要限制这些中介机构及其人员从事与专业服务相关的股票买卖。因此，我国《证券法》第42条规定，为证券发行出具审计报告或者法律意见书等文件的证券服务机构和人员，在该证券承销期内和期满后6个月内，不得买卖该种证券。此外，为发行人及其控股股东、实际控制人，或者收购人、重大资产交易方出具审计报告或者法律意见书等文件的证券服务机构和人员，自接受委托之日起至上述文件公开后5日内，不得买卖该证券。实际开展上述有关工作之日早于接受委托之日的，自实际开展上述有关工作之日起至上述文件公开后5日内，不得买卖该证券。

3. 国有股股东。国有股股东在抽象意义上是指国家，但国家除特殊情况外，一般不会以民事主体的身份来作为股东。根据我国《企业国有资产法》的有关规定，国务院和地方人民政府依照法律、行政法规的规定，分别代表国家对国家出资企业履行出资人职责，享有出资人权益。国务院和地方人民政府分别设立国有资产监督管理机构（国资委），并根据本级政府授权来履行出资人职责，国务院和地方人民政府根据需要也可以授权其他部门和机构代表本级人民政府对国家出资企业履行出资人职责。代表本级人民政府履行出资人职责的机构和部门，统称为履行出资人职责的机构。在这个意义上，履行出资人职责的机构是现实经济生活中具体的国有股股东。

法律法规对于国有股股东参与证券交易的限制主要是针对国有股份转让的情况。由于国有股份的转让关系国家资产的保值和增值，关系整个国民经济的发展，因此，我国《企业国有资产法》对国有股权转让作出了较一般股权转让更严格的限制性规定。

如该法第53条规定,国有资产转让由履行出资人职责的机构决定。履行出资人职责的机构决定转让全部国有资产的,或者转让部分国有资产致使国家对该企业不再具有控股地位的,应当报请本级人民政府批准。该法第55条规定,国有资产转让应当以依法评估的、经履行出资人职责的机构认可或者由履行出资人职责的机构报经本级人民政府核准的价格为依据,合理确定最低转让价格。该法第57条规定,国有资产向境外投资者转让的,应当遵守国家有关规定,不得危害国家安全和社会公共利益。

我国《证券法》第60条关于"国有独资企业、国有独资公司、国有资本控股公司买卖上市交易的股票,必须遵守国家有关规定"的内容,也体现了法律对国有股股票交易的限制。

4. 公司自己。按照我国《公司法》的规定,除特殊情况外,股份有限公司不得持有本公司的股票。否则,就可能违反资本充实原则的公司运行机理,侵害股东利益,影响股票市场的交易。我国《公司法》第142条对此的限制性规定主要包括以下方面。

(1)公司除减少公司注册资本,与持有本公司股份的其他公司合并,将股份用于员工持股计划或者股权激励,股东对于股东会或者股东大会作出的公司合并、分立决议持异议并要求公司收购其股份,将股份用于转换上市公司发行的可转换为股票的公司债券,上市公司为维护公司价值及股东权益所必需的法定情况外,不得收购本公司股份。

(2)公司不得接受本公司的股票作为质押权的标的。这是指公司债务人向公司提供担保的情况。这里的公司债务人既可能是股东,也可能是第三人;但担保人却一定为公司股东。公司股东以自己持有的公司股权为自己与公司的债务或第三人与公司的债务提供担保,一旦担保结果发生,公司以自己股票受偿无异于是持有自己的股票,因此,法律是不允许的。

(三)特定证券转让期限的限制

我国《证券法》第36条规定:"依法发行的证券,《中华人民共和国公司法》和其他法律对其转让期限有限制性规定的,在限定的期限内不得转让。"这是法律对特定证券转让期限的明确规定,具体包括以下方面。

1. 对发起人持有股票转让期限的限制。由于发起人与公司的特殊利益关系,为了防止其以设立公司为名谋取私利,而在此后出卖股票逃避责任,法律对其持有股票的转让规定了必要的限制。我国《公司法》第141条第1款规定,发起人持有的本公司股份,自公司成立之日起1年内不得转让。这里所指"持有的本公司股份",既包括发起人在设立时认购的公司股份,也包括发起人在公司成立后未满1年期间内受让持有的其他人的股份。但后者转让所受限制的时间不是自受让之日起计算,而是自公司成立之日起计算满1年,如果在公司成立1年后受让持有他人的股份则不应受此规定的限制。

2. 对公司负责人持有股票转让期限的限制。公司负责人包括公司的董事、监事和高级管理人员。公司负责人在公司所处地位决定了其与公司有比一般职工更密切的利害关系。我国《公司法》第141条第2款规定:"公司董事、监事、高级管理人员应当向公司申报所持有的本公司的股份及其变动情况,在任职期间每年转让的股份不得超过其所持有本公司股份总数的百分之二十五;所持本公司股份自公司股票上市交易之日起一年内不得转让。上述人员离职后半年内,不得转让其所持有的本公司股份。公司章程可以对公司董事、监事、高级管理人员转让其所持有的本公司股份作出其他限制性规定。”由此可见,我国《公司法》不仅对公司负责人在任职期间转让持有本公司股份有所限制,同时还规定了离职后的限制,并且还允许公司章程可以作出其他限制性规定。

3. 对公司公开发行股票前已发行股票转让期限的限制。我国《公司法》第 141 条第 1 款规定:“公司公开发行股份前已发行的股份,自公司股票在证券交易所上市交易之日起一年内不得转让。”对此,我国《证券法》第 36 条也有类似规定,要求“持有发行人首次公开发行前发行的股份或者上市公司向特定对象发行的股份的股东”转让其股份不得违反法律、行政法规和中国证监会的有关规定。如果计划通过集中竞价交易转让股份的,应当在 15 个交易日前通知上市公司并予公告。

4. 上市公司大股东、实际控制人和董监高持有股票减持的限制。按照我国《证券法》第 36 条第 2 款的规定,上市公司持股 5% 以上的股东、实际控制人、董事、监事、高级管理人员转让其持有的本公司股份的,不得违反法律、行政法规和国务院证券监督管理机构关于持有期限、卖出时间、卖出数量、卖出方式、信息披露等规定。并应当遵守证券交易所的业务规则。中国证监会 2017 年 5 月发布的《上市公司股东、董监高减持股份的若干规定》对此有一些具体的规定。

(1)大股东(控股股东和持股 5% 以上的股东)不得减持的情形:第一,上市公司或者大股东因涉嫌证券期货违法犯罪,在被中国证监会立案调查或者被司法机关立案侦查期间,以及在行政处罚决定、刑事判决作出之后未满 6 个月的;第二,大股东因违反证券交易所规则,被证券交易所公开谴责未满 3 个月的。

(2)大股东在 3 个月内通过证券交易所集中竞价交易减持股份的总数,不得超过公司股份总数的 1% 。

(3)董监高不得减持股份的情形:第一,董监高因涉嫌证券期货违法犯罪,在被中国证监会立案调查或者被司法机关立案侦查期间,以及在行政处罚决定、刑事判决作出之后未满 6 个月的;第二,董监高因违反证券交易所规则,被证券交易所公开谴责未满 3 个月的。

5. 对公众公司相关人员持有股票“短线交易”的限制。根据我国《证券法》第 44 条第 1 款的规定,这里的公众公司包括了上市公司和“新三板”挂牌交易的公司;这里的相关人员是指公众公司“持有百分之五以上股份的股东、董事、监事、高级管理人员”;这里的短线交易是指“将其持有的该公司的股票或者其他具有股权性质的证券在买入后六个月内卖出,或者在卖出后六个月内又买入”的情形。如果出现该款规定的短线交易行为,公司依法可以行使归入权,即“由此所得收益归该公司所有,公司董事会应当收回其所得收益。但是,证券公司因购入包销售后剩余股票而持有百分之五以上股份以及国务院证券监督管理机构规定的其他情形除外”。

我国《证券法》第 44 条共有 4 款规定,除前述第 1 款规定了短线交易行为和归入权制度外,后面 3 款还较具体的规定了适用范围、股东代表诉讼和连带责任的内容。该条第 2 款规定:“前款所称董事、监事、高级管理人员、自然人股东持有的股票或者其他具有股权性质的证券,包括其配偶、父母、子女持有的及利用他人账户持有的股票或者其他具有股权性质的证券。”该条第 3 款规定:“公司董事会不按照第一款规定执行的,股东有权要求董事会在三十日内执行。公司董事会未在上述期限内执行的,股东有权为了公司的利益以自己的名义直接向人民法院提起诉讼。”该条第 4 款规定:“公司董事会不按照第一款的规定执行的,负有责任的董事依法承担连带责任。”

第二节　证券集中交易

如同本章第一节所述,证券集中交易是指证券通过集中竞价方式来实现成交的方式。所谓集中竞价,是指交易价格是通过众多的买方和卖方的竞争而形成的。在集中竞价的环境下,证券交易按照“时间优先”和“价格优先”的原则来实现成交。从我国《证券法》第 38 条关于“证券在证券交易所上市交易,应当采用公开的集中交易方式或者国务院证券监督管理机构批准的其他方式”的规定来看,集中交易是证券交易所采取的最典型也是最主要的证券交易方式。沪、深两家证券交易所制订的《交易规则》都对集中交易有较详细的规定。集中交易作为交易方式,可以运用于场内交易和场外交易两种场所。本节主要讨论证券交易所的集中交易。场外交易市场中的集中交易,其遵循的基本原理和交易规则应当与证券交易所的相关内容是相通和大致相同的。证券交易所的集中交易包括以下的主要环节和程序。

一、开立证券交易账户

开立证券交易账户简称“开户”,这是证券交易的第一道必经环节。我国《证券法》第 105 条规定,进入证券交易所参与集中交易的,必须是证券交易所的会员。证券交易所不得允许非会员直接参与股票的集中交易。《证券交易所管理办法》第 46 条又规定,我国证券交易所接纳的会员应当是有权部门批准设立并具有法人地位的境内证券经营机构,境外证券经营机构设立的驻华代表处,经申请可以成为证券交易所的特别会员。根据这些规定,投资者要参与证券交易所的集中交易,必须通过具有会员资格的证券公司来进行。而投资者在证券公司开立证券交易账户,既是与证券公司建立委托关系的必要环节和程序,同时也是进入证券交易所进行证券交易的前提和必要步骤。按照我国《证券法》第 106 条的规定,投资者要进行证券交易,应当与证券公司签订证券交易委托协议,并在证券公司实名开立账户。我国本次修订的《证券法》还专门增加一条相关内容,即第 107 条规定:“证券公司为投资者开立账户,应当按照规定对投资者提供的身份信息进行核对。证券公司不得将投资者的账户提供给他人使用。投资者应当使用实名开立的账户进行交易。”

证券交易账户包括证券账户和资金账户。按照沪、深两家证券交易所的《交易规则》规定,投资者买卖证券,应当开立证券账户和资金账户。证券账户是指用于记录投资者持有证券的余额及其变动情况的账户,相当于投资者的证券存折,载有投资者所持有的证券种类和数量。投资者开立证券账户应当向证券交易所指定的证券登记结算机构提出申请,证券登记结算机构可以直接为投资者开立证券账户,也可以委托证券公司代为办理。2001 年年初以前,投资者开设证券交易账户还受到国籍和身份的限制,如中华人民共和国境内公民与法人不得开立 B 股股票交易账户,境外投资者也不得开立 A 股股票交易账户。2001 年 2 月境内居民可以使用合法外汇进行 B 股股票买卖;2002 年 11 月合格境外机构投资者可以依法买卖 A 股股票;2013 年 3 月在境内工作和生活的我国港、澳、台地区居民可开立 A 股账户,参与 A 股交易;2018 年 8 月外国战略投资者、取得我国永久居留身份证的外国人、境内工作的外国人和在境外工作的境内上市公司的外籍员工可开立 A 股账户,参与 A 股投资交易。由此观之,我国目前对境内投资者和境外投资者开设证券交易账户的管制越来越宽松。

资金账户是指用于存放投资者证券交易保证金和交易结算资金的账户,投资人买入证券所需的资金和卖出证券取得的价款都应当存放于该账户。投资者在开立证券账户的同时,可选择一家具有证券经纪业务资格的证券公司申请开立资金账户,领取资金账户卡,在存入足够买入股票的保证金,投资者就可进行委托买卖交易。

开立证券交易账户应当遵守实名制原则,即开户申请人在开立证券交易账户时,须持本人有效身份证件向证券登记公司和证券公司提出申请;经证券登记公司和证券公司审核后,才予以开立账户。

须注意的是,投资者申请开户,必须满足合法性原则和真实性原则。所谓合法性原则,是指只有国家法律允许进行证券交易的自然人和法人才能到指定机构开立证券账户,对国家法律不准开户的对象,如证券交易场所、证券公司和证券登记结算机构的从业人员、证券监督管理机构的工作人员、因违反相关法规被停止证券交易资格而期限未满者等,证券登记结算公司或其代理机构即不得予以开户,以维护证券市场的“公开、公平、公正”原则,保护每一个投资者的利益。所谓真实性原则,投资者开立证券账户时提供的资料必须真实有效,不得有虚假隐匿的行为。证券登记结算公司对符合条件的申请人,为其开立证券账户。

投资者开立证券交易账户是与证券公司建立起委托关系的第一步,也是二者委托关系成立的前提。这里之所以说它是委托关系成立的前提而不等于委托关系已经成立,是因为结合我国《证券法》和沪、深两家证券交易所的《交易规则》的有关规定,委托关系的成立以委托协议的生效为标志,而开立证券交易账户并不等于委托协议的订立和生效,二者是两个既有联系又有区别的相对独立的行为。开立证券交易账户所以应当视为投资者与证券公司委托关系成立的前提，是因为如果没有开立证券交易账户这一行为，委托协议就可能难以订立。从实践情况来看，开立证券交易账户与订立委托协议既可能是同时进行，也可能是先后连贯进行。在这个意义上，二者尽管是两个相对独立的行为，但又是两个互为条件、密不可分的行为。投资者与证券公司签订证券交易委托协议后，投资者即成为证券公司经纪业务的客户。

根据我国《证券法》第41条的规定，"证券交易场所、证券公司、证券登记结算机构、证券服务机构及其工作人员应当依法为投资者的信息保密，不得非法买卖、提供或者公开投资者的信息。证券交易场所、证券公司、证券登记结算机构、证券服务机构及其工作人员不得泄露所知悉的商业秘密"。

二、委托

（一）委托的含义

委托，是指投资者向证券公司进行具体授权买卖证券的行为。从合同角度来看，委托也是投资者与证券公司建立合同关系的行为。按照沪、深两家证券交易所的《交易规则》，委托具有两种含义：一是固定委托，即投资者通过签订委托协议并开立证券交易账户来与证券公司建立相对长期而固定的委托关系，确定由某一具体的证券公司作为自己买卖证券的受托人，通过其参与证券交易所的证券买卖。二是指令委托，又可称临时委托，即投资者就每笔证券交易向证券公司发出买卖指令，由证券公司具体执行其指令在证券交易所进行证券买卖操作。由此可见，固定委托与指令委托的关系是：前者是后者的基础，后者是前者的具体化，或者说，前者构建的是基础合同关系，后者构建的是具体合同关系。投资者只有在与证券公司确定和建立固定委托关系后，才能就具体的每笔证券买卖向证券公司下达指令，证券公司也才可能接受指令进行具体的买卖操作。需要说明的是，固定委托作为一种委托合同关系，其"固定"和"长期"都是相对于指令委托的"临时"来说的，具体期限应当由投资者和证券公司通过合同协商确定。沪、深两家证券交易所的《交易规则》都规定，投资者买卖证券，应当与本所会员签订证券交易委托协议。

（二）指定交易（指定委托）

指定交易是上海证券交易所在固定委托基础上形成的一项特有的委托制度，其具体内容为：投资者在上海证券交易所从事证券买卖，必须指定某证券公司为自己买卖证券的唯一受托人。[①] 投资者要与该证券公司签订指定交易协议，明确双方的权利、义务和责任。指定交易协议规定投资者只能在指定的证券公司办理有关的委托交易，开立证券交易账户，而不能再到其他证券公司办理在上海证券交易所进行证券买卖的委托

---

① 《上海证券交易所交易规则》在第三章"证券交易"中有"指定交易"的专节内容，其中规定："本所市场证券交易实行全面指定交易制度"，"全面指定交易是指参与本所市场证券买卖的投资者必须事先指定一家会员作为其买卖证券的受托人，通过该会员参与本所市场证券买卖。"

和开立相关的证券交易账户。若不办理指定交易，上海证券交易所的电脑交易系统将自动拒绝其发出的交易申报指令。由此可见，指定交易实际上就是指定委托。上海证券交易所在没有实行这一委托制度前，投资者可在多家证券公司开立不同的资金账户，形成"一个证券账户、多个资金账户"状况。投资者可在一家或多家证券公司买进证券，并通过其他证券公司卖出证券，从而形成透支风险。为了减少证券交易风险，上海证券交易所从1998年4月实行全面指定交易制度。当然，指定交易并不等于委托一家证券公司后就不可撤销，交易所允许投资者变更指定交易的证券公司，只是在撤销指定交易委托时需要履行相应的程序。根据《上海证券交易所交易规则》关于指定交易的规定，投资者变更指定交易的，应当向已指定的证券公司提出撤销申请，由该证券公司向证券交易所申报撤销指令。对于符合撤销指定条件的，证券公司不得限制、阻挠或拖延其办理撤销指定手续。指定交易撤销后即可重新申办指定交易。

值得指出的是，目前《深圳证券交易所交易规则》没有规定指定交易制度，另外，《上海证券交易所交易规则》规定，境外投资者在该所从事B股交易也不实行指定交易，因此，指定交易并非所有证券交易所都采取的委托方式。

（三）指令委托

如前所述，指令委托作为投资者与证券公司构成的具体委托合同关系，其委托不是通过签订书面协议而是通过指令来完成的，当投资者决定买卖单笔证券时向证券公司下达指令，证券公司根据固定委托协议的约定来执行指令进行证券买卖。

1. 指令的形式。按照我国《证券法》第106条的规定，指令包括了"书面、电话、自助终端、网络等方式"。传统的指令方式是柜台委托，又称为柜台递单委托，是指投资者到证券公司营业柜台填写书面委托，委托证券商代理买卖证券；后来逐渐发展到电话委托、电脑触摸屏委托、互联网委托等自助委托方式。随着智能手机的出现，采用智能手机作为自助终端来发送委托指令得到广泛应用。委托指令发出后必须在规定时间内实施方为有效，而且只有当日有效。如果证券公司不按照固定委托协议的约定执行指令，导致投资者指令发出后失效，就得承担包括违约责任在内的民事违约责任。

2. 指令的内容，沪、深两家证券交易所的《交易规则》规定为：证券账户号码、证券代码、买卖方向、委托数量、委托价格、本所及会员要求的其他内容。由此可见，指令的内容包括委托合同的主要条款。

3. 集中交易的价格指令委托方式。由于证券交易所证券集中交易的价格是通过竞争形成的，投资者和证券公司都无法事前准确知道，因此在证券价格的指令委托上还可以采取给予受托人一定操作空间的限价委托或市价委托两种方式。

所谓限价委托是指投资者委托证券公司按其限定的价格买卖证券，证券公司必须按限定的价格或低于限定的价格申报买入证券，按限定的价格或高于限定的价格申报卖出证券。限价委托方式的优点是，证券买卖可以按照投资者希望的价格，甚至比预期的价格更有利的价格成交，有利于投资者实现预期投资计划，谋取最大利益。与市价委托相比,限价委托的不足在于:证券公司必须等待市价与限价一致时才有可能成交,而此时若有市价委托出现,市价委托又优先成交,因此限价委托成交速度较慢。

所谓市价委托,是指投资者委托证券公司按市场价格买卖证券。市价委托由于采用随行就市的方式,可以保证申报及时成交,有利于提高市场效率;同时,交易所在限价委托的基础上提供市价委托方式,丰富了投资者的交易手段,可以满足不同投资者日益多样化的交易需求。其缺点是,客户无法控制成交价格,最终成交价格将由市场确定,存在不确定性。因此,在市价委托方式中,投资者应当充分关注价格波动风险,尽量避免不必要的损失。

投资者的委托如果未能全部成交的,证券公司在委托有效期内应该继续执行委托指令,直至有效期结束。在委托成交前,投资者可以撤销委托,在委托部分成交时,投资者可以撤销委托的未成交部分。被撤销和失效的委托,证券公司应当在确认后及时向投资者返还相应的资金或证券。从指令委托的环节和过程来看,投资者将交易指令报送于证券公司,证券公司通过其交易系统将委托人的交易指令输入(或直接接入)到自己的计算机终端,然后通过终端将交易指令统一输送到证券交易所的计算机主机,由其撮合成交,成交后再由各证券公司代理委托人办理清算交收和过户手续。如果指令委托通过智能手机作为自助终端和网络来进行,从指令发出到证券成交完全可以在瞬间完成。

三、申报与竞价

(一)申报

1. 申报的含义。申报是指受托证券公司向证券交易所交易主机发送证券买卖指令的行为。会员证券公司接受客户的委托后,应该按照客户委托的先后顺序及时向交易所申报。但是,交易所接受客户申报也有时间限制。例如,沪、深两家证券交易所接受会员竞价交易申报的时间为每个交易日 9:15 ~ 9:25、9:30 ~ 11:30、13:00 ~ 15:00。须注意的是,接受会员申报的时间,属于交易所意思自治的范畴,交易所可以在必要时调整接受会员申报的时间。

2. 有形席位申报与无形席位申报。会员公司的申报可以采用两种不同渠道:一是通过有形席位申报,二是通过无形席位申报。所谓通过有形席位申报,是指会员公司接受投资者的委托,将投资者委托指令的具体内容告知其派驻在证券交易所交易大厅内的交易员(红马甲),交易员再通过交易大厅内该会员公司的有形席位进行申报。所谓通过无形席位申报,是指会员公司接受投资者的委托,不通过交易大厅内的席位报盘,而是通过会员公司的报盘系统直接将投资者的委托指令报入证券交易所交易主机内的申报。通过无形席位的申报方式,在申报速度、申报覆盖面等方面具有优势,是目前采取的主要形式。

3. 限价申报和市价申报。与委托的两种方式相对应,交易所接受会员申报的方式也分为限价申报和市价申报。根据沪、深两家证券交易所的《交易规则》,限价申报和市价申报的原理类同于前述的限价委托和市价委托。市价申报只适用于有价格涨跌幅限制证券连续竞价期间的交易,在其他交易时间,交易主机不接受市价申报。市价申报又可分为多种不同的方式。深圳交易所接受下列方式的市价申报:

(1)对手方最优价格申报,即以申报进入交易主机时集中申报簿中对手方队列的最优价格为其申报价格。

(2)本方最优价格申报,即以申报进入交易主机时集中申报簿中本方队列的最优价格为其申报价格。

(3)最优5档即时成交剩余撤销申报,即以对手方价格为成交价格,与申报进入交易主机时集中申报簿中对手方最优5个价位的申报队列依次成交,未成交部分自动撤销。

(4)即时成交剩余撤销申报,即以对手方价格为成交价格,与申报进入交易主机时集中申报簿中对手方所有申报队列依次成交,未成交部分自动撤销。

(5)全额成交或撤销申报,即以对手方价格为成交价格,如与申报进入交易主机时集中申报簿中对手方所有申报队列依次成交能够使其完全成交的,则依次成交,否则申报全部自动撤销。

(6)交易所规定的其他类型。

上海证券交易所接受下列方式的市价申报:

(1)最优5档即时成交剩余撤销申报。

(2)最优5档即时成交剩余转限价申报,即该申报在对手方实时5个最优价位内以对手方价格为成交价逐次成交,剩余未成交部分按本方申报最新成交价转为限价申报;如该申报无成交的,按本方最优报价转为限价申报;如无本方申报的,该申报撤销。

(3)交易所规定的其他方式。

《上海证券交易所科创板股票交易特别规定》规定,科创板在前述市价申报方式的基础上还增加两种方式:第一,本方最优价格申报,即该申报以其进入交易主机时,集中申报簿中本方最优报价为其申报价格;第二,对手方最优价格申报,即该申报以其进入交易主机时,集中申报簿中对手方最优报价为其申报价格。

须注意的是,申报当日有效,每笔参与竞价交易的申报不能一次全部成交时,未成交的部分继续参加当日竞价,交易所另有规定的除外。申报指令在未成交前,原则上可以撤销,撤销指令经交易所交易主机确认后发生法律效力。但是,上海证券交易所在开盘集合竞价阶段,深圳证券交易所在开盘、收盘集合竞价阶段,交易主机不接受撤单申请。

4. 申报指令的内容。限价申报指令应当包括证券账号、营业部代码、证券代码、买卖方向、数量、价格等内容。市价申报指令应当包括申报类型、证券账号、营业部代码、证券代码、买卖方向、数量等内容。

5. 申报的数量。按照《上海证券交易所交易规则》的规定,对于不同的证券品种有不同的要求。

(1)通过竞价交易买入股票、基金、权证的,申报数量应当为100股(份)或其整数倍;卖出股票、基金、权证时,余额不足100股(份)的部分,应当一次性申报卖出;股票、基金、权证交易单笔申报最大数量应当不超过100万股(份),但根据市场需要,证券交易所也可以调整证券的单笔申报最大数量。

(2)债券交易和债券买断式回购交易以1000元人民币面值债券为1手,债券质押式回购交易以1000元人民币标准券为1手。竞价交易中,债券交易的申报数量应当为1手或其整数倍;债券质押式回购交易的申报数量应当为100手或其整数倍,债券买断式回购交易的申报数量应当为1000手或其整数倍;债券交易和债券质押式回购交易单笔申报最大数量应当不超过10万手,债券买断式回购交易单笔申报最大数量应当不超过5万手。①

证券交易所可以根据市场需要调整证券的单笔申报最大数量。

6. 申报计价单位。按照《上海证券交易所交易规则》的规定,申报计价单位有如下内容。

(1)计价单位。不同证券的交易采用不同的计价单位。股票为“每股价格”,基金为“每份基金价格”,权证为“每份权证价格”,债券为“每百元面值债券的价格”,债券质押式回购为“每百元资金到期年收益”,债券买断式回购为“每百元面值债券的到期购回价格”。

(2)申报价格变动单位。A股、债券交易和债券买断式回购交易的申报价格最小变动单位为0.01元人民币,基金、权证交易为0.001元人民币,B股交易为0.001美元,债券质押式回购交易为0.005元人民币。

(3)根据市场需要,证券交易所可以调整各类证券单笔买卖的申报价格的最小变动单位。

7. 证券价格的涨跌幅限制。证券价格涨跌幅限制是指某种证券在当日任何时点的成交价不得超过前一交易日收盘价的一定幅度,委托申报价超过该幅度的为无效委托申报。实行证券价格涨跌幅限制的目的,是防止证券价格剧烈波动、维护证券市场的稳定、保护中小投资者的利益。按照沪、深两家证券交易所《交易规则》的规定,目前实行价格涨跌幅限制的证券品种为股票和基金份额。具体限制为:股票和基金份额的涨跌幅比例均为10%,其中ST和*ST股票价格涨跌幅比例为5%。根据《上海证券交易所科创板股票交易特别规定》第18条的规定,科创板股票竞价交易实行价格涨跌幅限制,

---

① 《深圳证券交易所交易规则》关于申报数量的规定与上交所的不同点在于:第一,申报的证券品种中不包括权证;第二,申报债券的计量单位为“张”,债券以100元人民币面额为1张,债券质押式回购以100元标准券为1张;第三,通过竞价交易买入债券以10张或其整数倍进行申报,买入、卖出债券质押式回购以10张或其整数倍进行申报;第四,卖出债券时,余额不足10张部分,应当一次性申报卖出。

涨跌幅比例为20%。

《上海证券交易所交易规则》规定首个交易日无价格涨跌幅限制的情形是:

(1)首次公开发行上市的股票和封闭式基金;

(2)增发上市的股票;

(3)暂停上市后恢复上市的股票;

(4)退市后重新上市的股票;

(5)本所认定的其他情形。这里的其他情形有:《上海证券交易所试点创新企业股票或存托凭证上市交易实施办法》第37条规定,红筹公司存托凭证上市首日不实行价格涨跌幅限制;《上海证券交易所科创板股票交易特别规定》第18条第2款规定,科创板首次公开发行上市的股票,上市后的前5个交易日不设价格涨跌幅限制。

值得说明的是,一些人将证券价格涨跌幅限制误称为证券涨跌停板制度,实际上证券价格涨跌幅限制是一种委托申报价格的限制,在证券价格达到涨幅限制时,并不停止交易,只是超过此限制幅度的委托申报为无效申报;而证券涨跌停板是指证券价格达到涨跌限制时,就立即暂停交易。《上海证券交易所交易规则》第3.4.14条就明确规定:"买卖有价格涨跌幅限制的证券,在价格涨跌幅限制以内的申报为有效申报,超过涨跌幅限制的申报为无效申报。"

(二)竞价

竞价即通过多数证券买卖当事人的竞争来形成证券交易价格。投资者交易指令由证券公司按照时间序号输入证券交易所计算机主机后,通过证券交易所场内竞价方式撮合成交。竞价是证券交易的核心环节,集中交易就是通过集中竞价来进行的证券买卖。集中竞价包括集合竞价和连续竞价两种形式。根据沪、深两家证券交易所的《交易规则》,证券交易的竞价环节涉及的主要问题有以下3方面。

1.集合竞价。集合竞价是指在规定时间内接受的买卖申报一次性集中撮合的竞价方式,包括开盘集合竞价和收盘集合竞价。[①] 按照《上海证券交易所交易规则》的规定,包括股票在内的证券的开盘价通过集合竞价方式产生,开盘价为当日该证券的第一笔成交价格;股票的收盘价也要通过集合竞价的方式产生。集合竞价的具体内容为:每个交易日的上午9:15~9:25为开盘申报时间,证券交易所主机在开盘申报时间内只接受证券公司发出的买卖申报而不成交;9:20~9:25为开盘集合竞价阶段,14:57~15:00为收盘集合竞价时间;在集合竞价阶段,交易主机不接受撤单申报;在正式开市或收盘前一瞬间,证券交易所主机将所有买卖盘价格和数量进行处理,以产生该证券的开盘价或收盘价。

2.连续竞价。按照《上海证券交易所交易规则》的规定,连续竞价是指对买卖申报逐笔连续撮合的竞价方式。在集合竞价结束后,证券交易所开始当日的正式交易,证券

---

① 《上海证券交易所交易规则》2018年8月修订后新增收盘集合竞价方式,只适用于股票交易。

交易所的交易系统将在当日交易时间内,即9:30~11:30,13:00~14:57,按照价格优先和时间优先的撮合成交原则确定每笔证券交易的具体价格。集合竞价未成交的买卖申报,自动进入连续竞价。依此规则,每一时点的证券买进申报如高于或等于证券卖出申报时,即按价格顺序撮合成交;在每一同等成交价格点上,如买卖申报有时间差异,则按时间顺序使先申报者成交。凡不能成交者,将等待机会成交;部分成交者,剩余部分将处于等待成交状态。投资者的委托如未能全部成交,证券公司在委托有效期限内可继续执行,直至有效期限届满。

3. 有效竞价范围。有效竞价范围是指证券交易所控制的竞价涨跌幅度,超过这一幅度,证券交易就不能成交。《上海证券交易所交易规则》根据不同的证券交易情况规定了不同的控制幅度。

(1)有涨跌幅限制证券有效竞价范围与涨跌幅限制范围一致;

(2)无涨跌幅限制证券的交易按不同阶段方法确定有效竞价范围:第一,集合竞价阶段。股票开盘集合竞价阶段的交易申报价格不高于前收盘价格的900%,并且不低于前收盘价格的50%;基金、债券开盘集合竞价阶段的交易申报价格最高不高于前收盘价格的150%,并且不低于前收盘价格的70%;股票收盘集合竞价阶段的交易申报价格不高于最新成交价格的110%且不低于最新成交价格的90%。当日无交易的,前收盘价格视为最新成交价格。开盘集合竞价阶段的债券回购交易申报无价格限制。第二,股票连续竞价阶段和开市期间停牌阶段。股票连续竞价阶段、开市期间停牌阶段的交易申报价格不高于最新成交价格的110%且不低于最新成交价格的90%;基金、债券、债券回购连续竞价阶段的交易申报价格不高于即时揭示的最低卖出价格的110%且不低于即时揭示的最高买入价格的90%;同时不高于上述最高申报价与最低申报价平均数的130%且不低于该平均数的70%;即时揭示中无买入申报价格的,即时揭示的最低卖出价格、最新成交价格中较低者视为前项最高买入价格;即时揭示中无卖出申报价格的,即时揭示的最高买入价格、最新成交价格中较高者视为前项最低卖出价格。当日无交易的,前收盘价格视为最新成交价格。

交易所可以根据市场需要,调整证券的有效竞价范围。

四、成交与交收

成交与交收是证券交易最后阶段的程序,下面分别述之。

(一)成交

成交即交易成立,即证券买卖合同的成立和生效。根据沪、深两家证券交易所《交易规则》的规定,买卖申报经交易主机撮合成交后,交易即告成立。当事人达成的交易于成立时生效,买卖双方必须承认交易结果,履行清算交收义务。证券交易的成交结果以交易所交易主机记录的成交数据为准。就总体而言,集中竞价的证券交易应当按照“价格优先”和“时间优先”的原则撮合成交。所谓“价格优先”,是指以较高价格买入申报优先于较低价格买入申报,较低价格卖出申报优先于较高价格卖出申报;所谓“时间优先”是指买卖方向、价格相同的，先申报者优先于后申报者。先后顺序按交易主机接受申报的时间确定。根据沪、深两家证券交易所的《交易规则》，成交还涉及以下问题。

1. 集合竞价成交价格的确定原则。包括：

(1)可实现最大成交量的价格；

(2)高于该价格的买入申报与低于该价格的卖出申报全部成交的价格；

(3)与该价格相同的买方或卖方至少有一方全部成交的价格。

两个以上申报价格符合上述条件的，使未成交量最小的申报价格为成交价格；仍有两个以上使未成交量最小的申报价格符合上述条件的，其中间价为成交价格。集合竞价的所有交易以同一价格成交。

2. 连续竞价成交价格的确定原则。包括：

(1)最高买入申报价格与最低卖出申报价格相同，以该价格为成交价格；

(2)买入申报价格高于即时揭示的最低卖出申报价格的，以即时揭示的最低卖出申报价格为成交价格；

(3)卖出申报价格低于即时揭示的最高买入申报价格的，以即时揭示的最高买入申报价格为成交价格。

3. 影响成交的情况。《上海证券交易所交易规则》规定影响成交的情况包括：

(1)因不可抗力、意外事件、交易系统被非法侵入等原因造成严重后果的交易，交易所可以采取适当措施或认定无效；

(2)对显失公平的交易，经交易所认定并经理事会同意，可以采取适当措施，并向证监会报告；

(3)违反交易所规则，严重破坏证券市场正常运行的交易，交易所有权宣布取消，由此造成的损失由违规交易者承担。

(二)交收

交收又称交付、交割，即证券买卖成交后券款兑现的程序。按照《证券登记结算管理办法》(中国证监会2018年8月修正)的解释，交收“是指根据确定的清算结果，通过转移证券和资金履行相关债权债务的行为”。由此可见，交收涉及成交后对证券和资金的清算和交付的问题，其中，交付又包括证券交付和资金交付。①

交收是证券交易的最后履约阶段。证券买卖成交后，按照清算交收规则，买卖双方的投资者须通过各自的证券经纪商进行证券和现金的交收，并由证券登记结算机构代为办理证券过户手续。最终结果是，买入证券者获得证券，同时交付现金；卖出证券者交付证券，同时获得现金。我国《证券法》第108条规定，证券公司根据成交结果承担相应的清算交收责任；证券登记结算机构根据成交结果，按照清算交收规则，与证券公

---

① 证券交付和资金交付是对债务人来说的；对债权人来说，也可以叫作证券收取和资金收取。

司进行证券和资金的清算交收，并为证券公司客户办理证券的登记过户手续。

1. 清算。《证券登记结算管理办法》第78条第5款规定，清算是指按照确定的规则计算证券和资金的应收应付数额的行为。由于证券交付和资金交付都需要按照清算结果来进行，因此清算是交收中十分重要的环节。根据证券登记结算机构的清算交收规则，我国目前采取二级清算交收体制，分别由证券登记结算机构与证券公司之间办理清算交收以及由投资者与证券公司之间办理清算交收，投资者与证券登记结算机构之间不存在直接的结算关系。按照这一体制，清算交收分为两个阶段：一是证券公司与证券交易所指定的证券登记结算机构进行清算；二是投资者与证券公司进行清算。证券公司是连接这两个阶段的桥梁。按照《证券登记结算管理办法》的有关规定，证券公司参与证券和资金的集中清算交收，应当具有证券登记结算机构批准的结算参与人资格。

2. 资金交付。资金交付即根据结算结果划付购买证券价款的行为。根据二级清算交收体制，证券公司在代理投资者进行证券交易的当日，应根据证券登记结算机构的清算结果，依差价交收规则对买卖证券的金额差价予以清偿，证券公司不得以投资者违约为由，不履行资金交收手续；由于资金交付实际是通过资金账户上买卖证券的金额进行抵扣后的差价支付，因此，证券公司与证券登记结算机构进行资金交付前，应当向客户收取其应付的资金，并在证券公司交收账户留存足额的资金。《证券登记结算管理办法》规定，对于同时经营自营业务以及经纪业务或资产管理业务的证券公司，如果其客户资金交收账户资金不足的，证券登记结算机构可以动用该证券公司自营资金交收账户内的资金完成交收。

3. 证券交付。证券交付即根据结算结果划付出卖证券的行为。鉴于证券交付不是如同资金交付那样简单，还涉及证券过户等较复杂的法律问题，本章后面将列专题进行讨论。

五、证券集中交易的特别规则

所谓的特别规则，是指对证券集中交易过程中一些特别情况进行规制的交易规则，而并非每一具体的证券交易都必须适用的规则。

（一）回转交易

回转交易，是指在证券交易所进行的证券交易中，投资者买入的证券，经确认成交后，在交收前全部或部分卖出的一种交易行为。由此可见，回转交易具有如下特征。

1. 回转交易是介乎于成交和交收之间的一种交易行为。从时间上来看，它发生于证券成交之后，但又在交收程序完成之前，属于成交和交收两个程序连接期间发生的行为。证券成交后，按照通常程序就应当进入资金交付和证券交付阶段，目前实行的"T+1"交收制度一般是不允许将没有完成交收的证券又卖出的。沪、深两家证券交易所《交易规则》在此基础上作了较灵活的变通处理，允许证券的购买者在没有完成交收程序前也可以将购入的证券卖出。沪、深两家证券交易所《交易规则》第3.1.4条都在确立"投资者买入的证券，在交收前不得卖出"一般性原则的同时，又用但书作出了"实行回转交易的除外”的规定。

2. 回转交易并不完全等于“T+0”制度。“T+0”制度的本义是指证券成交后交收的期限。其中，“T”是指证券成交的当日。如果交易所规则允许证券成交当日即可完成交收，也就是所谓的“T+0”制度，但如果交易所规则只允许证券成交当日后的第二天才完成交割，就是“T+1”制度，依次类推，还可以有“T+2”“T+3”等制度。由此可见，“T+0”或“T+N”都应当属于交收程序，而回转交易并非交收程序的内容，而是在交收程序前发生的一种交易行为。因此，从严格意义上来讲，回转交易与“T+0”是有区别的两种行为或制度；但也要看到，就证券“当日买入当日卖出”这一实质内容而言，回转交易与“T+0”又是基本相同的。因此，也不能断然说二者就是两种完全没有联系的行为或制度。在实践中不少人将回转交易称为“T+0”制度，就是基于二者“当日买入当日卖出”这一含义。

从交收程序来看，上海证券交易所1992年5月实行过“T+0”制度，深圳证券交易所也从1993年11月实行“T+0”制度。从当时实施的情况来看，由于“T+0”是当天买入的证券可当日卖出，起到了增加市场成交量和活跃市场交易的作用，在一定程度上调节了证券（主要是股票）供不应求的局面，但也增加了市场投机的因素，加大了市场风险。基于当时证券市场不成熟和有关监管制度不完备的情况，为了防范市场风险，两家证券交易所于1995年决定对A股及基金交易不再实行“T+0”，而改为“T+1”。“T+1”制度的实行，抑制了投机并控制了市场系统性风险，对稳定市场起了较大作用。随着我国证券市场监管制度的不断完善和我国《证券法》的实施，沪、深两家证券交易所的《交易规则》允许从2006年7月1日起可以实行回转交易。其中，实行当日回转交易的证券品种，包括债券、债券交易型开放式指数基金、交易型货币市场基金、黄金交易型开放式证券投资基金、跨境交易型开放式指数基金、跨境上市开放式基金、权证；实行次交易日回转交易的证券品种为B股。

值得指出的是，由于回转交易是在没有进入证券交收程序前将买入证券卖出的行为，似乎是在没有完成“证券交付”前又进入了新一轮的证券交易，这与我国《证券法》第35条关于“证券交易当事人依法买卖的证券，必须是依法发行并交付的证券”的规定是否存在矛盾，或者说是否违反我国《证券法》的这一规定，还有待在后面关于“证券交付”问题的讨论中进一步说明。

（二）B股交易

我国证券交易所交易的股票分为A股和B股。B股交易尽管也在证券交易所进行，但并不与A股在同一个交易系统进行交易，因而在不少方面都有不同于A股交易的特点，除交易的币种外（A股交易使用人民币，B股交易使用外币），在集中交易的许多环节上也存在一些差异。

1. 开立B股交易账户。根据现行有关规定，能够开立B股交易账户的主体与A股的情况是有差异的：能够开立A股交易账户的有境内自然人、法人和其他组织；境外合格机构投资者、境内工作和生活的我国港、澳、台地区居民、外国战略投资者、取得我国永久居留身份证的外国人、境内工作的外国人和在境外工作的境内上市公司的外籍员工。由此可见,只有部分境外机构和自然人才能作为开立A股交易账户的主体。能够开立B股交易账户的,包括境内居民个人投资者;境外自然人、法人和其他组织;定居国外的中国公民。由此可见,境内机构(包括法人和其他组织)不能作为开立B股交易账户的主体。

2. 委托。B股交易的委托分为境内委托和境外委托,证券公司收到委托后的审查、申报、成交的具体操作基本上与A股相同。

3. 申报与竞价。B股买入交易必须以100股为起点,并且是100股的整数倍。B股买卖申报价格的最小升降单位是0.001美元,卖出数量不限。

4. 交收制度。B股交易实行"T+3"交收制度,即在成交后的第三个交易日完成资金和证券的正式交收,实现"银货两讫"。

5. 回转交易。在证券实行回转交易时,根据《上海证券交易所交易规则》的规定,债券、基金和权证实行当日回转交易,B股实行次交易日起回转交易。

(三)高频交易

高频交易(High Frequency Trading),是指通过计算机程序自动生成或下达交易指令而进行的一种程序化交易。高频交易是国外证券市场的舶来品,近年来进入我国证券市场,主要集中在期货衍生品市场。从国际证券市场的情况来看,高频交易借助强大的计算机系统的复杂运算,在非常短的时间(毫秒)之内就能自动生成交易指令或取消指令来进行证券买卖,具有交易量巨大、持仓时间很短、日内交易次数很多的特点。高频交易在可以为市场提供大量流动性和降低市场交易成本的同时,也会给市场带来一些不稳定现象,如出现影响证券交易所系统安全和正常的市场交易秩序的问题。因此,法律必须对其进行必要的规制。我国本次《证券法》修订增加了规制高频交易的内容,该法第45条规定:"通过计算机程序自动生成或下达交易指令进行程序化交易的,应当符合国务院证券监督管理机构的规定,并向证券交易所报告,不得影响证券交易所系统安全或者正常交易秩序。"

(四)停牌和复牌制度

停牌和复牌制度是上市公司股票交易的一项基础制度。停牌和复牌是指对上市交易的股票在一定时间内停止交易和恢复交易的过程。停牌和复牌制度包括对停牌原因、停牌程序、上市公司在停牌至复牌期间需履行义务等内容的有关规定。我国《证券法》第110条规定,上市公司可以向证券交易所申请其上市交易股票的停牌或者复牌,证券交易所可以依据业务规则的规定,决定上市交易股票的停牌或者复牌。停牌和复牌制度的主要功能是保证信息披露的及时、公平,提示重大风险,维护公平的交易秩序。停牌与复牌是对应的概念,停牌是上市股票交易的停止,复牌是上市股票交易的恢复。由于股票上市是一种资格,而股票交易则是一种合同买卖行为,因此,停牌与复牌尽管直接关系交易进行与否,但并不影响公司或股票的上市资格,股票停牌期间,股票或公司的上市资格仍然存在。停牌的原因由证券交易所的业务规则规定。停牌可以由上市公司提出申请并经证券交易所同意实施,也可以由证券交易所依据业务规则直接作出决定。上市公司向证券交易所申请停复牌时,应说明理由、计划停牌时间和复牌时间;对于不能决定是否申请停牌的情况,应及时报告证券交易所决定。根据我国《证券法》第 113 条的规定,“出现重大异常波动的,证券交易所可以采取限制交易、强制停牌等处置措施,并向国务院证券监督管理机构报告”。

沪、深两家证券交易所的《上市规则》都规定了上市公司股票的停牌原因及其停牌后复牌的有关事项内容,包括以下几方面。

1. 上市公司可以交易所认为合理的理由向交易所申请停牌与复牌。

2. 上市公司预计应披露的重大信息在披露前已难以保密或者已经泄露,可能或者已经对公司股票的交易价格产生较大影响的,应当立即向交易所申请停牌。

3. 上市公司进行重大资产重组,根据中国证监会和交易所的相关规定向交易所申请停牌的,应当按照相关规定停牌与复牌。

4. 公共传媒中出现上市公司尚未披露的重大信息,可能或者已经对公司股票的交易价格产生较大影响的,交易所可以在交易时间对其实施停牌,直至公司披露相关公告的当日开市时复牌。公告披露日为非交易日的,则在公告披露后的第一个交易日开市时复牌。

5. 上市公司未在中国证监会和交易所规则规定的期限内披露季度报告,公司股票应当于报告披露期限届满的下一交易日停牌 1 天;公司未在法定期限和交易所规则规定的期限内披露年度报告或者中期报告,公司股票应当停牌,直至公司披露相关定期报告的当日开市时复牌。公告披露日为非交易日的,则在公告披露后的第一个交易日开市时复牌。公司因未披露年度报告或者中期报告的停牌期限不超过两个月。停牌期间,公司应当至少发布 3 次风险提示公告。公司未披露季度报告的同时存在未披露年度报告或者中期报告情形的,公司股票应当按照交易所规则的有关规定停牌与复牌。

6. 上市公司财务会计报告因存在重大会计差错或者虚假记载,被中国证监会责令改正但未在规定期限内改正的,公司股票应当停牌,直至公司披露改正后的财务会计报告当日开市时复牌。公告披露日为非交易日的,则在公告披露后的第一个交易日开市时复牌。公司因未按要求改正财务会计报告的停牌期限不超过两个月。停牌期间,公司应当至少发布 3 次风险提示公告。

7. 上市公司的定期报告或者临时报告披露不够充分、完整或者可能误导投资者,但拒不按要求就有关内容进行解释或者补充披露的,交易所可以对公司股票实施停牌,直至公司披露相关公告的当日开市时复牌。公告披露日为非交易日的,则在公告披露后的第一个交易日开市时复牌。

8. 上市公司在公司运作和信息披露方面涉嫌违反法律、行政法规、部门规章、其他规范性文件、交易所规则或交易所其他有关规定，情节严重而被有关部门调查的，交易所在调查期间视情况决定公司股票的停牌和复牌。

9. 上市公司严重违反交易所规则且在规定期限内拒不按要求改正的，交易所对公司股票实施停牌，并视情况决定复牌。

10. 上市公司因某种原因使交易所失去关于公司的有效信息来源，交易所可以对公司股票实施停牌，直至上述情况消除后复牌。

11. 上市公司因股权分布发生变化导致连续20个交易日不具备上市条件的，交易所将于前述交易日届满的下一交易日起对公司股票实施停牌。公司在停牌后1个月内向交易所提交解决股权分布问题的方案。交易所同意其实施解决股权分布问题的方案的，公司应当公告交易所决定并提示相关风险。自公告披露日的下一交易日起，公司股票复牌并被交易所实施退市风险警示。

12. 上市公司因收购人履行要约收购义务，或收购人以终止上市公司上市地位为目的而发出全面要约的，要约收购期满至要约收购结果公告前，公司股票应当停牌。根据收购结果，被收购上市公司股权分布具备上市条件的，公司股票应当于要约结果公告日开市时复牌；股权分布不具备上市条件的，且收购人以终止上市公司上市地位为目的的，公司股票应当于要约结果公告日继续停牌，直至交易所终止其股票上市；股权分布不具备上市条件，但收购人不以终止上市公司上市地位为目的的，可以在5个交易日内向交易所提交解决股权分布问题的方案，由交易所参照有关规定处理。

13. 上市公司在股票被实施停牌期间，应当每5个交易日披露一次未能复牌的原因。

14. 上市公司股票被交易所实行风险警示的，公司股票还应当按照交易所规则的有关规定停牌和复牌。

近年来，我国上市公司股票停复牌制度在实施中也出现一些值得关注的问题，如上市公司股票随意停牌、长期停牌、信息披露不充分等，与国际成熟市场相比，停牌事由较多，停牌期限特别是重大资产重组停牌期限较长的问题尤其突出。为此，中国证监会2018年11月发布了《关于完善上市公司股票停复牌制度的指导意见》，主要包括以下内容。

（1）确立上市公司股票停复牌的基本原则，最大限度保障交易机会。明确以不停牌为原则、停牌为例外，短期停牌为原则、长期停牌为例外，间断性停牌为原则、连续性停牌为例外。上市公司发生重大事项，应当按照及时披露的原则，分阶段披露有关事项的具体情况，不得以相关事项不确定为由随意申请股票停牌，不得以申请股票停牌代替相关各方的保密义务。

（2）压缩股票停牌期限，增强市场流动性。进一步缩短重大资产重组最长停牌期限；明确上市公司破产重整期间其股票原则不停牌；并购重组委审核期间，上市公司股票在并购重组委工作会议召开当天应当停牌。上市公司股票超过规定期限仍不复牌的,证券交易所应当强制复牌。

(3)强化股票停复牌信息披露要求,明确市场预期。提高初始停牌时的信息披露标准,对停牌期间重点阶段的信息披露事项提出明确要求,并严格落实强制停复牌情形下上市公司的信息披露义务。

(4)加强制度建设,明确证券交易所应当做好有关停复牌的自律管理与服务,同时应当建立股票停牌时间与成分股指数剔除挂钩机制和停牌信息公示制度,并定期向市场公告上市公司停牌频次、时长排序情况,督促上市公司采取措施减少停牌。

我国新《证券法》第110条明确要求上市公司"不得滥用停牌或者复牌损害投资者的合法权益"。

(五)风险警示

风险警示以前又称特别处理,是指当上市公司出现证券交易所业务规则规定的情形时,交易所对其股票交易采取的警示措施。由此可见,风险警示是指对上市股票交易采取的措施。按照沪、深两家证券交易所《股票上市规则》的规定,上市公司出现财务状况异常或者其他异常情况,导致其股票存在被终止上市的风险,或者投资者难以判断公司前景,投资权益可能受到损害的,交易所对该公司股票交易实施风险警示。风险警示可以分为两种基本形式:一是退市风险警示,即警示存在终止上市风险;二是其他风险警示,即警示存在其他重大风险。就证券交易所的警示措施而言,是在公司股票简称前冠以特别符号和对股票报价的日涨跌幅进行限制。其中,在对股票报价的日涨跌幅进行的限制上,两种形式都是一样的,即5%;在对公司股票简称前冠以特别的符号上,两种形式有些区别:退市风险警示的特别处理为"*ST"字样,其他特别处理为"ST"字样。上海证券交易所还专门设立风险警示板,上市公司股票被实施风险警示的,进入该板进行交易。

风险警示从性质上不属于对公司的处罚,但由于有了在交易所专设的风险警示板进行交易和对股票报价的日涨跌幅限制以及冠以特别符号,因此,对于被警示的上市公司行为能力是有影响的。风险警示制度的实施,对于强化对上市公司的监督、减轻投资风险、保护投资者的利益具有积极的意义。

对股票交易进行风险警示应当符合一定条件,即交易所规则规定的情形。由于本书在第五章关于上市公司退市问题讨论时对退市风险警示的情形已有涉及,这里只就其他风险警示的情形作些介绍。

根据沪、深两家证券交易所《股票上市规则》的规定,上市公司出现以下情形之一的,交易所对其股票实施其他风险警示:

(1)被暂停上市的公司股票恢复上市后或者被终止上市的公司股票重新上市后,公司尚未发布首份年度报告;

(2)生产经营活动受到严重影响且预计在3个月内不能恢复正常;

(3)主要银行账号被冻结;

(4)董事会会议无法正常召开并形成决议;

(5)公司被控股股东及其关联方非经营性占用资金或违反规定决策程序对外提供担保,情形严重的;

(6)中国证监会或本所认定的其他情形。

上市公司出现上述第(1)项情形的,交易所自公司股票恢复上市或者重新上市之日起,对其实施其他风险警示;上市公司出现上述第(2)项至第(6)项情形之一的,应当在事实发生之日及时向交易所报告,提交董事会的书面意见,并申请其股票及其衍生品种于事实发生下一交易日起开始停牌。交易所在收到公司报告之日后的5个交易日内,根据实际情况,对公司股票实施其他风险警示。

对于实施风险警示的上市公司,在交易所对其实施风险警示期间内,如果对其适用风险警示的情形已经消除,且符合交易所业务规则规定的撤销条件的,可向交易所申请撤销对其股票实施的风险警示。交易所依据业务规则规定的条件和程序进行审查后作出是否撤销风险警示的决定。

第三节 证券非集中交易

证券的非集中交易,是指证券通过集中竞价以外的其他手段来实现成交的交易形式。如同集中交易一样,非集中交易可以在证券交易所进行,也可以在场外交易市场进行,鉴于后面有专节讨论证券的场外交易问题,这里只涉及证券交易所进行的非集中交易。我国证券交易所目前采取的非集中交易方式主要有协议交易、大宗交易等。

一、证券协议交易

这里的证券协议交易是指按照一般合同的原理,证券买卖双方当事人以协商方式形成证券价格并通过证券交易所来实现成交和交收的证券交易方式。证券交易所的协议交易具有如下特点。

(一)协议交易不通过证券交易所集中竞价交易系统来实现

这一特点即不按照“时间优先”和“价格优先”的原则来形成价格,而是由双方当事人通过“一对一”的讨价还价来形成交易价格并由交易双方签署证券转让协议来实现交易。在这一过程中,价格的高低没有涨跌幅的限制,完全由双方当事人按照“意思自治”原则确定;交易双方通过协议交易的结果不计入证券交易所公开发布的交易行情,成交量在协议交易结束后计入该证券成交总量;如果交易双方发生纠纷,应当主要依照双方协议的约定并依照我国《合同法》的原则来处理。我国《合同法》关于无效合同的规定应当直接适用于协议交易。

(二)协议交易仍然需要履行证券交易所的有关程序

由于证券协议交易不通过证券交易所的集中竞价交易系统,因此其价格即可以借助证券交易所非竞价交易系统来形成（如大宗交易系统），也可以通过当事人场外“一对一”协商形成。但从交易过程上来看，证券协议交易除在申报和竞价上不按照集中交易的规则执行外，其他的交易环节都要履行与集中交易类同的程序，如采用在证券交易所开立的证券交易账户来进行交易；成交需要证券交易所的确认；证券交收需要通过证券交易所指定的证券登记结算机构来完成；接受证券交易所的监管；按照我国《证券法》、中国证监会规章和证券交易所规则的规定进行信息披露等。

（三）协议交易在实践中有不同的表现形式

从目前情况看，主要有如下形式。

1. 上市公司非流通股转让。这一形式在我国 2005 年“股权分置改革”前十分普遍。

2. 上市公司的收购。我国《证券法》第四章关于“上市公司的收购”的规定中，使用了“协议收购”的概念。上市公司的收购属于股票交易的一种情况，“协议收购”也就是目标公司的股东（出卖方）与收购方（买受方）以协议方式进行股份转让，因而在性质上是一种证券协议交易的方式。

3. 流通股协议转让。“股权分置改革”完成后，上市公司的股份原则成为“全流通股”，即没有流通股和非流通股之分。为了规制上市公司的流通股股份协议转让行为，满足相关公司因正常经营所产生的并购重组等特定股份转让需求，维护证券市场秩序，保护投资者的合法权益，沪、深两家证券交易所和中国证券登记结算有限责任公司于 2006 年 8 月共同发布了《上市公司流通股协议转让业务办理暂行规则》，初步构建了我国上市公司流通股协议转让的基本规则。按照该暂行规则第 3 条的规定，上市公司流通股股份转让涉及下列情形之一的，可以通过证券交易所和结算公司办理流通股协议转让手续：第一，与上市公司收购及股东权益变动相关的股份转让；第二，转让双方存在实际控制关系，或均受同一控制人所控制的；第三，外国投资者战略投资上市公司所涉及的股份转让；第四，中国证监会认定的其他情形。从该条规定可以看出，前述的上市公司收购中的协议转让多数情况也可以纳入流通股协议转让之中。

4. 大宗交易。详见本节后面的论述。

（四）协议交易目前主要受证券交易所规则的调整

从理论上来讲，证券协议交易是通过订立协议来进行的，因此，证券协议交易应当同时受我国《证券法》和《合同法》的调整，或者说，在处理协议交易的有关问题时，应当适用我国《证券法》和《合同法》的规定。但在实践中，无论是我国《证券法》还是《合同法》都对证券协议交易缺乏具体的规定，因此，证券协议交易目前主要还得受证券交易所的有关规则来操作。

从交易机制上来看，根据《上市公司流通股协议转让业务办理暂行规则》的有关规定，协议转让可以由当事人直接向证券交易所提出转让申请，直接向登记结算公司提出过户申请，无须委托交易所的会员公司办理。在交易价格的形成上，因协议转让发生在特定的交易主体之间,交易价格也只能由买卖双方协商确定。证券交易所负责对股份转让双方当事人提出的股份转让申请进行合规性确认。登记结算公司负责办理与股份转让相关的股份查询和过户登记业务。证券交易所和结算公司对转让双方提交的申请材料进行形式审核,转让双方应当对其提供的申请材料的真实性、准确性、完整性和合法性负责。

《上市公司流通股协议转让业务办理暂行规则》对协议转让当事人的义务作了特别规定,主要有以下几方面:

1. 依法负有信息披露义务的相关当事人,应就股份转让事项及时予以披露。

2. 股份过户完成后 3 个月内,同一股份受让人不得就其所受让的股份再次向证券交易所和结算公司提出有关协议转让的申请,法律法规另有规定的除外。

3. 股份出让人不得以规避限售规定为目的进行股份转让。对于未按照本规则规定提出的股份转让申请,证券交易所有权对股份转让不予确认,结算公司有权不予办理过户登记手续。

二、证券大宗交易

(一)证券大宗交易含义

证券大宗交易(Block Trading)又称证券大宗买卖,是指符合证券交易所规定的证券单笔买卖数量要求并按其相应规则进行的证券交易。沪、深两家证券交易所的《交易规则》都有关于大宗交易的专节规定。① 从《交易规则》来看,证券大宗交易属于证券交易的一种特殊形式,既有前述一般协议交易的基本属性,也有其独有的特点。

1. 证券大宗交易只能通过证券交易所专门的大宗交易系统来进行;

2. 证券大宗交易有证券数量的基本要求,所谓"大宗"是指证券的数量较大,如果不符合数量较大的要求,就不能适用证券大宗交易的规则;

3. 证券大宗交易既有由买卖双方通过协商进行交易的方式,也有通过交易所系统进行撮合交易的方式;

4. 证券大宗交易有成交申报价格的限制;

5. 证券大宗交易的结果需经证券交易所确认。

(二)证券大宗交易方式

沪、深两家证券交易所采取的交易方式不完全相同。

1. 深圳证券交易所采用协议大宗交易方式和盘后定价大宗交易方式。协议大宗交易是指大宗交易双方互为指定交易对手方,协商确定交易价格及数量的交易方式。盘后定价大宗交易是指证券交易收盘后按照时间优先的原则,以证券当日收盘价或证券当日成交量加权平均价格对大宗交易买卖申报逐笔连续撮合的交易方式。

2. 上海证券交易所采取的是申报的交易方式。如果交易双方采取意向申报方式,

---

① 沪、深两家证券交易所都在 2013 年修订《交易规则》时对大宗交易相关内容进行了较大修改。

出卖方意向申报被买方接受,买卖双方向交易所交易系统提出成交申报;如果采取固定价格申报的,买卖双方可按当日竞价交易市场收盘价格或者当日全天成交量加权平均价格进行申报,申报时间结束后,交易所根据时间优先的原则对固定价格申报进行匹配成交。未成交部分自动撤销。

(三)证券大宗交易规则对证券数量的要求

沪、深两家证券交易所《交易规则》规定的大宗交易的证券数量基本相同,只是计量的单位有些差异。按照《上海证券交易所交易规则》的规定,符合证券大宗交易的数量要求为:

1. A股单笔买卖申报数量应当不低于30万股,或者交易金额不低于200万元人民币;

2. B股单笔买卖申报数量应当不低于30万股,或者交易金额不低于20万元美元;

3. 基金大宗交易的单笔买卖申报数量应当不低于200万份,或者交易金额不低于200万元;

4. 债券及债券回购大宗交易的单笔买卖申报数量应当不低于1000手,或者交易金额不低于100万元。

另外,交易所还可以根据市场情况调整大宗交易的最低限额。

(四)证券大宗交易的委托

投资者进行大宗交易,应委托具有交易所会员资格的证券公司办理。如买卖双方就大宗交易达成一致后,应当委托会员通过交易业务单元向交易所交易系统提出成交申报。会员应当保证大宗交易参与者实际拥有与其申报相对应的证券或者资金。

(五)证券大宗交易的申报

证券大宗交易的申报,包括意向申报、成交申报、固定价格申报和交易所认可的其他大宗交易申报等形式。

1. 意向申报。按照《上海证券交易所交易规则》的规定,意向申报指令应包括证券账号、证券代码、买卖方向等内容。意向申报中是否明确交易价格和交易数量,由申报方决定。意向申报应当真实有效。申报方价格不明确的,视为至少愿以规定的最低价格买入或最高价格卖出;数量不明确的,视为至少愿以大宗交易单笔买卖最低申报数量成交。买方和卖方根据大宗交易的意向申报信息,就大宗交易的价格和数量等要素进行议价协商。当意向申报被会员接受(包括其他会员报出比意向申报更优的价格)时,申报方应当至少与一个接受意向申报的会员进行成交申报。

2. 成交申报。按照《上海证券交易所交易规则》的规定,成交指令应包括证券代码、证券账号、买卖方向、成交价格、成交数量等内容。买卖双方达成协议后,向交易所交易系统提出成交申报,申报的交易价格和数量必须一致。大宗交易的成交申报、成交结果一经交易所确认,不得撤销或变更。买卖双方必须承认交易结果、履行清算交收义务。

3. 固定价格申报。固定价格申报指令应当包括证券账号、证券代码、买卖方向、交易类型、交易数量等。在接受固定价格申报期间内，固定价格申报可以撤销；申报时间结束后，交易所根据时间优先的原则对固定价格申报进行匹配成交。

(六)证券大宗交易成交申报价格限制

按照沪、深两家证券交易所的《交易规则》，有价格涨跌幅证券的成交申报价格，由买方和卖方在当日价格涨跌幅限制范围内确定；无价格涨跌幅限制证券的成交申报价格，由买卖双方在前收盘价格的上下 30% 或当日已成交的最高、最低价格之间自行协商确定。

(七)债券大宗交易实行一级交易商制度

按照《上海证券交易所交易规则》的规定，债券大宗交易实行一级交易商制度。经交易所认可的会员，可以担任一级交易商，通过交易所大宗交易系统进行债券双边报价业务。通过双边报价行为，可以提高债券的流动性，促进债券交易规范发展。根据上海证券交易所 2005 年 7 月发布的《关于开展大宗交易债券双边报价业务及调整大宗交易有关事项的通知》的规定，债券双边报价业务具有几个特点：第一，取消了债券大宗交易成交价格不能突破当天交易的最高价和最低价的限制，买入、卖出双边报价具体券种和报价价差幅度由报价商自行确定。第二，大幅降低企业债现券、回购和公司债的申报门槛。企业债及回购，公司债交易单笔买卖数量在 1000 手以上或交易金额在 100 万元以上的，可以采用大宗交易方式。第三，债券大宗交易仅向营业部和特别席位披露交易价格和交易量，信息披露范围缩小，从而有效避免了参与大宗交易客户信息的暴露。第四，当日大宗交易的意向申报信息于盘后在交易所网站上披露。

第四节　证券回购交易

一、证券回购交易的含义

证券回购交易，是指证券出卖(包括发行或出质)后，根据约定在一定时间以一定的价格将原证券(也可以是与原证券同种类同数量的证券)购回的证券交易行为。我国现实中的回购交易大致包括 3 种基本情况：第一，依照法律规定将市场上流通的证券购回，如上市公司的股份回购；第二，依照当事人约定将已经出卖的证券购回，如债券买断式回购交易、可转换公司债券的赎回与回售；第三，以证券为质押标的进行融资的交易行为，如债券质押式回购交易。鉴于证券回购交易可以通过集中交易和非集中交易的方式进行，因此，将其列为与证券的集中交易和非集中交易相并列的内容来讨论。根据法律法规的有关规定，证券回购交易具有以下几点鲜明特征。

(一)证券回购交易是一种特殊的证券交易行为

一方面，回购作为交易行为，具备了证券交易的基本要素，如有双方当事人，是一种支付对价有偿合同行为;另一方面,回购作为特殊的交易行为,又具有不同于一般证券交易的特点:第一,回购交易往往是一种附条件的合同行为,需要根据买卖双方当事人事先约定的条件而由原卖方购回原买方的证券,这一条件包括时间条件和价格条件,如果条件不成就,回购行为就可能难以完成。前述第二种情况中的债券买断式回购交易和可转换公司债券的赎回与回售就属于这种附条件的合同行为。[①] 第二,由于回购是将已经发行或出售的证券购回的行为,对业已发生的法律关系会产生一定影响,因此,法律对回购交易往往有一些特殊的规制措施,如上市公司为减少公司注册资本回购本公司股份,我国《公司法》就规定其回购后必须在10日内注销回购的股份。第三,回购交易中质押式回购具有明显的质押贷款性质。作为一种融资手段,质押式回购既能满足一方当事人的融资需求,又能为对方当事人提供交易安全的保证。

(二)回购交易可以采取集中交易方式和非集中交易方式

集中交易方式是指采取证券交易所集中竞价交易方式成交;非集中交易方式如股份回购中的要约收购、债券回购交易中的大宗交易、可转换公司债券的赎回和回售等。

(三)回购交易是一种具有特殊功能的证券交易

回购行为往往是当事人为实现某种特定目的而采取的交易方式。现实中的回购交易或是作为防御和减少证券投资风险的手段(如证券投资基金的回赎和回售),或是作为一种经营手段(如上市公司股份回购),或是作为一种融资的手段(如质押式回购交易)。

鉴于本书第二章"证券品种"中已对可转换公司债券的赎回和回售有所涉及,这里只对上市公司股份回购和债券回购交易的情况作些讨论。

二、上市公司股份回购

(一)概述

上市公司股份回购,是指上市公司将自己发行在外的股票依法定程序购回并予以注销的行为。我国《公司法》第142条规定了股份有限公司可以进行股份回购的几种情形:

(1)减少公司注册资本;

(2)与持有本公司股份的其他公司合并;

(3)将股份用于员工持股计划或者股权激励;

(4)股东因对股东大会作出的公司合并、分立决议持异议,要求公司收购其股份;

(5)将股份用于转换上市公司发行的可转换为股票的公司债券;

---

① 有观点认为,这与担保法上的让与担保的特征类似,本节后面对此有所涉及。

(6)上市公司为维护公司价值及股东权益所必需。①

上市公司进行股份回购必须符合法定的情形。如果违反法律规定回购股票,就要承担相应的法律责任。如上市公司"湖北兴化"是1989年成立的股份制试点企业,1996年1月作为历史遗留问题上市。然而,在上市前的数年时间里,该公司曾相继购回要求退股的400余名职工的44万股本公司股票,而后又于1996年通过第三方将这部分回购来的股票以市价转让,获利2000多万元。由于"湖北兴化"的这一行为违反了我国《公司法》的有关规定,因此被中国证监会处罚没收回购股票所得。

对于上市公司股份回购的规范,除我国《公司法》的规定外,中国证监会2005年6月发布了《上市公司回购社会公众股份管理办法(试行)》、2008年10月又发布了《关于上市公司以集中竞价交易方式回购股份的补充规定》,对上市公司回购公众股份的条件、程序和信息披露、回购方式、监管措施、法律责任等都作了较详细的规定。另外,沪、深两家证券交易所的《股票上市规则》中都有"股份回购"的专节规定。

(二)股份回购功能

上市公司股份回购往往是作为一种经营手段来采用的,已经成为资本市场的一项基础性制度安排,是国际通行的公司实施并购重组、优化治理结构、稳定股价的必要手段。上市公司可以通过股份回购来缩减股本(减资),使流通在外的股票减少,从而提高每股盈余、降低其市盈率、导致股价上涨,让股东在出售股票中获得利益。上市公司股份回购从证券市场实践来看,股份回购的意义主要在于以下几方面。

1. 代替股利分配,国外不少公司还利用股份回购来规避现金分红的法律限制,如税收等。

2. 改善公司资本结构,通过股份回购,减少公司资本、提高剩余资金利用率,从而提高股份收益率。

3. 反收购措施。由于股份回购可以提高目标公司发行在外的股票的价格,可以减少在外流通的股份,给收购方造成更大的收购难度,用以抵御收购。

4. 稳定公司股价。在股价过低时回购股票,是维护公司形象的有力途径。如世界著名的软件制造商微软公司于2004年7月宣布将在未来4年内向股东购回价值750亿美元的公司股份,其回购原因主要是因为微软公司近年来软件销售量下降,公司面临来自股东和市场的双重压力,通过回购可以使公司稳定发展。

到目前为止,我国上市公司已有多起公开披露的股份回购,从其操作情况来看,收到较好的效果。中国证监会、财政部、国资委2018年11月共同发布的《关于支持上市公司回购股份的意见》(以下简称《上市公司回购股份意见》)要求,上市公司要切实增

① 我国《公司法》该条于2018年10月进行了修改:增加了第5项、第6项的内容;将第3项内容由原来的"将股份奖励给本公司职工"修改为"将股份用于员工持股计划或者股权激励";对回购的有关程序也作了相应的修改。

强投资者回报意识，充分有效运用法律规定的股份回购方式，积极回报投资者。鼓励上市公司在章程或其他治理文件中完善股份回购机制，明确股份回购的触发条件、回购流程等具体安排。

（三）股份回购容易产生的违法行为

从国外和我国实践的情况来看，股份回购作为一种公司经营策略虽被普遍采用，但也容易产生一些违法行为，主要有以下几类行为。

1. 内幕交易和操纵股价。上市公司回购本公司股票，如果没有相应的信息披露规范，容易产生少数内幕人士利用内幕消息进行股票炒作，导致股价大起大落，使广大投资者蒙受损失。

2. 误导投资者。如果无条件允许上市公司回购股份，就会使经营不善的上市公司通过回购来抬高本公司股价，从而打乱股价结构、误导投资者，导致证券市场的管理混乱。

3. 损害债权人利益。股份回购中采取公司减资的方式，必然涉及公司债权人的利益。如果缺乏必要的规制，完全可能损害债权人利益。如不对回购量有所限制，公司就可能因大量的现金支付而影响债务正常偿还；又如，缺少信息披露的有关要求，债权人就难以行使我国《公司法》规定的要求公司偿还债务或提供相应的债务担保的权利。

4. 损害中小股东的利益。由于我国目前上市公司的股本结构不尽合理，公司股东大会往往可不征求中小股东意见就通过股份回购的决议。这就可能出现大股东利用回购来侵害其他中小股东利益的问题，如回购定价过高就会直接侵害其他股东利益。

（四）股份回购的规制

按照我国《公司法》和有关法规的规定，上市公司回购股份涉及的问题主要有以下几方面。

1. 回购股份的条件。《上市公司回购社会公众股份管理办法（试行）》第 8 条规定，回购股份的上市公司，应当符合的条件包括：公司股票上市已满 1 年；公司最近 1 年无重大违法行为；回购股份后，上市公司具备持续经营能力；回购股份后，上市公司的股权分布原则上应当符合上市条件；公司拟通过回购股份终止其股票上市交易的，应当符合相关规定并取得证券交易所的批准；中国证监会规定的其他条件。《上市公司回购股份意见》规定，上市公司股价低于其每股净资产，或者 20 个交易日内股价跌幅累计达到 30% 的，可以为维护公司价值及股东权益进行股份回购；上市公司因该情形实施股份回购并减少注册资本的，不适用《上市公司回购社会公众股份管理办法（试行）》第 8 条关于公司股票上市已满 1 年的要求和《关于上市公司以集中竞价交易方式回购股份的补充规定》第 9 条关于特定期间内不得回购股份的条件限制。

2. 回购股份数的限制。对回购股份数，一般应由股东大会根据公司自身的情况自主决定，法律不作强行限制。但也有特殊情况，如我国《公司法》第 142 条第 3 款规定，属于将股份用于员工持股计划或者股权激励、将股份用于转换上市公司发行的可转换为股票的公司债券和上市公司为维护公司价值及股东权益所必需的回购，公司合计持有的本公司股份数不得超过本公司已发行股份总额的10%。

3. 回购股份的方式。上市公司回购股份可以采取证券交易所集中竞价交易方式、要约方式和中国证监会认可的其他方式进行。按照我国《公司法》第142条第3款的规定，属于将股份用于员工持股计划或者股权激励、将股份用于转换上市公司发行的可转换为股票的公司债券和上市公司为维护公司价值及股东权益所必需的回购，应当通过公开的集中交易方式进行。《上市公司回购股份意见》规定，上市公司以现金为对价，采用要约方式、集中竞价方式回购股份的，视同上市公司现金分红，纳入现金分红的相关比例予以计算。

4. 回购股份的价格。关于股份回购的价格，如果采取证券交易所集中竞价交易方式和要约方式回购，应当是相对公平的市价，《关于上市公司以集中竞价交易方式回购股份的补充规定》要求不得为公司股票当日交易涨幅限制的价格；如果按照协议回购的方式来进行，现行法律法规尚无有关价格的规定。在国外，股份回购协议定价一般采取以净资产为标准，以一定倍数的市盈率为标准，以市价、一定时期内的平均价或最高价为标准等方式。根据我国的实际情况，从股东财富最大化的角度来说，如果公司的盈利能力较强，股份回购对社会公众股东是有利的，但对于该公司的绩差股来说，依净资产定价，回购市盈率势必会很高，就可能侵犯其他股东的利益。因此，股份回购定价应当根据上市公司的资产质量、盈利能力、市场前景来综合考虑。

5. 回购股份资金来源。按照《上市公司回购社会公众股份管理办法（试行）》的规定，回购股份资金来源由公司自主决定，但应当合法合规，董事会作出包括资金来源的回购股份决议，须提交股东大会通过并予以公告。

6. 回购股份的处理。我国《公司法》第142条规定，属于减少公司资本原因回购的，应当自收购之日起10日内将回购的股份注销；属于合并原因和异议股东要求公司收购其股份原因的回购，应当自收购之日起6个月内转让或者注销。属于将股份用于员工持股计划或者股权激励、将股份用于转换上市公司发行的可转换为股票的公司债券和上市公司为维护公司价值及股东权益所必需的回购，公司持有的本公司股份应当在3年内转让或者注销。

7. 信息披露。上市公司收购本公司股份的，应当依照我国《证券法》及相关法规、规则的规定履行信息披露义务。

三、债券回购交易

（一）债券回购含义辨析

债券回购交易属于债券交易的一种形式。根据本节前面对证券回购的分析，债券回购应当是交易行为，是买卖双方当事人对债券的一种处置行为。按照有关法规和沪、深两家证券交易所有关规则的规定，在证券交易所进行的债券交易分为现货交易和回购交易两种形式，回购交易还可进一步分为买断式回购交易和质押式回购交易两种基本的形式。

（二）债券买断式回购交易

买断式回购交易，是指债券持有人将债券卖给购买方的同时，交易双方约定在未来某一日期，卖方再以约定价格从买方购回相等数量同种债券的交易。由此可见，买断式回购交易在法律上具有以下特点。

1. 债券回购行为是在债券买卖已经成交的前提下发生的，或者说，债券持有人享有的证券权利已经发生了由出卖人向买受人的转移，即所谓"买断"。

2. 债券在被"买断"的同时，买卖双方以合同形式又设定了双方在未来某一日期法律地位互换的义务，即原买受人变成出卖人、原出卖人变成买受人，从而使债券权利再次发生转移，即复归于初次交易前的状态。

3. 双方设定的法律地位互换的义务是一种债权义务，或者说，能否得以履行取决于债务人的行为，如果债务人不作为，"买断"后的证券权利就不能产生复归的结果。

（三）债券质押式回购交易

质押式回购交易，是指债券持有人在将债券质押的同时，将相应债券以标准券折算比率计算出的标准券数量为融资额度而进行的质押融资，交易双方约定在回购期满后返还资金和解除质押的交易。由此可见，质押式回购交易在法律上具有以下特点。

1. 从性质上属于以债券权利作为质押标的担保行为，尽管也称为"交易"，但债券权利并没有产生"买断"的法律效力，而只是作为了质押担保的出质标的，因此，质押式回购交易实际上就是担保法上的权利质押行为。

2. 债券权利作为质押标的是为了融资的需要，这与现实中股票质押贷款的性质基本相同，都是一种融资行为。只是股票质押贷款的质押标的为股权，资金融出方（贷款方）为银行；而债券质押式回购交易的质押标的为债券权利，资金融出方为质权人，而质权人并非必须为银行。

3. 融资额度并非以债券现券票面记载来作为计算依据，而是需要以标准券折算比率计算出的标准券数量为融资额度。

需要说明的是，对于债券回购交易，有观点认为其类似于担保法上的让与担保形式，[①]笔者认为这一说法值得商榷。所谓让与担保，是指债务人或第三人为担保债务之履行，将担保标的物之权利（通常为所有权）转于担保权人，于债务清偿后，标的物返还于债务人或第三人；债务不履行时，担保权人得就该标的物受偿的担保形式。根据这一定义来对照两种债券回购交易形式，笔者认为存在的问题是：第一，买断式债券回购尽管有些类似让与担保，但由于我国《物权法》《担保法》上没有让与担保的规定，因此，将"买断"后的债券回购视为一种担保物权的复归而非视为作为请求权的债权的行使，在

---

① 参见宋晓明等：《民商事审判若干疑难问题——证券法》，载《人民法院报》2006年10月11日，第5版。

适用上还缺乏相应的法律依据。第二,质押式债券回购由于本身就是担保法上的质押担保行为,没有发生“买断”或“让与”的效力,因而同让与担保是有性质上的差异,不能混为一体。

第五节　融资融券交易

一、融资融券交易概说

融资融券交易,即通常所称的“信用交易”,也称“保证金交易”或“垫头交易”,是指投资者按照法律规定,在买卖证券时只向有资格的券商交付一定的保证金,由券商提供购买证券的资金或出卖的证券来进行的交易。由此可见,信用交易即投资者借钱买证券或借证券卖钱,可分为融资买进和融券卖出两类情况。所谓融资,是指证券公司为客户垫付的一部分购买证券的资金,客户到期负责偿还并支付资金利息;所谓融券,是指证券公司事先借给客户一部分证券出售,客户到期返还同样数量和种类的证券。客户融资买进证券称为“买空”;融券卖出证券称为“卖空”。无论哪种情况,都意味着券商给予投资者以信用。信用交易可以扩大证券交易量,增加券商和投资者的获利程度。就证券公司而言,扩充证券交易量就意味着证券公司可以向客户收取更多的佣金;就投资者而言,在证券市场行情看好时,向证券公司透支进行信用交易,往往可以获得“找米下锅、借鸡生蛋”的额外利益。当然,信用交易在可能增加证券公司和投资者利益的同时,也增加了二者买卖证券的风险。

我国《证券法》第120条规定,除证券公司外,任何单位和个人不得从事证券融资融券业务;证券公司从事融资融券业务,应当采取措施,严格防范和控制风险,不得违反规定向客户出借资金或者证券。中国证监会出台《证券公司融资融券业务管理办法》①后,沪、深两家证券交易所也相继发布了《融资融券交易实施细则》并多次修订,标志着我国证券信用交易已进入规范发展阶段。

二、融资融券交易的基本特点

根据《证券公司融资融券业务管理办法》的规定,融资融券是指向客户出借资金供其买入证券或者出借证券供其卖出,并收取担保物的经营活动。融资融券交易具有如下特点。

(一)融资融券交易是一种以证券公司为特别参与方的证券交易活动

就证券交易本身而言,融资融券交易仍然是买卖双方当事人通过证券交易所的交易系统来进行的证券交易活动,即需要按照证券交易所的集中交易或非集中交易的规则履行申报竞价、成交交割等程序。但是,由于融资融券交易是证券公司“向客户出借

---

① 目前实施的该管理办法为中国证监会2015年7月发布。

资金供其买入证券或者出借证券供其卖出”来完成的证券交易活动，从而使其交易关系变得复杂化，不仅存在一般证券交易中双方当事人的买卖关系，而且涉及当事人一方或双方与证券公司的借贷关系。从投资者角度来看，融资融券交易是其通过借钱借券来完成的证券买卖活动；从证券公司角度来看，融资融券交易则是其从事的一种业务活动，即贷款贷券活动。因此，法律法规规制融资融券交易的不仅在于一般的买卖关系，而且更须注重证券公司与客户之间的借贷关系，更准确地讲，要重点规制证券公司的贷款贷券行为。在本书的逻辑结构上，将融资融券交易归入“证券公司”一章的内容也是可以的，但考虑到其与证券交易不可分割的关系，因此放到本章来讨论。

（二）融资融券交易是一种放大证券交易规模和风险的交易活动

客户向证券公司融资融券的目的是从事更大数额的证券交易，更直接地讲，是客户意欲通过融资融券来扩大自己所从事的证券交易规模并获取更多利益。从客户角度来看，其与证券公司建立融资融券关系是作为一种为证券交易服务的手段来使用的，而并不在于只是与证券公司建立一种单纯的借贷关系。由于交易规模的扩大是通过借款和借券来完成的，因此，在客户与证券公司建立借贷关系来扩大证券交易规模的同时，也放大了证券交易的风险。正是基于此，证券公司开展融资融券业务，应当遵守法律法规和交易所规则的规定，加强内部控制，严格防范和控制风险，切实维护客户资产的安全。

（三）融资融券交易是一种必须设置担保的交易活动

融资融券交易所以又被称为“保证金交易”，就在于它是一种必须设置担保的交易。从制度设计来看，客户交纳保证金是从事融资融券交易的前提。保证金作为担保的具体方式，在融资融券交易中占有非常重要的地位，保证金的设置和维持是融资融券交易中必不可少的环节。

1. 保证金作为担保的标的，可以是现金，也可以是现券。① 保证金在整个融资融券活动中，决定客户从事的证券交易能否正常进行和能够达到何种数量。按照现行法规的规定，融资融券的现实交易可以超出保证金一定的比例。具体比例由交易所在《融资融券交易实施细则》中规定。② 但如果保证金不足，不仅交易难以进行，而且行为人还可能承担相应的责任。

2. 作为保证金的现金和现券须存入证券登记结算机构和商业银行专立的账户。其中，在证券登记结算机构专立的账户为客户信用交易担保证券账户，用于记录客户委托证券公司持有的、担保证券公司因向客户融资融券所生债权的证券；商业银行专立的账户为客户信用交易担保资金账户，用于存放客户交存的、担保证券公司因向客户融资融

---

① 《证券公司融资融券业务管理办法》第 24 条规定：“证券公司向客户融资、融券，应当向客户收取一定比例的保证金。保证金可以证券充抵。”

② 如《上海证券交易所融资融券交易实施细则（2019 年修订）》第 38 条、第 39 条规定，投资者融资买入证券时，融资保证金比例不得低于 100%；投资者融券卖出时，融券保证金比例不得低于 50%。

券所生债权的资金。按照《证券公司融资融券业务管理办法》第 14 条的规定,证券公司与客户订立的融资融券合同应当约定,“证券公司客户信用交易担保证券账户内的证券和客户信用交易担保资金账户内的资金,为担保证券公司因融资融券所生对客户债权的信托财产”。

3. 尽管保证金是直接体现客户与证券公司之间的关系,但它却是客户从事的证券交易的基础,如果保证金没有交纳或存量不符合法规规定的要求,正常的证券交易就会受到影响,甚至不能进行下去。

(四)融资融券交易要受到较严格的条件限制和监管

正是由于融资融券交易放大了证券交易的风险,法律法规对此就有相应的条件限制和较严格的监管措施。按照现行法律法规的规定,证券公司和投资者除应当符合相应的资格条件外,证券公司从事融资融券业务还必须经中国证监会批准。未经批准,任何证券公司不得向客户融资、融券,也不得为客户与客户、客户与他人之间的融资融券活动提供任何便利和服务。另外,按照《证券公司融资融券业务管理办法》的规定,中国证监会及其派出机构、中国证券业协会、证券交易所、证券登记结算机构依照规定履行对融资融券交易活动的监管或者自律管理职责。

三、证券公司和客户的资格条件

这里的资格条件即从事融资融券交易的证券公司和客户需要具备的条件。《证券公司融资融券业务管理办法》第 7 条和第 12 条分别对证券公司和客户从事融资融券交易的条件作出了相应规定。

(一)证券公司的资格条件

1. 具有证券经纪业务资格。

2. 公司治理健全,内部控制有效,能有效识别、控制和防范业务经营风险和内部管理风险。

3. 公司最近 2 年内不存在因涉嫌违法违规正被证监会立案调查或者正处于整改期间的情形。

4. 财务状况良好,最近 2 年各项风险控制指标持续符合规定,注册资本和净资本符合增加融资融券业务后的规定。

5. 客户资产安全、完整,客户交易结算资金第三方存管有效实施,客户资料完整真实。

6. 已建立完善的客户投诉处理机制,能够及时、妥善处理与客户之间的纠纷。

7. 已建立符合监管规定和自律要求的客户适当性制度,实现客户与产品的适当性匹配管理。

8. 信息系统安全稳定运行,最近 1 年未发生因公司管理问题导致的重大事件,融资融券业务技术系统已通过证券交易所、证券登记结算机构组织的测试。

9. 有拟负责融资融券业务的高级管理人员和适当数量的专业人员。

10. 证监会规定的其他条件。

(二)客户(投资者)的资格条件

1. 按照要求向证券公司提供身份、财产与收入状况、证券投资经验和风险偏好、诚信合规记录等有关情况,未提供者证券公司不得向其提供融资融券服务。

2. 证券公司对从事证券交易不足半年、缺乏风险承担能力、最近20个交易日日均证券类资产低于50万元人民币或者有重大违约记录的投资者,以及证券公司的股东、关联人不得向其融资、融券。上述股东不包括仅持有上市证券公司5%以下流通股的股东。专业机构投资者参与融资、融券,可不受从事证券交易时间、证券类资产的条件限制。

四、融资融券交易的操作规则

(一)可以作为融资买入和融券卖出的标的证券

在交易所上市交易的符合条件的股票、证券投资基金、债券和其他证券,经交易所认可,都可以作为融资买入、融券卖出的标的证券。根据《上海证券交易所融资融券交易实施细则》的规定,融资融券标的证券为股票的,应当符合下列条件。

1. 在交易所上市交易超过3个月;

2. 融资买入标的股票的流通股本不少于1亿股或流通市值不低于5亿元人民币,融券卖出标的股票的流通股本不少于2亿股或流通市值不低于8亿元人民币;

3. 股东人数不少于4000人;

4. 在最近3个月内没有出现日均换手率低于基准指数日均换手率的15%且日均成交金额小于5000万元人民币、日均涨跌幅平均值与基准指数涨跌幅平均值的偏离值超过4%、波动幅度达到基准指数波动幅度的5倍以上的情形;

5. 股票发行公司已完成股权分置改革;

6. 股票交易未被交易所实施风险警示;

7. 交易所规定的其他条件。

根据《证券公司融资融券业务管理办法》的规定,客户融资买入、融券卖出的证券,不得超出证券交易所规定的范围。

(二)融资融券交易的申报

1. 融资融券交易申报内容。融资融券申报分为融资买入申报和融券卖出申报两种。其申报内容包括投资者信用证券账号、融资融券交易专用交易单元代码、标的证券代码、买入或卖出数量、买入或卖出价格(市价申报除外)、"融资"标识、交易所要求的其他内容。上述融资买入、融券卖出的申报数量应当为100股(份)或其整数倍。

2. 融券申报价格限制。为了防范市场操纵风险,投资者融券卖出的申报价格不得低于该证券的最近成交价;如该证券当天还没有成交的,融券卖出申报价格不得低于前收盘价。融券卖出申报价格低于上述价格的,交易主机视其为无效申报,自动撤销。投资者在融券期间卖出通过其所有或控制的证券账户所持有与其融入证券相同证券的,其卖出该证券的价格也应当满足不低于最近成交价的要求，但超出融券数量的部分除外。

（三）融资融券的期限及偿还

1. 根据《证券公司融资融券业务管理办法》的规定，证券公司与客户约定的融资、融券期限不得超过证券交易所规定的最长期限，且不得展期；融资利率不得低于中国人民银行规定的同期金融机构贷款基准利率。沪、深两家证券交易所的《融资融券交易实施细则》均规定，融资、融券期限最长不得超过6个月。

2. 融资的偿还。投资者融资买入证券后，可以通过直接还款或卖券还款的方式偿还融入资金。投资者以直接还款方式偿还融入资金的，按照其与证券公司之间的约定办理；以卖券还款偿还融入资金的，投资者通过其信用证券账户委托证券公司卖出证券，结算时投资者卖出证券所得资金直接划转至证券公司融资专用账户。需要指出的是，投资者卖出信用证券账户内证券所得资金，须优先偿还其融资欠款。

3. 融券的偿还。投资者融券卖出后，可以通过直接还券或买券还券的方式偿还融入证券。投资者以直接还券方式偿还融入证券的，按照其与证券公司之间约定，以及交易所指定登记结算机构的有关规定办理。以买券还券偿还融入证券的，投资者通过其信用证券账户委托证券公司买入证券，结算时登记结算机构直接将投资者买入的证券划转至证券公司融券专用证券账户。

投资者采用买券还券方式偿还融入证券时，在未了结相关融券交易前，融券卖出所得资金除用于买券还券外，不得另作他用。

（四）保证金的提交及其与融资融券数的比例

为了控制信用风险，证券公司向投资者融资、融券前，应当事先向投资者收取一定比例的保证金。保证金可以是现金，也可以以证券充抵。交易所上市交易的股票、证券投资基金、债券，货币市场基金、证券公司现金管理产品及交易所认可的其他证券，可以充抵保证金。

保证金应当达到交易所规定的融资融券数的一定比例。根据沪、深两家证券交易所《融资融券交易实施细则》的规定，投资者融资买入证券时，融资保证金比例不得低于50%；投资者融券卖出时，融券保证金比例不得低于50%。证券公司在不超过上述交易所规定比例的基础上，可以根据融券卖出标的证券在计算保证金金额时所适用的折算率标准，自行确定相关融券保证金的比例。

（五）对融资融券交易的风险控制措施

为了防范市场过度波动风险，沪、深两家证券交易所的《融资融券交易实施细则》都规定了相应的风险控制措施，以上海证券交易所为例，其风险控制措施包括以下4个方面。

1. 单只股票的融资监控指标达到25%时，交易所可以在次一交易日暂停其融资买入，并向市场公布。该股票的融资监控指标降低至20%以下时，交易所可以在次一交易日恢复其融资买入，并向市场公布。

单只交易型开放式指数基金的融资监控指标达到 75% 时，交易所可以在次一交易日暂停其融资买入，并向市场公布。该交易型开放式指数基金的融资监控指标降低至 70% 以下时，交易所可以在次一交易日恢复其融资买入，并向市场公布。

2. 单只股票的融券余量达到该股票上市可流通量的 25% 时，交易所可以在次一交易日暂停其融券卖出，并向市场公布。该股票的融券余量降低至 20% 以下时，交易所可以在次一交易日恢复其融券卖出，并向市场公布。

单只交易型开放式指数基金的融券余量达到其上市可流通量的 75% 时，交易所可在次一交易日暂停其融券卖出，并向市场公布。该交易型开放式指数基金的融券余量降至 70% 以下时，交易所可以在次一交易日恢复其融券卖出，并向市场公布。

3. 交易所对市场融资融券交易进行监控。融资融券交易出现异常或市场持续大幅波动时，交易所可视情况采取以下措施并向市场公布：

(1) 调整标的证券标准或范围；

(2) 调整可充抵保证金证券的折算率；

(3) 调整融资、融券保证金比例；

(4) 调整维持担保比例；

(5) 暂停特定标的证券的融资买入或融券卖出交易；

(6) 暂停整个市场的融资买入或融券卖出交易；

(7) 交易所认为必要的其他措施。

4. 融资融券交易存在异常交易行为的，交易所可以视情况采取限制相关证券账户交易等措施。

第六节　证券场外交易

一、场外交易概论

证券的场外交易亦称非上市证券交易，是指在证券交易所以外的场所进行的证券交易活动。从我国《证券法》第 2 条的规定来看，证券并不限于证券交易所的上市证券，也包括了非上市证券，进一步说明《证券法》调整的证券交易也包括了上市交易和非上市交易两种情形，其中，非上市交易也就是本节所讨论的场外交易。

场外交易是各国证券市场都存在的一种证券交易形式。从证券市场的发展过程来看，完整的证券交易市场不仅包括证券交易所市场，而且还应包括证券交易所以外的场外交易市场。在世界许多国家和地区，场外交易市场在证券交易中占有十分重要的地位，不少国家和地区的证券交易法上都有专门关于场外交易的条款规定。如韩国《证券交易法》就有多个条款对“协会中介市场上的买卖交易”这一场外交易形式作出规定。我国台湾地区“证券交易法”上也有关于对“证券柜台买卖中心”进行规制的条款。

随着我国多层次资本市场发展和基本定型,我国《证券法》本次修改也反映了资本市场近年发展的现状,该法第37条规定的"国务院批准的其他全国性证券交易场所、按照国务院规定设立的区域性股权市场"就将全国中小企业股份转让系统("新三板")和区域性股权市场纳入调整范围,由此也构成我国场外交易市场的主要层次和基本架构。此外,在实践中还存在银行间债券市场和商业银行柜台交易市场,也属于场外交易市场的构成部分。目前,规则场外交易市场的法律法规除我国《证券法》外,还主要有中国证监会发布的《全国中小企业股份转让系统有限责任公司管理暂行办法》《区域性股权市场监督管理试行办法》和中国人民银行发布的《全国银行间债券市场债券交易管理办法》《商业银行柜台记账式国债交易管理办法》等。根据这些法律法规的规定,场外交易具有3个重要的特征:第一,场外交易是在证券交易所以外的合法场所进行的证券交易活动;第二,场外交易可以采取集中交易和非集中交易方式来进行的证券交易活动,其中,做市交易是非集中交易中一种非常重要的方式;第三,场外交易是应当遵循我国《公司法》《证券法》和相关法规规则来进行的证券交易活动。

二、全国中小企业股份转让系统("新三板")的证券交易

全国中小企业股份转让系统("新三板")是主要为创新型、创业型、成长型中小微企业发展服务的证券市场。根据我国《证券法》和《全国中小企业股份转让系统有限责任公司管理暂行办法》以及全国中小企业股份转让系统有限责任公司(以下简称全国股转公司)的有关交易规则,"新三板"是经国务院批准设立的全国性证券交易场所,为证券转让提供相关设施,包括交易主机、交易单元、报盘系统及相关通信系统等;可以在"新三板"转让的证券,包括股票、可转换公司债券及其他证券品种;"新三板"的证券转让实行主办券商制度,主办券商从事推荐股份公司股票挂牌,对挂牌公司进行持续督导,代理投资者买卖挂牌公司股票,为股票转让提供做市服务等业务;"新三板"实行与投资者风险识别和承受能力相适应的投资者适当性管理制度;①"新三板"的挂牌股票转让主要采取3种方式,即竞价方式、协议方式和做市方式,下面分别述之。

(一)竞价转让方式

竞价转让作为"新三板"股票转让的方式之一,与前述证券交易所集中交易方式基本相同。按照全国股转公司发布并于2018年1月实施的《全国中小企业股份转让系统股票转让细则》(以下简称《股转系统股票转让细则》)的规定,竞价转让是与做市转让并列的股票转让方式,包括集合竞价和连续竞价两种方式。所谓集合竞价,是指对一段时间内接受的买卖申报一次性集中撮合的竞价方式;所谓连续竞价,是指对买卖申报逐

---

① 《全国中小企业股份转让系统投资者适当性管理细则》(2017年7月修订)规定的合格投资者标准是:申请参与挂牌公司股票公开转让的自然人投资者,本人名下最近10个转让日的日均金融资产须达到500万元人民币以上和具备2年以上的金融投资或工作的经历;机构投资者的实收资(股)本或实缴出资总额须达到500万元人民币以上。

笔连续撮合的竞价方式。“新三板”的基础层和创新层均可采取竞价转让方式。股票竞价转让按照价格优先、时间优先的原则撮合成交。投资者可以采用限价委托方式委托主办券商买卖股票。另外,“新三板”股票竞价转让在开立账户、委托申报、竞价成交、清算交收等环节上也与证券交易所的集中交易方式大同小异,故此不再详述。

(二)协议转让方式

协议转让作为“新三板”股票转让的方式之一,与前述讨论的非集中交易中的协议交易方式也基本相同。按照《股转系统股票转让细则》第73条的规定,单笔申报数量不低于10万股,或者转让金额不低于100万元人民币的股票转让,可以进行协议转让。说明“新三板”的协议转让是有条件限制的转让方式,单笔申报数量或转让金额符合规定标准的股票转让,才能进行协议转让。鉴于协议转让的有关内容在前面非集中交易中已有涉及,在此不再赘述。

(三)做市转让方式

做市转让是《股转系统股票转让细则》规定的首要的股票转让方式,也是“新三板”股票转让最具特色的方式。做市转让与其他转让方式一样,都需要遵循“新三板”的有关规则,履行投资者开立账户、采取相应的委托方式委托主办券商买卖股票、转让成交后进行清算交收、信息披露等程序和义务。做市转让不同于其他转让方式的主要特点体现在它是以做市商为证券交易一方当事人(或称交易对手方)的股票转让方式,做市商是做市转让的核心内容。根据《股转系统股票转让细则》第130条的规定,做市商是指经全国股转公司同意,在“新三板”持续发布买卖双向报价,并在其报价数量范围内按其报价履行与投资者成交义务的证券公司。做市转让的主要内容包括以下几方面。

1. 为做市转让提供做市报价服务的做市商应当有2家以上,由此才能形成竞争性报价;如果做市商不足2家,且未在30个转让日内恢复为2家以上做市商的,其转让方式将由做市方式变更为其他转让方式;挂牌公司未按规定提出股票转让方式变更申请的,其转让方式将强制变更为竞价转让方式。

2. 做市商向投资者持续提供买卖双向报价,即买进股票和卖出股票的价格,双向报价又称做市报价,是做市商应当履行的基本义务和在“新三板”进行做市申报的主要内容,应当按照做市规则来进行。按照《股转系统股票转让细则》第48条的规定,做市商每次提交做市报价的相对买卖价差不得超过5%。

3. 做市转让的股票成交是在投资者与做市商之间完成的。在做市转让的方式下,投资者之间不能成交,投资者以做市商为交易对手方进行股票转让,而做市商则是以其自有资金和股票与投资者进行股票买卖。按照《股转系统股票转让细则》第58条的规定,做市商在做市前应当取得不低于10万股的做市库存股票。如果是挂牌时采取做市转让方式的股票,初始做市商应当取得合计不低于挂牌公司总股本5%或100万股(以孰低为准),且每家做市商不低于10万股的做市库存股票。

4. 做市商在做市申报的报价数量范围内按其报价接受投资者的买卖要求,如果投资者通过限价申报,符合做市商做市申报的成交要求(到价)时,做市商则应当履行与投资者成交的义务。

做市转让正是以做市商为核心,通过做市商作为一方当事人与投资者持续不断地进行股票买卖,为股市提供资金,维持和增强市场流动性,满足投资者的不同投资需求,拓展股票交易的深度和广度。

三、区域性股权市场的证券交易

区域性股权市场是主要服务于所在省级行政区域内中小微企业的证券市场,也是地方人民政府扶持中小微企业政策措施的综合运用平台。按照《区域性股权市场监督管理试行办法》的规定,区域性股权市场的证券交易主要是"转让中小微企业股票、可转换为股票的公司债券和国务院有关部门认可的其他证券","未经国务院有关部门认可,不得在区域性股权市场转让除股票、可转换为股票的公司债券之外的其他证券"。区域性股权市场不得为所在省级行政区域外的企业股权转让提供服务。区域性股权市场的证券交易具有如下特点。

1. 挂牌转让证券的挂牌,公司应当具备一定条件,包括符合我国《公司法》规定的治理结构、最近1个会计年度的财务会计报告无虚假记载和没有处于持续状态的重大违法行为等。

2. 证券转让受到较多限制。如不得采用广告、公开劝诱等公开或者变相公开方式;不得采取集中竞价、连续竞价、做市商等交易方式;投资者买入后卖出或卖出后买入同一证券的时间间隔不得少于5个交易日。

3. 参与证券转让的投资者应当符合合格投资者的要求。合格投资者应是依法设立且具备一定条件的法人机构、合伙企业,金融机构及其资产管理产品和投资性计划,依法设立的基金,金融资产不低于50万元人民币且具备2年以上的金融投资或工作的经验的自然人。

4. 挂牌公司应当在每一会计年度结束之日起4个月内编制并披露年度报告,并在发生可能对证券转让价格产生较大影响的重要事件时,披露临时报告。年度报告应当包括公司基本情况、公司治理、控股股东和实际控制人情况、业务概况、财务会计报告以及可能对证券发行或者转让具有较大影响的其他情况。

5. 投资者在区域性股权市场买卖证券,应当向办理登记结算业务的机构申请开立证券账户。办理登记结算业务的机构可以直接为投资者开立证券账户,也可以委托参与本市场的证券公司代为办理。在区域性股权市场内转让的证券,应当在办理登记结算业务的机构集中存管和登记。办理登记结算业务的机构应当根据证券登记结算的结果,确认证券持有人持有证券的事实,提供证券持有人登记资料。

6. 区域性股权市场的监管由省级人民政府负责。省级人民政府制定区域性股权市场监管实施细则和操作办法并指定地方金融监管部门承担日常监管职责;中国证监会及其派出机构对地方金融监管部门监管工作进行指导、协调和监督。

第七节 证券交付

根据我国《证券法》第35条的规定,证券交易的证券,不仅应当是依法发行的证券,而且还必须是已经交付的证券。说明证券交付是证券交易得以进行的必要前提条件。从证券交易的场所来看,无论证券交易是在证券交易所内进行还是在证券交易所以外的其他场所进行,都会涉及证券交付的问题。鉴于在不同证券场所进行的证券交易中和采取不同方式进行的证券交易中,证券交付有不同的表现,也牵涉一些较复杂的问题,因此需要作为一个专门问题来讨论。

一、证券交付的基本含义

证券交付又称证券"交收"或"交割",是证券转让的标志。由于证券交易就是证券权利的转让,因此,证券交付应当是指证券权利发生法律意义上的转让效力的标志。证券交付是证券交易得以成立和正常进行的前提条件,也是证券权利转移发生法律效力的标志。

证券交付包括发行交付和交易交付两种形式,所谓发行交付是指发行人将证券权利转让给投资者;所谓交易交付是指证券交易的出卖人将证券权利转让给买受人。本节主要讨论交易交付的情况。证券交付之所以作为证券交易得以成立和正常进行的前提,是因为无论发行交付中的投资者,还是交易交付中的买受人,如果没有通过证券交付获得证券权利,其就无法作为出卖人进入下一轮交易。从合同角度来看,在实践中的证券交付往往并不随着买卖合同的成立和生效而完成。如果当事人违反合同而拒不交付证券权利,那么证券的转让就处于合同生效而未实际履行的状态,证券的转让也就没有实现,受让方享有的就只是要求证券交付和违约赔偿的请求权(债权)而非完整意义上的证券权利。

证券交付的复杂性主要来自实践中的证券目前基本采取"无纸化"方式发行和交易,"无纸化"证券对于谁是证券权利的享有者主要依据电子记载来识别。这一电子记载方式在证券登记结算机构即"电子化证券登记簿记系统"。证券交付是否完成,需要依据电子化证券登记簿记系统的登记记载来确认,即证券权利是否在电子化证券登记簿记系统上发生变更。在证券采用"无纸化"的方式发行和交易时,证券市场上公开发行和上市交易证券几乎都成了"记名证券",从而使我国《公司法》关于无记名证券转让的有关规定在认定"无纸化"证券交付问题上已很难适用。①

---

① 我国《公司法》第140条和第160条规定,无记名股票或公司债券的转让,由持有人将该该证券交付给受让人后即发生转让的效力。从内容上来看,该条规定的"交付"显然是指股票或公司债券的实物交付,即无记名证券中的"实物券式证券"的"交付"情况,或者说是人们通常所说的"一手交货"或"即时清洁"的意思。这对于"无纸化"证券形式,其"交付"显然不可能采取"一手交货"或"即时清洁"的方式来进行。

二、证券交付的一般情况

从前述证券交易所、“新三板”和区域性股权市场进行的证券交易来看，交易必须得借助或通过证券登记结算机构才能完成：首先，证券由证券登记结算机构存管是进行交易的前提条件，按照我国《证券法》第 150 条的规定：“在证券交易所或者国务院批准的其他全国性证券交易场所交易的证券，应当全部存管在证券登记结算机构。”其次，作为证券交易必经程序的证券清算和交收需要通过证券登记结算机构来完成，按照《证券登记结算管理办法》①的规定，证券登记结算机构为证券交易的提供集中登记、存管与结算服务，具体包括证券账户、结算账户的设立和管理、证券的存管和过户、证券持有人名册登记及权益登记、证券和资金的清算交收等。由此可见，证券登记结算机构在证券交易过程中占有十分重要的地位，对证券交易的完成发挥不可缺少重要的作用。

证券交易场所的证券交易虽然可以分为集中交易和非集中交易两种基本形式，但无论采取哪种形式，证券交付都要通过证券登记结算机构来完成；从我国《证券法》第 148 条关于“在证券交易所和国务院批准的其他全国性证券交易场所交易的证券登记结算应当采取全国集中统一的运营方式”的规定来看，采取集中交易形式和采取非集中交易形式在证券交付上是没有本质差异的。

根据我国《证券法》第 145 条的规定，证券登记结算机构是一个为证券交易提供集中登记、存管与结算服务的独立法人机构，并非依附于证券交易所而存在。这里的“证券交易”应当包括了证券交易所交易和证券交易所之外交易的情况，或者说，我国《证券法》上的证券登记结算机构是为上市证券交易和非上市证券交易提供服务的机构。我国《证券法》第九章是对证券登记结算机构的专章规定，其中涉及证券登记结算机构的资格条件，批准机关等。由此表明，如果不符合我国《证券法》的相关要求，即使从事涉及证券登记结算服务的业务，也不能具有证券登记结算机构的合法地位。

根据我国《证券法》第 151 条第 2 款关于“证券登记结算机构应当根据证券登记结算的结果，确认证券持有人持有证券的事实”的规定，在证券交易所、“新三板”和区域性股权市场交易的证券是否交付，或者说证券权利是否发生转移就应当依据证券登记结算机构的电子化证券登记簿记系统中的记载来确认。但是，何为证券交付已经完成的时点标志？笔者注意到，最高人民法院经济审判庭于 1997 年 7 月 4 日给中国证监会的答复函中确立了“股份所有权的转移以办理过户登记手续为有效”的原则。笔者认为这一原则具有合理性，符合我国证券市场的情况，可简称为“登记交付”原则。根据这一原则，证券登记结算机构办理登记过户的时间就是证券交付的时点标志。由于证券交易场所对不同证券品种有不同的清算交收的时间要求，证券登记结算机构办理某一具体证券的登记过户时间也不尽相同。如证券交易所的 A 股股票交易目前实行

---

①　该法规由中国证监会 2006 年 4 月发布后，分别在 2009 年 11 月、2017 年 12 月、2018 年 8 月经过了 3 次修改。

“T+1”交割制度,“登记交付”的时间就是股票成交后的次日;B股交易实行“T+3”交收制度,“登记交付”的时间就是股票成交后的第三个交易日。

通过证券登记结算机构来完成的证券交付具有以下特点:第一,与证券交易所成交的证券交付相同,应当适用“登记交付”的原则,即证券登记结算机构办理登记过户的时间就是证券交付的时点标志。第二,根据我国《证券法》第151条第2款关于“证券登记结算机构应当根据证券登记结算的结果,确认证券持有人持有证券的事实”的规定,“登记交付”具有优先于其他法律法规有关规定适用的效力。

三、证券交付的特殊情况——“回转交易”

根据沪、深两家证券交易所的《交易规则》,“回转交易”存在于集中交易形式中。由于“回转交易”是指投资者买入的证券经确认成交后,在交收前又全部或部分卖出的情况,因此,“回转交易”似乎意味着证券还没有完成证券交付前就又进入了新一轮的证券交易,或者说是证券买卖还没有实现前述的“登记交付”就出卖,这就存在是否与“登记交付”原则相冲突的问题。申言之,是否与我国《证券法》第35条关于证券交易的证券是已经交付证券的规定相冲突的问题。

“回转交易”涉及的证券交付是一种特殊情况。如果将“回转交易”视为一轮独立完整的交易过程,那么它的确可能存在与“登记交付”原则或我国《证券法》第35条的规定相冲突的问题;但如果将它视为是一轮证券交易的构成部分而非独立完整的交易过程,性质就会发生变化。

1.“回转交易”尽管使用了“交易”的表述,但如同本章讨论的“指定交易”概念一样,其并不是一个独立完整的交易过程,而是交易过程中的一个环节。① “回转”在法律上具有恢复到原有状态的含义。② 按照这一理解,“回转”就可以指在一轮证券交易尚未完成(证券尚未交付)之前发生了变更,即当事人发生了变更,由原来的A(出卖人)与B(买受人)业已形成的买卖关系恢复到原来尚未发生的状态,变更为A与C的买卖关系。这里的C是替代了B的地位作为了该轮证券交易的买受人,这一变更是通过B与C的“回转交易”行为来实现的。

2.“回转交易”的行为性质类似合同法上的债权转让。“回转交易”行为发生前,由于A与B的证券买卖已经成交,在合同法上应当属于买卖合同已经生效但尚未履行完毕,此时A与B构成了债权债务关系,即B享有请求A交付证券的债权。根据我国《合同法》第79条关于“债权人可以将合同的权利全部或者部分转让给第三人”的规定,B可以将请求A交付证券的合同权利通过“回转交易”的方式转让给C。债权转让后,B对A的债权就变更为C对A的债权。由于证券交易是通过集中交易的方式来进

---

① 按照笔者的观点,指定交易实际上是证券交易中的委托方式,属于一个独立证券交易过程中的构成部分。因此,指定交易应当称为“指定委托”。

② 如民事诉讼法上的“执行回转”就有将已经执行的财产恢复到执行开始前的状态的含义。

行的，作为出卖人的A和作为买受人的B在交易过程中并不知道对方是谁，因此，买受人在证券交付前进行的债权转让，无须也无法按照我国《合同法》规定的一般债权转让程序来履行通知债务人的义务。笔者认为，按照"回转交易"的规范来操作，既不会损害A的利益，也不会损害他人的利益，因而完全没有设置通知债务人义务的必要。

综上所述，将"回转交易"视为证券交易完整过程中的构成部分，证券交付就应当发生于A与C之间，或者说，"回转交易"使原来可能发生于A与B之间的证券交付变成了A与C之间的证券交付。按照这一认识，所谓"回转交易"与"登记交付"原则或我国《证券法》第35条规定相冲突的问题也就迎刃而解了。

第八节　禁止的交易行为

禁止的交易行为，是指我国《证券法》《公司法》等法律、行政法规以及有关规章制度规定的，证券市场的参与者在证券交易过程中不得从事的行为。公开、公平、公正和诚实信用是包括我国在内的世界各国的证券法的基本原则，是每一个证券投资者和证券市场其他参与者在证券发行和交易活动中必须遵守的。但有的市场参与者为谋取更多利润或为转嫁风险、减少损失，利用信息优势、资金优势或管理优势从事内幕交易、操纵市场、欺诈投资者等行为，使广大中小投资者处于极为不利的地位，直接违背"三公原则"和诚信原则，扰乱证券市场的正常秩序，严重损害广大投资者的利益，具有极大的危害性。因此，世界各国证券法均把这些行为列为禁止行为并规定了相应的惩罚措施。我国《证券法》除在第三章"证券交易"中专列一节规定"禁止的交易行为"外，还在第十三章"法律责任"中规定了从事禁止交易行为的行政责任和民事责任。此外，我国《刑法》对情节严重的内幕交易、虚假陈述、操纵市场等行为规定为犯罪。

证券交易禁止行为大致可以分为四类，即内幕交易行为、操纵市场行为、欺诈投资者行为以及其他禁止性行为。各国证券法几乎都把前三类行为称为证券三大禁止行为。我国《证券法》在总则中也对这三类禁止交易行为作了列举，该法第5条明确规定："证券的发行、交易活动，必须遵守法律、行政法规；禁止欺诈、内幕交易和操纵证券市场的行为。"

一、内幕交易行为

（一）概说

内幕交易又称证券内幕交易、内部交易、知情人交易等，在我国台湾地区，内幕交易被称为内部人买卖、内部人交易、内线交易。在美国、英国、加拿大等英语国家和地区内幕交易被称为"Insider Trading"或"Insider Dealing"。关于内幕交易的定义，各国或地区有不同的观点，有的强调信息的对等性，认为内幕交易是公司职员、董事或其他与公司有信赖关系的人，在占有重要而非公开的信息时，购买或出售公司股票的行为；有的强调接触信息对等性的定义,认为内幕交易是能够接触到与之交易的一般相对人不能接触到的信息的人的交易;其他还有强调内部人身份的定义、强调构成要素的定义等。我国《证券法》第50条规定:“禁止证券交易内幕信息的知情人和非法获取内幕信息的人利用内幕信息从事证券交易活动。”我国《刑法》第180条对内幕交易行为的表述则更详细和准确。结合两部法律的规定,内幕交易是指证券交易内幕信息的知情人员或者非法获取证券交易内幕信息的人员,在涉及证券的发行、交易或者其他对证券的价格有重大影响的信息尚未公开前,买入或者卖出该证券或者泄露该信息,或者建议他人买卖该证券的行为。

从上述定义可见,内幕交易是内幕信息的知情人员利用信息优势进行信息不对称的交易,不仅是违反信息披露制度的行为,也是违反证券市场的交易公平基本原则的行为。证券市场上的各种信息是投资者进行投资决策的基本依据,相较其他市场,投资者对信息依赖度更高,投资者对信息了解、掌握和运用的程度,直接关系自身的利益,充分体现了信息就是财富的重要性。内幕交易虽然在操作程序上与正常交易的操作程序相同,也是市场上公开买卖证券,但由于一部分人利用内幕信息,先行一步对市场作出反应,在遇到利好信息时,先于一般投资者用较低的价格买入证券以获取更多的利润,在遇到利空信息时,先于一般的投资者用较高的价格卖出证券以减少损失,从而使广大中小投资者因信息获取时间的滞后而处于不利地位,大大增加了遭受损失的可能性和程度。因此,内幕交易行为直接违反了“三公”原则和诚信原则,严重损害了广大投资者的利益。另外,内幕交易也会严重损害上市公司的利益。上市公司作为公众持股的公司,必须执行法定的信息披露制度,向广大投资者及时公布财务状况和经营情况,这样才能取得公众的信任。而一部分人利用内幕信息进行证券买卖,使上市公司的信息披露有失公正,损害了广大投资者对上市公司的信心,降低了上市公司的社会形象,从而影响上市公司的正常发展。正是基于此,世界各国普遍主张对内幕交易进行严格控制,用法律来禁止内幕交易行为。

关于对内幕交易进行规制的立法起源于美国,内幕交易在美国被视为证券市场最严重的违法行为。美国20世纪30年代证券立法的基点是信息公开与反市场欺诈,反市场欺诈的重要内容就是对内幕交易的规范。美国《1934年证券交易法》第16节是关于内幕交易管制的专门规定,该节规定了3项基本原则:持股和转让股份报告制度、禁止短线交易制度和禁止内幕人员卖空制度。对内幕交易的法律制裁主要通过《1934年证券交易法》第10节b款[10(b)]和美国证券交易委员会即SEC制定的10b—5,10b—5是美国反内幕交易的最基本法规。美国的这两个立法是其他国家和地区反内幕交易的立法蓝本,特别是亚洲国家如日本基本上就是对其内容的传承。进入20世纪80年代后,世界进入了反内幕交易的立法高潮,美国继1984年颁布了《1984年内幕交易制裁法》后于1988年颁布了《内幕交易与证券欺诈施行法》,这两部法律都加大了对内幕交易的制裁力度,如《内幕交易与证券欺诈施行法》将自由刑从5年提高到10年,罚金刑从10万美元提高到100万美元。1986年伦敦金融大爆炸,引起了世界资本市场的巨大震动,内幕交易被认为在其中扮演着不光彩的角色。1989年《欧洲内幕交易指令》标志着反内幕交易立法的高潮,引起了欧洲整体范围内的立法运动。该指令为欧共体成员提供了反内幕交易的法律责任及具体制裁措施的最低标准,要求成员国国内立法达到该指令的规定。

相比于证券市场发达国家,我国证券市场的内幕交易现象是较突出的。与世界上多数国家和地区的做法一样,我国对内幕交易行为也是采取了严格限制的态度,我国《证券法》不仅在第50条将内幕交易定性为禁止的交易行为,而且在该法第51条、第52条和第53条对内幕交易的知情人、内幕信息、内幕交易行为方式等具体内容和民事责任作了明确规定。从我国《证券法》的具体有关规定来看,法律对内幕交易的规制可概括为预防、监控和制裁几个部分的内容。其中,预防包括要求内幕人持股和股份转让报告制度、限制短线交易制度等;监控主要是指证券监管机构、自律组织、公众等主体对内幕交易的监督,主要通过信息披露制度来实现;制裁是指追究内幕交易行为人的法律责任,包括民事责任、行政责任和刑事责任。

(二)内幕交易的主体

按照我国《证券法》的规定,我国内幕交易的主体可以分为以下两类。

1. 知悉证券交易内幕信息的知情人员。知情人员也称内幕人员。根据我国《证券法》第51条规定,知情人员包括:

(1)发行人及其董事、监事、高级管理人员。这里的"高级管理人员",按照我国《公司法》第216条第1项的规定,是指公司的经理、副经理、财务负责人,上市公司董事会秘书和公司章程规定的其他人员。

(2)持有公司5%以上股份的股东及其董事、监事、高级管理人员,公司的实际控制人及其董事、监事、高级管理人员;这里的"实际控制人",按照我国《公司法》第216条第3项的规定,是指虽不是公司的股东,但通过投资关系、协议或者其他安排,能够实际支配公司行为的人。

(3)发行人控股或者实际控制的公司及其董事、监事、高级管理人员。

(4)由于所任公司职务或者因与公司业务往来可以获取公司有关内幕信息的人员。

(5)上市公司收购人或者重大资产交易方及其控股股东、实际控制人、董事、监事和高级管理的人员。

(6)因职务、工作可以获取内幕信息的证券交易场所、证券公司、证券登记结算机构、证券服务机构的有关人员。

(7)因职责、工作可以获取内幕信息的证券监督管理机构工作人员。

(8)因法定职责对证券的发行、交易或者对上市公司及其收购、重大资产交易进行管理可以获取内幕信息的有关主管部门、监管机构的工作人员。

(9)国务院证券监督管理机构规定的可以获取内幕信息的其他人员。

上述知情人员还可分为内部知情人员和外部知情人员两种情况。内部知情人员是指能够以在公司内部担任的职务或持有的股权控制公司以及对公司负有忠实义务和勤勉义务的人员,如公司董事、高级管理人员和大股东、实际控制人;外部知情人员是指来自公司外部但与公司业务有联系的人员,主要是监管机构的人员与中介机构的工作人员。

2. 非法获取证券交易内幕信息的人员。根据最高人民法院、最高人民检察院《关于办理内幕交易、泄露内幕信息刑事案件具体应用法律若干问题的解释》(2012 年 6 月 1 日施行),这类人员包括:

(1)利用窃取、骗取、套取、窃听、利诱、刺探或者私下交易等手段获取内幕信息的。

(2)内幕信息知情人员的近亲属或者其他与内幕信息知情人员关系密切的人员,在内幕信息敏感期内,从事或者明示、暗示他人从事,或者泄露内幕信息导致他人从事与该内幕信息有关的证券交易,相关交易行为明显异常,且无正当理由或者正当信息来源的。

(3)在内幕信息敏感期内,与内幕信息知情人员联络、接触,从事或者明示、暗示他人从事,或者泄露内幕信息导致他人从事与该内幕信息有关的证券交易,相关交易行为明显异常,且无正当理由或者正当信息来源的。

(三)内幕信息的范围

内幕信息,是指在证券交易活动中,涉及发行人的经营、财务或者对该发行人证券的市场价格有重大影响的尚未公开的信息。根据我国《证券法》第 52 条并结合第 80 条、第 81 条的规定来看,内幕信息主要指向涉及股票交易价格的内幕信息和涉及公司债券交易价格的重大信息。

1. 发生可能对上市公司、股票在“新三板”交易的公司的股票交易价格产生较大影响的重大事件。根据我国《证券法》第 80 条的规定来看,这类内幕信息包括:

(1)公司的经营方针和经营范围的重大变化。

(2)公司的重大投资行为,公司在 1 年内购买、出售重大资产超过公司资产总额 30%,或者公司营业用主要资产的抵押、质押、出售或者报废 1 次超过该资产的 30%。

(3)公司订立重要合同,从事关联交易或者公司债务担保的重要变更,可能对公司的资产、负债、权益和经营成果产生重要影响。

(4)公司发生重大债务和未能清偿到期重大债务的违约情况。

(5)公司发生重大亏损或者重大损失。

(6)公司生产经营的外部条件发生的重大变化。

(7)公司的董事、1/3 以上监事或者经理发生变动,董事长或者经理无法履行职责。

(8)持有公司 5% 以上股份的股东或者实际控制人持有股份或者控制公司的情况发生较大变化,公司的实际控制人及其控制的其他企业从事与公司相同或者相似业务的情况发生较大变化。

(9)公司分配股利、增资的计划,公司股权结构的重要变化,公司减资、合并、分立、解散及申请破产的决定,或者依法进入破产程序、被责令关闭。

(10)涉及公司的重大诉讼、仲裁或者受到重大行政处罚,股东大会、董事会决议被依法撤销或者宣告无效。

(11)公司涉嫌犯罪被依法立案调查,公司的控股股东、实际控制人、董事、监事、高级管理人员涉嫌犯罪被依法采取强制措施。

(12)国务院证券监督管理机构规定的其他事项。

2. 发生可能对上市交易公司债券的交易价格产生较大影响的重大事件。根据我国《证券法》第 81 条的规定来看,这类内幕信息包括:

(1)公司股权结构或者生产经营状况发生重大变化。

(2)公司债券信用评级发生变化。

(3)公司重大资产抵押、质押、出售、转让、报废。

(4)公司发生未能清偿到期债务的情况。

(5)公司新增借款或者对外提供担保超过上年末净资产的 20%。

(6)公司放弃债权或者财产超过上年末净资产的 10%。

(7)公司发生超过上年末净资产 10% 的重大损失。

(8)公司分配股利,作出减资、合并、分立、解散、申请破产决定,或者依法进入破产程序、被责令关闭。

(9)涉及公司的重大诉讼、仲裁。

(10)公司涉嫌犯罪被依法立案调查,公司的控股股东、实际控制人、董事、监事、高级管理人员涉嫌犯罪被依法采取强制措施。

(11)国务院证券监督管理机构规定的其他事项。

(四)内幕交易行为方式

根据我国《证券法》第 53 条的规定,内幕交易行为方式可分为:

(1)内幕交易信息的知情人和非法获取内幕信息的人,在内幕信息公开前,买卖该公司的证券。

(2)上述两类人向他人泄露该内幕信息。

(3)上述两类人建议他人买卖该证券。

前述《关于办理内幕交易、泄露内幕信息刑事案件具体应用法律若干问题的解释》第 4 条规定了不属于我国《刑法》第 180 条第 1 款规定的从事与内幕信息有关的证券交易的情形:

(1)持有或者通过协议、其他安排与他人共同持有上市公司 5% 以上股份的自然人、法人或者其他组织收购该上市公司股份的。

(2)事先订立的书面合同、指令、计划从事相关证券交易的。

(3)依据已被他人披露的信息而交易的。

(4)交易具有其他正当理由或者正当信息来源的。

(五)内幕交易的法律责任

根据我国《证券法》的规定,从事内幕交易的,其行为人可能承担民事责任、行政责任,构成犯罪的,依法追究刑事责任。详见本书第十六章“法律责任”的有关内容。

二、利用未公开信息交易行为

利用未公开信息交易行为俗称“老鼠仓”行为,是近年来证券交易中较突出的损害投资者利益的行为。我国《证券法》本次修改增加了这一禁止交易的行为,该法第 54 条第 1 款规定:“禁止证券交易场所、证券公司、证券登记结算机构、证券服务机构和其他金融机构的从业人员、有关监管部门或者行业协会的工作人员,利用因职务便利获取的内幕信息以外的其他未公开的信息,违反规定,从事与该信息相关的证券交易活动,或者明示、暗示他人从事相关交易活动。”2009 年 2 月 28 日施行的我国《刑法修正案(七)》对《刑法》第 180 条增加了一款规定,作为第 4 款,该款内容与《证券法》第 54 条的规定基本相同。根据两部法律的规定,“老鼠仓”行为具有如下特征。

(一)行为人为特定主体

特定主体即证券交易场所、证券登记结算机构、证券公司、证券服务机构和其他金融机构的从业人员、有关监管部门或者行业协会的工作人员。

(二)交易活动利用了内幕信息以外的其他未公开信息

这里的“内幕信息以外的其他未公开的信息”,按照最高人民法院、最高人民检察院《关于办理利用未公开信息交易刑事案件适用法律若干问题的解释》(2019 年 7 月 1 日施行)第 1 条的规定,包括下列信息:

(1)证券、期货的投资决策、交易执行信息;

(2)证券持仓数量及变化、资金数量及变化、交易动向信息;

(3)其他可能影响证券、期货交易活动的信息。

(三)行为人从事了与未公开信息相关的证券交易活动,或者明示、暗示他人从事相关交易活动

根据我国《证券法》第 54 条第 2 款的规定,利用未公开信息进行交易给投资者造成损失的,应当依法承担赔偿责任;该法第 191 条第 2 款规定,利用未公开信息进行交易的,应当承担行政责任;根据我国《刑法》第 180 条第 4 款的规定,利用未公开信息进行交易,情节严重的,依照内幕交易罪处罚的相关规定来进行处罚。详见本书第十六章“证券法律责任”的有关内容。

三、操纵市场行为

操纵证券市场行为又被称为操纵证券市场行情,是指个人或机构背离集中竞价和市场供求关系原则,通过各种不正当方式,影响或意图影响证券交易价格或者证券交易量,制造证券市场假象,人为地操纵证券交易价格,以引诱他人参与证券交易,为自己牟

取不正当利益或者转嫁风险的行为。

在证券市场上,证券价格的涨落有两个重要的因素:一是入市资金量的多少;二是证券市场流通的证券数量。二者形成证券市场供求关系的不断变化。一般而言,在前者不变的情况下,证券市场流通证券数量越多,价格就可能越往下跌,即出现证券供大于求的情况;反之,在后者不变的情况下,入市资金量越多,价格就可能越往上扬,即出现证券供不应求的情况。操纵证券市场价格行为是通过资金等优势,通过各种不正当手段人为地扭曲证券市场价格,造成虚假的供求关系,违反证券市场公平、公正的原则,扰乱证券市场正常秩序,致使投资者的利益受到损失。因此,各国对操纵市场的行为都是明令禁止的,并均在证券立法中规定了严厉的制裁条款。

我国《证券法》第 55 条、《刑法》第 182 条及最高人民法院、最高人民检察院《关于办理操纵证券、期货市场刑事案件适用法律若干问题的解释》(2019 年 7 月 1 日施行,以下简称《操纵市场司法解释》)均对操纵市场的行为方式作了规定,根据我国《证券法》第 55 条的规定,操纵市场的行为包括以下情形。

(一)单独或者通过合谋,集中资金优势、持股优势或者利用信息优势联合或者连续买卖

这种行为从主体上来看,包括“单独”和“合谋”两种情况。所谓单独,是指行为人没有与他人联手来从事的操纵市场的行为;所谓合谋,是指行为与他人联手共同来从事的操纵市场的行为,如果情节严重,构成犯罪,在刑法上就属于共同犯罪行为。从行为方式上来看,可分为“联合买卖”和“连续买卖”两种情况。

1. 联合买卖。联合买卖是指两个或两个以上的行为人合谋联手,集中资金优势、持股优势或信息优势共同买卖,操纵证券交易价格或证券交易量。因此,联合买卖属于“合谋”的情况,具有必要共同行为的性质和特征。在实践中主要表现为两个以上的资金大户、持股大户利用其拥有的大量资金或者持有的大量证券,或者利用内幕信息等优势,进行通谋买卖,或是大量购买某种证券,或是大量抛卖某种证券,导致该种证券的价格在市场大起大落,行为人趁机以高价卖出或者以低价买进而获得非法利益。资金大户具有资金数量上的优势,持股大户具有持有股票数量上的优势,如果彼此间相互联手,就可能形成联合买卖的行为。

2. 连续买卖。连续买卖是指两次或两次以上的买卖情形,即在短时间内对同一证券反复买进卖出,通常表现为连续高价买进或者连续低价售出同种证券的行为。连续买卖既可能是“单独”行为,也可能是“合谋”行为。行为人连续以高价买进同种证券,可能导致该种证券价格大幅上涨,其在高价位上再卖出该种证券就可能获得巨额非法利益;行为人连续以低价卖出同种证券,可能导致该种证券价格大幅下跌,其在低价位上再购入该种证券也可能获得巨额非法利益。

连续买卖在操作上通常包括“积累、包开、抬价和脱手”4 个步骤:在积累阶段,行为人秘密而谨慎地购进选定的某种证券,尽可能多地积累库存,但又注意不使价格抬起;

在包开阶段，行为人将该种证券大量抛出，造成价格猛跌，迫使其他投资者出售持有的该种证券，进一步导致证券价格的下跌；在抬价阶段，行为人突然公开地大量购买该种证券，由于该种证券在市场上数量不多，因而在供不应求的情况下必然导致价格猛涨；在脱手阶段，行为人或是在价格猛涨阶段出货，在高价位上将自己持有的该种证券卖出，或是在价格暴跌时低价买入证券，由此获取暴利，使投资者遭受损失。

在现实中，行为人还往往将联合买卖与连续买卖结合起来交叉利用，从而使其更容易达到其通过操纵证券交易价格来获取非法利润的目的。

（二）与他人串通，以事先约定的时间、价格和方式相互进行证券交易

这种行为亦被称为“串通买卖”，有的也称“联合操纵”“相对委托”“对敲”，其行为方式包括以下两方面。

1. 串通卖出和买入同一种证券。即行为人与他人串通，在自己卖出或者买入某种证券的同时，约定他人以约定的时间、价格，同时实施相对应的买入或者卖出该证券的行为，如此反复进行，就可能抬高该证券的交易价格，然后行为人再在高价位上全部出卖该证券，以获取非法经济利益；有时行为人与他人串通以低价进行证券交易，人为地操纵该种证券价格降至很低，待证券价格跌至低谷时，行为人乘机以低价购入该种证券，同样可以达到牟取非法经济利益的目的。

2. “对敲”。对敲是指持有不同种证券的行为人为抬高股价或者影响交易量，以事先约定的时间、价格和方式同时买进或者卖出对方的证券，并反复进行，制造两种证券交易频繁、证券价格有上扬之势的假象，诱使其他投资者跟进，待操纵该两种证券价格上涨之后再在高价位上售出该两种证券，以牟取非法利益。

这种行为的目的在于虚假造势，抬高或压低该证券的价格，诱骗其他投资者买入或卖出其所持有的同一证券，使行为人达到高位出货或低位吸筹的目的。这种方式对证券市场正常秩序具有很大的破坏力。

（三）在自己实际控制的账户之间进行证券交易

这种方式俗称“庄家对倒”，也称“自买自卖”或“洗售”，即以自己为交易对象，进行实际上不转移证券所有权的自买自卖，影响证券交易价格或者证券交易量的行为。在实践中主要表现为行为人开立多个证券交易户头，自己卖出证券后又买入证券，在形式上虽然行为人的证券所有权发生了转移，但实质上并没有转移，但给其他投资者造成一种该交易活跃的假象，从而影响其对该证券行情的判断而作出错误的买卖决策，在相同时间内按照一定的价格、数量进行某种股票的买进卖出，以制造某种证券交易繁荣的假象，诱使其他投资者跟进，为行为人出货或吸筹提供机会。

《操纵市场司法解释》对可以认定为“自己实际控制的账户”的情形作出列举：

（1）行为人以自己名义开户并使用的实名账户；

（2）行为人向账户转入或者从账户转出资金，并承担实际损益的他人账户；

（3）行为人通过前述第（1）项、第（2）项以外的方式管理、支配或者使用的他人

账户；

(4)行为人通过投资关系、协议等方式对账户内资产行使交易决策权的他人账户；

(5)其他有证据证明行为人具有交易决策权的账户。

有证据证明行为人对前述第(1)项至第(3)项账户内资产没有交易决策权的除外。

(四)不以成交为目的，频繁或者大量申报并撤销申报

这一情形也称虚假申报。根据《操纵市场司法解释》的规定，虚假申报主要是指行为人不以成交为目的，频繁申报、撤单或者大额申报、撤单，误导投资者作出投资决策，影响证券交易价格或者证券交易量，并进行与申报相反的交易或者谋取相关利益的行为。

(五)利用虚假或者不确定的重大信息，诱导投资者进行证券交易

这类情形也称蛊惑交易，是指行为人进行证券交易时，利用不真实、不准确、不完整或不确定的重大信息，诱导投资者在不了解事实真相的情况下作出投资决定，影响证券交易价格或交易量，以便通过期待的市场波动，进行相关交易或者谋取相关利益的行为。

(六)对证券、发行人公开作出评价、预测或者投资建议，并进行反向证券交易

根据《操纵市场司法解释》的规定，这类情形主要是指行为人通过对证券及其发行人、上市公司公开作出评价、预测或者投资建议，误导投资者作出投资决策，影响证券交易价格或者证券交易量，并进行与其评价、预测、投资建议方向相反的证券交易的行为。

(七)利用在其他相关市场的活动操纵证券市场

根据《操纵市场司法解释》的规定，这类情形如行为人通过策划、实施资产收购或者重组、投资新业务、股权转让、上市公司收购等虚假重大事项，误导投资者作出投资决策，影响证券交易价格或者证券交易量，并进行相关交易或者谋取相关利益的行为。

(八)以其他手段操纵证券市场

这是我国《证券法》上的一个兜底性的规定。根据《操纵市场司法解释》的规定，这类情形如行为人通过控制发行人、上市公司信息的生成或者控制信息披露的内容、时点、节奏，误导投资者作出投资决策，影响证券交易价格或者证券交易量，并进行相关交易或者谋取相关利益的行为。

根据我国《证券法》的规定，从事操纵证券市场行为的，其行为人可能承担民事责任、行政责任，构成犯罪的，依法追究刑事责任。详见本书第十六章“法律责任”的有关内容。

四、编造传播虚假信息或者误导性信息行为

根据我国《证券法》第56条第1款的规定，编造传播虚假信息或者误导性信息是指单位和个人编造传播虚假信息或者误导性信息，扰乱证券市场的行为。包括以下几方

面内容。

1. 证券交易场所、证券公司、证券登记结算机构、证券服务机构及其从业人员，证券业协会、证券监督管理机构及其工作人员，在证券交易活动中作出虚假陈述或者信息误导。

2. 传播媒介及其从事证券市场信息报道的工作人员传播不真实、不客观，误导性的证券市场信息。实施这类行为的动机和目的既可能是出于谋利，也可能是出于其他的动机。如传播媒介没有尽职尽责，对消息来源没有认真审查，或者是从事证券市场信息报道的工作人员出于炫耀表现自己能力、追求新闻猎奇，甚至恶作剧等，从而导致产生不客观真实，误导投资者的情况。

根据我国《证券法》第56条第3款的规定，从事编造传播虚假信息或者误导性信息行为，扰乱证券市场，给投资者造成损失的，应当依法承担赔偿责任。

五、损害客户利益行为

根据我国《证券法》第57条的规定，损害客户利益行为是指证券公司及其从业人员实施的违背客户真实意思表示，损害客户利益的行为。这一行为的特点包括以下方面。

1. 行为人是特殊主体，为证券公司及其从业人员。

2. 行为人主观方面是故意，即证券公司及其从业人员明知自己的行为将会产生损害客户利益的结果，但希望这种结果的发生，其主要是为了自己牟取利益或减少损失。

3. 行为方式上主要有5类情形：

(1)违背客户的委托为其买卖证券。主要表现为客户虽有买入或卖出的委托，但证券公司为其买入或卖出的证券种类、交易价格、数量和时间中有一项或一项以上内容违反了客户的委托。

(2)不在规定的时间内向客户提供交易的书面确认文件。

(3)未经客户的委托，擅自为客户买卖证券，或者假借客户的名义买卖证券。

(4)为牟取佣金收入，诱使客户进行不必要的证券买卖。

(5)其他违背客户意思表示，损害客户利益的行为。

根据我国《证券法》的规定，证券公司及其从业人员从事上述损害客户利益行为的，可能承担民事责任、行政责任，构成犯罪的，依法追究刑事责任。详见本书第十六章"法律责任"的有关内容。

六、其他禁止的交易行为

其他禁止的交易行为，是指除上述禁止行为外的其他可能影响正常证券交易或损害投资者利益的行为。从我国《证券法》第三章的有关规定来看，这类行为包括以下几类。

1. 我国《证券法》第35条第2款规定："非依法发行的证券，不得买卖。"

2. 我国《证券法》第 56 条规定："传播媒介及其从事证券市场信息报道的工作人员不得从事与其工作职责发生利益冲突的证券买卖。"

3. 我国《证券法》第 58 条规定："任何单位和个人不得违反规定，出借自己的证券账户或者借用他人的证券账户从事证券交易。"

4. 我国《证券法》第 59 条规定："依法拓宽资金入市渠道，禁止资金违规流入股市。禁止投资者违规利用财政资金、银行信贷资金买卖证券。"

第七章　上市公司的收购

与封闭型的非公众公司相比，上市公司的公众性特点明显，其股东人数众多且股东所持股票可以通过证券市场自由交易。与之相适应，上市公司收购虽本质上属于收购人与被收购公司其他股东之间的证券交易，但这一类交易与普通证券交易存在重大差异，对中小投资者的保护亦存在特别要求。鉴于此，各个国家普遍对上市公司收购专门立法。在我国，国务院1993年4月22日发布之《股票发行与交易管理暂行条例》即在借鉴国际规范的基础上，对上市公司的收购作出明确规定；1998年出台的《证券法》及此后历次修订，均对上市公司收购予以专章规定。我国新《证券法》在总结我国证券市场2005年以来并购重组实践的基础上，进一步完善了上市公司收购的立法。

第一节　上市公司收购概论

一、上市公司收购的含义

（一）上市公司收购的基本界定

我国《证券法》虽然以专章对上市公司收购行为进行了规范，但并未对上市公司收购作出定义。[①] 从我国《证券法》的相关规定来看，上市公司收购是指通过证券交易所的证券交易，投资者持有或者通过协议、其他安排与他人共同持有一家上市公司已发行的有表决权股份达到一定程度，导致其获得或可能获得对该公司实际控制权的行为。征集股东表决权（proxy solicitation）也是取得上市公司控制权的重要方式，但是由于其不涉及股权交易行为，我国《证券法》一直未将其纳入上市公司收购章节中进行规范调整。根据上述定义，上市公司收购具有如下基本特征。

1. 收购的主体是投资者。上市公司的收购是对上市公司（股权）的收购。换言之，上市公司是收购的客体。因此，在上市公司收购中，被收购的上市公司通常被称为目标公司。我国《证券法》没有规定上市公司收购主体的范围，证券监管机构根据法律授权

---

① 2002年12月中国证监会实施的《上市公司收购管理办法》将上市公司收购定义为：收购人通过证券交易所的股份转让活动持有一家上市公司的股份达到一定比例、通过证券交易所股份转让活动以外的其他合法途径控制一家上市公司的股份达到一定程度，导致其获得或者可能获得对该公司的实际控制权的行为。虽然《上市公司收购管理办法》在2006年5月修改后取消了上述定义的内容，但是这一规定较完整地概括了上市公司收购的本质特征，仍具有较大的参考价值。

制定的规章则明确规定了不得收购上市公司的5类情形。① 此外,投资者可以单独实施上市公司收购,也可以通过协议、其他安排与其他人共同实施。因此,收购人包括投资者及与其一致行动的他人。

2. 收购的标的是上市公司已发行的有表决权的股份,而非上市公司的资产。上市公司收购的目的是获得对上市公司的实际控制权,不持有或者控制上市公司的股份,就不具备行使表决权的基本条件,也就无法实现对公司的控制。仅仅拥有上市公司的资产而不成为其股东,可以构成与上市公司的资产交易,但不是对上市公司的收购。

3. 收购方式及实施行为的法定化。收购方式的法定化是指投资者应当采取证券法律法规规定的方式进行收购。根据证券法律法规的规定和证券市场实践,我国上市公司收购的常见方式有要约收购、协议收购、集中竞价交易以及通过认购股份的收购;我国《证券法》规定的"其他合法方式",主要有国有股权行政划转、司法裁决、继承、赠与以及证券监管机构根据法律授权认定的其他方式。② 实施行为的法定化主要是指投资者应通过证券交易所的证券交易来收购公司,即在"场内"完成收购。上市公司收购方式多种多样,要约收购和集中竞价交易收购通过证券交易系统实现;协议收购及国有股权划转等虽不通过集中竞价方式实施,但也需要获得证券交易所的确认后进行过户登记,因而仍属于"场内交易"。

4. 收购的目的是获得或者巩固对被收购公司的控制权。狭义的收购一般是指获得公司控制权的行为,而广义的收购则包括为了增加或者巩固既有的公司控制权而进行股份增持或其他行为。从收购行为对公司上市地位的影响来看,投资者收购上市公司可能以终止被收购公司的上市地位为目的,如为非公众化(going private)而进行的收购;也可能虽不以终止被收购公司为目的,但在收购期限届满后被收购公司股权分布不符合上市条件,导致其股票被证券交易所依法终止上市交易。

需要指出的是,在因国有股权划转、司法(仲裁)裁决、析产继承等原因导致股权受让方取得或者可能获得上市公司控制权的情形下,虽然受让人并不一定具有获得公司控制权的意愿,但是为了保护投资者的合法权益、防止上述收购方式被恶意利用或者规避信息披露义务等情形的发生,受让方仍应根据我国《证券法》及相关法律法规的规定履行信息披露等义务。

---

① 中国证监会2014年修订的《上市公司收购管理办法》第6条规定,有下列情形之一的,不得收购上市公司:(1)收购人负有数额较大债务,到期未清偿,且处于持续状态;(2)收购人最近3年有重大违法行为或者涉嫌有重大违法行为;(3)收购人最近3年有严重的证券市场失信行为;(4)收购人为自然人的,存在我国《公司法》第146条规定的情形;(5)法律、行政法规规定以及中国证监会认定的不得收购上市公司的其他情形。

② 如万福生科(湖南)农业开发股份有限公司(以下简称万福生科)因司法裁决变更实际控制人:2014年12月12日该公司发布公告称,根据湖南省桃江县人民法院的裁定,万福生科原实际控制人龚某、杨某夫妇持有的3508.77万股公司股份,将按照每股3.99元的评估价划拨给桃源县湘晖农业投资有限公司(以下简称桃源湘晖),用于清偿龚氏夫妇所欠下的1.4亿元债务。通过上述司法划拨,桃源湘晖持有万福生科26.18%的股权,成为公司第一大股东,卢某持有桃源湘晖100%的股权,成为公司新的实际控制人。

(二)上市公司收购与相关概念辨析

有研究指出,我国的公司间并购与资产债务重组是经常被混用的概念,一般倾向把并购和重组看作能够带来同样效应的两种操作。[①] 的确,由于上市公司的收购和重大资产重组的交叉运用在证券市场非常普遍,并购重组、兼并重组等已经成为市场参与者和监管机构普遍使用的概念,而且经常见诸于有关政策法规中。[②] 应予指出,并购重组和兼并重组用于泛指公司合并、收购和资产交易。[③] 为提高法律适用的准确性,现就上市公司收购与相关概念作出相应区分。

1. 上市公司收购与资产重组。公司收购主要是指公司由于股权结构或者表决权的变动,导致其控制权发生变化的情形;而资产重组是指公司所持有的资产的结构和规模发生变化的过程,常见的表现形式是公司购买或者出售重大资产。根据我国证券法规的规定,[④]上市公司重大资产重组主要是指上市公司及其控股或者控制的公司在日常经营活动之外,12 个月内购买、出售资产或者通过其他方式进行资产交易达到或者超过一定比例,导致上市公司的主营业务、资产、收入等发生重大变化,从而需要履行较一般资产交易更严格的决策、审议或者批准程序的资产交易行为。由此可知,上市公司收购中的主体是收购人,上市公司为目标公司而非交易主体;资产重组中上市公司是交易的一方也即交易主体。需要指出的是,在实践中上市公司收购与重大资产重组往往相互交织,如在股权转让或者发行股份的同时伴随资产的购买或出售。正因如此,理论界和实务界通常使用并购重组之统称。

2. 上市公司收购与合并。我国《公司法》使用了公司合并的表述,但是没有对其定义作出规定。根据学者解释,公司合并是指两家或两家以上的公司依照合同约定并根据法律规定的条件与程序组成一家公司的法律行为。[⑤] 按照我国《公司法》第 172 条的规定,公司合并可分为吸收合并和新设合并两种形式。所谓吸收合并,是指一家公司吸收接纳其他公司,吸收方存续并扩大规模,被吸收方解散。所谓新设合并,是指两家或两家以上的公司合并设立一家新公司。

公司合并和上市公司收购存在明显区别:第一,公司合并是两家或者两家以上的公司之间组成一家新公司的法律行为,任何一方都不一定是上市公司。在上市公司收购中,收购主体的组织形式不受限制,但目标公司必须是上市公司;第二,公司合并必然产

---

① 参见杨华:《上市公司并购重组和价值创造》,中国金融出版社 2009 年版,绪论第 1 页。

② 如国务院相关政策文件将公司收购和资产交易统称为“兼并重组”或者“并购重组”,包括《关于促进企业兼并重组的意见》(国发〔2010〕27 号)、《关于进一步优化企业兼并重组市场环境的意见》(国发〔2014〕14 号)以及《关于进一步促进资本市场健康发展的若干意见》(国发〔2014〕17 号)等。

③ 鉴于此,除非需要特别区分,下文也将采用并购重组的概念。

④ 目前,部门规章主要有中国证监会 2014 年 10 月发布并于 2019 年 10 月修订的《上市公司重大资产重组管理办法》等。以下如无特别指出,重组管理办法均指上述规章。

⑤ 周友苏:《新公司法论》,法律出版社 2006 年版,第 465 页。

生公司法人主体资格的消亡,在吸收合并中被吸收的公司主体资格消亡,在新设合并中参与合并的各方主体资格均告消亡。在上市公司收购中,除反向吸收合并和以终止公司上市为目标的收购外,收购完成并不必然导致被收购公司法人主体资格的消亡,反之在实践中常见的情况是目标公司维持上市地位;第三,公司合并作为数家公司基于自愿的法律行为,在性质上属于合同行为;而在通过要约收购和集中竞价交易等方式进行的上市公司收购中,收购人的交易对手方通常是不特定的,收购人遵守法定规则通过证券交易系统即可完成交易。

需要特别指出的是,在法律适用方面,我国《公司法》确立的公司合并分立规则适用于所有类型公司的合并分立行为,是上市公司实施合并或者分立行为的基础,而我国《证券法》上的合并分立制度则主要适用于上市公司。此外,根据我国证券市场的实践,上市公司吸收合并其他公司以及上市公司分立或者被其他公司合并,主要适用上市公司重大资产重组的规则;如涉及发行证券或者上市公司的收购,还应当同时遵守我国《证券法》关于证券发行或者上市公司收购的规定。

3. 上市公司收购与兼并。按照英国《大不列颠百科全书》的界定,兼并(merger)是指"两家或多家独立企业、公司合并组成一家企业,通常由一家占优势的公司吸收一家或更多的公司"。在我国,兼并目前在认识上和法律上都还不是一个完全统一的概念,一般认为其具有狭义和广义之分。狭义的兼并即等同于吸收合并,广义的兼并除吸收合并的含义外,还有"接管"的意思。① 如 1996 年 8 月财政部发布的《企业兼并有关财务问题的暂行规定》第 2 条将"兼并"定义为:一个企业通过购买等有偿方式取得其他企业的产权,使其失去法人资格或虽然保留法人资格但变更投资主体的一种行为。所谓变更投资主体的兼并,即"在被兼并企业资产与债务基本等价的情况下,兼并方企业承担被兼并企业债务的,经批准,兼并方企业可以采取划转方式取得被兼并企业的资产"。由此可见,该规定中所称"兼并"与"吸收合并"不能等同,二者最大的区别在于:前者的被兼并方包括了丧失法人资格和继续保留法人资格两种情况,而后者的被吸收方则不可能存在继续保留法人资格的情况。前者采取的保留法人资格的兼并形式就是"接管",即兼并方以承担被兼并方的债务为前提,通过划转方式接受与其债务基本相等的资产,从而在被兼并方法人主体资格不变的情况下取得对其的完全控制权。因此,公司合并与广义的公司兼并在概念上既有交叉重合部分,又有完全不相干的部分。正是由于合并与广义上的兼并存在的差异,兼并不能完全纳入合并的形式之中,因此,国外有学者将合并与兼并统称为"并合"。②

由此可见,狭义兼并由于等同于吸收合并,其与上市公司收购的差异应如前述公司

---

① 周友苏:《新公司法论》,法律出版社 2006 年版,第 469 页。

② [美]罗伯特·W. 汉密尔顿:《公司法概要》,李存捧译、刘李胜校,中国社会科学出版社 1999 年版,第 354 页。

合并与上市公司收购的区分。广义兼并中的“接管”与上市公司收购的含义十分接近，但也有区别：第一，前者的“接管方”和“被接管方”均为企业法人，但并不一定为上市公司，后者的目标公司必须是上市公司；第二，前者的兼并方以承担被兼并方的债务为前提，后者在法律上并无该等要求；第三，前者可以通过划转方式实现（股份）财产转移，后者则主要通过要约、协议、集中竞价等方式实现股份的转让。

4. 上市公司收购与并购。并购（merger and acquisition, M&A），又称为“购并”，在英文表述中是“兼并”和“收购”两个词的合称。根据我国台湾地区“企业并购法”第4条之规定，并购系指公司之合并、收购及分割。[①] 由于兼并和收购的动机都是采取股权交易、收购委托书等方式来控制目标企业，因此习惯上将二者合称为并购。虽然并购目前在我国《公司法》《证券法》和其他法律中均无直接规定，但是在有关政策文件中已较为常见。此外，商务部《关于外国投资者并购境内企业的规定》（商务部令2009年第6号）第2条明确使用并界定了并购的含义和种类。[②] 从目前我国对并购的认识来看，一般认为公司并购相当于兼并和收购的合称。尽管并购与上市公司收购在含义上非常接近，但二者仍然是既交叉重合又有所区别的，其区别主要在于：一方面，前者被并购的目标企业并不一定是上市公司，后者被收购的目标企业限于上市公司；另一方面，并购标的可以是目标企业的股权也可以是其所拥有的资产，而上市公司收购的标的是上市公司的股份。故此，有专家指出，拥有上市公司的资产，不拥有上市公司的股份，不是对上市公司的收购。[③]

二、上市公司收购的分类

根据不同的标准，对于上市公司收购可以作出不同的分类。由于不同类型的公司收购在法律规制方面存在明显差异，因此，公司收购的分类不仅有助于进一步认识上市公司收购，而且有利于提升法律适用的准确性。

（一）要约收购、协议收购、认购股份和其他合法方式

我国《证券法》第62条规定：“投资者可以采取要约收购、协议收购及其他合法方式收购上市公司。”基于上述规定及证券市场实践，根据收购人采取的方法，我国上市公司收购可分为要约收购、协议收购、认购股份以及其他合法方式。

1. 要约收购。要约收购又称公开要约收购或公开收购，在英国被称为“takeover

---

① 从我国台湾地区上述规定来看，其“合并”与“收购”与中国大陆基本同义，“分割”相似于中国大陆《公司法》上的“转投资”，其表述为：分割是指公司依本规定或其他有关规定将其得独立营运之一部或全部之营业让与既存或新设之他公司，作为既存公司或新设公司发行新股予该公司或该公司股东对价之行为。

② 具体内容为：本规定所称外国投资者并购境内企业，系指外国投资者购买境内非外商投资企业股东的股权或认购境内公司增资，使该境内公司变更设立为外商投资企业（股权并购）；或者，外国投资者设立外商投资企业，并通过该企业协议购买境内企业资产且运营该资产，或外国投资者协议购买境内企业资产，并以该资产投资设立外商投资企业运营该资产（资产并购）。

③ 周正庆等主编：《新证券法条文解析》，人民法院出版社2006年版，第209页。

bid”,在美国则被称为“tender offer”。要约收购是指收购人向目标公司的所有股东发出要约,表明其愿意以要约规定的条件购买目标公司的部分股份或全部股份,从而获得或巩固对目标公司的控制权。要约收购是上市公司收购的一种传统方式,也是最重要的一种方式,各国有关上市公司收购的立法均将其作为规范的基本内容。根据我国《证券法》和《上市公司收购管理办法》(以下简称《收购管理办法》)等的有关规定,要约收购系我国证券市场上市公司收购最基本和最重要的形式。

(1)强制要约收购和自愿要约收购。依要约收购系根据法律强制性规定作出抑或由收购人自由发起,要约收购可以分为强制要约收购和自愿要约收购。我国《证券法》规定的强制要约收购,是指投资者通过证券交易所的证券交易、协议收购以及其他合法方式持有或者控制目标公司已发行的有表决权的股份达到一定比例时,如果愿意继续购入该公司的股份,应当依法向该公司所有股东发出收购要约,表示愿意以收购要约规定的条件购买该目标公司的股份。强制要约收购的规定是法律要求收购人必须履行的义务,违反的直接后果是原拟进行的收购行为难以实施。自愿要约收购是指收购人根据其意愿,自主决定采取要约方式收购目标公司的股份。

需要指出的是,所谓强制要约收购主要是指要约收购的形式是强制性的,但收购意愿可以是主动的。事实上,在通常情况下上市公司收购都是以收购人的自愿为基础的,任何一次收购都是收购人有计划的购买目标公司股票的行为,即使是触发强制要约收购,根据我国《证券法》的规定,只有“继续进行收购”的意愿才有义务向目标公司所有股东发出收购要约。反之,如投资者无此意愿,则无须承担该等“强制义务”。因此,我国《证券法》关于触发强制要约义务的条件的规定,体现了对投资者收购意愿的尊重。

(2)全面要约收购和部分要约收购。投资者收购上市公司,可以收购其他投资者持有的上市公司已发行的全部股份,也可以收购部分股份。其中,前者属于全面要约收购,后者属于部分要约收购。在我国2005年《证券法》修订之前采取的是强制性全面要约收购制度,2005年修订为可以按比例收购部分股份,本次《证券法》修订维持了全面要约收购和部分要约收购的分类。需要指出的是,2005年我国《证券法》对部分要约收购没有设定最低下限。如果任由收购人自行决定收购比例,可能会导致部分要约收购方式的滥用和操纵市场等违法违规行为。① 为此,《收购管理办法》规定,收购人依照该办法规定以要约方式收购一家上市公司股份的,其预定收购的股份比例不得低于该上市公司已发行股份的5%。据此,部分要约收购最低比例为5%。

2. 协议收购。协议收购是指收购人通过与目标公司特定股东(常见情况为大股东及其一致行动人)或部分股东通过协商达成股份转让协议,并按协议约定的收购条件、价格、期限及其他规定事项,收购目标公司股份的行为。协议收购作为合同行为,虽然也存在要约和承诺,但其要约是针对个别股东或部分股东发出的希望和与其订立股份

① 参见周正庆等主编:《新证券法条文解析》,人民法院出版社2006年版,第228页。

转让合同的意思表示，由于要约并非针对全体股东，因此，其协商过程也是“私下的”而非“公开的”。协议收购在实践中多发生在目标公司的股权较集中的情况下，尤其当目标公司存在控股股东时，收购人只要与控股股东就购买股份的事宜协商一致订立合同，就可以通过收购获得对该公司的控制权。由于协议收购在收购过程中存在可能影响机会均等、信息公开、交易公正等局限性，不少国家的证券立法对协议收购加以限制甚至排除其合法地位。我国上市公司普遍存在股权集中度较高甚至存在“一股独大”的股权结构，协议收购制度有其存在的现实合理性，因此我国《证券法》赋予其合法地位。也有观点认为，协议收购作为与要约收购相并列的一种收购方式，原仅适用于国家股、法人股这些不能上市流通的股票，随着这些股份流通限制的取消，协议收购将失去存在的基础。① 目前，我国上市公司的股份分为自由流通股和限售流通股，不再存在“股权分置改革”前的流通股和非流通股之分，无论对于限售股份还是可自由流通股份，均可采用协议方式转让和交易。因此，协议收购仍是我国证券市场的重要收购方式。

根据我国《证券法》和有关法规的规定，要约收购与协议收购的区别主要表现在：(1)要约收购通过证券交易所的集中交易系统进行，协议收购则一般通过非集中交易方式进行。(2)在要约收购中，收购人向目标公司全体股东发出收购要约后，目标公司股东作出同意接受收购要约的承诺时，收购合同关系成立；而在协议收购中，收购人与目标公司股东达成收购协议时即构成收购合同关系，只是在收购人未公告前，该协议处于不发生法律效力的状态。(3)由于要约收购是通过向目标公司全体股东发出要约的方式进行的，无须征得目标公司管理层的同意，因此可能构成敌意收购行为；而协议收购一般是通过收购人与目标公司股东尤其是控股股东协商一致订立合同来进行的，因此通常为友好收购行为。

3. 认购股份的收购。尽管我国《证券法》没有明确规定认购股份的收购方式，但是在证券市场实践中，认购股份是非常普遍和常见的收购方式。如果说要约收购和协议收购主要针对上市公司已发行股份即存量股份的收购，那么认购股份的收购就主要是对于上市公司拟发行的增量股份进行的收购行为。简而言之，认购股份的收购是指投资者通过认购上市公司公开或者非公开发行的股份，从而获得或者巩固收购人对上市公司控制权的行为。②

---

① 参见杨华：《上市公司并购重组和价值创造》，中国金融出版社2009年版，第184页。

② 兹以三六零(公司全称为三六零安全科技股份有限公司，证券代码为601360)重组上市中的上市公司控制权变化为例：上市公司江南嘉捷电梯股份有限公司(被借壳之前证券简称为江南嘉捷，证券代码为601313)向三六零的全体股东发行股票以购买三六零公司100%的股权。本次发行股份前江南嘉捷的控股股东和实际控制人为金某峰与金某铭，发行完成后天津奇信志成科技有限公司持有江南嘉捷总股本的48.74%的股份，为上市公司的控股股东。发行完成后，周某直接持有上市公司12.14%的股份，通过天津奇信志成科技有限公司间接控制48.74%的股份，通过天津众信间接控制2.82%的股份，合计控制上市公司63.70%的股份，成为上市公司的实际控制人。在此案中，天津奇信志成科技有限公司及周某均通过认购上市公司发行的股份，获得上市公司控股股东和实际控制人的地位。

4. 其他合法方式。《收购管理办法》第 5 条规定，收购人可以通过取得股份的方式成为一家上市公司的控股股东，可以通过投资关系、协议、其他安排的途径成为一家上市公司的实际控制人，也可以同时采取上述方式和途径取得上市公司控制权。据此，除通过取得股份转让的方式收购公司外，收购人还可以通过投资关系、协议及其他安排成为公司实际控制人。在实践中，上市公司的收购方式在不断创新，收购人与其他股东签署一致行动协议、通过接受表决权委托等方式都可以达到收购目的。对收购方式的创新，法律法规一方面应有条件地进行认可，另一方面应该从规范市场和保护投资者合法权益出发作出相应的制度安排。

此外，根据《收购管理办法》的规定，投资者还可能因行政划转、执行法院裁判、继承、赠与等方式取得上市公司控制权。上述方式均应属于我国《证券法》所规定的其他合法方式，由于其操作规则与协议收购相似，因此，收购人应当按照协议收购的相关规则履行报告、公告等相关义务。

（二）直接收购和间接收购

这是根据收购人采取的收购方式以及是否具有上市公司股东身份对收购进行的划分。

1. 直接收购。根据《收购管理办法》的规定，收购人可以通过受让其他股东所持股份或者认购上市公司新发行股份，以自身名义直接取得股份的方式实施上市公司收购。据此，所谓直接收购，是指收购人以直接取得上市公司股份的方式来从事收购行为并承担相应权利义务的收购。由于收购人直接受让和持有股份，因此，在这种收购情形中收购人的身份和收购行为均较容易判断和认定。

2. 间接收购。间接收购是指收购人不具有目标公司股东身份，也不谋求直接取得目标公司股份，而是通过投资关系、协议或其他安排的途径获取上市公司的控制权。《收购管理办法》第五章专章规定了间接收购的相关内容，将后者与要约收购、协议收购并列为上市公司收购的具体类型。根据《收购管理办法》第 57 条的规定，投资者虽不是上市公司的股东，但可通过投资关系取得对上市公司股东的控制权。基于此，学界及实务界不少人将间接收购等同于通过收购目标公司控股股东的控制权而间接控制上市公司。这种理解有失狭隘，因为通过协议或者其他安排取得上市公司控制权的情形在证券市场实践中也不少见。比如，控股股东可以将其持有的全部公司股票对应的表决权委托他人行使，从而将公司控制权让渡给收购人。

（三）友好收购和敌意收购

这是根据目标公司管理层对收购人的合作态度所作的划分。

1. 友好收购。友好收购是指收购人与目标公司管理层就收购的重大事项（如收购对价、人事安排、经营计划、资产处置等）已经达成共识的公司收购。在友好收购中，目标公司管理层与收购人往往在收购行为发生前已经接触和磋商，管理层不仅同意收购人的主要安排，而且在收购要约发布后，目标公司董事会在出具的书面意见中对股东提出接受要约的建议。友好收购由于目标公司管理层的积极配合,成功率较高,而且收购成本会大大降低。但在此应注意对公司股东(特别是中小股东)的权益保护,以免目标公司管理层为图利自身而作出不利于股东的决策。

2. 敌意收购。敌意收购是指目标公司的管理层拒绝与收购人合作,对收购持反对和抗拒态度的公司收购。在敌意收购中,通常收购人在不与对方管理层协商的情况下,通过证券交易市场暗自吸纳对方股份,不以协商方式成为目标公司控股股东或者实际控制人;而目标公司管理层对此持不合作的态度,或者出具意见书建议股东拒绝收购要约,或者通过公司采取反收购措施。因此,敌意收购通常会使收购人大幅增加收购成本。在敌意收购中,比较容易发生争议的法律问题是管理层的收购防御或阻挠(反收购)措施和收购人收购行为与信息披露的合法合规性判断。

在我国证券市场,上市公司股权结构逐渐分散,很多上市公司第一大股东持有公司的股份比例不高,由此产生的敌意收购案例明显增加,近年来证券市场发生的"宝万之争"收购案例即为典型的敌意收购。①

(四)单独收购和共同收购

这是以收购主体是单一的还是多数人所作的分类。

1. 单独收购。单独收购是指单个自然人、法人或者其他合法组织(如合伙企业)独自实施的上市公司收购。在此种情况下,收购行为权利义务的承担者较明确。

2. 共同收购。共同收购是指两个或两个以上的自然人、法人或者非法人组织,根据相互之间的协议安排,通过共同取得目标公司股份或者其他安排,共同获得特定上市公司控制权的行为。根据我国《证券法》和《收购管理办法》的规定,"一致行动人"对上市公司的收购属于典型的共同收购情形。

根据我国《证券法》第63条、第65条的规定,投资者可以直接持有或者通过协议、其他安排与他人共同持有一家上市公司已发行的有表决权股份。《收购管理办法》也规定,收购人包括投资者及与其一致行动的他人。上述规定均涉及上市公司收购中的"一致行动"问题。简而言之,上市公司收购中的一致行动,是指投资者通过协议、其他安排,与其他投资者共同扩大其所能够支配的一家上市公司股份表决权数量的行为或者事实。由此可见,一致行动是若干收购主体的组合,相互之间成为一致行动人,共同取得和实施对上市公司的控制。关于"一致行动人"的具体内容,本章后续将予以详述。

---

① 深圳市宝能投资集团及其关联公司于2015年多次在二级市场"举牌"万科股份,截至2015年12月11日宝能系持有万科股份的比例达到了22.45%,成为万科第一大股东。但是,时任万科创始人、董事会主席王石对此收购明确表示强烈反对。而宝能集团亦于2016年6月向万科公司提出议案,要求将包括王石、郁某在内的万科10名现任董事全部予以罢免。综合而言,宝能集团通过二级市场数次"举牌"万科并最终成为公司第一大股东,但该收购遭到万科公司管理层的明确反对,从各种构成要素来看,这一收购属于典型的敌意收购。

（五）现金收购、换股收购和混合收购

这是根据购买目标公司股份的不同支付方式所作的划分。

在全球资本市场并购发展过程中，并购支付方式经历了由单一的现金支付、股票支付到综合证券支付的发展历程。目前，国外主要的并购支付方式有现金支付、股票支付和综合证券支付，其中，综合证券支付又包括优先股支付、债券支付、权证等支付方式。而国内支付方式则主要是现金支付、证券支付以及混合支付方式，如《收购管理办法》规定，收购人可以采用现金、证券、现金与证券相结合等合法方式支付收购上市公司的价款。

1. 现金收购。现金收购是指收购人以现金作为收购股份的支付对价的上市公司收购。现金并购是一种最直接、简单、迅速的支付方式。对目标公司的股东来说，不必承担任何证券风险，但是不能享受税收上的优惠政策。对收购方来说，现金支付要求收购方应有足够的现金头寸和筹资能力。现金支付是早期并购交易主要的支付方式，但随着各种金融支付工具的出现，纯粹的现金收购方式日渐式微。

2. 换股收购。换股收购也可称为"股权置换"，是指收购人以自己持有其他公司的股份作为收购股份的支付对价的上市公司收购。换股收购以股份作为支付方式，对收购人来说，可以减少收购中的现金支出；对股份出让人来说，可使资产转让的税收负担递延，而且可使股份出让人在其他公司拥有一定的权益。但换股收购也有不利之处：股份出让人获得的其他公司股份并非现金，是一种具有风险的权益财产；收购人也可能因股份支付而丧失对原有公司的控制权。

3. 混合收购。混合收购是指收购人以现金、其他公司股份或债券等其他证券相结合的方式作为收购上市公司的支付对价。在实践中，这种收购方式受到普遍欢迎和广泛采纳。

第二节　我国上市公司收购的立法与实践

在证券市场实践中，上市公司收购以及重大资产重组十分常见，而且相关交易方案往往是二者的交织，故在制度设计上理应等量齐观。但从我国证券立法来看，《证券法》制定之初和其后历次修订均以上市公司收购为核心进行相应的制度安排。而在行政法规以及部门规章等规范性文件中，则往往是对并购重组一体进行制度安排，呈相互配套和相辅相成的状态。鉴于此，本章将以上市公司收购为核心并兼顾资产重组，对我国证券市场的并购立法和监管进行相应分析。

一、我国上市公司收购法律法规的形成与发展

（一）证券市场发展初期的收购法规

我国最早对上市公司收购行为进行规范的规章性文件，是由深圳市人民政府于

1992年4月4日发布的《深圳市上市公司监管暂行办法》,①适用于在深圳公开发行或上市的公司。该办法在第四章"重大交易"、第五章"收购与合并"中,对公司收购的收购程序、信息公开义务、重大交易的信息公开义务等事项作出了规定。尽管该暂行办法代表了在我国证券市场发展初期对公司收购的认知水平,具有一定的历史意义,但在实践中,该暂行办法关于上市公司收购的有关规定并没有真正适用。

1993年4月国务院颁布的《股票发行与交易管理暂行条例》第四章"上市公司收购"集中规定了法人对上市公司的收购程序,适用于全国证券市场范围内的上市公司收购,其确立的一些上市公司收购的基本原则,也为以后我国《证券法》的相关规定奠定了基础。然而,由于该暂行条例制定时我国证券市场上市公司收购实践的缺乏,相关规定不够详尽,对上市公司收购操作缺乏具体指引。

(二)1998年我国《证券法》实施后的收购法律法规框架

1998年颁布的《证券法》总结了我国证券市场出现的上市公司收购的经验,该法第四章即是对上市公司收购的专章规定,共有17个条文。相较前述法规规章等,我国《证券法》对上市公司收购的规定有了很大进步,如规定了上市公司收购除可以采取要约收购和协议收购的方式,明确包括自然人在内的所有投资者皆可以成为收购人等,这些规定为上市公司收购行为提供了直接的法律依据。但由于立法之初我国上市公司收购实践尚不充分,立法经验和立法技术亦不够成熟,因此,我国《证券法》关于上市公司收购的规定必然存在不足。

2001年中国证监会颁布《关于上市公司重大购买或出售资产行为的通知》和《关于上市公司重大购买、出售、置换资产若干问题的通知》,首次界定了上市公司重大购买、出售、置换资产行为,强化重组方注入资产质量并完善信息披露。2002年实施的《上市公司收购管理办法》和《上市公司股东持股变动信息披露管理办法》两项规章,与我国《证券法》和《公司法》中有关重组并购章节相互衔接,并对涉及上市公司收购兼并的有关重要法律问题作了较详细的规定,完善了上市公司并购重组的法律体系和框架,对调整和规范上市公司收购行为发挥了积极作用。

(三)2005年我国《证券法》修订后上市公司收购法规体系的变化

2005年我国《证券法》对上市公司收购的内容进行了较大调整,②进一步完善了上市公司收购法律制度,为此后十几年的上市公司收购行为的规范奠定了重要的法律基础。

随着2005年我国《证券法》的实施,中国证监会2006年对《收购管理办法》作出较大幅度修改,从6章共64条增加到10章共90条的篇幅。这一规章是关于上市公司收

---

① 该政府规章已于2001年9月被废止。

② 具体内容参见周友苏主编:《新证券法论》,法律出版社2007年版,第308~309页;郑彧:《上市公司收购法律制度研究:历史、现状、问题及变革》,载黄红元、徐明主编:《证券法苑》(第9卷),法律出版社2013年版,第787~788页。

购最详细的法规性文件，确立了保护投资者权益、保护被收购公司及员工权益、强调收购活动参与主体诚信义务这三大原则，对上市公司收购及相关概念、收购程序、被收购公司董事会和独立董事的义务与作用、中介机构的责任和作用、要约收购豁免的程序及范围、一致行动人等也作出了较全面、细致的规定。[①] 此外，与该法规配套的还有中国证监会发布的《公开发行证券的公司信息披露内容与格式准则第 16 号——上市公司收购报告书》等。

除中国证监会制定实施的部门规章和规范性文件外，其他相关主管部门制定的规范性文件同样是涉及上市公司收购的重要规范依据，对于落实我国《证券法》和《公司法》关于上市公司收购的规定具有重要意义。例如，涉及国有股东转让所持上市公司股份行为，应遵守国务院国资委 2007 年 7 月发布的《国有股东转让所持上市公司股份管理暂行办法》；[②]如涉及外国投资者对上市公司的战略投资，应遵守商务部等部门联合发布的《外国投资者对上市公司战略投资管理办法》。

二、我国新《证券法》关于上市公司收购的主要修订

我国新《证券法》对原法第四章"上市公司收购"的修改主要包括如下内容。

（一）大额股份权益变动信息披露制度的修订

对于证券市场上市公司收购中，违规增持、"蒙面收购"（未依法进行信息披露）等不当行为频发的情况，本次我国《证券法》修订时增加了有针对性的规定。同时，我国《证券法》充分考虑了不同市场之间的制度衔接问题。

我国原《证券法》规定，投资者单独或者合计持有或者控制上市已发行的股份达到 5% 后，其所持该上市公司已发行的股份比例每增加或者减少 5%，应当按照该法规定进行报告和公告，且在报告期限内和作出报告、公告后 2 日内不得再行买卖该上市公司的股票。我国新《证券法》第 63 条第 3 款规定，投资者持有或者通过协议、其他安排与他人共同持有一个上市公司已发行的有表决权股份达到 5% 后，其所持该上市公司已发行的有表决权股份比例每增加或者减少 1%，应当在该事实发生的次日通知该上市公司并予以公告。据此，与原规定相比，我国新《证券法》将触发披露义务的变动比例调整为 1%；同时，由于我国新《证券法》未规定每变动 1% 时应停止买卖，故解释上应理解为投资者在变动比例达 1% 而未达到 5% 时仅需履行披露义务，无须停止买卖。我国《证券法》的上述修订，有利于适应内地与香港特别行政区之间股票市场交易互联互通机制的需要。目前，香港市场规定，持股 5% 以上的股东，其持有权益股份的百分比发生整数位变动，即每过一个 1% 的比例时需要披露，与 A 股市场原有 5% 的规定存在差异，导致同一权益变动事项两地披露不一致。此次修订后，两地市场权益变动披露规

---

① 2006 年后，中国证监会分别于 2008 年 8 月、2012 年 2 月和 2014 年 10 月对《上市公司收购管理办法》进行了修订。

② 2018 年 7 月 1 日起该办法被《上市公司国有股权监督管理办法》替代而废止。

则实现了基本统一。

我国新《证券法》对于大额权益变动信息披露的具体内容进行了相应完善，通过该法第64条增加了应予报告和公告的内容，包括增持股份的资金来源以及在上市公司中拥有有表决权的股份变动的时间及方式。此外，我国新《证券法》第63条第4款还明确了不履行大额股份权益变动信息披露义务的法律后果，即投资者违反该条前2款规定买入上市公司有表决权的股份的，在买入后的36个月内，对该超过规定比例部分的股份不得行使表决权。

（二）根据证券市场制度发展和实践完善要约收购规则

我国原《证券法》第92条规定，收购要约提出的各项收购条件，适用于被收购公司的所有股东。我国新《证券法》在维持上述规定的基础上，增加以下规定：上市公司发行不同种类股份的，收购人可以针对不同种类股份提出不同的收购条件。作出上述修订的主要原因在于：在我国资本市场已经开始上市公司发行优先股的试点，此外，在设立科创板试点注册制过程中，还允许满足条件的公司以不同投票权架构上市。[①] 因此，针对上市公司发行不同种类股份情形下的收购，理应允许收购人针对不同种类股份设置不同的收购条件。

（三）对收购人持有目标公司股票的转让期限作出调整

1998年我国《证券法》对此规定为"在收购行为完成后的六个月内不得转让"；2005年我国《证券法》将此调整为"收购人持有的被收购的上市公司的股票，在收购行为完成后的十二个月内不得转让"。本次修订为进一步约束收购人的收购行为，我国新《证券法》第75条规定："在上市公司收购中，收购人持有的被收购的上市公司的股票，在收购行为完成后的十八个月内不得转让。"

（四）增加对上市公司分立、合并的规定

上市公司分立、合并与上市公司的收购存在差异，但在实践中公司分立或合并经常与收购行为交织发生，其中，尤其以上市公司的吸收合并为典型。事实上，我国证券市场涉及上市公司的吸收合并一直非常活跃，这些交易行为一般包含上市公司收购、资产重组以及公司合并等内容，在实践中一直由中国证监会根据《收购管理办法》和《上市公司重大资产重组管理办法》（以下简称《重组管理办法》）等规定进行审核和监管。因此，从规范上市公司分立、合并的市场行为和保护投资者利益的目标出发，均有必要在法律上对其作出相应规定。鉴于此，我国新《证券法》第77条规定，上市公司分立或者

---

① 优刻得科技股份有限公司成为我国资本市场首家以同股不同权架构上市的企业。在该公司的特别表决权设置安排中，公司3位共同实际控制人季某、莫某及华某持有的A类股份每股拥有的表决权数量为其他股东所持有的B类股份的5倍。首次公开发行后，3位实控人合计持有优刻得公司20.12%的股份，对应公司55.75%的表决权。该模式保证了实控人对公司的经营管理以及对需要股东大会决议的事项的绝对控制权。

被其他公司合并,应当向国务院证券监督管理机构报告,并予公告。国务院证券监督管理机构发现上市公司分立、合并报告书、财务顾问报告不符合法律、行政法规和国务院证券监督管理机构的规定的,应当及时告知上市公司,上市公司不得召开股东大会审议分立、合并事项。为更好落实我国《证券法》的上述规定,后续还需要中国证监会根据证券市场实践,进一步完善上市公司分立、合并的具体操作规则和监管规则。

三、我国上市公司收购的实践考察

(一)上市公司收购的起步和初期发展

1993 年深圳宝安集团通过二级市场举牌上海延中实业,打响了我国资本市场上市公司收购兼并第一枪,史称"宝延风波"。延中实业是上海证券市场最早上市的公司之一,由于其规模小、股本全流通,迅速成了市场的收购标的。1993 年 9 月 13 日,深圳宝安集团旗下宝安上海、宝安华东保健品公司和深圳龙岗宝灵电子灯饰公司开始通过二级市场上悄悄收购延中实业的股票。1993 年 9 月 29 日上述 3 家公司合计持有10.6%,9 月 30 日深圳宝安继续增持延中实业的股票,合计持股比例达到 15.98%。至此,深圳宝安才发布举牌公告宣称持有延中实业 5% 以上的股票,由此引发争议。延中实业认为,深圳宝安存在违规操作,并上报中国证监会希望能获得支持。1993 年 10 月 22 日中国证监会肯定深圳宝安购入延中实业股票是市场行为,持股有效,同时认定深圳宝安信息披露不及时并处以 100 万元人民币罚款。至此,"宝延风波"得以平息,深圳宝安由此顺利进入延中实业。

尽管证券市场建立初期就发生了类似深圳宝安收购延中实业这种相对市场化的案例,但是总体上我国证券市场初期的上市公司收购存在以下特点:(1)上市公司收购的成功率较低。其主要原因在于:当时国家股和社会法人股不能上市流通,二级市场收购成本较高,且相应的法律法规不够健全甚至相关基础制度尚未建立,市场预期不够明确。(2)要约收购数量非常有限而协议收购占据主导地位。① 要约收购的实施与目标公司股权结构之间存在密切关系。一般而言,目标公司股权分散尤其是不存在控股股东或者其持股比例较低时,公开收购越容易操作。而在证券市场初期,我国境内上市公司不仅以国有企业为主,而且普遍存在"一股独大"的情况,控股股东持股比例较高。在此情况下,要约收购往往难以发动和实施,故无法成为收购主流方式。反之,由于上市公司中存在大量流通受限的国有股和法人股,协议收购一度成为我国上市公司收购的主要形式。(3)市场化程度不够,政府行政干预较多。由于早期大部分上市公司由国有企业改制后上市,政府对上市公司收购影响甚大。在收购或不收购、收购价格和条件、收购人选择等问题上,国有股份的所有人即各地政府具有举足轻重的话语权。很多上市公司收购都是在政府主导下完成的。

---

① 普遍认为,2003 年 4 月 9 日南京钢铁股份有限公司发布要约收购公告书,是我国《证券法》施行以来沪、深股市首例强制性全面要约收购案。

（二）“股权分置改革”后上市公司收购的变化

2005～2006年我国证券市场进行了“股权分置改革”，上市公司非流通股的国家股、国有法人股股东向流通股股东支付对价，从而逐步在市场自由流通，证券市场的流动性得以增强。上市公司股份全流通格局的逐步实现，为公司并购重组提供了前所未有的前提和基础。同时，2005年10月我国《公司法》和《证券法》完成联动修改，并自2006年1月开始实施，其中，对收购的相关制度安排体现出鼓励并购的理念。

在前述双重背景下，不少国有企业如宝钢、武钢、鞍钢等公司，利用并购重组实施行业整合，完成了集团公司的整体上市。在2005～2006年，中国石油旗下的吉林化工、辽河油田、锦州石化，中国石化旗下的扬子石化、中原油气、石油大明、齐鲁石化等，形式上也都采取了要约收购。中国石油、中国石化实施上述收购，有利于消除同业竞争和满足监管要求以及实现大股东整体上市或产业整合之需。

（三）近年来上市公司收购状况

近年来，上市公司收购和5%以上的大额股份权益变动活动日趋活跃。以上海市为例，2013年和2014年上市公司收购均不足40单，2015年、2016年和2017年连续3年接近60单；大额权益变动的增加更显著，2013年仅230余单，2014年增加至370余单，2015年跃升至560余单，2016年、2017年继续保持在高位，均超过500单，[①]已经成为资本市场日益普遍和常见的证券交易行为。深圳市近年来证券市场举牌行为同样频繁发生，经统计，2015年、2016年、2017年深圳市分别发生483起、490起、322起举牌事件。[②]

从证券市场举牌和收购实践来看，不少投资者在举牌和收购过程中不披露或者违规披露甚至借此操纵市场等违法违规行为时有发生，直接损害其他投资者尤其是中小投资者的利益。对此，证券监管机构不断强化这方面的执法，如近几年来中国证监会和证券交易所均加大了对超比例买卖股票及限制期内买卖行为、操纵市场等违法违规行为的监管和处罚。此外，在举牌和收购实践中，不断产生一些在现行法律法规框架内无法应对和解决的新情况和新问题，如敌意收购中的收购防御安排，这要求不断完善相应制度以应对市场需求。

（四）近年来典型收购案例及其简评

1.“杭州浙民投天弘投资合伙企业（有限合伙）（以下简称浙民投天弘）要约收购ST生化案”

振兴生化股份有限公司系深圳证券交易所上市公司（被收购时证券简称为ST生

---

① 参见上海证券交易所《关于就〈上市公司收购及股份权益变动信息披露业务指引（征求意见稿）〉公开征求意见的通知》，载上海证券交易所网：http://www.sse.com.cn/disclosure/announcement/general/c/c_20180412_4499779.shtml，最后访问日期：2019年9月5日。

② 参见深圳证券交易所：《上市公司收购及股份权益变动信息披露业务指引（征求意见稿）》答记者问，载深圳证券交易所网：http://www.szse.cn/main/aboutus/bsyw/39778757.shtml，最后访问日期：2019年9月5日。

化,证券代码000403),主营业务为生物医药,其子公司广东双林公司拥有血液制品生产资质,且拥有研发、生产、销售全产业链经营能力,产品多项生产工艺技术获国家发明专利,市场占有率、财务状况都比较良好。2005年4月山西振兴集团公司通过协议转让,获得ST生化29.11%的股权,成为公司第一大股东。2017年6月21日ST生化发布公告称,收到浙民投天弘的要约收购方案,后者拟以每股36元的价格要约收购上市公司27.49%的股份(7492万股),而当时ST生化的二级市场股价仅每股30.93元,且山西振兴集团公司手中的股份占公司总股本的22.61%。因此,如收购成功,浙民投天弘将获得公司实际控制权。为了阻止浙民投天弘的收购行为,ST生化及大股东山西振兴集团公司先后采取了停牌筹划重大资产重组和引入"白马骑士"等措施,甚至还向山西省高级人民法院起诉浙民投天弘要求判令收购人停止对上市公司要约收购及赔偿损失。浙民投天弘对ST生化的要约收购因上述相关干扰一度陷入困境:截至2017年11月28日,共有18,204,156股接受了浙民投天弘的要约收购,占总计划的24.298%,而到次日因为投资者撤回预受导致接受要约收购的股数仅剩5,989,972股,仅占总计划的7.995%。但是,最终截至要约收购截止日期为2017年12月5日,投资者预受股份达到1.47亿股,远远超过浙民投天弘要约收购ST生化7492万股的目标,要约收购宣告成功。

浙民投天弘收购ST生化是我国证券市场近年来非常典型的市场化要约收购案例,它涉及了上市公司收购与抵制收购的相关制度安排,以及中小投资者参与公司治理问题。在此过程中,中证中小投资者服务中心认为,要约收购作为上市公司股东的一次重大事项表决,是中小股东积极参与公司重大决策、公司治理的有效体现;在ST生化本次收购中,中小投资者积极行权、自主选择,对要约收购的成功发挥了非常重要的作用,也成为中小股东参与公司治理及决策人数最多、意义重大的典型案例。总而言之,这一市场化的收购方式符合我国资本市场的发展趋势,有助于优化上市公司股权结构及资源整合,有利于市场资源的合理配置,有利于改善上市公司治理水平并引导市场进行合理价值投资。

2."格力集团要约收购长园集团案"

长园集团股份有限公司系上海证券交易所上市公司(证券代码600525),公司主营业务为专业从事电动汽车相关材料及其他功能材料、智能工厂装备、智能电网设备的研发、制造与服务。2018年5月10日长园集团股份有限公司公告称,格力集团因看好公司未来发展前景,决定以要约方式收购公司部分股份。随后于2018年5月15日,长园集团披露了要约收购报告书摘要,称格力集团拟以每股19.80元的价格,收购长园集团股份有限公司20%的股份,约2.65亿股,本次收购所需资金总额约52.46亿元人民币。要约收购报告书摘要中也特别提示,本次要约收购尚需通过珠海市国资委、广东省国资委等相关监管部门的审批及备案。2018年6月12日晚间长园集团公告,公司收到格力集团《关于终止要约收购长园集团股份有限公司股份的函》并称:格力集团以要约方式收购公司不超过20%股份事项未获得珠海市国资委批准,格力集团决定终止本次要约收购。

2008年我国证券市场“股权分置改革”基本完成后,上市公司收购的市场化和专业化程度不断提升,政府主导的并购重组案例较此前逐步减少。但是应当看到,无论是收购人还是目标公司如果存在国有控股或者外资控股等特殊情形,现行法律法规或相关规范性文件对其仍存在专门规定或者特殊安排。如2005年我国《证券法》第101条规定,收购上市公司中由国家授权投资的机构持有的股份,应当按照国务院的规定,经有关主管部门批准。我国新《证券法》虽将上述内容删除,但是诸如《上市公司国有股权监督管理办法》仍对上市公司国有股权变动行为有专门规定。因此,上市公司收购中还应当注意这些规章和规范性文件的适用。

第三节 上市公司收购的基本原则

上市公司收购的基本原则是指由我国《证券法》和相关法规确立的贯穿于上市公司收购全过程的最一般的行为规范和价值判断准则。许多国家和地区的证券立法都有关于上市公司收购一般原则的规定,我国也不例外。

一、股东公平待遇原则

(一)股东公平待遇原则的含义

股东公平待遇原则原为公司法上的重要原则,在上市公司收购中是指目标公司所有股东均须获得同等的待遇。我国《证券法》第69条关于“收购要约提出的各项收购条件,适用于被收购公司的所有股东”和第四章相关规定均反映出这一原则的精神。股东公平待遇原则在国外收购立法中也普遍受到重视,其中,最具代表性的是英国于1968年制定的《伦敦城收购与兼并守则》(以下简称《城市守则》)。《城市守则》对公司收购与兼并规定了10项原则,其中,第一项原则就是:要约人必须对目标公司同类股东给予类似的待遇。

股东公平待遇原则也称为股东平等待遇原则,要求公司在基于股东资格而发生的法律关系中,不得在股东间实行不合理的不平等待遇,并应按股东所持有的股份性质和数额实行平等待遇。① 进一步来看,股东公平待遇原则可以从以下两个层面加以阐释。

1.股份平等。首先,上市公司收购应当遵守“同股同权、同股同利”原则,即对同类股份的权利义务安排应当相同。如果上市公司发行了不同种类的股份,如采取双重股权结构,收购人可以针对不同种类股份提出不同的收购条件。其次,持有相同内容的股份的股东按其所持股份的比例,享有平等的权利。换言之,这是一种按比例的平等,它

① 参见刘俊海:《股东权法律保护概论》,人民法院出版社1995年版,第47页。

以每一股东所持有的股份比例作为衡量标准。

2. 股东实质性平等。现代股份公司实行“股份多数决”原则，大股东与小股东之间因持股不同而存在实际上的不平等，大股东拥有对公司的控制权，可以利用持股的优势漠视少数股东的权利。因此，股东实质性平等就显得十分重要，这是公平正义法律理念的体现。

（二）股东公平待遇原则的具体内容

股东公平待遇作为上市公司收购的一项基本原则，其具体内容体现为以下方面。

1. 目标公司股东有平等参与收购的权利。目标公司的股东无论其持有股份数额的多少，均有平等参与收购、接受要约的权利。包括：(1) 在收购人以公开要约方式进行全面收购的情况下，要约人应向目标公司某类股份全体持有人发出收购要约。有的国家法律，如英国《城市守则》第 14 条规定，如果目标公司有不同类别的股份，则对不同类别的股份应作出条件类似的要约。(2) 在部分收购的情况下，应当实行按比例接纳规则，即当目标公司股东准备出卖给收购人的股份超过收购人拟购买的股份总额时，收购人必须按照相同比例从每一个同意出售股份的股东那里购买股份，而无论股东作出同意出售其股份的意思表示的时间先后。我国《证券法》第 65 条第 2 款规定，收购上市公司部分股份的收购要约应当约定，被收购公司股东承诺出售的股份数额超过预定收购股份数额的，收购人按比例收购。这一规定与股票在二级市场的普通买卖应遵循“时间优先”的成交原则明显不同。按比例接纳规则可以起到阻止对股东歧视性待遇的作用。

2. 目标公司股东在信息获取上享有平等权利。包括：(1) 上市公司收购的全面资料应均等给予目标公司全体受要约股东，不允许把必须提供给全体股东的资料只提供给部分股东；(2) 所有股东在获取信息上均享有平等的、充分的权利，而无论其股份持有的数额及身份、地位等上的差别。当要约条件改变时，收购人必须向目标公司的全体股东通知要约改变的情况。

3. 目标公司股东有权获得平等的收购条件。包括：(1) 在收购过程中，目标公司的股东平等地享有收购人向任何股东提出的最高价要约，若收购人在要约期内提高收购价格，该价格必须适用于所有的受要约人，无论受要约人是否在此前已作出了承诺，也无论承诺额是否已达到收购要约人所支付的价款。这就是所谓的“价格平等和最高价规则”。① (2) 收购人不得在要约有效期内以高出要约以外的任何条件购买目标公司股

---

① 这一规则在美国《1934 年证券交易法》第 14(a)(7) 条中有所体现。根据其规定，当任何人在收购期满以前，通过增加对这种证券持有者的要约对价，使一个公开要约（tender offer）的条件不同时，这个人应该将提高的对价付给每一个根据公开收购要约应该付给的股东，无论这些股东在提高对价以前是否被付给了对价。英国《城市守则》第 3 条第 2 款对该规则的规定更明确：如果在公开收购要约期间，收购者或一致行动的人以高出公开收购要约的价格购买了被收购公司的股份，那么收购者必须马上宣布修改收购要约，修改后的要约价格不能低于此价格；其第 32 条还规定，如果一个公开要约被修改，所有的已接受原来要约的股东有资格享有提高后的对价。

东所持股票。我国《证券法》第70条规定,采取要约收购方式的,收购人在收购期限内,不得卖出被收购公司的股票,也不得采取要约规定以外的形式和超出要约的条件买入被收购公司的股票。另外,收购要约人不得在收购有效期间内给予特定股东以正式收购要约所未记载的利益,不得与特定股东签订或达成附属协议而直接或间接给予该股东以任何其他利益。(3)在收购支付上,对每一个股东必须平等对待。不得对部分股东以现金作为收购支付,而对另外的股东以证券作为收购支付。在以综合证券作为支付方式的收购中,收购要约人向任一股东支付的现金和证券的比例应当与其所支付的现金总额和证券总额的比例相当,其目的是防止因证券价值不稳定性的风险而给股东之间造成事实上的不平等待遇。

二、保护中小股东利益原则

保护中小股东利益原则是对股东实质性平等的强调。如前所述,在“股份多数决”制度环境下,大股东与中小股东之间存在实际上的不平等,大股东往往可以利用持股的优势漠视中小股东权利和地位,甚至损害中小股东利益,因此,根据法律公平正义基本理念,需要关注股东实质性平等的问题。在这个意义上,保护中小股东利益实际上是股东公平待遇原则的进一步展开和深化。具体到上市公司收购制度安排中,保护中小股东利益原则主要从以下几个方面予以体现。

(一)强制要约收购

强制要约收购,是指当收购人收购目标公司的股权达到法定比例时,收购人负有依法向目标公司的全体股东发出收购要约的义务。这一义务是一项法定义务,其目的不仅可以防止收购人凭借对目标公司的控股权无视中小股东的地位和权利或损害中小股东利益的情况出现,而且还能有效保证目标公司的中小股东享有与大股东或重要股东以相同价格出售股份的机会。我国新《证券法》对于触发强制要约收购义务的规定主要包括以下内容:(1)根据该法第65条第1款的规定,通过证券交易所的证券交易,投资者持有或者通过协议、其他安排与他人共同持有一个上市公司已发行的有表决权股份达到30%时,继续进行收购的,应当依法向该上市公司所有股东发出收购其全部或者部分股份的要约。[①] (2)根据该法第73条的规定,采取协议收购方式而收购一家上市公司已发行的有表决权股份达到30%时拟继续进行收购的,除按证券监管机构的规定免除发出要约外,应当向目标公司所有股东发出收购其全部或者部分股份的要约。

(二)强制出售

强制出售,是指收购期限届满,其余仍持有被收购公司股票的股东,有权向收购人以收购要约的同等条件出售其股票,收购人应当收购。

---

① 比较我国《证券法》第65条和第73条的规定可知,通过证券交易所的证券交易与协议收购系两种不同的收购方式,在持有或者控制特定公司有表决权的股份比例达到30%时拟继续进行收购的,若原收购方式为协议收购则收购人可以申请要约收购豁免,如获得证券监管机构的豁免,可以继续采取收购方式进行收购。

我国《证券法》第 74 条规定,收购期限届满,被收购公司股权分布不符合证券交易所规定的上市交易要求的,该上市公司的股票应当由证券交易所依法终止上市交易;其余仍持有被收购公司股票的股东,有权向收购人以收购要约的同等条件出售其股票,收购人应当收购。这一规定也明显有利于保护中小股东利益。

(三)对收购人持股转让的限制

我国《证券法》第 75 条规定,在上市公司收购中,收购人持有的被收购的上市公司的股票,在收购行为完成后的 18 个月内不得转让。这一规定的主要目的是防止收购人欺诈目标公司中小股东。如果收购人收购的股票可随时转让或流通,那么收购人就可能利用其收购形成对目标公司的持股优势、信息优势来炒作股票,操纵股票市场价格,获取不当利益,从而损害目标公司中小股东的利益。如前所述,我国本次《证券法》修订中将收购人持股转让期限延长至 18 个月,体现了对收购行为增强约束。

(四)异议股东的权利保护

异议股东的权利保护主要针对通过因收购、合并等行为导致上市公司股票终止上市(退市)的情形而言。以主动退市为目标,通过要约收购实施非公众化交易(going-private transaction)是境外成熟资本市场的常见现象。① 在我国,基于各种目的实施主动退市的要约收购案例亦不断发生。前文所述的中国石油和中国石化对旗下子公司的收购,最终目标都在于实现后者的主动退市。中国证监会于 2014 年 10 月发布并于 2018 年 7 月修正的《关于改革完善并严格实施上市公司退市制度的若干意见》第 18 条规定,完善主动退市公司异议股东保护机制。主动退市公司应当在其公司章程中对主动退市股东大会表决机制以及对决议持异议股东的回购请求权、现金选择权等作出专门安排。这是对要约收购和公司合并中异议股东保护原则的体现和落实。

三、信息公开原则

信息公开或称信息披露原则作为我国《证券法》的基本原则,在上市公司收购中获得充分体现。具体而言,上市公司收购中的信息公开原则主要包括如下两方面的规则和要求。

(一)大额持股权益变动的信息披露

所谓大额(或大宗)持股权益变动信息披露(Block holder Disclosure),是指投资者及其一致行动人拥有上市公司股份或者其他上市权益证券达到法定比例时,或者此后

① 有学者将其称为上市公司私有化交易,其主要内涵为:上市公司的大股东或其关联人通过取得上市公司发行在外的其他股东的股份,使上市公司因股权集中而转化为非上市公司的一种特定的股权交易,其直接诉求通常是从证券交易所摘牌,从而摆脱公司上市或挂牌交易所必须接受的履行报告义务等相关约束。参见郭雳:《上市公司私有化交易的审查标准与利益平衡——主动退市的境外经验与启示》,载黄红元、徐明主编:《证券法苑》(第 12 卷),法律出版社 2013 年版,第 90 页。

其持有量发生法定比例的增减变化时，依法披露权益持有情况的制度。[①] 对于该制度具有的特殊价值，经济合作与发展组织（Organization for Economic Co-operation and Development，OECD）曾明确提出，大额股份持有情况的透明是投资者的一项基本权利。事实上，作为一项旨在提高市场透明度、促进市场效率、优化公司治理、防范操纵市场与内幕交易、保护公众投资者利益的制度安排，大宗持股信息公开制度已经为全球大多数国家和地区所采用。例如，美国《1934 年证券交易法》第 13（d）条、[②]日本《金融商品交易法》第 27 条之 23、韩国《资本市场法》第 147 条等均有明确规定。[③]

我国关于大额持股权益变动信息披露的一般性规定见于《证券法》第 63 条和第 64 条之规定。需要指出，我国证券大额权益变动规则区分了通过证券交易所的证券交易和其他权益变动方式。我国《证券法》第 63 条和《收购管理办法》第 13 条规定的"通过证券交易所进行的交易"，包括通过竞价交易系统或者大宗交易系统买卖上市公司股份的行为。鉴于协议转让、行政划转、执行法院裁判、遗赠等原因引致的大额权益变动往往需要一次性完成，《收购管理办法》增加了通过协议转让及其他方式导致权益变动的规则，规定投资者及其一致行动人在一家上市公司中拥有权益的股份拟达到或者超过一家上市公司已发行股份的 5% 时以及每增加或者减少达到或者超过 5% 时应履行报告和公告义务，以此弥补了我国《证券法》相关规定的不足。

总体而言，在我国证券市场，上市公司收购和大额股份权益变动对投资者影响重大，既会导致上市公司实际控制人和重要股东变动，进而可能引起上市公司治理结构和生产经营发生较大变化；也直接涉及上市公司二级市场股票交易，关系投资者能否在公平透明的交易环境下进行投资决策。因此，对于"蒙面举牌""隐匿式易主"等违反大额持股权益变动信息披露义务的违法违规行为应当及时查处，同时对现行制度及时修订和优化。

（二）收购要约公告规则

上市公司收购要约所包含的内容是除收购人外的上市公司股东作出承诺（预受要约）与否的重要依据。根据我国《证券法》之规定，收购要约的内容集中体现在上市公

---

① 参见钟洪明：《证券法大宗持股权益变动法律责任研究——以非合意并购为视角》，载郭锋主编：《证券法律评论（2017 年卷）》，中国法制出版社 2017 年版，第 512 页。

② 其内容为：任何人在获得某一家公司股份证券超过 5% 的受益所有权后，必须在 10 日内填具表格，并将其送给证券发行者、所交易的证券交易所和证券交易委员会。信息公开的内容有：（1）持股人的身份背景及住所、国籍以及持股性质；（2）资金的来源及数量、购买股份所使用的其他对价方式；（3）获得控制权后对目标公司有关清算、合并或者对事业或结构加以重大变更之计划；（4）持股量及关联持股情况；（5）有关目标公司证券与任何达成的契约安排、谅解，如贷款或者期权安排等。而且规定任何持股的重大变化，包括在达到披露界限上的持股数量 1% 的增减，或收购股权的意图由纯粹投资转向对股权的控制等实质性变化，持股人必须立刻补充申报。

③ 各国（地区）关于首次触及大额持股信息披露义务的比例存在不同规定：美国为 5%，英国为 3%，日本与韩国为 5%，我国台湾地区为 10%。

司收购报告书中。[①] 我国《证券法》第66条及《收购管理办法》第29条规定了上市公司要约收购报告书应载明的事项；总体而言，证券法律法规等对收购要约的披露作出详尽的规定，主要目的仍在于促进证券市场收购行为的公开透明，保护中小投资者的合法权益。因为收购一旦成功实施，收购要约人就成为目标公司的主要控制者，直接影响目标公司的治理安排，并可能利用控股地位对目标公司采取重大交易事项，如改变目标公司的发展战略和方向；上述情况可能对目标公司股价造成重大影响，关于上述信息的披露亦将对其他投资者作出正确的投资决策至关重要。

需要说明的是，我国上市公司收购的信息公开原则除持股披露规则和要约公告规则外，还体现在以下方面：(1)我国《证券法》第68条规定，在收购要约确定的承诺期限内，收购人不得撤销其收购要约。收购人需要变更收购要约的，应当及时公告，载明具体变更事项，且不得存在下列情形：降低收购价格；减少预定收购股份数额；缩短收购期限；证券监督管理机构规定的其他情形。(2)我国《证券法》第71条规定，以协议方式收购上市公司时，达成协议后收购人必须在3日内将该收购协议向国务院证券监督管理机构及证券交易所作出书面报告，并予公告；在公告前不得履行收购协议。(3)我国《证券法》第76条规定，收购行为完成后，收购人应当在15日内将收购情况报告国务院证券监督管理机构和证券交易所，并予公告。(4)上市公司的收购中的信息披露义务人，未按规定履行报告、公告以及其他相关义务的，或在报告、公告等文件中有虚假记载、误导性陈述或者重大遗漏的，应根据我国《证券法》及《收购管理办法》等承担相应的法律责任。[②]

四、维护国家安全和公共利益原则

上市公司的收购不仅涉及收购人、目标公司等直接法律关系主体，亦可能对国家安全、社会公共利益等产生影响。因此，上市公司收购涉及的所有行为不仅需要遵守各种相关具体制度和规则，同时要遵守公序良俗，自觉维护国家安全和社会公共利益。鉴于此，在我国《公司法》的原则规定基础上，《收购管理办法》进一步明确了上市公司收购在此方面的要求，如该办法第2条规定，上市公司的收购及相关股份权益变动活动，必须遵守法律、行政法规及中国证监会的规定。当事人应当诚实守信，遵守社会公德、商业道德，自觉维护证券市场秩序，接受政府、社会公众的监督；该办法第4条规定，上市公司的收购及相关股份权益变动活动不得危害国家安全和社会公共利益。

五、阻挠不得滥用原则

上市公司收购是证券市场优化资源配置的重要方式，也是重要的市场化外部治理

---

① 协议收购中收购报告书的披露内容要求见《收购管理办法》第49条。

② 如我国《证券法》第196条规定：收购人未按照本法规定履行上市公司收购的公告，发出收购要约等义务的，责令改正，给予警告，并处以50万元以上500万元以下的罚款。对直接负责的主管人员和其他直接责任人员给予警告，并处以20万元以上200万元以下的处罚。收购人及其控股股东、实际控制人利用上市公司收购，给被收购公司及其股东造成损失的，应当依法承担赔偿责任。

机制。因此,目标公司管理层不得随意阻挠收购行为的正常实施。在境外市场,通过立法将阻挠不得滥用确立为上市公司收购的一项原则较常见。我国《证券法》对此没有直接规定,而《收购管理办法》对此进行了相应完善,集中体现在明确目标公司管理层应当忠实于公司及股东的利益。

在上市公司收购产生的法律关系中,股票买卖的主体限于收购人与目标公司股东。公司收购作为股票交易的一种特殊形式,表面是股权的转移,而实质上表现为对目标公司控制权的争夺,并直接影响目标公司股东及管理层的利益。其中,常见和直接的结果是,公司控制人发生变化后部分或者全部更换公司管理层成员。由于收购行为尤其是敌意收购直接危及目标公司管理层的地位和利益,因而后者往往借助其在公司治理结构中的特殊地位,采取相应的反收购措施,以期挫败收购行为。与此情况不同,上市公司收购往往对目标公司股东有利:在收购人提出的价格合理的情况下,接受要约的股东可以得到高于要约前市价的溢价收益;不接受要约的股东,也可能因为收购实施后公司价值获得提升而从中获得较原来更大的利益。综合而言,在上市公司收购中,目标公司的管理层与股东之间甚至与公司之间均可能存在潜在的利益冲突。因此,目标公司管理层不能随意阻挠收购,除非已有证据证明该项收购对股东不利。另外,目标公司的管理层所采取的阻挠措施不能对公司股东或公司的利益产生负面影响。比如,境外上市公司收购中通常采用的"毒丸战术""降落伞法"等安排,就可能对目标公司产生损害,法律对此行为的限制和禁止的措施,就是把采取反收购措施的权力赋予股东大会,以切实保护目标公司及其股东的利益。①

我国《收购管理办法》第 8 条规定,被收购公司的董事、监事、高级管理人员对公司负有忠实义务和勤勉义务,应当公平对待收购本公司的所有收购人。被收购公司董事会针对收购所作出的决策及采取的措施,应当有利于维护公司及其股东的利益,不得滥用职权对收购设置不适当的障碍,不得利用公司资源向收购人提供任何形式的财务资助,不得损害公司及其股东的合法权益。此外,由于我国上市公司普遍存在控股股东或者实际控制人,后者对于敌意收购通常也持反对态度,或者利用对公司的控制权在收购中谋取非法利益,最终均可能害及目标公司或者其他股东的利益。为此,对于收购中目标公司控股股东或者实际控制人亦需要施加特别义务。鉴于此,《收购管理办法》第 7

① 我国香港特别行政区《公司收购与合并守则》第 4 条"禁止阻挠行动"中规定,受要约公司的董事局一经接受真正的要约,或当受要约公司的董事局有理由相信可能即将收到真正的要约时,在未得受要约公司股东在股东大会予以批准前,受要约公司的董事局在该公司事务上,不得采取任何行动,其效果足以阻挠该要约或剥夺受要约公司股东决定该项要约利弊的机会。特别是董事局如果未取得该等批准,不得(1)发行任何股份;(2)就任何为发行股份发出或授予期权;(3)增设或发行,或准许增设或发行任何证券,而该等证券是附有转换为该公司股份或认购该公司股份的权利;(4)出售、处置或取得,或同意出售、处置或取得重大价值的资产;(5)在日常业务过程以外订立合约,包括服务合约;(6)促使该公司或其任何附属公司或联属公司购买或购回该公司的任何股份或为任何该等购买提供财政协助。

条规定，被收购公司的控股股东或者实际控制人不得滥用股东权利损害被收购公司或者其他股东的合法权益。被收购公司的控股股东、实际控制人及其关联方有损害被收购公司及其他股东合法权益的，上述控股股东、实际控制人在转让被收购公司控制权之前，应当主动消除损害；未能消除损害的，应当就其出让相关股份所得收入用于消除全部损害作出安排，对不足以消除损害的部分应当提供充分有效的履约担保或安排，并依照公司章程取得被收购公司股东大会的批准。

第四节　上市公司收购的主体和客体

一、上市公司收购的主体

上市公司收购的主体，是指收购交易的双方当事人，即收购人和目标公司的股东，在要约收购方式下二者即为收购法律关系中的要约人和受要约人。

（一）收购人

1. 收购人的范围。收购人的范围可以从以下不同角度来讨论。

（1）收购人包括单个投资者和一致行动人。所谓单个投资者是指不与他人采取一致行动而单独收购上市公司的收购人；关于一致行动人，详见后文论述。

（2）上市公司收购人是多元的，包括任何合法成立且存续的民商事主体。在我国证券市场，早期实施上市公司收购的主体以法人为主。《股票发行与交易暂行条例》明确规定，“任何个人不得持有一个上市公司5‰以上的发行在外的普通股”。1998年我国《证券法》并未沿袭上述规定，因此，我国证券市场收购主体既包括法人，也包括自然人。随着民商事主体的拓展，收购人的范围也获得扩展。我国《民法总则》规定的民事主体包括自然人、法人和非法人组织，其中，非法人组织包括个人独资企业和合伙企业等。在理论上和实践中，我国《民法总则》规定的各类民事主体均可以成为上市公司的收购人。

（3）外国投资者可以作为我国上市公司的收购人。根据《收购管理办法》第4条第3款之规定，外国投资者进行上市公司的收购及相关股份权益变动活动的，应当取得国家相关部门的批准，适用中国法律，服从中国的司法、仲裁管辖。由此表明，满足特定条件的外国投资者可以成为我国上市公司的收购人。商务部、中国证监会等部门制定的《外国投资者对上市公司战略投资管理办法》，就“股权分置改革”后外国投资者对A股上市公司进行战略投资进行了专门规范。

（4）“管理层收购”中的公司董监高及员工。根据《收购管理办法》第51条的规定，上市公司董事、监事、高级管理人员、员工或者其所控制或者委托的法人或者其他组织，可以通过协议收购或间接收购的方式来取得对本公司的控制权。这种由公司董事监事高管对本公司股份实施的收购，统称为“管理层收购”（Management Buy-Outs，MBO）。

2. 收购人与投资者的区别。我国《证券法》第四章分别使用了“投资者”与“收购人”的称谓，其中，涉及上市公司股份权益变动规定时采用投资者称谓（参见该法第63条之规定），而持股超过30%的比例继续购买目标公司股票或者主动发出收购要约的投资者就具有“收购人”的地位（参见该法第65条之规定），由此导致理论上和实践中不少人认为持股是否超过30%是认定收购人与一般投资者的界限。笔者认为，不应对我国《证券法》上述规定作机械理解。从我国《证券法》的立法来看，一方面，上市公司收购专章实际上规范了上市公司的收购及相关股份权益变动两大类行为，前者是指导致公司控制权变更的行为，对应的主体一般称为收购人；后者主要是指大额持股权益变动，对应的主体则称为投资者，以与收购人相区别。实际上，《收购管理办法》即主要循此思路进行制定和安排的。另一方面，持股30%拟继续收购的构成强制要约收购，但上市公司收购中主动要约收购同样常见而普遍，在后一种情形中相关投资者也成为收购人。

3. 对收购人行为能力的限制。《收购管理办法》第6条关于不得收购上市公司情形的规定，属于对收购人行为能力的限制。这些情形是：第一，收购人负有数额较大债务，到期未清偿，且处于持续状态；第二，收购人最近3年有重大违法行为或者涉嫌有重大违法行为；第三，收购人最近3年有严重的证券市场失信行为；第四，收购人为自然人的，存在我国《公司法》第146条规定的情形；[①]第五，法律、行政法规规定以及中国证监会认定的不得收购上市公司的其他情形。需要指出的是，《收购管理办法》规定的不得收购上市公司的情形存在认定问题，在实践中就收购人资格问题亦出现了争议案例。如2018年8月4日京基集团有限公司发布《深圳市康达尔（集团）股份有限公司要约收购报告书摘要》称，京基集团拟溢价要约收购康达尔10%的股份，但是该要约收购计划并未获得康达尔方面的认可；后者认为，京基集团因涉嫌重大违法事项，尚在法院诉讼和监管部门的调查之中，根据有关规定不具备收购上市公司的主体资格，不得收购上市公司。[②] 而京基集团则表示，集团不存在法律法规规定的不得收购上市公司的情形，不存在不具备主体资格、要约收购无效的情况。

（二）一致行动人

根据我国《证券法》的规定，收购人可以自行或者单独收购上市公司股份，也可以

① 我国《公司法》第146条规定的情形是：（1）无民事行为能力或者限制民事行为能力；（2）因贪污、贿赂、侵占财产、挪用财产或者破坏社会主义市场经济秩序，被判处刑罚，执行期满未逾5年，或者因犯罪被剥夺政治权利，执行期满未逾5年；（3）担任破产清算的公司、企业的董事或者厂长、经理，对该公司、企业的破产负有个人责任的，自该公司、企业破产清算完结之日起未逾3年；（4）担任因违法被吊销营业执照、责令关闭的公司、企业的法定代表人，并负有个人责任的，自该公司、企业被吊销营业执照之日起未逾3年；（5）个人所负数额较大的债务到期未清偿。

② 参见《深圳市康达尔（集团）股份有限公司关于收到要约收购报告书摘要的提示性公告》（公告编号：2018-089）。

通过协议、其他安排与他人共同收购上市公司股份。其中，与收购人共同收购上市公司股份的投资者属于一致行动人范畴。对此，《收购管理办法》第5条规定，收购人包括投资者及与其一致行动的他人。在实践中，投资者与一致行动人共同收购上市公司是普遍现象，其中一致行动人的认定至关重要，因此，需要对一致行动和一致行动人进行专门讨论。

1. 一致行动人的含义。一致行动人（Persons Acting in Concert）是指在上市公司收购过程中通过协议、合作、关联方关系等合法途径并采取相同意思表示来扩大其对上市公司持股比例，并共同取得对上市公司的控制地位的两个以上的自然人、法人或者其他组织。简而言之，一致行动人就是联合收购（Consortium Offer）人。《收购管理办法》第83条对一致行动人的界定为："在上市公司的收购及相关股份权益变动活动中有一致行动情形的投资者，互为一致行动人。"我国《证券法》并没有直接使用一致行动人的概念，但第四章不少条文中却有"投资者持有或者通过协议、其他安排与他人……"的表述，其中"投资者"和"他人"应当属于"互为一致行动人"的情况。

2. 界定一致行动人的境外法例。一致行动人概念是在英国《城市守则》中首次提出来的。该守则规定：一致行动人包括根据协议或非正式协议积极合作，通过他们其中的任何一方购买一家公司的股份来获得或联合控制这个公司的各方，一致行动的各方在信息公开方面应作为一个人对待。该守则还规定，若没有相反证据，下列人被认为是一致行动人：（1）一家公司与其母公司或孙公司、合伙公司；（2）一家公司和它的任何一个董事；（3）一家公司和它的退休基金；（4）一个人与他所经营的投资公司、单位信托或其他投资者；（5）一个金融顾问与他的持股方面的顾客；（6）目标公司的董事。

美国《1934年证券交易法》（1968年通过《威廉姆斯法案》补充）规定，两个或两个以上的人或实体作为一个合伙（Partnership）、一个有限合伙（Limited Partnership）、辛迪加（Syndicate）或其他团体以获取、持有或者处理目标公司的股份时，该集团或团体应为第13节（d）的目的而被视为一个人，受信息公开制度的约束。1977年美国证券交易委员会（SEC）对《威廉姆斯法案》中的"团体"概念作了解释：当为取得、处分、行使表决权或持有发行人所发行股权证券的目的，且同意共同行动时，使之形成一个团体，该团体即被视为《威廉姆斯法案》所称的"团体"，享有该种股票证券的受益所有权，在持股超过5%的10日内，必须向SEC填报13D表格。按照这一解释，合意是一致行动的构成要件，但合意需要以一定形态的协议为载体，因而对是否有合意的判断是十分困难的。在实践中，美国法院判断一致行动人只要求有足够的情况证据（Circumstance Evidence），明示或默示的协议并不要求采取书面的形式。但是，众人对达成协议的可能性讨论本身不会被认定为成立"团体"。如果当事人同意一致行动以购买额外的股份，但在获取额外股份后并没有一份有关目标公司的共同计划协议，该团体也应视为存在。

日本《证券交易法》和《金融商品交易法》称一致行动人为共同持有人。[①] 进行证券的收购者,有股份的持有关系、亲戚关系以及其他政令所规定的特别关系者,也被视为共同持有人。所谓"政令所规定的特别关系者"是指,若进行收购者为个人,包括(1)该人的亲属;(2)在该人以自己名义或他人名义拥有法人及其他团体已发行股份总数的20%以上的股份或出资的特别资本关系情况下,该法人或其他团体以及它们的高级职员;若进行收购者为法人或其他团体,则包括(1)该法人或其他团体的高级职员;(2)在该法人或其他团体对其他法人或其他团体有特别资本关系场合中,对方法人或其他团体以及它们的高级职员;(3)对该法人或其他团体有特别资本关系的个人、法人或其他团体以及它们的高级职员。由此可见,日本关于共同持有人的界定像美国一样仅要求有合意,对有特别资本关系和亲戚关系以及其他政令所规定的特别关系人则推定为共同持有人,而无论其是否存有合意。

我国香港特别行政区对一致行动人采取推定方式,而不需要举证。1986年香港颁布的《公司收购及合并守则》是目前世界上公认的规范一致行动人问题最完备的立法。该守则规定:"一致行动的人包括依据一项协议或协定,透过取得一间公司的投票权,一起积极合作以取得或巩固对该公司的控制权的人。"从这一规定来看,在香港一致行动人的构成要件有三点:(1)协议或协定;(2)取得投票权;(3)积极合作。这3个条件是相当谨慎且难以满足的,所谓积极合作与合作之间的界限也是难以把握的。《公司收购及合并守则》还列举了基于特定关系应推定为一致行动的八类人,比较系统地界定了一致行动人的范围。该守则规定,除非有相反证明成立,否则将推定为与其他同一类别的人一致行动的8类人是:(1)一间公司、其母公司、附属公司、同集团附属公司、前述4类之中任何一类公司的联属公司,以及前述4类公司是其联属公司的公司;(2)一间公司与其任何董事(连同他们的近亲、有关系信托及由其任何董事、其近亲及有关系信托控制的公司);(3)一间公司及其任何退休基金、公积金及雇员股份计划;(4)一名基金经理与其投资事务是由该基金经理以全权代理方式处理有关投资户口的任何投资公司、互惠基金、单位信托或其他人;(5)一名财务或其他专业顾问,包括股票经纪与其客户(就该顾问的持股量而言),以及控制该顾问、受该顾问控制或所受控制与该顾问一样的人;(6)一间公司的董事(连同他们的近亲、有关系信托及由该等董事、其近亲及有关系信托控制的公司),而该公司已正受到要约或凡该公司的董事有理由相信该公司可能即将收到一项真正的要约;(7)合伙人;(8)任何个人与其近亲、有关系信托及由其本人、其近亲或有关系信托控制的公司。如果某人拥有或控制属于第(1)类的公司20%或以上的投票权,除非相反证明成立,否则该人及一个或以上属于第(8)类的其他人,将推定为与第(1)类中一个或以上的人采取一致行动。如果当事人正在

---

① 日本《证券交易法》于2006年因统合包括金融期货交易法等法律中有关投资商品相关法制,正式更名为《金融商品交易法》。

被调查是否为一致行动人,所有当事人必须披露一切有关资料,包括他们就目标公司股份进行的交易。如果当事人没有遵守这些规定,即可展开纪律研讯程序或由此推断他们是一致行动人。如果已裁定或承认某一组人目前或一直是一致行动人,则在接纳他们已不再是一致行动人之前,必须提出明显的证据支持。

3. 我国法律法规对一致行动人的界定。我国新《证券法》虽然增加了涉及一致行动人的规定,但并没有对一致行动的定义和一致行动人的范围作出明确界定。《收购管理办法》对此进行了一定弥补,该办法第 83 条对一致行动人作出了较详细的界定:首先,对一致行动作出明确定义,即一致行动是指投资者通过协议、其他安排,与其他投资者共同扩大其所能够支配的一家上市公司股份表决权数量的行为或者事实。其次,从 12 种情形来界定一致行动人的范围。根据其规定,在上市公司的收购及相关股份权益变动活动中有一致行动情形的投资者,互为一致行动人;如无相反证据,投资者有下列情形之一的,为一致行动人:(1)投资者之间有股权控制关系;(2)投资者受同一主体控制;(3)投资者的董事、监事或者高级管理人员中的主要成员,同时在另一个投资者担任董事、监事或者高级管理人员;(4)投资者参股另一投资者,可以对参股公司的重大决策产生重大影响;(5)银行以外的其他法人、其他组织和自然人为投资者取得相关股份提供融资安排;(6)投资者之间存在合伙、合作、联营等其他经济利益关系;(7)持有投资者 30% 以上股份的自然人,与投资者持有同一上市公司股份;(8)在投资者任职的董事、监事及高级管理人员,与投资者持有同一上市公司股份;(9)持有投资者 30% 以上股份的自然人和在投资者任职的董事、监事及高级管理人员,其父母、配偶、子女及其配偶、配偶的父母、兄弟姐妹及其配偶、配偶的兄弟姐妹及其配偶等亲属,与投资者持有同一上市公司股份;(10)在上市公司任职的董事、监事、高级管理人员及其前项所述亲属同时持有本公司股份的,或者与其自己或者其前项所述亲属直接或者间接控制的企业同时持有本公司股份;(11)上市公司董事、监事、高级管理人员和员工与其所控制或者委托的法人或者其他组织持有本公司股份;(12)投资者之间具有其他关联关系。此外,《收购管理办法》第 83 条第 3 款规定,一致行动人应当合并计算其所持有的股份。投资者计算其所持有的股份,应当包括登记在其名下的股份,也包括登记在其一致行动人名下的股份;该条第 4 款规定,投资者认为其与他人不应被视为一致行动人的,可以向中国证监会提供相反证据。由此可见,我国证券法律法规关于一致行动人的界定与境外在立法精神和实质内容方面并没有重大差别,同时也具有较强的可操作性和现实规范功能。

4. 我国一致行动人案例。网宿科技(证券代码 300017)股东陈某、刘某于 2009 年 4 月签署《一致行动人协议》,约定协议自双方签署后生效,至公司首次公开发行股票并上市交易 36 个月届满后失效。2009 年 10 月 30 日网宿科技股票于深圳证券交易所创业板上市交易。此后,双方于 2012 年 12 月 27 日、2015 年 7 月 17 日续签《一致行动人协议》。

2018 年 7 月 17 日网宿科技发布公告称，股东陈某、刘某签署的一致行动人协议于 7 月 16 日到期，双方决定协议到期后自动终止，不再续签；上述股东解除一致行动关系后，公司无控股股东、实际控制人。目前，陈某直接及间接持有公司 16.46% 的股份，刘某持有公司 11.87% 的股份。

5. 我国一致行动人要约收购案例。2011 年武汉商联（集团）股份有限公司及其一致行动人武汉经济发展投资（集团）有限公司、武汉国有资产经营公司拟增持鄂武商 A（证券代码 000501）股份超过 30% 的比例。根据《收购管理办法》及相关法规的规定，本次收购拟采用部分要约收购方式进行。2011 年 7 月 20 日武汉商联（集团）股份有限公司、武汉经济发展投资（集团）有限公司、武汉国有资产经营公司分别召开了临时董事会并就本次要约收购签署了《关于实施要约收购的一致行动协议》，协议约定：收购人拟收购标的公司合计不高于 25,362,448 股股份，合计占后者总股本的 5%。

2012 年 6 月 18 日收购人获得中国证监会出具的对本次要约收购表示无异议的文件，6 月 20 日公告《要约收购报告书》，明确要约收购期限为 2012 年 6 月 21 日至 7 月 20 日。2012 年 7 月 25 日鄂武商 A 发布的《要约收购公司股份结果的公告》显示，本次收购共有 3664 户股东预受要约股份 301,291,959 股。收购人最终等比例收购其中的 25,362,448 股，本次由 3 家一致行动人发起的部分要约收购成功实施。

（三）受要约人

从收购人收购上市公司的目的是获得控制权来看，被收购方应当是上市公司。但从证券交易关系上来看，上市公司并非公司股份的出卖人，不能成为股份转让（股票买卖）的一方当事人，因此只能称为“目标公司”而不具有受要约人的地位。在收购法律关系中，受要约人是目标公司的股东。我们注意到，受要约人作为目标公司的股份出卖人，我国《证券法》对其没有一般性的资格限制，但该法第 60 条对国有股股东却有特别规定，即“国有独资企业、国有独资公司、国有资本控股公司买卖上市交易的股票，必须遵守国家有关规定”。这里的“国家有关规定”，应当主要是指有关法律法规和规章涉及国有股份转让的规定。[①]

二、上市公司收购的客体

上市公司收购的客体也称收购标的。按照我国《证券法》第四章的规定，收购标的是“上市公司已发行的股份”。[②] 这里所谓“已发行股份”，是指目标公司已经依法发行的股份，从我国目前情况来看，既包括公开发行的股份，也包括非公开发行的股份；既包括普通股即 A 股，又包括境内上市外资股即 B 股；既包括可以自由流通的股份，也包括法律法规对流通有所限制的股份（限售流通股）。从我国《公司法》《证券法》等有关法律法规以及业务规则规定来看，我国对特定股东所持上市公司股份转让的限制或者禁

---

① 其内容主要是根据国有股股东有不同代表的情况，要求国有股权转让由不同国家机关批准。

② 实际上，在我国公司法确立的资本制度下，不存在授权资本制中已授权但未发行的股份。

止性规定如下所示。

1. 公司发起人与公司董事、监事、高级管理人员持股转让限制。[①]

2. 首次公开发行限售股。根据上海、深圳证券交易所《股票上市规则》规定，发行人向交易所提出其首次公开发行的股票上市申请时，控股股东和实际控制人应当承诺：自发行人股票上市之日起36个月内，不转让或者委托他人管理其直接或者间接持有的发行人公开发行股票前已发行的股份，也不由发行人回购其直接或者间接持有的发行人公开发行股票前已发行的股份。根据此规定而产生的限售股称为IPO限售股。

3. 非公开发行限售股。根据中国证监会《上市公司证券发行管理办法》第38条之规定，上市公司非公开发行股票应当符合的条件之一为"本次发行的股份自发行结束之日起，12个月内不得转让；控股股东、实际控制人及其控制的企业认购的股份，36个月内不得转让"。据此，认购上市公司非公开发行的股票将在规定期限内予以限售，这类股份一般称为非公开发行限售股。

需要指出的是，从国外证券立法来看，一些以股票为基础证券的衍生品种，如可转换公司债券、认股权证、优先认股权证、附新股认股权的公司债券等也属于上市公司收购的客体，而我国《证券法》规定的收购客体目前还限于"上市公司已发行股份"的范围。随着实践的发展，需要考虑在未来我国《证券法》修订中将收购客体范围加以扩大。

第五节　上市公司收购的若干重要制度

我国《证券法》第62条规定，投资者可以采取要约收购、协议收购及其他合法方式收购上市公司，由此列举了我国上市公司收购中要约收购和协议收购两种典型方式。在我国《证券法》规定的基础上，《收购管理办法》还规定了间接收购方式。此外，无论采取何种收购方式，在收购过程中，往往更需要履行大额持股披露等法律程序。为此，法律法规关于收购方式和收购程序的规定，共同构成了上市公司收购的主要制度内容。

一、大宗持股权益变动披露制度

大宗持股披露俗称"举牌"，其定义及制度价值本章前面已有所讨论，此处主要结合我国《证券法》的规定对其作进一步分析。

（一）证券权益变动义务的基本界定

根据我国《证券法》第63条的规定，证券市场大宗持股主体负有信息披露及停止买卖两大义务：信息披露义务是指投资者及一致行动人通过证券交易所的证券交易持有上市公司已经发行股份总数的5%时，以及之后其所持上市公司已发行的股份比例

① 参见我国《公司法》第141条规定。

每增加或者减少1%时,向证券监督管理机构、证券交易所书面报告、通知目标公司并进行公告的义务。停止买卖义务是指披露义务人在披露期限内以及其他法定期限内,不得再行买卖该上市公司的股票。对于信息披露规定,学界通常又称为“公开规则”;而对于限制期内停止交易规定,又谓之“慢走规则”。

与境外立法相比,我国权益变动制度的最大差异在于慢走规则。有观点认为,我国《证券法》上的慢走规则系我国独创,其确立与彼时股权分置及证券信息传递等原因相关,目前是否有必要继续保留值得讨论。① 另有学者将其称为“异化的预警式披露”,认为其加重了不以获得控制权为目的的收购方进行收购的成本与披露的负担,不利于不以获得控制权为目的的收购或出售活动。② 就立法宗旨而言,证券法确立慢走规则是为了防止信息披露时的内容和投资者控制股份的变动情况有出入,对社会公众造成错误诱导,损害他们的利益。③ 因此,尽管关于慢走规则的存废存在认识上的分歧,鉴于其存在收购预警等功能和价值,我国新《证券法》并没有取消这一规则。

(二)权益变动披露的具体内容

根据我国《证券法》第63条、第64条和《收购管理办法》有关规定,持股披露的内容和要求如下所示。

1. 通过证券交易所的证券交易,投资者持有或者通过协议、其他安排与他人共同持有一家上市公司已发行的有表决权股份达到5%时,应当在该事实发生之日起3日内,向国务院证券监督管理机构、证券交易所作出书面报告,通知该上市公司,并予公告,在上述期限内不得再行买卖该上市公司的股票,国务院证券监督管理机构规定的情形除外。根据上述规定,我国《证券法》规定的触发权益变动披露的阈值为5%,持股达到5%的股东通常被认定为重要股东。

2. 投资者持有或者通过协议、其他安排与他人共同持有一家上市公司已发行的有表决权股份达到5%后,其所持该上市公司已发行的有表决权股份比例每增加或者减少1%,应当通知该上市公司,并予以公告。与原规定相比,我国新《证券法》将大额持股变动的信息披露间隔从每5%缩减至1%,但披露前后无须暂停交易。直到变动幅度累计增加或者减少5%时,持股人应当与首次触及权益变动的阈值时一样进行报告和公告,且在该事实发生之日起至公告后3日内,不得再行买卖该上市公司的股票。

3. 投资者履行权益变动披露义务时,相关公告应当包括下列内容:持股人名称、住所;持有股票的名称、数额;持股达到法定比例或者持股增减变化达到法定比例的日期、增持股份的资金来源;在上市公司中拥有有表决权股份变动的时间及方式。

4. 未履行权益变动披露义务的法律后果。投资者违反前述达到5%的持股比例及

---

① 参见吴建忠:《上市公司权益披露规则与慢走规则法律适用》,载《证券市场导报》2013年第1期。

② 参见郑彧:《上市公司收购法律制度的商法解读》,载《环球法律评论》2013年第5期。

③ 参见周正庆、李飞、桂敏杰主编:《新证券法条文解析》,人民法院出版社2006年版,第221~222页。

每增加或减少5%股份时的公开规则和慢走规则的规定，买入上市公司有表决权的股份的，在买入后的36个月内，对该超过规定比例部分的股份不得行使表决权。此外，违反规定买卖股份的投资者还可能受到证券监管机构的行政处罚以及证券交易所的纪律处分。

二、要约收购制度

如前所述，要约收购是指收购人公开向目标公司的所有股东发出要约，收购目标公司的部分股份或全部股份，从而达到控制该公司或强化控制的目的。要约收购是程序最复杂的上市公司收购形式，也是我国《证券法》第四章主要规制的内容。要约收购可以分为自愿要约收购和强制要约收购两种形式。

（一）自愿要约收购

我国《证券法》没有对自愿要约收购作出直接规定，《收购管理办法》第23条则规定了投资者可以自愿选择以要约方式收购上市公司股份。① 从理论上来讲，自愿要约收购是收购人的一项权利，任何适格主体只要有足够的资金能力，并遵照法律规定的程序，都可选择在适当时候对目标公司股东发出部分或全部要约。从《收购管理办法》的规定来看，自愿要约收购具有如下特征。

1. 收购人发出要约并不以持有目标公司股份达到一定比例为前提，或者说，自愿要约收购没有强制要约收购的持股比例限制，收购人对目标公司在任何持股比例下（甚至还没有持有目标公司股票）都可以对其股东发出收购要约。但是，根据《收购管理办法》第25条的规定，投资者自愿选择以要约方式收购上市公司股份的，“其预定收购的股份比例均不得低于该上市公司已发行股份的5%”。

2. 自愿要约收购中，由于持股人的收购目的在要约中已经载明（收购目标公司股份），因而无论持股人对目标公司的持股比例为多少，均具有收购人的法律地位。

3. 无论收购人在何种持股比例下发出收购要约，均需要按照我国《证券法》的有关规定履行要约收购的法定程序。

（二）强制要约收购

根据我国《证券法》第65条及《收购管理办法》的相关规定，强制要约收购是指收购人持有一家上市公司股份达到30%时，如拟继续增加持有目标公司股份而没有取得中国证监会关于发出要约的豁免，则该收购人必须以公开要约方式进行收购。据此，强制要约收购具有如下基本特征。

1. 强制要约收购以持有目标公司股份达到30%的比例为前提，而无论此前采取何种收购方式，也无论收购人主观上是否以收购上市公司为目的，只要持股达到这一比例

---

① 其具体内容为：“投资者自愿选择以要约方式收购上市公司股份的，可以向被收购公司所有股东发出收购其所持有的全部股份的要约（以下简称全面要约），也可以向被收购公司所有股东发出收购其所持有的部分股份的要约（以下简称部分要约）。”

且拟继续增加持有的,就应当依法向目标公司所有股东发出收购要约。就这个意义上而言,发出收购要约是收购人在此时负有的一项法律义务。

2. 履行强制要约收购义务发出的要约,包括其期限、收购价格、收购数量及其他规定事项等,与自愿要约收购发出的要约,在法律规定上都是一致的。例如,《收购管理办法》第29条对要约的内容进行了详细的规定;关于收购的期限,我国《证券法》第67条规定,收购要约约定的收购期限不得少于30日,并不得超过60日。

3. 满足规定条件的投资者可以向证券监管机构申请豁免履行强制要约收购义务而继续增持股份。根据《收购管理办法》第61条的规定,符合该办法第62条、第63条规定情形的,投资者及其一致行动人可以向中国证监会申请豁免。关于豁免的具体内容,在后续协议收购中将予以讨论。

(三)收购要约

收购人无论采取自愿要约收购形式,还是采取强制要约收购形式,都需要向目标公司全体股东发出收购要约。收购要约是收购过程中具有法律效力的文件,我国《证券法》和《收购管理办法》对其形式、内容、公告、效力、期限等均作出了明确规定。

1. 收购要约的形式。按照《收购管理办法》第23条的规定,收购要约分为全面要约和部分要约两种形式。全面要约是指向目标公司所有股东发出收购其所持有的全部股份的要约,部分要约是指向目标公司所有股东发出收购其所持有的部分股份的要约。

2. 收购要约的内容。根据我国《证券法》第66条和《收购管理办法》第28条、第29条的规定,收购要约包括上市公司收购报告书、财务顾问专业意见和律师出具的法律意见书3种文件,其中,上市公司收购报告书是最重要的文件。上市公司收购报告书由收购人编制,其主要内容见前文详述。

3. 收购要约的期限和对收购人的约束。收购要约作为合同要约,一旦发出就会对收购人产生法律约束力,因此,收购要约必须规定承诺期限。在此问题上,各国的法律规定有所不同。如英国《公司收购与合并法典》规定,收购要约的有效期限不得少于21天;美国《威廉姆斯法案》规定,收购要约的期限不得低于20个工作日;欧共体《公司法第十三号指令》规定,得稍长一些,为4周。我国《证券法》第67条规定,收购要约约定的收购期限不得少于30日,并不得超过60日。

在收购要约的期限内,根据我国《证券法》第68条和第70条及《收购管理办法》的规定,收购人受到的约束主要包括:(1)在收购要约确定的承诺期限内,收购人不得撤销其收购要约。收购人需要变更收购要约的,必须及时公告,载明具体变更事项,并通知被收购公司。此外,根据《收购管理办法》第40条的规定,收购要约期限届满前15日内,收购人不得变更收购要约;但是出现竞争要约的除外。(2)收购人在收购期限内,不得卖出被收购公司的股票,也不得采取要约规定以外的形式和超出要约的条件买入被收购公司的股票。

4. 收购要约价格。收购要约价格是收购要约的重要内容,集中体现了目标公司股东与收购人双方的利益,因而各国收购立法都非常重视收购价格及其计算方法、支付方式的规定。具体而言,主要有自由定价主义和价格法定主义两种做法。我国《证券法》未对收购要约价格进行明确规定。《收购管理办法》第35条明确规定,收购人对同一种类股票的要约价格,不得低于要约收购提示性公告日前6个月内收购人取得该种股票所支付的最高价格。要约价格低于提示性公告日前30个交易日该种股票的每日加权平均价格的算术平均值的,收购人聘请的财务顾问应当就该种股票前6个月的交易情况进行分析,说明是否存在股价被操纵、收购人是否有未披露的一致行动人、收购人前6个月取得公司股份是否存在其他支付安排、要约价格的合理性等。由此观之,我国目前对收购要约定价采取了较灵活的做法,既非由收购人自由定价,也非简单沿袭1993年《股票发行与交易管理暂行条例》关于价格法定的规定。①

5. 收购要约支付方式。我国《证券法》对收购要约支付方式也未作规定。《收购管理办法》第36条规定,收购人可以采用现金、证券、现金与证券相结合等合法方式支付收购上市公司的价款。该办法第27条又规定,收购人为终止上市公司的上市地位而发出全面要约的,或者向中国证监会提出申请但未取得豁免而发出全面要约的,应当以现金支付收购价款;以依法可以转让的证券支付收购价款的,应当同时提供现金方式供被收购公司股东选择。

按照《收购管理办法》第36条的规定,在支付方式上还应当注意如下事项:(1)收购人以现金支付收购价款的,应当在作出要约收购提示性公告的同时,将不少于收购价款总额的20%作为履约保证金存入证券登记结算机构指定的银行;(2)收购人以证券支付收购价款的,应当提供该证券的发行人最近3年经审计的财务会计报告、证券估值报告,并配合被收购公司聘请的独立财务顾问的尽职调查工作;(3)收购人以在证券交易所上市交易的证券支付收购价款的,应当在作出要约收购提示性公告的同时,将用于支付的全部证券交由证券登记结算机构保管,但上市公司发行新股的除外;(4)收购人以在证券交易所上市的债券支付收购价款的,该债券的可上市交易时间应当不少于1个月;(5)收购人以未在证券交易所上市交易的证券支付收购价款的,必须同时提供现金方式供被收购公司的股东选择,并详细披露相关证券的保管、送达被收购公司股东的方式和程序安排。

(四)“预受要约”和承诺

作为一种股票买卖行为,上市公司收购也要经历订立合同的要约和承诺过程。对收购要约的承诺是要约收购成功的必经程序,具体是指受要约人同意以收购要约的全

---

① 《股票发行与交易管理暂行条例》第48条规定,发起人以外的任何法人直接或者间接持有一家上市公司发行在外的普通股达到30%时,应当自该事实发生之日起45个工作日内,向该公司所有股票持有人发出收购要约,按照下列价格中较高的一种价格,以货币付款方式购买股票:(1)在收购要约发出前12个月内收购要约人购买该种股票所支付的最高价格;(2)在收购要约发出前30个工作日内该种股票的平均市场价格。前款持有人发出收购要约前,不得再行购买该种股票。

部条件向收购要约人卖出其所持有的股票的意思表示。受要约人对收购要约的承诺一经作出,双方当事人之间的股票买卖合同即告成立。在上市公司收购中,什么是受要约人表示承诺的标志?

需要指出的是,上市公司要约收购的承诺与一般合同的承诺是有区别的,对此,各国的做法不尽相同。美国《1934 年证券交易法》第 14 条第 4 款第 7 项(14d－7)规定,"受要约人承诺后,如果要约人在收购开始 60 天后尚未对已做出承诺并交付股票的受要约人支付相应的价金,已做出承诺的受要约人有权在收购开始的 60 天以后的任何时间内撤回其根据要约向收购要约人所交付的股票"。由此可见,美国的做法是赋予受要约人在作出承诺后一定时间内可以单方面解除合同的权利。这一做法可以给那些在收购开始后很短时间内就仓促作出承诺的受要约人一次在获悉更全面信息的条件下重新作决定的机会,对在收购过程中因信息不对称而处于相对劣势地位的受要约人来说,能够起到较好的衡平作用,从而保证收购活动的公平公正。

我国《证券法》没有对上市公司要约收购的承诺作出具体规定,但《收购管理办法》规定的"预受要约"制度却与美国的做法有相似之处。所谓"预受要约"是指受要约人作出同意接受要约的意思表示,在要约收购期限内不可撤回之前不构成承诺。与美国做法不同的是,既然不构成承诺,收购合同就没有成立,也就无须解除合同了。但又正是由于"预受要约"不构成承诺,就意味着在合同成立前受要约人还可以撤回"预受要约"。因此,我国的"预受要约"制度实际上是赋予了受要约人在承诺构成之前可以撤回自己意思表示(反悔)的权利。

根据《收购管理办法》第 42 条的规定,我国要约收购的期限可以划分为两个时间段:一为"预受要约可撤回"阶段;二为"预受要约不可撤回"阶段。在前一个时间段中,受要约人作出的同意接受要约的意思表示不构成合同法上的"承诺",只能被称为"预受要约";预受要约人在要约收购期限届满 3 个交易日前,可以"反悔",即委托证券公司办理撤回预受要约的手续,证券登记结算机构根据预受要约股东的撤回申请解除对预受要约股票的临时保管。在后一个时间段中,受要约人作出的"预受要约"在要约收购期限届满前 3 个交易日内就转变为不可撤回的意思表示,即构成合同法上的承诺;承诺一经作出,收购人与受要约人的股票买卖合同就正式成立。

(五)履行合同

上市公司收购所涉股票交易合同一旦成立,收购人与受要约人均要受合同约定的义务的约束。就收购人而言,应当依要约约定的期限、价格和其他条件接受受要约人交付的股份,支付价款;就受要约人而言,承诺后就负有按期交付股票的义务。根据我国《证券法》的规定,收购要约包括全面要约和部分要约两种形式。如果是采取的部分要约形式,由于收购要约是针对目标公司所有股东发出的,在实践中就完全可能出现受要约人承诺出售的股份数额大于收购要约载明的数额的情况,对此,我国《证券法》第 65 条第 2 款规定:"收购上市公司部分股份的收购要约应当约定,被收购公司股东承诺出售的股份数额超过预定收购的股份数额的,收购人按比例进行收购。"《收购管理办法》第 43 条进一步规定:"收购期限届满,发出部分要约的收购人应当按照收购要约约定的条件购买被收购公司股东预受的股份,预受要约股份的数量超过预定收购数量时,收购人应当按照同等比例收购预受要约的股份;以终止被收购公司上市地位为目的的,收购人应当按照收购要约约定的条件购买被收购公司股东预受的全部股份;未取得中国证监会豁免而发出全面要约的收购人应当购买被收购公司股东预受的全部股份。"

另外,《收购管理办法》第 78 条规定:"发出收购要约的收购人在收购要约期限届满,不按照约定支付收购价款或者购买预受股份的,自该事实发生之日起 3 年内不得收购上市公司,中国证监会不受理收购人及其关联方提交的申报文件;涉嫌虚假信息披露、操纵证券市场的,中国证监会对收购人进行立案稽查,依法追究其法律责任。"

三、协议收购制度

从我国上市公司特殊的股权结构来看,协议收购有其存在的合理性和现实意义,目前依然是我国证券市场的重要收购形式。由于协议收购过程中存在较明显的可能影响机会均等、信息公开、交易公正等局限性,法律法规对其规制与要约收购有所区别。

(一)协议收购的形式

根据《收购管理办法》的规定,协议收购可以分为一般协议收购、管理层收购和境外机构收购。三者的区别主要在于收购人的不同:一般协议收购和管理层收购的收购人为境内机构和个人,境外机构收购的收购人为境外法人或者其他组织。一般协议收购与管理层收购的收购人的区别在于:前者的收购人为目标公司内部人士以外的他人,后者的收购人为目标公司的董事、监事、高级管理人员、员工或者其所控制或者委托的法人或者其他组织。其中,管理层收购由于收购人涉及目标公司的内部人士,比一般协议收购更容易出现内幕交易等违法违规行为,因此,法律对其规制也更严格。

(二)协议收购的主要程序

1. 收购的开始。按照我国《证券法》第 71 条的规定,采取协议收购方式的,收购人可以依照法律、行政法规的规定同被收购公司的股东以协议方式进行股份转让。由此可见,协议收购的开始完全取决于收购方与目标公司股东的协商谈判,法律对此不作限制性规定。如果属于管理层收购的情况,应当首先判断是否符合《收购管理办法》第 51 条的规定。

按照《收购管理办法》第 47 条的规定,收购人通过协议方式在一家上市公司中拥有权益的股份达到或者超过该公司已发行股份的 5%,但未超过 30% 的,收购人应当按照权益披露的要求履行"举牌"的披露义务及相关程序。

2. 豁免要约收购。按照我国《证券法》的规定,采取协议收购方式的,收购人收购或者通过协议、其他安排与他人共同收购一家上市公司已发行的股份达到 30% 时,继续进行收购的,须转为强制要约收购,即"应当向该上市公司所有股东发出收购上市公司全部或者部分股份的要约";"但是,经国务院证券监督管理机构免除发出要约的除外。”由此可见,协议收购在收购人持有目标公司已发行股份达到30%时,要想继续按照这一方式实施收购,必须得到中国证监会的豁免,否则就得强制进入要约收购程序。因此,在持股达到30%后,要约收购豁免就成为协议收购的必经程序。

《收购管理办法》第47条规定,收购人拥有权益的股份达到该公司已发行股份的30%时,继续进行收购的,可以向中国证监会申请免除发出要约。收购人在取得中国证监会豁免后,履行其收购协议;未取得中国证监会豁免且拟继续履行其收购协议的,或者不申请豁免的,在履行其收购协议前,应当发出全面要约。

收购人向中国证监会申请豁免要约增持目标公司股份,应当符合一定条件。按照《收购管理办法》第62条的规定,这些条件为:(1)收购人与出让人能够证明本次转让未导致上市公司的实际控制人发生变化;(2)上市公司面临严重财务困难,收购人提出的挽救公司的重组方案取得该公司股东大会批准,且收购人承诺3年内不转让其在该公司中所拥有的权益;(3)经上市公司股东大会非关联股东批准,收购人取得上市公司向其发行的新股,导致其在该公司拥有权益的股份超过该公司已发行股份的30%,收购人承诺3年内不转让其拥有权益的股份,且公司股东大会同意收购人免于发出要约;(4)中国证监会为适应证券市场发展变化和保护投资者合法权益的需要而认定的其他情形。另外,该办法第63条还规定,有下列情形之一的,当事人可以向中国证监会申请以简易程序免除发出要约:(1)经政府或者国有资产管理部门批准进行国有资产无偿划转、变更、合并,导致投资者在一家上市公司中拥有权益的股份占该公司已发行股份的比例超过30%;(2)在一家上市公司中拥有权益的股份达到或者超过该公司已发行股份的30%的,自上述事实发生之日起1年后,每12个月内增加其在该公司中拥有权益的股份不超过该公司已发行股份的2%;(3)在一家上市公司中拥有权益的股份达到或者超过该公司已发行股份的50%的,继续增加其在该公司拥有的权益不影响该公司的上市地位;(4)因上市公司按照股东大会批准的确定价格向特定股东回购股份而减少股本,导致当事人在该公司中拥有权益的股份超过该公司已发行股份的30%;(5)证券公司、银行等金融机构在其经营范围内依法从事承销、贷款等业务导致其持有一家上市公司已发行股份超过30%,没有实际控制该公司的行为或者意图,并且提出在合理期限内向非关联方转让相关股份的解决方案;(6)因继承导致在一家上市公司中拥有权益的股份超过该公司已发行股份的30%;(7)证监会为适应证券市场发展变化和保护投资者合法权益的需要而认定的其他情形。

根据《收购管理办法》第61条的规定,如果符合前述条件,投资者及其一致行动人可以向中国证监会申请下列豁免事项:(1)免于以要约收购方式增持股份;(2)存在主体资格、股份种类限制或者法律、行政法规、证监会规定的特殊情形的,可以申请免于向被收购公司的所有股东发出收购要约。未取得豁免的,投资者及其一致行动人应当在收到证监会通知之日起30日内将其或者其控制的股东所持有的被收购公司股份减持到30%或者30%以下;拟以要约以外的方式继续增持股份的,应当发出全面要约。

3. 收购协议的报告和公告。这里的报告是指向中国证监会和证券交易所报告，公告是指向社会公告。根据我国《证券法》第 71 条的规定，以协议方式收购上市公司时，达成协议后，收购人必须在 3 日内将该收购协议向国务院证券监督管理机构及证券交易所作出书面报告，并予公告；在公告前不得履行收购协议。《收购管理办法》第 48 条规定，以协议方式收购上市公司股份超过 30%，收购人向证监会豁免发出要约的，应当在与上市公司股东达成收购协议之日起 3 日内编制上市公司收购报告书，提交豁免申请及相关文件，委托财务顾问向中国证监会、证券交易所提交书面报告，通知被收购公司，并公告上市公司收购报告书摘要；收购人自取得证监会的豁免之日起 3 日内公告其收购报告书、财务顾问专业意见和律师出具的法律意见书。中国证监会发现收购报告书不符合法律、行政法规及相关规定的，应当及时告知收购人，收购人未纠正的，不得公告上市公司收购报告书，在公告前不得履行收购协议。由此可见，公告是收购协议得以履行的前提条件。

协议收购的上市公司收购报告书的格式和内容基本同于要约收购的情况。

4. 管理层收购的特别程序。《收购管理办法》明确规定了实施管理层收购的特别条件，如上市公司应当具备健全且运行良好的组织机构以及有效的内部控制制度，公司董事会成员中独立董事的比例应当达到或者超过 1/2；公司应当聘请具有证券、期货从业资格的资产评估机构提供公司资产评估报告，本次收购应当经董事会非关联董事作出决议，且取得 2/3 以上的独立董事同意后，提交公司股东大会审议，经出席股东大会的非关联股东所持表决权过半数通过。上市公司董事、监事、高级管理人员存在我国《公司法》第 148 条规定的情形，①或者最近 3 年有证券市场不良诚信记录的，不得收购本公司。

5. 协议收购的其他特别规定。

（1）控股股东向收购人协议转让其所持有的上市公司股份的，应当对收购人的主体资格、诚信情况及收购意图进行调查，并在其权益变动报告书中披露有关调查情况。

（2）控股股东及其关联方未清偿其对公司的负债，未解除公司为其负债提供的担保，或者存在损害公司利益的其他情形的，目标公司董事会应当对这些情形及时予以披露，并采取有效措施维护公司利益。

---

① 我国《公司法》第 148 条规定的情形是：(1)挪用公司资金；(2)将公司资金以其个人名义或者以其他个人名义开立账户存储；(3)违反公司章程的规定，未经股东会、股东大会或者董事会同意，将公司资金借贷给他人或者以公司财产为他人提供担保；(4)违反公司章程的规定或者未经股东会、股东大会同意，与本公司订立合同或者进行交易；(5)未经股东会或者股东大会同意，利用职务便利为自己或者他人谋取属于公司的商业机会，自营或者为他人经营与所任职公司同类的业务；(6)接受他人与公司交易的佣金归为己有；(7)擅自披露公司秘密；(8)违反对公司忠实义务的其他行为。

(3)在协议收购的过渡期内,[①]收购人不得通过控股股东提议改选目标公司董事会,确有充分理由改选董事会的,来自收购人的董事不得超过董事会成员的1/3;目标公司不得为收购人及其关联方提供担保;目标公司不得公开发行股份募集资金,不得进行重大购买、出售资产及重大投资行为或者与收购人及其关联方进行其他关联交易,但收购人为挽救陷入危机或者面临严重财务困难的上市公司的情形除外。

(4)根据《收购管理办法》第79条的规定,上市公司控股股东和实际控制人在转让其对公司的控制权时,未清偿其对公司的负债,未解除公司为其提供的担保,或者未对其损害公司利益的其他情形作出纠正的,证监会责令改正、责令暂停或者停止收购活动。

6. 履行收购协议。上市公司收购报告书公告后,意味着收购协议的生效,收购人和目标公司股东应当依照协议的规定履行各自义务。按照证券交易所和证券登记结算机构的业务规则,在证券交易所就本次股份转让予以确认后,凭全部转让款项存放于双方认可的银行账户的证明,向证券登记结算机构申请解除拟协议转让股票的临时保管,并办理过户登记手续。按照《收购管理办法》第55条的规定,收购人未按规定履行报告、公告义务,或者未按规定提出申请的,证券交易所和证券登记结算机构不予办理股份转让和过户登记手续。收购人在收购报告书公告后30日内仍未完成相关股份过户手续的,应当立即作出公告,并说明理由;在未完成相关股份过户期间,应当每隔30日公告相关股份过户办理进展情况。

四、间接收购制度

我国《证券法》一直未直接规定间接收购的内容,但自2005年修订以来明确规定投资者可以采取其他合法方式收购上市公司,这为要约收购、协议收购外的其他收购方式获得合法地位预留了制度空间。其中,《收购管理办法》第五章据此创设了间接收购的收购类型。根据其规定,间接收购是指不具有目标公司股东身份的投资者,通过投资关系、协议、其他安排获得目标公司的实际控制权。与间接收购相比较,前述要约收购和协议收购都可以称为"直接收购"。

(一)间接收购的特征

1. 收购人不直接具有目标公司股东的身份,但通过投资关系、协议、其他安排实际拥有目标公司股份。这里的"股份"即《收购管理办法》第56条规定的"拥有权益的股份",结合该办法第12条的规定,应当解释为"虽未登记在收购人名下但该收购人可以实际支配表决权的股份"。如果收购人拥有权益的股份达到控股的比例或拥有对目标

---

① 《收购管理办法》第52条规定:"自签订收购协议起至相关股份完成过户的期间为上市公司收购过渡期。"

公司的控制权,[①]就可以认定实现了间接收购。间接收购成功后,收购人应当处于公司法规定的"实际控制人"地位。[②]

2. 间接收购是收购人通过受其支配的目标公司股东来实现自己的收购目的,在这个意义上,也可以将间接收购人视为两个以上,即目标公司股东和可以支配其在公司表决权的控制人,其中,目标公司股东的控制人是实际上的收购人。

(二)对间接收购的特别规制

《收购管理办法》对间接收购以专章作出了特别规制,其内容如下所示。

1. 间接收购人在一家上市公司拥有权益的股份达到5% ~30%时,应当按照权益变动的要求履行"举牌"程序。

2. 间接收购人在一家上市公司拥有权益的股份达到30%时,如果有意继续增持,则应当采取要约收购方式;如果被中国证监会豁免发出要约,也可以选择协议收购方式。

3. 间接收购人虽然不直接具有目标公司股东身份,但仍负有信息披露义务。当收购人具有目标公司实际控制人地位时,该实际控制人及受其支配的股东,负有配合目标公司真实、准确、完整地披露有关实际控制人发生变化的信息的义务。如果实际控制人及受其支配的股东拒不履行前述配合义务,导致目标公司无法履行法定信息披露义务而承担民事、行政责任的,目标公司有权对其提起诉讼。实际控制人、控股股东指使目标公司及其有关人员不依法履行信息披露义务的,中国证监会依法进行查处。

4. 间接收购人具有目标公司实际控制人的地位时,该实际控制人及受其支配的股东在间接收购过程中未履行报告、公告义务的,目标公司应当自知悉之日起立即作出报告和公告。目标公司就实际控制人发生变化的情况予以公告后,实际控制人仍未披露的,目标公司董事会应当向实际控制人和受其支配的股东查询,必要时可以聘请财务顾问进行查询,并将查询情况向中国证监会、派出机构和证券交易所报告;中国证监会依法对拒不履行报告、公告义务的实际控制人进行查处。目标公司知悉实际控制人发生较大变化而未能将有关实际控制人的变化情况及时予以报告和公告的,中国证监会责令改正,情节严重的,认定目标公司负有责任的董事为不适当人选。

5. 间接收购人具有目标公司实际控制人的地位时,该实际控制人及受其支配的股东未履行报告、公告义务,拒不履行前述配合目标公司信息披露义务,或者实际控制人存在不得收购上市公司情形的,目标公司董事会应当拒绝接受受实际控制人支配的股

---

① 根据《收购管理办法》第84条的规定,有下列情形之一的,为拥有上市公司控制权:(1)投资者为上市公司持股50%以上的控股股东;(2)投资者可以实际支配上市公司股份表决权超过30%;(3)投资者通过实际支配上市公司股份表决权能够决定公司董事会半数以上成员选任;(4)投资者依其可实际支配的上市公司股份表决权足以对公司股东大会的决议产生重大影响;(5)中国证监会认定的其他情形。

② 根据我国《公司法》第216条第2款第3项的规定,实际控制人是指虽不是公司的股东,但通过投资关系、协议或者其他安排,能够实际支配公司行为的人。

东向董事会提交的提案或者临时议案，并向中国证监会、派出机构和证券交易所报告。中国证监会责令实际控制人改正，可以认定实际控制人通过受其支配的股东所提名的董事为不适当人选；改正前，受实际控制人支配的股东不得行使其持有股份的表决权。目标公司董事会未拒绝接受实际控制人及受其支配的股东所提出的提案的，中国证监会可以认定负有责任的董事为不适当人选。

五、上市公司收购的完成

（一）收购期限届满的法律后果

根据我国《证券法》和《收购管理办法》的规定，收购期限届满可能引起的法律后果包括以下几方面。

1. 目标公司退市。按照我国《证券法》第74条第1款的规定，收购期限届满，被收购公司股权分布不符合上市条件的，该上市公司的股票应当由证券交易所依法终止上市交易。

2. 目标公司股东可以向收购人强制出售股票。在目标公司退市的情况下，按照我国《证券法》第74条第1款的规定，除收购人外，其余仍持有被收购公司股票的股东，有权向收购人以收购要约的同等条件出售其股票，收购人应当收购。需要指出的是，上述规定仅为目标公司股东设定了单方权利，却没有赋予收购人强制购买剩余股份的权利。[①] 这一法律漏洞对于要约收购方带来了麻烦，突出体现在退市往往容易实现，但无法做到100%的持股。鉴于此，我国《证券法》未来修订时很有必要增加“余股强制挤出”条款。[②]

3. 目标公司变更企业形式。按照我国《证券法》第74条第2款的规定，收购行为完成后，被收购公司不再具备股份有限公司条件的，应当依法变更企业形式。尤其在对目标公司实行主动摘牌后，其公众基础丧失，应当按照公司法等规定变更为有限责任公司等组织形式。

4. 目标公司解散及法人主体资格丧失。投资者收购上市公司，其最终目的可能是取得目标公司的业务和资产。在此种情况下，收购完成后，收购人需要将目标公司合并。目标公司被合并后，其资产和业务将转移到继续存续的公司（收购公司）。为此，我国《证券法》第76条规定，收购行为完成后，收购人与被收购公司合并，并将该公司解散的，被解散公司的原有股票由收购人依法更换。

（二）收购完成后股份转让的限制

上市公司收购应该出于对目标公司实施控制，完全投机性的上市公司收购理应受到证券法的限制。否则，目标公司及其他股东尤其是中小股东的利益容易受到重大损

① 参见施天涛：《公司法论》（第4版），法律出版社2018年版，第509页。

② 参见郭雳：《上市公司私有化交易的审查标准与利益平衡——主动退市的境外经验与启示》，载黄红元、徐明主编：《证券法苑》（第12卷），法律出版社2014年版，第106～107页。

害。因此,我国《证券法》历来对收购人在收购行为完成后转让目标公司股份作出限制。我国新《证券法》在总结证券市场经验的基础上,强化了收购完成后的股份转让限制,集中体现在其第 75 条规定:在上市公司收购中,收购人持有的被收购上市公司的股票,在收购行为完成后的 18 个月内不得转让。

(三)收购完成后的报告和公告

我国《证券法》第 76 条规定,收购行为完成后,收购人应当在 15 日内将收购情况报告国务院证券监督管理机构和证券交易所,并予公告。

第六节　反收购与反垄断问题研究

一、目标公司反收购

目标公司反收购,是指目标公司管理层及其他相关主体[①]为了防止公司控制权转移而采取的旨在预防或挫败收购者收购本公司的行为。[②] 反收购的核心在于防止或者阻碍公司控制权的旁落和转移。

(一)反收购概述

如前所述,在上市公司收购法律关系中,收购人与目标公司股东是直接的法律关系主体,上市公司仅为目标公司或者第三方。另外,从公司治理视角来看,收购威胁可以成为约束管理层,限制其在运营管理中牺牲股东利益,追求自身享乐的重要力量。[③] 基于此,公司证券法律不会规定收购行为需要得到目标公司董事会的同意。然而,敌意收购往往对目标公司管理层造成直接的不利后果,如收购完成后管理层成员被大幅甚至全部更换。因此,无论从维护自身利益还是出于保护公司或者中小股东以及其他利益相关人的利益,目标公司管理层都有动机对敌意收购采取防御和对抗措施。在董事会中心主义的治理模式下,董事会处于公司决策中心的重要地位,目标公司董事会针对不利于自身的收购行为享有很大的反制和行动空间。

从敌意收购和反收购的历史发展来看,到 20 世纪 60 年代,首先在美国敌意收购逐渐流行。此后,伴随私募基金和对冲基金等机构投资人在 20 世纪 70 年代末到 80 年代对上市公司发起的凌厉攻势,为了狙击野蛮人的收购行为,大量的反收购策略和措施在

---

① 在我国证券市场,控股股东和实际控制人往往成为反收购的重要主体和力量。

② 有著作将反收购称为公司收购防御[参见施天涛:《公司法论》(第 4 版),法律出版社 2018 年版,第 510 页],但是从公司反收购理论和实践来看,反收购既包括事前预防或者防御行为,也包括事中或者事后的对抗行为。鉴于此,本书采用较普遍使用的反收购称谓。

③ 参见张巍:《资本的规则》,中国法制出版社 2017 年版,第 40 页。

实践中不断推陈出新，收购防御也成为美国公司法及公司治理中的重大课题。[①] 截至目前，以美英为代表的国家和地区对于目标公司董事会能否采取反收购措施以及这些反收购措施的合法性，已经通过相应的立法和司法裁判予以明确。我国证券市场敌意收购的普遍出现时间较晚，[②]目前在公司法和证券法等法律法规层面对于反收购的问题还没有直接涉及。《收购管理办法》在总结我国证券市场相关实践的基础上，确立了适度限制反收购的基本原则。但是从近年来证券市场反收购的实践来看，现行立法、执法和司法均难以满足有效解决上市公司收购纠纷的需要。[③]

（二）反收购措施的类型

从中外资本市场的经验来看，反收购措施林林总总，并且在实践中不断创新。从学理和文献分类来看，反收购措施可以分为预防性措施和对抗性措施，前者在收购行为发起之前即通过公司章程等治理文件加以设置采用，后者则在收购发生后采取。从反收购措施的采用和承载来看，公司章程往往成为重要载体。需要特别指出，对于反收购措施进行列举和类型化难免挂一漏万，相关措施之间并非泾渭分明，而常常具有重叠性和交叉性，而且相关划分标准可能存在很大不同。此外，还应当看到，反收购措施绝非放之四海而皆准，在不同制度环境下能否采用及其效果，需要结合不同制度条件加以判断。以下主要列举中外资本市场尤其是我国证券市场中较常见的反收购措施。

1. 诉诸法律或者诉讼阻碍收购

目标公司可以通过诉诸法律或者提起诉讼，抵抗收购人业已发起的收购行为。比如，目标公司可以援引反垄断法规定，提出针对自己的收购将形成垄断和妨碍竞争，因此应对该并购行为予以限制或者认定无效。反垄断法是目标公司对收购方提起诉讼的直接法律依据，是目标公司进行反收购最行之有效亦是最常用的法律策略。此外，目标公司还可以援引证券法等法律法规关于上市公司收购的资格、程序等规定，主张收购行为存在重大合法合规性的问题，使收购行为被迫中止乃至终止。

在我国证券市场，采用上述方法进行反收购的案例较为常见。例如，2017 年 6 月浙民投天弘启动对 ST 生化（000403）的要约收购后，9 月 13 日 ST 生化控股股东山西振兴集团向山西省高级人民法院起诉浙民投天弘及 ST 生化，要求判令浙民投天弘停止对 ST 生化实施要约收购行为，其主要理由在于：收购人浙民投天弘隐瞒了此前与第四

---

① 参见张巍：《美国的上市公司收购防御及其对中国的启示》，载黄红元、卢文道主编：《证券法苑》（第 19 卷），法律出版社 2017 年版，第 136 页。

② 截至目前，我国证券市场敌意收购的两次浪潮分别为：2005～2006 年以来，随着股权分置改革完成，证券市场股权全流通初步形成后引发了一波敌意收购的浪潮；2015～2016 年以来，由于大股东持续减持、国企混合所有制改革等原因导致上市公司股权进一步分散，加之在 2015 年股市出现大幅波动，连续暴跌后相关公司投资价值逐步凸显，敌意收购再度风起云涌。

③ 例如，有学者指出，面对敌意收购的现实威胁，在缺乏上市公司章程关于反收购条款的指引下，各上市公司竭尽心思创设五花八门的反收购条款，不仅导致缔约成本高昂、监管复杂，还引发了反收购条款合法性认定的难题。参见傅穹：《敌意收购的法律立场》，载《中国法学》2017 年第 3 期。

大股东天津红翰暗自建立一致行动关系，未进行披露，涉嫌违规；并且，其股权结构十分复杂，存在私募投资基金身影，由此认为浙民投天弘不具备要约收购人的主体资格。

2. 驱鲨剂条款

驱鲨剂条款（Shark Repellent）或称豪猪条款（Porcupine Provision）防御，是指通过在公司章程中设计特别条款来防止收购行为，这是最常见的收购防御措施。其中，较普遍的做法是通过修改公司章程，在其中植入交叉董事会条款、董事任职资格条款、超级多数条款等。

（1）交叉董事会条款。交叉到期的董事会任期制（Staggered Terms），即董事会成员分不同年度选举产生，相应的到期年限也不同，这样做的目的主要是限制董事会成员改选数量。在我国，部分上市公司在章程中规定，每年只能改选董事的1/4或1/3，同时要求在有充分、合理的理由时才可以辞退董事。[①] 在此情形下，即使收购方获得了足够的股权，也不能在短时间内对董事会内部作出实质性改组，取得目标公司控制权的目的也无法快速实现。

（2）超级多数（Super-majority）同意条款。在公司章程中提前规定，对公司产生重大影响的决议，必须由股东大会以特别决议作出，且须经过超级多数如3/4以上甚至90%以上表决通过。[②] 通过约定这种条款，直接增加了收购者接管、改组目标公司的难度和成本。

（3）限制董事资格或者提名条款。即在公司章程中规定公司董事任职条件，非具备某些特定条件者不得担任公司董事，具备某些特定情节者也不得进入公司董事会。此外，规定股东提名董事的数量或者条件。由此，给收购方在提名和推荐合适人选出任公司董事方面直接增加难度。如徐工机械公司章程（2016年版）第82条规定，董事、监事提名的方式和程序为：董事会、监事会或者单独或合并持有公司3%以上股份的股东可以提名董事，提交股东大会选举。单独或合并持有公司10%以下股份的股东最多可以提名一名董事，单独或合并持有公司10%以上股份的股东提名董事的人数不得超过公司董事会人数的1/3。

（4）限制大股东表决权条款。为了更好地保护中小股东，也为了限制收购者拥有控制权，目标公司在公司章程中加入限制大股东表决权的条款。股东的最高决策权实际上就体现为投票权，其中至关重要的是投票选举董事会的表决权，一旦对此作出限

---

① 如中国宝安公司章程（2016年6月版）第96条规定，董事由股东大会选举或更换，每届任期3年。董事任期届满，可连选连任。董事在任期届满以前，股东大会不得无故解除其职务。在每届董事局任期内，每年更换的董事不得超过全部董事人数的1/4，如因董事辞职，或因董事违反法律、行政法规及本章程的规定被解除职务的，则不受该1/4限制。董事局换届时，董事候选人的提名，由上届董事局提出，每届更换董事人数（包括独立董事）不得超过董事局构成总人数的1/2。

② 在我国，根据现行法律法规等规定，股东大会作出特别决议，应当由出席股东大会的股东（包括股东代理人）所持表决权的2/3以上多数通过。

制，就意味着大股东对公司的控制可能难以达到预期。

3. 毒丸计划

毒丸计划(Poison Pills)又称为“股权摊薄反收购措施”，也被认为是最有效的反收购措施之一。毒丸计划的核心内容在于，当一家公司一旦遇到敌意收购，公司管理层为了保住自己的控股权，就会大量低价增发新股，让收购方手中的股票占比下降，也就是摊薄股权，同时也增大了收购成本，导致收购方无法轻易达到控股目标。在有毒丸计划安排的情况下，收购者收购目标公司后，类似于吞下“毒丸”，自食其果。

根据美国判例及各州公司法规定，公司只要在其公司章程中有明确授权，即享有各种类别股份的发行权而无须其他审批，因此，毒丸计划在美国很有市场。同为英美法系的英国却没有这样的土壤，因为在英国公司法中明确指出采用毒丸计划作为反并购手段不合法。

作为资本市场最具效力的毒丸计划，在我国现行法律环境下不能为目标公司所采纳，原因在于：在我国《公司法》与《证券法》文本之中，既没有授权资本制下的授权尚未发行股份的存在空间，也不允许上市后发行优先股之外的无表决权股份或超级表决权股份，司法审判更无法超越立法承认授权发行或突破一股一权的类别表决，毒丸计划实施的必备前提在我国荡然无存。①

4. 金色降落伞策略

公司收购往往导致目标公司的管理人员被解职，普通员工也可能被解雇。为了解除管理人员及员工的这种后顾之忧及对抗外来收购，美国有许多公司采用金色降落伞(Golden Parachute)、灰色降落伞(Penson Parachute)和锡降落伞(Tin Parachute)的做法。

金色降落伞是指目标公司董事会通过决议，由公司董事及高层管理者与目标公司签订合同规定：当目标公司被并购接管、其董事及高层管理者被解职的时候，可一次性领到巨额退休金(解职费)、股票选择权收入或额外津贴。该项“金色降落伞”收益视获得者的地位、资历和以往业绩的差异而有高低。该等收益就像一把降落伞让高层管理者从高高的职位上平稳下降。金色降落伞策略出现后，受到美国大公司经营者的普遍欢迎。在20世纪80年代，“金色降落伞”增长很快。灰色降落伞主要是向下面几级的管理人员提供较逊色的同类保证并根据工龄长短领取数周至数月的工资。锡降落伞是指目标公司的员工若在公司被收购后2年内被解雇，则可领取员工遣散费。从反收购效果的角度来说，以金色降落伞为核心的降落伞策略，能够加大收购成本或增加目标公司现金支出从而阻碍并购。

近年来，在我国证券市场金色降落伞策略获得多家公司的采用。采用该策略的公司通过公司章程规定，在目标公司被敌意收购的情况下，公司董事、监事、高级管理人员除非存在违规或任职条件不符等情况，否则不得无故被解聘，若被提前无故解聘，则按

---

① 参见傅穹：《敌意收购的法律立场》，载《中国法学》2017年第3期。

其税前薪酬总额的倍数给付一次性支付赔偿金,并依法另行支付经济补偿或赔偿金。如中国宝安公司章程(2016 年 6 月版)规定,当公司被并购接管,在公司董事、监事、总裁和其他高级管理人员任期未届满前如确需终止或解除职务,必须得到本人认可,且公司须一次性支付其相当于其年薪及福利待遇总和 10 倍以上的经济补偿,上述董事、监事、总裁和其他高级管理人员已与公司签订劳动合同的,在被解除劳动合同时,公司还应按照我国《劳动合同法》另外支付经济补偿金或赔偿金。

一般而言,为了保证目标公司管理层和员工的利益而阻止收购,容易被认定为基于自利行为进行收购防御,可能违反公司董事、监事、高级管理人员的忠实勤勉义务,还可能违反"不得损害公司及其股东的合法权益"的规定。因此,在我国现行法律环境下,金色降落伞策略及相关安排的合法性仍有待观察和讨论。

5. 白衣骑士

白衣骑士(White Knights)是指目标公司为免遭敌意收购而自己寻找的善意收购者。公司在遭到收购威胁时,为避免控制权落入恶意收购者手中,可选择与其关系密切的有实力的公司,在目标公司的邀请下,以"第三者"身份出现,以较高的价格对付敌意收购要约。这样导致了目标公司股价上升,加大了收购难度,使收购者自动打消收购念头。如 2002 年东盛科技敌意收购丽珠集团中,丽珠集团的管理层引进太太药业作为白衣骑士,并在收购过程中对太太药业采取了较积极配合的态度。这"其实就是想利用太太药业让其他潜在股东望而却步"。又如,在 2015 年开始的宝能收购万科的案例中,万科最终通过发行股份购买资产的交易,引入深圳地铁集团成为公司第一大股东,后者成为"宝万之争"中万科公司的白衣骑士。

需要指出的是,在我国证券市场反收购中,如果敌意收购方已经成为目标公司第一大股东或者持有足够股权,目标公司通过发行股份购买资产引入白衣骑士的操作存在较大失败风险。根据我国《公司法》的规定,公司增发股份必须通过股东大会决议,而且是股东大会特别决议事项,必须经过出席会议股东所持表决权的 2/3 以上通过。在收购行为完成后,目标公司新的第一大股东完全可能通过自身较高比例的持股,单独或者联合其他投资者投票否决任何不符合其意愿的股份增发议案。

6. 焦土政策

焦土政策(Scorched Earth)是指目标公司大量出售公司资产,或者破坏公司的特性,以挫败敌意收购人的收购意图,是公司的主动性反收购措施,是一种两败俱伤的策略。收购人对目标公司发动收购,往往是认为公司的特定业务或资产具有投资价值。在此情形下,目标公司为了分散收购方的注意力,就可能通过短期内采取特定措施来降低企业价值,从而打消敌意收购方的意图。

从境外并购攻防的实践来看,实施焦土战术常见的情况主要包括:(1)出售"冠珠"(crown jewels)。对收购方来说,目标公司那些运营较好的重要资产或业务犹如"皇冠明珠"。目标公司出售这些"冠珠",在一定程度上可以降低收购方对自身的关注度。

目标公司如果与白衣骑士签订协议向后者出售"冠珠"或者赋予其购买期权(call option),这种反收购措施又称锁定交易(lockup)。(2)虚胖战术。目标公司不从当前实际运营能力出发,而为抵御可能或者正在进行的敌意收购,动用大批资金购置与经营无关或盈利能力差的资产,或者投资一些见效时间长、收益率低的项目来降低单位时间内的公司资产盈利率。通过采用这些手段,使公司从精简变得臃肿,如收购人执意实施收购,将不堪重负。采取这种类似"自残"的方式,降低收购者的收购收益或增加收购者的风险,无疑能够达到挫败恶意收购行为的目的。

焦土政策本质上是一种公司资产的负向重组。公司正向重组也称公司优化组合,而作为一种反收购策略,公司负向重组是指对公司的资产、业务和财务,进行调整和再组合,以使公司原有"价值"和吸引力不复存在。这种重组往往使公司的素质和前景变得更差,对公司的长远发展起负面作用,因而称为负向重组。由于焦土政策的本质是一种资产重组,因此,其具体实施仍需要遵守公司法、证券法等法律法规的规定。如根据我国《公司法》第121条的规定,上市公司在1年内购买、出售重大资产或者担保金额超过公司资产总额30%的,应当由股东大会作出决议,并经出席会议的股东所持表决权的2/3以上通过。相关资产出售或者购买涉及发行股份或者构成重大资产重组的,还应当遵守《重组管理办法》的规定。此外,根据《收购管理办法》第8条的规定,被收购公司董事会针对收购所作出的决策及采取的措施,应当有利于维护公司及其股东的利益,不得滥用职权对收购设置不适当的障碍,不得损害公司及其股东的合法权益。综合上述规定,笔者认为,在我国采取焦土政策的反收购措施将难以获得认可。

(三)目标公司反收购的权限配置

关于目标公司能否采取以及采取何种反收购措施的决策权如何配置,在不同国家和地区主要有两种立法模式:股东大会批准模式和董事会决定模式。英国是股东大会批准模式的代表,根据其《城市守则》第21条之规定,未经股东大会批准,董事会不得采取任何可能挫败要约或者可能挫败真诚的潜在要约的行动,也不得采取任何可能会使股东丧失自行决定机会的行动。因此,未经股东大会批准,禁止管理层采取反收购措施来阻挠收购。美国判例法则将反收购的决策权部分授权给公司董事,目标公司管理层有权对收购行为作出合理的反应,特别是对那些为了在获得控制权后掠夺公司资产的收购,其不仅有权而且有义务采取合理的反收购措施。需要指出的是,美国允许目标公司董事会相当自由地防御敌意收购,将接受收购的决策权交给了董事会,也就是让董事会来充当股东的组织者及股东利益的代言人,这与美国在公司治理中以董事会作为决策中心的基本立场一脉相承。①

关于我国上市公司反收购的决策权配置问题,理论界素来有两种不同的观点。一

---

① 李文莉、艾星星:《上市公司反收购的权力配置与制度构建》,载黄红元、卢文道主编:《证券法苑》(第22卷),法律出版社2017年版,第267~268页。

种观点认为,我国应选用股东大会决定模式,即将反收购决定权赋予目标公司股东,理由是:根据我国《公司法》第 46 条与第 108 条的规定,董事会有权制定公司合并、分立、变更公司形式、解散的方案;该法第 37 条与第 99 条规定,股东大会有权对公司合并、分立、变更公司形式、解散和清算等事项作出决议。这似乎反映出这样一种倾向:反收购的提议权属于目标公司董事会,决定权则属于股东大会。① 这种做法有利于保护目标公司股东的利益,而且在这种模式下,收购人有更大的回旋余地,也利于收购行为的发展。

另一种观点则认为,我国应采用公司管理层决定模式,即将反收购决定权赋予目标公司经营者,理由是:首先,我国目前的现实状况是,股东大会的实际地位和其作为公司权力机构的法律地位发生严重偏离,股东大会趋于形式化,难以维护股东利益和把握公司发展的方向,起不到对董事会和监事会的制衡约束作用;其次,董事会凌驾于股东大会之上,而监事会形同虚设,所以由股东大会决定反收购行为不但容易贻误战机、泄露目标公司的动向,更显得意义不大。

笔者认为,我国上市公司反收购的决策权应归于目标公司股东大会,主要理由在于:首先,敌意收购往往对公司治理有积极作用,只有让股东大会判断是否对一项敌意收购进行反收购,才能使这种积极作用得到充分发挥。现代大型股份公司的公司治理存在的关键性问题是经营者控制成为常态,经营者权力过分膨胀,当经营者的经营业绩不佳而股东无法直接利用"用手投票"的权利将其撤换掉时,敌意收购提供了一种"用脚投票"的替代性解决方案。只有由股东大会来决定是否对一项敌意收购进行反收购,才能使敌意收购的外部监督作用得到充分发挥,目标公司股东利益才能得到有效维护,敌意收购的消极作用才能在更大程度上被化解。其次,将目标公司反收购决策权归属于股东大会符合我国《公司法》及相关证券法律法规的立法精神。我国《公司法》目前采取的是股东大会中心主义立法理念,股东大会对公司重大事项具有最终决定权,而与反收购密切相关的章程修订、资产交易等事项均属于对公司和股东利益影响甚巨的重大事项,理应由股东大会最终决定。在证券法律规范层面,《收购管理办法》第 8 条明确要求目标公司董事会不得滥用职权对收购设置不适当的障碍,不得损害股东利益;而如果反收购措施涉及重大资产重组、发行股份等事项,根据《重组管理办法》等规定,亦无一例外地需要经过股东大会批准。此外,将反收购的决策权配置给股东也符合我国上市公司股权架构仍相对集中的实际情况,能够更加有效地保护目标公司股东的利益。

二、上市公司收购的反垄断

(一)国外对上市公司收购反垄断的法律规制

1. 美国。美国对企业收购实施控制的机构主要是司法部反托拉斯局、联邦贸易委

① 周友苏:《证券法通论》,四川人民出版社 1999 年版,第 380 页。

员会和证券交易委员会。美国有关企业收购行为中反垄断条款主要体现在反托拉斯法和政府颁布的兼并准则上。到目前为止,美国有关企业并购的反托拉斯法主要有:1890年的谢尔曼法、1914年的克莱顿法(Clayton Act,1914)及其修正案、《联邦贸易委员会法案》(The Federal Trade Commission Act,1914)、1950年的赛勒—克福弗反对并购法(Celler Kefauver Antimerger Act)、1976年的哈特—斯科特—罗迪奥法、1980年的《反垄断程序的修订法令》(Antitrust Procedural Improvements Act of 1980)。其中,克莱顿法的第7条及其系列修正案至今仍是美国控制企业并购最重要的法律依据。总体来说,美国反托拉斯法在企业并购控制标准问题上的主要规定是:(1)明确适用范围,即适用于企业通过购买股票或资产等进行的企业并购。(2)确定控制的实质性标准,即"实质上减少竞争或旨在形成垄断",又称"早期原则",这是旨在将垄断遏制在其形成之前的立法原则。(3)规定了一定的豁免,即对于基于法定的委员会(如联邦电讯委员会、联邦电力委员会等)授权完成的交易不适用。由此可见,美国反垄断法关于企业并购控制的立法标准是较原则性的,较具体的标准主要体现在法院的司法判例和政府的反垄断政策之中。

美国的兼并准则即司法部颁布的《企业并购指南》(Merger Guidelines)。该指南体现的是美国各届政府的竞争政策,它不是法律,因而不具有法律的约束力。但是通过该指南,人们可以预测到什么样的企业并购可能会受反垄断机构的干预,加之该指南所确定的标准较具体,因而更具有实践意义。《企业并购指南》自1968年始历经1982年、1984年和1992年3次重大修改,其中1982年版的指南是美国政府对企业并购控制标准从严格走向宽松的转折点,该指南在"禁止限制竞争的并购很重要,不禁止不影响竞争和推动竞争的并购也很重要"的指导思想下,对企业并购的控制标准作了许多方面的修改。1992年版指南则是在总结1982年、1984年版指南经验的基础上所作的进一步完善并延续至今。

2. 日本。日本《禁止垄断法》的目的主要在于促进企业间的竞争。该法规定:防止结成非法卡特尔;限制破坏竞争秩序、取缔不公正交易;限制有碍竞争的转让股权、企业合并和营业让利;防止经济力量过分集中等。对公司并购的限制则散见于几次制定的法条中。1947年该法把彻底限制企业结合作为其主要内容之一;1953年该法放宽了原有规定,其中大幅放宽关于互持股票、兼任董事、合并与转让等方面的条款;1977年该法又加强了对卡特尔的限制以及对寡头垄断企业的市场支配力的限制,其中,加强对银行和大规模非金融企业持股的限制,金融机构对非金融机构的持股限制在5%以内。

3. 德国。德国1957年颁布的《反对限制竞争法》是德国反垄断法的主要法律文件。但其对企业并购的规定却是从其1973年第二次修正案开始的。这次修正案规定了企业并购的概念、控制程序、实质性干预标准、法律救济以及取得联邦经济部长特许的条件等。1976年的修订将报界企业的并购控制标准进一步严格化,即从并购企业年销售额5亿马克降至5000万马克。1980年修订则是对企业并购控制的又一次全面强化,1989 年修订在企业并购控制方面基本上未作重大改动。上述修订表明,德国对企业并购控制的标准存在不断强化的趋势。

4. 英国。英国《垄断与兼并法》是在 1965 年颁布的,该法正式通过了对并购控制的管理手段,即当一宗并购被请求调查时,垄断和兼并委员会应调查该宗并购。通常而言,英国的并购调查程序分两个步骤。第一步由公平贸易局作初步调查;第二步再由垄断和兼并委员会作资格调查。在第一步中,公平贸易局认为满足下列所有条件时,这项并购就值得垄断和兼并委员会进行审查:(1)兼并将导致两家或多家企业倒闭;(2)其中至少一家是英国或英国控制的公司;(3)假如一项兼并已被完成,那么它是在提交公平贸易局之前的最近 6 个月内就已经发生;(4)兼并企业合并在一起的市场份额将超过 25%,或者被收购企业的净资产账面总额超过 7000 万英镑。然而,不是所有满足上列条件的并购都推荐给垄断和兼并委员会,公平贸易局还得根据下列因素考虑是否推荐:(1)英国国内的竞争;(2)兼并企业的效率;(3)就业和产业的区域分布;(4)英国企业的国际竞争力;(5)国家战略利益;(6)作为一种融资方法的结果,兼并企业今后的生存能力;(7)被兼并企业被改组的范围。至此,第一步基本完成,接下来是第二步。在此步骤中,垄断和兼并委员会的任务是对并购案例进行资格调查。该委员会必须用下列标准决定一项并购在全国或者区域内是否不利于公众利益:(1)英国国内有效竞争的维护;(2)消费者利益的提高;(3)促进成本的降低、新技术和新产品以及新的竞争者;(4)英国就业工业布局的平衡;(5)提高英国公司的国际竞争力。根据这些标准,垄断和兼并委员会作出此项并购是允许、制止还是修改的决定。

5. 欧盟。欧盟各成员国都有控制并购的法律法规。为使各市场主体有一个公平竞争环境,欧共体委员会于 1989 年制定了《兼并条例》。在该条例颁布之前,欧共体竞争法对并购采取的是事后控制,即在并购事实发生后对其进行审查,对不合法的并购予以解除,审查的重点在于企业是否滥用了市场优势地位。而《兼并条例》采取的是事前控制,即要求凡是具有"共同体规模"的并购都应当提前通知共同体委员会,由委员会决定是否允许并购,当事人可以对委员会的决定向欧共体初审法院提起诉讼。关于《兼并条例》的调整对象,该条例第 1.3 条作了具体规定,即具有共同体规模的集中行为,集中行为包括以下两种情况:(1)2 家或 2 家以上的独立企业的合并。(2)1 家或 1 家以上企业收购 1 家或 1 家以上其他企业的部分或全部直接或间接控制权等活动。(3)已经至少控制一家企业的个人,收购另一家企业直接或间接的控制权。但是,该条例规定以下两种情况不属于集中:(1)金融机构购买股票时,股票的投票权并没有用于影响企业的竞争行为,且股票在购买后 1 年内再卖出去了;(2)按法律规定取得的控制权,如接管或清算等情形。

(二)我国对上市公司收购的反垄断规制

1. 我国反垄断立法和实践的演进

我国最早涉及反垄断的规范性文件是 1980 年国务院颁布的《关于开展和保护社会

主义竞争的暂行规定》,之后相继通过了《商业部关于严禁商品搭配的规定》《价格管理条例》《关于企业兼并的若干办法》等文件。在我国《反不正当竞争法》中,对一些限制竞争的行为也作出了规定。但这些规范大多是关于行政垄断的条款。

2006年8月商务部等5部委发布实施《关于外国投资者并购境内企业的规定》,其中第五章"反垄断审查"专门就外国投资者并购境内企业的反垄断问题进行了规定。随即,我国证券市场发生的"法国SEB收购苏泊尔案"即涉及了反垄断审查问题:在收购事宜公告后,包括爱仕达、双喜、顺发等在内的6家炊具企业发表紧急声明,以垄断为由要求有关部门进行反垄断调查。经过反垄断审查,2007年4月商务部批准同意上述并购交易的实施。该并购案也成为商务部并购新规实施后启动反垄断审查听证会的第一个案例。

2007年8月我国《反垄断法》出台后,国务院2008年8月发布了《关于经营者集中申报标准的规定》,商务部2009年11月和2011年12月相继发布了《经营者集中申报办法》《未依法申报经营者集中调查处理暂行办法》。此外,商务部、中国人民银行、银监会、证监会、保监会于2009年制订《金融业经营者集中申报营业额计算办法》,适用于金融机构经营者集中申报营业额的计算。由此,我国反垄断法律规范体系逐步形成和健全。

2. 我国上市公司并购中反垄断的主要规范要求

并购重组在交易方案设计和执行过程中有两个在我国常常被忽略、在境外实施却非常重要的两个事项:一为税负问题;二为反垄断审查。在成熟市场经济国家,反垄断审查如果不能通过,可能导致交易失败;在上市公司反收购过程中,反垄断也会成为目标公司抵御被收购的重要法律武器。

事实上,除我国《反垄断法》等法律法规外,中国证监会就并购重组涉及的反垄断问题在相关文件中作了较明确的规定。根据《重组管理办法》(2019年修订)第11条的规定,"上市公司实施重大资产重组,应当就本次交易符合下列要求作出充分说明,并予以披露:(一)符合国家产业政策和有关环境保护、土地管理、反垄断等法律和行政法规的规定……"此外,证监会上市部于2010年8月以"常见问题答问"明确了上市公司并购重组过程中的反垄断要求,具体包括对行政许可申请人及相关专业机构的一般要求,①以及涉

---

① 具体规定为:在对上市公司收购、重大资产重组、吸收合并等事项的审核过程中,对行政许可申请人及相关专业机构提出以下要求:(1)行政许可申请人应当在申报材料中说明其经营者集中行为是否达到国务院规定的申报标准并提供有关依据;(2)对于达到申报标准的,行政许可申请人应当提供国务院反垄断执法机构作出的不实施进一步审查的决定或对经营者集中不予禁止的决定,否则不得实施相关并购重组行为;(3)行政许可申请人聘请的财务顾问应就相关经营者集中行为是否达到国务院规定的申报标准、是否符合有关法律规定等进行核查,并发表专业意见;(4)行政许可申请人聘请的法律顾问应就相关经营者集中行为是否符合我国《反垄断法》的有关规定、是否已经有权部门审查批准、是否存在法律障碍等问题发表明确意见;(5)上述行政许可申请人的有关说明、国务院反垄断执法机构作出的有关决定以及相关专业机构出具的专业意见,均应作为信息披露文件的组成部分予以公告。

及外资并购的特殊要求。[①]

从境内外法律实践来看，一般认为反垄断法具有三大支柱：限制经营者集中、禁止限制竞争协议和禁止滥用市场支配地位。其中，与并购重组业务直接相关的主要是"限制经营者集中"。为了预防企业通过经营者集中产生或加强市场支配地位，维护市场竞争秩序，对一定规模以上的经营者集中交易进行反垄断审查，是市场经济国家反垄断法律制度的通行做法。我国《反垄断法》也将控制经营者集中作为保护竞争和防止垄断的重要措施，规定了经营者集中的事前申报制度。该法第21条规定，经营者集中达到国务院规定的申报标准的，经营者应当事先向国务院反垄断执法机构申报，未申报的不得实施集中。据此规定，我国实施的是经营者集中的事前申报制度：达到了经营者集中的申报标准，就必须进行申报；申报后，商务部将根据影响市场竞争各种因素，包括市场份额、市场集中度等进行审查。商务部如果作出"不实施进一步审查"或者对交易"不予禁止"的决定后，相关交易可继续进行。

3. 我国《反垄断法》实施后并购重组涉及的若干经营者集中案例

（1）通过反垄断审查的相关案例。例如，在重庆百货2009年换股收购新世纪百货交易中，2009年12月10日商务部反垄断局出具《经营者集中反垄断审查决定》，决定对本次交易不予禁止，交易可继续进行。在友谊股份2010年换股吸收合并百联股份交易中，于2010年12月14日公告：已收到商务部反垄断局出具的《不实施进一步审查通知》，决定对百联集团下属公司重组交易案不实施进一步审查。

（2）未履行事先申报义务被处罚案例。这方面的典型案例为美年健康收购慈铭体检过程中忽视反垄断要求被商务部处罚。2016年3月1日美年健康公布重组预案，拟以发行股份的方式，作价26.97亿元人民币从其实际控制人控制的天亿资管及慈铭体检原股东手中收购慈铭体检剩余的72.22%股权。收购完成后，慈铭体检成为美年健康的全资子公司。2016年3月10日爱康国宾发布声明称，已正式向商务部提交书面实名举报，举报美年健康收购慈铭体检违反我国《反垄断法》。2016年7月26日美年健康收到商务部反垄断局出具的《涉嫌未依法申报经营者集中立案调查通知》；2016年9月27日收到商务部反垄断局出具的《实施进一步调查通知》，主要内容为：根据我国《反垄断法》、国务院《关于经营者集中申报标准的规定》和《未依法申报经营者集中调

---

① 我国《反垄断法》第31条规定，对外资并购境内企业或者以其他方式参与经营者集中，涉及国家安全的，除依照本法规定进行经营者集中审查外，还应当按照国家有关规定进行国家安全审查。根据上述规定，外国投资者对境内上市公司实施并购重组，涉及国家安全的，除应按照前述"一般要求"提供有关文件外，还应当提供国家安全审查的相关文件及行政决定，并由财务顾问、法律顾问发表专业意见。证监会的规定明确了两个方面的内容：第一，对于一般的内资并购，要判断其是否达到经营者集中的相关申报标准。对于达到标准的，需提供国务院反垄断执法机构（商务部）作出的不实施进一步审查的决定或对经营者集中不予禁止的决定。财务顾问与律师对此要明确发表意见。第二，对于外资并购，除进行经营者集中审查外，还要进行国家安全审查。

查处理暂行办法》,商务部反垄断局将按法定程序实施进一步调查。2017 年 4 月 28 日公司收到商务部下发的《行政处罚告知书》。商务部认为,美年健康收购慈铭体检 27.78% 股份、天亿资管收购慈铭体检 68.4% 股份、维途投资收购慈铭体检 36.11% 股份已经实施,但在实施之前未向商务部申报,违反了我国《反垄断法》第 21 条的规定,构成未依法申报违法实施的经营者集中。同时,商务部就美年健康及其关联方收购慈铭体检股权对市场竞争的影响进行评估后认为,该项经营者集中不会产生排除、限制竞争的影响。基于此,商务部拟根据我国《反垄断法》第 48 条、第 49 条和《未依法申报经营者集中调查处理暂行办法》第 13 条的规定,对美年健康处以 30 万元人民币罚款的行政处罚。

(3)未能通过经营者集中审查而导致交易失败的案例。其中,最典型的案例是 2008 年可口可乐收购香港上市公司汇源果汁:2008 年 9 月 3 日可口可乐宣布以 24 亿美元现金收购汇源果汁全部股份。2009 年 3 月 18 日商务部作出《关于禁止可口可乐公司收购中国汇源公司审查决定的公告》,最终该次收购交易宣布失败。

第八章　证券信息披露

第一节　信息披露概论

资本市场是一个信息驱动的市场，有效的信息传递是资本市场充分发挥资源配置功能的重要保证之一。① 作为资本市场最重要的组成部分，证券市场的存在基础可以说就是涌流不止的信息，有关证券发行公司的财务、信用、经营状况及外部政治经济环境等信息，是投资人进行证券投资决策的根本依据。从某种意义上来说，证券就是一种信息产品；尤其对于注册发行的证券，更可谓高信息化产品。② 因此，很多国家均将信息披露制度确立为证券法的一项基础性制度。

一方面，信息对证券市场可谓无比重要；另一方面，信息不对称在证券市场却是一种客观存在，③亦可谓资本市场的基本属性。④ 因此，掌握信息者公开或披露其掌握的全部或部分信息就非常有必要。信息公开或披露⑤如此之重要，以至于美国学者路易斯·布兰代斯⑥早在 1914 年就在其著作中将信息公开推崇为“医治社会和企业弊病的良药，犹如太阳是最佳的消毒剂；犹如电灯，是最有效的警察”。⑦

信息披露制度是以信息作为规范基础并由一系列原则、规则、制度综合联结而成的法律制度范畴。作为一项旨在保护投资者知情权的市场管理制度，对其内容的阐述和理解，不应仅仅局限于“证券发行人按规定公开或公布多少信息和资料”层面，更须体现出一种超越规则本身的更宏大的价值要求，例如，它对市场效率、投资者保护、政府行

---

① 毛新述等：《信息发布者与资本市场效率》，载《经济研究》2013 年第 10 期。

② 参见陈洁：《科创板注册制的实施机制与风险防范》，载《法学》2019 年第 1 期。

③ 参见邢会强：《信息不对称的法律规制——民商法与经济法的视角》，载《法制与社会发展》2013 年第 2 期。

④ 参见王冰：《新媒体环境下上市公司信息披露研究》，经济科学出版社 2019 年版，第 22 页。该书认为，信息不对称的表现形式主要有 4 种：(1)信息源不对称，内部管理者总比外部投资人更了解企业；(2)时间不对称，早知道信息的交易方比晚知道信息的交易方具有优势；(3)数量不对称，内幕交易者获得的信息数量比其他投资者多；(4)质量不对称，知情交易方获取的信息质量高，其他交易者获取的信息可能不完整、不真实。

⑤ 本书将信息披露与信息公开视为同义。

⑥ 亦曾担任美国联邦最高法院法官，发表此观点时为学者。

⑦ 参见[美]路易斯·布兰代斯：《别人的钱：投资银行家的贪婪真相》，胡凌斌译，法律出版社 2009 年版，第 53 页。

为评价等方面所起到的重要作用。

一、信息披露制度简史

信息披露制度起源于英国,1720 年的南海公司事件[①]为信息公开制度的诞生提供了强大的催化作用。为应对南海公司引发的股市危机,英国国会通过了《1720 年泡沫法案》,确立了会计信息披露制度的雏形。而后,1844 年英国《合股公司法》中关于“招股说明书”的规定,明确公司募股必须经由公开说明书注册,首次确立了强制性信息披露原则,从而为现代意义上的信息公开制度奠定了基础。

信息披露虽滥觞于英国,却发展成熟于美国。1933 年前,美国没有统一的证券法,而是由各州各自立法对证券市场进行管理和规制。各州所立之法的主旨均是由政府对证券发行进行实质审查,以防止欺诈行为,保护投资者合法权益,故而这些法律被称为“蓝天法”(Blue Sky Acts)。[②] 各州“蓝天法”的内容并非整齐划一,相反,在是否规定实质审查制度、审查范围及执行效果等方面皆存在较大差异。[③] 1929 年的美国股市危机,成为美国制定联邦证券法、确立全面彻底信息公开制度的直接原因。这次股市风暴引发了 20 世纪 30 年代的经济大萧条,[④]银行倒闭,证券市场乃至整个金融体系大崩盘,许多人的财富顷刻间化为乌有。

美国《1933 年证券法》其实就是对 1929 年股市风暴的反应,它强调公开原则,发行公司发行证券时,必须以公开说明书将有关事实说明,以便投资者决定是否购买,以防止欺诈和操纵行为,保护投资者利益。[⑤] 然而,美国《1933 年证券法》并不是一个持续性的披露法案,而且它对二级市场的交易并未加以全面规范。紧随其后的《1934 年证券交易法》填补了前者的空白,其主要任务在于规范二级交易市场和经纪人的登记,要求发行公司在证券交易过程中提交定期和不定期报告,进一步完善了信息披露制度,并确立了 SEC 作为证券市场主管机关之法律地位。1933 年和 1934 年美国联邦证券立法的重心就是确立和完善信息披露制度,正如 L. 洛斯(L. Loss)教授所指出:“在联邦法律中有一种不断出现的概念,开始是信息披露,接着还是信息披露,后来越来越多的信息披露。”[⑥]

---

① 为迎合当时人们急切地追求投资机会的渴望,一群商人和贵族于 1711 年成立了南海公司,并独家获得了南美贸易权。该公司以欺骗手段造成虚假繁荣,致使投资者疯狂地抢购该公司发行的股票,股价扶摇而上。公司董事在高价位将股票脱手,而后股价狂跌,大量投资者损失惨重。极具膨胀的投机倾向因此引发了一场全面的信任危机,股市面临全面崩盘。参见李国运:《南海公司事件案例研究》,载《审计研究》2007 年第 2 期。

② 1911 年美国《堪萨斯州证券法》为美国第一部“蓝天法”,该法对信息公开制度已有所涉及。

③ 参见李海龙、刘沛佩:《证券发行实质审查法律制度:起源·衍变·启示——围绕美国州“蓝天法”展开》,载黄红元、徐明主编:《证券法苑》(第 15 卷),法律出版社 2015 年版,第 115 ~ 146 页。

④ 参见黄树东:《制度与繁荣》,中国人民大学出版社 2018 年版,第 27 页。

⑤ 美国《1933 年证券法》所强调的公开原则并未采取“蓝天法”式的实质审查。

⑥ L. Loss, *Fundamentals of Securities Regulation* (Boston; Little Brown & Co. 1983), p. 7.

美国证券信息披露制度也对世界各国产生很大影响。但是,2001 年下半年的“安然公司破产案”以及随后的世通、施乐等财务会计丑闻,几乎动摇了人们心目中的美国证券市场“监管神话”。为了应对新的信任危机,2002 年 7 月 30 日时任美国总统布什签署了《公众公司会计改革和投资者保护法》,即《萨班斯—奥克斯利法案》(Sarbanes-Oxley Act of 2002)。该法案涉及内容十分广泛,其中,最引人注目的莫过于规定上市公司首席执行官(CEO)和首席财务官(CFO)在向 SEC 提交定期报告的同时,必须提交其向公司作出的个人书面保证,担保定期报告中财务报表的真实性和准确性。这意味着,CEO 和 CFO 们要为其所提交的定期报告的任何失实之处承担潜在的个人责任,包括民事责任和刑事责任。此外,法案还加强了刑事惩罚力度,规定 CEO 和 CFO 如果故意违反法案规定而提供不当书面保证,可被处以高达 500 万美元的罚款和上至 20 年的监禁(此前公司高级管理人员财务欺诈犯罪的最高刑期为 5 年)。[①]《萨班斯—奥克斯利法案》以其近乎苛刻的强制信息披露措施,成为后来世界各国证券立法改革的风向标。虽然该法案自 2002 年通过以来一直是公司证券法律领域最具争议的法案之一,但从长远来看,该法案对市场的影响是积极有效的。[②]

由于美国资本市场服务中小企业能力不断下降,2012 年 4 月美国颁布了乔布斯法(Jobs Act),对新兴成长企业(EGC)简化 IPO 发行程序、降低信息披露义务。[③]

信息披露制度是我国证券法“三公”原则中公开原则的具体落地措施之一。我国证券市场发端于 20 世纪 90 年代,彼时尚未有证券法律。为规范市场,国务院于 1993 年 4 月 22 日发布施行《股票发行与交易管理暂行条例》,其中,该条例第六章为《上市公司的信息披露》,是为我国证券市场信息披露制度之发轫。

1998 年我国《证券法》和 2005 年《证券法》尽管没有设置信息披露专章,但涉及信息披露的相关规定却几乎见诸各章,且第三章“证券交易”中还有“持续信息公开”的专节规定,说明信息披露制度是证券法律制度的重要内容。我国本次《证券法》修订在立法体例上的重要变化之一,就是设置了“信息披露”专章,进一步凸显了信息披露制度的重要地位及其对证券市场规制的重大意义。我国现行《证券法》第五章为信息披露专章,是我国证券市场信息披露制度的基本规范。此外,我国《公司法》《刑法》等也各有一些信息披露法律规范。

除前述法律和行政法规外,我国证券信息披露制度的渊源还有中国证监会,沪、深两家证券交易所,中国证券业协会等发布的部门规章、规则和规范性文件。[④] 总体而

---

① 参见廖凡:《钢丝上的平衡:美国证券信息披露体系的演变》,载《法学》2003 年第 4 期。

② 参见伍巧芳:《萨班斯法案影响的学术之争》,载《求索》2013 年第 5 期。

③ 参见田辉:《美国乔布斯法分析及对中国的启示》,国务院发展研究中心 2012 年第 193 号调查研究报告。

④ 其中,起基础性作用的主要是中国证监会如《上市公司信息披露管理办法》,该办法不仅规范上市公司,也规范上市前的发行人。

言，经过多年建设，我国证券市场信息披露法律规范体系已经初步形成，但信息披露规则数量众多、体系层次复杂，①不利于准确、有效地检索、引用相应信息披露规则。

二、信息披露制度基本内涵

信息披露制度有广义和狭义两层内涵。就狭义而言，信息披露制度是指证券市场上的有关当事人在证券发行、上市和交易等一系列环节中，依照法律法规、证券主管机关管理规则及证券交易场所有关规定，以一定方式向社会公众公布或向证券主管部门或自律机构提交、申报与证券有关的信息而形成的一整套行为规范和活动准则的总称。②

在广义上，信息公开作为证券市场的一项基本原则，可扩及为证券市场管理与执法活动的公开。由于相关管理和执法活动针对的是证券发行人、证券交易所、证券经营和服务机构等证券市场主体，其监督内容以及对违法行为的处理结果等信息将对投资者的投资决策和信心产生重大影响，因此，该事务也应纳入信息披露制度范畴。比如，根据我国《证券法》的规定，证监会依法制定的规章、规则和监督管理工作制度应当依法公开；依据调查结果，对证券违法行为作出的处罚决定，应当公开。③ 由此可见，广义上的信息披露制度为一切涉及证券市场信息公开事务的法律规范的总称。但需要说明的是，本章所介绍的信息披露制度，仅限于其狭义范畴。

信息披露制度一般由证券发行时的信息披露和证券上市后的信息披露两部分组成。证券发行时的信息披露称为发行披露或初次披露，是指证券发行人在首次发行证券时完全公开公司以及与其发行证券有关的所有信息和情况。证券上市后的信息披露称为继续披露或持续披露，是指证券发行后，依法进行交易过程中，发行人或上市公司应定期或不定期公开与其发行证券相关的影响证券交易价格的重大信息。这是我国《证券法》公开原则在证券交易中的具体体现，是证券发行信息公开制度的延续和发展。

三、信息披露制度之经济学基础

“有效资本市场假设”理论是信息披露制度的主要经济学基础，其由美国芝加哥大学法码(Fama)教授在1965年首先提出。④ 法码教授认为，资本市场运作效率在不同信息环境下有3种“有效”形式：弱式有效市场下，证券价格反映了历史上一系列交易价格和交易量所包含的信息；半强式有效市场下，证券价格反映所有公开信息，包括与现在和过去证券价格有关的信息；强式有效市场下，证券价格反映所有的信息，包括那些

---

① 尤其是中国证监会和各证券交易所制定的有关规则可谓叠床架屋、参差往复。

② 吕富强：《信息披露的法律透视》，人民法院出版社2000年版，第8页。

③ 参见我国《证券法》第174条。

④ 参见王冰：《新媒体环境下上市公司信息披露研究》，经济科学出版社2019年版，第29页。

不为公众所知的信息。[①]

如果能够验证强势有效市场的存在,那么政府对信息披露的任何强制性要求都将成为多余,因为这时市场价格自动地反映了包括未公开信息在内的所有信息。然而,鲜活实践表明,市场是不可能完全有效的,因为有效市场是建立在这样一个假定之上的:参加市场交易的所有投资者均可以不费力、不花钱地得到所有信息。

有效市场理论的反对者认为,所谓"有效市场"只是一种充满理想的假设。例如,公司内部人在占有未公开的重大投资信息方面,相对于普通投资者通常都占据优势,这时的市场价格难以反映这部分信息。也就是说,证券市场的效率实际上是不高的。[②]

尽管如此,有效市场假设理论的重大意义恰恰在于它的反面:既然某些重要信息未反映到市场价格中去,就可能出现部分具有信息优势的人利用未公开的信息获利,从而影响资源的有效配置,这就有必要对某些未公开的信息进行强制披露。有学者甚至认为,市场的有效性也无法完全替代强制性信息披露制度。即便是在一个证券价格能够立即反映所有公开信息的有效市场,仍然需要强制性披露制度以保障相关市场专业人士提供证券的技术性信息,以此作为保持市场有效性的主要动力。有效市场仅仅说明市场价格与信息之间关联的紧密程度,它并没有解决由谁来保证信息完整、真实和充分的问题,因此,一个理性投资者进行优化证券投资组合所需的全部信息,并非有效市场自身所能完全提供。[③]

信息披露制度的经济学基础还包括证券市场的逆向选择问题。[④] 证券市场中的逆向选择是指在某种程度上,证券投资者无法辨别高品质和低品质的产品,因而不愿意为高品质产品支付超出平均价格的那部分费用,此时低品质产品便可能胜过高品质产品。导致这种"劣驱良"状况的原因在于:对于个体投资者来说,搜集区分产品优劣信息的成本过于高昂;基于种种考虑(如商业秘密、欺诈动机等),信息的占有者也不会自愿公布那些未公开的信息,这样的局面显然不利于证券市场的健康发展。因此,强制性信息披露在所难免。

四、信息披露制度之法理基础

从法学角度考量,之所以要实施强制性信息披露制度,根本宗旨在于保障投资者知情权,从而增强公众对市场的信心,促进市场繁荣发展。正如信息与效率在经济学上可能存在的某种内在关联,信息与投资者保护同样是息息相关的。重视投资者知情权保护的法理基础源于平等和一般正义的法律理念。

---

① See Fama, "Efficient Capital Markets: A Review of Theory and Empirical Work", 25 *J. fin*. p. 383 (1970).

② 参见高西庆:《证券市场强制性信息披露制度的理论与根据》,载《证券市场导报》1996 年第 10 期。

③ 参见齐斌:《证券市场信息披露法律监管》,法律出版社 2000 年版,第 68 页。

④ 逆向选择理论最早由美国学者乔治·阿克劳夫提出。参见王冰:《新媒体环境下上市公司信息披露研究》,经济科学出版社 2019 年版,第 23 页。

平等作为人类追求的永恒价值,是特权与身份的对立物。在市场经济竞争机制中,它表现为市场主体获取机会的均等。平等观要求市场主体在参与市场竞争中应处于同一起跑线上,他们的成功与否应取决于他们自己的天赋和才能,而不是他们所依仗的特殊身位、地位和背景。平等观在证券市场上对投资者来说,是竞赛机会的均等。个别投资人不得因资金、时间和空间的优势,以及自身的特殊地位获取优先的投资条件,即优先地享有信息资源。对发行人与投资者来说,他们应处于平等的地位,发行人不得利用自己直接经营管理的地位对投资者进行欺诈,发布虚假信息。

正义是法的基本原则,它表现为法应努力追求的某种完善的目标、道德价值和理想秩序。[①] 正义不仅是一种法律理想,也是一种现实的可操作的法律原则、标准和尺度。通过这样的标准、尺度,人们可以建立个人与他人之间的和谐。正义观要求在处理具体事件中必须有一套具有普遍意义和公正内容的规则,且适用规则公正无私、不偏不倚。在证券市场中,正义的目标应是创立一个公平、公正的市场环境,使每个参与人得到对市场资源、财富、权利等的公平分配,从而促进证券市场的健康发展。

投资者的投资决策依据就是证券发行公司公开的信息,因为信息不对称的客观存在,极易产生权利不对称。因此,强制性信息披露制度的存在,是对广大投资者信息不平衡的救济和权利不对称的防范,它为证券市场广大投资者平等地分享信息提供了保障,体现了法的平等和一般正义的基本观念。若非如此,便会威胁到公众对证券市场的信心,乃至迫使公众退出证券市场,从而危及证券市场的存在,证券市场的各种经济功能更无从谈起。

在各国信息披露制度立法史上,有实质性审核主义与充分信息披露主义之分。所谓实质性审核主义又称核准制,是指"发行人为有价证券之募集与发行,不单以真实状况公开为已足,尚须符合一定之条件,始可依法向证券主管机关申请核准,并经其同意后,始得进行募集与发行之制度谓之"。[②]

充分信息披露主义又称申报制[③]或注册制或形式审查制,其含义是,"为使有价证券之发行公司完全公开有关其证券为投资判断所必要之情报,而投资决定之本身则委诸投资人之自由判断及责任者"。[④] 我国继在科创板试点注册制基础上,我国新《证券法》已全面实行证券公开发行注册制。注册制与核准制在对待强制性信息披露的态度上有共同之处,即都强调"公开原则",它们的差异在于信息是事先提供给监管机关还是市场投资者,以及他们各自所承担的不同责任和风险。由此可见,强制性信息披露堪称证券市场之内生性要求。

---

① 卢云主编:《法学基础理论》,中国政法大学出版社 1994 年版,第 215 页。

② 李开远:《证券管理法规》,一手文化有限公司 1997 年版,第 84 页。

③ 参见周剑龙:《日本证券发行市场的法律规制——兼论中国证券发行制度的走向》,载王保树主编:《商事法论集》[第 18.19 合卷(2010 年)],法律出版社 2011 年版,第 382 ~ 391 页。

④ 赖源河:《证券法规》,台北,元照出版有限公司 2005 年版,第 53 页。

五、自愿信息披露

自愿信息披露,是指上市公司在法定信息披露要求之外,根据自身需要主动向公众公开全部或部分非法定信息。自愿披露具有自主性、多样性、不确定性和灵活性等特征。一般来说,强制披露使信息能满足投资者的基本需求,自愿披露则能提供更高质量的信息以满足利益相关方的特殊需求。随着资本市场进入买方市场,自愿披露正成为上市公司进行投资者关系管理,显示公司竞争优势和未来美好前景的重要途径。① 尤其当公司盈利时,随着投资者情绪的高涨,上市公司披露业绩快报的概率增加。②

自愿信息披露对企业创新绩效具有显著的提升作用,其影响机制是,自愿性信息披露可以显著减轻企业融资约束和代理成本对创新的负面影响(声誉效应和治理效应),降低 CEO 离职业绩敏感性(安全网效应),从而促进企业创新。③ 此外,实证研究发现,自愿披露环保支出信息对于公司价值有正向影响。④

虽然我国《证券法》第 84 条以及中国证监会和沪、深两家证券交易所等都有自愿信息披露之相关规定,但客观地说,我国证券市场自愿信息披露工作开展得并非十分理想。因此,有必要简化信息披露数量和内容要求,建立市场自愿性与强制性相结合的上市公司信息披露体系。⑤ 在自愿信息披露方面,有必要发挥最佳披露实践公司的示范引领功能,因为一家特定行业的龙头公司能够对该行业其他公司的信息披露水平起到引领作用。⑥

第二节　信息披露基本原则

为确保证券市场信息资源分配的均衡性和公平性,维护证券投资者的信心以及证券市场秩序,信息披露义务人应当依照一定的标准衡量和约束自己的披露行为。即信息披露应当有一个基本尺度,依照这一尺度进行披露,该披露行为有效;违反或未达到该基本尺度的,披露义务人就要承担相应的法律责任。这一基本尺度就是信息披露制度的基本原则,它源于法律规定,但不完全等同于法律规定,它是对法律规定的理论抽

---

① 参见王冰:《新媒体环境下上市公司信息披露研究》,经济科学出版社 2019 年版,第 16 页。

② 龙立、龚光明:《投资者情绪与上市公司自愿性信息披露迎合策略——基于业绩快报行为的实证检验》,载《中南财经政法大学学报》2017 年第 5 期。

③ 参见王健忠:《"能说就要说"还是"能不说就不说"——自愿性信息披露与企业创新》,载《北京社会科学》2018 年第 1 期。

④ 参见林秀凤、郑雅如等:《自愿性环保资讯揭露对公司价值之影响》,载《东海管理评论》2013 年第 15 卷第 1 期。

⑤ 李冀、杨忠孝:《政府干预在证券市场强制信息披露中的边界》,载《南方金融》2017 年第 2 期。

⑥ See Pankaj M Madhani, "Corporate Governance and Disclosure Practices of Indian Firms: An Industry Perspective", *The IUP Journal of Corporate Governance*, Vol. XIII, No. 2, 2014.

象与具体解释的统一体。

一、真实披露

信息披露制度的目的在于使证券投资者能够根据有关发行人或上市公司所披露的信息作为投资和判断证券价格的依据,这必然要求义务人所披露的信息能够真实地反映其经营状况和财产状况。真实性是信息披露的根本原则,几乎成为信息披露制度的前提性假设。[①] 所谓信息披露的真实性是指披露义务人应当以信息的客观面目进行披露,不得有虚伪记载、误导或欺骗。只有那些反映公司经营状况和财产状况的信息是真实客观的,投资者的投资判断才有客观的基础。任何虚假的信息,都将可能导致投资者因判断依据的虚假而出现判断失误,从而影响投资者的信心和证券市场的健康发展。为了保证信息披露的真实性,各国证券法律制度从各个层面对此进行约束。首先,在证券发行阶段,由证券管理机构对发行人依法申请公开发行证券所提交的文件进行审核。这里的审核,根据立法模式的不同可分为实质审核和形式审核。其次,由证券发行人、上市公司及其董事、监事、高级管理人员、保荐人及证券中介机构对所披露文件内容的真实性承担担保责任。最后,证券交易所可以通过制定上市规则的方式,对相关披露义务人所披露的信息是否真实作出约束。

信息披露的真实性,是对披露义务人所披露信息的整体要求。但由于公开信息的性质不同,真实性标准的要求也有所差异。证券发行公司信息可分为描述性信息、评价性信息和预测性信息。[②] 描述性信息反映的是公司在经营活动中的历史事实,对描述性信息的公开是对已经发生的或正在发生的客观事实的陈述。描述性信息公开的真实是一种客观事实的真实,在公开的文件中不得对事实进行捏造和推断、无中生有或有中化无。对历史事实的性质、结果或影响的分析和价值判断的内容是评价性信息。评价性信息反映的是信息内容与历史事实的联系,该类信息的公开往往加入了信息发布者的主观判断,因此在对其真实性作判断时,主要注意点为评价信息依据的真实性和评价方法的合理性。预测性信息是指对公司未来经营状况的预测(多是盈利预测),它反映的是公司既存事实与未来情况的联系。公司的经营活动具有持续性,经营状况和经营环境具有变动性,经营的状况不仅包括了现状,也包括了潜力和风险。[③] 因此,对未来情况的预测信息必然影响证券的市场价格。预测性信息涉及众多变数,其真实与否只有等待时间检验。对该类信息的公开,应要求其依据的既存事实必须真实,预测的内容必须与既存事实有逻辑上的关联性和合理性。此外,还必须强调信息发布人公开预测信息目的的正当性,公开预测性信息的目的须是有助于投资者对证券价格作出合理判断,进而作出正确的投资判断,不应是为了拉抬证券价格诱骗误导投资者。预测性信息

---

① 程茂军:《上市公司信息披露法律规制研究》,中国法制出版社 2019 年版,第 42 页。

② 陈甦、吕明瑜:《论上市公司信息公开的基本原则》,载《中国法学》1998 年第 1 期。

③ 同上。

的真实性只有通过法律的严格规制才能得到保障。

当然,也有学者提出,在某些情况下即使对描述性信息的真实性也不能过于苛求,比如,“由于突发环境事件中的信息具有难以获取性、有限性、不确定性和时效性特质,它决定了上市公司信息披露内容的真实具有相对性”。[①]

二、全面披露

证券市场上投资者判断的基础是对证券发行公司披露的信息的综合分析。虽然,具体的每个投资者对披露信息的重要性和有用性有不同的认识和不同的选择,但对投资者整体来说,证券发行公司将各种影响证券价格的重大信息予以公布,是投资判断公平性和正确性的前提条件。如果披露的信息不全面或不完整,有“重大遗漏”,即使已公开的信息全部是真实的,也会导致信息公开整体上的虚假性。[②] 因此,在强调真实性标准的同时,必须坚持信息披露的全面性。

信息披露的全面性,又称为完整性,是指信息披露义务人提供给投资人判断证券投资价值的有关信息和资料必须全面,不得故意隐瞒或重大遗漏。信息披露的全面性并不是要求证券发行公司将有关其经营状况信息不分巨细地一律披露。事实上,将那些对证券市场价格并无影响的信息予以披露,一方面增加了发行人信息公开的成本;另一方面也无助于投资者作出投资判断。因为各种信息的混杂,会形成“信息噪音”,增加投资者信息选择的难度。

信息披露的全面性标准有质和量两方面的规定性。首先,在披露信息的质上必须是“重大信息”,即能够较大影响证券市场价格的重大事件。[③] 其次,在信息披露的量上,必须使投资者拥有足以作出投资决策的完整信息。[④] 信息披露完整性可进一步细化为宏观上的完整性和微观上的完整性。宏观上的完整性是指证券发行人和上市公司应将法定范围内应披露的信息完全披露,不得有所遗漏和保留。如公司应定期公开财务报告等文件,随时公开可能对公司证券市场价格产生较大影响的重大事件等。微观上的完整性是指具体到每一条披露的信息而言,信息披露义务人应保证其内容的充分完整。贯彻信息披露的全面性标准,必须强调宏观上的完整性和微观上的完整性相结合。

发行人或上市公司在信息披露量上常犯的错误就是有意无意地选择性披露,自觉有利信息就披露,自觉不利信息就不披露,尤其在自愿信息披露时。这无疑违反了信息全面披露原则。

当然,有学者认为,“证监会制定的信息披露规则在指导思想上未能准确定位信息

---

① 朱谦:《上市公司突发环境事件信息披露的真实性探讨——以紫金矿业环境污染事件为例》,载《法学评论》2012 年第 6 期。

② 陈甦、吕明瑜:《论上市公司信息公开的基本原则》,载《中国法学》1998 年第 1 期。

③ 参见我国《证券法》第 80 条;关于信息“重大性”的判断标准,参见本章第三节有关内容。

④ 参见我国《证券法》第 78 条。

披露的丰富性和有效性之间的关系，追求过多的披露，既给上市公司带来了较重的负担，也在效果上有所不足”。[1] 因此，也有学者认为，应当正确理解全面信息披露原则，“完整性并不要求在所有披露文件中都披露相同项目或作出同等广度和深度的披露”，也“并非要求证券发行人将其知悉的所有信息全部予以披露，公司仍然具有一定披露保留权和隐私空间”。[2] 实际上，投资者需要何种信息一直是一个见仁见智的问题，[3]甚至有美国学者提出，取消信息披露监管或许是更好的选择。[4] 虽然该主张显得过分激进，但信息披露的确应当处理好简化披露和充分披露之间的矛盾，防止出现信息披露之“棘轮效应”，[5]以尽可能实现信息披露制度之立法初衷。

三、准确披露

信息披露的准确性是指信息披露义务人在披露信息时必须确切表明其含义，其内容与表达应尽量浅显直白、通俗易懂，不得故弄玄虚、语意不详，或作其他使投资者对其投资行为发生错误判断的陈述。信息披露是通过语言文字实现的，而语言文字的多义性与语言表达方式的多样性往往会产生歧义，因而要求披露活动必须贯彻准确性原则。在信息披露中，披露的信息是否具有真实性、全面性相对显而易见，但披露信息缺乏准确性，给投资者造成损失，则呈隐形状，通常不易被发现。信息披露的真实性强调的是已公开信息与信息所反映事实之间的一致性，全面性强调已公开信息与实际将影响证券价格之事实的总量上的统一性，而信息公开准确性则强调信息发布者与信息接受者之间，以及各个信息接受者之间对同一信息在理解上的一致性。[6]

一个虚假的信息固然是不准确的信息，但不准确的信息未必是虚假的信息，因为对不准确的信息也有可能作出正确的理解或解释。[7] 在贯彻准确性时，信息发布者首先应按法定标准进行信息公开（如会计准则），只有统一在法定的标准上才能谈得上准确性。另外，信息发布者在信息披露的语言文字表述上，应按照语言文字的通常意义进行

---

① 缪因知：《论证监会信息披露规则的不足》，载《法治研究》2016 年第 2 期。

② 程茂军：《上市公司信息披露法律规制研究》，中国法制出版社 2019 年版，第 45 页。

③ 国内学者自 2000 年开始进行了投资者信息需求的大量实证研究：参见吴联生：《投资者对上市公司会计信息需求的调查分析》，载《经济研究》2000 年第 4 期；周勤业、卢宗辉等：《上市公司信息披露与投资者信息获取的成本效益问卷调查分析》，载《会计研究》2003 年第 5 期；潘琰、辛清泉：《解读企业信息需求——基于机构投资者的信息需求探索》，载《会计研究》2004 年第 12 期；陆正飞、刘桂进：《中国公众投资者信息需求之探索性研究》，载《经济研究》2002 年第 4 期；赵立新、黄燕铭等：《构建以投资者需求为导向的上市公司信息披露体系》，中国金融出版社 2013 年版，第 63 ~ 80 页及第 112 ~ 144 页；黄立新、陈宇等：《构建基于投资者需求的信息披露制度探讨》，载《证券市场导报》2014 年 7 月号。

④ 参见［美］沙哈尔·本·沙哈尔、卡尔·E. 施耐德：《过犹不及——强制披露的失败》，陈晓芳译，法律出版社 2015 年版，第 205 页。

⑤ 参见程茂军：《上市公司信息披露法律规制研究》，中国法制出版社 2019 年版，第 71 页。

⑥ 参见刘慧娟：《国际证券市场信息披露监管制度研究》，对外经济贸易大学 2014 年博士学位论文，第 37 页。

⑦ 陈甦、吕明瑜：《论上市公司信息公开的基本原则》，载《中国法学》1998 年第 1 期。

使用,不得使用晦涩难解、易引起歧义的词句。信息发布者与接受者的组成成分极为复杂,行业归属、知识水平、语言习惯、经验能力等各有不同,对于信息内容的理解和判断相应地也有所不同。由于信息公开的目的是方便投资者进行投资判断,因此,对公开信息内容的理解与解释,应以一般投资者的判断为标准。

不准确的信息首先表现为信息的内容可以有多种理解和解释,而且各种理解和解释都有一定的道理。而且,不准确的信息并不是显而易见,如果显而易见的不准确信息,通常是违反信息真实性标准的不真实信息。因此,判断信息是否准确,应以信息的内容是否产生歧义、结果是否会使人误解为标准。

信息披露的准确性与信息公开的易解性堪称一体两面。信息披露的易解性是指公开的信息能被具有一般文化知识和经营知识的投资者所理解。信息公开的易解性有助于实现信息公开制度的目的。上市公司的经营活动是一项专业性活动,在其公升有关经营状况的信息时,专业术语或行业术语在表述准确上往往有不可替代性。① 专业术语和行业术语与日常生活用语不同,这可能导致一般投资者对信息理解产生困难,然而如此操作并不违背信息公开准确性标准。② 但是,为了更好地达致信息披露的目的,对于披露信息所使用的专业或行业术语,信息披露义务人应作出必要解释。③ 因为,只有企业提供的信息能够有效地被读懂,投资者才能把握披露信息的总体状况。④

四、及时披露

信息披露的及时性是指向投资者公开的信息应当符合时效性要求,披露信息反映的是现实公司的状况且交付披露信息资料的时间不得超过法定期限。投资者要按照公司的实际情况进行投资判断,不能缺少信息的及时性。公司的经营活动是持续进行的,其经营状况处于不断变动的状态,投资者的投资判断必须依赖对公司经营状况变动情况的掌握,其期望的收益必须依据目前公司的经营状况、收益程度及其发展潜力加以判断。如果影响证券市场价格的重要信息在发生后相当时间才得以公开,该信息作为投资判断依据的价值已不复存在。因此,“一是公司应以最快的速度公开其信息,即公司经营和财务发生变化后,应立即向社会公众公开其变化状况;二是公司所公开的信息应

---

① 陈甦、吕明瑜:《论上市公司信息公开的基本原则》,载《中国法学》1998 年第 1 期。

② 有学者认为,信息披露的准确性原则在监管者导向和投资者导向下具有不同内涵。以监管者为导向的信息披露文件更多的是作为一种法律文件,披露人首先考虑的是如何免除潜在的法律风险,因此,披露的准确性就体现为过多地使用行业术语或法律术语,从而使披露语言复杂难懂;以投资者为导向的准确性则试图在投资者的理解能力与信息复杂性、语言歧义性等之间取得一种平衡。参见程茂军:《上市公司信息披露法律规制研究》,中国法制出版社 2019 年版,第 43 ~ 44 页。

③ 另有学者建议,“有必要确立证券信息披露的简明性规则,即在信息披露中使用清晰、简单、易懂的语言,在能够使用普通语言的场合,避免使用专业的金融词汇”。参见武俊桥:《论证券信息披露简明性规则——以网络时代为背景》,载《证券市场导报》2011 年第 11 期。

④ 张秀敏、刘星辰、汪瑾:《阅读难易程度与信息披露质量——基于易读衡量和关联因素视角的分析》,载《当代经济管理》2017 年第 6 期。

一直保持最新的状态,不能给社会公众以过时的和陈旧的信息”。[①]

要保证信息披露的及时性,披露的信息必须是最新的、现实的。强调公开信息的最新性和现实性,则自然缩短了有关信息事实的发生与披露之间的时间差距;这种时间差距越小,对证券市场违法行为(如内幕交易)的限制就越有效。最新旨在强调信息尚属首次披露,此前未有泄露并被他人得知;现实则是指公开信息反映的是公司现在的经营状况,而不是以前或过去的经营状况。只有两者的结合,信息公开者才能给广大投资者以有价值的信息。

判断信息公开及时性的标准主要是证券立法上关于信息公开文件的时效规定。如我国《证券法》第79条规定,在每一会计年度结束之日起4个月内,报送并公告年度报告;在每一会计年度的上半年结束之日起2个月内,报送并公告中期报告。[②] 该法第80条和第81条规定,发生可能对股票、债券交易价格产生较大影响的重大事件时,公司应当立即将有关该重大事件的情况向证监会和交易所报送临时报告,并予公告,说明事件起因、目前状态和可能产生的法律后果。《上市公司信息披露管理办法》提及临时报告时也均要求立即披露。可以说,法律、规章、规范性文件之“立即”一词,凸显了我国《证券法》对信息及时披露原则的高度重视。这些规定确立了信息公开的时间期限,公开的信息只有符合时间期限的规定才算得上及时。

同真实性原则一样,及时性原则也具有相对性。比如,在上市公司突发环境事件时,其应在政府正式发布信息后立即向投资者披露信息,说明事件起因、目前状态和可能产生的影响,而不是在突发环境事件发生后立即向社会公布相关信息。[③] 而且,有学者通过实证研究发现,“我国上市公司信息披露及时性与可靠性之间存在着此消彼长的负相关关系”。[④] 因此,为确保真实性,有时可能需要牺牲及时性;反之亦然。

五、要式披露

所谓要式披露,是指信息披露义务人披露信息应在指定媒体以指定形式发布。信息披露以强制披露为主,自愿披露为辅;强制披露,应当推行标准化的披露格式。[⑤] 我国《证券法》第86条,《上市公司信息披露管理办法》第6条、第45条第2款等作出了相关规定。此外,中国证监会及各证券交易所制定了若干信息披露内容与格式准则、内容与格式指引、信息披露指引、编报规则、备忘录、问答等,以规范信息披露义务人之信息

---

① 王保树:《发行公司信息公开与投资者保护》,载王保树主编:《商事法论丛》(第1卷),法律出版社1997年版,第284页。

② 对于定期报告来说,即使是在规定时间内披露,也要关注及时性与企业价值的正负相关性,以利于投资者充分利用定期报告信息作出决策。参见范嫣然:《上市公司信息披露及时性与企业价值的相关性研究》,载《会计之友》2013年第3期。

③ 参见朱谦:《上市公司突发环境事件信息披露的制度约束与衔接——以“紫金矿业行政处罚案”为切入点》,载《法学》2012年第6期。

④ 刘建勇、朱学义:《信息披露及时性与可靠性关系实证研究》,载《中南财经政法大学学报》2008年第6期。

⑤ 参见[美]弗兰克·伊斯特布鲁克、丹尼尔·费希尔:《公司法的经济结构》,罗培新、张建伟译,北京大学出版社2014年版,第311~313页。

披露行为。这些规范性文件均属要式披露原则之具体体现。

要式披露原则要求拟披露信息必须先在指定媒体公开后才能在其他非指定媒体或非指定渠道披露。珠海格力电器股份有限公司(以下简称格力电器)及美的集团股份有限公司(以下简称美的集团)即曾因违反要式披露原则引发监管部门关注。①

但是,随着现代社会突发事件越来越多,信息传播速度越来越快,为避免权威信息迟到给投资者造成损失,给证券市场带来混乱,新近的部门规章和规范性文件对信息要式披露作了一定程度的缓和处理。如《科创板上市公司持续监管办法(试行)》第 14 条规定,科创公司和信息披露义务人确有需要的,可以在非交易时段对外发布重大信息,但应当在下一交易时段开始前披露相关公告。《科创板股票上市规则》第 5.4.3 条则更进一步规定,上市公司和相关信息披露义务人确有需要的,可以在非交易时段通过新闻发布会、媒体专访、公司网站、网络自媒体等方式对外发布应披露的信息,但公司应当于下一交易时段开始前披露相关公告。

有学者实证研究表明,互联网信息沟通平台的运行为投资者与上市公司管理层的沟通提供了便捷的渠道,从而使投资者能够直接从上市公司获得有关公司运营与发展的准确信息。这一机制的设立降低了市场噪声(如网络谣言等)对资产价格的影响,增强了价格中的信息含量,进而提高了市场参与者对公司价值判断的精确程度。从这个意义上来说,网络平台的设立提升了市场信息效率水平。② 而且,上市公司利用新媒体披露信息能提升信息披露的及时性、覆盖面和完整性,增强市场流动性,减少信息不对称。③ 美国等发达国家很早就开始提倡上市公司利用新媒体实时披露。④ 因此,笔者建议,一方面,要在科创板外也破除指定媒体⑤披露制度,让新媒体真正成为信息披露的

① 2019 年 2 月 1 日广东证监局官网披露针对格力电器董事长的一封警示函。该函主要内容为:经查,珠海格力电器董事长在 2019 年 1 月 16 日下午召开的格力电器 2019 年第一次临时股东大会上,发布了格力电器 2018 年营业收入和净利润等有关业绩信息,而格力电器在股东大会结束后的当天晚间才发布 2018 年度业绩预告。广东证监局认为,格力电器董事长的上述行为违反了《上市公司信息披露管理办法》第 6 条第 2 款、第 45 条第 2 款的规定,根据《上市公司信息披露管理办法》第 59 条的规定,决定对格力电器董事长采取出具警示函的行政监管措施。无独有偶,美的集团董事长兼总裁于 2019 年 1 月 12 日在中国制造论坛上发表"2018 年预计税前利润超过 260 亿元"等公司业绩的言论,早于公司于 1 月 14 日对外公告业绩预告的时间。深圳证券交易所为此于 2019 年 2 月 18 日晚间向美的集团董事会下发关注函,要求美的集团切实提高信息披露法律法规意识,严格规范董监高对外发布信息行为。

② 谭松涛等:《互联网沟通能够改善市场信息效率吗?——基于深交所"互动易"网络平台的研究》,载《金融研究》2016 年第 3 期。

③ 参见王冰:《新媒体环境下上市公司信息披露研究》,经济科学出版社 2019 年版,第 3 页。

④ 同上书,第 158 页。

⑤ 事实上,《上市公司信息披露管理办法》多处提及指定媒体,但却未在该办法中言明指定媒体究有哪些,可称遗憾。虽然,中国证监会曾在不同时期以不同形式指定若干媒体作为指定媒体,但《上市公司信息披露管理办法》毕竟是规范证券市场信息披露的部门规章层面的基础性、纲领性文件,若非要指定媒体,宜将具体的指定媒体在该办法中载明,对信息披露义务人、投资者、监管机构都可谓极大的便利。

重要载体，发挥其天然优势；另一方面，要保证公司在新媒体上披露的信息与原在指定媒体披露的信息一样可靠，有证可循。而且，允许新媒体不仅采用传统的文字、图表等形式披露信息，也可以采用语音、视频、直播等披露形式，[①]这种多载体披露不仅让投资者更加喜闻乐见，让互动更加便利，而且因为形式活泼令受众增加，每一个受众都可能成为一个信息披露的监管者，这可以大大减轻监管部门压力，使信息披露义务人一旦发布虚假或不完整信息，更可能被发现。

六、同步披露[②]

所谓同步披露，是平等获取信息和信息平等观念的逻辑延伸，是指信息披露义务人履行信息披露义务时，必须向所有投资者公开披露，以使其均可同时获悉同样信息。[③]同步披露原则要求：一方面，不得仅仅向证券分析师、机构投资者等关联人披露；[④]另一方面，针对境内外同时发行上市证券的信息披露义务人，披露信息时应当境内外同步进行，不得崇洋媚外、后内先外。[⑤] 即使针对非公开发行的股权交易市场，为保障交易公平，信息披露义务人也需要保持披露对象浏览信息的完整性。[⑥]

当然，不同行业、不同信息披露义务人可依法实施差异化信息披露并不违反公平原则。基于投资者导向理念设计的差异化信息披露制度，能够使所有投资者获得某一特定上市公司的相同披露信息，即在内容、方式和时间等方面都能平等、公平地获得这些信息。因而，在本质上，它是对公平披露的较好补充，是一种实质上的公平披露。[⑦]

第三节　信息披露法律关系

信息披露法律关系包括主体、客体和内容，其中，主体包括权利主体和义务主体。所谓权利主体，是指证券市场一切参与者和可能参与者，或者说包括所有社会公众。所谓客体，即强制或自愿披露的各种信息；其中，强制披露的信息，无论硬信息或软信息，均应具备重大性。所谓内容，即信息披露义务人应依法向权利人披露信息。

---

① 参见王冰：《新媒体环境下上市公司信息披露研究》，经济科学出版社 2019 年版，第 152～153 页。

② 也称公平披露。参见程茂军：《上市公司信息披露法律规制研究》，中国法制出版社 2019 年版，第 46 页。

③ 参见陈秧秧：《选择性披露的管制与内幕交易法的演变：基于美国公平披露条例的研究》，载《证券法苑》（第 3 卷），法律出版社 2010 年版，第 768～797 页。

④ 事实上，前述格力电器在股东大会和美的集团在行业论坛发布业绩预告，因均属面向部分人而非全体社会公众披露信息，故均违反同步披露原则。

⑤ 参见我国《证券法》第 78 条第 3 款、《上市公司信息披露管理办法》第 2 条第 3 款。

⑥ 参见李贺：《非公开发行股权交易市场信息披露规则探讨》，载《证券市场导报》2017 年第 2 期。

⑦ 参见徐聪：《试论我国上市公司差异化信息披露制度之构建》，载《证券法苑》（第 4 卷），法律出版社 2011 年版，第 328～349 页。

一、信息披露义务主体

按照我国《证券法》的规定，证券市场信息披露义务人有两类：一类为披露义务人，另一类为披露担保人。

（一）披露义务人

披露义务人，是指直接负有信息披露义务的各类机构或个人，主要包括发行人[①]（包括发起人）、上市公司、控股股东、实际控制人、大额股份持有人、上市公司收购人、破产管理人及其高级管理人员、证券交易所等。

1. 发行人和上市公司是我国证券市场最主要的信息披露义务人。[②] 负有信息披露义务的发行人不仅包括公开发行证券的公司，也包括非公开发行但股份公开转让的“新三板”挂牌公司。我国《证券法》并未规定发行人或上市公司履行信息披露义务的具体操作者，但根据中国证监会《上市公司信息披露管理办法》的规定，董事会秘书（以下简称董秘）具体负责信息发布。在实践中，董秘既有由公司财务总监（CFO）兼任的，也有非财务总监兼任或非兼任的。研究表明，CFO兼任董秘，可能不仅能更有效地“描绘”公司业绩背后隐含的公司战略信息和生产经营管理信息，更好地解释盈余、应计盈余和现金流量之间的关系及其持续性，而且能够更好地根据投资者的需求提供高质量的财务报告信息，降低信息不确定性，从而更好地实现公司和金融中介、机构投资者、中小投资者之间的沟通，提高投资者对公司信息的解读能力，显著改善资本市场效率。[③]

2. 公司控股股东或者实际控制人虽然不是证券发行人，但若对重大事件的发生、进展产生较大影响的，应当及时将其知悉的有关情况书面告知公司，并配合公司履行信息披露义务。[④] 发行人及其控股股东、实际控制人、董事、监事、高级管理人员等作出公开承诺的，应当披露其承诺事宜及承诺内容。[⑤]

3. 所谓大额股份持有人的信息披露义务，是指通过证券交易所的证券交易，投资者单独或与他人共同持有一家上市公司5%以上大额股份时，应当在该事实发生之日起3日内披露相关信息；其后投资者所持该上市公司有表决权股份比例每增加或者减少1%，也应当在该事实发生次日予以披露。[⑥] 大额持股披露旨在向目标公司管理层及其他投资者发出预警，避免外部大股东潜在的滥用或操纵。[⑦] 需要指出的是，我国本次

---

① 含债券发行人等各类证券品种发行人。公司债券卖者责任体现为信息披露义务，具体包括信息披露制度中要求的信息披露义务与投资劝诱阶段的说明义务。参见南玉梅：《债券交易人卖者责任探析——以信息披露义务与诚信义务为核心》，载《中国政法大学学报》2017年第2期。

② 参见我国《证券法》第78条。

③ 参见毛新述等：《信息发布者与资本市场效率》，载《经济研究》2013年第10期。

④ 参见我国《证券法》第80条第3款。

⑤ 参见我国《证券法》第84条第2款。

⑥ 参见我国《证券法》第63条。

⑦ 参见解正山：《大额持股披露义务规制》，载《现代法学》2018年第3期。

《证券法》修订将原法规定股东首度持股5%以后，每增加或减少5%进行披露改为每增加或减少1%就须披露。有学者认为，虽然要求投资者披露其持有上市公司大宗股份信息有其正当理由，但应平衡积极投资者与上市公司及其管理层之间的监管负担，[①]不可将有收购意愿的积极投资者一并视为“野蛮人”而加以限制或排斥，从而有意无意袒护公司现管理层。

4. 上市公司收购人的信息披露义务主要规定在我国《证券法》第73条至第76条。该系列条款规定，上市公司收购人应当向其他全体股东发出含有收购意思、收购目的、收购价格、收购数量等内容的收购要约并予公告。

5. 按照“谁管理、谁披露”原则，在破产程序中采取管理人管理模式时宜确定管理人是信息披露义务人，因为此时管理人在实质控制企业之后，处于掌握企业信息的核心地位和关键位置，理所当然地应成为信息披露义务主体。[②] 但我国破产管理人及其高级管理人员之信息披露义务目前主要仅见于沪、深两家证券交易所，我国《证券法》和《企业破产法》均未见规定。笔者认为，破产是所有上市公司都可能出现的一种情况，有关破产管理人及其高级管理人员的信息披露义务应当在我国《证券法》和(或)《企业破产法》等法律中作出规定，至少也该在中国证监会《上市公司信息披露管理办法》这样的部门规章中作出规定。

6. 我国证券交易所虽然被定位为行业自律组织，其与上市公司之间的法律关系大体可归入民事法律关系，但实际上也存在对上市公司较强的监管关系。[③] 在监管过程中，因突发性事件导致证券交易结果出现重大异常，按交易结果进行交收将对证券交易正常秩序和市场公平造成重大影响的，证券交易所可以采取取消交易、通知证券登记结算机构暂缓交收等措施，并应当及时向中国证监会报告并公告。[④] 在日常监管中，证券交易所应当加强对证券交易的风险监测，出现重大异常波动的，证券交易所可以采取限制交易、强制停牌等处置措施，并向证监会报告；严重影响证券市场稳定的，证券交易所可以采取临时停市等处置措施并公告。[⑤] 科创板推出后，发行人的发行上市申请由交易所审核，证监会注册。交易所审核同意后，应在将发行人注册申请文件报送中国证监会的同时，将招股说明书、发行保荐书、上市保荐书、审计报告和法律意见书等文件在交易所网站和中国证监会网站公开。[⑥] 前述之“公告”“公开”均属交易所之信息披露

---

① 见解正山：《大额持股披露义务规制》，载《现代法学》2018年第3期。

② 参见王欣新：《论破产法上信息披露制度的构建与完善》，载《政治与法律》2012年第2期。

③ 参见卢文道：《证券交易所及其自律管理行为性质的法理分析》，载《证券法苑》(第5卷)，法律出版社2011年版，第1007～1048页。

④ 参见我国《证券法》第111条第2款。

⑤ 参见我国《证券法》第113条第1款。

⑥ 参见中国证监会《科创板首次公开发行股票注册管理办法(试行)》第46条。虽然该条最后一句似乎存在语病，但从体系解释角度，笔者认为将公开义务人解释为交易所方为妥当。

义务。

(二)披露担保人

证券市场的另一类义务人有时并不负有直接的披露义务,但依照法律对披露文件的真实性、完整性、及时性和准确性的要求承担担保义务,一旦披露文件里含有虚假陈述内容,他们将承担法律责任。这类人员可视为广义上的信息披露义务人,他们主要包括发行人和上市公司的控股股东、实际控制人、董事、监事、高级管理人员[①]及其他直接责任人,发行人和上市公司的保荐人、承销商,以及为证券发行、上市、交易等证券业务活动制作、出具专业文件和报告的证券服务机构等。

二、"重大性"信息认定标准

我国《证券法》规定信息披露义务人披露信息时不得有重大遗漏。因此,讨论何为重大,厘定重大性信息之认定标准,颇有必要。

(一)概述

信息披露是为了支撑市场的有效性,而一个有效的证券市场则表现为证券价格充分反映有用信息。然而,不是所有信息都参与价格的形成过程,或者都能帮助投资者作出投资决策。如果证券市场里充斥着各种噪音,投资者势必陷于烦琐无益的垃圾信息之中,徒增信息检索与利用之成本,乃至使其感到无所适从;另外,发行人和上市公司处于负担披露义务的地位,信息披露越多,其负担就越重。如果一切信息事无巨细统统要求披露,不仅会造成义务人的不堪重负,而且可能令根据现代反不正当竞争和产权理论建立起的商业秘密保护机制无存在之余地。从理论上来讲,无论对投资者还是发行人,披露的信息并不是越多越好;但在现实生活中,出于"经济人"行动逻辑,投资者总是希望披露尽量多的信息,而发行人则倾向按照自己的意图为信息披露。协调投资者、发行人和公共市场分别依附于信息载体上的利益需求,正是重大性概念所承担的任务,"重大性标准好比天平上的游码,起到了平衡它们之间利益关系的作用"。[②] 因此,自美国证监会于1937年在披露规则中率先引入"重大性"概念作为判断信息是否需要披露的标准后,逐渐为世界各国所吸收借鉴。

前文曾阐述信息披露的基本原则,信息披露只有在真实、准确、完整、及时的情况下才有意义,其中,重大性概念属于"完整性"原则的范畴。重大性概念不仅是信息披露完整原则的重要组成部分,由于涉及披露信息范围、内容和方式的确定以及虚假陈述民事责任的构成,因此,它同时也是信息披露制度的基础性范畴之一,并且渗透于信息披露制度的各个环节。接下来的问题便是,如何确立一个统一、便于操作的重大性认定标准?如果重大性标准越低,就有更多的信息应当披露,构成侵权的门槛就越低;如果重

---

① 也有人认为,董监高属信息披露执行主体而非信息披露义务主体。参见程茂军:《上市公司信息披露法律规制研究》,中国法制出版社2019年版,第51页。

② 万国华主编:《证券法学》,中国民主法制出版社2005年版,第204页。

大性标准越高，就表明应当披露的信息相对较少，构成侵权的门槛也相对较高。[1] 各国证券法和司法实践为确定这个标准作出了巨大努力，但做法不尽相同。正如有学者指出，所谓重大性，实际上是“每个发行人都面临一个统一标准在个案适用和演绎的过程”。[2]

(二)重大性之概念分解

在寻求重大性标准之前，首先要对重大性概念本身的内涵和外延作一番阐释和解读。从各国证券立法来看，在涉及具体披露要求的规则中，重大性概念可在3个不同语境层次下使用，它们分别针对不同的披露制度，甚至在一定程度上影响披露标准的选择。[3] 其中，最为常见的使用方法，就是所谓的“重大事实”(Material Facts)，它是指既存的一个或一系列与发行人或其证券有关的客观事实。重大事实所侧重表达的是某些静态事实对投资决策的影响，依据该概念的信息披露要求多体现在证券发行阶段，通常是招股说明书、募集说明书等证券发行法定披露文件所表达的信息内容。

“重大变化”(Material Changes)或“重大变动”是一个侧重披露事实的动态表述，它是指一种既定的事实或状况所发生的重要改变。重大变化涉及发行人相关事项的变化，所关注的问题是保证有关发行人最新状况的披露，不断地排除和修正过时信息，所以该概念为持续性披露制度所经常使用。正因存在这个差异，一些国家在发行市场和二级市场的不同信息披露规制中，对重大性采用了不同的认定标准。[4]

实际上，仅从字面上来理解，重大事实与重大变化的含义是相差不大的，之所以有不同的使用场域，可能是基于证券发行市场与二级市场的不同规制要求。但是，在实践中要对二者进行明确的区分有相当难度，“事实”与“变化”在外延上有时可以相互涵盖，这就需要寻找一个综合性的描述概念来进行补充规范，加之在虚假陈述民事责任中同样需要在举证责任与归责原则上形成统一标准，于是便有了“重大信息”(Material Information)这个概念。重大信息包括了重大事实、重大变化在内的所有重要情况，其重大性标准可以沿用重大事实和重大变化的有关原则。

(三)美国证券司法中的重大性标准

在美国，普通法上重大性判断存在主观与客观两个标准，理性投资者标准源于客观的重大性标准。在“TSC案”之前，美国联邦最高法院对于是否运用理性投资者标准认定重大性存在争议。在“TSC案”及以后的判决中，美国联邦最高法院确立了一个客观

---

① 郭锋：《虚假陈述的认定及赔偿》，载《中国法学》2003年第2期。

② 齐斌：《证券市场信息披露法律监管》，法律出版社2000年版，第156页。

③ 参见张小妮：《证券市场内幕信息重大性认定研究》，载《私法研究》2014年第2期。

④ 参见李有星、徐鹏炯：《内幕信息重大性标准探讨》，载《浙江大学学报》(人文社会科学版)2017年第3期。

的、较高要求的理性投资者标准。[①]

美国联邦最高法院在“Industries vs. Northway 案”中认为：“如果一个理性投资者很可能在决定如何投票的时候认为该事实是重要的，那么该遗漏的事实便是重大的。”[②]该案所确定的定义经常为司法判决引用成为确定误导陈述和遗漏信息是否构成重大的标准。在“Basic Inc. vs. Levinsion 案”中，美国联邦最高法院再次重申，事件的重大性完全取决于理性投资者会如何看待未公开或者不实公开的信息。

美国证券交易委员会（SEC）借鉴了判例和学说成果，在其制定的规则 12b—2 中对重大性及其标准作出了定义：“重大性”一词在被用来界定对任何主体提供信息所应满足的条件时，它将此类所需的信息限定为极有可能被一个理性投资者在决定是否购买或出售登记的证券时认为是重要的那些信息。[③]

（四）我国《证券法》的重大性标准

查阅我国证券立法，可发现重大性概念在整个信息披露制度中同样处于基础性地位。中国证监会颁布的内容与格式准则更是多次强调，信息披露应当遵循“重要性”原则。我国目前所使用的重大性概念虽然与学理上的“重大事实”“重大变化”“重大信息”不完全一一对应，但却使用了若干与此相近的概念：一是“重大事件”，如“可能对上市公司股票交易价格产生较大影响的重大事件”，[④]对重大事件作出虚假陈述的民事责任[⑤]等；二是“重大影响”，如招股说明书的披露要求是“对投资者作出决策有重大影响的信息”；三是“重大事项”，如招股说明书和募集说明书要求对重大事项作出风险提示，年度报告和中期报告必须按要求披露有关重大事项；四是“较大影响”，如 2019 年 3 月 1 日发布施行的上海证券交易所《科创板股票上市规则》第 5. 1. 1 条规定，“上市公司和相关信息披露义务人应当披露所有可能对上市公司股票交易价格产生较大影响[⑥]或者对投资决策有较大影响的事项（以下简称重大事件或者重大事项）”。

由相关规定可以推导出，在有关事实是否构成重大性问题上，我国采取的是多元标准。具体表现为以下几方面。

1. “投资者决策”标准。这一标准与美国采用的判断标准大体相似，都是以投资者作为判断信息是否具有重大性的中心。其典型代表除我国《证券法》第 19 条外，还有

---

① 参见刘东辉：《谁是理性投资者——美国证券法上重大性标准的演变》，载郭锋主编：《证券法律评论（2015 年卷）》，中国法制出版社 2015 年版，第 85 ~ 104 页。

② TSC. Indus. v. Northway，426. U. S. 438，96. S. Ct. 2126（1976）.

③ 参见［美］托马斯·李·哈森：《证券法》，张学安等译，中国政法大学出版社 2003 年版，第 486 页。

④ 参见我国《证券法》第 80 条。

⑤ 参见最高人民法院《关于审理证券市场因虚假陈述引发的民事赔偿案件的若干规定》第 17 条。

⑥ 《上海证券交易所股票上市规则》认为对股票衍生品交易价格产生较大影响的重大事件也属重大信息或重大事项。参见该规则 2019 年 4 月修订版第 2. 3 条。

《准则 1 号》[①]对招股说明书披露的规范要求。《准则 1 号》第 3 条规定,"凡对投资者做出投资决策有重大影响的信息,均应披露"。此外,《准则 2 号》[②]《准则 3 号》[③]第 3 条也作出了完全相同的规定。[④] 由此可见,"投资者决策"标准不仅适用于初始信息披露阶段,也适用于信息持续披露阶段。按照这个标准,法律要求判断者一律从理性投资者角度出发来考虑重大性。如果一项信息对于投资者的决策确有重要意义,那么该信息就是重大的,必须及时、全面、准确地进行披露;反之,义务人不需要披露这项信息,即使披露,一般也不承担虚假陈述责任。

2. "价格敏感"标准。是指以该事实对于证券价格是否会产生较大影响作为判定其是否具有重大性的标准。其典型代表是我国《证券法》第 81 条第 1 款、《股票发行与交易管理暂行条例》第 60 条、《上市公司信息披露管理办法》第 30 条。从以上规定可以看出,该标准主要适用于上市公司持续信息披露阶段。

3. "发行人品质不利影响"标准。即以有关事实是否对发行人经营状况、财务状况、持续盈利能力等反映其综合品质的指标产生严重不利影响,来判断其是否具有重大性。该标准适用于初始信息披露阶段,主要是针对发行人的风险披露要求,其典型代表是招股说明书和募集说明书有关风险提示规则。《准则 1 号》和《准则 11 号》[⑤]均规定,有关风险因素可能对发行人生产经营状况、财务状况和持续盈利能力有严重不利影响的,应作"重大事项提示"。这些风险属于预测性信息,一旦其可能对发行人经营品质产生严重不利影响,就符合重大性要求,必须予以披露。

重大性认定的多元化标准,是我国信息披露法律制度体系结构演变的一个缩影。在我国证券市场发展初期,其信息披露基本借鉴美国对一级市场和二级市场分别监管的二元体制,两种相对独立的披露制度都有各自一套互不相同的披露规则,在一定程度上形成了双重披露标准。我国早期的信息披露监管就表现出这样一种观念:一级市场与投资者的投资决策有关,二级市场与证券价格波动有关。[⑥] 在此认知基础上,我国曾对重大性问题采取二元化标准,即对发行市场适用以招股说明书为代表的"投资者决策"规则,对二级市场则采用"价格影响"标准。

实际上,两种披露制度的职能并非如人们先前所认为的那样泾渭分明。在一个有效市场里,信息的传递必然是灵敏、连续的,对投资者决策有重大影响的信息一般也会

---

① 是指 2015 年最新修订之《公开发行证券的公司信息披露内容与格式准则第 1 号——招股说明书》,准则 2 号指 2017 年最新修订之《公开发行证券的公司信息披露内容与格式准则第 2 号——年度报告的内容与格式》,准则 3 号等以此类推,均指最新修订之版本,不再赘称。

② 年度报告的内容与格式。

③ 半年度报告的内容与格式。

④ 《科创板首次公开发行股票注册管理办法(试行)》第 34 条、《科创板上市公司持续监管办法(试行)》第 8 条也作出了基本相同的规定。

⑤ 募集说明书。

⑥ 齐斌:《证券市场信息披露法律监管》,法律出版社 2000 年版,第 173 页。

影响证券价格；同理，对证券价格有重大影响的信息，很难想象投资者对此会不为所动。所以，发行市场和交易市场应当是一个衔接紧密而又相互反馈的有机系统。也许是意识到了这一点，从2001年开始，“投资者决策”标准逐渐被用于上市公告书、年度报告、半年度报告等持续披露文件中。但总体而言，我国关于重大性的认定标准身上还是保留了许多二元结构的痕迹。

如前所述，如果市场是有效的，“投资者决策”“证券价格”“发行人品质”之间存在正向传导的信息关联，因此，在这个理想前提下，无论采取哪一种标准其实都并无本质冲突，唯角度或侧重点稍有不同而已。但是，把目光从天堂转回人间，各种标准在具体环境下就会表现出不同的适应性。“发行人品质”标准是站在发行人角度进行判断，更有利于发行人而不是投资者利益，但它的适用对象具有一定的特殊性。为了鼓励软信息[①]披露，对信息披露不宜采取较严格的认定标准。“证券价格”标准的优点是具有很强的可操作性，价格变动是有形、客观的，因此可以作为衡量信息是否重大的理想参照物之一。但其缺陷也是明显的，在一个无效市场或弱式有效市场中，[②]价格对于信息的反应表现出很强的滞后性，这样就很难用证券价格来衡量重大性。一项对投资者有重大意义的信息，价格对此可能毫无敏感度。而“投资者决策”标准则以投资者的判断为中心，而且其标准要求最严格，因而最符合投资者保护这一证券法根本宗旨，主要表现在两方面：[③]第一，投资者决策标准所考虑的范围远比其他标准广泛，例如，“证券价格”只是投资者作出理性投资决策所必须考虑的重要因素之一，其他如发行人未来前景、投资的市场状态等都是投资者必须考虑但又无法为“证券价格”所包容的因素；第二，“投资者决策”标准要求发行人站在投资者角度评价事件的重大性从而决定是否披露，所以行为人必须考虑的不仅是该信息披露对自己的影响，更多的是对投资者利益的影响，体现了现代证券法“卖者自慎”和“保障投资者”的精髓。“投资者决策”标准的缺陷是，由于它是无形、主观和飘忽不定的，往往使人难以把握。即使是在推崇投资者决策标准的美国，仍有不少学者指出，抽象地表述重大性标准非常容易，但要在具体个案中加以运用却极为困难。[④] 原因就在于该标准的主观性过强。

从以上分析可以看出，找到十全十美的重大性认定标准几乎是不可能的。从我国证券市场的实际情况来看，各种标准都有发挥作用的空间，但宜以投资者决策标准为基础，兼及其他标准。

---

① 详见本节相关内容。

② 有学者认为，我国证券市场目前即为弱式有效市场。参见朱孔来、李静静：《中国股票市场有效性的复合评价》，载《数理统计与管理》2013年第1期。

③ 齐斌：《证券市场信息披露法律监管》，法律出版社2000年版，第174页。

④ Richard W. Jennings et al. , *Securities Regulation*, 8th. ed, at1000.

三、软信息披露

(一)软信息披露的法理

如前所述,公司按照信息披露制度的要求所公开的信息可分为描述性信息、评价性信息和预测性信息。其中,描述性信息一般是指公司在经营活动中已经发生的或正在发生的客观事实性陈述,这样的信息在证券法理论上被称为"硬信息"(Hard Information)。软信息(Soft Information)是相对硬信息来说的,它一般包括以下内容:对利润、收入或亏损、每股盈利或亏损、资本成本、股利、资金结构或其他财务事项的预测性陈述;公司管理层对未来经营计划与目标的陈述;对未来经济表现的陈述,包括管理者在对财务状态分析与讨论中的任何陈述;任何对上述事项所依据的假设前提及其相关事项的陈述;任何证券管理机构可能要求对上述事项预测与估计的陈述。如果说评价性信息是对公司过去经营状况的总结和判断,软信息就是根据这些判断而对其未来发展趋势和业绩及某项重大事件进行的预测,因此,软信息又被称为预测性信息或前瞻性信息。

从自身的性质特点来看,软信息是一种基于披露人主观估计和评价的预测性陈述,具有明显的不确定性或者或然性,甚至带有一点不可证伪性。如果说信息披露所创造出的公司形象就是一个影子,那么软信息告诉人们的却可能是"一种夸大的无生命的甚至有时是扭曲的形象"。① 这使软信息列入强制信息披露范畴遇到了实际障碍,因为无论是监管者还是投资者,他们都很难事先筛选出那些扭曲公司影像的预测性信息。正因如此,在传统信息披露制度中,信息披露范围是不包括预测性信息的。但后来人们逐渐认识到,公众进行投资的重要原因之一,就是看中了公司的未来盈利能力与发展前景,而公司对自身经营状况的预测往往是公众投资决策的依据之一。一般认为,披露预测性信息的重要意义有以下几个方面。

1. 预测性信息披露将发行人置于自己所传播信息的监督下,发行人进行筹资等活动因而变得谨慎,长远来看会使该证券的信息和价格更加可靠。国内有学者曾选取2001年3月至2002年12月在沪、深两家证券交易所上市的125家公司作为样本,研究了自愿性盈利预测披露对新股抑价的影响,研究结果显示,是否披露盈利预测与新股发行抑价显著负相关,表明管理层作出的盈利预测披露行为有助于降低新股发行抑价,从而使新股发行价格更真实地反映公司的内在价值。②

2. 传统做法有悖于信息披露制度的基本理念。保障投资者获得可供决策的足够信息,促进市场信息占有的机会平等,是信息披露制度的两大哲学,由于担心某些投资者

---

① 齐斌:《证券市场信息披露法律监管》,法律出版社2000年版,第177页。

② 该结果与Carter和Manaster(1990年),Levis(1993年),Ibbostons、Sinde和Ritter(1994年)、How、Izan和Munroe(1995年)、Lee、Taylor和Walter(1996年)的研究结论一致。参见张雁翎:《盈利预测自愿披露行为与新股发行抑价研究》,载《中山大学学报》(社会科学版)2004年第2期。

可能会被软信息误导,就一概禁止软信息向所有投资者披露,包括那些本可以有效利用这些信息的资深投资者也不例外,这不符合监管的初衷;另外,一些大投资者或投资机构可以从其他渠道获取部分软信息,如依赖财务分析师的预测,而小投资者则没有这个能力,这显然对小投资者来说极不公平。

3. 对于发行人和上市公司来说,也有披露软信息的强烈动因。一方面,那些业绩良好的公司通过披露预测性信息,能够进一步树立自己的良好形象,从而获得间接的信誉利益。另一方面,如果投资者只能通过企业外部获取预测性信息,当这些预测降低了公司的实际盈利能力,就会给这些公司带来很大的负面影响。因此,自 20 世纪 60 年代开始,软信息披露的重要性日渐上升。许多公司举凡投资分析与管理决策信息均加以公开,预测性及非财务性信息更是披露时被强调的重点。[①] 虽然此类信息由于性质使然具有高度不确定性,[②]但在一定事实基础上编制的预测性信息,又远胜于无。

当然,软信息披露也不能无原则地多多益善,而是仅需披露对投资者决策有价值之相关信息。正如丹尼尔・戈尔泽(Daniel Goelzer)所言,毕竟投资者对于环境和社会责任等的信息需求增加,并不是因为投资者的社会自觉和意识增强了,而是因为他们认为这种信息与评估一家公司的长期盈利能力和生存能力具有相关性。[③]

(二)软信息披露制度

总体而言,我国证券法制并没有明确使用软信息和硬信息的分类,而是对所有信息的披露采取了一种抽象性的"重大性"原则,即凡对投资者投资决策有重大影响的信息,无论是否有明确规定,公司均应披露,不以软信息或硬信息而有所区别。

通说认为,我国证券市场软信息主要有两大类:一类为盈利预测,另一类为风险提示。

我国证券市场盈利预测有 3 种类型:一是股票发行[④]盈利预测;二是重大资产重组盈利预测;三是持续披露盈利预测。

1. 其中,股票发行盈利预测信息披露制度之演进历史总体上可以划分为三个阶段:[⑤]第一阶段是 1993 ~ 1999 年的强制披露模式;[⑥]第二阶段是 2000 ~ 2005 年的自愿

---

① 参见林国全:《财报不实之民事责任》,载《月旦民商法杂志》2015 年第 48 期。

② 参见张心悌:《盈利预测重大性之判断——兼论盈利预测安全港制度》,载《台湾大学法学论丛》2012 年总第 84 期。

③ Opening Remarks of Daniel L. Goelzer, at SEC Investor Advisory Committee, Panel on Sustainability Reporting, July 14, 2016.

④ 含首次公开发行和上市公司发行新股。

⑤ 参见程茂军:《上市公司信息披露法律规制研究》,中国法制出版社 2019 年版,第 184 ~ 185 页。

⑥ 参见 1993 年我国《公司法》第 137 条第 1 款第 4 项,《股票发行与交易管理暂行条例》第 15 条第 8 项、第 9 项。

披露模式;[①]第三阶段是2006年至今的自愿披露和强制披露双重模式。

所谓双重披露,是指如果发行人认为提供盈利预测报告有助于投资者对发行人及投资于发行人的股票作出正确判断,且发行人确信有能力对最近未来期间盈利情况作出比较切合实际的预测,发行人可以披露盈利预测报告。但如果发行人本次募集资金拟用于购买重大资产的,则应当披露发行人假设按预计购买基准日完成购买的盈利预测报告及假设发行当年1月1日完成购买的盈利预测报告。[②]

2. 上市公司重大资产重组盈利预测演进历史,总体上也可以划分为以下三个阶段:[③]第一阶段为1990~2001年年底,没有盈利预测要求。第二阶段为2002年至2014年11月,为应对日益猖獗的损害上市公司及投资者利益的关联交易、同业竞争、虚假重组,中国证监会首先以通知形式要求所有拟重组的上市公司强制作出盈利预测,并于2008年制定了《上市公司重大资产重组管理办法》,[④]对盈利预测予以规范并制定了行政措施和民事补偿相结合的规制方式。第三阶段为2014年12月至今,因国务院为着力发挥市场机制的决定性作用,决定将重大资产重组作为市场化配置资源的一种重要方式,中国证监会遂修改《上市公司重大资产重组管理办法》,以管理层讨论与分析取代强制性盈利预测,同时允许上市公司自愿披露盈利预测。

3. 针对持续披露阶段盈利预测,中国证监会和沪、深两家证券交易所设置了强制披露和自愿披露相结合的信息披露制度。对于年度报告,上市公司可以自愿披露;但一旦披露,上市公司便负有及时更新先前盈利预测之义务。对于半年报和季报,如果上市公司预测年初至下一报告期期末累计净利润可能为亏损或者与上年同期相比发生重大变动,应当予以警示并说明原因。[⑤] 对于业绩快报,一般而言,上市公司可自愿披露,[⑥]但科创板公司在满足条件时必须披露。[⑦]

虽然披露盈利预测可以带来一定的市场效应,但有人统计,我国首次发行时盈利预测披露率由强制披露时代的97.32%骤降到了2012年3月时的不足5%。在持续披露方面,约50%上市公司在业绩快报中披露了盈利预测,但年报中披露盈利预测的却少

① 2000年4月30日中国证监会发布《上市公司向社会公开募集股份招股意向书的内容和格式(试行)》,明确上市公司对盈利预测采取自愿披露形式。进而在2001年修订招股说明书时将强制披露转变为自愿披露制度,并对自愿披露盈利预测提出了编制格式、说明内容、警示提示等方面的详细要求。参见2001年版《准则1号》第136条。

② 参见《准则1号》第85条。

③ 参见程茂军:《上市公司信息披露法律规制研究》,中国法制出版社2019年版,第185~187页。

④ 该办法后经2016年和2019年两次修改。

⑤ 参见2017年修订版《准则3号》第27条,《公开发行证券的公司信息披露编报规则第13号——季度报告的内容与格式(2016年修订)》(以下简称《编报规则13号》)第14条。

⑥ 参见《上海证券交易所股票上市规则(2019年修订)》第11.3.5条、第11.3.6条。

⑦ 参见《科创板股票上市规则》第6.2.2条、第6.2.5条、第6.2.6条。

之又少。①

出现这种情况，除因为盈利预测缺少系统性规定②及赖以作成财务预测信息的具体准则付之阙如③外，更重要的原因可能是经营业绩与预测不符时，披露人须道歉、解释并可能受到处罚。有人认为，这种单纯因事后事实与预测数额不一致而采取处罚措施的做法不符合公司经营运作的规律，也未对盈利预测中的事实和观点予以区分从而在责任适用上依据不足。④ 为此，有学者认为，有必要建立我国自己的"安全港"制度，只要信息是建立在诚实信用和合理事实或假设基础上的，并伴有充足和适当的警示说明，对这种善意的预测性信息披露应提供适度的免责保护，使其免受投资者随意提起的诉讼或管理机构不当处罚的威胁。⑤

我国现行预测性信息除前述盈利预测外，还包括风险提示。按照相关规定，有关风险因素可能对发行人生产经营状况、财务状况和持续盈利能力有严重不利影响的，应作重大事项提示。这种所谓的"风险"，在学理上可视为前景性信息，为必须披露事项。⑥

第四节　发行信息披露

证券发行是一个整体性概念，它包含了发行人与证券认购人之间的一种证券买卖关系，包括初次发行以及已经上市的公司发行新股等一系列行为。证券发行形成了证券市场中的一级市场（或称初级市场）。证券发行以后，在证券交易所和场外交易市场上发生的日常交易，属于投资者之间的"二级"交易，也就是狭义的"证券交易"。二级市场上的交易资金并不流回发行证券的公司。⑦

证券发行是证券二级市场的前提和基础，因此，信息披露制度首先体现在公司发行证券的信息披露上。

一、发行信息预披露

所谓发行信息预披露，是指发行人申请首次公开发行（IPO）证券的，在提交申请文

---

① 参见程茂军：《上市公司信息披露法律规制研究》，中国法制出版社 2019 年版，第 189 ~ 190 页。

② 现有规定散见于行政法规、部门规章及规范性文件中，不仅层级位阶较低，而且规定内容也不尽相同，有的甚至互相冲突，造成适用上的无所适从。参见程茂军：《上市公司信息披露法律规制研究》，中国法制出版社 2019 年版，第 190 页。

③ 参见李志维：《上市公司财务预测信息披露法律问题研究——以完善投资者保护为视角》，对外经济贸易大学 2013 年博士学位论文，第 36 页。

④ 参见程茂军：《上市公司信息披露法律规制研究》，中国法制出版社 2019 年版，第 190 页。

⑤ 关于安全港制度详细介绍，可参见魏俊：《证券法上的安全港及其制度价值——以前瞻性信息披露为例》，载黄红元、徐明主编：《证券法苑》（第 12 卷），法律出版社 2014 年版，第 132 ~ 166 页。

⑥ 参见《准则 1 号》第 27 条、第 28 条。

⑦ ［美］托马斯·李·哈森：《证券法》，张学安等译，中国政法大学出版社 2003 年版，第 4 页。

件后,应当按照中国证监会的规定预先披露有关申请文件。证券发行预披露制度在国外证券法普遍未作明确规定,它是我国立法技术上的一次创新。[①] 该制度强调申请文件的预先披露,实际上已超出了信息披露辅助机制的范畴,构成了信息披露制度适用范围的拓展和延伸。除我国《证券法》第20条外,《科创板首次公开发行股票注册管理办法(试行)》第44条也规定,交易所受理注册申请文件后,发行人应当按交易所规定,将招股说明书、发行保荐书、上市保荐书、审计报告和法律意见书等文件在交易所网站预先披露。

由于我国证券市场虚假信息泛滥、欺诈行为多发,在这样背景下,一种更强势的信息披露制度的构建就具有了必要性与合理性。预披露制度的诞生不仅丰富了证券法信息披露的内涵,而且使发行人提前暴露在社会公众面前,并以此积极动员社会资源配合监管和执法,从而更有效地遏制我国证券发行阶段的虚假陈述等违法行为。

值得关注的问题是,我国《证券法》仅在IPO中引进预披露,那么预披露的范围是否应扩大到更大范围的上市公司发行证券的申请文件?一个可能的反对理由是,由于发行证券是上市公司的再融资行为,针对上市公司已有持续信息披露规则,不必要求在发行新股时再行预披露。但另有观点认为,不同阶段都可能存在虚假陈述行为,持续信息披露义务主要保障投资者知情权,而预披露的主要目的是通过向社会披露申请文件,发挥社会监督作用,克服监管机构发行核准或注册时存在的信息不对称;以持续信息披露义务代替公开发行时的披露义务,不利于提高证券发行质量。[②]

事实上,信息披露管制不能单纯依靠监管机构的努力;对于信息监管来说,执法资源短缺在任何国家都是一个现实问题。为了解决监管机构信息不完全问题,提高监管效率,在信息披露义务之外还需要其他的辅助机制,例如,美国、英国、日本证券监管部门都设立了专门机构受理社会各界对证券违法行为的告发和举报。[③] 而证券发行预披露制度也具有类似功能,值得重视。

二、信息披露载体与内容

所谓信息披露载体,是指信息披露义务人按照法定方式披露有关证券信息内容的具体表现形式。根据不同披露要求,信息披露载体有多种形式。在实践中,招股说明书和募集说明书是发行人信息披露主要载体,兹作如下介绍。

(一)招股说明书

招股说明书是发行股票的公司依照法定格式和内容制订的,反映与股票发行有关

---

① 按照国外证券发行一般信息披露程序,发行人通常在证券发行申请经登记或注册以后,方才向社会公众公开相关文件。

② 参见王银凤:《论证券发行预披露制度》,载《证券市场导报》2006年第3期。

③ 王银凤:《论证券发行预披露制度》,载《证券市场导报》2006年第3期。

的实质性重大信息,邀请公众认购或购买公司股票的规范性文件。[①] 从法律性质上来看,招股说明书应该是要约邀请,即发行人向社会公众作出准备发行股票的意思表示,吸引公众投资者进行认购。招股说明书既是证券发行的销售文件,也是一个有法律效力的文件,[②]其内容和编制必须符合法律规定。

1. 招股说明书的编制

中国证监会2015年12月30日修订公布,自2016年1月1日起施行的《准则1号》《准则28号》分别对主板(含中小板)公司、创业板公司招股说明书的编制及内容作了详细规定。[③] 2019年3月1日中国证监会又公布施行了规范科创板公司招股说明书内容与格式的《准则41号》;与前述两个准则相比,《准则41号》更注重投资者保护、更强调招股说明书的简洁易懂。[④]

我国招股说明书制度具有以下特点:

(1)强制性。申请在我国境内首次公开发行股票并上市的公司,必须按准则编制招股说明书,作为向中国证监会申请首发股票的必备法律文件,并按规定披露。[⑤]

(2)底线性。即准则规定是对招股说明书信息披露的最低要求,无论准则是否有明确规定,凡对投资者作出投资决策有重大影响的信息,均应披露。[⑥]

(3)可调性。即准则某些具体要求对公司确实不适用的,公司可根据实际情况在不影响披露内容完整性的前提下作出适当修改,但应在申报时作出书面说明。[⑦]

(4)一致性。即科创板等注册制下发行人之招股说明书经证交所审核同意后,未经证交所同意,发行人不得擅自修改内容报中国证监会注册。[⑧]

招股说明书必须披露的内容事项:发行概况;风险因素;发行人基本情况;业务和技术;同业竞争与关联交易;董事、监事、高级管理人员与核心技术人员;公司治理;相关财务会计信息;管理层讨论与分析,包括财务状况、盈利能力及现金流量等的分析;业务发展目标;募集资金的运用;股利分配政策;其他重要事项;等等。此外,招股说明书结尾还应列明以下备查文件,并在指定网站上披露:发行保荐书;财务报表及审计报告;盈利

---

① 参见程茂军:《试论招股说明书内容与格式的法律规制》,载黄红元、卢文道主编:《证券法苑》(第22卷),法律出版社2017年版,第139～155页。

② 参见程茂军:《上市公司信息披露法律规制研究》,中国法制出版社2019年版,第81页。

③ 相对规范主板(含中小板)的《准则1号》,规范创业板的《准则28号》简化了在股利分配、核心技术人员方面的披露要求,也不强制要求披露招股说明书摘要。

④ 《准则41号》也不强制要求披露招股说明书摘要。

⑤ 参见《准则1号》第2条。

⑥ 参见《准则1号》第3条。

⑦ 参见《准则1号》第4条。

⑧ 我国试行注册制以来,至2019年7月17日,已有两起发行人未经上海证券交易所同意擅自改动注册申请文件被证监会采取警示函监管措施。参见微信公号"梧桐树下V"2019年7月17日推文:《中信证券及2名保代被证监会警示!擅自删减科创板招股书内容》。

预测报告及审核报告(如有);内部控制鉴证报告;经注册会计师核验的非经常性损益明细表;法律意见书及律师工作报告;公司章程(草案);其他与本次发行有关的重要文件。为了便于投资者理解所披露的信息内容,《准则 1 号》还规定了招股说明书的释义要求,即发行人应对可能造成投资者理解障碍及有特定含义的术语作出释义。招股说明书及其摘要的释义应在目录次页排印。

尽管有了释义要求,但招股说明书内容庞杂、篇幅冗长且专业性强,普通投资者仍然会对此产生一定的阅读障碍。为尽可能广泛、迅速地向公众投资者提供和传达有关股票发行的扼要信息,需要以简短文字概括介绍说明书的主要内容。招股说明书摘要正是这份引导性的阅读文件,它虽并非证券发行的销售文件,但与招股说明书一起被列为法定披露文件,应当一并报送证券监管机构审核。根据《准则 1 号》的规定,招股说明书摘要的编制和披露,应符合以下要求:

(1)招股说明书摘要的目的仅为向公众提供有关本次发行的简要情况,无须包括招股说明书全文各部分的主要内容;

(2)招股说明书摘要内容必须忠实于招股说明书全文,不得出现与全文相矛盾之处;

(3)招股说明书摘要应尽量采用图表或其他较直观的方式准确披露发行人的情况,做到简明扼要、通俗易懂;

(4)在中国证监会指定的信息披露报刊刊登的招股说明书摘要最小字号为标准小 5 号字,最小行距为 0.35 毫米。

从以上规定可以看出,我国招股说明书的编制借鉴了其他国家信息披露制度的经验,立法上与其他国家的规定有诸多相似之处,许多规定均可在其他国家的证券立法上找到踪迹。但从内容上来看,我国的招股说明书也有自己的特点。例如,设立专节规定风险因素,强调投资风险和股市风险。招股说明书中列明风险因素,各国或地区的做法基本相同,[①]我国则专设了“风险因素”一节,并规定:有关风险因素可能对发行人生产经营状况、财务状况和持续盈利能力有严重不利影响的,应作“重大事项提示”。[②] 风险因素主要包括:经营风险;行业风险;市场风险;政策风险和其他风险。这些规定实际上是强制发行人在招股说明书中专节列举风险因素以引起投资者的注意,这对于遏制我国部分股票发行人夸大经营业绩、不谈不利因素的现状,从而保护投资者利益有现实意义。当然,在实际运用中究竟有多少投资人(尤其是中小投资者)注意到了风险因素则是另外一回事。[③]

---

① Google 和 Facebook 招股说明书披露的风险因素分别达 60 个和 51 个。参见封文丽:《IPO 注册制下上市公司信息披露制度优化》,载《财会月刊》2015 年第 16 期。

② 根据《准则 1 号》第 9 条的规定,“重大提示”应在招股说明书首页作出。

③ 法国著名社会心理学家古斯塔夫 · 勒庞曾说:在群体行为中,无意识作用很多,理性却没什么作用。参见[法]古斯塔夫 · 勒庞:《乌合之众》,亦言译,中国友谊出版公司 2019 年版,第 5 页。

2. 招股说明书制度改进建议

我国招股说明书制度总体可谓达到世界较先进水平，比如，与美国纳斯达克和中国香港联合交易所分别针对不同行业制定发行披露指引一样，[①]中国证监会和沪、深两家证券交易所也针对保险业、证券业、房地产业等不同行业发行人之招股说明书制定了不同的信息披露编报规则，[②]以为投资者提供差异化信息披露，便利投资者决策。但是，我国招股说明书仍存在披露篇幅冗长、[③]重复性信息过多、投资决策型信息披露质量不高、行业分析空泛化明显等问题，不利于投资者有效利用披露信息。因此，有必要优化招股说明书的结构框架，提高风险、财务信息及行业信息披露质量，[④]更好地服务于投资者投资决策。

（二）募集说明书

招股说明书是发行人首次发行股票时必须披露的重要法定文件，而募集说明书则是已经挂牌上市的公司发行证券时的信息披露载体。为了规范上市公司公开发行证券募集说明书的编制行为，中国证监会于2006年5月8日发布了《准则11号——上市公司公开发行证券募集说明书》（以下简称《准则11号》），[⑤]发行人编制配股说明书、增发招股意向书、增发招股说明书、可转换公司债券募集说明书、分离交易的可转换公司债券募集说明书等募集说明书及其摘要，应当符合《准则11号》的要求。由于上市公司股票发行和债券发行中的披露内容及其基本原理都是相近的，统一规范有利于提高上市公司披露义务的履行效率，也便于投资者获取相关信息。

根据《准则11号》的要求，募集说明书与招股说明书类似，格式上有封面、书脊、扉页、目录、释义等具体要求，在披露事项上也有关于发行概况、发行人基本情况、同业竞争与关联交易、财务会计信息、管理层讨论与分析、所募集资金的运用、风险因素等规定。但其中也有不少差异，主要有以下方面：首先，在相同披露事项下，具体披露内容有一定差别。例如，在发行人基本情况一项，增加了"发行人应披露最近3年及1期发行人及其控股股东、实际控制人所作出的重要承诺及承诺履行情况"的披露要求。其次，减少了招股说明书上的一些披露事项，比如，公司治理、业务和技术、业务发展目标等事项。最后，根据上市公司及其再发行证券的特点，增加了不同的披露事项，主要包括历次募集资金的运用情况（最近5年）和上市公司董事等及有关中介机构的声明。上市

---

① 参见杨淦：《上市公司差异化信息披露的逻辑理路与制度展开》，载《证券市场导报》2016年1月号。

② 参见公开发行证券公司信息披露编报规则第3号、第5号、第10号、第17号、第23号。

③ 有学者统计，2014年A股共125家企业上市，招股说明书平均篇幅达387页，其中，主板公司平均392页、中小板公司平均417页、创业板354页。参见孙亮：《注册制下降低IPO信息披露成本的建议——以郑煤机IPO招股文件为例》，上海证券交易所2015年第72号研究报告。

④ 参见程茂军：《上市公司信息披露法律规制研究》，中国法制出版社2019年版，第95页。

⑤ 之前发布的《准则11号——上市公司新股招股说明书》《准则13号——可转换公司债券募集说明书》同时废止。

公司董事、监事、高级管理人员以及保荐机构、主承销商、律师事务所、会计师事务所、审计师事务所和资产评估等中介机构应当在募集说明书上进行保证声明并签字，由此承担信息披露担保责任。

三、发行披露豁免

证券发行登记豁免，是指一国证券监管机关为平衡保护投资者与便利筹资者之间的利益冲突，对于安全度可以保证的证券之发行减轻或免于审核的法律制度。①

从信息披露制度设计目的来看，其主要是为了保护投资者交易安全，保障证券市场稳健、有序运行，从而促进经济繁荣发展。然而，信息强制披露离不开政府管制。除政府监管本身存在显而易见的弊端外，对于公司来说，履行披露义务不仅意味着公司及其董事、监事、高级管理人员巨大的费用与责任风险负担，还意味着其财务状况与经营业绩乃至部分商业机密公之于众，这些交易成本只能由市场来分摊。在此情况下，如果能寻求一种制度，在不影响投资者安全和市场信心的前提下，对于某些安全度有较高保证的证券给予减轻或免除信息披露义务，那么对于投资者保护与资本效率来说，显然是一次美妙的双赢。

我国目前规定的发行披露豁免主要为保密豁免。所谓保密豁免，是指若发行人有充分依据证明要求披露的某些信息涉及国家机密、商业秘密或披露可能导致其违反国家保密法律法规或严重损害公司利益的，发行人可向中国证监会申请豁免披露。②

第五节 持续信息披露

持续信息披露，是指发行人在证券发行后仍然依照法定要求持续性地提供相关信息，它大体上等于狭义证券交易市场(二级市场)中的信息披露。公司信息持续披露的目的不完全同于证券发行的信息披露，发行披露“侧重于为一般投资者在对发行证券投资价值作出合理判断时提供基本条件”。③ 然而，招股说明书毕竟只是公司在某个时间点的一张“快照”。除非这张快照定期更新，否则二级市场便没有足够衡量公司价值的手段；甚至经过一段时间后，招股说明书便成为仅仅具有历史意义的“老照片”。④ 为了让二级市场上的投资者能够持续、及时并正确地获取评估公司证券投资价值的信息，同时防止证券交易市场的欺诈和操纵行为，上市公司必须定期向社会公众披露其经营和财务状况，或者不定期且及时地提供对上市公司证券买卖活动及价格可能有重大影

① 周晓刚：《美国证券发行注册豁免制度研究》，载《证券市场导报》2001 年第 4 期。

② 参见《准则 1 号》第 5 条。

③ 王保树主编：《商事法论集(一)》，法律出版社 1996 年版，第 286 页。

④ 齐斌：《证券市场信息披露法律监管》，法律出版社 2000 年版，第 130 ~ 131 页。

响的任何信息,以保护投资者交易安全。但是,持续信息披露也有负面作用,如上市公司的信息披露成本加大;“信息过量”导致重要信息被埋没;[①]持续信息披露会抑制具有创造性的行为;信息披露过早带来证券价格的先行波动。[②] 所以,舍两端而取其平衡是该制度的理想境界。

与发行信息披露相比,持续信息披露制度除目的差异外,从其发展历史来看,最初的地位远远不及发行披露。英美法系许多国家证券立法均对发行披露设置了充分的民事救济措施,但对于二级市场,制定法中却鲜有明确的法定救济,投资者只能依靠普通法或衡平法提起诉讼。这种忽略可能是因为在实行信息披露的初期,该制度主要是为了满足短期债权人的利益和需要。但随着人们开始体会到证券交易中对于投资公众欺诈所带来的灾难性后果,以及持续披露在政府干预市场周期性波动以实现经济管理目标中的作用,其地位开始日益提升并最终成为信息披露制度不可或缺的一环。按照我国法律法规的相关规定,信息在交易市场上持续披露的主要形式有:上市公告书、定期报告、临时报告和上市公司收购公告。

一、上市公告书

正如公司进入证券市场公开发行证券时必须披露招股说明书,公司要取得上市公司的资格和身份也必须披露上市公告书。上市公告书是证券上市重要的法定信息披露文件。证券上市前,上市公司向社会公众公布其上市公告,将其刊登于指定报刊上,使广大投资者充分了解公司的经营和财务等信息。

根据《上市公司信息披露管理办法》第 15 条的规定,公司申请证券上市交易,应当按照证券交易所规定编制上市公告书,并经证券交易所审核同意后公告。发行人的董事、监事、高级管理人员,应当对上市公告书签署书面确认意见,保证所披露的信息真实、准确、完整。

在公司首次公开发行证券并同时申请上市的情况下,上市公告书在许多方面可以视作招股说明书的延伸和继续。由于在公司挂牌上市时招股说明书的内容仍然可能具有时效性,为了避免重复和减轻发行人负担,上市公告书的披露内容更着重于一些与证券上市相关但招股说明书未披露的事项。[③] 但考虑到公司从招股到上市可能有一段时间间隔,其中如果发生相关信息的重大变化,对于原先招股说明书的内容需要进行相应的调整和修正。

二、定期报告

理论上,持续信息披露制度可分为两类:一类是定期披露制度,又叫作结构性披露,

---

① 有人说,阳光除了是消毒剂,还可能使人眩晕。See Troy, *a. Paredes*, *Blinded By The Light: Information Overload And Its Consequences For Securities Regulation*, 81 Wash. u. 1. 2003, p. 417.

② 参见齐斌:《证券市场信息披露法律监管》,法律出版社 2000 年版,第 131 页。

③ 齐斌:《证券市场信息披露法律监管》,法律出版社 2000 年版,第 126 页。

即信息披露是在可以预见的固定时间间隔内作出；另一类是不定期披露，也称临时披露、适时披露或即刻披露，即所披露的信息往往由相关情况的重大变化所引起，因而是无法事先预见的。定期披露制度的主要内容是定期报告的提交和公布，定期报告是上市公司公布其财务状况和经营情况的文件，主要是指年度报告、中期报告和季度报告。

（一）年度报告

年度报告是公司在每个会计年度结束后一定日期内向证券主管机关提交并向社会公众公开的，反映该公司在该会计年度的经营状况和财务状况的书面报告。

1. 年度报告一般内容

我国《证券法》第 79 条规定，上市公司和公司债券上市交易的公司，应当在每一会计年度结束之日起 4 个月内，向中国证监会和所在证交所报送年度报告，并予公告。

中国证监会 2017 年 12 月修订的《准则 2 号》对年度报告的内容作了较全面细化的规定，并制定了统一格式。该准则规定的年度报告内容与格式包括 3 个部分，即封面与目录、年度报告正文以及备查文件。年度报告正文中需公开的内容，包括公司基本情况简介，会计数据和业务数据摘要，股本变动及股东情况，董事、监事、高级管理人员和员工情况，公司治理结构，股东大会情况简介，董事会报告，监事会报告，重大事项披露，股权激励计划，财务报告。

备查文件包括载有法定代表人、主管会计工作负责人（如设置总会计师，须为总会计师）、会计机构负责人（会计主管人员）签名并盖章的会计报表，载有会计师事务所盖章、注册会计师签名并盖章的审计报告原件，报告期内在中国证监会指定报纸上公开披露过的所有公司文件的正本及公告的原稿，在其他证券市场公布的年度报告。公司应当在办公场所置备上述文件的原件。当中国证监会、证券交易所要求提供时，或股东依据法规或公司章程要求查阅时，公司应及时提供。

2. 科创板上市公司年度报告特别规定

（1）行业信息披露科创公司应当在年度报告中，结合其所属行业的政策环境和发展状况，披露下列行业信息：所处行业的基本特点、主要技术门槛，报告期内新技术、新产业、新业态、新模式的发展情况和未来发展趋势；核心竞争优势，核心经营团队和技术团队的竞争力分析，以及报告期内获得相关权利证书或者批准文件的核心技术储备；当期研发支出金额及占销售收入的比例、研发支出的构成项目、费用化及资本化的金额及比重；在研产品或项目的进展或阶段性成果；研发项目预计总投资规模、应用前景以及可能存在的重大风险；其他有助于投资者决策的行业信息。①

（2）重大不利影响提示科创公司应当在年度报告中，遵循关联性和重要性原则，识别并披露可能对公司核心竞争力、经营活动和未来发展产生重大不利影响的下列风险因素：核心竞争力风险，包括技术更迭、产品更新换代或竞争加剧导致市场占有率和用

---

① 参见《科创板股票上市规则》第 8.1.2 条。

户规模下降,研发投入超出预期或进程未达预期,关键设备被淘汰等;经营风险,包括单一客户依赖、原材料价格上涨、产品或服务价格下降等;行业风险,包括行业出现周期性衰退、产能过剩、市场容量下滑或增长停滞、行业上下游供求关系发生重大不利变化等;宏观环境风险,包括相关法律、税收、外汇、贸易等政策发生重大不利变化;其他重大风险。①

(3)未盈利公司重大风险提示科创公司尚未盈利的,应当在年度报告显著位置披露公司核心竞争力和经营活动面临的重大风险。上市公司应当结合行业特点,充分披露尚未盈利的原因,以及对公司现金流、业务拓展、人才吸引、团队稳定性、研发投入、战略性投入、生产经营可持续性等方面的影响。②

(4)业绩下滑特别披露科创公司年度净利润或营业收入与上年同期相比下降50%以上,或者净利润为负值的,应当在年度报告中披露下列信息:业绩大幅下滑或者亏损的具体原因;主营业务、核心竞争力、主要财务指标是否发生重大不利变化,是否与行业趋势一致;所处行业景气情况,是否存在产能过剩、持续衰退或者技术替代等情形;持续经营能力是否存在重大风险;以及对公司具有重大影响的其他信息。③

(5)存托凭证上市特别披露

红筹企业上市存托凭证的,应当在年度报告和中期报告中披露存托、托管相关安排在报告期内的实施和变化情况以及报告期末前10名境内存托凭证持有人名单和持有量。若存托人、托管人发生变化,或存托基础财产被质押、挪用、司法冻结或者发生其他权属变化,或对存托协议、托管协议作出重大修改或存托凭证与基础证券转换比例发生变动等任何情形发生,公司应及时披露。④

3. 年报制度改进建议

(1)进一步厘清会计准则制定权和会计监管权的关系,年度报告必然包含财务报告,而编制财务报告的基础性法律依据是我国《会计法》。根据我国《会计法》的规定,会计准则制定权归属于财政部;根据我国《证券法》的规定,财务报告之监管权归属于中国证监会。自2007年中国证监会发布《上市公司年报会计监管报告》以来,我国资本市场中会计监管权和会计主管权的良性互动有了新进展,⑤但还需要系统梳理、整合不同法律、规范性文件的规定,进一步增加年度报告规则的协调性,减少冲突和矛盾,形成层次分明、各有侧重的年度报告规范体系。⑥

---

① 参见《科创板股票上市规则》第8.2.3条。

② 参见《科创板股票上市规则》第8.2条。

③ 参见《科创板股票上市规则》第8.2.2条。

④ 参见《科创板股票上市规则》第13.1.9条。

⑤ 参见刘燕:《从财务造假到会计争议——我国证券市场中上市公司财务信息监管的新视域》,载黄红元、徐明主编:《证券法苑》(第7卷),法律出版社2012年版,第135～167页。

⑥ 程茂军:《上市公司信息披露法律规制研究》,中国法制出版社2019年版,第114页。

(2)强调个性化披露,提供更具相关性的内容。根据中国证监会监管报告,为数不少的上市公司都存在会计政策披露过于原则化、财务报表附注中营业范围披露流于形式、部分附注信息过于简单等问题,[①]不利于投资者作出科学、合理、准确的投资判断。因此,有必要推动沪、深两家证券交易所制订更多具有代表性的行业信息披露指引,督促上市公司加强对新兴行业之价值与机遇、风险与不确定性等信息的披露;同时督促上市公司增加关于公司核心资源、核心竞争力、研发投入等非财务信息的披露,强化对研发失败、人才流失、募投项目不尽人意等对公司业绩有重大影响的风险披露,[②]增加年报实效。

(二)中期报告

中期报告一般是指半年报告,是公司于上半年度终了后若干时期内编制并公布的,反映某一会计年度中最初6个月经营财务状况的报告。中期报告是信息公开制度的又一种表现形式,其目的在于弥补年度报告披露信息在时效性方面的局限,确保证券发行公司信息公开的最新性。

我国《证券法》第79条规定,上市公司和公司债券上市交易的公司,应当在每一会计年度上半年结束之日起2个月内,向中国证监会和所在证交所报送中期报告,并予公告。《股票发行与交易管理暂行条例》第58条对中期报告内容作了基本规定,《准则3号》[③]对中期报告的内容与编制作了具体规定,该准则与年度报告准则相比,除正文内容要简略些外,其他内容与年度报告的编制基本相同,在此不再赘述。根据《科创板股票上市规则》第6.1.1条的规定,科创板公司也需披露中期报告。

(三)季度报告

我国证券信息披露定期报告除年度报告和中期报告外,还有季度报告。

中国证监会于2016年12月9日发布施行的《编报规则13号》第2条规定,根据《公司法》《证券法》在中华人民共和国境内公开发行股票并在证券交易所上市的股份有限公司[④]应当按照规则要求编制和披露季度报告。

按照该编报规则,季度报告的主要内容如下所示。

1. 公司应当采用数据列表方式,提供截至报告期末和上年末(或年初至报告期末和上年相同期间)公司主要会计数据和财务指标及变动比率,包括但不限于总资产、营业收入、归属于上市公司股东的净利润、归属于上市公司股东的扣除非经常性损益的净利润、归属于上市公司股东的净资产、经营活动产生的现金流量净额、净资产收益率、每股收益。

① 参见中国证监会《2013年上市公司年报会计监管报告》。

② 程茂军:《上市公司信息披露法律规制研究》,中国法制出版社2019年版,第117页。

③ 最新版本系2017年修订版。

④ 根据《科创板股票上市规则》第6.1.1条的规定,含科创板公司。

2. 公司应当按照中国证监会对公司股份变动报告规定的格式披露截至报告期末的普通股股东总数及表决权恢复的优先股股东总数(如有),前 10 名普通股股东和前 10 名优先股股东、前 10 名无限售条件的普通股股东和前 10 名表决权恢复的优先股股东的持股情况。

3. 报告期主要财务数据、财务指标发生重大变动的,应当说明情况及主要原因。

4. 报告期内发生或将要发生,或以前期间发生但延续到报告期的重要事项,若对本报告期或以后期间的公司财务状况和经营成果产生重大影响,对投资者投资决策产生重大影响,应当披露该重要事项进展情况,并说明其影响和解决方案。公司已在临时报告披露且无后续进展的,仅需披露该事项概述,并提供临时报告披露网站的查询索引。

5. 公司应当披露报告期内超期未履行完毕的,由公司实际控制人、股东、关联方、收购人以及公司等承诺相关方作出的承诺事项,并详细说明原因及下一步工作计划。

6. 公司如果预测年初至下一报告期期末累计净利润可能为亏损或者与上年同期相比发生重大变动,应当予以警示并说明原因。

(四)业绩预告

虽然我国《证券法》没有规定业绩预告制度,但《上市公司信息披露管理办法》第 25 条规定,上市公司预计经营业绩发生亏损或者发生大幅变动的,应当及时进行业绩预告。证券交易所根据该办法对业绩预告制度作了具体规定。如《上海证券交易所股票上市规则(2019 年修订)》第 11.3.1 条规定,上市公司预计年度经营业绩将出现下列情形之一的,应当在会计年度结束后 1 个月内进行业绩预告;预计中期和第三季度业绩将出现下列情形之一的,可以进行业绩预告:(1)净利润为负值;(2)净利润与上年同期相比上升或者下降 50% 以上;(3)实现扭亏为盈。

《科创板股票上市规则》第 6.2.1 条作了基本相同的业绩预告规定。同时,该规则第 6.2.3 条规定,上市公司因本规则第 12.4.2 条规定的情形,其股票被实施退市风险警示的,应当于会计年度结束之日起 1 个月内预告全年营业收入、净利润、扣除非经常性损益后的净利润和净资产。该规则第 6.2.4 条规定,上市公司披露业绩预告后,预计本期业绩与业绩预告差异幅度达到 20% 以上或者盈亏方向发生变化的,应当及时披露更正公告。

(五)业绩快报

我国《证券法》《上市公司信息披露管理办法》均未规定业绩快报制度,但证券交易所股票上市规则对此作了具体规定。《上海证券交易所股票上市规则(2019 年修订)》第 11.3.5 条规定,上市公司可以在年度报告和中期报告披露前发布业绩快报,披露本期及上年同期营业收入、营业利润、利润总额、净利润、总资产、净资产、每股收益、每股净资产和净资产收益率等主要财务数据和指标。

与前述“可以披露”不同的是,《科创板股票上市规则》既规定了“应当披露”,也规定了“可以披露”。该规则第 6.2.2 条规定,上市公司预计不能在会计年度结束之日起

2个月内披露年度报告的，应当在该会计年度结束之日起2个月内按照本规则第6.2.5条的要求披露业绩快报。第6.2.5条规定，上市公司可以在定期报告披露前发布业绩快报，披露本期及上年同期营业收入、营业利润、利润总额、净利润、总资产、净资产、每股收益、每股净资产和净资产收益率等主要财务数据和指标。上市公司在定期报告披露前向国家有关机关报送未公开的定期财务数据，预计无法保密的，应当及时发布业绩快报。定期报告披露前出现业绩提前泄露，或者因业绩传闻导致公司股票交易异常波动的，上市公司应当及时披露业绩快报。第6.2.6条规定，上市公司应当保证业绩快报与定期报告披露的财务数据和指标不存在重大差异。定期报告披露前，上市公司发现业绩快报与定期报告财务数据和指标差异幅度达到10%以上的，应当及时披露更正公告。

业绩快报有利于让投资者更及时、更平等地获取上市公司的相关信息，打击内幕交易。但实证研究发现，上市公司可能策略性地利用业绩快报行为应对投资者情绪的波动：在盈利时，通过自愿披露业绩快报和高估其中的盈利数据迎合投资者日益高涨的情绪；在亏损时，为了维持投资者高涨的情绪则倾向不披露业绩快报。① 因此，笔者认为，有必要提升业绩快报制度立法位阶，从证券交易所规定上升为证监会规定；同时，监管部门须严格执法，要求上市公司按规则应当披露时必须披露，自愿披露时真实披露，决不允许虚假夸大披露。

三、临时报告

（一）概述

临时报告，是指上市公司因发生可能影响其证券市场价格和投资者投资决策的重大事件时，上市公司立即向证券主管机关提交并向社会公开说明事件实际情况的报告。定期报告往往在反映公司经营发展情况方面缺乏迅速性、及时性，同时，也不能适时地将影响证券价格的重大事件和公司相关重大信息提供给广大投资者。如果仅有定期报告，就无法保证投资者平等地获得信息资料，从而对实现公正交易、维护投资者对证券市场信心、促进证券市场健康发展产生不利影响。因此，大多数国家都确立了临时报告形式的信息不定期披露制度。

临时公开制度的确立在于弥补定期公开之不足，及时地给投资者提供投资判断资料。它要求上市公司及时、准确地把影响证券市场价格以及投资判断的重大信息公之于众。各国证券立法对需临时公开的信息均作列举式规定，具体内容颇有差异，但均以该信息所涉及事件对证券市场价格和投资判断的影响为该信息应否临时公开的标准。首先，临时报告公开的事件应具有对证券市场价格和投资判断的影响性，该行为如果不予公开将引起投资者误解而产生不良后果，且将导致证券市场价格重大变动。以此标

---

① 龙立、龚光明：《投资者情绪与上市公司自愿性信息披露迎合策略——基于业绩快报行为的实证检验》，载《中南财经政法大学学报》2017年第5期。

准,如果公司证券价格或交易量发生异常变动,或者市场上出现不利于公司的流言时,或者任何公共传播媒介中出现的信息可能对上市公司证券市场价格产生误导性影响时,公司应以临时报告的形式予以说明和公开澄清。其次,临时公开的事件应当对证券的市场价格和投资判断有重大影响,如果不是重大影响,该事件也无临时公开的必要。①

(二)我国临时报告制度

我国《证券法》第 80 条第 1 款规定,发生可能对上市公司股票交易价格产生较大影响而投资人尚未得知的重大事件时,上市公司应当立即将有关该重大事件的情况向证监会和证交所提交临时报告,并予公告,说明事件起因、目前状态和可能产生的法律后果。

该条第 2 款列举了一些重大事件:

(1)经营方针和经营范围的重大变化;

(2)重大投资行为,公司在 1 年内购买、出售重大资产超过公司资产总额 30%,或者公司营业用主要资产的抵押、质押、出售或者报废一次超过该资产的 30%;

(3)公司订立重要合同、提供重大担保或者从事关联交易,可能对公司的资产、负债、权益和经营成果产生重要影响;

(4)公司发生重大债务违约;

(5)公司发生重大亏损或者重大损失;

(6)公司生产经营外部条件发生重大变化;

(7)公司董事、经理或者 1/3 以上监事发生变动;董事长或者经理无法履行职责;

(8)持有公司 5% 以上股份的股东或者实际控制人,其持有股份或者控制公司情况发生较大变化,公司的实际控制人及其控制的其他企业从事与公司相同或者相似业务的情况发生较大变化;

(9)公司分配股利、增资计划,公司股权结构的重要变化,公司减资、合并、分立、解散及申请破产的决定,或者依法进入破产程序、被责令关闭;

(10)涉及公司的重大诉讼、仲裁,股东大会、董事会决议被依法撤销或者宣告无效;

(11)公司涉嫌犯罪被依法立案调查,公司控股股东、实际控制人、董事、监事、高级管理人员涉嫌犯罪被依法采取强制措施;

(12)证监会规定的其他事项。

另外,我国《证券法》第 81 条第 1 款规定,发生可能对上市交易公司债券的交易价格产生较大影响的重大事件,投资者尚未得知时,公司应当立即将有关该重大事件的情况向证监会和证券交易场所报送临时报告,并予公告,说明事件起因、目前状态和可能

---

① 关于重大影响的判断,可参见本章第三节的相关内容。

产生的法律后果;同时,该条第2款规定了重大事件的常见类型。

此外,沪、深两家证券交易所对应当披露的重大交易、关联交易、行业信息、经营风险、异常波动、传闻澄清①、股份质押、其他信息等均作了详细规定,上市公司应当遵照适用。

根据法律规定,上市公司重大资产重组显然应以临时报告形式披露信息,该信息对于投资者决策可谓十分重要,但在现实中重大资产重组信息披露存在无法有效回应市场传闻、定期公告②缺乏实质性内容、公告披露滞后于自媒体等现象。为此,有学者建议,将重大资产重组中的定期公告改为分阶段公告;引入"简明性规则",重点提示投资风险;对国有背景上市公司进行特别处理,追加有关决策机构为信息披露义务人;对自媒体披露信息进行规范,利用信息技术应对网络化挑战。③

四、上市公司收购公告

上市公司收购公告是公开上市公司收购信息的文件。上市公司收购行为对目标公司和股东均有重大影响,股东在收购要约发出后,必须决定是否出售持有的股份,股东有权得到影响其是否卖出股份决策的相关信息。而且,收购过程极易导致证券价格波动,对投资者来说往往存在较大风险,因此,必须将公司收购过程中的相关信息予以公开。收购信息公开制度也称权益披露制,是指股东在持股达到法定比例时,有报告并披露持股意图的义务。

(一)要约收购之信息披露

我国《证券法》第65条、第66条是对要约收购上市公司之信息披露义务的基础性和框架性规定。按照规定,通过证券交易所的证券交易,投资者持有一家上市公司已发行有表决权股份达到30%时,继续进行收购的,应当依法向该上市公司所有股东发出收购股份要约。收购上市公司部分股份的收购要约应当约定,被收购公司股东承诺出售的股份数额超过预定收购的股份数额的,收购人按比例进行收购。④

收购人发出收购要约时,必须同时公告上市公司收购报告书,收购报告书应载明下列事项:收购人名称、住所;收购人关于收购的决定;被收购公司名称;收购目的;收购股份详细名称和预定收购股份数额;收购期限和价格;收购所需资金额及资金保证;公告

---

① 关于澄清公告较全面的研究,参见黄莉:《澄清公告异象、治理失灵与信任危机》,西南财经大学2014年博士学位论文,第82~101页;张益辅:《论信息型市场操纵——以散布流言或不实资料之实务案例为核心》,中国台湾证券交易所2015年度专题研究案。

② 此定期公告非指年报、中报、季报等定期报告,而是《上市公司重大资产重组管理办法》第42条第2款规定的上市公司应当在停牌期间至少每周发布一次事件重组进展情况公告。

③ 李有星、冯泽良:《论重大资产重组信息披露制度的完善》,载《浙江大学学报》(人文社会科学版)2015年第3期。

④ 参见我国《证券法》第65条。

上市公司收购报告书时持有被收购公司股份数占该公司已发行股份总数的比例。[①]

（二）协议收购之信息披露

我国《证券法》第71条则是关于协议收购信息披露的规定。以协议方式收购上市公司时，达成协议后，收购人必须在3日内将该收购协议向证监会及证券交易所作出书面报告，并予公告。在公告前不得履行收购协议。此处需要厘清的一个问题是，收购协议经公告披露后能否修改或撤销。[②] 笔者认为，如果协议之撤销或修改属合同法问题，原则上不受证券法管辖。也即，如果根据合同法收购协议可修改，则准予修改；可撤销，则准予撤销。

（三）大额股份持股披露

此外，我国《证券法》第63条规定，持有大额股份的投资者，即使尚未达到收购条件，也负有信息披露义务。具体为：投资者持有一家上市公司已发行的有表决权股份达到5%时，应当在该事实发生之日起3日内，向证监会、证券交易所作出书面报告，通知该上市公司，并予公告；投资者持有一家上市公司已发行的有表决权股份达到5%后，其所持该上市公司有表决权股份每增加或减少1%，应当在该事实发生次日通知该上市公司，并予公告；投资者持有一家上市公司已发行的有表决权股份达到5%后，其所持该上市公司有表决权股份比例每增加或减少5%，应当依法报告并公告。

五、持续披露豁免

如前所述，信息披露制度须在证券市场筹资者和投资者之间寻求一种衡平，以致既能保护投资者利益，也能保护筹资者利益。在上市公司持续经营过程中，在特定情况下豁免其信息披露义务，便是因应这种衡平追求。

《股票发行与交易管理暂行条例》第60条规定，上市公司有充分理由认为向社会公布该重大事件会损害上市公司利益，且不公布也不会导致股票市场价格重大变动的，经证券交易场所同意，可以不予公布。另外，上海证券交易所于2016年5月发布了《上市公司信息披露暂缓与豁免业务指引》，以规范上市公司信息披露暂缓与豁免行为，督促上市公司及相关信息披露义务人依法合规履行信息披露义务。

此外，针对科创板公司特殊性，中国证监会及上海证券交易所量身定制了一些豁免披露规则。

1. 不确定重大事项披露豁免

科创公司筹划的重大事项存在较大不确定性，立即披露可能会损害公司利益或者误导投资者，且有关内幕信息知情人已书面承诺保密的，公司可以暂不披露，但最迟应在该重大事项形成最终决议、签署最终协议、交易确定能够达成时对外披露。已经泄密

---

① 参见我国《证券法》第66条。

② 参见陈洁：《上市公司协议收购信息披露的逻辑与规范》，载《法学》2018年第3期。

或确实难以保密的,科创公司应当立即披露该信息。①

2. 调整适用披露豁免

科创公司和相关信息披露义务人适用中国证监会、证券交易所相关信息披露规定,可能导致其难以反映经营活动的实际情况、难以符合行业监管要求或者公司注册地有关规定,可以依照相关规定暂缓适用或免于适用,但是应当充分说明原因和替代方案,并聘请律师事务所出具法律意见。中国证监会、证券交易所认为依法不应调整适用的,科创公司和相关信息披露义务人应当执行相关规定。②

3. 商业秘密披露豁免

科创公司和相关信息披露义务人拟披露的信息属于商业秘密、商业敏感信息,按照股票上市规则披露或者履行相关义务可能引致不当竞争、损害公司及投资者利益或者误导投资者的,可以按照证券交易所的相关规定暂缓或者豁免披露该信息。拟披露的信息被依法认定为国家秘密,按股票上市规则披露或者履行相关义务可能导致其违反境内法律法规或危害国家安全的,可以按照证券交易所的相关规定豁免披露。上市公司和相关信息披露义务人应当审慎确定信息披露暂缓、豁免事项,不得随意扩大暂缓、豁免事项的范围。暂缓披露的信息已经泄露的,应当及时披露。③

4. 红筹企业披露豁免

红筹企业和相关信息披露义务人适用股票上市规则的相关信息披露要求和持续监管规定,可能导致其难以符合公司注册地、境外上市地有关规定及市场实践中普遍认同的标准的,可以向证券交易所申请调整适用,但应当说明原因和替代方案,并聘请律师事务所出具法律意见。证券交易所认为依法不应调整适用的,红筹企业和相关信息披露义务人应当执行本规则的相关规定。④

---

① 参见《科创板上市公司持续监管办法(试行)》第 10 条。

② 参见《科创板上市公司持续监管办法(试行)》第 15 条、《科创板股票上市规则》第 5.2.8 条。

③ 参见《科创板股票上市规则》第 2.7 条。

④ 参见《科创板股票上市规则》第 13.1.11 条。

第九章　证券投资者保护

第一节　证券投资者及其保护

一、证券投资者

（一）含义

证券投资者，简称投资者，是证券法上的重要概念之一，我国《证券法》226 个条文中，使用“证券投资者”或“投资者”的术语多达 83 处，并于第六章专章规定投资者保护。但值得注意的是，我国《证券法》并未对投资者这一概念的内涵和外延作出界定，其他法律法规也无相关规定。

一般认为，“证券投资者”或证券法上的“投资者”，是指为了获得利息、股息或资本收益而借助证券为工具而进行投资的自然人、法人和其他组织。证券投资者具有如下特征：首先，证券投资者是证券市场主体，是证券市场重要的参与者和推动者，是证券交易的需求方，通过购买证券参与到证券市场之中，为证券市场供给资金；其次，证券投资者的投资行为具有营利性，证券投资者购买证券的目的或为取得利息、股息或资本收益，或为通过持股参与公司经营管理，或为利用证券价格的波动赚取市场价差；再次，证券投资者类型丰富，不同类型的投资者在投资规模、风险偏好和交易行为方面存在较大差别；最后，证券投资者具有分散性和流动性，符合条件的证券投资者均可参与到证券市场中，根据市场变化状况和偏好变换所持证券种类和数量。

（二）类型

为研究不同投资群体在投资规模、风险偏好和投资行为上的差异，需要对证券投资者进行类型化。① 通常而言，证券投资者可以分为机构投资者和自然投资者两大类，机构投资者又可以分为境内专业机构投资者、产业资本、政府持股和境外合格机构投资者②四类，如图 9－1 所示。

---

① 类型化的目的在于“由有关的具体事物中区分出一般的特征、关系及比例”，以补助“一般概念及其逻辑体系不足以掌握某生活现象或意义脉络的多样表现形态”之不足，因此，类型应当“处于个别直观及具体的掌握与‘抽象概念’两者之间”，参见［德］拉伦茨：《法学方法论》，陈爱娥译，商务印书馆 2005 年版，第 337～338 页。

② 境外合格投资者包括 QFII、RQFII 等投资机构，QFII（Qualified Foreign Institutional Investor）是合格的境外机构投资者的英文简写。RQFII（RMB Qualified Foreign Institutional Investor）是人民币合格境外机构投资者的英文简写，其中，R 代表人民币。

- 证券投资者
  - 自然人投资者
  - 机构投资者
    - 境内专业机构投资者:基金、证券、保险、信托等境内投资机构
    - 境外合格机构投资者:QFII、RQFII 等投资机构
    - 产业资本:各类产业集团及其投资公司
    - 政府持股机构:中央地方国资委、财政部、中央汇金、建银投资及地方国资运营平台等

图 9-1 证券投资者类型

1. 自然人投资者及其投资行为的主要特征

自然人投资者,是指以个人名义直接参与证券市场的投资者。个人投资者的主要投资目的是追求盈利,谋求资本的保值和增值,所以十分重视本金安全和资产流动性。自然人投资者是我国证券市场最广泛的投资者,其投资行为具有如下几个特征:

第一,投资决策容易受或然信息的影响。在证券投资活动中,自然人投资者的决策很容易受市场波动、市场情绪、权威言论、不实信息、熟悉偏好、少数个案的影响。

第二,专业知识和技能参差不齐。价值投资知识技能系统而复杂,门槛较高,我国自然人投资者专业化程度普遍较低,难以收集、处理有效信息并及时作出判断。

第三,交易频率较高。我国自然人投资者大多通过短线交易谋取差额利润,"追涨杀跌",换手频繁,交易频率较高。

2. 机构投资者及其投资行为的主要特征

机构投资者从广义上来讲,是以自有资金或者从分散的公众手中募集的资金专门进行证券投资活动的法人机构或非法人组织。一般而言,机构投资者投资目的多元,投资工具选择较大,能够分散投资风险,其投资行为具有如下几个特征:

第一,投资管理专业化。机构投资者资金规模较大,在投资决策运作、信息搜集分析、上市公司研究、投资理财方式等方面都配备有专门部门或者专业人员,投资决策高度职业化和专业化。

第二,投资结构组合化。为了尽可能降低风险,机构投资者在投资过程中会进行合理投资组合。机构投资者庞大的资金、专业化的管理和多方位的市场研究,也为建立有效的投资组合提供了可能。

第三,投资行为规范化。机构投资者的投资行为有一系列的法律、法规来规范和监督机构的约束,机构投资者基于风险控制,也会对投资行为进行自我控制,因此相较自然人投资者更理性和规范。

二、证券投资者结构

(一)证券投资者结构的含义

证券投资者结构,是指证券市场中不同类型的投资者数量和投资规模的相对关系,其功能在于以下方面。

1. 证券市场成熟度的重要指标;机构投资者投资行为更专业、理性和稳定,因此,机

构投资者占比较高的证券市场往往更发达、稳定。

2. 上市公司治理结构的重要观测维度。股票投资者的结构是证券市场上市公司治理结构的整体反映,股票投资者结构的变化可以作为研究上市公司治理结构变化的重要参考依据。

3. 制定投资者保护政策的重要依据。不同类型的投资者在资金规模、投资工具、风险识别等方面的差异较大,投资者保护政策需要根据不同投资者采取差异化的保护措施。

(二)我国证券投资者结构

由于多种原因,我国证券市场起步较晚、发展较快,形成了开户数量上自然人投资者主导、投资规模上机构投资者为主的独特结构。随着机构投资者的发展,这种状况虽然逐步改进,但仍未形成根本性改变。

1. 自然人投资者开户数量占绝对优势

根据中国证券登记结算有限责任公司发布的 2018 年年统计年报,2018 年年底持有未注销、未休眠的 A 股、B 股、信用账户、衍生品合约账户、一码通账户数量合计 14,650.44万户,其中,自然人账户 14,615.11 万户,占全部账户数的 99.76%;非自然人账户 35.33 万户,占全部账户数的 0.24%。[①]

2. 自然人投资者持股市值差异较大

尽管自然人投资者持股市值总体占比较低,但因为数量众多,自然人投资者之间投资规模和专业化程度差异仍然非常大。以 A 股为例,上海证券交易所自然人持股情况如表 9-1 所示。

表 9-1　上海市 A 股自然人投资者持股情况[②]

持股市值分段	持股市值(亿元)	总市值占比(%)	账户数(万户)	总户数占比(%)
10 万元以下	2903	6.37	2246.82	58.34
10 万~50 万元	8113	17.84	1108.34	28.77
50 万~100 万元	5105	11.21	254.92	6.61
100 万~300 万元	7563	16.62	172.85	4.49
300 万~1000 万元	6446	14.17	52.27	1.35
1000 万元以上	15,376	33.79	16.29	0.42
合计	45,506	100.00	3851.49	100.00

① 参见《中国证券登记结算统计年鉴(2018)》,载 http://www.chinaclear.cn/zdjs/editor_file/20190716171026726.pdf,最后访问日期:2019 年 12 月 15 日。

② 资料来源:《上海证券交易所统计年鉴(2019)》,第 583 页,载 http://www.sse.com.cn/aboutus/publication/yearly/documents/c/tjnj_2019.pdf,最后访问日期:2019 年 12 月 15 日。

从表9－1可以看出，上海市A股自然人投资者持股情况呈“两高一快”特征。

第一，持股市值较低的自然人投资者数量占比非常高。其中，持股市值10万元人民币以下及10万～50万元人民币的账户数分别占A股自然人投资者账户数的58.34%和28.77%。换言之，上海市87.11%A股自然人投资者持股市值在50万元人民币以下，持股市值合计不到自然人投资者持股总值的1/4（24.21%）。

第二，数量较低的自然人投资者持股市值较高。尽管持股市值在300万元人民币以上的投资者在自然人投资者总数中占比不到2%，但这部分投资者的持股市值却高达21,822亿元人民币，占全部自然人投资者持股市值的47.96%。

第三，自然人大股东和专业投资者增长较快。2006年我国自然人大股东持股市值占流通市值的占比为2.2%，2016年占比达11.8%，10年增长了5倍有余。此外，2009～2019年符合《证券期货投资者适当性管理办法》第8条第5项“金融资产不低于500万元”的专业投资者要求①的自然人投资者数量从约5.5万户增长到16.14万户，增幅非常显著。②

3. 非自然人投资者持股市值占绝对优势

以上海证券交易所A股为例，2018年年末自然人投资者持股市值为45,506亿元，占全部上海市A股市值的19.62%；非自然人投资者（含沪股通③）持股市值为194,572亿元，占全部上海市A股市值的80.38%，④是自然人投资者持股市值的4.28倍。⑤

4. 一般法人股的持股市值占比较大

在非自然人投资者持股市值中，占比最大的是代表产业资本的一般法人。2006年开始因“股权分置改革”产生的限售股解禁，先后释放了24.33万亿元人民币流通市值，产业资本持股占比逐渐上升。以上海证券交易所A股为例，根据上海证券交易所统计年鉴2019年卷公布数据，2018年一般法人持股市值149,744亿元，占全部上海市

---

① 根据《证券期货投资者适当性管理办法》第8条的规定，作为专业投资者的自然人，应同时符合下列条件：（1）金融资产不低于500万元，或者最近3年个人年均收入不低于50万元；（2）具有2年以上证券、基金、期货、黄金、外汇等投资经历，或者具有2年以上金融产品设计、投资、风险管理及相关工作经历，或者属于证券公司等经有关金融监管部门批准设立的金融机构的高级管理人员、获得职业资格认证的从事金融相关业务的注册会计师和律师。这里所称金融资产，是指银行存款、股票、债券、基金份额、资产管理计划、银行理财产品、信托计划、保险产品、期货及其他衍生产品等。

② 参见上海申银万国证券研究所有限公司：《中国证券投资者结构全景分析报告（2016）》，载申银万国证券咨询网：http://www.swsresearch.com/CN/Report.aspx? ColumnID = 203&productid = 100，最后访问日期：2019年12月15日。

③ “沪股通”是指投资者委托香港经纪商，经由香港联合交易所设立的证券交易服务公司，向上海证券交易所进行申报（买卖盘传递），买卖规定范围内的上海证券交易所上市的股票。

④ 《上海证券交易所统计年鉴（2019）》第583页，载上海证券交易所官网：http://www.sse.com.cn/aboutus/publication/yearly/documents/c/tjnj_2019.pdf.pdf，最后访问日期：2019年12月15日。

⑤ 同上。

A 股市值 64.55%。[①]

三、证券投资者保护

(一)投资者保护的意涵

证券投资者在证券交易活动中与上市公司、债券发行人、证券公司等相关当事人之间的法律关系是市场主体之间的私法关系,根据私法关系中意思自治原则,投资者保护"并非在保障投资人可经由证券交易获得一定的利润,或保证投资人所购买的证券能够保有原来的价值,不致受到损失。盖证券投资其本质上即具有投资风险,投资人以其自己之判断作成投资决定","证交法之目的,系在确保投资人得有公平且公正从事证券交易之机会,及排除妨碍投资人依其自由判断及责任进行证券交易之不当行为,而非在保障投资人能获得一定利益或填补损失"。[②]

(二)证券投资者保护的法理

证券法强调加强投资者保护,是基于以下理由。

1. 证券市场主体之间信息不对称。尽管信息不对称是信息交易中普遍存在甚至必然存在的现象,但由于证券市场的独特性放大了这种不对称性。一方面,金融创新放大了信息不对称。随着金融创新与证券市场的发展,证券交易产品、证券交易模式和证券服务不断创新,证券交易日益专业化和复杂化,投资者受资源限制和信息渠道局限而难以获取相关信息,这种不对称性被显著放大,普通投资者一般不具备相当的专业知识来充分分析和识别投资对象和交易模式中蕴藏的风险,进而很难作出正确而有效的判断。另一方面,电子化交易模式下交易双方沟通不足。随着通信技术的发展,证券交易合同大部分是电子化格式合同,由于通常是在网上远程签署,普通投资者很难要求交易相对方对合同中使用的大量专业术语作出符合自己理解需要的解释和说明,因此,普通投资者往往对交易对象、交易模式、利益计算和服务内容存在缺乏充分理解,导致投资者与处于信息优势的交易对方之间形成认知偏差。此外,交易相对方基于逐利需要,可能利用信息不对称的激励。利用市场优势和信息优势提供虚假信息或不实陈述,夸大投资回报和投资收益,进一步加剧了投资者在证券市场中的不利地位。

2. 证券市场主体之间市场能力不对等。除信息上的不对称外,普通投资者与其他参与方在资金规模、价格形成等方面的能力严重失衡,交易双方事实上并不具有能力上的平等关系。金融机构、证券机构混业经营下证券及其衍生品的日益翻新,银行、证券、保险和其他金融机构通过代理、合作或控股等方式向专业化、规模化和集团化的趋势发展,并普遍采取跨业经营和综合经营模式,专业机构与投资者之间的市场实力与交易地位日益悬殊,普通投资者基本上失去谈判能力而沦为市场价格、交易模式、交易产品的

---

① 《上海证券交易所统计年鉴(2019)》第 583 页,载上海证券交易所官网:http://www.sse.com.cn/aboutus/publication/yearly/documents/c/tjnj_2019.pdf.pdf,最后访问日期:2019 年 12 月 15 日。

② 林国全:《证券交易研究》,台北,元照出版有限公司 2000 年 9 月初版,第 7 页。

纯粹接受方。

3. 投资者市场惩罚能力不足。在重复性交易中，交易方可以利用重复谈判、提高交易价格或选择其他交易对象的方式，对产生道德风险的一方进行约束，促进交易的公平性和履约效力。但在证券市场中，投资者与相对方之间的信息不对称和市场能力不对等导致的直接后果是，投资者缺乏市场惩罚能力，难以在重复性交易中对相对方施加足以让对方丧失违法所得的惩罚；如果没有第三方力量的介入，投资者很约束相对方的欺诈、故意丧失履约能力、恶意推高市场价格等违法行为倾向。

（三）证券投资者保护的发展趋势

从投资者结构的分析中可以看出，证券市场中投资者的构成复杂，投资者之间的市场能力、投资规模和信息获取能力差异显著，因此，投资者保护需要采取差别化政策；与此同时，随着泛金融时代的到来，证券市场与金融市场不断融合，证券投资者保护的发展趋势也逐渐向金融消费者保护、差别化保护方向发展。

1. 投资者区分与差别化保护

由于证券投资者可以根据组织结构差异区分为自然人投资者和机构投资者，自然人投资者又可以根据投资能力、投资规模、投资目的、投资行为的职业化程度等方面的差异区分为普通投资者、专业投资者和自然人大股东。

投资者结构的复杂性与差异性导致对投资者保护的理由在很大程度上仅仅适用于普通自然人投资者，机构投资者、职业投资者和大股东与相对方在信息能力、市场能力和维持交易公平的能力上并不一定具有显著差异。因此，投资者保护需要区分投资者类别而采取差别化对待。对于机构投资者、职业投资者，保护的目标是追求证券信息披露充分，维持市场交易公平；对于大股东，投资者保护的目的是督促公司改进治理、维护股东权利；对于普通自然人投资者，保护的目的不仅是追求市场透明和交易公平，还具有弥补市场地位不足、提高谈判能力、促进经济分享、保护知情权等更复杂多元的目标。

2. 从投资者保护向金融消费者保护

一方面，统一的金融、证券市场逐渐形成。由于分业经营的藩篱被打破，银行等金融机构普遍介入证券市场，证券市场与金融市场深度融合，证券交易产品和金融衍生产品界限日益模糊，证券市场正逐步成为金融市场的组成部分。

另一方面，普通投资者的地位越来越接近消费者。随着证券及其衍生品投资渠道的普及，信息技术驱动下的证券交易越来越便捷，证券投资出现大众化倾向，投资者数量众多、流动性强。自然人普通投资者的投资目的往往在于“炒股”获利，缺乏参与公司治理的兴趣和能力，投资与消费的区分日益模糊。普通投资者在证券购买和交易中面临的谈判能力不足、信息获取能力不够、专业知识和投资能力低下、投资职业化程度不高等一系列困境与消费者、金融贷款人、储蓄人在购买商品、接受服务中面临的现实处境基本一致。与此同时，自然人普通投资者并非商人，由于缺乏风险转移渠道，往往成为风险的最终承担者。

基于以上原因,金融消费者的概念得以成立,将以自然人投资者为主的非职业投资者视为消费者,采用消费者保护的法理进行特别保护正成为投资者保护法律制度的发展方向,欧盟、英国和日本等均制定了专门的金融消费者保护法,泛金融化的统一消费者保护法律制度正逐渐取代证券投资者保护法律制度。

第二节　证券投资者保护的比较法考察

一、投资者保护立法的主要模式

证券投资者是证券市场的资金供给方,加强投资者保护是完善证券市场秩序的前提,也有利于增强投资者信心、促进证券市场可持续发展。因此,投资者保护既是证券立法的基本原则,也是证券法治的重要内容。由于证券市场体制和证券法律制度的差异,主要发达国家虽然均秉承投资者保护的基本原则,但相关内容在具体立法中呈较大差异。综合来看,按照投资者保护制度法律形式的差异,即相关内容在法律中的呈现形式的不同,投资者保护的立法主要有 3 种类型:分散型立法、集中型立法和专门型立法。

(一)分散型立法

分散型立法将投资者保护的相关内容规定在证券法律制度的不同章节中,需要将相关条款综合解读才能全面理解和掌握投资者保护的全部内容。我国 2019 年修订前的《证券法》、英国 2012 年制定的《金融服务法》(Financial Services Act 2012)、日本 2006 年制定的《金融交易法》以及韩国的《投资服务暨资本市场法》均系采用此种模式的典型立法例。

分散型立法的主要做法是先将投资者保护作为立法目的或者基本原则在总则部分予以规定,然后将投资者保护的主要制度分解规定于不同章节之中。例如,我国 2005 年《证券法》第 1 条规定,“为了规范证券发行和交易行为,保护投资者的合法权益,维护社会经济秩序和社会公共利益,促进社会主义市场经济的发展,制定本法”,明确将保护投资者合法权益作为立法目的,然后于该法第 134 条规定证券投资者保护基金制度,第 69 条规定发行人、上市公司的信息披露资料有虚假记载、误导性陈述或者重大遗漏,致使投资者在证券交易中遭受损失的,发行人、上市公司应当承担赔偿责任;第 76 条、第 77 条规定因内幕交易、操纵证券市场、欺诈客户行为给投资者造成损失的,行为人应当依法承担赔偿责任;第 171 条规定投资咨询机构及其从业人员从事证券服务业务买卖本咨询机构提供服务的上市公司股票等行为,给投资者造成损失的,依法承担赔偿责任等。

英国 2012 年制定的《金融服务法》在原则性宣示了保护投资者的立法目的基础上,在不同章节分别规定了金融行为监管局(Financial Conduct Authority,FCA)的投资者保护责任、金融商品推介的适合性制度、信息披露制度、金融服务业者的说明义务、消费者团体申诉机制等内容。日本《金融商品交易法》也未设置投资者保护专章，只是在第四章第二部分规定了投资者保护基金的设立、资金来源、管理、业务范围、财务和会计处理方式等，并且对金融市场违法行为课以严格的法律责任以保护投资者。

分散型立法的优势在于突出证券法律制度的整体性。投资者保护作为证券法律制度的立法目的之一，在各种具体制度中均有体现。因此，将投资者保护的内容规定到具体制度中更能体现出立法逻辑和内容上的一体性和协调性。但作为代价，这种立法技术不可避免地导致投资者保护制度在制定法上碎片化，增加了投资者保护制度学习和实施的难度，也容易产生立法空白。

（二）集中型立法

集中型立法与分散型立法相反，设置专门章节对投资者保的内容进行集中规定，形成系统化的投资者保护制度。欧盟 2011 年制定的《金融工具市场指令》（Markets in Financial Instruments Directive，MiFID）、法国《货币与金融法》和我国 2019 年修订后的新《证券法》是采用此种模式的典型立法例。

欧盟 2011 年制定的《金融工具市场指令》是在欧盟区域内证券市场运行的基本法律制度，其第 Directive 2004/39/EC 号指令的第二章第 2 节关于"确保投资者保护的条款"对金融业者的信义义务、最佳执行、投资者适当性等进行了系统性规定。而法国《货币与金融法》第四章第五节集中规定"投资者保护"。

集中型立法的优势主要体现为突出投资者保护制度的地位、便于理解和适用。集中规定投资者保护制度不仅彰显了该制度在证券法律体系中的重要地位，也有利于避免投资者保护制度碎片化，使法律易于理解和适用。集中型立法对立法技术提出较高要求，需要对投资者保护制度的内容进行高度凝练和系统整理，并协调证券法律制度章节之间的相互关系。

（三）专门型立法

专门型立法在证券基本法之外，以单行法的方式就投资者保护制度进行专门立法，典型立法例，如美国 1970 年制定的《证券投资者保护法》、德国 2004 年制定的《投资者保护改善法》。

专门型立法的突出优势在于实现投资者保护制度的体系化和专门化，单行法的体例和容量能够将各种投资者保护的具体制度进行有机整合，对投资者保护制度进行全面规定，在整体上构建和完善投资者保护的制度体系。专门型立法的难点在于需要以成熟和完善的投资者保护机制作为支撑。同时，从既有立法例来看，专门型立法的调整内容大多并不局限于特定金融业别的范围内，而是采用金融消费者和金融商品的概念，将投资者保护范围和法律适用领域扩展到全部金融交易领域，采取此类立法的国家或地区大多金融市场发展相对成熟，金融市场各领域投资者保护相关机制较完善，能够实施统一的保护制度。

二、美国投资者保护法律制度考察

美国的金融市场发达，投资者保护立法起步较早，在历经几次全球性经济危机和金融危机后进行了多次改革，特别是在2008年金融危机后，实施更积极，更严格监管，形成了较完善的投资者保护法律制度。以下结合几部重要的法案简要介绍美国投资者保护法律制度的发展沿革及其主要内容。

（一）美国《1933年证券法》和《1934年证券交易法》

1930～1933年经济大萧条期间，美国面临空前经济危机，整体经济萎缩，银行参与证券市场操作而使存款人的储蓄资产暴露于证券市场的高风险中。因此，1933年《格拉斯—斯蒂格尔法》（Glass-Steagall Act）规定了分业经营制度，禁止商业银行、投资银行与保险公司之间互相持股，禁止混业经营；在严格区分投资银行业务和商业银行业务的基础上禁止银行包销和经营公司证券以避免证券市场风险波及银行储蓄资产。在此基础上，美国《1933年证券法》和《1934年证券交易法》以信息披露为中心，构建了较完善的投资者保护法律制度，主要内容如下所示。

1. 界定证券欺诈行为

美国《1933年证券法》第17（a）条和《1934年证券交易法》第10b－5条是反欺诈的基础条款，该条款将证券欺诈行为界定为：利用全国性证券交易设施或州际商业设施，以及邮件系统实施的下列证券买卖行为：（1）欺诈，包括使用任何计划、技巧和策略进行的欺诈行为；（2）不实陈述或遗漏实质性事实的陈述，实质性事实是指该事实在当时的交易情境下对确保陈述不产生误导具有必要性的事实；（3）其他行为，包括任何构成或可能构成欺诈他人的商业活动或者行为。

2. 规定虚假陈述的赔偿责任

根据美国《1934年证券交易法》第18条的规定，陈述者应就其提供的申请、报告或文件中出现的关于重要事实的错误信息、误导性陈述承担法律责任。如投资者根据该错误信息或者误导性陈述在证券交易中遭受损失，有权依据该法第18（a）条的规定针对陈述者提起诉讼。

3. 规定默示的赔偿规则

美国《1934年证券交易法》第10b－5条规定，司法机构只能依据立法所明确规定的真实信赖关系判断民事责任，而不能适用推定信赖。如果美国证券交易委员会或联邦司法部作为原告提起的诉讼，应证明：（1）被告实施了重大虚假陈述或遗漏实质性事实的行为；（2）原告在合法证券市场交易相关证券；（3）被告重大虚假陈述或遗漏实质性事实使投资者作出错误判断；（4）原告在真相披露前进行交易。

如果非政府组织或个人作为原告而提起诉讼，除应证明上述4个事实外，还需证明：（5）原告因为被告重大虚假陈述或遗漏实质性的事实而实施证券交易行为；（6）原告的损害是因为被告重大虚假陈述或遗漏实质性的事实所致。

4. 规定虚假陈述的刑事责任

根据美国《1934 年证券交易法》的规定,故意实施违反该法的虚假陈述行为单处或并处 100 万美元以下的罚款或 10 年以下监禁。如果行为人为非自然人,则处以 250 万美元以下的罚款。

(二)2002 年美国《上市公司会计改革和投资者保护法案》(Public Company Accounting Reform and Investor Protection Act,2002)

2001 年 12 月美国最大的能源公司之一安然公司申请破产保护,此后上市公司和证券市场丑闻不断,特别是 2002 年 6 月的世界通信公司会计丑闻事件,严重打击了投资者对资本市场的信心。为扭转这一局面,美国 2002 年制定了《上市公司会计改革和投资者保护法案》,该法案由参议院银行委员会主席萨班斯和众议院金融服务委员会主席迈克·奥克斯利联合提出,因此又被称为《萨班斯—奥克斯利法》,该法对《1933 年证券法》《1934 年证券交易法》作出大幅修订,该法案标志着美国证券法律理念从围绕信息披露转向实质性管制,时任美国总统小布什在签署该法案的新闻发布会上称"这是自罗斯福总统以来美国商业界影响最为深远的改革法案"。该法案重申强化投资者保护的立场,第一句即宣称"提高公司信息披露的准确性和可靠性,以达成保护投资者及其他目的",基于该立法宗旨,法案主要从以下 3 个方面规定了有利于投资者保护的措施。

1. 设立"公众公司会计监管委员会"(Public Company Accounting Oversight Board, PCAOB)负责对上市公司审计行为进行监管。

2. 增加财政投入和人力资源提高美国证券交易委员会的执法能力。

3. 提高对公司高级管理人员及其他管理人员犯罪的刑事责任,例如,销毁审计档案最高处 10 年监禁,在联邦调查及破产事件中销毁档案最高处 20 年监禁;编制违法违规财务报告最高可处 500 万美元罚款或者 20 年监禁;实施证券欺诈最高可处 25 年监禁;对举报者进行打击报复最高可处 10 年监禁。

(三)2010 年《多德·弗兰克华尔街改革与消费者保护法案》(Dodd-Frank Wall Street Reform and Consumer Protection Act,2010)

2008 年美国金融危机爆发后,公众认为美国金融监管机构监管不力对危机的发生负有不可推卸的责任,[①]作为对金融危机的反思和回应,美国于 2010 年制定了《Dodd-Frank 华尔街改革和消费者保护法案》该法案的基本思路是通过设立消费者保护局、限制金融衍生产品业务和禁止银行业以自有资本从事与客户无关的投资行为等方式保证充分的信息披露。[②] 这些做法标志着美国金融监管从实质监管迈向强监管迈进,被认

---

① 伍巧芳:《2010 年华尔街改革和消费者保护法述评》,载《法学》2010 年第 8 期。

② 郎伟芳:《后危机时代的金融改革潮流》,载《合作经济》2012 年第 112 期。

为是美国20世纪30年代大萧条之后制定的最严厉的金融改革法案。[①] 该法案关于投资者保护的主要内容如下所示。

1. 新设金融消费者保护局(Consumer Financial Protection Bureau, CFPA)。金融消费者保护局隶属美国财政部,负责监督管理资产100亿美元以上的美国金融机构,金融消费者保护局拥有进驻私人金融机构、账目稽查、内部营运督导和约谈金融公司高级管理人员等一系列权力。设立金融消费者保护局的目标是促进公平和透明的抵押贷款,信用卡和其他消费金融产品和服务保金融消费者的权益,使消费者就消费性金融商品可以取得透明、正确的信息,防止金融诈欺。

2. 建立系统性风险预警机制。设立金融稳定监督委员会(Financial Stability Oversight Council, FSOC)负责对金融体系实施统一监管以提升对系统性金融风险的预警能力和反应能力,该委员会有权从多个联邦监管机构收集信息并分析获得的数据、有权对提高风险管理标准提出意见、有权评估特定银行或金融机构的风险状况并提高监管标准。

3. 规定"沃尔克规则"(Volcker Rule)。[②] 即区分商业的自营交易业务与银行业务,隔离银行的消费信贷部门、投资银行、私募股权基金及自营交易部门;规定银行不得同时兼具客户的债权人及顾问身份,以避免银行利益与客户利益冲突。

4. 加强衍生品市场监管。加强交易监管,将大部分在柜台交易(OTC)的金融衍生商品纳入交易所和清算中心的柜台交易;进行风险切割,要求银行将高风险的金融衍生商品业务交由特定子公司承担;强化信息披露及其监督,大型的避险基金、私募股权基金及其他投资顾问机构必须披露交易信息并接受定期检查。

(四)2018年美国《经济增长、监管放松与消费者保护法案》(Economic Growth, Regulatory Relief, and Consumer Protection Act, 2018)

截至2016年7月19日,《华尔街改革与消费者保护法案》中规定的390条具体监管要求已有274条(占比70.3%)付诸实施,[③]这些严厉的监管措施从根本上改变美国长期的金融监管理念,新增机构数量锐减。[④] 理所当然,该法案受到华尔街和大型金融机构的广泛质疑,他们认为该法案矫枉过正,过分限制了金融行业的投融资行为,增加了金融机构的运营成本,同时也使部分投融资需求得不到满足。[⑤] 2017年2月3日美

---

① 李南和、黄俊豪:《Dodd-Frank 华尔街改革与消费者保护法摘要》,载《集保结算所月刊》2010年第193期。

② 该建议最早由奥巴马政府的经济复苏顾问委员会主席保罗·沃尔克(Paul Volcker)提出,因此被称为"沃尔克规则"。

③ 载 https://www.davispolk.com/files/2016-dodd-frank-six-year-anniversary-report.pdf,最后访问日期:2020年1月4日。

④ 杨明:《美国金融监管放松改革的影响与启示研究》,载《金融监管研究》2018年第8期。

⑤ 陈昊和、鲁政委:《美国对〈多德—弗兰克法案〉的修订》,载 http://pg.jrj.com.cn/acc/Res/CN_RES/MAC/2018/4/3/ace76d75-9c5b-48b4-b3c8-09ebfd32f623.pdf,最后访问日期:2020年1月4日。

国总统特朗普要求美国财政部会同金融稳定监督委员会(FOSC)对现有的金融监管法律进行评估。① 2018 年 5 月 22 日制定的《经济增长、监管放松与消费者保护法案》从多个方面对《华尔街改革与消费者保护法案》进行修订以放宽监管。其中,涉及投资者保护的利益的变动主要是集中于放松监管和信息披露方面。

1. 放宽对部分风险投资基金的监管。该法案第 504 条规定,不超过 250 个受益人且投入资本不超过 1000 万美元的风险投资基金,豁免在美国证券交易委员会注册和披露投资目标、财务状况等信息的要求。

2. 开辟中小企业私募融资渠道。该法案第 508 条规定,允许满足资格审定、信息披露和报告要求的公司在 12 个月内通过公开劝诱的形式进行最多不超过 5000 万美元的融资。

三、欧盟投资者保护法律制度考察

欧盟投资者保护法律制度的重要目标之一是推动欧盟金融市场的一体化,为所有的欧洲投资者构建一个适当的投资场所。② 2004 年制定的《金融工具市场指令》是迈向这一目标的重要一步,为建立欧洲单一、有效的金融市场奠定了基石。2011 年欧盟委员会对该指令进行修订,形成欧盟金融工具市场指导修订版(Markets in Financial Instruments Directive II,MiFiD II),并于 2018 年 1 月 3 日开始实施,MiFID II 在完善金融市场功能和结构的同时,进一步加强投资者保护,构成了欧盟投资者保护法律制度的基础框架。MiFID II 关于投资者保护的主要内容包括以下方面。

(一)投资者分类制度

鉴于不同类型的投资者在信息、资源和专业知识上的差异,MiFID II 将投资人区分为 3 类:零售客户(retail client)、专业客户(the profession client)和合格交易对手(the eligible counterparty),并根据投资者类型不同采取差异化保护措施。

1. 零售客户是非专业投资者,MiFID II 对该类客户采取充分保护政策,以避免该类投资者因缺乏投资决策和评估风险的经验、知识和技能可能遭受的不公平待遇。零售客户在提交书面申请并确认自愿承担失去零售客户保护资格而可能造成的后果的前提下,可以按照特定程序申请成为专业投资者。

2. 专业客户是指拥有作出投资决策和评估风险所需经验、知识和技能的职业投资者,MiFID II 对该类客户采取适度保护政策。专业客户又进一步划分为固有专业客户(Per Se Professional Client)或可选专业客户(Elective Professional Client),专业客户属于享受金融服务的客户,属于投资者保护范围。

3. 合格交易对手是参与金融交易活动的一方当事人,是交易的平等相对方,不被认

---

① 载 https://www. whitehouse. gov/the-press-office/2017/02/03/remarks-president-trump-strategy-and-policy-forum,最后访问日期:2020 年 1 月 7 日。

② 段涛、李秀娟、郭上上等:《境外证券立法动态与发展趋势研究》,载《证券法苑》(第 6 卷),法律出版社 2012 年版,第 442 页。

定为金融服务的客户，不享受金融消费者保护待遇。合格交易对手可区分为固有合格交易对手和可选合格交易对手。固有合格交易对手，包括金融业者、信用机构、保险公司、集合投资计划或该计划的管理公司、养老基金或其管理公司、中央银行、跨国组织等。可选合格交易对手是指符合特定规定条件的企业法人（包括有限合伙）或其控股公司或分支机构。

（二）客户识别制度

MiFID 第 19.4 条要求金融业者在提供投资建议或销售金融产品时，应采取必要方式获得有关客户（包括潜在客户）对特定金融商品或金融服务类型的知识和经验、客户的财务状况和投资目标等必要信息，从而向客户（包括潜在客户）推荐适合的金融商品或金融服务。

（三）适当信息提供义务

根据 MiFID II 第 19.3 条之规定，金融业者必须以合理方式为零售客户或潜在零售客户提供以下适当信息：（1）金融业者及其服务的相关信息；（2）金融工具及投资策略相关信息及风险提示；（3）金融工具及投资策略应用场所介绍；（4）成本及相关收费标准。金融业者违反向客户提供上述详细信息的规定即构成过错，在客户受损的情形下，应损害赔偿责任，金融业者应承担依 MiFID 的要求履行了适当信息提供义务的事实的举证责任。

（四）最佳执行义务

MiFID II 第 21 条要求金融业者在执行客户指令时应综合考虑价格、成本、速度、执行和结算可能性、规模、性质或任何相关因素，以获得有利于客户的最佳结果。具体包括：（1）获得有利于客户的最佳结果为目标设计和实施交易计划；（2）对交易计划的实施进行适时监督，评估交易计划实施是否达成有利于客户的最佳结果。

（五）利益冲突限制

金融业者对客服负有信义义务，应当制定完善的防范政策辨别和管理可能损害客户权益的利益冲突，避免损害客户利益发生的风险。主要涉及四个方面的要求：（1）组织义务。金融业者应采取有效的组织和管理措施，防止利益冲突不对客户利益产生不利影响。（2）识别利益冲突义务。金融业者应采取有效措施识别客户与经理、雇员和固定代理商之间，或其他因直接或间接受此类人员控制的其他人与客户之间，或客户彼此之间的利益冲突，以避免因利益冲突致使客户利益蒙受损害。（3）披露利益冲突义务。当金融业者采取的管理利益冲突措施不足以确保客户利益不受损害时，应当在以客户名义从事交易前向客户清楚披露利益冲突的一般性质和来源。（4）诚信交易义务。金融业者应按照信义义务的要求，诚信、公平、专业地向客户提供投资服务。

四、日本投资者保护法律制度考察

（一）日本金融改革

20 世纪末，日本展开了一系列金融改革，保障金融消费者权益是这一系列改革的重要内容之一。2000年制定的《金融商品销售法》，统一规范金融商品销售者的行为，规范对象涵盖多个领域的金融商品，并配合《消费者契约法》加强对金融消费者的保护。2006年制定《金融商品交易法》进一步扩展金融交易及交易对象定义，将包括场内交易、场外交易、跨境交易等交易形态和气候衍生品等各类金融衍生品均纳入调整范围。①

(二)日本《金融商品交易法》对投资者的保护措施

日本《金融商品交易法》包括投资服务法制部分、信息披露制度、确保交易所自规制(自律)业务的正常运行和罚则四部分，对投资者的保护主要体现在如下几个方面。

1. 规定概括保护原则。日本《金融商品交易法》被定位为金融商品销售的基础性法律，所有的金融商品交易行为，无论业别、交易模式和商品的类型，均统一适用《金融商品交易法》的有关规定，交易中符合条件的投资者视为消费者均予以概括保护。

2. 实施差别保护制度。一方面，顺应金融商品交易发展趋势，兼顾保护投资者和促进金融创新的需要，日本《金融商品交易法》区分强流动性有价证券和弱流动性的有价证券，实施差异化的信息披露制度。另一方面，区分投资者类型实施差别化保护；区分特定投资者和一般投资者，对一般投资者执行较严格的保护标准，金融机构的行为受到严格规制，对特定投资者(如合格交易对手、国家、日本银行、投资者保护基金等)执行较为宽松的保护标准，豁免金融机构合同缔结前书面交付义务、消除信息不对称义务等。

3. 对金融业者科以释明义务。日本《金融商品交易法》规定，金融业者在销售金融商品中对投资者负有释明义务，使投资者能够通过金融业者释明义务获得作出投资决策所需的产品内容、特点、结构和风险等方面的充分信息，金融业者在销售金融商品或提供金融服务时，未履行或未完全履行释明义务而导致顾客受到损害的，应就该损害承担赔偿责任，受害人可依据债务不履行或缔约过失的规定主张损害赔偿。

4. 强化法律责任。日本《金融商品交易法》提高对信息披露和不公正交易相关违规行为的惩罚力度以加强投资者保护。对虚伪陈述、散布谣言、暴力胁迫及操纵市场的行为从原规定的单处或并处5年以下有期徒刑或500万日元罚金，提高到单处或并处10年以下有期徒刑或1000万日元以下罚金或两项并罚。

第三节 我国证券投资者保护的主要法律制度

我国新《证券法》在充分总结、提炼和吸收长期以来证券监管成功经验基础上，为进一步完善证券市场基础制度、回应市场发展需求、切实维护投资者合法权益，采取集

① 参见杨东：《论金融法制的横向规制趋势》，载《法学家》2009年第2期。

中型立法模式,设置了第六章专门规定投资者保护,主要规定了4项制度。

一、投资者适当性管理制度

1939年美国证券交易商协会(NASD)的自律组织规则中首创投资者适当性管理制度,随后为欧盟、英国、日本等多个国家和地区所效仿。我国创业板最先引入投资者适当性制度设计,经过近10年实践,我国《证券法》第88条正式构建了全面适用于各类证券市场的投资者适当性管理制度。

(一)投资者适当性管理概述

1. 投资者适当性管理的概念

投资者适当性管理是证券从业机构在向投资者销售证券、提供服务时,应当履行特定客户的财务状况、投资目标、知识经验以及风险承受能力等特征与向投资者提供的证券或服务相互匹配的义务,避免证券或服务的风险等级与投资者风险承受能力错配而损害投资者利益。

2. 投资者适当性管理的制度功能

投资者适当性管理是证券市场投资者保护的基础性制度,有利于保障证券市场功能的正常发挥,促进市场平稳运行。投资者适当性管理的主要制度功能如下所示。

(1)预防性保护机制。投资者适当性管理更突出了证券从业机构负有的投资者适当性审查义务和证券服务匹配义务,在交易发生前即降低因证券或服务与投资者承受能力错位给投资者带来损害的发生概率。

(2)合规经营促进机制。投资者适当性管理从义务内容、履行程序和法律后果等角度对证券从业机构科以审查义务和责任,督促证券从业机构加强合规管理,审慎经营。

(3)差异化保护机制。投资者适当性管理制度要求对证券投资者进行区别对待,根据投资者的具体情况提供对应的证券和服务,是对证券投资普及背景下投资者差异化发展的制度回应。

3. 我国投资者适当性管理的制度沿革

我国从2008年开始引入投资者适当性管理制度,经过10年发展,经过3个阶段,逐步建立和完善了契合证券市场发展需要的投资者适当性管理制度。

(1)分类规定阶段。这一阶段主要是通过不同的法律或行业规范在创业板、股转系统、金融期货、融资融券、私募基金等市场建立了适当性制度。

2008年6月国务院颁布的《证券公司监督管理条例》首次规定,“证券公司从事证券资产管理业务、融资融券业务,销售证券类金融证券,应当按照规定程序,了解客户的身份、财产与收入状况、证券投资经验和风险偏好,并以书面和电子方式予以记载、保存。证券公司应当根据所了解的客户情况推荐适当的证券或者服务”。根据客户的特征推荐适当证券或服务成为证券公司的合规基础义务。

2009年6月中国证监会发布的《创业板投资者适当性管理暂行规定》要求证券公

司必须了解投资者身份、财产收入状况、证券投资经验、风险偏好等相关信息；必须向投资者充分揭示市场风险，并签订《创业板市场投资风险揭示书》，创业板成为我国最早全面实施投资者适当性制度的市场。

2010年2月中国金融期货交易所发布的《股指期货投资者适当性制度实施办法（试行）》规定，期货公司应当根据中国证监会的有关规定和本办法要求，评估投资者的证券认知水平和风险承受能力，选择适当的投资者审慎参与股指期货交易，严格执行股指期货投资者适当性制度的各项要求，建立以了解客户和分类管理为核心的客户管理和服务制度。

（2）集中规定阶段。这一阶段主要是在各市场或业务法规和自律规定的基础上，构建普遍适用于各市场经营机构的规范，统一分类分级标准和经营机构义务。

2012年12月中国证券业协会发布《证券公司投资者适当性制度指引》，采取行业规范形式，尝试建立普遍性适用于各市场的证券行业投资者适当性管理自律规范，推动证券经营机构适当性管理措施、方法和流程的统一化和规范化。

2016年12月中国证监会发布《证券期货投资者适当性管理办法》，以部门规章形式对证券期货投资者适当性管理进行集中规定，该办法适用于向投资者销售公开或非公开发行的证券、公开或非公开募集的证券投资基金和股权投资基金（含创业投资基金）、公开或非公开转让的期货及其他衍生证券，或者为投资者提供相关业务服务的各种证券市场行为，全面构建了我国投资者适当性管理制度。

2017年6月中国证券业协会发布的《证券经营机构投资者适当性管理实施指引（试行）》，在《证券期货投资者适当性管理办法》的规定基础上，从程序、流程和方法等方面对证券经营机构适当性管理作出了具体安排和参考性指引，以健全证券经营机构各业务链的适当性细则及各业务链的操作流程。

（3）立法规定阶段。我国2019年12月修订的《证券法》首次以国家立法形式对投资者适当性管理制度作出规定，该法第88条规定，证券公司向投资者销售证券、提供服务时，应当按照规定充分了解投资者的基本情况、财产状况、金融资产状况、投资知识和经验、专业能力等相关信息；如实说明证券、服务的重要内容，充分揭示投资风险；销售、提供与投资者上述状况相匹配的证券、服务，构建了普遍适用于各市场经营机构的规范。

（二）证券公司的义务

我国新《证券法》第88条对证券公司科以投资者适当性管理义务，并规定证券公司违反这一义务导致投资者损失的，应当承担相应赔偿责任。

1. 义务内容

根据我国《证券法》第88条的规定，投资者适当性管理义务的内容主要包括以下三个方面。

（1）了解义务。该义务要求证券公司在向投资者销售证券、提供服务时，必须了解客户的基本情况、财产状况、金融资产状况、投资知识和经验、专业能力等相关信息。

(2)告知义务。该义务的内容包括如实说明商品和服务的内容、揭示投资风险两个方面。证券公司应当根据产品风险和投资者实际状况,以投资者能够理解的标准履行告知说明义务。

(3)匹配义务。该义务要求证券公司将适当的产品(或者服务)销售(或者提供)给适合的投资者,即证券公司应当根据对投资者相关情况的了解,和对产品或服务的了解,在二者之间进行匹配。

2. 违反义务的后果

我国《证券法》第88条第3款规定,证券公司违反投资者适当性管理义务导致投资者损失的,应当承担相应赔偿责任。最高人民法院2019年11月印发的《全国法院民商事审判工作会议纪要》进一步规定,金融产品发行人、销售者未尽适当性义务,导致金融消费者在购买金融产品过程中遭受损失的,金融消费者既可以请求金融产品的发行人承担赔偿责任,也可以请求金融产品的销售者承担赔偿责任,还可以根据我国《民法总则》第167条的规定,请求金融产品的发行人、销售者共同承担连带赔偿责任。

(三)投资者分类管理

根据投资者适当性管理的要求,证券公司应当确保向投资者提供的产品或服务与投资者的个人投资目标、风险承受能力相互适配,因此,对投资者进行分类是贯彻投资者适当性管理原则的重要举措,也是对投资者进行差别化、针对性保护的前提。

1. 投资者分类

根据我国《证券法》第89条的规定,投资者可以根据财产状况、金融资产状况、投资知识和经验、专业能力等因素,分为普通投资者和专业投资者。认定专业投资者的标准由国务院证券监督管理机构规定。中国证监会制定的《证券期货投资者适当性管理办法》第8条规定了专业投资者的具体条件。

(1)机构认定为专业投资者的条件。①经有关金融监管部门批准设立的金融机构,包括证券公司、期货公司、基金管理公司及其子公司、商业银行、保险公司、信托公司、财务公司等;经行业协会备案或者登记的证券公司子公司、期货公司子公司、私募基金管理人。②上述机构面向投资者发行的理财产品,包括但不限于证券公司资产管理产品、基金管理公司及其子公司产品、期货公司资产管理产品、银行理财产品、保险产品、信托产品、经行业协会备案的私募基金。③社会保障基金、企业年金等养老基金,慈善基金等社会公益基金,合格境外机构投资者、人民币合格境外机构投资者。④其他符合条件的法人或者其他组织,包括最近1年净资产不低于2000万元人民币;最近1年金融资产不低于1000万元人民币;具有2年以上证券、基金、期货、黄金、外汇等投资经历。

(2)自然人认定为专业投资者的条件。①金融资产不低于500万元人民币,或者最近3年个人年均收入不低于50万元;②具有2年以上证券、基金、期货、黄金、外汇等投资经历,或者具有2年以上金融产品设计、投资、风险管理及相关工作经历,或者属于前述机构专业投资者第①项条件规定的机构的高级管理人员、获得职业资格认证的从事金融相关业务的注册会计师和律师。

2. 差异化保护原则

我国《证券法》对普通投资者和专业投资者的保护的主要差异如下所示。

(1)证券纠纷举证责任差异。普通投资者与证券公司发生纠纷的,证券公司对行为合法合规、不存在误导和欺诈等情形承担证明责任。证券公司不能证明的,应当承担相应的赔偿责任。

(2)普通投资者应受特别对待。根据《证券期货投资者适当性管理办法》的规定,经营机构应当综合考虑收入来源、资产状况、债务、投资知识和经验、风险偏好、诚信状况等因素,按照有效维护投资者合法权益的要求确定普通投资者的风险承受能力,进行细化分类和管理。

3. 投资者类型转化

普通投资者与专业投资者的分类是相对的,在符合条件的情况下,普通投资者与专业投资者可以通过申请相互转化。专业投资者,可以书面告知经营机构选择成为普通投资者,享受普通投资者待遇。普通投资者在满足条件的前提下,可以申请并经证券经营机构批准转化成为专业投资者。

二、上市公司股东权代理征集制度

(一)上市公司股东权代理征集概述

1. 股东权代理征集的概念

股东权代理征集,是指符合法定条件的自然人或机构公开请求上市公司股东委托其代为出席股东大会,并代为行使提案权、表决权等股东权利的行为。

股东权代理征集与学界讨论的股东表决权代理有相同点,即都是由代理人受托代理行使股东权利。但二者也有明显的差异:首先,代理权产生方式不同,股东表决权代理是由股东委托代理人为自己利益或依照自己意愿来行使权利;股东权代理征集则是符合条件的自然人或机构主动向股东要求担任其代理人并代为行使权利。其次,股东表决权代理,顾名思义仅限于表决权代理;股东权代理征集不仅包括表决权代理,还包括提案权等其他股东权利的代理。

2. 上市公司股东权代理征集功能

(1)增强中小股东话语权。股东权代理征集是现代股份有限公司规模膨胀和股权高度分散背景下的产物。上市公司股权分散而极富流动性,持股较少且高度分散的中小股东虽然可能在总数上持有公司多数股票,但因行权成本过高和"搭便车"的群体特征,不仅无法通过行使股东权利实质性地影响公司决策和管理,而且受制于集体行动障碍而很难有效组织起来采取一致行动。符合法定条件的自然人或者机构主动向股东征集股东权代理,可以克服中小股东行权成本过高和集体行动障碍,将分散的股东权(主要是提案权和表决权)集中起来形成足以影响公司决策的影响能力。

(2)获取公司控制权。在上市公司治理中,尽管中小股东向来处于被动地位,但在公司控制权争夺中,由于股东表决权可以委托他人代为行使,通过征集代理权可以集聚中小股东表决权,进而通过运用表决权获得公司控制权。因此,股东表决权代理征集往往成为公司控制权争夺的工具。从实践来看,我国证券市场上陆续发生的"君万事件""胜利股权之争""广西康达""郑百文""青岛双星""电广传媒"等多起表决权征集的目标均是围绕上市公司控制权展开的。

3. 我国上市公司股东权代理征集的制度沿革

2002 年中国证监会与国家经贸委联合发布的《上市公司治理准则》第 10 条首次规定:"上市公司董事会、独立董事和符合有关条件的股东可向上市公司股东征集其在股东大会上的投票权。投票权征集应采取无偿的方式进行,并应向被征集人充分披露信息。"股东表决权代理征集获得规范性文件认可。

2006 年中国证监会发布的《上市公司章程指引》第 78 条第 2 款重申:"董事会、独立董事和符合相关规定条件的股东可以征集股东投票权。"

中国证监会发布并于 2016 年修订的《上市公司股东大会规则》第 31 条规定:"公司董事会、独立董事和符合相关规定条件的股东可以公开征集股东投票权。"同时明确"禁止以有偿或者变相有偿的方式征集股东投票权。"

我国新《证券法》第 90 条首次以立法形式对股东权代理征集制度作出明确规定,即上市公司董事会、独立董事、持有 1% 以上有表决权股份的股东或者依照法律、行政法规或者国务院证券监督管理机构的规定设立的投资者保护机构,可以作为征集人,自行或者委托证券公司、证券服务机构,公开请求上市公司股东委托其代为出席股东大会,并代为行使提案权、表决权等股东权利。由此可见,我国新《证券法》规定的上市公司股东权代理征集具有鲜明的制度创新特点:一是将代理股东权利的范围由"投票权"扩大到"提案权、表决权等股东权利";二是扩充了代理征集主体的范围。

(二)上市公司股东权代理征集制度的主要内容

1. 征集主体

根据我国《证券法》第 90 条的规定,上市公司股东权代理征集的主体包括 3 类:第一类是上市公司董事会或独立董事;第二类是持有 1% 以上有表决权股份的股东;第三类是依法设立的投资者保护机构。我国《证券法》将依法设立的投资者保护机构作为征集主体,凸显股东权代理征集在保护投资者制度中的重要价值。

2. 征集方式

我国《证券法》第 90 条规定了自行或者委托征集两种方式,其中,委托征集只能通过证券公司、证券服务机构进行。我国《证券法》规定的委托征集方式,使股东权代理征集具有较强的可操作性,特别是在以保护投资者利益为目的的征集中,委托征集可以依托证券公司或证券服务机构的信息数据进行,征集更加高效便捷。

3. 代为行使的股东权范围

我国《证券法》第90条规定,征集人可代为行使的股东权利包括提案权和表决权等股东权利。规定征集人可代为行使股东提案权,使不具备行使提案权的小股东享有了对公司经营决策提出独立意见和建议的可能,克服了中小股东只能就既有提案进行被动表决的制度障碍,对于维护中小股东权益、完善公司治理具有重要作用。

4. 合法征集要求

我国《证券法》第90条规定,进行股东权代理征集应当披露征集文件,禁止以有偿或者变相有偿的方式公开征集。同时,明确公开征集股东权利违反法律、行政法规或者国务院证券监督管理机构的有关规定,导致上市公司或者其股东遭受损失的,应当依法承担赔偿责任。

三、上市公司现金分红制度

(一)域外上市公司分红政策演变

现金分红是上市公司回报投资者的基本手段,获得分红也是投资者购买公司股票的重要目标,因此,分红制度在保护投资者权利中具有重要意义。然而从各国历史发展来看,上市公司不分红成为普遍现象,这一现象的形成经过可分为3个阶段:

1. 普遍分红阶段

早期上市公司普遍实行分红政策。例如,美国1950年时超过90%的上市公司给股东发红利;1985年99%的英国上市公司分红;同一时期,澳大利亚、加拿大等普通法系国家90%左右的上市公司分红。①

2. 部分分红阶段

美国1978年时分红公司占66%,到1999年这一比例进一步下降到20.8%。英国2000年64%的公司分红,然而到2006年,仅有43%的公司分红。澳大利亚、加拿大等普通法系国家,2006年分红的公司不到1/4。②

3. 普遍不分红阶段

2000年以后,不分红成为上市公司主要做法,例如,谷歌、苹果和脸书等著名公司从未分红。从全球范围来看,上市公司不分红正成为主流,分红的公司占比越来越小,分红的比例也越来越低。③

(二)我国上市公司分红政策与实践

我国监管机构一直将获取红利作为投资者权利的重要内容,坚持上市公司分红的基本立场。中国证监会2018年修订的《上市公司治理准则》要求上市公司在章程中明

---

① 陈志武:《强制性分红政策可休也》,载《经济观察报》2014年1月16日,第42版。

② 同上。

③ Fatemi, Ali, and Recep Bildik, "Yes, Dividends are Disappearing: Worldwide Evidence", *Journal of Banking & Finance*36, 2012. 667.

确现金分红政策等利润分配办法,同时要求上市公司及时披露现金分红政策制定及执行情况,并充分披露不进行现金分红的原因。

从投资者角度来看,调查显示投资者大多认为上市公司现金分红是股份公司制度当然内容,红利是投资者分享公司经营成果的重要方式,仅较少的投资者(9.3%)认为上市公司分红与否属于上市公司内部治理问题。[①]

资料显示,我国2018年进行现金分红的上市公司有2569家,占比72.18%,比2017年减少6.92个百分点。其中,1334家主板公司分红9971.49亿元人民币,占比85.23%;641家中小板公司分红918亿元人民币、616家创业板公司分红810.51亿元人民币,分别占比7.85%、6.92%。[②]

(三)我国《证券法》关于现金分红的规定

我国2019年修订的《证券法》坚持现金分红的基本立场,该法第91条一方面规定上市公司应当在章程中明确分配现金股利的具体安排和决策程序以依法保障股东资产收益权;另一方面要求上市公司税后利润在弥补亏损及提取法定公积金后有盈余的,应当按照公司章程的规定分配现金股利。这一规定具有以下特点。

1. 分红是上市公司章程的必备内容

我国《证券法》第91条规定,上市公司应当在章程中明确分配现金股利的具体安排和决策程序,作为分配现金股利的依据,由于该条使用了"应当"的法律术语,因此可以认为有关现金股利分配的具体安排和决策程序是上市公司章程的必备内容,而非公司自治的范畴。

2. 分红采取现金形式

上市公司分红形式通常采取发放现金股利和增发股票两种,在例外的情况下也可能采取以现金以外的资产来发放股利的方式,甚至用签发远期票据或用发行公司债券来抵付已宣告发放的股利。我国《证券法》第99条强调,应于公司章程中明确现金股利分配的具体内容和决策程序,同时规定应当按照公司章程规定分配现金股利。因此,可以认为现金分红将成为我国上市公司股利分配的主要形式。

四、债券持有人保护制度

公司债券是重要融资工具,债券市场是资本市场的重要组成部分,完善的债券市场能为公司提供更多的融资渠道,促进资金向优秀企业和项目流动,优化资源配置。投资者通过购买公司债券为公司提供资金,成为公司债券持有人,其权利应当受到法律保护。我国《证券法》第92条规定,公开发行公司债券的,应当设立债券持有人会议,并

---

① 中国证券投资者保护基金有限公司:《投资者眼中的上市公司现金分红》,载 http://finance.sipf.com.cn/finance/app/zhuanTi/fenhong/detail4,最后访问日期:2020年1月15日。

② 中国证券投资者保护基金有限公司:《中国资本市场投资者保护状况白皮书(2018年度总报告)》,载 http://cchoya1.qd2009.com/finance/pc/zhuanti/2019bps/001.pdf,最后访问日期:2020年1月15日。

应当在募集说明书中说明债券持有人会议的召集程序、会议规则和其他重要事项。发行人应当为债券持有人聘请债券受托管理人,债券持有人会议可以决议变更债券受托管理人。债券受托管理人应当勤勉尽责,公正履行受托管理职责,不得损害债券持有人利益。根据这一规定,债券持有人保护制度包括如下内容。

(一)债券持有人会议制度

债券持有人会议是由债券持有人组成并为全体持有人整体利益而采取会议形式行使权利的决议机构。债券持有人会议将分散的持有人组织起来形成一个整体对外进行意思表示,集体议事、集体行权,以维护债券持有人集体利益。根据我国《证券法》第92条并结合国家发展改革委办公厅2011年7月发布的《关于进一步加强企业债券存续期监管工作有关问题的通知》和2015年11月发布的《关于简化企业债券审报程序加强风险防范和改革监管方式的意见》的有关规定来看,债券持有人会议的主要权利包括:

(1)变更债券受托管理人;

(2)变更债券募集说明书约定条款;

(3)审议批准或不批准债券资金用途变更;

(4)审议批准或不批准发行人减资、合并、分立、解散及申请破产等对债券持有人权益有重大影响的事项;

(5)接受委托,以自己名义代表债券持有人提起、参加民事诉讼或者清算程序。

此外,债券担保人或担保物发生重大变化的,也应召开债券持有人会议。

(二)受托管理人

受托管理人是起源于英美法系的保护债券持有人权益制度,①中国证监会在2015年1月发布的《公司债券发行与交易管理办法》中引入该制度,规定发行公司债券的发行人应当为债券持有人聘请债券受托管理人,并订立债券受托管理协议。

1. 受托管理人的产生与变更

受托管理人由债券发行人聘请债券发行的承销机构或者其他经国务院证券监督管理机构认可的机构担任,债券持有人会议有权变更债券受托管理人。

2. 受托管理人的性质

受托管理人属于信托受托人,对委托人和受益人承担相应的信义义务。根据我国《证券法》第92条的规定,债券受托管理人应当勤勉尽责,公正履行受托管理职责,不得损害债券持有人利益。

3. 受托管理人的职责

根据《公司债券发行与交易管理办法》第48条的规定,受托管理人的职责包括:

(1)维护债券持有人利益;

(2)持续关注发行人和保证人资信状况、担保物状况、增信措施及偿债保障措施的

---

① 冯果:《债券市场风险防范的法治逻辑》,法律出版社2016年版,第86页。

实施情况;

(3)发生可能影响债券持有人重大权益的事项时,召集债券持有人会议;

(4)对发行人偿债能力和增信措施的有效性进行全面调查和持续关注;

(5)预计发行人不能偿还债务时,要求发行人追加担保,并可依法申请法定机关采取财产保全措施;

(6)接受全部或部分债券持有人委托,以自己名义代表债券持有人提起民事诉讼、参与重组或者破产法律程序。

第四节　我国涉投资者证券纠纷的化解机制

证券投资者保护除需要事前和事中保护措施外,在投资者与发行人、投资者与证券公司等发生纠纷后,还需要采取事后保护措施化解矛盾和纷争。我国本次《证券法》修订新增涉投资者证券纠纷化解的调解制度、诉讼制度和先行赔付制度等内容,构筑了纠纷发生后高效便捷的法律救济机制。

一、涉投资者证券纠纷的调解制度

(一)涉投资者证券纠纷调解概述

1. 涉投资者证券纠纷调解

我国《证券法》意义上的涉投资者证券纠纷调解,是由投资者保护机构依申请主持证券纠纷双方以非诉讼方式化解证券纠纷的方式。证券纠纷调解具有以下特点。

(1)受理范围特定性。根据我国《证券法》第 94 条的规定,投资者与发行人、投资者与证券公司等发生的纠纷均属调解范围。

(2)受理主体专门性。我国《证券法》意义上的证券投资纠纷调解,系证券纠纷多元化解机制的一部分,专指由投资者保护机构受理和主持的调解活动。

(3)纠纷调解选择性。证券投资纠纷并非诉讼的前置程序或必经程序,证券纠纷发生后,纠纷双方可以选择向投资者保护机构申请调解,也可以直接向人民法院提起诉讼。

2. 证券纠纷调解制度的发展与完善

(1)2005 年我国《证券法》第 176 条首次在立法中规定证券业协会负责会员之间、投资者与会员之间的证券纠纷的调解。根据该规定,中国证券业协会为法定的证券纠纷专业调解机构,开始试点证券纠纷调解并建立相关程序和制度。

(2)2012 年中国证券业协会出台《证券纠纷调解工作管理办法(试行)》《证券纠纷调解规则(试行)》①《调解员管理办法(试行)》,初步构建了证券投资纠纷调解的制度

---

① 2016 年 1 月 22 日修订后更名为《证券纠纷调解规则》。

框架。

(3)2016年最高人民法院及中国证监会联合发布了《关于全面推进证券期货纠纷多元化解机制建设的意见》,将经调解组织主持调解达成的调解协议认定为具有民事合同性质的协议,当事人可以申请有管辖权的人民法院确认其效力。

(4)2016年中国证券业协会修订了《证券纠纷调解工作管理办法》,该办法将证券纠纷调解界定为经纠纷各方当事人同意,调解组织通过说服、疏导、调和等方式,促使当事人在平等协商基础上自愿达成和解,解决证券业务纠纷的活动。同时,将调解组织限定为中国证券业协会证券纠纷调解中心以及接受调解中心委托转办证券纠纷调解案件的地方证券业协会。

(5)我国新《证券法》将证券纠纷调解作为与证券纠纷诉讼并列的化解涉投资者证券纠纷的主要机制。

(二)涉投资者证券纠纷调解制度的主要内容

1. 调解范围

我国《证券法》第94条基于投资者保护的立法目的,规定投资者与发行人、投资者与证券公司等发生的纠纷可以申请投资者保护机构进行调解。这与《证券纠纷调解工作管理办法》规定的证券纠纷调解受理范围有较大差异。①

2. 调解受理机构

根据我国《证券法》第94条的规定,涉投资者证券纠纷调解受理部门是投资者保护机构,特指经中国证监会批准设立并由其直接管理的中证中小投资者服务中心(以下简称投服中心),该中心作为证券金融类公益机构,负责制定调解制度和规则;组建和管理调解员队伍、纠纷调解专家委员会;受理并组织纠纷调解;建立健全纠纷多元化解机制;其他与纠纷调解相关的工作。

3. 调解程序

根据《中证中小投资者服务中心调解规则》的规定,涉投资者证券纠纷调解可以分为普通程序和简易程序。

(1)普通程序

普通程序主要包括以下5个环节。

第一,调解申请。调解申请是触发调解程序的依据,《中证中小投资者服务中心调解规则》规定,当事人可通过书面、网络、邮件、电话等方式提出调解申请。

第二,调解受理。中证中小投资者服务中心收到调解申请后审查符合受理范围的,于7日内征询被申请人意见。被申请人收到征询后,应于10日内答复是否同意调解,

① 按照《证券纠纷调解工作管理办法》第11条的规定,证券纠纷调解的受理范围是:(1)会员与投资者之间发生的证券业务纠纷;(2)会员与会员之间发生的证券业务纠纷;(3)会员与其他利益相关者之间发生的证券业务纠纷。

投服中心收到同意调解的答复后,应于5日内通知当事人予以受理;被申请人不同意调解的,投服中心收到不同意调解的答复后,应于5日内通知申请人不予受理。值得注意的是,根据我国《证券法》第94条的规定,普通投资者与证券公司发生证券业务纠纷,普通投资者提出调解请求的,证券公司不得拒绝。在这个意义上,涉投资者证券纠纷调解对证券公司来说也被认为是一种强制调解。

第三,调解员选定和指定。涉投资者证券纠纷调解由1~3名调解员组织,当事人应于收到受理通知后10日内协商选定调解员;当事人未协商一致选定的调解员,由投服中心指定。

第四,调解工作的开展。调解员可采取现场调解、书面调解、网络调解、电话调解等途径开展工作,并应自接受选定或指定后30日内完成调解。

第五,调解程序的终结。调解程序终结的事由,包括当事人达成调解协议或自行和解;当事人撤回调解请求或明确表示不接受调解;调解期限届满未达成调解协议或未自行和解;调解过程中出现纠纷不符合受理范围的;其他导致调解难以进行的情形。涉投资者证券纠纷调解的结果:调解成功的,调解员应组织当事人签署调解协议或者和解协议。调解协议或和解协议具有民事合同性质,当事人应按照约定履行;当事人拒不履行的,投服中心有权依据中国证监会2018年3月发布的《证券期货市场诚信监督管理办法》记录当事人诚信信息。调解失败,调解程序终结时,当事人未达成调解协议的,调解员在征得各方当事人同意后,可用书面形式记载调解过程中当事人没有争议的事实,并由当事人签字确认。在诉讼程序中,当事人无须对调解过程中确认的无争议事实举证。

(2)简易程序

第一,受理范围,简易调解适用于标的数额较小或不涉及资金、股权等给付的纠纷,可采用电话、网络、书面等方式在较短期限内快速解决纠纷。

第二,调解员选定和指定。简易调解由当事人协商选定一名调解员独任调解;当事人未能协商一致选定的,由投服中心指定。

第三,调解期限,调解员应自接受选定或指定之日起20日内完成简易调解;经当事人同意可延期,但总期限不超过30日。

二、涉投资者证券纠纷的诉讼制度

我国新《证券法》关于涉投资者证券纠纷诉讼制度的规定,对于保障投资者依法行使诉权,维护投资者合法权益具有重要意义。

(一)涉投资者证券纠纷诉讼的种类

涉投资者证券纠纷诉讼可以从不同角度进行分类,如最高人民法院根据案由将涉投资者证券纠纷诉讼分为证券权利确认纠纷、证券交易合同纠纷、证券投资咨询纠纷、证券发行纠纷和证券欺诈责任纠纷等,其中,证券欺诈责任纠纷又分为证券内幕交易责任纠纷、操纵证券交易市场责任纠纷、证券虚假陈述责任纠纷和欺诈客户责任纠纷4类。[①]我国新《证券法》根据投资者保护的性质和特点，主要规定了涉投资者证券纠纷的3种基本诉讼类型：投保机构支持诉讼、投保机构股东代表诉讼、代表人诉讼。

（二）投保机构支持诉讼制度

1. 投保机构支持诉讼的定义

投保机构支持诉讼是投保机构基于保护投资者目的，支持投资者针对损害自身利益的行为向人民法院提起诉讼。投保机构支持诉讼具有如下特点。

（1）支持诉讼的行为具有公益性质。证券市场的中小投资者人数众多且在交易中处于明显弱势地位，投保机构基于公益机构角色为广大中小投资者诉讼提供援助救济。

（2）投保机构不具有原告的诉讼主体地位，仅仅是作为推动投资者诉讼的辅助力量。

（3）投保机构不承受诉讼产生的法律后果。投保机构只为投资者进行诉讼提供援助，不享有诉讼主体地位；投保机构作为公益机构的性质也决定其不享受胜诉可能带来的收益，不承担败诉可能带来的不利法律后果。

2. 投保机构支持投资者诉讼的原因

投保机构支持投资者诉讼的原因主要有以下3个方面。

（1）强化投资者诉讼意愿。证券投资者受到损害后通过诉讼方式寻求救济常面临巨大诉讼成本与有限收益之间的矛盾；此外，证券投资者（特别是自然人投资者）往往只持有较低比例的证券，面对复杂的诉讼程序和巨大的诉讼成本，出售证券反而成为更具经济效益的选择。因此，需要第三方力量的介入，强化投资者诉讼意愿。

（2）增强投资者诉讼能力。证券诉讼相较普通民事诉讼更专业，投资者往往不具有诉讼需要的专业知识和能力，投保机构的支持可以提升和增强单个投资者应对复杂诉讼的能力。

（3）通过支持投资者诉讼维护证券市场秩序。投保机构通过畅通投资者维权机制、支持投资者诉讼追究违法行为人民事责任，是对行政监管和自律监管的延伸和补充，有助于维护证券市场秩序的健康发展。

3. 投保机构支持投资者诉讼的主要方式

（1）为因违法行为受害的投资者提供诉讼相关法律咨询服务。

（2）公开征集证券违法行为受损投资者。针对证券违法行为受害投资者较分散且是否愿意提起诉讼意愿不清的情况，投保机构通过公开形式征集愿意提起诉讼的受损的中小投资者，为提起诉讼奠定基础。

（3）提供诉前准备协助。包括协助投资者诉前证据整理、损失金额计算、签署法律文书等一系列较专业的诉前准备工作。

（4）组织公益律师参与诉讼。投保机构组织公益律师团作为受损投资者代理人参

① 参见最高人民法院《民事案件案由规定》。

加诉讼,为投资者争取合法权益提供诉讼能力支持。

(三)投保机构股东代表诉讼制度

1. 投保机构股东代表诉讼的含义

股东代表诉讼,又称股东派生诉讼,是指公司利益因董事、监事、高级管理人员执行公司职务时违反法律、行政法规或者公司章程的规定遭受损害,公司不能或者怠于提起诉讼时,符合条件的股东为了公司利益以自己名义代表公司提起诉讼。[①] 我国《公司法》第 151 条规定了这一诉讼形式。根据我国新《证券法》第 94 条第 3 款的规定,[②]投保机构股东代表诉讼是指投保机构以公司股东身份提起的诉讼,即只有当其"持有该公司股份",具有公司股东资格的前提下才能产生的诉讼。由此可见,投保机构股东代表诉讼从性质上是公司法上的股东代表诉讼的一种表现形式。

投保机构股东代表诉讼与前述投保机构支持诉讼相比,尽管二者都有投保机构的参与,都是为了保护中小投资者(股东)的利益,但二者有明显区别:前者的投保机构是以公司股东身份参与,后者的投保机构只能以公益机构名义参与;前者的投保机构是诉讼的原告当事人,后者的投保机构只能作为原告的支持人;前者的投保机构直接承受诉讼产生的法律后果,后者的投保机构并不直接承受诉讼当事人的法律后果。

投保机构股东代表诉讼作为我国《证券法》第 94 条规定的特别诉讼方式,虽然从性质上属于股东代表诉讼的范畴,但与我国《公司法》第 151 条规定的普通股东代表诉讼[③]相比,又具有以下不同特征。

(1)诉讼针对的范围不同。投保机构股东代表诉讼限于"发行人"的范围,或者说只有具备发行人资格的公司在证券发行中发生符合法律规定的情形,投保机构才能以股东身份提起股东代表诉讼;而普通股东代表诉讼则没有这一限制,无论何种公司,具有符合法律规定的情形,适格股东都可以提起股东代表诉讼。

(2)原告股东适格条件不同。普通股东代表诉讼的原告股东必须具备法定的持股

① 周友苏:《公司法新论》,法律出版社 2006 年版,第 604 页。

② 我国《证券法》第 94 条第 3 款规定:"发行人的董事、监事、高级管理人员执行公司职务时违反法律、行政法规或者公司章程的规定给公司造成损失,发行人的控股股东、实际控制人等侵犯公司合法权益给公司造成损失,投资者保护机构持有该公司股份的,可以为公司的利益以自己的名义向人民法院提起诉讼,持股比例和持股期限不受《中华人民共和国公司法》规定的限制"。

③ 我国《公司法》第 151 条规定,董事、高级管理人员有本法第 149 条规定的情形的,有限责任公司的股东、股份有限公司连续 180 日以上单独或者合计持有公司 1% 以上股份的股东,可以书面请求监事会或者不设监事会的有限责任公司的监事向人民法院提起诉讼;监事有本法第 149 条规定的情形的,前述股东可以书面请求董事会或者不设董事会的有限责任公司的执行董事向人民法院提起诉讼。监事会、不设监事会的有限责任公司的监事,或者董事会、执行董事收到前款规定的股东书面请求后拒绝提起诉讼,或者自收到请求之日起 30 日内未提起诉讼,或者情况紧急、不立即提起诉讼将会使公司利益受到难以弥补的损害的,前款规定的股东有权为了公司的利益以自己的名义直接向人民法院提起诉讼。他人侵犯公司合法权益,给公司造成损失的,本条第 1 款规定的股东可以依照前两款的规定向人民法院提起诉讼。

比例和持股期限的条件，如果原告是股份有限公司股东，其提起代表诉讼需要“连续180日以上单独或者合计持有公司1%以上股份”，但投保机构股东代表诉讼的投保机构“持股比例和持股期限不受《中华人民共和国公司法》规定的限制”。

(3)提起股东代表诉讼的事由不同。普通股东代表诉讼的事由限于“本法第一百四十九条规定的情形”，即“董事、监事、高级管理人员执行公司职务时违反法律、行政法规或者公司章程的规定，给公司造成损失”；而投保机构股东代表诉讼的事由更宽泛，不仅包括普通股东代表诉讼的事由，还包括“发行人的控股股东、实际控制人等侵犯公司合法权益给公司造成损失”的情形。我国《证券法》的这一规定将司法实践中以司法解释来扩充的诉讼事由直接上升为法律规范。①

2. 投保机构股东代表诉讼的构成要件

(1)公司利益因特定事由遭受损失。包括发行人的董事、监事、高级管理人员执行公司职务时违反法律、行政法规或者公司章程的规定给公司造成损失，或者发行人的控股股东、实际控制人等侵犯公司合法权益给公司造成损失两种情形。

(2)投保机构具有股东身份。目前，我国投保机构已经持有沪、深两市共3700多家上市公司A股股票(每家1手)，②拥有该等公司股东身份。

(3)穷尽内部救济程序。根据我国《公司法》第151条的规定，除情况紧急的特殊情形外，股东提起代表诉讼需以诉前书面请求公司监事会(监事)或者董事会(执行董事)提起诉讼遭受拒绝为必要。我国新《证券法》第94条第3款仅明文排除《公司法》第151条关于持股期限和比例的限制，根据反面解释，投保机构代表诉讼仍应以尽内部救济程序为必要。③

3. 投保机构代表诉讼利益归属及成本承担

投保机构代表诉讼的目的是维护公司利益以保护投资者利益，因此，最终判决确定

---

① 最高人民法院《关于适用〈中华人民共和国公司法〉若干问题的规定(五)》第1条规定，关联交易损害公司利益，原告公司依据《公司法》第21条规定请求控股股东、实际控制人、董事、监事、高级管理人员赔偿所造成的损失，被告仅以该交易已经履行了信息披露、经股东会或者股东大会同意等法律、行政法规或者公司章程规定的程序为由抗辩的，人民法院不予支持。公司没有提起诉讼的，符合《公司法》第151条第1款规定条件的股东，可以依据《公司法》第151条第2款、第3款规定向人民法院提起诉讼。

② 周松林：《投服中心：依据证券法推动证券群体性诉讼机制落地》，载 http://www.cs.com.cn/tj/02/01/201912/t20191230_6012839_1.html，最后访问日期：2020年1月15日。

③ 当然，从法学研究角度，基于投保机构代表诉讼的特殊性质和目的，是否仍需以穷尽内部救济为必要，是值得商榷的。一是投保机构滥用代表诉讼的可能性较低。以穷尽内部救济程序为前提是为避免股东滥用代表诉讼，但投保机构代表诉讼系为避免公司利益受损进而危及投资者利益，带有公益目的，滥用代表诉讼的可能性较低。二是穷尽内部救济程序增加投保机构代表诉讼的成本。投保机构系以保护投资者权利为目的的公益机构，资源有限，以穷尽内部救济程序为必要将产生诉前成本投入，似违背立法通过投保机构代表诉讼保护投资者权益的初衷。

的利益应该属于公司,相应的诉讼成本也应由公司合理承担。[①] 根据最高人民法院《关于适用〈中华人民共和国公司法〉若干问题的规定(五)》第25条的规定,投保机构代表诉讼胜诉利益归属于公司;根据该解释第26条的规定,投保机构代表诉讼的诉讼请求部分或者全部得到法院支持,公司应该承担股东参加诉讼支付的合理费用。

(四)代表人诉讼制度

1. 代表人诉讼的含义。按照我国《证券法》第95条的规定,代表人诉讼是指在涉投资者证券纠纷中,当诉讼标的为同一种类,且当事人一方众多的,投资者可以依法推选代表人进行诉讼。代表人诉讼有别于共同诉讼,参与诉讼的代表人系代表全体当事人参加诉讼。投资者保护机构接受50名以上投资者委托可以作为代表人参加诉讼,并为经证券登记结算机构确认的权利人依照前款规定向人民法院登记,但投资者明确表示不愿意参加该诉讼的除外。

2. 代表人诉讼的效力。根据我国《证券法》第95条的规定,对于代表人提起的诉讼,可能存在有相同诉讼请求的其他众多投资者的,人民法院可以发出公告,说明该诉讼请求的案件情况,通知投资者在一定期间向人民法院登记。人民法院作出的判决、裁定,对参加登记的投资者发生效力。

三、涉投资者证券纠纷的先行赔付制度

为切实保障遭受欺诈发行、虚假陈述或其他重大违法行为侵害的投资者利益,我国新《证券法》在《公开发行证券的公司信息披露内容与格式准则第1号——招股说明书(2015年修订)》第18条规定的基础上,明确发行人的控股股东、实际控制人、相关的证券公司可以委托投资者保护机构,就赔偿事宜与受到损失的投资者达成协议,予以先行赔付。

(一)先行赔付概述

1. 先行赔付是发行人因欺诈发行、虚假陈述或者其他重大违法行为给投资者造成损失时,发行人的控股股东、实际控制人、相关的证券公司可以委托投资者保护机构就赔偿事宜与受到损失的投资者达成协议,予以先行赔付。

2. 我国先行赔付的制度沿革

我国先行赔付的探索始于2013年,国务院办公厅在《关于加强资本市场中小投资者合法权益保护工作的意见》中要求健全中小投资者赔偿机制,督促违规或者涉案当事人主动赔偿投资者。

2015年《公开发行证券的公司信息披露内容与格式准则第1号——招股说明书(2015年修订)》要求招股说明书扉页明示先行赔付承诺:“保荐人承诺因其为发行人首次公开发行股票制作、出具的文件有虚假记载、误导性陈述或者重大遗漏,给投资者

---

① 刘凯湘:《股东代表诉讼的司法适用与立法完善——以〈公司法〉第152条的解释为中心》,载《中国法学》2008年第4期。

造成损失的,将先行赔偿投资者损失。”

我国 2019 年修订出台的《证券法》将先行赔付内容正式上升为法律规范,成为证券投资者保护的重要措施。

（二）先行赔付的意义

1. 有利于提高救济效率。我国自然人投资者数量众多且高度分散,流动性极强,当股东权利遭受侵害时,很难通过诉讼或调解及时获得救济,先行赔付有利于股东获得及时、便捷的赔偿。

2. 有利于加强投资者保护。先行赔付使投资者在遭遇虚假陈述或欺诈发行时能够得到先行垫资赔付,节约了免于通过司法救济维权的时间、精力、金钱等,有利于激发受害股东的维权积极性,进而促进资本市场稳定可持续发展。

3. 提高市场修复效率。虚假陈述或欺诈发行等违法行为对证券市场透明度、诚信度构成严重冲击,大规模的虚假陈述或欺诈发行甚至会严重挫伤投资者的信心。先行赔付有利于及时修复遭受侵害的市场秩序,较好地弥补查处这类案件执法成本过高的缺陷。

（三）先行赔付制度的主要内容

1. 先行赔付的适用范围

根据我国《证券法》第 93 条的规定,先行赔付适用范围包括欺诈发行、虚假陈述或者其他重大违法行为造成投资者损失的情形。其中其他重大违法行为包括给投资者造成损失的内幕交易、操纵市场等违法行为。

2. 先行赔付的适用主体

我国《证券法》规定的先行赔付的主体带有封闭性,仅限于发行人的控股股东、实际控制人、相关的证券公司,而将会计师事务所、律师事务所等证券服务机构排除在外。

3. 先行赔付的性质

我国《证券法》第 93 条规定的先行赔付使用了“可以委托”的表述,由此可以认为,先行赔付在性质上属于诉讼外的和解,强调的是当事人之间的自愿,并非强制义务。

4. 先行赔付的实施

我国《证券法》第 93 条关于先行赔付义务可以委托投资者保护机构进行的规定,属于选择性规范,意味着并未排除发行人的控股股东、实际控制人、相关的证券公司就赔偿事宜直接与受到损失的投资者达成协议予以先行赔付的可能性。

5. 先行赔付人的追偿权

按照我国《证券法》第 93 条的规定,先赔付人可以在先行赔付后,依法向发行人以及其他连带责任人追偿。

第十章　证券交易场所

第一节　证券交易场所概论

一、多层次资本市场与证券交易场所

自1990年沪、深两家证券交易所成立以来，在很长时间内我国资本市场发展以场内市场为主，市场结构单一。为健全资本市场的基本功能，自2003年起中央和国务院逐步明确了建立和健全多层次资本市场体系的战略任务。经多年探索和建设，尤其是伴随我国《证券法》的多次修订和修正，我国已基本形成结构合理、功能完善、规范透明、稳健高效、开放包容的多层次资本市场体系。

尽管我国法律法规对于何为多层次资本市场并未明确界定，但根据本书第一章关于资本市场和证券市场的讨论，资本市场主要指向证券市场，且有理由将多层次资本市场与证券法意义上多层次证券市场视为一体。从我国《证券法》关于证券交易场所的规定和我国证券市场截至目前的发展历程来看，多层次资本市场主要是指为满足不同投融资要求而形成的不同种类和层次的证券市场及其组成的有机体系。因此，多层次资本市场首先是指不同层次的证券交易场所；其次是指不同种类和层次的证券市场之间的有机联系。

二、我国多层次资本市场体系的发展现状

与美国、英国等一些境外成熟市场自我演进占主导地位的发展模式不同，我国资本市场的发展是由政府与市场共同推动的，走了一条“政府自上而下”与“市场自我演进”相结合的市场化改革道路。① 经过近30年的积极探索和实践，继证券交易所主板市场后，我国先后于2004年设立中小企业板，2009年推出创业板，2013年将全国中小企业股份转让系统确立为全国性证券交易场所，2019年设立科创板，加之各地区域性股权市场的清理整顿和规范，我国多层次资本市场体系已于近年基本形成（见表10－1）。

---

① 参见中国证监会编：《中国资本市场发展报告》，中国金融出版社2008年版，第45页。

表10－1 我国现行多层次资本市场体系结构①

市场层次及名称	运营主体
主板市场	上海证券交易所 深圳证券交易所
中小企业板	深圳证券交易所
创业板(二板)	深圳证券交易所
科创板	上海证券交易所
“新三板”	全国中小企业股份转让系统有限责任公司
区域性股权市场	各省、自治区、直辖市区域性股权市场运营机构

三、我国新《证券法》对多层次资本市场体系的主要规定

1998年我国《证券法》确立的证券市场仅限于证券交易所,2005年《公司法》和《证券法》修订后虽然为其他证券市场的确立和发展预留了制度空间,但是两法仍主要规范交易所市场,对于其他市场层次的规定过于原则和模糊。其主要原因在于,在我国《证券法》于1998年制定和2005年修订之际,我国证券市场仍以场内市场为主,多层次资本市场的基本体系尚未形成,故无法对其作出详细规定。截至目前,我国多层次资本市场体系已初步形成,需要通过法律对其法律地位和市场定位进行明确规定。鉴于此,建立健全多层次资本市场体系,成为我国本次《证券法》修订的重要指导思想和主要内容。

我国新《证券法》在总结现行证券市场发展经验的基础上,结合现行法律法规和规章,对建立健全多层次资本市场主要作了如下规定:一是在原有立法基础上,一方面将原证券交易所专章(第五章)修订为证券交易场所专章(第七章);另一方面完善了证券交易所的相关规定,并将证券交易所之外的市场层次明确纳入调整范围。具体而言,我国新《证券法》将证券交易场所划分为证券交易所、国务院批准的其他全国性证券交易场所(“新三板”)和按照国务院规定设立的区域性股权市场3个层次。二是考虑到国务院批准的其他全国性证券交易场所、按照国务院规定设立的区域性股权市场的目前发展情况,在我国《证券法》中对其只作原则性规定,相关具体管理办法授权国务院制定实施。三是规定公开发行的证券,应当在依法设立的证券交易所上市交易或者在国务院批准的其他全国性证券交易场所交易;非公开发行的证券,可以在证券交易所、国务院批准的全国性证券交易场所、按照国务院规定设立的区域性股权市场交易。四是规定证券交易所、国务院批准的其他全国性证券交易场所可以根据证券品种、行业特

① 限于篇幅,本章讨论的多层次资本市场限于我国新《证券法》规定“证券交易场所”的范围,不包括实践中的银行间债券市场、商业银行柜台市场以及证券公司柜台市场和机构间私募产品报价与服务系统等市场。

点、公司规模等因素设立不同的市场层次。

需要特别说明的是,我国新《证券法》关于证券发行、交易的一般要求,包括禁止交易行为和投资者保护等规定,适用于在国务院批准的其他全国性证券交易场所和按照国务院规定设立的区域性股权市场进行的证券发行、交易活动。至于上述两类市场的具体交易规范,可由相关监管规则和交易规则作出规定。

第二节　证券交易所概论

场内市场即证券交易所市场是各国家和地区证券市场的核心甚至唯一组成部分,主要为所在地本土内外发展成熟或者相对成熟的企业提供上市融资等金融服务,是挂牌上市标准及监管要求最严格的市场。我国《证券法》制定以来,对证券交易场所的规定主要限于证券交易所。我国新《证券法》拓展了证券交易场所的范围,但是证券交易所仍处于核心主导地位。此外,中国证监会制定修订的《证券交易所管理办法》也是规范交易所的核心规范依据。①

一、证券交易所的定义和特征

证券交易所的定义是关于证券交易所立法的起点。美国《1934 年证券交易法》第3(a)(1)条规定,证券交易所是指提供将证券买卖双方组织到一起的市场或者交易设施或者承担通常由交易所承担的职能的任何机构、社团或者团体,并包括由交易所维护的市场和市场设施。我国证券立法关于证券交易所的定义几经变迁:1998 年《证券法》将证券交易所定义为提供证券集中竞价交易场所的不以营利为目的的法人;2001 年修订的《证券交易所管理办法》第 3 条规定,证券交易所是指依本办法规定条件设立的,不以营利为目的,为证券的集中和有组织的交易提供场所、设施,履行国家有关法律、法规、规章、政策规定的职责,实行自律性管理的法人;2005 年《证券法》第 102 条规定,证券交易所是为证券集中交易提供场所和设施,组织和监督证券交易,实行自律管理的法人;2017 年修订的《证券交易所管理办法》(以下简称《交易所管理办法》)淡化了证券交易所的组织形式,同时也取消了证券交易所的定义性规定。

我国新《证券法》第 96 条规定,证券交易所、国务院批准的其他全国性证券交易场所为证券集中交易提供场所和设施,组织和监督证券交易,实行自律管理,依法登记,取得法人资格。此外,根据沪、深两家证券交易所 2018 年 7 月修订发布的《上海证券交易所章程》和《深圳证券交易所章程》,沪、深两家证券交易所均将自身界定为:为证券集

① 1996 年 8 月国务院证券委发布《证券交易所管理办法》,2001 年 12 月证监会重新发布实施《证券交易所管理办法》。2017 年 11 月公布新的《证券交易所管理办法》,自 2018 年 1 月 1 日起施行。以下如无特别说明,均指该管理办法的最新修订版。

中交易提供场所和设施,组织和监督证券交易,实行自律管理的会员制法人。综上所述,可将证券交易所定义为:依法设立与运作的,为证券的集中和有组织的场内交易提供场所和设施,实行自律管理的法人。简而言之,交易所是证券场内市场的组织者、运营者和自律监管者。依据这一定义,证券交易所具有如下特征。

(一)提供证券交易场所和设施的场内市场

证券交易市场分为场内市场与场外市场。证券交易所属于场内市场,是证券交易的核心场所,在各国、各地区的证券市场中占据主导地位。证券交易所本身并不从事证券买卖,也不决定证券价格,仅为证券交易提供场所、设施以及其他服务,并依法履行自律管理的职能。

应予注意,证券交易所提供的证券交易场所,可以是有形的,也可以是无形的。进入21世纪以来,证券交易所无形化发展趋势十分明显,其原因在于:随着计算机和通信技术的发展,证券网上交易和电子化交易日益普遍,有形的交易大厅和交易席位不再为交易所必需,许多证券交易所也因此允许会员选择以有形席位报盘或无形席位报盘方式进入交易主机,一些证券交易所甚至取消了有形的交易大厅与交易席位。例如,伦敦证券交易所、我国的深圳证券交易所就不设交易大厅,为无形交易场所,其证券交易系通过场外直接报盘进入证券交易所交易系统的方式进行。上海证券交易所尽管是有形交易场所,但目前绝大多数的申报是通过无形席位在场外直接报盘进入交易主机进行撮合成交,其交易大厅基本仅具象征意义。

(二)以集中交易方式为主的证券交易市场

所谓集中交易,是指证券在证券交易所通过公开、集中竞价方式来实现成交的方式,是证券流通的主要途径和证券交易的核心。将证券交易所定位为证券集中交易的场所,是各国立法的通例。

我国《证券法》第38条规定,证券在证券交易所上市交易,应当采用公开的集中交易方式或者国务院证券监督管理机构批准的其他方式。所谓集中交易方式,是区别于非集中交易而言的;集中交易主要是通过集中竞价交易机制来形成证券价格,集中竞价交易是在证券交易中,买方和卖方均为多数的情况下,交易系统按照价格优先、时间优先原则,对不断进入的投资者交易指令进行排序,将买卖指令予以配对竞价成交。竞价交易本质上是一种指令驱动交易制度,①其基本特征在于成交价格由买卖双方按照预先确定的竞价原则直接决定。目前,集中竞价交易是我国证券市场最主要的交易方式,具体包括集合竞价(又含开盘集合竞价和收盘集合竞价)和连续竞价两种方式。大宗交易、协议转让为我国证券交易所业务规则明确规定的非集中交易方式。

---

① 国际上,证券市场一般存在两种交易制度:一是报价驱动制度或称做市商制度;二是指令驱动制度或称竞价制度。

(三)组织化的证券交易市场

证券交易所不仅有严密的组织形式和组织机构,而且有一整套的交易规则和交易制度。根据我国《证券法》和《交易所管理办法》的规定,沪、深两家证券交易所设会员大会、理事会、总经理和监事会。会员大会是证券交易所的最高权力机构;理事会是证券交易所的决策机构,理事长是证券交易所的法定代表人;总经理在理事会领导下负责证券交易所日常管理工作;监事会是证券交易所的监督机构。完整的组织结构是证券交易所得以正常运转的重要保证。

证券交易所为保证证券交易的有组织进行,一方面,须严格执行国家法律法规载明的证券交易规则;另一方面,证券交易所还应当在其职能范围内制定和修改业务规则。证券交易所的业务规则包括上市规则、交易规则、会员管理规则及其他与证券交易活动有关的规则。证券交易所制定和修改主要的和基本的业务规则,由证券交易所理事会通过,报中国证监会批准。①

(四)实行自律管理的法人

证券交易所作为证券交易市场的重要组成部分,不仅具有经济学上的"市场"属性,而且具有法律上的法人资格。承认交易所的法人资格,是其依法独立制定业务规则,监督和管理证券市场的前提和基础;在现行证券监管体制下,也有助于进一步廓清证券交易所与行政监管机构的关系,尊重证券交易所的独立人格,树立其独立自主的形象。

从全球范围来看,证券交易所按其组织形式来分,可分为会员制和公司制两种。会员制证券交易所不以营利为目的,公司制证券交易所则具有营利目的。② 按照《交易所管理办法》以及上海、深圳证券交易所章程,目前两家证券交易所都是会员制法人。我国新《证券法》对于证券交易所采取公司制形式未作明确规定,但普遍认为该法为我国证券交易所将来采取公司制和进行非互助化改制预留了法律空间。

交易所实行自律管理,是发挥其作为证券交易组织者与一线监管者的优势,弥补行政监管不足,维护证券市场秩序的必然要求。各国证券法一般都明确规定证券交易所的自律管理职能。国际资本市场组织(International Capital Market Group,ICMG)则在

---

① 根据《交易所管理办法》第10条的规定,证券交易所制定或者修改下列业务规则时,应当由证券交易所理事会通过,并报中国证监会批准:(1)证券交易、上市、会员管理等业务规则;(2)涉及上市新的证券交易品种或者对现有上市证券交易品种作出较大调整;(3)以联网等方式为非本所上市的品种提供交易服务;(4)涉及证券交易方式的重大创新或者对现有证券交易方式作出较大调整;(5)涉及我国港澳台地区及境外机构的重大事项;(6)中国证监会认为需要批准的其他业务规则。

② 也有学者认为,我国的证券交易所是一种《民法总则》所规范的特殊民事主体类型——是一种有别于营利法人与非营利法人的"中间状态法人",是一种兼具营利性与公共性双重特质的、类似于"公共商事企业"的法人主体。参见蒋大兴:《〈民法总则〉(草案)中的证券法空间——关于法人类型、法律行为/代理及期限制度的检讨》,载《财经法学》2017年第2期。

《证券市场自律监管的标准》(Standards of Self-Regulation of the Securities Markets)中指出:自律是,并且一直是对证券市场进行管理的第一步;当提到管理的问题时,它在证券市场的国际化领域内就作为第一原则加以适用。① 20世纪90年代以来,各国证券交易所的自然垄断地位逐渐被打破,交易所之间争夺上市和资金资源的竞争从国内市场扩展到国际范围,作为回应证券交易所全球竞争的手段,②各国证券交易所又不断加强自身的自律管理能力。

我国《证券法》第99条规定,证券交易所履行自律管理职能,应当遵守社会公共利益优先原则,维护市场的公平、有序、透明。据此,交易所不仅应当是运营良好的交易平台,同时还应是优秀的自律监管者。基于现实国情,我国证券法制有必要强化交易所的自律管理属性,充分发挥交易所作为市场的组织者、运营者和自律监管者所具有的独特优势和不可替代的作用。这里的自律管理包括两层含义:一是交易所对会员及上市公司的自我管理和自我约束;二是政府要尊重交易所实施的自律管理。③

(五)设立和运作受到严格监管

证券交易所是一国证券市场的枢纽。各国证券交易所都是国家利益、国民利益的载体,直接关系一个国家金融市场的稳健运行,关系一个国家经济体系的安全运行。鉴于此,各国、政府一般都对证券交易所进行严格的监督与管理,其监管通常包括以下内容。

1. 规定证券交易所设立的条件,而且交易所的设立通常都需要经过政府证券监管者的批准。例如,美国《1934年证券交易法》规定了交易所申请注册成为全国性证券交易所的条件,而且,美国证券交易委员会(SEC)有权对申请注册成为全国性证券交易所的要求作出决定。日本《金融商品交易法》第80条规定,只有获得内阁总理大臣的批准,才能建立金融商品市场。我国《证券法》规定,证券交易所的设立、变更和解散由国务院决定。

2. 政府监管者对交易所规则的干预。在美国,SEC有权批准交易所的规则,亦可以主动增加、废除、修改交易所的规则。根据我国《证券法》第115条的规定,证券交易所制定重大业务规则,应当报国务院证券监督管理机构批准。

3. 对交易所惩戒行为的审查。在美国,SEC有权对交易所采取的惩戒行为进行审查。

4. 政府主管机关对交易所的调查和处罚。当政府监管机关认为交易所未能尽到法定义务时,有权对交易所进行调查或者处罚。

5. 政府监管者保留直接对证券市场各参与者包括上市公司、证券公司和交易过程

---

① 参见深圳证券交易所第一期法律课题研究报告:《证券交易所会员监管法律制度研究》,课题负责人汤欣。

② 关于证券交易所全球竞争与加强自律管理能力之间的关系,可参见徐明、卢文道:《从市场竞争到法制基础:证券交易所自律监管研究》,载《华东政法学院学报》2005年第5期。

③ 叶林主编:《证券法教程》,法律出版社2005年版,第177页。

的监管权。[1]

由此可见,各国政府对证券交易所的监管是全方位的。其目的就在于通过对交易所的监管,实现政府对整个证券交易市场的调控和监管,从而保证证券市场的正常运行。

二、证券交易所的历史沿革

(一)境外证券交易所的历史发展与嬗变

证券交易所是商品经济发展到一定历史阶段的产物。具体而言,作为提供证券集中交易场所的证券交易市场,证券交易所的产生与股份经济及股份有限公司的发展密不可分。17 世纪早期,股份有限公司作为一种新的企业形态诞生了。随着股份公司的发展,为满足投资者证券变现的需要以及潜在投资者购买证券的需要,以提供证券交易场所为目的的证券交易市场营运而生。据记载,17 世纪初,荷兰阿姆斯特丹证券交易所成立,它是世界上最早的证券交易所,成为现代证券交易所的雏形。之后,法国、英国、美国等也陆续设立了各自的证券交易所。与 19 世纪以前股份有限公司的缓慢发展相对应,19 世纪以前证券交易所的发展同样非常缓慢。当时的证券交易所数量少,交易规模小,交易的对象也非以股票为主。例如,纽约证券交易所直到 1835 年,其交易的证券主要是政府、公用事业债券和交通债券。[2] 总而言之,早期的证券交易所,其实际功能非常小,与证券交易所以外的其他交易场所相比,也不具有明显优势,更无法与现代的证券交易所相提并论。

19 世纪中叶以后,股份有限公司飞速发展。以股票为主体的有价证券数量激增,交易频繁,现代意义上的证券交易所开始成熟发展起来。纽约证券交易所、伦敦证券交易所、巴黎证券交易所、东京证券交易所等迅速发展壮大,成为国际性的证券交易中心。新兴国家和地区在 20 世纪以后也陆续建立了自己的证券交易所,其中,香港证券交易所、新加坡证券交易所等也已经具有世界声誉。与早期证券交易所相比,现代证券交易所具有以下特点及发展趋势。

1. 公司化、公众化和并购发展趋势。传统的交易所大多为会员制交易所。但是,当今各国证券交易所变革的主要趋势之一就是证券交易所的组织结构由会员制转变为股份制,即表现出了“非互助化”(demutualization)趋势。1993 年斯德哥尔摩证券交易所率先在全球实现公司化改革。此后,全球范围的交易所纷纷从传统的会员制组织结构转变为公司制组织结构。可以说,公司制已经成为当前全球证券交易所的主导模式。与公司化继起或相伴随的是,全球范围内的证券交易所上市成为公众公司、境内及跨境并购亦已经蔚为大观。[3] 以纽约证券交易所为例,2006 年 3 月 7 日纽约交易所与电子

---

① 谢增毅:《政府对证券交易所的监管论》,载《法学杂志》2006 年第 3 期。

② 杨志华:《证券法律制度研究》,中国政法大学出版社 1995 年版,第 204 页。

③ 境内并购的典型案例有日本交易所集团的成立和发展:2011 年在日本经济持续低迷、竞争力日益下降的形势下,为增强交易所的全球话语权,日本政府将东京证券交易所和大阪证券交易所合并成立日本交易所集团,其中,东京证券交易所主要承担股票交易业务,大阪证券交易所主要承担衍生品市场业务。

交易公司(Archipelago Holdings, Inc.)合并为纽约交易所集团公司(NYSE Group, Inc.),3月8日纽约交易所集团于自家交易所上市;其后,纽约交易所开始频繁并购,其中,2007年4月与泛欧交易所合并,2008年10月合并美国证交所,但在2013年11月纽约泛欧交易所又被洲际交易所(Intercontinental Exchange)收购。

2. 市场竞争和国际化趋势明显。20世纪90年代以前,各国的证券交易所基本上处于分立状态和自然垄断地位,交易所的上市资源和资金资源基本来自本国或本地区,不同国家或地区之间的证券交易所之间少有竞争。自20世纪90年代以来,不同国家或地区的证券交易所逐渐从自然垄断走向完全竞争状态。许多著名的证券交易所都在国际范围内展开争夺,不遗余力地吸引国外优质公司前来本地交易所挂牌上市,一些地方性的证券交易所也已经或正在向国际性证券交易所转化。此外,全球范围内证券交易所的并购和合作也极大促进了交易所的国际化进程。除前述纽约交易所外,典型的交易所并购还包括:伦敦证券交易所先后收购意大利证券交易所、MTS(欧洲主要固定收益证券交易市场)、Turquoise(泛欧股票交易平台)和伦敦清算所;德意志证券交易所相继收购法兰克福证券交易所(欧洲第二、德国最大证券交易所)、Tradegate交易所(欧洲地区以个人投资者为客户目标的股票交易所)、美国国际证券交易所。

3. 监管职能进一步加强。按照权源不同,证券交易所的监管职能可分为自律监管和他律监管。交易所监管职能的增强,不仅表现在自律监管方面,同时也表现在他律监管方面。众所周知,证券交易所的自律监管,在美国1929年股市大崩盘之前,曾是美国证券市场的主要监管力量,对其早期证券市场的发展发挥了实质性的推动作用。经济大萧条以后,美国联邦政府逐渐加强了对证券市场的监管力度。但是,证券交易所等自律组织的自律监管职能并未实质性减弱。相反,随着交易所之间竞争的白热化,世界各主要证券交易所为维护其自身经营成功,取得可持续竞争优势,不断地加强自律监管。

所谓他律监管,是指证券交易所基于法律授权、行政授权或委托而进行的监管。证券市场是高度专业化和技术化的市场,信息技术的发展更是增加了证券交易的复杂性,政府监管因此往往力不从心。为适应证券市场发展需要,国家往往通过授权或委托方式,让证券交易所逐渐承担起更多的监管职责。

(二)我国证券交易所的历史发展①

证券交易所的产生以股份经济为前提,直至清朝末年,参照欧美做法发行股票和筹集资本从而采用公司这种企业形式才逐步在中国得以推行。总体而言,在中华人民共和国建立前由于股份经济不发达,当时的证券交易所规模较小、交易量不大。

中华人民共和国成立初期,从恢复国民经济考虑,政府一度允许证券交易所存在,随着经济的恢复和公有制的建立,当时建立的天津证券交易所和北京证券交易所先后于1952年7月和8月停止交易并关闭。

---

① 鉴于本书第一章第二节对我国证券市场的历史演进作了较详细的考察,本部分从略。

1978年党的十一届三中全会以后,随着经济体制改革特别是金融体制改革逐步深入,证券市场从无到有、从小到大,逐渐发展起来。1990年上海证券交易所、深圳证券交易所分别于11月和12月先后成立,标志着我国证券交易市场初步形成。

经过近30年发展,上海、深圳证券交易所作为全国性市场,市场规模不断扩大,市场层次不断完善。证券交易所的主要上市板块基本形成,涵盖了主板、中小企业板、创业板和科创板。此外,交易所市场基础设施建设不断加强,监管能力持续提高,初步形成了以法制化建设为基础,以上市公司监管、会员监管和市场监控为主要内容的自律监管体系。

总体来说,沪、深两家证券交易所在发现证券交易价格、优化资源配置、保护投资者利益、降低及控制市场风险、维护市场交易秩序等方面起到积极作用。

三、证券交易所的职能

证券交易所的职能在于创造公开、公平、公正的市场环境,保证证券市场的正常运行。围绕这一中心,可以将证券交易所的职能划分为经济上的功能和法律上的职能。

(一)证券交易所的经济功能

早期证券交易所的功能,主要是为证券交易提供场所和设施。随着证券交易规模的扩大,以及虚拟经济重要性的不断提升,证券交易所的功能不断拓展和深化,现代证券交易所至少具有以下经济功能。

1. 提供连续性的证券交易市场。对于证券发行人、交易参与人来说,证券能否自由流通至关重要。相比于场外市场,交易所上市证券的流动性具有更充分的保障:一方面,通过集中交易机制以及做市商等制度供给,可以更好地促进证券交易的连续进行;另一方面,直接通过交易所从事证券交易的投资者种类齐全,也在一定程度上保证了证券交投的活跃度。总而言之,在这种连续性的证券交易市场内,投资者可将持有的证券快捷变现,也得以随时获得投资机会。

2. 形成公平、合理的证券交易价格。在集中交易方式中,证券交易价格是在不特定多数的买方和卖方之间,通过公开竞价的方式形成的,它不仅是交易所内公开竞价的结果,同时也是计算机联结各交易厅、综合报道市场行情的结果。证券交易所及其会员都无权决定任何一种证券的价格,从而保证在相对公开透明的基础上形成交易价格。此外,交易所实时公布证券交易即时行情,通过监督上市公司及相关信息披露义务人及时披露所有重要信息,限制和约束操纵市场、内幕交易等证券欺诈行为,也有助于形成公平合理的证券价格。即使在非集中竞价交易方式如大宗交易中,交易所也可以采用调整最低限额、价格限制、申报方式等多种措施,①确保交易价格的公平合理。

3. 集中社会资金参与投资。证券交易所具有的融资功能,是指证券市场为资金需

---

① 参见《上海证券交易所交易规则(2018年修订)》第3.7.1条、第3.7.2条、第3.7.9条、第3.7.10条等。

求者筹集资金的功能。融通资金是证券市场的首要功能,①这一功能的另一作用是为资金的供给者提供投资对象。证券交易所具有的投融资功能,还与其分散风险的功能密切相关;对于筹集资金的证券发行人来说,通过交易所融资可以将经营风险部分地转移和分散给投资者,公司的股东越多,单个股东承担的风险就越小;对于提供资金的投资者来说,则可以通过买卖证券和建立证券投资组合来转移和分散资产风险。

4. 优化资源配置。交易所的资本配置功能是指通过证券价格引导资本流动而实现资本合理配置的功能。从长期来看,经济效益高的企业的证券拥有较多的投资者,这种证券的市场交易更活跃。相反,经济效益差的企业的证券投资者会不断减少,市场交易会逐渐清淡甚至流动性枯竭。此外,证券交易所有一系列规范公司治理和信息披露之制度安排,遵守法律法规和具有良好治理的公司的股票更容易获得投资者的青睐,公司通过再融资筹集资金更容易。总而言之,在制度设计和运行良好的证券市场,长远来看,社会资金会更多地流向效益好、治理规范的企业,远离效益差和治理不规范的企业,最终达到社会资源的优化配置。

(二)证券交易所的法律职能

我国《证券法》第七章和《交易所管理办法》第二章对证券交易所的职能从正反两方面作了集中规范,其列举的交易所职能如下所示。

1. 提供证券交易的场所、设施和服务。

2. 依法依规制定上市规则、交易规则、会员管理规则和其他有关业务规则,并报国务院证券监督管理机构批准。

3. 审核、安排证券上市交易和终止上市。我国《证券法》第 46 条规定,申请证券上市交易,应当向证券交易所提出申请,由证券交易所依法审核同意,并由双方签订上市协议;证券交易所根据国务院授权的部门的决定安排政府债券上市交易。此外,我国《证券投资基金法》第 61 条规定,申请基金份额上市交易,基金管理人应当向证券交易所提出申请,证券交易所依法审核同意的,双方应当签订上市协议。至于决定证券上市交易的暂停、恢复、终止和重新上市,则为证券上市的审核与安排之必然延伸。

4. 提供非公开发行证券转让服务。传统上,证券交易所主要为公开发行证券的交易提供场所和服务。但是,现代交易所为企业非公开发行证券融资和交易提供服务日益普遍。在实践中,我国沪、深两家证券交易所为非公开发行证券如私募债提供转让服务由来已久。根据我国《证券法》第 37 条第 2 款的规定,证券交易所可以为非公开发行证券交易提供场所和服务。

5. 组织和监督证券交易。组织证券交易主要包括接受交易申报、撮合成交等。监

① 有学者认为,现代证券交易所已经集中演变成"公开发行公司进行资本筹集之场所";证券交易所之融资功能,不断被强化。参见吴光明:《证券交易法论》,台北,三民书局股份有限公司 2015 年增订 13 版,第 198 页。

督证券交易包括对证券交易实行实时监控、处理异常交易情况等。

6. 对会员进行监管。交易所对会员进行自律管理的内容，主要包括制定会员管理规则及相关业务规则，如会员席位与交易单元管理细则；会籍管理，决定接纳或取消会员资格；席位、交易单元与交易权限管理；对会员开展证券交易业务、证券经纪业务等不同业务进行管理；对违规主体进行纪律处分等。

7. 对证券上市交易公司及相关信息披露义务人进行监管。对上市公司的监管包括制定具体的上市规则、督促上市公司公布年度报告和中期报告、审核上市公司编制的临时报告、督促上市公司披露信息等。

8. 对证券服务机构执业行为进行监管。我国《证券法》第 115 条第 2 款明确规定，在证券交易所从事证券交易，应当遵守证券交易所依法制定的业务规则；该法第 160 条规定，会计师事务所、律师事务所以及从事证券投资咨询、资产评估、资信评级、财务顾问、信息技术系统服务的机构，应当勤勉尽责、恪尽职守，按照相关业务规则为证券的交易及相关活动提供服务。据此，证券服务机构属于证券交易所监管对象。

9. 管理和公布市场信息。主要内容包括每个交易日发布证券交易即时行情、证券指数、证券交易公开信息等交易信息；及时编制反映市场成交情况的各类日报表、周报表、月报表和年报表，并通过交易所网站或其他媒体予以公布。

10. 开展投资者教育和保护。保护投资者尤其是中小投资者的合法权益是我国证券法的重要立法宗旨。我国证券市场仍处于新兴加转轨时期，中小投资者占比大，与机构投资者相比，个人投资者无论在信息、资金、专业、风险承受能力等各方面均处于明显弱势地位。加之现阶段我国上市公司治理欠规范及市场约束机制不健全，中小投资者容易受到违法违规行为侵害。为此，包括证券交易所在内的监管机构均需承担投资者教育和保护的职责。

11. 其他法定或者授权职能。根据我国《证券法》和《交易所管理办法》的规定，交易所监管行为的权力来源分为法律直接规定、法律法规授权以及行政授权。① 因此，交易所的职能尤其是监管职能可能源于上述三方面的原因而扩张。例如，中国证监会于2014 年发布《中国证监会委托上海、深圳证券交易所实施案件调查试点工作规定》（证监会令第 111 号），将原本由证监会负责稽查和调查取证的涉嫌欺诈发行、内幕交易、操纵市场、虚假陈述以及涉嫌重大、新型、跨市场等特定违法行为，委托交易所进行调查取证。

此外，《交易所管理办法》第 8 条还以“负面清单”方式，规定证券交易所不得直接或者间接从事：新闻出版业；发布对证券价格进行预测的文字和资料；为他人提供担保；未经证监会批准的其他业务。作出上述规定，主要是为了确保交易所的职能实现，防止其偏离基本定位、承担不应有的风险或者脱离必要监管。

---

① 参见冷静：《法定自律组织还是法律法规授权组织：新形势下证券交易所及其一线监管性质辨》，载黄红元、卢文道主编：《证券法苑》（第 23 卷），法律出版社 2017 年版，第 201 页。

第三节 证券交易所的组织形式

以组织形式为标准,证券交易所可以分为会员制交易所和公司制交易所。传统的证券交易所大多为会员制交易所。但自从1993年斯德哥尔摩证券交易所开启公司制改造以来,证券交易所的公司化改造逐步席卷全球。

一、会员制证券交易所

所谓会员制证券交易所,是指证券公司、投资公司等证券商以会员身份组成的,不以营利为目的的证券交易所。世界著名证券交易所,例如,伦敦证券交易所、东京证券交易所、澳大利亚股票交易所、纳斯达克股票市场、泛欧交易所(Euronext)、香港交易所等,都曾是会员制证券交易所。我国沪、深两家证券交易所至今仍是会员制交易所。

(一)会员制证券交易所的主要特征和优势

1. 会员制交易所具有互助性质。会员制交易所由作为会员的证券商共同出资设立,属于会员所有。在会员制交易所中,作为会员的证券商,既是交易所的所有者、决策者,同时又是交易服务设施的使用者。只有会员才能派出自己的场上经纪人进入交易大厅参与交易活动,非会员企业或个人只能委托会员代理证券买卖。换言之,交易所的交易权专属于会员。同时,交易所的会员权不能自由转让,会员具有相对稳定性。互助性是会员制交易所的首要特征。

2. 会员大会是会员制交易所的最高权力机构。在会员制交易所中,全体会员证券商组成的会员大会是交易所的最高权力机构,负责交易所重大事项的决策。会员在交易所中具有平等的法律地位、享有平等表决权。会员大会在表决机制上,实行一人一票,采取“人头多数决”主义。

3. 会员制证券交易所不以营利为目的。所谓不以营利为目的,非指交易所在经营过程中不能盈利和收取交易费用,而是指交易所在存续期间不得将其财产积累分配给会员。实际上,各国、各地区一般都规定会员制交易所具有收取交易费用的权利。当然,与公司制交易所相比,会员制交易所只收取较低费用。这不仅可以吸引更多的场内交易,而且可以防止上市证券流到场外去交易。

4. 会员制证券交易所实行自律管理。会员制证券交易所有权按照法定程序,确定各项业务规则,交易所的会员以及上市公司必须遵守各项规则,否则交易所有权作出处理决定,甚至取消会员资格或者挂牌资格。同时,由于会员制交易所只限于本所会员进场交易,会员一般能遵守自身参与共同制定的章程、规则,容易形成自律氛围。会员制证券交易所通过自律机制,不仅有助于提升交易所的自身服务水平和竞争能力,也有助于建立公开、公平、公正的证券市场。

5. 会员制证券交易所对场内交易不负担保责任。会员制交易所不承担交易中任何责任,交易中的损失包括风险和违约损害,概由证券买卖双方承受。投资者由于交易所会员行为而遭受损害时,只能向证券商而无权向证券交易所要求损害赔偿。这一制度安排既可促使投资者慎重选择证券经纪人,也可促使会员增强风险意识、自律意识和责任意识。

(二)会员制证券交易所的主要缺陷

1. 会员证券商与投资者之间存在竞争,可能损害证券交易的公正性。在会员制交易所中,只有会员才可进入交易所进行交易,非会员的证券交易必须通过会员进行。而会员证券商本身又是交易的参加者。毫无疑问,在证券交易中,会员证券商比一般投资者拥有更多的从事交易、获取信息的便利,极有可能酿成证券交易中的不公正现象。

2. 不利于筹集发展资金。随着交易所之间竞争的加剧,各交易所亟须筹集资金改进服务、更新技术等,以提高自身竞争能力。会员制交易所由于会员相对稳定、封闭,会员权不能自由转让,因此,无法像公司制交易所那样在资本市场上筹集发展资金。

3. 不利于证券交易所提高服务质量。会员制证券交易所中,只有会员证券商才可进入证券交易所进行交易。而新会员的加入一般要经过原会员同意,因此,交易所会员实际上处于一种垄断地位。因此,不利于证券商之间形成充分竞争,也不利于交易所提高服务质量和降低收费标准。

4. 投资者风险较大。与公司制证券交易所相比,由于买卖双方自负交易上的一切责任,得不到交易所的赔偿,因而风险较大。①

二、公司制证券交易所

公司制证券交易所是以营利为目的、采取公司形式设立运行的证券交易所。在全球范围内,纽约证券交易所、纳斯达克股票交易所、伦敦证券交易所、东京证券交易所、香港交易所、澳大利亚股票交易所,目前无一例外地采取了公司制。

(一)公司制证券交易所的主要特征和优势

1. 公司制证券交易所是非互助性组织。交易所由股东出资设立,而股东无须为证券商。公司的所有者、决策者和交易服务设施的使用者,分属不同主体。股东作为公司的所有者,选举和更换董事,公司的决策权被授予董事会,公司的日常经营则由经理层完成。进入交易所交易的主体,可以是与交易所签订服务协议的任一证券商,而无论其是否具有股东身份。

2. 股东大会是公司制交易所最高权力机构。公司制交易所一般适用公司法的规定,股东大会是公司的最高权力机构,负责交易所重大事项的决策,选举和更换董事。与会员制不同,公司制交易所在表决机制上采取"股份多数决"原则,股东按其所持股份的多少,行使表决权。

---

① 杨洁:《祖国大陆、香港和台湾地区证券交易所制度比较研究》,载《广西大学学报》(哲学社会科学版)第25卷第1期(2003年2月)。

3. 公司制交易所具有营利性，但须兼顾公共利益。交易所以营利为目的，向进场交易的证券商收取较高的交易费用，并向股东分配股利。在营利目的驱使下，证券交易所将努力改善交易所的治理、管理与服务水平，提高证券交易所的竞争力。同时，作为提供证券集中交易场所的特殊法人，公司制交易所尚须承担公共职能，以保证证券市场的正常运行。

4. 有利于提高证券交易的公平与公正。公司制证券交易所本身不直接参与证券买卖；入场交易的证券商及其股东或者经理人一般不得成为公司制交易所的高级管理人员。因而，在证券买卖过程中，证券交易所基本上不受交易双方中任何一方的影响，能保持中立，从而有助于实现证券交易的公平和公正。

5. 有利于筹集资金和开展并购活动。前列全球著名的纽约证券交易所、纳斯达克股票市场、伦敦证券交易所、香港交易所等，均为自我上市（self-listing）的公众公司。[①] 公司制交易所的上市，有助于其凭借其出色的盈利水平和竞争力，在资本市场上大量地筹集资金，将募集资金再次投入交易所的建设和改进中，或者通过市场化并购实现外延式发展。

（二）公司制证券交易所的主要缺点

1. 营利性和社会公共利益目标容易发生冲突。在采取公司制以及公开发行上市情形下，交易所一方面作为证券市场的运营者，负责证券市场的一线监管；另一方面作为营利性公司需要努力实现股东利益最大化。[②] 理论上，为实现营利目的，交易所需要努力改善管理和服务水平，加强自律监管、提高竞争能力，方可实现长远可持续发展。但是，现实中的公司制交易所管理层往往注重短期效益甚至急功近利，融资导致营运行为偏离公共利益。因此，身兼证券市场运营机构和商事公司双重角色带来的利益冲突，始终是公司制交易所面临的首要问题。[③]

2. 公司制交易所承担的风险较大。公司制交易所对买卖双方的违约行为，承担损害赔偿责任。一旦交易中有一方出现违约而又缺乏偿付能力，证券交易所就要遭受损失。[④] 因此，交易所承担的风险较大，倘若交易所因不堪重负陷入破产，将给一个国家或地区的资本市场乃至金融系统造成巨大冲击。

3. 可能导致上市证券转向场外交易。公司制交易所需要承担一些会员制交易所不

---

① 所谓自我上市，主要是指采取公司制的证券交易所在自己运营的股票市场发行上市。

② 参见黄辉：《现代公司法比较研究——国际经验及对中国的启示》，清华大学出版社 2011 年版，第 43 页。

③ 关于境外交易所自律管理利益冲突处理机制的详细内容，可参见李明良、陈丽莉：《新时代公司制交易所的公司治理研究》，载郭锋主编：《证券法律评论（2018 年卷）》，中国法制出版社 2018 年版，第 108 ~ 109 页。

④ 例如，韩国《资本市场法》第 399 条规定，交易所对会员因在证券市场和衍生品市场的买卖交易过程中的违约行为而造成的损失，承担赔偿责任。

必承担的高额费用,如营业税、法人所得税、营业保证金等。加上肩负营利使命,其收取的上市费用和交易费比会员制交易所要高许多。因此,证券买卖双方为逃避昂贵的费用,可能将上市证券转入场外市场进行交易。

三、证券交易所的非互助化

会员制交易所与公司制交易所相比,各有优缺点,不存在绝对意义上的孰优孰劣。从世界各国或地区来看,主要依据其证券市场发展状况、价值取向以及制度传统等选择会员制或是公司制。总体上,在20世纪90年代以前,采取会员制的较多,采取公司制的较少。而采取公司制的国家通常有其特殊的背景和考虑。

证券交易所的非互助化(demutualization),也被称为公司化,①是指以非营利性为特征的会员制证券交易所向以有限责任为特征的营利性证券交易所的转型。② 根据亚洲开发银行公布的关于证券交易所非互助化的报告,非互助化是指交易所在法律地位上由实行一人一票的互助性组织,转变为实行一股一票的股份公司。依据上述定义,交易所的非互助化包含三方面内容的转变:所有权结构、组织结构(治理结构)以及经营目标。③ 在所有权结构上,会员制交易所由会员所有,而非互助化后的交易所由股东所有,且股东无须成为会员;在组织结构上,会员制交易所属互助性组织,发扬民主,实行一人一票,而非互助化后的交易所则实行公司制,实行一股一票的资本多数决原则;在经营目标上,会员制交易所是非营利性的,而非互助化后的交易所则以营利为目的,追求股东利益最大化。公司制交易所与会员制交易所在其他方面的区别,主要源于上述三方面的内容。

目前,我国交易所的主要组织形式是会员制事业单位法人,实际中也参照公司制来完善法人治理结构;而在新时代深化国企改革,建设现代化经济体系,以及在坚决打好防范化解重大风险、精准脱贫、污染防治三大攻坚战等战略背景下,国内交易所的公司治理也将面临新的挑战和机遇。④ 我国《证券法》和相关法规为我国证券交易所采取公司制预留了法律空间,但是难以满足证券交易所采取公司制的制度需求。鉴于此,建议未来证券法区分交易所的不同组织形式分别立法,重点对公司化交易所注册资本、特殊

---

① 严格来说,交易所组织形式的变更并不是非互助化的本质。因为,虽然互助性交易所通常以会员制形式出现,但是公司制交易所并不都体现非互助性。例如,纽约证券交易所虽被称为“公司”,但其并不是非互助性交易所;香港联合交易所在非互助化改造之前就是一家以有限公司形式出现的互助性交易所。由于交易所非互助化通常也就是公司化改造的过程,所以两者经常通用。

② 参见李海龙:《全球并购背景下的证券交易所——以美国经验为重心》,载《清华法学》2014年第3期。

③ 参见深圳证券交易所第一期法律课题研究报告:《证券交易所会员监管法律制度研究》,课题负责人汤欣。

④ 参见李明良、陈丽莉:《新时代公司制交易所的公司治理研究》,载郭锋主编:《证券法律评论(2018年卷)》,中国法制出版社2018年版,第112页。

组织结构和治理要求等予以明确规定,并明确构建利益冲突解决机制。①

第四节 证券交易所的设立与解散

一、证券交易所的设立体制

鉴于证券交易所在金融市场中的地位举足轻重,各国、各地区均对其设立进行严格规范,在此过程中形成注册制、特许制和认可制 3 种常见制度。

(一)注册制

注册制也称为登记制,是指设立证券交易所,只要具备法定条件,即可直接进行注册登记,无须经过政府特别许可。注册制以美国为代表,其《1934 年证券交易法》规定,申请联邦注册的证券交易所必须具备如下条件:有组织证券交易活动的管理能力和经考核合格的管理人员;有合格、齐备的交易场所,并具有通信设施、转账清算、信息处理、交易统计等经营设施;有健全的内部管理制度,并与证券法的管理原则相一致。② 申请人具备前述法定条件的,通过法定程序提出申请后,审查机关便予以注册登记。截至 2019 年 4 月底,经 SEC 登记为美国全国性证券交易所(national securities exchange)的交易所共有 22 家。

证券交易所的设立采取注册制,遵循了自由市场经济理念。但是,一般认为,这种体制风险较大,只有在具备发达的证券市场、完善的证券法制、理性的投资者等条件的国家才可能——也仅仅是可能——运行良好。在证券市场发育不成熟的国家采取这种体制,则可能导致滥设证券交易所和引发恶性竞争。从实际情况来看,除美国外鲜有国家采取这种体制。

(二)特许制

特许制也称核准制,是指证券交易所在注册登记前必须经过政府的特别许可。日本系采取特许制的代表性国家,其《金融商品交易法》规定,金融商品交易所的设立、组织变更和自主规制法人的设立均需要获得内阁总理大臣的事前许可。③

特许制将证券交易所的市场准入交由政府或其证券主管部门决定,既可避免交易所的滥设,也有助于政府对证券市场的宏观调控。目前,大多数国家或地区均采用特许制。

(三)承认制

承认制以英国为代表。英国采用承认制是由历史原因所造成的:在相关成文法出

---

① 参见钟洪明:《多层次资本市场改革视域下证券法制重构论纲》,中国法制出版社 2017 年版,第 98 ~ 99 页。

② 徐明、李明良:《证券市场组织与行为的法律规范》,商务印书馆 2002 年版,第 33 页。

③ 具体内容可参见该法第 80 条、第 81 条、第 85 条、第 101 条和第 105 条等的规定。

台前,英国就有证券交易所存在,而英国对证券交易所的管理又以“自律”为原则,因此,后来的证券金融法律直接认可了既存的证券交易所,形成了认可制。应当注意的是,欧盟国家相互之间承认证券市场的有效性。欧盟投资服务业指令(investment services directive)规定,会员国的投资市场可以将其自动交易系统延伸至其他成员国。[①] 这实际上也是一种承认制。

总体而言,证券交易所的不同设立体制各有特点,并且需要受制于证券市场发展状况、法律传统、法律理念等因素。现阶段,我国证券市场尚不够成熟、证券法制不够健全,故对于证券交易所的设立采取了更加强调事前管制的特许制。我国《证券法》第96条规定,证券交易所、国务院批准的其他全国性证券交易场所的设立、变更和解散由国务院决定,《交易所管理办法》第2条规定,证券交易所经国务院决定设立;该办法第66条规定,“证券交易所不得以任何方式转让其依照本办法取得的设立及业务许可”。采取严格管制的设立体制,不仅可以避免证券交易所的滥设,而且有利于国家对证券市场的宏观调控,与我国现阶段证券市场发展状况以及强调交易所的国家属性相适应。

二、证券交易所的设立条件

规定设立条件,是各国或地区证券法对证券交易所进行法律规范的重要手段。不同国家或地区规定的证券交易所设立条件各有不同,不同组织形式的证券交易所,其设立条件也不同。[②] 我国《证券法》仅规定了设立证券交易所的章程要件和名称要件,没有涉及其他方面。笔者认为,依据我国《证券法》以及法人的一般理论,并结合《交易所管理办法》的规定,设立证券交易所,必须具备以下条件。

(一)必须有自己的名称

名称是证券交易所区别于其他法律主体的表征,是证券交易所人格独立和特定化的具体体现。我国《证券法》第100条规定:“证券交易所必须在其名称中标明证券交易所字样。其他任何单位或者个人不得使用证券交易所或者近似的名称。”这一规定包含两层含义:一是设立单位有义务在其名称中加入证券交易所字样,以示其经营业务的特殊性,这是一项法律义务。二是证券交易所的名称具有专用性,即只有依法成立的交易所才可以在名称中使用“证券交易所”字样,理由是:“证券交易所”字样,不仅表明其机构性质、业务范围等属性,更代表一种资格,即该机构从事的业务活动是法律认可、经过批准和授权的,未经主管部门审批的机构则禁止在其名称中使用“证券交易所”或与之近似的字样。

---

① 徐明、李明良:《证券市场组织与行为的法律规范》,商务印书馆2002年版,第33页。

② 一般来说,会员制交易所(本质上为非营利性社团法人)的设立条件应当适用民法规定的社团法人的条件,公司制交易所的设立则应当适用公司法规定的公司设立条件。但是,由于证券交易所具有非常特殊的功能和较强的公益色彩,各国各地区证券立法一般都明确规定设立证券交易所的具体条件和程序。因此,通常情况下,设立交易所应首先适用证券法,此外适用民法相关规定。

（二）必须有自己的章程

无论交易所采取会员制还是公司制，在组织形态上均属于社团法人。设立社团法人，应当订立章程以明确社员设立法人之意思。我国《证券法》第99条规定，设立证券交易所必须制定章程。证券交易所章程的制定和修改，必须经国务院证券监督管理机构批准。

从私法人的一般理论来说，章程是会员大会或发起人大会对法人的组织和行为预先作出的安排，理应适用意思自治原则。但是，由于证券交易所在现代经济社会的非凡影响力，各国一般都对其章程进行特别规范。

在我国，章程是证券交易所自律管理的重要基础。按照《交易所管理办法》第19条的规定，证券交易所章程应当包括12项事项：设立目的；名称；主要办公及交易场所和设施所在地；职能范围；会员资格和加入、退出程序；会员权利和义务；对会员的纪律处分；组织机构及其职权；理事、监事、高级管理人员的产生、任免及其职责；资本和财务事项；解散条件和程序；其他需要在章程中规定的事项。

（三）必须具备一定数量的会员或股东

证券交易所作为社团法人，必须有一定数量的会员或股东。如日本《金融商品交易法》规定，金融商品交易所的会员不得少于5人，少于5人时交易所解散。我国台湾地区"证券交易法"规定，会员制证券交易所的会员不得少于7人。我国大陆证券法律法规和规章对此均无任何规定，此应属于立法疏漏。

我国《证券法》第105条规定："进入证券交易所参与集中交易的，必须是证券交易所的会员。证券交易所不得允许非会员直接参与股票的集中交易。"根据该规定，只有会员方可进入交易所参与集中交易。在实践中，交易所会员以取得会员资格的证券公司为主。但是，我国《证券法》为混业经营预留了法律空间，将来进入交易所直接参与证券集中交易的机构可不局限于证券公司。此外，证券交易所的一些交易品种将来可能扩大交易参与主体，如债券和证券衍生品种等，证券公司以外的机构在申请成为会员、取得专用席位后也可直接参与证券集中交易。①

（四）有必要的财产或最低注册资本

日本《金融商品交易法》规定，金融商品会员制法人章程应当包含事项包括注册资本金及资本相关事项，股份公司制金融商品交易所章程必须依据《公司法典》第27条记载的事项，包括设立时出资的财产价额或其最低额，且减少资本必须取得内阁总理大臣的认可，增加资本必须向内阁总理大臣汇报。由此可见，日本和我国台湾地区关于交易所注册资本有要求最低限额和仅要求在章程中记载且变动认可之分。

我国证券法律法规没有规定证券交易所的最低注册资本，但对其他证券机构诸如证券公司、证券登记结算机构等都规定了净资产或注册资本要求。《交易所管理办法》

① 罗培新、卢文道等：《最新证券法解读》，北京大学出版社2006年版，第171页。

则规定,交易所章程应当包括"资本和财务事项"的内容。笔者认为,由于当前我国证券交易所采取会员制,包括我国《民法总则》在内的相关法律法规没有对非营利法人的注册资本作出一般性规定,且交易所作为法人已经"有必要的财产或经费"来独立承担民事责任,因而注册资本问题并不突出。但是,一旦交易所采取公司制则其注册资本问题无法回避,为此需要对此予以明确规定。

此外,关于我国上海、深圳证券交易所注册资本的"历史遗留问题"也有待彻底解决。历史上,上海证券交易所成立时,以会员缴纳席位费的一部分作为注册资本的来源,交易所的资产负债表所有者权益中无"实收资本"一栏,但工商登记时注册资本是3亿元人民币;深圳证券交易所成立之初,注册资本源于政府借款,后来以交易所历年盈余偿还,但目前以会员的全部席位费作为实收资本。从法理上来说,沪、深两家证券交易所关于会员席位费和注册资本的会计处理并不符合法律法规及交易实质。或许,证券法律法规未规定交易所注册资本,已经统筹考虑了上述现实情况,但未来需要尽快彻底解决上述问题。

(五)组织机构、业务规则以及场所设施要求

证券交易所作为一个法人组织,必须借助于组织机构才能正常运作。良好的组织机构也是证券交易所改善经营管理、提高竞争力的关键。因此,各国家和地区都非常重视证券交易所法人治理结构。一般来说,会员制证券交易所的组织机构包括会员大会、理事会、监察委员会、总经理和各专门委员会等机构,公司制交易所则根据公司法人治理要求设置相应的机构。

业务规则也是证券交易所成立的必备条件。因为证券交易所是组织证券交易的机构,若无规则,则证券交易就无法顺利进行。我国《证券法》第115条规定了证券交易所享有广泛的业务规则制定权,包括上市规则、交易规则、会员管理规则和其他有关业务规则。

场所之重要性在证券交易所的定义和性质界定中已经充分反映,因为交易所为证券集中交易提供场所是其基本职能之一。需要注意的是,所谓场所,既包括交易所提供的交易场所,也包括交易所的注册地或住所。我国《证券法》明确规定交易所要为证券交易提供设施,表明交易设施之于证券交易的重要性。近年来,境外各证券交易所都非常注重加大对交易设施的投入,改善交易设施和条件,将此作为提升交易所竞争能力的重要手段。

三、证券交易所的解散

(一)证券交易所的解散事由

证券交易所可以永续存在,也可能因故解散。对于会员制交易所来说,如无明确规定难以准用公司法等规定,因此,其解散事由一般由证券法律法规明确。如我国台湾地区"证券交易法"第122条规定,会员制证券交易所因下列事由之一而解散:章程所定解散事由之发生;会员大会之决议;会员不满7人时;破产;证券交易所设立许可之撤

销;其中,会员大会决议解散的,非经主管机关核准,不生效力。日本《金融商品交易法》第 100 条规定的金融商品会员制法人解散事由,包括章程规定的解散理由发生、大会决议、合并、会员数量少于 5 人、决定开始破产程序以及未按规定申请许可或者许可未获批准、被撤销或者失效,法律还就解散后的剩余财产分配和清算等事宜作了详细规定。

我国《证券法》和《交易所管理办法》都没有明确规定证券交易所的解散事由,但后者于该办法第 19 条要求证券交易所章程应当包括的事项之十一为解散的条件和程序。

(二)证券交易所的解散程序

根据我国《证券法》第 106 条第 2 款的规定,证券交易所的设立、变更和解散,由国务院决定。《交易所管理办法》要求交易所章程规定解散的条件和程序,但从《上海证券交易所章程》来看并没有完整落实这一规定,而仅于该章程第 62 条规定本所解散时按国家规定的程序进行清算。从境外如日本的立法来看,证券交易所解散的后果和程序的核心规定有,一方面明确剩余资产的分配;另一方面明确准用公司法的相关规定。①

第五节 证券交易所的组织机构

我国新《证券法》虽为证券交易所采用公司制预留了法律空间,但是沪、深两家证券交易所目前均为会员制交易所,而且《交易所管理办法》也以会员制交易所为规范对象,故以下主要阐述会员制交易所的组织机构。

一、会员与会员大会

(一)会员

证券交易所会员,是指经国家有权部门批准设立的,具有法人资格,并依法取得交易所会籍的境内证券经营机构。会员是会员制证券交易所的设立人,其主要职能是连接证券供求双方,参与证券市场流通业务,发挥中介职能。我国《证券法》规定,进入证券交易所参与集中交易的,必须是证券交易所的会员,投资者也只有通过会员方可参与证券的集中交易。因此,会员的质量不仅关系交易所能否正常运作以及运作效率,也牵涉投资者利益保护。

1. 入会条件与程序。对会员条件的详细设定,属于证券交易所意思自治的范畴。因此,《交易所管理办法》第 46 条仅原则性规定,证券交易所接纳的会员应当是经批准设立并具有法人地位的境内证券经营机构,而没有设置更详细的条件;证券交易所的会员种类,会员资格及权利、义务由证券交易所章程和业务规则规定。证券交易所为保证

① 参见日本《金融商品交易法》第 100 条之 2 至第 100 条之 25。

会员质量，确保交易所正常、高效运转，都设有了严格的条件。例如，《上海证券交易所章程》第 19 条就规定了申请成为会员应当同时具备的条件。

2. 会员权利、义务。会员作为证券交易所的设立人与成员，必然对交易所享有权利，同时也必须承担相应的义务。根据我国《证券法》第 105 条的规定，会员享有参与集中交易的权利，而且这是一种专属于会员的权利，是非会员所不能享有的。须注意的是，会员的这种交易专有权以参与集中交易为限，对集中交易以外的其他交易方式，则不具有专属性。《上海证券交易所交易规则》第 2.2.1 条规定，会员及本所认可的机构进入本所市场进行证券交易的，须向本所申请取得交易权，成为本所交易参与人。依据该规定，交易所的交易参与人既包括会员，也包括会员以外的交易所认可的机构。证券交易所会员权利、义务的集中规定，主要见诸于交易所的章程。[①]

3. 会员资格的终止及对会员的处分。如同股东资格，交易所会员资格也会因一定事由而终止。[②] 如《上海证券交易所章程》第 23 条规定，会员资格终止的情形包括会员申请等 6 类情形。

证券交易所作为自律组织，可以依据章程和业务规则对会员进行处分。对此，《交易所管理办法》第 55 条规定，会员出现违法违规行为的，证券交易所可以按照章程、业务规则规定采取暂停受理或者办理相关业务、限制交易权限、收取惩罚性违约金、取消会员资格等自律监管措施或者纪律处分。沪、深两家证券交易所章程规定的对会员的纪律处分种类，包括通报批评；公开谴责；收取惩罚性违约金；暂停或者限制交易权限；取消交易权限；取消会员资格。

（二）会员大会

1. 会员大会的法律地位与职权。会员大会是由交易所全体会员组成的最高权力机构，是会员制交易所的必设机构。我国《证券法》没有规定会员大会，《交易所管理办法》对此有详细规定。会员是交易所的设立人和所有者，会员大会在交易所的诸多机构中应当处于最基础的地位。但是，正如股东和股东大会在公司中只享有有限权力一样，[③]会员大会也需遵守法律规定的权力分配，在职权范围内行使权力。《交易所管理办法》规定，会员大会具有以下职权：制定和修改证券交易所章程；选举和罢免会员理事、会员监事；审议和通过理事会、监事会和总经理的工作报告；审议和通过证券交易所的财务预算、决算报告；其他重大事项。

关于会员大会的职权，还需要注意以下问题：一是章程的制定和修改经会员大会通

---

① 具体参见《上海证券交易所章程（2018 年修订）》第 21 条、第 22 条的规定，深圳证券交易所章程规定的会员权利义务基本相同。

② 我国台湾地区“证券交易法”第 107 条规定之会员退会事由包括会员资格之丧失、会员公司之解散或撤销以及会员之除名。

③ ［美］罗伯特・W. 汉密尔顿：《公司法概要》，李存捧译、刘李胜校，中国社会科学出版社 1999 年版，第 130～131 页。

过后，须报证监会批准，方能生效；二是会员大会只能选举会员理事，非会员理事由证监会委派，会员大会无权选举；三是“其他重大事项”不应包括法律明确划归理事会权限的事项。

2. 会员大会的形式和议事规则。会员大会是非常设机构，以会议形式行使职权，分为年会和临时会议两种形式。《交易所管理办法》第 20 条规定，会员大会由理事会召集，每年召开 1 次；有下列情形之一的，应当召开临时会员大会：理事人数不足最低人数；1/3 以上会员提议；理事会或监事会认为必要。

会员大会议事须遵守下列规则：(1)每一会员有一票表决权；(2)理事会、监事会或者占会员总数 10% 以上的会员，可以向会员大会提出提案；(3)会员大会须有 2/3 以上会员出席，其决议须经出席会议的过半数以上会员表决通过后方为有效。此外，会员大会结束后 10 个工作日内，交易所应当将大会全部文件及有关情况报证监会备案。

3. 会员大会决议的生效。会员大会决议，必须在内容和程序都合法的条件下，才能生效。所谓内容合法，是指决议内容必须符合法律、行政法规以及交易所章程的规定；所谓程序合法，是指会议的召集程序和决议方法必须符合法律、行政法规以及交易所章程的规定。如果会员大会决议存在内容瑕疵或程序瑕疵情形的，可参照公司法关于股东大会决议瑕疵的处理方式进行处理。

二、理事会

证券交易所的权力机构是会员大会，但会员大会并非常设机构，不直接从事经营管理，会员的意思表示以及会员大会的决议必须通过其他机构来贯彻落实。根据我国《证券法》第 102 条的规定，证券交易所设理事会。相对于会员大会来说，理事会是证券交易所的执行机构，负责执行会员大会决议。

（一）理事会法律地位及其职责

理事会是证券交易所的常设机构，负责执行会员大会的决议，直接对会员大会负责。《交易所管理办法》明确规定，理事会是证券交易所的决策机构。理事会的性质可以概括为以下方面。

1. 理事会是交易所的必设机构，依法行使职权。

2. 理事会是由若干名理事组成的委员会机构。

3. 理事会是交易所的决策机构。何为“决策机构”，认识上存在争议。在公司法中，股东大会是重大事项的“决策机关”，董事会则只是“经营决策”机关。理事会是一个类似于董事会的机构，因此宜定位为“经营决策”机构。在实践中，由于会员大会的形骸化，理事会在交易所运作中处于事实上的中心地位。

理事会的职责是其法律地位的具体化。作为交易所执行机构和经营决策机构，依据《交易所管理办法》的规定，理事会具有 14 项职责。[①] 比较《交易所管理办法》2017 年修

---

① 具体参见《交易所管理办法》第 22 条。

订前后的变化可知,交易所理事会的职权获得了大幅拓展。

（二）理事会组成及任期

按照《交易所管理办法》的规定,理事会由会员理事和非会员理事组成,会员理事由会员大会选举产生,非会员理事由证监会委派。理事总人数为7～13人,其中非会员理事人数不少于理事会成员总数的1/3,不超过理事会成员总数的1/2。理事每届任期3年,由于无连任期限限制,理论上可以连续连任。另外,按照规定,理事会设理事长1人,副理事长1～2人。总经理应当是理事会成员。

（三）理事会会议及决议

理事会采取委员会治理形式,其行使权力主要通过形成理事会会议决议的方式进行。理事会会议是理事会行使权力和履行职责的手段,是理事会形成各项决议的工作机制。理事会会议的任何决议都应符合法律、行政法规和交易所章程,服从会员大会决议。根据《交易所管理办法》之规定,理事会会议至少每季度召开1次,会议须有2/3以上理事出席,其决议应当经出席会议的2/3以上理事表决同意方为有效。理事会决议应当在会议结束后两个工作日内向证监会报告。

（四）理事长

证券交易所理事长是负责并主持理事会工作的理事。世界许多国家（地区）的证券法律都规定理事长对内负责经营决策,对外代表交易所行使权利,类似于交易所的法定代表人。如美国纽约证券交易所理事长是该交易所法定代表人。我国《交易所管理办法》也对理事长作了专门规定。按照规定:理事会设理事长1人,副理事长1～2人。但是,关于理事长的产生和任命,我国《证券法》和《交易所管理办法》均未明确规定。从既往情况来看,交易所理事长由中国证监会委派。

按照规定,理事长在行使作为一般理事的职责之外,还须行使下列职责:召集和主持理事会会议;担任会员大会期间的会议主席;兼任监事会主席;理事长不能兼任证券交易所总经理。须注意的是,2017年《交易所管理办法》修订前,证券交易所的法定代表人由总经理担任,修订后则明确规定理事长是交易所的法定代表人。

三、总经理

（一）法律地位及其职责

总经理是证券交易所的必设机构。我国《证券法》第102条明确规定,证券交易所设总经理一人,由国务院证券监督管理机构任免。根据《交易所管理办法》第28条的规定,交易所总经理行使主持证券交易所日常工作等8项职权。

（二）总经理的任免

总经理是理事会领导下负责交易所日常经营管理的机构。许多国家的证券法都规定,会员制证券交易所中,总经理由理事会任免。但在我国,根据新《证券法》第102条及《交易所管理办法》第27条的规定,总经理由中国证监会任免,副总经理按照证监会的相关规定任免或者聘任。有学者对此指出,总经理任免的规定体现了证监会强化对交易所的控制,在证监会控制交易所的决策机构和执行机构的背景下,交易所的独立性显然无法得到保证。① 在交易所市场化经营条件下,为适应交易所日益激烈的竞争,建议改变现行做法,重新建立由交易所理事会从经理人市场挑选总经理和副总经理并进行任免的制度。

四、监事会

我国新《证券法》第102条明确规定证券交易所设监事会,首次在法律上确认监事会为证券交易所必设机构。②

(一)法律地位及其职责

根据《交易所管理办法》的规定,监事会为证券交易所的监督机构,行使以下职权包括。

1. 检查证券交易所财务。
2. 检查证券交易所风险基金的使用和管理。
3. 监督证券交易所理事、高级管理人员执行职务行为。
4. 监督证券交易所遵守法律、行政法规、部门规章和证券交易所章程、协议、业务规则以及风险预防与控制的情况。
5. 当理事、高级管理人员的行为损害证券交易所利益时,要求理事、高级管理人员予以纠正。
6. 提议召开临时会员大会。
7. 提议召开临时理事会。
8. 向会员大会提出提案。
9. 会员大会授予和证券交易所章程规定的其他职权。

(二)成员组成及议事规则

在监事会成员及相关事项方面,《交易所管理办法》主要有以下规定。

1. 监事会人员不得少于5人,其中,会员监事不得少于2名,职工监事不得少于2名,专职监事不得少于1名。监事每届任期3年。
2. 会员监事由会员大会选举产生,职工监事由职工大会、职工代表大会或者其他形式民主选举产生,专职监事由证监会委派。理事、高级管理人员不得兼任监事。
3. 监事会设监事长1人。监事长负责召集和主持监事会会议。监事长因故不能履行职责时,由监事长指定的专职监事或者其他监事代为履行职务。

在监事会会议规则方面,要求监事会至少每6个月召开1次会议。监事长、1/3以

---

① 参见谢增毅:《证券交易所组织机构和公司治理的最新发展》,载《环球法律评论》2006年第2期。

② 在实践中,2012年12月中国证监会根据国务院《关于建立和完善事业单位法人治理结构的意见》精神,印发了《关于会员制交易所设立监事会的通知》。按照证监会的统一部署,上海证券交易所和深圳证券交易所分别于2013年4月和5月成立监事会。

上监事可以提议召开临时监事会会议。监事会决议应当经半数以上监事通过。监事会决议应当在会议结束后2个工作日内向证监会报告。

五、专门委员会

《交易所管理办法》第33条规定:"理事会、监事会根据需要设立专门委员会。各专门委员会的职责、任期和人员组成等事项,由证券交易所章程具体规定。各专门委员会的经费应当纳入证券交易所的预算。"由此可见,设置专门委员会是交易所意思自治的范畴,交易所根据自身经营管理等需要予以设置。

目前,沪、深两家证券交易所理事会均设立了上市委员会、上诉复核委员会。在设立科创板并试点注册制改革背景下,上海证券交易所在承担原有自律监管职责的基础上,还直接负责科创板发行上市申请的审核。根据改革所作安排,这种监管功能的调整,必然对交易所内部专业委员会的设立或运行提出新的要求。目前,上海证券交易所组建了科创板股票上市委员会、科技创新咨询委员会、公开发行自律委员会。后续需要结合试点经验,进一步完善专门委员会的具体制度。

监事会根据需要设立专门委员会,目前尚处于研究阶段。[①] 历史上,2001年《交易所管理办法》曾规定,理事会设监察委员会,定位为交易所的监督机构,专司监督职能。现行证券法律法规已经要求交易所设立监事会,取代原理事会下的监察委员会,从更高层级加强对交易所的内部检查监督。[②] 如何根据新的法律法规要求设立监事会、专门委员会以夯实其监督职能,值得深入研究和讨论。

第六节　证券交易所的监管职能

一、证券交易所监管职能概论

(一)交易所监管职能的理论分析

证券交易所监管是与政府监管相对应的范畴,具体是指交易所依据法律授权、行政授权或自律规则,监督证券交易、管理证券市场的职能。按照监管对象的不同,证券交易所监管主要可分为对证券交易活动的监管、对会员的监管以及对证券上市交易公司的监管。此外,按照权源的不同,证券交易所监管又可分为自律监管和行政(他律)监管,自律监管是指基于自律规则的监管,行政监管包括基于法律法规授权的监管和基于

---

① 参见杨志华:《深圳证券交易所第一届监事会工作报告(节选)》,载深圳证券交易所网:http://www.szse.cn/main/aboutus/bsyw/39771220.shtml,最后访问日期:2019年10月11日。

② 参见中国证监会:《〈证券交易所管理办法〉修订草案征求意见稿修订说明》,载中国证券监督管理委员会网:http://www.csrc.gov.cn/pub/zjhpublic/zjh/201709/P020170901562154192478.pdf,最后访问日期:2019年10月11日。

行政授权的监管。

相较政府性监管，证券交易所监管具有其独特和明显的优势。国际证监会组织(IOSCO)在《证券监管的目标和原则》中指出，自律组织(SROs)可能要求会员遵守比政府监管要求更高的道德和商业行为标准；在要求提供信息方面，自律组织比政府监管者具有更加宽泛的权力；对于市场运行和实践的理解更加深入和专业，由此对于市场环境变化的反应可以比政府监管当局更加迅捷；能够建立和维护从事自身以及监管者监管职责的技术基础设施，而这种设施的建立和维护来自监管对象而非由纳税人提供资金。因此，自律组织能够最有效地发挥其专业能力，胜任其监管职责。① 在我国学界和实务界，对交易所自律监管的优势较典型的概括如下：一是能充分发挥市场的创新和竞争意识，有利于活跃市场；二是允许证券商参与制定证券市场监管规则，从而使市场监管更切合实际，制定的监管法规具有更大的灵活性，效率较高；三是自律组织对市场发生的违规行为能作出迅速而有效的反应。②

在证券市场发展的早期，自由主义经济思想大行其道，政府通常不对证券市场进行监管。证券交易所为维护证券交易秩序，通过制定实施自律规则行使监管职能，有效推动了早期证券市场的发展。20 世纪 30 年代美国经济大萧条之后，多数国家加强了对证券市场的政府监管，在世界范围内形成了 3 种证券监管模式，即政府主导型、自律主导型和中间型模式。无论在何种模式下，证券交易所监管都具有重要地位。毋庸置疑，交易所监管以前是、现在是、将来仍然是证券监管体系中不可缺少的组成部分。③

我国新《证券法》顺应时势发展需要，重构了交易所监管的法制基础，主要表现在：第一，规定证券交易所履行自律管理职能，应当遵守社会公共利益优先原则，维护市场的公平、有序、透明；第二，规定证券交易所监管职能和职责的范围，并规定交易所依据法律行政法规规定以及行政机关许可、授权或者委托履行监管职能；第三，规定交易所依法制定实施的业务规则对证券交易业务活动的各参与主体具有约束力，交易所应当按照章程、协议以及业务规则的规定，对违法违规行为采取自律监管措施或者纪律处分。我国新《证券法》的颁布实施，有利于交易所更好地发挥其一线监管职能。④

---

① See The International Organization of Securities Commissions (IOSCO), Objectives and Principles of Securities Regulation, https://www.iosco.org/library/pubdocs/pdf/IOSCOPD561.pdf, October 25, 2019.

② 参见周正庆、李飞、桂敏杰等主编：《新证券法条文解析》，人民法院出版社 2006 年版，第 487 页。

③ 在我国有学者还将交易场所监管视为与政府监管、民事诉讼平行的证券法律实施机制。参见缪因知：《中国证券法律实施机制研究》，北京大学出版社 2017 年版，第 47 页、第 61 页等。

④ 需要指出的是，对于何为一线监管并未见相关政策文件明确界定。有学者认为，我国监管层所使用的一线监管借鉴了香港交易所的相关表述，后者是指对市场参与者(market participants)，尤其是对发行人的自律管理(self-regulation)和法定监管(statutory regulation)。参见冷静：《法定自律组织还是法律法规授权组织：新形势下证券交易所及其一线监管性质辨》，载黄红元、卢文道主编：《证券法苑》(第 23 卷)，法律出版社 2017 年版，第 208 ~ 209 页。

（二）证券交易所监管职能的法律渊源

交易所监管职能的法律渊源一般有三种：一是法律法规和行政规章的授权；二是政府监管部门的行政授权；三是证券交易所的自律规则和业务合同。①

1. 法律、行政法规和规章的授权。我国《证券法》明文规定，证券交易所“实行自律管理”，该法第七章对证券交易所的监管职能作了集中规定。《交易所管理办法》第7条规定，证券交易所的职能包括“法律、行政法规规定的以及中国证监会许可、授权或者委托的其他职能”；该办法第10条规定，“证券交易所制定或者修改业务规则，应当符合法律、行政法规、部门规章对其自律管理职责的要求”；该办法第12条规定，“证券交易所应当按照章程、协议以及业务规则的规定，对违法违规行为采取自律监管措施或者纪律处分，履行自律管理职责”。据此，证券交易所履行监管职能具有坚实的法律法规依据。

2. 政府监管部门的行政授权。在集中统一的证券监管模式下，政府监管居于主导地位，但其无法“包打天下”，也不能排斥交易所的自律监管。相反，将部分监管职能授权给证券交易所行使可以达到更好的效果。我国新《证券法》没有明确规定政府监管部门对交易所行政授权的内容，但这并不意味着不能对证券交易所行政授权。事实上，根据《交易所管理办法》第7条的规定，证监会的许可、授权或者委托是证券交易所行使职能的权源之一。在实践中，如证监会2014年委托上海、深圳证券交易所实施案件调查试点，即为典型的行政授权行为。

3. 自律规则和业务合同。从境外情况来看，早期证券交易所通过自律规则来监管和规范市场非常普遍。从理论上来说，在会员制交易所中，交易所章程和行为规则的制定、修改直接或者间接经过会员大会的表决，体现了被监管者（会员）的集体意志，由此成为交易所监管依据当无疑义。

除其章程和业务规则外，证券交易所的监管依据还包括上市协议等业务合同。在公司制交易所中，交易所与挂牌公司、证券商之间是契约关系；而在会员制的交易所中，挂牌公司并非交易所会员，无非完全套用前述自律监管的分析路径。② 从境内外证券市场共同的实践来看，交易所和相关主体签署格式化的业务合同，则前述问题可迎刃而解。比如，交易所通过与证券商签订契约，使其章程和业务规则对证券商发生法律效力。而根据我国《证券法》第46条和《交易所管理办法》第58条的规定，证券上市协议是确定交易所与上市公司之间权利义务关系的基础法律文件，是交易所进行自律监管的制度根基和权利本源。交易所通过与证券上市交易的公司签订上市协议，使后者直接接受交易所自律规则的约束。

---

① 也有学者将交易所监管权的来源界定为两大途径：一种是法律法规和行政主体授权、委托某类主体监管另一类主体；另一种是被监管者群体为了自身利益而推选、聘用一些人来监管管理自身成员。参见缪因知：《中国证券法律实施机制研究》，北京大学出版社2017年版，第61～62页。

② 参见缪因知：《中国证券法律实施机制研究》，北京大学出版社2017年版，第62页。

需要指出的是,上述3种渊源经常出现融合情况。例如,形式上的交易所自律规则,很多只是转述法律授权或者行政授权的内容。这就需要正本清源,从实质来判断交易所监管职能的渊源。如果仅仅是转述法律规定或者行政授权的内容,则不能将自律规则认定为直接渊源,而宜按法律授权和行政授权处理。

二、证券交易所业务规则及其效力界定

(一)交易所业务规则的主要法律特征

1.交易所业务规则是证券法律制度的重要组成部分。不同国家证券法的渊源呈现差异,但总体上主要由法律、行政法规(或行政命令)、证券监管规则以及自律规则等层次构成。在我国大陆,有学者认为,现阶段证券法律法规体系包括法律、行政法规、监管规章和司法解释、行业规定或自律规则四大层次。[①] 我国新《证券法》第115条规定,"在证券交易所从事证券交易,应当遵守证券交易所依法制定的业务规则",在立法上明确了交易所业务规则的法律效力。因此,交易所业务规则是我国证券法律和规范体系的重要组成部分。

2.制定实施业务规则是交易所履行监管职能的重要方式。由于证券法律法规和部门规章在立法程序性和稳定性上的要求更严格,在调整和规范变动的证券市场方面存在各自缺陷。相比而言,证券业务规则的制定、修改更加灵活和贴近市场实际,有利于弥补正式法律制度的缺陷和满足资本市场高度技术性、专业性和易变性的制度需求。事实上,在我国,根据《证券法》等法律的规定,制定和执行证券业务规则是自律组织履行监管职责的重要手段。[②]

3.交易所应当依法依规制定实施业务规则。交易所业务规则涉及证券市场的组织、监督和管理等基本制度,对市场参与主体具有直接约束效力,因此,其制定修改和实施等必须依法依规进行。对此,我国《证券法》明确规定,交易所制定规则,应当依照证券法律、行政法规和国务院证券监督管理机构的规定,并报国务院证券监督管理机构批准。《交易所管理办法》第10条则强调,证券交易所制定或者修改业务规则应当符合自律管理职责的要求。总而言之,交易所业务规则应当在履行监管职责范围内依法依规制定实施,而证券监督管理机构对交易所业务规则的批准既是规则生效的前提条件,也是其对交易所进行监督管理的重要内容。

(二)交易所业务规则的主要体系

我国《证券法》第115条列举的交易所业务规则包括上市规则、交易规则、会员管理规则和其他有关业务规则。毫无疑问,上述三大规则是交易所业务规则的中枢和核

---

① 参见华东政法大学课题组:《证券法的调整范围与立法体例研究》,载黄红元、徐明主编:《证券法苑》(第10卷),法律出版社2014年版,第135页。

② 参见徐明、卢文道:《证券交易所业务规则法律效力与司法审查》,载《证券法苑》(第2卷),法律出版社2010年版,第261~262页。

心部分,是交易所业务规则体系的基础。而从《交易所管理办法》第10条规定来看,对证券市场可能产生重大影响从而需要交易所理事会通过后报证监会批准的重要业务规则,包括证券交易、上市、会员管理等业务规则;涉及上市新的证券交易品种或者对现有上市证券交易品种作出较大调整;以联网等方式为非本所上市的品种提供交易服务;涉及证券交易方式的重大创新或者对现有证券交易方式作出较大调整;涉及我国港澳台地区及境外机构的重大事项;证监会认为需要批准的其他业务规则。

目前,沪、深两家证券交易所已经形成由章程统率,以上市规则、交易规则和会员管理规则三大基本规则为主体,其他业务实施细则、指引和一般性通知为补充的相互配套、相互协调的业务规则体系,其内容涵盖组织、发行、上市、交易、会员、服务等方面。①需要指出的是,交易所相关职能部门为履行日常监管职责,制定实施并不时修订完善的业务备忘录、公告格式和业务指引等名目不一的规范性文件,均属于交易所业务规则,同样对市场主体具有直接约束力。

(三)交易所业务规则的效力界定

从我国《立法法》的规定来看,自律监管机构的业务规则不能纳入法律体系范围内。但是,证券业务规则对市场参与者具有普遍的约束力和执行力,②对证券市场的规范发展具有不可替代的作用。因此,我国新《证券法》在原法基础上更进一步,明确规定各类市场参与主体应当遵守证券交易所依法制定的业务规则,否则交易所有权给予纪律处分或者采取其他自律管理措施。《交易所管理办法》第11条规定,证券交易所制定的业务规则对证券交易业务活动的各参与主体具有约束力。

笔者认为,我国《证券法》及部门规章关于交易所业务规则的效力规定,符合目前国内理论和实务界的普遍认识和市场实践,有利于交易所更好地履行自律监管职能。同时,上述规定精神也暗合了境外成熟市场的普遍立场。比如,耶鲁大学教授亨利·汉斯曼(Henry Hansmann)和哈佛大学教授雷尼尔·克拉克曼(Reinier Kraakman)认为,将自律规则界定为(公司)法律渊源之一,部分原因在于通常它直接或者间接地受到狭义意义上法律的支持,比如,美国证券交易所自律管理的权威既由《1934年证券交易法》和SEC根据该法制定的行政性规则所强化亦由其所制约。③ 而在相关司法判例中,法官指出,按照《1934年证券交易法》第6条制定的交易所规则内容实际上是该法的延伸,在一定程度上将交易所业务规则的效力层次提高到了与《1934年证券交易法》类似的地步。④

---

① 参见徐明、卢文道:《证券交易所业务规则法律效力与司法审查》,载《证券法苑》(第2卷),法律出版社2010年版,第265页。

② 同上书,第262页。

③ See Henry Hansmann and Reinier Kraakman, The Essential Role of Organizational Law, https://papers.ssrn.com/sol3/papers.cfm?abstract_id=229956, October 26, 2019.

④ 参见徐明、卢文道:《证券交易所业务规则法律效力与司法审查》,载《证券法苑》(第2卷),法律出版社2010年版,第266页,注⑥。

在确定证券业务规则效力问题上,还涉及民法"习惯"的理解与适用。我国《民法总则》第 10 条规定,处理民事纠纷,应当依照法律;法律没有规定的,可以适用习惯,但是不得违背公序良俗。我国《民法总则》将习惯确认为民事法律渊源,承认民事生活纷繁复杂,法律很难做到面面俱到,习惯可以在一定程度上弥补法律的不足。在商事领域,对将习惯法作为法律渊源的需求较强烈。① 由于证券交易的专业性、技术性等特点,高位阶的法律法规甚至规章难以全面规定,而证券业务规则恰恰能够弥补这一不足。从境外来看,证券业务规则属于各证券市场重要的商事习惯或规则,而具有相应的拘束力。笔者认为,在我国《证券法》明确交易所业务规则效力的同时,还应当将其界定为证券市场重要的商事规则,在法律法规无明确规定时应优先适用证券业务规则。②

三、对证券交易活动的监管

(一)制定实施证券交易规则

我国《证券法》明确认可了交易所的交易规则制定权,《交易所管理办法》规定,证券交易所应当制定具体的交易规则,并对交易规则的内容进行列举式规定。③

(二)公开证券交易信息

证券交易信息是投资者投资判断的基础,也是形成公平合理的证券交易价格的保障。公开证券交易信息是证券交易所的法定义务。我国《证券法》第 109 条第 1 款规定,证券交易所应当为组织公平的集中交易提供保障,实时公布证券交易即时行情,并按交易日制作证券市场行情表,予以公布。此外,交易所还应当保证投资者有平等机会获取证券交易信息,并有平等的交易机会。根据《交易所管理办法》和上海、深圳证券交易所交易规则等的规定,证券交易信息包括即时行情、证券指数和非即时信息。

除规定证券交易所有义务公布交易信息外,我国《证券法》第 109 条第 2 款规定了交易所对即时行情的信息专有权。《交易所管理办法》第 37 条规定,证券交易所对市场交易形成的基础信息和加工产生的信息产品享有专属权利;未经证券交易所同意,任何单位和个人不得以商业目的使用;经许可使用交易信息的机构和个人,未经证券交易所同意,不得将该信息提供给其他机构和个人使用。通过法律法规明确交易所对交易即时行情的信息专有权,为交易所制止即时信息盗用行为提供了法律依据,有利于维护证券交易市场秩序和交易所开拓信息产品服务。对此需要特别说明者有二点:首先,交易所的信息专有权是对即时行情的"思想内容"享有的权利,而与版权仅对作品的"表达形式"享有权利不同;其次,我国新《证券法》没有规定交易所对非即时信息享有权利,但交易所对非即时信息仍享有权利,只是这种权利的性质是版权,而不是信息专有权。

---

① 参见李适时主编:《中华人民共和国民法总则释义》,法律出版社 2017 年版,第 35 ~ 36 页。

② 参见徐明、卢文道:《证券交易所业务规则法律效力与司法审查》,载《证券法苑》(第 2 卷),法律出版社 2010 年版,第 270 ~ 271 页。

③ 具体内容参见《交易所管理办法》第 36 条。

（三）实时监控证券交易

实时监控，是指证券交易所为实现对证券交易的有效监督和管理，通过电脑程序等对证券交易情况进行即时和全面的监控，并对非正常交易予以及时警示的监控行为。从日常监控内容来看，主要包括行情监控、交易监控、证券监控和资金监控等方面。我国《证券法》第112条第1款规定，证券交易所对证券交易实行实时监控，并按照国务院证券监督管理机构的要求，对异常的交易情况提出报告。通过实时监控证券交易，证券交易所可以及时获得证券交易的各类信息，及时发现证券交易中可能存在的异常情况，并根据不同情况依法采取处理和报告等各种措施，维护证券交易秩序。

为强化证券交易所对证券交易的监管职能，我国《证券法》明确规定了交易所对重大异常交易证券账户实施限制交易的权限。事实上，2005年我国《证券法》已经赋予证券交易所对重大异常交易的证券账户限制证券交易的权限。我国新《证券法》第112条第2款规定，证券交易所根据需要，可以按照业务规则对出现重大异常交易情况的证券账户限制交易，并及时报告国务院证券监督管理机构。我国新《证券法》增加了"按照业务规则"实施限制交易的内容，更加强调交易所依法依规行使上述权利。《交易所管理办法》第41条要求证券交易所制定异常交易行为认定和处理的业务规则，并报证监会批准。沪、深两家证券交易所已经根据法律法规和规章的要求，及时发布实施了限制交易的相关规则。①

异常交易行为的界定是证券法上的重大难题。为了保持法律的弹性，以能够更广泛地覆盖异常交易行为，各国证券法律并未给出异常交易乃至市场操纵行为的详尽定义，但其相关规定或判例却隐含如下假设，即投资者不应通过控制或人为影响证券价格的形式来误导其他投资者。此外，总体上可以从交易动机、价格影响和持股期限3个维度界定异常交易行为。② 我国证券法律法规没有对此明确定义，证监会曾发布实施《证券市场操纵行为认定指引（试行）》及《证券市场内幕交易行为认定指引（试行）》，但其适用范围有限。证券交易所相关业务规则异常交易以及重大异常交易有较详细的规定。③

根据沪、深两家证券交易所的规则规定，限制投资者账户交易主要通过以下3种方式进行：限制买入指定证券或本所全部交易品种；限制卖出指定证券或本所全部交易品种；限制买入和卖出指定证券或本所全部交易品种。

（四）证券交易异常情况处置

证券交易异常情况是对各种不具有正常证券交易本质属性，从而有违当事人本意

---

① 上海证券交易所相关规则参见《上海证券交易所证券异常交易实时监控细则》，深圳证券交易所则参见《深圳证券交易所限制交易实施细则》。

② 参见施东辉：《股市异常交易监管之辩》，载《中国金融》2017年第12期。

③ 分别参见《深圳证券交易所限制交易实施细则（2015年修订）》第3条和《上海证券交易所证券异常交易实时监控细则（2015年修订）》第8条。

及市场公平的各类交易情况之统称。证券交易异常具有很强的市场危害性,如影响证券交易功能、加剧证券交易风险、危害市场稳定和损害投资者利益。[①] 因此,需要对此有明确的制度安排。2013 年光大证券“乌龙指”事件的出现及处理,再一次引起各界对证券市场异常交易情况处理的热议和思考。

我国新《证券法》结合我国证券市场实践,对证券交易异常情况处置制度进行了重大完善,主要内容包括:第一,拓宽了异常交易处置的适用条件与范围,从原来仅列举不可抗力的突发性事件扩展到“因不可抗力、意外事件、重大技术故障、重大人为差错等突发性事件”,从而将不可抗力和第三方原因、技术故障和人为差错导致的交易异常情形都涵盖在内。第二,完善了处置措施,明确因法定突发性事件导致证券交易结果出现重大异常,按交易结果进行交收将对证券交易正常秩序和市场公平造成重大影响的,证券交易所可以采取取消交易、通知有关机关暂缓交收等措施。这一规定新增了交易所采取取消交易和通知证券登记结算机构暂缓交收的规定,更加符合市场的实际需要。第三,完善了责任豁免原则,明确规定“证券交易所对其依照本条规定采取措施造成的损失,不承担民事赔偿责任,但存在重大过错的除外”。这是交易所对证券交易异常情况依法处置的必备前提,也符合国际通行做法。以下就证券法规定的具体处置措施予以分述。

1. 技术性停牌和临时停市

根据我国《证券法》第 111 条第 1 款的规定,证券交易所在特定情况下,为维护证券交易秩序的稳定,可以对证券交易采取暂停交易的措施。暂停交易有两种措施:一是针对特定证券的技术性停牌;二是针对整个市场的临时停市。

停牌,是指证券交易所对上市交易的某种特定证券暂停交易的行为,包括例行停牌和技术性停牌。例行停牌,是指由于证券交易所正常业务的需要而导致的停牌。根据我国《证券法》第 110 条的规定,上市公司可以向证券交易所申请其上市交易股票的停牌,证券交易所可以依据业务规则的规定决定上市交易股票的停牌。技术性停牌,是指因发生法律规定的突发性事件,影响了证券交易的正常进行时,而采取的暂时停止某种证券交易的措施,其目的是通过该种措施恢复证券交易的正常秩序。临时停市,是指一旦出现临时法定事件与情形,证券交易所采取的临时停止整个交易所交易活动的紧急措施。

交易所在采取技术性停牌或临时停市措施时,还应遵守以下规则:对技术性停牌或临时停市的决定予以公告,并及时向证券监督管理机构报告;技术性停牌或临时停市原因消除后,交易所可以决定恢复交易;对因交易异常情况及采取技术性停牌或临时停市造成的损失,交易所不承担责任,但存在重大过错的除外。

---

① 参见陈亦聪:《证券交易异常情况的法律规制》,华东政法大学 2013 年博士学位论文,第 39 ~42 页。

2. 取消交易和通知暂缓交收

我国新《证券法》增加了取消交易的规定，但是没有对其进行定义。从学理上来看，取消交易与国际上较常见的证券错误交易撤销相类似。简而言之，就是指证券交易所依据一定的标准和程序，依据当事人的申请或者基于自己的判断，撤销证券错误交易并且认定其无效。[①]

通知暂缓交收，是指出现法定情形时，交易所依法通知证券登记结算机构对证券交收行为予以暂时中止。根据沪、深两家证券交易所于2009年11月2日发布实施的《交易异常情况处理实施细则(试行)》第12条的规定，交易异常情况出现后，交易所可视情况需要单独或者同时采取技术性停牌、临时停市、暂缓进入交收等措施。因此，暂缓交收在我国新《证券法》实施之前已经为交易所业务规则所确认。

与技术性停牌和临时停市相比，通知暂缓交收和取消交易的适用条件更严格，因为我国《证券法》规定的突发性事件导致证券交易结果出现重大异常，按交易结果进行交收将对证券交易正常秩序和市场公平造成重大影响。对于何为证券交易结果出现重大异常以及按交易结果交收将对证券交易正常秩序和市场公平造成重大影响，后续需要通过法律解释或者规章规则进一步明确。此外，对于采取通知登记结算机构暂缓交收或取消交易措施的法律后果以及程序性内容，亦需要进一步完善。

(五) 重大异常波动的处置

证券市场是高风险市场，为防控重大异常波动的相关风险，需要制定实施系统性和组合式的制度安排，包括事前、事中和事后的防范与处置措施。2015年7月我国发生股市异常波动后，各方都在不断进行反思总结，以期更好地完善证券法律相关制度安排。

我国新《证券法》第113条规定，证券交易所应当加强对证券交易的风险监测，出现重大异常波动的，证券交易所可以采取限制交易、强制停牌等处置措施，并向国务院证券监督管理机构报告；严重影响证券市场稳定的，证券交易所可以采取临时停市等处置措施并公告。证券交易所对其依照本条规定采取措施造成的损失，不承担民事赔偿责任，但存在重大过错的除外。与该法第111条相比，上述条文规定的处置措施适用条件和具体种类存在差异：如果证券交易出现重大异常波动，交易所可以采取限制交易、强制停牌等处置措施；如果证券交易异常到严重影响证券市场稳定的，交易所可以采取临时停市等处置措施。至于何为重大异常波动和严重影响证券市场稳定，建议通过监管规章以上规范依据予以明确。需要指出的是，本条与该法第111条、第112条规定的临时停市、限制交易应当具有相同含义；而强制停牌应当是指证券交易所基于维护证券市场稳定的目的，根据职权对上市交易的证券暂停交易的行为。此外，交易所依据该法

---

① 参见张才琴、金琦雯：《论我国证券错误交易撤销制度的构建——域外经验及其借鉴》，载《法商研究》2014年第5期。

第113条的规定采取处置措施的,应当及时履行报告和公告义务;同时,除非存在重大过错,交易所对于依照该规定采取措施造成的损失,不承担民事赔偿责任。

四、对会员的监管

(一)制定实施会员管理规则

我国沪、深两家证券交易所采取会员制,交易所实施自律管理的重要前提和方式是制定实施具体的会员管理规则。根据《交易所管理办法》第15条的规定,会员管理规则内容通常包括会员资格的取得和管理;席位与交易单元管理;与证券交易业务有关的会员合规管理及风险控制要求;会员客户交易行为管理、适当性管理及投资者教育要求;会员业务报告制度;对会员的日常管理和监督检查;对会员采取的收取惩罚性违约金、取消会员资格等自律监管措施和纪律处分;其他需要在会员管理规则中规定的事项。

证券交易所成员必须遵守证券交易所章程和各项会员管理规则,证券交易所作为会员自律组织,则应对各会员执行章程和会员管理规则的具体情况进行监督,对会员违反章程和管理规则的行为可以采取自律监管措施和纪律处分。

(二)对会籍的管理

为确保证券交易所场内交易安全,减少投机行为及恶性炒作等不正当交易带来的市场风险,向投资者提供安全的投资环境,证券交易所对会员资格进行严格管理。主要制度包括会员资格的取得、会员的权利义务、会员的内部风险管理、会员资格的终止等。相关内容在交易所组织机构部分已经述及,此处不再赘述。

(三)对会员席位、交易单元与交易权限的管理

交易席位,是指交易所向会员和特别会员提供的在交易大厅设置的用于报盘交易的终端或用于交易的电脑远程通信端口,前者称为"有形席位",后者称为"无形席位"。交易席位代表会员在交易大厅内进行证券交易的资格,会员参与证券交易必须取得交易席位。交易所在日常监管中,对会员交易行为的监管主要是通过对交易席位的实时监控实现的。总而言之,交易席位代表了会员在证券交易所拥有的权益,是会员享有交易权限的基础。

根据《交易所管理办法》、交易所会员管理规则等的规定,关于会员席位的管理要求主要内容如下所示。

1. 证券交易所应当限定席位的数量。为保证交易权限,会员应当取得并至少持有一个交易席位,会员可以通过购买或者受让的方式取得席位。同时,交易所对于席位实行总量限制。

2. 对会员取得和处分席位的限制。会员取得的席位不得退回交易所,会员之间不能共享席位。经证券交易所同意,席位可以在会员之间转让,但不得用于出租和质押。

会员取得席位后具有了享有交易权限的基础,但要真正取得交易权限,还应申请设立交易单元。所谓交易单元,是指向交易所申请设立的、参与交易所证券交易与接受其

监管及服务的基本业务单位。根据规定,交易所根据会员业务范围、市场风险承受程度、交易及相关系统状况、内部风险控制、人员配备以及遵守业务规则等情况,依据相关业务规则,通过交易单元对会员交易权限实施管理。

(四)会员客户交易行为管理

根据法律法规及规章的规定,证券交易所对于会员通过证券经纪、自营及资产管理等业务进行的证券交易实施监督管理。其中,《交易所管理办法》尤其对于交易所建立实施会员客户交易行为管理制度和督促会员建立执行投资者适当性管理制度进行了明确规定。①

根据上述相关规定,证券交易所制定完善了相应的业务规则。例如,上海证券交易所根据证监会《证券期货投资者适当性管理办法》,制定实施了《投资者适当性管理办法》《风险警示板股票交易管理办法》等业务规则。

(五)对会员的自律监管措施和纪律处分

《交易所管理办法》第55条规定,会员出现违法违规行为的,证券交易所可以按照章程、业务规则的规定采取暂停受理或者办理相关业务、限制交易权限、收取惩罚性违约金、取消会员资格等自律监管措施或者纪律处分。②

沪、深两家证券交易所会员管理规则分别对会员采取监管措施或者纪律处分作了以下明确规定。

1. 交易所可以根据监管需要对会员采取下列监管措施:口头警示、书面警示、限期说明情况、约见谈话、要求自查或限期改正、限制账户交易、暂停受理或办理相关业务以及向中国证监会报告有关违法违规行为。

2. 会员违反会员管理规则及交易所其他相关规定的,责令改正并视情节轻重单处或并处下列纪律处分措施:通报批评、公开谴责、限制交易单元交易权限、取消交易单元交易权限、取消会员资格。交易所采取上述纪律处分时,将通报证监会及其相应派出机构。

五、对证券上市交易公司及相关主体的监管

根据我国《公司法》的规定,上市公司是指其股票在证券交易所上市交易的股份有限公司。但在证券市场实践中,债券、存托凭证等均可申请上市交易。此外,我国《证券法》《上市公司信息披露管理办法》《交易所管理办法》等法律法规和规章以及沪、深两家证券交易所股票上市规则等规则规定的监管对象除上市公司外,还包括公司重要股东以及保荐人等主体。

(一)制定实施证券上市规则

制定证券上市规则是证券交易所对证券上市交易公司及相关主体实施监管的重要

---

① 具体参见《交易所管理办法》第52条和第54条。

② 收取惩罚性违约金是《交易所管理办法》2017年修订时新增内容,相关探讨参见谭婧、邹思思:《证券交易所收取惩罚性违约金的法律问题探析》,载《证券法苑》(第23卷),法律出版社2017年版,第239~257页。

方法和依据。《交易所管理办法》第 57 条规定，证券交易所证券上市规则的内容应当包括：证券上市的条件、程序和披露要求；信息披露的主体、内容及具体要求；证券停牌、复牌的标准和程序；暂停上市、恢复上市、终止上市、重新上市的条件和程序；对违反上市规则行为的处理规定；其他需要在上市规则中规定的事项。目前，沪、深两家证券交易所都制定了自己的上市规则，包括股票上市规则、证券投资基金上市规则、企业债券上市交易规则、试点创新企业股票或存托凭证上市交易实施办法等。

证券交易所应当与申请证券上市交易的公司订立上市协议，确定相互间的权利义务关系；上市协议的内容与格式应当符合法律、行政法规、部门规章的规定。《交易所管理办法》第 58 条规定了上市协议应当包括的内容。此外，围绕证券上市交易，交易所还应当依法建立上市保荐制度，监督保荐人及相关人员的业务行为，以督促其切实履行职责。

（二）督促信息披露义务人履行披露义务

1. 信息披露监管的对象

对信息披露义务人的信息披露进行监督，是证券交易所的重要职责。我国《证券法》第 87 条第 2 款规定，证券交易场所应当对其组织交易的证券的信息披露义务人的信息披露行为进行监督，监督其依法及时、准确地披露信息。《交易所管理办法》第 65 条规定，证券交易所对证券在本证券交易所发行或者交易的其他主体进行监管。据此，极大拓展了证券交易所信息披露监管的范围。

2. 信息披露监管的主要内容

《交易所管理办法》第 61 条规定，证券交易所应当按照章程、协议以及业务规则，督促证券上市交易公司及相关信息披露义务人依法披露上市公告书、定期报告、临时报告等信息披露文件；证券交易所对信息披露文件进行审核，可以要求证券上市交易公司及相关信息披露义务人、上市保荐人、证券服务机构等作出补充说明并予以公布，发现问题应当按照有关规定及时处理，情节严重的，报告中国证监会。

3. 证券停牌复牌及其制度安排

证券停牌复牌制度具有保障公平信息披露、提示重大风险等基本功能，因此，在境内外市场普遍存在和运用。在我国，证券停牌制度还承担了信息保密、防控内幕交易、锁定发行和交易价格以及完成资产管理部门前置审批等功能。停牌复牌制度的具体内容在本书第六章“证券交易”中已有详述，在此不作赘述。

4. 自律监管措施和纪律处分

我国《证券法》第 115 条明确规定了证券交易所有权对违反业务规则的市场参与主体和有关责任人员给予纪律处分或者采取其他自律管理措施。

《交易所管理办法》第 64 条规定，发行人、证券上市交易公司及相关信息披露义务人等出现违法违规行为的，证券交易所可以按照章程、协议以及业务规则的规定，采取通报批评、公开谴责、收取惩罚性违约金、向相关主管部门出具监管建议函等自律监管措施或者纪律处分。此外,交易所股票上市规则等业务规则对于采取自律监管措施和纪律处分的条件和标准、实施程序和后果等内容均作了详细规定。

(三)决定证券不予上市、恢复上市、终止上市和重新上市

根据我国《证券法》第47条、第48条的规定,证券交易所有权依据法定条件和交易所上市规则,审核证券(股票和公司债券等)上市申请、决定证券上市或不予上市以及终止上市。鉴于行使上述权力对相关主体影响重大,我国《证券法》第49条设置了救济措施,即对证券交易所作出的不予上市、终止上市交易决定不服的,可以向证券交易所设立的复核机构申请复核。

《交易所管理办法》第60条规定,证券交易所按照章程、协议以及上市规则决定证券暂停上市、恢复上市、终止上市和重新上市,增加了决定证券重新上市的内容。重新上市是指上市公司在其股票终止上市后,终止上市情形已消除且符合规定条件,经向原上市证券交易所申请并获准同意后,股票重新在证券交易所上市交易。证券重新上市与首次上市虽存在差异,但其上市交易的本质相同,因此,应纳入交易所自律监管范围。

六、对证券交易所自律监管的诉讼

(一)证券交易所自律管理的可诉性

证券交易所作为证券市场的一线监管者,行使监管职能必然会对相对人产生直接影响。鉴于此,依据"有损害必有救济"以及"司法最终救济"等司法原则,各国、各地区普遍承认,证券交易所监管行为具有可诉性。①

我国证券法律法规对证券交易所监管的可诉性没有明确规定。从实践来看,对于交易所履行监管职能的行为,可能因交易所被认定为"法律、法规、规章授权组织"而被提起行政诉讼。根据我国《行政诉讼法》第2条的规定,公民、法人或者其他组织认为行政机关和行政机关工作人员的行政行为侵犯其合法权益,有权依照本法向人民法院提起诉讼;前款所称行政行为,包括法律、法规、规章授权的组织作出的行政行为。最高人民法院《关于适用〈中华人民共和国行政诉讼法〉的解释》(法释〔2018〕1号)第20条细化了法律、法规或者规章授权行使行政职权的主体的诉讼地位。据此,我国《行政诉讼法》及其司法解释明确将法律法规和规章授权的组织纳入行政诉讼的范围。此外,2005年1月最高人民法院《关于对与证券交易所监管职能相关的诉讼案件管辖与受理问题的规定》(法释〔2005〕1号,以下简称2005年1号司法解释),明确规定了对以上海和深圳证券交易所为被告或第三人的,与证券交易所监管职能相关的第一审民事和行

① 证券自律管理引发诉讼的主要争议事项包括日常监管履职和退市争议、纪律处分争议和自律规则违法争议等。参见谢贵春、武俊桥:《普通法系证券自律管理司法政策脉络与实践研究》,载黄红元、卢文道主编:《证券法苑》(第23卷),法律出版社2017年版,第260~262页。

政案件的范围。[1] 依据该司法解释,交易所对证券发行人及其相关人员、证券交易所会员及其相关人员、证券上市和交易活动作出处理决定的,投资者等相关主体可以提起诉讼。

需要注意的是,证券交易所监管行为具有可诉性,并不意味着任何主体都可以对交易所提起诉讼。通常而言,利益受损的交易所会员及相关人员、上市公司及相关人员具有当然的诉讼主体资格,但是间接受交易所决定影响的投资者则不具有诉讼主体资格,原因在于:第一,从证券交易流程来看,证券交易所是非营利性的组织、管理、服务机构,其主要业务是组织规范化的市场,不直接参与证券交易,买卖双方权利义务不由交易所承接。第二,从证券市场结构来看,投资者与交易所之间没有直接的合同关系。投资者委托证券公司代理自己进行证券买卖,二者产生委托代理的合同法律关系。换言之,在证券交易纠纷中,投资者一般不与交易所直接发生法律关系。产生纠纷以后,不宜将证券交易所直接列为被告,但客户为了保障自己的权益,可将证券交易所列为第三人参加诉讼。[2] 2005 年 1 号司法解释部分接受了前述观点,规定:投资者对证券交易所履行监管职责过程中对证券发行人及其相关人员、证券交易所会员及其相关人员、证券上市和交易活动作出的不直接涉及投资者利益的行为提起的诉讼,人民法院不予受理。

(二)自律管理诉讼的性质

证券交易所监管具有公共属性以及权力来源多元化,决定了对其提起诉讼的性质界定并非总是能够泾渭分明的。在美国,自 1975 年联邦第二巡回法院判决"United States v. Solomon 案"起,没有任何案例把证券交易所在自律管理中执行联邦法律以及交易所业务规则的行为归因于政府行为。[3] 在澳大利亚和新加坡,其公司法和证券及期货法分别明确,交易所和会员之间是合同关系,相关自律管理纠纷适用普通民事诉讼程序;其他有关上市公司的自律管理,法律上没有明确规定,在实践中主要通过司法审查予以解决。[4]

在我国,针对交易所自律管理提起诉讼的性质在理论上和实务中均存在不同认识。事实上,根据前述 2005 年 1 号司法解释的规定,与证券交易所监管职能相关的诉讼案件既包括民事案件,也包括行政案件。在证券市场实践中,原告对于交易所提起行政诉讼还是民事诉讼,具有很大的随意选择性,而法院对此也未深究。[5]

---

① 可将提起诉讼的监管行为概括为三大类:法律法规和规章规定的监管行为、政府监管部门授权的监管行为和交易所章程、规则和合同规定的监管行为。

② 深圳证券交易所第一期法律课题研究报告:《证券交易所处理权问题研究》,课题负责人吴志攀。

③ 参见缪因知:《中国证券法律实施机制研究》,北京大学出版社 2017 年版,第 69 页。

④ 参见谢贵春、武俊桥:《普通法系证券自律管理司法政策脉络与实践研究》,载黄红元、卢文道主编:《证券法苑》(第 23 卷),法律出版社 2017 年版,第 263 页。

⑤ 参见张红:《证券行政法专论》,中国政法大学出版社 2017 年版,第 193 页。

（三）诉讼管辖

前述2005年1号司法解释指定，上海、深圳证券交易所所在地的中级人民法院分别管辖以两家证券交易所为被告或第三人的与证券交易所监管职能相关的第一审民事和行政案件。该规定将证券交易所作为被告或第三人的诉讼，指定由交易所所在地的中级人民法院管辖，可以减轻交易所讼累，方便交易所应诉，具有非常积极的现实意义。

（四）司法介入交易所自律管理

综合成熟市场相关制度安排和我国证券市场发展状况，笔者认为，在司法介入交易所自律管理中应当遵守及完善的原则和机制包括如下方面。

1. 充分保障自律管理相对人的程序诉权

如前所述，交易所自律管理行为的可诉性在境外普遍获得确认。在我国，对交易所自律管理行为提出诉讼，既有理论支撑，也有现实的法律依据。证券自律管理影响证券市场的运行秩序、公共利益乃至市场主体个人利益，事关重大，国家立法和司法理应为相对人寻求救济和解决纠纷提供各种保障，而诉权无疑是其中之一。在证券市场不断强化交易所的自律管理职能和持续扩展自律管理权能的监管转型趋势下，需要相应地强调对自律管理相对人诉权的保障，以保障市场参与主体的合法权益。从近年来相关案例来看，交易所往往提出其非行政机关因而不属行政诉讼适格被告的抗辩理由；而审判机关坚持认为，证券交易所具有监管职能作出的处理决定属依法律、法规、规章的规定，或者根据政府监管机构的依法授权而作出的行政行为，具有行政诉讼的可诉性，故证券交易所可以成为行政诉讼的适格被告。① 笔者认为，审判机关的上述意见符合我国现行法律法规的规定和法治精神。当然，后续应当就自律管理诉讼的性质等重要问题逐步达成共识。

2. 合理限制对自律管理提起诉讼

证券交易所作为证券市场的一线监管者，必须快速、高效地实施监管，不必要的诉讼必然阻碍证券交易所及时、灵活地管理证券市场。基于这种认识，境外国家（地区）往往通过系统性的机制安排，逐步限缩自律管理司法审查（行政诉讼）范围，如英国和我国香港特别行政区建立的司法审查许可机制。② 美国1975年修改《1934年证券交易法》时，增加了19（d）的规定，取消了针对包括证券交易所在内的自律组织市场监管行为的司法审查，不服证券交易所纪律处分的只能要求美国证券交易委员会（SEC）进行审查，法院只审查SEC的裁决。综合而言，普通法系国家和地区采取的司法审查机制，本质上是对自律管理争议进行前端审查和控制，使大部分纠纷在这个阶段解决消弭而进入正式司法审查程序的案件少之又少。上述机制在学理上又被称为诉讼阻隔机制。

---

① 新近案例参见“郑某诉上海证券交易所政府信息公开案”，最高人民法院行政裁定书（2016）最高法行申1468号。

② 相关机制在我国香港特别行政区称为司法复核。

我国台湾地区采取的证券强制仲裁制度,也具有直接抑制诉讼的效果。我国台湾地区“证券交易法”第166条规定,依本规定所为之有价证券交易所生之争议,当事人得依约定进行仲裁;但证券商与证券交易所或证券商相互间,无论当事人间有无订立仲裁协议,均应进行仲裁。根据这一规定,证券商与交易所之间纠纷的处理必须采取仲裁方式,但这一规定也引发了较大争议。①

笔者认为,在充分保护相对人诉权与自律管理职能正常发挥之间应当保持合理平衡。从我国沪、深两家证券交易所涉诉情况来看,目前以投资者尤其是个人投资者提起的诉讼占绝大多数,其中不乏滥诉或缠诉的现象。在制度安排方面,最高人民法院2005年1号司法解释部分确立了交易所自律管理行为相对不可诉原则,解决了证券交易所往返全国各地应诉的被动局面,在一定程度上制约了投资者的滥诉行为;但是,实质认可交易所自律管理行为的可诉性,且对交易所行使监管职能提起诉讼无须经过任何前置程序。②

鉴于此,从节约司法资源和保障交易所实施自律监管来看,建议借鉴境外成熟市场做法,对我国自律管理行为不可诉原则进行优化完善。例如,可以对提起相关诉讼设置前置程序,要求满足主体资格适当、穷尽内部救济等前置条件;对于诸如通过仲裁协议排除诉讼的做法,可以在有限范围内试点。③

3. 自律管理纠纷司法审查与裁判原则

(1)正当监管民事责任豁免。在境外尤其是普通法系国家和地区,对于证券交易所善意的自律管理,普遍确立民事责任豁免原则。例如,美国法院在“Dl Capital Group, LLC. v. Nasdaq 上诉案”中认定,只要交易所是在履行法定的自律管理职责,都应当适用豁免原则。④ 在我国香港特别行政区,《证券及期货条例》第22条规定,交易所及任何代表交易所行事的人在履行或其本意是履行第21条所规定的交易所的责任时,在执行或其本意是执行交易所的规章授予交易所的职能时,如出于真诚而作出或不作出任何作为,则无须就该等作为或不作为承担任何民事法律责任。因此,我国香港特别行政区以成文法的方式确定了交易所的“民事责任豁免原则”。

(2)对自律监管以合法性审查为主。自律管理具有专业性和技术性特点,对其提起的诉讼中往往涉及对监管行为(包括作为和不作为)合法性与合理性的审查判断。对此,境外司法机关往往采取有限介入的司法政策,以合法性审查为主,对于合理性审

---

① 参见吴光明:《证券交易法论》,台北,三民书局股份有限公司2015年增订13版,第423~425页。

② 参见《鼓励证交所自律管理减法律风险,最高法院欲设“隔离墙”防滥诉》,载《法制日报》2008年4月11日,第7版。

③ 在我国,上海、深圳证券交易所与证券上市交易公司之间,双方争议及纠纷解决方式是证券上市协议的必备条款。原上市协议为指定仲裁管辖,2018年修订实施的新版协议则提供向有管辖权法院起诉及仲裁两套方案,允许证券上市交易公司自行选择争议解决方式。

④ 参见卢文道:《美国法院介入交易所自律管理之政策脉络》,载《证券市场导报》2007年第7期。

查保持谦抑和克制。笔者认为,我国可借鉴上述原则的精神和内核。以对于证券业务规则效力的司法审查为例,一方面,证券业务规则具有高度的专业性和技术性特点;另一方面,证券法律法规等已经明确规定重要业务规则由政府监管机构批准。因此,法院对于此类争议应当主要进行合法性审查而尽量避免作合理性审查;确实需要涉及合理性审查的,亦可通过法定程序要求政府监管机构履行对交易所的监督职能予以实现。①

此外,为切实保护自律管理相对人的合法权益,促进交易所自律监管遵循正当程序,司法机关应当高度重视自律监管程序正当性的审查。具体而言,对交易所实施的涉诉自律管理行为,法院应重点审查有无法律法规规章和业务规则对此作出程序性规定或者明确相对人的救济机制。如果没有进一步查明制定相关规范的职责是否在交易所;如果有直接或间接规定,则重点关注交易所监管行为是否严格依程序进行以及是否为相对人提供了充分的救济手段。

第七节　对证券交易所的管理与监督

一、对交易所负责人与从业人员的管理与监督

(一)交易所负责人及从业人员的任职资格

1. 负责人的任职资格。我国《证券法》规定了证券交易所负责人的任职资格条件,但没有对其范围明确界定,学界对此存在不同认识。一种观点认为,理事长、总经理、副总经理和总经理助理为证券交易所的负责人,其中,理事长、总经理为主要负责人。②另一种观点认为,负责人是指理事、监事、总经理、副总经理等。③ 笔者认为,对交易所负责人的界定应考虑以下方面:(1)从公司法上来看,任职资格的规定适用于董事、监事及高级管理人员;(2)从立法目的上来看,我国《证券法》规定交易所负责人的任职资格,是为确保交易所的良好运行,因此,其外延应尽可能涵盖交易所组织机构的成员;(3)从规范体系衔接角度来看,我国《证券法》只规定了交易所负责人,《交易所管理办法》及交易所章程则规定了证券交易所理事、监事、高级管理人员,④两者应该最大限度地衔接。基于以上因素,笔者认为,证券交易所负责人应当包括理事、监事、总经理、副

---

① 比如,《交易所管理办法》第76条规定,中国证监会有权要求证券交易所对其章程和业务规则进行修改;该办法第82条规定,证券交易所违反本办法第10条的规定,制定或者修改业务规则应当报中国证监会批准而未履行相关程序的,中国证监会有权要求证券交易所进行修改、暂停适用或者予以废止,并对有关负责人采取处理措施。

② 参见徐明、黄来纪主编:《新证券法解读》,上海社会科学院出版社2005年版,第172页。

③ 参见周正庆、李飞、桂敏杰主编:《新证券法条文解析》,人民法院出版社2006年版,第293页。

④ 如《上海证券交易所章程》第47条规定,高级管理人员包括总经理、副总经理和首席专业技术管理人员。

总经理以及专业技术高级管理人员。

交易所负责人的任职资格,包括消极资格和积极资格。我国《证券法》规定了证券交易所负责人的消极资格条件,其第103条规定,有《公司法》第146条规定的情形或者下列情形之一的,不得担任证券交易所的负责人:(1)因违法行为或者违纪行为被解除职务的证券交易场所、证券登记结算机构的负责人或者证券公司的董事、监事、高级管理人员,自被解除职务之日起未逾5年;(2)因违法行为或者违纪行为被吊销执业证书或者被取消资格的律师、注册会计师或者其他证券服务机构的专业人员,自被吊销执业证书或者被取消资格之日起未逾5年。

对于交易所负责人的积极资格条件,我国《证券法》未作规定。《交易所管理办法》第34条规定,证券交易所的从业人员应当正直诚实、品行良好、具备履行职责所必需的专业知识与能力。事实上,对于交易所负责人的任职资格条件自然应比上述规定更严格。

2. 从业人员的任职资格。我国《证券法》第104条规定,因违法行为或者违纪行为被开除的证券交易场所、证券登记结算机构、证券服务机构、证券公司的从业人员和被开除的国家机关工作人员,不得招聘为证券交易所的从业人员。《交易所管理办法》对不得招聘为证券交易所从业人员和不得担任理事、监事、高级管理人员的情形,作了更详细的规定。①

(二)交易所负责人及其他从业人员的义务

1. 诚实信用义务。《交易所管理办法》第67条规定,证券交易所的负责人,对交易所负有诚实信用义务。这里的诚实信用义务,结合该办法第68条至第70条的具体内容来看,其本质应当是英美法中的信赖义务,与我国《公司法》第147条规定的忠实义务和勤勉义务含义基本相同。② 诚实信用义务是概括性的法律义务,交易所负责人承担的其他义务,如不得兼职以及回避义务等,从某种意义上来说都源于该项义务。

对交易所负责人是否尽到诚实信用义务的判断,可以参照英美公司法上的业务判断规则(business judgement rule)。美国法学会对业务判断规则作了经典的表述:诚实地作出业务判断的董事或高级管理职员(在如下情况下)即履行了自己的职责:(1)他或她对交易没有利益;(2)他对与业务判断有关的情况是熟悉的,而且他也合理地相信在那些情况下作出该判断是适当的;(3)他合理地相信,他所作出的业务判断最符合公司的利益。③

2. 未经批准不得兼职的义务。为保持证券交易所负责人及其他从业人员的独立性,避免利益冲突,各国通常规定,交易所负责人及其他从业人员的兼业禁止业务。我

① 具体参见《交易所管理办法》第34条。

② 对公司法中"忠实义务和勤勉义务"的详细阐释,参见周友苏:《新公司法论》,法律出版社2006年版,第388页以下。

③ [美]罗伯特·W.汉密尔顿:《公司法概要》,李存捧译、刘李胜校,中国社会科学出版社1999年版,第256页。

国《交易所管理办法》也规定，证券交易所的总经理、副总经理未经批准，不得在任何营利性组织、团体和机构中兼职；证券交易所的非会员理事、非会员监事及其他工作人员不得以任何形式在证券交易所会员公司兼职。

3. 回避义务。回避业务是忠实义务的具体化，是法定化的交易所负责人及从业人员的职业道德要求。我国《证券法》第 116 条规定，证券交易所的负责人和其他从业人员在执行与证券交易有关的职务时，与其本人或者其亲属有利害关系的，应当回避。根据《交易所管理办法》的规定，交易所负责人及其他从业人员的具体回避事项由交易所章程、业务规则规定。

4. 禁止泄露或利用内幕信息。交易所是证券交易的组织者，其负责人和其他从业人员具有接触内幕信息的条件和便利，属于证券法规定的内幕信息知情人。因此，交易所的负责人和其他从业人员不得泄露或利用内幕信息。

二、对证券交易所业务的管理与监督

（一）设立及业务许可的转让禁止

依据行政法理论，行政许可原则上禁止转让。我国《行政许可法》第 9 条规定，依法取得的行政许可，除法律、法规规定依照法定条件和程序可以转让的以外，不得转让。在我国，目前证券交易所的设立及业务许可没有法律或法规规定可以转让，因此，属于不得转让的范围。《交易所管理办法》第 66 条规定，证券交易所不得以任何方式转让其依照本办法取得的设立及业务许可。

（二）费用与财产管理

1. 费用的收取与财产的归属。我国《证券法》第 114 条规定，证券交易所应当从其收取的交易费用和会员费、席位费中提取一定比例的金额设立风险基金；风险基金由证券交易所理事会管理。该规定明确了证券交易所有权收取各项费用。

证券交易所收取的各项费用扣除各种支出之后形成的财产积累，其归属问题需要进一步研究。我国《证券法》第 101 条第 2 款规定，实行会员制的证券交易所的财产累积归会员所有，其权益由会员共同享有，在其存续期间，不得将其财产积累分配给会员。这一规定容易导致认识混乱。根据法人与法人成员相互独立和分离的基本原理，会员制交易所的财产积累属于其财产的范围，理应由交易所享有。至于交易所的会员，只能基于会员身份和会员权享有要求分红派息、分配剩余财产等权利。因此，我国《证券法》的上述规定不够严谨。

须注意的是，尽管交易所的财产积累归交易所所有应无疑义，但鉴于交易所担负“创造公开、公平、公正的市场环境，保证证券市场的正常运行”的职能，是具有公益性属性的法人组织，因此，交易所在财产使用上应当受到法律约束。对此，我国《证券法》第 101 条第 1 款规定，证券交易所可以自行支配的各项费用收入，应当首先用于保证其证券交易场所和设施的正常运行并逐步改善。

2. 风险基金的设立和管理。由于证券市场风险程度很高，为了防范证券市场的风险,并相对减轻其对经济、社会的冲击力和破坏力,各证券市场都建立了相应的风险防范机制,并建立风险基金。我国《证券法》第 114 条也有相关规定。

(三)报告义务

证券交易所作为证券市场的组织者,承担一线监管职责,须接受中国证监会的监督与管理。根据《交易所管理办法》的规定,交易所应当履行的定期报告义务,包括年度财务报告于每一财政年度终了后 3 个月内向证监会提交;关于业务情况的季度和年度工作报告,应当分别于每一季度结束后 15 日内和每一年度结束后 30 日内向中国证监会报告。

在遇有下列重大事项时,证券交易所应当随时向中国证监会报告。

1. 发现证券交易所会员、证券上市交易公司、投资者和证券交易所工作人员存在或者可能存在严重违反法律、行政法规、部门规章的行为。

2. 发现证券市场中存在产生严重违反法律、行政法规、部门规章行为的潜在风险。

3. 证券市场中出现法律、行政法规、部门规章未作明确规定,但会对证券市场产生重大影响的事项。

4. 执行法律、行政法规、部门规章过程中,需由证券交易所作出重大决策的事项。

5. 交易所认为需要报告的其他事项。

6. 中国证监会规定的其他事项。

此外,交易所涉及诉讼或者交易所理事、监事、高级管理人员因履行职责涉及诉讼或者应当受到解除职务的处分时,交易所应当及时向中国证监会报告。

《交易所管理办法》还规定,遇有发生影响证券交易所安全运转的情况、证券交易所因不可抗力导致停市或者为维护证券交易正常秩序采取技术性停牌、临时停市等处理措施的,交易所应当随时向中国证监会报告,同时抄报交易所所在地人民政府,并采取适当方式告知交易所会员和投资者。上述事项的发生可能直接影响地方政府管理、社会稳定以及市场参与人的利益,故其报告和公告的对象范围更广泛。

(四)提供信息数据资料及配合执法的义务

《交易所管理办法》第 75 条规定,中国证监会有权要求证券交易所提供证券市场信息、业务文件以及其他有关的数据、资料。据此,证券交易所有义务根据中国证监会的要求向其提供证券市场信息、业务文件和其他有关的数据、资料。

《交易所管理办法》第 78 条规定,中国证监会依法查处证券市场的违法违规行为时,证券交易所应当予以配合。

(五)要求修改章程和业务规则

根据我国《证券法》和《交易所管理办法》的规定,中国证监会不仅对交易所章程和业务规则的制定修改具有批准权,还有要求其进行修改的权力。对此,《交易所管理办法》第 76 条规定,中国证监会有权要求证券交易所对其章程和业务规则进行修改。此外,根据该办法第 82 条的规定,如证券交易所制定或者修改业务规则未履行相关程序的，中国证监会有权要求证券交易所进行修改、暂停适用或者予以废止，并对有关负责人采取处理措施。

(六)对交易所的评估和检查

《交易所管理办法》第77条规定，中国证监会有权对证券交易所业务规则制定与执行情况、自律管理职责的履行情况、信息技术系统建设维护情况以及财务和风险管理等制度的建立及执行情况进行评估和检查；中国证监会开展前款所述评估和检查，可以采取要求证券交易所进行自查、要求证券交易所聘请证监会认可的专业机构进行核查、证监会组织现场核查等方式进行。为此，交易所有义务接受和配合中国证监会对自己依法开展的评估和检查。

(七)中国证监会的处罚权和要求交易所采取监管行为

《交易所管理办法》第八章“法律责任”中对于证券交易所及其相关人员违反我国《证券法》和该办法规定可以采取的处理和处罚措施及后者可能承担的责任，作了较完整的规定。对于证券交易所采取的措施，包括监管谈话、出具警示函、通报批评、责令限期改正。对有关高级管理人员视情节轻重分别给予警告、记过、记大过、撤职等行政处分，并责令证券交易所对有关的业务部门负责人给予纪律处分；造成严重后果的，由证监会按该办法第35条的规定处理；构成犯罪的，由司法机关依法追究有关责任人员的刑事责任。

此外，证券交易所应当在其职责范围内，及时向中国证监会报告其会员、证券上市交易公司及其他人员违反法律、行政法规、部门规章的情况；按照交易所章程、业务规则等交易所可以采取自律监管措施和纪律处分的，交易所有权按照有关规定予以处理，并报证监会备案；法律、行政法规、部门规章规定由证监会处罚的，交易所可以向证监会提出处罚建议。中国证监会可以要求交易所按照业务规则对其会员、证券上市交易公司等采取自律监管措施或者纪律处分。

第八节　全国中小企业股份转让系统(“新三板”)

一、概述

我国新《证券法》首次明确了证券交易所之外的两类证券交易场所的地位，即国务院批准的其他全国性证券交易场所和按国务院规定设立的区域性股权市场。其中，国务院批准的其他全国性证券交易场所目前指向全国中小企业股份转让系统(以下简称全国股转系统或“新三板”)。[①] 我国《证券法》没有采用场外市场的概念，但根据普遍

---

① 全国中小企业股份转让系统以下简称全国股转系统、“新三板”或“新三板”市场，其运营机构为全国中小企业股份转让系统有限责任公司(以下简称全国股转公司)。

认识,创立之初的“新三板”和区域性股权市场属于我国场外市场的组成部分。随着“新三板”市场的发展尤其是我国新《证券法》对其明确定位,“新三板”也逐渐向集中公开市场演变。

2013 年 12 月国务院发布《关于全国中小企业股份转让系统有关问题的决定》,正式将全国中小企业股份转让系统定位为“经国务院批准,依据证券法设立的全国性证券交易场所”,其服务范围也扩展至全国。“新三板”自 2013 年正式揭牌运营以来,尤其是国务院明确其市场定位及取消挂牌条件后,市场呈现了迅猛的发展势头,目前,该市场已经跃升为全球挂牌数量最多、增长最快的股权交易市场。截至 2019 年 9 月底,累计有 13, 219 家企业在“新三板”挂牌,其中,中小企业占比 94% ,民营企业占比 93% ,6388 家挂牌公司发行股票 10, 516 次,融资 4911. 39 亿元。①

二、全国股转系统的法律地位

1. 全国股转系统为全国性证券交易场所。我国《证券法》第 96 条规定,证券交易所、国务院批准的其他全国性证券交易场所为证券集中交易提供场所和设施,组织和监督证券交易,实行自律管理,依法登记,取得法人资格。据此,“新三板”必须由国务院批准设立,属于依法设立的全国性证券交易场所。中国证监会制定实施的《全国中小企业股份转让系统有限责任公司管理暂行办法》(2017 年修订,以下简称《股转系统管理办法》)第 2 条也有类似规定。

2. 全国股转系统属于公开集中证券市场。传统上,不同国家和地区关于场外市场,存在证券上市、组织方式和交易制度 3 种不同的界定标准。② 但是,随着场外市场向场内市场的转变,③二者的边界日益模糊。我国《证券法》第 37 条规定,公开发行的证券,应当在依法设立的证券交易所上市交易或者在国务院批准的其他全国性证券交易场所交易。此外,根据该法第 96 条的规定,“新三板”与证券交易所均为证券集中交易提供场所和设施,组织公开发行及非公开发行证券的交易,由此实际上明确了“新三板”与证券交易所具有基本相同的法律地位。

3. 全国股转系统属于法定自律监管组织。我国《证券法》第 96 条第 1 款规定,国务院批准的其他全国性证券交易场所组织和监督证券交易,实行自律管理;同时,该条第 3 款规定,国务院批准的其他全国性证券交易场所的组织机构、管理办法,由国务院规

---

①　参见《证监会启动全面深化新三板改革》,载中国证券监督管理委员会网:http://www. csrc. gov. cn/pub/newsite/zjhxwfb/xwdd/201910/t20191025_365023. html,最后访问日期:2019 年 10 月 26 日。需要说明的是,其中“新三板”挂牌公司数量为历年的累计数,近年来通过改革,一些挂牌公司退出“新三板”市场,截至 2019 年年底,现有“新三板”挂牌公司数量为 8953 家。

②　参见王晓津:《证券公司柜台市场的定位、发展路径与制度突破》,深圳证券交易所综合研究所研究报告 2013 年 12 月 30 日,深证综内字第 0129 号。

③　例如,美国 NASDAQ 于 2006 年向 SEC 申请并最终注册为证券交易所,日本 JASDAQ 从最初定位为场外市场到 2004 年获准成为正式交易所(后被东京证券交易所合并)。

定。据此,“新三板”属于法定自律监管组织。但是,目前对于全国股转公司的组织机构和管理办法仍主要由部门规章规定,后续应由国务院直接规定或者通过批准转发方式来落实我国《证券法》的上述规定。

三、全国股转系统的自律管理职能

根据《股转系统管理办法》第8条的规定,全国股转公司的职能,包括建立、维护和完善股票转让相关技术系统和设施;制定和修改业务规则;接受并审查股票挂牌及其他相关业务申请,安排符合条件的公司股票挂牌;组织、监督股票转让及相关活动;对主办券商等参与人进行监管;对挂牌公司及其他信息披露义务人进行监管;管理和公布全国股转系统相关信息;证监会批准的其他职能。

制定实施业务规则是全国股转公司实施自律监管的基础。①《股转系统管理办法》第9条规定,全国股份转让系统公司应当就股票挂牌、股票转让、主办券商管理、挂牌公司管理、投资者适当性管理等依法制定基本业务规则。全国股份转让系统公司制定与修改基本业务规则,应当经证监会批准。

根据《股转系统管理办法》的规定,全国股转公司履行自律管理的主要内容如下所示。

1. 实行主办券商制度。主办券商业务包括推荐股份公司股票挂牌,对挂牌公司进行持续督导,代理投资者买卖挂牌公司股票,为股票转让提供做市服务及其他全国股份转让系统公司规定的业务。

2. 依法对股份公司股票挂牌、定向发行等申请及主办券商推荐文件进行审查,出具审查意见;与符合条件的股份公司签署挂牌协议,确定双方的权利义务关系。

3. 督促申请股票挂牌的股份公司、挂牌公司及其他信息披露义务人,依法履行信息披露义务。

4. 对于不符合持续挂牌条件的挂牌公司,及时作出股票暂停或终止挂牌的决定,及时公告,并报证监会备案。

5. 挂牌股票转让可以采取做市方式、协议方式、竞价方式或证监会批准的其他转让方式。

6. 实行投资者适当性管理制度。

7. 视情况采取技术性停牌措施或者决定临时停市。

8. 依法对股票转让实行监控,及时发现、及时制止内幕交易、市场操纵等异常转让

---

① 2019年4月全国人大公布的《证券法(修订草案)》(人大常委会三审稿)第125条规定,国务院批准的其他全国性证券交易场所依照证券法律、行政法规和国务院证券监督管理机构的规定,制定业务规则,并报国务院证券监督管理机构批准。发行人、证券公司、证券服务机构等市场参与主体应当遵守其依法制定的业务规则,对于违反业务规则的,由国务院批准的其他全国性证券交易场所对有关责任人员给予纪律处分或者采取其他自律管理措施。我国新《证券法》删除了这一规定。尽管如此,笔者认为,全国股转公司通过制定实施章程和业务规则实行自律管理应无疑义。

行为。

9. 督促主办券商、律师事务所、会计师事务所等证券服务机构和人员，诚实守信、勤勉尽责，严格履行法定职责，遵守法律法规和行业规范。

10. 发现当事人违反法律法规及业务规则的，依法采取自律监管措施，或者向证监会提出查处建议。

四、全国股转系统的组织结构

1. 内部治理结构。全国股转公司是按照我国《公司法》《证券法》等法律法规和证监会的规定成立运营，具有自律管理职能的法人：一方面，它与证券交易所同样具有自律管理机构的公共属性；另一方面，它与证券交易所的治理结构存在不同。目前，全国股转公司登记为有限责任公司，与证券交易所登记为事业单位法人不同。换言之，可以认为其属于公司制的证券交易场所。根据《股转系统管理办法》第 15 条的规定，全国股转公司的内部治理结构包括股东会、董事会、监事会和经理层。

2. 股东特别要求和限制。正如在境外市场政府一般对公司制交易所的股东及其持股作出相应限制一样，我国对于采取公司制的具有自律管理功能的公司法人的股东及持股也作特别要求。《股转系统管理办法》第 16 条规定，全国股份转让系统公司的股东应当具备法律、行政法规和证监会规定的资格条件，股东持股比例应当符合证监会的有关规定；全国股转系统公司新增股东或原股东转让所持股份的，应当报中国证监会批准。根据目前的工商登记，上海证券交易所、深圳证券交易所、中国证券登记结算有限责任公司、上海期货交易所、中国金融期货交易所、郑州商品交易所、大连商品交易所为全国股转公司股东单位。

3. 董监高和专门委员会的要求。根据《股转系统管理办法》第 18 条的规定，全国股转公司董事长、副董事长、监事会主席及高级管理人员由中国证监会提名，任免程序和任期遵守我国《公司法》和其公司章程的有关规定。而公司高级管理人员的范围，由该公司章程规定。根据该办法第 19 条的规定，公司应当根据需要设立专门委员会，各专门委员会的组成及议事规则报中国证监会备案。

五、全国股转系统主要差异化制度安排

在我国新《证券法》下，全国股转系统与证券交易所具有基本相同的法律地位，但是根据公开交易市场的细分定位和发展状况，二者客观上仍存在差异。鉴于此，我国《证券法》在明确"新三板"与证券交易所共性与个性的基础上，按照"共性一体适用，个性留出空间"的逻辑，对"新三板"相关制度进行了系统规定。其中，对于共同适用部分，一般在证券交易所之后加上国务院批准的其他全国性证券交易场所，或者规定后者参照适用。由于二者共性适用部分在证券交易所部分已作分析，以下主要就"新三板"与交易所存在较大差异的制度安排进行简要论述。

1. 挂牌审核体制。根据国务院《关于全国中小企业股份转让系统有关问题的决定》，境内符合条件的股份有限公司均可通过主办券商申请在"新三板"挂牌，申请挂牌的公司可以尚未盈利，但须真实、准确、完整地履行信息披露义务。根据我国新《证券法》的规定及注册制改革分步实施安排，现阶段，我国对于科创板之外的公司公开发行股票仍采取核准制。相比而言，"新三板"公司挂牌条件主要侧重具有持续经营能力和公司治理规范，挂牌条件的弱化和挂牌所涉行政许可的简化，①审核机制在本质上趋同于注册制。根据"新三板"全面深化改革的需要，2019 年 12 月 20 日中国证监会对《非上市公众公司监督管理办法》进行了修订，其中首次确立了"新三板"向不特定合格投资者公开发行（俗称"小 IPO"）制度。随着我国新《证券法》全面推行注册制的逐步到位，"新三板"挂牌公司的股票公开发行亦将实施注册制。

2. 投资者适当性管理制度。由于全国股转系统定位于主要为创新型、创业型、成长型中小微企业发展服务，企业挂牌的市场准入门槛较低，而中小微企业总体上具有业绩波动大、风险较高的特点，加之我国证券市场个人投资者占比过大，为更好地控制相关风险和保护投资者，"新三板"设立之初即实行严格的自然人投资者适当性管理制度。《全国中小企业股份转让系统业务规则（试行）》规定，投资者应当具备一定的证券投资经验和相应的风险识别和承担能力，知悉相关业务规则，自行承担投资风险。而根据全国股转系统 2017 年《投资者适当性管理细则》的规定，自然人投资者申请参与"新三板"股票公开转让，需同时具备以下条件：投资者本人名下最近 10 个转让日的日均金融资产 500 万元人民币以上；具有 2 年以上证券投资经验，或具有会计、金融、投资、财经等相关专业背景或培训经历。

通过建立和实施投资者适当性管理制度，"新三板"也已经发展成为以机构投资者为主体的证券交易场所。相比而言，我国证券交易所市场虽然针对特定板块如科创板、创业板或者特定产品实施投资者适当性管理，但是总体而言，对投资者准入施加的限制更轻，而目前交易所以中小投资者为主的结构尚未有实质改观。需要指出的是，2019 年10 月中国证监会宣布启动全面深化"新三板"改革，其中提出的第二项改革措施为：完善市场分层，设立精选层，配套形成交易、投资者适当性、信息披露、监督管理等差异化制度体系，引入公募基金等长期资金，增强"新三板"服务功能。可以预期，对于"新三板"新设的精选层的投资者准入和适当性管理，将制定实施与创新层和基础层不同的制度。

2019 年 12 月 27 日全国股转公司对《全国中小企业股份转让系统投资者适当性管理办法》进行了修订，调整完善适当性标准、资产认定范围以及持续性管理要求，对不同市场层级的投资者实施差异化适当性管理（主要指标见表 10－2）。

---

① 《非上市公众公司监督管理办法》区分股东人数是否超过 200 人对不同类型定向发行作出规定：向特定对象发行股票导致股东累计超过 200 人以及股东人数超过 200 人的公众公司向特定对象发行股票的，向中国证监会申请核准；在全国股转系统挂牌公开转让股票的公众公司向特定对象发行股票后股东累计不超过 200 人的，证监会豁免核准，由全国股转系统自律管理。

表 10－2 “新三板”投资者准入条件

市场层次	个人投资者	法人机构	合伙企业
精选层	证券资产不低于 100 万元，同时应满足相应的投资、工作或任职经历	实收资本或股本不低于 100 万元	实缴出资总额不低于 100 万元
创新层	证券资产不低于 150 万元，同时应满足相应的投资、工作或任职经历	实收资本或股本不低于 150 万元	实缴出资总额不低于 150 万元
基础层	证券资产不低于 200 万元，同时应满足相应的投资、工作或任职经历	实收资本或股本不低于 200 万元	实缴出资总额不低于 200 万元

3. 交易机制多元化。截至目前，全国股转系统挂牌公司股票转让可以采取协议、做市、竞价或证监会批准的其他转让方式。从市场发展历史来看，“新三板”原以协议转让为主要交易方式，2014 年 6 月发布实施《全国中小企业股份转让系统做市业务管理规定》，采用做市商机制丰富了市场交易方式；至此，“新三板”市场非公开发行和公开转让并存，协议转让与公开做市交易并存。2017 年 12 月全国股转公司发布《全国中小企业股份转让系统股票转让细则》等业务规则，正式引入竞价交易制度。与证券交易所市场相比，交易流动性不足一直是困扰“新三板”市场的首要问题。为此，证券监管机构和全国股转公司一直致力于“新三板”交易机制与配套制度的改革。反之，“新三板”采取的做市交易尚未为交易所采用。

4. 内部分层制度。在境外成熟市场，证券市场内部分层及相互之间的转板较常见。我国《证券法》第 97 条规定，“证券交易所、国务院批准的其他全国性证券交易场所可以根据证券品种、行业特点、公司规模等因素设立不同的市场层次”，为全国性市场实行内部分层与转板奠定了法律依据。从实践来看，我国证券交易所的分层制度尚未真正建立，“新三板”市场则进行了一定时间的探索。早在 2013 年国务院《关于全国中小企业股份转让系统有关问题的决定》就提出，建立不同层次市场间的有机联系。2016 年 5 月全国股转公司发布《全国中小企业股份转让系统挂牌公司分层管理办法（试行）》，正式将挂牌公司区分为基础层和创新层并实施分层管理。2019 年 12 月中国证监会发布修订的《非上市公众公司信息披露管理办法》以部门规章的方式明确全国股转系统分为精选层、创新层、基础层，并实施挂牌公司差异化的信息披露制度。全国股转公司于 2019 年 12 月据此对其出台的分层管理规范性文件进行了修订，并更名为《全国中小企业股份转让系统分层管理办法》。总体而言，“新三板”市场的内部分层有利于为公开集中市场内部分层积累经验，也为未来不同市场层次的转板奠定基础。

除上述列举制度外,全国股转系统在信息披露管理、并购重组、退出机制等方面均存在自身特点。虽然这些制度的制定实施仍有待优化完善,但也为交易所及其他市场提供可资借鉴的经验。

第九节　区域性股权市场

区域性股权市场和“新三板”一样,目前已经成为我国多层次资本市场体系的基础组成部分。我国新《证券法》首次在法律层面明确了区域性股权市场的地位和功能,该法第 98 条规定,按国务院规定设立的区域性股权市场为非公开发行证券的发行、转让提供场所和设施,具体管理办法由国务院规定。① 除我国《证券法》规定外,国务院办公厅 2017 年 1 月印发的《关于规范发展区域性股权市场的通知》和中国证监会 2017 年 5 月发布的《区域性股权市场监督管理试行办法》是目前规制区域性股权市场的重要依据,共同促进和保证区域性股权市场的规范发展。

一、区域性股权市场的法律特点

1. 属于场外市场。区域性股权市场定位于为上市公司及非上市公众公司以外的企业融资及股权转让等提供服务场所,且其市场准入条件和交易规则等与交易所市场以及“新三板”均存在明确界分。因此,区域性股权市场是典型的证券场外市场。

2. 具有鲜明的区域性。我国证券场外市场依其业务覆盖的地域范围是否受限,可分为全国性场外市场和区域性场外市场。根据我国《证券法》及国务院的相关规定,证券交易所和“新三板”属于全国性证券市场。《关于规范发展区域性股权市场的通知》明确规定,区域性股权市场是主要服务于所在省级行政区域内中小微企业的私募股权市场。② 在实践中,如深圳前海股权交易中心明确自身定位为:为广东省内中小微企业证券非公开发行、转让及相关活动提供设施与服务,也是地方人民政府扶持中小微企业政策措施的综合运用平台。③

3. 属于私募证券市场。根据我国《证券法》的规定,区域性股权市场为非公开发行证券的发行、交易提供场所和设施。《关于规范发展区域性股权市场的通知》一方面规

---

① 笔者认为,我国《证券法》规定“按国务院规定”设立的区域性股权市场,一方面,确认了国务院关于该类市场的规定的效力,有效衔接了新法与现有文件之间的关系;另一方面,将非依国务院规定成立的具有类似性质的市场,排除在《证券法》调整范围之外。据此,一些地方自主设立的交易市场将不具有我国《证券法》上的合法性。

② 同时又规定,区域性股权市场不得为所在省级行政区域外的企业私募证券或股权的融资、转让提供服务;对不符合规定的区域性股权市场,省级人民政府要按规定限期清理,妥善解决跨区域经营问题。

③ 参见深圳前海股权交易中心网:https://www.qhee.com/node/about-us/,最后访问日期:2019 年 10 月26 日。

定区域性股权市场是主要服务于所在省级行政区域内中小微企业的私募股权市场;另一方面明确区域性股权市场不得采用广告、公开劝诱等公开或变相公开方式发行证券,不得采取集中竞价、做市商等集中交易方式进行证券转让。《区域性股权市场监督管理试行办法》对于在区域性股权市场发行和转让证券,亦明确规定不得公开或者变相公开发行,不得采取集中竞价、连续竞价、做市商等集中交易方式。① 因此,区域性股权市场属于典型的私募市场。

4. 市场业务以股权交易为主。在境外,通过场外市场交易的产品多样且创新层出不穷。与境外成熟场外市场相比,我国区域性股权市场以股权交易为主的特点非常明显。近年来,为更好地满足中小企业金融服务需求,各区域股权市场在满足各地非上市、非公众公司股份流通以及融资需求的基础上,逐步拓展其业务范围。

二、区域性股权市场的监管体系

1. "央地"分工合作监管体系。在区域性股权市场发展初期,一些地方为了谋求区域性股权市场迅速发展壮大,采取一种"朝底竞争"的非理性竞争模式。② 在对地方交易市场清理整顿中,2011 年国务院《关于清理整顿各类交易场所切实防范金融风险的决定》对区域性股权市场初步确立了"地方批、地方管"的监管体制。根据该文件的规定,对经国务院或国务院金融管理部门批准设立从事金融产品交易的交易场所,由国务院金融管理部门负责日常监管,其他交易场所均由省级人民政府按照属地管理原则负责监管。《关于规范发展区域性股权市场的通知》进一步明确,区域性股权市场由所在地省级人民政府按规定实施监管并承担相应风险处置责任,并要求省级人民政府建立健全监管机制,指定具体部门承担日常监管职责,不断提升监管能力,依法查处违法违规行为。

《关于规范发展区域性股权市场的通知》规定,区域性股权市场的各项活动应遵守法律法规和证监会制定的业务及监管规则,由此实际上赋予证监会对于该类市场的制定监管规则的权力。根据上述文件要求,《区域性股权市场监督管理试行办法》对区域性股权市场的监管体系作了较详细的规定,主要内容为:(1)省级人民政府依法对区域性股权市场进行监督管理,负责风险处置;省级人民政府指定地方金融监管部门承担对区域性股权市场的日常监督管理职责,依法查处违法违规行为,组织开展风险防范、处置工作;(2)省级人民政府根据法律、行政法规、国务院有关规定和证监会上述办法,制定区域性股权市场监督管理的实施细则和操作办法;(3)证监会及其派出机构对地方金融监管部门的区域性股权市场监督管理工作进行指导、协调和监督,对市场规范运作情况进行监督检查,对市场风险进行预警提示和处置督导;地方金融监管部门与证监会

---

① 具体参见该办法第 13 条至第 17 条的规定。

② 参见蒋大兴:《论场外交易市场的场内化——非理性地方竞争对证券交易场所的负影响》,载《法学》2013 年第 6 期。

派出机构应当建立区域性股权市场监管合作及信息共享机制。

根据上述规定，对于区域性股权市场的“央地”分工合作监管体系可以总结为：日常监管由省级人民政府负责，省级人民政府根据上位法以及中国证监会的统一规定制定本区域股权市场监督管理的实施细则和操作办法；证监会的主要职责是制定监管规则和指导地方监管工作，也可直接对市场规范运作情况进行监督检查以及对市场风险进行预警提示和处置督导。笔者认为，上述监管体系有利于抑制地方“重发展、轻监管”的倾向，更好地促进地方发展和保护投资者利益的平衡。但是，在实践中需要真正落实中央部门和省级政府之间的监管协调。

2. 监管机构的监督管理。根据前述分析，中国证监会和地方金融监管部门分别对区域性股权市场或者运营机构实施不同监管。具体而言，地方金融监管部门对该市场及其运营机构实施监督管理的主要内容，包括业务规则备案审查；对运营机构或者区域性股权市场实施现场检查，并可视情况采取相应措施；运营机构违法违规经营或者出现重大风险，严重危害区域性股权市场秩序、损害投资者利益的，由地方金融监管部门责令停业整顿，并更换有关责任人员；地方金融监管部门可以采取责令改正、监管谈话、出具警示函、责令参加培训、责令定期报告、认定为不适当人选等监督管理措施；依法应予行政处罚的，给予警告，并处以3万元以下罚款。上述具体实施细则由省级人民政府制定。

中国证监会及其派出机构作为监管者可以实施的监督管理，包括业务规则备案审查；[①]对运营机构从业人员或者其他参与人员违法违规行为情节严重的，依法采取证券市场禁入的措施；对从事内幕交易、操纵市场等严重扰乱市场秩序行为的，依法从严查处；证监会派出机构可以对区域性股权市场的安全规范运行情况、风险管理能力等进行监测评估。

三、区域性股权市场运营机构的特殊属性

1. 自律管理属性。《关于规范发展区域性股权市场的通知》规定，区域性股权市场运营机构负责组织区域性股权市场的活动，对市场参与者进行自律管理，保障市场规范稳定运行。运营机构名单由省级人民政府实施管理并予以公告，同时向中国证监会备案。对于该通知印发前，省、自治区、直辖市、计划单列市行政区域内已设立运营机构的，不再设立；尚未设立运营机构的，可设立一家；已设立两家及以上运营机构的，省级人民政府要积极稳妥推动整合为一家，证监会要予以指导督促。根据上述规定，运营机构获得了自律管理组织的地位。

关于运营机构设立和运营应当具备的条件，《区域性股权市场监督管理试行办法》的规定如下：依法设立的法人；开展业务活动所必需的营业场所、业务设施、营运资金、专业人员；健全的法人治理结构；完善的风险管理与内部控制制度等。上述办法还援引我国《证券法》关于不得担任交易所负责人的规定，将其与被证监会采取证券市场禁入

① 该内容与前述地方金融监管部门实施监督管理的内容相同。

措施且仍处于禁入期间,确立为不得担任运营机构负责人的条件。现行合法设立和存续的运营机构大部分采取公司制,对其股东及持股是否应当比照全国股转公司进行相应限制?根据中国证监会上述办法的规定,证券公司可以参股、控股运营机构。但是,如果控股、参股运营机构的证券公司在该市场开展证券业务,是否会产生利益冲突以及如何处理,值得研究。

《区域性股权市场监督管理试行办法》第9条规定,省级人民政府对运营机构实施监督管理,向社会公告运营机构名单,并报中国证监会备案;未经公告并备案,任何单位和个人不得组织、开展区域性股权市场相关活动。根据《关于规范发展区域性股权市场的通知》和《区域性股权市场监督管理试行办法》的规定,证监会于2018年4月27日、7月27日和2019年7月26日分3批公示共34家全国区域性股权市场运营机构备案名单,具体情况如表10-3所示。

表10-3 区域性股权市场运营机构名单

地区	区域性股权市场运营机构名称
北京	北京股权交易中心有限公司
河北	石家庄股权交易所股份有限公司
内蒙古	内蒙古股权交易中心股份有限公司
辽宁	辽宁股权交易中心股份有限公司
上海	上海股权托管交易中心股份有限公司
江苏	江苏股权交易中心有限责任公司
安徽	安徽省股权托管交易中心有限责任公司
福建	海峡股权交易中心(福建)有限公司
江西	江西联合股权交易中心有限公司
湖南	湖南股权交易所有限公司
广西	广西北部湾股权交易所股份有限公司
重庆	重庆股份转让中心有限责任公司
四川	天府(四川)联合股权交易中心股份有限公司
陕西	陕西股权交易中心股份有限公司
甘肃	甘肃股权交易中心股份有限公司
青海	青海股权交易中心有限公司
宁夏	宁夏股权托管交易中心有限公司
新疆	新疆股权交易中心有限公司

续表

地区	区域性股权市场运营机构名称
大连	大连股权交易中心股份有限公司
厦门	厦门两岸股权交易中心有限公司
天津	天津滨海柜台交易市场股份公司
浙江	浙江股权交易中心有限公司
山东	齐鲁股权交易中心有限公司
河南	中原股权交易中心股份有限公司
湖北	武汉股权托管交易中心有限公司
广东	广东股权交易中心股份有限公司
海南	海南股权交易中心有限责任公司
深圳	深圳前海股权交易中心有限公司
青岛	青岛蓝海股权交易中心有限责任公司
山西	山西股权交易中心有限公司
吉林	吉林股权交易所股份有限公司
黑龙江	哈尔滨股权交易中心有限责任公司

2. 中介服务机构属性。尽管同为自律监管组织,区域股权市场运营机构的职能与证券交易所、全国股转公司差异较大,主要体现在:前者除作为市场组织者和管理者外,还可以从事一些中介服务活动。之所以作上述安排,主要理由在于:一是由于区域性股权市场挂牌企业规模小,市场流动性不强,证券公司等中介机构参与的积极性不大,客观上需要运营机构提供更多的服务;二是中小微企业一方面迫切需要得到金融服务,另一方面又支付不了过高的服务费用,区域性股权市场运营机构有必要承担一些在公开市场由中介机构承担的职责,以简化市场结构、降低运行成本;三是区域性股权市场是由合格投资者参与的私募市场,投资者自我保护能力相对较强,加上各市场运营机构均带有公益性质,营利动机不强,为防止利益冲突而细分各种市场角色的必要性不大;四是一些区域性股权市场的运营机构已有相关实践,发挥了较好作用,未发现明显问题,个别市场甚至没有引进中介机构,全部中介服务均由运营机构提供,而且境外私募证券市场也有类似做法,其经验可资借鉴。[1] 在此情形下,《区域性股权市场监督管理试行

---

① 参见中国证监会《关于〈区域性股权市场监督管理试行办法〉(征求意见稿)的起草说明》,载中国证券监督管理委员会网:http://www.csrc.gov.cn/pub/zjhpublic/G00306201/201506/P020150626636051716183.pdf,最后访问日期:2019 年 10 月 26 日。

办法》也对其中可能涉及的利益冲突解决作了相应规定。[①]

四、区域性股权市场的证券发行和转让

区域性股权市场是私募证券市场，其证券发行和转让不得采用广告、公开劝诱等公开或者变相公开方式。[②]

1. 证券发行要求。通过区域性股权市场发行股票，应当符合下列条件：有符合我国《公司法》规定的治理结构；最近1个会计年度的财务会计报告无虚假记载；没有处于持续状态的重大违法行为；法律、行政法规和证监会规定的其他条件。发行可转换为股票的公司债券，除符合前述规定外，还应当符合下列条件：债券募集说明书中有具体的公司债券转换为股票的办法、本公司已发行的公司债券或者其他债务没有处于持续状态的违约或者迟延支付本息的情形以及其他条件。

需要指出的是，即使通过区域性股权市场私募发行，如果所发行的是股票、可转换为股票的公司债券之外的其他证券，仍须经过国务院有关部门认可。对此，《关于规范发展区域性股权市场的通知》明确规定，在区域性股权市场不得违规发行或转让私募债券。截至目前，在该类市场仍无法发行私募债券。笔者认为，国务院办公厅和部门规章限制通过区域性股权市场发行私募债券的规定，与我国《证券法》第37条关于非公开发行的证券，可以在"按照国务院规定设立的区域性股权市场转让"之规定不相符。故我国新《证券法》实施后，应对前述相关规定进行修订或者废止。

2. 投资者适当性管理。在区域性股权市场发行证券，应当向合格投资者发行；单只证券持有人数量累计不得超过200人，法律法规另有规定的除外。作此要求的主要理由是，根据我国《证券法》的规定，向累计超过200人的对象发行证券将构成公开发行，由此将与区域性股权市场的私募性质不符。《区域性股权市场监督管理试行办法》对于区域性股权市场合格投资者的条件及穿透核查进行了明确规定。

3. 交易与转让机制。《关于规范发展区域性股权市场的通知》规定，通过区域性股权市场的证券转让，不得采取集中竞价、做市商等集中交易方式，投资者买入后卖出或卖出后买入同一证券的时间间隔不得少于5个交易日。《区域性股权市场监督管理试行办法》对于通过区域性股权市场转让证券，一方面，要求遵守该办法关于发行不得采取公开方式、应向合格投资者发行等规定；另一方面，重述了前述禁止性规定，要求不得采取集中竞价、连续竞价、做市商等集中交易方式及遵守交易间隔期的规定。

---

① 具体参见该办法第29条的规定。

② 针对区域性股权市场的特点，《区域性股权市场监督管理试行办法》第15条规定了公开或者变相公开的认定标准：通过互联网络、广播电视、报刊等向社会公众发布招股说明书、债券募集说明书、拟转让证券数量和价格等有关证券发行或者转让信息的，属于前款规定的公开或者变相公开方式；但符合下列条件的除外：(1)通过运营机构的信息系统等网络平台向在本市场开户的合格投资者发布证券发行或者转让信息；(2)投资者需凭用户名和密码等身份认证方式登录后才能查看。

第十一章　证 券 公 司

第一节　证券公司概论

一、证券公司的含义和法律特征

证券公司作为专门从事证券业务的组织,是证券市场最重要的证券中介机构之一,是证券发行与交易市场中发行人(筹资者)与投资者、证券交易买卖双方之间的重要媒介。证券公司的存在和规范经营有利于实现证券发行、交易和资金融通,有利于实现资源优化配置,促进证券市场的有序发展。反之,作为金融机构的证券公司,向不特定的发行人、投资者等提供金融服务,如果其出现风险,则可能损害客户与投资者的合法利益,严重者还可能导致系统性金融风险。因此,世界各国的证券金融立法均将证券公司的规制作为其重要内容。

证券公司一般被称作"证券商"或"券商"。同时,由于在具体的证券发行和交易活动中承担的职责和功能不同,证券公司通常又被称为保荐人、保荐机构、证券承销商、证券交易商、证券自营商或证券经纪商等。

(一)证券商的境外立法例

美国证券法律多用证券交易者或证券交易人来指代证券公司,故多被译为"证券商"。需要指出的是,美国的"证券商"不但包括公司等组织,还包括个人。美国证券立法没有对证券商的概念进行统一规定,仅通过证券业务的分类对证券商的类型进行划分。如美国《1933 年证券法》规定,证券承销商(underwriter)是指任何为证券的分配从发行人手中购入证券,或者就证券的分配为发行人提供或出售证券,直接或间接参与任何这类事务的直接或间接认购的人。证券交易商(dealer)是指任何一个以其部分或全部时间,直接或间接作为代理人、经纪人或委托人,从事发行证券的报价、买卖或其他证券交易的人。① 美国《1934 年证券交易法》提出了证券经纪商和证券自营商的概念,证券经纪商(broker)是以他人名义从事证券交易的任何人,但是不包括银行;证券自营商(dealer)是以自己名义、个人或团体信用从事证券买卖的人。② 而在美国《统一证券法》

① 卞耀武:《美国证券交易法律》,法律出版社 1999 年版,第 5 页。

② 同上书,第 55 页。

中,[①]证券商除被以《1934年证券交易法》类似的方式定义之外,还被特别指明,代表证券商或证券发行人从事证券交易的任何人是代理人而不是证券商。[②] 美国证券立法虽然在业务上对证券商进行了区分,但实际上证券商可以同时从事证券承销和交易(包括经纪)活动,只是证券商在从事不同证券业务时有不同的专门称谓而已。

日本《金融商品交易法》从金融商品服务业务的类别出发,对从事不同金融商品服务业务者进行区分。根据该法第2条第8项的规定,金融商品交易业(Financial Instruments Business)包括18项明确列举的交易行为,并可再区分为第一类及第二类业者、投资顾问暨代理、投资管理业。金融商品交易业者(Financial Instruments Business Operator)需要根据法律规定,完成在内阁总理大臣处的注册;从组织形式上来看,金融商品交易业者可以是法人,也可以是自然人。金融商品交易业之外,接受金融商品交易业者及注册金融机构的委托,实施法律规定的行为为后者服务并接受内阁总理大臣注册的,属于金融商品中介业者。总体而言,《金融商品交易法》整合了相关的金融商品与金融业者,强调金融监督的公平性,要求从事相同的金融业务应受相同的监管规范。

我国香港特别行政区《证券及期货条例》对证券及期货相关业务区分为10类"受规管活动"(Regulated Activities),具体包括证券交易、期货合约交易、杠杆式外汇交易、就证券提供意见、就期货合约提供意见、就机构融资提供意见、提供自动化交易服务、提供证券保证金融资、提供资产管理以及提供信贷评级服务。依据该条例第116条之规定,任何在香港特别行政区从事前述10类受规管活动的法团均需向证监会申领牌照,成为"持牌法团"。实际上,拟经营上述相关业务者只需申领一个牌照,视牌照所许可之业务种类从事其中一类或多类业务。此外,依据由我国香港特别行政区《证券及期货条例》授权制定之《证券及期货——财政资源规则》第2条之规定,[③]所谓"证券交易商"(securities dealer),原则上是指拟从事前述"证券交易"的受规管活动而获发牌的持牌法团。因此,我国香港特别行政区法律上的证券交易商不能涵盖所有类型的证券商,而仅仅是从事证券交易的持牌法团。

综上所述,各国(地区)对证券公司或证券商的界定虽然存在一定差异,如主体范围不同,但核心始终围绕经营证券业务这一内容。

(二)我国证券法律法规关于证券公司的界定

我国最早对证券公司的法律概念进行界定的文件,系1990年10月12日由中国人

---

① 美国《统一证券法》是1956年由美国律师协会颁布的供各州选用的证券法,旨在促使各州的证券法趋向统一。在美国,除联邦证券法外,各州都有自己的证券法。发行证券不仅要遵守联邦证券法的规定,还要遵守证券销售所在州证券法,对发行者来说有诸多不便。为更好地统一协调证券发行与交易的法律适用,美国律师协会制定了该法。该法公布后被大多数州所采用,各州证券法已逐渐趋向统一,但是仍有一些州坚持使用自己的证券法。

② 参见杨志华:《证券法律制度研究》,中国政法大学出版社1995年版,第146页。

③ 《证券及期货条例》第145条"持牌法团的财政资源"第1款规定,香港证监会可在咨询财政司司长后订立规则,规定持牌法团须维持该等规则指明的财政资源。

民银行发布的《证券公司管理暂行办法》。[①] 该办法规定，证券公司是指依法设立专门经营证券业务具有独立企业法人地位的金融机构；中国人民银行是国家证券管理机关，证券公司必须接受中国人民银行的领导、管理、稽核、监督和协调；设立证券公司必须报经中国人民银行批准。[②] 在我国《证券法》制定过程中，对证券公司概念的界定参照了上述办法。我国《证券法》2005 年修订时，基本维持了此前关于证券公司的定义规定；结合其第 122 条和第 123 条的规定，证券公司是指依法获得国务院证券监督管理机构审查批准经营证券业务的有限责任公司和股份有限公司。我国本轮《证券法》修订中，取消了对证券公司的定义性规定。

从我国新《证券法》的有关规定来看，我国证券公司具有如下法律特征。

1. 证券公司是专门经营证券业务的民商事主体。首先，证券公司是经营证券业务的公司。换言之，证券公司是以经营证券业务为目的的商事主体。至于证券业务的范围，依据我国《证券法》第 120 条的规定，主要包括证券经纪、证券投资咨询、与证券交易和证券投资活动有关的财务顾问、证券承销与保荐、证券融资融券、证券做市交易、证券自营。需要指出的是，根据我国《证券法》第 120 条的规定，除证券公司外，任何单位和个人不得从事证券承销、证券保荐、证券经纪和证券融资融券业务。根据反对解释原理，除上述列举范围外的业务，证券公司之外的主体有权申请从事，但仍应履行必要的核准程序。其次，证券公司是专营证券业务的公司。我国《证券法》第 6 条规定，证券业和银行业、信托业、保险业实行分业经营、分业管理，证券公司与银行、信托、保险业务机构分别设立，国家另有规定的除外。由此可知，证券行业是一种特殊行业，具体表现在：这种行业的经营者证券公司须与其他行业的经营者的商业银行、信托公司、保险公司分别设立；证券公司开展的经营业务存在一定的行业壁垒，不仅商业银行等其他金融行业的经营者不能开展证券经营业务，而且其他任何单位和个人未经国务院证券监督管理机构批准也不得以证券公司名义开展证券业务活动；[③]证券公司的经营活动单独受到行业监督管理者的监督和管理，其他行业的监管主体通常不能进行直接跨行业的监管。因此，尽管国际上允许金融机构兼营证券业务并不鲜见，我国也出现了中信集团、光大集团等在集团控股下分设银行、证券、保险机构的情况，但是我国《证券法》仍保留了分业经营的原则性规定，而“国家另有规定的除外”则为未来金融改革和混业经营留下了法律空间。[④]

2. 证券公司采取有限责任公司和股份有限公司的组织形式。境外关于证券商采取

---

① 由于 1986 年国务院发布的《银行管理暂行条例》明确由中国人民银行管理银行、外汇、信托、金融租赁、证券等业务，因此直到 1998 年《证券法》出台之前，中国人民银行一直履行管理证券市场的职能。

② 《证券公司管理暂行办法》第 2 条、第 3 条、第 4 条。

③ 参见我国《证券法》第 118 条。

④ 关于证券法等金融法律中关于混业但书规定的详细分析，参见刘志伟：《金融法中混业“但书”规定之反思》，载《法学研究》2019 年第 6 期。

的组织形式存在不同的立法和实践，一些国家如美国、日本等允许采取公司法人之外的组织如有限合伙、协会甚至自然人从事证券业务。[①] 我国台湾地区证券商的组织形态原则上限定为股份有限公司，兼营证券业的情形例外。我国《证券法》将证券商称为证券公司，意味着证券商的法定形态仅限于公司，而不能是自然人或者其他组织。依据我国《公司法》的规定，公司分为有限责任公司和股份有限公司两种基本形式。由此可知，与我国台湾地区规定证券商原则上限于股份有限公司不同，在我国大陆证券公司的设立运营可以采取有限责任公司或股份有限公司的组织形式。

3. 证券公司的设立、变更和终止、经营管理、公司治理等均受到相应的监督管理。鉴于证券经营业务的重要性和特殊性，我国《证券法》有必要对专门经营证券业务的证券公司的设立、变更和终止进行特殊规定，这也符合公司法的要求。我国《公司法》第6条在明确了一般公司适用登记设立的制度之外，同时规定了“法律、行政法规规定设立公司必须报经批准的，应当在公司登记前依法办理批准手续”。因此，针对证券公司这种经营特殊业务并对证券市场投资者负有特殊义务的公司，我国《证券法》要求其设立必须经国务院证券监督管理机构审查批准。未经监管机构批准，任何单位和个人不得经营证券业务。基于同样的理由，我国《证券法》第122条还规定，“证券公司变更证券业务范围，变更主要股东或者公司的实际控制人，合并、分立、停业、解散、破产，应当经国务院证券监督管理机构核准”。此外，我国《证券法》规定了国务院证券监督管理机构对证券公司行使广泛的管理权。尽管如此，由于证券法的规定通常较原则和简略，有关证券商的管理需要更详细、更严密的法规和规范。我国除《证券法》外，《证券公司监督管理条例》（国务院令第522号）、[②]《证券公司风险处置条例》（国务院令第523号）和证监会根据法律与行政法规发布的部门规章和规范性文件，[③]均属于直接规范证券公司的重要法规和规范性文件。此外，证券交易所和证券业协会对会员实行自律管理过程中制定的章程和相关业务规则，对于作为会员的证券公司亦具有直接拘束效力。

二、证券公司的分类

对证券公司、证券商或证券交易者最基础的分类是依据其组织属性进行的分类，例如，可分为个人证券交易者、公司证券交易者、合伙证券交易者等。在我国，法律规定作为证券商或证券交易者的证券公司只能是公司，因此，其法定形态只能是有限责任公司

---

① 如比利时允许有限合伙的组织形式，参见刘俊海：《现代证券法》，法律出版社2011年版，第341页。

② 根据2014年7月29日国务院第54次常务会议《关于修改部分行政法规的决定》（国务院令第653号）修订。

③ 中国证监会发布实施的现行有效的证券公司类部门规章主要有：《证券公司和证券投资基金管理公司合规管理办法》（证监会令第133号）、《外商投资证券公司管理办法》（证监会令第140号）、《证券公司融资融券业务管理办法》（证监会令第117号）、《证券公司风险控制指标管理办法（2016年修订）》、《证券投资者保护基金管理办法》（证监会、财政部、人民银行令第27号）、《证券公司风险控制指标管理办法（2008年修订）》、《转融通业务监督管理试行办法》、《客户交易结算资金管理办法》、《证券公司客户资产管理业务管理办法（2013年修订）》、《证券公司董事、监事和高级管理人员任职资格监管办法（2012年修订）》。

和股份有限公司。[①] 但应特别注意的是，与从事非特许业务的普通公司一般仅遵守我国《公司法》的规定不同，证券公司的设立运行乃至清算等还应遵守《证券法》等法律法规对其所作的特别规定。此外，我国还存在外商投资证券公司的分类。[②] 根据《外商投资证券公司管理办法》第4条的规定，外商投资证券公司的名称、组织形式、注册资本、业务范围、组织机构的设立及职责以及股东、董事、监事、高级管理人员等，应当符合公司法、证券法等法律、法规和中国证监会的有关规定。

另一种常见的分类标准是业务内容，即依据其具体从事证券业务的不同对证券商或证券交易者进行分类。较常见的证券商种类主要有：接受证券发行人委托为发行人销售证券的证券承销商；接受投资者委托指令协助投资者买卖证券或者进行其他证券投资活动的证券经纪商；用自有资金以自己名义买卖证券并独立承担证券交易风险的证券自营商等。

美国对证券商的分类更细致，证券法除对证券商有大的分类，如证券承销商（underwriter）、证券经纪商（broker）、证券自营商（dealer）等外，仅证券经纪商即可细分为以下几种主要类型：佣金经纪商（commission broker），是指直接接受公众投资者的委托进行证券买卖并收取佣金的证券经纪商；场内经纪商（floor broker），也称（broker's broker），是指在交易厅内执行佣金经纪商而非公众投资者的证券买卖指令并收取佣金的证券经纪商；全能经纪商（full-service broker），是指能够在接受投资者证券经纪指令之外向投资者提供研究建议、拟定退休计划、办理税务事项等与证券经纪相关服务的证券经纪商；折扣经纪商（discount broker），是指只接受客户委托提供证券经纪服务而没有其他额外服务，仅收取全能经纪商服务费用的25%～30%的证券经纪商；债券经纪商（bond broker），是指接受公众投资者委托，从事债券、其他非股票证券交易的证券经纪商；媒介经纪商（inter-dealer broker），是指仅存在于美国联邦公债市场上代其自营商寻找交易对象并提供经纪服务的证券经纪商。此外，美国证券法还存在一些有其他称谓的证券商如专业会员（specialist），也称专家会员，是指负有法定职责维持证券市场流动性和持续性，既可进行证券自营买卖也可从事经纪业务的证券商；做市商（market-maker），其与专业会员的功能相仿，主要区别是专业会员存在于实行会员制的纽约证券交易所，而做市商适用于全美证券交易商协会市场（NASD）；综合证券商（broker-dealer），是指既能作为经纪商又能作为自营商进行证券买卖的证券商。

英国证券商有两种：一是执行客户委托买卖证券获取佣金的证券经纪商（broker）；二是以伦敦证券交易所会员身份用自有资金为自身买卖证券的证券自营商（jobber）。

---

① 需要指出的是，在我国《证券法》修订草案一审稿中，增加了证券经营机构的组织形式，允许设立证券合伙企业经营证券业务。但是，这一方案在其后审议稿中被删除。

② 《外商投资证券公司管理办法》第2条规定，外商投资证券公司，是指（1）境外股东与境内股东依法共同出资设立的证券公司；（2）境外投资者依法受让、认购内资证券公司股权，内资证券公司依法变更的证券公司；（3）内资证券公司股东的实际控制人变更为境外投资者，内资证券公司依法变更的证券公司。

这种分类出现在限制证券经纪商和证券自营商兼营业务的时期,20 世纪 80 年代中期英国允许经纪业务和自营业务兼营之后,这种分类受关注的程度已大为降低。

德国采取银行业与证券业混业经营的模式,作为"全能银行"的德国银行也可以同时从事证券业务,此时的银行即为证券商。德国的普通商业银行既可以证券自营商的身份为自己的利益买卖证券,也可接受客户委托进行证券交易,同时还可从事证券承销业务。

我国《证券法》在 2005 年修订前,将证券公司分为综合类证券公司和经纪类证券公司,前者可以经营包括证券经纪、自营、承销以及经国务院证券监督管理机构核定的其他业务,而后者只能经营证券经纪业务。2005 年我国《证券法》取消了上述分类标准,并参照我国香港特别行政区等地区的管理模式,规定证券公司的证券经纪、投资咨询、承销、保荐与资产管理等业务种类,由证券公司选择经营其中一种或者多种业务,监管机构则按业务类型进行管理。在实践中,证券公司从事不同的证券业务时有不同称谓,如接受投资者委托进行证券交易即从事证券经纪业务时被称为证券经纪商,帮助发行人销售证券即从事证券发行承销时被称为证券承销商、保荐人,以自己名义为自己利益买卖证券从中获利即从事证券自营时被称为证券自营商等。我国新《证券法》完善了证券公司的业务类型,在第 120 条规定了证券融资融券和做市交易。

三、我国证券公司的发展演进

(一)证券公司的发展初期

我国证券公司的发展经历了逐步规范的过程。最早从事证券业务的是各商业银行和信托投资公司设立的证券业务部,它们不具有法人资格,但却能代理发行企业债券、股票,而后还开办了证券柜台交易业务。20 世纪 80 年代中期,一些具备法人资格的专门性证券公司应运而生。1986 年国务院颁布的《银行管理暂行条例》①明确了中国人民银行是管理包括证券市场在内的主管机关。1987 年中国人民银行提出了证券市场发展的初步规划,开始有计划、有步骤地组建专业化证券公司,并正式设立了我国第一家专业化证券公司——深圳经济特区证券公司。1988 年随着国债转让试点的深入和国债转让市场的逐步扩大,中国人民银行在国内大中城市陆续牵头组建和批准设立了 33 家证券公司。1988 年各地纷纷兴办证券公司,如由交通银行上海市分行投资创立的上海海通证券公司,由上海信托投资公司、上海久事公司、中国农业银行上海信托投资公司等几家企业联合组建的股份制证券公司——原上海万国证券公司,由财政部门直接投资设立的全民所有制专业证券公司——沈阳财政证券公司等。20 世纪 90 年代,随着沪、深两家证券交易所的设立和证券市场的发展,1992 年分别在北京、上海、深圳设立了有银行和国有大型企业背景的华夏、国泰、南方三大证券公司,各证券公司均开办股票经纪业务。1995 年我国颁布了《中国人民银行法》和《商业银行法》,规定商业

---

① 该条例已于 2001 年 10 月 6 日被国务院《关于废止 2000 年底以前发布的部分行政法规的决定》(〔2001〕319 号国务院令)废止。

银行不能从事证券业务，此后，证券公司逐渐与其创办者即中国人民银行、商业银行、综合性银行以及财政机关等脱钩，成为独立的经营机构。1996 年 10 月中国人民银行发布文件，要求限期撤销和转让商业银行、保险公司、城市信用社、企业集团财务公司、租赁公司、典当行等金融机构下设的 763 家证券交易经营部。

1998 年 6 月国务院批转了中国证监会清理整顿证券经营机构方案，确定证券经营机构与银行、财政和信托业彻底脱钩。1998 年 12 月我国《证券法》颁布，明确了证券、银行、保险、信托分业经营、机构分别设立，证券公司的从业管理清理初步告一段落。证券公司的业务经营进入了专门化、专业化的时期。

（二）证券公司的综合治理与风险处置

我国证券公司在发展初期先天不足，主要为有限责任公司且大多由国有企业作为主要股东。这种制度设计使我国证券公司在业务运作模式上显得较单一，各业务部门之间缺乏“业务防火墙”等有效的风险防范措施，公司治理结构因缺少监督机制而存在较明显的“一股独大”“内部人控制”及外部融资手段匮乏、渠道不畅等问题。一旦证券市场出现波动，则证券公司一些违法违规的业务操作无论是对市场其他参与者还是自身来说，都会造成重大伤害。①

针对证券公司暴露的风险和存在的问题，自 2004 年 8 月起，中国证监会开展了对证券公司综合治理的工作。2005 年年初由证监会和中国人民银行牵头，最高人民法院、最高人民检察院、公安部、财政部、银监会等部门参加成立了“证券公司综合治理专题小组”，研究解决证券公司综合治理中的重大问题。

这次综合治理以“分类处置，扶优限劣”为主要思路，通过制定《证券公司监管条例》《证券公司风险处置条例》以及风险控制指标等规章规范，通过限定时间、强制采取措施的方式，对历史上导致证券公司出现比较严重问题的客户交易结算资金存管、国债回购交易结算制度和资产管理业务管理制度等进行完善和改革，一方面淘汰不合格的证券公司；另一方面出台具体措施，支持优质证券公司进行并购重组、做大做强。证券公司“综合治理”的重要手段之一是证监会以限制业务范围的方式将全国 130 多家证券公司划分为 A、B、C、D 4 类。A 类即创新试点类证券公司，也称从事相关创新活动的证券公司，A 类的证券公司将在通过审批的前提下有资格从事各项创新活动；B 类即规范类证券公司，其有资格参与股票发行询价、开展资产管理、通过银行间市场融资等；②C 类为高度风险类证券公司；D 类为处置类证券公司。其中，C 类和 D 类证券公司是证

---

①　如违规开展委托理财业务；直接或变相地开展融资融券业务；以不正当手段争揽股票承销业务；挪用客户交易结算资金进行股票自营；以他人名义开立证券交易账户；财务会计核算混乱、虚假作账、账外经营、偷逃税收等。

②　详见中国证监会 2004 年 8 月发布的《从事相关创新活动证券公司评审暂行办法》和 2004 年 10 月发布的《创新试点类证券公司行政许可事项的申报材料目录》，中国证券业协会 2005 年 5 月发布的《试点证券公司创新方案评审暂行办法》以及 2005 年 4 月发布的《规范类证券公司评审暂行办法》等。

监会综合治理的重点对象。据统计,经过治理评审,截至2006年10月底,证券公司已从综合治理前130余家减少到108家,其中,创新试点类和规范类公司分别为18家和25家,接近现在108家正常经营公司数量的四成。而证券公司挪用客户资产、违规委托理财等各项历史遗留风险大幅下降,与综合治理开展之前的2004年年初相比,主要风险指标平均下降了90%。①

经过分类治理的证券公司释放了部分经营风险,一些证券公司或被关闭或被收购重组,最终被市场淘汰,一些证券公司获得了新股东的注资、银行的专项贷款,一些证券公司借此机会从有限责任公司转制为股份有限公司,甚至谋求上市。同时,对分类证券公司的业务范围进行控制的做法也对证券公司的发展起到了明确的指引作用。例如,创新试点类证券公司拥有发行新产品、尝试新业务的优先权等,可以通过发售集合理财产品、创设权证、开展融资融券业务等获取利润。更重要的是,创新试点类证券公司还可以通过分类治理的机会托管收购其他证券公司,从而取得在行业内进一步发展的空间;规范类证券公司在符合一定要求的情况下可申请评审成为创新试点类证券公司。此外,通过对证券公司进行分类年度考评的方式促使证券公司符合一定的经营标准,从而实现对证券公司的分类监管和防范证券公司的经营风险。

(三)我国证券业和证券公司的对外开放

随着逐步兑现加入WTO的承诺,我国证券业逐步允许境外投资者参股国内证券公司。2002年6月证监会颁布《外资参股证券公司设立规则》,后于2007年12月、2012年10月进行了两次修订。根据上述规则,合资证券公司的外资持股比例不得超过49%。2002年10月19日华欧国际证券有限责任公司正式获准设立,成为证监会发布实施上述规则后成立的第一家中外合资证券公司。

2013年8月中央政府与香港特别行政区政府、澳门特别行政区政府分别签署《〈内地与香港关于建立更紧密经贸关系的安排〉补充协议十》和《〈内地与澳门关于建立更紧密经贸关系的安排〉补充协议十》(以下简称CEPA10),放宽了外资进入内地证券市场的准入条件。CEPA10实行名额制,名额分布于上海市、广东省、深圳市及金融改革方面先行先试的若干改革试验区,且在上述框架下申请设立的合资证券公司的外资持股可达51%。2016年和2017年先后有申港证券股份有限公司、华菁证券有限公司、汇丰前海证券有限责任公司和东亚前海证券有限责任公司获得核准设立,其外资股东持股比例分别为34.85%、49%、51%、49%。

国务院2017年8月发布的《关于促进外资增长若干措施的通知》将证券业列入外资开放的重点领域,要求明确对外开放时间表、路线图。2017年11月中美两国元首会晤,中国承诺"将单个或多个外国投资者直接或间接投资证券、基金管理、期货公司的投资比例限制放宽至51%,上述措施实施3年后,投资比例不受限制"。在此背景下,

① 参见夏丽华:《证券业在阵痛中重生》,载《中国证券报》2006年10月30日,第8版。

2018年4月28日中国证监会发布了《外商投资证券公司管理办法》,原《外资参股证券公司设立规则》同时废止。外商投资证券公司新规取消了对外资持股证券公司的比例限制,意味着在现阶段将境外股东持股证券公司的比例限制放宽至51%,标志着境外股东可控股证券公司。2019年3月中国证监会正式核准设立摩根大通证券(中国)有限公司和野村东方国际证券有限公司,二者成为中国证券史上第一批真正意义上的外资控股券商。

需要指出的是,我国资本市场国际化和双向开放的趋势已经确立。在此背景下,国内证券公司在从事证券业务过程中面临的竞争压力将会日益加大,这就要求我国证券公司应当充分利用一切可以利用的机会和资源,在规范经营管理的基础上发展壮大自己。

第二节　证券公司的设立、变更和终止

一、证券公司的设立

(一)证券公司设立原则

公司设立,是指为组织公司并取得公司法人资格而完成的一系列筹建行为的总称。[①] 证券公司的设立,是指公司设立人依照法定的条件和程序,为组建证券公司取得法人资格和证券经营业务资格而完成的一系列法律行为。

传统理论认为,从公司发展历史来看,公司的设立原则主要经过了4个阶段,即特许设立原则、核准设立原则、准则设立原则和严格准则设立原则。[②] 我国《公司法》第6条规定了公司设立的基本原则和主要程序。学界普遍认为,我国公司设立原则采取准则主义,例外采取核准主义,其中,例外主要体现在:法律、行政法规规定设立公司必须报经批准的,应当在公司登记前依法办理批准手续。一般而言,设立需要经过核准的公司主要是那些经营特许行业和从事特殊经营的公司如各种金融机构,而普通的商事公司设立无须履行核准手续。[③]

就证券公司是否适用核准设立原则而言,即设立前是否须经特殊批准的问题,世界各国(地区)采取了3种不同的做法:豁免设立、注册设立和许可设立,也称豁免制、注册制和许可制。[④]

---

① 施天涛:《公司法论》(第4版),法律出版社2018年版,第81页。

② 具体内容,参见周友苏:《新公司法论》,法律出版社2006年版,第110页。也有学者将其定义为公司设立的法律政策,并认为从公司立法史来看,经历了从自由主义到特许主义,进而到核准主义,最后到准则主义的历史进程。参见施天涛:《公司法论》(第4版),法律出版社2018年版,第83~84页。

③ 参见施天涛:《公司法论》(第4版),法律出版社2018年版,第84页。

④ 尽管部分国家和地区的证券公司、证券商或者证券交易者既可能是有限责任公司,也可能是股份有限公司,既可能是公司,也可能是个人、合伙,但其从事证券业务资格的获取方式仍属此3种制度范畴。

豁免制，是指公司无须申请即可自由从事证券业务，因而证券公司在设立之前即取得了从事证券业务手续的豁免，既不用向有关机关登记，也无须取得有关机关的许可。实行豁免制的国家和地区较少，而且即便实施豁免，也只针对部分法律主体。英国早年对部分证券商实施豁免，1986年颁布实施《金融服务法》之后已取消了豁免制。我国香港特别行政区《证券及期货条例》现在仍然对部分证券交易者实施豁免。

注册设立又称登记制，是指申请人只要合乎一定要件，向主管机关申报，如主管机关于法定期限内未明确拒绝，该申报即自动生效，证券商即可经营证券业务。① 美国是实行注册制的典型国家，根据其《1934年证券交易法》的规定，从事或代理他人从事证券买卖的证券商，必须注册。申请注册时，应当说明其财务状况；注册人必须具备经营能力，个人身份的证券商或者证券商的工作人员必须符合法定的培训、经验、能力等条件。美国《统一证券法》规定，凡在州内从事证券流通业务的，必须强制登记，证券商、代理人或者投资顾问如未经注册从事证券业务，将构成犯罪。我国香港特别行政区的证券交易者也实行注册制，《证券及期货条例》第Ⅴ部系“发牌及注册”的专门规定。其中，该条例第116(1)条规定，证监会可应申请人以订明方式提出的申请并在订明费用获缴付后，向申请人批给牌照，使申请人可进行一类或多于一类受规管活动；该条例第119(1)条规定，证监会可应任何认可财务机构以订明方式提出的申请并在订明费用获缴付后，将申请人注册，使申请人可进行一类或多于一类受规管活动，该会须在注册后向申请人发给注册证明书，指明该申请人获注册进行的受规管活动。

许可设立的具体含义是，从事证券业务不仅要符合法律规定的设立条件，依照法律规定的程序申请设立登记，还须在登记之前获得法律规定的主管机关的许可。由于许可制将许可与否的自由裁量权交付于主管机关，因而证券的从业机构和人员数量都受制于主管机关对证券市场发展的认识。实行许可制的代表是日本、韩国和我国台湾地区。日本《金融商品交易法》第29条规定，经营金融商品交易业必须向内阁总理大臣进行注册，否则不得开展业务。韩国《资本市场法》第324条规定，经营本法第326条第1款规定的业务（以下简称证券金融业务）者，应当获得金融委员会的认可。我国台湾地区“证券交易法”第44条规定，证券商须经主管机关之许可及发给许可证照，方得经营；证券商分支机构之设立，应经主管机关之许可。

综上所述，豁免设立类似于公司自由设立原则，注册设立类似于准则设立原则，许可设立类似于核准设立原则。由于证券公司在证券市场中具有极重要的地位，资本雄厚、管理健全、经营合规的证券公司是证券交易安全性、市场秩序稳定性的保障，而过多的证券公司进入证券市场经营证券业务，将造成证券公司数量庞大、业务过度竞争，可能破坏证券市场秩序，损害投资者利益。因此，实施设立许可，在一定程度上依据证券市场的容量控制证券公司的数量，基本成为世界多数国家和地区的共同选择。我国对

① 参见赖源河：《证券法规》，台北，元照出版有限公司2014年版，第153页。

证券公司一直采用许可设立原则:在证券市场发展初期,设立证券公司或证券交易营业部必须报经其主管机关即中国人民银行批准,有权颁发证券经营许可证的也是中国人民银行。在我国《证券法》制定及历次修订中,均维持了证券公司设立的许可主义原则。我国新《证券法》第118条规定,设立证券公司,应当经国务院证券监督管理机构批准;未经国务院证券监督管理机构批准,任何单位和个人不得以证券公司名义开展证券业务活动。

(二)证券公司设立条件

由于证券公司经营特殊业务,在其设立的法律适用中需要遵循特别法优于一般法的原则,即证券公司的设立应优先适用有特别规定的我国《证券法》,其次适用《公司法》关于公司设立的一般规定。另外,在不与上位法即我国《证券法》发生冲突的情况下,证券公司的设立条件还需适用《证券公司监督管理条例》以及中国证监会制定实施的部门规章和规范性文件。

综合涉证券公司管理的法律法规的规定,我国证券公司的设立条件主要包括以下几方面。

1. 有符合法律和行政法规规定的公司章程。公司章程是关于公司组织和公司行为基本规则的书面文件,设立证券公司必须有符合法律、行政法规规定的公司章程,公司章程对公司、股东、董事、监事、高级管理人员具有约束力。

根据我国《公司法》的规定,设立公司必须由公司股东或发起人共同制定公司章程,其中,国有独资公司章程由国有资产监督管理机构制定,或者由董事会制订报国有资产监督管理机构批准;采用募集方式设立股份有限公司,制定的章程还须经创立大会通过。结合我国《公司法》及《证券公司监督管理条例》等法律法规的规定,证券公司的章程应当主要载明下列事项:公司名称和住所;公司经营范围;公司注册资本;有限责任公司股东的姓名或者名称;股东的权利和义务;有限责任公司股东的出资方式、出资额和出资时间,或者股份有限公司股份总数、每股金额、发起人的姓名或者名称、认购的股份数;公司的机构及其产生办法、职权、议事规则;公司的法定代表人;公司的解散事由与清算办法等。①

需要说明的是,我国《证券法》及有关行政法规对证券公司的注册资本、人员、机构、风险管理和内部控制制度以及行为规范均有特殊要求,证券公司的章程不得与其相违背,且其中一些要求应当体现在公司章程中。② 此外,如果设立外商投资证券公司或者证券公司申请公开发行并上市,除遵守我国《公司法》《证券法》《证券公司监督管理条例》的规定外,还应当符合《外商投资证券公司管理办法》《上市公司章程指引》等特别规定。

---

① 具体参见我国《公司法》第25条和第81条。

② 参见周正庆、李飞、桂敏杰主编:《新证券法条文解析》,人民法院出版社2006年版,第337页。

2. 主要股东及实际控制人应符合法定条件。我国《公司法》规定，公司的股东必须符合法定人数。具体而言，证券有限责任公司由50人以下股东出资设立，证券股份有限公司应当有2人以上200人以下为发起人，其中，须有半数以上的发起人在中国境内有住所。此外，我国《公司法》对发起人的限制较少，一般认为，仅无行为能力人及限制行为能力人不能为发起人，对于股东的限制就更少见。但是，对于证券公司来说，其股东构成及其财务、诚信状况等关系社会公众对证券公司的信任度，对证券公司的专业化、规范化运营影响甚巨。因此，法律对其股东构成应设立更高要求。为此，我国《证券法》2005年修订时增加规定，要求证券公司"主要股东须具有持续盈利能力，信誉良好，最近3年无重大违法违规记录，净资产不低于人民币2亿元"。我国新《证券法》对此作了修订和优化，该法第118条规定，主要股东及公司的实际控制人具有良好的财务状况和诚信记录，最近3年无重大违法违规记录。

在我国《证券法》之外，《证券公司监督管理条例》对于证券公司股东作了更具体的规定，如其中第10条规定，有下列情形之一的单位或者个人，不得成为持有证券公司5%以上股权的股东、实际控制人：(1)因故意犯罪被判处刑罚，刑罚执行完毕未逾3年；(2)净资产低于实收资本的50%，或者或有负债达到净资产的50%；(3)不能清偿到期债务；(4)国务院证券监督管理机构认定的其他情形。证券公司的其他股东应当符合国务院证券监督管理机构的相关要求。该条例第14条规定，任何单位或者个人有下列情形之一的，应当事先告知证券公司，由证券公司报国务院证券监督管理机构批准：(1)认购或者受让证券公司的股权后，其持股比例达到证券公司注册资本的5%；(2)以持有证券公司股东的股权或者其他方式，实际控制证券公司5%以上的股权。未经国务院证券监督管理机构批准，任何单位或者个人不得委托他人或者接受他人委托持有或者管理证券公司的股权。证券公司的股东不得违反国家规定，约定不按照出资比例行使表决权。

此外，中国证监会发布的《外商投资证券公司管理办法》第5条规定，设立外商投资证券公司除应当符合我国《公司法》《证券法》《证券公司监督管理条例》和经国务院批准的中国证监会规定的证券公司设立条件外，境外股东应具备本办法规定的资格条件，其出资比例、出资方式应符合本办法规定。该办法第6条规定，外商投资证券公司的境外股东应当具备的条件包括：(1)所在国家或者地区具有完善的证券法律和监管制度，相关金融监管机构已与中国证监会或者中国证监会认可的机构签订证券监管合作谅解备忘录，并保持着有效的监管合作关系；(2)为在所在国家或者地区合法成立的金融机构，近3年各项财务指标符合所在国家或者地区法律的规定和监管机构的要求；(3)持续经营证券业务5年以上，近3年未受到所在国家或者地区监管机构或者行政、司法机关的重大处罚，无因涉嫌重大违法违规正受到有关机关调查的情形；(4)具有完善的内部控制制度；(5)具有良好的国际声誉和经营业绩，近3年业务规模、收入、利润居于国际前列，近3年长期信用均保持在高水平；(6)证监会规定的其他审慎性条件。

3. 有符合我国《证券法》规定的注册资本。根据我国《公司法》的规定，有限责任公司的注册资本为在公司登记机关登记的全体股东认缴的出资额；股份有限公司采取发起设立方式设立的，注册资本为在公司登记机关登记的全体发起人认购的股本总额；股份有限公司采取募集方式设立的，注册资本为在公司登记机关登记的实收股本总额。[①] 2013 年我国《公司法》修订彻底废除了注册资本的最低法定限额要求，但这仅仅针对从事普通业务的商事公司而言，并不包括从事特殊业务的公司在内。[②] 对于从事特殊业务的公司如从事证券业务的证券公司，出于社会公众利益保护等需要，法律仍保持必要的资本管制。

我国新《证券法》第 121 条对于证券公司从事不同的证券业务类型分别规定了不同的注册资本要求。其中，经营证券经纪，证券投资咨询，与证券交易、证券投资活动有关的财务顾问 3 类业务的，注册资本最低限额为 5000 万元人民币。经营证券承销与保荐、证券融资融券、证券做市交易和证券自营 4 类业务以及其他证券业务之一的，注册资本最低限额为 1 亿元人民币；经营上述 5 类业务中两项以上的，注册资本最低限额为 5 亿元人民币。证券公司的注册资本应当是实缴资本，不能采取"一次认足，分期缴纳"的做法。此外，国务院证券监督管理机构根据审慎监管原则和各项业务的风险程度，可以调整证券公司注册资本的最低限额，但不得少于前述规定的限额，即可以调高而不能降低注册资本最低限额。

在法律法规基础上，证监会发布的《证券公司风险控制指标管理办法(2016 年修订)》从证券公司风险防控和管理出发，建立以净资本和流动性为核心的风险控制指标体系。[③] 该办法第 16 条规定，证券公司经营证券经纪业务的，其净资本不得低于 2000 万元人民币；证券公司经营证券承销与保荐、证券自营、证券资产管理、其他证券业务等业务之一的，其净资本不得低于 5000 万元人民币；证券公司经营证券经纪业务，同时经营证券承销与保荐、证券自营、证券资产管理、其他证券业务等业务之一的，其净资本不得低于 1 亿元人民币；证券公司经营证券承销与保荐、证券自营、证券资产管理、其他证券业务中两项及两项以上的，其净资本不得低于 2 亿元人民币。

需要指出的是，我国《证券法》没有明确限制证券公司的股东或发起人的出资方式，但《证券公司监督管理条例》第 9 条对此有明确规定，首先，要求证券公司的股东应当用货币或者证券公司经营必需的非货币财产出资，证券公司股东的非货币财产出资总额不得超过证券公司注册资本的 30%（在证券公司经营过程中，证券公司的债权人将其债权转为证券公司股权的，不受该比例限制）；其次，要求证券公司股东的出资，应

---

① 参见我国《公司法》(2018 年修订)第 26 条、第 80 条。

② 参见施天涛：《公司法论》(第 4 版)，法律出版社 2018 年版，第 179 页。

③ 净资本的核心，是指证券公司净资产中具有高流动性的部分，通常应被理解为现金和具有高流动性的有价证券。

当经具有证券、期货相关业务资格的会计师事务所验资并出具证明;出资中的非货币财产,应当经具有证券相关业务资格的资产评估机构评估。

4. 董事、监事、高级管理人员、从业人员符合法定条件。由于证券市场是高风险市场且证券公司的经营活动对证券市场的健康发展具有直接重大影响,各国、各地区均明确规定证券公司的管理人员和从业人员的任职资格(包括积极和消极方面)。我国新《证券法》分别对两类人员进行规定,其中第124条规定,证券公司的董事、监事、高级管理人员,应当正直诚实,品行良好,熟悉证券法律、行政法规,具有履行职责所需的经营管理能力。证券公司任免董事、监事、高级管理人员的,应当报国务院证券监督管理机构备案。有我国《公司法》第146条规定的情形或者下列情形之一的,不得担任证券公司的董事、监事、高级管理人员:(1)因违法行为或者违纪行为被解除职务的证券交易场所、证券登记结算机构的负责人或者证券公司的董事、监事、高级管理人员,自被解除职务之日起未逾5年;(2)因违法行为或者违纪行为被吊销执业证书或者被取消资格的律师、注册会计师或者其他证券服务机构的专业人员,自被吊销执业证书或者被取消资格之日起未逾5年。我国新《证券法》第125条规定,证券公司从事证券业务的人员应当品行良好,具备从事证券业务所需的专业能力。因违法行为或者违纪行为被开除的证券交易场所、证券登记结算机构、证券服务机构、证券公司的从业人员和被开除的国家机关工作人员,不得招聘为证券公司的从业人员。国家机关工作人员和法律、行政法规规定的禁止在公司中兼职的其他人员,不得在证券公司中兼任职务。

《证券公司监督管理条例》第24条规定,证券公司的董事、监事、高级管理人员应当在任职前取得经国务院证券监督管理机构核准的任职资格。证券公司不得聘任、选任未取得任职资格的人员担任前款规定的职务;已经聘任、选任的,有关聘任、选任的决议、决定无效。此外,证监会针对证券公司董事、监事、高级管理人员和分支机构负责人的任职资格监管发布了《证券公司董事、监事和高级管理人员任职资格监管办法(2012年修订)》,①对证券从业人员发布了《证券业从业人员资格管理办法》。②

5. 有完善的风险管理与内部控制制度。我国《公司法》一般将公司的内部制度建设列为"意思自治"的范畴,因而一般仅规定公司治理组织架构和利益冲突解决等重大方面,而将公司的内部控制制度等交由公司自行安排。但是,证券公司经营特殊业务,

---

① 根据该办法规定,证券公司高级管理人员,是指证券公司的总经理、副总经理、财务负责人、合规负责人、董事会秘书以及实际履行上述职务的人员。证券公司行使经营管理职责的管理委员会、执行委员会以及类似机构的成员为高管人员。以上人员又统称为经理层人员,其任职资格应具备的条件包括7项:(1)正直诚实,品行良好;(2)熟悉证券法律、行政法规、规章以及其他规范性文件,具备履行职责所必需的经营;(3)从事证券工作3年以上,或者金融、法律、会计工作5年以上;(4)具有证券从业资格;(5)具有大学本科以上学历或取得学士以上学位;(6)曾担任证券机构部门负责人以上职务不少于2年,或者曾担任金融机构部门负责人以上职务不少于4年,或者具有相当职位管理工作经历;(7)通过中国证监会认可的资质测试。

② 证券公司的从业人员,是指在证券公司中任职,并具体经办公司业务的各类人员,不包括后勤劳务人员。参见周正庆、李飞、桂敏杰主编:《新证券法条文解析》,人民法院出版社2006年版,第338页。

其风险管理和内部控制对于证券市场的健康发展和投资者利益的保护密切相关，因此我国《证券法》有必要对其提出高于《公司法》规定的明确要求，这其中也体现了《证券法》"国家干预"的特征。所谓证券公司的风险管理和内部控制，是指证券公司为实现经营目标，根据经营环境变化，对证券公司经营与管理过程中的风险进行识别、评价和管理的制度安排、组织体系和控制措施。

我国《证券法》第118条第5项规定，设立证券公司应有完善的风险管理与内部控制制度，旨在通过强制性的制度建设规定预防、监控和化解证券经营风险。该法第123条规定，国务院证券监督管理机构应当对证券公司的净资本和其他风险控制指标作出规定，并明确证券公司除依照规定为其客户提供融资融券外，不得为其股东或者股东的关联人提供融资或者担保。该法第128条规定，证券公司应当建立健全内部控制制度。《证券公司监督管理条例》对证券公司的组织机构等方面的规定，属于行政法规层面的规定。此外，中国证监会依法制定实施了大量的规章和规范性文件，如《证券公司内部控制指引》《证券公司风险控制指标管理办法》《证券公司和证券投资基金管理公司合规管理办法》《证券公司治理准则》《关于加强上市证券公司监管的规定》等。这些规范性文件详细规定了证券公司开展各项证券经营业务和一般公司运营时所要达到的内部控制要求，以及各项风险控制指标的标准与监管措施等。证券公司在设立阶段需要满足其中诸多要求，否则无法完成公司设立。

6. 有合格的经营场所、业务设施和信息技术系统。与我国《公司法》对普通公司开展经营业务的场所和设施无特别规定不同，由于证券经营的特殊性质，证券公司必须配备与开展证券经营业务相适应的营业场所和设施。我国《证券法》第118条第6项规定，设立证券公司应有合格的经营场所、业务设施和信息技术系统。通常而言，证券公司的经营场所和业务设施包括办公场所、电子信息处理系统、报价系统、与证券交易所主机联网的电脑终端及其他必要场所和业务设施。其中，合格的经营场所业务设施和信息技术系统是证券公司开展证券业务必备的物质基础，为了防止欺诈和维护证券市场的交易安全，在证券公司设立阶段必须满足上述条件。

7. 其他条件。我国《证券法》第118条第7项规定，设立证券公司还应当符合法律、行政法规规定的和经国务院批准的国务院证券监督管理机构规定的其他条件。这一规定既是兜底性条款，同时也为其他法律、行政法规和证券监督管理机构对证券公司设立作出的补充或者细化规定，提供了合法性依据。①

（三）证券公司设立程序

1. 申请公司名称预先核准。一些公司法著作通常把申请公司名称预先核准的程序

① 赖英照教授指出，证券法对证券商的管理，其规范方法具有采行高密度管理和主管机关行使广泛裁量权等特点；法律的规定通常较简略，有关证券商的管理事宜，多半出于主管机关的命令。参见赖英照：《股市游戏规则：最新证券交易法解析》，台北，赖英照出版社2017年3版，第365页。

放在了较靠后的次序，但实际上，对于部分依法必须在设立登记前申请批准的公司如证券公司来说，需要借由拟设立的公司名义办理申请批准程序，因此，公司名称的预先核准是办理证券公司设立事宜的首要程序。

《公司登记管理条例》第17条至第22条规定，设立公司应当申请名称预先核准；法律、行政法规或者国务院文件规定设立公司必须报经批准，或者公司经营范围属于法律、行政法规或者国务院文件规定在登记前须经批准的项目的，应当在报送批准前办理公司名称预先核准，并以公司登记机关核准的公司名称报送批准；设立有限责任公司，应当由全体股东指定的代表或者共同委托的代理人向公司登记机关申请名称预先核准；设立股份有限公司，应当由全体发起人指定的代表或者共同委托的代理人向公司登记机关申请名称预先核准；申请名称预先核准，应当提交下列文件：(1)有限责任公司的全体股东或者股份有限公司的全体发起人签署的公司名称预先核准申请书；(2)全体股东或者发起人指定代表或者共同委托代理人的证明；(3)国家工商行政管理总局①规定要求提交的其他文件。预先核准的公司名称保留期为6个月，预先核准的公司名称在保留期内，不得用于从事经营活动，不得转让。

2. 申请国务院证券监督管理机构审查批准。证券公司作为从事特殊经营行为的公司，设立前必须报经国务院证券监督管理机构审查批准已如前述。关于审查批准的期间和权限，我国《证券法》第119条第1款规定，国务院证券监督管理机构应当自受理证券公司设立申请之日起6个月内，依照法定条件和法定程序并根据审慎监管原则进行审查，②作出批准或者不予批准的决定，并通知申请人；不予批准的，应当说明理由。

需要注意的是，申请人向审查批准机构应报送的文件，法律行政法规并没有明确规定。但《外商投资证券公司管理办法》第8条则对申请设立外商投资证券公司，应当向中国证监会提交的文件进行了明确列举。此外，《证券公司设立子公司试行规定》《证券公司分支机构监管规定》分别就证券公司申请设立子公司和申请设立、收购分支机构应提交的文件作出了明确规定。

3. 申请公司设立登记。我国《证券法》第119条第2款规定，证券公司设立申请获得批准的，申请人应当在规定的期限内向公司登记机关申请设立登记，领取营业执照。我国《证券公司监督管理条例》第17条则规定，公司登记机关应当依照法律、行政法规的规定，凭国务院证券监督管理机构的批准文件，办理证券公司及其境内分支机构的设

---

① 根据国务院《关于机构设置的通知》(国发〔2018〕6号)，国务院2018年设置国家市场监督管理总局，不再保留国家工商行政管理总局，因此，原国家工商行政管理总局负责市场主体统一登记注册的职能也并入国家市场监督管理总局。

② 《证券公司监督管理条例》第16条规定，国务院证券监督管理机构审批证券公司及其分支机构的设立申请，应当考虑证券市场发展和公平竞争的需要。因此，尽管法律法规对于审慎监管原则没有明确规定，但通常认为，审慎监管是指谨慎细致地考察监管对象的真实状况和所面临的风险，以保证监管对象最低限度的持续经营，最大限度地防范监管对象经营风险的监督管理行为，同时要统筹考虑市场发展和公平竞争的需要。

立登记。设立证券有限责任公司,根据《公司登记管理条例》第 20 条的规定向公司登记机关提交必备文件;设立证券股份有限公司,则根据《公司登记管理条例》第 21 条的规定提交规定文件。符合条件的,由公司登记机关分别登记为证券有限责任公司或者证券股份有限公司,由公司登记机关发给《企业法人营业执照》。公司营业执照签发日期为公司成立日期。公司凭公司登记机关核发的《企业法人营业执照》刻制印章,开立银行账户,申请纳税登记。

4. 申请经营证券业务许可证。根据我国《证券法》第 119 条第 3 款的规定,证券公司应当自领取营业执照之日起 15 日内,向国务院证券监督管理机构申请经营证券业务许可证。未取得经营证券业务许可证,证券公司不得经营证券业务。根据我国《证券法》第 120 条的规定,国务院证券监督管理机构应当自受理经营证券业务申请之日起 3 个月内,依照法定条件和程序进行审查,作出核准或者不予核准的决定,并通知申请人;不予核准的,应当说明理由。根据《证券公司监督管理条例》第 17 条的规定,证券监督管理机构颁发的经营证券业务许可证,应当载明证券公司或者境内分支机构的证券业务范围。

另外,证券公司设立子公司、证券营业部等分支机构也须取得国务院证券监督管理机构的审查批准,经过登记后向其申领《经营证券业务许可证》或《证券经营机构营业许可证》。

二、证券公司的变更和终止

证券公司的变更,是指证券公司设立或撤销分支机构、变更业务范围、增加或减少注册资本、变更主要股东、实际控制人、变更公司章程、合并、分立、变更公司形式等法律行为。证券公司的终止,是指证券公司结束营业,终止法人资格的行为。证券公司的终止包括正常终止和非正常终止。正常终止,是指因章程规定的公司营业期限届满或章程规定的其他约定解散事由出现而终止,或因股东大会决议或因合并、分立而解散等情形;非正常终止,是指证券公司依法被吊销营业执照、责令关闭、撤销、被法院强制解散或破产等情形。[①] 考虑到证券公司经营业务的特殊性和对证券市场的重要影响,各个国家和地区都规定证券公司进行变更、终止时须获得有关主管机关的许可。

我国《证券法》第 122 条规定,证券公司变更证券业务范围,变更主要股东或者公司的实际控制人,合并、分立、停业、解散、破产,应当经国务院证券监督管理机构核准。《证券公司监督管理条例》第 13 条规定,证券公司增加注册资本且股权结构发生重大调整,减少注册资本,变更业务范围或者公司章程中的重要条款,合并、分立,设立、收购或者撤销境内分支机构,在境外设立、收购、参股证券经营机构,应当经国务院证券监督管理机构批准。

同时,我国《证券法》对待证券公司的终止问题采取了较慎重的态度,规定了终止

① 详见我国《公司法》第 180 条、第 181 条、第 182 条。

前的情况报告、整治救助措施,如该法第 143 条规定,证券公司违法经营或者出现重大风险,严重危害证券市场秩序、损害投资者利益的,国务院证券监督管理机构可以对该证券公司采取责令停业整顿、指定其他机构托管、接管或者撤销等监管措施。《证券公司风险处置条例》则规定了对存在重大风险隐患或指标不符规定的证券公司采取停业整顿、托管、接管、行政重组等措施;证券公司经停业整顿、托管、接管或者行政重组在规定期限内达到正常经营条件的,经国务院证券监督管理机构批准,可以恢复正常经营。

需要指出的是,我国《企业破产法》对包括证券公司在内的金融机构的破产作出了特别规定,其中第 134 条规定,商业银行、证券公司、保险公司等金融机构有本法第 2 条规定情形的,[①]国务院金融监督管理机构可以向人民法院提出对该金融机构进行重整或者破产清算的申请。国务院金融监督管理机构依法对出现重大经营风险的金融机构采取接管、托管等措施的,可以向人民法院申请中止以该金融机构为被告或者被执行人的民事诉讼程序或者执行程序。金融机构实施破产的,国务院可以依据本法和其他有关法律的规定制定实施办法。事实上,《证券公司风险处置条例》就根据上述规定,规定可以对证券公司采取停业整顿、托管、接管、行政重组等措施。[②]

最后,证券公司的变更和终止,在报经国务院证券监督管理机构批准后,需要根据《公司登记管理条例》向公司登记管机关办理变更或者注销登记手续。

第三节 证券公司的业务

一、证券公司的营业

证券公司的营业,是指证券公司的业务经营,其中包括两个方面的内容:一是跨行业兼营的问题,即证券公司是否可以兼营其他行业的业务,以及其他非证券行业的公司是否可以经营证券业务的问题;二是证券业务兼营的问题,即证券公司是否可以同时经营两种以上证券业务的问题。

(一)混业与分业

证券业是否禁止跨行业经营的问题,此前大多被人们冠以证券业与银行业能否合

---

① 我国《企业破产法》第 2 条规定,企业法人不能清偿到期债务,并且资产不足以清偿全部债务或者明显缺乏清偿能力的,依照本法规定清理债务。

② 证券公司被采取风险处置措施的最新案例为中国证监会依法对上海华信证券有限责任公司实施风险处置:鉴于上海华信证券有限责任公司违法为股东上海华信国际集团有限公司及其关联方提供融资、违规开展资产管理业务、净资本等风险控制指标已不符合持续经营证券业务的规定,且逾期未能改正,严重损害客户合法权益,危及公司稳健运行,根据我国《证券法》《证券公司监督管理条例》《证券公司风险处置条例》的相关规定,中国证监会决定于 2019 年 11 月 15 日撤销华信证券的全部业务许可,并委托国浩律师(北京)事务所成立行政清理组,对华信证券进行行政清理。

并问题加以研究。但实际上，随着金融业务不断创新，该问题已经被扩展为证券、银行、信托、保险行业之间合业经营还是分业经营的问题。

在证券业经营业务与其他行业尤其是银行业经营业务的关系问题上，世界上存在分业经营和混业经营模式两种主要模式。总体上，分业是指证券业和银行业等其他金融行业的从业者不能兼营对方经营业务的模式，混业是指金融行业的细分行业证券业、银行业等可以兼营对方业务的模式。但应看到，混业还是分业在不同国家和地区是处于动态发展中的，在不同的历史阶段可能采取不同政策。以美国为例，在 1929 年经济大萧条之前，商业银行普遍可以从事证券业务，但灾难性的经济危机之后，美国国会经过详细调查认为，引起这次金融体系几乎陷于崩溃的经济危机的直接根源，就在于美国的商业银行大量从事证券业务，证券业务的风险传导并引致银行出现危机。此后美国通过了 1933 年《格拉斯—斯蒂格尔法》(Glass-Steagall Act)等一系列联邦和州立法案，明确规定商业银行与证券业实施业务分离，从而逐步形成了证券业与银行业分业经营的模式。英国和日本也曾经是实行分业经营模式的国家，如日本 1948 年《证券交易法》第 65 条明确规定，日本商业银行须与证券公司的业务分开。

从 20 世纪下半叶以来，国际金融市场上出现的由分业经营向合业经营转化的趋势越来越明显。进入 20 世纪七八十年代，在新技术革命的推动下，国际资本流动日趋活跃，金融市场的全球联系日益加强。各个国家的金融管理当局纷纷对其金融体制进行改革，其中一个重要内容就是逐渐打破证券业与其他行业之间的经营局限，积极拓展金融业内各细分行业的跨行业合作，以业务创新的方式增强对国际资本的吸引力。美国于 1999 年 11 月制定《金融服务现代化法》，最终取消商业银行、证券业和保险业混业经营的法律限制。即使在 2008 年金融危机之后，美国大银行仍然主张保持“一站式店铺”的经营范围。① 英国在 20 世纪 80 年代进行金融制度改革，允许交易所成员以外的公司直接进入证券交易所交易，使银行大规模地进入证券市场，从而打破了证券、银行分业的格局。日本 1981 年《银行法》和修改后的《证券交易法》已经允许证券业与银行业的适当交叉；1997 年日本政府进行了金融改革，取消了原来对银行、证券、信托子公司的业务限制，允许设立金融控股公司进行混业经营。

我国在由计划经济向市场经济发展的过程中，一度实行银行兼营证券业务，信托兼营银行业务的制度，但随着我国《商业银行法》和《证券法》的颁布实施，逐步建立了分业经营分业管理的制度。我国《商业银行法》第 43 条规定：“商业银行在中华人民共和国境内不得从事信托投资和证券经营业务，不得向非自用不动产投资或者向非银行金融机构和企业投资，但国家另有规定的除外。”我国《证券法》第 6 条规定：“证券业和银行业、信托业、保险业实行分业经营、分业管理，证券公司与银行、信托、保险业务机构分

① 金融业的多种经营也称“一站式店铺”(one-stop shop)，是来自美国的营业模式。参见朱伟一：《证券法》，中国政法大学出版社 2018 年版，第 403 页。

别设立。国家另有规定的除外。”从历史角度分析,我国实行分业经营的原因是:一方面,由于我国证券市场发展较晚,市场容量较小,股票价格的形成机制极不成熟,一旦银行、保险、信托资金流入往往就会在证券市场上引起异常波动,从而引发一定的市场风险;另一方面,我国金融体制建设不够完善,行业与行业之间缺乏有效的“防火墙”,相互间容易传导风险,整体协调防御能力较弱,因此选择分业经营的模式有其现实意义。但也应看到,我国现实中金融业综合经营已经并不少见,如前文所述在同一集团控股下分设子公司分别从事银行、证券、保险等金融业务,此外,商业银行也从事大量与证券有关的业务如发行和出售包括理财产品在内的各类证券产品。因此,有学者甚至认为,从我国《证券法》第 6 条来看,资本市场分业是常态,混业是例外,但现实中混业并不少见,很难说是一种例外。① 总体而言,金融业综合经营尤其是银行跨业经营证券业务是一把“双刃剑”,在有利于银行实施全能化和多元化经营的同时,也面临更多的风险来源;尤其是银行业与证券业存在利益冲突,容易危及整个信用体系,酿成金融危机。② 因此,在由金融分业经营向综合经营过渡过程中,应周详研究建立各金融行业的经营安全和风险控制机制,妥善处理各金融行业的利益冲突和利益输送等问题,坚决守住不发生系统性金融风险的底线。

(二)证券业务的单一和多元

关于同一证券商是否可以同时经营两种以上证券业务的问题,世界各国和地区也有两种不同的做法:允许兼营两种以上证券业务和不允许兼营证券业务。从当代国际证券市场发展来看,兼营证券业务已经成为主流模式,一些历史上曾经禁止证券业务兼营的国家和地区已经转变态度,允许证券业务兼营。例如,英国在 20 世纪 80 年代中期以前,坚持“单一资格”(simple capacity)原则,即证券商只能经营一种证券业务,不得兼营其他证券业务,但在 1986 年金融改革后,英国放弃了“单一资格”原则,而改采“双重资格”(dual capacity)原则,允许证券商同时经营两种以上证券业务。

我国总体上采取允许兼营证券业务的模式,但对不同证券公司有不同规定。在我国《证券法》2005 年修订之前,依注册资本的多寡将证券公司分为综合类证券公司和经纪类证券公司,前者可以经营包括证券经纪业务在内的多项证券业务,而后者仅能经营证券经纪业务,因此,对后者来说,采行的就是禁止兼营证券业务模式。我国《证券法》2005 年修订之后,证券公司已不再被分为综合和经纪两类。尽管证券公司营业范围仍然受到注册资本约束,但基本取消了禁止兼营证券业务的规定。

二、证券公司的业务内容

证券公司的业务内容可以分为核心业务和外延业务。证券核心业务也可称为传统证券业务,在分业经营的条件下是证券公司或证券商的专营业务,包括证券承销、证券

---

① 参见朱伟一:《证券法》,中国政法大学出版社 2018 年版,第 402 页。

② 参见周正庆、李飞、桂敏杰主编:《新证券法条文解析》,人民法院出版社 2006 年版,第 4 ~5 页。

保荐、证券经纪和证券融资融券业务等。证券外延业务是除证券核心业务外围绕证券发行、证券交易活动产生的业务，也被称为证券创新业务；在分业经营的条件下，其他行业的经营者如商业银行、信托投资公司、保险公司、资产管理公司、投资咨询公司、财务顾问公司等也可以在相应范围内开展经营。证券外延业务包括证券投资咨询、财务顾问、资产管理、做市商等。

证券公司或证券商在一些证券市场较发达的国家如美国也被称为投资银行（investment bank），其主要从事证券以及与证券市场有关的业务活动，具体包括证券承销、证券经纪、证券自营、证券投资管理、证券投资咨询、企业合并与收购策划、协助项目融资等业务。在美国，投资银行可以独立对外投资获取收益，利用自有资金为当事人服务并收取一定费用，但一般不办理商业银行经营的存贷款业务。我国并未打算构建全能的投资银行体系，这使投资银行仅属金融实务中的非规范用语。但值得注意的是，我国的证券公司通常都设有投资银行部门或分支机构，简称为投行部，其业务范围包括预选拟上市企业、协助企业实现公司改制、协助有限责任公司转变为股份有限公司、协助拟上市公司达到上市标准、为公司提供投资咨询、为公司提供并购重组咨询、帮助公司进行投资、并购重组等诸多内容，而这些业务往往成为证券公司营收的重要来源，与成熟市场中非证券核心业务在证券公司或投资银行全部业务中占有重要地位类似。

我国新《证券法》第120条对证券公司业务范围作出了明确规定，其内容是：以国务院证券监督管理机构批准为前提，证券公司可以经营证券经纪、证券投资咨询、与证券交易及证券投资活动有关的财务顾问、证券承销与保荐、证券融资融券、证券做市交易、证券自营、证券资产管理、其他证券业务9类证券业务的部分或全部。此外，上述条文又明确规定，除证券公司外，任何单位和个人不得从事证券承销、证券保荐、证券经纪和证券融资业务，因此，这4类证券业务属于证券公司专营业务。

（一）证券投资银行业务

如前所述，在美国，证券公司别名为投资银行，但其从事的业务包括了投资银行、证券和投资管理业务等多类证券业务。相比而言，我国的证券公司一般别名为券商，投资银行是证券公司获准从事的一项证券业务。根据证监会《证券公司投资银行类业务内部控制指引》之规定，证券公司投资银行类业务是指：承销与保荐；上市公司并购重组财务顾问；公司债券受托管理；非上市公众公司推荐；资产证券化等其他具有投资银行特性的业务。中国证券业协会则将其分类为：股权融资业务、公司债券业务、并购重组业务、场外市场业务和创新业务。其中，关于承销和保荐业务属于传统投资银行业务范畴。

1. 上市公司并购重组财务顾问业务

根据《上市公司并购重组财务顾问业务管理办法》第2条的规定，上市公司并购重组财务顾问业务是指为上市公司的收购、重大资产重组、合并、分立、股份回购等对上市公司股权结构、资产和负债、收入和利润等具有重大影响的并购重组活动提供交易估值、方案设计、出具专业意见等专业服务。根据我国《证券法》第129条的规定，与证券交易、证券投资活动有关的财务顾问业务非属证券公司专营业务。证监会前述管理办法第2条同时规定，经证监会核准具有上市公司并购重组财务顾问业务资格的证券公司、证券投资咨询机构或者其他符合条件的财务顾问机构，可以依照本办法的规定从事上市公司并购重组财务顾问业务。

2. 公司债券业务

公司债券业务包括可转换公司债券和可分离交易的可转换公司债券发行、通过证监会审核的公司债券发行（含创业板公司非公开发行公司债）和中小企业私募债发行。

（1）根据《公司债券发行与交易管理办法》第33条的规定，发行公司债券应当由具有证券承销业务资格的证券公司承销；取得证券承销业务资格的证券公司、中国证券金融股份有限公司及中国证监会认可的其他机构非公开发行公司债券可以自行销售。

（2）《公司债券发行与交易管理办法》第48条规定了公司债券受托管理制度，第49条明确债券受托管理人由本次发行的承销机构或其他经中国证监会认可的机构担任。

（3）中小企业私募债券是未上市中小微型企业以非公开方式发行的公司债券。由于中小企业私募债属于私募债的发行，对其不设行政许可，目前一般由承销商将发行材料向证券交易所进行发行备案。

3. 场外市场业务

主要包括全国中小企业股份转让系统业务（主要分为推荐股票业务和挂牌公司定向发行）和区域性股权市场业务。《区域性股权市场监督管理试行办法》第28条规定，运营机构可以自行或者组织有关中介机构开展的6项业务活动，就业务性质而言均属于非公开（私募）和场外市场业务。

4. 创新业务

目前主要包括资产证券化和优先股发行。后续随着资本市场的发展，会不断产生新的业务类型，符合条件的证券公司等组织和机构经过核准可以开展此类业务。

（二）证券经纪业务

由于在证券交易场所交易的证券种类繁多且数额巨大，交易所交易席位有限，大众投资者不能直接进入交易场所进行证券交易；另外，证券投资者数量众多，直接从事证券交易成本高，且不易成交。[①] 因此，各个国家、地区的证券法都规定了证券交易的入场特许制度，即只有经过证券交易所特别认可或同意的个人或机构才能直接进入证券交易场所或系统进行证券交易。我国也采用证券交易入场特许制，《证券法》第105条规定，进入会员制的证券交易所参与集中交易的，必须是证券交易所的会员；证券交易所不得允许非会员直接参与股票的集中交易。换言之，只有身为证券交易所的会员才能参与证券集中交易，而公众投资者只能通过作为证券交易所会员的证券公司方能进行证券交易。由证券公司向投资者提供特殊中介服务的证券经纪业务由此产生。

---

① 参见周正庆、李飞、桂敏杰主编：《新证券法条文解析》，人民法院出版社2006年版，第341页。

我国证券法并未对证券经纪业务的法律概念进行界定。按照我国新《证券法》第132条、第133条的规定，证券经纪应指证券公司接受投资者委托，代理投资者买卖证券并在买卖成交后按照规定制作买卖成交报告单交付客户的行为。① 按照法条的规定，证券公司和投资者之间构成证券委托交易的代理关系，在这种代理关系中，证券公司为代理人，投资者为被代理人。

然而，关于证券公司与投资者之间在证券经纪业务中的关系究竟属于何种法律性质的问题，在大陆法系的理论上存在多种解释，主要包括代理说、行纪说、居间说。② 代理说认为，证券公司与投资者在证券经纪业务中构成的关系是委托代理关系，证券公司作为代理人，以被代理人投资者的名义为投资者利益从事证券交易，交易结果直接归属投资者。

代理说中又分为3种主张：

代理说的第一种主张以我国《民法通则》第63条为依据，③认为证券公司与投资者在证券经纪业务中形成的是直接代理关系，即证券公司是以投资者名义实施的证券交易法律行为。这种主张因循传统大陆法系将代理限定为直接代理，即代理人必须以被代理人名义实施法律行为，并将其法律后果直接归属于被代理人的理论，不承认代理人以自己名义而不是以被代理人名义实施民事法律行为且其法律行为的效果间接归于被代理人的间接代理。但这一主张用以解释证券公司与投资者的关系，其缺陷也是显而易见的，因为能够直接进入交易场所或者交易系统的只能是作为证券交易所会员的证券公司，而证券公司显然不能以投资者的名义进行交易。

代理说的第二种主张以我国《合同法》第402条、第403条为依据，④认为证券公司

---

① 我国《证券法》第132条规定，证券公司办理经纪业务，应当置备统一制定的证券买卖委托书，供委托人使用。采取其他委托方式的，必须作出委托记录。客户的证券买卖委托，无论是否成交，其委托记录应当按照规定的期限，保存于证券公司。《证券法》第133条规定，证券公司接受证券买卖的委托，应当根据委托书载明的证券名称、买卖数量、出价方式、价格幅度等，按照交易规则代理买卖证券，如实进行交易记录；买卖成交后，应当按照规定制作买卖成交报告单交付客户。证券交易中确认交易行为及其交易结果的对账单必须真实，保证账面证券余额与实际持有的证券相一致。

② 我国台湾地区"证券交易法"第15条规定的证券业务之第三类为有价证券买卖之行纪、居间、代理及其他经主管机关核准之相关业务。由此可知，证券经纪商与证券投资人之间并不仅限于代理法律关系。

③ 我国《民法通则》第63条规定，代理人在代理权限内，以被代理人的名义实施民事法律行为。被代理人对代理人的代理行为，承担民事责任。

④ 我国《合同法》第402条规定："受托人以自己的名义，在委托人的授权范围内与第三人订立的合同，第三人在订立合同时知道受托人与委托人之间的代理关系的，该合同直接约束委托人和第三人，但有确切证据证明该合同只约束受托人和第三人的除外。"该法第403条规定："受托人以自己的名义与第三人订立合同时，第三人不知道受托人与委托人之间的代理关系的，受托人因第三人的原因对委托人不履行义务，受托人应当向委托人披露第三人，委托人因此可以行使受托人对第三人的权利，但第三人与受托人订立合同时如果知道该委托人就不会订立合同的除外。受托人因委托人的原因对第三人不履行义务，受托人应当向第三人披露委托人，第三人因此可以选择受托人或者委托人作为相对人主张其权利，但第三人不得变更选定的相对人。委托人行使受托人对第三人的权利的，第三人可以向委托人主张其对受托人的抗辩。第三人选定委托人作为其相对人的，委托人可以向第三人主张其对受托人的抗辩以及受托人对第三人的抗辩。"

与投资者在证券经纪业务中形成的是间接代理关系，即认为证券公司是以自己名义为投资者实施的证券交易法律行为。这一观点固然符合证券经纪业务的实践，且在理论上能够自圆其说，但是大陆法系的传统理论认为，直接代理谓之代理，而间接代理实际上就是行纪，因此，并未突破大陆法系传统民商法理论将证券公司与投资者在证券经纪业务中形成的法律关系界定为行纪的逻辑。

代理说的第三种主张仍然基于我国《合同法》第402条、第403条的规定，与间接代理说的区别仅在于其抛弃了大陆法系的间接代理而引入了英美法的隐名代理，认为证券公司与投资者在证券经纪业务中形成的仍是代理关系，只不过此种代理与代理人在实施代理行为中必须公开被代理人身份的显名代理不同，证券公司在从事证券经纪业务中无须公开投资者姓名，而直接以自己名义即以隐名代理的方式完成投资者委托进行证券交易。这一观点看似另辟蹊径，但仍存在以下几大疑点。

第一，英美法系强调委托人与第三人的关系，而相对轻视委托人与代理人之间的内部关系。在他们看来，代理关系的最终及主要主题，乃是通过代理人的行动来构成委托人与外人的直接合同关系，这才是代理的核心，[①]而无论是以本人名义还是以代理人名义为本人代行法律行为，无论其法律效果是直接还是间接由本人承担，都属于代理，因此英美法系的代理内容包括较广，将代理制度宽泛适用于一人通过另一人完成法律行为的场合，即用代理指称大陆法系的代理、行纪、居间等制度，[②]而如果将证券公司与投资者在证券经纪业务中形成的关系界定为英美法系的代理关系，无论是显名代理还是隐名代理，为何不可在大陆法系的民商法理论中找到对应的行纪而一定要对应代理。

第二，即便我国《合同法》第402条、第403条规定在委托合同的专章内容之内，对其究竟应属英美法系隐名代理的嫁接还是在大陆法系直接代理基础上新建的间接代理制度，而这种间接代理制度的条款又不划归于我国《合同法》的行纪合同之内的立法体例，理论上仍有较大争议。

第三，如果证券公司与投资者在证券经纪业务中的关系适用我国《合同法》第403条，因第三人原因使证券公司不能对投资者履行义务时，作为受托人的证券公司在履行了披露义务之后，投资者可以向第三人行使证券交易的权利；因投资者原因使证券公司不能对第三人履行义务时，证券公司应当向第三人披露投资者，第三人因此可以选择证券公司或投资者作为相对人主张权利，则显然不符合证券交易、结算交收流程。因为根据我国《证券法》、证券交易所交易规则、证券登记结算管理办法等法律法规和规范性文件的规定，证券公司向证券登记结算机构申请取得结算参与人资格后方能参与证券和资金的清算交收，取得结算参与人资格的证券公司承担证券结算风险，投资者通常不能因此向证券登记结算机构要求相应权利，同时，证券登记结算机构也不能在符合

① 何美欢:《香港代理法》，北京大学出版社1996年版，第6页。

② 例如，《牛津英汉百科大辞典》就将英文"agent"译为"代理人、经纪人、中间人、掮客"等。

法定条件情况下选择结算参与人和投资者其中之一要求权利。

行纪说历来为大陆法系对证券公司与投资者在证券经纪业务中构成关系界定的主流观点。所谓行纪是指“以自己的名义，为他人之计算，为动产之买卖，或其他商业上之交易，而受报酬之营业也”。[①] 行纪与代理的区别是：首先，行纪人系以自己名义为法律行为并直接承担法律后果，其法律效果依据行纪合同间接地归属于委托人，理论上亦称为间接代理，而代理人系以被委托人名义为法律行为，其法律效果直接归属于委托人，理论上成为直接代理。[②] 其次，行纪通常为商事行为，行纪人是商事主体，具有特殊身份，从事经限定了范围的营利事业，而代理人通常为一般民事主体，代理行为范围较广，不以营利为限。从证券交易的流程来看，行纪说应该最能揭示投资者、证券公司、证券登记结算机构之间的法律关系。证券交易的主要程序是：投资者发出委托指令，有证券交易所会员资格的证券公司向证券交易所报送委托，经交易系统确认成交后，由具有证券交易结算参与人资格的证券公司先和证券登记结算机构进行证券和资金的法人结算（又称一级结算），然后再由证券公司与投资者之间完成证券和资金的二级结算。这种分级结算的模式，一方面，防范了证券和资金结算的风险；[③]另一方面，明确了证券登记结算机构与证券公司之间、证券公司与投资者之间的法律关系问题，即证券登记结算机构与证券公司之间、证券公司与投资者之间存在直接的法律关系，而证券登记结算机构与投资者之间不存在直接的法律关系。这些程序与行纪说的表征完全相符。而作为佐证的是，我国台湾地区“证券交易法”也规定，证券公司与投资者在证券经纪业务中构成行纪等关系。需要指出的是，由于我国《证券法》条文基本上采用“代理”一词，且在多处出现了“委托”字样，因而容易使人联想到民法上的委托代理制度，在理论上和实务中需要特别留意。

居间说认为，证券公司与投资者在证券经纪业务中构成居间关系。[④] 该观点认为，证券公司为客户提供信息，报告签订证券买卖合同的机会或充当签订合同的媒介，而由客户付给报酬。其法律依据是 1998 年我国《证券法》第 137 条的规定，即“在证券交易中，代理客户买卖证券，从事中介业务的证券公司，为具有法人资格的证券经纪人”。该观点虽以“中介”为由提出居间一说，从证券公司在开展经纪业务时为投资者提供证券即时行情显示系统、网上交易或电话委托等证券委托交易系统来看，亦有其合理性，但这并非证券经纪业务内容的主要构成部分，加之我国《证券法》修订后已经删除原法

---

① 梅仲协：《民法要义》，中国政法大学出版社 1998 年版，第 429 页。

② 参见梁慧星：《民法总论》（第 5 版），法律出版社 2017 年版，第 224 页。

③ 在证券交易分级结算制度下，证券登记结算机构面对的交收对手方数量大大减少，提高了结算效率，控制了交收违约风险。分级结算通过对结算参与人实行准入制度，制订风险控制和财务指标等要求，可以更有效地控制结算风险，维护结算系统安全。

④ 居间俗称牙仲，当事人约定，一方即居间人为他方即委托人，报告定约之机会，或为定约之媒介，他方给付报酬的契约。梅仲协：《民法要义》，中国政法大学出版社 1998 年版，第 427 页。

第137条规定,居间关系的认定基础进一步动摇。

综上所述,证券公司与投资者之间的法律关系依据交易环节和交易行为的不同而具有不同性质,在证券经纪业务中二者主要是行纪关系,适用行纪制度的有关规定。

(三)证券投资咨询业务

证券投资咨询业务,是指为证券投资者或者客户提供证券投资有关活动的分析、预测或者建议,并收取一定报酬的经营性业务。证券投资咨询业务广泛存在于证券发行、上市、交易等各个环节,其对于投资者或者客户的证券投资行为具有的积极作用表现在:运用专业知识和实践经验对证券市场运行、宏观经济活动、行业规范发展、公司运行状况进行系统的分析和研究,将研究结果以公开或不公开、书面或非书面形式向特定或非特定投资者反馈,引导投资者理性投资证券,减少投资者盲目性,提高资金运作效率,监督公司和行业发展,挖掘市场交易机会,提高证券市场透明度。

我国《证券法》2005年修订后,证券投资咨询业务已明确成为证券公司的业务内容之一。由于在实践中专门的证券投资咨询机构出现了侵害投资者权益等多种问题,而证券公司无论在专业性、综合性、抗风险能力、监管有效性等方面相较专门的证券投资咨询机构有明显优势,该项业务的开展也能更好地促进证券公司推进其他业务,因而证券公司开展证券投资咨询业务发展潜力较大。

(四)证券融资融券业务

融资融券交易(securities margin trading)又称"证券信用交易"或保证金交易,是指投资者向具有资格的证券公司提供一定的保证金(包括资金和质押证券),并向其借资金买证券(融资交易)或借证券卖出(融券交易)的行为。由此可知,它实际上包括融资交易和融券交易,也称证券公司的"两融业务"。前者是指投资者向证券公司借入资金用于证券买入,并在约定的期限内偿还借款本金和利息;后者则是指投资者向证券公司借入证券卖出,在约定的期限内,再买入相同数量和品种的证券归还券商并支付相应的融券费用。鉴于本书第六章"证券交易"第五节对融资融券交易已作专门阐述,在此不再予以重复。

融资融券交易与普通证券交易存在重大差异:一方面,从法律关系来看,投资者从事普通证券交易时,与证券公司之间为委托买卖的关系;而从事融资融券交易时,其与证券公司之间不仅存在委托买卖的关系,还存在资金或证券的借贷关系。另一方面,从风险承担和证券交易的管制来看,投资者在从事普通证券交易时,风险完全由其自行承担,因此在买卖证券标的方面几乎不受限制。而从事融资融券交易时,可能因不能按时与足额偿还资金或证券给证券公司带来风险;为防范相应风险,从事融资融券交易的投资者只能在证券公司确定的融资融券标的证券范围内进行交易。

融资融券交易是在境外证券市场普遍实施的一项相对成熟的交易制度,开展此业务的国家和地区根据自身金融体系和信用环境状况,发展出了不同的融资融券业务模式。其中,美国模式的主要特点是:投资者向证券公司申请融资融券,证券公司既出借资金或证券,也进行结算;当证券公司自身资金或者证券不足时,证券公司则向银行申请贷款或者回购融资,向非银行金融机构借入短缺的证券。日本则采取证券金融公司为核心的信用交易模式,其要旨在于:证券公司经营信用交易出现资金不足时,由证券金融公司向其提供资金和股票的借贷;当证券公司经营证券业务或其客户进行证券交易出现资金和证券不足时,由证券金融公司向其提供资金和证券的借贷。①

在我国证券市场的融资融券业务中,证券金融公司(以下简称证金公司)为证券公司融资融券提供转融资和转融券服务,管理证券公司提交的转融担保,证券出借人与借入人大多为证券公司;证券公司的客户再向证券公司融资融券。毫无疑问,这种模式更加便于监管机构调节证券市场的流通性,即借由证金公司起到收放资金和控制证券流量的作用。② 一旦在证券公司和融资融券客户之外出现证金公司,转融通业务也就随之产生。根据中国证监会2011年10月发布的《转融通业务监督管理试行办法》的规定,转融通业务是指证券金融公司将自有或者依法筹集的资金和证券出借给证券公司,以供其办理融资融券业务的经营活动。在我国,目前中国证券金融股份有限公司(以下简称中证金融公司)是中国境内唯一从事转融通业务的金融机构。③

(五)证券做市业务

证券做市本质上属于证券交易机制的范畴。根据学者分类,依证券价格形成的主导力量不同,可将证券价格形成机制分为指令驱动制和报价驱动制。④ 所谓做市(market-making),是指同一金融机构或"交易商"就证券买入和卖出双向报价,承诺以一定的价格买入一定数量的证券,同时也承诺以一定价格卖出一定数量的证券。⑤ 从各国和各地区来看,做市商(market-maker)虽不一定限于证券公司,但通常为证券公司;我国的情况亦如此,《证券法》第120条将其列为证券公司的证券业务之一。

我国证券市场采取做市商制度的具体市场和主要安排有:(1)全国股转公司于2014年制定并于2019年修订的做市商业务规则《全国中小企业股份转让系统做市商做市业务管理规定(试行)》。根据该业务管理规定,"新三板"做市商是指经全国股转公司同意,在全国股转系统发布买卖双向报价,并在其报价数量范围内按其报价履行与

---

① 日本证券金融公司主要规定参见《金融商品交易法》第五章之四,我国台湾地区规范证券金融业的规定主要参见其金融监督管理委员会发布之《证券金融事业管理规则》。

② 参见朱伟一:《证券法》,中国政法大学出版社2018年版,第253页。

③ 中证金融公司成立于2011年10月28日,是经国务院同意,中国证监会批准设立的全国性证券类金融机构;其股东单位包括上海证券交易所、深圳证券交易所、上海期货交易所、中国证券登记结算有限责任公司、中国金融期货交易所、大连商品交易所和郑州商品交易所。公司的经营范围是:为证券公司融资融券业务提供转融资和转融券服务;运用市场化手段调节证券市场资金和证券的供给;管理证券公司提交的转融通担保品;统计监控证券公司融资融券业务运行情况,监测分析融资融券交易情况,防控市场风险和信用风险;经中国证监会批准同意的其他业务。参见中国证券金融股份有限公司"公司介绍",载中国证券金融股份有限公司网:http://www.csf.com.cn/publish/main/1001/1002/index.html,最后访问日期:2019年10月10日。

④ 参见董安生、何以等:《多层次资本市场法律问题研究》,北京大学出版社2013年版,第102页。

⑤ 朱伟一:《证券法》,中国政法大学出版社2018年版,第285页。

投资者成交义务的证券公司或其他机构。目前,做市转让是"新三板"挂牌公司股票转让的重要方式之一。(2)2019 年 3 月出台的《上海证券交易所科创板股票交易特别规定》规定,科创板可以采取做市商交易方式。[①] (3)上海证券交易所对上市的交易型开放式指数基金和指数型上市开放式基金等基金产品的交易,通过发布实施《上海证券交易所上市基金流动性服务业务指引》,引入了做市商制度。《上海证券交易所股票期权试点做市商业务指引》对股票期权的交易也采取了做市商机制。(4)证券公司柜台市场做市商业务。中国证券业协会 2014 年发布的《证券公司柜台市场管理办法(试行)》第 10 条规定,证券公司可以采取协议、报价、做市、拍卖竞价、标购竞价等方式发行、销售与转让私募产品。此外,我国银行间外汇市场也有做市商业务。[②]

总体而言,做市商制度产生的初衷和最大功能是创造和增加流动性。但是,一旦证券公司从事做市商业务就具有了双重身份,既是交易主体,又是交易经纪人,随之而来就有利益冲突的问题。[③] 此外,证券公司做市还可能使内幕交易和操纵市场等问题凸显,因此,需要在做市制度设计上考虑采取特别的规制。

(六)证券自营业务

证券自营业务,是指证券公司以自己的名义和资金,为自己利益买卖证券并独立承担风险的证券经营业务。证券公司的自营业务按场所不同一般可以分为两类,即证券交易场所之外进行的证券自营买卖和证券交易场所之内进行的证券自营买卖,也称场内自营和场外自营。

在我国,证券自营业务一般是指场内自营。我国最早专门规范证券自营业务的是 1996 年 10 月中国证监会发布的《证券经营机构证券自营业务管理办法》,[④]该办法详细规定了专营证券业务的证券公司和兼营证券业务的信托公司自营交易的证券、自营资格的取得、自营禁止行为、自营风险控制、对自营的监督检查等内容。为了规范证券经营机构自营业务行为,维护证券市场秩序,降低市场经营风险,保护投资者合法权益,中证监会在《证券经营机构证券自营业务管理办法》中还明确规定,证券经营机构必须将证券自营业务和证券经纪业务分开操作,严格禁止从事违反有关证券法规的内幕交易、操纵市场、欺诈客户等行为。2005 年 11 月中国证监会又针对证券公司自营业务存在使用不规范账户进行自营、超比例持仓、持股集中或涉嫌操纵市场等问题转发了证券业协会的《证券公司证券自营业务指引》,进一步加强了证券公司自营业务监管。

---

① 其第 12 条规定:"科创板股票交易实行竞价交易,条件成熟时引入做市商机制,做市商可以为科创板股票提供双边报价服务。做市商应当根据本所业务规则和做市协议,承担为科创板股票提供双边持续报价、双边回应报价等义务。"

② 具体参见国家外汇管理局 2013 年 4 月发布的《银行间外汇市场做市商业务指引》。

③ 参见朱伟一:《证券法》,中国政法大学出版社 2018 年版,第 284 页。

④ 该办法已于 2009 年 4 月 10 日被中国证监会《关于废止部分证券期货规章的决定(第八批)》(证监会公告〔2009〕8 号)废止。

2011 年 4 月中国证监会根据《证券公司监督管理条例》制定公布了《关于证券公司证券自营业务投资范围及有关事项的规定》,并于 2012 年 11 月进行了修订。该规定主要明确了以下主要内容:(1)证券公司从事证券自营业务,可以买卖的投资品种清单,具体包括五大类别:已经和依法可以在境内证券交易所上市交易和转让的证券;已经在全国中小企业股份转让系统挂牌转让的证券;已经和依法可以在符合规定的区域性股权交易市场挂牌转让的私募债券,已经在符合规定的区域性股权交易市场挂牌转让的股票;已经和依法可以在境内银行间市场交易的证券;经国家金融监管部门或者其授权机构依法批准或备案发行并在境内金融机构柜台交易的证券。(2)证券公司可以委托具备证券资产管理业务资格、特定客户资产管理业务资格或者合格境内机构投资者资格的其他证券公司或者基金管理公司进行证券投资管理。证券公司将自有资金投资于依法公开发行的国债、投资级公司债、货币市场基金、央行票据等证监会认可的风险较低、流动性较强的证券,或者委托其他证券公司或者基金管理公司进行证券投资管理,且投资规模合计不超过其净资本 80% 的,无须取得证券自营业务资格。(3)证券公司可以设立子公司,从事《证券公司证券自营投资品种清单》所列品种以外的金融产品等投资,但证券公司不得为从事上述投资的子公司提供融资或者担保。

(七)证券资产管理业务

简而言之,资产管理业务(以下简称资管业务)就是金融机构接受投资者委托,对受托的投资者财产进行投资和管理的金融服务。根据中国人民银行等四部委 2018 年 4 月联合发布的《关于规范金融机构资产管理业务的指导意见》(以下简称《资管指导意见》),[①]资产管理产品包括但不限于银行非保本理财产品,资金信托,证券公司、证券公司子公司、基金管理公司、基金管理子公司、期货公司、期货公司子公司、保险资产管理机构、金融资产投资公司发行的资产管理产品等。[②] 就证券公司证券资产管理业务而言,是指证券公司接受客户委托,根据约定的条件、方式和要求,运用客户资产进行证券投资的业务。在各类资产管理形式中,证券投资基金最重要,证券公司从事集合资产管理计划业务,本质上就是在从事基金管理业务。[③] 鉴于此,我国新《证券法》第 120 条第3 款规定,证券公司经营证券资产管理业务的,应当符合《证券投资基金法》等法律、行政法规的规定。

2013 年以前,证券商集合资管分为投资者人数和募资规模无限制的大集合产品,

---

① 金融业界也将其俗称为资管新规。

② 我国资产管理业务中存在的主要问题被概括为法律适用混乱、监管标准不统一、缺乏统一的监测监控以及存在隐性刚性兑付四个方面。参见刘国锋:《李超:化解资管业发展面临的问题》,载《中国证券报》2016 年 11 月 18 日,A7 版。

③ 《关于实施〈公开募集证券投资基金运作管理办法〉有关问题的规定》(证监会公告〔2014〕36 号)第 8 条即规定:证券公司管理的投资者超过 200 人的集合资产管理计划,可以继续依照产品成立时的法律法规和合同约定运作;符合条件的,也可以注册为公募基金。

和人数低于200人、规模低于50亿元的小集合产品。我国《证券投资基金法》修订实施以来,证监会持续督促督促行业机构按照公募基金要求对大集合产品予以规范,但对依照产品成立时的法律法规和合同约定运作的一直未明确具体处理方案。2018年4月《资管指导意见》发布实施后,证监会于2018年11月发布《证券公司大集合资产管理业务适用操作指引》,要求将大集合产品转为公募基金或私募资产管理计划,按照相关法律法规持续稳定运作。

(八)其他证券业务

此系兜底条款,为将来证券市场的发展和证券公司的业务创新预留空间。但需要注意的是,这些业务的开展仍须经国务院证券监督管理机构的批准。

第四节　证券公司的内部治理与外部监管

证券公司系高风险证券市场上的重要中介机构,一旦出现风险可能损害广大客户合法利益,甚至严重影响证券市场秩序,因此,有必要对其市场准入、治理结构和经营活动等进行特殊监管。在我国《证券法》《公司法》《证券公司监督管理条例》等法律法规基础上,证券监管机构和自律组织分别制定了诸多管理性规定,旨在通过加强证券公司在经营行为、治理结构等方面的内部自我控制,和在证券公司外部建立体系性的特别监管制度两个层面强化对证券公司的风险控制。①

一、证券公司内部治理

(一)我国《证券法》主要原则性规定

我国《证券法》对证券公司内部风险控制的原则性规定如下所示。

1. 该法第128条要求证券公司应当建立健全内部控制制度,采取有效隔离措施,防范公司与客户之间、不同客户之间的利益冲突;将其证券经纪业务、证券承销业务、证券自营业务和证券资产管理业务分开办理,不得混合操作。

2. 该法第129条要求证券公司自营业务必须以自己名义进行,不得假借他人名义或者以个人名义进行;必须使用自有资金和依法筹集的资金;不得将其自营账户借给他人使用。

3. 该法第130条要求证券公司业务活动应当与其治理结构、内部控制、合规管理、风险管理以及风险控制指标、从业人员构成等情况相适应,符合审慎监管和保护投资者合法权益要求。

4. 该法第131条要求证券公司客户交易结算资金应当存放在商业银行,以每个客户名义单独立户管理,不得将客户交易结算资金和证券归入其自有财产;禁止任何单位

---

① 从证券公司合规监管和内部控制的过程和目标来看,风控、合规和内控属于同义词。

或者个人以任何形式挪用客户交易结算资金和证券。

5. 该法第137条要求证券公司建立客户信息查询制度，妥善保管客户开户资料、委托记录、交易记录和与内部管理、业务经营有关的各项资料。

（二）证券公司内部控制原则和基本要求

中国证监会2003年12月发布的《证券公司内部控制指引》第2条将证券公司内部控制定义为：是指证券公司为实现经营目标，根据经营环境变化，对证券公司经营与管理过程中的风险进行识别、评价和管理的制度安排、组织体系和控制措施。

根据《证券公司内部控制指引》，建立有效的内部控制是为了保证证券公司经营的合法合规及内部规章制度的贯彻执行；防范经营风险和道德风险；保障客户及证券公司资产的安全、完整；保证证券公司业务记录、财务信息和其他信息的可靠、完整、及时；提高证券公司经营效率和效果。

证券公司内部控制应当贯彻健全、合理、制衡、独立原则。健全性是指内部控制应当做到事前、事中、事后控制相统一，覆盖证券公司所有业务、部门和人员，渗透到决策、执行、监督、反馈等各个环节，确保不存在内部控制的空白或漏洞；合理性是指内部控制应当符合国家有关法律法规和中国证监会有关规定，与证券公司经营规模、业务范围、风险状况及证券公司所处环境相适应，以合理成本实现内部控制目标；制衡性是指证券公司部门和岗位的设置应当权责分明、相互牵制，前台业务运作与后台管理支持适当分离；独立性是指承担内部控制监督检查职能的部门应当独立于证券公司其他部门。

证券公司内部控制的基本要求如下所示。

1. 风险控制优先。证券公司及其员工应当树立合法合规经营的理念和风险控制优先的意识。

2. 客户资产安全。证券公司应采取切实有效的措施杜绝挪用客户交易结算资金、客户委托管理的资产及客户托管的证券等行为，确保客户资产的安全完整。证券公司应大力加强自有资金和客户资金的风险控制，建立自有资金运用的决策、审核、批准、监控相分离的管理体系，加强资金流动的日常监控。

3. 净资本监控。证券公司应建立动态的净资本监控机制，确保净资本符合监管机关设定的监管指标的要求。①

4. 多重监控防线。证券公司应建立清晰合理的组织结构，依据所处环境和自身经营特点设立严密有效的3道业务监控防线：（1）建立重要一线岗位双人、双职、双责为基础的第一道防线，并加强对单人单岗业务的监控。与资金、有价证券、重要空白凭证、业务合同、印章等直接接触的岗位和涉及信息系统安全的岗位，应当实行双人负责制。（2）建立相关部门、相关岗位之间相互制衡、监督的第二道防线。不同部门应有明确的职责分工，不相容职务应适当分离。（3）建立独立的监督检查部门对各项业务、各部

① 详见《证券公司风险控制指标管理办法》。

门、各分支机构、各岗位全面实施监控、检查和反馈的第三道防线。

5.分权界限明晰。证券公司应加强法人统一管理，建立具体、明确、合理的授权、检查和逐级问责制度，明确界定部门、分支机构的目标、职责和权限，确保其在授权范围内行使经营管理职能。

6.实施业务隔离。证券公司主要业务部门之间应当建立健全隔离墙制度，确保经纪、自营、受托投资管理、投资银行、研究咨询等业务相对独立；电脑部门、财务部门、监督检查部门与业务部门的人员不得相互兼任，资金清算人员不得由电脑部门人员和交易部门人员兼任。

7.重大事项报告。证券公司应建立畅通、高效的信息交流渠道和重大事项报告制度，以及内部员工和客户的信息反馈机制，确保信息准确传递，确保董事会、监事会、经理人员及监督检查部门及时了解证券公司的经营和风险状况，确保各类投诉、可疑事件和内控缺陷得到妥善处理。

8.完善配套制度。证券公司应完善业务、财务、人力资源等综合信息管理系统，完善集中清算、集中核算、客户资料集中管理等制度，建立业务风险识别、评估和控制的完整体系，建立健全包括授权管理、岗位职责、监督检查、考核奖惩等在内的各项内部管理制度，对经纪、自营、投资银行、受托投资管理、研究咨询以及创新业务等制订统一的业务流程和操作规范，针对业务的主要风险点和风险性质，制定明确的控制措施。

9.资料真实全面。证券公司应真实、全面、及时地记载各项业务，充分发挥会计的核算监督职能，确保信息资料的真实与完整；应当建立完备的业务台账系统，并通过业务台账系统和会计核算系统交叉印证，防止出现账外经营、账目不清等问题。证券公司应按照专人管理、相互牵制、适当审批、严格登记的原则，加强对合同、票据、印章、密押等的管理。证券公司应当加强对各类档案包括各种会议记录与决议、经营协议、客户资料、交易记录、凭证账表、投诉与纠纷处理记录以及各类法规、制度等档案的妥善保管和分类管理。

10.制定应急预案。证券公司应建立危机处理机制和程序，制订切实有效的应急应变措施和预案。

此外，《证券公司内部控制指引》还分别就经纪业务、自营业务、投资银行业务、委托投资管理业务、研究咨询业务、业务创新和分支机构、财务管理、会计系统、信息系统、人力资源内部控制等主要控制内容，以及如何构建内部控制的监督、检查与评价体系进行了细致规定。

（三）证券公司治理要求

中国证监会出台的《证券公司治理准则》从2013年1月实施，主要从证券公司的内部治理，推动证券公司完善公司治理和促进其规范运作。

1.股东及实际控制人行为的特别要求。主要内容是：（1）证券公司股东和实际控制人不得占用客户资产，损害客户合法权益。（2）证券公司股东及实际控制人应当符合法律、行政法规和中国证监会规定的资格条件。证券公司股东转让所持证券公司股权的,应当确认受让方及其实际控制人符合法律、行政法规和中国证监会规定的资格条件。证券公司股东应当严格按照法律、行政法规和中国证监会规定履行出资义务。(3)证券公司股东(上市证券公司持有5%以上股权的股东)、实际控制人出现该准则规定的重大事项时及时通知证券公司,由后者向公司住所地证监会派出机构报告。①

2. 证券公司与股东之间关系的特别规定。主要要求有:(1)证券公司应当建立和股东沟通的有效机制,依法保障股东知情权。证券公司有下列情形之一的,应当及时通知全体股东,并向公司住所地证监会派出机构报告:公司或者其董事、监事、高级管理人员涉嫌重大违法违规行为;公司财务状况持续恶化,导致风险控制指标不符合证监会规定标准;公司发生重大亏损;拟更换法定代表人、董事长、监事会主席或者经营管理的主要负责人;发生突发事件,对公司和客户利益产生或者可能产生重大不利影响;其他可能影响公司持续经营的事项。(2)证券公司控股股东、实际控制人不得利用其控制地位或者滥用权利损害证券公司、公司其他股东和公司客户合法权益;控股股东不得超越股东会、董事会任免证券公司的董事、监事和高级管理人员;股东、实际控制人不得违反法律、行政法规和公司章程规定干预证券公司经营管理活动。(3)证券公司与其股东、实际控制人或者其他关联方应当在业务、机构、资产、财务、办公场所等方面严格分开,各自独立经营、独立核算、独立承担责任和风险。证券公司股东的人员在证券公司兼职的,应当遵守法律、行政法规和中国证监会的规定。(4)证券公司控股股东、实际控制人及其关联方应当采取有效措施,防止与其所控制的证券公司发生业务竞争。证券公司控股其他证券公司的,不得损害所控股证券公司的利益。(5)证券公司股东、实际控制人及其关联方与证券公司的关联交易不得损害证券公司及其客户的合法权益。证券公司章程应当对重大关联交易及其披露和表决程序作出规定。(6)证券公司与其股东(或者股东的关联方)之间不得有下列行为:持有股东的股权,但法律、行政法规或者中国证监会另有规定的除外;通过购买股东持有的证券等方式向股东输送不当利益;股东违规占用公司资产;法律、行政法规或者中国证监会禁止的其他行为。证券公司章程应当规定对外投资、对外担保的类型、金额和内部审批程序。

3. 董事和董事会的特别要求。主要规定有:(1)经营证券经纪业务、证券资产管理业务、融资融券业务和证券承销与保荐业务中两种以上业务的证券公司,应当建立独立董事制度;且有下列情形之一的,独立董事人数不得少于董事人数的1/4:董事长、经营管理的主要负责人由同一人担任;内部董事人数占董事人数1/5以上;证监会认定的其他情形。(2)证券公司设董事会的,内部董事人数不得超过董事人数的1/2。证券公司可以聘请外部专业人士担任董事。(3)证券公司经营证券经纪业务、证券资产管理业务、融资融券业务和证券承销与保荐业务中两种以上业务的,其董事会应当设立薪酬与

---

①　具体规定参见《证券公司治理准则》第10条。

提名委员会、审计委员会和风险控制委员会。(4)董事会各专门委员会应当由董事组成。专门委员会成员应当具有与专门委员会职责相适应的专业知识和工作经验。审计委员会中独立董事的人数不得少于1/2,并且至少有1名独立董事从事会计工作5年以上。薪酬与提名委员会、审计委员会的负责人应当由独立董事担任。

4.高级管理人员的特别安排和要求。主要内容是:(1)将合规负责人以及实际履行该职务的人员明确为高级管理人员,突出证券公司合规工作的重要性。(2)分管合规管理、风险管理、稽核审计部门的高级管理人员,不得兼任或者分管与合规管理、风险管理、稽核审计职责相冲突的职务或者部门。证券公司高级管理人员应当支持合规管理、风险管理、稽核审计部门的工作。

5.激励与约束并重。主要规定是:(1)要求证券公司董事、监事、高级管理人员绩效考核与薪酬管理制度应当充分反映合规管理和风险管理的要求。(2)高级管理人员的绩效年薪由董事会根据高级管理人员的年度绩效考核结果决定,40%以上应当采取延期支付的方式,且延期支付期限不少于3年。(3)证券公司高级管理人员违反法律、行政法规或者公司章程规定,损害公司或者客户合法权益的,公司董事会、监事会应当对其进行内部责任追究。证券公司不得代董事、监事或者高级管理人员支付应当由个人承担的罚款或者赔偿金。(4)证券公司董事、监事、高级管理人员或者员工根据中长期激励计划持有或者控制本公司股权,应当经公司股东会决议批准,并依法经证监会或者其派出机构批准或者备案。

二、证券公司的外部监管

我国《证券法》2005年的修订,在市场准入环节设定行政许可从而从源头控制风险的同时,加强了对证券公司从事证券业务活动的持续和动态监管。① 我国本次《证券法》修订又在此基础上进一步完善了对证券公司风险的外部监管,主要内容如下所示。②

(一)提取交易风险准备金

证券公司在证券承销、经纪、自营等业务经营中皆有可能出现经营风险或违法违规行为,为保证证券公司在这些情形下的持续经营能力,我国《证券法》第127条规定,证券公司从每年的业务收入中提取交易风险准备金,用于弥补证券交易损失,其提取的具体比例由国务院证券监督管理机构规定。

---

① 参见周正庆、李飞、桂敏杰主编:《新证券法条文解析》,人民法院出版社2006年版,第329页。

② 在此需要指出的是,我国《证券法》第136条规定,国家设立证券投资者保护基金。证券投资者保护基金由证券公司缴纳的资金及其他依法筹集的资金组成,其规模以及筹集、管理和使用的具体办法由国务院规定。由于上述内容规定于"证券公司"一章,有学者认为其亦属于证券公司风险控制的内容。笔者认为,上述规定并不限于证券公司风险管理的范畴,且投资者保护基金筹集来源也并非仅限于证券公司一类主体,因而将其列入我国《证券法》总则或者投资者保护章节似应更妥当。

(二)经纪业务特别要求

与证券自营业务相比,证券经纪业务中的违法违规行为对投资者带来的伤害更直接,因此,我国《证券法》对证券经纪业务的部分中间环节予以了强制性规定。该法第132条规定,证券公司办理经纪业务,应当置备统一制定的证券买卖委托书,供委托人使用。采取其他委托方式的,必须作出委托记录;客户的证券买卖委托,无论是否成交,其委托记录应当按照规定期限,保存于证券公司。该法第133条规定,证券公司接受证券买卖的委托,应当根据委托书载明的证券名称、买卖数量、出价方式、价格幅度等,按照交易规则代理买卖证券,如实进行交易记录;买卖成交后,应当按照规定制作买卖成交报告单交付客户;证券交易中确认交易行为及其交易结果的对账单必须真实,保证账面证券余额与实际持有的证券相一致。该法第134条规定,证券公司办理经纪业务,不得接受客户的全权委托而决定证券买卖、选择证券种类、决定买卖数量或者买卖价格。

(三)强制性信息报告制度

信息充分是风险控制和有效监管的重要基础,我国《证券法》除规定证券监管机构有权调查取证、询问当事人、复制和查阅相关资料外,还规定了证券公司对一些必要的信息资料必须主动报送。我国《证券法》第138条规定,证券公司应当按照规定向国务院证券监督管理机构报送业务、财务等经营管理信息和资料。国务院证券监督管理机构有权要求证券公司及其主要股东、实际控制人在指定期限内提供有关信息、资料;证券公司及其主要股东、实际控制人向国务院证券监督管理机构报送或者提供的信息、资料,必须真实、准确、完整。

(四)委托审计或评估

证券公司及其主要股东、实际控制人报送、提供的信息、资料是否符合规定,还需要国务院证券监督管理机构进行分析判断。为了更好地实现上述目标,往往需要借助专业机构对证券公司进行财务审计或者资产评估。为此,我国《证券法》第139条规定,国务院证券监督管理机构认为有必要时,可以委托会计师事务所、资产评估机构对证券公司的财务状况、内部控制状况、资产价值进行审计或者评估,具体办法由国务院证券监督管理机构会同有关主管部门制定。

(五)不符合净资本或其他风险指标的处理措施

由于证券公司的治理结构、合规管理、风险控制指标是衡量证券公司有无风险及风险大小的重要判断标准,一旦其不符合规定可能影响公司的正常运营,给投资者造成损害,因此,需要对于如何依法处理作出明确规定。根据我国《证券法》第140条的规定,出现前述情形时的依法处理内容包括:(1)国务院证券监督管理机构应当责令其限期改正。(2)逾期未改正,或者其行为严重危及该证券公司稳健运行、损害客户合法权益的,国务院证券监督管理机构可以区别情形,对其采取下列措施:限制业务活动,责令暂停部分业务,停止批准新业务;限制分配红利,限制向董事、监事、高级管理人员支付报酬、提供福利;限制转让财产或者在财产上设定其他权利;责令更换董事、监事、高级管理人员或者限制其权利;撤销有关业务许可;认定负有责任的董事、监事、高级管理人员为不适当人选;责令负有责任的股东转让股权,限制负有责任的股东行使股东权利。(3)证券公司整改后,应当向国务院证券监督管理机构提交报告。(4)国务院证券监督管理机构经验收,治理结构、合规管理、风险控制指标符合规定的,应当自验收完毕之日起3日内解除对其采取的有关措施。

(六)对虚假出资、抽逃出资股东的处理措施

我国《证券法》第141条规定,证券公司股东有虚假出资、抽逃出资行为的,国务院证券监督管理机构应当责令其限期改正,并可责令其转让所持证券公司的股权;在前款规定的股东按照要求改正违法行为、转让所持证券公司的股权前,国务院证券监督管理机构可以限制其股东权利。这一规定赋予国务院证券监督管理机构依法限制虚假出资、抽逃出资的证券公司股东行使其股东权利的权力。

(七)对董事、监事、高级管理人员的特殊监管

我国《证券法》第142条规定,证券公司的董事、监事、高级管理人员未能勤勉尽责,致使证券公司存在重大违法违规行为或者重大风险的,国务院证券监督管理机构可以责令证券公司予以更换。同时,该法第144条规定,在证券公司被责令停业整顿、被依法指定托管、接管或者清算期间,或者出现重大风险时,经国务院证券监督管理机构批准,可以对该证券公司直接负责的董事、监事、高级管理人员和其他直接责任人员采取以下措施:(1)通知出境管理机关依法阻止其出境;(2)申请司法机关禁止其转移、转让或者以其他方式处分财产,或者在财产上设定其他权利。

(八)停业整顿、指定托管、接管或者撤销

我国《证券法》第143条规定,证券公司违法经营或者出现重大风险,严重危害证券市场秩序、损害投资者利益的,国务院证券监督管理机构可以对该证券公司采取责令停业整顿、指定其他机构托管、接管或者撤销等监管措施。根据我国《证券法》和《企业破产法》制定的《证券公司风险处置条例》,对证券公司的风险处置作出了专门规定。

(九)其他禁止性行为

如我国《证券法》第134条规定,证券公司不得允许他人以证券公司名义直接参与证券集中交易。该法第135条规定,证券公司不得对客户证券买卖的收益或者赔偿证券买卖的损失作出承诺。该法第136条规定,证券公司从业人员在证券交易活动中,执行所属证券公司的指令或者利用职务违反交易规则的,由所属证券公司承担全部责任;证券公司从业人员不得私下接受客户委托买卖证券。

第十二章　证券登记结算机构

第一节　证券登记结算机构概论

一、金融基础设施与证券登记结算

金融市场的运行需要满足特定的条件，这些条件即谓金融市场基础设施（Financial Market Infrastructure）。国际支付结算体系委员会（CPSS）[①]和国际证监会组织（International Organization of Securities Commissions，IOSCO）于2012年联合发布了《金融市场基础设施原则》（Principles for Financial Market Infrastructures，以下简称FMI原则），要求各成员国（地区）金融监管部门将FMI原则纳入监管框架，并指导本辖区金融市场基础设施尽快将FMI原则付诸实施。[②] 根据FMI原则，金融市场基础设施是参与机构（包括系统运行机构）之间，用于清算、结算或记录支付、证券、衍生品或其他金融交易的多边系统，具体包括5类系统：支付系统（Payment Systems，PS）；中央证券托管系统（Central Securities Depositories，CSD）；证券结算系统（Securities Settlement Systems，SSS）；中央对手方（Central Counter-Parties，CCP）；电子交易的中央电子数据库（Trade Repositories，TR）。在法学界，有学者结合FMI原则的规定，将金融市场基础设施定义为：为有组织、成规模的合法金融交易提供登记、存管、支付、清算、结算等服务的机构、组织。[③] 笔者认为，金融基础设施既包括前述各类系统，也包括其运营和管理者。

改革开放以来，我国金融市场取得了长足发展，截至目前，相对完善的多层次金融市场体系基本形成，从产品来看，已经涵盖货币市场、股票市场、债券市场、保险市场、黄金市场、大宗商品市场、外汇市场及有关衍生品市场。在此过程中，金融市场基础设施亦获得了快速发展，现已形成以交易系统、支付系统、登记托管结算系统为主体的基础设施体系。中国证券登记结算公司证券登记托管结算系统是金融市场基础设施的重要

---

① 国际支付结算体系委员会（Committee on Payment and Settlement Systems，CPSS），现更名为支付和市场基础设施委员会（Committee on Payments and Market Infrastructures，CPMI）。

② 中国证监会就落实FMI原则发布了《关于实施〈金融市场基础设施原则〉有关事项的通知》（证监办发〔2013〕42号）。

③ 参见季奎明：《金融市场基础设施自律管理规范的效力形成机制》，载《中外法学》2019年第2期。

组成部门,[①]在 FMI 原则确立的五大架构中占据 3 席(CSD、SSS、CCP)。一个安全稳定、高效运行、风险可控的证券登记和结算体系,是证券市场建立、运转和发展的基础。[②] 从法律制度上来看,一方面,证券登记结算是技术性极强的领域,证券登记结算法律可以说是证券法律制度中最复杂、最不易把握的部分;[③]另一方面,证券登记结算制度是证券法的核心之一,其存在缺陷必然会损害投资者利益,影响证券交易安全和效率,甚至危及整个金融资本市场的安全。[④]

二、证券登记结算制度的产生与发展

(一)证券登记结算机构产生的背景与原因

一般而言,有证券交易就有证券登记结算的需要,也需要有相应的人或组织来承担这项业务。但是,功能化的证券登记结算机构并不是在有了证券以及证券交易业务后就立即产生的,而是随着证券市场的发展,经历了一个漫长的过程。最初的证券交易都是现金交易,采用"银券对付"原则,也就是"一手交钱、一手交券",这时的证券交易是无固定地点、无专门场所的"集市式交易"。例如,在美国证券发行之初,证券交易大都在各地的一些咖啡馆和拍卖行进行,后来逐渐集中到了华尔街等地方。1792 年 5 月 17 日有 24 名商人聚集于一棵大梧桐下进行股票等证券的交易,并渐次形成了著名的"梧桐树市场",产生了"美国梧桐树协定",[⑤]这时的证券交易也自然是现金交易。1863 年美国证券交易所成立,证券登记结算制度才逐渐进入证券交易过程。随着证券市场的发展,股票债券等各种证券品种的大量发行,投资者人数日渐增多且交易行为更加频繁,传统证券交割以交付实物证券为典型形态的交割风险不断加大,且难以适应电脑化和无纸化交易广泛采用的趋势。在此背景下,亟须尽快建立安全、高效和快捷的证券登记结算体系,以满足证券交易者减少交易风险和提高交易效率的需要。

从证券市场发展历程来看,证券登记结算结构的产生需要具备以下一般条件。

1. 市场经济体制的确立及初步成熟。市场经济的成熟程度决定证券市场的成熟程度,而功能化的证券登记结构只有在证券市场发展成熟到一定阶段,才有可能产生并发展。所以,功能化的证券登记结算机构产生的首要条件是市场经济体制的确立和初步成熟。这一点可以从世界证券市场上证券登记结算体系和制度的形成发展和我国现阶段证券市场的实践得到印证。

2. 相对统一的证券市场的形成。从境外以及我国证券市场发展过程来看,最初的

---

① 需要指出的是,大多数境外市场的登记服务都由多家相互竞争的证券登记机构提供,而非统一由证券存管结算机构提供。此外,证券存管结算机构一般有两种类型:一类主要服务于银行间债券市场,另一类主要服务于证券交易所市场。

② 吴弘主编:《证券法教程》(第 2 版),北京大学出版社 2017 年版,第 297 页。

③ 郭雳、廖凡:《我国证券登记结算法律的进展与疑惑》,载《证券市场导报》2007 年第 2 期。

④ 参见张保红:《我国证券登记结算制度的缺陷及重构》,载《法商研究》2014 年第 2 期。

⑤ 陈共等主编:《海外证券市场》,中国人民大学出版社 1996 年版,第 2 页。

证券市场是零散、不成体系的，此时证券登记结算无统一的规则和运行程序。这些原始的登记结算方式可以满足当时证券交易和登记结算之要求，然而随着证券市场的发展，地区性的证券市场逐渐形成，统一的地区性证券市场产生了对统一、规范的证券登记结算机构之现实要求。这种统一和规范不仅要求在登记结算机构外在形式上的统一和规范，更重要的是，要在证券登记、托管、清算交割和过户规则这些内涵上的统一和规范，因此，地区性统一的证券登记结算机构便应运而生。但是，这种地区性的统一证券登记结算机构只是功能化证券登记结算机构的雏形。随着全国统一证券市场的形成，全国性功能化的集中登记结算机构才可能最终产生。

3. 证券交易品种和投资者数量增加以及证券交易行为频繁。证券交易品种增加主要是指在一定时期内股票或债券等证券发行后，可供投资者交易的证券数量的增加。在证券发行规模较小情形下，如上市证券数量有限，证券的交易规模往往较小，证券交易者采取直接清算交割（诸如“银货对付”）风险较小且效率上可行。此时，证券交易者可以不需要专门化的负责登记、托管、清算的组织机构。同样，投资者人数特别是机构投资者较少，证券交易的数量也不会很大，对证券登记结算机构的产生也缺乏现实要求。但是，证券市场之发展、证券发行规模和交易品种不断扩大，投资者人数增加特别是机构投资者的介入，往往直接使证券交易量迅速膨胀，那种零散的各自为政的直接清算交割方式显然已难以适应交易需要；同时，由于证券市场活跃、换手率频繁，证券登记过户也必须要有专门机构来办理。而随着证券无纸化发行，投资者本人客观上不可能直接持有实物股票，专门的证券登记保管过户成为证券交易不可或缺的环节。由此，建立集中安全、高效、快捷的证券登记结算体系，对于保证证券交易的正常进行和提高交易效率来说已不可或缺。

（二）我国证券登记结算机构及其法律制度的形成与发展

我国证券登记结算机构与证券市场的发展一样，经历了逐步发展成熟的过程。20 世纪 90 年代初，沪、深两家证券交易所成立后，我国证券交易逐渐由分散的柜台交易转换为集中交易，这就要求设立集中统一的证券登记结算机构。1998 年我国《证券法》明确规定，证券登记结算机构采取全国集中统一的运营模式。但是，受制于当时的条件，两家证券交易所分别建立了独立的登记结算组织，①加之各省也成立了自己的证券登记结算公司，因此，彼时的证券登记结算体系依然是分层次的。随着证券市场的发展，两家证券交易所分别设立运营登记结算体系的弊端日益凸显。在此背景下，经中国证监会批准，中国证券登记结算公司于 2001 年 3 月 30 日成立，沪、深两家证券交易所原有登记结算公司改组为其两家分公司。随着 2001 年 10 月 1 日起沪、深两家证券交易所登记结算业务划归中国证券登记结算公司承接，我国集中统一的证券登记结算体系方告正式确立。

---

① 1990 年深圳证券登记有限公司成立，此后上海证券交易所中央登记结算公司成立。

在制度建设上，我国《证券法》制定之初即对证券登记结算机构作了专章规定。① 我国《证券法》2005 年修订后，“证券登记结算机构”一章增加了 3 条，原有大部分内容也进行了相应修改完善。此外，中国证监会于 2006 年 4 月发布并于其后多次修订的《证券登记结算管理办法》②，与《证券法》共同确立了我国证券登记结算的主要制度。我国本次《证券法》修订，再次对“证券登记结算机构”一章作了相应完善。

三、证券登记结算机构的概念与特征

我国《证券法》第 145 条第 1 款规定：“证券登记结算机构为证券交易提供集中登记、存管与结算服务，不以营利为目的，依法登记，取得法人资格。”简而言之，证券登记结算机构是为证券交易提供集中登记、存管和结算服务的专业性服务机构，在不同国家和地区其服务内容及组织形式存在一定差异。根据我国《证券法》的规定，我国证券登记结算机构具有如下特点。

1. 证券登记结算机构为法人组织。根据民法基本理论，法人的核心内容在于具有独立的民事责任能力。我国《证券法》将证券登记结算机构定位为法人组织，确定了其在组织形式上独立的法律地位及其在业务活动中独立的民事权利和义务，使证券登记结算机构因循规范化、独立化以及统一化的轨道发展，对于维护证券交易秩序，减少证券交易风险以及保护投资者利益都具有重要作用。在法人制度理论中，法人被区分为社团法人和财团法人，有学者将证券登记结算机构纳入财团法人或类似于财团法人。③ 笔者认为，根据我国现行《证券法》的规定，将我国证券登记结算机构直接界定为财团法人尚有疑问，在实践中中国证券登记结算公司注册登记为有限责任公司且设立“三会”，在组织形式和法人治理方面更接近于社团法人。

2. 证券登记结算机构为非营利法人。根据我国《民法总则》的规定，法人分为营利法人、非营利法人和特别法人。其中，为公益目的或者其他非营利目的成立，不向出资人、设立人或者会员分配所取得利润的法人，为非营利法人。我国《证券法》将证券登记结算机构确定为非营利法人，据此中国证券登记结算公司以营利为手段但不以分配盈余予成员为目的，所得盈余仅用于维持、发展和实现本身功能和作用；④目的在于维护证券市场的安全、效率与快捷，既体现出对投资者利益的最大维护，也是国家建立健全证券市场的必需条件。反之，如果将其定位于营利性法人，则可能因其追求自身利益

---

① 有关立法背景资料参见王连洲、李诚编著：《风风雨雨证券法》，上海三联书店 2000 年版，第 395 页以下。

② 先后经历了 2009 年 11 月、2017 年 12 月、2018 年 8 月 3 次修订。以下如无特别指出，所引该办法均指 2018 年修订版。

③ 参见叶林：《证券法》（第 4 版），中国人民大学出版社 2013 年版，第 314 页。

④ 参见周正庆、李飞、桂敏杰主编：《新证券法条文解析》，人民法院出版社 2006 年版，第 413 页。

最大化而危害证券交易的正常秩序和投资者利益,妨碍其公益性的充分发挥。①

需要指出的是,中国证券登记结算公司注册登记为有限责任公司,②且采取股东会、董事会和监事会的内部治理结构。③ 由此,容易产生以下认识困惑,即采用公司制的证券登记结算机构是否突破了非营利性质,从而违反我国《证券法》对证券登记结算机构的性质界定?这里其实涉及公益性组织能否采用公司制的判断问题。笔者认为,中国证券登记结算公司采用公司制,并不违反我国《证券法》对其所作的非营利法人定性。从中外立法和实践来看,均允许证券交易所和登记结算机构在内的具有公益性的证券市场自律机构采用公司制,境外证券交易所上市的情况更是比比皆是。此外,在我国民事主体立法中,对于公司的法律规范相对比较完备,对于非公司法人组织的法律规范相当有限,如果证券登记结算机构不采用公司制,其设立、运作、管理等诸多内容将无法可依,这对于规范证券登记结算机构显然不利。换言之,采用公司制有利于证券登记结算机构在民商事法律关系中成为权利义务主体以及更好地进行内部治理,与登记结算公司的非营利性法人性质并不矛盾。④

3. 证券登记结算机构为证券市场的专业服务机构。证券登记结算机构负责向委托人提供证券集中交易所需的登记、托管和结算服务。由此意味着,证券登记结算机构在证券交易中发挥交易服务功能,而非证券交易的直接参与者和投资者,也不得以托管证券进行投资或融资。证券登记结算机构专业服务机构的定位,是从整个证券市场的运行加以考察的结果:从证券市场的运作程序和环节来看,证券的发行、上市以及交易系核心环节,证券市场的直接主体以证券发行人、投资者、证券公司为主,除此之外的证券登记、托管、资信评级、证券投资咨询和交易清算、交割过户等都是证券交易之辅助环节。

应予指出的是,尽管证券登记结算机构属于广义的证券服务机构,但是在证券市场中又具有相对独立的特殊地位和重要作用。此外,登记结算机构与其他证券服务机构在组织形式尤其在是否以营利为目的方面,存在重大差异。为此,我国《证券法》对证券登记结算机构进行了专章规定,不宜将其列为普通证券服务机构范畴。

4. 证券登记结算机构为特许法人。依据我国《证券法》及《证券登记结算管理办法》规定,证券登记结算机构作为特许法人应当遵守的特别规定主要有:(1)设立和申

---

① 事实上,在我国集中统一证券登记结算体系实际形成之前,证券登记结算机构都具有营利性,而营利性导致的追求自身利益最大化容易形成恶性竞争,人为割裂全国证券市场,影响全国统一证券市场的形成。参见吴弘主编:《证券法教程》(第2版),北京大学出版社2017年版,第302页。

② 根据我国《民法总则》第76条规定,我国营利法人包括有限责任公司、股份有限公司和其他企业法人等。

③ 参见中国证券登记结算有限责任公司介绍,载中国证券登记结算有限责任公司网:http://www.chinaclear.cn/zdjs/zzjg/about_lmtt.shtml,最后访问日期:2019年12月30日。

④ 参见周正庆、李飞、桂敏杰主编:《新证券法条文解析》,人民法院出版社2006年版,第414页。

请解散必须获得国务院证券监管机构批准，且其名称应当标明“证券登记结算”字样。(2)实行行业自律管理，应当依法制定章程和业务规则，并经国务院证券监督管理机构批准。其中，业务规则是指证券登记结算机构的证券账户管理、证券登记、证券托管与存管、证券结算、结算参与人管理等与证券登记结算业务有关的业务规则。

四、境外证券登记结算机构的组织与业务模式

证券登记结算机构的组织形式和业务模式存在多样性，这与各市场的发展历史和市场结构等因素密切相关。从所有权形式上来看，境外证券登记结算机构可分为3类：附属于交易所、结算参与者和使用者所有以及其他所有权形式。从业务模式来看，则可以分为单一市场证券结算模式、多个市场中的证券结算模式和跨国模式等三种模式。

美国证券市场主要证券存管和结算机构为美国证券存管清算公司(Depository Trust and Clearing Corporation, DTCC)，它是由美国证券存托公司(The Depository Trust Company, DTC)与美国证券结算公司(National Securities Clearing Corporation, NSCC)于1999年9月合并而成的。DTCC负责证券市场实体有价证券之集中保管，以及美国各大证券交易所证券交易之结算、交割业务。DTCC本身为非营利(not-forprofit)机构和美联储成员，且为非上市股份公司，公司的股东由DTC和NSCC的参与成员构成；公司的监管者主要是美联储、美国证券交易委员会(SEC)和纽约州银行监管局。根据法律和监管定位，DTCC营运分别由旗下各子公司对公司股票、政府公债、市政债券、不动产抵押贷款担保证券、货币市场工具及店头衍生性金融商品等各类商品，提供集中结算、保管及信息服务。目前，DTCC子公司包括100%持有的Omgeo(法人对账服务公司)、DTC(保管公司)、NSCC(结算公司)、FICC(固定收益结算公司)、Deriv/SERVLLC(衍生性商品服务公司)、Euro CCP(欧洲结算公司)等；各子公司均独立运作，自负盈亏并有各自的风险管理、担保基金与财务安全制度。从业务模式上来看，美国联邦证券存管结算属于多个市场中的模式。

日本各证券交易所长期以来各自对其会员提供证券结算交割服务，这种作业模式对于交易所及市场参加人造成的不便日益凸显，为此，东京证券交易所(以下简称东证所)着手跨市场结算的整合。2002年7月东证所、大阪证券交易所、名古屋证券交易所、札幌证券交易所、福冈证券交易所、JASDAQ交易所共同成立统一的结算机构日本证券结算公司(Japan Securities Clearing Corporation, JSCC)，[①]并于2003年1月起对各交易所之证券交易，提供跨市场结算交割作业，将各交易所证券交易的结算作业加以整合。[②] JSCC负责日本所有交易所及两家PTS交易平台的现货商品之结算，这些商品包

① 此前东证所100%持股、单独对东证所及大阪证交所提供结算保管服务的子公司亦名为日本证券结算公司，2002年10月1日该公司即改名为日本证券交割保管公司(Japan Securities Settlement Custody, JSSC)。

② 目前，JSCC的主要股东为日本证券交易所集团约占99%，其余，如名古屋证交所0.7%、札幌证交所0.05%、福冈证交所0.05%。

括股票、ETF、ETN、REIT、风险基金、国家基金、基础建设基金、特别股、日本国债、转换公司债、附认股权证券、优先股投资证券等。而日本国内上市股票及可转换公司债的划拨交割及保管业务，大部分由证券集中保管账簿划拨机构 JASDEC（Japan Securities Depository Center）办理。JASDEC 原为一财团法人组织，为适应国际趋势及提升竞争力，自 2002 年 1 月登记改制为股份有限公司，出资机构包括东证所、日本证券业协会、证券商和金融机构。[①] 从业务承担来看，日本证券市场的清算、交收和存管登记等业务采用的是由不同机构承担的分散型模式，属于多个市场中的证券结算模式。

我国香港特别行政区只有一家证券交易所，故均采取单一市场证券结算模式。香港证券市场原由香港联合交易所有限公司负责证券市场之交易与各股选择权之交易与结算；香港期货交易所有限公司负责衍生性商品市场之交易与结算；香港中央结算有限公司（HKSCC）负责证券市场之结算、交割与保管作业。2000 年 3 月 6 日香港特别行政区政府将香港联合交易所、香港期货交易所及香港结算所合并，成立香港交易及结算所有限公司（以下简称香港交易所，HKEx），而 3 家公司成为香港交易所全资附属公司，除原属香港联合交易所之个股选择权交易与结算移转至期货交易所外，其余现货结算交割及集中保管业务均通过中央结算公司进行。因此，从所有权形式角度来看，香港结算机构附属于交易所，合并后由担保有限公司转为股份有限公司。我国台湾地区证券市场的登记结算制度被称为“证券集中保管账簿划拨制度”，证券集中保管公司（以下简称集保公司），通过联网将证券交易所、证券金融公司、证券商、保管机构、债券自营商等纳入系统。这一制度的显著特点是采用多层次账户管理模式，投资者的集中保管账户由证券商管理，称为二级账户；证券商的保管划拨账户由集保公司管理，称为一级账户。该系统采用净额交收方式，但交易所本身并不参与买卖，它在集保公司开设的账户是过渡性的，用以完成真正的交易各方之间的交收。

上述所列 4 家证券市场的证券登记结算机构主要为本土证券交易服务，国际范围内明讯银行（Clearstream）和欧洲结算系统（Euroclear）是两大国际证券结算机构。20 世纪 90 年代初，两大结算系统完成了主机联网，实行全球 24 小时分时段连续交收，极大方便了国际间证券交易。

综上所述，美国和日本的证券市场都存在多家证券交易所，且证券存管登记结算业务和机构都经历了从分散到集中的过程；而我国香港特别行政区和台湾地区的证券市场各只有一家证券交易所，其证券登记结算制度和机构相对简单。此外，在我国香港特别行政区和台湾地区以外的境外市场，证券存管机构和证券结算机构一般为相对集中统一的市场基础设施，而证券登记机构为相对分散的商业机构；大多数境外市场的登记

---

① 参见中国台湾证券交易所编：《2019 年日本证券市场相关制度》，2019 年 7 月，载中国台湾证券交易所网：https://wwwc.twse.com.tw/staticFiles/product/publication/0003000180.pdf，最后访问日期：2019 年 12 月30 日。

服务都由多家相互竞争的证券登记机构提供，而非统一由证券存管结算机构提供。历史上，我国的证券登记结算制度和机构的发展与美国和日本的模式较接近；但从现状来看，目前我国实行一体化程度较高的集中型模式，由中国证券登记结算公司集中承担证券市场的登记结算业务。

还需指出的是，人类社会已经进入到数字科技和大数据时代，大数据、云计算、人工智能、区块链等技术对全球证券金融市场的影响与日俱增。在现代科技与证券金融业务深度融合背景下，境外证券登记结算机构持续研究和逐步实施金融科技。如美国DTCC于2016年1月发表“拥抱变革”（Embracing Disruption）白皮书，对于区块链技术的发展提供意见，并于2017年完成概念验证，通过分布式分类账技术（DLT）来改进美国国库券和附买回事务处理流程；投资区块链新创公司Digital Asset Holdings，并加入超级账本计划。① 近年来，我国证券市场高度重视金融科技的创新发展与应用，中国证券登记结算公司已经开始展开区块链应用研究与探索，这对于更好的服务资本市场高质量发展无疑是不可或缺的举措。

五、证券无纸化与证券登记结算立法的完善

证券登记结算存管法律制度围绕证券发行上市和交易行为展开，并因证券的表现形式而存在差异。随着电子信息技术在证券市场的发展和运用，证券无纸化在促进证券发行上市和交易便捷实现的同时，亦深刻改变了证券市场的传统运行机制，在证券登记存管方面尤为明显。我国证券市场从实物证券开始发展，早期的证券立法对此多有规定。1993年《股票发行与交易管理暂行条例》第53条规定：“股票发行采取记名式。发行人可以发行簿记券式股票，也可以发行实物券式股票。簿记券式股票名册应当由证监会指定的机构保管。实物券式股票集中保管的，也应当由证监会指定的机构保管”。1993年我国《公司法》第132条规定，股票采用纸面形式或者国务院证券管理部门规定的其他形式；该法第136条规定，股份有限公司登记成立后，即向股东正式交付股票。上述所列法律法规较早规定了我国所称证券的载体和形式。简而言之，所谓“纸质证券”与上述法律法规所称证券纸面形式和实物券式证券的含义类似，反之“无纸化证券”则属于非纸面形式或者簿记券式证券。在境外，相关国家、证券有关规定亦多对证券无纸化有相应规定。

众所周知，证券法调整的资本证券是有价证券的一种，但是证券本身并无价值，它只是证券权利的载体和表现形式，其价值源于反映发行人的财务和业务状况。② 当然，

---

① 参见中国台湾证券交易所编：《2019年美国证券市场相关制度》，2019年7月，载中国台湾证券交易所网：https://wwwc.twse.com.tw/staticFiles/product/publication/0003000182.pdf，最后访问日期：2019年12月30日。

② 基于此，有学者认为，证券法规范的对象，并不是有价证券本身，而是有价证券的募集、发行及买卖“行为”。参见林国全：《证券交易法》，载王文宇主编：《金融法》，台北，元照出版有限公司2019年修订10版，第135页。

证券权利可采用"纸质凭证"的表彰形式,也可采用无纸化的表彰形式。在无纸化环境下,"证券"不仅废弃了传统的纸质表彰形式、代之以电子数据形式,还将证券信息记载于特定账户,从而使证券账户变成了特殊的法律概念,通过证券账户连接了多种法律关系,形成了结构、内容独特的权利义务体系。① 此外还应看到,证券无纸化不仅是证券枝节问题上的技术进步,而是动摇证券法制基本规则的革新。②

我国证券市场虽然自 20 世纪 90 年代才起步,但充分利用了后发优势,目前主要证券市场内股票、基金、债券已全部实现无纸化发行与交易。然而,正如有学者所言,我国证券交易技术的发展并没有伴随无纸化证券登记、存管、交易、结算法制的完善,③集中体现在现行关于证券权利持有的法律制度仍然以证券实物及记名证券与无记名证券的区分作为设计的逻辑起点,以规范实物证券的规则去应对无纸化证券的实践。④

尽管对于我国证券法律制度应当与时俱进地回应证券无纸化造成的冲击,理论界和实务界已经形成共识,然而在完善证券无纸化立法的具体路径选择上依然存在争议:有的建议制定证券无纸化法,有的支持在我国《证券法》增加一章,就证券无纸化发行、交易、结算、托管、过户等环节进行专门规定。⑤ 在立法方面可以看到,我国新《证券法》第九章关于证券登记结算机构在回应无纸化问题方面并未作出明显改进,相关制度安排依然付诸阙如。笔者认为,无论我国无纸化立法是采取单独立法模式还是对《公司法》《证券法》等法律法规进行修订,均应首先在立法理念上深化对证券无纸化的理解,进而明确界定无纸化背景下证券权利持有方式、证券权利证明、证券权利变动登记效力等基本问题。

第二节　证券登记结算机构的设立与职责

一、证券登记结算机构的设立体制

如前所述,在境外证券登记结算机构的设立体制上,有单一制和非单一制模式之区分。我国新《证券法》第 158 条规定,在证券交易所和国务院批准的其他全国性证券交易场所交易的证券的登记结算应当采取全国集中统一的运营方式。前款规定以外的证券,其登记、结算可以委托证券登记结算机构或者其他依法从事证券登记、结算业务的机构办理。与我国修改前的《证券法》相比,新法将证券登记结算机构对应证券交易场

① 参见叶林:《无纸化证券的权利结构》,载《社会科学》2009 年第 3 期。

② 周友苏、李红军:《无纸化背景下证券权利若干问题研究》,载《社会科学研究》2012 年第 4 期。

③ 张辉:《证券无纸化与中国证券登记存管制度检视》,载《社会科学》2009 年第 3 期。

④ 具体分析参见周友苏、李红军:《无纸化背景下证券权利若干问题研究》,载《社会科学研究》2012 年第 4 期。

⑤ 参见张辉:《证券无纸化与中国证券登记存管制度检视》,载《社会科学》2009 年第 3 期。

所由证券交易所扩展到“新三板”,[①]关于全国性证券交易场所应当采取全国集中统一的运营方式之规定并无变化。依据学者较统一的理解,我国《证券法》在证券登记结算体制上没有明确要求采取单一制和要求建立唯一的中央登记结算机构。[②] 在实践中,尽管2001年中国证券登记结算公司的成立结束了沪、深两家证券交易所独立拥有各自登记结算体系的状况,但是事实上两家证券交易所登记结算体系仍然存在一定差异。为此,中国证券登记结算公司成立后依然分别在沪、深两家证券交易所所在地设立了对应的分支机构,分别为对应的证券交易所提供集中交易和登记结算服务。

由上可知,我国《证券法》明确要求确立和健全中央登记结算机构,并根据证券市场的发展将“新三板”这一全国性市场的登记结算业务纳入集中统一运营的范畴。同时,鉴于其他交易场所的特殊性,对于其证券的登记结算未作强制性规定,依据规定其可以委托证券登记结算机构或者其他依法从事证券登记、结算业务的机构办理。

二、证券登记结算机构的设立条件

我国《证券法》第145条第1款规定,证券登记结算机构依法登记,取得法人资格。事实上,证券登记结算机构的设立和登记,还应当遵守我国《民法总则》等法律法规的规定。根据上述法律要求,证券登记结算机构的设立条件包括以下方面。

1. 资金条件。具备必要的财产或者经费条件,是确保法人安全稳定从事相关活动的物质基础,也是对外承担民事责任的物质保障。[③] 证券登记结算机构是具有法定职能的机构,其从事登记结算日常业务涉及巨额资金流动。为保障其正常业务活动的开展,同时也使其具备独立承担风险责任的能力,我国《证券法》第146条规定,设立登记结算机构的第一项条件为“自有资金不少于二亿元人民币”,这比相关法律对类似的非银行金融机构的要求更严格。

2. 场所设施要求。根据我国《证券法》第146条的规定,设立证券登记结算机构应具有证券登记、存管和结算服务所必需的场所和设施。证券登记结算机构管理的登记结算系统是证券市场的重要基础设施,是支持和保障证券市场安全高效运行的后台中枢。为此,设立证券登记结算机构,就必须有能够满足现代证券交易需求的场所和设施,这其中包括但不限于先进的电脑、通信设备和信息系统、数据安全保护和备份措施、存放登记结算业务资料的仓库设施等,还包括完整的风险管理系统和健全的内部管理制度。由于我国《证券法》规定“设立证券登记结算机构必须经国务院证券监督管理机构批准”,因此设立申请人在设立阶段必须提供从事登记结算业务所必需的场所设施

---

① 在我国《证券法》2019年修订前,《全国中小企业股份转让系统有限责任公司管理暂行办法》第14条规定,全国股份转让系统的登记结算业务由中国证券登记结算有限责任公司负责。全国股份转让系统公司应当与其签订业务协议,并报中国证监会备案。

② 参见吴弘主编:《证券法教程》(第2版),北京大学出版社2017年版,第308页;叶林:《证券法》(第4版),中国人民大学出版社2013年版,第316页。

③ 参见叶林:《证券法》(第4版),中国人民大学出版社2013年版,第317页。

证明以备审批机关审查核验。

3. 有合法确定的名称。证券登记结算机构的名称中应当标明证券登记结算字样。我国《证券法》作此要求的旨意在于通过机构名称表明其特殊职能,同时排除其他任何组织使用相同名称欺骗或者误导社会公众尤其是证券市场投资者和参与人。

4. 其他条件。国务院证券监督管理机构可以规定设立证券登记结算机构的其他条件,这一概括性规定也是授权性规定,有利于证券监督管理机构根据证券市场、证券登记结算业务和机构的发展作出新的附加规定。

三、证券登记结算机构的职能和业务

我国《证券法》第 145 条原则规定证券登记结算机构的 3 项法定基本职能,包括集中登记、存管与结算服务,该法第 147 条对其履行的职能进行了详细列举。据此,证券登记结算机构的具体职能和业务包括以下几方面。

(一)证券账户、结算账户的设立和管理

1. 证券账户。投资者买卖证券需要开立证券账户,对此我国《证券法》第 157 条规定,投资者委托证券公司进行证券交易,应当通过证券公司申请在证券登记结算机构开立证券账户;证券登记结算机构应当按照规定为投资者开立证券账户。《证券登记结算管理办法》第 17 条规定,投资者通过证券账户持有证券,证券账户用于记录投资者持有证券的余额及其变动情况。根据中国证券登记结算公司《证券账户管理规则(2014 年修订)》的界定,证券账户是记录证券及证券衍生品种持有及其变动情况的载体。由此可知,证券账户的主要功能是用以记载和反映投资者持有的证券种类和数量等情况,是投资者持有证券的法定证明并具有证券登记的功能。根据上述规则的规定,自然人、法人、合伙企业以及其他投资者,可以申请开立证券账户;证券资产托管人或资产管理人,可以为证券投资基金、保险产品、信托产品、资产管理计划、企业年金计划、社会保障基金投资组合等依法设立的证券投资产品申请开立证券账户。中国证券登记结算公司对证券账户实施统一管理,具体账户业务可以委托证券公司等开户代理机构办理,前者对开户代理机构实行自律管理。

2. 结算账户。结算账户是指为证券公司等结算参与人办理资金交收和证券交割,在证券登记结算机构设立的结算账户。所谓结算参与人,是经证券登记结算机构核准,在其设立和管理的电子化证券登记结算系统内,直接参与证券登记结算机构组织的证券和资金的清算交收,并承担最终交收责任的证券公司及其他机构。《证券登记结算管理办法》第 43 条规定,证券和资金结算实行分级结算原则;证券登记结算机构负责办理证券登记结算机构与结算参与人之间的集中清算交收;结算参与人负责办理结算参与人与客户之间的清算交收。该办法第 44 条规定,证券登记结算机构应当设立证券集中交收账户和资金集中交收账户,用以办理与结算参与人的证券和资金的集中清算交收;结算参与人应当根据证券登记结算机构的规定,申请开立证券交收账户和资金交收账户用以办理证券和资金的交收;同时,经营证券自营业务和经纪业务的结算参与人,

应当申请开立自营证券、资金交收账户和客户证券、资金交收账户分别用以办理自营业务的证券、资金交收和经纪业务的证券、资金交收。据此可知,与证券账户不同,结算账户主要用于表彰证券公司权益,是证券公司与证券登记结算机构相互关系的体现。①

(二)证券的存管和过户

我国《证券法》第150条规定,在证券交易所或者国务院批准的其他全国性证券交易场所交易的证券,应当全部存管在证券登记结算机构。上述规定容易使人认为,存管应该是发生于证券发行人与证券登记结算机构之间的关系。但在实务中,证券的存管是指证券登记结算机构受托集中保管证券公司的自有证券及其客户的证券,并提供相关权益维护服务的行为或业务。证券存管的具体业务,包括通过簿记系统维护证券公司交存的客户证券和自有证券的余额、提供查询和代收红利等,记录证券公司和客户的托管关系的产生、变更和终止等情况。由上可知,存管实际上反映的是证券登记结算机构与证券公司之间围绕证券集中保管产生的法律关系。证券的集中存管则是在证券存管基础上的概念,它是指将全部证券集中存放于中央证券存管机构(CSD),由其以电子化簿记形式记录证券的归属与变动,从而替代传统实物证券交付的制度安排。证券的集中存管是现代证券交易需要的产物,它的产生直接导致证券的交收不再采取实物交付形式,而通过簿记系统即可完成和实现,最终也促成了"证券无纸化"。与境外很多市场不同,我国证券市场起步虽然较晚,但在建立初期就实现了无纸化和证券结算的电子簿记系统,具有证券登记技术后发优势。

与存管密切相关但又存在差异的业务是证券托管。所谓托管,是指证券公司接受客户委托,代其保管证券并提供代收红利等权益维护服务的行为。比较可知,证券的存管和托管主要区别在于法律关系主体不同:存管一般由证券登记结算机构办理,服务对象是以证券公司为主的托管人,而且各国或地区证券市场的中央存管机构一般只有一家;托管则是发生于证券公司与客户之间的关系和业务。二者的共同点在于,无论在存管和托管业务下,受托方均有保证受托保管证券安全的法律责任。对于前者来说,我国《证券法》第150条第2款规定,证券登记结算机构不得挪用客户的证券。此外,《证券登记结算管理办法》第39条规定,证券公司应当采取有效措施,保证其托管证券的安全,禁止挪用、盗卖;证券登记结算机构应当采取有效措施,保证其存管的证券的安全,禁止挪用、盗卖。

证券的过户,是对证券交收和登记转移的统称。证券交收(settlement)是结算机构根据清算结果,组织交易双方进行证券交割(delivery)与资金交付(payment),完成履约和实现彼此之间债权债务关系的过程。② 简而言之,就是卖方将其卖出证券交付给买方,买方支付相应资金以获得证券的过程。登记转移就是在交收基础上,将卖方卖出的

① 参见叶林:《证券法》(第4版),中国人民大学出版社2013年版,第318页。

② 参见周正庆、李飞、桂敏杰主编:《新证券法条文解析》,人民法院出版社2006年版,第412页。

证券记载于买方名下的行为。通过登记转移,对于证券变动事项作出记载,受让人据此对证券具有合法权利。从我国证券市场实践来看,过户登记包括证券交易所集中交易过户登记和非集中交易过户登记(在实践中又称非交易过户):证券通过证券交易所集中交易的,证券登记结算机构根据证券交易的交收结果,办理集中交易过户登记。证券因以下原因发生转让的,投资者通过证券登记结算机构办理非集中交易过户登记:(1)与上市公司收购及股东权益变动相关的股份转让;(2)转让双方存在实际控制关系,或均受同一控制人所控制的;(3)外国投资者战略投资上市公司所涉及的股份转让;(4)收回股权分置改革中的垫付股份;(5)行政划转上市公司股份;(6)因自然人继承、遗赠导致的股份变动;(7)法人丧失法人资格涉及股份变动;(8)证监会认定的其他情形。①

(三)证券持有人名册登记及权益登记

证券持有人名册登记,是指证券登记结算机构根据证券发行人委托,通过设立和维护证券持有人名册,确认证券持有人。在证券无纸化情况下,投资者的股东权利以证券持有人名册为依据,在交易结束后,投资者不必进行实物证券的交付,由证券登记结算机构通过簿记系统完成即可。因此,证券登记结算机构制作的证券持有人名册,具有权利证明效力;当此名册与发行人自身编制的名册出现不一致时,应当以前者为准。《证券登记结算管理办法》规定,证券登记结算机构应当保证证券持有人名册和登记过户记录真实、准确、完整,不得隐匿、伪造或者毁损。此外,在证券发行人或者其清算组等终止证券登记及相关服务协议的,证券登记结算机构应当依法向其交付证券持有人名册及其他登记资料。

证券持有人权益登记是证券登记结算机构的业务内容之一,在实践中经常出现证券持有人所持证券质押、锁定或冻结的情况,有必要通过证券登记结算机构的登记对其权益状态进行及时反映。《证券登记结算管理办法》第 29 条第 3 款规定,证券因质押、锁定、冻结等原因导致其持有人权利受到限制的,证券登记结算机构应当在证券持有人名册上加以标记。该办法第 40 条规定,证券的质押、锁定、冻结或扣划,由托管证券的证券公司和证券登记结算机构按照证券登记结算机构的相关规定办理。

(四)证券交易的清算与交收

证券交易的清算和交收统称为结算,分为证券结算和资金结算。证券结算(clearance)是确认证券交易双方于某特定日期的债权债务关系的行为,通过对交易各方进行债权债务核算,确定彼此之间应转移的资金或证券的具体数量。证券交收作为

---

① 参见上海证券交易所、深圳证券交易所、中国证券登记结算有限责任公司联合发布之《上市公司流通股协议转让业务办理暂行规则》(2006 年发布)。此外,《证券登记结算管理办法》第 29 条第 2 款规定,证券以协议转让、继承、捐赠、强制执行、行政划拨等方式转让的,证券登记结算机构根据业务规则变更相关证券账户的余额,并相应办理证券持有人名册的变更登记。

清算基础上的进一步业务,简而言之,就是完成证券和资金交付的过程。在证券交易的全流程中,交收完成意味着特定交易得以完成。因此,结算是证券市场交易得以持续顺利进行的基础和保证。在我国现行结算参与人制度下,只有证券公司等结算参与人才能直接参与证券登记结算结构组织的集中结算活动。① 证券和资金结算实行分级结算原则:证券登记结算机构负责办理其与结算参与人之间的集中清算交收(又称一级结算),结算参与人负责办理其与客户之间的清算交收(又称二级结算)。同时,我国采取多边净额结算方法,即证券登记结算机构将每个结算参与人所有达成交易的应收、应付证券或资金予以冲抵轧差,计算出相对每个结算参与人的应收、应付证券或资金的净额,再按照应收、应付证券或资金的净额与每个结算参与人进行交收。②

我国《证券法》第158条规定,证券登记结算机构作为中央对手方提供证券结算服务的,是结算参与人共同的清算交收对手,进行净额结算,为证券交易提供集中履约保障;证券登记结算机构为证券交易提供净额结算服务时,应当要求结算参与人按照货银对付的原则,足额交付证券和资金,并提供交收担保。据此,我国证券交易采取的是货银对付的交收机制。所谓货银对付(Delivery versus Payment,DVP),又称"款券同步交割",俗称"一手交钱,一手交货",系指在证券登记结算机构的组织管理下,结算参与人进行的证券交收和资金交收同时完成,且不可撤销。而我国《证券法》规定的中央对手方(CCP),系指证券登记结算机构在多边净额结算模式下的共同对手方的身份。简而言之,就是在多边结算的情况下,证券登记结算机构介入每一笔证券交易的买方和卖方之间,成为所有"买方的卖方"和"卖方的买方"。一般认为,现代意义上的中央对手方机制肇始于美国,在金融市场中发挥降低市场风险、提高市场活跃性和提高结算效率等积极作用。③

(五)受发行人委托派发证券权益

证券权益一般是指上市公司向股东分配股票红利和现金红利或者以资本公积金转增股本,以及向债权人派发债券利息等。在此法律关系中,委托人是证券发行人,受托人是证券登记结算机构。在实际操作中,证券登记结算机构根据发行人委托向证券持有人派发证券权益,需要通过证券公司办理,原因在于在法律关系上证券登记结算机构与投资者之间不存在直接的存管关系,而投资者与证券公司之间则存在直接的托管关系。

(六)办理相关查询业务

证券登记存管和结算业务是证券登记结算机构向投资者和证券公司提供的专门服务,也是保证证券交易正常进行的必要业务。在此过程中产生的提供查询服务,属于派

---

① 结算参与人主要制度安排,参见中国证监会《证券登记结算管理办法(2018年修订)》和中国结算公司《结算参与人管理规则(2014年修订)》。

② 参见叶林:《证券法》(第4版),中国人民大学出版社2013年版,第319页。

③ 参见谢贵春:《论中央对手方机制的法理基础》,载《西部法学评论》2016年第3期。

生或者附随义务。此外,还可能因为证券监督管理机构和国家司法机关等有权机关在行使职权过程中需要进行相应的查询。为此,我国《证券法》规定了证券登记结算机构应当依法提供与证券登记结算业务有关的查询、信息、咨询和培训服务。《证券登记结算管理办法》第14条也规定,有下列情形之一的,证券登记结算机构应当依法办理:(1)证券持有人查询其本人的有关证券资料;(2)证券发行人查询其证券持有人名册及有关资料;(3)证券交易所、中国金融期货交易所依法履行职责要求证券登记结算机构提供相关数据和资料;(4)人民法院、人民检察院、公安机关和中国证监会依照法定的条件和程序进行查询和取证。同时要求,证券登记结算机构应当采取有效措施,方便证券持有人查询其本人证券的持有记录。

(七)证监会批准的其他业务

此属我国《证券法》兜底和授权性规定,有利于证券监督管理机构根据证券市场的发展,将相关业务纳入证券登记结算机构的业务范围。如2018年根据证监会的批准,中国证券登记结算公司发布了《存托凭证登记结算业务规则(试行)》,据此办理中国存托凭证(CDR)的登记结算业务。

第三节　证券登记结算机构的义务与监管

证券登记结算机构及其管理运行的登记结算系统事关证券市场安全高效运行,因此在立法上除对证券登记结算机构的设立等准入机制进行明确规定外,还对其运营过程中的行为规范施以特别的义务和必要的监管。

一、证券登记结算法律关系构造

在证券登记结算业务的闭环中,证券登记结算机构处于核心环节和地位,由此与证券发行人、证券公司、结算参与人甚至投资者直接或间接发生相应的法律关系。厘清这些关系,是准确界定证券登记结算机构义务的基础。

(一)证券登记结算机构与发行人的法律关系

在发行人公开发行证券时,根据证券法律的规定应当通过承销环节,承销商与发行人签订代销或者包销协议,并直接向投资者销售证券。一旦证券发行完毕,根据我国《证券法》的规定,在全国性证券交易场所交易的证券应当全部存管在证券登记结算机构。我国《证券法》作出证券集中存管的强制性规定,主要原因在于在采用无纸化电子交易结算方式下需要以电子数据交换方式完成登记结算。但是,证券存管和集中存管反映的均是证券登记结算机构与证券公司之间的关系,发行人和证券登记结算机构在其中并不直接发生法律关系。

需要指出的是,在证券登记环节,证券登记结算机构受证券发行人委托建立维护证券持有人名册并确认证券权利归属。我国《证券法》规定,证券登记结算机构是全国性市场挂牌交易证券的法定登记机构,发行人必须委托其办理证券登记业务。《证券登记结算管理办法》第 26 条为此规定,上市证券的发行人,应当委托证券登记结算机构办理其所发行证券的登记业务;证券登记结算机构应当与委托其办理证券登记业务的证券发行人签订证券登记及服务协议,明确双方权利义务。具体而言,证券登记业务具体包括发行登记(又称初始登记)、变更登记、退出登记和相关服务。

此外,在证券发行人派发证券权益之时,证券登记结算机构与发行人亦产生委托代理关系。在这一法律关系中,发行人授权证券登记结算机构代其向投资者发放证券权益,证券登记结算机构享有代理人权利义务,发行人享有被代理人权利义务。对此,《证券登记结算管理办法》第 32 条规定,证券发行人申请办理权益分派等代理服务的,应当按照业务规则和协议向证券登记结算机构提交有关资料并支付款项;证券发行人未及时履行上述义务的,证券登记结算机构有权推迟或不予办理,证券发行人应当及时发布公告说明有关情况。

(二)证券登记结算机构与证券公司的法律关系

在证券登记结算业务中,证券登记结算机构与证券公司的业务往来最频繁和密切,其中,证券公司作为证券存管的委托人和结算参与人的角色和地位最关键。总体上,二者的关系可以认定为大陆法系上的委任关系,证券登记结算机构接受客户委托办理证券登记存管和结算等事务,证券公司支付相应费用。

在证券托管与存管业务中,投资者应当委托证券公司托管其持有的证券,而证券公司应当将其自有证券和所托管的客户证券交由证券登记结算机构存管。在此,证券登记结算机构与证券公司之间可以认定为保管关系。由于证券公司与客户的托管关系与证券存管存在业务关联性,《证券登记结算管理办法》要求证券公司应当将其与客户之间建立、变更和终止证券托管关系的事项报送证券登记结算机构。

在证券和资金的清算交收业务中,我国采取分级结算(又称二级结算)体系。在此体系下,首先在证券登记结算机构与证券公司等结算参与人之间办理结算事务,其次再由证券公司与投资者办理结算事务。要实现上述结算活动,需要具备以下前提:(1)投资者买卖证券前与证券公司签订证券交易、托管与结算协议,同意集中交易结束后,由证券公司委托证券登记结算机构办理其证券账户与证券公司证券交收账户之间的证券划付。(2)证券公司向证券登记结算机构申请取得结算参与人资格,与证券登记结算机构签订结算协议,明确双方权利义务;没有取得结算参与人资格的证券公司,应当与结算参与人签订委托结算协议,委托结算参与人代其进行证券和资金的集中清算交收。在此基础上,证券公司与证券登记结算机构之间办理一级结算并形成相应法律关系,证券公司与投资者之间则只办理二级结算。一般而言,在此体系下投资者和证券登记结算机构之间并不存在合同关系。

(三)证券登记结算机构与投资者的法律关系

投资者进行证券交易的前提之一是拥有证券账户,我国《证券法》第 157 条规定,投资者委托证券公司进行证券交易，应当通过证券公司申请在证券登记结算机构开立证券账户；证券登记结算机构应当按照规定为投资者开立证券账户。《证券登记结算管理办法》则规定，证券登记结算机构可以直接为投资者开立证券账户，也可以委托证券公司代为办理。因此，在证券账户开立环节，证券公司系证券登记结算机构的代理人，根据其委托为投资者开设账户。

在证券登记中，证券登记结算机构受发行人委托对投资者持有证券的状况进行登记；在派发证券权益中，证券登记结算机构根据发行人授权向投资者发放证券权益。证券登记结算机构与投资者在上述业务中并无直接合同关系。[①] 而在证券存管和结算过程中，二者仍不直接形成合同关系。但有学者认为，法律规定证券登记结算机构独占性地办理相关业务，并作出强制性的开户、托管等要求，使投资者和证券登记结算机构之间的权利义务结构具有法定主义特点。[②] 此外，尽管投资者不直接与证券登记结算机构发生关系，但是由于后者与发行人、证券公司的法律关系直接影响投资者，因此，在法律上仍可解释为投资者与证券登记结算机构之间存在合同关系，具体反映在：(1)在证券登记托管环节，投资者与证券登记结算机构之间具有证券保管关系。在没有特别规定情况下，可以根据民法或者合同法上的寄托合同或者保管合同界定其权利义务；(2)在分级结算体系下，可将证券公司与证券登记结算机构之间的结算解释为投资者的转委托；对于转委托约定不明确的，后者应当按照法定职责对投资者承担法律责任。[③]

综上所述，投资者与证券登记结算机构之间的合同关系较间接，通过民法或合同法的界定进行解释虽有一定合理性，但仍存在不尽周延或与实践存在差异的情况。相反，从保护投资者和法定义务视角，则更符合立法初衷以及实践需要。

二、证券登记结算机构的法定义务

证券登记结算机构的法定基本职能为证券登记、存管与结算服务，相关法律法规等围绕上述职能规定证券登记结算机构应予承担的主要义务。

（一）法定存管或保管义务

我国《证券法》规定了在全国性证券交易场所交易的证券应当全部存管在证券登记结算机构，在实践中具体的操作则类似双重寄存：证券持有人将其所持证券委托证券公司进行托管，证券公司将其自有证券和所托管的客户证券交由证券登记结算机构集中存管。由此可知，证券持有人是寄存证券的合法权利人，证券登记结算机构类似寄存或保管关系中的保管人，对其保管的证券不享有所有权。

根据我国《证券法》和相关部门规章的规定，证券登记结算机构应履行的法定保管

---

① 当然，投资者可以在法定范围之外，委托证券登记结算机构办理相关业务，这类业务即完全基于合同而产生。

② 参见叶林：《证券法》(第4版)，中国人民大学出版社2013年版，第320页。

③ 同上书，第321页。

或存管义务主要包括:(1)采取有效措施保证其存管的证券的安全,禁止挪用、盗卖;(2)以不同账户保管证券公司自有证券和客户证券;(3)在交收完成之前,不得动用用于交收的证券、资金和担保物;(4)按照业务规则收取的各类结算资金和证券存放于专门的清算交收账户,只能用于已成交的证券交易的清算交收,不得被强制执行。①

(二)记录与妥善保管登记结算资料的义务

证券登记结算业务具有法定性,在办理业务过程中形成的文件和资料,是记录和反映证券登记、存管、结算和过户业务活动的重要证据和凭证,有些文件和资料如证券持有人名册还是证券财产的权属证明,其重要性不言而喻。鉴于此,我国《证券法》及相关规章对证券登记结算机构关于文件资料的记载与善管义务作了明确规定,主要内容包括以下几方面。

1. 文件记载要求。证券登记结算机构应当保证证券持有人名册和登记过户记录真实、准确、完整,不得隐匿、伪造、篡改或者毁损。

2. 文件提供要求。证券登记结算机构应当按照业务规则和协议定期向证券发行人发送其证券持有人名册及有关资料;应当根据证券登记结算的结果,确认证券持有人持有证券的事实,提供证券持有人登记资料。证券发行人或者其清算组等终止证券登记及相关服务协议的,证券登记结算机构应当依法向其交付证券持有人名册及其他登记资料。此外,证券登记结算机构及其工作人员依法对与证券登记结算业务有关的数据和资料负有保密义务。对此,《证券登记结算管理办法》规定,证券登记结算机构对其所编制的与证券登记结算业务有关的数据和资料进行专属管理;未经证券登记结算机构同意,任何组织和个人不得将其专属管理的数据和资料用于商业目的。同时,该办法规定,在特定情形下证券登记结算机构应提供查询服务,且对于证券持有人查询其本人证券的持有记录应当采取措施以方便其行使权利。②

3. 文件保存期限要求。证券登记结算机构应当妥善保存登记、存管和结算的原始凭证及有关文件和资料,其保存期限不得少于20年。

(三)业务保障义务

这是证券登记结算机构根据法律法规要求保证登记结算业务正常进行,以满足证券交易实际需求而应承担的法定义务。根据我国《证券法》的规定,证券登记结算公司应当采取一系列措施以保证业务的正常进行,主要包括具有必备的服务设备和完善的数据安全保护措施;建立完善的业务、财务和安全防范等管理制度;建立完善的风险管理系统。此外,《证券登记结算管理办法》第53条规定,证券登记结算机构应当采取下

---

① 我国《证券法》第169条的规定确立了我国证券市场结算财产履约优先原则。从境外情况来看,美国、欧盟、我国香港特别行政区等均普遍规定结算与人即使进入破产程序,其对结算系统的交收义务也必须优先履行,以维护证券交易的正常进行和保护投资者的利益。因此,结算财产履约优先规则亦属于大多数国家和地区证券市场的普适性规则。

② 参见《证券登记结算管理办法》第14条。

列措施,加强业务风险防范和控制:制定完善的风险防范制度和内部控制制度;建立完善的技术系统,制定由结算参与人共同遵守的技术标准和规范;建立完善的结算参与人和结算银行准入标准和风险评估体系;对结算数据和技术系统进行备份,制定业务紧急应变程序和操作流程。

(四)设立结算风险基金义务

我国《证券法》第154条第1款规定,证券登记结算机构应当设立证券结算风险基金,用于垫付或者弥补因违约交收、技术故障、操作失误、不可抗力造成的证券登记结算机构的损失。此为设立结算风险基金义务的基本规定。

1. 设立结算风险基金义务不仅是证券登记结算机构的法定义务,也是其设立的必要条件之一。这是因为在证券登记结算业务中,存在我国《证券法》所列的各种风险因素,为保证证券市场正常运行,需要对此事先作好相应的风险准备。

2. 证券结算风险基金来源。我国《证券法》规定,证券结算风险基金从证券登记结算机构的业务收入和收益中提取,并可以由结算参与人按照证券交易业务量的一定比例缴纳。将证券结算风险基金来源法定化,有利于保证其具有稳定合理的来源。根据上述规定,该基金来源有以下三个方面:一是从证券登记结算机构的业务收入中提取,二是从证券登记结算机构的收益中提取,三是按结算参与人按照证券交易业务量的一定比例缴纳。我国《证券法》确定的证券结算风险基金来源的多样化,亦体现了证券市场结算参与人风险共担的理念。此外,对于证券结算风险基金的管理,法律要求存入指定银行的专门账户,实行专项管理。

3. 证券结算风险基金用于赔偿证券登记结算机构的损失。证券登记结算机构负有确保钱款及证券交收安全性的基本职责,必须保证投资者相互间交易的顺利完成,必要时甚至以其自有资金承担风险,这体现出对投资者利益的保护。当然,根据我国《证券法》的规定,证券登记结算机构以证券结算风险基金赔偿后,应当向有关责任人追偿。

4. 动用证券结算风险基金须符合法定条件。我国《证券法》将动用基金的条件列举为违约交收、技术故障、操作失误、不可抗力4种原因,因此,证券登记结算机构不得将基金用于改善设备、修改系统等其他目的。此外,我国《证券法》第154条第3款规定,证券结算风险基金的筹集、管理办法,由国务院证券监督管理机构会同国务院财政部门规定。

三、对证券登记结算机构的监管

(一)证券登记结算机构自律管理性质界定

一般而言,自律组织进行行业自律监管的权力来源有以下三个方面:一是通过法律授权而取得,二是通过政府行政授权而取得,三是通过契约约定而取得。①

与将证券交易所和证券业协会明确规定为自律管理组织不同,我国《证券法》对于

① 参见黎军:《行业组织的行政法问题研究》,北京大学出版社2002年版,第146~148页。

证券登记结算机构自律管理的职能未作明确规定,但是该法第 149 条规定,证券登记结算机构应当依法制定章程和业务规则,并经国务院证券监督管理机构批准。《证券登记结算管理办法》则明确规定,证券登记结算机构实行行业自律管理。这种由行政主管部门根据规章对自律监管的规定,属于行政授权范畴。同时,根据我国《证券法》的规定,证券登记结算机构发布的章程和业务规则应当经过行政主管部门批准,也是自律监管与行政授权之间关系的体现。综上所述,可以认定我国证券登记结算机构获得了自律监管权限。此外,证券登记结算机构自律监管的权力也源于其与业务参与人之间签订的协议,即通过契约约定而取得。

从证券市场实践来看,2018 年 9 月出台的《中国证券登记结算有限责任公司自律管理实施细则》系专门规范证券登记结算业务自律管理事项的规则。该细则第 2 条规定,本公司作为证券登记结算机构,实行行业自律管理,依据有关法律法规、部门规章、本公司制定的业务规则及本细则,对违反相关规定的自律管理对象实施自律管理措施。该细则第 3 条明确中国证券登记结算公司自律管理对象为参与本公司证券账户、证券结算、债券质押式回购等业务的主体,包括但不限于证券账户开户代理机构、承担证券账户管理职责的证券公司、开立和使用证券账户的投资者、结算参与机构、债券质押式回购融资主体等。①

(二)对证券登记结算机构监管的主要内容

作为证券市场的自律管理组织,证券登记结算机构应当接受证券监管机构依法对其从事业务活动进行的监督管理,接受监督管理的主要内容有以下几方面。

1. 重大事项履行事先批准或者报告义务。证券登记结算机构的设立和解散,章程与业务规则的制定和修改,董事长、副董事长、总经理和副总经理的任免,应当报证监会批准。其他相关事项和文件,应当向证监会报告。②

2. 履行法定职能,不从事明确禁止业务。我国《证券法》第 147 条规定了证券登记结算机构履行的各项职能,③而《证券登记结算管理办法》规定,证券登记结算机构不得从事的活动,包括与证券登记结算业务无关的投资;购置非自用不动产;在依法交收结算之外买卖证券;法律、行政法规和证监会禁止的其他行为。

3. 违反规定可能承担的法律责任。我国《证券法》第 214 条第 3 款规定了证券登记结算机构未按照规定保存有关文件和资料的行政法律责任。此外,《证券登记结算管理办法》规定,证券登记结算机构违反证券法及办法规定的,证监会依法予以行政处罚;对直接负责的主管人员和其他直接责任人员,依法给予行政处分。

---

① 中国证券登记结算公司此前发布实施的相关业务规则如《结算参与人管理规则》第 5 条亦规定,本公司依据有关法律法规、规章和本公司制定的业务规则,对结算参与人实行自律管理。

② 具体规定参见《证券登记结算管理办法》第 11 条。

③ 应予指出,法定职能具有权利义务的双重属性,与职责强调义务存在差异。

第十三章　证券服务机构

第一节　证券服务机构概述

一、证券服务机构的定义及其范围

(一)境外证券服务机构之界定

在美国等成熟资本市场,证券服务机构通常被称为“看门人”(gatekeeper)。哥伦比亚大学法学院科菲教授认为,有效的公司治理体系中必须存在一整套主体即董事、经理和看门人,在这个链条上,任何一个环节出了问题,整个链条都将断裂,[①]由此直陈市场中介对公司治理和证券市场的重要性。同时,科菲教授认为,看门人本质上是市场中的重复交易者,他们向投资者提供产品的核实和鉴定服务,为金融产品供应者提供产品质量担保;看门人可定义为,那些以自己职业声誉为担保向投资者保证发行证券品质的各种市场中介机构。[②] 尽管证券市场中介机构制度的价值在境外获得普遍认可,但是不同国家和地区法律对于证券服务机构的范围之规定却不尽一致。

美国《1933 年证券交易法》第 11(a)条规定的对证券公开发行注册报告书承担责任的 5 类主体中,第 4 类为中介机构人员,具体包括编制或签章注册报告书的某部分与文件关联的报告或者资产评估报告的会计师、工程师,或其他因职业关系于文件中作有证明力的陈述,并经同意列名于文件任何部分的编制者。英国《公司法》规定,公司的董事、发起人、批准发出招股说明书的人以及专家应对说明书的真实性负责,专家包括工程师、鉴定人、会计师和其他在职业上有权出具声明的人。

综上所述,境外关于证券市场中介机构的范围界定较宽泛且强调提供证券服务的个人身份和责任,其中包括会计师、评估师、工程师、鉴定人、律师等所有因职业关系而制作或签章于招股说明书等公开信息披露文件的人员。

(二)我国证券服务机构及其范围界定

我国证券服务机构在学理上向来有广义和狭义两种不同解释。在广义上,证券服

---

① 参见[美]约翰·C.科菲:《看门人机制:市场中介与公司治理》,黄辉、王长河等译,北京大学出版社 2011 年版,第 13 页。

② 同上书,第 3 页。科菲教授将会计、法律和证券分析界定为证券市场上的三大主要中介行业,而资信评级机构为第四种看门人职业(参见第 103 页)。

务机构是指为证券发行、上市和交易等证券业务活动提供专业服务的各种机构,其中,包括证券交易所、证券登记结算机构、证券公司、律师事务所、证券投资咨询机构、财务顾问机构、资信评级机构、会计师事务所等。在狭义上,证券服务机构又被称为证券市场中介机构,一般将具有公益属性的自律监管组织如证券交易所和登记结算机构排除在外。关于证券服务机构的性质和社会职能,通说认为,在证券发行上市和交易过程中,发行人需要聘请各类专业机构协助制作有关申请文件,并出具有关报告和证明文件;证券服务机构既独立于发行人和上市公司,又独立于投资者,他们在提供专业服务的同时也在履行一种社会公证、社会监督的职能。①

从我国证券立法来看,对于证券服务机构一直采用狭义解释。2005 年我国《证券法》第 169 条明确列举的证券服务机构包括证券投资咨询机构、财务顾问机构、资信评级机构、资产评估机构和会计师事务所,对律师事务所则予以默示规定,②故有学者亦将其定义为特殊的证券服务机构。③

根据证券市场的发展,我国新《证券法》对证券服务机构制度进行了修订完善,其中第 160 条第 1 款规定,会计师事务所、律师事务所以及从事证券投资咨询、资产评估、资信评级、财务顾问、信息技术系统服务的机构,应当勤勉尽责、恪尽职守,按照相关业务规则为证券的交易及相关活动提供服务。由此可见,我国新《证券法》不仅明确了律师事务所证券服务机构的法律地位,同时还新增了信息技术系统服务机构。

在我国《证券法》体系下,关于证券服务机构的立法存在以下两个特点:一方面,证券交易所和证券登记结算机构不在证券服务机构范畴之内;另一方面,证券市场投资咨询和投资顾问服务经常由证券公司提供,在理论上,证券公司同样是重要甚至是最重要的证券服务机构。但是,由于证券公司从事的证券业务具有综合性和重要性特点,我国《证券法》对证券公司的内容进行了专门规定。因此,涉及证券公司从事投资咨询、财务顾问等业务的,直接适用该专门规定。

二、我国证券服务机构的特点

根据证券服务机构立法,④可以归纳出我国证券服务机构两个最重要的特点,即服

---

① 参见吴弘主编:《证券法教程》(第 2 版),北京大学出版社 2017 年版,第 164 页。

② 2005 年我国《证券法》第 173 条规定,证券服务机构为证券的发行、上市、交易等证券业务活动制作、出具审计报告、资产评估报告、财务顾问报告、资信评级报告或者法律意见书等文件,应当勤勉尽责,对所依据的文件资料内容的真实性、准确性、完整性进行核查和验证。

③ 参见叶林:《证券法》(第 4 版),中国人民大学出版社 2013 年版,第 310 页。

④ 除我国《证券法》外,直接规范证券服务机构的法律法规和司法解释还有:《注册会计师法》(2014 年修正)、《证券市场资信评级业务管理暂行办法》(中国证监会 2007 年 8 月发布)、《会计师事务所服务收费管理办法》(国家发改委、财政部 2010 年 1 月发布)、《律师事务所从事证券法律业务管理办法》(中国证监会、司法部令 2007 年 3 月发布)、《律师事务所证券法律业务执业规则(试行)》(中国证监会、司法部 2010 年 10 月发布)、最高人民法院《关于审理涉及会计师事务所在审计业务活动中民事侵权赔偿案件的若干规定》(法释〔2007〕12 号)等。

务有偿化和资质法定化。

(一)服务有偿化

证券服务机构属于商主体,其设立目的在于营利,在证券市场中通过提供证券服务谋取商业利益。证券公司虽然也是重要的证券服务机构,但是根据我国《证券法》的规定,实际上能够采取的组织形式限于公司制。与之相比,其他证券服务机构则可以采取公司或者合伙等形式,如在实践中我国绝大多数会计师事务所系根据我国《合伙企业法》设立的特殊普通合伙企业。对于投资咨询机构和资信评级机构从事证券服务业务收取服务费用,我国原《证券法》要求应按照主管机关规定的标准或办法进行,新《证券法》根据简政放权已经删除这一规定。据此,证券服务机构作为民商事主体,可根据意思自治原则与委托人自行协商确定收费事项。但在此过程中,仍应遵守相关行业自律管理规定,防止乱收费和恶性竞争等不当行为。

(二)资质法定化

证券服务的专业性较强,从不同机构一般从事不同专业业务可窥见一斑,如证券投资咨询机构为客户负责提供证券投资分析、预测和建议,会计师事务所对委托人财务情况进行审计并出具审计报告,律师事务所则主要向委托人提供法律服务并出具法律意见。证券服务的专业化,客观地产生了对证券服务机构资质的特别要求。在我国,对于证券服务机构从事证券服务的资质采取核准制和备案制并行的管理制度。

三、证券服务资格的取得

证券公司与其他证券服务机构在从事证券业务中存在明显差异,即前者专营证券业务,而后者则多为兼营证券服务业务。因此,在市场准入要求方面,根据我国《证券法》第118条和第120条之规定,对于证券公司从事证券业务采取前置审批程序。而对于证券服务机构则视业务种类分别采取事后许可或者事先备案制度,对现有机构授予证券服务机构的资格或者承认其执业行为的合法性。

证券服务资格的申请人为既有的服务机构,业已经过登记注册取得营业执照或已合法运营。就此而言,证券服务资格属于派生资格。① 关于证券服务资格的管理体制,我国《证券法》第160条第2款规定,从事证券投资咨询服务业务,应当经国务院证券监督管理机构核准;未经核准,不得为证券的交易及相关活动提供服务。从事其他证券服务业务,应当报国务院证券监督管理机构和国务院有关主管部门备案。据此,我国对证券服务机构从事证券服务业务采取行政许可和行政备案并行的监管制度。具体而言,对于从事证券投资咨询服务业务,应当履行前置审批程序;对于从事其他证券服务业务如审计、评估、资信评级和法律服务等,应当事先报证券监督管理机构备案。与此前规定相比,我国新《证券法》大幅降低了证券服务机构准入门槛,减少了行政许可范围,体现了国家简政放权和市场化治理的理念和思路。

---

① 参见叶林:《证券法》(第4版),中国人民大学出版社2013年版,第311页。

第二节　证券服务机构及其业务管理

一、证券投资咨询机构及业务管理

证券投资咨询机构，是指依法设立和取得证券投资咨询从业资格并从事证券投资咨询业务的组织，其范围包括证券、期货投资咨询公司，从事证券、期货投资咨询业务的证券经营机构、期货经纪机构、信息服务公司、信息网络公司、财务顾问公司、资产管理公司、投资公司以及中国证监会认定的其他从事证券、期货投资咨询业务的公司。[①] 从业务范围来看，我国《证券法》第 120 条规定的“证券投资咨询”“与证券交易、证券投资活动有关的财务顾问”以及资产管理业务均属于广义证券投资咨询服务。而根据《证券投资顾问业务暂行规定》[②]第 2 条的规定，证券投资顾问业务是证券投资咨询业务的一种基本形式，是指证券公司、证券投资咨询机构接受客户委托，按照约定，向客户提供涉及证券及证券相关产品的投资建议服务，辅助客户作出投资决策，并直接或者间接获取经济利益的经营活动；投资建议服务内容包括投资品种选择、投资组合以及理财规划建议等。此外，中国证券业协会也将投资咨询业务视为投资顾问业务。

(一)证券投资咨询机构及其从业人员资格的取得

1. 证券投资咨询机构的设立

我国《证券法》对于从事证券投资咨询业务采取核准制，《证券、期货投资咨询管理暂行办法》[③]等法规进一步规定，从事投资咨询业务，必须取得证监会的业务许可。[④] 根据上述规章及规范性文件的规定，申请证券投资咨询从业资格的机构，应当具备下列条件：(1)专门从事证券投资咨询业务的机构，有 5 名以上取得证券投资咨询从业资格的专职人员；同时，从事证券和期货投资咨询业务的机构，有 10 名以上取得证券、期货投资咨询从业资格的专职人员；其高级管理人员中，至少有一名取得证券或者期货投资咨询从业资格；(2)有 100 万元人民币以上的注册资本；(3)有固定的业务场所和与业务相适应的通信及其他信息传递设施；(4)有公司章程；(5)有健全的内部管理制度；(6)具备证监会要求的其他条件。

在设立程序上，申请证券投资咨询从业资格的机构，应首先向经证监会授权的所在地派出机构(证监局)提出申请，证监局经审核同意后，提出初审意见，并将审核同意的

---

① 参见中国证监会《证券、期货投资咨询管理暂行办法实施细则》第 4 条。

② 中国证监会 2010 年 10 月发布。

③ 经国务院批准由国务院证券委 1997 年 12 月发布。

④ 商业银行从事证券投资咨询，适用《商业银行个人理财业务管理暂行办法》(银监会令 2005 年第 2 号)等规定；信托公司从事证券投资咨询、理财、财务顾问等业务的，适用《信托公司管理办法》(银监会令 2007 年第 2 号)等规定。

申请文件报送证监会；证监会审批后，向申请人颁发业务许可证，并将批准文件抄送相关证监局，然后证监会将以公告形式向社会公布获得业务许可的申请人情况。如果申请人所在地证监局未经证监会授权，申请人则可向证监会直接提出申请。

2. 证券投资咨询机构从业人员的资格及执业

从事证券投资咨询业务的人员，必须取得证券投资咨询从业资格并加入一家有从业资格的证券投资咨询机构后，才能从事证券投资咨询业务。任何人未取得证券投资咨询从业资格，或者取得证券投资咨询从业资格但未在证券投资咨询机构工作的，均不得从事证券投资咨询业务。证券投资咨询人员申请取得证券投资咨询从业资格，必须具备以下条件：(1)具有中华人民共和国国籍；(2)具有完全民事行为能力；(3)品行良好、正直诚实，具有良好的职业道德；(4)未受过刑事处罚或者与证券业务有关的严重行政处罚；(5)具有大学本科以上学历；(6)具有从事证券业务2年以上经历；(7)通过证监会统一组织的证券从业人员资格考试；(8)证监会规定的其他条件。

此外，取得证券投资咨询执业资格的人员，应当按照规定办理执业年检。同时，证券投资咨询人员不得同时在两家或者两家以上的证券投资咨询机构执业。

(二)证券投资咨询机构的业务管理

1. 证券投资咨询业务的范围

证券投资咨询机构及其投资咨询人员以下列方式为证券投资人或者客户提供证券投资分析、预测或者建议等直接或者间接的有偿咨询服务活动：(1)接受投资人或者客户委托，提供证券投资咨询服务；(2)举办有关证券投资咨询的讲座、报告会、分析会等；(3)在报刊上发表证券投资咨询文章、评论、报告，以及通过电台、电视台等公众传播媒体提供证券投资咨询服务；(4)通过电话、传真、电脑网络等电信设备系统，提供证券投资咨询服务；(5)证监会认定的其他形式。

从事证券投资咨询业务的机构接受投资人或者客户委托，提供证券投资咨询服务时，应与投资人或者客户签订投资咨询服务合同。投资咨询服务合同的订立应当遵循自愿、平等和诚实信用原则，不违反国家法律、法规和证监会的有关规定。

2. 证券投资咨询机构业务准则

证券投资咨询机构及其从业人员的主要业务准则包括以下几方面。

(1)承担诚实勤勉义务。证券投资咨询机构及其投资咨询人员，应当以行业公认的谨慎、诚实和勤勉尽责的态度，为投资者或者客户提供证券投资咨询服务。

(2)诚信、客观、公正、准确地提供信息。证券投资咨询机构及其投资咨询人员，应当完整、客观、准确地运用有关信息、资料向投资人或者客户提供投资分析、预测和建议，不得断章取义地引用或者篡改有关信息、资料；引用有关信息、资料时，应当注明出处和著作权人；证券投资咨询机构及其投资咨询人员，不得以虚假信息、市场传言或者内幕信息为依据向投资人或者客户提供投资分析、预测或建议。

(3)真实记载和披露服务机构与个人的信息。证券投资咨询人员在报刊、电台、电视台或者其他传播媒体上发表投资咨询文章、报告或者意见时，必须注明所在证券投资咨询机构的名称和个人真实姓名，并对投资风险作充分说明。证券投资咨询机构向投资人或者客户提供的证券投资咨询传真件必须注明机构名称、地址、联系电话和联系人姓名。

(4)履行相关备案义务。证券投资咨询机构与报刊、电台、电视台合办或者协办证券投资咨询版面、节目或者与电信服务部门进行业务合作时，应当向地方证管办（证监局）备案，备案材料包括合作内容、起止时间、版面安排或者节目时间段、项目负责人等，并加盖双方单位印鉴。

(5)保证同一问题咨询意见的一致性。证券投资咨询机构就同一问题向不同客户提供的投资分析、预测或者建议应当一致。具有自营业务的证券经营机构在从事超出本机构范围的证券投资咨询业务时，就同一问题向社会公众和其自营部门提供的咨询意见应当一致，不得为自营业务获利需要误导社会公众。

(6)内部信息不得公开。证券经营机构编发的供本机构内部使用的证券信息简报、快讯、动态以及信息系统等，只能限于本机构范围内使用，不得通过任何途径向社会公众提供。经证监会批准的公开发行股票公司的承销商或者上市推荐人及其所属证券投资咨询机构，不得在公众传播媒体上刊登其为客户撰写的投资价值分析报告。

(7)配合监管机构检查。证监会和派出机构有权对证券投资咨询机构和投资咨询人员的业务活动进行检查，被检查的证券投资咨询机构及其投资咨询人员应当予以配合，不得干扰和阻碍。

(8)善意保管信息和资料的义务。我国《证券法》第 162 条规定了各类证券服务机构的资料保管义务，主要内容为：妥善保存客户委托文件、核查和验证资料、工作底稿以及与质量控制、内部管理、业务经营有关的信息和资料，任何人不得泄露、隐匿、伪造、篡改或者毁损；上述信息和资料的保存期限不得少于 10 年，自业务委托结束之日起算。

(9)遵守执业回避要求。主要内容是：①经证监会核准公开发行证券的企业的承销商或上市推荐人及其所属的证券投资咨询机构和证券投资咨询执业人员（包括自有关证券公开发行之日起 18 个月内调离的证券投资咨询执业人员），不得在公众传播媒体上刊登或发布其为客户撰写的投资价值分析报告，也不得以假借其他机构和个人名义等方式变相从事前述业务；②证券公司自营、受托投资管理、财务顾问和投资银行等业务部门的专业人员在离开原岗位后的 6 个月内不得从事面向社会公众开展的证券投资咨询业务；③证券投资咨询机构或其执业人员在知悉本机构、本人以及财产上的利害关系人与有关证券有利害关系时，不得就该证券的走势或投资可行性提出评价或建议；④证监会根据合理理由认定的其他可能存在利益冲突的情形。

3. 证券投资咨询机构的行为限制

为防止证券投资咨询行业可能的违法违规行为并保护投资者利益，我国《证券法》第 161 条规定，投资咨询机构及其从业人员从事证券服务业务不得有下列行为。

(1)代理委托人从事证券投资。证券投资咨询机构及其从业人员的职能和职业是为投资者、交易者和融资者提供信息和咨询服务，代理委托人从事证券投资无疑超出了上述业务范围，应予以禁止。另外，允许上述行为存在，容易导致投资咨询机构及其从业人员和委托人联手操纵证券交易，扰乱证券市场秩序。

(2)与委托人约定分享证券投资收益或者分担证券投资损失。在我国《证券法》上，投资者风险自负系一般原则。允许投资咨询机构和委托人约定分享利益或分担损失，将损及上述原则，也会打破双方之间正常的委托和被委托的关系，因此需要禁止。

(3)买卖本咨询机构提供服务的证券。这一禁止行为的主要立法目的在于，防止利用证券市场内幕信息牟取不正当利益和损害其他投资者权益，危害证券市场公平原则。

(4)法律、行政法规禁止的其他行为。这主要包括我国《证券法》等法律法规已经明确禁止的其他违法违规行为，如我国《证券法》明确规定的内幕交易、操纵市场等行为。总而言之，只要法律法规有明确规定不得从事的行为，投资咨询机构及其从业人员均应当严格遵守。

(三)证券分析师相关法律制度

证券分析师(Securities Analyst)在证券公司的投资咨询业务中发挥重要作用，有时也被称为金融分析师、投资分析师或投资顾问等，是指广泛地为证券投资决策过程提供服务的专家的总称。根据不同标准，证券分析师可以有不同分类，其中最主要的分类为根据服务对象的不同分为买方分析师(Buy-side Analyst)与卖方分析师(Sell-side Analyst)。买方分析师主要供职于大投资机构和证券投资基金，研究上市公司并预测利润，但通常并不公开发布报告；卖方分析师主要供职于大券商或者证券研究机构，主要对上市公司盈亏进行预测并公开发布股票推荐报告。①

证券分析师的产生系证券市场发展的必然，且随着证券市场专业化程度的不断加深，证券分析师将获得更广阔的发展空间。同时，由于证券分析师对证券市场有重大影响，而且证券分析师在市场中有其明确的利益诉求，为抑制证券分析师对市场可能造成的负面影响，需要建立外部监督管理机制。从美国、日本等发达证券市场的情况来看，对于证券分析师的监管通常是由民间自律组织，如证券分析师协会或投资管理协会等负责，如美国的投资管理与研究协会(The Association for Investment Management and Research, AIMR)、日本的证券分析家协会(The Security Analysts Association of Japan, SAAJ)、我国香港特别行政区的香港证券学院(Hong Kong Securities Institute)等。简而言之，各国和地区对于证券分析师的监管通常采取自律模式。②

1. 证券分析师的主要义务

虽然证券分析师所从事的工作是对未来的预测和判断，具有相当程度的不确定性，

---

① 参见鞠娟、田昕明、王欣然：《分析师研究报告与信息释放》，载《投资研究》2014年第9期。

② 在美国，1940年《投资顾问法》直接规范证券分析业和证券分析师。依其规定，分析师和其雇主投资公司都可以被界定为投资顾问，并对投资者负有受信责任。

但这并不意味着证券分析师可以超然于法律的约束而“信口雌黄”。在证券分析师自律管理较发达的美国,证券分析师依然承担了严格的法律义务,以下结合其《投资顾问法》予以阐述。

(1)反欺诈义务。美国《投资顾问法》第206条规定,证券分析师从事投资顾问业务时,不得对重要事实作不实陈述,或省略某些重要事实以致产生误导,或有其他欺诈行为或做法。美国法律认为,证券分析师在法律性质上类似于信托中的受托人(fiduciary),因此应对其客户负有完整的忠实义务,除非得到客户同意,否则不得从事与客户利益相抵触的行为。

(2)信息披露义务。第一,小册子规则(The Brochure Rule),要求证券分析师向每一位客户或预期的客户交付一份书面说明,即小册子,内容应包括证券分析师本人从事证券分析工作的情况、受教育情况以及实务经验等信息;第二,其他信息披露义务。要求证券分析师必须向客户披露其本人受到法律制裁的情况,以便客户评价分析师的正直性(Integrity)及能力;必须向客户披露收费标准;必须向客户披露分析师本人与客户利益存在的潜在冲突等。除美国《投资顾问法》外,《1934年证券交易法》也对证券分析师的信息披露义务有明确规定。

(3)资料保存义务。美国《投资顾问法》规定,证券分析师必须保存工作记录,以供证券监管机构查核人员核查。①

(4)其他义务。①防止内幕交易义务。美国《投资顾问法》规定,所有证券分析师均必须建立及执行一套足以防止该分析师或其他任何相关人员使用内幕消息以牟利的制度。② ②提供适当分析意见的义务。美国有法律认为,证券分析师类似于信托中的受托人,因此,证券分析师必须对其客户提供适当的分析意见及投资建议。具体而言,证券分析师必须考虑客户的经济情况、投资经验及其投资目标,所提供的分析意见及投资建议应当是为客户量身定做的。③不得转委托。证券分析师与客户所签订的合同中必须约定:非经客户同意,证券分析师不得转委托他人。③ 这实际上是由证券分析师这一职业所具有的人身属性所决定的。④禁止与自己进行交易。美国《投资顾问法》禁止分析师以本人名义为自己利益,在明知情况下,与其客户进行证券买卖,除非事先书面通知客户并且得到客户同意。④

2. 我国证券分析师制度及其完善

我国证券法律法规中并没有“证券分析师”这一概念,《证券法》只有“证券咨询机构从业人员”的称谓。在实践中,人们对证券分析师这一概念的认知程度还比较低,现

---

① See Investment Advisers Act, Rule 204 - 2, 17CFR 275. 204 - 2.

② See Investment Advisers Act, § 204A, 15U. S. C. § 80b - 4A.

③ See Investment Advisers Act, § 205(a)(2), 15 U. S. C. § 80b - 5(a)(2).

④ See Investment Advisers Act, § 206(3), 15 U. S. C. 80b - 6(3).

实中更多的是形形色色的"股评人"或"股评家",而多数"股评人"或"股评家"与职业证券分析师仍有明显差距。事实上,我国证券市场真正意义的证券分析师很少,还无法形成一个职业群体。

笔者认为,证券咨询机构从业人员这一概念的外延大于"证券分析师",对二者不能等量齐观。关于证券分析师的规定只见诸于证券业协会的自律性规范文件中,如《证券分析师执业行为准则》。尽管上述准则比较完整地规范了证券分析师从业各方面的内容,但在我国建立较完备的证券分析师制度还有待时日,因为即使证券分析师的监管以自律为主,仍然离不开法律的调整,而我国证券法律法规层面尚缺乏关于证券分析师的明确规定。

二、会计师事务所及审计业务管理

会计师事务所是依法设立并承办注册会计师业务的机构,注册会计师是依法取得注册会计师证书并接受委托从事审计和会计咨询、会计服务业务的执业人员。

(一)会计师事务所从事证券业务的准入机制

长期以来,我国对于会计师事务所从事证券、期货相关业务采取行政审批制度。2000 年 6 月财政部、证监会联合发布的《注册会计师执行证券、期货相关业务许可证管理规定》①就规定,对注册会计师、会计师事务所执行证券、期货相关业务实行许可证管理。2007 年 4 月财政部和证监会联合发布之《关于会计师事务所从事证券、期货相关业务有关问题的通知》规定,会计师事务所从事证券、期货相关业务,应当按照本通知规定取得证券、期货相关业务资格。

根据我国新《证券法》第 160 条第 2 款的规定,从事证券投资咨询服务业务之外的其他证券服务业务,应当报国务院证券监督管理机构和国务院有关主管部门备案。②因此,我国对于会计师事务所从事证券业务的资格管理由行政许可改为备案制。

(二)会计师事务所证券业务范围

我国《注册会计师法》第 14 条规定,注册会计师承办下列审计业务:(1)审查企业会计报表,出具审计报告;(2)验证企业资本,出具验资报告;(3)办理企业合并、分立、清算事宜中的审计业务,出具有关报告;(4)法律、行政法规规定的其他审计业务。此外,该法第 15 条规定,注册会计师可以承办会计咨询、会计服务业务。

会计师事务所从事的证券业务,是指证券、期货相关机构的财务报表审计、净资产验证、实收资本(股本)审验、盈利预测审核、内部控制制度审核、前次募集资金使用情

---

① 该规定已于 2016 年 8 月 18 日被财政部《关于公布废止和失效的财政规章和规范性文件目录(第十二批)的决定》(财政部第 83 号令)废止。

② 根据我国《注册会计师法》的规定,国务院财政部门和省、自治区、直辖市人民政府财政部门,依法对注册会计师、会计师事务所和注册会计师协会进行监督、指导。对于会计师事务所从事证券业务,通常由财政部和证监会联合发布规章或者规范性文件予以调整规范。

况专项审核等业务。

(三)会计师事务所和注册会计师从事证券业务的准则

在全球证券市场范围内,注册会计师扮演的角色均举足轻重,并且历来受到不同国家和地区立法、司法和执法的高度重视。在美国,除成文法外,联邦最高法院通过相关判例认定,①注册会计师具有“公众看门人”职能,对投资公众负有忠诚责任,需要始终独立于其客户而不能辜负公众信任。② 因此,美国确立了注册会计师对于不特定投资公众的忠诚义务和责任。

在我国,根据《证券法》《注册会计师法》等法律法规的规定,从事证券业务的会计师事务所和注册会计师除应履行所有证券服务机构应共同遵守的保密义务、妥善保管资料和不得从事禁止交易行为等义务外,还必须严格遵守国家有关证券法律法规,独立、客观、公正执业,相关具体要求和义务如下所示。

1. 勤勉尽责、核查和验证义务。根据我国《证券法》第160条和第163条及其他相关规定,会计师事务所应当勤勉尽责、恪尽职守,为证券发行、上市和交易等证券业务活动制作、出具审计报告及其他鉴证报告等文件,对所依据文件资料内容的真实性、准确性和完整性进行核查和验证,并承担相应法律责任。

2. 注册会计师承办业务,由其所在的会计师事务所统一受理并与委托人签订委托合同。会计师事务所对本所注册会计师依照法律规定承办的业务,承担民事责任。

3. 根据法律规定拒绝出具报告。根据我国《注册会计师法》第20条和第31条之规定,会计师事务所和注册会计师从事证券市场审计业务,遇有下列情形之一的,应当拒绝出具有关报告:委托人示意其作不实或者不当证明的;委托人故意不提供有关会计资料和文件的;因委托人有其他不合理要求,致使注册会计师出具的报告不能对财务会计的重要事项作出正确表述的。

4. 出具审计报告的要求。会计师事务所和注册会计师执行证券审计业务,必须按照执业准则、规则确定的工作程序出具报告,且不得有下列行为:明知委托人对重要事项的财务会计处理与国家有关规定相抵触,而不予指明;明知委托人的财务会计处理会直接损害报告使用人或者其他利害关系人利益,而予以隐瞒或者作不实报告;明知委托人的财务会计处理会导致报告使用人或者其他利害关系人产生重大误解,而不予指明;明知委托人会计报表的重要事项有其他不实内容,而不予指明。

5. 其他禁止性行为。注册会计师在从事证券业务时,不得有下列行为:(1)在执行审计业务期间,在法律、行政法规规定不得买卖被审计单位股票、债券或者不得购买被

---

① United States v. Arthur Young & Co.,465 U.S. 805(1984),817-818.

② 原文为:“In certifying the public reports that depict a corporation's financial status, the accountant performs a public responsibility transcending any employment relationship with the client, and owes allegiance to the corporation's creditors and stockholders, as well as to the investing public。”

审计单位或者个人其他财产的期限内,买卖被审计单位股票、债券或者购买被审计单位或者个人所拥有的其他财产;(2)索取、收受委托合同约定以外的酬金或者其他财物,或者利用执行业务之便,谋取其他不正当利益;(3)接受委托催收债款;(4)允许他人以本人名义执行业务;(5)同时在两个或者两个以上会计师事务所执行业务;(6)对其能力进行广告宣传以招揽业务;(7)违反法律、行政法规的其他行为。其中,除第(5)项外,其他要求亦适用于会计师事务所。

三、资信评级机构及证券资信评级业务管理

(一)资信评级及资信评级业务

资信评级机构的概念界定需要从资信开始,而资信是一个与信用密切相关的概念。在许多情况下,一个人或者组织的信用是与其所拥有的财产、资本密切相连,甚至是成正比的;纯粹以财产为基础的信用发展到后来,与公司制度相结合,形成了资信,所以信用有时也称资信,有资本才有信用。①

资信评级也称为信用评估、信用评级等,是经济条件下信用关系的产物,其基本含义包括:(1)资信评级的对象可以是某一主体,如个人、经济与金融机构履行各种经济承诺的能力及可信任程度;也可以是单一品种,如债券评级、商业票据评级等。(2)资信评级综合考查评级对象的内外部因素及其对"能力"与"可信任程度"的影响;但资信评级不是对评级对象经营状况好坏的评价,高资信等级的企业不一定就比低资信等级的企业经营状况好。(3)资信评级不仅分析评级对象目前的资信状况,还需审视其资信历史。(4)资信评级采用定性分析和定量分析相结合的方法,以定性分析为主,定量分析是定性分析的重要参考,从本质上来讲,资信评级是一种建立在客观基础上的定性判断。(5)资信评级仅是对资信风险的评价,没有考虑市场价格、投资者偏好等投资决策因素,因此,评级结果不能作为投资者投资决策的唯一参考依据。

资信评级的业务主要是:(1)对企业资信进行评级;(2)对企业发行各种有价证券进行评级;(3)对金融企业进行资信评级;(4)向企业提供经济、金融方面的咨询服务;(5)接受其他评级业务。

界定资信评级,还应当将其与资产评估相区分:首先,资产评估的对象是资产,无论是土地、房屋等有形资产,还是商标权、专利权等无形资产,通过评估都可以被量化为货币价值;但资信的本质是信用,虽然在现代社会中信用与财产和财富有千丝万缕的联系,但信用本身并不能直接以货币价值进行衡量,资信评级的结果也不以货币价值来体现。其次,无论有形资产还是无形资产,通常是可以转让的;但资信和信用却具有严格的人身属性,是不能转让的。因此,资信评级与资产评估有较显著的区别,需要正确区分。

(二)证券资信评级业务与证券资信评级机构

证券资信评级的目的是向投资者提供有关证券市场参与者及上市交易的证券品种

---

① 江平、程合红:《论信用——从罗马法到现代社会》,载《东吴法学》2000 年第 11 期。

资信状况的独立、公正、及时、前瞻的建议,力求帮助投资者辨别证券市场,特别是上市公司中存在的信用风险,培养投资者风险意识,增强信息披露透明度。证券资信评级的核心是充分揭示和预警风险,结合受评对象的具体情况,对影响其未来偿付能力的各种因素进行分析。

证券资信评级包括对证券品种和证券机构评级。目前,除我国《证券法》将资信评级与其他证券服务业务统一规定外,对于证券资信评级主要由证监会部门规章、规范性文件以及证券业协会制定的自律管理规则加以调整规范。[①] 前者如《证券市场资信评级业务管理暂行办法》,[②]后者如《证券资信评级行业自律公约》(2009 年)和《证券资信评级机构执业行为准则》(2012 年)。根据《证券市场资信评级业务管理暂行办法》,我国证券评级业务是指对下列评级对象开展资信评级服务:(1)证监会依法核准发行的债券、资产支持证券以及其他固定收益或者债务型结构性融资证券;(2)在证券交易所上市交易的债券、资产支持证券以及其他固定收益或者债务型结构性融资证券,国债除外;(3)前两项规定证券的发行人、上市公司、非上市公众公司、证券公司、证券投资基金管理公司;(4)证监会规定的其他评级对象。

(三)证券资信评级机构的主要义务

1. 证券评级机构从事证券评级业务,应当遵循独立、客观、公正的原则;应当遵循一致性原则,对同一类评级对象评级或者对同一评级对象跟踪评级应当采用一致的评级标准和工作程序,评级标准有调整的应当充分披露;应当制定科学的评级方法和完善的质量控制制度,遵守行业规范、职业道德和业务规则,勤勉尽责、审慎分析。

2. 证券评级机构与评级对象存在下列利害关系的,不得受托开展证券评级业务:(1)证券评级机构与受评级机构或者受评级证券发行人为同一实际控制人所控制;(2)同一股东持有证券评级机构、受评级机构或者受评级证券发行人的股份均达到 5%以上;(3)受评级机构或者受评级证券发行人及其实际控制人直接或者间接持有证券评级机构股份达到 5% 以上;(4)证券评级机构及其实际控制人直接或者间接持有受评级证券发行人或者受评级机构股份达到 5% 以上;(5)证券评级机构及其实际控制人在开展证券评级业务之前 6 个月内买卖受评级证券;(6)证监会基于保护投资者、维护社会公共利益认定的其他情形。

3. 建立和执行回避制度。证券评级机构评级委员会委员及评级从业人员在开展证券评级业务期间有下列情形之一的,应当回避:(1)本人、直系亲属持有受评级机构或者受评级证券发行人的股份达到 5% 以上,或者是受评级机构、受评级证券发行人的实

① 针对我国证券资信评级的立法,有研究认为,通过制定部门规章等方式及时制定应急性或试验性规定弥补基本法律的不足,在条件具备后应提升其位阶层次,由此建议在我国《证券法》中设专条规定评级机构的评级原则、方法、职业道德和业务规则等内容。参见华东政法大学课题组:《证券公司与证券服务机构法律制度完善研究》,载黄红元、徐明主编:《证券法苑》(第 10 卷),法律出版社 2014 年版,第 346 页。

② 中国证监会 2007 年 8 月发布。

际控制人;(2)本人、直系亲属担任受评级机构或者受评级证券发行人的董事、监事和高级管理人员;(3)本人、直系亲属担任受评级机构或者受评级证券发行人聘任的会计师事务所、律师事务所、财务顾问等证券服务机构的负责人或者项目签字人;(4)本人、直系亲属持有受评级证券或者受评级机构发行的证券金额超过50万元人民币,或者与受评级机构、受评级证券发行人发生累计超过50万元人民币的交易;(5)证监会认定的足以影响独立、客观、公正原则的其他情形。

4. 建立健全防火墙制度。证券评级机构应当建立清晰合理的组织结构,合理划分内部机构职能,建立健全防火墙制度,从事证券评级业务的业务部门应当与其他业务部门保持独立。证券评级机构的人员考核和薪酬制度,不得影响评级从业人员依据独立、客观、公正、一致性的原则开展业务。证券评级机构应当指定专人对证券评级业务的合法、合规性进行检查,并向注册地证监会派出机构报告。

此外,证券评级机构还应当建立健全项目组、评级委员会、复评、评级结果公布、跟踪评级、业务信息保密和业务档案管理等各类制度。

四、律师事务所及证券律师业务管理

(一)证券法律业务及其范围

与其他证券服务机构资格管理不同,我国对于律师事务所从事证券服务业务,较早取消了资格审批制度。[①] 我国本次《证券法》修订,一方面将律师事务所明确纳入证券服务机构范围,另一方面规定对律师事务所从事证券业务实施备案制。在我国《证券法》之外,中国证监会和司法部分别于2007年5月、2010年10月联合发布的《律师事务所从事证券法律业务管理办法》(以下简称《业务管理办法》)和《律师事务所证券法律业务执业规则(试行)》(以下简称《执业规则》)均为规范证券法律业务的重要规章。

根据上述相关规章的规定,证券法律业务是指律师事务所接受当事人委托,为当事人证券发行、上市和交易等证券业务活动,提供的制作、出具法律意见书等文件的法律服务。

1. 出具法律意见书。法律意见是律师事务所及其指派的律师针对委托人委托事项的合法性出具的明确结论性意见,是委托人、投资者和中国证监会及其派出机构确认相关事项是否合法的重要依据。律师事务所从事证券法律业务,可以为下列事项出具法律意见:(1)首次公开发行股票及上市;(2)上市公司发行证券及上市;(3)上市公司收购、重大资产重组及股份回购;(4)上市公司实行股权激励计划;(5)上市公司召开股东大会;(6)境内企业直接或者间接到境外发行证券或将其证券在境外上市交易;(7)证券公司、证券投资基金管理公司及其分支机构的设立、变更、解散、终止;(8)证券投资基金的募集、证券公司集合资产管理计划的设立;(9)证券衍生品种的发行及上市;

---

① 司法部和证监会联合发文明确以下内容:自2002年11月1日起,取消律师事务所从事证券法律业务资格审批、律师从事证券法律业务资格审批、外国律师事务所协助中国企业到境外发行股票和股票上市交易备案。律师及律师事务所从事证券法律业务不再受资格的限制。

(10)证监会规定的其他事项。

2. 审查、修改、制作相关文件。在证券发行上市和交易等各个环节,均需要提交或者披露众多的法律文件,这些文件具有很强的技术性和规范性,需要律师的参与以满足监管要求和提高文件的专业性与质量。因此,《业务管理办法》规定,律师事务所可以接受当事人委托,组织制作与证券业务活动相关的法律文件。

(二)从事证券法律业务的基本规范

律师和律师事务所从事证券法律业务,应遵守证券法等法律法规规定的勤勉、保密和保管义务。此外,由于证券法律业务与其他证券服务业务存在一定差异,律师和律师事务所还应根据主管机关和自律监管机构的规定遵守相关行为规范。

1. 防止利益冲突。根据《业务管理办法》第 11 条的规定,同一律师事务所不得同时为同一证券发行的发行人和保荐人、承销的证券公司出具法律意见,不得同时为同一收购行为的收购人和被收购的上市公司出具法律意见,不得在其他同一证券业务活动中为具有利害关系的不同当事人出具法律意见;律师担任公司及其关联方董事、监事、高级管理人员,或者存在其他影响律师独立性情形的,该律师所在律师事务所不得接受该律师所任职公司的委托,为该公司提供证券法律服务。

2. 勤勉尽责和注意义务。判断相关主体是否勤勉尽责,本质上需要确定其是否履行规定的注意义务。《业务管理办法》第 14 条规定,律师在出具法律意见时,对与法律相关的业务事项应当履行法律专业人士特别的注意义务,对其他业务事项履行普通人一般的注意义务,其制作、出具的文件不得有虚假记载、误导性陈述或者重大遗漏。《执业规则》第 6 条规定,律师从事证券法律业务,应当就业务事项是否与法律相关、是否应当履行法律专业人士特别注意义务作出分析、判断;需要履行法律专业人士特别注意义务的,应当拟订履行特别注意义务的具体方案、手段、措施,并予以落实。综上所述,证券监管机构将律师的注意义务区分为一般注意义务和专业注意义务。结合《业务管理办法》和证券市场的行政处罚实践,证券律师的注意义务可以作如下进一步界定:(1)对所有法定业务及处理业务经手的资料,均负有一般注意义务;(2)对于经过券商、会计师和其他公共机构认证的文书,负有一般注意义务;①(3)对于从委托人处直接取得的资料的合法性、真实性和潜在的法律风险,负有专业注意义务。②

---

① 《业务管理办法》第 15 条规定,律师从国家机关、具有管理公共事务职能的组织、会计师事务所、资产评估机构、资信评级机构、公证机构(以下统称公共机构)直接取得的文书,可以作为出具法律意见的依据,但律师应当履行本办法第 14 条规定的注意义务并加以说明;对于不是从公共机构直接取得的文书,经核查和验证后方可作为出具法律意见的依据。律师从公共机构抄录、复制的材料,经该机构确认后,可以作为出具法律意见的依据,但律师应当履行本办法第 14 条规定的注意义务并加以说明;未取得公共机构确认的,对相关内容进行核查和验证后方可作为出具法律意见的依据。

② 参见程金华、叶乔:《中国证券律师行政处罚——以"勤勉尽责"为核心》,载黄红元、卢文道主编:《证券法苑》(第 23 卷),法律出版社 2017 年版,第 35 ~ 36 页。

3. 工作底稿要求。工作底稿是判断律师是否勤勉尽责的重要证据，证监会及其派出机构可根据监管工作需要调阅、检查工作底稿。根据《执业规则》的规定，工作底稿应当包括的内容多达10项；①工作底稿内容应当真实、完整，记录清晰，标明目录索引和页码，由律师事务所指派的律师签名，并加盖律师事务所公章。如工作底稿不完整，可能会被认定为从事证券法律业务存在程序瑕疵，进而被认定为没有勤勉尽责。

五、证券信息技术系统服务机构及其业务管理

信息系统是证券市场基础设施的重要组成部分。随着信息技术进步及其在证券市场应用程度加深，证券基金经营机构、专项业务服务机构的各类业务活动以及风控、合规等各类管理活动已与信息系统深度融合。为了维护资本市场安全稳定运行，防范信息技术引发的系统性风险，保护投资者合法权益，证监会自2008年以来先后出台了《证券期货业信息安全保障管理办法》以及《证券期货业信息安全事件报告与调查处理办法》，以信息技术安全为核心提出了监管要求。2018年12月证监会发布了《证券基金经营机构信息技术管理办法》（以下简称《管理办法》）。我国新《证券法》第160条将从事信息技术系统服务的机构列为证券服务机构的范围，首次将证券信息技术系统服务机构纳入监管。

（一）证券信息技术系统服务机构的界定和监管体系

尽管我国《证券法》将证券信息技术系统服务机构列入证券服务机构，但并未对其明确界定。我国《证券投资基金法》（2015年修订）及前述《管理办法》对基金信息技术系统服务机构有相应规定，基于证券投资基金属于证券品种的范畴并结合这些规定，②证券信息技术系统服务机构可定义为：为证券业务活动重要信息系统提供开发、集成、运维、测评等服务的机构。

对于证券信息技术系统服务机构的监管，主要可以分为行政监管和自律监管。根据《管理办法》第5条的规定，证监会及其派出机构依法对证券基金经营与服务机构借助信息技术手段从事证券基金业务活动或提供相关服务实施监督管理。中国证券业协会及证券投资基金业协会依照本办法制定和完善相关自律规则，实施自律管理。中证信息技术服务有限责任公司在证监会指导下制定相关配套业务规则，协助开展信息技术相关备案、监测、检测和检查等工作。此外，《管理办法》第49条规定，证券信息技术服务机构可以自愿接受中证信息技术服务有限公司业务指导，并遵守相关业务规则。这些规定，证券信息技术系统服务机构可以参照适用。

（二）对证券信息技术服务系统机构的主要管理要求

《管理办法》集中从资质、内审、质量控制、信息留存等方面，细化了对基金信息技术系统服务机构管理的规定，据此，证券信息技术系统服务机构应当履行以下主要

---

① 具体参见《执业规则》第40条。

② 包括《证券投资基金法》第97条、第105条、第142条，《管理办法》第3条。

义务。

1. 按照规定向证监会申请备案。[①] 其中，基金信息技术系统服务机构应当符合下列条件并向证监会备案：(1)近3年未因从事非法金融活动，违反金融监管部门有关规定展业，为非法金融活动提供信息发布服务等情形受到监管部门行政处罚或重大监管措施；(2)信息技术系统服务机构及其控股股东、实际控制人、实际控制人控制的其他信息技术服务机构最近1年内不存在证券期货重大违法违规记录；(3)具备安全、稳定的信息技术服务能力；(4)具备及时、高效的应急响应能力；(5)熟悉相关证券基金业务，具备持续评估信息技术产品及服务是否符合监管要求的能力；(6)证监会规定的其他情形。基金信息技术系统服务机构备案材料应当包括本机构基本情况、信息技术服务情况、服务对象情况、内部控制情况等相关资料；备案内容发生变更的，应当及时更新备案材料。如备案材料不完整或者不符合规定的，应当根据证监会的要求及时补正。

2. 健全内部质量控制机制，定期监测相关产品或服务。在提供服务过程中出现明显质量问题的，应当立即核实有关情况、采取必要处理措施、明确修复完成时限、及时完成修复工作。

3. 不得从事明确禁止行为。信息技术系统服务机构为证券基金业务活动提供信息技术服务，不得有下列行为：(1)参与证券基金经营机构向客户提供业务服务的任何环节或向投资者、社会公众等发布可能引发其从事证券基金业务误解的信息；(2)截取、存储、转发和使用证券基金业务活动相关经营数据和客户信息；(3)在服务对象不知情的情况下，转委托第三方提供信息技术服务；(4)提供的产品或服务相关功能、操作流程、系统权限及参数配置违反现行法律法规；(5)无正当理由关闭系统接口或设置技术壁垒；(6)向社会公开发布信息安全漏洞、信息系统压力测试结果等网络安全信息或泄露未公开信息；(7)法律法规及证监会禁止的其他行为。

4. 按照规定报送资料及配合监管机构检查。信息技术服务机构应当按照证监会要求定期报送相关资料，并保证提交报告的内容真实、准确、完整。此外，证监会及其派出机构在对服务机构信息技术管理及服务活动的监管过程中开展现场检查及非现场检查时，信息技术服务机构应当予以配合，如实提供有关文件、资料，不得拒绝、阻碍或隐瞒。

5. 出现重大事件及时履行报告义务。信息技术系统服务机构出现下列情形的，应当立即报告住所地证监会派出机构：(1)人员、财务、技术管理等方面发生重大变化，可能无法持续为证券基金经营机构提供信息技术服务；(2)提供的信息技术服务存在明显缺陷，可能导致所服务的3家及以上证券基金经营机构发生信息系统运营异常、数据

① 《管理办法》第44条规定，基金管理公司应当选择已在中国证监会备案的信息技术服务机构，并在备案范围内与其开展合作；证券公司应当选择符合本办法第47条所列条件的信息技术服务机构开展合作。证券基金经营机构委托信息技术服务机构提供服务，应当按照本办法第14条的规定对信息技术服务机构及相关信息系统进行内部审查，并向中国证监会及其派出机构报送审查意见及相关资料。因此，信息技术服务机构如果没有完成备案，证券基金经营机构无法委托其提供服务或者开展合作。

泄露、遭受网络攻击等情形；(3)其他可能对投资者合法权益、证券期货市场造成严重影响的事件。

(三)对证券信息技术系统服务机构的监管和处罚

作为我国《证券法》明确规定的证券信息技术系统服务机构，应当根据法律规定接受监管机构的监督管理，对违法违规行为承担相应的法律责任。

在我国新《证券法》及证监会《管理办法》实施之前，信息技术系统服务机构并不属于原《证券法》明确列举的证券服务机构。对于其存在的违法违规行为，证券监督管理机构主要根据我国原《证券法》第122条和第197条的规定，认定为未经批准而非法经营证券业务。此外，证监会2015年7月发布的《关于清理整顿违法从事证券业务活动的意见》第4条规定，信息技术服务机构等相关方，直接或者间接违法从事证券活动的，应当清理整顿。在实践中，2016年11月证监会对场外配资中证券违法违规案件作出处罚，认定湖北福诚澜海资产管理有限公司、南京致臻达资产管理有限公司、浙江丰范资本管理有限公司、臣乾金融信息服务(上海)有限公司等利用信托计划募集资金，通过恒生网络HOMS系统、铭创公司FPRC系统、同花顺公司资产管理系统等第三方交易终端软件为客户提供账户开立、证券委托交易、清算、查询等证券服务，且按照证券交易量的一定比例收取费用；杭州米云科技有限公司通过运营米牛网，使用恒生网络HOMS系统招揽客户，为客户提供账户开立、证券委托交易、清算、查询等证券服务，且按照证券交易量的一定比例收取费用。证监会认定上述行为违反了我国《证券法》第122条的规定，构成非法经营证券业务，依据该法第197条的规定分别作出处罚。①

我国新《证券法》将信息技术系统服务机构明确纳入证券服务机构范围后，监管机构对其实施监督管理和处罚有了高阶的法律依据。此外，证监会《管理办法》第59条对基金信息技术系统服务机构的监管和处罚有具体规定：(1)证监会及其派出机构可以采取的行政监管措施，包括要求其提交说明材料，责令改正、监管谈话、出具警示函等。情节严重的，监管机构可以对信息技术服务机构及其直接负责的主管人员和其他直接责任人员单处或者并处警告、3万元以下罚款。(2)在经营活动中无法持续符合《管理办法》第47条所列条件或者违反第51条规定的，证监会及其派出机构可以责令其改正；拒不改正或者情节严重的，注销备案。被注销备案的，不得新增提供信息技术服务，但保障存量信息技术服务正常运行、证券交易所上线新产品及证监会另有规定的情形除外。

① 参见中国证监会《证监会对场外配资中证券违法违规案件作出行政处罚》，载中国证券监督管理委员会网：http://www.csrc.gov.cn/pub/newsite/zjhxwfb/xwdd/201611/t20161125_306638.html，最后访问日期：2019年10月30日。

第三节 对证券服务机构的行政监管与行政处罚

我国《证券法》第160条规定了证券服务机构勤勉尽责、恪尽职守的一般性义务，该法第163条规定了其从事证券服务业务过程中的核查和验证义务以及违反义务的民事责任，第213条、第214条等规定了其应承担的行政责任。此外，证券服务机构违法行为情节严重触及刑律者，可能涉及刑事处罚。由于本书第十六章将专章论述证券法律责任，本节主要就证券监管机关对证券服务机构的行政监管与行政处罚进行简要分析。

证券监管措施在广义上包括证券监督管理机构依法对监管事宜和监管对象采取的行政许可、行政强制和行政处罚等行为，[①]在狭义上是指证券监督管理机构对证券期货市场各类主体存在的违法或不当行为或者危险状态，依法采取的监督管理措施的总称。[②] 我国《证券法》中“证券公司”和“证券服务机构”以及“证券监督管理机构”三章，分别从不同角度明确规定证券监督管理机构采取监管措施的权力。此外，国务院证券监督管理机构为履行监督管理职能，颁布了一系列规章规则，其中，大量涉及行政许可、行政强制和行政处罚的内容。本节仅就证券法律法规和规章规则涉及对证券服务机构采取的证券监管措施予以分析，同时，因为我国新修订的《证券法》对投资咨询外的证券服务准入改采备案制，下文主要围绕行政强制和行政处罚展开，不对行政许可单独论述。

一、对证券服务机构的证券监管措施

根据我国《证券法》第170条的规定，证券监督管理机构依法履行职责可以对监管对象采取的监督管理措施包括了责令改正、监管谈话、出具警示函等措施。在实践中，监管机构对监管对象采取的监管措施还包括责令公开说明、责令参加培训、责令定期报告、暂不受理与行政许可有关的文件、认定为不适当人选以及法律、行政法规规定的其他监督管理措施。

中国证监会《证券期货市场监督管理措施实施办法（试行）》将证券监管措施与实施证券期货市场禁入、行政处罚以及采取风险处置措施等执法活动明确区分，并依法源标准将其区分为法律、行政法规规定的监督管理措施和中国证监会规章规定的监督管理措施。其中，责令改正、监管谈话、出具警示函、责令公开说明、责令参加培训、责令定期报告、暂不受理与行政许可有关的文件、认定为不适当人选属于证监会规章规定的监

---

① 参见华东政法大学课题组：《证券公司与证券服务机构法律制度完善研究》，载黄红元、徐明主编：《证券法苑》（第10卷），法律出版社2014年版，第348页。

② 参见张红：《证券监管措施：挑战与应对》，载《政法论坛》2015年第4期。

督管理措施，而责令增加内部合规检查次数、公开谴责等 10 类措施属于法律、行政法规规定的监督管理措施。①

根据中国证监会的行政执法解释，证券监管措施属于一种事中监管措施，是对市场主体合规性和审慎性监管过程中实施的矫正性措施，旨在防止风险蔓延和危害后果扩散，对时效性要求较高。同时需要看到，证券监管措施的采取往往对监管对象及其他主体造成直接乃至重大影响，因此也具有较大的事前遏制功能。如证券服务机构被采取暂不受理与行政许可有关文件的监管措施，则实施机构在一定期限内不受理该机构及其从业人员等报送的行政许可申请文件。据相关案例，如 2019 年 5 月 9 日"广东正中珠江会计师事务所因康美药业年报审计案"，构成其他业务涉嫌违法违规且对市场有重大影响被中国证监会立案调查的情形，直接导致其提供审计服务的 20 多家企业的 IPO 申请被中止审查，其中包括申报科创板 IPO 的 3 家企业。

二、对证券服务机构的行政处罚

行政处罚措施是对违法违规行为实施的惩罚性措施，具有实体性、结论性等特点，主要作用是惩戒，系证券监管中事后监管的重要手段，也是最传统的一种监管手段。根据《行政处罚法》的规定，行政处罚措施包括警告、罚款、没收违法所得、责令停业等 6 种。

根据我国《证券法》第十三章，证券服务机构对于违法行为应承担的行政法律责任如下所示：(1) 视证券服务业务的类型，证券投资咨询机构未经国务院证券监督管理机构核准而擅自从事证券服务业务的，责令改正，没收违法所得，并处违法所得 1 倍以上 10 倍以下罚款；没有违法所得或者违法所得不足 50 万元的，处以 50 万元以上 500 万元以下罚款。对直接负责的主管人员和其他直接责任人员，给予警告，并处以 20 万元以上 200 万元以下罚款。会计师事务所、律师事务所以及从事资产评估、资信评级、财务顾问、信息技术系统服务的机构未按规定履行报备义务而从事证券服务业务的，责令改正，可以处 20 万元以下罚款。(2) 未勤勉尽责，所制作、出具的文件有虚假记载、误导性陈述或者重大遗漏的，责令改正，没收业务收入，并处以业务收入 1 倍以上 10 倍以下罚款，没有业务收入或者业务收入不足 50 万元的，处以 50 万元以上 500 万元以下罚款；情节严重的，并处暂停或者禁止从事证券服务业务。对直接负责的主管人员和其他直接责任人员给予警告，并处以 20 万元以上 200 万元以下罚款。(3) 未按照规定保存有关文件和资料的，责令改正，给予警告，并处以 10 万元以上 100 万元以下罚款；泄露、隐匿、伪造、篡改或者毁损有关文件和资料的，给予警告，并处 20 万元以上 200 百万元以下罚款；情节严重的，处 50 万元以上 500 万元以下罚款，并处暂停、撤销相关业务许可或者禁止从事相关业务。对直接负责的主管人员和其他直接责任人员给予警告，并处 10 万元以上 100 万元以下罚款。

① 这 10 类监督管理措施主要针对证券公司、期货公司作出。

近年来,中国证监会加强监管执法督促中介机构坚守市场"看门人"定位,勤勉审慎履行法定义务,对违反勤勉义务的中介机构及从业人员坚决予以严惩,行政处罚决定数量持续保持逐年增多趋势。以 2018 年为例,全年作出行政处罚决定 310 件,同比增长 38.39%,罚没款金额 106.41 亿元,同比增长 42.28%,市场禁入 50 人,同比增长 13.64%。其中,中介机构违法类案件处罚 13 起:国信证券、中原证券、东方花旗等证券公司作为资产并购重组项目财务顾问,在执业过程中未勤勉尽责履行核查义务,导致相关《财务顾问报告》存在虚假记载或重大遗漏,被查处;大华所、立信所、中天运所等会计师事务所作为上市公司相关业务审计机构,未勤勉尽责履行审计程序,导致相关审计报告存在虚假记载,被依法处罚;万隆评估、中企华评估、中和评估、银信评估作为相关业务评估机构,在评估执业过程中未勤勉尽责,导致评估结果被高估或低估,出具的《评估报告》存在虚假记载或误导性陈述,被依法惩处。①

三、证券市场禁入

我国《证券法》第 221 条规定,违反法律、行政法规或者国务院证券监督管理机构的有关规定,情节严重的,国务院证券监督管理机构可以对有关责任人员采取证券市场禁入措施。所谓证券市场禁入,是指在一定期限内直至终身不得从事证券业务、证券服务业务,不得担任证券发行人的董事、监事、高级管理人员,或者在一定期限内不得在证券交易所、国务院批准的其他全国性证券交易场所交易证券的制度。

对于证券市场禁入的法律性质,学界和实务界一直存在争议,核心在于市场禁入是行政监管措施还是行政处罚抑或是具有独立功能?从中国证监会网站对相关违法违规行为处理的日常统计情况来看,市场禁入措施与行政处罚并列,据此,似乎不应将市场禁入认定为行政处罚。但在《2018 年证监会行政处罚情况综述》中,则将市场禁入统计在内,由此导致难以判断二者的关系。有观点认为,市场禁入为证券行政责任范畴,但又独立于行政处罚。② 有学者认为,市场禁入制裁措施兼具"惩罚性"与"补偿性"的独特性质,应将市场禁入纳入行政处罚范畴,确保证监会行政行为的规范化,为当事人提供更多的法律保障。③ 还有学者认为,市场禁入属于独立的经济法法律责任形式,而非行政责任。④ 笔者认为,证券市场禁入系独立于行政处罚的事后监管手段,属于证券法行政责任的范畴。

在证券法之外,证监会发布实施的《证券市场禁入规定》(证监会令第 115 号)是证监会作出市场禁入决定的又一重要依据。根据该规定,被采取证券市场禁入措施的后

---

① 参见中国证监会:《2018 年行政处罚情况综述》,载中国证券监督管理委员会网:http://www.csrc.gov.cn/pub/newsite/zjhxwfb/xwdd/201901/t20190104_349383.html,最后访问日期:2019 年 12 月 30 日。

② 参见张红:《证券行政法专论》,中国政法大学出版社 2017 年版,第 12 页。

③ 参见黄辉、李海龙:《强化监管背景下的中国证券市场禁入制度研究:基于实证与比较的视角》,载《比较法研究》2018 年第 1 期。

④ 参见张守文:《经济法原理》,北京大学出版社 2013 年版,第 216 页。

果是：在禁入期间，除不得继续在原机构从事证券业务或者担任原上市公司、非上市公众公司董事、监事、高级管理人员职务外，也不得在其他任何机构中从事证券业务或者担任其他上市公司、非上市公众公司董事、监事、高级管理人员职务；被采取证券市场禁入措施的人员，应当在收到证券市场禁入决定后立即停止从事证券业务或者停止履行上市公司、非上市公众公司董事、监事、高级管理人员职务，并由其所在机构按规定程序解除其被禁止担任的职务。从市场禁入的适用对象来看，包括了证券服务机构的董事、监事、高级管理人员等从事证券服务业务的人员和证券服务机构的实际控制人或者实际控制人的董事、监事、高级管理人员。

在近年来实践中，除保荐机构外，会计师事务所、律师事务所和资产评估机构受到证监会行政处罚的案例发生较多。而从涉案类型来看，有学者统计显示，2006～2017年发行人、保荐人、会计师事务所、律师事务所因同一案由遭证监会处罚的案件，几乎都因欺诈发行或虚假陈述而起。①

四、证券服务机构违反法定义务的认定

我国《证券法》第160条原则性规定了证券服务机构应当勤勉尽责和恪尽职守，并按照相关业务规则提供专业服务；该法第163条则明确规定了证券服务机构制作、出具相关文件时应当勤勉尽责，对所依据文件资料内容的真实性、准确性和完整性进行核查和验证，否则应当与委托人承担连带赔偿责任，除非能够证明自己没有过错。在我国《证券法》《注册会计师法》外，最高人民法院《关于审理证券市场因虚假陈述引发的民事赔偿案件的若干规定》（法释〔2003〕2号）以及《关于审理涉及会计师事务所在审计业务活动中民事侵权赔偿案件的若干规定》（法释〔2007〕12号）等司法解释均直接规定了证券服务机构违反法定义务应承担民事责任的内容。无论对证券服务机构采取行政监管措施或者行政处罚，抑或是追究民事责任，前提是需要证明或认定中介机构违反了法定义务。

根据上述证券法律法规体系的规定，证券服务机构需要承担的义务总体上可以分为两大类：一是勤勉义务，要求证券服务机构在提供证券服务时忠实履行自己的职责，不得有违法违规行为；二是核查和验证义务，要求证券服务机构应当建立相应的核查和验证制度并严格执行，防止和避免其制作、出具的文件有虚假记载、误导性陈述或者重大遗漏。

在实践中，在对证券服务机构行政处罚以及民事责任认定过程中，最容易引发争议的问题是，发行人与中介机构之间以及中介机构之间的责任如何界分，在近年来发生的

---

①　参见郭雳、李逸斯：《IPO中各中介机构的职责分配探析——从欣泰电气案议起》，载黄红元、卢文道主编：《证券法苑》（第23卷），法律出版社2017年版，第3页。

欺诈发行退市第一股欣泰电气民事赔偿案件①和五洋建设公司债欺诈发行民事赔偿全国第一案②中，上述问题异常凸显。事实上，发行人责任和中介机构责任存在高度关联性，因为发行人提交和披露的文件信息需要交付保荐人、会计师和律师等中介机构核验，一旦发行人提交和披露的信息被认定存在虚假陈述，往往推定甚至认定中介机构未能勤勉尽责，最终对发行人和中介机构一并处罚。但是，中国证监会亦认为，认定发行人和中介机构两类主体的责任，所依事实依据、法律依据和归责原则均不相同。③

准确界定发行人与中介机构以及中介机构之间的责任承担，有赖于准确界定各方在证券市场的法律地位和职责范围。循此思路，笔者认为：(1)在发行人与中介机构责任分配方面，发行人在证券市场处于主导地位，证券服务机构可以厘清和理顺发行人的某些关系或问题，但不能从根本上纠正发行人的错误和缺点。④ 应该说，从我国法律法规和司法解释对虚假陈述案中发行人采取无过错责任（严格责任）、对于中介机构采取过错推定责任⑤可窥见二者差异。因此，无论在证券监管执法和司法裁判过程中，首先需要准确区分发行人和中介机构的义务和责任，切不可因法律和司法解释“对投资人的损失承担连带责任”之规定而模糊甚至混淆二者。⑥ (2)在中介机构之间，应当遵循以专业为中心的职责分配逻辑，⑦并据此认定相应责任。中介机构提供证券服务具有

---

① 2016年8月证监会认定欣泰电气欺诈发行，并先后对欣泰电气及其相关责任人、保荐机构兴业证券及其主管负责人、兴华会计师事务所及其直接主管人员、东易律师事务所及其主管人员下发《行政处罚决定书》，依法作出行政处罚。兴业证券作为欣泰电气证券发行的保荐人和主承销商，于2017年6月设立“欣泰电气欺诈发行先行赔付专项基金”，出资赔付适格投资者因欣泰电气欺诈发行造成的损失。2017年9月兴业证券将欣泰电气和兴华会计所、东易律师事务所及直接主管人员、欣泰电气控股股东等26名被告诉至法院，要求判令各被告赔偿自己因先行赔付投资者而支付的超出自己应当赔偿数额的损失226,858,909元。参见北京市第二中级人民法院：《二中院受理欺诈发行退市第一股引发的证券纠纷案》，载中国法院网：http://bj2zy.chinacourt.gov.cn/public/detail.php? id=1565，最后访问日期：2019年11月22日。

② 在该案中，原告起诉称，五洋建设集团股份有限公司发行“15五洋债”“15五洋02”两只公司债券，因无法按期兑付回售部分本息，构成违约。根据中国证监会2018年7月作出的行政处罚决定，五洋建设在不符合债券发行条件的情况下，通过制作虚假财务报表欺诈发行，故请求五洋建设偿付债券本息。同时，原告还要求五洋建设法定代表人，债券承销商德邦证券，中介机构大信会计师事务所、上海市锦天城律师事务所、大公国际资信评估有限公司承担连带责任。

③ 参见《中国证监会行政复议决定书（立信会计师事务所）》（〔2016〕114号）。

④ 参见朱伟一：《证券法》，中国政法大学出版社2018年版，第480页。

⑤ 参见吴弘主编：《证券法教程》（第2版），北京大学出版社2017年版，第170页。我国台湾地区对于签证会计师等中介机构则采过失责任归责原则，签证会计师之注意义务标准，应系善良管理人之注意程度。参见刘连煜：《新证券交易法实例研习》，台北，元照出版有限公司2016年增订14版，第368页。

⑥ 例如，法释〔2003〕2号文第27条规定：证券承销商、证券上市推荐人或者专业中介服务机构，知道或者应当知道发行人或者上市公司虚假陈述，而不予纠正或者不出具保留意见的，构成共同侵权，对投资人的损失承担连带责任。又如，法释〔2007〕12号第5条规定：注册会计师在审计业务活动中存在下列情形之一，出具不实报告并给利害关系人造成损失的，应当认定会计师事务所与被审计单位承担连带赔偿责任……

⑦ 参见郭雳、李逸斯：《IPO中各中介机构的职责分配探析——从欣泰电气案议起》，载黄红元、卢文道主编：《证券法苑》（第23卷），法律出版社2017年版，第9页。

很强的专业性,因此,其职责范围理应以专业为中心而予以界定。具体到其执业标准和义务来说,中介机构对于自身职责应尽专业或特别注意义务,充分做好尽职调查;对于其他中介机构已出具专业意见的事项,应尽一般注意义务。

我国资本市场违法违规行为成本过低已久为诟病,我国新《证券法》直面资本市场这一痛点和难点,大幅提高证券市场行政处罚力度,彰显了立法进步,后续应当强化相关执法力度,保证《证券法》相关规定的实施。同时应当看到,要有效遏制和打击资本市场违法违规行为,既不能仅仅依靠行政监管的单方手段,也非通过我国《证券法》一部法律的修订即可克竟全功。为此,还要不断推动我国《刑法》等配套法律法规的修订,完善证券中介机构重大违法行为的刑事处罚制度。

第十四章　证券业协会

第一节　证券行业组织自律管理概述

在证券市场中,市场失灵和政府失灵都是容易出现的现象,因为市场机制的完全有效性只有在严格的假说条件下才存在,而政府干预同样也仅仅与“理想政府”相联系。市场调节与政府干预都有内在的缺陷和失灵、失败的可能,寻求市场机制与政府调控的最佳结合点,使政府干预在弥补市场失灵的同时,避免和克服政府失灵和政府过度干预对市场活力的抑制。英美的证券市场从成立后的300年左右都是以自律管理为主的,但随着金融危机的出现,市场违规行为严重破坏市场秩序等情形不断发生,政府部门逐渐发挥重要的监管作用,与行业协会共同维护市场的秩序。我国现行的证券市场监管体系是以政府监管为主,但政府监管也可能出现无效干预或过度干预的情况。通过权威而不是市场的经济组织,在某些方面是臃肿笨拙的,就像一只仅有拇指而无其他手指的手,尽管那拇指粗大有力。① 因此,政府监管与市场行业协会的自律管理共同合作的混合监管模式是证券市场治理发展到一定阶段的必然状态,不同的国家在政府与市场的分工合作上各有特点。本节以我国证券业协会和证券投资基金业协会的自律管理为研究对象,②讨论我国自律管理的理论依据,监管与自律的界限划分,自律机构的职能设计与自律管理的实践。

一、回应型监管的理论框架

回应型监管的理论框架,可以为证券市场中政府与市场之间的监管权力分配提供理论支撑。该理论由伊恩·艾尔斯和约翰·布雷斯维特两位学者在《回应型监管:超越放松监管的争论》一书中提出,③经过20多年的发展,已成为国际上监管治理领域颇

---

① [美]查尔斯·林德布洛姆蒂:《政治与市场:世界的政治——经济制度》,王逸舟译,上海人民出版社1994年版,第91页。

② 根据我国《证券法》第2条关于“证券投资基金份额的上市交易,适用本法”的规定,证券投资基金份额应当属于证券品种之一。在这个意义上,证券投资基金也可纳入证券业的范围,证券投资基金市场也属于证券市场的构成部分。尽管目前在实践中证券业协会与证券投资基金业协会是两个并列的自律组织,但在对证券市场的自律管理上,两个协会具有相同和交叉的内容,因此,本章将两个协会一并纳入自律管理的讨论对象。

③ Ian Ayres, John Braithwaite, *Responsive Regulation: Transcending the Deregulation Debate*, Oxford, Oxford University Press, 1992, p. 4.

有影响力的理论。该理论构建了政府与非政府合作型监管模式，提出了“大监管”的理念以及多方合作机制、行业和企业自我监管、分级监管等监管策略。回应型监管理论的核心在于构建政府与非政府合作监管模式，形成“大监管”。大监管的主体不仅是政府，还要求行业协会等社会组织和被监管对象也成为监管主体。把他们视为真正的监管主体，可以促使其更积极主动地承担社会责任，实现良好的监管效果，形成网络治理，①如图 14－1 所示。

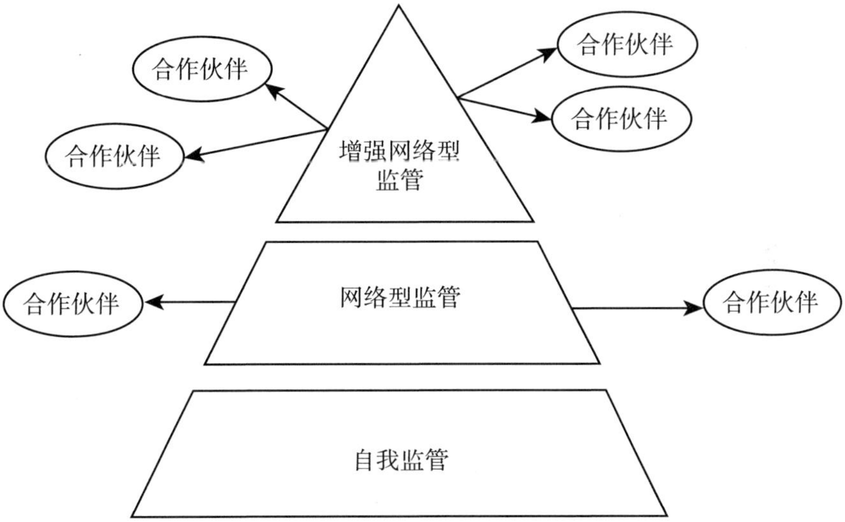

图 14－1　网络治理金字塔

回应型监管理论重视政府监管与行业协会监管的合作，以及强化企业的自我监管，提出要将部分监管权如规则制定权、监督处罚权让渡给企业，然后政府再对企业的规则和自我监管行为进行监督，需要在立法机构、监管机构和被监管机构之间合理分配规则的制定权。② 市场的自治能力越强，政府需要做的就越少。回应型监管反对“一刀切”，需根据监管对象情况的不同采取相适应的监管措施，把监管对象根据风险大小进行分级，对不同类型的企业采取不同的监管强度和手段，即针锋相对（tit-for-tat）。在具体的监管措施上，也应该更加的多元化。因此，监管机构与行业协会在监管措施上也各有分工和特色，起到不同的作用。

首先，监管措施由软到硬，先使用软措施，再逐步提高监管强度，从警告、民事处罚，再上升到严厉的刑事处罚和驱逐离开市场。政府的劝说和警告同样很有作用，政府的劝说和警告是“温和的大炮”（the benign big gun），因为背后有“大炮”即政府威权，哪怕

① 杨炳霖：《监管治理体系建设理论范式与实施路径研究：回应性监管理论的启示》，载《中国行政管理》2014 年第 6 期。

② 张红：《走向“精明”的证券监管》，载《中国法学》2017 年第 6 期。

是很温和的说话,也会很有威慑力,用这种柔性的手段去解决问题,效果可能更好。以证监会为例,其在当前的实践中,也使用了不少"非行政处罚性监管措施",如责令改正、监管谈话、出具警示函、公开谴责等,这些监管措施强化了声誉约束,更具针对性和及时性,有良好的实施效果。行业协会的自律管理措施也属于软措施,基于其市场影响力以及与政府的联系,有较好的效果。

其次,监管措施不仅是负面的处罚,也可以是正面的支持与激励,如表扬、奖励和提供培训等。实践研究发现,有些个体未能履行法律责任,并不是因为没有守法的意愿,而是缺少这方面的能力。激励措施可能比负面处罚更有效。布雷斯维特等提出用"支持性金字塔"(pyramid of support)补充"惩罚性金字塔"(pyramid of sanction)(如图14-2所示),当遇到问题时,政府先采用积极手段,当支持性的手段都不起作用过后,再转向惩罚性手段,即从弱到强,依级提高强度。因此,监管机构与市场主体之间的紧张关系得到缓解,可以激发出市场主体的自我纠正意识,形成与监管合作的更好的网状治理效果。[①] 在正面支持方面,行业协会可以起到重要的作用。

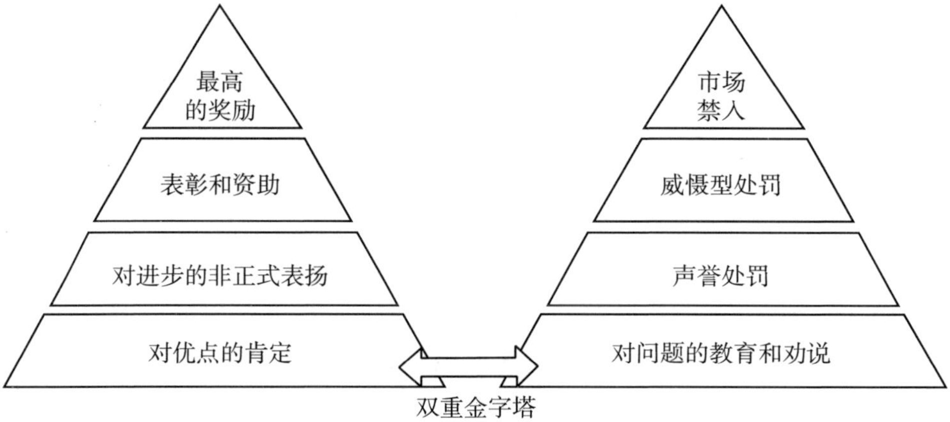

图 14-2 支持性金字塔与惩罚性金字塔

证券市场中的自律管理涵盖了3个层次:证券行业协会的行业管理、证券交易所的一线监管和证券市场主体自己的内部管理。行业协会作为第三方治理机制,具有信息传递和协调行动等基本功能,对证券市场的高效规范运行发挥重要作用。

二、证券行业组织自律管理的特点

证券行业的自律管理,主要是两个领域:证券市场与基金业市场,证券市场主要是公开发行的股票和债券,基金业市场包括公募基金和私募基金。公开发行的股票、债券与公募基金,因为涉及公众利益,需以政府监管为主,以行业协会自律监管为辅;而私募基金领域,由于投资人是特定的合格投资者,则以自律监管为主,以政府监管为辅,进行

① 肖宇:《构建互联网金融的回应型监管模式》,载《探索与争鸣》2018年第10期。

适度监管。这种差异在证券业协会和基金业协会的职能上有所体现,后文将详细论述。整体而言,证券业协会作为非营利性的组织,具有正规性、民间性、非营利性、自治性、志愿性和公益性等基本特征,①又有证券业的自身特点,综合而言,具有以下特点。

(一)自治性

自治性是证券业协会性质的主要特征,其内容集中体现在如下几个方面:一是自立,证券业协会是独立的法人,与政府机构相分离;二是自主,证券业协会在组织结构、管理人员任免、证券行业内部惩罚、证券行业发展规划等方面有一定的自主性;三是民主,证券业行业自律规则的制定和实施是在业内人士取得共识或者多数通过的基础上进行的;四是灵活,在纠纷解决方面,可以采用调解等方式解决行业内部争端,在自律监管方面,可以使用自律检查和纪律处分等软监管措施,有针对性和及时性,对一些行为也能起到良好的实施效果。另外,行业协会可以提供更多的正面支持与激励,如表扬、奖励和提供培训等。

(二)共益性

证券业协会的重要宗旨之一就是通过自律和服务实现行业利益的最大化,协会的会员来自同一行业并且从事相类似的业务,他们之间有共同的利益又相互竞争,作为行业协会,协会从会员的共同利益出发,发挥自身功能,如通过制定行业自律规范,实现行业内部有序的竞争和会员利益的最大化,克服行业内"搭便车"的现象,促使会员在合作中共赢。另外,由于规则的共益性与自发性,协会会员更容易主动接受规则和行业的声誉约束,在政府监管难以奏效的领域发挥积极作用。

(三)法定性

我国《证券法》《证券投资基金法》明确规定了证券业协会的法律地位,将其定位为证券业的自律性组织和社会团体法人,并且规定相应的市场主体应当加入证券业协会。法定地位的明确,增加了其权威性,为正确发挥和履行其功能提供了法律依据和保障。证券业协会接受中国证监会和民政部门的业务指导和监督管理。在我国的证券自律实践中,行业协会对政府的监管起到了重要的配合和协助的作用。

(四)非营利性

证券业协会的非营利性并不意味着协会的活动不产生收入,而是指协会不得将其利润进行分配。根据协会章程规定,证券业协会的经费来源有:(1)会费;(2)政府资助、社会捐赠;(3)在核准的业务范围内开展活动或服务的收入;(4)其他合法收入。协

---

① 根据美国学者霍普金斯大学塞拉蒙教授的理论,非营利组织有6个基本特征:(1)"正规性",即具有正式注册登记的合法身份;(2)"民间性",即在组织机构上与政府分离;(3)"非营利性",即不得为其拥有者谋取利润;(4)"自治性",即能够控制自己的活动;(5)"志愿性",即在其活动和管理中有显著的自愿参与的成份;(6)"公益性",即服务于某些公共目的。参见何增科主编:《公民社会与第三部门》,社会科学文献出版社2000年版,第163页。

会经费用于章程规定的业务范围和事业发展，不在会员中分配。目前，证券业协会的收入来源主要是会员会费。

（五）专业性

证券业协会作为行业组织，制定规则和日常工作的展开主要是从专业的角度出发，注重专业目标和专业要求，利用专业资源，寻求专业化的解决办法。这种专业性的特点能够保证证券业协会密切结合行业实际，对行业内出现的问题迅速作出反应，及时发现问题，有针对性地处理和解决问题。

三、自律管理的前提条件

自律管理发挥作用需要满足一定条件。首先，自律机构需得到法律对其合法性的承认，才能产生约束力。其次，从被约束者利益方面来看，规范对象只有在接受自律规则能给其带来长远利益，违反自律规则会给其带来利益损失时才有自觉自律和相互监督的动力。

国际证监会组织（IOSCO）认为，在授权自律组织行使某些监管职能之前，监管机构应要求自律组织达到一定的标准。监管机构还应对自律组织保持持续地监督。自律组织开始运作后，监管机构应当确保自律组织行使其权力符合公众的利益，是依据相关证券法律法规和自律规则公正和持续地实施。法律或监管机构应该要求自律组织做到以下要求：（1）具备维护有关法律、法规和自律组织条例的能力，并依法对其成员及相关的人员进行稽核；（2）公正、一贯地对待自律组织的全体成员和申请加入组织的对象；（3）制定有利于规范成员单位行为、保护投资者利益的规则；（4）向监管机构提交其制定的规则，请监管机构予以审核或批准，保证自律组织符合监管机构所制定和颁布的有关方针；（5）与监管机构和其他自律组织合作进行调查和执法工作；（6）执行其自身的规则，处罚违规行为；（7）在从会员中选择自律组织董事和进行日常管理过程中，体现公平原则；（8）避免制定可能降低市场竞争性的规则；（9）避免在使用监管时容许任何市场参与者不公正地从市场上获利。[①] 无论自律使用的程度如何，政府监管机构应该保留其对关系投资者和市场的事件进行直接调查的权力。当自律组织对有些违规行为缺乏足够的权力进行调查或处理的时候，或者存在利益冲突时，监管机构应当承担起向自律组织调查的责任。所以，保证自律组织向监管机构提供的资料起到预警作用是十分重要的。

四、英美证券行业协会的自律管理

（一）英国证券业的自律管理

英国证券业有长期的自律管理历史，也是行业自律管理的典型代表。作为英国传统“俱乐部式”治理的一部分，英国金融服务领域长期实行一种自我规制与法定规制相

① 国际证监会（IOSCO）：《证券监管的目标和原则》，中国证监会国际合作部译，载《证券市场导报》2006年第7期，第9页。

混合但以自我规制为主导的管理模式。早在19世纪70年代,这样一种"低强度的自我规制意识形态传统"(the ideology of light touch self-regulation)就已确立。[①] 在证券商管理、证券上市、证券交易等方面都形成了较完善的自律规则,并得到较有效的遵循。但是,由于行业的自我保护及利益的驱动,英国的证券业显得十分保守,对外国券商和企业多是持排斥态度。而且,没有具有国家强制力保障的法律作为后盾,自律多少有些弱势。为更好地防范潜在的金融风险,提高国际竞争力,英国下决心大力改革,进行统一立法,使自律规则法律化,并将自律组织纳入政府监管的控制范围之中。

1986年《金融服务法》对英国的证券市场监管来说是一个转折点,它以自律管理为主并结合法律监管,形成了新的监管架构。英国《金融服务法》的颁布标志着英国第一次以专门、统一的国家立法形式对证券业实施直接管理,将自律管理体系置于法律框架之下,形成法律体系下的自律,使传统的自律主导发生改变。监管模式由自律为主的分散监管向政府监管与自律相结合的集中监管转化。在新的监管体制中,证券市场的自律管理已受到一定程度的削弱,保护公共利益已成为英国证券监管的核心目标。当前,英国证券市场监管是一个立体、交叉、多层次的监管体系,尽管金融服务局及其他金融监管机构有较大的职权,但英国证券业自律管理模式的特色并没有被完全改变,其自律组织仍是证券业管理的重要力量。

英国传统的证券业自律管理机构是英国证券交易商协会、收购和合并问题专门小组(Panel on Takeovers and Mergers)和证券业理事会(the Council for the Securities Industry,CST)。这些机构制定并实施有关证券活动的规则,自律管理组织的成员包括证券交易所、国际证券管理机构、证券自营商及投资经理协会、期货经纪人与自营商协会、投资经营管理机构、人寿保险公司及单位信托中介管理机构。

英国的自律管理主要体现在以下几个方面:(1)证券上市的批准,自律组织拥有证券上市的批准权。(2)对市场参与者的管理,自律组织对市场参与者的监管体现在以下三个方面:一是注册管理,要求证券公司必须在政府监管部门和证券业协会注册;二是对证券从业人员的资格管理;三是对会员的管理,要求会员公司提供财务资源报告,吸收会员建议,修改自律规则。(3)对争议的处理,自律组织明文规定,有权采取必要措施妥善解决纠纷,以保护投资者和市场参与者的合法利益。

(二)美国证券业的自律管理

美国目前的证券监管体系采用的是集中监管模式,政府依据国家法律积极参与证券市场监管,并在证券市场监管中占有举足轻重的地位,同时,自律管理也发挥重要的作用。政府制定颁布了一系列完整的针对证券市场管理的法律体系,为政府监管提供了明确的法律依据和法定权力。自律监管主要通过一系列自律组织来实施,自律组织

---

① 李洪雷:《走向衰落的自我规制——英国金融服务规制体制改革述评》,载《行政法学研究》2016年第3期。

的自律活动需在证券法律框架内开展,并接受美国证券交易委员会(SEC)的监管。SEC既可以对自律组织颁布的规则条例进行修订、补充和废止,也可以要求自律组织制定新的规章。自律监管作为美国证券业监管体系中的中间层次,起十分重要的承上启下作用。[①]

美国证券业的自律监管体系经历了一个逐步演变和完善的过程。美国的证券交易是自发形成的,从18世纪"梧桐树协议"开始到20世纪20年代,行业自律是证券市场的主要监管力量。然而,证券商为了追求自身利益,没有真正地做到自律;另外,由于各州立法的宽严尺度不一致,投机者利用跨州交易方式来规避法律约束,整个证券市场投机活动猖獗,充斥着各种欺诈行为。1929年的金融危机使政府认识到,只有通过联邦立法才能约束市场。于是,出台了美国《1933年证券法》和《1934年证券交易法》,成立了美国证券交易委员会(SEC)实施全面监管。自此,证券监管格局出现了实质性转变,政府监管成为证券市场的主导监管力量,自律监管则退其次,成为辅助监管力量。但是,那时的SEC权力较小,只能应利益相关者的书面要求,对自律监管组织的部分制度和实践进行修正和补充。而自律组织则在一些领域内具有排他性权力,SEC无权修改;在另一些领域,自律组织公布的规则是自动生效,除非SEC出面阻止。1938年为了将自律监管体系扩展到柜台交易系统(OTC),美国国会通过了《玛隆尼法》(Maloney Act),全美证券交易商协会(NASD)根据该法成立,对会员进行自我管理、自我规范。1975年美国国会修正了《证券交易法》,扩大了SEC的权力,要求所有自律组织制定的新规则都必须得到SEC批准后才能得以实施。现在SEC可以对自律组织颁布的规则进行修订、补充和废止,并可根据自己的判断,要求自律组织制定新的规章。这一修订使自律组织的活动完全处于SEC的监督之下,此时现有的监管格局基本形成。

同样,在私募基金领域,也经历了从注册豁免到适度监管的转向。美国最初对私募基金实行注册豁免,2007年爆发的次贷危机过后颁布的《多德—弗兰克华尔街改革和消费者保护法案》中的第403节"私募基金投资顾问注册法"废除了《投资顾问法》第203(b)(3)条对"私人顾问"的豁免,从而使PE基金的投资顾问将被要求在《投资顾问法》下注册,其管理的基金达到了一定规模也需在各州和SEC分级备案,[②]包括对客户进行信息披露、保存记录并接受SEC的检查、向SEC报告、代理投票权规则、资产保管规则、业绩报酬的禁止和限制、建立合规项目和设立首席合规官、建立道德准则政策等。[③] 将中等规模的私募股权基金(PEF)的注册权下放到基金所在的各州,通过分级监管,让SEC有限的监管资源更有效地起到作用。

---

① 章武生:《美国证券市场监管的分析与借鉴》,载《东方法学》2017年第2期。

② "*SEC Adopts Dodd-Frank Act Amendments to Investment Advisers Act*", http://www. sec. gov/news/press/2011/2011 - 133. htm, May 28, 2019.

③ 毛海栋:《通过豁免的规制——美国私募基金规制政策的变迁和启示》,载《法学评论》2013年第1期,第157页。

美国目前的自律监管体系中，许多监管组织秉持投资者保护与市场规范的目标，力图以高效的监管对不法行为者进行严惩。这些自律组织包括以下3类：一是交易所，如纽约证券交易所（New York Stock Exchange，NYSE）、纳斯达克（NASDAQ）等；二是行业协会，如美国金融监管局（The Financial Industry Regulatory Authority，FINRA）、全美期货业协会（National Futures Association，NFA）等；三是其他团体，如注册会计师协会等。本部分主要对行业协会进行介绍。

美国金融监管局（FINRA）成立于2007年，由美国证券交易商协会（NASD）和纽约证券交易所监管局（NYSE）合并发起成立，是美国证券市场影响力最大的行业自律组织之一。美国证券公司以及证券经纪从业人员在向美国证券交易委员会注册登记的同时，也作为美国金融监管局的成员接受其监督。美国金融监管局在证券法律框架下制定的各项监管规则经过SEC审核批准后，将成为行业规则，全体成员需遵守这一行业规则。美国金融监管局的职责是对证券经纪代理商进行监督，其并没有政府的资金支持，各项支出来自会员缴纳的年费。美国金融监管局还具有调解和仲裁投资者、证券经纪代理商以及证券经纪从业人员之间的争端，对会员进行持续教育和培训以及资格考试等职责。美国金融监管局本身也是美国金融行业中规模最大的仲裁机构，在美国拥有超过70个仲裁庭，处理美国大约99%以上与证券有关的仲裁和调解。此外，美国金融监管局还提供投资者教育等服务。①

从英美证券市场监管的历史演变历程可以看出，自律监管逐步由主导监管力量演变为目前在政府监管主导之下的辅助监管力量。其原因在于：一方面，随着证券市场的不断发展壮大，需要更加有效和相互制衡的证券监管体系；另一方面，这也是投资者、自律组织和政府之间相互博弈的结果。尽管如此，由于自律监管有其不可替代的作用和优点，自律监管仍在日益壮大成熟，成为整个证券监管体系中不可或缺的重要组成部分。

第二节　我国证券业协会的职能与自律管理实践

我国证券业协会分为中国证券业协会和各地方证券业协会两个层次，本节主要以中国证券业协会为例，探讨其组织架构与自律管理的职能和实践。

中国证券业协会是依据我国《证券法》和《社会团体登记管理条例》的有关规定设立的证券业自律性组织，接受中国证监会和国家民政部的业务指导和监督管理。我国《证券法》第十一章设专章对证券业协会作了规定，该法第164条将其定性为“证券业的自律性组织，是社会团体法人”。

---

①　参见美国金融监管局网：https://www.finra.org，最后访问日期：2019年5月28日。

一、证券业协会的历史发展

我国证券业协会是在证券市场发展过程中逐渐形成的。1988 年年初在上海由当时的 8 家证券交易柜台联合组织的"周六碰头会"是自律性证券业协会的雏形。"周六碰头会"互相通报上海市各证券交易柜台的证券价格,预测上海证券行情趋势,协调各证券柜台和交易点的行动,贯彻执行证券主管机关制定的政策,便利各中介机构的业务手续处理,为提高证券市场交易效率和促进发展等起到了积极作用。深圳的证券商联席会议也是自律性组织,第一次会议于 1990 年 8 月 31 日召开,以后每周一次。1991 年 4 月在杭州举办的全国证券公司经理座谈会讨论了成立中国证券业协会的有关事宜。1991 年 8 月 28 日经中国人民银行批准,依法注册、具有独立社团法人资格的全国性证券行业自律组织——中国证券业协会正式成立。协会成立时,其首要职能就定位为"担任证券业主管机关的助手",根据党和国家的有关政策、规划,对中国证券业的发展进行规划设计,拟定自律性管理制度,加强行业管理、协调会员,促进本行业与国家有关部门的联系。中国证券业协会的成立标志着中国证券业的行业自律开始走上了正规化发展道路。

20 世纪 90 年代中期,国务院对证券市场的管理提出了"法制、监管、自律、规范"的八字方针,将行业自律提升到了一定的地位。1998 年我国《证券法》从法律层面确立了证券业协会作为行业自律组织在证券业管理体制中的法律地位,规定了证券业协会的组织架构、职能与职责等。证券业协会由中国证监会实行统一归口管理,使行业自律组织纳入证券监管的制度框架中。此后,中国证监会将行政管理的部分工作向协会转移,2002 年 12 月和 2003 年 4 月中国证监会分两批取消了几十项行政审批项目,将改变管理方式的行政审批项目向行业组织移交,并指导行业组织制定操作规程,建立自律性运行机制。其中,证券从业人员资格考试、资格核准等项目移交给证券业协会。协会加强行业自律、行业服务和行业基础建设,履行"自律、服务、传导"三大职能。自律机制在证券从业人员和证券从业机构管理体系中的职能越来越受到重视,是市场监管的重要组成部分,也是保护行业共同利益的重要保障,自律组织在我国证券市场健康稳定发展中起越来越重要的作用。

二、证券业协会的设立和组织结构

(一)中国证券业协会的章程

中国证券业协会是依据我国《证券法》和《社会团体登记管理条例》的有关规定设立的证券业自律性组织,是非营利性社会团体法人,接受中国证监会、国家民政部的业务指导、监督、管理。证券业协会的成立必须制订章程。章程必须符合法律规定,具有确定法人组织宗旨、目的、活动范围及行为规则的作用,由证券业协会的会员大会制定并对会员单位具有约束力的基础文件。其主要内容是:(1)协会的名称与住所;(2)协会的职责范围;(3)协会的会员;(4)协会的组织机构和负责人;(5)协会的财务与资产管理;(6)章程的修改程序;(7)协会的终止程序及终止后的财产处理;(8)其他相关事项。中国证券业协会成立于1991年8月28日,2017年制定了新的《中国证券业协会章程》(以下简称《章程》)。《章程》由会员大会表决通过,报中国证监会备案并经民政部核准后生效。

(二)中国证券业协会的组织结构

协会的组织机构与治理机制影响其规则制定、决策和监督的权力设置和分配,影响其自治功能的实现。根据我国《证券法》和《章程》的规定,中国证券业协会的最高权力机构是由全体会员组成的会员大会,理事会为其执行机构。中国证券业协会实行会长负责制,协会设专职会长一名,专职副会长和兼职副会长若干名。会长、专职副会长由中国证监会提名,兼职副会长从会员理事中遴选,由理事会选举产生。协会对会员进行分类管理,协会会员由单位会员构成,包括法定会员、普通会员和特别会员,另设观察员。会员分为证券公司类、证券投资咨询公司类、证券资信评级机构类、证券公司另类投资子公司类、证券公司私募投资基金子公司类和特别会员类等,会员入会实行注册制。目前,中国证券业协会共有会员440家,其中,证券公司类131家,证券投资咨询公司类84家,证券资信评级机构类11家,证券公司另类投资子公司类56家,证券公司私募投资基金子公司类80家,特别会员79家。① 另外,协会下设立专业委员会,委员会不具有法人资格,目前有投资银行委员会、场外市场委员会、互联网证券委员会、自律监察委员会、证券调解委员会等23个专业委员会。

(三)中国证券业协会与地方证券业协会的关系

地方证券业协会,是指省、市设立的证券业协会,它们分别是独立的法人而不是中国证券业协会的分支机构,这是社会团体登记管理条例的要求。② 目前,地方证券业协会是中国证券业协会的特别会员。地方证券业协会在独立行使职权的同时,与中国证券业协会是合作关系以及被指导与指导的关系。在成员组成上,中国证券业协会的成员是证券公司,而地方证券业协会的会员是证券公司在各地的营业部。

中国证券业协会与地方证券业协会关系的理顺也经历了一个过程。在证券市场发展初期,各地纷纷设立地方证券业协会,但由于缺乏对自律管理的统一规划,地方证券业协会与中国证券业协会的业务关系长期不明确,工作时彼此间缺乏必要的联系和沟通,导致行业自律管理的分散、无序,难以形成合力。2002年中国证券业协会第三次会员大会之后,中国证券业协会调查了地方各证券业协会的基本情况,按《章程》规定吸收各地符合条件的证券业协会以特别会员形式加入中国证券业协会。因此,全国形成了集中、统一的证券业协会自律管理结构体系,中国证券业协会自律管理职能得到了加

① 参见中国证券业协会网:http://jg. sac. net. cn/pages/publicity/hydw - list. html,最后访问日期:2019年6月19日。其中,特别会员主要是指证券交易所等证监会批准设立的与证券业务相关的机构、地方协会和区域性股权交易市场运营管理机构。

② 《社会团体登记管理条例》第17条规定,社会团体不得设立地域性的分支机构。

强。通过特别会员的方式,中国证券业协会与各地方协会双方在各自独立的基础上,不断拓宽合作渠道和层次,建立各种形式的资源共享渠道。如中国证券业协会从2013年开始,将共同开展调解工作纳入中国证券业协会与地方证券业协会的协调工作机制当中。通过相互协同,发挥了各方在证券纠纷化解中的作用,推动了调解工作在全国范围内顺利开展。地方证券业协会打下的调解工作的坚实基础,也为2016年开始的证券期货纠纷多元化解机制试点工作创造了良好条件,①推动了我国证券行业自律体系从中央到地方的整体性协调发展。

三、证券业协会的职责

证券业协会将自身性质定位为"自律、传导、服务",证券业协会对此的阐释是:"自律是市场监管体系的有机组成部分,也是行业保护共同利益的必然要求;传导是在政府与市场之间,行业与社会之间以及行业内部起到桥梁的作用;服务是协会实现自律职能与服务职能的关键。"②

根据我国《证券法》第166条的规定,证券业协会的具体职责包括:(1)教育和组织会员遵守证券法律、行政法规,组织开展证券行业诚信建设,督促证券行业履行社会责任;(2)依法维护会员的合法权益,向证券监督管理机构反映会员的建议和要求;(3)督促会员开展投资者教育和保护活动,维护投资者合法权益;(4)制定和实施证券行业自律规则,监督、检查会员及其从业人员行为,对违反法律、行政法规、自律规则或者协会章程的,按照规定给予纪律处分或者实施其他自律管理措施;(5)制定证券行业业务规范,组织从业人员的业务培训;(6)组织会员就证券行业的发展、运作及有关内容进行研究,收集整理、发布证券相关信息,提供会员服务,组织行业交流,引导行业创新发展;(7)对会员之间、会员与客户之间发生的证券业务纠纷进行调解;(8)证券业协会章程规定的其他职责。我国新《证券法》对证券业协会职责的修改重点放在了明确诚信建设、开展投资者教育等方面,并且明确了证券业协会自律规则的制定权以及进行自律管理措施的监管权。

四、证券业协会自律管理实践③

证券业协会自律管理主要体现为制定自律管理规则以及对市场违法主体施以自律管理措施、为会员提供相应的市场服务、对会员机构的管理和对会员从业人员的管理。具体来看,包括自律管理措施的实施、进行市场诚信体系建设、对会员从业人员管理和

---

① 参见《多方努力共同促进证券纠纷多元化解机制建设》,载中国证券业协会网:http://www.sac.net.cn/,最后访问日期:2019年6月19日。

② 参见中国证券业协会网:http://www.sac.net.cn/cn/homepage/index.html,最后访问日期:2019年6月19日。

③ 本部分资料主要源于《中国证券业协会第六次会员大会工作报告》,载《中国证券》2017年第7期;并根据《中国证券业发展报告(2019年)》(中国证券业协会编著,中国财政经济出版社2019年版)进行了相应的数据更新和补充。

对投资者教育等内容。

（一）制定证券业行业自律规则和公约

中国证券业协会共制定发布自律管理规则160余部，已基本形成了科学完善、行之有效的自律管理规则体系，制定的规则涵盖会员管理、从业人员资格管理、考试培训、从业人员行为准则等，如《证券从业人员行为守则》《中国证券分析师职业道德守则》《关于禁止股票承销业务中融资和变相融资行为的行业公约》《证券交易委托代理业务指引》等诚信自律性文件。

以对证券公司合规管理和风险控制为例，在中国证监会《证券公司合规管理试行规定》的基础上，中国证券业协会先后发布了《证券公司合规管理有效性评估指引》《证券公司反洗钱工作指引》《证券公司投资者适当性制度指引》《证券公司信息隔离墙制度指引》《关于证券公司做好利益冲突管理工作的通知》等合规自律管理规则，对证券公司开展合规管理工作的标准、程序、方式、方法、措施和步骤等内容进行了细化，进一步增强了合规管理制度的实效性、针对性和可操作性。

（二）自律管理措施的实施

我国《证券法》第166条规定了证券业协会享有自律管理措施的处罚权：监督、检查会员及其从业人员行为，对违反法律、行政法规、自律规则或者协会章程的，按照规定给予纪律处分或者实施其他自律管理措施。

根据中国证券业协会2012年8月发布实施的《中国证券业协会自律管理措施和纪律处分实施办法》，证券业协会对会员、从业人员及自律管理对象的个人实施的自律管理措施包括谈话提醒、警示、责令参加强制培训、责令整改或所在机构给予处理、协会规定的其他自律管理措施。

（三）对从业人员的管理

中国证券业协会对从业人员的管理，围绕“完善资格考试、改进执业注册、拓展教育培训、规范执业行为、加强自律惩戒、建立诚信管理”6个方面展开，其对从业人员管理重点正在从资格管理向人才管理转变，从资格准入向胜任能力保障转变、从静态资格管理向动态执业行为管理转变，形成以责任管理为核心的从业人员管理体系。

组织证券从业人员资格考试是证券业协会行业自律管理的重要内容。证券业协会制定了《证券业从业人员资格考试办法》，规定了协会统一组织从业人员资格考试的职责及实施办法等。取得证券业从业资格的人员，可以向协会申请执业证书，从事证券业务需有执业证书。目前，已基本形成证券市场主体监督管理框架，建立起一套资格认定、跟踪和反馈机制。除对证券从业人员进行资格考试和资格管理、持续培训、年检制度外，还包括对证券机构高管人员进行任职资格审查，建立高管人员保荐制度，加强对高管人员过去从业经历、品行、违法违规情况的重点关注。截至2018年年底，全行业执业注册人员34万多人，在职的保荐代表人累计达3000多人。

（四）进行诚信体系建设

在2002年7月召开中国证券业协会第三次会员大会后，中国证券业协会明确提出了要加强行业诚信建设，建立行业诚信纪录库，内容如下：(1)不同层面、不同业务领域自律规则和自律公约的制定；(2)机构和个人诚信数据库的建设以及以此为基础的行业信用等级评价与分类管理；(3)制度化的诚信职业教育的开展；(4)中国证券业协会和中国证监会、交易所、地方证券业协会等组织在行业诚信建设方面的合作机制。另外，建立行业诚信体系，需要中国证券业协会与证券交易所、登记结算公司、地方证券业协会相互之间的合作。通过汇总全行业诚信信息数据库并根据不同授权实现信息共享等措施，可以建立行业诚信建设的互动机制，对失信行为谴责或制约、诚信激励的实施等采取一致行动。

（五）投资者教育

投资者作为证券市场的主体，其受教育的程度如何，在一定意义上决定了证券市场建设水平的高低。对投资者教育的根本出发点是保护投资者的合法权益，其目的是让投资者了解投资品种的特点和风险，熟悉证券市场法律和规则，树立防范风险意识和正确投资理念，学会保护自身的合法权益，并自觉维护社会公共利益。国际证监会组织的技术委员会为投资者教育工作设定的6项基本原则：(1)投资者教育应有助于监管者保护投资者；(2)投资者教育不应被视为是对市场参与者监管工作的替代；(3)投资者教育没有一个固定模式，相反，它可以有多种形式，这取决于监管者的特定目标、投资者的成熟度和可供使用的资源；(4)鉴于投资者的市场经验和投资行为成熟度的层次不一，广泛适用的投资者教育计划是不现实的；(5)投资者教育不能也不应等同于投资咨询；(6)投资者教育应该是公正、非营利的，应避免与市场参与者的任何产品或服务有明显的联系。

境外证券市场管理部门大都设有专门的机构负责实施投资者教育，其成效也较显著。美国证券交易商协会(NASD)在网站上有非常重要的一个栏目就是“Education & Programs”，网站上提供给投资者的资料涵盖的内容足以使投资者了解美国的证券市场并得知获取深入知识的渠道。教育的方式是多元化的，包括通过在线形式、课堂、电话以及机构教育等多种方式，帮助投资者获得全面的证券知识、内部交易和欺诈的防范和建议、仲裁机构和方法等。此外，英国金融服务局(FSA)通过其下设的投资者关系部实施系统的投资者教育战略，香港证监局设立了投资者教育及传讯科。

中国证券业协会也设立了“中国证券业协会投资者之家”网站和“中证协投资者之家”微信公众号的投资者教育平台，设有投资知识、投教视频、模拟交易系统等投教产品，以及通过远程培训系统“投资者在线学习专区”为投资者免费提供证券投资课程，已有社会公众投资者用户30多万人，取得了较好的投资者教育效果。

（六）建立证券纠纷行业化解机制

建立证券纠纷调解机制，妥善处理会员之间、会员与从业人员之间以及会员与客户之间的纠纷，是有效化解资本市场社会矛盾、提升行业社会形象的客观需要，也是我国《证券法》赋予协会的一项重要职责。2012 年证券业协会建立了由中国证券业协会主导、地方证券业协会协作配合、会员单位积极参与的"三位一体"证券纠纷行业化解机制。通过发布《证券纠纷调解工作管理办法》和《证券纠纷调解规则》两项业务规则、建立调解员队伍、设立证券纠纷调解专项基金等措施，解决了制度、人员和资金三大问题，建立了长效稳健的证券纠纷调解保障体系。通过与地方证券业协会合作共同形成全国自律协调体系，建立了全国性证券行业纠纷化解机制的组织体系。2013 年以来，中国证券业协会与地方证券业协会共受理了4000 多起证券纠纷调解申请，成功化解了3000多起纠纷，发挥了自律组织在证券行业纠纷化解上的重要作用。

（七）投资者保护

督促会员做好投资者保护工作，也是证券业协会的重要职责之一。在证券业协会的实践中，也开展了一些颇有成效的工作，如建立健全证券公司投资者适当性制度，引导证券公司主动进行民事赔偿等。

中国证券业协会在 2012 年 12 月通过了《证券公司投资者适当性制度指引》，倡导把合适的金融产品销售给合适的客户，该指引明确证券公司了解客户和投资者分类的标准和方法，指导证券公司建立健全投资者适当性制度。

中国证券业协会还积极尝试引导证券经营机构通过主动和解方式化解与投资者的群体性纠纷。2013 年中国证券业协会牵头成立了万福生科案件投资者利益补偿协调小组，促成平安证券主动与投资者达成和解，1.28 万名适格投资者获得了 1.79 亿元的补偿。通过保荐人主动自愿的赔偿投资者，优先、及时、充分地实现了民事赔偿，取得了良好的赔偿效果。从法理基础上来看，先行赔付是私法主体行为与公法权威共同作用的结果，在私法层面上将先行赔付人的侵权之债转化为合同之债，而在公法层面上契合于行政和解。① 而后，证券业协会又在 2016 年牵头成立欣泰电气投资者先行赔付工作协调小组，协调兴业证券落实投资者先行赔付工作。先行赔付制度已被我国新《证券法》所吸收，成为我国投资者保护的创新制度。

（八）市场秩序的维护

中国证券业协会还建立了持续打击非法证券交易和不当竞争行为的工作机制，维护行业利益和市场秩序。建立了非法证券机构黑名单制度，将非法证券活动纳入日常监测范围。如公示非法证券经营机构黑名单，公示非法仿冒网页、网站、博客等。建立媒体涉非信息分析报送机制，按月对媒体涉非信息监测清理情况进行分析汇总，发布实施《证券经营机构参与打击非法证券活动工作指引》。

（九）传导与研究工作

证券业协会做好行业与监管机构、市场的传导工作，在了解行业呼声、反映会员建

① 肖宇、黄辉：《证券市场先行赔付：法理辨析与制度构建》，载《法学》2019 年第 8 期。

议、传达监管规则和政策信息等方面开展了大量工作，进一步发挥其在监管部门与行业之间的沟通平台作用。通过《传导》等内刊组织会员单位进行研究，传导行业呼声和建议，就行业及协会工作动态、国外资本市场发展及监管动态、行业创新探讨、市场热点问题研究、与行业及资本市场发展相关的政策建议等形成报告，传达行业声音；并对行业共性问题和亟待解决的重大问题进行专题研究，增强对行业发展相关问题的认识。

同时，为引导行业履行社会责任，中国证券业协会编制并发布了《证券公司履行社会责任情况报告》，向社会公众全面展示证券公司履行社会责任的情况，总结行业在履行社会责任工作中的有益经验，强化了的证券公司的社会责任意识。

第三节　我国证券投资基金业协会的职能与自律管理实践

证券投资基金根据募集对象的不同，分为公募基金和私募基金。公募是向非特定的公众公开募集资金或向累计超过200人的特定对象募集资金行为，私募是以非公开的方式向累计不超过200人的特定合格投资者募集资金的行为。公募基金投资的对象是证券，私募基金根据投资对象的不同，分为两类：私募证券投资基金和私募股权投资基金。私募证券基金投资的对象是证券，私募股权基金的投资对象主要是未上市企业的股权。广义的私募股权基金包括投资于企业前期的创业投资基金和风险投资基金，投资于企业较成熟阶段的私募股权基金、并购基金以及有政府背景的产业投资基金等。不同类型的基金有不同的特点，在监管和自律管理的理念上既有相同之处，也有一定的差异，这在政府监管与行业协会自律管理的理念上与实践中也有所体现。

我国《证券投资基金法》第10条规定，基金管理人、基金托管人和基金服务机构应当依法成立证券投资基金行业协会（以下简称基金业协会），开展行业自律、协调行业关系、提供行业服务、促进行业发展。我国《证券投资基金法》第十二章专章对基金业协会进行规定，明确基金业协会为证券投资基金行业的自律性组织，是社会团体法人。中国证券投资基金业协会是主要的基金业行业协会，本节主要以其为对象展开讨论。

一、证券投资基金业自律管理的发展历程

在证券投资基金业自律管理的发展过程中，公募基金与私募基金、私募证券基金与私募股权基金，有不同的路径。对公募基金的行业协会自律管理权没有太大的争议，而对于私募基金，特别是私募股权基金，是否要监管，由谁监管，立法与监管权的确立充满了争议与波折。

对公募基金来说，证券投资基金行业的自律管理工作最初由中国证券业协会下设的基金公司会员部完成。证券投资基金行业规模发展到一定程度后，出现了发行提速、同业竞争、基金公司股东过于强势产生治理难等一系列问题，需要专门的行业自律组织

来维护秩序,保障基金公司的合法权益。同时,不断出现的基金第三方支付机构、基金第三方销售机构,以及基金第三方评价机构等新机构也需要有自律组织来进行规范。2010 年 11 月成立的上海基金同业公会,就是证券投资基金业协会的雏形机构之一,在上海市社会团体管理局完成登记,由中国证监会上海监管局主管,是由上海基金行业相关业务单位发起并自愿组成的行业性的非营利性社会团体法人。2012 年 6 月中国证券投资基金业协会(以下简称中基协)在北京正式成立,管理公募基金是其重要的工作内容。

对私募基金来说,我国 2004 年实施的《证券投资基金法》的规制对象并没有将其囊括其中。我国 2012 年 12 月修订的《证券投资基金法》将私募证券基金纳入监管范围,但私募股权基金仍不是该法的规制对象。对于私募股权基金监管权的争议一直在进行。国家发展改革委曾牵头发布 2003 年《外商投资创业投资企业管理规定》和 2005 年《创业投资企业管理暂行办法》,规定了从事政府背景的产业投资基金的备案与管理活动。[①] 2013 年 6 月中央编办发布通知,明确证监会负责私募股权基金的监督管理,国家发展改革委负责组织拟订促进私募股权基金发展的政策措施,两部门建立协调配合机制,实现信息共享。2014 年 8 月中国证监会关于《私募股权基金监督管理暂行办法》实施,由此建立了以证监会监管和中基协自律管理为主体的私募基金管理体系,中基协制定了《私募投资基金管理人登记和基金备案办法(试行)》,启动了行业协会在私募基金领域的自律管理工作,行业协会成为私募基金行业监管的重要组成部分。

二、证券投资基金业自律管理的理念

公募基金与私募基金在行政监管与自律管理的理念上既有共同点也有一定的差异。公募基金的管理模式更类似于对公开发行股票的管理,而私募基金的投资人是特定的合格投资人,不涉及公众普通投资者,在美国的监管模式下甚至在一定范围内实行注册豁免。我国私募基金的监管模式目前还在探索阶段。从理想的模式来看,适度监管是比较适合的状态,寻找行政监管与自律管理的边界与合作。适度监管是回应型监管理论体系的一部分,适度监管在私募基金行业的体现是“协同监管”和“基于风险监管”的监管结构;在监管主体上以“基金业协会为主、证监会为辅”;在监管手段上,以“非强制措施为主、强制性措施为辅”;在监管范围上,以“固有风险为主、管理风险为辅”,从而形成适度监管的体系。[②]

(一)证监会享有法定监管权,基金业协会享有剩余监管权

证监会的监管权力由法律法规直接规定,从而让市场主体能够判断监管的种类与限度,国家行为的干预范围与可能承担的责任。但历史证明,面对不断变化的金融市场

---

① 肖宇:《我国股权投资基金立法述评:概念与规范》,载《江淮论坛》2011 年第 4 期。

② 许可、肖宇:《私募投资基金的适度监管体制探析》,载《西南民族大学学报》(人文社会科学版)2016 年第 8 期。

和层出不穷的欺诈方法,很难通过完备的法律精准规制。因此,基金业协会分享了“剩余监管权”,自律监管固然有行政权委托的一面,但其本质为“固有权力”:其监管权并非政府所赋予,而是其成员自愿作出的权利让渡,是市场主体自我管理权利的集合与延伸,因此是本有和应然的权力。故此,基金业协会监管权力的扩张并不受“法律保留”原则的制约。同时,基金业协会大量使用“业务指引”“自律准则”等软法规范,实施还依靠道德自律、内部监督、同行监督等产生的压力,实现了良好的管理效果。

(二)证监会负责重大风险监管,基金业协会负责一般风险监管

根据比例原则,证监会应聚焦于私募投资基金的重大风险监管,基金业协会应着眼于基金管理层面的一般风险监管。“比例原则”,即行政权力实施公权力的手段与行政目的之间,应当存有一定比例。只有出现严重违反监管目标,从根本上动摇私募投资基金制度之时,证监会才应担负监管之责。证监会将这一监管模式形象地称为“三条底线监管”,即(1)坚持诚信守法,恪守职业道德底线;(2)恪守私募原则,不得变相公募;(3)投资者适当性管理,向合格投资者募集资金。

当然,适度监管体制远未定型,需要制定相关的法律法规,如正在制定的私募投资基金管理暂行条例的进一步明确实施细则,亦有赖于监管机构、行业协会、实务界的共同努力。适度监管体制不仅能为私募投资基金奠定稳健的架构,亦能为众筹、资产管理等金融创新提供值得参考的监管范式。

三、证券投资基金业协会的设立和组织结构

(一)中国证券投资基金业协会的设立

中基协是依据我国《证券投资基金法》和《社会团体登记管理条例》的规定,经国务院批准,在国家民政部登记的社会团体法人,是证券投资基金行业的自律性组织,接受中国证监会和国家民政部的业务指导和监督管理。中基协成立于 2012 年 6 月 6 日,2018 年 8 月修订了《中国证券投资基金业协会章程》。

(二)中国证券投资基金业协会的组织结构

中基协的最高权力机构是由全体会员组成的会员大会,理事会为其执行机构。中基协实行会长负责制,协会设专职会长一名,专职副会长和兼职副会长若干名。会长、专职副会长由中国证监会提名,理事会选举产生;兼职副会长由会长从会员理事中提名,理事会选举产生;协会对会员进行分类管理,协会会员由单位会员构成,包括普通会员、联席会员、观察会员、特别会员。会员入会实行注册制。普通会员包括公募基金管理人、符合条件的私募基金管理人、基金托管人;联席会员包括基金服务机构等;特别会员包括证券期货交易所、登记结算机构、指数公司、经副省级及以上人民政府民政部门登记的各类基金业协会、境内外其他特定机构投资者等,观察会员包括不符合普通会员条件的私募基金管理人。

中基协根据工作需要,设立专业委员会,专业委员会由相应专业领域的行业专家组成,不具有法人资格。目前,中基协有 10 个专业委员会,包括资产管理业务专业委员

会、互联网金融委员会、早期投资专业委员会、创业投资基金专业委员会、私募股权及并购基金专业委员会、私募证券投资基金专业委员会、投资者教育和公共关系专业委员会、合规与风险管理专业委员会、公司治理专业委员会和创新与战略发展专业委员会。

另外，证券投资基金业协会分为中国证券投资基金业协会和各地方证券投资基金业协会，地方基金业协会是指省、市设立的基金业协会，它们分别是独立的法人而不是中基协的分支机构。地方基金业协会在独立行使职权的同时，也是中基协的特别会员，与中基协是合作关系以及被指导与指导的关系。

四、证券投资基金业协会自律管理的职责

我国《证券投资基金法》第 111 条规定了基金业协会的 8 项职责，《中国证券投资基金业协会章程》也对此进行了规定。概括而言，证券投资基金业协会的职责体现在以下几个方面。

(一)制定自律管理规则

基金业协会制定的规则以功能性规则为主，对于证券投资基金行业的指引有专业性和针对性，涉及的规则主要包括以下几种：(1)行为规范，如《中国证券投资基金业协会会员管理办法》《基金从业人员执业行为自律准则》《证券期货经营机构落实资产管理业务"八条底线"禁止行为细则》；(2)业务规范与行业标准，是指基金业协会作为行业组织，制定的专业性的行业执业标准和业务规则，以规范具体业务的开展；(3)惩罚规范，是指协会对于违反基金业协会章程和自律规则的个体如何进行惩罚的规定；(4)争端解决规范。目前，中基协已经出台了一系列的办法与指引，与现有的法律法规构成了"一法、两规、七办法、二指引、多公告"的规则体系，其中，"七办法、二指引、多公告"都是由中基协发布的相关自律规则。

(二)实行登记备案制度规范展业秩序

2014 年 1 月中基协根据我国《证券投资基金法》与证监会的授权，颁布《私募投资基金管理人登记和备案办法(试行)》，开启了我国私募行业的登记备案制度。2014 年 8 月中国证监会正式颁布《私募投资基金监督管理暂行办法》，规定设立私募基金管理机构和发行私募基金不设行政审批，实行向中基协申请私募基金管理人登记和私募基金备案的制度，明确中基协作为具体登记备案制度的规定者及管理者，基金业协会致力于形成以信息披露为核心的规则。关于登记备案制的实践情况，后文将详细描述。

(三)从业人员管理与对基金管理人的信义义务约束

基金业协会对基金从业人员的管理，体现在资格管理和行为的约束两大方面。在资格管理方面，基金业协会要组织基金从业人员的从业考试、资质管理和业务培训。在行为规范方面，主要是通过自律规则约束和指引基金管理人的行为，基金管理人的信义义务是制定标准的基本原则。

投资基金的内部当事人是基金管理人与投资人，无论采用什么组织结构，当事人之间的法律地位都有共同的特点，即投资人基于对管理人业务能力和职业操守的信任，将财产和权力全部交给管理人，对财产不再享有控制权；管理人提供专业的资产管理服务，享有对财产的全部控制权；但管理人可能滥用权力和怠于提供服务，为自己谋利和损害投资者利益。① 这种关系就是典型的信义关系。② 基金投资人很难完全通过约定和市场的方式来规避这种风险和保护自己利益，需要通过具有强制力的私法规则来约束，即通过信义义务来约束基金管理人的行为。信义义务主要由忠实义务（Duty of Loyalty）和注意义务（Duty of Care）构成，要求基金管理人在主观上将投资人的利益置于自身利益之上，另外，在客观上对基金管理人的技能、经验和敬业程度也有所要求。在基金的实践中，很多基金的不规范行为都与基金管理人没有尽到信义义务有关，因此，信义义务是规范基金管理人行为的抓手，可以由强制性的法律规范、自律性规则以及当事人之间的约定进行立体和全面的规范。基金业协会也十分重视从自律规则的角度构建基金管理人的行为规范体系，认为信义义务是投资者保护的制度根基，③协会建立了《基金从业人员证券投资管理指引（试行）》，将更多地通过自律管理加强对基金管理人的行为规范。

（四）投资者教育

基金业协会在投资者教育方面作了一系列的工作，如举办《证券投资基金法》系列培训；编写基金知识手册，通过各种形式普及投资理念及理财规划，对投资者进行全方面基金知识的介绍；制定个人投资者以及机构投资者的风险承受能力评估，使投资者了解自己的风险承受能力，选择相适应的理财产品；开展投资者教育网上课堂，运用实际案例，充分调动投资者参与教育活动的积极性等。

（五）构建市场化信用约束机制——事中监测及信息持续披露

第一，基金业协会以信息系统建设的方式，有效实现了数据的结构化、标准化，其不仅整合了机构登记、产品备案、从业人员管理、信息报送等功能，更打通了底层数据，全面厘清资管业务的资金来源及投向。第二，其引入了法律意见书，形成管理人与律师事务所的博弈、管理人与投资者的博弈、管理人与投资标的博弈。第三，通过私募基金分类公示制度，主要按照私募基金管理人填报的管理规模、运作合规情况、诚信情况等信息进行分类公示。第四，2018 年 1 月中基协发布了《私募证券投资管理人员信用信息

---

① 肖宇、许可：《私募股权基金管理人信义义务研究》，载《现代法学》2015 年第 6 期。

② 塔冯·弗兰科（Tamar Frankl）教授对信义关系的特征进行了总结：第一，受信人提供的主要是服务，且是社会需要并且专业性较强的服务；第二，为了有效地完成这些服务，受信人被授予财产和权力。第三，这种托付的风险在于受信人不值得信任，他们可能会滥用委托的财产和权力，或者并不提供预期的服务。第四，有这样的可能性：（1）委托人不能保护自己避免这种风险；（2）市场不能保护委托人避免这种风险；（3）受信人建立起他们之间信任的成本比本身的委托关系的收益还要高。See Tamar Frankel, *Fiduciary Law*, Oxford, Oxford University Press, 2010, p. 4.

③ 洪磊：《落实信义义务 保护投资者合法权益》，载《投资者》2018 年第 4 辑，第 38 页，本文系中基协会长洪磊在 2018 年首届中小投资者服务论坛上的发言整理。

报告工作规则(试行)》,从合规性、专业度、稳定性、透明度4类等15个指标出发,持续记录会员展业过程中的信用信息情况。

(六)建立多渠道的纠纷投诉调解机制

基金业协会对会员之间、会员与客户之间发生的基金业务纠纷具有调解的职责。基金业协会通过说服、疏导、调和等方式,促使当事人在平等协商基础上自愿达成调解协议,解决投资基金业务纠纷。针对调解纠纷,中基协专门制定《中国证券投资基金业协会投资基金纠纷调解规则》进行详细规定,协会的纠纷解决工作对于保护投资者的合法权益、促进基金业健康发展起到了积极作用。

(七)对相关主体进行纪律监督和自律管理

为维护私募基金行业秩序、维护投资者合法权益、促进私募基金行业健康发展,中基协于2018年3月发布了《中国证券投资基金业协会关于进一步加强私募基金行业自律管理的决定》,进一步加强私募基金行业的自律管理。

根据《中国证券投资基金业协会纪律处分实施办法(试行)》的规定,从业人员的纪律处罚方式包括谈话提醒、书面警示、要求参加强制培训、缴纳违约金、行业内谴责、加入黑名单、公开谴责、认定为不适当人选、暂停基金从业资格、取消基金从业资格等。

基金业协会将违规人员加入黑名单作为基本纪律处分,单独或与其他多种处罚措施合并适用,加入黑名单的期限视情节严重而定。被取消基金从业资格的人员在被列入黑名单期间不得参加考试重新取得从业资格。

对于上述处罚的公示途径,基金业协会规定从业人员受到要求参加强制培训、缴纳违约金、行业内谴责、加入黑名单、公开谴责、认定为不适当人选、暂停基金从业资格、取消基金从业资格等纪律处分的,应当记入其诚信档案,并向中国证监会报告;受到缴纳违约金、行业内谴责、加入黑名单、公开谴责、认定为不适当人选、暂停基金从业资格、取消基金从业资格等纪律处分的,基金业协会可在其网站或认定的其他媒体上予以公布。

五、证券投资基金业协会的自律管理实践

(一)登记备案制度的实践

2014年1月中基协根据我国《证券投资基金法》与证监会的授权,发布了《私募投资基金管理人登记和备案办法(试行)》,要求所有私募基金及基金管理人应当在基金业登记备案,开启了我国私募行业的登记备案制度。登记备案制对于整个行业将起到建章立制的作用,将私募基金行业纳入了正式监管序列,明确了私募基金业的法律地位,有法可依。另外,私募基金登记与证券注册登记制有相通之处,以市场化为方向,促进中介服务机构和行业自律的作用发挥,为资本市场其他领域的备案制管理提供了可资借鉴的方案。①

在登记备案的实践中,大致分为两个阶段:第一阶段以登记和信息披露为重心

① 肖宇、李润:《我国私募股权基金备案登记制度评析》,载《金融法苑》2015年第1期。

(2014年1月至2016年2月)。制度实施的前两年,协会的要求是以信息披露为核心,要求私募基金及管理人通过私募基金登记备案系统进行备案并如实填报相关基本信息,基金业协会对其不作实质性审查。这个阶段对私募基金的监管并不严格,行业准入仅以登记备案作为形式要求。第二阶段为从严治理阶段(2016年2月至今)。随着私募基金行业规模扩张迅猛,风险也不断凸显,行业面临声誉下降、风险激增的困境。基金业协会调整了监管思路,于2016年2月发布《关于进一步规范私募基金管理人登记若干事项的公告》(以下简称《公告》),开启了对私募基金管理人登记备案工作的收紧政策。2018年12月基金业协会出台《私募基金管理人登记须知》更新版,进一步明确股东的真实性和稳定性,落实内控指引,加强高管及从业人员的合规性和专业性等。

从综合登记备案制度这些年的实践来看,其规则也在不断地调整和适应市场。

首先,登记备案制度实施后的行业内部洗牌频繁,虽然在一定程度上折射出以往私募基金行业的"野蛮成长"的情况,但实质上也因其合规标准而淘汰了大量私募基金管理人,其中不乏违规进行金融经营及金融犯罪者。相较证券市场上其他的监管调控模式,登记备案制所要求的信息披露对于净化市场的作用是更加有效率且符合市场化理念的手段。

其次,登记备案制度使私募基金备案数量稳定增长,行业认可度增强。在资管领域中,信息成本之高使普通投资者甚至机构投资者无法准确识别管理人内部风险,然而登记备案制度之下的投资者可以在降低选择成本的同时,加强对行业的认可度,更有利于投资者盘活市场存量资金,可以得出行业的认可度与行业规模也是存在内在正向联系的结论。

最后,登记备案制度使私募基金行业集中度逐渐加大,呈优胜劣汰的趋势。行业集中度是声誉的重要指标,在登记备案制度的实施过程中,淘汰了大量不符合要求的私募基金管理人,制度的施行不仅扩增了私募基金的总规模,并且通过注销部分不合格的基金管理人,将资金流向管理能力更突出、信誉更可靠的私募基金管理人。①

(二)全面实施信用信息报告制度

基金业协会在登记备案中发现,部分机构股权架构复杂,存在交叉持股、多层嵌套,或出于规模扩张和内部管理需要,登记多家同类私募基金管理人;部分机构虚假出资或抽逃资本,夸大自身资本实力;部分机构试图以股权代持方式完成登记,规避重大关联交易披露,导致无法对其实际控制人及最终责任人进行追溯,无法有效防范利益冲突和利益输送;部分机构关联方从事冲突业务,且缺少日常监管,埋下了风险隐患。部分产品募集未完成就申请备案,备案后利用协会信用背书扩大募集规模;部分产品虚设投资单元,分散募集、集中运作,变相开展"资金池"业务;部分产品投向单一债权资产、无法

---

① 宋佳儒、肖宇:《我国私募基金登记备案制度施行实证研究》,载《金融服务法评论》2018年第9卷,第241页。

确权资产,甚至任意创设收益权资产,不能有效维护基金财产的安全。

在信用信息报告制度下,推动建立多维度市场化信用制衡机制。在私募证券投资基金管理人会员信用信息报告制度基础上,基金业协会发布私募股权投资基金管理人会员信用信息报告标准。股权类机构信用信息报告指标将包括合规性、稳定度、专业度、透明度等指标,推动信用信息报告制度在私募基金全行业发挥信用记录和信用约束的作用,为行业建立公允、透明的评价体系和评价机制提供便利条件,为相关金融机构建立白名单提供信用推荐和信用验证服务,让信用记录良好、内部治理稳健、历史业绩优秀的私募机构获得更大的发展空间。

(三)完善中介机构作为市场看门人的作用

面对活跃的资本市场,监管与自律机构的人员和资源均十分有限,引入中介机构发挥其积极作用是最适当的选择。律师事务所作为独立的专业机构,拥有较强的合规意识,通过对基金管理人进行尽职调查,并出具法律意见书,可以发现基金管理人存在的不合规之处,指导其规范化,并确保提交登记的申请材料符合基金业协会的要求。提交法律意见书能对私募基金管理人的规范化起到监督作用,防范道德风险,促进私募行业诚信建设。但是,中介机构也是一把“双刃剑”。如果其没有尽到勤勉责任,对私募基金管理人的虚假信息进行信用背书以达到增信效果,会误导投资者并带来较大的市场风险。

目前,按照基金业协会的自律规则要求,基本所有的私募基金管理人都需要出具法律意见书,并且从出具的内容来看,包括资金筹集、股权结构、团队管理、人员内控等完整的一系列合规要求。这一制度建立的初衷就是以律师专业化的能力帮助私募基金管理人规范内部管理。律师在出具法律意见书的过程中应当仔细审查相关材料,结合登记机构自身特点,帮助其按照基金业协会要求完善内部制度。对于行业协会引入中介机构,可以在以下几个方面完善:首先,凸显律所等中介机构的第三方独立地位。中介机构作为第三方应当独立履行自身的勤勉义务,对私募基金管理人的信息仔细核查。其次,加强违法违规惩戒力度。作为独立的第三方,中介机构违法违规应受到相应的法律和协会的处罚。最后,加强中介机构专业化建设。随着行业专业化的深入,基金业协会可以考虑引进相应的诚信名单,确立法律意见书抽查机制,确定相应的准入制度,提高整个中介机构的行业水平,形成有准入门槛的专业化的中介机构队伍。

第十五章　证券监督管理机构

第一节　证券监督管理机构概论

一、证券监督管理机构含义

证券监督管理机构,是指依法对证券发行、交易及其相关活动履行监管职责的主体。我国《证券法》第 7 条规定:“国务院证券监督管理机构依法对全国证券市场实行集中统一监督管理。国务院证券监督管理机构根据需要可以设立派出机构,按照授权履行监督管理职责。”由此明确了对全国证券市场进行集中统一监管的主体是国务院证券监督管理机构。尽管依据我国《证券法》的规定,证券交易场所、证券登记结算机构、证券业协会也对证券发行和交易活动负有监督和管理的职责,在证券市场实践中,地方政府、中介机构、上市公司协会等也对证券发行和交易活动履行不同程度的监管职责,但根据我国《证券法》第十二章的规定,证券监管管理机构直接指向国务院证券监督管理机构。

二、证券监督管理机构的特征

依据我国《证券法》的规定,证券监督管理机构的法律特征主要体现为以下几方面。

(一)证券监督管理机构是依法对证券发行和交易活动履行监管职责的主体

首先,证券监督管理机构是享有监管权力、履行监管职责的组织。证券监督管理机构是一类特殊的法律主体,并不是所有的组织都能成为这种主体,只有依法能够行使证券监督管理权力的组织才能成为证券监督管理机构。其次,证券监督管理机构必须是能以自己的名义独立进行证券监督管理活动的组织。最后,证券监督管理机构必须是能够承担证券监督管理活动法律后果的组织。

(二)证券监督管理机构的主要职责是对证券发行和交易活动履行监管职责

证券市场中存在多个利益主体,筹资者与投资者、上市公司与股东、证券经营机构与客户之间存在不同的利益关系,不同的利益关系就可能使不同主体在为谋求自身利益最大化的过程中产生矛盾和冲突,这些矛盾和冲突可能广泛地存在于证券发行活动和证券交易活动之中,证券监督管理机构正是通过履行监管职责,来协调和解决这些矛盾和冲突。我国《证券法》第 169 条详细规定了证券监督管理机构监督管理证券发行、上市、交易以及相关活动的主要职责。

（三）证券监督管理机构履行监管职责的目的是维护证券市场的秩序和健康发展

我国《证券法》第168条规定，证券监督管理机构依法对证券市场实行监督管理，维护证券市场公开、公平、公正，防范系统性风险，维护投资者合法权益，促进证券市场健康发展。世界各个国家（地区）证券市场的发展经验表明，证券市场的健康发展在很大程度上有赖于证券监管机构的高效履行监管职责。证券市场是一个参与者众多和利益多元化的市场，信息不对称是其常态，公众投资者在信息获取上始终处于弱势地位，"三公"秩序随时可能受到挑战，投资风险与投资利益并存，这就需要通过一系列外部机制来予以改善，证券监督管理机构正是凭借法定公权力的介入来缓解和平衡信息不对称状况，对市场参与主体的活动实施监督管理，保护作为弱势一方的投资者利益，防范市场系统性风险，维护证券市场的秩序和长远健康的发展。

三、中国证券监督管理委员会

我国《证券法》所称国务院证券监督管理机构主要是指中国证券监督管理委员会（China Securities Regulatory Commission，CSRC）（以下简称中国证监会）。中国证监会成立于1992年。1992年10月国务院同时成立了国务院证券管理委员会（以下简称国务院证券委）和中国证监会。根据当时的分工，国务院证券委是国家对证券市场进行统一宏观管理的主管机构，中国证监会是国务院证券委的监管执行机构，依照法律法规对证券市场进行监管。1997年党中央、国务院决定对全国证券监督管理体制进行改革，理顺证券监管体制，对地方证券监管部门实行垂直领导，并将原由中国人民银行监管的证券经营机构划归中国证监会统一监管。1998年国务院机构改革方案将国务院证券委与中国证监会合并组成国务院直属正部级事业单位，明确中国证监会为国务院直属事业单位，承担政府监管职责，依照法律、法规和国务院授权，统一监督管理全国证券期货市场，维护证券期货市场秩序，保障其合法运行。中国证监会设派出机构、内部职能部门和直属事业机构。其中，派出机构是指依据我国《证券法》第7条第2款的规定，由中国证监会授权在省、自治区、直辖市和计划单列市设立的36个证监局以及上海、深圳证券监管专员办事处；内部职能部门包括发行监管部、非上市公众公司监管部、市场监管部、证券基金机构监管部、上市公司监管部、期货监管部、稽查局、法律部、行政处罚委员会办公室、会计部、国际合作部、投资者保护局、公司债券监管部、私募基金监管部、打击非法证券期货活动局等20个单位，直属事业单位包括1个稽查总队和研究中心、信息中心、行政中心3个中心。

第二节　证券综合监管体制与我国政府监管模式

证券监督管理体制也称证券市场监督管理的组织制度，具体而言，是指规范证券市场监督管理主体的机构设置和管理权限划分的制度安排。证券市场监管体制事关证券市场的有序运行和健康发展,因此,历来为各国证券立法的重要组成部分。从我国《证券法》涉及政府监管和自律监管的内容来看,我国实行以集中统一的政府监管为主,并辅之以地方政府监管和自律组织监管的综合证券监管体制。这一体制不仅符合当今国际证券监督管理体制的发展趋势,而且反映了我国证券市场发展的实际状况。

一、证券综合监管体制的确立

按照系统论的观点,各国证券市场监管体制是某种总体的社会历史环境的组成部分,其域内的政治、经济、法律、文化传统以及证券市场的发育程度等多种因素决定了证券市场监管体制的选择。由于各国具体情况不同,证券监管的体制也各有差异,大致经历了从政府主导型监管体制与市场自律型监管体制并存逐渐向政府监管为主的综合型监管体制演进的过程。

(一)政府主导型监管体制

在这种体制下,政府主导证券市场的监管,注重证券法律体系的建立、完善,各种自律性组织在政府的监督、指导下,保留了较少的自治权,辅助政府发挥一定的管理作用。政府主导型又可分为以下几类。

1. 中央政府集权管理型。这是较多国家采用的方式,其中以日本为典型,由政府的财务部门负责监管证券市场。如日本证券监督管理机构是证券交易监督委员会,原隶属于金融业的行政主管机关大藏省(后改名为财务省),2000年之后转属于专事金融监督的金融厅,其主要职责是:调查和规划证券交易制度,指导和监督证券公司、证券交易所和证券协会的活动,审核证券的发行申请和报告书。

2. 地方政府分权管理型。采用这一形式的国家较少,以加拿大为典型,其联邦政府并不负责监管证券业的日常运作管理,而主要是由地方政府设立独立的监管机构来管理。澳大利亚也采用这一管理形式。

3. 中央政府和地方政府结合管理型。这种形式以20世纪20年代末至30年代初"大萧条"之后的美国为典型。美国证券交易委员会(SEC)是专门实施联邦证券法的政府监管机构,是美国证券投资交易活动的最高管理机构。美国各州可以在联邦证券法的框架内制定自己的证券法,直接参与对证券市场的管理。

政府主导型监管体制最大的优点是,对证券市场实行统一集中的管理,能保证监管的权威和有效,有利于证券市场的安全和投资者利益的保护。但其缺点也较明显,如政府在监管中起主导作用导致管理成本过高,政府机关不能及时跟上市场的快速发展变化使管理滞后、僵化,各种自律性组织仅有较少的自治权以及在市场监管中发挥的作用相对微弱。

(二)市场自律型监管体制

在这种体制下,政府对证券市场的干预较少,一般不设专门的官方证券管理机构,证券市场主要由非官方的组织或证券交易所、行业协会等民间组织,建立自律机制进行监管。这种体制以英国早期证券市场为代表,荷兰、我国香港特别行政区等也曾采用此体制。

市场自律型监管体制主要是根据亚当·斯密的市场经济理论来构建的。按照这一理论，一个国家最好的经济政策是经济自由主义，由于人们从事经济活动都是出于谋求利益最大化动因，在实现个人利益的同时也会自动促进社会福利的增加，因此，每一个交易主体都比政治家或立法者更能准确地判断资本用在什么产业更有利，国家只是满足于担任仲裁人的角色而无须干预经济。这一理论在证券市场上的运用则是国家一般不对证券市场强行干预，证券业管理主要是以自律为主。

市场自律型的优点是政府无须直接涉及在证券市场日常监管过程中出现的争议，可以与市场保持一定距离；自律组织熟悉证券市场的技术操作，了解证券市场的最新变化，管理的范围广，在执法检查、纪律监控等方面更有效率，也更具灵活性和预防性，同时管理成本也比较低。不足之处在于，自律组织的管理容易偏重于证券市场的效率和自律组织会员利益的保护，缺乏对投资者利益的有效保障；且自律组织身兼经营者与管理者的双重身份，难以超脱于证券市场之外，容易形成行业垄断和利益集团，从而积累市场风险和引起社会投资者的不满。

（三）综合型监管体制

综合型监管体制也称中间型、平衡型的监管体制。从20世纪后期以来，国际证券市场监管体制上出现了由政府主导型、市场自律型向综合型监管体制靠拢的发展趋势。这种趋势的价值目标通常是在政府监管和市场自律机制中寻找适当的平衡点，即既要对证券交易实施必要而严格的政府统一监管，又要保证证券交易的参与者能够充分发挥自律监管的作用和功效，弥补政府监管的不足，提高证券监管的效率。这种监管体制也被称为政府监管和自律管理的双层监管体制。①

展现这种趋势的典型是美国和英国。美国在1个多世纪里一直执全世界经济之牛耳。20世纪30年代发生的经济危机使美国和世界经济一度陷入深渊，遭受了前所未有的重创。危机后的金融法领域，强调严厉监管的美国《格拉斯—斯蒂格尔法》（Glass-Steagall Act）则应势而生，该法与《1933年证券法》《1934年证券交易法》等一起被认为是美国加强金融监管的系统性行为，构筑起一道能够有效维护金融安全的法律体系。但是，随着20世纪70年代美国出现经济滞胀问题，以复兴传统自由主义理想、减少政府对经济社会的干预为主要经济政策目标的新自由主义思潮开始兴起，从20世纪80年代以来，美国一直通过制定和修改法律，放宽对金融业的限制，推进金融自由化和金融创新。1999年由时任美国总统克林顿签署的《金融服务现代法》颁布，更是标志着美国金融管制的进一步放松。但也出现金融创新过度，在政府监管不到位甚至缺失的情况下，市场参与者过度追逐高收益的行为得不到有效约束，从而导致风险过度，2007～2008年由次贷危机引爆并迅速演化成了全球性金融危机。这场金融危机的恶果也迫

① 鲁篱：《证券交易所自治地位的比较研究》，载《社会科学研究》2004年第5期。

使美国政府和监管当局不得不对以新自由主义为价值取向的监管理念进行深刻反思，进而通过修法等一系列措施来加强政府管制，重塑政府监管的主导地位。美国国会授予SEC行使的职权，从一般行政执法权，到准立法权、准司法权，逐步扩大。近20年来，美国国会赋予SEC的执法任务还在加码，其拥有的职能超出了任何行政部门，华尔街甚至称美国SEC为三权分立之外的“第四部门”。①

与此同时，一直被视作市场自律型监管体制典范的英国，在1986年由议会通过《金融服务法》这部具有里程碑意义的法案之后，被普遍认为开创了资本市场监管的新时代，逐步由市场自律的监管体制转入统一监管、政府干预的新监管体制。英国《金融服务法》的主要内容是通过设立证券投资委员会（Securities Investment Board，SIB）对证券市场实施统一监管。1997年随着SIB更名为金融服务局（FSA），按照“金融监管一元化”理论来重构的英国监管体制进一步确立，兼采自律监管体制的优长之处，一改过去英国证券金融市场监管职权分别由自律组织和多个政府机构行使的局面。金融服务局后又拆分为审慎监管局（The Prudential Regulation Authority，PRA）和金融行为监管局（FCA）。英国目前的金融监管体系由英国央行为核心，下设金融政策委员会（FPC）和审慎监管局（PRA），同时，单独设立金融行为局（FCA），负责监管金融服务行为，同时与PRA协同进行微观审慎监管。审慎监管局作为英格兰银行的下属机构，负责对银行、保险公司、投资机构（包括证券投资公司、信托基金）等主要金融机构实施微观审慎监管；金融行为监管局作为独立机构，主要负责PRA监管范围以外的金融机构监管以及金融市场行为监管，促进市场竞争和保护消费者权益。承继英国法传统的我国香港特别行政区，在经历1998年亚洲金融危机的冲击后，为提高执法能力，借鉴英美国家增加了证监会多项权力，包括过去只有司法机构才可以行使的传唤权、搜查权、扣留权。最引发关注的是，香港证监会于2004年获得对3年以下刑事案件直接“入禀”法院的权力。②

二、政府监管的合理性分析

从世界各国证券监管体制的发展来看，综合型监管体制是共同选择的取向，无论这种体制中的政府管制是多一些还是少一些，加强政府监管都是完善证券监管不可或缺的重要内容。证券金融市场的高度公众化、技术化和国际化，决定了政府公权力介入监管具有合理性和自律监管所不具有的优势，加强政府监管已经成为世界各国（地区）完善金融监管体制的一项共识。

（一）金融资本的规模和流动的国际化决定了只有政府才能较好地胜任有效监管的职责

当今社会，金融资本所撬动的市场已经超乎人们的想象，金融资本有极强的流动性和关联性，正是由于“恐龙级”企业的金融资本规模超大，且通过证券迅速流通于各国

---

① 肖钢：《监管执法：资本市场健康发展的基石》，载《求是》2013年第15期。

② 同上。

之间,使金融资本的触角及影响已远超出一国的范围,也使对其带来的风险的监控变得格外困难。金融是典型的信用经济和信心经济,如果金融风险失控发生危机,其后果不堪设想。2008 年美国次贷危机迅速蔓延到世界各国成为全球性的金融危机时,即使作为“世界货币铸造局”的美国采取政府强力干预措施也无力单独应对,美国曾多次在国际场合呼吁全球联手应对,加强国家与国家之间的监管协作。这说明在国际化的金融市场中,金融监管的确是一道国际性的难题,连国家的单边行动都难以处理的问题,其他任何机构、团体或组织就更是力所不能及了。

(二)金融商品及其交易的复杂性需要政府力量的介入和干预

金融商品是一种特殊的商品,它对应的不是一般可以明确感知的物理实体,而是以证券、期货、基金、外汇等形式表现出来。金融商品具有很强的时间性(价格往往可能在短时间内产生大的波幅)、投机性,因而也蕴含极高的风险性。普通投资者对金融商品的充分把握必须以充足的信息和较强的专业知识为支撑。随着金融创新不断推出,大量金融衍生品也被源源不断地制造出来,其设计的复杂程度甚至超出了不少专业人士能力的认知范围。

在商品交易中,逆向选择和道德风险一直是一个永恒的话题,而金融商品交易过程中出现逆向选择和道德风险的情形尤为突出,在交易双方信息不对称的情形下很容易发生。证券金融商品交易从专业性的角度来看,各金融机构对交易技术、信息掌控、产品的风险性的认知远远强于普通投资者。尽管证券金融商品交易行为也是典型的民事行为,应当遵循平等自愿的原则,但由于金融商品的特殊性,任何处于信息劣势的交易方都可能因有限理性而出现交易的失衡,说明在金融商品市场中,市场的自动调节能力是有限的。更重要的是,在金融市场领域,交易失衡的结果不仅局限于交易双方,而且会通过金融商品的流动而扩散累积金融风险,酿成危害经济社会基本面的灾难。金融市场风险的高发性和高传染性相较其他商品市场更明显。因此,公权力对金融商品交易的介入和干预不仅必要,而且还应该更深入。拥有强大人力、技术资源和行政权威的政府应当而且能够有效地适应金融市场监管的复杂性,通过审批、核准、登记、检查、处罚、接管等措施,加强对金融交易行为的事前风险警示、事中监管和事后惩戒,弥补投资者的有限理性,防控金融风险。

(三)政府监管具有其他手段难以比拟的效率和能力

政府监管从过程上来讲,包括事前立法预设、事中行政干预、事后惩戒与救济的环节。政府监管虽然涵盖了金融监管的全部过程和所有环节,但最重要的是事中行政干预的环节。事前立法预设可以对市场交易品种和交易行为划定禁止性边界,事后惩戒和救济可以对以后相关违法行为进行警示和对受害人的损失进行弥补。事前立法预设和事后惩戒与救济都有不足之处:事前立法预设虽然可以明确一定的守法成本和权利边界,但因其缺乏灵活性和时滞性,在范围一定的情况下,以金融创新为手段的商品品种开发及交易技术发展可以寻找到监管“真空”;而事后惩戒和救济毕竟是事后行为,无法挽回受害者的各种综合损失,特别是对系统性风险释放后所造成的经济社会的全局性损失,而且在像中国这样强调民事补偿责任的大陆法系国家,事后惩戒和救济的效果也不符合国家整体利益和民众心理期待。相较而言,事中行政干预的效率和法律收益明显强于其他两种形式,“行政监管机构的一个最大特点是其具有相当大的处理行政事务的权力,制定政策时有相当的自由,并能独立行动”。同时,“在行政权的范围内,行政机关制定法令和执行裁判的权力,在重要性上至少可以和立法机关、审判机关行使的权力相比”。① 由此可见,事中行政干预既有法律权威性又有更大的灵活性和高效率,在金融市场中,行政力量对于投资者保护、防范系统风险具有不可比拟的优越性。

(四)自律监管的先天不足决定其只能在金融监管体制中发挥辅助和补充的作用

金融监管在现实中还包括了市场主体的自律性监管。自律监管一般被认为是某一特定集团的组织或成员,为了共同的利益或目的组织起来,共同制定规则,约束自己的行为,从而实现集团内部的自我监管和自我保护的行为。② 自律监管从行为约束上可以分为个体自律和行业自律,行业自律最典型的是,通过证券交易所和证券业协会等组织制订的监管规则来体现。但从实践情况来看,自律监管对于复杂的金融资本活动有先天的不足,因此,在金融监管体制中还难以居于主导地位。

首先,自律监管者是作为市场主体的组织和个人,这一身份表明监管者本身就具有“经济人”的属性,从而也决定其行为目标不可避免地具有“私利性”而缺少“公益性”,这与市场监管的性质是难相吻合的。可以看到,尽管当前世界主要经济体在法律上都要求金融机构建立严格的法人治理结构和风险内控机制,但在诱人的利益面前,作为市场主体的金融机构往往难以通过自律方式做到,一旦出现监管“真空”和灰色地带,逐利性就会占据上风,道德自律也可能变得苍白无力。

其次,行业自律从本质上来说,是一种软性约束,并无实质意义上的硬约束。此外,行业组织因其成员构成及目标取向,行业自律更容易偏重于市场的效率和自律组织成员的利益保护,而缺乏对投资者利益的有效保障。

最后,证券交易所的监管尽管也具有行业自律的性质,但也不能与政府监管相比。随着信息技术的发展以及金融创新的不断涌现,证券市场的专业化和技术化程度越来越高,证券交易所处于证券交易的最前沿,在信息、技术和人才等各方面具有天然优势,具备从事监管活动的先天条件,因而,证券交易所的监管比政府监管更具灵活性,也能对政府监管暂时不能覆盖之处起到查漏补缺的作用。但是,自20世纪90年代以来,各国证券交易所纷纷从会员制转变成公司制,由于其是营利性法人,因此在日常活动中容易偏离社会公共利益,使监管流于形式,从此点来说,交易所的监管与政府监管相比,公

① 徐强胜:《美国行政监管机构的独立性》,载《创新科技》2004年第9期。

② 参见周友苏、郑鈜:《我国证券市场综合监管体制探讨》,载《经济体制改革》2006年第3期。

允性和稳定性相对较差。交易所监管职能的法律渊源包括三个方面，即法律法规规章、政府监管部门的行政授权、交易所的自律规则；就前两者而言，交易所行使监管权时，是以准政府的形象出现的，而后者，自律规则更多的是契约规则，其强制性、有效性不可与政府监管相比。

因此，面对复杂的证券金融市场，适时、强力的政府监管才能有效地防范系统性风险。"金融监管本质上是一种政府行政行为，因此，政府金融监管机构理当成为金融监管体系的核心。"①在现代金融监管体系中，自律监管应当是在政府监管主导的前提下发挥辅助和补充的作用。

证券金融业是一种特殊的商业形态，其既有民商事行为的共性，即强调意思自治下的自由度从而保持市场的高效率，又具有一般民商事行为所不具备的特殊性，即作为国民经济产业结构核心枢纽应受到更多的公法约束从而保障国家整体利益。因此，对于证券金融业的规制，必须在私法自治和公权介入之间找到相应的平衡点：首先，以金融安全为基础的国家经济安全，以投资者保护为目标的社会稳定和社会公平；其次，在尊重市场规律的前提下提供合理的竞争规则，以保障金融业者的自主经营权和发展权。

基于以上认识，加强政府监管应当是完善我国金融监管的重要环节，政府的权威和作为在金融监管上不可一日缺位。同时也应当看到，在市场经济条件下加强政府监管并不等于就是一味强调政府管制力度，而忽视金融市场本身的规律和发展，改革和完善证券监管体制更多需要从提高政府监管的科学性、有效性和针对性入手。②

三、我国政府监管现行模式

根据我国《证券法》第 6 条的规定，我国证券业和银行业、信托业、保险业实行分业经营、分业管理，证券公司与银行、信托、保险业务机构分别设立。与分业经营的模式相对应，我国的政府监管也可以根据不同标准，划分出若干现行模式。

（一）机构监管

机构监管是与我国《证券法》规定的分业经营相对应的政府监管模式。不同的政府金融监管部门对不同行业的金融机构分别进行监管，包括对金融机构的市场准入、持续稳健经营、风险管控和风险处置、市场退出等实行全程监管。按照分业经营和分业监管的划分，中国证监会对证券公司、期货公司和基金公司进行全程监管；中国银保监会对银行、保险公司、信托公司进行全程监管。机构监管是我国自 1998 年《证券法》实施以来一直采取的主要监管模式。这一监管模式以证券金融机构为监管重点，在分业经营模式下起到了较好的监管效果。但随着金融业混业经营的不断发展，金融业务出现

① 参见豆景俊、彭虹：《我国金融监管体制的法律思考》，载《山西省政法管理干部学院学报》2006 年第 3 期。

② 参见周友苏、陈震：《我国资产证券化风险防控法律机制的思考——基于美国"次贷危机"的鉴戒》，载《社会科学研究》2009 年第 6 期。

跨业、跨市场的交叉,原有的机构监管模式逐渐不能适应市场发展的需要,容易出现监管"真空"和监管套利①的行为,因此,机构监管模式也需要作出必要的改革和调整。

(二)功能监管

功能监管是适应混业经营的政府监管模式。功能监管是按照经营业务性质来确定监管对象的金融监管模式,如将金融业务划分为证券业务、银行业务和保险业务,政府监管是针对业务进行监管,而无论从事这些业务经营的机构的性质如何,或者说政府监管关注的是金融机构所从事的业务活动,而不是金融机构本身。功能监管可以实施跨产品、跨机构、跨市场的协调,提高监管效率。如银行、保险公司从事资产证券化业务和基金业务,证券监管机构可以根据其业务的证券属性,将其纳入证券监管的范围。功能监管的优势在于:监管的协调性高,在混业经营环境中,可以对不同性质金融机构开展的相同或类似业务进行标准统一或相对统一的监管,可以减少重叠监管、监管"真空"和监管套利的现象,有利于防范混业经营下的金融系统性风险。

针对我国《证券法》分业经营和分业监管的规定,有学者认为,我国现行金融立法建立或确认的监管体制与国际金融业统合监管主流模式还存在较大差距。20 世纪 80 年代以来,全球主要发达国家先后进入金融业混业经营、统合监管、功能监管时代,把对银行业、证券业、保险业等金融业的监管权均交由一个单一监管机构负责。英国、德国、挪威、丹麦、瑞典、比利时、芬兰、拉脱维亚、奥地利、爱沙尼亚、直布罗陀、匈牙利、冰岛、爱尔兰等欧洲国家,以及日本、韩国等亚洲国家先后完成了本国金融业统合立法与监管改革。美国等国家采用了功能监管。这些有益经验值得借鉴参考。② 应当看到,我国本次《证券法》修订将市场实践中的资产支持证券和资产管理产品纳入证券品种的范围,明确其"发行、交易的管理办法,由国务院依照本法的原则规定",其意义不仅是对新证券品种的确认,还标志着在分业经营和分业监管的总体框架下朝着机构监管和功能监管结合的方向迈出了一大步。

(三)行为监管

行为监管,是指政府监管主要针对从事金融经营主体的行为性质来确定监管目标,监管目标直接指向从事金融经营活动主体的行为,主要针对主体可能出现的违法经营行为实施的监督管理,如禁止欺诈和误导行为,要求经营主体充分披露信息、保护个人

① 监管套利,是指在其他条件相同的情况下,市场主体利用不同的金融监管机构在监管规则和标准上的差异甚至是冲突,选择监管环境最宽松的市场进行金融交易的行为。市场主体以"经营自由"为由进行监管套利,哪里监管宽松就去哪里,哪里投资者保护力度较弱就去哪里,将会导致监管规则的"逐底竞争"以及投资者保护的弱化。参见邢会强:《我国〈证券法〉上证券概念的扩大及其边界》,载《中国法学》2019 年第 1 期。

② 参见郭锋:《资本市场创新与现代金融监管法治体系构建(中国法治论坛主题报告之六)》,载中国金融服务法治网:http://www.financialservicelaw.com.cn/article/default.asp? id=6617,最后访问日期:2020 年 1 月 20 日。

金融信息等。如果经营主体从事了金融违法行为，就要受到监管机构的处罚，承担相应的法律责任。在这个意义上，行为监管与功能监管有些类似，都具有防止对相同金融产品不按照同一原则统一监管而造成监管空白和监管套利的功能，正是基于我国金融混业经营的存在和金融违法行为不断增多的现实，近年来，全国金融工作会议强调政府金融监管以防范系统性金融风险为底线，加快相关法律法规建设，完善金融机构法人治理结构，加强宏观审慎管理制度建设，要求政府监管必须加强功能监管和行为监管。在国家“十三五”规划纲要中，功能监管和行为监管正式载入法律文件中，“健全符合我国国情和国际标准的监管规则，建立针对各类投融资行为的功能监管和切实保护金融消费者合法权益的行为监管框架，实现金融风险监管全覆盖”。

（四）穿透式监管

穿透式监管是参照会计学“实质重于形式”的原则来建构的政府监管行为模式，所谓“穿透”有“击穿”“看透”的含义，就是要通过金融产品的表面形态厘清其业务的实质，将复杂的资产层、产品结构和交易环节联系起来甄别业务性质，以探明业务真实属性并根据其业务功能和法律属性明确监管规则，提升监管的有效性。穿透式监管的提出与金融业混业经营和互联网金融的产生和发展相关。混业经营和互联网金融的出现，一些金融产品和经营方式往往以金融创新的名义推出，不仅其合法与非法的界限难以分辨，分业监管的模式也让监管机构难以有效的执法。穿透式监管应运而生，其表现形式与前述的功能监管、行为监管有很大程度类似，即无论从事金融业务的机构名称是什么，标榜的模式有多创新，都可以按照相应的监管规则去约束它的行为。穿透式监管的重点在于防范和化解系统性金融风险，确保金融监管的有效性。穿透式监管需进行穿透式的信息披露，促进市场主体信息公平；同时，穿透式监管实效的发挥需强化监管部门之间的协调。①

根据中国证监会官员的介绍，穿透式监管是根据中国国情创造的中国特有的资本市场监管方式，针对我国证券市场散户多、市场法规制度还不够完善的实际，要保护好投资者，要通过市场看到每一位交易者的行为，根据中国证监会发布的稽查执法工作的实践来看，我国资本市场实施穿透式监管的效果正在不断显现。② 2018 年由中央全面深化改革委员会第一次会议通过并由中国人民银行、中国银保监会、中国证监会、国家外汇管理局联合印发的《关于规范金融机构资产管理业务的指导意见》明确将穿透式监管列为资产管理业务应当遵循的监管原则。③

---

① 参见袁达松、刘华春：《论论穿透式金融监管》，载郭锋主编：《证券法律评论（2017 年卷）》，中国法制出版社 2017 年版，第 503 页。

② 参见《姜洋：对资管和上市公司将实行穿透式监管》，载《证券时报》2018 年 3 月 2 日，第 1 版。

③ 该指导意见第 27 条第 2 项规定，资产管理业务遵循的原则包括“实行穿透式监管，对于多层嵌套资产管理产品，向上识别产品的最终投资者，向下识别产品的底层资产”。

第三节 证券监督管理机构的职责与监管方式

一、证券监督管理机构的职责

我国《证券法》本次修订根据我国证券市场发展的现状，结合世界各国证券监管体制的变化和发展趋势，对证券监管机构的职责也作了相应的补充完善。相对于自律监管机构，中国证监会拥有更广泛的监管职责。监管职责从另一角度就是证券监督管理机构拥有的权力。根据我国《证券法》第169条的规定，中国证监会在对证券市场实施监督管理中履行下列职责。

（一）依法制定有关证券市场监督管理的规章、规则，并依法进行审批、核准、注册，办理备案

制定有关证券市场监督管理的规章、规则以及规范性文件是中国证监会的重要职责之一。根据我国《立法法》的规定，中国证监会有依法制定规章的权力。① 在证券市场发展变化快而我国《证券法》相关规定较原则，且留有必要空间的情况下，中国证监会制定的有关证券市场的监管管理规章、规则和规范性文件对调整证券法律关系、规范证券市场发挥重要作用。我国这次《证券法》修订的一个突出特点就是增加了一些授权中国证监会制定相关规范的规定。如该法第12条规定上市公司发行新股的“具体管理办法由国务院证券监督管理机构规定”和公开发行存托凭证应当符合“国务院证券监督管理机构规定的其他条件”；该法第89规定“专业投资者的标准由国务院证券监督管理机构规定”等。中国证监会在监管实践中制定的规章、规则和规范性文件、包括多层次证券市场规范、证券品种规范、证券发行与交易规范、投资者保护规范、证券监管规范、证券公司规范、证券服务机构规范、期货交易规范、涉外证券规范等。这些法规性文件具有很强的可操作性，适应了证券市场对法律的巨大需求，弥补了我国《证券法》立法上的局限并实际成为证券法律体系的重要组成部分。此外，中国证监会还有权对证券的发行、交易活动进行审批、核准、注册和备案，当然，行使这些职权都必须依照法定的条件和程序进行。

（二）依法对证券的发行、上市、交易、登记、存管、结算等行为进行监督管理

证券发行的规范与否、发行证券质量的高低、公开信息的披露情况等直接影响证券市场的繁荣与稳定，因此须严格按照我国《证券法》的有关规定对证券发行活动实施监管。对证券发行的监管主要是针对发行人的资格、证券发行条件以及证券发行的程序是否合法等进行约束。对证券交易市场的监督管理包括了证券上市和证券交易两方面

---

① 我国《立法法》第71条规定，国务院各部、委员会、中国人民银行、审计署和具有行政管理职能的直属机构，可以根据法律和国务院的行政法规、决定、命令，在本部门的权限范围内，制定规章。

的内容,应当对证券上市的条件和程序、交易证券的种类、交易场所、交易形式、信息公开以及法律禁止的行为等进行监督管理。为保证证券发行和交易活动顺利进行,防止过度投机,维护证券交易安全和防范交收风险,也应当对证券的登记、存管以及结算等活动进行监管。

(三)依法对证券发行人、证券公司、证券服务机构、证券交易场所、证券登记结算机构的证券业务活动,进行监督管理

证券发行人、证券公司证券服务机构、证券交易场所、证券登记结算机构是证券发行交易活动的主要参与者,这些开展相关证券业务的机构在证券发行和交易活动中往往具有主动性、专业性的优势,其行为往往对整个证券市场的秩序构成重大影响,因此,有必要通过证券监管规范他们的业务行为。需要指出的是,这些市场主体开展证券业务的范围和性质不同,监督管理也应当具有明确的针对性。例如,在对证券交易场所的区域性股权市场监管上,由于区域性股权市场的监管主要由省级人民政府负责,因此,中国证监会及其派出机构在监管上还需要与省级政府划分监管职责。具体而言,中国证监会主要承担3项职责:一是制定统一的区域性股权市场业务及监管规则;二是加强对省级人民政府开展区域性股权市场监管工作的指导、协调和监督,对省级人民政府的监管能力和条件进行审慎评估,加强监管培训,采取有效措施,促使地方监管能力与市场发展状况相适应;三是对区域性股权市场规范运作情况进行监督检查,对可能出现的金融风险进行预警提示和处置督导。省级人民政府负责制定区域性股权市场监管实施细则和操作办法并指定地方金融监管部门承担日常监管职责。

(四)依法制定从事证券业务人员的行为准则,并监督实施

证券从业人员的素质高低和从业水平直接关系一国(地区)证券市场能否健康发展,因此,各个国家都对证券从业人员的行为准则有所规定。我国这次《证券法》修订删除了关于制定证券从业人员资格的规定。因此,中国证监会发布并于2003年2月1日起施行的《证券业从业人员资格管理办法》中关于在证券机构中从事证券业务的专业人员,应当取得从业资格和执业证书,以及取得从业资格和执业证书的条件也应当废止。近年来,国务院已经多次发布文件取消许多职业资格许可和认定事项。这是降低制度性交易成本、推进供给侧结构性改革的重要举措,也是为大中专毕业生就业创业和去产能中人员转岗创造便利条件。国务院要求,只要不涉及国家安全、公共安全、公民人身财产安全的职业,原则上要放宽市场准入。水平评价类职业资格要真正市场化,不能影响就业创业。没有法律法规依据的准入类职业资格一律不得新设。但是,证券业从业人员仍然应当遵循中国证监会制定的相关行为准则,依法依规进行从业活动。

(五)依法监督检查证券发行、上市、交易的信息披露

信息披露制度是证券市场规范发展的重要制度保障,是证券市场贯彻公开原则的具体体现,也是全面实行注册制的核心内容。证券的发行、上市、交易活动进行必要的信息公开,有利于加强证券市场管理,促使当事人行为规范化,有利于保护投资者。依

法对证券发行、上市和交易活动中的信息披露进行监督，就是要对招股说明书、上市公告书、上市公司定期报告、临时公告等从信息公开的时间、信息披露的质量以及信息披露是否充分等方面进行监督管理。

（六）依法对证券业协会的自律管理活动进行指导和监督

证券业协会是证券公司的自律性组织，是社会团体法人，证券公司应当加入证券业协会。证券业协会发挥自律监管的作用，依法对协会会员进行行业性自律管理。中国证监会作为集中统一监管证券市场的权威机构，也负有监管证券业协会的职责，如证券业协会对从业人员的培训、业务交流、纠纷的调解、会员规则的制定以及证券业协会贯彻执行证券法律法规的情况等。

（七）依法监测并防范、处置证券市场风险

证券市场投资有风险。证券投资者的风险与利益往往成正比，选择的证券品种的风险越大，利益也可能越大，反之亦然；证券市场上信息不对称、证券投资者追求投资回报最大化的行为动机可能导致出现操纵市场、内幕交易、欺诈等违法违规行为，从而增大证券投资的风险。因此，证券市场的规范化运作显得尤为突出和重要。证券监管机构就是要通过一系列的监管措施来督促市场主体规范运作，及时查处违法行为，保证证券市场的正常秩序，监测和防范证券市场风险的发生。当市场风险出现时，要采取必要的行政手段及时处置和化解，保护投资者利益和维护证券市场的稳定。证券市场风险包括系统性风险是和非系统性风险，系统性风险可能带来证券市场的剧烈波动，甚至陷入瘫痪，给市场和全社会造成巨大的经济损失，与非系统性风险相比，系统性风险监管和处置的难度要大得多，因此，政府监管机构风险监管的重心就是要防患于未然，通过监测、及时处置等措施，防止一些非系统性特定风险转化为系统性风险的可能。

（八）依法开展投资者教育

投资者教育，是指证券监管管理机构针对个人投资者所进行的关于投资知识、投资技能、投资风险、投资者保护等方面的教育。投资者教育是投资者适当性管理的一项重要内容。我国主板市场一直是以中小散户为主的市场，抗系统风险能力较弱，这就需要不断加强投资者教育，通过提示相关的投资风险，告知投资者的权利和保护途径等知识来提高投资者素质，让其树立起理性投资观念。中国证监会 2015 年发布了《关于加强证券期货投资者教育基地建设的指导意见》及配套工作指引，加大投资者教育基地的覆盖面和影响力，并推动投资者教育纳入国民教育体系，以多种形式将投资者教育的内容引入大、中、小学等教育课程。

（九）依法对证券违法行为进行查处

依法对违反证券市场法律、法规的行为进行查处，是对证券市场实施有效监管的重要手段。只有通过对违法行为及时、有效的查处，才能减少和消除对证券市场的危害和影响，保证证券市场的有序运行和健康发展。中国证监会应当依照有关规定，在做好深入调查的基础上，根据违法行为的具体情节，对违法当事人作出相应处罚。

(十)法律、行政法规规定的其他职责

本项为兜底性规定,是指除以上所列举的职责外,由其他法律、行政法规所规定的证券监督管理职责。包括现行的其他法律和行政法规规定的有关职责,也包括以后出台的法律行政法规新赋予的有关职责。

二、证券监督管理机构的执法监管措施

我国《证券法》以列举的方式规定了国务院证券监督管理机构在履行职责时可以依法采取的执法措施和监管措施。

(一)履行职责的执法措施

按照我国《证券法》第 170 条的规定,具体包括以下几项职权。

1. 现场检查权。中国证监会有权对证券发行人、证券公司、证券服务机构、证券交易场所、证券登记结算机构进行现场检查。

2. 调查取证权。中国证监会有权进入涉嫌违法行为发生场所调查取证。

3. 询问权。中国证监会有权询问当事人和与被调查事件有关的单位和个人,要求其对与被调查事件有关的事项作出说明或者要求其按照指定的方式报送与被调查事件有关的文件和资料。

4. 查阅、复制权。中国证监会有权查阅、复制与被调查事件有关的财产权登记、通信记录等文件和资料。

5. 封存、扣押文件资料权。中国证监会有权查阅、复制当事人和与被调查事件有关的单位和个人的证券交易记录、登记过户记录、财务会计资料及其他相关文件和资料;对可能被转移、隐匿或者毁损的文件和资料,可以予以封存、扣押。

6. 查询、冻结、查封权。中国证监会有权查询当事人和与被调查事件有关的单位和个人的资金账户、证券账户和银行账户以及其他具有支付、托管、结算等功能的账户信息,可以对有关文件和资料进行复制;对有证据证明已经或者可能转移或者隐匿违法资金、证券等涉案财产或者隐匿、伪造、毁损重要证据的,经中国证监会主要负责人或者其授权的其他负责人批准,可以冻结或者查封,期限为 6 个月;因特殊原因需要延长的,每次延长期限不得超过 3 个月,冻结、查封期限最长不得超过 2 年。

7. 限制证券买卖权。中国证监会有权在调查操纵证券市场、内幕交易等重大证券违法行为时,经中国证监会主要负责人或者其授权的其他负责人批准,可以限制被调查事件当事人的证券买卖,但限制的期限不得超过 3 个月;案情复杂的,可以延长 3 个月。

8. 限制出境权。中国证监会有权通知出境入境管理机关依法阻止涉嫌违法人员、涉嫌违法单位的主管人员和其他直接责任人员出境。

(二)监管措施

根据我国《证券法》第 170 条第 2 款的规定,为防范证券市场风险,维护市场秩序,中国证监会可以采取责令改正、监管谈话、出具警示函等措施。

为保证中国证监会能够合法有效地履行职责,我国《证券法》第 173 条还规定,国务院证券监督管理机构依法履行职责,被检查、调查的单位和个人应当配合,如实提供有关文件和资料,不得拒绝、阻碍和隐瞒。

三、行政和解

行政和解是我国《证券法》本次修订新增的内容,属于政府监管的重要方式之一。根据我国《证券法》第 171 条的规定,行政和解是指中国证监会对涉嫌证券违法的单位或者个人进行调查期间,被调查的当事人书面申请,承诺在中国证监会认可的期限内纠正涉嫌违法行为,赔偿有关投资者损失,消除损害或者不良影响的,中国证监会可以决定中止调查。被调查的当事人履行承诺的,中国证监会可以决定终止调查。

采用行政执法和解制度来处理证券违法行为具有合理性和正当性。当前的证券行政执法环境使中国证监会在查处证券违法行为时面临诸多难题,甚至在耗费了高昂的执法成本之后,仍然无法避免违法事实难以完全查清、科处行政责任的构成要件难以满足的情形。此时,不加变通而严格机械地执行法律,无论处罚与否都可能让证券监管机关陷入两难境地。假如在法律基本原则范围内存在一种令处罚方和受罚方都能接受的方式,尽管可能是执法机关作出了某些让步和妥协,但在总体效果上是得大于失,最终起到制裁、教育和遏制证券违法行为的作用,这无疑是一种较好选择。行政执法和解制度正是这种可选方式,它不仅可以缓解执法机关与相对人之间因事实或者法律关系不确定而导致的分歧和对立,而且可以通过执法方式的调整,在双方都能接受的情况下,达到处罚证券违法行为的目的。①

中国证监会 2015 年 2 月发布的《行政和解试点实施办法》对行政和解的基本定义和原则、适用范围与条件、实施程序、行政和解金的管理和使用等作出了较具体的规定。

(一)行政和解的原则

实施行政和解,应当遵循公平、自愿、协商、效能原则。中国证监会不得向行政相对人主动或者变相主动提出行政和解建议,或者强制行政相对人进行行政和解。行政和解需要由中国证监会根据行政相对人的申请,与其就改正涉嫌违法行为、消除涉嫌违法行为不良后果、交纳行政和解金补偿投资者损失等进行协商达成行政和解协议,行政和解协议的订立和履行,不得损害国家和社会公共利益,不得损害他人合法权益。

(二)行政和解的适用范围与条件

行政相对人涉嫌实施虚假陈述、内幕交易、操纵市场或者欺诈客户等违反证券期货法律、行政法规和相关监管规定的行为,案件符合下列情形的,可以适用行政和解程序。

1. 中国证监会已经正式立案,且经过了必要调查程序,但案件事实或者法律关系尚难完全明确。

2. 采取行政和解方式执法有利于实现监管目的、减少争议、稳定和明确市场预期、恢复市场秩序、保护投资者合法权益。

---

① 参见周友苏、蓝冰:《证券行政责任重述与完善》,载《清华法学》2010 年第 3 期。

3. 行政相对人愿意采取有效措施补偿因其涉嫌违法行为受到损失的投资者。

4. 以行政和解方式结案不违反法律、行政法规的禁止性规定，不损害社会公共利益和他人合法权益。

如果案件有下列情形之一的，中国证监会不得与行政相对人进行行政和解：(1)行政相对人违法行为的事实清楚、证据充分、法律适用明确，依法应当给予行政处罚的；(2)行政相对人涉嫌犯罪，依法应当移送司法机关处理的；(3)中国证监会基于审慎监管原则认定不适宜行政和解的。

(三)行政和解程序

1. 申请与受理。行政相对人自收到中国证监会送达的案件调查通知书之日起，至中国证监会作出行政处罚决定前，可以向中国证监会提出行政和解申请。行政相对人申请行政和解，应当如实向中国证监会提交有关材料，并对其申请材料的真实性、准确性负责。行政相对人的行政和解申请符合行政和解条件的，由中国证监会专门的和解实施部门向行政相对人出具受理通知，并抄送案件调查部门、案件审理部门、行政和解金管理机构。

2. 和解协商。和解实施部门自作出受理行政和解申请决定之日起，可以与行政相对人就行政相对人涉嫌违法行为的情况；行政相对人涉嫌违法行为可能给社会造成的危害、给投资者造成的损失；行政相对人愿意承担的行政和解金数额及交纳时限；行政相对人可以采取的其他纠正涉嫌违法行为以及积极消除、减轻涉嫌违法行为危害后果的措施；行政和解协议的具体内容；行政和解协议的执行保障措施等事项进行沟通和协商，行政和解协商应当以当面协商的形式进行。中国证监会进行协商的工作人员不得少于两人，并应当向行政相对人出示执法证件。和解实施部门与行政相对人进行行政和解协商的期限为 3 个月。经中国证监会主要负责人批准，可以延期。

3. 行政和解协议的签订和执行。中国证监会与行政相对人就涉嫌违法行为的处理进行沟通、协商，达成一致的，签订行政和解协议。中国证监会应当依照相关规定公开行政和解协议的主要内容。行政和解协议达成后，由和解实施部门监督行政相对人在协议规定时限内履行协议规定的义务。和解实施部门应当在行政和解协议达成后 2 个工作日内将达成行政和解协议的情况书面告知案件调查部门、案件审理部门、行政和解金管理机构。案件调查部门在收到书面告知后应当中止案件调查。行政相对人履行全部义务后，和解实施部门应当向行政相对人出具行政和解结案通知，并抄送案件调查部门、案件审理部门、行政和解金管理机构。案件调查部门、案件审理部门应当依照规定终止案件的调查、审理。另外，我国《证券法》第 171 条第 1 款规定："如果被调查的当事人未履行承诺或者有国务院规定的其他情形的，应当恢复调查。"该条第 2 款还规定，中国证监会中止或者终止调查的，"应当按照规定公开相关信息"。

4. 行政和解程序的终止。有下列情形之一的，中国证监会应当终止行政和解程序：(1)中国证监会在受理行政相对人的行政和解申请后，达成行政和解协议前，经调查发现新的事实、证据，认为案件不再符合行政和解受理条件的；(2)未能在规定的期限内达成行政和解协议的；(3)行政和解协议达成后，行政相对人不履行行政和解协议的；(4)中国证监会在受理行政相对人的行政和解申请后，行政和解协议执行完毕前，发现行政相对人存在所提供的行政和解材料有虚假记载或者重大遗漏等情形的；(5)中国证监会基于审慎监管原则认为有必要终止行政和解程序的。

行政和解程序终止的。已中止调查、审理的案件，案件调查部门、案件审理部门应当及时恢复调查、审理程序。行政和解协议达成后，行政相对人不履行行政和解协议的，行政和解协议无效。

四、举报奖励

举报奖励也是我国《证券法》本次修订新增的政府监管方式。我国《证券法》第176条规定，对涉嫌证券违法、违规行为，任何单位和个人有权向国务院证券监督管理机构举报。对涉嫌重大违法、违规行为的实名举报线索经查证属实的，国务院证券监督管理机构可以给予举报人奖励。国务院证券监督管理机构应当对举报人的身份信息保密。

从国外的做法来看，举报奖励主要是针对内幕交易等违法行为查处成本高的情况设计的制度。美国证券交易委员会(SEC)2011年根据《多德弗兰克法案》的要求设立了举报办公室，专门受理对证券违法行为的举报，如果被举报案件最终判罚金额超过100万美元，则对举报人授予相当于判罚金额10%～30%的奖励。据媒体报道，该举报办公室在设立后的2012年就收到了3001条举报，平均每天8条；在2012年8月作出第一个奖励决定后，SEC于2013年10月作出了一个高达1400万美元的奖励决定。2019年3月SEC向两名举报人颁发总计5000万美元的奖金，5000万美元由两名举报人分享，其中一人拿到3700万美元，另一人获得1300万美元。举报办公室主任表示，这些奖金显示出举报人对证监会的调查以及成功高效解决案件的帮助有多么重要。说明这一制度对证券违法行为会形成很大的威慑力，对高发且难以查处的内幕交易行为起到有效遏制的作用。①

中国证监会2014年6月发布了《证券期货违法违规行为举报工作暂行规定》，中国证监会设立了证券期货违法违规行为举报中心，专门负责处理可以作为稽查案件调查线索的举报。这是证券监管部门为提高对证券期货违法违规行为的查处力度和效果而出台的一项具体举措。该项制度根据我国证券期货市场的特点，总结了多年来稽查执法的实践经验，也借鉴了国内外行政执法部门的一些做法，根据该暂行规定，对于符合奖励条件的一般举报，给予不超过10万元人民币的奖励；对于举报在全国有重大影响或罚没款金额特别巨大的，奖励金额不受上述限制，但最高不超过30万元人民币。这一制度的实施，对于鼓励社会公众参与市场监管工作、威慑违法违规行为、强化社会监

① 参见《易会满首提研究优化有奖举报等制度机制》，新浪财经网：http://finance.sina.com.cn/china/2019-05-18/doc-ihvhiews2807650.shtml，最后访问日期：2020年1月20日。

督将发挥积极作用。但实施以来也有学者批评其存在奖励金额偏低以及反报复保护制度的缺失导致证券违法举报机制形同虚设的问题。① 随着我国新《证券法》的实施，这项制度还需要进一步优化完善。

五、跨境合作监管

我国《证券法》第 177 条规定了跨境合作监管的内容，即国务院证券监督管理机构可以和其他国家或者地区的证券监督管理机构建立监督管理合作机制，实施跨境监督管理。证券跨境监管，是指由于监管主体与监管对象分处不同的（地域）市场，导致监管主体必须借助辅助手段或者其他监管主体的行为履行监管职能的证券监管方式。随着我国境内企业在境外上市的增多，"沪港通""深港通""沪伦通"实现跨境互联互通，证券跨境合作监管也逐渐成为证券监管的重要内容。中国证监会对境外上市的境内公司负有监管职责，而境外证券市场的监督管理者对我国境内的上市公司也存在监管必要，由此产生了证券跨境合作监管的问题。通过建立不同区域市场监管主体间的合作，尽可能完善地建立证券监管机制，对跨境的证券活动实施监督管理。针对跨境合作监管的开展，我国《证券法》第 177 条第 2 款规定："境外证券监督管理机构不得在中华人民共和国境内直接进行调查取证等执法活动。未经国务院证券监督管理机构和国务院有关主管部门同意，任何单位和个人不得擅自向境外提供与证券业务活动有关的文件和资料。"

六、证券监督管理机构及其工作人员的义务

我国现行集中统一的证券监督管理体制最大的优点是，有利于强化对证券市场的监管，提高监管效率，但权力集中也往往意味着可能滋生腐败，出现诸如寻租等现象，因此，为了保证证券监督管理机构公正地行使法律赋予的权力，一方面，需要执行具体公务的工作人员有较高的思想素质和业务素质；另一方面，需要从制度上对执行监管的行为进行必要制约。正是基于这样的考虑，我国《证券法》在赋予中国证监会职权的同时，也对其机构及其工作人员规定了相应的法律义务。包括以下具体内容。

（一）忠于职守义务

我国《证券法》第 179 条规定，国务院证券监督管理机构工作人员必须忠于职守，依法办事，公正廉洁，不得利用职务便利牟取不正当利益，不得泄露所知悉的有关单位和个人的商业秘密。

（二）明示身份义务

我国《证券法》第 172 条规定，国务院证券监督管理机构依法履行职责，进行监督检查或者调查，其监督检查、调查的人员不得少于 2 人，并应当出示合法证件和监督检查、调查通知书或者其他执法文书。监督检查、调查的人员少于 2 人或者未出示合法证

① 参见李安安、冯岳：《资本市场中信息工具法律配置的反思与变革》，载郭锋主编：《证券法律评论（2018 年卷）》，中国法制出版社 2018 年版，第 493 页。

件和监督检查、调查通知书或者其他执法文书的,被检查、调查的单位和个人有权拒绝。

(三)立法执法公开义务

我国《证券法》第174条规定,国务院证券监督管理机构依法制定的规章、规则和监督管理工作制度应当公开。国务院证券监督管理机构依据调查结果,对证券违法行为作出的处罚决定,应当公开。

(四)信息共享义务

我国《证券法》第175条规定,国务院证券监督管理机构应当与国务院其他金融监督管理机构建立监督管理信息共享机制。国务院证券监督管理机构依法履行职责,进行监督检查或者调查时,有关部门应当予以配合。

(五)涉嫌犯罪移送义务

我国《证券法》第176条规定,国务院证券监督管理机构依法履行职责,发现证券违法行为涉嫌犯罪的,应当将案件移送司法机关处理。

(六)任职限制义务

我国《证券法》第179条第2款规定,国务院证券监督管理机构工作人员在任职期间,或者离职后在《公务员法》规定的期限内,不得到与原工作业务直接相关的企业或者其他营利性组织任职,不得从事与原工作业务直接相关的营利性活动。

第四节 我国证券监管体制的改革与完善

应当看到,我国实行政府监管为主的综合证券监管体制是基本适应我国证券市场现状的,这一判断也是基于我国证券市场一直保持快速和基本稳定的发展而得出的结论,但基本适应并不意味着监管体制可以固化,随着证券市场的不断发展和市场化改革的不断深化,尤其随着全面推行证券公开发行注册制的进展,我国证券监管体制也面临监管方式的调整和转型的问题。证券发行注册制的实施,并不意味着在放松政府管制的同时也放松对证券市场的监管,而是应当在"宽进严管"的同时,改革监管体制、提高监管能力,要适应这一改革,需要从诸多方面作出调整。

一、进一步明确政府监管的理念和目标

政府监管是公权力对证券市场的介入,必须要体现公权力的性质。应当按照我国《证券法》的规定,维护证券市场公开、公平、公正的市场秩序;采取多种措施来防范和管控市场风险,尤其是系统性风险;维护投资者的合法权益,提升投资者对证券市场的信心;监督、防范和打击金融证券犯罪。促进证券市场稳定健康的发展。

二、调整监管重心,实现监管转型

"加强监管执法是当前我国资本市场监管转型的着力点",要扭转"重审批、轻监管"倾向,将政府监管的"主营业务"从审核审批向监管执法转型,将"运营重心"从事前

把关向事中、事后监管转移。对不该管的事情要坚决地放，对需要管好的事情要坚决地管住管好。对违法违规行为，坚决追究到底、处罚到位。[①]

调整监管重心，实现监管转型很重要的内容就是要由事前防范为重心向事中、事后规制为重心转变。事前防范是指对可能发生的危害交易安全行为的预防；防范的对象是不特定的多数人，要有效地防范就必然得抬高市场准入条件，事中、事后规制是指对已经发生的危害交易安全行为的查处，规制的对象是特定的少数违法者，因此，事前预防要比事中、事后规制的制度运行成本更高。在事前防范的思路下，一旦出现问题就会从入口处找原因，可能会不断加高准入条件；而在事中、事后规制的思路下，要达到有效规制的目的就不是着眼于抬高准入门槛，而是加大执法查处力度和加重违法成本。更多地放在事中和事后监管上，事中如督促信息披露，加强对信息披露的动态监管；一旦出现虚假，几年不得申报，保荐机构也不得再推荐；事后需要加强对证券欺诈行为的适时监管和处罚；落实完善退市制度；监管重心后移，加强政府对市场主体准入后的动态监管。

三、注重监管执法方式的调整与改革

加强执法力度应当改革监管执法方式。目前，证券监管执法还普遍存在案件发现难、取证难、处罚难、执行难的问题。针对监管执法存在的问题，从监管制度设计来看，一是加强执法力度，包括强化政府监管机构职权和严格执法问责制，使之能够有效查处证券违法行为；二是加重违法行为的法律责任，增加违法成本，这涉及加大行政处罚力度和完善民事责任实现机制等问题；三是不断完善证券违法案件举报奖励制度。这些内容在我国修订后的《证券法》中都有体现，还需要随着新法的实施进一步落实。

四、充分发挥证券交易所一线监管的作用

证券交易所是自律监管的构成部分，作为政府监管的辅助力量构成我国综合型监管体制。自律监管主要包括证券交易所和证券业协会的监管，如果将二者加以对照，就会发现两种自律监管也存在差异。证券业协会是证券业的自律性组织，是社会团体法人，其自律监管的权力主要是源于其社员章程或协议；证券交易所尽管也实行会员制，会员加入也需承认章程受其约束，但其监管的约束力不仅是会员，更多则是针对参与证券交易所交易的投资者和上市公司，说明证券交易所的自律监管权力并不完全来源约束会员的章程或协议。按照我国《证券法》的规定，证券交易所的设立、变更和解散由国务院决定；证券交易所章程的制定和修改，必须经国务院证券监督管理机构批准；证券交易所依照证券法律、行政法规和国务院证券监督管理机构的规定，制定上市规则、交易规则、会员管理规则和其他有关业务规则，并报国务院证券监督管理机构批准；证券交易所对证券交易实行实时监控，可以按照业务规则对出现重大异常交易情况的证券账户的投资者限制交易；当出现重大突发性事件而影响证券交易正常进行时，为维护

---

① 肖钢：《监管执法：资本市场健康发展的基石》，载《求是》2013 年第 15 期。

证券交易正常秩序和市场公平,证券交易所可以采取技术性停牌、临时停市等处置措施,甚至可以采取取消交易、通知证券登记结算机构暂缓交收等措施。这些规定表明,证券交易所的监管具有很强的管制特点,不仅在监管手段上强于证券业协会等自律组织,而且其监管职权中还带有较重的法律授权成分,其监管的性质具有自律监管和法律监管两个维度。

正是基于证券交易所的监管特点,在加强政府监管的背景下,业界和学界都提出要加强交易所的一线监管职能,证券交易所监管是我国完善综合型证券监管体制中的重要力量。加强证券交易所的一线监管职能,还需要对证券交易所的地位、监管性质以及进一步改革的路径进行深入研究。

第十六章　证券法律责任

第一节　证券法律责任概述

随着我国新《证券法》的颁布和实施，我国证券市场朝更加市场化、法治化、国际化的方向发展，同时也面临规范化、法治化的更高要求和更大挑战。不断完善证券法律责任制度，对于规范证券发行和交易行为、保护投资者合法权益、维护正常的市场秩序有十分重要的现实意义。

一、证券法律责任的含义

法律责任，是指行为人违反法定义务或约定义务时必须承担的不利的法律后果。从规范意义而言，法律规范由权利、义务和责任构成，法律责任是规范体系不可或缺的组成部分。从功能主义观之，法律责任是国家保护各类法律关系的强制力的体现，是权利实现和义务履行的保证，是法律得以遵行和实施的基本保障。证券法律制度以保护投资者的合法权益、维护社会经济秩序和社会公共利益为宗旨，以公开、公平、公正为基本原则，以证券发行和交易制度为核心规范，以证券法律责任为依托和后盾，因此，没有证券法律责任制度，一切证券法律制度和规范都是虚化无力的。

证券法律责任，是指证券法所规定的证券法律关系主体在证券发行、交易及相关活动中，因违反证券法律法规的规定而应当承担的否定性法律后果。按照证券活动的关联性程度不同，证券法律责任有广义和狭义之分。广义的证券法律责任是指涉及证券和证券发行、交易及其相关活动的法律责任，包括与证券和证券发行、交易及相关活动直接有关的法律责任，以及与证券和证券发行、交易及相关活动间接有关的法律责任，如盗窃有价证券所产生的法律责任。狭义的证券法律责任则仅是指与证券和证券发行、交易及相关活动直接有关的法律责任。本章讨论狭义的证券法律责任。

二、证券法律责任的构成要件

证券法律责任包括民事责任、行政责任和刑事责任 3 种类型，具有综合性特点，其构成要件与一般的民事责任、行政责任以及刑事责任的构成要件相比，既有共性，也有特殊性。

（一）违法行为

违法行为是行为人承担法律责任的必要前提。行为人承担证券法律责任，必须实施了证券违法行为。证券违法行为是指证券法律关系主体在证券发行、交易及相关活动中,违反证券法律法规,应当依法承担法律责任的行为。证券违法行为的性质可能是民事违法、行政违法和刑事违法,证券违法行为的性质决定了承担证券法律责任的不同性质。

(二)危害后果

危害后果,是指行为人的违法行为所造成的损害结果。一般而言,行为人承担证券法律责任的前提条件是给受害人或社会公共利益造成了危害后果。但由于证券法律责任具有多种责任形式并存的综合性特点,可能在某些情形下,证券法律责任的承担并不以存在实际损害为必要条件。在证券法律责任的认定上,对损害事实的定性尤其是定量是证券实务中的难点之一。

(三)因果关系

因果关系,是指证券违法行为与危害后果之间存在的法律上的必然联系。因果关系是归责的基础和前提,也是责任自负法治精神的体现和要求。在实践中,因果关系认定十分复杂。以民事责任为例,由于证券交易具有公众参与、交易频繁等特点,往往很难查明导致投资者受到损害的原因。如在认定证券发行的虚假陈述侵权责任中,就需要查明两个方面的因果关系:一是投资者的投资决定是否因为相信虚假陈述而作出,即是否存在交易的因果关系;二是投资者的损失是否因为虚假陈述而导致,即损害的因果关系。因此,在具体案件归责认定中,查明损害事实和证券违法行为之间的因果关系是一项非常重要的工作。

(四)主观过错

主观过错,是指行为人在实施违法行为时的主观心理状态。作为法律责任构成要件之一,主观过错在不同法律部门中的适用不同。证券民事责任的认定应当区别不同的种类、适用不同的原则。证券违约责任需要适用严格责任原则;证券缔约过失责任需要适用过错责任原则、过错推定责任原则或严格责任原则。证券行政责任应当区别证券行政监督管理主体和证券行政监督管理相对人,分别适用不同原则。证券行政监督管理主体按照行政诉讼基本精神,适用严格责任原则,而证券行政监督管理相对人则一般适用过错责任原则。在追究证券犯罪行为人的证券刑事责任时,依照我国《刑法》的规定,应当以故意作为判定行为人构成犯罪的主要依据。

(五)责任能力

责任能力,是指自然人达到法定责任年龄和具备法定责任能力,具有证券法律责任能力。法人在具备证券民事责任能力以及证券行政责任能力方面不存在争议,需要关注的是法人是否可能构成证券刑事责任的主体。按照我国现行《刑法》关于单位犯罪的规定,法人具有刑事责任能力,可以成为刑事责任主体。从我国《刑法》和证券法律、法规涉及证券犯罪的规定看,法人也具有证券刑事责任能力,可以成为证券刑事责任主体。承认法人具有证券法律责任能力,并不排除在其构成犯罪的情况下,同时追究直接责任人的法律责任。此外,证券行政监督管理主体具备证券法律责任能力,也可以成为证券行政责任的主体。①

三、我国《证券法》上法律责任的特点

证券法律责任主要由我国《证券法》作出规定。我国《证券法》上的法律责任具有以下特点。

（一）集中规定与分散规定相结合

集中规定，是指我国《证券法》第十三章以专章形式，集中规定了证券行政责任和证券刑事责任，共44条。可以注意到，2005年我国《证券法》第十一章改变原法由若干条文表述刑事责任的做法，将其集中到一个条文来表述，即"违反本法规定，构成犯罪的，依法追究刑事责任"。我国新《证券法》第219条仍然保留了这一规定。同时，该法第184条通过运用立法技术，把证券公司违法承销证券依法应当承担的民事责任整合到第29条中，使之完全成为一个行政责任条文。此外，我国《证券法》"法律责任"一章44个条文中，除第196条等极少数条文与民事责任有关外，其余绝大部分都涉及证券行政责任，表明行政责任是我国《证券法》中处于第一位和占主导地位的责任形式。在这个意义上，也称证券行政责任为证券法的本法责任。②

所谓分散规定是指证券民事责任散见于我国《证券法》相关章节，除"总则"、第九章"证券登记结算机构"、第十一章"证券业协会"和"附则"外，该法其余各章都有关于民事责任的规定。这一做法除有利于保护投资者及相关主体合法权益外，还较突出地体现了我国《证券法》的商法属性。

（二）承担责任的形式具有多样性

证券违法行为在违反证券法的同时，也可能违反民法、行政法或刑法，因此，违法行为人可能承担或者同时承担相应的证券民事法律责任、证券行政法律责任和证券刑事法律责任。这3种法律责任之间的关系并不是完全孤立的。证券民事责任发生在平等主体的投资者和其他市场主体之间，是一种横向法律关系，具有填补损失和教育、制裁功能；证券行政责任发生在作为不平等主体的监管者和证券市场主体之间，是一种纵向法律关系，具有教育、制裁功能；证券刑事责任则是最严厉的一种法律责任，通过对证券犯罪行为的制裁，体现国家的权威性。证券刑事责任教育制裁功能有利于提高违法犯罪成本，有力地阻遏证券市场违法犯罪行为，保障投资者合法权益，但仍然无法取代证券民事责任所独有的补偿功能。不同形式的证券法律责任功能的局限与互补，决定了证券法必须坚持民事责任、行政责任和刑事责任并重、以实现填补损失功能的证券民事责任为核心的原则。③ 根据行为人证券违法行为的性质和程度等具体情况，违法行为人既可能单独承担其中一种责任，也可能同时承担两种以上的责任。例如，按照我国

---

① 侯水平主编：《证券法律责任》，法律出版社2005年版，第24～25页。

② 参见周友苏、蓝冰：《证券行政责任重述与完善》，载《清华法学》2010年第3期。

③ 刘俊海：《论完善证券法律责任的协调实施机制》，载《法律适用》2003年第4期。

《证券法》第 88 条和第 198 条的规定，证券公司违反投资者适当性管理义务的，应当受到行政处罚；导致投资者损失的，还应当承担相应赔偿责任。

（三）职务责任和个人责任并存

我国《证券法》进一步区分并明确了涉及单位和个人之间的责任界定和责任承担，规定了职务责任和个人责任。职务责任是指违法履行单位职务应承担的法律责任。如我国《证券法》第 181 条规定，发行人隐瞒重要事实或者编造重大虚假内容发行证券的，不仅作为发行人的单位要承担相关法律责任，发行人的“直接负责的主管人员和其他直接责任人员”也应承担相应法律责任。个人责任是指行为人对自己实施的违法行为承担的法律责任。按照我国《证券法》第 191 条的规定，证券交易内幕信息的知情人或者非法获取内幕信息的人，违反该法的规定从事内幕交易的，由作为自然人的该行为人承担相应的法律责任，单位无须承担法律责任。

（四）财产责任占比最大

我国《证券法》上的法律责任大多与财产责任相关。民事责任一般涉及民事赔偿，行政责任关涉大量的没收违法所得、没收业务收入、罚款等财产处罚，而刑事责任则依据我国《刑法》的规定，对单位犯罪适用罚金这一财产刑罚。同时，在财产责任的适用顺序上，实行民事赔偿责任优先原则。当违法行为涉及多种法律责任且为财产责任时，按照我国《证券法》第 220 条的规定，“应当承担民事赔偿责任和缴纳罚款、罚金、违法所得，违法行为人的财产不足以支付的，优先用于承担民事赔偿责任”。财产责任成为证券法律责任的主要责任，原因在于，证券法律责任主要在证券发行和交易过程中产生，违法行为人通常具有获取不法财产利益的动机，其违法行为往往给受害人造成财产损害；因此，无论对行为人进行行政罚款、没收违法所得、没收业务收入或处以罚金，还是让其承担民事赔偿责任，都是对不法谋利行为的矫正，必然科处以财产为主的责任。因此，不断完善民事责任制度对于完善证券法律责任制度具有重要意义。

四、我国新《证券法》对法律责任制度的修改和完善

自 2005 年我国《证券法》修订以来，随着我国经济社会的快速发展，证券市场不断深化改革、逐步走向完善。然而，证券市场在快速发展的同时，一些违法违规的行为也时有发生，近年来查处的欺诈发行、虚假陈述、内幕交易等损害投资者合法权益的案件呈上升趋势。我国新《证券法》第十三章针对证券违法行为处罚数额偏低等市场反应强烈的问题，对证券法律责任进行较大修改和完善。该章通过合并、新增条款，把原法关于法律责任的规定从 48 条压缩到 44 条。除该法第 219 条关于刑事责任概括规定，第 222 条关于罚没款去向的规定，以及第 223 条关于行政复议和诉讼救济制度的概括规定这 3 个法律条文没有修改外，其他条文都有不同程度的修改和完善，修改比例接近 95%。

（一）进一步强化投资者合法权益保护

证券市场承载了投资者以现金换取“未来收益的承诺”的投资愿望，就某种程度而言，投资者是证券市场活力与动力的源泉。只有投资者的合法权益受到保护，才能树立

和确保投资者对证券市场的信心,才能推动证券市场的持续稳定和健康发展。同时,投资者,尤其是中小投资者与发行人和有关机构相比,在经济实力和信息获取能力方面都处于弱势地位。因此,建立证券法律责任制度,必须把强化投资者合法权益保护作为立法价值取向。投资者合法权益保护是检验证券市场成熟度的试金石,是衡量证券市场法治化程度的重要标志。我国修订后的《证券法》进一步加大了投资者合法权益保护力度,增设第六章"投资者保护",用专章 8 个条文,系统性地建立了投资者保护制度,增加了与法律责任密切相关的法律义务设置,以增强投资者保护制度的有效性。

（二）健全证券法律责任体系

从证券法律责任的作用来看,民事责任侧重于维系证券市场参与者之间的利益关系,修复证券市场参与者之间已经丧失的利益平衡,为遭受损失的投资者挽回损失,具有典型的保护私权的私法性质。行政责任和刑事责任则具有比较明显的公法性质,都是通过对违法者实施处罚来维护证券市场秩序,不同之处在于二者在处罚力度上的差异。为了实现证券法律责任制度的立法宗旨,3 种法律责任在具体设计上必须达到和谐统一。我国新《证券法》对证券民事责任、证券行政责任和证券刑事责任进行了多项改革。

1. 健全证券民事责任体系

（1）拓展民事赔偿责任的适用范围。除虚假陈述、短线交易、内幕交易、操纵证券市场、欺诈客户和出具虚假报告、证券公司违规承销、违法收购上市公司外,我国《证券法》还增加了利用未公开信息交易（第 54 条）,编造、传播虚假信息或者误导信息（第 56 条）,不履行公开承诺（第 84 条第 2 款）,证券公司违反投资者适当性管理义务（第 88 条）,违法违规征集股东权利（第 90 条）,以及证券交易所采取不当措施（第 111 条）等违法行为的侵权赔偿责任。

（2）扩大民事赔偿责任的主体范围。我国《证券法》增加了证券内幕信息知情人（第 51 条）、利用未公开信息交易人（第 54 条）,编造、传播虚假信息或者误导信息人（第 56 条）,出借或借用证券账户交易人（第 58 条）的规定以及实际控制人损害赔偿责任规定（第 196 条第 2 款）,在原法基础上扩大了主体范围。

（3）完善连带赔偿责任形式。我国《证券法》第 24 条、第 85 条规定了连带赔偿责任承担实行过错推定原则,如果不能证明自己没有过错,则应当承担连带赔偿责任。我国《证券法》第 24 条、第 44 条、第 163 条还扩大了承担连带责任的主体范围。

（4）明确民事责任的认定标准。我国《证券法》第 44 条增加短线交易的间接和合计股份认定标准,把短线交易的自然人主体的配偶、父母、子女持有的股权性质证券纳入自然人主体持有的股权性质证券的范畴。该法第 55 条把"影响或者意图影响证券交易价格或者证券交易量"作为操纵证券市场的认定标准,并删除了原法"操纵证券交易价格或者证券交易量"的标准。换言之,只要存在影响证券交易价格或者证券交易量的意图和行为,无论是否造成证券交易价格或者证券交易量的变化,都构成操纵证券市场行为,应承担相应的损害赔偿责任。

(5)改革举证责任分配原则。我国《证券法》第 89 条第 2 款规定,“普通投资者与证券公司发生纠纷的,证券公司应当证明其行为符合法律、行政法规以及国务院证券监督管理机构的规定,不存在误导、欺诈等情形。证券公司不能证明的,应当承担相应的赔偿责任”。这一规定突破并改变了“谁主张,谁举证”的一般民事诉讼举证规则。证券公司相对于普通投资者来说,在信息获取和资金实力等方面处于优势地位。从平衡双方举证能力、确保双方法律地位平等、实现程序正义与实质正义来看,这一改革具有相当的合理性。

(6)建立证券民事诉讼制度。我国《证券法》第 95 条规定了证券侵权民事代表人诉讼制度。该制度具有 3 个特点:一是明确代表人诉讼制度。投资者保护机构可以接受 50 名以上投资者委托,作为代表人参加诉讼,充分发挥该机构保护投资者的作用。二是投资者保护机构可以按照证券登记结算机构确认的权利人,向人民法院登记诉讼主体,参加登记的投资者受人民法院作出的判决、裁定的约束。三是建立“默示加入”“明示退出”诉讼机制,优化现行民事代表人诉讼制度,力图为投资者维护自身合法权益提供便利的制度安排。

2. 健全证券行政责任体系

(1)厘清监管边界。我国《证券法》回应我国依法治国需求,调整证券监管权限范围,依法取消了职权外的处罚措施。我国新《证券法》第 182 条、第 183 条、第 202 条、第 206 条、第 207 条、第 208 条、第 209 条、第 211 条删除了原法对证券公司违规从事证券业务的直接负责的主管人员和其他直接责任人员“撤销任职资格或证券从业资格”的行政处罚措施;该法第 213 条删除了对证券服务机构违规提供证券服务的直接负责的主管人员和其他直接责任人员“撤销证券从业资格”的规定。按照我国《证券法》的规定,证券业协会的一项重要职能是对证券从业资格的管理,该资格的取得和撤销也应当由证券业协会依法进行,不属于证监会的职责范围。另外,我国《证券法》第 187 条、第 193 条第 2 款等删除原法对国家工作人员的行政处分,该法第 186 条删除原法对违法在限制转让期内转让证券或转让股票的直接负责的主管和其他直接责任人的警告和罚款规定,该法第 218 条则明确了对拒绝、阻碍证券监管机构及其工作人员依法行使监督检查、调查职权行为的治安管理处罚权属于公安机关。我国《证券法》的这些修订反映了证券立法在证券监管权力明晰化、法治化方面的进步。

(2)加大处罚力度。我国《证券法》近 40 个条文具体规定了证券违法行为应当承担的行政责任,大幅提高了对证券违法行为的行政处罚金额,增加了部分处罚措施。对于证券违法行为,在没收违法所得的基础上,处以更大数额的罚款,处罚标准由原来的 1 ~ 5 倍,提高到 1 ~ 10 倍;实行定额罚款的,原来处罚 30 万 ~ 60 万元人民币的,分别提高到 200 万 ~ 2000 万元人民币,同时实行双罚制,对欺诈发行、虚假陈述、操纵市场、内幕交易等行为处罚最严厉。这让违法行为人不但无利可图,而且还要承受较重的行政罚款,显著提高了证券违法成本。此外,我国《证券法》加重了对部分严重违法行为的处罚,实行罚款与限制业务许可等多重处罚。例如,该法第 183 条规定,证券公司承销或者销售擅自公开发行或者变相公开发行证券,情节严重的,除罚款外,还应当给予暂停或者撤销相关业务许可的处罚。

(3)完善责任制度。我国《证券法》增加了行政责任与民事责任双重责任的规定,完善了证券市场禁入制度的内容。如该法第 183 条规定的证券公司销售擅自公开发行或者变相公开发行的证券、第 54 条第 2 款和第 191 条规定的利用未公开信息进行交易、第 88 条和第 198 条规定的违法履行投资者适当性管理义务等,都有违法行为人应当依法承担行政责任和民事赔偿责任的内容;在完善证券市场禁入制度上,该法第 221 条把证券服务业务纳入证券市场禁入范围,补充规定被市场禁入的主体,在一定期限内直至终身不得在证券交易所、国务院批准的其他全国性证券交易场所("新三板")交易证券,使证券市场禁入措施的适用范围更加明确。

3. 健全证券刑事责任体系

(1)建立证券刑事犯罪预防机制。我国《证券法》除第 219 条重申对证券犯罪行为依法追究刑事责任外,第 12 条第 4 款还规定,公司公开发行新股的,须"发行人及其控股股东、实际控制人最近 3 年不存在贪污、贿赂、侵占财产、挪用财产或者破坏社会主义市场经济秩序的刑事犯罪"。这一规定意味着我国新《证券法》在对证券犯罪行为进行事后追究的同时,也重视运用对证券市场主体入市资格进行审查的方式,防范证券犯罪行为,形成事前防范与事后追究相结合的证券刑事责任体系。

(2)建立与涉及刑事责任相关法律的衔接机制。我国《证券法》第 178 条规定,公职人员涉嫌职务违法或者职务犯罪的,依法移送监察机关处理。

(3)规定境外证券犯罪的刑事责任追究。我国《证券法》第 2 条第 4 款关于"在中华人民共和国境外的证券发行和交易活动,扰乱中华人民共和国境内市场秩序,损害境内投资者合法权益的,依照本法有关规定处理并追究法律责任"的规定,包括了刑事责任的追究,体现了我国《刑法》第 8 条规定的保护管辖权原则。①

(三)优化证券法律责任追究程序

完善证券法律责任追究程序是我国《证券法》构筑综合惩治体系的重要部分。我国《证券法》在证券民事责任、证券行政责任和证券刑事责任追究程序方面进行了改革完善。

1. 优化证券民事责任追究程序

(1)我国《证券法》第 95 条关于代表人诉讼制度的规定,是维护投资者合法权益的制度创新。

---

① 我国《刑法》(2017 年 11 月 4 日修正)第 8 条规定:"外国人在中华人民共和国领域外对中华人民共和国国家或者公民犯罪,而按本法规定的最低刑为三年以上有期徒刑的,可以适用本法,但是按照犯罪地的法律不受处罚的除外。"

(2)我国《证券法》第94条建立了投资者保护机构参与诉讼制度,包括投保机构支持投资者起诉和投保机构股东代表诉讼。

(3)我国《证券法》第94条第1款确立了证券纠纷强制调解制度,当普通投资者与证券公司发生证券业务纠纷时,普通投资者要求进行调解的,证券公司不能拒绝。

(4)我国《证券法》第93条关于先行赔付制度的规定,有利于投资者受损利益及时获得补偿。

2. 依法完善证券行政责任追究机制

(1)明确证券行政责任追究主体。我国《证券法》上的行政责任追究主体除国务院证券监督管理机构外,还涉及国务院授权部门、国家监察机关、公安机关等。

(2)建立证券行政和解制度。证券行政和解是近年实践中试行的一项制度。[①] "它不仅可以缓解执法机关与相对人之间因事实或者法律关系不确定而导致的分歧和对立,而且可以通过执法方式的调整,在双方都能接受的情况下,达到处罚证券违法行为的目的。"[②]我国新《证券法》将该制度上升为法律,该法第171条对其作出了明确规定。

3. 依法完善证券刑事责任追究程序

我国《证券法》明确了证券刑事案件移送制度。该法第178条规定,国务院证券监督管理机构依法履行职责,发现公职人员涉嫌职务违法或者职务犯罪的,依法移送监察机关处理。

第二节 证券民事责任

民事责任是"现代民法之生命力所在",民事立法的进步与完善,其重点不在于规定多少民事权利,而在于制定完善的民事责任制度。[③] 证券民事责任属于私法责任,是对民事主体相对人承担的责任;证券民事责任具有补偿性,由受到损害的当事人通过向法院或仲裁机构提起诉讼或仲裁的方式来追究,或者采用调解等多元化纠纷解决机制来实现,具有事后补救功能。

一、证券民事责任概述

证券民事责任,是指证券民事法律关系主体违反证券民事法律规定而应当承担的否定性法律后果。与其他法律责任相比,证券民事责任具有以下法律特征。

1. 证券民事责任是不履行证券民事义务所应承担的法律责任。不履行证券民事义务是承担证券民事责任的基础和前提。证券民事责任是由证券民事法律规范规定的法

---

① 参见中国证监会2015年2月发布的《行政和解试点实施办法》。

② 周友苏、蓝冰:《证券行政责任重述》,载《清华法学》2010年第3期。

③ 梁慧星:《民法学说判例与立法研究》,中国政法大学出版社1993年版,第255页。

律责任，是不履行证券民事义务所产生的法律后果。行为人违反证券民事法律的禁止性规范的行为，即不履行证券民事法律规范规定的作为或不作为义务的行为，均属违反证券民事义务强制性规定的行为。没有证券民事义务或没有不履行证券民事义务，证券民事责任就无从谈起。证券民事义务按照形成依据的不同，可以分为法定义务和约定义务。当事人根据“意思自治”原则，采用合法方式在法定范围内约定的义务，也是一种法律义务，同样受到法律保护。因此，不履行约定义务也应当承担相应的证券民事责任。

2. 证券民事责任是以财产责任为主的法律责任。民法调整的社会关系主要是财产关系。与此相适应，财产责任就是证券民事责任的主要形式，一般表现为对责任方当事人给予一定的财产制裁，使其承受某种财产上的不利后果，如支付违约金、赔偿损失等。当然，证券民事责任主要表现为财产责任，并不排除赔礼道歉、恢复名誉等某些非财产责任。

3. 证券民事责任具有填补损害的补偿性质。由于证券民事权利主要表现为财产权利，证券民事责任的目的在于恢复受损害的证券民事权利，那么设置证券民事责任的目的应当是使受损害者得到与其所损失的财产相当的补偿。在追究当事人证券民事责任时，应当贯彻责任范围和强度与受损害者损失大致相当的原则。

4. 证券民事责任一般是对特定相对人承担的责任。根据民法调整平等主体之间财产关系和人身关系的特点，证券民事权利义务主要发生在平等的双方当事人之间，任何一方当事人不履行证券民事义务，就可能构成对另一方当事人证券民事权利的侵犯。因此，证券民事责任主要是对特定的权利受侵害人所承担的法律责任，目的是弥补受害人所受损失。

根据证券违法行为所侵害的证券民事权益关系的不同，证券民事法律责任可以分为证券违约责任、证券缔约过失责任和证券侵权责任 3 种类型。

二、证券违约责任

证券违约责任，是指证券民事法律关系主体违反证券合同义务而承担的民事法律后果。证券合同，是指在证券发行、交易及相关活动中所涉及的各种合同。证券违约责任作为在合同基础上产生的责任，一方面，必须受合同法和证券法的调整，不违背合同法和证券法的强制性规范；另一方面，它也应当遵循当事人意思自治的基本原则，允许当事人在法律范围内通过协商一致作出选择，在合意基础上自主确定责任形式及其责任大小。在任意性规范范围内，当事人之间包括违约责任在内的约定具有受法律保护且有优先适用的效力。因此，证券违约责任既可能是违反法律强制性规范所承担的法律后果，也可能是违反当事人约定规范所承担的法律后果。从立法技术上来看，证券法一般并不直接规定违约责任的具体内容，而只对证券合同涉及的有关问题作出强制性规定，如我国《证券法》第 28 条规定，证券代销和包销协议应当订立违约责任条款。如果证券合同当事人不履行合同义务，除依据证券法有关规定外，还应当按照合同法和当事人约定承担违约责任。从我国《证券法》的具体规定来看，构成证券合同关系，可能产生以下几种证券违约责任。

(一)上市公司收购合同的违约责任

上市公司收购主要分为要约收购和协议收购两种形式,上市公司收购合同也相应地主要分为要约收购合同和协议收购合同两种类型。要约收购合同的订立必须通过公开要约来完成。协议收购合同的订立是通过收购人与目标公司股东之间直接签订协议来完成。无论采取要约收购或协议收购形式,合同一旦成立生效,当事人都应严格按合同进行规范操作,否则就可能产生违约责任。我国《证券法》部分条文涉及上市公司收购合同的强制性规定。该法第 65 条第 2 款规定,“收购上市公司部分股份的收购要约应当约定,被收购公司股东承诺出售的股份数额超过预定收购的股份数额的,收购人按比例进行收购。”该法第 70 条规定:“采取要约收购方式的,收购人在收购期限内,不得卖出被收购公司的股票,也不得采取要约规定以外的形式和超出要约的条件买入被收购公司的股票。”该法第 74 条规定:“收购期限届满,被收购公司股权分布不符合证券交易所规定的上市交易要求的,该上市公司的股票应当由证券交易所依法终止上市交易;其余仍持有被收购公司股票的股东,有权向收购人以收购要约的同等条件出售其股票,收购人应当收购。”该法第 196 条第 2 款规定:“收购人及其控股股东、实际控制人利用上市公司收购,给被收购公司及其股东造成损失的,应当依法承担赔偿责任。”

(二)证券买卖合同的违约责任

证券买卖合同涉及的范围十分广泛,在证券发行阶段,发行人与投资者之间构成买卖合同关系;在证券交易阶段,参与二级市场证券买卖的相对当事人之间也构成买卖合同关系。在证券买卖关系中,合同当事人的约定必须体现证券法对相关合同主体规定的强制性义务,如违反合同义务,就应当承担违约责任。按照我国《证券法》第 117 条规定,出现该法第 111 条第 2 款规定的突发性事件导致证券交易结果出现重大异常时,如果按交易结果进行交收,将对证券交易正常秩序和市场公平造成重大影响,证券交易所按照业务规则可以采取取消交易、通知证券登记结算机构暂缓交收等措施;否则,“按照依法制定的交易规则进行的交易,不得改变其交易结果”,“对交易中违规交易者应负的民事责任不得免除;在违规交易中所获利益,依照有关规定处理”。

(三)证券承销合同的违约责任

证券承销合同是发行人与证券承销人就证券承销事宜签订的明确双方权利和义务的协议,包括证券代销合同和证券包销合同。按照我国《证券法》第 26 条、第 28 条的规定,在这一合同关系中,证券发行人的基本义务是按照承销合同约定的承销费用的计算标准、支付方式和期限向证券承销人支付承销费用和报酬。证券承销人的基本义务则是按照证券承销合同约定的承销方式、数量、期限、发行价格向投资者销售证券发行人所发行的证券,并向发行人交付销售证券款额。如为包销证券,应于承销期满后,自行认购全部余额;如为代销证券,在证券承销期满后,应及时将未出售的证券全部发还发行人。双方均不得违反其约定的义务,否则就须承担违约责任。

（四）证券服务合同的违约责任

证券服务合同，是指证券登记结算机构与发行人或投资者之间、证券投资咨询机构与投资者之间、证券资信评级机构与股份有限公司之间、证券服务机构与发行人或上市公司之间确立的以提供有关证券服务为内容的合同。提供服务一方的基本义务是按照对方的要求，根据相关法律、行政法规、规章或本行业规则，依照服务合同约定的质量和时间提供服务或出具有关文件。接受服务方的主要义务是向对方支付服务费用、劳动报酬和提供受托人为完成服务所必需的文件和材料。提供服务一方和接受服务一方都应当依照合同约定，履行各自义务，否则就可能承担相应的违约责任。我国《证券法》关于证券服务合同也有相应的规范：该法第 154 条规定，证券登记结算机构应当设立证券结算风险基金，用于垫付或者弥补因违约交收、技术故障、操作失误、不可抗力造成的证券登记结算机构的损失。该法第 155 条第 2 款规定，证券登记结算机构以证券结算风险基金赔偿后，应当向有关责任人追偿。该法第 161 条规定，证券投资咨询机构及其从业人员从事证券服务业务不得有下列行为：（1）代理委托人从事证券投资；（2）与委托人约定分享证券投资收益或者分担证券投资损失；（3）买卖本证券投资咨询机构提供服务的证券；（4）法律、行政法规禁止的其他行为。

（五）证券委托合同的违约责任

投资者通过证券交易所从事证券交易，必须委托证券公司进行。因此，投资者与证券公司之间必然形成大量的证券委托买卖合同关系。在这一合同关系中，证券公司承担的义务主要是按委托人指定的品种、数量、价格买卖证券。投资者承担的义务主要是支付一定费用和接受买卖结果。我国《证券法》第 57 条规定，证券公司及其从业人员违背客户委托买卖证券，损害客户利益的，应当依法承担赔偿责任。

值得注意的是，由于证券发行和交易过程中涉及不少专业性或技术性问题，因此，证券合同的订立往往是以在专业或技术上占据强势地位的当事人向相对方提供格式合同条款方式完成的，这不可避免地导致相对方在合同中处于被动接受的弱势地位。这种强弱关系存在于承销人与发行人、证券交易所与上市公司、证券公司与委托人、中介服务机构与接受服务方所订立的合同中。这就可能使双方当事人的"合意"徒具形式，而实际上权利义务并不对等。因此，在格式条款发生违约行为时，就不能简单地按照一般违约行为来对待，而应当适用我国《合同法》的有关规定：第一，"提供格式条款一方免除其责任、加重对方责任、排除对方主要权利的，该条款无效"；①第二，"对格式条款的理解发生争议的，应当按照通常理解进行解释。对格式条款有两种以上解释的，应当作出不利于提供格式条款一方的解释。格式条款和非格式条款不一致的，应当采用非格式条款"。②

此外，尽管证券公司按照委托人要求履行证券委托义务，但在签订证券委托合同之

① 参见我国《合同法》第 40 条规定。
② 参见我国《合同法》第 41 条规定。

前，证券公司还需要履行投资者适当性管理义务，防止不符合条件的投资者进入证券交易市场。这是我国《证券法》为实现证券委托人与受托人之间的地位平衡、切实保护投资者权益的新举措。按照我国《证券法》第88条的规定，“证券公司向投资者销售证券、提供服务时，应当按照规定充分了解投资者的基本情况、财产状况、金融资产状况、投资知识和经验、专业能力等相关信息；如实说明证券、服务的重要内容，充分揭示投资风险；销售、提供与投资者上述状况相匹配的证券、服务”。证券公司违反这一规定导致投资者损失的，应当承担相应的赔偿责任。

三、证券缔约过失责任

（一）证券缔约过失责任的含义及特征

证券缔约过失责任，是指在证券合同订立过程中，发行人由于自己的过错，致使合同关系无效或被撤销而给证券持有人造成损失所应承担的赔偿责任。合同缔约过失责任的具体形式和内容已被我国《合同法》正式确立，因而有必要把证券缔约过失责任作为一种独立的证券民事责任进行研究。证券合同作为合同的一种形式，在接受证券法调整的同时，必须遵循合同法的基本准则。缔约过失责任与违约责任、侵权责任都有明显的区别。首先，缔约过失责任是当事人因订立合同过程中的不良行为而产生的法律后果，不像违约责任那样必须以合同成立和有效为基础；其次，证券缔约过失责任以双方当事人信赖关系的存在和实际接触交往为前提，不像侵权责任那样不需要当事人之间存在任何关系，侵权行为发生时才使相互间产生损害赔偿关系。在我国《证券法》的有关规定中，证券缔约过失责任有以下特征。

1. 证券缔约过失责任属于证券合同成立后的责任。从合同法规定来看，缔约过失责任包括合同不成立的责任和合同成立后的责任两种情况。所谓合同不成立的责任，顾名思义，即合同尚未成立而产生的责任，如责任人根本无缔约诚意，而是假借订立合同恶意磋商，致使对方当事人为订立合同支出相应费用，责任人就应当承担赔偿对方因此所受的损失。所谓合同成立后的责任，是指合同已经成立，却因不符合有效要件被认定为无效或被撤销，责任人对其故意和过失给对方造成的损失予以赔偿。按照我国《证券法》第24条、第33条、第180条和第183条的规定，证券缔约过失责任是对已发行证券的行为承担的责任，责任的产生是由于发行人发行的证券违反法律、行政法规规定而导致证券合同无效或被撤销引起的，因此，这一责任显然属于证券合同成立后的责任。其中，该法第24条和第33条规定的情况属于证券合同因被撤销而产生的责任；该法第180条和第183条规定的情况属于证券合同应绝对无效而产生的责任。

2. 证券缔约过失责任的承担者为发行人及其控股股东、实际控制人、保荐人和证券公司，相对受损人是证券持有者。其中，发行不符合法定条件或法定程序证券的缔约过失责任的承担者是发行人、发行人的控股股东、实际控制人和保荐人；发行失败的缔约过失责任的承担者是发行人；擅自公开或变相公开发行证券的缔约过失责任的承担者是发行人和证券公司。证券缔约过失责任的相对受损人都是证券持有人。

3. 证券缔约过失责任的赔偿范围为信赖利益损失。所谓信赖利益损失是指受害方因信赖合同有效成立而支付的费用,即受害方在合同缔结以前的财产状态与现有财产状态之间的差距。具体而言,我国《证券法》第24条规定:"发行人应当按照发行价并加算银行同期存款利息返还证券持有人。"该法第33条规定:"发行人应当按照发行价并加算银行同期存款利息返还股票认购人。"该法第180条规定:"退还所募资金并加算银行同期存款利息。"由此可见,证券缔约过失责任具有恢复原状的责任属性,它是通过使当事人财产恢复到未缔约之前的原本状态来实现对受害方的救济。

4. 证券缔约过失责任适用过错推定责任原则或严格责任原则。我国《证券法》针对不同的责任主体,规定了不同的归责原则。发行人和证券公司适用严格责任原则,发行人的控股股东、实际控制人和保荐人适用过错推定责任原则。

(二)证券缔约过失责任的形式

证券缔约过失责任作为合同缔约过失责任的一种形式,从广义上可以包括所有证券合同形式的缔约过失责任,但从证券法直接涉及民事责任的规定来看,仅指我国《证券法》第24条、第33条、第180条和第183条规定的缔约过失责任。

1. 发行不符合法定条件证券或不依法定程序发行证券的缔约过失责任。我国《证券法》第24条规定:"国务院证券监督管理机构或者国务院授权的部门对已作出的证券发行注册的决定,发现不符合法定条件或者法定程序,尚未发行证券的,应当予以撤销,停止发行。已经发行尚未上市的,撤销发行注册决定,发行人应当按照发行价并加算银行同期存款利息返还证券持有人;发行人的控股股东、实际控制人以及保荐人,应当与发行人承担连带责任,但是能够证明自己没有过错的除外。股票的发行人在招股说明书等证券发行文件中隐瞒重要事实或者编造重大虚假内容,已经发行并上市的,国务院证券监督管理机构可以责令发行人回购证券,或者责令负有责任的控股股东、实际控制人买回证券。"

2. 发行失败的缔约过失责任。我国《证券法》第33条规定:"股票发行采用代销方式,代销期限届满,向投资者出售的股票数量未达到拟公开发行股票数量百分之七十的,为发行失败。发行人应当按照发行价并加算银行同期存款利息返还股票认购人。"

3. 擅自公开或者变相公开发行证券的缔约过失责任。我国《证券法》第180条规定:"擅自公开或者变相公开发行证券的,责令停止发行,退还所募资金并加算银行同期存款利息。"该法第183条规定,证券公司承销或者销售擅自公开发行的证券,给投资者造成损失的,应当与发行人承担连带赔偿责任。

四、证券侵权责任

(一)证券侵权责任概述

证券侵权责任,是指在证券发行、交易及相关活动中,当事人因违反法定义务,侵害他人财产权益所应承担的民事上的不利法律后果。证券侵权责任作为侵权责任的一种形式,具有侵权责任的一般共性。一方面,证券侵权责任是违反法律规定的义务引起的责任,不是违反当事人的协议而产生的法律责任,与当事人的协议无关,[①]在这个意义上,证券侵权责任不是当事人自愿承受的责任,而是由法律规定必须承担的责任。因此,证券法关于侵权责任的规定,都采取了强制性规范的形式,并且只有符合法律规定的证券侵权行为才可以提起侵权之诉。另一方面,证券侵权责任是对受害人承担的责任。一般而言,承担责任的范围与违法行为造成的权利损害相适应。换言之,它具有补偿和恢复原状的性质。

同时,证券侵权责任具有特殊性,与一般侵权责任存在诸多区别,主要表现在三个方面:一是侵权行为发生时间的特定性。证券侵权行为发生在证券发行、交易及相关活动中。二是受害方的特定性。受害方主要是投资者。三是侵害内容的特定性。证券侵权行为侵害的是证券市场相关当事人的财产权,而不是人身权和知识产权。因此,侵权人承担责任的主要形式也是财产责任,包括损害赔偿、恢复原状、返还财产等。

(二)短线交易的侵权责任

短线交易的侵权责任,是指上市公司、"新三板"挂牌公司持有5%以上股份的股东、董事、监事、高级管理人员从事违反证券法禁止的证券买卖并从中获取收益所应承担的责任。我国《证券法》第44条第1款规定:"上市公司、股票在国务院批准的其他全国性证券交易场所交易的公司持有百分之五以上股份的股东、董事、监事、高级管理人员,将其持有的该公司的股票或者其他具有股权性质的证券在买入后六个月内卖出,或者在卖出后六个月内又买入,由此所得收益归该公司所有,公司董事会应当收回其所得收益。"这一规定强化了对短线交易行为的规制,与旧法相比,呈现出两个变化:一是适用范围扩张。短线交易规则适用范围从上市公司拓展到上市公司和"新三板"挂牌公司,短线交易的主体范围也扩张为上市公司和"新三板"挂牌公司的董事、监事、高级管理人员和大股东。二是持有证券范围扩张。按照我国《证券法》第44条第2款的规定,前述"董事、监事、高级管理人员、自然人股东持有的股票或者其他具有股权性质的证券,包括其配偶、父母、子女持有的及利用他人账户持有的股票或者其他具有股权性质的证券"。

归入责任是对公司承担的财产责任,从另一层面来看,即法律赋予公司特别救济的权利,在法理上可称为"归入权"。归入责任作为侵权责任的一种形式,具有以下3个特点。

1. 归入责任是因违反法定义务而承担的责任,这一义务是我国《证券法》直接为上市公司、"新三板"挂牌公司的董事、监事、高级管理人员、持股5%以上的大股东设定的,而不是他们与相对公司约定的义务。

2. 归入责任是对公司承担的责任,即短线交易行为是对公司财产的侵害,或者说,公司是侵权行为的直接受损者。至于短线交易究竟如何侵害公司的权益,至少可以从

① [英]沃克:《牛津法律大辞典》,李双元等译,法律出版社2003年版,第1109页。

两个方面来理解。首先,短线交易是一种炒作行为,而不是投资行为。由于上市公司和“新三板”挂牌公司的董监高和大股东在公司所处地位,其炒作行为很容易导致公司股票价格发生不正常波动,甚至引发操纵股票交易价格的结果,直接影响公司的正常经营活动,从而造成公司可得利益的损失。其次,按照我国《证券法》第51条的规定,上市公司董监高和持有公司5%以上股份的股东是内幕信息知情人,具有从事内幕交易的条件,他们从事短线交易往往与内幕交易行为相联系。尽管内幕交易的直接受损害者是投资者,但也不可避免地涉及公司的利益。

3. 归入责任的承担方式是将侵权人所得利益收归公司所有,是民事责任中恢复原状的责任形式。恢复原状是侵权责任中较特殊的一种方式,在违约责任中很少采用。归入责任实际上是通过恢复原状来对公司所受损失的一种补偿。

从我国《证券法》的规定来看,承担短线交易的归入责任,必须具备两个基本要件:一是有从事短线交易的行为,二是从短线交易中获得了收益,二者缺一不可。其中,上市公司、“新三板”挂牌公司持有5%以上股份的股东和董监高是否获取收益是其承担民事责任的关键。

归入责任的发生还可能派生出其他的侵权责任。按照我国《证券法》第44条第1款的规定,归入权应当由公司董事会代表公司来行使,“公司董事会应当收回其所得收益”。如果董事会怠于行使或放弃行使这一权利,就可能因其不作为而给公司可得利益造成损害,由此产生新的侵权责任。按照我国《证券法》第44条第3款、第4款的规定,公司董事会不行使归入权,收回短线交易行为人所得收益的,股东有权要求董事会在30日内执行。公司董事会未在上述期限内执行的,股东有权为了公司利益以自己名义直接向人民法院提起诉讼;负有责任的董事依法承担连带责任。

(三)内幕交易的侵权责任

内幕交易的侵权责任,是指证券交易内幕信息的知情人和非法获取内幕信息的人,在涉及证券的发行、交易或者其他对证券的价格有重大影响的信息公开前,买卖该证券,或者泄露该信息,或者建议他人买卖该证券所承担的民事赔偿责任。内幕交易是证券市场中的不正当竞争行为,是内幕信息的知情人和非法获取内幕信息的人违反诚实信用原则、利用内幕信息使自己获利或减少损失而侵害了他人合法权益的行为,理应承担民事责任。我国《证券法》第53条规定:“内幕交易行为给投资者造成损失的,应当依法承担赔偿责任。”关于内幕交易的主体、内幕交易的行为方式等,本书在第六章第八节“禁止的交易行为”中已有较详细的论述,这里只讨论与侵权责任相关的两个问题。

1. 内幕交易的受害者。内幕交易的受害者只能是因内幕交易行为而遭受损失的人。他们可能是与内幕消息的知情人和非法获取内幕信息的人从事相反交易的人,也可能是与内幕消息的知情人和非法获取内幕信息的人从事相同交易的人。因此,根据交易方向的不同,可以将受害者分为相反交易的受害者和相同交易的受害者。

与内幕信息的知情人和非法获取内幕信息的人进行相反交易的投资者作为受害者,很容易被人们认可。因为当内幕信息的知情人和非法获取内幕信息的人买进证券时,内幕信息的知情人和非法获取内幕信息的人所利用的内幕信息意味着某种证券的价格即将上扬,此时,由于不知悉该信息而以证券价格上扬前的价格抛出股票的投资者就损失了股价上扬前后的差价收益,这个差价则是内幕信息的知情人和非法获取内幕信息的人的非法收益。同样,当内幕信息的知情人和非法获取内幕信息的人卖出证券时,这时内幕信息表明某种股价即将下跌,投资者由于不知悉该内幕消息,以股价下跌前的价格买进该种股票而被套牢。内幕消息的知情人和非法获取内幕信息的人就这样将自己即将发生的损失转嫁给了投资者。

与内幕信息的知情人和非法获取内幕信息的人进行相同交易的投资者是否是受害者,需要结合具体情况进行分析,其关键是投资者是否遭受损失。一般而言,与内幕信息的知情人和非法获取内幕信息的人进行"完全"相同交易的投资者应当是受益者。这里所称的"完全"是指投资者与内幕信息的知情人和非法获取内幕信息的人几乎同时进行相同方向的买卖证券行为,即内幕信息的知情人和非法获取内幕信息的人买入,投资者亦即时买入;内幕信息的知情人和非法获取内幕信息的人卖出,投资者亦即时卖出。否则,投资者则可能成为受害者。

2. 内幕交易损害赔偿请求权人。这需要从承担民事责任的构成要件来考虑。内幕交易既会给与内幕信息的知情人和非法获取内幕信息的人进行相反交易的投资者造成损害,又可能给从事相同方向交易的投资者造成损失。前者完全是在不知情的情况下完成交易的,如果这些受害者也同样知晓内幕信息,就不会进行该交易;而后者则是由于自己对信息的判断失误而盲目跟进导致的,并不是内幕交易导致的必然结果。因此,后者不应因自己的损失而当然获得损害赔偿请求权。

与内幕信息的知情人和非法获取内幕信息的人从事相反交易的受害人能否享有损害赔偿请求权,则应当从两个方面来分析:一是直接相反交易的受害人;二是间接相反交易的受害人。前者是指直接与内幕信息的知情人和非法获取内幕信息的人进行买卖证券的投资者。此时,投资者的损失是内幕交易的买卖行为引发的直接后果,内幕信息的知情人和非法获取内幕信息的人理应承担赔偿损失的责任。后者是指与内幕信息的知情人和非法获取内幕信息的人进行相反交易,但未与其直接成交的投资者。此时,投资者与内幕信息的知情人和非法获取内幕信息的人进行相反交易可能出于多种原因,其损失也并不一定是内幕交易行为的直接后果。因此,间接相反交易的受害人不能向内幕信息的知情人和非法获取内幕信息的人提出损害赔偿之诉。由此可见,只有直接相反交易的受害人(投资者),才能享有民事赔偿请求权。

(四)利用未公开信息交易的侵权责任

利用未公开信息交易的侵权责任,是指证券交易场所、证券公司、证券登记结算机构、证券服务机构和其他金融机构的从业人员、有关监管部门或者行业协会的工作人员，利用因职务便利获取的内幕信息以外的其他未公开信息，违法从事与该信息相关的证券交易活动，或者明示、暗示他人从事相关交易活动时应当承担的民事责任。利用未公开信息交易的行为俗称“老鼠仓”行为，是近年来证券交易中较突出的损害投资者利益行为。我国《证券法》本次修改增加了这一禁止交易的行为并规定了相应的民事责任。该法第54条规定：“利用未公开信息进行交易给投资者造成损失的，应当依法承担赔偿责任。”关于利用未公开信息进行交易的行为主体、行为方式和对未公开信息界定等，本书在第六章第八节“禁止的交易行为”中有较详细的论述，这里只讨论与内幕交易侵权责任区别的有关问题。

利用未公开信息交易的侵权责任与内幕交易的侵权责任存在相似之处，例如，行为人都违反我国《证券法》的规定，利用尚未公开的信息，鼓励他人实施交易行为，损害投资者利益并依法承担赔偿责任。但从我国《证券法》不同条文的规定来看，二者在主体和行为构成方面存在以下明显区别。

1. 侵权主体不同。利用未公开信息交易的责任主体是证券交易场所、证券公司、证券登记结算机构、证券服务机构和其他金融机构的从业人员、有关监管部门或者行业协会的工作人员。内幕交易的责任主体是证券交易内幕信息的知情人和非法获取内幕信息的人。我国《证券法》第51条对此列举了9类人员。内幕信息交易责任主体范围比利用未公开信息交易的责任主体范围更宽泛。

2. 侵权行为方式不同。首先，利用未公开信息交易行为对未公开信息的获取仅限于利用职务便利；内幕交易行为对内幕信息的获取除利用职务便利外，还包括其他非法方式。其次，利用未公开信息交易行为是指行为人“从事与该信息相关的证券交易活动，或者明示、暗示他人从事相关交易活动”；内幕交易行为则是指在内幕信息公开前，买卖公司证券，或者泄露内幕消息，或者建议他人买卖该证券。

（五）操纵证券市场的侵权责任

操纵证券市场的侵权责任，是指以获取利益或者减少损失为目的，利用非法手段，影响或意图影响证券交易价格或证券交易量，扰乱证券市场秩序所应承担的民事赔偿责任。我国《证券法》第55条对操纵证券市场的行为及其表现方式作了明确规定。与我国《证券法》修订前的相关规定比较，该条从两个方面完善了对操纵市场行为的规制：一是增加了对操纵证券市场的主观意图的判定，明确规定具有“意图影响证券交易价格或者证券交易量”的行为也构成操纵证券市场的行为；二是增加列举了操纵市场的行为方式，如虚假申报、蛊惑交易、反向交易等操纵行为。①

操纵市场行为严重损害投资者合法权益，违背我国《证券法》确立的“公开、公平、公正”原则，破坏证券市场正常秩序。操纵证券市场的侵权责任认定涉及以下三个方面内容。

---

① 有关操纵证券市场行为方式的论述，详见本书第六章第八节“禁止的交易行为”中有关内容。

1. 操纵证券市场的行为。操纵证券市场的行为可以表现为多种样态,但基本可以分为两类,即通过不具有真实交易目的的证券交易行为操纵证券市场的行为和通过语言、文字等间接操纵证券市场的行为。其中,通过语言、文字等间接操纵证券市场行为,一般比较容易识别,往往表现为通过散布谣言、不实资料来影响证券交易。但通过不具有真实交易目的的证券交易行为操纵证券市场的行为则具有多种表现形式,比较难以识别。例如,随着计算机技术带来的程序化交易(高频交易)的发展,“不以成交为目的,频繁或者大量申报并撤销申报”的虚假申报行为对市场交易价格造成较大影响,已经成为操纵证券市场的一种常见手段。我国《证券法》第 55 条明确将其列举为操纵证券市场的行为方式,具有对智能金融活动进行法律规制的开创意义。

2. 操纵证券市场的行为后果。从我国《证券法》第 55 条的内容来看,行为人是在故意心理状态下实施的操纵证券市场行为。这一行为具有明显的目的性,即“影响或者意图影响证券交易价格或者证券交易量”,其中“意图影响”表明,无论行为人是否造成了影响证券交易价格或者证券交易量的实际后果,只要实施了该条列举的行为,都可能构成操纵证券市场的行为,都应当承担相应的法律责任。但对于具有补偿性质的民事责任而言,则需要有行为后果的要求,即符合该条第 2 款规定的“操纵证券市场行为给投资者造成损失”之条件,行为人才“依法承担赔偿责任”,否则就可能只承担行政责任。

3. 操纵证券市场的主体。操纵证券市场行为人除市场投资者外,有的上市公司为了自己在市场上的地位或为了买卖证券谋利,也会利用自己的资金和信息等优势,实施操纵证券市场行为;还有发行人的内部人士、证券公司、证券咨询机构、专业中介机构及其工作人员也可能利用信息不对称关系实施操纵证券市场的行为。此外,在实践中还有一些具有影响力的民间荐股人士等通过荐股方式操纵证券市场并从中牟利。

(六)编造、传播虚假信息或者误导性信息的侵权责任

编造、传播虚假信息或者误导性信息的侵权责任,是指行为人编造、传播虚假信息或者误导性信息,给投资者造成损失所应承担的民事赔偿责任。我国《证券法》第 56 条规定:“禁止任何单位和个人编造、传播虚假信息或者误导性信息,扰乱证券市场。禁止证券交易场所、证券公司、证券登记结算机构、证券服务机构及其从业人员,证券业协会、证券监督管理机构及其工作人员,在证券交易活动中作出虚假陈述或者信息误导。各种传播媒介传播证券市场信息必须真实、客观,禁止误导。传播媒介及其从事证券市场信息报道的工作人员不得从事与其工作职责发生利益冲突的证券买卖。编造、传播虚假信息或者误导性信息,扰乱证券市场,给投资者造成损失的,应当依法承担赔偿责任。”

编造、传播虚假信息或者误导性信息的侵权责任有以下两个方面需要注意。

1. 侵权主体的广泛性。任何单位和个人都可以成为编造、传播虚假信息或者误导性信息的侵权责任主体,包括但不限于国家工作人员、传播媒介从业人员和有关人员。

随着互联网的迅速发展和微信、微博等新媒体的持续繁荣，传统的利用职业身份来获得影响力的主体身份限制被打破，各类市场参与主体都可能成为有影响力的信息发布者和传播者。我国新《证券法》将此类侵权行为主体界定为“任何单位和个人”以适应违法主体多样性和大众化的变化，有助于强化对此类违法行为的规制。

2. 违法行为的多样性。由于编造、传播虚假信息或者误导性信息的主体类型不同，其违法行为也不尽相同。对于证券交易场所、证券公司、证券登记结算机构、证券服务机构及其从业人员，证券业协会、证券监督管理机构及其工作人员来说，在证券交易活动中作出虚假陈述或者信息误导就构成了违法行为。但对传播媒介及其从事证券市场信息报道的工作人员要求更严格，一方面必须真实、客观地传播证券市场信息，禁止误导；另一方面要求不得从事与其工作职责发生利益冲突的证券买卖。

3. 违法后果的确定性。按照我国《证券法》第 56 条第 4 款的规定，编造、传播虚假信息或者误导性信息，扰乱证券市场，给投资者造成损失的，应当依法承担赔偿责任。说明承担赔偿民事责任应当有违法后果的构成要件。

（七）损害客户利益的侵权责任

损害客户利益的侵权责任，是指证券公司及其从业人员在从事证券经纪行为中，违反证券法规定的义务给客户造成损失所应承担的赔偿责任。按照我国《证券法》第 57 条的规定，证券公司及其从业人员不得从事下列损害客户利益的行为：(1) 违背客户的委托为其买卖证券；(2) 不在规定时间内向客户提供交易的确认文件；(3) 未经客户委托，擅自为客户买卖证券，或者假借客户名义买卖证券；(4) 为牟取佣金收入，诱使客户进行不必要的证券买卖；(5) 其他违背客户真实意思表示，损害客户利益的行为。违反上述规定给客户造成损失的，应当依法承担赔偿责任。

损害客户利益的侵权责任往往可能与证券委托合同的违约责任交织在一起，出现民事责任的竞合。一方面，从事经纪业务的证券公司与投资者构成行纪合同关系，如果证券公司违背客户委托买卖证券、办理交易事项，就应当承担相应的违约责任。另一方面，证券公司作为证券交易的中介和主体，在证券市场具有特殊地位，发挥重要作用，当其从事委托代理业务时，我国《证券法》又为之设定了若干特别义务。这些义务在法律上都属于强制性规范，合同当事人一方或双方均不得以约定或其他方式将其取消或作出任何更改。证券公司如果违反这些法定义务，就可能构成对相对当事人乃至其他投资者财产权益的侵害，从而产生侵权责任。因此，损害客户利益的行为不仅可能涉及违约责任，也完全可能引起侵权民事法律后果，即产生侵权责任。

在损害客户利益的侵权责任与违约责任竞合时，可以参照民事责任竞合的基本法理，遵循以下基本原则来处理：(1) 受害人可以对两种责任请求权作出选择，或者选择行使对自己方便有利的赔偿请求权，或者在责任请求权之一因时效而发生消灭时，选择行使另一有效的请求权。(2) 由于我国《证券法》第 57 条明确规定行为人承担赔偿损失的民事责任，这表明，两种责任的请求范围是相同的。因此，如果受害人通过行使其中一种责任请求权而使所受损失得到弥补,那么另一责任请求权则应当归于消灭,即加害人的民事责任随之免除。

在具体认定损害客户利益的侵权责任时,应当注意以下两个问题:第一,由于损害客户利益的侵权责任是损害赔偿责任,必须以“给客户造成损失”为责任构成要件。第二,责任具体承担者是法人,即证券公司,法人的从业人员不承担连带责任。按照我国《证券法》第136条的规定,“证券公司的从业人员在证券交易活动中,执行所属的证券公司的指令或者利用职务违反交易规则的,由所属的证券公司承担全部责任。证券公司的从业人员不得私下接受客户委托买卖证券”。即便客户的损失是由证券公司从业人员违反法定义务造成的,也应当由证券公司独立对客户承担赔偿责任,之后可按照公司内部管理制度对违法责任人员作出处理。

(八)未履行公开承诺的侵权责任

未履行公开承诺的侵权责任,是指发行人及其控股股东、实际控制人、董事、监事、高级管理人员等信息披露义务人,没有履行其披露的公开承诺而给投资者造成损失所应承担的民事赔偿责任。我国《证券法》第84条第2款规定:“发行人及其控股股东、实际控制人、董事、监事、高级管理人员等作出公开承诺的,应当披露。不履行承诺给投资者造成损失的,应当依法承担赔偿责任。”

公开承诺制度,是指个人或组织把工作责任人、目标、措施等内容公之于众,接受监督并认真践行的一种承诺制度。在证券市场上,发行人及其控股股东、实际控制人、重要股东、收购方等在首次公开发行股票、再融资、并购重组以及公司治理等重要过程中,常对股份限售、股份增减持、资产注入、资产重组、股份回购、股东一致行动、募集资金使用、分红、股权激励、高管任职等诸多事项作出公开承诺,并通过这些承诺博取投资者对发行人、上市公司及其实际控制人等相关主体的信赖感,进而起到提振信心、稳定股价的作用。同时,公开承诺也是对公开承诺人的监督和诚信检验。公开承诺人不履行承诺时,不仅可能对投资者利益造成损害,而且也会对证券市场的诚信建设带来危害。因此,明确规定公开承诺人的侵权责任有利于预防和惩治证券市场中不履行承诺的失信行为。

1. 未履行公开承诺的侵权责任主体。未履行公开承诺的侵权责任主体是发行人及其控股股东、实际控制人、董事、监事、高级管理人员等作出公开承诺的信息披露人。这类主体不仅知悉公司的重大决策及重要信息,而且其言行对投资者的信赖感和证券市场的稳定性有较大影响力。

2. 侵权人实施了违反法定义务的行为。我国《证券法》第84条规定,发行人及其控股股东、实际控制人、董事、监事、高级管理人员等作出公开承诺,不履行承诺给投资者造成损失的,应当依法承担赔偿责任。

3. 未履行公开承诺给投资者造成了损失。按照我国《证券法》第84条第2款的规定,构成未履行公开承诺的侵权责任必须具备“给投资者造成损失”要件。投资者根据违法行为人披露的公开承诺依法作出的投资决策遭受损失，违法行为人应当承担相应的民事赔偿责任。

（九）证券公司违反投资者适当性管理义务的侵权责任

证券公司违反投资者适当性管理义务的侵权责任，是指证券公司向投资者销售证券、提供服务时，未按规定充分了解投资者的投资相关信息，如实说明证券、服务的重要内容、告知投资风险，销售提供与前述情况相匹配的证券和服务，给投资者造成损失，应当承担的民事赔偿责任。我国《证券法》第 88 条对这一侵权责任作了相应规定。证券公司违反投资者适当性管理义务的侵权责任包括以下构成要件。

1. 侵权主体是证券公司。按照我国《证券法》第 88 条的规定，侵权主体为向投资者销售证券、提供服务的证券公司。

2. 侵权人实施了违反法定义务的行为。按照我国《证券法》第 88 条的规定，证券公司在向投资者销售证券和提供服务时，应当履行 3 项义务：一是了解投资者相关投资信息，包括基本情况、财产状况、金融资产状况、投资知识和经验、专业能力等，从而掌握销售产品和提供服务对象是否符合要求；二是提示投资风险，证券公司根据投资者的基本信息，如实告知所销售证券和提供服务的重要内容及其投资风险，为投资者提供全面的投资信息参考；三是销售与提供适配的证券和服务。

3. 违反投资者适当性管理义务给投资者造成了损失。我国《证券法》第 88 条第 3 款规定，证券公司违反投资者适当性管理规定，导致投资者损失的，应当承担相应的赔偿责任。

4. 侵权责任适用过错原则。按照我国《证券法》第 88 条的规定，证券公司违反投资者适当性管理义务给投资者造成损失时所承担的民事赔偿责任应当适用过错责任原则，或者说无过错则不承担责任。应当注意的是，对违反投资者适当性管理义务的侵权责任认定，投资者的过错并不必然减轻证券公司的过错责任。我国《证券法》第 88 条第 2 款规定："投资者在购买证券或者接受服务时，应当按照证券公司明示的要求提供前款所列真实信息。拒绝提供或者未按照要求提供信息的，证券公司应当告知其后果，并按照规定拒绝向其销售证券、提供服务。"按照这一规定，如果投资者拒绝提供或者不按照要求提供相关的真实信息，证券公司必须在告知后果之后，依照规定拒绝销售证券和提供服务。换言之，只要证券公司未按规定和程序销售、提供与投资者情况相匹配的证券、服务，给投资者造成损失的，无论投资者是否有过错，都不影响证券公司承担相应的民事赔偿责任。

应当注意的是，我国《证券法》把投资者分为普通投资者与专业投资者，除给予普通投资者在信息告知、适当性匹配等方面的特别保护外，还通过强化证券公司的举证责任，督促证券公司依法履行投资者适当性管理义务。我国《证券法》第 89 条规定："根据财产状况、金融资产状况、投资知识和经验、专业能力等因素，投资者可以分为普通投资者和专业投资者。专业投资者的标准由国务院证券监督管理机构规定。普通投资者与证券公司发生纠纷的，证券公司应当证明其行为符合法律、行政法规以及国务院证券监督管理机构的规定，不存在误导、欺诈等情形。证券公司不能证明的，应当承担相应的赔偿责任。”

（十）违法公开征集股东权利的侵权责任

违法公开征集股东权利的侵权责任，是指征集人违反法律、行政法规或者国务院证券监督管理机构的有关规定，自行或者委托证券公司、证券服务机构，公开请求上市公司股东委托其代为出席股东大会，并代为行使提案权、表决权等股东权利，给上市公司或者其股东造成损失时所应承担的民事赔偿责任。我国《证券法》第90条规定了这一侵权责任。

公开征集股东权利制度是公司治理的一件“利器”，可以通过法定程序来起到集中众多中小股东意志、鼓励中小股东参与公司治理、防止大股东操纵公司的重要作用。但不能忽视的是，恶意竞争者也可能利用信息不对称优势，通过获得中小股东享有的表决权等股东权利的方式，争夺公司经营权，使公开征集股东权利异化为恶意竞争者争夺公司经营权的工具。① 因此，规范公开征集股东权利行为有利于实现大股东与中小股东之间、上市公司管理层与中小股东之间以及股东与社会公众之间的利益平衡。

1. 违法公开征集股东权利的责任主体。承担违法公开征集股东权利的侵权责任主体是征集人，包括上市公司董事会、独立董事、持有1%以上有表决权股份的股东或者依照法律、行政法规或者国务院证券监督管理机构的规定设立的投资者保护机构。其中，上市公司董事会、独立董事、持有1%以上有表决权股份的股东是公司的直接利害关系人，而投资者保护机构是非直接利害关系人，具有专业性、公益性和服务性组织特点。我国《证券法》明确赋予非直接利害关系人作为征集人的主体地位，试图降低中小股东利用公开征集股东权利制度进行维权的成本，在一定程度上解决了机构投资者集体行动激励不足的问题。②

2. 侵权人实施了违反法定义务的行为。征集人征集的股东权利包括出席股东大会权、代为行使提案权、表决权等股东权利，必须符合委托代理的法律规定。同时，征集人应当遵守法律、行政法规或者国务院证券监督管理机构的有关规定，采用公开征集、无偿征集的方式，充分披露征集文件，不能采用有偿或者变相有偿的方式公开征集股东权利，否则就可能承担相应的民事责任。

3. 侵权人给投资者造成损失。我国《证券法》第90条规定：“公开征集股东权利违反法律、行政法规或者国务院证券监督管理机构有关规定，导致上市公司或者其股东遭受损失的，应当依法承担赔偿责任。”值得关注的是，公开征集股东权利涉及委托代理

---

① 参见《中国公开征集投票权规范性研究》，载郭文英、徐明主编：《投服研究》（第2辑·2018年），法律出版社2018年版，第61页。

② 郭雳：《作为积极股东的投资者保护机构——以投服中心为例的分析》，载《法学》2019年第8期。

合同关系,委托代理过程中也可能产生民事赔偿责任。原因在于,公开征集股东权利的征集人必须公开征集文件,履行信息披露义务,不得实施虚假陈述行为,否则给投资者造成损失时,就应当承担相应的赔偿责任。

(十一)证券交易所违法处置突发性事件的侵权责任

违法处置突发性事件的侵权责任,是指证券交易所因不可抗力、意外事件、重大技术故障、重大人为差错等突发性事件影响证券正常交易时,采取处置措施不符合法律法规和业务规则的规定,存在重大过错并造成损失所应当承担的民事赔偿责任。我国《证券法》第 111 条对这一侵权行为作出了相应规定。

证券交易所是为证券集中交易提供场所设施、组织监督证券交易、实行自律管理的法人。在通常情况下并不会直接侵害投资者权益。但是,在证券交易所面临不可抗力、意外事件、重大技术故障、重大人为差错等原因陷入交易异常的情况下,证券交易所采取技术性停牌、临时停市、暂缓交收,甚至取消交易等方式制止错误交易的发生或进行时,就可能由此引发交易所会员和投资者等之索赔请求。对此,我国《证券法》第 111 条规定了证券交易所的民事责任豁免制度。按照证券交易所民事责任豁免理论,证券交易所享有民事责任豁免权是由其自律管理职能决定的,它比政府更具有证券市场监管的专业性、灵活性、及时性等方面的优势,并分担了政府监管成本、缓解了监管压力、提高了监管实施效果,因此,证券交易所对监管事项的必要决定权和自治权应当得到尊重。在证券交易所正当履行监管职责而给被监管主体造成利益损失时,应当免除其法律责任,否则,证券交易所必定会因畏惧承担赔偿责任而无法正常履行职责。① 然而,考虑证券交易所在证券交易中的组织和监管地位,以及维护交易参与人利益和整体市场秩序的需要,在赋予证券交易所针对交易异常情况采取相应处置措施的权力与义务的同时,也规定其在一定情况下应承担民事赔偿责任。

证券交易所承担违法处置突发性事件的侵权责任有以下构成要件。

1. 侵权责任主体。侵权责任主体为证券交易所。目前,我国证券交易所包括上海证券交易所和深圳证券交易所。

2. 侵权人实施了违反法定义务的行为。在法定突发性事件发生时,证券交易所可以按照业务规则采取处置措施,并及时履行向证券监管机关进行报告的义务,在该事件导致证券交易结果出现重大异常时,为维护证券交易正常秩序和市场公平,可以按照业务规则采取取消交易等措施和及时履行报告义务和公告义务,否则,如果存在重大过错,就要承担民事赔偿责任。

3. 侵权责任适用过错责任原则。我国《证券法》第 111 条第 3 款规定:“证券交易所对其依照本条规定采取措施造成的损失,不承担民事赔偿责任,但存在重大过错的除外。”按照这一规定,证券交易所只有在存在重大过错的情况下,才承担违法处置突发

① 顾功耘:《证券交易异常情况处置的制度完善》,载《中国法学》2012 年第 2 期。

性事件的侵权责任,这是由证券市场的特殊性所决定的。证券市场规模日趋庞大,技术系统愈发复杂,监管要求更加提升,尤其是重大技术故障类的突发性事件在所难免。如果让证券交易所承担严格责任,那么就会把证券市场参与人共同承担的风险转移给一方承担,出现实质性的不公平。即便由证券交易所承担严格责任,当出现众多投资者向证券交易所提出赔偿请求时,证券交易所难免陷入困境,甚至因巨额赔偿而难以为继,最终影响证券市场的良性发展。鉴于此,证券交易所存在重大过错是承担违法处置突发性事件侵权责任的前提。就主观而言,“重大过错”可以理解为故意或重大过失。故意是指证券交易所主观上存在追求或放任危害结果发生的意图。如果交易所存在造成损害的故意,就缺乏目的正当性,理当承担赔偿责任。重大过失是行为人未尽到普通人的注意义务;[①]证券交易所是履行自律监管职责的专业组织,应当达到具有专业水平的注意程度,如果连普通人的一般注意义务都没有达到,即构成不当履责。从行为表现来看,“重大过错”包括证券交易所违法不作为、违反程序、判断错误等形式。[②]

(十二)证券交易所违法处置市场风险的侵权责任

证券交易所违法处置市场风险的侵权责任,是指证券交易所在处理证券交易重大异常波动风险时,采取了违反我国《证券法》规定的措施,存在重大过错,造成损失所应当承担的民事赔偿责任。我国《证券法》第 113 条规定了这一侵权责任。

证券交易所违法处置市场风险的侵权责任与证券交易所违法处置突发性事件的侵权责任基本类似,从主体上来看,承担责任的主体都是证券交易所;从行为上来看,行为人都违反了相关的依法处置和及时报告的义务;从主观上来看,违法行为人都存在重大过错;从归责原则观之,二者都适用过错责任原则,只有在证券交易所存在重大过错时,才对违法处置行为承担相应的民事责任。不同之处在于,证券交易所违法处置市场风险的侵权责任与证券交易所违法处置突发性事件的侵权责任的适用范围不同。我国《证券法》第 111 条规定的证券交易所违法处置突发性事件的侵权责任适用于不可抗力、意外事件、重大技术故障、重大人为差错等证券市场外部“突发性事件”引发的处置不当,而证券交易所违法处置市场风险的侵权责任则适用于证券市场内部证券交易出现的重大异常波动情形,往往与证券市场风险有关。

证券市场风险理论认为,证券市场风险是证券市场中的各种不确定性因素给投资者造成的非预期投资收益损失。证券市场风险可以分为系统性风险和非系统性风险。证券系统性风险,是指某种因素的影响和变化导致证券市场上所有证券价格的下跌而给证券持有人造成损失的可能性。证券投资者自身无法消除这种系统性风险。证券非系统性风险也称为非制度性风险,是指某些因素对个别证券造成损失的可能性,主要源于证券价格风险、公司经营风险和投资者购买力风险。由于非系统性风险只对单个证

① 叶名怡:《重大过失理论的构建》,载《法学研究》2009 年第 6 期。

② 顾功耘:《证券交易异常情况处置的制度完善》,载《中国法学》2012 年第 2 期。

券的收益造成影响,投资者可以运用多样化的证券投资等方式来防范。[①] 重大异常波动往往就是某种市场风险的呈现。证券交易所作为证券交易的组织者和监管者,承担证券市场风险监测职责,对于证券交易中出现的重大异常波动应当及时识别、监测,依法采取限制交易、强制停牌甚至临时停市等处置措施并公告,进而及时控制市场风险,维护证券市场稳定。证券交易所基于自身承担的证券交易组织监管职责,对于依照我国《证券法》第113条规定采取市场风险处置措施造成的损失,享有民事责任豁免权,但存在故意或重大过失不作为、判断错误或处置程序违法等情况时,应当承担民事赔偿责任。

(十三)出具虚假报告的侵权责任

出具虚假报告的侵权责任,是指证券服务机构违反法定义务,在其为证券的发行、上市、交易等证券业务活动制作、出具审计报告及其他鉴证报告、资产评估报告、财务顾问报告、资信评级报告或者法律意见书等文件中,有虚假记载、误导性陈述或者重大遗漏时所应承担的民事责任。我国《证券法》第163条规定了这一侵权责任。

出具虚假报告的侵权责任与虚假陈述的侵权责任存在不少相似之处,例如,二者的行为人都实施了弄虚作假行为、损害了投资者利益、违反了诚实信用和勤勉尽责的法定义务,并涉及连带赔偿责任等。但作为我国《证券法》不同条文规定的侵权责任,二者也有明显的区别。

1. 侵权主体不同。出具虚假报告的直接主体是证券服务机构,主要是资产评估事务所、会计师事务所、审计事务所、律师事务所等,委托人为连带责任主体。虚假陈述的直接主体是发行人及法律、行政法规和国务院证券监督管理机构规定的其他信息披露义务人,包括公开发行证券的公司、上市公司、公司债券上市交易的公司、"新三板"挂牌公司。

2. 侵权人违反的法定义务的具体内容不同。出具虚假报告的行为人违反的是对专业报告承担的法定义务,即对自己出具的文件所承担的勤勉尽责和如实出具的义务。我国《证券法》第19条第2款规定:"为证券发行出具有关文件的证券服务机构和人员,必须严格履行法定职责,保证其所出具文件的真实性、准确性和完整性。"我国《证券法》第163条也要求证券服务机构应当勤勉尽责,核查和验证所依据的文件资料内容的真实性、准确性、完整性。而按照我国《证券法》第85条的规定,虚假陈述行为人违反的是对发行人和上市公司公告的招股说明书、公司债券募集办法、财务会计报告、上市报告文件、年度报告、中期报告、临时报告以及其他信息披露资料承担的法定义务,即真实性、准确性、完整性保证义务。

3. 侵权责任的具体形式不同。出具虚假报告仅有连带责任一种形式,发生在证券服务机构和发行人、上市公司之间。而虚假陈述的侵权责任分为一般赔偿责任和连带

---

① 陈京华主编:《中国证券大全·1997》,中国经济出版社1997年版,第313~314页。

赔偿责任,发行人及法律、行政法规和国务院证券监督管理机构规定的其他信息披露义务人,即公开发行证券的公司、上市公司、公司债券上市交易的公司、“新三板”挂牌公司对其披露的信息存在虚假记载、误导性陈述或者重大遗漏的行为承担赔偿责任,发行人的控股股东、实际控制人、董事、监事、高级管理人员和其他责任人员以及保荐人、承销的证券公司及其直接责任人员则依法承担连带责任。

4. 归责原则不同。出具虚假报告的侵权责任适用过错推定责任,虚假陈述的侵权责任则根据责任主体不同,其归责原则亦不同。对发行人和上市公司的虚假陈述违法行为适用严格责任原则;对发行人的控股股东、实际控制人、董事、监事、高级管理人员和其他直接责任人员以及保荐人、承销的证券公司的虚假陈述违法行为则适用过错推定责任原则。

(十四)证券公司承销或销售违法发行的证券的侵权责任

证券公司承销或销售违法发行的证券的侵权责任,是指证券公司承销或销售擅自公开发行或者变相公开发行的证券,给投资者造成损失所应承担的民事赔偿责任。我国《证券法》第 183 规定:“证券公司承销或者销售擅自公开发行或者变相公开发行的证券的,给投资者造成损失的,应当与发行人承担连带赔偿责任。”从法理上分析,证券公司承销或销售违法发行的证券的侵权责任包括以下构成要件。

1. 承担责任的主体是证券公司。

2. 证券公司实施了承销或销售违法公开发行的证券的行为。一些证券公司在开展代理发行业务、招揽承销项目过程中,采取各种不正当手段进行虚假宣传、恶意竞争,这是证券承销过程中最严重的违规行为。证券市场是一个高度依赖有效信息的市场,借助真实有效的信息,证券市场才能保持充分、自由的竞争,市场调节机制才能发挥作用,社会资源才能得到合理配置,投资者才能作出正确的判断和选择。如果证券公司在承销证券时进行虚假或者误导投资者的广告或者其他宣传推介活动,就会造成证券市场信息失真,进而破坏证券市场秩序,并损害投资者合法权益。同时,以不正当手段招揽承销业务的行为,还会造成证券发行市场的混乱,增加证券公司经营风险。因此,我国《证券法》第 29 条对证券承销行为作出了具体规定,即“证券公司承销证券,应当对公开发行募集文件的真实性、准确性、完整性进行核查。发现有虚假记载、误导性陈述或者重大遗漏的,不得进行销售活动;已经销售的,必须立即停止销售活动,并采取纠正措施”。

3. 侵权行为给投资者造成了损失。按照我国《证券法》第 183 条的规定,构成证券公司违规承销的侵权责任必须具备“给其他证券承销机构或者投资者造成损失”的要件,必须以存在确定的经济损失和确定的受害人为前提,否则,即便行为人实施了违反证券承销业务规定的行为,其行为后果可能涉及行政责任甚至刑事责任,但不会产生承担民事责任的问题。

4. 侵权责任适用过错责任原则。证券公司故意或过失违反我国《证券法》的规定,承销或销售违法公开发行的证券,应当依法承担相应的民事责任。

5. 侵权责任是连带赔偿责任。证券公司承销或销售违法发行的证券的,由证券公司和发行人承担连带赔偿责任。

第三节　证券行政责任

证券行政责任是违法行为人对国家和社会承担的、由国家级政府机关负责追究的一种公法责任,具有惩罚、威慑和预防违法行为的功能。

一、证券行政责任的含义和构成要件

证券行政责任,是指证券行政法律关系主体违反证券法律、法规,在证券发行、交易及相关活动中,实施破坏证券市场秩序但尚不构成犯罪的行为,依法应当承担的否定性法律后果。由于对行政责任价值评判标准不同,对行政责任范围的认识也有两种不同观点:第一,行政责任的范围仅限于国家行政机关和公务员的行政责任,甚至仅限于行政赔偿责任,行政责任的价值取向就是保护行政管理相对人,即保护公民、法人或其他组织的权利不受行政机关的侵犯,因而行政责任应当视同为政府责任,行政管理相对人不应成为行政责任的承担者。第二,行政责任的范围不仅限于国家行政机关和国家公务员的行政责任,而且还包括行政管理相对人的行政责任。我国证券立法采纳了第二种观点。我国《证券法》上的行政责任范围既包括证券行政监督管理机关的证券行政责任,也包括证券监督管理相对人的证券行政责任。按照权利与义务统一的法律基本原则,无论哪一方实施了证券行政违法行为,都应当承担证券行政责任。

证券行政责任具有以下构成要件。

1. 证券行政法律关系主体实施了违反证券法律法规的行为。证券违法行为是承担证券行政责任的前提条件。如果证券法律关系主体的行为尚未构成违法,证券行政责任就不可能产生。

2. 证券行政责任具有法定性。现代法治社会不仅要求权力与职责、权利与义务法定,而且要求对责任的承担也必须存在法律依据。因此,承担证券行政责任的方式、内容都应当由法律、法规规定。本节讨论的证券行政责任主要是指我国《证券法》规定的行政责任。

3. 责任承担人具有法定责任能力。就证券行政监督管理主体而言,其责任能力的确认没有特殊要求,只需要是国家行政机关或者经法律、法规授权具有证券行政监督管理主体资格即可。法人和其他组织在具备证券行政责任能力方面没有争议,自然人只要达到法定责任年龄和具备法定责任能力就具有了证券行政责任能力。

4. 主观方面适用不同的责任原则。证券行政监督管理主体按照行政诉讼法的基本精神,一般适用严格责任原则,只要其实施了证券违法行为,无论主观上是否有过错,都

可能承担证券行政责任。证券行政监督管理相对人则一般适用过错责任原则。

二、证券行政责任的处罚方式

以证券违法行为的后果为标准,证券行政责任可分为行政处分、行政处罚和证券市场禁入。

(一)行政处分

行政处分是证券行政管理主体对其工作人员或国家监察机关对国家工作人员违法失职行为进行警告、记过、记大过、降级、撤职、留用察看、开除等形式的处分。我国新《证券法》适度扩大了行政处分的范围,如第216条将违反《证券法》规定对有关机构和人员采取监督管理措施的情形也纳入了行政处分范围。

(二)行政处罚

行政处罚,是指证券监督管理主体依照证券法律规定,对实施各类证券违法行为的证券行政管理相对人实施的一种强制性制裁措施。行政处罚具体可以分为以下3种。

1. 申诫罚。这是指证券行政监督管理主体依据证券法律的规定,对证券行政监督管理相对人给予涉及其名誉权的一种处罚,具体处罚形式主要为警告。

2. 财产罚。这是指证券行政监督管理主体依据证券法律的规定,对证券行政监督管理相对人给予的涉及其财产权的一种处罚。在证券行政处罚中,财产罚运用最广泛,其具体处罚形式有罚款、没收违法所得和没收业务收入。我国《证券法》第222条规定:"依照本法收缴的罚款和没收的违法所得,全部上缴国库。"

3. 行为罚。这是指证券行政监督管理主体依据证券法律的规定,限制或剥夺证券行政监督管理相对人的某种特定权利能力。其主要形式包括责令停止发行、予以取缔、责令改正、责令关闭、暂停或者撤销相关业务许可、吊销营业执照、责令依法处理非法持有的证券、不得行使表决权、限制股东权利、责令转让所持证券公司股权、责令停止承销或代理买卖等。此外,我国《证券法》还明确了证券违法行为应当受到治安管理处罚。该法第218条规定:"拒绝、阻碍证券监督管理机构及其工作人员依法行使监督检查、调查职权,由证券监督管理机构责令改正,处以十万元以上一百万元以下的罚款,并由公安机关依法给予治安管理处罚。"

行政处分与行政处罚既有相同之处,也有差异。二者都是由证券监督管理机构对违法行为人作出的行政制裁,都是证券行政责任的具体形式,不同之处则体现在以下几个方面:一是主体不同。作出行政处分决定的是特定的国家机关,包括受处分人员的任免机关和国家监察机关,而作出行政处罚决定的是具有管理职能的国家行政机关和法律、法规授权的具有管理公共事务职能的组织。二是对象不同。行政处分的对象是国家公务员和国家行政机关任命的其他人员;行政处罚的对象是国家行政监督管理范围内的公民、法人和其他组织。三是适用的违法行为不同。行政处分适用的是违反行政纪律的行为,是国家公务员和国家行政机关任命的其他人员在职务方面的违法行为;行政处罚则适用于破坏行政监督管理秩序的行为。四是性质不同。行政处分属于内部行政行为，以行政隶属关系为前提，而行政处罚属于外部行政行为，以行政监督管理范围为前提。五是对不服处理决定的救济方式不同。当事人对行政处分不服的，只能通过内部行政程序向有关行政机关申诉，由行政机关依法处理；而当事人对行政处罚不服的，可以通过行政复议或者行政诉讼寻求司法救济。

（三）证券市场禁入

证券市场禁入，是指由中国证监会作出的禁止证券违法行为人在一定期限内乃至终身从事证券业务、证券服务业务，不得担任上市公司董事、监事、高级管理人员，或者在一定期限内不得在证券交易所、“新三板”交易证券的处罚。我国《证券法》第221条对此作出了明确规定。这一规定与2005年我国《证券法》相比，一是扩大了证券市场禁入的主体范围，不仅适用于上市公司，还适用于“新三板”挂牌公司；二是把证券市场禁入限制从证券业务扩张到证券服务业务，并增加了在一定期限内不得在“新三板”进行证券交易的内容。

三、证券行政责任的种类

我国《证券法》上的证券行政责任是针对不同责任主体作出的规定，相应地，证券行政责任可以分为监督管理主体的责任和被监督管理主体的责任。

监督管理主体的证券行政责任，是指证券监督管理机构及其工作人员对自身在证券监督管理活动中实施证券违法行为所承担的行政法律后果。其特点如下：第一，责任主体是证券监督管理主体。只有依法享有证券监督管理权的行政组织或得到授权的其他组织及其工作人员，才有可能成为责任主体。第二，证券违法行为是由证券监督管理人员实施的。证券监督管理主体的一切行为都是通过具体工作人员实施的，其违法行为也不例外。第三，监督管理主体的证券违法行政责任发生在证券监督管理过程中，包括作为和不作为两种形式。

被监督管理主体的证券行政责任，是指被监督管理主体对其在证券发行、交易及相关活动中实施的证券违法行为所应承担的行政法律后果。与监督管理主体的证券行政责任相比，被监督管理主体的证券行政责任具有以下特点：第一，责任主体是接受监督管理的主体，在证券监督管理关系中处于被监督管理的地位，包括发行人或上市公司、证券交易场所、证券公司、证券登记结算机构、证券服务机构及其从业人员，证券业协会及其工作人员、保荐人以及其他主体。第二，这种责任既可以是个人责任，也可以是法人组织的责任。第三，责任形式具有多样性。

（一）国家工作人员的证券行政责任

这里的国家工作人员，包括国务院证券监督管理机构、国务院授权部门和其他国家机关的工作人员。

1. 内幕交易和利用未公开信息交易的行政责任。根据我国《证券法》第191条的规定，国务院证券监督管理机构工作人员从事内幕交易或利用未公开信息交易的，按照该条关于其他违法行为人的行政处罚规定，从重处罚。

2. 虚假陈述或信息误导的行政责任。国家工作人员在证券交易活动中实施虚假陈述或信息误导行为的，应当承担多种行政责任。按照我国《证券法》第 193 条第 2 款的规定，除责令改正，处以 20 万元以上 200 万元以下的罚款外，"还应当依法给予处分"。

3. 不依法履职的行政责任。按照我国《证券法》第 216 条的规定，国务院证券监督管理机构或者国务院授权的部门有下列情形之一的，对直接负责的主管人员和其他直接责任人员，依法给予处分：(1) 对不符合本法规定的发行证券、设立证券公司等申请予以核准、注册、批准的；(2) 违反本法规定采取现场检查、调查取证、查询、冻结或者查封等措施的；(3) 违反本法规定对有关机构和人员采取监督管理措施的；(4) 违反本法规定对有关机构和人员实施行政处罚的；(5) 其他不依法履行职责的行为。

4. 渎职的行政责任。我国《证券法》第 217 条规定："国务院证券监督管理机构或者国务院授权的部门的工作人员，不履行本法规定的职责，滥用职权、玩忽职守，利用职务便利牟取不正当利益，或者泄露所知悉的有关单位和个人的商业秘密的，依法追究法律责任。"需要注意的是，该条规定的"法律责任"，除行政责任外，还可能涉及刑事责任和民事责任。

(二) 发行人、上市公司及其工作人员的证券行政责任

1. 擅自公开或者变相公开发行证券的行政责任。公开发行证券必须依照法定条件和程序进行，否则就可能承担相应的行政责任。我国《证券法》第 180 条规定，擅自公开或者变相公开发行证券的，责令停止发行，退还所募资金并加算银行同期存款利息，处以非法所募资金金额 5% 以上 50% 以下的罚款；对擅自公开或者变相公开发行证券设立的公司，由依法履行监督管理职责的机构或者部门会同县级以上地方人民政府予以取缔。对直接负责的主管人员和其他直接责任人员给予警告，并处以 50 万元以上 500 万元以下的罚款。这一规定与旧法相比，加大了处罚力度，是处罚最重的证券违法行为之一，充分体现了证券立法对证券市场的源头治理思路和保护投资者合法权益、维护社会经济秩序与社会公共利益的目标导向。

2. 虚假发行的行政责任。虚假发行不仅侵害了投资者的合法权益，还严重损害了证券市场诚信生态，因此，我国《证券法》第 181 条对其规定了最严厉的惩戒措施：发行人在其公告的证券发行文件中隐瞒重要事实或者编造重大虚假内容，尚未发行证券的，处以 200 万元以上 2000 万元以下的罚款；已经发行证券的，处以非法所募资金金额 10% 以上 1 倍以下的罚款。对直接负责的主管人员和其他直接责任人员，处以 100 万元以上 1000 万元以下的罚款。与旧法相比，这一规定大幅提高处罚金额。此外，该条第 2 款还增加了对发行人的控股股东、实际控制人组织、指使从事虚假发行的行政责任：没收违法所得，并处以违法所得 10% 以上 1 倍以下的罚款；没有违法所得的或者违法所得不足 2000 万元的，处以 200 万元以上 2000 万元以下的罚款。对直接负责的主管人员和其他直接责任人员，处以 100 万元以上 1000 万元以下的罚款。

3. 擅自改变募集资金用途的行政责任。募集资金源于广大的市场投资者，公司必

须按照招股说明书或者其他公开发行募集文件所列出的资金用途使用。需要改变募集资金用途时,应当依法定程序,经股东大会作出决议。我国《证券法》第185条规定,发行人违法擅自改变公开发行证券所募集资金的用途的,责令改正,处以50万元以上500万元以下的罚款;对直接负责的主管人员和其他直接责任人员给予警告,并处以10万元以上100万元以下的罚款。发行人的控股股东、实际控制人从事或者组织、指使从事前款违法行为的,给予警告,并处以50万元以上500万元以下的罚款;对直接负责的主管人员和其他直接责任人员,处以10万元以上100万元以下的罚款。

4.违规在限制转让期内转让证券或者违规减持股票的行政责任。我国《证券法》第36条第2款规定,上市公司持有5%以上股份的股东、实际控制人、董事、监事、高级管理人员,以及其他持有发行人首次公开发行前发行的股份或者上市公司向特定对象发行的股份的股东,转让其持有的本公司股份的,不得违反法律、行政法规和国务院证券监督管理机构关于持有期限、卖出时间、卖出数量、卖出方式、信息披露等规定,并应当遵守证券交易所的业务规则。如果违反这一规定,按照我国《证券法》第186条的规定,在限制转让期内转让证券,或者转让股票不符合法律、行政法规和国务院证券监督管理机构规定的,责令改正,给予警告,没收违法所得,并处以买卖证券等值以下的罚款。

5.短线交易的行政责任。短线交易作为一种炒作行为,对公司的正常经营造成负面影响,损害公司利益。如果从事短线交易,按照我国《证券法》第189条的规定,对行为人给予警告,并处以10万元以上100万元以下罚款。

6.未依法履行信息披露义务的行政责任。这里的信息披露义务包括信息的公开披露和向有关机关报告,如按照我国《证券法》第63条的规定,"通过证券交易所的证券交易,投资者持有或者通过协议、其他安排与他人共同持有一个上市公司已发行的有表决权股份达到百分之五时,应当在该事实发生之日起三日内,向国务院证券监督管理机构、证券交易所作出书面报告"。如果信息披露义务人未按照我国《证券法》的规定报送有关报告或者履行信息披露义务,根据该法第197条第1款的规定,就会受到相应的行政处罚:责令改正,给予警告,并处以50万元以上500万元以下的罚款;对直接负责的主管人员和其他直接责任人员给予警告,并处以20万元以上200万元以下的罚款。发行人的控股股东、实际控制人组织、指使从事上述违法行为,或者隐瞒相关事项导致发生上述情形的,处以50万元以上500万元以下的罚款;对直接负责的主管人员和其他直接责任人员,处以20万元以上200万元以下的罚款。另外,该法第197条第2款还规定,信息披露义务人报送的报告或者披露的信息有虚假记载、误导性陈述或者重大遗漏的,责令改正,给予警告,并处以100万元以上1000万元以下的罚款;对直接负责的主管人员和其他直接责任人员给予警告,并处以50万元以上500万元以下的罚款。发行人的控股股东、实际控制人组织、指使从事上述违法行为,或者隐瞒相关事项导致发生上述情形的,处以100万元以上1000万元以下的罚款;对直接负责的主管人员和其他直接责任人员，处以50万元以上500万元以下的罚款。

7. 未按照规定保存文件和资料的行政责任。发行人、证券登记结算机构、证券公司、证券服务机构应当依法保存有关文件和资料，如招股说明书、发行保荐书、承销协议、证券登记、清算交割资料等，这对于证券市场监管和保障证券业务开展都具有重要意义。泄露、隐匿、伪造、篡改或者毁损有关文件和资料的行为应当受到惩处，并且追究个人责任。按照我国《证券法》第214条的规定，上述主体未按照规定保存有关文件和资料的，责令改正，给予警告，并处以10万元以上100万元以下的罚款；泄露、隐匿、伪造、篡改或者毁损有关文件和资料的，给予警告，并处以20万元以上200万元以下的罚款；情节严重的，处以50万元以上500万元以下的罚款，并处暂停、撤销相关业务许可或者禁止从事相关业务。对直接负责的主管人员和其他直接责任人员给予警告，并处以10万元以上100万元以下的罚款。

（三）证券交易场所及其从业人员的证券行政责任

证券交易场所在证券市场监督管理上具有双重主体身份。对于国务院监督管理机构来说，它是被监督管理主体；对于其他证券市场主体来说，它又是监督管理主体。但这两种监督管理的性质是有区别的。前者的监督管理属于行政监督管理，或者说，证券交易场所是作为行政监督管理的相对人而存在的；后者的监督管理是自律性监督管理，或者说，证券交易场所是作为自律监督管理主体而存在的。因此，这里涉及的证券行政责任应当仅是指前者的情况。

证券交易场所及其从业人员的行政责任在我国《证券法》上只有一种情形，即对虚假陈述或信息误导的行政责任。按照我国《证券法》第56条第2款、第193条第2款的规定，证券交易场所及其工作人员在证券交易活动中作出虚假陈述或者信息误导的，责令改正，处以20万元以上200万元以下的罚款。

（四）证券公司及其从业人员的证券行政责任

由于证券公司在证券市场上的重要地位，我国《证券法》对证券公司及其从业人员的行为规制十分严格，涉及其证券行政责任的条文多达20条，数量为各类市场主体之最。

1. 治理结构、合规管理、风险控制指标不符合规定的行政责任。证券公司自身规范、良性运行对于证券市场健康发展显得十分重要。证券法律法规对证券公司应当依法达到的治理结构、合规管理和风险控制指标有明确要求，如果达不到相应要求，就可能承担相应的法律责任。按照我国《证券法》第140条的规定，证券公司的治理结构、合规管理、风险控制指标不符合规定的，国务院证券监督管理机构应当责令其限期改正；逾期未改正，或者其行为严重危及该证券公司的稳健运行、损害客户合法权益的，国务院证券监督管理机构可以区别情形，对其采取下列措施：（1）限制业务活动，责令暂停部分业务，停止核准新业务；（2）限制分配红利，限制向董事、监事、高级管理人员支付报酬、提供福利；（3）限制转让财产或者在财产上设定其他权利；（4）责令更换董事、监事、高级管理人员或者限制其权利；(5)撤销有关业务许可；(6)认定负有责任的董事、监事、高级管理人员为不适当人选；(7)责令负有责任的股东转让股权，限制负有责任的股东行使股东权利。证券公司整改后，应当向国务院证券监督管理机构提交报告。国务院证券监督管理机构经验收，治理结构、合规管理、风险控制指标符合规定的，应当自验收完毕之日起 3 日内解除对其采取的前款规定的有关限制措施。

2. 虚假出资、抽逃出资的行政责任。公司资本是公司设立和发展的重要基础。证券公司股东虚假出资、抽逃出资行为会造成资本不足，不利于证券公司的正常业务经营和风险防范，必须加以规范。对此，我国《证券法》第 141 条规定，证券公司的股东有虚假出资、抽逃出资行为的，国务院证券监督管理机构应当责令其限期改正，并可责令其转让所持证券公司的股权。在前款规定的股东按照要求改正违法行为、转让所持证券公司的股权前，国务院证券监督管理机构可以限制其股东权利。

3. 公司负责人未能勤勉尽责的行政责任。证券公司的董事、监事、高级管理人员是公司的核心力量，应当尽职尽责，竭力处理公司事务，不能疏忽、懈怠，否则可能给公司的发展造成不利影响并承担法律责任。我国《证券法》第 142 条规定，证券公司的董事、监事、高级管理人员未能勤勉尽责，致使证券公司存在重大违法违规行为或者重大风险的，国务院证券监督管理机构可以责令证券公司予以更换。

4. 违法经营或者出现重大风险的行政责任。按照我国《证券法》第 143 条的规定，证券公司违法经营或者出现重大风险，严重危害证券市场秩序、损害投资者利益的，国务院证券监督管理机构可以对该证券公司采取责令停业整顿、指定其他机构托管、接管或者撤销等监管措施。

5. 出现特殊法定情形时公司负责人及有关人员的行政责任。我国《证券法》第 144 条规定，在证券公司被责令停业整顿、被依法指定托管、接管或者清算期间，或者出现重大风险时，经国务院证券监督管理机构批准，可以对该证券公司直接负责的董事、监事、高级管理人员和其他直接责任人员采取以下措施：(1)通知出境入境管理机关依法阻止其出境；(2)申请司法机关禁止其转移、转让或者以其他方式处分财产，或者在财产上设定其他权利。

6. 承销或者销售擅自公开发行或者变相公开发行的证券的行政责任。承销或者销售公开发行的证券是证券公司的核心业务，但必须符合法律规定并履行相应的法律义务。我国《证券法》第 183 条规定，证券公司承销或者销售擅自公开发行或者变相公开发行的证券的，责令停止承销或者销售，没收违法所得，并处以违法所得 1 倍以上 10 倍以下的罚款；没有违法所得或者违法所得不足 100 万元的，处以 100 万元以上 1000 万元以下的罚款；情节严重的，并处暂停或者撤销相关业务许可。给投资者造成损失的，应当与发行人承担连带赔偿责任。对直接负责的主管人员和其他直接责任人员给予警告，并处以 50 万元以上 500 万元以下的罚款。

7. 违规承销的行政责任。按照我国《证券法》第 29 条的规定，证券公司承销证券，应当对公开发行募集文件的真实性、准确性、完整性进行核查。发现有虚假记载、误导性陈述或者重大遗漏的,不得进行销售活动;已经销售的,必须立即停止销售活动,并采取纠正措施。证券公司承销证券,不得有下列行为:(1)进行虚假的或者误导投资者的广告宣传或者其他宣传推介活动;(2)以不正当竞争手段招揽承销业务;(3)其他违反证券承销业务规定的行为。如果违反该条规定,就应当依照该法第 184 条的规定承担相应的行政责任:责令改正,给予警告,没收违法所得,可以并处 50 万元以上 500 万元以下的罚款;情节严重的,暂停或者撤销相关业务许可。对直接负责的主管人员和其他直接责任人员给予警告,可以并处 20 万元以上 200 万元以下的罚款;情节严重的,并处 50 万元以上 500 万元以下的罚款。

8. 虚假陈述或信息误导的行政责任。按照我国《证券法》第 56 条第 2 款的规定,证券公司及其从业人员在证券交易活动中不得作出虚假陈述或者信息误导,违反这一规定的,可以根据该法第 193 条第 2 款的规定,责令改正,处以 20 万元以上 200 万元以下的罚款。

9. 损害客户利益的行政责任。根据我国《证券法》第 57 条的规定,损害客户利益的行为有:(1)违背客户的委托为其买卖证券;(2)不在规定时间内向客户提供交易的确认文件;(3)未经客户委托,擅自为客户买卖证券,或者假借客户名义买卖证券;(4)为牟取佣金收入,诱使客户进行不必要的证券买卖;(5)其他违背客户真实意思表示,损害客户利益的行为。证券公司及其从业人员有损害客户利益行为的,应当按照该法第 194 条的规定处罚:给予警告,没收违法所得,并处以违法所得 1 倍以上 10 倍以下的罚款;没有违法所得或者违法所得不足 10 万元的,处以 10 万元以上 100 万元以下的罚款;情节严重的,暂停或者撤销相关业务许可。

10. 出借自己证券账户或者借用他人证券账户从事证券交易的行政责任。证券账户是投资者依照法定条件和程序而取得的进行证券买卖的资格证明。出借自己证券账户或者借用他人证券账户从事证券交易往往与证券内幕交易、操纵证券市场有关,给证券市场交易秩序和投资者权益造成损害。鉴于此,我国《证券法》第 58 条规定:“任何单位和个人不得违反规定,出借自己的证券账户或者借用他人的证券账户从事证券交易。”违反这一规定,就应当依据该法第 195 条的规定处罚:责令改正,给予警告,可以处 50 万元以下的罚款。

11. 未经核准变更有关事项和擅自决定重大事项的行政责任。按照我国《证券法》第 122 条的规定,证券公司变更证券业务范围,变更主要股东或者公司的实际控制人,合并、分立、停业、解散、破产,应当经国务院证券监督管理机构核准。如果违反这一规定,就应当按照该法第 204 条的规定处罚:责令改正,给予警告,没收违法所得,并处以违法所得 1 倍以上 10 倍以下的罚款;没有违法所得或者违法所得不足 50 万元的,处以 50 万元以上 500 万元以下的罚款;情节严重的,并处撤销相关业务许可。对直接负责的主管人员和其他直接责任人员给予警告,并处以 20 万元以上 200 万元以下的罚款。

我国《证券法》把证券公司变更证券业务范围、变更主要股东或者公司的实际控制人纳入监督管理范围和责任体系,有利于促进证券公司完善公司治理和防范经营风险。

12. 违法提供证融资融券服务的行政责任。根据我国《证券法》第 120 条第 5 款的规定,证券公司从事证券融资融券业务,应当采取措施,严格防范和控制风险,不得违反规定向客户出借资金或者证券。如果违反该条规定,应当按照该法第 202 条第 2 款的规定处罚:没收违法所得,并处以融资融券等值以下的罚款;情节严重的,禁止其在一定期限内从事证券融资融券业务。对直接负责的主管人员和其他直接责任人员给予警告,并处以 20 万元以上 200 万元以下的罚款。

13. 未采取有效隔离措施防范利益冲突,或者未分开办理相关业务、混合操作的行政责任。按照我国《证券法》第 128 条的规定,证券公司应当建立健全内部控制制度,采取有效隔离措施,防范公司与客户之间、不同客户之间的利益冲突。证券公司必须将其证券经纪业务、证券承销业务、证券自营业务、证券做市业务和证券资产管理业务分开办理,不得混合操作。如果违反这一规定,应当按照我国《证券法》第 206 条的规定进行处罚:责令改正,给予警告,没收违法所得,并处以违法所得 1 倍以上 10 倍以下的罚款;没有违法所得或者违法所得不足 50 万元的,处以 50 万元以上 500 万元以下的罚款;情节严重的,并处撤销相关业务许可。对直接负责的主管人员和其他直接责任人员给予警告,并处以 20 万元以上 200 万元以下的罚款。

14. 假借他人名义或者以个人名义从事证券自营业务的行政责任。根据我国《证券法》第 129 条的规定,证券公司的自营业务必须以自己名义进行,不得假借他人名义或者以个人名义进行。证券公司不得将其自营账户借给他人使用。如果违反该条规定,就应当按照该法第 207 条的规定处罚:责令改正,给予警告,没收违法所得,并处违法所得 1 倍以上 10 倍以下的罚款;没有违法所得或者违法所得不足 50 万元的,处以 50 万元以上 500 万元以下的罚款;情节严重的,并处撤销相关业务许可或者责令关闭。对直接负责的主管人员和其他直接责任人员给予警告,并处以 20 万元以上 200 万元以下的罚款。这一规定强化了证券交易的实名制管理。

15. 将客户资金和证券归入自有财产,或者挪用客户资金和证券的行政责任。根据我国《证券法》第 131 条的规定,证券公司客户的交易结算资金应当存放在商业银行,以每个客户的名义单独立户管理。证券公司不得将客户的交易结算资金和证券归入其自有财产。禁止任何单位或者个人以任何形式挪用客户的交易结算资金和证券。证券公司破产或者清算时,客户的交易结算资金和证券不属于其破产财产或者清算财产。非因客户本身的债务或者法律规定的其他情形,不得查封、冻结、扣划或者强制执行客户的交易结算资金和证券。如果违反该条规定,就应当适用该法第 208 条的规定处罚:责令改正,给予警告,没收违法所得,并处以违法所得 1 倍以上 10 倍以下的罚款;没有违法所得或者违法所得不足 100 万元的,处以 100 万元以上 1000 万元以下的罚款;情节严重的,并处撤销相关业务许可或者责令关闭。对直接负责的主管人员和其他直接责任人员给予警告，并处以 50 万元以上 500 万元以下的罚款。

16. 违法办理经纪业务的行政责任。按照我国《证券法》第 134 条第 1 款和第 135 条的规定，证券公司办理经纪业务，不得接受客户的全权委托而决定证券买卖、选择证券种类、决定买卖数量或者买卖价格；不得对客户证券买卖的收益或者赔偿证券买卖的损失作出承诺。如果违反这些规定，就应当按照该法第 209 条第 1 款的规定受到行政处罚：责令改正，给予警告，没收违法所得，并处以违法所得 1 倍以上 10 倍以下的罚款；没有违法所得或者违法所得不足 50 万元的，处以 50 万元以上 500 万元以下的罚款；情节严重的，并处撤销相关业务许可。对直接负责的主管人员和其他直接责任人员给予警告，并处以 20 万元以上 200 万元以下的罚款。

17. 允许他人以证券公司名义直接参与证券集中交易的行政责任。根据我国《证券法》第 134 条第 2 款的规定，证券公司不得允许他人以证券公司名义直接参与证券集中交易。违反这一规定，应当按照该法第 209 条第 2 款的规定受到行政处罚：责令改正，可以并处 50 万元以下罚款。

18. 证券公司从业人员私下接受客户委托买卖证券的行政责任。根据我国《证券法》第 136 条第 2 款的规定，证券公司从业人员不得私下接受客户委托买卖证券。如果违反该规定，就应当按照该法第 210 条的规定受到行政处罚：责令改正，给予警告，没收违法所得，并处以违法所得 1 倍以上 10 倍以下的罚款；没有违法所得的，处以 50 万元以下的罚款。

19. 未报送、提供信息和资料，或者报送、提供的信息和资料有虚假记载、误导性陈述或者重大遗漏的行政责任。根据我国《证券法》第 138 条的规定，证券公司应当按照规定向国务院证券监督管理机构报送业务、财务等经营管理信息和资料。国务院证券监督管理机构有权要求证券公司及其主要股东、实际控制人在指定期限内提供有关信息、资料。证券公司及其主要股东、实际控制人向国务院证券监督管理机构报送或者提供的信息、资料，必须真实、准确、完整。如果违反该规定，就应当按照该法第 211 条的规定受到行政处罚：责令改正，给予警告，并处以 100 万元以下的罚款；情节严重的，并处撤销相关业务许可。对直接负责的主管人员和其他直接责任人员，给予警告，并处以 50 万元以下的罚款。

20. 未按照规定保存有关文件和资料的行政责任。按照我国《证券法》第 214 条的规定，证券公司未按照规定保存有关文件和资料的，责令改正，给予警告，并处以 10 万元以上 100 万元以下的罚款；泄露、隐匿、伪造、篡改或者毁损有关文件和资料的，给予警告，并处以 20 万元以上 200 万元以下的罚款；情节严重的，处以 50 万元以上 500 万元以下的罚款，并处暂停、撤销相关业务许可或者禁止从事相关业务。对直接负责的主管人员和其他直接责任人员给予警告，并处以 10 万元以上 100 万元以下的罚款。

（五）证券登记结算机构及其从业人员的证券行政责任

1. 虚假陈述或信息误导的行政责任。该项行政责任的名称和处罚内容与前述证券公司同类行政责任相同，只是承担责任的主体不同，都规定在我国《证券法》第56条第2款和第193条第2款中。

2. 挪用客户证券的行政责任。我国《证券法》第150条规定，证券登记结算机构负责存管在证券交易所或者“新三板”交易的证券，不得挪用客户的证券。如果违反这一规定，就应当按照该法第208条的规定受到行政处罚：责令改正，给予警告，没收违法所得，并处以违法所得1倍以上10倍以下的罚款；没有违法所得或者违法所得不足100万元的，处以100万元以上1000万元以下的罚款；情节严重的，并处撤销相关业务许可或者责令关闭。对直接负责的主管人员和其他直接责任人员给予警告，并处以50万元以上500万元以下的罚款。

3. 未按照规定保存有关文件和资料的行政责任。根据我国《证券法》第214条的规定，证券登记结算机构未按照规定保存有关文件和资料的，责令改正，给予警告，并处10万元以上100万元以下的罚款；泄露、隐匿、伪造、篡改或者毁损有关文件和资料的，给予警告，并处以20万元以上200万元以下的罚款；情节严重的，处以50万元以上500万元以下的罚款，并处暂停、撤销相关业务许可或者禁止从事相关业务。对直接负责的主管人员和其他直接责任人员给予警告，并处以10万元以上100万元以下的罚款。

（六）证券服务机构及其从业人员的证券行政责任

1. 虚假陈述或信息误导的行政责任。该项行政责任的名称和处罚内容与前述证券公司同类行政责任相同，只是承担责任的主体不同，都规定在我国《证券法》第56条第2款和第193条第2款中。

2. 擅自从事证券服务业务的行政责任。根据我国《证券法》第160条第2款的规定，从事证券投资咨询服务业务，应当经国务院证券监督管理机构核准；未经核准，不得为证券的交易及相关活动提供服务。如果违反该规定，应当按照该法第213条第1款的规定受到行政处罚：责令改正，没收违法所得，并处以违法所得1倍以上10倍以下的罚款；没有违法所得或者违法所得不足50万元的，处以50万元以上500万元以下的罚款。对直接负责的主管人员和其他直接责任人员，给予警告，并处以20万元以上200万元以下的罚款。

3. 证券投资咨询机构及其从业人员违反规定从事证券服务业务的行政责任。根据我国《证券法》第161条第1款的规定，证券投资咨询机构及其从业人员从事证券服务业务不得有下列行为：(1)代理委托人从事证券投资；(2)与委托人约定分享证券投资收益或者分担证券投资损失；(3)买卖本证券投资咨询机构提供服务的证券；(4)法律、行政法规禁止的其他行为。如果违反该条规定，应当按照我国《证券法》第213条第1款的规定进行处罚：责令改正，没收违法所得，并处以违法所得1倍以上10倍以下的罚款；没有违法所得或者违法所得不足50万元的，处以50万元以上500万元以下的罚款。对直接负责的主管人员和其他直接责任人员，给予警告，并处以20万元以上200万元以下的罚款。

4. 从事证券服务业务未备案的行政责任。会计师事务所、律师事务所以及从事资产评估、资信评级、财务顾问、信息技术系统服务的机构从事证券服务业务，应当按照我国《证券法》第 160 条第 2 款的规定，报国务院证券监督管理机构和国务院有关部门备案。如果违反该规定，应当依据该法第 213 条第 2 款的规定受到行政处罚：责令改正，可以处 20 万元以下的罚款。

5. 违法出具有关文件的行政责任。按照我国《证券法》第 163 条的规定，证券服务机构为证券的发行、上市、交易等证券业务活动制作、出具审计报告及其他鉴证报告、资产评估报告、财务顾问报告、资信评级报告或者法律意见书等文件，应当勤勉尽责，对所依据的文件资料内容的真实性、准确性、完整性进行核查和验证，其制作、出具的文件不得有虚假记载、误导性陈述或者重大遗漏。如果违反该条规定，就应当依照我国《证券法》第 213 条第 3 款的规定受到行政处罚：责令改正，没收业务收入，并处以业务收入 1 倍以上 10 倍以下的罚款，没有业务收入或者业务收入不足 50 万元的，处以 50 万元以上 500 万元以下的罚款；情节严重的，并处暂停或者禁止从事证券服务业务。对直接负责的主管人员和其他直接责任人员给予警告，并处以 20 万元以上 200 元以下的罚款。这一规定强化了证券服务机构作为市场"看门人"的法律职责。

6. 未按照规定保存有关文件和资料的行政责任。该项行政责任的名称和处罚内容与前述证券公司同类行政责任相同，只是承担责任的主体不同，都规定在我国《证券法》第 214 条中。

（七）证券业协会及其工作人员的证券行政责任

证券业协会及其工作人员在我国《证券法》上只有一项行政责任，即对在证券交易活动中作出虚假陈述或信息误导的行为承担行政责任。该项行政责任的名称和处罚内容与前述证券公司同类行政责任相同，只是承担责任的主体不同，都规定在我国《证券法》第 56 条第 2 款和第 193 条第 2 款中。

（八）其他主体的证券行政责任

其他主体的证券行政责任，是指除上述责任主体外的其他主体对其证券违法行为应当承担的行政责任。

1. 法律、行政法规规定禁止参与股票交易的人员违法持有、买卖股票或者其他具有股权性质的证券的行政责任。根据我国《证券法》第 40 条的规定，证券交易场所、证券公司和证券登记结算机构的从业人员，证券监督管理机构的工作人员以及法律、行政法规规定禁止参与股票交易的其他人员，在任期内或者法定期限内，不得直接或者以化名、借他人名义持有、买卖股票或者其他具有股权性质的证券，也不得收受他人赠送的股票或者其他具有股权性质的证券。任何人在成为前述所列人员时，其原已持有的股票或者其他具有股权性质的证券，必须依法转让。如果违反该条规定，就应当按照该法第 187 条的规定受到行政处罚：责令依法处理非法持有的股票、其他具有股权性质的证券，没收违法所得，并处以买卖证券等值以下的罚款。

2. 内幕交易行为人的行政责任。鉴于本节前面已经讨论了国家工作人员的行政责任，这里的内幕交易行为人是指除国家工作人员外的其他违法主体。按照我国《证券法》第53条的规定，证券交易内幕信息的知情人和非法获取内幕信息的人，在内幕信息公开前，不得买卖该公司的证券，或者泄露该信息，或者建议他人买卖该证券。如果违反该条规定，内幕交易行为人就应当依照该法第191条第1款的规定受到行政处罚：责令依法处理非法持有的证券，没收违法所得，并处以违法所得1倍以上10倍以下的罚款；没有违法所得或者违法所得不足50万元的，处以50万元以上500万元以下的罚款。单位从事内幕交易的，还应当对直接负责的主管人员和其他直接责任人员给予警告，并处以20万元以上200万元以下的罚款。

3. 利用未公开信息进行交易的行为人的行政责任。鉴于本节前面已经讨论了国家工作人员的行政责任，这里的利用未公开信息进行交易的行为人是指除国家工作人员外的其他违法主体。根据我国《证券法》第54条的规定，禁止证券交易场所、证券公司、证券登记结算机构、证券服务机构和其他金融机构的从业人员、有关监管部门或者行业协会的工作人员，利用因职务便利获取的内幕信息以外的其他未公开信息，违反规定，从事与该信息相关的证券交易活动，或者明示、暗示他人从事相关交易活动。如果违反该条规定，行为人就应当依照该法第191条第2款的规定受到行政处罚：责令依法处理非法持有的证券，没收违法所得，并处以违法所得1倍以上10倍以下的罚款；没有违法所得或者违法所得不足50万元的，处以50万元以上500万元以下的罚款。单位利用未公开信息进行交易的，还应当对直接负责的主管人员和其他直接责任人员给予警告，并处以20万元以上200万元以下的罚款。

4. 操纵证券市场行为人的行政责任。根据我国《证券法》第55条的规定，禁止任何人操纵证券市场，影响或者意图影响证券交易价格或者证券交易量。如果违反该条规定，行为人就应当依照该法第192条的规定受到行政处罚：责令依法处理其非法持有的证券，没收违法所得，并处以违法所得1倍以上10倍以下的罚款；没有违法所得或者违法所得不足100万元的，处以100万元以上1000万元以下的罚款。单位操纵证券市场的，还应当对直接负责的主管人员和其他直接责任人员给予警告，并处以50万元以上500万元以下的罚款。

5. 编造、传播虚假信息或者误导性信息的行为人的行政责任。我国《证券法》第56条第1款定，禁止任何单位和个人编造、传播虚假信息或者误导性信息，扰乱证券市场。如果违反该条规定，行为人就应当依照该法第193条第1款的规定受到行政处罚：没收违法所得，并处以违法所得1倍以上10倍以下的罚款；没有违法所得或者违法所得不足20万元的，处以20万元以上200万元以下的罚款。

6. 传播媒介及其从事证券市场信息报道的工作人员从事与工作职责发生利益冲突的证券买卖的行政责任。根据我国《证券法》第56条第3款的规定，传播媒介及其从事证券市场信息报道的工作人员不得从事与其工作职责发生利益冲突的证券买卖。如果违反该规定，行为人就应当按照该法第 193 条第 3 款的规定受到行政处罚：没收违法所得，并处以买卖证券等值以下的罚款。

7. 出借自己的证券账户或者借用他人证券账户从事证券交易的行为人的行政责任。根据我国《证券法》第 58 条的规定，任何单位和个人不得违反规定，出借自己的证券账户或者借用他人证券账户从事证券交易。如果违反该规定，行为人就应当按照该法第 195 条的规定受到行政处罚：责令改正，给予警告，可以处 50 万元以下的罚款。

8. 收购人未依法履行上市公司收购的公告、发出收购要约义务的行政责任。按照我国《证券法》第 196 条第 1 款的规定，对违法行为人的行政处罚为：责令改正，给予警告，并处以 50 万元以上 500 万元以下的罚款。对直接负责的主管人员和其他直接责任人员给予警告，并处以 20 万元以上 200 万元以下的罚款。

9. 非法开设证券交易场所的行为人的行政责任。开设证券交易场所应当符合法律规定的条件和程序。按照我国《证券法》第 200 条的规定，非法开设证券交易场所的，由县级以上人民政府予以取缔，没收违法所得，并处以违法所得 1 倍以上 10 倍以下的罚款；没有违法所得或者违法所得不足 100 万元的，处以 100 万元以上 1000 万元以下的罚款。对直接负责的主管人员和其他直接责任人员给予警告，并处以 20 万元以上 200 万元以下的罚款。

10. 擅自设立证券公司、非法经营证券业务或者未经批准以证券公司名义开展证券业务活动的行为人的行政责任。按照我国《证券法》的有关规定，证券公司的设立及其经营证券业务应当符合法律规定的条件，并经由国务院证券监督管理机构批准（第 118 条第 1 款、第 120 条第 1 款）；未经国务院证券监督管理机构批准，任何单位和个人不得以证券公司名义开展证券业务活动（第 118 条第 2 款）；除证券公司外，其他任何单位和个人不得从事证券承销、证券保荐、证券经纪和证券融资融券业务（第 120 条第 4 款）。如果违反这些规定，行为人应当按照我国《证券法》第 202 条第 1 款的规定受到行政处罚：责令改正，没收违法所得，并处以违法所得 1 倍以上 10 倍以下的罚款；没有违法所得或者违法所得不足 100 万元的，处以 100 万元以上 1000 万元以下的罚款。对直接负责的主管人员和其他直接责任人员给予警告，并处以 20 万元以上 200 万元以下的罚款。对擅自设立的证券公司，由国务院证券监督管理机构予以取缔。

11. 擅自设立证券登记结算机构的行为人的行政责任。按照我国《证券法》第 145 条的规定，证券登记结算机构应当依法登记，取得法人资格。证券登记结算机构的设立实行审批制。设立证券登记结算机构必须经过国务院证券监督管理机构的批准。如果违反该条规定，行为人就应当按照我国《证券法》第 212 条的规定受到行政处罚：由国务院证券监督管理机构予以取缔，没收违法所得，并处以违法所得 1 倍以上 10 倍以下的罚款；没有违法所得或者违法所得不足 50 万元的，处以 50 万元以上 500 万元以下的罚款。对直接负责的主管人员和其他直接责任人员给予警告，并处以 20 万元以上 200 万元以下的罚款。

四、证券行政责任的追究

证券行政责任的追究需要公权力的介入。为了保护公众利益、防范公权力滥用，必须强调证券行政机关依照法定程序行使公权力，证券行政处罚决定机关、证券行政处罚程序和证券行政处罚救济都必须符合法律规定。

（一）证券行政处罚决定机关

我国2017年修正的《行政处罚法》第15条规定："行政处罚由具有行政处罚权的行政机关在法定职权范围内实施。"根据这一规定，证券行政责任的追究只能由专门的行政机关依法进行。我国《证券法》关于行政责任的规定涉及3类证券行政责任追究机关。

1. 国务院证券监督管理机构或国务院授权的部门。中国证监会作为国务院证券监督管理机构，是依法享有证券行政处罚权的最重要的机关。国务院授权的部门如国务院授权核准债券上市的中国人民银行、国家发展改革委等部门，也依法享有证券行政处罚权。

2. 任免机关和国家监察机关。我国《证券法》第187条、第193条、第216条都有关于国家工作人员行政处分的规定；根据相关法律和行政法规的规定，行政处分的决定权属于受处分人员的任免机关和国家监察机关。

3. 县级以上（地方）人民政府。我国《证券法》第180条规定，对擅自公开或者变相公开发行证券设立的公司，由依法履行监督管理职责的机构或者部门会同县级以上地方人民政府予以取缔。

（二）证券行政处罚程序

证券行政责任追究必须严格依照法律规定的程序进行。我国《行政处罚法》第3条规定："公民、法人或者其他组织违反行政管理秩序的行为，应当给予行政处罚的，依照本法由法律、法规或者规章规定，并由行政机关依照本法规定的程序实施。没有法定依据或者不遵守法定程序的，行政处罚无效。"

1. 一般程序。按照我国《行政处罚法》的规定，行政机关发现公民、法人或者其他组织有依法应当给予行政处罚的行为时，必须全面、客观、公正地调查、收集有关证据。行政机关负责人应当对调查结果进行审查，确有应受行政处罚的违法行为的，根据情节轻重及具体情况作出行政处罚决定；如果违法行为已构成犯罪的，移送司法机关处理。对情节复杂或者重大违法行为给予较重的行政处罚，行政机关负责人应当集体讨论决定。

行政机关给予违法行为人行政处罚，应当制作行政处罚决定书。行政处罚决定书应当载明下列事项：(1)当事人的姓名或者名称、地址；(2)违反法律、法规或者规章的事实和证据；(3)行政处罚的种类和依据；(4)行政处罚的履行方式和期限；(5)不服行政处罚决定，申请行政复议或者提起行政诉讼的途径和期限；(6)作出行政处罚决定的行政机关名称和作出决定的日期。行政处罚决定书必须盖有作出行政处罚决定的行政机关的印章。

行政处罚决定书应当在宣告后当场交付当事人；当事人不在场的，行政机关应当在7日内依照我国《民事诉讼法》的有关规定，将行政处罚决定书送达当事人。

2. 听证程序。根据我国《行政处罚法》第42条的规定，行政机关作出责令停产停业、吊销许可证或者执照、较大数额罚款等行政处罚决定之前，应当告知当事人有要求举行听证的权利；当事人要求听证的，行政机关应当组织听证。当事人不承担行政机关组织听证的费用。听证依照以下程序组织：(1)当事人要求听证的，应当在行政机关告知后3日内提出；(2)行政机关应当在听证的7日前，通知当事人举行听证的时间、地点；(3)除涉及国家秘密、商业秘密或者个人隐私外，听证公开举行；(4)听证由行政机关指定的非本案调查人员主持；当事人认为主持人与本案有直接利害关系的，有权申请回避；(5)当事人可以亲自参加听证，也可以委托1~2人代理；(6)举行听证时，调查人员提出当事人违法的事实、证据和行政处罚建议；(7)当事人进行申辩和质证；(8)听证应当制作笔录；(9)笔录应当交当事人审核无误后签字或者盖章。听证结束后，行政机关依法作出决定。

(三)行政复议和行政诉讼

行政复议，是指法律规定某行政机关，就其主管事项与相对一方当事人发生争议时，根据相对一方当事人的申请，由该机关或其上级机关，对引起争议的决定进行复查的制度。行政诉讼，是指公民、法人或其他组织认为行政机关和行政机关工作人员的具体行政行为侵犯其合法权益，依法诉请人民法院解决和人民法院解决该行政争议的活动。我国《证券法》第223条规定："当事人对证券监督管理机构或者国务院授权的部门的处罚决定不服的，可以依法申请行政复议，或者依法直接向人民法院提起诉讼。"

第四节 证券刑事责任

证券刑事责任基于证券犯罪而产生，是证券犯罪产生的必然后果。证券刑事责任，是指依照刑事法律的规定，证券犯罪行为人应当承担的、由司法机关代表国家强制其接受的否定性评价和制裁。从法律性质上分析，证券刑事责任与证券行政责任相同，都是公法责任，是行为人对国家和社会承担的责任；从功能主义观之，证券刑事责任具有惩罚性，由国家及其司法机关负责追究，具有威慑、预防犯罪的功能。在法律关系方面，证券刑事责任是国家和犯罪行为人之间的刑事法律关系。国家不仅在法律上规定并要求犯罪行为人应当承担刑事责任，同时，也通过侦查、起诉、审判和执行刑罚等强制性程序和措施来追究犯罪行为人的刑事责任。

一、证券犯罪概述

证券犯罪是行为人实施的证券违法行为破坏了证券市场秩序，侵害了投资者合法权益,情节严重,已经违反我国《刑法》的规定,依照《刑法》应当追究刑事责任。

我国《刑法》自1997年修改实施以来,截至目前,全国人大常委会又已颁布了10部《刑法修正案》,其中与证券犯罪相关的有3部:一是1999年12月25日第九届全国人大常委会第十三次会议通过的《刑法修正案》。该修正案为适应1998年我国《证券法》出台的需要,对《刑法》第174条、第180条、第181条、第182条、第185条和第225条进行了相应修改。二是2006年6月29日第十届全国人大常委会第二十二次会议通过的《刑法修正案(六)》。该修正案的部分内容主要是为适应2005年我国修订的《证券法》和《公司法》出台需要而专门对《刑法》相关条文作出的修改,其中,涉及证券犯罪的内容有《刑法》第161条、第169条、第175条、第182条、第185条、第186条、第187条、第188条。三是2009年2月28日第十一届全国人大常委会第七次会议通过的《刑法修正案(七)》。该修正案涉及证券犯罪的内容是对《刑法》第180条、第225条的修改。

本节讨论的证券犯罪与侵害证券市场秩序和投资者合法权益的证券发行、交易及相关活动紧密关联,涉及9个罪名,即欺诈发行股票、债券罪,擅自设立证券机构罪,擅自发行股票、公司、企业债券罪,内幕交易、泄露内幕信息罪,利用未公开信息交易罪,编造并传播证券交易虚假信息罪,诱骗投资者买卖证券罪,操纵证券市场罪和非法经营证券业务罪。

二、证券犯罪的构成要件

证券犯罪的构成要件是我国刑法所规定的,反映某一危害证券市场秩序和投资者合法权益的行为的社会危害性及其程度,而为该行为成立犯罪所必须具备的一切客观要件和主观要件的有机整体。它是区分证券违法罪与非罪的具体标准,是研究证券犯罪的重要手段。

(一)证券犯罪的客体

证券犯罪的客体是复杂客体,既侵害了证券市场秩序,也损害了证券市场投资者合法权益。任何一种证券犯罪都是对证券市场秩序的严重侵害。我国《刑法》将证券犯罪规定在"破坏金融管理秩序罪"一节内,正是对证券犯罪客体是证券市场秩序的立法认同。证券犯罪在直接侵害证券市场秩序的同时,必然会侵害投资者合法权益。

(二)证券犯罪的客观方面

证券犯罪的客观方面表现为在从事证券发行、交易及相关活动中违反证券法律、法规,情节严重的行为。

1. 行为的违法性。行为违法性即该行为违反了证券法律法规的规定。证券犯罪行为的违法性具有行政违法和刑事违法的双重性。证券犯罪行为是在行政违法的基础上达到严重的程度,就此而言,行政违法性是证券犯罪行为刑事违法性的前提。

2. 违法行为发生在从事证券发行、交易及相关活动中。证券犯罪发生的时空具有特定性,它是在证券发行、交易及相关活动过程中发生的。根据犯罪所发生的时空不同,可以将证券犯罪分为一级市场中的证券犯罪和二级市场中的证券犯罪。前者是指在发行股票、债券和其他证券过程中发生的犯罪,后者是指已发行证券在交易过程中发生的犯罪。违反证券法律法规而从事证券犯罪的行为具有各种不同的表现形式。

3. 违法行为情节严重。证券犯罪必须是情节严重的违法行为。最高人民检察院、公安部于2010年5月联合发布的《关于公安机关管辖的刑事案件立案追诉标准的规定(二)》(以下简称《刑事案件立案追诉标准规定(二)》)对"情节严重"作出了具体规定。"情节严重"主要从实施违法行为时动用的证券或资金数额、致使交易价格和交易量异常波动的情况、投资者合法权益遭受损害的程度、行为人违法所得或避免损失的数额,以及社会负面影响等方面进行综合判断。证券犯罪是结果犯,只有危害结果实际发生,并且危害结果必须是物质性的危害结果,才构成证券犯罪。

(三)证券犯罪的主体

证券犯罪主体具有多元化特点,既有单位实施的犯罪,又有自然人实施的犯罪,其中,单位实施的证券犯罪占有相当大的比例;既有一般主体,也有特殊主体;既可能是中国人,也可能是外国人。

1. 自然人。自然人作为证券犯罪主体,可以是一般主体,如证券投资者;也可以是特殊主体,如诱骗投资者买卖证券罪的犯罪自然人就只能是证券交易所、证券公司的从业人员和证券业协会、证券监督管理机构的工作人员。

2. 单位。单位作为证券犯罪的主体,主要有证券发行人、证券投资机构、证券交易所、证券公司、证券业协会、证券监督管理机构及其他证券参与机构。根据我国《刑法》的规定,对单位实施证券犯罪的应当实行双罚制,既要追究单位直接负责的主管人员和其他直接责任人员的刑事责任,又要追究单位的刑事责任。

(四)证券犯罪的主观方面

按照我国《刑法》的规定,证券犯罪的主观方面只能是故意。在证券发行、交易及相关活动中,犯罪行为人往往是明知自己的行为会破坏证券市场秩序、侵害投资者合法权益,而希望或放任这种结果发生。在直接故意的证券犯罪中,犯罪行为人主要以获利为目的,少数犯罪行为人在主观上具有避免或减少损失以及其他目的。

三、证券犯罪种类及其刑事责任

我国《刑法》对具体的证券犯罪行为作出明确规定,为及时、有效地惩治证券犯罪提供了依据。

(一)欺诈发行股票、债券罪及其刑事责任

欺诈发行股票、债券罪,是指在招股说明书、认股书和公司、企业债券募集办法中隐瞒重要事实或者编造重大虚假内容,发行股票或者公司、企业债券,数额巨大、后果严重或者有其他严重情节的行为。这里的债券是指公司、企业债券。我国《刑法》第160条对该罪作出了具体规定。在认定该罪时,应当把握以下要点。

1. 关于招股说明书、认股书和公司、企业债券募集办法的规定。由于法律规定行为人"必须具有在招股说明书、认股书和公司、企业债券募集办法中隐瞒重要事实或者编造重大虚假内容的行为”才能构成本罪，因此，需要对招股说明书、认股书和公司、企业债券募集办法有清楚的认识。

招股说明书，是指发行人为发行股票而依照法律、行政法规的规定制作的供社会公众了解发行人基本情况，说明股票发行的有关事项，要约社会公众认购股份的规范性文件。招股说明书既是股票发行注册决定机构是否同意股票注册发行的主要依据，又是投资者据以决定是否购买和购买多少股票的主要依据。

认股书是由发起人制作，由认股人填写的对招股说明书所作的承诺，表示认股人承诺认购一定数额的股份，并按其所认购股份数缴纳股款。我国《公司法》第85条规定，发起人向社会公开募集股份，必须公告招股说明书，并制作认股书。值得注意的是，目前由于证券发行基本实行无纸化，股东购买证券基本采取在证券公司申购的方式，认股书的形式在实践中也发生了变化，因此，在认股书中隐瞒重要事实或者编造重大虚假内容的情况实际上很难发生。

公司、企业债券募集办法同招股说明书一样，是公司、企业向投资者提供的发行公司、企业债券的要约性文件。它也是证券交易所据以决定是否同意股票发行申请的主要依据，是投资者据以决定是否购买和购买多少债券的主要依据。

招股说明书、认股书和公司、企业债券募集办法作为法律规定的文件，内容应当真实、准确、完整，不得有任何虚假、严重误导性陈述或者重大遗漏。

2. 犯罪行为的认定。认定“行为人实施的隐瞒重要事实或编造重大虚假内容的行为”应当注意对“隐瞒”“编造”“隐瞒重要事实或编造重大虚假内容的行为”的理解。这里的“隐瞒”是指对于招股说明书、认购书和公司、企业债券募集办法应当依法予以披露的客观事实不予披露；“编造”是指在招股说明书、认股书和公司、企业债券募集办法中凭空臆造客观上并不存在的事实并予以披露。“隐瞒重要事实或编造重大虚假内容的行为”就是指行为人对上述文件中若干重要的事项进行隐瞒或者作虚假陈述或记载，歪曲或夸大或遗漏重要事实，对国家证券监督管理部门、投资者以及社会公众进行欺骗和误导，使之对发行人的情况产生误解而作出不真实或错误的判断。

3. 该罪的客观要件之一，是行为人已经发行了股票或公司、企业债券。如果行为人根本就没有发行股票和公司、企业债券，即使实施了在招股说明书、认股书或公司债券募集办法中隐瞒重要事实或者编造重大虚假内容的行为，也不能构成该罪。行为人必须同时具备制作上述虚假文件和发行股票或公司、企业债券两种行为，才能构成本罪。

4. 该罪的客观要件之二，是行为后果的认定。“数额巨大、后果严重或者有其他严重情节”是构成该罪的另一个客观要件。如果行为人实施了发行股票和公司、企业债券的行为，但尚不具备数额巨大、后果严重或者其他严重情节的，也不能构成该罪。根据《刑事案件立案追诉标准规定（二）》第5条的规定，在招股说明书、认股书和公司、企业债券募集办法中隐瞒重要事实或者编造重大虚假内容，发行股票或者公司、企业债券，涉嫌下列情形之一的，应予以追诉：（1）发行数额在500万元以上的；（2）伪造、变造国家机关公文、有效证明文件或者相关凭证、单据的;(3)利用募集的资金进行违法活动的;(4)转移或者隐瞒所募集资金的;(5)其他后果严重或者有其他严重情节的情形。

5.犯罪主体的特殊性。犯罪主体是法律允许发行股票或公司、企业债券的单位和自然人。从公司实践来看,鉴于股份有限公司的发起人既有自然人,也有法人,而且往往是法人居多,因此,该罪的犯罪主体主要是法人。单位犯本罪的,对单位及其直接负责的主管人员和其他直接责任人员亦采取“双罚制”原则处罚。

6.该罪的主观方面是故意。该罪只能是故意实施的犯罪行为,并且具有筹集资金的目的。

7.欺诈发行股票、债券罪的刑事责任。根据我国《刑法》第160条的规定,在招股说明书、认股书、公司、企业债券募集办法中隐瞒重要事实或者编造重大虚假内容,发行股票或者公司、企业债券,数额巨大、后果严重或者有其他严重情节的,处5年以下有期徒刑或者拘役,并处或者单处非法募集资金金额1%以上5%以下罚金。单位犯前款罪的,对单位判处罚金,并对其直接负责的主管人员和其他直接责任人员,处5年以下有期徒刑或者拘役。

(二)擅自设立证券机构罪

擅自设立证券机构罪,是指未经国家有关主管部门批准,擅自设立证券交易场所、证券公司等证券机构的行为。该罪在我国《刑法》第174条规定为“擅自设立金融机构罪”,1999年12月25日全国人大常委会通过的《刑法修正案》第3条将证券交易所、证券公司列入金融机构范围,并将《刑法》第174条规定的“未经中国人民银行批准”修改为“未经国家有关主管部门批准”。这一修改可使原法规定的“擅自设立金融机构罪”的外延包括“擅自设立证券公司罪”和“擅自设立证券交易所罪”,这里将其统称为“擅自设立证券机构罪”。应当注意的是,按照我国《证券法》第96条的规定,国务院批准的其他全国性证券交易场所的设立、变更和解散由国务院决定,因此,擅自设立国务院批准的其他全国性证券交易场所也依法构成本罪。

在认定该罪时,应当注意以下问题有。

1.“未经国家有关主管部门批准”的认定依据。按照我国《证券法》第96条第2款的规定:“证券交易所、国务院批准的其他全国性证券交易场所的设立、变更和解散由国务院决定”;该法第118条规定,设立证券公司,应当经国务院证券监督管理机构批准。“未经国务院证券监督管理机构批准,任何单位和个人不得以证券公司名义开展证券业务活动。”

2.行为人伪造、变造、转让证券交易所、证券公司等经营许可证或者批准文件的,依照本罪规定处罚。

3.犯罪主体为一般主体,任何达到法定刑事责任年龄并具备刑事责任能力的单位或自然人都可构成本罪。

4.该罪的主观方面表现为故意,并且行为人一般都具有营利的目的。

5. 擅自设立证券机构罪的刑事责任。按照我国《刑法修正案》(1999 年)第 3 条第 1 款的规定,未经国家有关主管部门批准,擅自设立证券交易所、证券公司的,处 3 年以下有期徒刑或者拘役,并处或者单处 2 万元以上 20 万元以下罚金;情节严重的,处 3 年以上 10 年以下有期徒刑,并处 5 万元以上 50 万元以下罚金。单位犯罪的,对单位判处罚金,并对其直接负责的主管人员和其他直接责任人员,依照该条第 1 款的规定处罚。

(三)擅自发行股票、公司、企业债券罪及其刑事责任

擅自发行股票、公司、企业债券罪,是指未经国家有关主管部门批准,擅自发行股票或者公司、企业债券,数额巨大、后果严重或者有其他严重情节的行为。我国《刑法》第 179 条规定了该罪。在认定该罪时,需要把握的要点如下所示。

1. 如何认识"未经国家有关主管部门批准"。未经批准与擅自发行是紧密联系不可分割的两种行为,是该罪在客观方面必须具备的要件。对此,还需要注意以下两方面的问题。

(1)根据我国新《证券法》第 9 条的规定,公开发行证券全面实行注册制。因此,我国《刑法》规定的"批准"应当主要理解为依法注册;《刑法》规定的"国家主管部门"应当与《证券法》规定作为注册机关的国务院证券监督管理机构或者国务院授权的部门相对应。

(2)"未经国家有关主管部门批准"在实践中应当按照我国《证券法》规定的证券公开发行注册制的要求来理解,具体表现为行为人根本未向主管部门申请注册而擅自发行了股票或公司、企业债券;行为人虽然提出了申请,但因不符合证券发行条件而未通过注册机关的注册,或者在注册过程中注册机关尚未正式注册的情况下,以及行为人在注册机关依法中止发行注册程序时,擅自发行了股票或者公司、企业债券;行为人未经注册机关注册,制作虚假的发行文件擅自发行股票或者公司、企业债券;虽经注册发行,但发行人超过注册的限额发行股票或者公司、企业债券。

2. 如何认定"数额巨大""后果严重""有其他严重情节"。这三者均为该罪在客观方面的构成要件。需要注意的是,三者只要具备其中任何之一就可以构成该罪。根据《刑事案件立案追诉标准规定(二)》的规定,未经国家有关部门批准,擅自发行股票或者公司、企业债券,涉嫌下列情形之一的,应予立案追诉:(1)发行数额在 50 万元以上的;(2)虽未达到上述数额标准,但擅自发行致使 30 人以上的投资者购买了股票或者公司、企业债券的;(3)不能及时清偿或者清退的;(4)其他后果严重或者有其他严重情节的情形。①

3. 该罪的主体包括了单位和自然人。从我国《证券法》的有关规定来看,一般只有单位才可能成为擅自发行股票、公司、企业债券罪的主体,在实践中自然人无论是从经济实力上还是其他方面都不太可能自己发行证券。因此,该罪的主体主要为单位。单

① 参见该规定第 34 条。

位犯该罪的,对单位及其直接负责的主管人员和其他直接责任人员亦采取“双罚制”原则处罚。

4. 主观方面是直接故意。只有行为人明知其行为违反证券法律、法规,但故意不经国家有关部门注册发行证券,纵容和放任扰乱证券发行管理秩序的危害后果发生。犯罪目的一般是为了筹集资金。

5. 该罪与欺诈发行股票、债券罪的区别。两罪同属于非法发行股票、债券的行为,在犯罪客体、主观方面、犯罪定罪情节要求等方面具有相同或相似的特征,两罪的主要区别在于:前者是未经国家有关主管部门注册而擅自发行的行为,其突出特点是“程序不合法”,实体上是否合法并不是构成该罪的必要条件;后者是以欺诈方法获得国家有关主管部门注册而发行的行为,其突出的特点是“实体不合法”,即在招股说明书等发行文件中隐瞒重要事实或者编造重大虚假内容。

当然,在实践中也可能出现行为人同时具备程序不合法和实体不合法的情况,如行为人发行股票的行为,不仅是未依法履行注册发行程序而擅自发行的行为,而且同时又在招股说明书等发行文件中有虚假陈述,同时具备两罪的犯罪构成要件,此时,应当按照想象竞合犯从一从重论处,而无须实行数罪并罚。①

6. 擅自发行股票、公司、企业债券罪的刑事责任。根据我国《刑法》第179条的规定,未经国家有关主管部门批准,擅自发行股票或者公司、企业债券,数额巨大、后果严重或者有其他严重情节的,应当处5年以下有期徒刑或者拘役,并处或者单处非法募集资金金额1%以上5%以下罚金。单位犯罪的,对单位判处罚金,并对其直接负责的主管人员和其他直接责任人员,处5年以下有期徒刑或者拘役。

(四)内幕交易、泄露内幕信息罪及其刑事责任

内幕交易、泄露内幕信息罪,②是指证券交易内幕信息的知情人员或者非法获取证券交易内幕信息的人员,在涉及证券发行、交易或者其他对证券价格有重大影响的信息尚未公开前,买入或者卖出该证券,或者泄露该信息,或者明示、暗示他人从事上述交易活动,情节严重的行为。我国《刑法》第180条规定了该罪。在认定该罪时,需要把握以下要点。

1. 该罪是一个选择性罪名。有学者认为,如果行为人同时实施了内幕交易和泄露内幕信息的行为,构成犯罪的,可定内幕交易、泄露内幕信息罪,不实行数罪并罚;如果行为人只实施内幕交易行为并构成犯罪的,可定内幕交易罪;如果行为人只实施泄露内幕信息行为并构成犯罪的,则可定泄露内幕信息罪。③ 两罪的区别在于,内幕交易罪的

① 魏智彬:《证券及相关犯罪认定处理》,中国方正出版社1998年版,第66页。

② 1999年12月25日全国人大常委会对《刑法》第180条第1款作了修正,增加了有关期货内幕交易、泄露内幕信息的犯罪,这里只讨论证券内幕交易、泄露内幕信息罪。

③ 魏智彬:《证券及相关犯罪认定处理》,中国方正出版社1999年版,第75页。

行为人直接参与了证券交易，有"买入或者卖出该证券"的行为；而泄露内幕信息罪的行为人并不一定参与证券交易，只要有"泄露该信息"的行为即可构成该罪。

2. 内幕交易罪的"交易"应当是广义的交易概念，即不仅是指证券交易阶段进行的证券交易，而且还包括了证券发行阶段的证券买卖。例如，内幕信息的知情人员在发行阶段买入发行股票，情节严重的行为，也可能构成内幕交易罪。交易的证券既包括上市证券，也包括非上市证券。

3. 内幕交易是利用内幕信息进行证券交易的行为。对此，有观点认为，我国《刑法》第 180 条并未规定利用内幕信息为犯罪的构成要件，只要是内幕信息的知情人员或非法获取证券交易内幕信息的人员，在内幕信息尚未公开前买入或卖出该证券，即构成"内幕交易"行为，至于行为人是否利用内幕信息进行交易，不影响"内幕交易"行为的成立。[①] 笔者认为，这一认识不妥，正因为内幕信息是未公开信息，在未公开之前进行买入或卖出证券，说明对这一信息利用的仅为知情人员，如果没有利用内幕信息进行的买入或卖出证券，则属于正常买卖，无所谓内幕交易行为。另外，我国《证券法》第 50 条也规定："禁止证券交易内幕信息的知情人和非法获取内幕信息的人利用内幕信息从事证券交易活动。"这说明，内幕交易就是利用内幕信息进行交易的行为。

4. "内幕信息"的含义。按照我国《证券法》和《刑法》规定，内幕信息具有两大基本特征：一是属于重大信息，即我国《证券法》第 52 条第 1 款规定的涉及发行人的经营、财务或者对该发行人证券的市场价格有重大影响的信息；二是属于尚未公开信息，即这种重大信息尚没有为证券市场上所有投资者所获悉并据以进行证券交易。此外，我国《证券法》第 80 条第 2 款、第 81 条第 2 款所列的重大事件也属于内幕信息。在具体认定时，应当注意"内幕信息"不包括运用公开的信息和资料而对证券市场所作出的预测和分析。

5. 内幕交易、泄露内幕信息罪在客观方面必须是"情节严重"的行为。《刑事案件立案追诉标准规定(二)》第 35 条规定，内幕交易涉嫌下列情形之一的，应当立案追诉：(1)证券交易成交额累计在 50 万元以上的；(2)期货交易占用保证金数额累计在 30 万元以上的；(3)获利或者避免损失数额累计在 15 万元以上的；(4)多次进行内幕交易、泄露内幕信息的；(5)其他情节严重的情形。同时，2012 年最高人民法院、最高人民检察院发布的《关于办理内幕交易、泄露内幕信息刑事案件具体应用法律若干问题的解释》第 6 条规定，从事内幕交易具有下列情形之一的，应当认定为《刑法》第 180 条第 1 款规定的"情节严重"：(1)证券交易成交额在 50 万元以上的；(2)期货交易占用保证金数额在 30 万元以上的；(3)获利或者避免损失数额在 15 万元以上的；(4)3 次以上的；(5)具有其他严重情节的。该解释第 7 条规定，具有下列情形之一的，应当认定为《刑法》第 180 条第 1 款规定的"情节特别严重"：(1)证券交易成交额在 250 万元以上的；

---

① 魏智彬：《证券及相关犯罪认定处理》，中国方正出版社 1999 年版，第 74 页。

(2)期货交易占用保证金数额在150万元以上的;(3)获利或者避免损失数额在75万元以上的;(4)具有其他特别严重情节的。

6. 本罪的犯罪主体为特殊主体,即我国《刑法》第180条规定的"证券交易内幕信息的知情人员或者非法获取证券交易内幕信息的人员"。根据我国《证券法》第51条的规定,证券交易内幕信息的知情人员有:(1)发行人及其董事、监事、高级管理人员;(2)持有公司5%以上股份的股东及其董事、监事、高级管理人员,公司的实际控制人及其董事、监事、高级管理人员;(3)发行人控股或者实际控制的公司及其董事、监事、高级管理人员;(4)由于所任公司职务或者因与公司业务往来可以获取公司有关内幕信息的人员;(5)上市公司收购人或者重大资产交易方及其控股股东、实际控制人、董事、监事和高级管理人员;(6)因职务、工作可以获取内幕信息的证券交易场所、证券公司、证券登记结算机构、证券服务机构的有关人员;(7)因职责、工作可以获取内幕信息的证券监督管理机构工作人员;(8)因法定职责对证券的发行、交易或者对上市公司及其收购、重大资产交易进行管理可以获取内幕信息的有关主管部门、监管机构的工作人员;(9)国务院证券监督管理机构规定的可以获取内幕信息的其他人员。

"非法获取证券交易内幕信息的人员"是非内幕人员,是指上述内幕人员以外的,通过非法方法从内幕人员处获取内幕信息的人员。根据前述司法解释第2条的规定,非法获取内幕信息的人员可以分为两类:一是利用非法手段获取内幕信息的人员,例如,窃取、骗取、套取、窃听、利诱、刺探或者私下交易等手段获取内幕信息的人员;二是利用特殊身份获取内幕信息的人员,即内幕信息知情人员的近亲属或者其他与内幕信息知情人员关系密切的人员,但其获取内幕信息的手段未必是非法的。

值得指出的是,单位也可以构成本罪的犯罪主体,我国《刑法》第180条就规定,单位犯前款罪的,对单位判处罚金,并对其直接负责的主管人员和其他直接责任人员,处5年以下有期徒刑或者拘役。

7. 该罪的主观方面为故意,即明知是证券交易内幕信息,而故意利用该信息进行证券交易或故意将该信息泄露给他人进行证券交易。过失不能构成本罪。行为人一般以获取暴利或减少损失为目的。但目的不是必需的主观要件。

8. 内幕交易罪、泄露内幕信息罪的刑事责任。根据我国《刑法》第180条的规定,证券交易内幕信息的知情人员或者非法获取证券交易内幕信息的人员,在涉及证券的发行、交易或者其他对证券的价格有重大影响的信息尚未公开前,买入或者卖出该证券,或者泄露该信息,情节严重的,处5年以下有期徒刑或者拘役,并处或者单处违法所得1倍以上5倍以下罚金;情节特别严重的,处5年以上10年以下有期徒刑,并处违法所得1倍以上5倍以下罚金。单位犯前款罪的,对单位判处罚金,并对其直接负责的主管人员和其他直接责任人员,处5年以下有期徒刑或者拘役。

(五)利用未公开信息交易罪及其刑事责任

利用未公开信息交易罪,是指证券交易所、证券公司等证券机构的从业人员以及有关监管部门或者行业协会的工作人员，利用因职务便利获取的内幕信息以外的其他未公开信息，违反规定，从事与该信息相关的证券交易活动，或者明示、暗示他人从事相关交易活动，情节严重的，依法应当受到刑事处罚的行为。我国《刑法》第180条第4款规定了该罪。最高人民法院、最高人民检察院《关于办理利用未公开信息交易刑事案件适用法律若干问题的解释》（2019年7月1日施行，以下简称《利用未公开信息交易解释》）对该罪的适用作出专门规定。按照我国《刑法》第180条第4款的规定，利用未公开信息交易罪与内幕交易、泄露内幕信息罪受到的刑事处罚相同。在认定该罪时，需要把握以下要点。

1.“内幕信息以外的其他未公开信息”的含义。按照《利用未公开信息交易解释》第1条的规定，构成利用未公开信息交易罪的是利用“内幕信息以外的其他未公开信息”，包括下列信息：（1）证券、期货的投资决策、交易执行信息；（2）证券持仓数量及变化、资金数量及变化、交易动向信息；（3）其他可能影响证券、期货交易活动的信息。《利用未公开信息交易解释》第2条还规定，对于难以认定的内幕信息以外的其他未公开信息，司法机关可以在有关行政主（监）管部门的认定意见基础上，根据案件事实和法律规定作出认定。

2.关于“明示、暗示他人从事相关交易活动”的认定。利用未公开信息交易罪必须是实施了利用未公开信息进行交易的行为。“明示、暗示他人从事相关交易活动”是行为人利用未公开信息进行交易的一种方式。按照《利用未公开信息交易解释》第4条的规定，应当综合以下方面对此进行认定：（1）行为人具有获取未公开信息的职务便利；（2）行为人获取未公开信息的初始时间与他人从事相关交易活动的初始时间具有关联性；（3）行为人与他人之间具有亲友关系、利益关联、交易终端关联等关联关系；（4）他人从事相关交易的证券、期货品种、交易时间与未公开信息所涉证券、期货品种、交易时间等方面基本一致；（5）他人从事的相关交易活动明显不具有符合交易习惯、专业判断等正当理由；（6）行为人对明示、暗示他人从事相关交易活动没有合理解释。

3.犯罪的客观方面是“情节严重”“情节特别严重”的行为。关于“情节严重”的认定，《刑事案件立案追诉标准规定（二）》第36条规定，利用未公开信息交易行为涉嫌下列情形之一的，应予立案追诉：（1）证券交易成交额累计在50万元以上的；（2）获利或者避免损失数额累计在15万元以上的；（3）多次利用内幕信息以外的其他未公开信息进行交易活动的；（4）其他情节严重的情形。另外，按照《利用未公开信息交易解释》第5条的规定，利用未公开信息交易具有下列情形之一的，应当认定为《刑法》第180条第4款规定的“情节严重”：（1）违法所得数额在100万元以上的；（2）2年内3次以上利用未公开信息交易的；（3）明示、暗示3人以上从事相关交易活动的。关于“情节严重”的认定还应当进一步结合其他经济因素进行综合考虑。根据《利用未公开信息交易解释》第6条的规定，利用未公开信息交易，违法所得数额在50万元以上，或者证券交易成交额在500万元以上，具有下列情形之一的，应当认定为《刑法》第180条第4款规定的“情节严重”:(1)以出售或者变相出售未公开信息等方式,明示、暗示他人从事相关交易活动的;(2)因证券犯罪行为受过刑事追究的;(3)2年内因证券违法行为受过行政处罚的;(4)造成恶劣社会影响或者其他严重后果的。根据《利用未公开信息交易解释》第7条的规定,利用未公开信息交易的违法所得数额在1000万元以上的,应当认定为“情节特别严重”。此外,违法所得数额在500万元以上,或者证券交易成交额在5000万元以上,具有《利用未公开信息交易解释》第6条规定的4种情形之一的,应当认定为“情节特别严重”。

4. 犯罪主体的范围。利用未公开信息交易罪与内幕交易罪、泄露内幕信息罪都规定在我国《刑法》第180条中,但二者的犯罪主体却并不完全相同。按照我国《刑法》第180条第4款和我国新《证券法》第54条的规定,利用未公开信息交易罪的主体是证券交易场所、证券公司等机构的从业人员以及有关监管部门或者行业协会的工作人员,这类人员可能利用职务便利获取未公开信息进行交易;而内幕交易罪、泄露内幕信息罪的主体范围更宽泛。

5. 利用未公开信息交易罪的刑事责任。我国《刑法》第180条第4款规定,利用未公开信息交易罪依照内幕交易罪、泄露内幕信息罪予以处罚。利用未公开信息从事交易活动,情节严重的,处5年以下有期徒刑或者拘役,并处或者单处违法所得1倍以上5倍以下罚金;情节特别严重的,处5年以上10年以下有期徒刑,并处违法所得1倍以上5倍以下罚金。单位犯前款罪的,对单位判处罚金,并对其直接负责的主管人员和其他直接责任人员,处5年以下有期徒刑或者拘役。

(六)编造并传播证券交易虚假信息罪

编造并传播证券交易虚假信息罪,是指编造并且传播影响证券交易的虚假信息,扰乱证券交易市场,造成严重后果的行为。① 我国《刑法》第181条第1款和第3款对编造并传播证券交易虚假信息罪作了明确规定。在认定该罪时,需要把握以下要点。

1. 编造虚假信息和传播虚假信息是必须同时并存,二者缺一不可。如果行为人仅仅实施了“编造”虚假信息而没有实施“传播”虚假信息的行为,或者传播的是真实信息,就不能构成该罪。但如果是共同犯罪人,一人编造,另一人传播,只是分工不同,不影响行为目的的共同性。所谓“编造”,是指主观臆造、凭空捏造或者无中生有;所谓“传播”,是指向他人进行宣传、散布,可以是口头的、书面的,也可以是直接的、间接的。行为人在编造基础上进行传播,其具体表现是多种多样的,如撰写股评文章或者唆使、贿赂股评人员在股市分析中散布虚假信息等。

2. 行为人编造和传播的虚假信息必须是影响证券交易的虚假信息。

3. 编造和传播证券交易虚假信息的行为,必须是扰乱证券市场、造成严重后果的行

① 1999年12月25日全国人大常委会对《刑法》第181条第1款作了修正,增加了编造并传播期货交易虚假信息罪,这里只讨论编造并传播证券交易虚假信息罪。

为。所谓“扰乱证券市场”，是指行为扰乱了证券市场的正常秩序，损害了广大投资者的合法权益；所谓“造成严重后果”，是指造成证券市场严重混乱，引起股民闹事、证券市场价格暴涨暴跌等。根据《刑事案件立案追诉标准规定（二）》第 37 条的规定，编造并且传播影响证券交易的虚假信息，扰乱证券、期货交易市场，涉嫌下列情形之一的，应予立案追诉：（1）获利或者避免损失数额累计在 5 万元以上的；（2）造成投资者直接经济损失数额在 5 万元以上的；（3）致使交易价格和交易量异常波动的；（4）虽未达到上述数额标准，但多次编造并且传播影响证券、期货交易的虚假信息的；（5）其他造成严重后果的情形。

4. 犯罪主体为一般主体，凡达到刑事责任年龄并具有刑事责任能力的人均可以成为该罪主体，单位也能成为该罪主体。但是，该罪的主体不包括证券交易所、证券公司及其从业人员、证券业协会、证券监督管理机构及其工作人员。如果这些单位或个人编造并提供虚假信息，应以我国《刑法》第 181 条第 2 款规定的诱骗投资者买卖证券罪定罪。

5. 行为人必须出于故意。即行为人明知自己的行为违法，但为了牟取暴利，故意编造证券交易虚假信息并同时予以传播，扰乱证券市场，以便从中渔利。无论其是否因此获得利益，只要对证券交易造成影响且后果严重的，都应承担刑事责任。

6. 编造并传播证券交易虚假信息罪的刑事责任。按照我国《刑法》第 181 条第 1 款和第 3 款的规定，编造并且传播影响证券交易的虚假信息，扰乱证券交易市场，造成严重后果的，处 5 年以下有期徒刑或者拘役，并处或者单处 1 万元以上 10 万元以下罚金。单位犯该罪的，对单位判处罚金，并对其直接负责的主管人员和其他直接责任人员，处 5 年以下有期徒刑或者拘役。

（七）诱骗投资者买卖证券及其刑事责任

诱骗投资者买卖证券罪，是指证券交易所、证券公司的从业人员、证券业协会或者证券监督管理部门的工作人员，故意提供虚假信息或者伪造、变造、销毁交易记录，诱骗投资者买卖证券，造成严重后果的行为。[①] 我国《刑法》第 181 条第 2 款、第 3 款规定了该罪。在具体认定时，应当注意以下几个问题。

1. 犯罪主体是特殊主体，即证券交易所、证券公司及其从业人员，以及证券业协会和证券监督管理部门的工作人员。值得指出的是，我国《刑法》第 181 条第 2 款对主体采取了列举方式，未将证券登记结算机构和所有的中介机构纳入列举范围。之所以如此，就是考虑到列举范围内的主体往往具有牟取自身利益的动机，如证券公司就可以通过投资者交易量的增加而多收佣金。

2. 对证券欺诈行为的认识。该罪的客观方面表现为行为人实施了证券欺诈行为。

---

① 1999 年 12 月 25 日《刑法修正案》增加了诱骗投资者买卖期货合约罪，这里只讨论诱骗投资者买卖证券罪。

所谓证券欺诈,即“提供虚假信息或者伪造、变造、销毁交易纪录,诱骗投资者买卖证券”的行为。所谓“提供虚假信息”,是指行为人向他人提供不真实信息。虚假信息的来源,可以是行为人自己编造的,也可以是由他人编造出来而由行为人故意提供的。虚假信息的编造与否,不影响该罪的成立。这里的“提供”,应当包含“传播”的内容。我国《刑法》规定该罪的犯罪行为中的“伪造”交易记录,是指行为人凭空制作的不真实的交易记录;“变造”交易记录是指对真实的交易记录进行涂改、剪贴、拼接等处理而改变其真实内容;“销毁”交易记录是指将依法制作的真实交易记录予以毁灭的行为;“交易记录”是证券交易信息,包括每日成交的证券名称、价格、数量、买卖各方券商代号,昨日收盘价、当日收盘价、最新成交价、最高成交价、最低成交价、当日累计成交量及有关统计分析指标等,是投资者据以判断证券市场行情并作出买卖证券决定的重要依据。

3. 对“严重后果”的认定。行为人的行为必须诱骗投资者买卖证券并造成严重后果才构成该罪。按照《刑事案件立案追诉标准规定(二)》第38条的规定,诱骗投资者买卖证券,涉嫌下列情形之一的,应当立案追诉:(1)获利或者避免损失数额累计在5万元以上的;(2)造成投资者直接经济损失数额在5万元以上的;(3)致使交易价格和交易量异常波动的;(4)其他造成严重后果的情形。

4. 行为人主观上存在直接故意,并且具有通过欺诈手段诱骗投资者买卖证券的目的。如果证券交易所或证券公司的从业人员等由于自律性不强,随意向人散布不实证券交易信息,使他人信以为真,而进行证券买卖,由于行为人并非故意提供虚假信息,因而即使造成严重后果,也不应承担刑事责任。

5. 该罪与编造并传播证券交易虚假信息罪的区别。我国《刑法》将两罪规定在一个条文中,它们侵犯的客体都是证券市场的管理秩序和投资者合法权益;主观方面都是故意。但两者有以下区别:第一,客观行为表现形式不完全相同。前者的行为是提供虚假信息或者伪造、变造、销毁交易记录;后者的行为是编造并传播虚假信息。第二,犯罪主体不同。前者是特殊主体,即证券交易所、证券公司的从业人员,证券业协会或者证券管理部门的工作人员;后者是一般主体。

6. 诱骗投资者买卖证券罪的刑事责任。根据我国《刑法》第181条第2款的规定,证券交易所、证券公司的从业人员,证券业协会或者证券监督管理部门的工作人员,故意提供虚假信息或者伪造、变造、销毁交易记录,诱骗投资者买卖证券,造成严重后果的,处5年以下有期徒刑或者拘役,并处或者单处1万元以上10万元以下罚金;情节特别恶劣的,处5年以上10年以下有期徒刑,并处2万元以上20万元以下罚金。单位犯该罪的,对单位判处罚金,并对其直接负责的主管人员和其他直接责任人员,处5年以下有期徒刑或者拘役。

(八)操纵证券市场罪及其刑事责任

操纵证券市场罪,是指以获取不正当利益或者转嫁风险为目的,以各种方法操纵证券市场,情节严重的行为。[1] 我国《刑法》第 182 条对此作了规定。值得指出的是,我国《刑法修正案(六)》第 11 条对《刑法》第 182 条作了修改,除增加操纵期货市场的内容外,还将《刑法》该条规定的操纵证券交易价格罪改为操纵证券市场罪,这一表述使该罪罪名更科学严谨。

操纵证券市场罪主要是通过操纵证券交易价格来体现的。在证券市场上,证券交易价格的涨落有两个重要因素:一是入市资金量的多少;二是证券市场流通的证券数量。二者形成证券市场供求关系的不断相互变化。一般而言,在前者不变的情况下,证券市场流通证券数量越多,价格就可能越往下跌,出现证券供大于求的情况;反之,在后者不变的情况下,入市资金量越多,价格就可能越往上涨,出现证券供不应求的情况。操纵证券市场价格行为是通过资金等优势,通过各种不正当手段人为地扭曲证券市场价格,造成虚假的供求关系,违反证券市场公平、公正的原则,致使投资者利益受到损失,扰乱证券市场秩序。操纵证券市场罪在认定上需要重点把握以下几个方面。

1. 操纵证券市场的行为方式。我国《刑法修正案(六)》将操纵证券市场的情形规定为 4 种情形:(1)单独或者合谋,集中资金优势、持股或者持仓优势或者利用信息优势联合或者连续买卖,操纵证券交易价格或者证券交易量的;(2)与他人串通,以事先约定的时间、价格和方式相互进行证券交易,影响证券交易价格或者证券交易量的;(3)在自己实际控制的账户之间进行证券交易,或者以自己为交易对象,自买自卖期货合约,影响证券交易价格或者证券交易量的;(4)以其他方法操纵证券市场的。

2. "情节严重"和"情节特别严重"的认定。

(1)"情节严重"的认定。根据最高人民法院、最高人民检察院《关于办理操纵证券、期货市场刑事案件适用法律若干问题的解释》(2019 年 7 月 1 日施行,以下简称《操纵市场司法解释》第 2 条的规定,操纵证券市场,具有下列情形之一的,应当认定为我国《刑法》第 182 条第 1 款规定的"情节严重"。

第一,持有或者实际控制证券的流通股份数量达到该证券的实际流通股份总量 10% 以上;单独或者合谋,集中资金优势、持股或者持仓优势或者利用信息优势联合或者连续买卖,操纵证券交易价格或者证券交易量,连续 10 个交易日的累计成交量达到同期该证券总成交量 20% 以上的。

第二,与他人串通,以事先约定的时间、价格和方式相互进行证券交易,影响证券交易价格或者证券交易量,以及在自己实际控制的账户之间进行证券交易,或者以自己为交易对象,自买自卖期货合约,影响证券交易价格或者证券交易量,连续 10 个交易日的累计成交量达到同期该证券总成交量 20% 以上的。

第三,实施《操纵市场司法解释》第 1 条第 1 项至第 4 项规定的操纵市场行为,证券交易成交额在 1000 万元以上的。该类操纵证券市场行为包括:①利用虚假或者不确定

---

① 2006 年 6 月 29 日《刑法修正案(六)》我国增加了操纵期货市场罪,这里只讨论操纵证券市场罪。

的重大信息,诱导投资者作出投资决策,影响证券交易价格或者证券交易量,并进行相关交易或者谋取相关利益的;②通过对证券及其发行人、上市公司交易标的公开作出评价、预测或者投资建议,误导投资者作出投资决策,影响证券交易价格或者证券交易量,并进行与其评价、预测、投资建议方向相反的证券交易的;③通过策划、实施资产收购或者重组、投资新业务、股权转让、上市公司收购等虚假重大事项,误导投资者作出投资决策,影响证券交易价格或者证券交易量,并进行相关交易或者谋取相关利益的;④通过控制发行人、上市公司信息的生成或者控制信息披露的内容、时点、节奏,误导投资者作出投资决策,影响证券交易价格或者证券交易量,并进行相关交易或者谋取相关利益的。

第四,实施《操纵市场司法解释》第1条第5项规定的操纵证券市场行为,当日累计撤回申报量达到同期该证券、期货合约总申报量50%以上,且证券撤回申报额在1000万元以上、撤回申报的期货合约占用保证金数额在500万元以上的。这种操纵证券市场行为是指不以成交为目的,频繁申报、撤单或者大额申报、撤单,误导投资者作出投资决策,影响证券交易价格或者证券交易量,并进行与申报相反的交易或者谋取相关利益的行为。

第五,实施操纵证券市场行为,违法所得数额在100万元以上的。

此外,按照《操纵市场司法解释》第3条的规定,操纵证券市场,违法所得数额在50万元以上,具有下列情形之一的,应当认定为《刑法》第182条第1款规定的"情节严重":①发行人、上市公司及其董事、监事、高级管理人员、控股股东或者实际控制人实施操纵证券市场行为的;②收购人、重大资产重组的交易对方及其董事、监事、高级管理人员、控股股东或者实际控制人实施操纵证券市场行为的;③行为人明知操纵证券市场行为被有关部门调查,仍继续实施的;④因操纵证券市场行为受过刑事追究的;⑤2年内因操纵证券市场行为受过行政处罚的;⑥在市场出现重大异常波动等特定时段操纵证券市场的;⑦造成恶劣社会影响或者其他严重后果的。

(2)"情节特别严重"的认定。《操纵市场司法解释》第4条规定,具有下列情形之一的,应当认定为"情节特别严重":①持有或者实际控制证券的流通股份数量达到该证券的实际流通股份总量10%以上,单独或者合谋,集中资金优势、持股或者持仓优势或者利用信息优势联合或者连续买卖,操纵证券交易价格或者证券交易量,连续10个交易日的累计成交量达到同期该证券总成交量50%以上的;②与他人串通,以事先约定的时间、价格和方式相互进行证券交易,影响证券交易价格或者证券交易量的;以及在自己实际控制的账户之间进行证券交易,或者以自己为交易对象,自买自卖期货合约,影响证券交易价格或者证券交易量,连续10个交易日的累计成交量达到同期该证券总成交量50%以上的;③实施《操纵市场司法解释》第1条第1项至第4项规定的操纵市场行为,证券交易成交额在5000万元以上的;④实施操纵证券市场行为,违法所得数额在1000万元以上的。实施操纵证券市场行为,违法所得数额在500万元以上,并具有《操纵市场司法解释》第3条规定的7种情形之一的,应当认定为“情节特别严重”。

3. 行为人主观上存在直接故意。行为人以获取不正当利益或者转嫁风险为目的,明知其操纵行为会干扰证券市场价格的自然形成,损害投资者合法权益,但为了获取不正当利益或者转嫁风险,并希望这种结果发生。至于行为人是否获取了不正当利益或者转嫁了风险,不影响构成该罪。

4. 犯罪主体包括具有刑事责任能力的自然人和单位。

5. 操纵证券市场罪的刑事责任。根据我国《刑法修正案(六)》第11条的规定,操纵证券市场,情节严重的,处5年以下有期徒刑或者拘役,并处或者单处罚金;情节特别严重的,处5年以上10年以下有期徒刑,并处罚金。单位犯前款罪的,对单位判处罚金,并对其直接负责的主管人员和其他直接责任人员,依照前款规定处罚。

(九)非法经营证券业务罪及其刑事责任

非法经营证券罪,是指未经国家有关主管部门批准,非法经营证券业务,情节严重的行为。该罪为我国《刑法修正案》(1999年)第8条增加的1项证券犯罪。该条规定,我国《刑法》第225条增加1项,作为第3项,即“未经国家有关主管部门批准,非法经营证券、期货或者保险业务的”。本来这条规定还包括非法经营期货业务罪、非法经营保险业务罪,这里只讨论非法经营证券业务的行为。在把握该罪的犯罪构成上,应当注意以下问题。

1. 客观方面的行为特征。行为人无合法经营证券业务资格而从事了证券业务经营行为,如证券买卖、证券承销、证券经纪等行为。无合法经营证券业务资格即行为人未经国家有关主管部门批准从事证券业务。

2. 必须是情节严重的行为。按照《刑事案件立案追诉标准规定(二)》第79条的规定,未经国家有关主管部门批准,非法经营证券业务,数额在30万元以上的,或违法所得数额在5万元以上的,应予立案追诉。

3. 犯罪主体为一般主体,即一切实施非法经营证券业务的单位和自然人。

4. 主观方面为故意,即明知其行为会扰乱证券市场秩序而故意实施。一般而言,实施非法经营证券业务的行为是为了获取非法利益。

5. 非法经营证券业务罪的刑事责任。根据我国《刑法》第225条和《刑法修正案》(1999年)第8条的规定,未经国家有关主管部门批准,非法经营证券业务,扰乱证券市场秩序,情节严重的,处5年以下有期徒刑或者拘役,并处或者单处违法所得1倍以上5倍以下罚金;情节特别严重的,处5年以上有期徒刑,并处违法所得1倍以上5倍以下罚金或者没收财产。

第十七章　跨境证券发行与交易

近年来,随着资本市场国际化的迅速发展,证券活动频繁地跨越边境而开展。由于统一的国际证券法尚未形成,国际社会对跨境证券活动的监管与规制仍然延续国别化、地域化与分散化的基本格局,国际证券法在相当程度上仍然被视为各个国家和地区的证券法随着证券活动跨越边境而在国际的延伸适用。我国新修订的《证券法》明确了法律关于跨境证券发行和交易的规定的域外适用效力,在该法第 2 条新增的第 4 款规定:"在中华人民共和国境外的证券发行和交易活动,扰乱中华人民共和国境内市场秩序,损害境内投资者合法权益的,依照本法有关规定处理并追究法律责任。"

第一节　跨境证券发行

一、跨境证券发行的含义

"跨境证券发行"是一个被广泛提及但对其内涵和外延却较少进行专门讨论的概念。从语词结构上分析,"跨境证券发行"可以被拆解为"跨境"与"证券发行"两个部分。

国际证券委员会组织(International Organization of Securities Commissions,IOSCO)发布的《外国发行人跨境发行与首次上市的国际披露准则》(International Disclosure Standards for Cross-Border Offerings and Initial Listings by Foreign Issuers)中,将"跨境"(Cross-Border)界定为"证券的发行或者上市活动在母国之外的一个或者多个国家进行"。① 学者安德鲁·麦克奈特(Andrew McKnight)在其所著的《国际金融法》中将"跨境"定义为"一个以上的管辖区"。② 概括而言,"跨境"有广义与狭义的区分,狭义的跨境仅是指跨越国境线;而广义的跨境意指跨越不同的法域或者不同的关税区。从中国证监会发布的公告与规范性文件中采用的表述口径来看,跨越中国内地与香港特别行政区、澳门特别行政区,以及中国内地与中国台湾地区之间边境的证券活动也被纳入了

---

① IOSCO,"International Disclosure Standards for Cross-Border Offerings and Initial Listings by Foreign Issuers",https://www.iosco.org/library/pubdocs/pdf/IOSCOPD81.pdf,January 2,2020.

② Andrew Mcknight,*The Law of International Finance*,Oxford,Oxford University Press,2008,p.260.

“跨境”的范畴,因此,本章所称“跨境”取其广义概念。①

对“证券发行”亦有广义与狭义两种解释:狭义的“证券发行”仅是指证券的公募发行,即发行人向不特定的社会公众或超过一定数量的特定对象发行证券的行为;广义的“证券发行”包括公募发行与私募发行,后者是指发行人采取非公开的方式仅向少数特定投资者发行证券的行为。本章所称“证券发行”取其广义概念。

综上所述,本章所称“跨境证券发行”,意指发行人为筹集资金,在注册地以外的国家或者地区的资本市场上向投资者发行证券的行为。需要特别予以说明的是,跨境发行与跨境交易之间的关系。首先,跨境发行的证券并不一定要在二级市场上进行交易。站在发行人的角度,发行完成即意味着筹资目的已经实现,在实践中之所以大部分跨境发行的证券都进入了二级市场,主要的考量因素在于,如果证券发行后不能自由交易,会导致证券缺乏流动性,进而影响投资者在一级市场的认购积极性。其次,跨境发行的证券也不一定要在证券交易所挂牌上市。发行与上市本身是两个不同的行为和阶段,跨境发行的证券特别是采用公开方式发行的股本证券,通常是以上市流通作为终极目标,其发行与上市具有较强的连续性和一致性;但有些采用非公开方式跨境发行的证券,如私募基金,其份额或权益的转让,只能通过报价系统平台进行,而不是在证券交易所挂牌交易。

二、跨境证券发行的模式

根据证券发行人在国际资本市场进行融资的渠道和方式不同,跨境证券发行可以划分为跨境直接发行、跨境间接发行与存托凭证 3 种模式。其中,跨境直接发行和存托凭证在各个国家和地区的跨境证券发行实践中具有适用的普遍性,而跨境间接发行则带有鲜明的中国特色,以下分而述之。

(一)跨境直接发行

跨境直接发行,是指发行人以自己的名义向境外证券主管部门申请,在境外资本市场上向投资者发行证券的资本运作模式,从发行方式上来看包括公开发行与非公开发行:前者如通常所见的 H 股、N 股、S 股和 D 股等,②后者如跨境私募股权投资基金、非公开发行境外债务融资工具等。采取公开方式进行跨境直接发行,由于证券的认购主体覆盖了发行国的社会公众和不特定投资者,往往受到较严格的监管与规制;采取非公开方式进行跨境直接发行,因其发售对象局限于具有较强风险识别和承担能力的机构投资者和高净值个人投资者,所以受到的监管与规制相对宽松。在跨境直接发行模式下,发行人与境外投资者通常能够建立起较直接的法律关系:如果发行人所发行的证券

---

① 参见《中国证券监督管理委员会与境外证券(期货)监管机构签署的备忘录一览表(2018 年 6 月)》,载中国证券监督管理委员会网:http://www.csrc.gov.cn/pub/newsite/gjb/jghz/201806/t20180614_339866.html,最后访问日期:2019 年 12 月 14 日。

② H 股是指中国企业在香港联合证券交易所上市的股票;N 股是指中国企业在纽约证券交易所上市的股票;S 股是指中国企业在新加坡证券交易所上市的股票;D 股是指中国企业在中欧国际交易所上市的股票。

为股票,境外投资者就成为发行人的股东;如果发行人所发行的证券为债券,境外投资者就成为发行人的债权人。境外投资者持有的证券所代表的各项权利,无论是治理性权利(如表决权)还是经济性权利(如分红权),与发行人在其本国发行的同类证券没有差别,具有同质性和可替代性。

跨境直接发行通过表明发行人能够满足不同国家或地区证券监管制度对公司治理、财务审计和信息披露等方面的要求,能够极大提升投资者的信心,扩大发行人在国际市场上的知名度;但是,跨境直接发行通常需要经过境内、境外监管机构的双重审批或核准,由于各个国家和地区对证券发行的要求存在差异,使证券发行的程序异常复杂,操作周期较长,发行成本居高难下。

(二)跨境间接发行

跨境间接发行,是指发行人以其境内所有或控制的权益为基础,在境外设立或者控制一家"壳公司",①以该壳公司的名义向境外证券主管部门申请在境外资本市场上向投资者发行证券的资本运作模式。根据取得壳公司的操作路径不同,跨境间接发行可以进一步划分为买壳上市与造壳上市。

1.跨境买壳上市

亦称跨境反向收购,是指境内发行人与其选定的在境外目标地证券市场地公开挂牌的壳公司达成协议,由壳公司向境内发行人的股东定向发行股票,以换取这些股东持有的发行人的股份,使该发行人并入壳公司或者成为壳公司的子公司,从而实现境内发行人在境外目标地证券市场间接上市的目的,并通过后续安排在该证券市场进行证券融资的资本运作模式。从外观上来看,是壳公司收购了境内发行人,后者所有的资产、负债和业务被并入壳公司及其资产负债表;但在实质上,境内发行人的股东因为在壳公司的定向增发中获得了壳公司通常远大于其原来累计发行的股票而取得了对壳公司的控制权,故称为反向收购(见图17-1)。

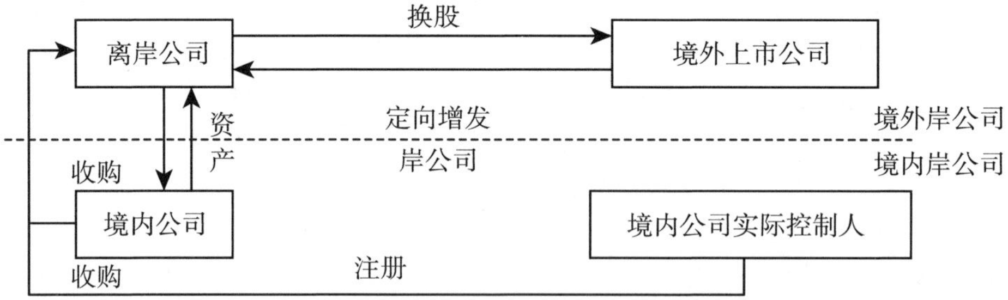

图17-1 跨境买壳上市流程

① 在国际证券市场上,壳公司是指拥有和保持上市资格,但相对而言,业务规模小或者停止,业绩一般或无业绩,总股本与可流通股规模小或停牌终止交易,股价低或股价趋于零的上市公司。

如图 17 - 1 所示,以下以中国境内发行人(不包含我国香港特别行政区、澳门特别行政区和台湾地区)通过买壳上市方式在境外发行证券为例,阐述跨境买壳上市的基本流程。

(1)出于规避或满足我国国内法规以及避税、保密等多方面考虑,境内公司或其实际控制人通常会选择在境外注册离岸公司,[①]然后通过关联并购、换股收购等方式将境内公司的资产植入境外离岸公司,使境内公司成为离岸公司的控股子公司,并将境内公司转变为在国内注册的外商投资企业,为将其拟上市资产权益转移至境外目标市场地创造条件。

(2)由境外离岸公司与境外上市公司进行买壳协商谈判,在确定买壳方案后,双方签署收购协议及相关文件。两家公司分别按照公司章程的规定就收购事项提请股东(大)会表决,并按照各自国家或地区的法律要求履行法定程序。

(3)由境外上市公司向境外离岸公司定向增发股票(通常为 90% 以上),境外离岸公司将其持有的公司股权全部转让给境外上市公司,作为取得该公司增发股份的对价,境外离岸公司的股东因为大量持有境外上市公司的股票而成为其控股股东。

(4)境外上市公司将境内公司的资产和业务通过境外离岸公司植入境外上市公司,然后将境内资产证券化,在境外上市公司挂牌的证券市场进行后续资金募集。

(5)境外上市公司以外商投资的方式或者以外债的形式通过境外离岸公司将所募集的资金调回中国供境内公司使用;境外上市公司也可以自主决定所募集资金的其他使用途径。

需特别指出的是,与其他证券跨境发行模式相比,买壳上市中的境内发行人并不能随着对壳公司反向收购行为的完成而达成资金筹措的目的,还需要通过符合壳公司上市地法律要求的设计和安排,在壳公司挂牌交易的证券市场上开展后续融资活动。以美国为例,完成反向收购的发行人进行再融资的方式主要有两种:一是上市公司私募股权融资(Private Investment in Public Equity,PIPE),二是储架发行(Shelf Offering)。[②] 利用 PIPE 交易,壳公司可以将未经注册的限制性普通股股票、可转换优先股、可转换债券、认股权证或前述证券的组合向特定投资人出售;并向美国证券交易委员会(SEC)递交注册或转售申明,在获批后将 PIPE 中发售的限制性股票转为非限制性股票在公开市

---

① 离岸公司泛指在离岸管辖区注册成立的有限责任公司或股份有限公司。与普通公司相比,离岸公司具有高度保密性、减免税务负担、无外汇管制三大特点。全球著名的离岸管辖区主要包括加勒比地区的英属维尔京群岛、开曼群岛、巴哈马群岛、安圭拉群岛、百慕大群岛等,南太平洋地区的瑙鲁、萨摩亚,英吉利海峡的海峡群岛以及地中海的塞浦路斯等。前述地区中有很多曾是前英属殖民地(如开曼群岛和英属维尔京群岛),在很大基础上保留了英国的法律体系和司法制度。参见梅新育:《"天堂"里的罪恶》,载《世界知识》2005 年第 20 期。

② 在证券发行注册制下,储架发行又称储架注册(Shelf Registration),其核心在于延长注册文件的生效期,实现一次注册长期有效。参见钟洪明:《多层次资本市场改革视域下证券法制重构论纲》,中国法制出版社 2017 年版,第 257 页。

场自由交易。[①] 此外,壳公司还可以充分利用储架发行机制,按时、定期地在年报、季报中记录注册证券的变动情况,以便于发行人在完成跨境反向收购后通过储架发行进行再融资。[②]

买壳上市的最大优点是规避了复杂的发行上市审批手续,能在较短时间内实现企业跨境筹资的目的;但是囿于境外具备卖出条件的上市公司壳资源非常稀缺,壳公司往往业绩不佳、负债累累而几乎没有生产经营的有效资产、有重大诉讼或其他不良经营记录等历史遗留问题,再加上国内企业对国外法律制度不熟悉,缺乏经验,导致这种跨境发行模式通常面临较高的法律风险,甚至可能因为发行失败而遭受巨大损失。

在过去很长一段时间里,买壳上市曾经是我国中小企业境外融资的一个重要渠道。尽管国务院1997年颁布的《关于进一步加强在境外发行股票和上市管理的通知》第4条规定,"禁止境内机构和企业通过购买境外上市公司控股股权的方式,进行买壳上市",但是该通知只适用于我国境内的企业和单位,而不适用于个人。因此,在2006年证监会和商务部等6部委联合发布的《关于外国投资者并购境内企业的规定》出台之前,证监会等部门对我国自然人通过在境外设立离岸公司并购境内企业然后赴境外买壳上市是否需要进行审批的态度并不明确,监管相对宽松。

2006年8月8日证监会、外汇管理局、商务部等6部委联合发布了《关于外国投资者并购境内企业的规定》(以下简称10号文),10号文在很大程度上阻断了我国企业境外买壳上市的通道。根据10号文的规定,境内公司、企业或自然人以其在境外合法设立或控制的公司的名义并购与其有关联关系的境内公司,应报商务部审批,当事人不得以外商投资企业境内投资或其他方式规避前述要求。另外,在境外设立特殊目的实体(Special Purpose Vehicle,SPV)经商务部初审同意后,[③]境内公司应当凭商务部批复函向证监会报送申请上市的文件。如果境外SPV在1年之内不能上市,商务部的批准自动失效,境内企业的股权结构需要恢复至并购前的状态。虽然从表面上来看,10号文并没有明文禁止境内企业通过买壳上市的方式在境外融资,但却为这一跨境发行模式设置了复杂的审批环节和严格的时间限制,迫使许多国内企业不得不知难而退,转而寻

---

① 按照美国《1933年证券法》的规定,除非得到豁免,否则上市公司不得交易未经注册的股票或其他证券。SEC颁布的《D条例》为PIPE提供了"安全港"豁免,允许上市公司使用PIPE定增的方式在公开市场向特定投资人发售未经注册的证券以募集资金。See 15 USCS, §77e,77d; Rule 506 of Regulation D.

② 根据SEC颁布的"415规则",具备一定资格的发行人在提交的《储架注册说明书》经SEC审核并宣布生效后,对注册登记在架的证券,发行人可以在3年有效期内进行多次发行而无须再向SEC递交注册文件;并且在3年期间,发行人还可以通过延续注册继续保持注册人的身份。See SEC Rule 415.

③ SPV通常是指仅为特定、专向目的而设立的法律实体(常见组织形态的是公司)。选择注册SPV的地区,通常要求满足尽可能低的税负成本、宽松的公司治理体制、尽可能简单的政府管理程序,获得主要金融服务机构(如银行、证券公司等)的认可,以及资金流动便利等条件,而离岸管辖区在上述各个方面都具有突出的优势,因此,在实践中常常成为SPV注册地的首选,从而使离岸公司与SPV在很大程度上出现了事实性的重合。

求其他渠道进行海外融资。

2. 跨境造壳上市

造壳上市在我国亦被称为"红筹上市"，是指境内发行人或其实际控制人在境外离岸中心设立一家壳公司，将境内发行人的资产和业务转移至壳公司，然后以壳公司的名义在境外资本市场上发行证券并在境外证券交易所上市交易的资本运作模式。将境内发行人的资产注入或转移至境外壳公司，有两种不同的操作方式：一是通过境外壳公司对境内发行人直接控股，即股权控制模式；二是通过协议控制模式。股权控制模式仅适用于中国法规对外商投资准入未予禁止或限制的领域，通常可按照未列入《外商投资准入特别管理措施（负面清单）》作为判断标准。以下以中国境内的公司（不包含我国香港特别行政区、澳门特别行政区和台湾地区）采取买壳上市方式在香港特别行政区发行证券为例，分别阐述这两种跨境发行模式的基本架构。

（1）股权控制模式（见图 17－2）

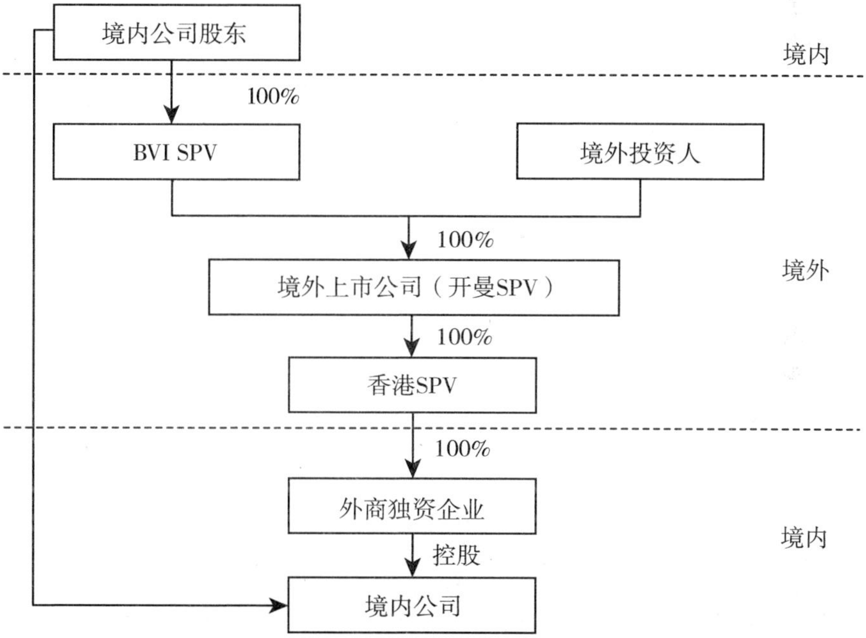

图 17－2　造壳上市——股权控制模式架构

如图 17－2 所示，架构股权控制模式主要包括以下几个环节。首先，境内公司的现有股东（包括控股股东、机构投资者、持股管理层等）以个人名义在英属维尔京群岛（British Virgin Islands, BVI）设立多家离岸公司（SPV），并通过这些 SPV 持有境外上市公司 100% 的股权，后者通常是在开曼群岛（以下简称开曼）设立的 SPV。境内公司的股东之所以选择在 BVI 设立 SPV，主要是基于注册便捷、成本低廉、股东保密性好、外汇管制宽松等方面的考虑。从理论上来讲,在 BVI 和开曼注册的 SPV 均可以在境外挂牌上市,但是由于 BVI 的透明度较低,在境外资本市场上市经常受到限制;而在开曼注册的 SPV 运作较规范,境外资本市场接受度高,所以最终上市的壳公司一般选择开曼 SPV。其次,境外上市公司在我国香港特别行政区设立 SPV,这一层级的安排不是架构股权控制模式所必需的,其主要目的是在将来境内公司向境外母公司的股东分红时,可以享受中国内地和香港特别行政区的税收优惠政策。① 最后,香港特别行政区 SPV 在境内设立外商独资企业,将注册资金结汇为人民币,由该外商独资企业通过持股的方式取得对境内公司的控制权。

(2)协议控制模式

协议控制模式亦称("可变利益实体",Variable Interest Entities,VIE)模式,②"是一种在境外设立并上市的壳公司依靠合同安排控制境内实体公司,从而实现内地实体公司境外间接上市的法律结构"。③ 即境外上市公司不直接或间接持有境内公司(VIE)的股权,而是通过下设的境外 SPV,在中国内地设立一家外商独资企业,通过外商独资企业与内地公司及其股东签订一系列协议,实现对境内公司的控制并取得其经营收益。自 2000 年新浪网络技术股份有限公司创造性地利用协议控制模式并成功在美国纳斯达克上市以来,包括阿里巴巴、盛大、腾讯、新浪、京东、百度、360、网易等众多国内知名企业均使用过协议控制模式跨境发行证券(见图 17 -3)。

---

① 根据《内地和香港特别行政区关于对所得避免双重征税和防止偷漏税的安排》的规定,对于香港居民企业取得的源于内地的股息所得,可以申请享受预提所得税税率为 5% 协定优惠待遇;如果不设香港特别行政区 SPV,由境内公司直接向境外上市公司的股东分红,则预提所得税税率为 10%。

② VIE 的概念缘起于美国。该国财务会计准则原本要求母——子公司或者控股——被控股公司只要满足持股 50% 以上或者控制 50% 以上表决权的条件,就必须合并财务报表;一些企业为免于合并财务报表,遂将高风险的业务、债务或损失转移至自己控制的 SPV 中,但并不持有后者的多数股权或表决权。为将公司隐藏在财务报表之外的各种风险重新纳入报表当中,美国国会在 2002 年颁布了《萨班斯—奥克斯利法案》(Sarbanes - Oxley Act)。美国财务会计准则委员会(Financial Accounting Standards Board,FASB)于 2003 年 1 月颁布第 46 号解释函(FIN 46),首次提出了"可变利益实体"的概念,规定只要某一实体对另一个实体事实上拥有"控制性财务利益",即可要求合并财务报表,而无论其控制是否建立在多数表决权的基础之上。参见韩金红、王瑞华:《FASB 协议控制会计处理及其启示》,载《中国注册会计师》2012 年第 8 期。

③ 刘燕:《企业境外间接上市的监管困境及其突破路径—以协议控制模式为分析对象》,载《法商研究》2012 年第 5 期。

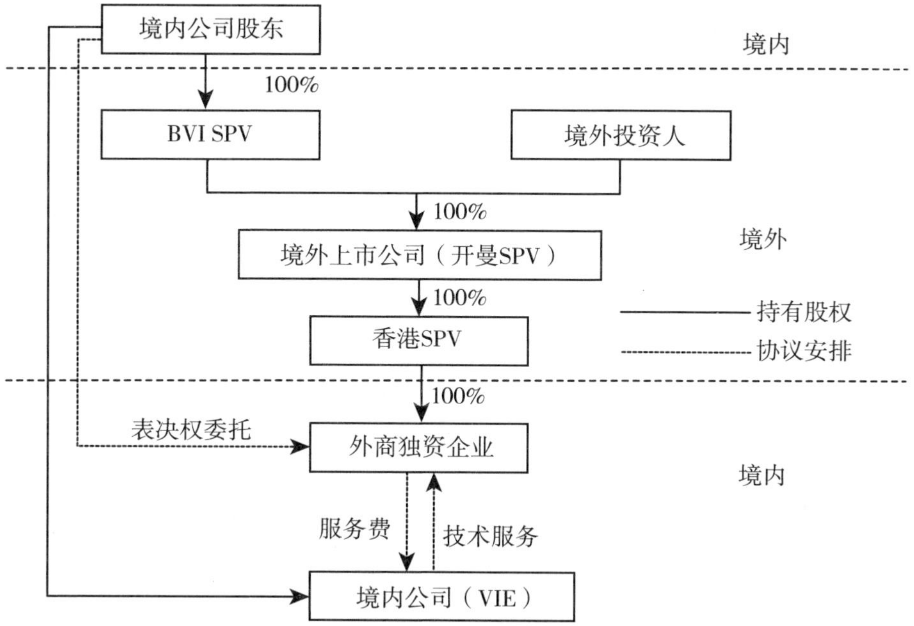

图 17－3　造壳上市——协议控制模式架构

如图 17－3 所示，协议控制模式通常由 3 个部分的架构组成，其中，前面两个部分与股权控制模式基本相同，最大区别在于第三个部分，香港特别行政区 SPV 在境内设立外商独资企业，将注册资金结汇为人民币后，该外商独资企业不是以持股的方式而是通过与境内公司签署一系列协议的方式来实现其与境内公司之间的利益输送并实际控制境内公司的经营决策，具体协议名称及主要内容如表 17－1 所示。

表 17－1　协议控制模式中的协议类型及内容

序号	协议名称	主要内容
1	借款合同	境内外商独资企业将境外上市公司发行证券所获得的融资以借款合同的方式转入境内公司，由此形成的债务由境内公司股东在法律允许时向外商独资企业转让境内公司股权的转让款进行抵销
2	股权质押合同	境内公司股东将其持有的境内公司股权抵押给外商独资企业，并且在质押合同生效后，出质人不得对其股权再次设置质押或进行转让
3	股权认购权合同	境内公司股东同意当法律政策允许外商独资企业进入境内公司所在领域时，外商独资企业拥有对境内公司股权的独家优先购买权

续表

序号	协议名称	主要内容
4	技术支持合同	外商独资企业向境内公司提供相关技术的独家许可,排他性的技术支持服务,境内公司以支付许可费、咨询和服务费的形式将境内公司的利润转移给外商独资公司
5	表决权代理合同	(1)境内公司同意不可撤销地指定由外商独资企业委派的人员,独家代理其在公司股东大会上行使法律和公司章程规定的股东投票权,包括但不限于重大问题的决策权、出售或转让境内公司全部或部分股东权益的权利、投票权等;(2)境内公司同意维持与境外上市公司在成员和组成上一致的董事会

从整体上来看,股权控制和协议控制中的"壳公司"(境外上市公司),都是专门为跨境发行证券而设立的,因此,由该壳公司而产生的法律风险相对买壳上市中的壳公司要低得多;但是,境外证券监管部门通常要求新设立的公司运营届满一定年限以后才可以公开发行证券,因此在实践中,从发行人或其实际控制人在海外注册设立壳公司到最终跨境发行证券,往往需要经历数年时间,其发行成本要比买壳上市高出很多。

从结构上分析,协议控制与股权控制是相对应的一组概念,两者都可以用来描述两家或两家以上具有独立法人地位的企业之间控制与被控制的关系。在股权控制模式下,控股公司主要是通过行使股权来控制子公司的经营决策,并获得其经营收益;在协议控制模式下,两家企业之间的权利义务关系则完全通过合同文本来进行分配。尽管从架构目的上来看,协议控制与股权控制殊途同归,但控制力的大小和稳定性还是存在很大区别。与股权控制以商业组织法作为制度保障不同,协议控制的控制力在很大程度上依赖投资人对被投资人的信任,以及双方通过"一揽子"协议建立起来的利益捆绑关系。虽然内地外商独资企业可以根据股权委托代理合同取代内地公司股东行使其在境内运营实体中的股东权利,但内地公司股东在名义上的身份并没有发生改变,当双方发生利益冲突或者意见分歧而难以调和时,内地公司股东完全可以依据我国《合同法》第410条的规定随时解除股权委托代理合同。控制协议模式所搭建的利益输送链条一旦失去境内公司及其股东的配合,就会发生中断,进而导致境外投资者遭受巨大损失。

(三)存托凭证

存托凭证(Depository Receipts)又称存股证或者存券依据,是指"在一国证券市场上流通的代表投资者对境外证券拥有所有权的可转让凭证",①其于1927年由美国J.P.摩根公司首创,现已成为国际资本市场上的重要融资工具。在存托凭证这种发行模式下,出现了两类有价证券:一是存托凭证;二是存托凭证所代表的发行人在本国发行的基础证券,通常是股票,也可以是公司债券。存托凭证与基础证券之间尽管具有十分

---

① 张劲松、董立:《存托凭证法律论析》,载《现代法学》2001年第2期。

密切的对应关系,但却属于不同种类的证券。首先,存托凭证由存托机构发行,受发行国法律调整;而基础证券由发行人在其本国发行,受本国法律调整。其次,"存托凭证的基础证券是以境外发行人所在国货币计价,但是存托凭证是以存托凭证发行国的货币计价,同时,存托凭证的结算和交付也都按照存托凭证发行国本国证券的结算交付程序进行"。① 最后,存托凭证的投资者只是存托凭证所对应的境外基础证券的实益持有人,而不是形式持有人;基础证券一般由存托机构以其自身名义持有,但是通常托管于基础证券发行地的托管机构。因此,存托证券的投资者并不能像跨境直接发行模式下的投资者那样与境外发行人建立起直接的法律关系。根据不同的标准,存托凭证可以被划分为不同的类型,详情如表 17－2 所示。

表 17－2　全球存托凭证的主要品种

划分依据	类型	备注
发行及上市地	美国存托凭证(American Depository Receipt, ADR)	仅面向美国投资者发行,通常在纽约证券交易所或纳斯达克上市交易。根据发行条件和交易规则的不同,ADR 可以分为 4 种类型:一级 ADR(level 1)、二级 ADR(level 2)、三级 ADR(level 3)和美国《证券法》144－A 规则下的 RADR(Rule 144A－ADR Private Placement)②
	全球存托凭证(Global Depositary Receipts)	面向两个或两个以上证券市场的投资者发行,一般包括美国《证券法》144－A 规则下的不公开发行和在除美国以外的国家和地区的公开发行,通常在伦敦证券交易所(以下简称伦交所)、卢森堡证券交易所等地上市交易
	欧洲存托凭证(European Depository Receipt)	主要在伦敦、卢森堡、巴黎、法兰克福等地发行,通常在伦交所、卢森堡证券交易所、巴黎证券交易所或法兰克福证券交易所上市交易
	中国存托凭证(Chinese Depository Receipt, CDR)	在中国内地发行,在上海证券交易所(以下简称上交所)和深圳证券交易所(以下简称深交所)上市交易
	中国香港特别行政区存托凭证(Hong Kong Depository Receipt)	在香港特别行政区发行,现阶段只在香港联合交易所(以下简称联交所)的主板上市交易

① Hal S. Scott, *International Finance: Transactions, Policy and Regulation*, 14th edition, New York, the Foundation Press, 2008, p. 41.

② 一级 ADR 和二级 ADR 是以现存股票来发行 ADR,均不具备融资功能。两者的区别在于,一级 ADR 只能在场外交易,而二级 ADR 可以上市交易。三级 ADR 和 144－A 规则下的 RADR 是以增发新股为基础来发行的,两者均具备融资功能;两者的区别在于:三级 ADR 允许公开发行,而 RADR 只能配售给美国的合格机构投资者。在这四类 ADR 中,三级 ADR 的功能最齐全,同时,监管和信息披露等要求也最高。

续表

<table>
<tr><th>划分依据</th><th>类型</th><th colspan="2">备注</th></tr>
<tr><td rowspan="3">发行及上市地</td><td>中国台湾地区存托凭证 (Taiwan Depository Receipt)</td><td colspan="2">在中国台湾地区发行,通常在台湾证券交易所上市交易</td></tr>
<tr><td>新加坡存托凭证 (Singapore Depository Receipt)</td><td colspan="2">在新加坡发行,通常在新加坡证券交易所(以下简称新交所)上市交易</td></tr>
<tr><td>日本存托凭证 (Japanese Depository Receipt)</td><td colspan="2">在日本发行,通常在东京证券交易所上市交易</td></tr>
<tr><td rowspan="2">境外发起人主导程度和承担的义务</td><td>参与型/保荐型存托凭证 (Sponsored Depository Receipt)</td><td>基础证券的发行人参与并推动存托凭证的发行,并以自己的名义与境内存托机构签订存托协议并承担信息披露义务,存托凭证可以在证券交易所上市交易</td><td rowspan="2">目前,在实践中绝大多数存托凭证均属于参与型/保荐型存托凭证,非参与型/非保荐型存托凭证被认为发行过程难以控制并且易于隐匿成本而使用得较少</td></tr>
<tr><td>非参与型/非保荐型存托凭证 (Unsponsored Depository Receipt)</td><td>基础证券的发行人不参与存托凭证的发行,通常由发行人的大股东或者中介机构以自己的名义与境内存托机构签订存托协议,存托凭证不能在证券交易所上市交易</td></tr>
<tr><td rowspan="2">与基础证券之间的关系</td><td>可转换存托凭证 (Convertible Dep - ository Receipt)</td><td colspan="2">存托凭证可以与基础证券之间进行相互转换</td></tr>
<tr><td>不可转换存托凭证 (Inconvertible Dep - ository Receipt)</td><td colspan="2">存托凭证与基础证券之间不能进行转换</td></tr>
</table>

2018 年 3 月国务院办公厅转发了中国证监会《关于开展创新企业境内发行股票或存托凭证试点的若干意见》(以下简称《若干意见》),首次对中国境内进行存托凭证计划发行试点的原则、试点企业和试点方式等内容作出了明确规定。2018 年 6 月中国证监会发布《存托凭证发行与交易管理办法(试行)》(以下简称《管理办法》)及一系列修订的配套文件,标志着 CDR 制度的核心规则全面落地(见图 17 - 4)。

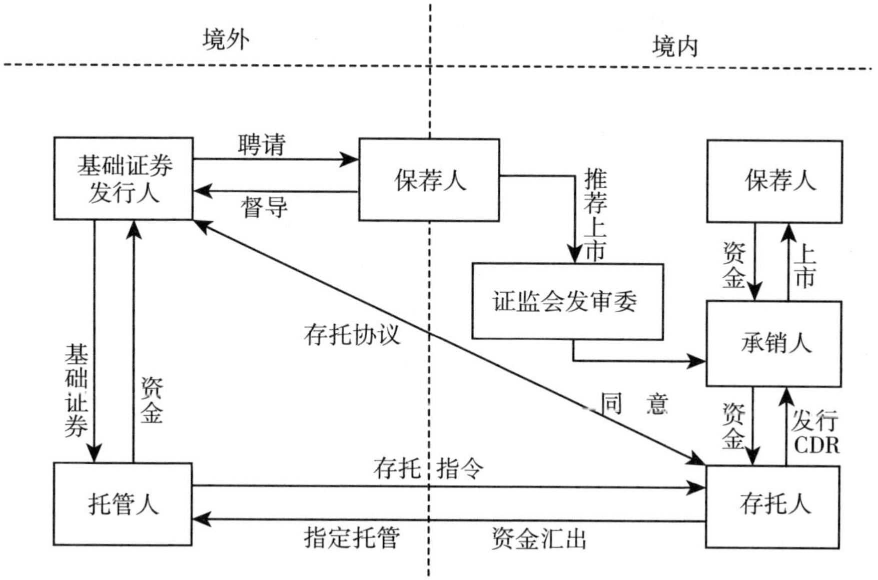

图 17－4 CDR 公开发行上市流程

如图 17－4 所示,以我国近期推出的 CDR 为例,存托凭证发行的参与主体与基本框架如下所述。

1. 由符合试点企业资格的境外基础证券发行人作为 CDR 的发起人,[①]聘请具备保荐资格的机构作为保荐人,保荐人依照法律以及证监会的规定尽职履行 CDR 发行上市推荐以及持续督导职责。

---

① 根据《若干意见》和《管理办法》的规定,首批发行 CDR 的试点企业应满足以下条件:(1)符合国家战略,掌握核心技术,市场认可度高,属于互联网、大数据、云计算、人工智能、软件和集成电路、高端装备制造、生物医药七大高新技术产业和战略性新兴产业;(2)具有持续盈利能力,财务状况良好,已在境外上市的大型红筹企业,市值不低于 2000 亿元人民币;尚未在境外上市的创新企业(包括红筹企业和境内注册企业),最近 1 年营业收入不低于 30 亿元人民币且估值不低于 200 亿元人民币,或者营业收入快速增长,拥有自主研发、国际领先技术,同行业竞争中处于相对优势地位;(3)持续经营 3 年,公司的主要资产不存在重大权属纠纷;(4)最近 3 年内实际控制人未发生变更,且控股股东和受控股股东、实际控制人支配的股东持有的境外基础证券发行人股份不存在重大权属纠纷;(5)境外基础证券发行人及其控股股东、实际控制人最近 3 年内不存在损害投资者合法权益和社会公共利益的重大违法行为;(6)会计基础工作规范,最近 3 年财务会计文件无虚假记载,无其他重大违法行为;(7)内部控制制度健全,具备健全且运行良好的组织机构,董事、监事和高级管理人员应当信誉良好,符合公司注册地法律规定的任职要求,近期无重大违法失信记录;(8)证监会规定的其他条件。

2. 由存托人与境外基础证券发行人签署存托协议,①并根据法律和证监会的规定以及存托协议的约定履行其职责并协助完成存托凭证的发行上市。②

3. 托管人一般是由存托人在境外基础证券发行人所在地的分支机构或合作机构担任。在CDR发行期间,托管人主要负责收取、保管基础证券并通知存托人发行存托凭证;在CDR存续期间,托管人还要负责向存托人提供基础证券的市场信息,并根据存托人的指令领取红利或利息,协助办理分红派息、投票等相关事项。

4. 公开发行以股票为基础证券的存托凭证,境外基础证券发行人应当按照证监会规定的格式和内容报送发行申请文件,由证监会发行审核委员会(以下简称发审委)负责对CDR的发行进行审核。

5. 发审委过审后的CDR,由境内证券公司负责承销,最终实现在证券交易所挂牌交易。

与其他3种跨境证券发行模式相比,存托凭证的优势主要体现在以下三个方面:第一,境内投资者可以按照其所熟悉的本地市场规则进行交易,在一定程度上克服了境外交易的烦冗以及货币兑换与跨境结算等风险;第二,有助于境内证券市场扩大其融资平台的影响力,提升境内证券市场的国际化程度;第三,境外发行人以新增证券为基础发行存托凭证,在获得融资的同时有利于活跃交易、提升企业的市场形象。CDR的推出,为符合规定的红筹企业回归境内资本市场融资奠定了制度基础,有助于加快我国资本市场的国际化进程;但与此同时,由于境内外发行制度和法律法规的差异,CDR模式的推广依然面临一些难题需要解决。问题之一是,CDR与基础股票的兑换,在我国资本账户没有开放和资金跨境流动受到较大限制的情况下,CDR与基础证券之间的价格传导机制、自由转换机制难以顺畅运行,影响了CDR的定价效率。问题之二是,存托凭证持有人与基础证券持有人之间的权益平衡。如前所述,许多红筹企业在境外融资时采取了VIE协议控制架构,而境内证券市场实行的是同股同权,如何在机制设计上实现

---

① 根据《管理办法》第26条的规定,中国证券登记结算有限责任公司及其子公司、经国务院银行业监督管理机构批准的商业银行和证券公司可以担任存托人。担任存托人的机构应当符合下列条件:(1)组织机构健全,内部控制规范,风险管理有效;(2)财务状况良好,净资产或者资本净额符合规定;(3)信誉良好,最近3年内无重大违法行为;(4)拥有与开展存托业务相适应的从业人员、机构配置和业务设施;(5)法律、行政法规和规章规定的其他条件。

② 根据《管理办法》第27条的规定,存托人承担的职责有以下几点:(1)与境外基础证券发行人签署存托协议,并根据存托协议约定协助完成存托凭证的发行上市。(2)安排存放存托凭证基础财产,可以委托具有相应业务资质、能力和良好信誉的托管人管理存托凭证基础财产,并与其签订托管协议,督促其履行基础财产的托管职责。存托凭证基础财产因托管人过错受到损害的,存托人承担连带赔偿责任。(3)建立并维护存托凭证持有人名册。(4)办理存托凭证的签发与注销。(5)按照中国证监会规定和存托协议约定,向存托凭证持有人发送通知等文件。(6)按照存托协议约定,向存托凭证持有人派发红利、股息等权益,根据存托凭证持有人意愿行使表决权等权利。(7)境外基础证券发行人股东大会审议有关存托凭证持有人权利义务的议案时,存托人应当参加股东大会并为存托凭证持有人权益行使表决权。(8)中国证监会规定和存托协议约定的其他职责。

存托凭证持有人实际享有的权益与境外基础股票持有人的权益相当是目前 CDR 试点的难点。问题之三是,两种上市制度的利益冲突。现阶段,中国证监会和沪、深两家证券交易所均明确表示要为境外创新型企业发行 CDR 开辟绿色通道,这就打破了原先国内公司必须排队上市的格局,如何平衡这两种上市制度之间的利益冲突并做好衔接工作也是目前 CDR 发行面临的一大难题。否则,CDR 发行将会变成变相鼓励境内公司先去境外上市,然后通过 CDR 再回归 A 股市场以减少排队等待时间的负向激励。可以注意到,我国新修订的《证券法》第 12 条第 3 款规定,“公开发行存托凭证的,应当符合首次公开发行新股的条件以及国务院证券监督管理机构规定的其他条件”。随着证券公开发行全面实行注册制的逐步到位,这一问题有望得到解决。

三、跨境证券发行的监管体系

相较境内发行,跨境发行证券涉及更多的环节和不同的法域,这就决定了对跨境发行的监管工作不可能由一个国家或者地区来承担,至少要由东道国与上市地共同完成;如果采取跨境间接发行模式,监管工作还离不开离岸管辖区的参与。由于不同国家或地区在金融体制、经济社会发展水平以及法律传统方面的差异,加上其在跨境证券发行过程中所处的位置和角色不同,对证券跨境发行的监管框架显得异常复杂。从监管者的视角出发,可以划分为以下三个层面。

(一)发行人母国对跨境证券发行的监管

由于发行人的主营业务位于企业母国,在理论上,其母国可以基于属地管辖和保护性管辖对跨境发行证券的一系列活动实施“准出监管”;但是从各个国家和地区的立法例来看,母国是否允许以及在多大程度上允许并支持本国企业在境外发行证券与母国自身的经济社会发展水平、法律体系的完备以及证券市场的成熟度密切相关。

发达国家对本国企业在境外发行证券——无论直接发行还是间接发行——通常采取了较宽松的监管策略,一方面是由于发达国家的经济社会发展水平较高,其金融系统具有较强的抵御外来冲击的能力;另一方面也由于其证券市场发育成熟度较高,监管措施到位,法律体系完整。举例而言,美国 SEC 在 1990 年颁布的《S 条例》(Regulation S)中明确规定,境内发行人在向非美国居民或者在美国境外发行证券时可免于在 SEC 进行登记注册。[①] 该条例实施后,很快成为美国境内企业或机构在境外发行证券的便捷通道,推动了以美元计价的离岸证券发行规模的扩大,对维持美元国际货币地位、推动美国资本市场国际化发挥了重要作用。[②]

---

① 根据美国《1933 年证券法》的规定,任何证券的发行只有两种合规方式:(1)在 SEC 进行证券登记注册;(2)满足相关法规获得豁免,《S 条例》针对发行人在美国境外发行证券提供了“安全港”豁免。申请《S 条例》的法定豁免需要满足两个基本条件:(1)发行必须为离岸交易(offshore transaction);(2)发行人、分销商和任何他们的关联机构或者将代表他们行事的任何人均不得从事“直接销售行为”(directed selling efforts)。

② 黄少军、黄伟斌:《美国“S 条例”及对发展人民币离岸证券市场的启示》,载《深圳金融》2015 年第 4 期。

发展中国家,考虑到本国企业在境外发行证券可能会对本国的金融市场、外汇管理和国际收支平衡带来巨大冲击,特别是借壳上市等发行模式所表现出来的隐蔽性以及逃避本国法律监管的企图,通常会对本国企业在境外发行证券采取较严格的准出监管措施。例如,我国早在20世纪80年代末就逐步开放了本国企业到海外融资的通道,但是直到中国证监会在2012年12月发布《关于股份有限公司境外发行股票和上市申报文件及审核程序的监管指引》,才正式取消了境内企业到境外直接发行股票上市的"四五六规定",①实现了对跨境直接发行从实质性行政审批向形式性审查的转变;而对以红筹上市为代表的跨境间接发行模式的监管和调控,则在经历了几轮"过山车"似的反复之后步入了大幅收紧的严格管控时期。在现行规则体系下,我国境内的公司、企业或自然人在境外设立SPV返程并购境内经营实体必须获得商务部的批准,SPV境外上市还需要经过证监会批准。但在实践中,自10号文发布以后,至今未有企业通过商务部和证监会的审批,这使买壳上市和通过股权控制模式造壳上市的跨境发行面临巨大的制度障碍。为了规避监管部门对企业跨境间接发行的监管,许多境内企业将协议控制模式作为海外融资的首选方案,因为该文件对"并购"的描述仅限于"股权并购"和"资产并购",并未提及"协议控制",所以从文义解释的角度来看,利用协议控制模式实施跨境发行无须报请商务部和证监会审批。尽管我国政府尚未对协议控制模式的合法性问题正式表态,目前也没有出现过禁止协议控制模式的案例,但是这种跨境发行模式确实存在合法性隐患。例如,2011年2月国务院办公厅发布了《关于建立外国投资者并购境内企业安全审查制度的通知》;2011年8月商务部根据该通知发布了《实施外国投资者并购境内企业审查制度规定》,其中第9条规定:"对于外国投资者并购境内企业,应从交易的实质内容和实际影响来判断并购交易是否属于并购安全审查的范围;外国投资者不得以任何方式实质规避并购安全审查,包括但不限于代持、信托、多层次再投资、租赁、贷款、协议控制、境外交易等方式。"该规定首次将协议控制模式纳入了外国投资者并购境内企业的审查范围之内。对于属于外商投资准入特别管理的"学前教

① 在中国证监会颁布《关于股份有限公司境外发行股票和上市申报文件及审核程序的监管指引》之前,我国对跨境直接发行证券的监管主要经历了两个发展阶段:(1)初创期至1999年实行发行申报预选制,由政府直接分配证券跨境直接发行市场的资源并实行政府保荐;(2)1999~2012年,中国证监会于1999年7月发布《关于企业申请境外上市有关问题的通知》,取消了发行申报预选制,强调国有企业、集体企业及其他所有制形式的企业经重组改制为股份有限公司,并符合以下境外上市条件者,均可自愿向中国证监会提出境外上市申请:(1)符合我国有关境外上市的法律、法规和规则;(2)筹资用途符合国家产业政策、利用外资政策及国家有关固定资产投资立项的规定;(3)净资产不少于4亿元人民币,过去1年税后利润不少于6000万元人民币,并有增长潜力,按合理预期市盈率计算,筹资额不少于5000万美元;(4)具有规范的法人治理结构及较完善的内部管理制度,有较稳定的高级管理层及较高的管理水平;(5)上市后分红派息有可靠的外汇来源,符合国家外汇管理的有关规定等。由于上述通知规定中对于拟跨境直接发行证券的企业净资产、税后利润和筹资额分别有4亿元人民币、6000万元人民币和5000万美元的要求,因此,该规定在实践中被通常称为"四五六规定"。

育”领域，中共中央、国务院于2018年11月发布的《关于学前教育深化改革规范发展的若干意见》第24条明确规定：“社会资本不得通过兼并收购、受托经营、加盟连锁、利用可变利益实体、协议控制等方式控制国有资产或集体资产举办的幼儿园、非营利性幼儿园；已违规的，由教育部门会同有关部门进行清理整治，清理整治完成前不得进行增资扩股。”由此看来，我国境内过去之所以能够有大量企业通过协议控制模式在境外发行证券，与其说是这种特殊的法律架构成功地规避了监管法规的适用，不如说是监管者没有严格地执行监管法规，或者说是默许了业内人士对监管法规适用范围的狭义解读。我国2020年1月1日起施行的《外商投资法》虽然删除了2015年征求意见稿中关于协议控制的内容，没有对“实际控制”以及协议控制进行定性，也并没有进一步解释究竟什么是“直接或间接的投资活动”，但设置了一个兜底性条款。[①] 我国新《证券法》第224条亦明确规定：“境内企业直接或者间接到境外发行证券或者将其证券在境外上市交易，应当符合国务院的有关规定。”这些都为将来对境内企业采取包括协议控制在内的各种模式跨境发行证券实施监管，预留了操作空间。

（二）发行地对跨境证券发行的监管

发行地对跨境证券发行的监管是一种“准入监管”，各个国家和地区对于是否允许境外企业到本国发行证券所采取的态度存在较大差异，有一般认许与特别认许之分。

1. 一般认许

一般认许，是指境外发行人只要符合本国或者本地区证券法所要求的法定条件和程序，即可在本地资本市场发行证券，而不对发行证券的境外公司所在地域作出任何限制。凡实行资本项下外币可自由流动制度的国家通常采取一般许可制，例如，根据德国《证券交易法》的规定，任何外国公司如有意在德国的管理市场（Regulated Market）上公开发行股票，该公司需要编制并公布招股说明书，并且在公布招股说明书之前获得德国联邦金融监管局的审核批准，但是法律并没有对发行人所在地进行特别限制。[②]

2. 特别认许

特别认许，是指本国或者本地区仅准许特定国家或者地区的公司，在满足本国或者本地区证券法关于发行证券的条件并履行相关法律程序以后，于本地发行证券。例如，

---

① 我国《外商投资法》第2条第2款规定，本法所称外商投资，是指外国的自然人、企业或者其他组织直接或者间接在中国境内进行的投资活动，包括下列情形：（1）外国投资者单独或者与其他投资者共同在中国境内设立外商投资企业；（2）外国投资者取得中国境内企业的股份、股权、财产份额或者其他类似权益；（3）外国投资者单独或者与其他投资者共同在中国境内投资新建项目；（4）法律、行政法规或者国务院规定的其他方式的投资。

② 依照欧盟法的规定，欧盟境内的证券市场主要分为两类：一是受欧盟监管的市场（EU-regulated Market），二是非官方管理的市场（Regulated Unofficial Market），前者直接遵循欧盟的法律法规，后者由各成员国境内的交易所自行规范。作为欧盟成员国，德国证券监管机构将其原有的官方市场合并成为单一的管理市场，划分在受欧盟监管的市场之下，并将现有的开放市场（Open Market）划分在欧盟认定的非官方管理市场之下。

我国香港特别行政区就采用了特别认许制度，只有在香港特别行政区、开曼、百慕大和中国内地注册成立的公司才有资格在我国香港特别行政区公开发行股票并在港交所上市交易。

我国证券市场正处于对外开放的进程之中。从修订之前的我国《证券法》《公司法》和《首次公开发行股票并上市管理办法》的规定来看，通篇都是围绕境内发行人在境内发行证券的活动展开，对于是否允许境外证券发行人在我国资本市场上发行证券以及上市的问题，未着一字。2011 年公布的《国民经济和社会发展第十二个五年规划纲要》明确提出了要加快多层次金融市场体系建设，探索建立国际板市场。所谓国际板，就是在我国 A 股市场上设立单独的板块，允许境外发行人在我国公开发行证券并上市交易。2012 年国家发展改革委、商务部等 8 个部委联合发布的《关于加快培育国际合作和竞争优势的指导意见》中进一步指出要“研究允许境外机构在境内发行股票、债券、基金等，逐步放宽境内机构在境外发行有价证券”。至此，我国有关境外企业境内证券发行与上市监管规则的制定工作已全面启动。尽管学界和实务界人士一致认为，推出国际板是我国证券市场加速国际化进程和提升国际竞争力的必然选择，但同时也必须认识到，现阶段我国引入境外证券发行人还面临一系列障碍。有些是制度和事实层面的，例如，我国证券市场建设时间较短、市场化程度不高、投资者专业素养整体水平较低、监管体系不够完善，如果在此种情况下通过国际板引入境外证券发行人，可能无法有效保护国内投资者的合法权益，甚至为境外证券发行人利用不同国家和地区管辖上的隔离进行非法证券活动提供了可乘之机。还有一些是立法技术层面的问题，例如，境外证券法与我国证券法之间的法律冲突如何协调，境外发行人在我国证券市场上是否应遵守与境内发行人相同的监管标准等，截至目前，我国在这些方面的立法还基本处于空白状态。前述针对存托凭证的《若干意见》和《管理规定》首次允许符合条件的红筹企业通过发行存托凭证的方式在我国境内公开发行证券并上市，这可以被视为在我国证券市场引入境外证券发行人的开端，但其适用范围极其有限，与全面允许境外发行人进入我国资本市场尚有很大的距离。在 2015 年提交全国人大常委会的《证券法（修订草案）》（一审稿）中，“跨境证券发行与交易”曾被列为单独的一章，对境外发行人在我国发行证券和上市时作出了原则性规定，并将制定具体规则的权力授予了证监会和国务院其他有关部门；但在 2017 年 4 月提交全国人大常委会的《证券法（修订草案）》（二审稿）中，这一章的体例安排被结构性删除。2019 年 12 月 28 日正式表决通过的我国新《证券法》最终只在第五章“信息披露”部分保留了 1 款与境外企业在境内发行上市相关的规则，[①]由此可见，我国政府在对境外发行人开放境内资本市场这个问题上所持有的谨慎态度。如何在“东道国投资者权益保护”与“境外发行人融资成本控

① 我国《证券法》第 78 条第 3 款规定，证券同时在境内境外公开发行、交易的，其信息披露义务人 在境外披露的信息，应当在境内同时披露。

制"两者之间取得适当平衡,构建我国关于境外企业境内证券发行的市场准入监管制度,仍然是一个需要深入思考的问题。

(三)离岸管辖区对跨境证券发行的监管

跨境证券间接发行中有一个不可或缺的环节,即在离岸管辖区注册SPV。利用离岸管辖区对公司注册信息保密、税制优惠,无汇率管制和监管宽松等特点,投资者可以轻松实现避税、隐匿股东和规避法律监管等多重目的。离岸管辖区对跨境证券发行的影响是多元化的:从积极的方面来看,离岸管辖区的存在降低了跨境发行中资本流动的成本,为跨境证券发行提供了极大的操作便利;从消极的方面来看,离岸管辖区给予了国际游资逃避监管以及操纵资本流动的活动空间,特别是为逃税、资本外逃和洗钱犯罪创造了机会,引起了国际社会的强烈反感。随着离岸管辖区对国际资本市场的影响日趋显著,国际社会要求加强对离岸管辖区的监管的呼声日益高涨。

在国际社会的强大压力下,近年来,离岸管辖区纷纷加强了对辖区内注册公司的监管。开曼和BVI分别与美国政府签署了第一类(Model 1)跨政府协议与税务信息交换协议,以配合后者于2014年起生效的《海外账户税收遵从法》(Foreign Account Tax Compliance Act,FATCA)的实施。根据双方签订的跨政府协议,所有在开曼和BVI注册成立的金融机构(主要包括存款机构、托管机构、投资实体和特定保险公司),除非获得豁免,否则每年必须通过当地主管部门向美国国家税务局披露该机构中美国账户持有人的相关信息;如果金融机构拒绝提供账户资料,则该机构的美国来源所得或在美国的资本利得将被预先扣缴30%的惩罚税率。① 受到FATCA的启发,经济合作与发展组织(OECD)于2014年7月推出了《金融账户涉税信息自动交换标准》(Standard for Automatic Exchange of Financial Information in Tax Matters,以下简称AEOI标准),旨在避免借由离岸账户避税的问题。AEOI标准由《主管当局协议》(Competent Authority Agreement)范本和《共同申报准则》(Common Reporting Standard,CRS)及其释义组成,加入CRS的国家和地区每年会自动交换非居民账户信息而无须提供申请或者涉税的证明材料,目前,中国和开曼、BVI、百慕大等离岸管辖区之间已经正式启动了CRS信息互换。以我国境内发行人在离岸管辖区注册SPV为例,如果该SPV申报为被动非财务实体(passive non-financial entity),则SPV的开户行(通常不在离岸管辖区)需要穿透SPV将其实际控制人识别为账户持有人并与国内税务机关进行信息交换;如果SPV申报为主动非财务实体(active non-financial Entity),尽管SPV的开户行无须穿透SPV而

---

① "Competent Authority Agreement Between the Competent Authorities of the United States of America and the Government of the British Virgin Islands", "Competent Authority Arrangement Between the Competent Authorities of the Cayman Islands and the United States of America", https://www.irs.gov/individuals/international-taxpayers/competent-authority-arrangements, January 2, 2020.

只将公司的账户信息与离岸管辖区的税务机关进行信息交换,[①]但是根据 BVI 与开曼 2018 年通过的“经济实质法”,如果该 SPV 被离岸管辖地税务机关认定为未能通过“经济实质”(economic substance)测试,不仅面临罚款或被注销的风险,公司的相关信息还会被同步交换至 SPV 的母公司、最终母公司及最终受益权人所在地的税务机关。[②] 此外,2019 年 10 月开曼宣布为配合欧盟反洗钱 5 号令的要求,最迟于 2023 年年底向公众公开注册公司的实益所有权登记册(Public Registers of Beneficial Ownership)。同为英国海外领地,安圭拉、百慕大、BVI 等离岸管辖区也相继宣布将按照英国《制裁与反洗钱法》的要求在 2023 年年底前公开实益所有权登记册。[③] 届时,不仅执法部门和金融情报机构能够获取前述离岸管辖区内公司实益所有人的全部注册信息;而且公众也可以直接查询受其姓名、生日、居住国、国籍以及持股份额。

从目前来看,经济实质法的出台和实益所有权造册的公开必将显著提高离岸公司的运营、维护的经济成本,使已经注册成立的离岸公司不得不重新审视和调整其现有的组织构架;就未来发展而言,间接跨境发行中低成本离岸构架时代基本宣告终结,发行人必须依照法律的要求,根据自身的业务范围、运营成本考虑,对在离岸管辖区进行海外架构的科学性、合理性进行充分论证,寻找最优的合规解决方案。

第二节 跨境证券交易

一、跨境证券交易的概念与方式

(一)跨境证券交易的概念

“跨境证券交易”,同样是一个被广泛提及但对其内涵和外延却较少进行专门讨论的概念。有一种较流行的观点是将跨境证券交易等同于为跨境上市(Cross Border

---

① 主动非财务实体,是指该实体所经营业务产生的收益总额中被动收益少于 50%,或所持产生被动收益的资产少于总资产的 50%;被动非财务实体,是指不属于主动非财务实体的非财务实体。被动收益包括股息、利息、租金及特许权使用费、年金以及从掉期所得的净收入等。

② 根据 BVI 颁布的《2018 年经济实质(公司和有限合伙)法》[Economic Substance(Companies and Limited Partnerships) Act,2018]和开曼颁布的《2018 年国际税务合作(经济实质)法》[The International Tax Co-Operation(Economic Substance) Law,2018]的规定,经济实质测试要求相关实体(包括公司、有限责任公司和有限合同)在离岸管辖区具备相应的实体、人员、开展管理活动、产生相应营运开支,并由此产生收入。

③ 以开曼的《公司法》和《有限责任公司法》为例,满足下列任何条件之一,即为公司的实益所有人:(1)直接或间接持有公司 25% 以上的股权或投票权;(2)直接或间接有权委任或罢免公司董事会的大多数成员;(3)能实际影响或控制公司的人。

Listing),[①]但跨境上市又无法涵盖现实中许多以交易为目的的跨境证券投资现象。有学者提出,现实中的跨境资本流动从证券交易所的角度出发,以投资主体(投资者)和投资标的(证券)是否位于本国境内作为划分依据,可以将跨国证券投资活动分为4种情形:一是本国国内证券在国外上市和交易;二是外国证券在国内上市和交易;三是外国投资者在本国交易所交易挂牌的国内或者外国证券;四是本国投资者在外国交易所交易挂牌的国内或者外国证券。[②] 显然,第二种情形是第一种情形的反向表述,第四种情形是第三种情形的反向表述,只是视角不同而已。笔者认为,对跨境证券交易的界定,需要从狭义和广义两个层面进行。在狭义层面,跨境证券交易可以被理解为是除本地投资者在本地证券交易所交易本地证券外的其他一切证券交易行为,这里的"本地投资者"是指居民或者被认定拥有永久居留权的投资者。在广义层面,跨境证券交易涵盖了与上述跨境证券交易行为相关的跨境上市安排、跨境结算和跨境交易监管等全过程。下文所称"跨境证券交易",乃取其广义的理解。

(二)跨境证券交易的方式

按照交易通道是否由证券交易所在现有的上市交易体系之外专门提供,可以将跨境证券交易划分为非交易所参与型与交易所参与型两种交易类型。

1. 非交易所参与型跨境证券交易

非交易所参与型实际上是一种运用证券交易所原有市场体系和规则,通过对传统挂牌上市方式的创新或者经纪商之间的制度安排来实现跨境交易的行为方式,具体而言,主要包括存托凭证、双重上市、代理交易安排、跨境电子订单路由服务和跨国证券公司等形式。关于存托凭证的运行机制前文已有论述,此处不再赘述。

双重上市亦称双边上市,是指一家公司的基础证券或者其金融衍生产品,在跨越边境线的两家以上证券交易所上市交易。这种跨境交易方式可以进一步划分为一级双重上市(Dual Primary Listing)和二级双重上市(Secondary Dual Listing)。一级双重上市是指在跨越边境线的两家以上证券交易所同步进行IPO;二级双重上市亦称为交叉上市(Co-Listing),是指在本国一级市场进行IPO以后,发行人选择将证券在境外两家以上的国家或地区的二级市场挂牌交易。

代理交易安排(Agency Trading Arrangements),是指通过投资者所在国内市场的金融中介机构,向基础证券上市交易地的中介机构发送指令,实现跨境证券交易的目的。例如,一个日本的证券经纪商和一个美国的证券经纪商签署代理协议,由后者作为日本券商在美国的业务通道,从而使日本券商机构及其客户能够及时有效地交易在美国上

---

① 跨境上市又称交叉上市、相互挂牌,是指一家公司既在境外证券市场上市又在境内证券市场上市,包括先在境外证券市场上市后又在境内证券市场上市、先在境内证券市场上市后又在境外证券市场上市以及同一时间在境内外证券市场发行上市3种不同的情况。

② 郑刚:《跨境证券交易运行机制与证券交易所全球化演进》,复旦大学2004年博士学位论文,第13页。

市的证券。在实践中,由于必须承担各种固定投入并和多个金融中介进行对接,往往只有大型券商有能力采取此种交易方式,而且收费不菲。

跨境电子订单路由服务(Cross Border Electronic Order Routing Services),是指交易平台提供一个电子化自动服务系统,对接境内相关证券经营机构和境外代理机构(或者证券交易市场),集中境内(境外)投资者通过各证券经营机构提交的交易指令,经由境外(境内)交易市场的交易通道向境外(境内)市场申报。[①] 交易平台主要的职责是提供交易通道并协调相关机构提供登记结算服务,并不直接参与交易订单的撮合成交和清算交收。跨境电子订单路由服务可以进一步分为直连模式与代理模式。直连模式是指交易平台成为境内外证券市场具有经纪业务资格的会员或参与人,将投资者交易订单直接送至交易系统。代理模式是指交易平台与境外券商(代理机构)合作,采用复委托的方式,由代理机构将境内投资者的交易订单路由转发到境外证券市场。

跨国证券公司交易(Use of Trans-National Securities Firms),是指利用跨国证券公司所提供的跨境证券投资业务进行交易。有统计数据显示,最大的10家国际知名投资银行承办的跨境证券交易业务占到了全球此类业务的75% ~80%,[②]因此,目前跨境通路的进展在很大程度上也取决于这些投资银行。

2. 交易所参与型跨境证券交易

典型的交易所参与型跨境证券交易主要包括设立跨境特别交易板、证券交易所之间的战略合作和交易所间的市场连接。

设立跨境特别交易板,是指证券交易所主动设立一个单独的跨境特别交易版来交易并没有在本交易所上市的外国股票,例如,伦交所的SEAQ(证券电子自动报价)系统国际板和新交所的CLOB国际板。

证券交易所之间进行战略合作的方式与程度存在差异,有的仅仅是交换共同交易股票的收市价信息,如全美证券交易商协会(National Association of Securities Dealers)与新交所;有的建立了共同的价格发布系统,但是监管、交易和结算等环节仍然各自负责,如欧洲新市场(Euro NM);还有一些致力于通过整合市场,建立一个拥有共同监管职能和会籍和交易、结算系统的证券市场,如伦交所与德意志交易所的联盟形式。

交易所间市场连接(Market Linkage),是指分属于不同国家或地区的两家证券交易所通过双边连线机制,使一方交易所的投资者可以交易、结算并持有对方交易所挂牌的证券。这种跨境交易模式的优势主要在于:第一,境内投资者可以便捷地向境外市场的证券交易所委托买卖并持有其挂牌交易的证券;第二,不会影响证券在本地证券市场上的流动性;第三,接受海外委托买卖的证券仍受原属市场的规范和监管,其交易、结算均

① 李丹、缪斯斯、何勇:《跨境互联模式国际经验比较研究》,上证研报〔2019〕049号,载上海证券交易所网:http://www.sse.com.cn/aboutus/research/report/c/4940327.pdf,最后访问日期:2020年1月7日。

② 刘克:《跨境证券投资与交易的运行模式》,载《中国流通经济》2003年第3期。

应依循原属交易所的规定；第四，境内券商无须成为境外证券交易所的会员，也不必在境外证券市场安排代理商，只需通过两地交易所的双边连线机制即可完成交易。

综上所述，无论是交易所参与型跨境证券交易，还是非交易所参与型跨境证券交易，均有各自的特点与优势，具体使用哪种方式，需要综合考虑企业融资需求、投资者交易需求以及国家外汇管理、税收管理、国际关系等多方面因素。① 从国内的发展情况来看，以上各个类型的跨境证券交易方式，大部分已经有制度化的探索和实践，具体的类别、名称和释义如表 17－3 所示。

表 17－3　我国资本市场现阶段跨境证券交易的主要方式

<table>
<tr><th colspan="2">类别</th><th>名称</th><th>释义</th></tr>
<tr><td rowspan="5">非交易所参与型</td><td>双重上市</td><td>“A＋H”股两地上市</td><td>发行人在分别满足这中国内地和香港特别行政区两地交易所对上市公司发行上市要求的前提下，上市公司把旗下资产组合包装，以同一公司或者以子公司的形式分别在中国内地沪、深两家证券交易所和联交所发行上市，其总公司作为大股东既实现了对实际上市公司的控制权，又达到了在中国内地和香港特别行政区分别融资的目的</td></tr>
<tr><td>存托凭证</td><td>CDR</td><td>在境外（包含中国香港特别行政区）上市的公司将部分已发行上市的股票托管在当地保管银行，由中国境内的存托银行发行、在境内 A 股市场上市、以人民币交易结算、供国内投资者买卖的投资凭证，从而实现股票的异地买卖</td></tr>
<tr><td rowspan="2">订单路由</td><td>沪深港通</td><td>即沪深港股票市场交易互联互通机制，是指两地投资者委托上交所或深交所会员抑或是联交所参与者，通过上交所或深交所抑或是联交所在对方所在地设立的证券交易服务公司，买卖规定范围内的对方交易所上市股票。沪港通包括沪股通和港股通两部分；深港通则包括深股通和港股通两部分。
具体到港股通，是指投资者委托上交所或深交所的会员，通过上交所或深交所的证券交易服务公司，向联交所进行申报，买卖规定范围内的联交所的上市股票</td></tr>
<tr><td>沪伦通</td><td>即上交所与伦交所互联互通的机制。符合条件的两地上市公司，可以发行存托凭证并在对方市场上市交易。沪伦通存托凭证业务包括东西两个业务方向。东向业务是指符合条件的伦交所上市公司在上交所主板上市 CDR；西向业务是指符合条件的上交所的 A 股上市公司在伦交所主板发行上市 GDR②</td></tr>
<tr><td>证券公司跨境服务</td><td>B 股经纪业务</td><td>根据外资股交易机制安排，已有累计 60 多家境外证券公司获得批准直接在我国开展 B 股经纪业务</td></tr>
</table>

① 徐亚钊：《跨境证券交易与港股通交易服务的优化》，载《中国证券》2019 年第 7 期。

② 目前，“沪伦通”尚在试点初期，GDR 发行人可以在伦敦市场融资，但仅可以在上海证券交易所上市而不在境内融资。存托凭证和基础股票之间可以相互转换，以此实现两地市场的互联互通。

续表

类别		名称	释义
交易所参与型	跨境特别交易版	B股市场	我国从1992年开始设立专门面向境外投资者、以美元计价的B股市场(也称人民币特种股票市场或境内上市外资股)。B股是指中国境内股份有限公司发行的以人民币标明面值,按照人民币汇率折算成外汇,专供境外投资者用外币认购和交易、在境内上市的记名外资股票。在上海、深圳两地证券交易所上市的B股分别以美元和港币交易。2001年2月向境内持有外币的居民开放
	交易所跨境合作	中欧国际交易所(以下简称中欧所)	中欧所是由上交所、德意志交易所集团与中国金融期货交易所合资在德国法兰克福设立的一家股份有限公司,是中国境外首家专注于提供中国及人民币相关金融产品的交易平台,其主要职能是研发和上市交易以离岸人民币计价的证券和衍生产品,按照国际化交易所的标准开展上市、交易和清算服务。平台初期主要上市证券现货产品,包括境外企业发行的人民币债券、股票和境内企业在境外发行的人民币债券、股票,以A股指数为基础的ETF产品,以及以人民币计价的资产证券化等产品,待条件成熟后,推出证券及其他种类衍生品

需要特别补充的是,在我国尚未完全开放资本项目的背景下,金融监管机构先后推出了QDII、QFII和RQFII等多项机制作为过渡性制度安排,为引进境外长期资金投资中国的资本市场、促进中国资本市场的健康发展发挥了积极作用。目前,在跨境证券投资领域,境外机构可通过QFII、RQFII等机制实现合格境外投资者的境内证券投资,合格境内投资者可通过QDII、QDLP、QDIE等机制实现的境外证券投资,具体跨境证券投资业务的释义、投资范围及主要适用的地区(见表17-4)。

表17-4　我国跨境投资业务释义及主要适用地区

名称	释义	投资范围	境内适用地区
QFII(Qualified Foreign Institutional Investors)	即合格境外机构投资者,是指经证监会批准投资于中国证券市场,并取得国家外汇管理局额度批准的中国境外基金管理机构、保险公司、证券公司以及其他资产管理机构	(1)在证券交易所交易或转让的股票、债券和认股权证; (2)在银行间债券市场交易的固定收益产品; (3)证券投资基金,包括开放式ETF指数基金、封闭式基金、开放式基金、货币市场基金及证券交易所认可的其他基金; (4)股指期货; (5)中国证监会允许的其他金融工具	全国

续表

名称	释义	投资范围	境内适用地区
RQFII(RMB Qualified Foreign Institutional Investors)	即人民币合格境外机构投资者,是指经证监会批准,并取得国家外汇管理局批准的投资额度,运用来自境外的人民币资金进行境内证券投资的境外法人	(1)在证券交易所交易或转让的股票、债券和权证; (2)在银行间债券市场交易的固定收益产品; (3)证券投资基金; (4)股指期货; (5)中国证监会允许的其他金融工具	全国
QDII(Qualified Domestic Institutional Investor)	即合格境内机构投资者,是指经证监会批准在中国境内募集资金,运用所募集的部分或者全部资金以资产组合方式进行境外证券投资管理的境内基金管理公司和证券公司等证券经营机构①	主要投资于已与证监会签署双边监管合作谅解备忘录的国家或地区的证券市场(证监会合作监管市场)上的下列金融工具: (1)在证监会合作监管市场挂牌交易的股票、全球存托凭证和美国存托凭证、房地产信托凭证; (2)在证监会合作监管市场注册的公募基金,各类债券、货币市场工具、结构性投资产品; (3)在证监会认可的交易所上市交易的权证、期权、期货等金融衍生产品②	全国
QDLP(Qualified Domestic Limited Partner)	即合格境内有限合伙人,是指符合一定条件的境内自然人或机构投资者,可依法参与投资设立海外投资基金企业,海外投资基金企业以自有资金进行境外二级市场投资为主要经营业务	第一阶段(2013 年 9 月至 2015 年 2 月):境外证券投资,直接投资境外二级市场,倾向将大部分募集资金投向 ETF、高信用评级债券、海外蓝筹股等高流动性品种。	上海、青岛等地③

① 目前,我国的合格境内机构投资者(QDII)包括证券公司、基金公司、商业银行、信托公司、保险公司等机构。由于我国金融业实行分业监管,不同类型 QDII 机构的监管部门及许可境外投资产品类别亦有所差异。本章关于 QDII 机构的讨论仅限于基金管理公司和证券公司等证券经营机构。

② 基金管理公司发行的 QDII 基金、证券公司发行的 QDII 集合计划仍可投资于证监会合作监管市场之外的市场,但该等投资的比例以投资组合资产净值的 10% 为上限。

③ 2012 年 4 月以及 2015 年 1 月 QDLP 制度分别在上海和青岛开启实施试点,现已扩展至中国其他自贸区,包括前海区和天津区。

续表

名称	释义	投资范围	境内适用地区
		第二阶段(2015 年 3 月至今):境外证券投资(境外一级市场、二级市场)、大宗商品交易,主要指向是交易所场内现货和衍生品交易	
QDIE(Qualified Domestic Investment Enterprise)	即合格境内投资企业,是指符合《关于开展合格境内投资者境外投资试点工作的暂行办法》规定,并经深圳市合格境内投资者境外投资试点工作联席会议认定的境外投资基金管理企业审核通过的境内自然人或机构投资者	境外非上市公司股权、债权、对冲基金以及不动产、实物资产等经深圳市合格境内投资者境外投资试点工作联席会议备案通过的其他标的资产	深圳

为进一步实施资本市场高水平对外开放,中国证监会对《合格境外机构投资者境内证券投资管理办法》及其配套规则、《人民币合格境外机构投资者境内证券投资试点办法》及其配套规则进行了修订整合,并于 2019 年 1 月公布了《合格境外机构投资者及人民币合格境外机构投资者境内证券期货投资管理办法(征求意见稿)》和《关于实施〈合格境外机构投资者及人民币合格境外机构投资者境内证券期货投资管理办法〉有关问题的规定(征求意见稿)》,其中与跨境证券交易有关的修订内容主要包括:(1)将 QFII、RQFII 两项制度合二为一,形成统一的《管理办法》和《实施规定》;(2)放宽准入条件,取消数量型指标要求,简化申请文件,缩短审批时限;(3)扩大投资范围,除原有品种外,QFII、RQFII 还可投资于在全国中小企业股份转让系统("新三板")挂牌的股票、债券回购、私募投资基金、金融期货、商品期货期权和证券交易所的融资融券交易。

此外,经国务院批准,中国人民银行、国家外汇管理局已于 2019 年 9 月起全面取消了 QFII 和 RQFII 投资额度及 RQFII 试点国家和地区的限制。为了落实取消投资额度限制后对 QFII 和 RQFII 的境内证券投资进行资金管理和风险防范的相关要求,中国人民银行、国家外汇管理局对《合格境外机构投资者境内证券投资外汇管理规定》和《中国人民银行国家外汇管理局关于人民币合格境外机构投资者境内证券投资管理有关问题的通知》进行了修订整合,起草了《境外机构投资者境内证券投资资金管理规定(征求意见稿)》。从征求意见稿的内容来看,与跨境证券交易相关的内容主要有以下 3 点:一是合并 QFII/RQFII 相关资金管理规定。二是不再对境外机构投资者分币种管理,境外机构投资者可根据投资需要,汇入外币或人民币抑或是同时汇入外币与人民币资金,并根据所汇入币种开立相应账户。三是进一步便利境外机构投资者境内证券投资，具体包括：(1)简化其资金汇出入手续，不再要求境外机构投资者汇出累计收益时提供中国注册会计师出具的投资收益专项审计报告、税务备案表等材料，而以完税承诺函替代；(2)简化登记材料，精简境外机构投资者登记表内容，减少境外机构投资者填写的备注等信息。

另一个值得关注的问题是，沪深港通与QFII之间的关系。从具体的实施规则上来看，沪深港通和QFII有五个方面差别：第一，业务载体不同，沪深港通是以两地交易为载体，QFII是以资产管理公司为载体；第二，投资方向不同，沪深港通包括内地投资者投资香港股市和香港投资者投资内地股市双向投资方向，而QFII是单向的；第三，交易货币不同，沪深港通是以人民币作为交易货币，QFII是以美元外币进行投资；第四，跨境资金管理方式，沪深港通留存资金需要原路径返回，不能留在当地市场，QFII则可以留存在当地市场；第五，投资者自主型不同，沪深港通是开辟了对方市场的投资渠道，QFII投资申请、信披主体都是通过资产管理公司。[①] 从宏观制度建构上来看，沪深港通与QFII都是监管机构在我国货币没有实现完全可自由兑换、尚未完全开放资本项目的背景下架设的特定跨境证券交易渠道，虽然沪深港通模式下港股投资范围不及QDII基金投资范围广，但是其在实践中的投资效率却显著高于后者，因此，沪深港通的发展在客观上不可避免地对QFII有一定的政策替代效应。

二、跨境证券交易的监管模式

根据监管主体不同，跨境证券交易法律监管模式可以划分为4种类型，分别是单边监管模式、双边协作监管模式、区域联盟监管模式以及多边监管模式。除单边监管系属地性监管模式外，其他的3种模式都属于协作性监管模式，以下分而述之。

(一)单边监管模式

单边监管模式，是指跨境证券交易当事者的母国和东道国或一国内的不同法域各自依据自己的法律制度竞相行使管辖权的监管模式。证券法律制度的效力具有比较突出的地域性，它对境内的一切证券交易行为具有管辖权。[②] 单边监管模式是经济主权原则在跨境证券交易监管领域的具体体现，其实质是内国法律在域外的适用。

(二)双边协作监管模式

双边协作监管模式有广义和狭义之分。狭义的双边协作监管，是指证券监督管理部门间签订的关于证券的信息共享及合作协议，以此互通证券交易情报、进行执法协助、司法互助等的监管模式。广义的双边协作监管，是指两国不限于其证券监管管理部门，包括证券交易所、证券行业自律组织以及其他具有证券监管职能的政府机构甚至立法机关、司法机关就证券交易领域签订双边合作协议或谅解备忘录，以此互通证券交易

---

① 马婧好：《证监会："沪港通"与QFII有五方面区别》，载中国证券网：http://www.cnstock.com/v_news/sns_bwkx/201404/2983581.htm，最后访问日期：2020年1月7日。

② 邱润根：《证券跨境交易的监管模式研究》，载《当代法学》2006年第2期。

情报、提供技术援助、进行执法协助、司法互助等的监管模式。①

（三）区域联盟监管模式

区域联盟监管模式，是指区域联盟的成员国将部分监管权利让渡给区域联盟或与区域联盟共同行使，区域联盟从所有成员国的整体利益出发，对跨境证券交易活动进行监督管理的模式。欧盟作为区域联盟监管模式中的典型代表，在这一方面积累了丰富的实践经验，为中国跨境直通交易的监管制度构建提供了最直接的学习范本，同时也为全球多边监管以及其他区域合作监管的展开提供了参考范式。

（四）多边监管模式

多边监管模式，是指证券业领域的国际组织通过制定国际统一的证券交易监管规则对跨境证券交易行为进行监督和管理的模式。IOSCO 是跨境证券交易多边监管模式中最重要的国际组织，该组织成立于 1983 年（前身是成立于 1974 年的美洲证监会协会），是由各国、各地区证券期货监管机构组成的专业组织，也是主要的金融监管国际标准制定机构之一。截至 2019 年 2 月底，该组织共有 224 位会员，包括 128 位正式会员（ordinary member）、32 位联系会员（associate member）和 64 位附属会员（affiliate member）。中国证监会是 IOSCO 的正式会员，上海证券交易所、深圳证券交易所、中国金融期货交易所、中国证券登记结算有限责任公司、中国证券投资者保护基金有限责任公司、中国证券业协会、中国证券投资基金业协会是 IOSCO 的附属会员。

由国际组织牵头的多边监管模式具有两个方面的优势。首先是监管的专业性。例如，IOSCO 的成员是来自世界上大多数国家和地区的证券监管机构，他们往往拥有丰富的证券监管经验。其次是监管的灵活性。以 IOSCO 为例，其颁布的规则多是由指导委员会在咨询各方意见特别是被监管证券机构的意见后制定的，在制定过程中无须像正式国际组织那样经过激烈的博弈和漫长的磋商谈判。多边监管模式的主要缺陷在于，像 IOSCO 这样的国际证券监管组织所发布的文件一般是建议性的原则和标准，对其各成员没有国际法上的强制约束力，后者完全可以根据自身情况，自主决定是否执行文件以及执行文件的时间和方式。

比较跨境证券交易的 4 种监管模式，尽管很多学者认为，成立统一的国际监管机构是应对证券市场国际化和跨境交易扩张所带来的监管问题的终极答案，但是在主权林立的现实中，迅速成立一个对其成员有强制约束力的国际证券监管组织机构显然在短期内是难以实现的。因此，在我国构建跨境证券交易监管模式的过程中，参照外国证券法律、执行体制来改革内国法律框架，加强与其他国家和地区证券监管机构之间的双边与多边协作机制，才是一个更具有现实可操作性的选择。

---

① 何仲新、刘远志：《跨境证券交易法律监管模式研究》，载《广西民族大学学报》（哲学社会科学版）2017 年第 5 期。

三、我国跨境证券交易监管制度及其完善

改革开放以来，我国持续推进资本市场双向开放，在跨境证券交易领域做出了卓有成效的探索，尤其自中国内地与香港特别行政区互联互通交易机制推出以来，资本市场开放步伐进一步加快，受到国际市场的高度关注。下文结合中国内地与香港特别行政区互联互通交易机制中的“深港通”为例，就我国跨境证券交易监管制度的现状及其完善展开探讨。

（一）“深港通”跨境交易的运行机制

“深港通”于2016年12月5日正式启动，是深港股票市场交易互联互通机制的简称，是指深圳证券交易所和香港联合交易所有限公司建立技术连接，使中国内地和香港特别行政区投资者可以通过当地证券公司或经纪商买卖规定范围内的对方交易所上市的股票，包括“深股通”和“港股通”两个部分。其中，“深股通”是指香港投资者委托香港经纪商，经由联交所在深圳设立的证券交易服务公司，向深交所进行申报，买卖规定范围内的深交所上市的股票；“港股通”是指内地投资者委托内地证券公司，经由深交所在香港设立的证券交易服务公司，向联交所进行申报，买卖规定范围内的联交所上市的股票，具体的交易运行机制如图17－5和图17－6所示。

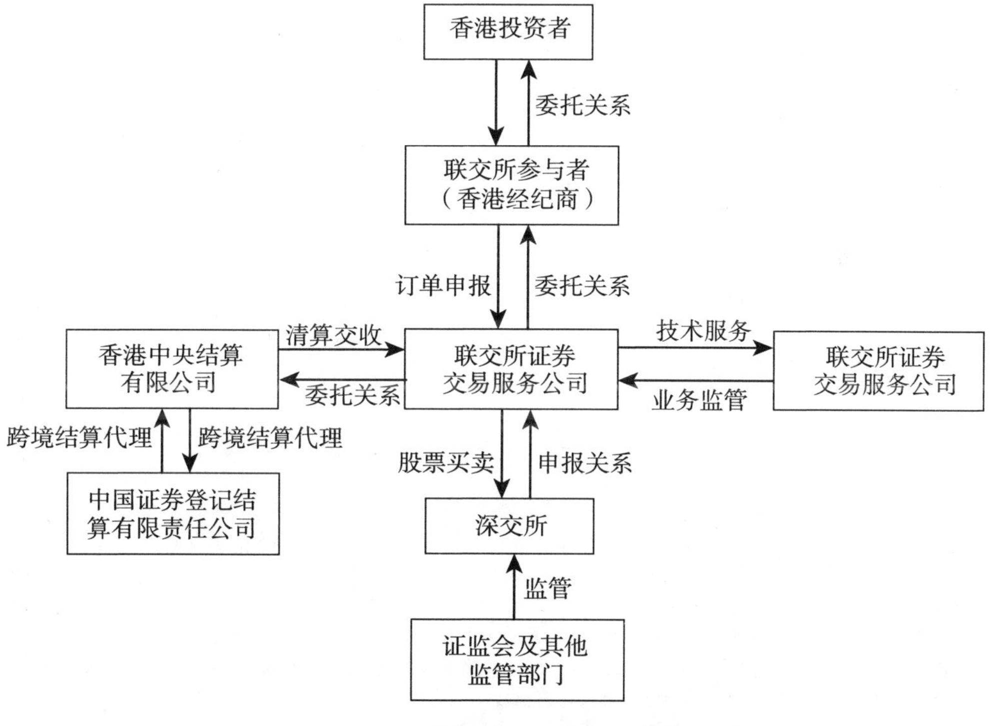

图17－5　“深股通”交易运行机制

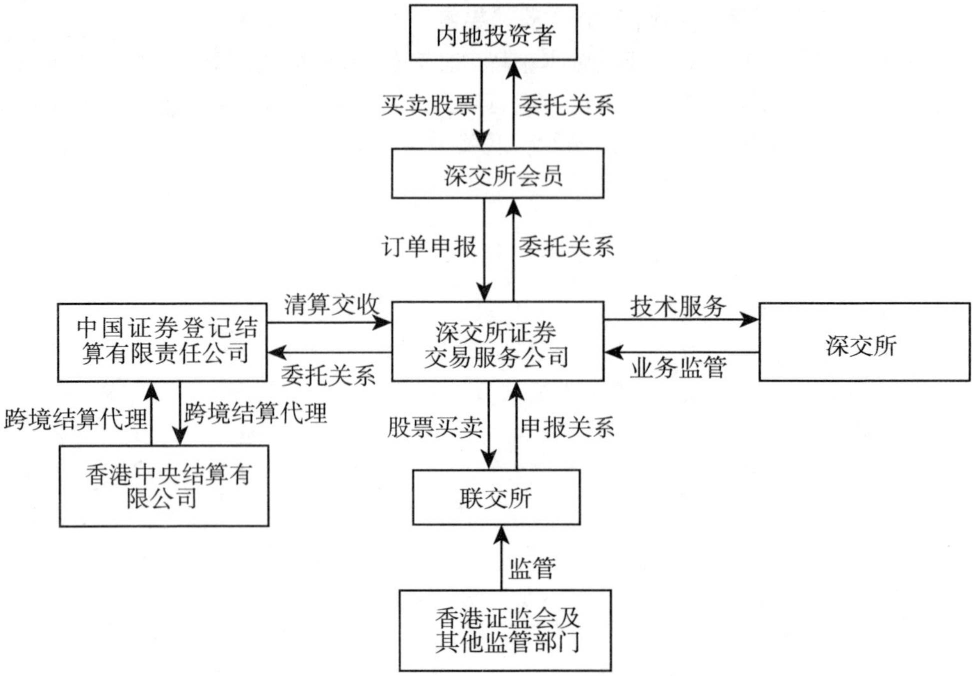

图 17－6 “港股通”交易运行机制

如图所示,“深港通”的制度安排参照“沪港通”,遵循两地市场现行的交易结算法律法规和运行模式,主要有以下几个方面的要点:第一,交易结算活动要遵守交易结算发生地市场的规定,并接受当地监管机构的管理;第二,中国证券登记结算有限责任公司和香港中央结算有限公司互为对方的结算参与人,采取直连的跨境结算方式;第三,两地投资者只能针对“深港通”规定范围内的股票进行跨境交易;①第四,对于跨境投资每日的交易额度进行限制和实时监控,并可根据市场运行情况作出调整;②第五,“港股

① “深股通”股票的范围有:(1)定期调整考察截止日前6个月A股日均市值不低于60亿元人民币的深证成份指数和深证中小创新指数的成份股;(2)“A+H”股上市公司在深圳证券交易所上市的A股,但不包括被深圳证券交易所实施风险警示、被暂停上市、进入退市整理期以及以外币报价交易的股票。“港股通”股票的范围有:(1)恒生综合大型股指数的成份股。(2)恒生综合中型股指数的成份股。(3)定期调整考察截止日前12个月港股平均月末市值不低于50亿港元的恒生综合小型股指数的成份股。(4)“A+H”股上市公司在联交所上市的H股,但不包括:(1)A股被深圳证券交易所实施风险警示、被暂停上市或者进入退市整理期的相应H股;(2)A股在上海证券交易所风险警示板交易或被上海证券交易所暂停上市的“A+H”股上市公司的相应H股;(3)在联交所以港元以外货币报价交易的股票。

② “深港通”不设总额度限制,但为防范资金每日大进大出的跨境流动风险,“深港通”设置了每日额度的限制,“深股通”每日额度为130亿元人民币,港股通每日额度为105亿元人民币。

通”的投资者仅限于机构投资者和资金账户余额在50万元人民币以上的个人投资者;[①]第六,“深港通”和“沪港通”采用“双通道”独立运行机制,“深港通”下的“港股通”和“沪港通”下的“港股通”证券账户股票不能交叉卖出,同一交易主体需分别通过“深港通”下的“港股通”账户或“沪港通”下的港股通账户进行交易;第七,香港中央结算有限公司作为“深股通”投资者深股的名义持有人,中国证券登记结算有限责任公司作为“港股通”投资者港股的名义持有人,分别将投资者取得的证券以自己的名义存管在对方那里,并通过对方行使对“深港通”上市公司的权利。

(二)中国内地与香港特别行政区证券跨境交易的规则体系

1. 我国《证券法》

我国新《证券法》对跨境证券交易中涉及的信息披露、监管协作机制和投资者权益保护等问题作出了原则性的规定;同时,该法第224条规定:“境内企业将其证券在境外上市交易,应当符合国务院的有关规定”,为后续有关部门制定规范证券跨境交易的法规预留出了通道。

2. 中国证监会发布的《内地与香港股票市场交易互联互通机制若干规定》(以下简称《若干规定》)

《若干规定》主要从一般性规定、市场主体职责和交易结算安排等方面进行了规范,一般性规定明确了相关定义及相关活动适用法律法规的原则;市场主体职责规定了交易所、证券交易服务公司和结算机构职责;交易结算安排中对异常交易处理、禁止暗盘交易、外资持股比例限制、名义持有人下各方权利义务、清算交收原则、交收货币等重大事项作出了规定。

3. 深圳证券交易所发布的《深圳证券交易所深港通业务实施办法》(以下简称《实施办法》)

《实施办法》主要规定了“深港通”业务的基本模式和具体要求。其中“深股通”交易方面,主要规定了“深股通”标的股票范围和调入调出规则、交易特别制度安排、额度控制和“深股通”投资者的持股比例限制等内容;“港股通”交易方面,主要规定了“港股通”标的股票范围和调入调出规则、交易相关事项、额度控制和投资者适当性要求等内容。

4. 中国证券登记结算有限责任公司发布的《内地与香港股票市场交易互联互通机制登记、存管、结算业务实施细则》

该实施细则对于港股通业务主要从账户设置、存管和托管、名义持有人服务、清算交收、风险管理、结算银行管理等方面进行了详细规定。

---

① 个人投资者参与港股通需满足更多条件:(1)证券账户及资金账户内的资产合计不低于50万元人民币,其中不包括该投资者通过融资融券交易融入的资金和证券;(2)通过证券公司评估,满足知识水平、风险承受能力和诚信状况等方面的要求;(3)不存在严重不良诚信记录,不存在法律、行政法规、部门规章、规范性文件和业务规则规定的禁止或者限制参与港股通交易的情形。机构投资者参与港股通交易,应当符合法律、行政法规、部门规章、规范性文件及业务规则的规定。

5. 中国证监会与香港证监会共同签署的《关于跨境受监管机构监管合作及交换信息谅解备忘录》(以下简称《监管合作备忘录》)

《监管合作备忘录》及其附函围绕两地证券跨境监管合作,对合作范围、基本原则、涉及的内容及具体的执行方式方面等进行了系统阐述,弥补了两地在跨境监管合作方面的法律空白,为中国内地和香港特别行政区在证券跨境监管方面提供了合作框架。

6. 中国证监会与香港证监会共同签署的《沪港通项目下中国证监会与香港证监会加强监管执法合作备忘录》(以下简称《执法合作备忘录》)

《执法合作备忘录》对于协助调查、联合调查、线索证据和互送文书等规定进行了细化和完善,在一定程度上弥补了两地在司法协助方面的缺陷。

(三)我国跨境证券交易监管面临的问题和挑战

我国证券跨境交易的监管体制经过多年的发展,虽然已经建立起了基本的制度框架和相应的规则体系,但在应对跨境证券交易迅猛发展所带来的一系列问题时,仍然显得有些捉襟见肘。

1. 规则体系效力位阶偏低,规则供给可操作性不足

在现行规则体系中,效力位阶最高的我国《证券法》对跨境证券交易的规定在数量上却是最少的。以信息披露制度为例,与境内证券交易相比,跨境证券交易因为跨越"多个法域",交易过程中涉及的信息披露在披露方式和内容、法律法规适用的冲突协调、监管措施的实施等多方面都与国内交易存在不同之处。但如前所述,我国新《证券法》仅对跨境证券发行交易中境内发行人与境外发行人在信息披露问题上一致对待的"单轨制"作出了原则性的规定,显然无法满足解决境外发行人信息披露监管现实问题的实际需要。再以证券跨境交易的监管合作机制为例,《监管合作备忘录》及其附函为中国内地和香港特别行政区在证券跨境监管方面提供了基础性的合作框架,但其不足之处就在于规定的内容多为原则性和指导性,因此,随着两地证券市场互联互通的进一步加深,基于《监管合作备忘录》的跨境监管合作框架已不能适解决在实践中出现的新要求和新问题。《执法合作备忘录》也面临类似的困境,由于《执行合作备忘录》中缺少执法合作的具体实施细则,无法为中国内地和香港特别行政区在实施跨境监管合作的过程中遇到法律冲突提供协调解决依据,严重影响了跨境监管合作的效率。

除我国《证券法》和证监会等部门制定的部门规章外,现行规则体系中还有大量监管部门、行业自律组织根据证券跨境交易发展需要而发布的甚至不属于规范性文件范畴的通知、说明、问题解答等文件,在证券跨境交易监管的实际运作过程中发挥重要的规制作用。这些由不同的机构或者组织,在不同的时期基于不同的目的而制定的、效力位阶偏低的文件所汇聚而成的规则体系,内容庞杂、内在逻辑脉络清晰度差,不仅给当下证券跨境交易的法律适用带了很多困难,也在一定程度上影响了资本市场各参与主体对自身行为法律风险的预判。

2. 跨境内幕交易与市场操纵的执法难度不断加大

中国证监会曾于2016年成功查处了首例利用“沪港通”跨境操纵市场案件，[①]然而随着境内证券市场的开放程度不断加大，其面临的跨境执法难题也愈加棘手。

首先是在资金方面，部分行为人为了实现对跨境市场的操控，经常利用结构化杠杆产品跨境撬动巨量资金，严重影响了境内金融市场的稳定运行。其次是专业化的跨境内幕交易和操纵市场行为越来越多，并呈现3个发展趋势：一是人员专业化，一些在证券咨询、律师事务所、会计师事务所等中介机构的人员利用工作中获取的未公开信息进行内幕交易；二是技术专业化，行为人利用黑客手段、境外服务器加上复杂的程序化交易技术来进行自我成交或者频繁的撤单操作，或者利用不同国家和地区之间的监管隔离，通过多账户、跨市场等操作手段实现对同只股票的操纵；[②]三是服务专门化，涉案人员往往通过在境外设置的多个空壳公司和匿名账户为其客户跨境操纵市场提供专门“通道”。

相比境内证券市场的违法违规行为，跨境内幕交易与市场操纵在调查取证、认定、执行和处罚上的难度都有明显提升，主要表现为违法犯罪行为发现难，行为人多在异地开设空壳公司、匿名账户掩护其真实身份，且其交易细节往往潜藏在数以亿计的交易数据中，难以准确探测发现；线索发现后调查难，监管机构受制于执法资源有限、境内外法制体系差异、境外机构配合态度等因素，难以有效调查取证；调查后执法强制难，在犯罪行为人的引渡、违法财产的没收追缴上存在较大不便。[③] 这不仅给中国内地和香港特别行政区证券监管机构的协调配合提出了更高要求，同时也给跨境监管合作带来了新的挑战。

3. 跨境证券交易的国际监管协作机制尚未建立

随着中国资本市场的开放程度和国际化水平不断提升，外资资金和外资机构正在逐渐成为A股市场的重要参与力量。2016年6月发布的《私募基金登记备案相关问题解答（十）》允许符合条件的外商独资和合资企业，申请登记成为私募证券投资基金管理机构，在中国境内开展包括二级市场证券交易在内的私募证券投资基金管理业务。2019年6月13日中国证监会主席易会满表示，证监会将陆续推出9项对外开放举措，其中与跨境证券交易相关的内容有以下两项：一是推动修订QFII/RQFII制度规则，进一步便利境外机构投资者参与中国资本市场；二是放开外资私募证券投资基金管理人管理的私募产品参与“沪港通”“深港通”交易的限制。[④]

---

① 证监会成功查处首例沪港通跨境操纵案件，载中国证券监督管理委员会官网：http://www.csrc.gov.cn/pub/newsite/jcj/aqfb/201611/t20161121_306275.html，最后访问日期：2019年12月21日。

② 张曼青、韩文蕾：《深港通机制下证券跨境监管现状研究》，载《法制博览》2018年第14期。

③ 谢贵春：《跨境内幕交易与市场操纵：典型案例与执法策略》，载《证券市场导报》2019年2月。

④ 谷枫：《资本市场两大政策信号：科创板开板叠加对外开放九条》，载《21世纪经济报道》2019年6月14日，第2版。

在我国已成为世界第二大经济体、金融开放进程不断提速的大背景下，中国的资本市场面临引进来和走出去的两大问题，要建设规范、透明、开放、有活力的中国证券市场，必须加强与各国、各地区金融市场监管机构的交流与协作机制，但令人遗憾的是，我国修订后的《证券法》只在第177条对跨境证券监管协作机制和境外证券监督管理机构调查取证权的限制作出了明确限定，强调"未经证监会和国务院有关主管部门同意，任何单位和个人不得擅自向境外提供与证券业务活动有关的文件和资料"；对于我国证券法的域外适用效力、证监会如何与境外监管机构开展证券监管合作等重要问题都没有作出具体的制度安排。

目前，中国内地与香港特别行政区还未签订司法互助协定，实施跨境监管主要依靠签订合作备忘录的形式展开，监管合作主要体现在依照规定在跨境调查和执行方面互相提供协助、定期召开联络会议、进行人员交流与培训等方面，但跨境执法的成效不显著。"深港通"项目开通后，中国内地与香港特别行政区证券市场互联互通机制进持续加深，证券跨境交易风险较"沪港通"进一步加大，对跨境监管合作提出更高的要求，但是截至目前，"深港通"配套的监管规定和实施细则还未出台，两地在监管合作方面只能沿用以往的规范性文件。按照交易地保护原则，香港特别行政区投资者购买内地股票，不受香港证监会的监管和保护；内地投资者购买香港特别行政区股票，也不受中国证监会的监管和保护。由于香港特别行政区证券市场的发展更加成熟，因此，在现行规则体制下内地监管部门面临的压力更大。另外，在联结发展之后，两地之间如何进行跨境监管和执法合作也是一个新的课题，如果内地和香港特别行政区在跨境监管协作方面不能良性有机的接洽机制，就很难保证"两通"在平稳利好的状态下健康发展。

（四）完善我国证券跨境交易监管制度的建议

"沪港通"和"深港通"为中国资本市场与世界资本市场的接轨奠定了较稳定的基础，中国内地和香港特别行政区的投资者将通过"两通"渠道迎来范围更广、程度更深、资本更加融合的互联互通。在这个过程中，机遇与挑战并存，只有不断加强和完善我国跨境证券交易的法律监管制度，才能实现中国资本市场不断开放的愿景。

1. 健全跨境证券交易监管的规则体系

首先，要完善跨境资本流动的监测和预警体系。中国内地市场和香港特别行政区市场在交易模式、运行机制等诸多方面存在差异，在人民币贬值的预期压力下，相关部门要加强对资本账户下非合规短期资本流动的管制。特别要注意短期资本外流。对于跨境资本流动监测体系的构建，外管局在实践中要注重与海关、银行系统的合作，实现信息共享，构建国际资本异常流动的预警机制。[①] 例如，2016年英国脱欧、特朗普当选美国总统等政治事件的发生，给全球政治经济带来不可预知的影响，有关部门应准备相

① 张竞：《我国证券市场开发面临的潜在风险——基于深港通的视角》，载《对外经贸实务》2017年第3期。

关预案，减轻国际短期资本大量外流对我国实体经济的不利影响。

其次，要完善对跨境证券交易中信息披露的适度监管。中国内地与香港特别行政区股票市场的互联互通最主要的动因是，投资者对全球资本配置的需求，完善投资者保护机制是两地共同市场长久发展的根本保证，这就需要相关法律制度建设的推进，特别是有关信息披露方面的制度。我国在对境外发行人进行信息披露实施监管时，总体原则是应当以一个理性投资者的立场为出发点，一方面，通过加强境外发行人信息披露监管，消除境外发行人与我国境内投资者之间的国际信息不对称，从而降低我国境内投资者获取、理解和分析境外发行人相关信息的成本；另一方面，提高境外发行人在我国境内证券市场发行和上市的信息披露的效率。

2. 加大对跨境证券违法行为的打击力度

一是要建立应用于跨境司法协作的快捷通道。截至 2018 年 6 月，中国证监会已经与 62 个国家和地区的证券（期货）监管机构签订了 68 份合作谅解备忘录。考虑到合作备忘录对双边监管机构缺乏足够的约束力，存在境外监管机构不积极配合的可能，境内监管机构有必要对利用司法互助协议开展跨境监管合作的可行性进行全面评估，尽快完善相应的程序，提高向境外主管部门寻求协助的效率。

二是要落实证券交易所的一线监管权。境外市场的经验表明，证券交易所作为一线监管力量在对不当交易行为的识别、前端处置上发挥不可替代的作用。大量跨境内幕交易案件和跨境市场操纵案件都是由证券交易所、行业自律组织最早探查并报送监管机构作进一步处置的。与此同时，作为法律赋权的自律管理组织，交易所还可责令会员暂停为涉嫌不当交易行为的客户提供市场接入服务，对直接参与市场不当活动或者虽未直接参与但对客户不当行为未尽必要监督义务的会员采取惩戒措施，及时、迅速地干预和阻却不当交易行为的继续发生。

三是要细化我国《证券法》的域外适用效力。修订后的《证券法》首次对我国证券法的域外适用效力作出了明确规定，①为建立我国证券法域外适用制度奠定了基础，建议借鉴美国、英国的经验，引入关联标准，将与国内证券存在直接关联、其发行和交易将对国内证券产生直接影响的境外投资品纳入执法考量范围。

3. 加快证券监管部门跨境监管协作机制建设

从现实的国际金融环境考虑，证券投资跨地区、跨国家流动十分频繁，由于存在严重的信息不对称，单个国家或地区的监管部门很难凭借一己之力对证券投资资金的动向进行准确预判与实时跟踪，因此，在识别、分析和处理跨境证券交易的系统性风险以及打击相关违法犯罪活动的过程中，迫切需要通过国际监管协作机制进行充分的信息交换与执行合作。另外，从立法的技术层面考虑，开放不仅是国家繁荣发展的必由之

---

① 我国《证券法》第 2 条第 4 款：“在中华人民共和国境外的证券发行和交易活动，扰乱中华人民共和国境内市场秩序，损害境内投资者合法权益的，依照本法追究法律责任。”

路,更是我国的一项基本国策。跨境证券监管立法要顺应我国经济深度融入世界经济的趋势,就必须进一步加强法律制度的开放性和包容性,在维护国家主权和国家利益的前提下,顺应国际立法的改革趋势。通过进一步完善跨境证券交易监管国际协作机制,可以更好地了解到不同国家和地区的政治偏好、传统与立法动机,在对本土资源深刻探查的前提下,借鉴其他国家和地区监管立法的优秀经验,进行理性的法律制度移植。建议在我国《证券法》第177条的基础上对监管协作机制的内容和方式加以细化,进行具体授权,如规定境内监管机构可向境外机构请求开展某项调查、请求提供某些信息、申请派员参与境外调查、根据境外机构同意将获取的信息向国内其他监管机构分享等。

参考文献

[1]叶林:《证券法》(第4版),中国人民大学出版社2013年版。

[2]叶林主编:《证券法教程》,法律出版社2010年版。

[3]郭锋主编:《证券法律评论(2015年卷)》,中国法制出版社2015年版。

[4]郭锋主编:《证券法律评论(2017年卷)》,中国法制出版社2017年版。

[5]郭锋主编:《证券法律评论(2018年卷)》,中国法制出版社2019年版。

[6]刘俊海:《现代证券法》,法律出版社2011年版。

[7]吴弘主编:《证券法教程》(第2版),北京大学出版社2017年版。

[8]董安生、何以等:《多层次资本市场法律问题研究》,北京大学出版社2013年版。

[9]朱伟一:《证券法》,中国政法大学出版社2018年版。

[10]缪因知:《中国证券法律实施机制研究》,北京大学出版社2017年版。

[11]程茂军:《上市公司信息披露法律规制研究》,中国法制出版社2019年版。

[12]张红:《证券行政法专论》,中国政法大学出版社2017年版。

[13]刘远志:《跨境证券交易法律监管研究》,法律出版社2019年版。

[14]李立新等:《证券市场监管研究》,立信会计出版社2014年版。

[15]郑彧:《证券市场有效监管的制度选择——以转轨时期我国证券监管制度为基础的研究》,法律出版社2012年版。

[16]王冰:《新媒体环境下上市公司信息披露研究》,经济科学出版社2019年版。

[17]孙南申、彭岳、周莺:《国际投资法体系下跨国证券投资法律制度》,法律出版社2016年版。

[18]中国证券业协会编著:《中国证券业发展报告(2019年)》,中国财政经济出版社2019年版。

[19]郭文英、徐明主编:《投服研究》(第2辑·2018年),法律出版社2018年版。

[20]中国证监会编:《中国资本市场发展报告》,中国金融出版社2008年版。

[21]杨华:《上市公司并购重组和价值创造》,中国金融出版社2009年版。

[22]陈洁:《证券法》,社会科学文献出版社2006年版。

[23]许凌艳:《金融法基本理论研究》,上海财经大学出版社2018年版。

[24]韩龙:《金融法与国际金融法前沿问题》,清华大学出版社2018年版。

[25]张巍:《资本的规则》,中国法制出版社2017年版。

[26]侯水平主编:《证券法律责任》,法律出版社 2005 年版。

[27]徐明、李明良:《证券市场组织与行为的法律规范》,商务印书馆 2002 年版。

[28]郭雳:《美国证券私募发行法律问题研究》,北京大学出版社 2004 年版。

[29]李东方:《证券监管法律制度研究》,北京大学出版社 2002 年版。

[30]齐斌:《证券市场信息披露法律监管》,法律出版社 2000 年版。

[31]吕富强:《信息披露的法律透视》,人民法院出版社 2000 年版。

[32]祝二军:《证券犯罪刑事立法原理》,中国方正出版社 2000 年版。

[33]魏智彬:《证券及相关犯罪认定处理》,中国方正出版社 1999 年版。

[34]卞耀武主编:《日本证券法律》,徐庆译,法律出版社 1999 年版。

[35]卞耀武:《美国证券交易法律》,法律出版社 1999 年版。

[36]万猛、刘毅:《英美证券法律制度比较研究》,武汉工业大学出版社 1998 年版。

[37]施天涛:《公司法论》(第 4 版),法律出版社 2018 年版。

[38]罗培新:《公司法的法律经济学研究》,北京大学出版社 2008 年版。

[39]黄辉:《现代公司法比较研究——国际经验及对中国的启示》,清华大学出版社 2011 年版。

[40]梁慧星:《民法总论》(第 5 版),法律出版社 2017 年版。

[41]张守文:《经济法原理》,北京大学出版社 2013 年版。

[42]张文显主编:《法理学》(第 5 版),高等教育出版社 2018 年版。

[43]熊丙万:《私法的基础:从个人主义走向合作主义》,中国法制出版社 2018 年版。

[44]徐国栋:《民法基本原则解释——成文法局限性之克服》(增订本),中国政法大学出版社 2001 年版。

[45]黄茂荣:《法学方法与现代民法》,中国政法大学出版社 2001 年版。

[46]王申:《法哲学三论》,上海交通大学出版社 2006 年版。

[47]黎军:《行业组织的行政法问题研究》,北京大学出版社 2002 年版。

[48]何美欢:《香港代理法》,北京大学出版社 1996 年版。

[49]梅仲协:《民法要义》,中国政法大学出版社 1998 年版。

[50]卢现祥:《西方新制度经济学》,中国发展出版社 1996 年版。

[51]张五常:《科学说需求(经济解释卷一)》,中信出版社 2010 年版。

[52]杨小凯:《微观经济学的新发展》,载汤敏、茅于轼主编:《现代经济学前沿专题第二集》,商务印书馆 1993 年版。

[53]赖源河:《证券法规》,台北,元照出版有限公司 2014 年 8 版。

[54]赖英照:《股市游戏规则:最新证券交易法解析》,台北,赖英照出版 2017 年 3 版。

[55]刘连煜:《新证券交易法实例研习》,台北,元照出版有限公司 2016 年增订

14 版。

[56]吴光明:《证券交易法论》,台北,三民书局股份有限公司 2015 年增订 13 版。

[57]曾宛如:《证券交易法原理》,台北,元照出版有限公司 2012 年 6 版。

[58]王文宇主编:《金融法》,台北,元照出版有限公司 2019 年修订 10 版。

[59]郑玉波:《票据法》,台北,三民书局股份有限公司 2001 年版。

[60]王泽鉴:《民法学说与判例研究》(第 7 册),中国政法大学出版社 1998 年版。

[61][美]托马斯·李·哈森:《证券法》,张学安等译,中国政法大学出版社 2003 年版。

[62][美]路易斯·罗思、乔尔·赛里格曼:《美国证券监管法基础》,张路译,法律出版社 2008 年版。

[63][美]詹姆斯·R. 巴斯等:《金融守护人:监管机构如何捍卫公众利益》,杨农等译,三联书店 2014 年版。

[64][美]史蒂文·西瓦兹:《金融创新与监管前沿文集》,高凌云等译,上海远东出版社 2015 年版。

[65][美]约翰·C. 科菲:《看门人机制:市场中介与公司治理》,黄辉、王长河等译,北京大学出版社 2011 年版。

[66][美]弗兰克·伊斯特布鲁克、丹尼尔·费希尔:《公司法的经济结构》,罗培新、张建伟译,北京大学出版社 2014 年版。

[67][美]罗伯特·W. 汉密尔顿:《公司法概要》,李存捧译、刘李胜校,中国社会科学出版社 1999 年版。

[68][美]奥利弗·E. 威廉姆森:《市场与层级制:分析与反托拉斯的含义》,蔡晓月译,上海财经大学出版社 2011 年版。

[69][美]理查德·波斯纳:《法律的经济分析》(上),蒋兆康译,中国大百科全书出版社 1997 年版。

[70][美]奥利弗·E. 威廉姆森:《资本主义经济制度》,段毅才、王伟译,商务印书馆 2002 年版。

[71][美]乔·B. 史蒂文斯:《集体选择经济学》,杨晓维等译,上海三联书店、上海人民出版社 1999 年版。

[72][美]科斯、阿尔钦、诺斯等:《财产权利与制度变迁——产权学派与新制度学派译文集》,刘守英等译,上海三联书店、上海人民出版社 1994 年版。

[73][美]约翰·罗尔斯:《正义论》,何怀宏等译,中国社会科学出版社 1988 年版。

[74][美]查尔斯·林德布洛姆蒂:《政治与市场:世界的政治——经济制度》,王逸舟译,上海人民出版社 1994 年版。

[75][美]德沃金:《法律帝国》,李常青译,中国大百科全书出版社 1996 年版。

[76][英]沃克:《牛津法律大辞典》,李双元等译,法律出版社 2003 年版。

[77][德]拉伦茨:《法学方法论》,陈爱娥译,商务印书馆2005年版。

[78]周友苏:《新公司法论》,法律出版社2006年版。

[79]周友苏主编:《新证券法论》,法律出版社2007年版。

[80]周友苏主编:《上市公司法律规制论》,商务印书馆2006年版。

[81]周友苏主编:《证券法通论》,四川人民出版社1999年版。

[82]钟洪明:《多层次资本市场改革视域下证券法制重构论纲》,中国法制出版社2017年版。

[83]钟凯:《公司法实施中的关联交易法律问题研究》,中国政法大学出版社2015年版。

[84]李红军:《控制人对公司大规模致害的赔偿责任》,光明日报出版社2005年版。

[85]蓝冰:《德国民事诉讼法研究》,四川人民出版社2017年版。

[86]方芸:《拟制信托研究——一种完善我国民事救济制度的思路》,金琅学术出版社2015年版。

[87]李君临:《行走的法律》,成都时代出版社有限公司2015年版。

图书在版编目(CIP)数据

证券法新论 / 周友苏主编. -- 北京 : 法律出版社,
2020(2020.10 重印)
ISBN 978 - 7 - 5197 - 4296 - 6

Ⅰ. ①证… Ⅱ. ①周… Ⅲ. ①证券法 - 研究 - 中国
Ⅳ. ①D922.287.4

中国版本图书馆 CIP 数据核字(2020)第 037869 号

证券法新论
ZHENGQUANFA XINLUN

周友苏 主编

策划编辑 沈小英
责任编辑 陈 妮 毛镜澄
装帧设计 李 瞻

出版 法律出版社
总发行 中国法律图书有限公司
经销 新华书店
印刷 固安华明印业有限公司
责任校对 王沁陶
责任印制 吕亚莉

编辑统筹 法治与经济出版分社
开本 710 毫米 × 1000 毫米 1/16
印张 42.25
字数 887 千
版本 2020 年 4 月第 1 版
印次 2020 年 10 月第 2 次印刷

法律出版社/北京市丰台区莲花池西里 7 号(100073)
网址/www.lawpress.com.cn
投稿邮箱/info@lawpress.com.cn
举报维权邮箱/jbwq@lawpress.com.cn
销售热线/400 - 660 - 8393
咨询电话/010 - 63939796

中国法律图书有限公司/北京市丰台区莲花池西里 7 号(100073)
全国各地中法图分、子公司销售电话:
统一销售客服/400 - 660 - 8393/6393
第一法律书店/010 - 83938432/8433 西安分公司/029 - 85330678 重庆分公司/023 - 67453036
上海分公司/021 - 62071639/1636 深圳分公司/0755 - 83072995

书号:ISBN 978 - 7 - 5197 - 4296 - 6 **定价**:128.00 元
(如有缺页或倒装,中国法律图书有限公司负责退换)